はむすたー
はひふへほ

まがも
まみむめも

やぎ
やゆよ

らいおん
らりるれろ

わに
わを

ん

ばびぶべぼ
ぱぴぷぺぽ

きゃ きゅ きょ
しゃ しゅ しょ
ちゃ ちゅ ちょ
にゃ にゅ にょ
ひゃ ひゅ ひょ
みゃ みゅ みょ
りゃ りゅ りょ

ぎゃ ぎゅ ぎょ
じゃ じゅ じょ
ぢゃ ぢゅ ぢょ
びゃ びゅ びょ
ぴゃ ぴゅ ぴょ

学研 新レインボー

はじめて国語辞典

オールカラー

監修　金田一秀穂

Gakken

はじめに

金田一秀穂

国語辞典をはじめてつかう人へ

国語辞典をはじめて見て、どうおもいましたか。字がおおくて、びっくりしているかもしれませんね。

国語辞典は、ことばをしるための本です。ことばのいみがわからないと、はなしをしたり、本をよんだりするときに、こまってしまいます。

しらないことばに出あったら、この辞典でしらべてみてください。そして、たくさんのことばをおぼえて、いろいろなことばをつかえるようになってください。

この辞典の特色

★国語辞典をはじめてつかう人にぴったりの辞典です。

❶みぢかなことばや、小学校でべんきょうすることばなど、一万六千語をのせています。

❷ことばをすぐにさがせる「ことばのテーブル」があります。⬇5ページを見てください。

❸文字が大きく、イラストやしゃしんがたくさんあり、楽しい紙面です。

❹すべての漢字にふりがながついています。

❺「小学校で習う漢字」すべてを、後ろのほうのページにまとめてあります。

❻ページの下に「ことわざ」「慣用句」「四字熟語」をのせています。

五十音じゅん さくいん

もくじ

この辞典のつかいかた

ことばは、「あいうえお じゅん（五十音じゅん）」にならべてあります。

いんりょく【引力】物と物とが、たがいに引きあう力。

いんろう【印籠】薬などを入れてこしにさげる小さな入れ物。もとは、印や印肉（＝はんをおすときにつかう色をしみこませたもの）を入れた。

う ウ

う ❶見当をつける意味を表す。れい 五十メートルはあろう。❷話し手や書き手の「…したい」という気持ちを表す。れい あしたこそ、母へのプレゼントを買おう。

こと。⇔イン。❷野球で、バッターやランナーが攻撃できなくなること。⇔セーフ。

アウトドア 建物の外。屋外。野外。れい アウトドアスポーツを好む。⇔インドア。

あえて むりに。おしきって。れい つらいことだがあえてやりぬく。

あお【青】❶晴れた空のような色。❷緑色。れい 木々の青が目にしみる。

あおあお【青青】一面に青いようす。また、緑であるようす。れい 青々とした麦畑。

あおい【青い】❶青の色をしている。れい 青いタオル。／青い海。

★「あいうえお」のひょうは、ひょうしのつぎのページにあります。

右から左、上から下へとよみます。

❶の右から左、❷の右から左、のように、右から左、上から下へとよんでいきます。❸の左のあとは、❹の右へいきます。

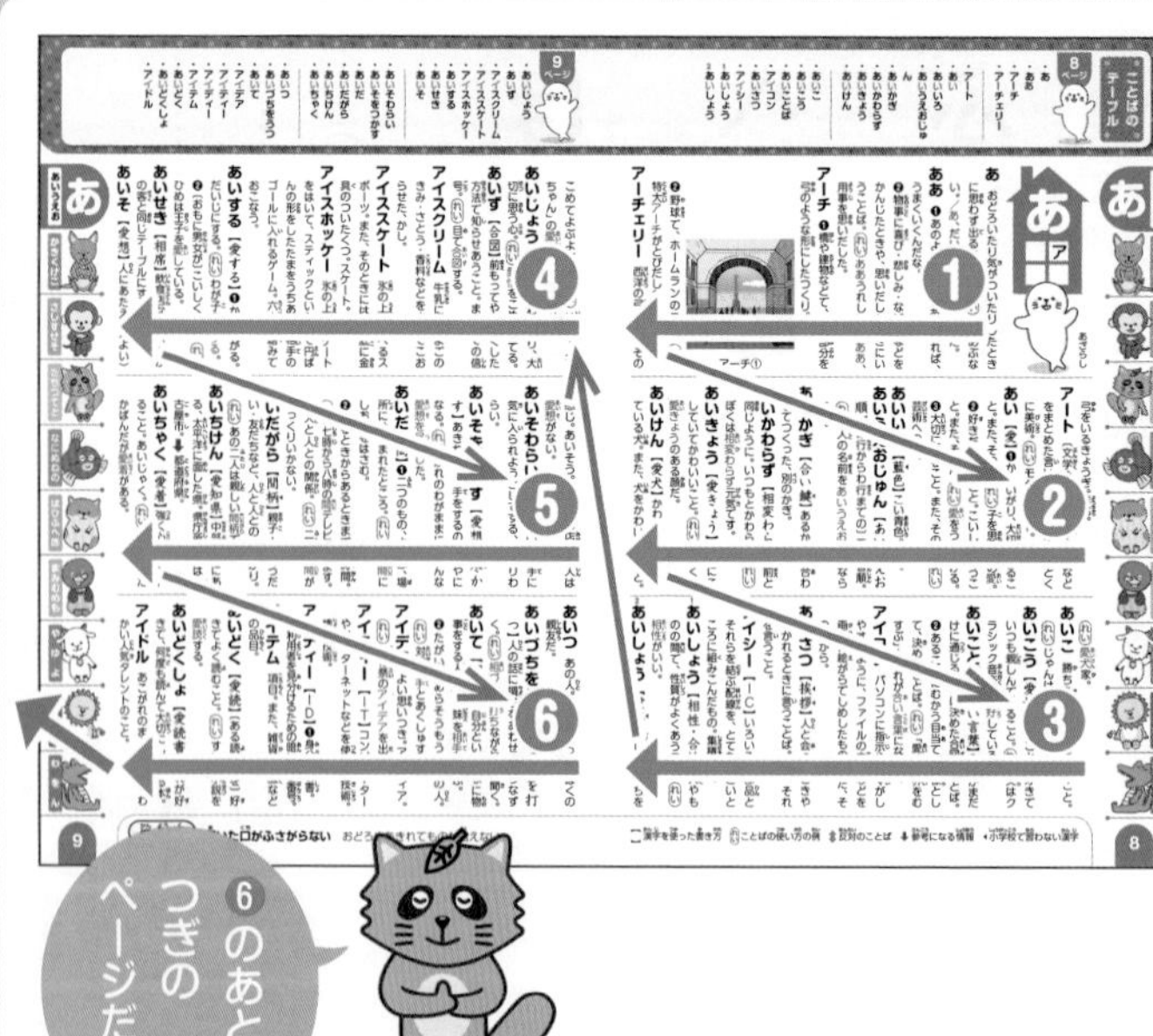

のっていることばが、ひとめでわかる「ことばのテーブル」で、ことばをさがしましょう。

ことばのテーブル

そのページにのっていることばをならべてあります。

●だんがかわるところで、くぎっています。

●2字目がかわるごとに、いろをかえてあります。

ことばのテーブル 22ページ

1
・あっとう
・あっぱく
・あっぱれ
・あっぷあっぷ
・アップ
・アップリケ
・アップルパイ
・あつまり
・あつまる

2
・あつめる
・あつものにこりてなますをふく
・あつらえる
・あつりょく
・あてさき
・あてじ
・あてずっぽう

3
・あてな
・あてにする
・あてはまる
・あてはめる
・あてやか
・あてる
・あと

あ　あいうえお｜かきくけこ｜さしすせそ｜たちつてと｜なにぬねの｜はひふへほ｜まみむめも｜やゆよ｜らりるれろ｜わをん

1

あっとう【圧倒】とても強い力で相手に勝つこと。れい 相手の大声に圧倒された。

あっぱく【圧迫】強くおしつけること。れい むねを圧迫される。

あっぱれ〔おどろくほど〕りっぱである。みごとである。れい 敵ながらあっぱれなはたらきだ。

アップ 上がること。上げること。れい おこづかいが五百円アップした。

あっぷあっぷ 水におぼれて苦しむようす。

アップリケ …にべつの小さな布をぬいつけ…かざり。

アップルパイ パイの中にさとうで…リンゴを入れてオーブンでやい…し。

あつまり【集まり】❶集まること。集まったまとまり。れい 練習の集まり…が…い。❷会。れい きょうの集まりは、午後二時からです。

あつまる【集まる】たくさんの物や人がひとところにかたまる。よってくる。れい みんな集まれ。⇕散る。

2

あつめる【集める】たくさんの物や人を、同じところによせるようにさせる。れい 記念切手を集める。

あつものにこりてなますをふく【あつものに懲りてなますを吹く】前のしっぱいにこりて、ひつようのないくらい用心深くなることのたとえ。あつもの(=熱いしるもの)でやけどをしたのにこりて、なます(=つめたいすもの)まで、ふうふうとふくということから。

あつらえる …希望どおりの品物をつくるように…のむ。注文する。れい ウエディ…スをあつらえた。

あつりょく【圧力】物をおしつける力。れい 圧力が強い。

あてさき【宛先】手紙や荷物などを送る相手の名前や住所。あて名。

あてじ【当て字】漢字の意味には関係なく、その読み方だけをあてはめて、あることばをあらわすのにつかった漢字。「めでたい」を「目出度い」、「やはり」を「矢張り」と書くなど。

あてずっぽう【当てずっぽう】物事をいいかげんに判断すること。また、そのことば。れい 当てずっぽうに答える。

3

あてな【宛名】〔手紙などに書く〕相手の名前や住所。あて先。

あてにする【当てにする】たよりにする。期待する。れい 親の財産を当てにする。

あてはまる【当てはまる】ちょうどよくあう。れい 問題の答えに当てはまることばを考える。

あてはめる【当てはめる】ちょうどあうようにする。あうかどうか当ててみる。れい …に当てはめて考える。

あてやか …かでうつくしいようす。…上品なようす。れい あてやかな着物すがた。

あてる【当てる】❶ぶつける。ふれさせる。れい ボールをかべに当てる。❷ぴったりつける。くっつける。れい むねに手を当てる。❸〔光・熱などの〕はたらきをうけさせる。れい ふとんを日に当てる。❹〔くじなどで〕よいものを引く。れい 特等を当てる。

あと【後】❶後ろのほう。れい 母の後について歩く。⇕先。

〔〕漢字を使った書き方　れい ことばの使い方の例　⇕反対のことば　⬇参考になる情報　◂小学校で習わない漢字

22

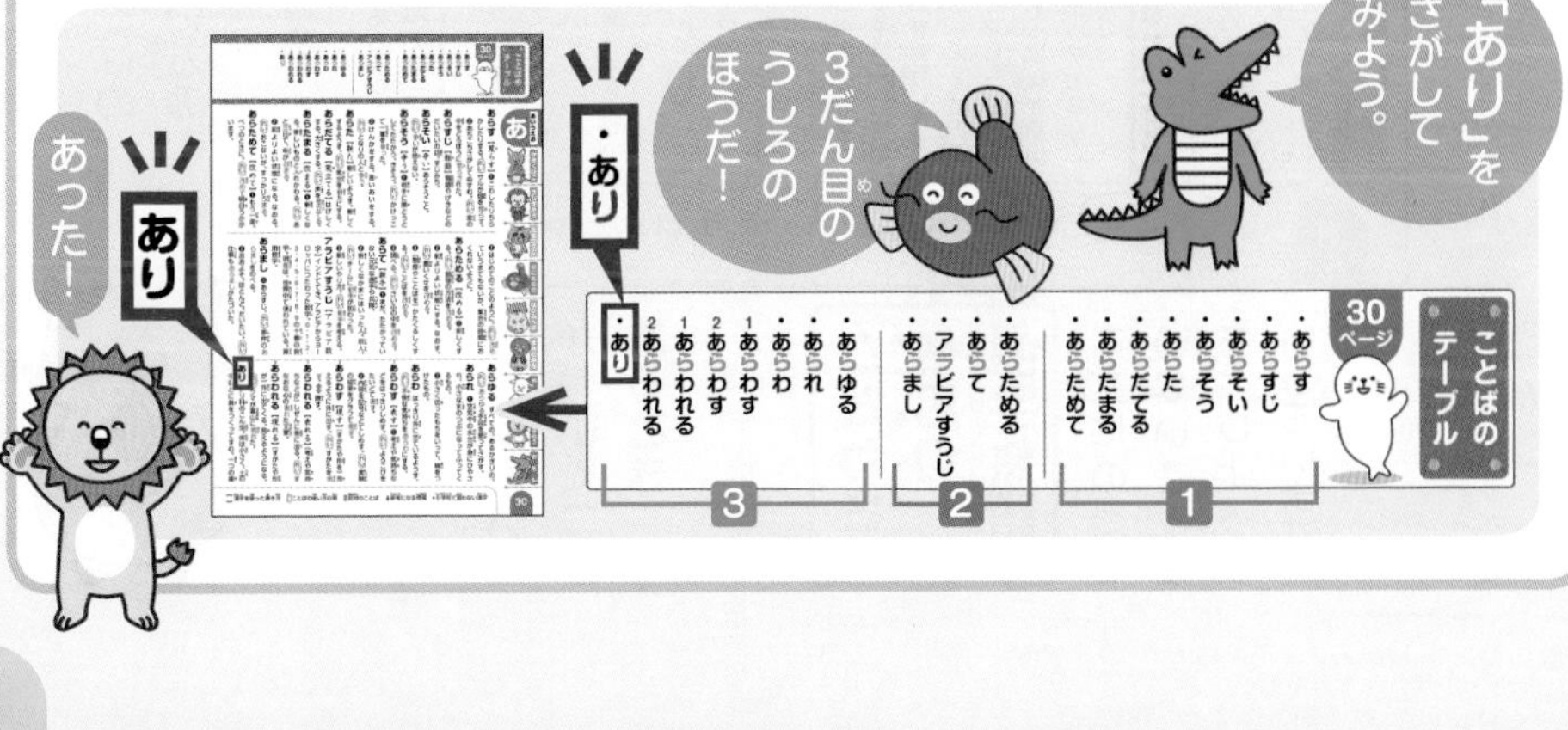

「あり」をさがしてみよう。

3だん目のうしろのほうだ！

ことばのテーブル 30ページ

1
・あらす
・あらすじ
・あらそい
・あらそう
・あらた
・あらだてる
・あらたまる
・あらためて

2
・あらためる
・あらて
・アラビアすうじ
・あらまし

3
・あらゆる
・あられ
・あらわ
・1あらわす
・2あらわす
・1あらわれる
・2あらわれる
・あり

・あり

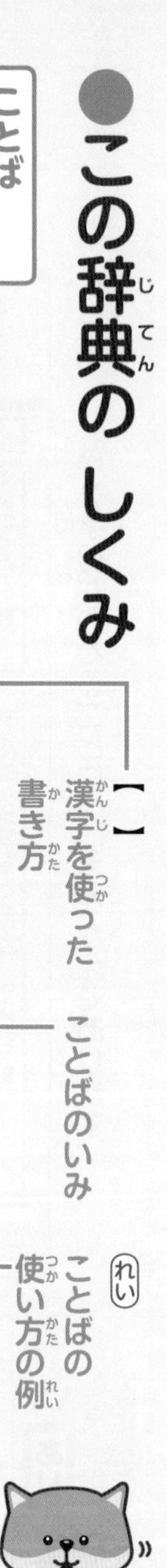

●この辞典のしくみ

ことば（見出し語）

ことばのテーブル

（5ページを見てください。）

⇔反対のことば

イラスト

イラストのせつめい

⬇参考になる情報

★そのことばも見てみましょう。

11ページ

- あおなにしお
- あおにさい
- あおむけ
- あおもりけん
- あおる

- 1あか
- 2あか
- あかあか
- あかい
- あかぎれ
- あがく
- あかご
- あかじ
- あかしんごう

- あかす
- あかちゃん
- あかつき
- あかつち
- あかとんぼ
- あかぬける

あおなにしお【青菜に塩】青菜に塩をかけるとしおれることから、元気をなくすことのたとえ。(れい)父にしかられた妹は青菜に塩といったようすだ。

あおにさい【青二才】年がわかくまだ一人前になっていない男。

あおむけ【あお向け】顔を上にむけること。あおのけ。(れい)草原にあお向けにねころぶ。⇔うつぶせ。

うつぶせ

あおむけ

あお向け

あおむし【青虫】チョウやガの幼虫のうち、緑色で毛のはえていないもの。とくにモンシロチョウの幼虫。

あおもりけん【青森県】東北地方にあって、本州のいちばん北の県。県庁所在地は青森市。⬇都道府県。

あおる ❶〔風などが〕物を動かす。(れい)風にあおられてはたがパタパタ鳴る。❷そそのかす。おだてる。(れい)けんかをとめるどころか、あおっている。

1あか あせ・あぶら・ほこりなどがまじって、ひふについたよごれ。

2あか【赤】❶血のような色。赤色。❷《あることばの上につけて》「まったくの」「あきらかな」などの意味をあらわすことば。(れい)赤はだか。／赤はじ。

あかあか【赤赤】あざやかに赤いようす。(れい)炎が赤々と燃える。

あかい【赤い】赤の色をしている。

あかぎれ 寒さのために、手足にできるひびわれ。

あがく ❶手足をやたらに動かしてもがく。(れい)どろぬまであがいているところを助けられた。❷苦しみからのがれようとしていろいろやってみる。(れい)いくらあがいてもくらしは楽にならない。

あかご【赤子】生まれてすぐの子ども。あかんぼう。

あかじ【赤字】はいったお金より出たお金が多いこと。(れい)家計は今月も赤字だ。⇔黒字。

あかしんごう【赤信号】❶交通信号機などで、「止まれ」「あぶない」などの合図として使う赤色の信号。⇔青信号。❷危険や物の不足などをあらわすしるし。(れい)今年の夏も水不足の赤信号がついた。

あかす【明かす】❶かくしていたことを知らせる。(れい)見ている人に手品のたねを明かす。❷〔ねむらないで〕夜をすごす。(れい)不安な一夜を明かす。

あかちゃん【赤ちゃん】「あかんぼう」の、親しみをこめた言い方。

あかつき【暁】❶夜の明けるころ。明け方。(れい)暁の光。❷《「～のあかつきには」の形で》物事がなしとげられた、そのとき。(れい)当選の暁には、かならず公約を実行します。

あかつち【赤土】鉄分をふくむ赤茶色の土。火山灰などによってできる。

あかとんぼ【赤とんぼ】体が赤いトンボ。アキアカネ・ナツアカネなどのこと。あかねとんぼ。

あかぬける【あか抜ける】〔すがた・形・色などが〕すっきりして美しくなる。(れい)あか抜けた人。

慣用句 **赤はじをかく** 人前に出られないような、ひどくはずかしい思いをする。

あ あいうえお かきくけこ さしすせそ たちつてと なにぬねの はひふへほ まみむめも やゆよ らりるれろ わをん

11

【】漢字を使った書き方

ことばのいみ

(れい) ことばの使い方の例

おなじよみのことば

つめ ことばの1字目の文字

★まず、「つめ」で1字目をさがしましょう。

◀小学校で習わない漢字

ことわざ・慣用句・四字熟語

本文にのっていないことばを、しょうかいしています。

❶❷… ことばのいみが、いくつかあるとき

ことばの ならべかた

● ことばは、「あいうえお じゅん」にならべてあります。1字目がおなじときには、2字目を見ます。2字目も「あいうえお じゅん」です。3字目、4字目…も、おなじしくみです。

● にごる音は、にごらない音のあとにあります。

ひざ ← ビザ ← ピザ

● 小さく書く「や・ゆ・よ・っ」は、ふつうの「や・ゆ・よ・つ」のあとにあります。

じゆう ← じゅう
かつて ← かって

● ながくのばす「ー」は、「ー」のまえの音をのばしたときの「ア・イ・ウ・エ・オ」として、ならべています。

アーチ ← アアチ　シール ← シイル　ルール ← ルウル
ケーキ ← ケエキ　ボート ← ボオト

ことばの せつめい

● いみを正しくあらわすために、せつめいの一ぶぶんを〔　〕に入れています。

● ①②…は、いみの❶❷…のせつめいであることをあらわしています。

● (れい)の中のことば（見出し語）は、よくつかう書き方をしめしています。

★「々」は、「おどり字」といって、おなじ漢字がつづくときにつかいます。

ことばのテーブル

あ

あざらし

あ おどろいたり気がついたりしたときに思わず出ることば。（れい）あ、あぶない。／あ、だいじなことをわすれた。

ああ ❶あのように。（れい）ああすれば、うまくいくんだな。❷物事に喜び・悲しみ・なげきなどをかんじたときや、思いだしたときにいうことば。（れい）ああうれしい。／ああ、用事を思いだした。

アーチ ❶橋や建物などで、上の部分を弓のような形にしたつくり。❷野球で、ホームランのこと。（れい）特大アーチがとびだした。

アーチ①

アーチェリー 西洋の弓。また、その弓をいるきょうぎ。洋弓。

アート 〔文学や絵画・音楽・演劇などをまとめた言い方で〕芸術。また、とくに美術。（れい）モダンアート。

あい【愛】❶かわいがり、大切にすること。また、その心。（れい）子を思う母の愛。❷好きだと思うこと。こいしく思うこと。また、その心。（れい）愛をうちあける。❸大切にすること。また、その心。（れい）芸術への愛。

あいいろ【藍色】こい青色。あい。

あいうえおじゅん【あいうえお順】〔あ行からわ行までの〕五十音順。（れい）人の名前をあいうえお順にならべる。

あいかぎ【合い鍵◂】あるかぎに合わせてつくった、別のかぎ。

あいかわらず【相変わらず】前と同じように。いつもとかわらず。（れい）ぼくは相変わらず元気です。

あいきょう【愛きょう】にこにこしていてかわいいこと。（れい）まるくて愛きょうのある顔だ。

あいけん【愛犬】かわいがってかっている犬。また、犬をかわいがること。（れい）愛犬家。

あいこ 勝ち負けが決まらないこと。（れい）じゃんけんであいこになる。

あいこう【愛好】あることが好きでいつも親しんでいること。（れい）父はクラシック音楽を愛好している。

あいことば【合い言葉】❶なかまだけに通じるように決めた合図のことば。❷あることにむかう目当て・目標として、決めたことば。（れい）「愛は世界をむすぶ」―それが合い言葉になった。

アイコン パソコンに指示や命令がしやすいように、ファイルの内容などを画面に絵がらでしめしたもの。また、その絵がら。

あいさつ【挨拶◂】人と会ったときやわかれるときに言うことば。また、それを言うこと。

アイシー【IC】いろいろな部品とそれらを結ぶ配線を、とても小さいところに組みこんだもの。集積回路。

1**あいしょう**【相性・合性】人やものの間で、性質がよくあうこと。（れい）相性がいい。

2**あいしょう**【愛称◂】親しい気持ちを

こめてよぶよびな。(れい) 妹は「ノンちゃん」の愛称でよばれている。

あいじょう【愛情】かわいがり、大切に思う心。(れい) 愛情をこめて育てる。

あいず【合図】前もってやくそくした方法で知らせあうこと。また、その信号。(れい) 目で合図する。

アイスクリーム 牛乳に、たまごのきみ・さとう・香料などをまぜてこおらせた、かし。

アイススケート 氷の上をすべるスポーツ。また、そのときにはく、底に金具のついたくつ。スケート。

アイスホッケー 氷の上でスケートをはいて、スティックという棒で円ばんの形をしたたまをうちあい、相手のゴールに入れるゲーム。六人一組みでおこなう。

あいする【愛する】❶かわいがる。だいじにする。(れい) わが子を愛する。❷〔おもに男女が〕こいしく思う。(れい) ひめは王子を愛している。

あいせき【相席】飲食店などで、ほかの客と同じテーブルにすわること。

あいそ【愛想】人にあたえる（よい）感じ。あいそう。(れい) あの店の主人は愛想がない。

あいそわらい【愛想笑い】相手に気に入られようとしてする、つくりわらい。

あいそをつかす【愛想を尽かす】あきれて、相手をするのがいやになる。(れい) かれのわがままに、みんな愛想を尽かした。

あいだ【間】❶二つのもの、または、場所にはさまれたところ。(れい) 本の間にしおりをはさむ。❷あるときからあるときまでの時間。(れい) 七時から八時の間テレビを見ます。❸人と人との関係。(れい) 二人の間がしっくりいかない。

あいだがら【間柄】親子・きょうだい・友だちなど、人と人とのつながり。(れい) あの二人は親しい間柄です。

あいちけん【愛知県】中部地方にある、太平洋に面した県。県庁所在地は名古屋市。➡都道府県。

あいちゃく【愛着】強く心をひかれること。あいじゃく。(れい) 古くなったかばんだが愛着がある。

あいつ あの人 (れい) あいつはぼくの親友だ。

あいづちをうつ【相づちを打つ】人の話に調子をあわせて、うなずく。(れい) 相づちを打ちながら話を聞く。

あいて【相手】❶自分といっしょに物事をする人。(れい) 妹を相手に遊ぶ。❷たがいにあらそうもう一方の人。(れい) 対戦相手とあくしゅする。

アイデア よい思いつき。アイディア。(れい) 文化祭のアイデアを出す。

アイティー【IT】コンピューターやインターネットなどを使った技術。情報技術。

アイディー【ID】❶身分証明書。❷利用者を見分けるための暗しょう番号。

アイテム 項目。また、雑貨・洋服などの品目。

あいどく【愛読】〔ある読み物を〕好きでよく読むこと。(れい) すいり小説を愛読する。

あいどくしょ【愛読書】それが好きで、何度も読んで大切にしている本。

アイドル あこがれのまと。とくに、わかい人気タレントのこと。

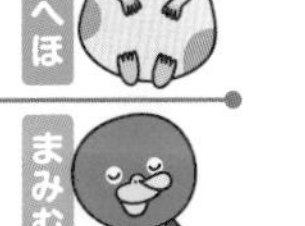

慣用句 **開いた口がふさがらない** おどろきあきれてものが言えない。

あいにく つごうが悪いようす。運悪く。れい 遠足なのに、あいにく雨だ。

あいぼう【相棒】いっしょに物事をする相手。なかま。

あいま【合間】物事と物事のあいだ。れい 仕事の合間にひと休みする。

あいまい【曖◂昧◂】どちらとも決まらなくてはっきりしないようす。あやふやなようす。れい 曖昧な答え。

あいよう【愛用】とくに好きで、いつも使うこと。れい 愛用のカメラ。

あいらしい【愛らしい】かわいらしいようす。れい 愛らしい少女。

アイロン 熱で、ぬののしわをのばしたり形をととのえたりする道具。

1あう【会う】人が同じ場所に来て相手を見る。れい 友だちに会う。／公園でまた会おう。⇕別れる。

2あう【合う】❶〔二つ以上のものが〕一つになる。れい 二つの川は、ここで一つに合う。❷同じになる。れい 考えが合う。❸ぴったりあてはまる。れい 足に合うくつ。❹〔形や色が〕つりあう。れい 洋服の色に合うぼうし。❺正しいものと同じになる。れい 計算が合う。

3あう【遭◂う】〔ある物事に〕であう。経験する。れい ひどい目に遭う。／夕立に遭う。

アウェー サッカーなどで、相手チームの本きょ地。⇕ホーム。

アウト ❶テニスやバレーボールなどで、ボールが決められた線の外に出ること。⇕イン。❷野球で、バッターやランナーが攻撃できなくなること。⇕セーフ。

アウトドア 建物の外。屋外。野外。れい アウトドアスポーツを好む。⇕インドア。

あえて むりに。おしきって。れい つらいことだがあえてやりぬく。

あお【青】❶晴れた空のような色。❷緑色。れい 木々の青が目にしみる。

あおあお【青青】一面に青いようす。また、緑であるようす。れい 青々とした麦畑。

あおい【青い】❶青の色をしている。れい 青いタオル。／青い海。❷緑色である。れい 青いウメの実。❸血の気がなく顔色が悪い。れい さいふをおとし、青くなってさがした。

あおぎみる【仰ぎ見る】❶見上げる。れい 富士山を仰ぎ見る。❷尊敬する。れい 人生の師と仰ぎ見る。

あおぐ うちわなどで風をおこす。れい 暑いのでうちわであおぐ。

あおざめる【青ざめる】〔病気やおそろしさで〕顔色が青白くなる。れい 人々は、おそろしさに青ざめていた。

あおじろい【青白い】❶青みがかって白い。れい 海面をてらす青白い月光。❷〔顔などに〕血の気がない。れい 病人は青白い顔でねていた。

あおしんごう【青信号】交通信号で、進んでもよいことをしめす青または緑の信号。⇕赤信号。

あおぞら【青空】青く晴れた空。

あおたがい【青田買い】会社が、まだ学校を卒業していない学生の採用を決めること。れい 青田買いが社会問題になる。

あおだけ【青竹】切りとって間のない、青々としている竹。あおたけ。

〔 漢字を使った書き方　れい ことばの使い方の例　⇕反対のことば　⬇参考になる情報　◂小学校で習わない漢字

あおなにしお【青菜に塩】〔青菜に塩をかけるとしおれることから〕元気をなくすことのたとえ。れい 父にしかられた妹は青菜に塩といったようすだ。

あおにさい【青二才】年がわかくまだ一人前になっていない男。

あおむけ【あお向け】顔を上にむけること。あおのけ。れい 草原にあお向けにねころぶ。⇔うつぶせ。

あお向け

あおむし【青虫】チョウやガの幼虫のうち、緑色で毛のはえていないもの。とくにモンシロチョウの幼虫。

あおもりけん【青森県】東北地方にあって、本州のいちばん北の県。県庁所在地は青森市。⬇都道府県。

あおる ❶〔風などが〕物を動かす。れい 風にあおられてはたがパタパタ鳴る。❷そそのかす。おだてる。れい けんかをとめるどころか、あおっている。

1あか あせ・あぶら・ほこりなどがまじって、ひふについたもの。

2あか【赤】❶血のような色。赤色。❷《あることばの上につけて》「まったくの」「あきらかな」などの意味をあらわすことば。れい 赤はだか。／赤はじ。

あかあか【赤赤】あざやかに赤いようす。れい 炎が赤々と燃える。

あかい【赤い】赤の色をしている。

あかぎれ 寒さのために、手足にできるひびわれ。

あがく ❶手足をやたらに動かしてもがく。れい どろぬまであがいているところを助けられた。❷苦しみからのがれようとしていろいろやってみる。れい いくらあがいてもくらしは楽にならない。

あかご【赤子】生まれてすぐの子ども。あかんぼう。

あかじ【赤字】はいったお金より出たお金が多いこと。れい 家計は今月も赤字だ。⇔黒字。

あかしんごう【赤信号】❶交通信号機などで、「止まれ」「あぶない」などの合図として使う、赤色の信号。⇔青信号。❷危険や物の不足などをあらわすしるし。れい 今年の夏も水不足の赤信号がついた。

あかす【明かす】❶かくしていたことを知らせる。れい 見ている人に手品のたねを明かす。❷〔ねむらないで〕夜をすごす。れい 不安な一夜を明かす。

あかちゃん【赤ちゃん】「あかんぼう」の、親しみをこめた言い方。

あかつき【暁】❶夜の明けるころ。明け方。れい 暁の光。❷《「～のあかつきには」の形で》物事がなしとげられた、そのとき。れい 当選の暁には、かならず公約を実行します。

あかつち【赤土】鉄分をふくむ赤茶色の土。火山灰などによってできる。

あかとんぼ【赤とんぼ】体が赤いトンボ。アキアカネ・ナツアカネなどのこと。あかねとんぼ。

あかぬける【あか抜ける】〔すがた・形・色などが〕すっきりして美しくなる。れい あか抜けた人。

慣用句 **赤はじをかく** 人前に出られないような、ひどくはずかしい思いをする。

あかねいろ【あかね色】アカネ科の植物のアカネの根からとった染料でそめた色。少し暗い赤色。あかね。(れい) 夕やけで空があかね色にそまる。

あかのたにん【赤の他人】自分とまったく関係のない人。(れい) 同姓だが赤の他人だ。

アカペラ 音楽で、器楽の伴奏をつけずにうたう合唱や独唱などの形式。

あがめる とうといものとして、うやまう。尊敬する。(れい) 神仏をあがめる。

あからがお【赤ら顔】〔日やけしたり、酒を飲んだりして〕赤みをおびた顔。

あからさま かくさず、はっきりあらわすようす。(れい) 人の失敗をあからさまに笑う。

1 **あからむ**【赤らむ】少し赤くなる。(れい) はずかしくて顔が赤らむ。

2 **あからむ**【明らむ】夜があけて、空が明るくなりはじめる。(れい) 東の空が明らむ。

あからめる【赤らめる】〔顔を〕赤くする。(れい) はずかしさにほおを赤らめる。

あかり【明かり】❶光。(れい) 月明かり。／雪明かり。❷ともしび。(れい) へやの明かりがきえた。

あかりす【赤りす】北アメリカ原産のリス。せなかは赤みがかった茶色で、目のまわりが白い。かんだかい声で鳴く。

あがる【上がる】❶高いほうにいく。(れい) かいだんを上がる。⇕下りる。

上がる①

❷うまくなる。よくなる。(れい) そろばんのうでが上がる。
❸高くなる。(れい) 成績が上がる。⇕下がる。
❹きんちょうして落ち着きをなくす。(れい) おおぜいの人の前で歌ったので上がった。
❺〔ふろなどから〕出る。(れい) 湯から上がる。
❻「食べる」「のむ」「行く」「来る」などの尊敬した言い方。また、へりくだった言い方。(れい) なにを上がりますか。／おわびに上がりました。
❼〔物事が〕おわる。(れい) 雨が上がる。

あかるい【明るい】❶〔光が強く〕ものがよく見えるようす。(れい) まどの大きい明るいへや。❷ほがらかである。(れい) 弟はよくわらう明るい子です。⇕①②暗い。

あかるみ【明るみ】❶明るいところ。明るさ。❷おもてだったところ。おおやけ。(れい) 事件が明るみに出る。

あかるむ【明るむ】明るくなる。(れい) 東の空が明るむ。

あかんべ ゆびで目の下のところを引き下げ、赤いところを見せること。また、そのときに言うことば。あっかんべ。べっかんこう。

あかんぼう【赤ん坊◀】生まれてからまだ日のたっていない子ども。あかんぼ。あかご。

あき【秋】一年を四つの季節に分けたうちの一つ。夏の後の季節で、九・十・十一月ごろ。

あきかぜ【秋風】秋の、すずしくて、さわやかな風。(れい) 秋風が立つ。

あきかん【空き缶】中身がからになったかん。れい ジュースの空き缶。

あきす【空き巣】❶鳥のいない巣。❷るすの家をねらって入るどろぼう。

あきたけん【秋田県】東北地方の北西部にある日本海に面した県。県庁所在地は秋田市。⬇都道府県。

あきたりない【飽き足りない】満足できない。ものたりない。あきたらない。れい このていどのできばえではまだ飽き足りない。

あきち【空き地】使っていない土地。たてものなどのたっていない土地。

あきない【商い】品物を売ったり買ったりすること。商売。れい 父は商いがうまい。

あきなう【商う】品物を売り買いする。商売をする。れい 父は食料品を商っている。

あきのななくさ【秋の七草】日本で、秋にさく代表的な七種類の花。ハギ・オバナ（＝ススキ）・クズ・ナデシコ・オミナエシ・キキョウ・フジバカマ。

あきのよなが【秋の夜長】秋になると夜が長く感じられること。

あきばれ【秋晴れ】秋の空が青くすんで晴れわたっていること。また、その空。

あきまつり【秋祭り】秋におこなわれる神社の祭り。

あきや【空き家】人の住んでいない家。あきいえ。

あきらか【明らか】❶明るいようす。れい 月の明らかな夜。❷はっきりしていて、うたがいのないようす。れい 明らかにきみのほうが悪い。

あきらめる【諦める】〔しかたがないと思って〕のぞみをすてる。おもいきる。れい 勝ち目がないと諦める。

あきる【飽きる】じゅうぶんすぎていやになる。長くつづいていやになる。れい もう、この遊びには飽きた。

アキレスけん ❶ふくらはぎの筋肉をかかとの上のほねにつけているすじ。歩くのに大切な役目をする。❷弱点。欠点。

あきれる 〔物事があまりに意外だったりひどかったりして〕びっくりする。あっけにとられる。れい あきれるほどひどい点数だった。／遊園地の人の多さにあきれる。

1**あく**【悪】悪いこと。また、そのようなおこない。れい 社会の悪とたたかう。

2**あく**【明く】〔しまっていたものが〕ひらいて見えるようになる。れい 子ねこの目が明く。

3**あく**【空く】❶からになる。れい アパートのへやが空く。❷空間・すきまなどができる。れい せきが空く。❸ひまになる。れい 手が空いたらてつだってください。⬍①～③塞がる。

4**あく**【開く】しまっていたものがひらく。れい 風で戸が開いた。⬍閉まる。

あくい【悪意】人をにくむ気持ち。悪い心。れい 悪意をいだく。⬍善意。

あくじ【悪事】悪いおこない。悪行。れい 悪事をはたらく。

あくしつ【悪質】❶品物のしつがよくないこと。れい 悪質なぬの。❷おこないや性質が悪いこと。れい 悪質ないたずら。

あくしゅ【握手】〔あいさつやしたしみをあらわすために〕手をにぎり合うこと。

慣用句 **あごを出す** ひどくつかれて、どうにもならない。

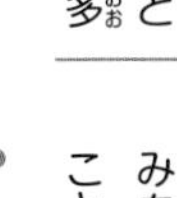

ことばのテーブル

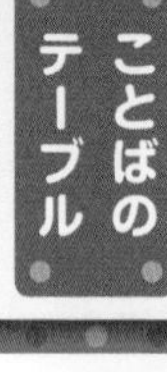

14ページ

- あくじゅんかん
- アクション
- あくせい
- あくせく
- アクセサリー
- アクセス
- アクセル
- アクセント
- あくたがわりゅうのすけ
- あくてんこう
- あくどい
- あくとう
- あくにん
- あくび
- あくひょう
- あくま
- あくまで
- あくむ
- あくやく
- あくゆう
- あくよう
- あぐら
- あくりょく
- あくる
- アクロバット
- あげあしをとる
- あけがた
- あげくのはて

あくじゅんかん【悪循環】悪い状態がいつまでもくり返し続くこと。

アクション 行動。動作。活動。

あくせい【悪性】〔病気などが〕たちの悪いこと。⇔良性。

あくせく ゆとりがなく、いつもせわしなくしているようす。(れい)あくせくとはたらく。

アクセサリー かざりもの。

アクセス ❶コンピューターで、データを読んだり書きこんだりすること。❷ある場所に出入りする交通手段。(れい)空港へのアクセス。

アクセル 自動車などの速度を調節する装置。

アクセント ❶一つのことばの中で、とくに強く、または、高く発音するところ。❷デザインなどで、全体の調子に変化をもたせるため目立つようにすること。また、そのもの。(れい)花がアクセントになった服。

あくたがわりゅうのすけ【芥川龍之介】(一八九二～一九二七)大正時代の小説家。「杜子春」「魔術」「トロッコ」「蜘蛛の糸」など、子ども向けの作品も多い。

あくてんこう【悪天候】雨や風がはげしい天気。

あくどい ❶〔色や味が〕しつこいようす。(れい)あくどい色の服。❷〔物事のやり方がひどくて〕たちが悪いようす。(れい)あくどい商売。

あくとう【悪党】悪いことをする人。また、そのなかま。

あくにん【悪人】おこないや心の悪い人。⇔善人。

あくび ❶ねむいときなどに、しぜんに大きく口があいて出る呼吸。❷漢字の部首の一つ。「次」「歌」などの右がわの「欠」の部分。

あくひょう【悪評】悪いうわさ。よくないひょうばん。⇔好評。

あくま【悪魔】人の心をまよわせ、悪いことにさそうもの。

あくまで【飽くまで】最後まで。どこまでも。(れい)あくまで不正を追及する。

あくむ【悪夢】おそろしいゆめ。いやなゆめ。(れい)悪夢にうなされる。

あくやく【悪役】❶ドラマなどで、悪人になる役。(れい)悪役をえんじる。❷人からきらわれるような役回り。(れい)みんなのために、進んで悪役を引き受ける。

あくゆう【悪友】悪い友だち。あまりためにならない友だち。

あくよう【悪用】〔正しい目的や使い道からはずれて〕悪いことに使うこと。(れい)人の名刺を悪用する。

あぐら 両足を前に組んですわること。

あくりょく【握力】手で物をにぎりしめる力。

あくる【明くる】次の。翌。日・月・年などのことばにつけて使う。(れい)明くる日。／明くる年。

アクロバット 体を思いのまま自由にまげておこなうわざ。かるわざ。

あげあしをとる【揚げ足を取る】人の言ったことばじりやまちがいをとらえて、からかったり悪口を言ったりする。(れい)人の揚げ足を取るのはよくないよ。

あけがた【明け方】夜が明けようとするころ。未明。

あげくのはて【挙げ句の果て・揚げ句の果て】結局のところ。つい

に、(れい)言い争って、あげくの果てにはなぐり合いになった。

あけくれる【明け暮れる】❶夜が明けて朝になり、また日がくれて夜になり、それがつみかさなって、毎日がすぎていくこと。❷何かにむちゅうになって時間をすごすこと。あることにぼっとうすること。(れい)練習に明け暮れる。

あけすけ 自分の気持ちなどをまったくかくさないで、はっきりあらわすようす。(れい)あけすけにものを言う。

あげぞこ【上げ底】はこやかんなどの入れ物の、底の部分が高くなっているもの。見かけより中身が少ない。

あけてもくれても【明けても暮れても】夜が明けても日がくれても。いつもいつも。(れい)兄は明けても暮れてもつくえにむかっている。

あげはちょう【揚羽ちょう】黄色いはねに黒いすじがある大形のチョウ。アゲハ。

あけび アケビ科のつる性の木。秋になる、むらさき色の実は、じゅくすとたてにわれて、中の黒いたねが見える。

1あける【明ける】❶朝になる。(れい)夜が明ける。⇔暮れる。❷新しい年になる。(れい)年が明ける。❸〔ある期間が〕おわる。(れい)つゆが明ける。

2あける【空ける】❶からにする。(れい)コップの水を空ける。❷空間・すきまなどをつくる。(れい)席を空けてください。❸ひまをつくる。(れい)午後五時から一時間ほど空けておいてほしい。

3あける【開ける】〔戸・まど・ふたなどを〕ひらく。(れい)まどを開ける。⇔閉める。

開ける

1あげる【上げる】❶高い方にうごかす。(れい)はこをたなに上げる。⇔下ろす。下げる。❷〔体の一部を〕上の方へうごかす。(れい)手を上げる。⇔下げる。❸神や仏にそなえる。(れい)せんこうを上げる。❹ていどを高くする。また、よくする。(れい)スピードを上げる。⇔下げる。❺大きな声・音などをたてる。❻「あたえる」「やる」のていねいな言い方。(れい)おかしをあげる。❼「…してやる」のていねいな言い方。(れい)弟に本を読んであげる。❽《動作をあらわすことばの下につけて》「すっかり…する」の意味をあらわすことば。(れい)書き上げる。

2あげる【挙げる】❶うでを上の方にやる。(れい)手を挙げて合図をする。❷とくべつにしめす。(れい)例を挙げる。❸ぎしきをおこなう。(れい)結婚式を挙げる。

3あげる【揚げる】❶ねっした油でにる。(れい)てんぷらを揚げる。❷高くかかげる。(れい)国旗を揚げる。❸水の中から場所をうつす。

あご【顎】口の上下にあって、食物をかんだり発声に役だったりする器官。

あこがれ【憧れ】あるものに強く心をひかれること。また、その心。

慣用句 **足がすくむ** おそろしさなどで、足がうごかなくなる。

ことばのテーブル

あこがれる【憧◂れる】〔自分がそうなりたい、また、そこへ行きたいと〕強く心をひかれる。(れい)体操の選手に憧れる。

あこぎ よくばってくりかえししつこく求めること。なさけ深い心がなくあくどいこと。また、そのようす。(れい)あこぎなやり方でお金をかせぐ。

あごでつかう【顎◂で使う】〔あごをうごかして人に命令をする意味で〕いばったたいどで人をつかう。(れい)下級生だからと顎で使うのはよくない。

1**あさ**【麻◂】❶アサ科の植物。くきの皮から、せんいをとり、糸をつくる。❷麻の糸でおった布地。

2**あさ**【朝】夜が明けてしばらくの間。⇕夕・晩。

1**あざ** ひふにできる赤や青などの、色のかわった部分。(れい)ころんでうったひざにあざができた。

2**あざ**【字】町や村をさらに小さく分けたよび名。(れい)富士町字岩下。

あさい【浅い】❶深さが少ない。(れい)川の浅いところであそぶ。❷色がうすい。(れい)浅い緑色の布地。⇕❶❷深い。❸時間があまりたっていない。(れい)入学してまだ日が浅い。

あさいち【朝市】朝早くから、広場や町角で新しいやさいや魚などを売り買いする市。(れい)朝市が立つ。

あさがお【朝顔】ヒルガオ科の植物。夏の朝早く、らっぱ形の花がさく、つる草。花は昼前にしぼむ。

あさぐろい【浅黒い】〔ひふの色などが〕少し黒い。(れい)浅黒い顔。

あざける【嘲◂る】ばかにして、わらう。(れい)人の失敗を嘲るのは、よくない。

あさごはん【朝御◂飯】朝に食べるごはん。朝飯。朝飯。朝食。

あさって あしたの次の日。みょうごにち。

あさねぼう【朝寝坊◂】朝早くおきないこと。また、そういう人。(れい)朝寝坊してちこくした。

あさはか【浅はか】考えの足りないようすだ。(れい)浅はかにも、はじめて会った人のことばをすっかりしんじてしまった。

あさひ【朝日】朝、上がったばかりの太陽。また、その光。(れい)朝日をあびて体操をする。⇕夕日。

あさましい【浅ましい】〔性質などが〕いやしくて、なさけないようす。(れい)楽をして金をもうけようなんて浅ましい考えだ。

あざむく【欺く】人をだます。(れい)敵を欺く。

あさめし【朝飯】あさごはん。

あさめしまえ【朝飯前】❶朝食をとる前。❷〔朝食をとる前でもできるほど〕かんたんなこと。(れい)それぐらいのことは朝飯前だ。

あさもや【朝もや】朝、うすく立ちこめる霧。

あざやか【鮮◂やか】❶〔色などが〕明るくはっきりしているようす。(れい)色鮮やかなマフラー。❷うでまえがすぐれているようす。(れい)鮮やかな手さばきをみせる。

あさやけ【朝焼け】日の出のとき、東の空が赤くなること。⇕夕焼け。

あざらし アザラシ科の動物。寒い地方の海などにすむ。前あしはひれのようになっていて、小さい。

あざらし

あさり マルスダレガイ科の二まい貝。河口近くのあさい海の砂の中にすむ。食用にする。

あさる ❶えさなどをさがしまわる。(れい)スズメがえさをあさりにくる。❷さがしもとめる。(れい)書店をあさって歩いた。

あされん【朝練】朝早くおこなう、スポーツなどの練習。(れい)サッカー部の朝練があるので学校に早く行く。

あざわらう【あざ笑う】ばかにしてわらう。せせらわらう。(れい)人の失敗をあざ笑う。

あし【足】❶〔人や動物が〕体をささえたり歩いたりするときにつかう部分。❷足くびからさきの部分。❸乗り物。(れい)足の便が悪い。

あじ【味】❶食べ物が舌にふれたときの、あまい・からいなどの感じ。(れい)きょうの料理は味がいい。❷物事のおもしろみ。よさ。(れい)味のある人。

あしあと【足跡】❶通ったあとにのこる足やはきものの形。そくせき。❷にげた人の通った道すじ。ゆくえ。(れい)犯人の足跡をおう。❸仕事や研究をやりとげてのこしたもの。そくせき。(れい)山田耕筰は音楽の世界に大きな足跡をのこした。

あしおと【足音】歩くときの足の音。

あしか アシカ科の動物。体長約二メートル。おもに太平洋でむれでくらしている。前あしが大きい。

あしかけ【足掛け】期間の数え方の一つ。始めを一とし、年（または、月・日）がかわるたびに一つずつふやしていく数え方。(れい)父は、おととしの九月から今年の五月まで、足掛け三年、アメリカにいた。

あしがでる【足が出る】予定していたお金では足りなくなる。また、そんをする。(れい)買い物をしすぎて、足が出た。

あしからず 悪く思わないで。よろしく。(れい)急用ができて行けなくなってしまいました。あしからずおゆるしください。

あしくび【足首】くるぶしの上の、少し細くなったところ。

あじけない【味気ない】つまらない。(れい)ひとりで食事をするのは味気ない。

あしこし【足腰】足と腰。体をささえる腰から下の部分。(れい)走って足腰をきたえる。

あじさい アジサイ科の木。つゆのころに、青やむらさきなどの小さな花がまるくかたまってさく。

あした 今日の次の日。あす。みょうにち。(れい)あしたは遠足だ。

あじつけ【味付け】料理などに味をつけること。また、その味。(れい)しょうゆで味付けをする。

あしでまとい【足手まとい】そばにいて、じゃまになること。また、じゃまになる人。あしてまとい。(れい)しっぱいばかりして、みんなの足手まといになる。

慣用句 **足が付く** にげた人やかくれた人の、行く先がわかる。

アジト 秘密のかくれ家。なにかをたくらむ者たちが、人に見つからないように集まるところ。

あしどり【足取り】❶歩き方。足の運び方。れい 足取りもかるく、山道をのぼる。❷歩いた道すじ。れい 犯人の足取りをたどる。

あしなみ【足並み】❶〔いっしょに歩くときの〕足のそろいぐあい。れい 足並みをそろえて行進する。❷いっしょに物事をするときの気持ちや行動のそろい方。れい チームの足並みがそろう。

あしのふみばもない【足の踏◂み場もない】足をふみ入れる場所もないほど、いろいろな物がちらばっているようす。

あしぶみ【足踏◂み】同じところで、両足をかわるがわる上げ下げすること。

あじみ【味見】味をたしかめるために、少し食べたり飲んだりしてみること。れい 味見をして塩を足す。

あしもと【足元・足下】❶立っている足のまわり。また、歩いている足のまわり。れい 足元に注意して歩く。❷身近なところ。れい 足元を固める。

あしもとをみる【足元を見る】相手の弱いところを見つけて、自分の思うままにしようとする。れい 人気のある商品だからと、足元を見て高く売りつける。

あしゅら 仏を守る、力の強い神。また、そのすがたを彫刻にしたもの。

あしらう いいかげんにあつかう。れい 兄にかるくあしらわれた。

あじわい【味わい】❶食べ物のうまみ。れい 日本料理のゆたかな味わい。❷物事のおもしろみ。れい 味わいのある話。

あじわう【味わう】❶食べ物の味をみる。れい ごちそうを味わう。❷経験する。れい なんども、つらい思いを味わった。

あしをひっぱる【足を引っ張る】物事がうまくすすまないようにじゃまをする。

あしをぼうにする【足を棒にする】足がつかれはてるほど、何かをしつづけたことをあらわすことば。れい 足を棒にしてさがしまわる。

あす【明日】今日の次の日。あした。みょうにち。

あすかじだい【飛鳥時代】奈良県の飛鳥地方に都があった時代。六世紀後半から七世紀初めごろまで。

あずかる【預かる】❶〔人の物などを〕手もとにおいてまもる。れい 友だちの本を預かる。❷〔物事を〕まかされて引きうける。れい 経理を預かる。

あずき【小豆】マメ科の植物。ほそ長いさやのなかに、黒みがかった赤色のたねができる。たねを、あんの材料にしたり、赤飯に入れたりする。

あずける【預ける】❶たのんで、人のところにおいておく。れい 荷物を預ける。❷〔物事の〕しまつをまかせる。れい この問題の解決はあなたに預ける。

アスパラガス ユリ科の植物。夏、黄緑色の花がさき、赤い実がなる。わかいくきを食用にする。

アスファルト 石油からとれる、黒くてつやのあるどろどろしたもの。道をほそうしたり、木材がくさるのをふせいだりするのに使う。

あずまや 屋根と柱だけで、かべのない建物。公園や庭園などの休憩所などに使う。(れい) あずまやでひと休みする。

アスリート 運動選手。とくに、陸上競技の選手。

あせ【汗】人や動物のひふからでる水分。体温を調節したり、体の中のいらなくなったものを外に出したりする。(れい) ふろで汗を流す。

あぜくらづくり【校倉造り】むかしの、建物のつくり方の一つ。三角や四角の材木を横に組み上げてつくる。しめりけをふせぐので、物を保存するのによい。東大寺の正倉院にみられる。

校倉造り

あせだく【汗だく】たくさんあせをかくこと。(れい) 汗だくになってはたらく。

あせばむ【汗ばむ】あせがにじみでる。あせでしめる。(れい) 走ったら全身が汗ばんできた。

あぜみち【あぜ道】田と田の間につくった細い道。

あせも あせのためにひふにできる、小さなふきでもの。

あせり【焦り】あせること。思いどおりにならなくて、いらいらする気持ち。(れい) 失敗の原因は焦りです。

1あせる 〔色などが〕うすくなる。さめる。(れい) 洋服の色があせる。

2あせる【焦る】いらいらする。(れい) 気が焦って、失敗した。

あそこ 自分からも相手からも遠い場所をさすことば。あの場所。あすこ。(れい) あそこからそうじをしよう。

あそび【遊び】あそぶこと。好きなことをして楽しむこと。(れい) すな遊び。

あそびはんぶん【遊び半分】〔物事を〕いいかげんな気持ちですること。(れい) 遊び半分の練習では上達しない。

あそぶ【遊ぶ】❶好きなことをして楽しむ。(れい) サッカーをして遊ぶ。❷何もせずにぶらぶらしている。(れい) 仕事もせず遊んでくらす。

1あだ 自分がうらみをもっている相手。かたき。(れい) あだをうつ。

2あだ むだになったり、かえって悪い結果になったりすること。(れい) せっかくの親切があだになる。

あたいする【値する】〔あることをする〕ねうちがある。(れい) 一見に値する。

あだうち【あだ討ち】むかし、自分の主人や親などを殺した人を、しかえしに殺してうらみをはらしたこと。かたきうち。

あたえる【与える】❶人にあげる。(れい) こづかいを与える。❷うけさせる。こうむらせる。(れい) 損害を与える。

1あたたか【温か】❶温度がちょうどよいようす。❷なさけぶかいようす。(れい) こわそうな顔をしているが心は温かだ。

2あたたか【暖か】気候や気温がちょうどよいようす。(れい) へやは、とても暖かです。

慣用句 **足が早い** 歩いたり走ったりするのがはやい。

ことばのテーブル

1あたたかい【温かい】❶ものの温度がちょうどよい。(れい)温かいスープ。❷なさけぶかい。(れい)心の温かい人。⇕冷たい。

2あたたかい【暖かい】気温がちょうどよい。(れい)暖かい春の日ざし。

1あたためる【温める】冷たくないようにする。(れい)牛乳を温める。

2あたためる【暖める】〔温度を高くして〕あたたかにする。(れい)へやのなかを暖める。

あたってくだけろ【当たって砕◂けろ】成功するかしないかわからないが、思い切ってやってみろということ。

あだな【あだ名】その人のとくちょうやくせなどをつかんでつけたよび名。ニックネーム。

あたふた ひどくあわてて物事をするようす。(れい)お金をおとした母は、あたふたと交番へかけこんだ。

あたま【頭】❶首から上の部分。とくに、顔をのぞいた部分。(れい)頭にはちまきをする。❷ものを考える力。また、ものの考え方や感じ方。(れい)かれはずばぬけて頭がよい。／父は頭が古い。

あたまがあがらない【頭が上がらない】いつも相手におさえられている。(れい)あの人にだけは頭が上がらない。

あたまがかたい【頭が固い】ものわかりが悪い。ゆうずうがきかない。(れい)父は頭が固い。

あたまかくしてしりかくさず【頭隠◂して尻隠◂さず】一部分が見えているのに、全部かくしたつもりになっていることのたとえ。

あたまかず【頭数】人の数。人数。(れい)頭数をそろえる。

あたまきん【頭金】買うやくそくができたときにはらう、代金の一部。

あたまにくる【頭に来る】いかりでこうふんする。(れい)面と向かって悪口を言われると頭に来る。

あたまをかかえる【頭を抱◂える】ひどく考えこむ。ひどくなやむ。(れい)むずかしい問題に、頭を抱える。

あたまをひねる【頭をひねる】いっしょうけんめいに考える。

あたらしい【新しい】❶できたばかりである。(れい)新しい校舎にはいる。❷〔いままでにない〕はじめてのものである。(れい)新しい方法を見つける。⇕①②古い。

あたり【辺り】❶その近くの場所。まわり。(れい)辺りが暗くなってきた。❷だいたいの時間・場所などをあらわすことば。(れい)公園のあたり。

あたりどし【当たり年】❶作物がたくさんみのる年。(れい)今年はカキの当たり年だ。❷よいことがたくさんかさなる年。

あたりまえ【当たり前】❶そうなるのがふつうであること。当然。(れい)そんなことをしたら、おこられるのは当たり前だ。❷とくにかわったことがないこと。ふつう。(れい)ごく当たり前の生活をする。

あたる【当たる】❶物がいきおいよくぶつかる。(れい)ボールが頭に当たった。❷〔光・熱・風・雨などの〕はたらきがとどく。(れい)日が当たる。／風が当たる。❸思っていたとおりになる。(れい)予想が当たる。

アダルト おとな。おとなの。おとな向

けの。(れい)アダルトファッション。

あちこち いろいろの場所や方向をさすことば。あちらこちら。あっちこっち。(れい)あちこち見てまわる。

あちら ❶自分からも相手からも遠い場所や、その方向をさすことば。あの方向。あの場所。(れい)あちらを見てごらん。❷遠くの方にある物をさすことば。あれ。(れい)あちらをください。

あちらこちら あちこち。

1あつい【厚い】 ❶一つの面から反対がわの面までのへだたりが大きい。(れい)厚い本。⇕薄い。❷〔なさけや思いやりなどの〕ていどが大きい。(れい)友情に厚い。

2あつい【暑い】 気温が高い。(れい)暑い夏。⇕寒い。

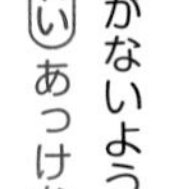

暑い

3あつい【熱い】 ❶温度が高い。(れい)熱い湯。⇕冷たい。❷はげしい気持ちが感じられる。(れい)むねが熱くなる話。

あっか【悪化】 ようすが悪くなること。(れい)病気が悪化した。

あつかい【扱い】 つかう方法。(れい)薬の扱いをまちがえる。

あつかう【扱う】 物をうごかしたりつかったりする。(れい)機械を扱う。

あつかましい【厚かましい】 はずかしさを知らないようす。ずうずうしい。(れい)厚かましいおねがいですが…。

あつがみ【厚紙】 あつみのある紙。ボール紙など。(れい)厚紙で箱をつくる。

あつがり【暑がり】 ふつうの人とくらべて、とくに暑さを感じること。また、そのような人。(れい)父は人一倍暑がりだ。⇕寒がり。

あっかん【圧巻】 物語・劇などの中で、もっともすぐれている部分や場面。(れい)あの映画の最後のシーンは圧巻だった。

あつぎ【厚着】 着物をたくさんかさねてきること。

あっけない はりあいがないようす。ものたりないようす。(れい)あっけなくやぶれてしまった。

あっけにとられる【あっけに取られる】 あまりにも思いがけないことなので、おどろきあきれる。(れい)あっけに取られるほどかんたんに勝つことができた。

あっさり ❶さっぱりしているようす。(れい)あっさりした味。❷かんたんなようす。(れい)あっさりとあきらめる。

あっしゅく【圧縮】 強い力をくわえて、おしちぢめること。圧搾。(れい)酸素を圧縮してボンベにつめる。

あっしょう【圧勝】 大きな差をつけて、一方的に勝つこと。

あっち あちら。

あづちももやまじだい【安土桃山時代】 織田信長と豊臣秀吉が政権をにぎっていたおよそ三十年間（一五六八～一六〇〇年）の時代。「織豊時代」ともいう。安土は信長の、桃山は秀吉の城があったところ。

あっというま【あっと言う間】 ひじょうに短い時間のたとえ。(れい)火はあっと言う間に広がった。

慣用句 **足が棒になる** 長い間立ったり歩いたりして足がひじょうにつかれる。

あ
あいうえお
かきくけこ
さしすせそ
たちつてと
なにぬねの
はひふへほ
まみむめも
やゆよ
らりるれろ
わをん

ことばのテーブル

あっとう【圧倒◂】とても強い力で相手に勝つこと。(れい)相手の大声に圧倒された。

あっぱく【圧迫◂】強くおしつけること。(れい)むねを圧迫される。

あっぱれ〔おどろくほど〕りっぱである。みごとである。(れい)敵ながらあっぱれなはたらきだ。

アップ 上がること。上げること。(れい)おこづかいが五百円アップした。

あっぷあっぷ 水におぼれて苦しむようす。

アップリケ 布地にべつの小さな布をぬいつけてつくるかざり。

アップルパイ パイの中にさとうでにたリンゴを入れてオーブンでやいた、かし。

あつまり【集まり】❶集まること。集まったまとまり。(れい)練習の集まりが悪い。❷集会。(れい)きょうの集まりは、午後二時からです。

あつまる【集まる】たくさんの物や人がひとところにかたまる。よってくる。(れい)みんな集まれ。⇔散る。

あつめる【集める】たくさんの物や人を、同じところによせるようにさせる。(れい)記念切手を集める。

あつものにこりてなますをふく【あつものに懲◂りてなますを吹く】前のしっぱいにこりて、ひつようのないくらい用心深くなることのたとえ。あつもの（＝熱いしるもの）でやけどをしたのにこりて、なます（＝つめたいすのもの）まで、ふうふうとふくということから。

あつらえる 自分の希望どおりの品物をつくるようにたのむ。注文する。(れい)ウエディングドレスをあつらえた。

あつりょく【圧力】物をおしつける力。(れい)圧力が強い。

あてさき【宛◂先】手紙や荷物などを送る相手の名前や住所。あて名。

あてじ【当て字】漢字の意味には関係なく、その読み方だけをあてはめて、あることばをあらわすのにつかった漢字。「めでたい」を「目出度い」、「やはり」を「矢張り」と書くなど。

あてずっぽう【当てずっぽう】物事をいいかげんに判断すること。また、そのことば。(れい)当てずっぽうに答える。

あてな【宛◂名】〔手紙などに書く〕相手の名前や住所。あて先。

あてにする【当てにする】たよりにする。期待する。(れい)親の財産を当てにする。

あてはまる【当てはまる】ちょうどよくあう。(れい)問題の答えに当てはまることばを考える。

あてはめる【当てはめる】ちょうどあうようにする。あうかどうか当ててみる。(れい)きそくに当てはめて考える。

あでやか はなやかでうつくしいようす。うつくしくて上品なようす。(れい)あでやかな着物すがた。

あてる【当てる】❶ぶつける。ふれさせる。(れい)ボールをかべに当てる。❷ぴったりつける。くっつける。(れい)むねに手を当てる。❸〔光・熱などの〕はたらきをうけさせる。(れい)ふとんを日に当てる。❹〔くじなどで〕よいものを引く。(れい)特等を当てる。

[1]**あと**【後】❶後ろのほう。(れい)母の後について歩く。⇔先。

【】漢字を使った書き方　(れい)ことばの使い方の例　⇔反対のことば　⬇参考になる情報　◂小学校で習わない漢字

❷〔ある時から〕のち。時間がおそいこと。(れい)後で会おう。⇔前。先。

あと[2]【跡】❶通っていったしるし。とくに、足あと。(れい)タイヤの跡。

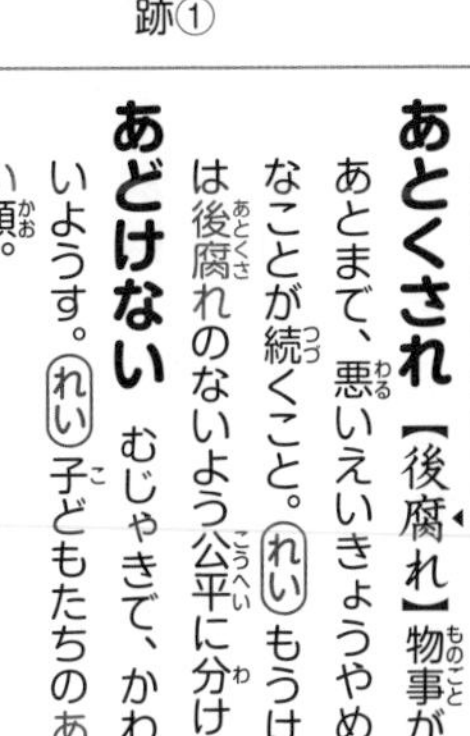

跡①

❷つぐべき家や仕事。(れい)父の跡をつぐ。

アド 狂言の、わき役。シテ（主役）の相手をする。

あとあと【後後】これから先。ずっとあと。のちのち。(れい)このくやしさは、後々までわすれられないだろう。

あとおし【後押し】車などを後ろからおすこと。また、その人。

あとかたづけ【後片付け・跡片付け】何かしたあとをかたづけること。あとしまつ。(れい)パーティーの後片付けをする。

あとかたもない【跡形もない】あとになにひとつ残っていない。(れい)火事で家は跡形もなくやけた。

あとがま【後釜】ある人がさったあとの地位。また、その地位につく人。(れい)やめた大臣の後釜にすわる。

あとくされ【後腐れ】物事がすんだあとまで、悪いえいきょうやめんどうなことが続くこと。(れい)もうけたお金は後腐れのないよう公平に分けよう。

あどけない むじゃきで、かわいらしいようす。(れい)子どもたちのあどけない顔。

あとさき【後先】❶前と後ろ。(れい)後先を見回す。❷ある物事の前と後。(れい)後先を考えずにものを言う。

あとしまつ【後始末】❶あとかたづけ。(れい)教室の後始末をして帰る。❷物事のしめくくり。

あとずさり【後ずさり】前をむいたまま、後ろへさがること。(れい)ネコは犬におびえ、じりじり後ずさりした。

あとつぎ【跡継ぎ・後継ぎ】家の財産や仕事をうけつぐ人。あととり。

あとづけ【後付け】❶書物の本文のあとにつけるページ。(れい)辞典の後付けに、さくいんがある。⇔前付け。❷手紙の後ろの方につける、日付や自分の名前、相手の名前。

あととり【跡取り】家の財産や仕事をうけつぐ人。あとつぎ。(れい)跡取りむすこ。

あとにもさきにも【後にも先にも】今までも、これからのちも。(れい)こんなばかげた話は、後にも先にも聞いたことがない。

あとのまつり【後の祭り】すんでしまって、もうどうにもならないこと。(れい)今さらくやしがってもておくれ。後の祭りだ。

アドバイス よいちえを出して、たすけること。助言。忠告。(れい)アドバイスをうける。

アドバルーン 広告をつけて空にあげる気球。

アトピー ❶生まれつき、ある刺激に体が強すぎる反応をしてしまう体質。❷アトピー性皮膚炎のこと。皮膚が赤くただれてとてもかゆくなる病気。

あとまわし【後回し】じゅんばんをかえてあとに回すこと。(れい)むずかしい問題なので後回しにした。

慣用句 **味をしめる** やったことがうまくいったので、またうまくいくだろうと思う。

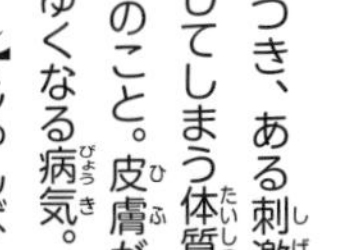

ことばのテーブル

24ページ

あともどり【後戻り】来た方へもどること。れい 坂道で車が後戻りした。

アトラクション ❶客をよせるためにそえるだし物。❷遊園地などの乗り物。

アトランダム〔どれを選ぶということではなく〕手当たりしだいに選ぶようす。アットランダム。れい アトランダムに選ぶ。

アトリエ 画家やちょうこく家などの仕事べや。

アドリブ 台本や楽譜にない、その場でつくったせりふや演奏。

アドレス ❶住所。あて名。れい アドレスの書いてある手帳。❷電子メールのあて先。「メールアドレス」のりゃく。

あな【穴】❶表面がくぼんでいるところ。れい 庭に穴をほる。❷一部分だけつきぬけているところ。れい くつ下に穴があく。❸弱いところ。欠点。れい あのチームは、外野が穴だ。

あなうめ【穴埋◂め】❶あなをうめること。❷足りないところをおぎなったり、損害をうめあわせたりすること。れい このお金は、赤字の穴埋めにつかう。

アナウンサー ラジオやテレビで、ニュースや天気予報などを読んだり、番組の司会などをしたりする人。

あながあったらはいりたい【穴があったら入りたい】体をかくしてしまいたいほどはずかしい気持ちのたとえ。

あながち かならずしも。いちがいに。れい あながちまちがいとはいえない。

あなた 相手をさしていうことば。れい あなたにこの本をあげよう。

あなどる【侮る】〔相手の力などを〕かるくみる。れい 子どもだからといって侮ってはいけない。

あなば【穴場】人にあまり知られていない、よい場所。れい 観光地の穴場。

アナログ 数量の変化を、長さ・位置・角度などを少しずつ変えていくことによってあらわす方法。針で時刻を示す時計など。⇕デジタル。

あに【兄】年上の男のきょうだい。⇕弟。

アニメ 「アニメーション」のりゃく。

アニメーション 画面の一こま一こまをつぎつぎに撮影してつくる映像。動画。アニメ。

あね【姉】年上の女のきょうだい。⇕妹。

あの 話し手や聞き手のいるところから、〔遠く〕はなれているものをさすことば。れい あの山。／あの人。

アパート 一つの大きな建物の中をいくつかのへやにくぎって、多くの人や家族が住めるようにしたすまい。

あばく【暴く】〔人のひみつにしていることや悪事を〕さぐりだして、多くの人に知らせる。れい ひみつを暴く。

あばれる【暴れる】らんぼうなことをする。れい 町の中で暴れる男をとりおさえる。

あばれんぼう【暴れん坊◂】❶らんぼうなことをする人。あばれ者。❷ある集まりのなかで、思いきったはげしいことを言ったりしたりする人。れい 政界の暴れん坊。

アピール 人々の心にうったえること。強く人々によびかけること。れい 自分の考えをアピールする。

あびせる【浴びせる】❶水などをか

ける。れい 冷たい水を浴びせる。

❷〔質問や悪口などを〕つづけざまに言う。れい つぎつぎと質問を浴びせる。

あひる マガモを家畜としてかいならした鳥。肉やたまごは食用とし、羽毛はふとんや上着の中身などにつかわれる。

あびる【浴びる】❶〔湯や水などを〕体にかける。れい シャワーを浴びる。

❷〔ほこり・光・けむりなどを〕いっぱいにうける。れい ほこりを浴びる。

❸〔悪口や害などを〕人からうける。れい 非難のことばを浴びる。

アフガニスタン アフガニスタン・イスラム共和国。アジア大陸の南西部にある、イスラム教を信じる人々の国。首都はカブール。

あぶく 水などにうかんでくる、あわ。

あぶない【危ない】❶きけんであるようす。れい 道路であそぶのは危ない。

❷だめになりそうであるようす。れい このままでは、病人の命が危ない。

❸たしかでなく安心できないようす。れい 合格するかどうか危ないものだ。

あぶはちとらず【あぶ蜂取らず】二つのものを一度に手に入れようとして、どちらも手に入れられないことのたとえ。一度にアブとハチの両方をつかまえようとしてどちらもとれないということから。

あぶら【油】水にうく、もえやすい液体。油には、地中からわき出る石油のなかまと、動植物からとるものとがある。

油

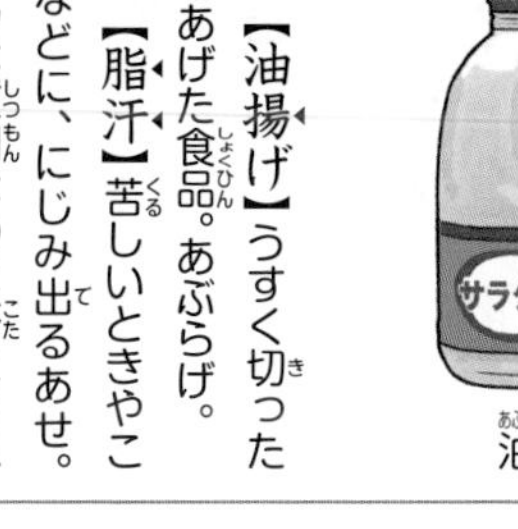
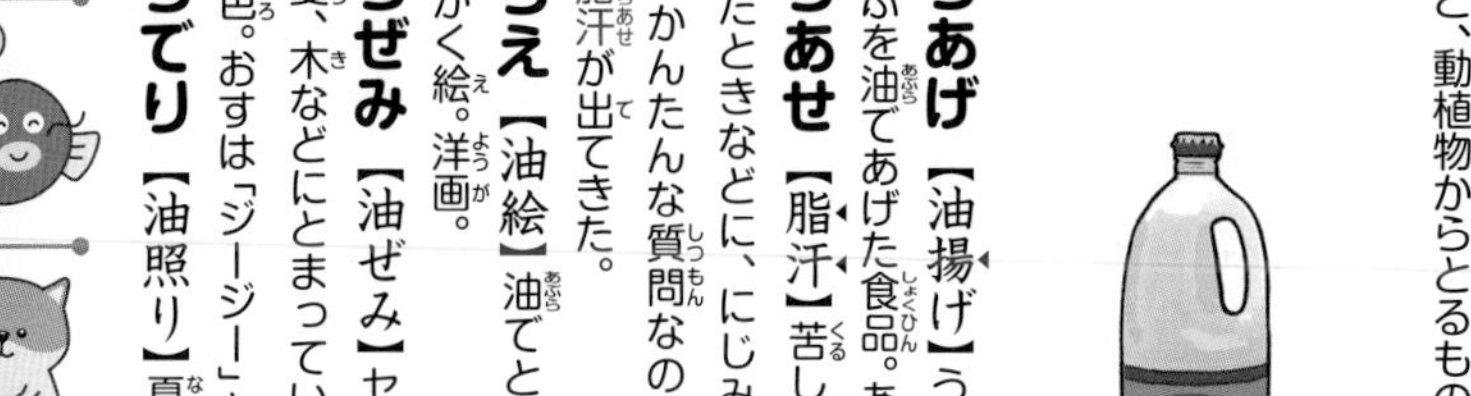

あぶらあげ【油揚げ】うすく切ったとうふを油であげた食品。あぶらげ。

あぶらあせ【脂汗】苦しいときやこまったときなどに、にじみ出るあせ。れい かんたんな質問なのに答えられず、脂汗が出てきた。

あぶらえ【油絵】油でとかした絵の具でかく絵。洋画。

あぶらぜみ【油ぜみ】セミ科のこん虫。夏、木などにとまっている。はねは赤茶色。おすは「ジージー」と鳴く。

あぶらでり【油照り】夏、うすぐもりで風がなく、むし暑いこと。

あぶらみ【脂身】肉や魚の、脂肪の多いところ。れい 牛肉の脂身。

あぶらをうる【油を売る】仕事中に、むだ話などをしてなまける。れい どこで油を売っているのか、出かけたきり帰ってこない。

アプリ「アプリケーション」のりゃく。

アプリケーション コンピューターで、ある決まった作業をするためにつくられたソフトウエア。文書をつくるためのワープロソフトや、電子メールを送ったり受け取ったりするためのメールソフトなど。アプリケーションソフトウエア。アプリ。

あぶる〔かわかしたり焼いたりするために〕火にあてて、あたためたり焼いたりする。れい たき火で手をあぶる。／干物をあぶって食べる。

あふれる❶〔液体・におい・感情などが〕いっぱいになってこぼれる。れい なみだがあふれる。／自信にあふれた顔つき。

❷外へ出るほどいっぱいである。れい 会場に人があふれる。

慣用句 **頭が下がる** 感心して、しぜんにうやまう気持ちになる。

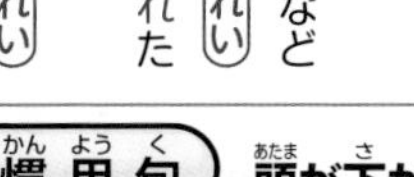
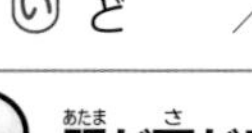
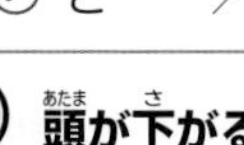
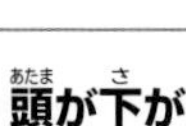
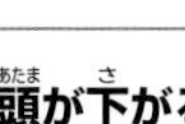
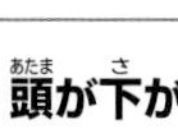

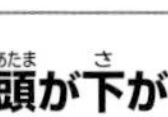

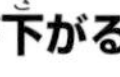

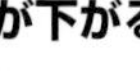

あ あいうえお かきくけこ さしすせそ たちつてと なにぬねの はひふへほ まみむめも やゆよ らりるれろ わをん

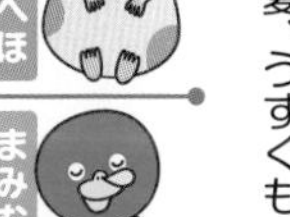

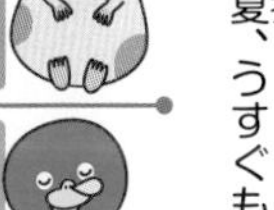

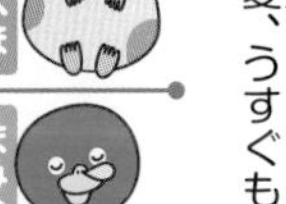
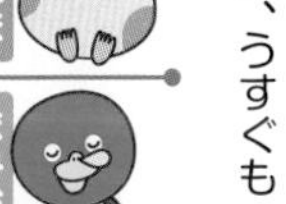

あぶれる 〔仕事などに〕ありつけない。れい 仕事にあぶれてしまう。

あべこべ 順番・向き・関係などがさかさまになること。反対。ぎゃく。れい シャツをあべこべに着る。／絵をあべこべにかける。

アボカド クスノキ科の植物。あつい地方でそだつ。実には脂肪が多く、「森のバター」とよばれる。

1あま【尼】❶仏教で、かみをそり、仏につかえる女の人。❷キリスト教（カトリック）で、神につかえる女の人。修道女。

2あま【海女・海士】海にもぐって、海藻や貝をとることを仕事にしている人。

あまい【甘い】❶さとうやみつのような味がする。れい 甘いかし。⇕辛い。❷きびしくない。れい 子どもに甘い親。❸よく切れない。れい このほうちょうは、切れ味が甘い。❹いいかげんだ。しっかりしていない。れい その考えは甘い。❺ぴったり合わない。ゆるい。れい ねじが甘い。❻こころよく、うっとりするようご

れい 甘い音色の曲。

あまえる【甘える】❶〔かわいがってもらえると思って〕わがままを言う。れい 子が親に甘える。❷〔人の親切な気持ちなどを〕えんりょしないでうける。れい おことばに甘えて、いただきます。

あまえんぼう【甘えん坊】すぐにあまえる人。あまったれ。

あまおと【雨音】雨のふる音。れい 雨音が聞こえる。

あまぐ【雨具】雨のとき、みにつけるもの。レインコート・かさ・雨ぐつなど。

あまくち【甘口】塩けやからさが少なくて、あまみが強いこと。れい 甘口のみそ。⇕辛口。

あまぐつ【雨靴】雨がふるときにはくくつ。レインシューズ。

あまぐも【雨雲】雨をふらせる雲。乱層雲。

あまごい【雨乞い】ひでりつづきのとき、雨がふるように神や仏にいのること。

あまざけ【甘酒】もち米のかゆに、こうじをまぜてつくったあまい飲みもの。

あまずっぱい【甘酸っぱい】あまくてすっぱい。れい 甘酸っぱいグミの実。

あまた 数が多いこと。たくさん。れい あまたの財宝を手に入れる。

あまだれ【雨垂れ】のき先からおちる雨のしずく。れい 雨垂れの音が聞こえる。

アマチュア 職業としてではなく、好きで物事をしている人。しろうと。れい アマチュアカメラマン。⇕プロフェッショナル。

あまつぶ【雨粒】雨のしずく。

あまど【雨戸】雨風をふせいだり、用心をしたりするために、しょうじやガラス戸の外がわにたてる戸。

あまとう【甘党】酒よりも、かしなどのあまいものが好きな人。

あまのがわ【天の川】夏の夜空に、銀色の川のように見える、たくさんの星の集まり。銀河。

あまのじゃく わざと人と反対のことを言ったりしたりする人。へそまがり。つむじまがり。あまんじゃく。

あまみず【雨水】雨の水。雨がふってたまった水。

あまもり【雨漏り】屋根などのこわれたところから雨水が家の中へもること。

あまやかす【甘やかす】〔かわいがって〕したいようにさせる。あまえるままにさせる。(れい)子どもを甘やかしてそだてる。

あまやどり【雨宿り】のき下や木のかげなどで、雨がやむのをまつこと。

あまり【余り】❶あまったもの。残り。(れい)余りのおかしを分ける。
❷ていどがはげしいようす。ひじょうに。あんまり。(れい)あまりうれしくて、とびあがってしまった。
❸それほど。(れい)この問題は、あまりむずかしくない。
❹《数をあらわすことばにつけて》それより少し多いことをあらわすことば。(れい)四十分あまり勉強した。

あまりに【余りに】ていどがはげしいようす。ひじょうに。あんまり。

あまりもの【余り物】あまって残ったもの。残りもの。(れい)余り物で食事をすませる。

あまる【余る】❶たくさんあって残る。わり切れずに残る。(れい)時間が余る。／用意した席が余った。
❷自分の能力をこえている。およばない。(れい)この仕事はぼくの手に余る。

あまんじる【甘んじる】〔あたえられたもので〕不平をいわずに満足する。しかたがないと思ってがまんする。甘んずる。

あみ【網】❶糸・なわ・はり金などであんだもの。
❷ある人をつかまえるためにはりめぐらしたもの。(れい)そう査の網にかかった。

あみかざり【網飾り】色紙に細かい切りこみを入れてつくった、あみのようなかざり。たなばたの日に竹につけたりして使う。

あみだ ❶〔仏教で〕ごくらくにいて、人々をすくうといわれる仏の名。あみだにょらい。
❷ぼうしなどを後ろにかたむけてかぶること。「あみだかぶり」のりゃく。
❸線のはじに当たり・はずれなどを書いてかくしておき、めいめいが引いて当たり・はずれを決めるくじ引きの方法。「あみだくじ」のりゃく。

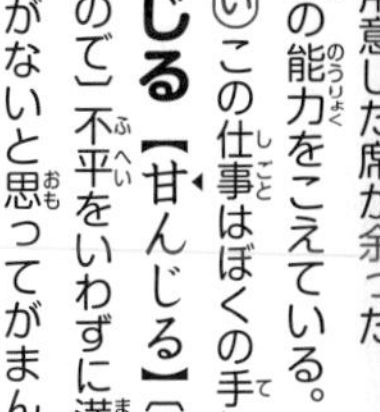

①②③④⑤⑥⑦

あみだ③

あみだす【編み出す】新しいやり方をくふうして考え出す。(れい)新しいわざを編み出す。

あみだな【網棚】〔電車・バスなどで〕荷物をのせるための、たな。

あみど【網戸】〔カやハエなどをふせぐため〕あみをはった戸。

アミノさん【アミノ酸】たんぱく質をつくっているもの。

あみもの【編み物】毛糸などをあんで、衣服やかざりものなどをつくること。また、そうやってつくったもの。

あむ【編む】❶〔糸・竹・はり金など〕細くて長いものをたがいちがいに組み合わせる。(れい)セーターを編む。
❷文章をあつめて本をつくる。(れい)詩集を編む。

1**あめ** いも・米などのでんぷんからつくったあまい食品。

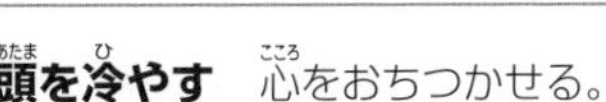
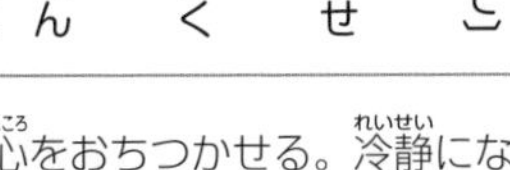
慣用句 **頭を冷やす** 心をおちつかせる。冷静になる。

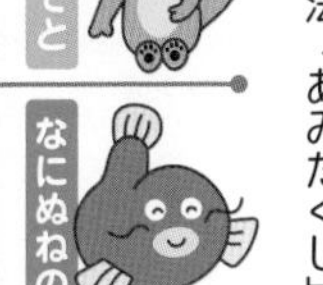

2 **あめ**【天】広い空。てん。あま。(れい)天の下（＝地上の世界）。

3 **あめ**【雨】❶水蒸気が空中でひやされて、しずくになっておちてくるもの。❷雨ふりの天気。(れい)あすは雨だ。

あめあがり【雨上がり】雨がやんだあと。(れい)雨上がりの空に、うつくしいにじがかかった。

あめかぜ【雨風】雨と風。(れい)雨風をしのぐ。

あめがふろうがやりがふろうが【雨が降ろうがやりが降ろうが】どんな困難があっても。(れい)雨が降ろうがやりが降ろうが、かならずうかがいます。

あめかんむり【雨冠◀】漢字の部首の一つ。「雲」「雪」などの上の「雨」の部分。

アメダス 自動的に気象を観測する装置をつかい、全国約千三百か所の気象情報を調べるシステム。

あめだま【あめ玉】玉のように丸い形にしたあめ。

あめふってじかたまる【雨降って地固まる】雨がふったあとは、地面がしまってかたくなるように、悪いことやいやなことなどがあったあとは、かえって前よりもよくなるというたとえ。

あめふらし【雨降らし】アメフラシ科の軟体動物。体にさわると、むらさき色の液を出す。

アメリカ ❶「アメリカ合衆国」のこと。国土のほとんどが北アメリカ大陸にある大きな国。首都はワシントンD.C.。❷南北のアメリカ大陸をまとめていうことば。

アメリカンフットボール アメリカで、ラグビーからつくられたスポーツ。一チーム十一人が、だ円形のボールを相手のゴールに持ちこんだり、けって入れたりして勝負をあらそう。アメフト。アメラグ。

あめんぼ アメンボ科のこん虫。池などの水面でくらす。あしが細長い。あめんぼう。

あやうい【危うい】きけんだ。あぶない。(れい)川におちて危ういところをたすけてもらった。

あやうく【危うく】❶もう少しで。あぶなく。(れい)危うく自動車にはねられそうになった。❷やっとのことで。(れい)やくそくの時刻に危うくまにあった。

あやかる しあわせな人やりっぱな人ににる。また、にるようにねがう。(れい)有名人にあやかって名まえをつける。

あやしい【怪◀しい】❶気味が悪い。(れい)怪しい物音におびえる。❷信用できない。うたがわしい。(れい)本当かどうか怪しいものだ。

あやす 〔赤ちゃんや小さい子の〕きげんをとる。(れい)赤ちゃんをあやす。

あやつりにんぎょう【操り人形】人形の頭や手足に糸をつけ、上からその糸を動かして、人形に動作をさせておこなう、しばい。また、その人形。マリオネット。

あやつる【操る】❶〔道具や機械を〕動かしてつかう。(れい)ボートをじょう

操り人形

【】漢字を使った書き方　(れい)ことばの使い方の例　⇕反対のことば　⬇参考になる情報　◀小学校で習わない漢字

すに操って川をわたった。❷〔人形などを〕糸をつけて動かす。

あやとり【あや取り】輪にしたひもを指や手首にかけ、いろいろな形をつくりながらたがいにやりとりする遊び。糸取り。

あやふや たしかでないようす。あてにならないようす。れい あやふやな態度。

あやまち【過ち】❶まちがい。しっぱい。れい 同じ過ちは二度としない。❷まちがっておかした罪。れい 過ちをつぐなう。

あやまり【誤り】正しくないこと。まちがい。れい 文章の誤りをなおす。

1あやまる【誤る】〔物事を〕やりそこなう。まちがえる。れい 計算を誤る。

2あやまる【謝る】ゆるしてくれるようにたのむ。わびる。れい 花びんをわったので、母に謝った。

あやめ アヤメ科の植物。初夏にむらさき色の花がさく。外がわの花びらにあみ目のもようがある。

あゆ アユ科の魚。水のきれいな川にすむ。水そこの石についた藻を食べる。肉にかおりがあり、食用とされる。

あゆみ【歩み】歩くこと。また、歩き方。れい 歩みをとめる。

あゆみよる【歩み寄る】❶歩いて近づく。れい 二、三歩歩み寄る。❷たがいにゆずり合って、考えを近づける。れい 両者が歩み寄る。

あゆむ【歩む】❶歩く。❷〔物事が〕進む。れい 公害のない町をめざして歩む。

あら【粗】❶おとっている点。欠点。れい 他人の粗をさがす。❷魚のよい部分をとったあとの、まだ少し肉のついたほねや皮。

アラーム ❶けいほう。けいほう器。❷めざましどけい。

1あらい【荒い】❶らんぼうである。れい 気が荒い。❷いきおいがはげしい。れい 波が荒い。

2あらい【粗い】❶すきまなどが大きい。つまっていない。れい 目の粗いあみ。❷おおまかでていねいでない。れい 仕事ぶりが粗い。⇔①②細かい。

あらいざらい【洗いざらい】のこらず全部。すっかり。れい 知っていることを洗いざらい言う。

あらいながす【洗い流す】水を流してよごれやごみを取りのぞく。れい シャツのよごれを洗い流す。

あらいもの【洗い物】食器や衣類など、あらわなければならないもの。れい 食後すぐ、洗い物をかたづける。

あらう【洗う】水や湯などで、よごれをおとす。れい ハンカチを洗う。

あらかじめ まえもって。まえまえから。れい 会場の場所をあらかじめ調べておく。

あらけずり【粗削り・荒削り】❶ざっとけずること。れい 粗削りの柱。❷こまかいところまでできあがっていないようす。大ざっぱなようす。れい 粗削りな作品。

あらさがし【粗探し・粗捜し】人の欠点をあれこれとさがし出すこと。れい 人の粗探しはよしなさい。

あらし【嵐】❶はげしくふく風。❷雨とともにはげしくふく風。暴風雨。

あらしのまえのしずけさ【嵐の前の静けさ】たいへんなことがおこる前の、ぶきみなほど静かなようすのたとえ。

慣用句 **頭をもたげる** かくれていたことがあらわれてくる。

あらす【荒◀らす】❶こわしたりちらかしたりする。れい サルが畑を荒らす。❷あちこちさがしてぬすむ。れい 家の中をどろぼうに荒らされた。

あらすじ【粗筋】物語やげきなどのだいたいの話。すじみち。

あらそい【争い】あらそうこと。れい 争いが絶えない。

あらそう【争う】❶相手に勝とうとしてたたかう。きそう。れい かけっこで一着を争った。❷けんかをする。言いあいをする。れい となりの人と争う。

あらた【新た】新しいようす。新しくするようす。れい 気分を新たにする。

あらだてる【荒◀立てる】はげしくする。大きくする。れい 声を荒立てる。

あらたまる【改まる】❶新しくなる。新しいものと入れかわる。れい あと三日で、年が改まる。❷前よりよい状態になる。なおる。れい おこないが、すっかり改まる。

あらためて【改めて】❶もう一度。べつのときに。れい 改めて明日うかがいます。❷はじめてのことのように。れい 改めていうまでもないが、集合の時間におくれないように。

あらためる【改める】❶新しくする。れい 勉強の方法を改める。❷前よりよい状態にする。なおす。れい 悪いくせを改める。❸〔態度やことばを〕かたくるしくする。れい ことばを改める。❹調べる。れい さいふの中を改める。

あらて【新手】❶まだ、たたかっていない元気な選手や兵隊。❷新しくなかまにはいった人。新人。れい チームに新手が加わった。❸新しいやり方。れい 新手を考える。

アラビアすうじ【アラビア数字】インドででき、アラビアからヨーロッパにつたわった数字。0・1・2・3・4・5・6・7・8・9の十個の数字。現在は、世界中で使われている。算用数字。

あらまし ❶あらすじ。れい 事件のあらましをのべる。❷おおよそ。ほとんど。だいたい。れい 仕事もあらましかたづいた。

あらゆる すべての。あるかぎりの。れい あらゆる手段を使ってさがす。

あられ ❶空気中の水分が急にひやされ、小さな氷のつぶになってふってくるもの。❷小さく切ったもちをいって、味をつけたもの。

あらわ はっきり外に出ているようす。れい 不快な気持ちをあらわにする。

1あらわす【表す】❶考えや気持ちなどをはっきりしめす。れい よろこびをたいどで表す。❷内容を記号などでしめす。れい 実験の結果をグラフで表す。

2あらわす【現す】〔すがたや形を〕見えるように外に出す。れい すがたを現す。⬍隠す。

1あらわれる【表れる】〔考えや気持ちなどが〕しぜんに表に出る。れい すなおな心の表れた文章。

2あらわれる【現れる】〔すがたや形が〕外に出てくる。見えるようになる。れい クマが裏山に現れた。

あり アリ科のこん虫。体は小さく、土の中などに巣をつくってすむ。一つの巣

に一ぴきのめす（＝女王アリ）と、たくさんのはたらきアリと、おすのアリがいる。

ありあけのつき【有り明けの月】夜が明けても、空に見えている月。

ありあまる【有り余る】ひつよう以上にたくさんある。れい 力が有り余っている。

ありあり はっきり。まざまざ。れい 去年のキャンプのことがありありと目にうかぶ。

ありあわせ【有り合わせ】その場にあること。また、その場にある物。れい 有り合わせのおかずで、食べる。

アリーナ 観客席のある室内競技場。また、競技場のグラウンドにつくった観客席。

ありうる【有り得る】そうなる場合もあると考えられる。れい 雨になれば試合の中止も有り得る。

ありえない【有り得ない】あるはずがない。れい そんなことは有り得ない。

ありか【在りか】さがしているものの、あるところ。また、人のいるところ。れい 宝の在りかをさがしもとめる。

ありがたい【有り難い】❶うれしいと思う気持ちだ。感謝している。れい てつだってもらえれば有り難い。❷よろこばしい気持ちだ。

ありがたみ【有り難み】ありがたいと思う感じ。れい 親の有り難みがわかる。

ありがためいわく【有り難迷惑】相手の親切が、こちらではかえってめいわくになること。れい 気持ちはうれしいが、ぼくには有り難迷惑だ。

ありがち【有り勝ち】とくべつな例ではなく、よくあるようす。れい ありがちな計算のミスだ。

ありがとう【有り難う】お礼の気持ちや感謝の気持ちをあらわすことば。れい プレゼントをありがとう。

ありがね【有り金】今、もっているお金。れい 有り金をはたいて買う。

ありきたり【在り来たり】いつでもどこにでもあってめずらしくないようす。れい ありきたりの文章。

ありさま【有様】物事のようす。状態。れい 火事のあとはひどい有様だった。

ありじごく【あり地獄】ウスバカゲロウのよう虫。かわいた砂地にすりばち形の巣をつくり、すべりおちてくるアリなどの虫をとって食べる。

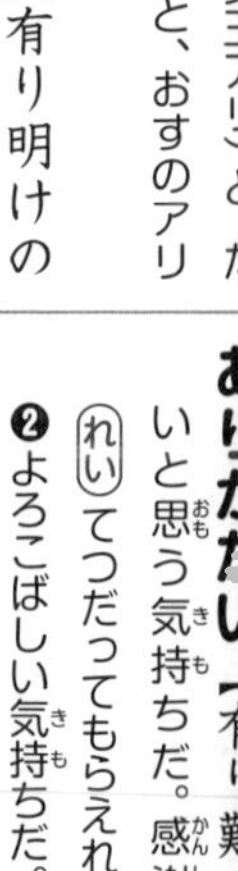

あり地獄

ありつく 求めていたものを、手に入れる。れい やっと仕事にありついた。

ありったけ その人が持っているすべて。あるだけぜんぶ。あらんかぎり。れい ありったけの知恵をしぼる。

ありとあらゆる あるかぎりの。すべての。れい ありとあらゆるもの。

ありのまま じっさいにあったとおり。れい ありのままに話す。

アリバイ〔犯罪などがおきた〕そのとき、その場所にいなかったという証明。

ありふれる【有り触れる】どこにでもある。れい ありふれた品。

1**ある** はっきりしないものをさすことば。れい むかしむかしあるところにおじいさんとおばあさんがいました。

慣用句 **当てが外れる** 期待していたこととちがう残念な結果になる。

2ある【有る】❶もっている。(れい)お金が有る。⇕無い。❷おこなわれる。起こる。(れい)きのう、試験があった。

3ある【在る】存在する。(れい)都会に在る家。

あるいは または。(れい)明日の天気は、くもりあるいは雨。

アルカリせい【アルカリ性】赤色のリトマス試験紙を青色にかえ、酸と中和する性質。⇕酸性。

あるく【歩く】〔自分自身の〕足をつかって進む。あゆむ。(れい)野山を歩く。

アルコール ❶でんぷんからつくる、もえやすい液体。❷酒。

あるじ 一家の主人。また、店の主人。

アルト 歌を歌うときの、女性のいちばん低い声のはんい。また、そのはんいをうけもつ歌手。

アルバイト 学生などがおこなう仕事。おもな仕事とは別の仕事。また、それをする人。バイト。

アルバム ❶写真などをはっておく帳面。写真帳。❷〔何曲かをおさめた〕CDやレコード。

アルファベット ヨーロッパのことばをつづるもとになる、一定のじゅんにならべられた文字。

大文字→Aa←小文字
エイ←発音

Aa	Bb	Cc	Dd	Ee		
エイ	ビー	スィー	ディー	イー		
Ff	Gg	Hh	Ii	Jj	Kk	Ll
エフ	ジー	エイチ	アイ	ジェイ	ケイ	エル
Mm	Nn	Oo	Pp	Qq	Rr	Ss
エム	エン	オウ	ピー	キュー	アー	エス
Tt	Uu	Vv	Ww	Xx	Yy	Zz
ティー	ユー	ヴィー	ダブリュー	エックス	ワイ	ズィー

アルファベット

アルプス ヨーロッパの中南部にあって、フランス・スイス・イタリア・オーストリアなどにまたがる大山脈。

アルミニウム 銀白色の、軽くてやわらかな金属。

あれ ❶話し手からも相手からも遠くはなれているものをさすことば。(れい)あれをとってきてください。❷ずっと前のある時をさすことば。その時。(れい)あれからもう一年がたつ。

あれこれ いろいろな物事をさししめすことば。(れい)ひつようなもののあれこれを買いもとめる。

あれる【荒れる】❶〔風や波が〕はげしくなる。(れい)海が荒れる。❷〔ようすやたいどが〕らんぼうになる。(れい)反そくで試合が荒れた。

アレルギー 生物がある物質にたいしてしめす、異常な反応。じんましん・ペニシリンショック・花粉症など。

アレンジ 音楽で、編曲すること。(れい)名曲をアレンジする。

1あわ イネ科の植物。実は小さくて黄色い。かしの材料や鳥のえさなどにする。

2あわ【泡】液体が空気をつつんでできる小さなつぶ。あぶく。

あわい【淡い】❶〔色・味・かおりなど〕がうすい。⇕濃い。❷わずかである。ほのかだ。(れい)淡い望み。

あわす【合わす】あわせる。

あわせる【合わせる】❶〔二つ以上

のものを〕合うようにする。一つにする。合わす。れい みんなで力を合わせる。
❷調子をそろえる。合わす。れい ピアノに合わせて歌う。
❸くらべてたしかめる。合わす。れい 答えを合わせる。

あわただしい【慌ただしい】いそがしくておちつかない。めまぐるしい。れい 引っこしの準備で家の中が慌ただしい。

あわてる【慌てる】❶〔急なできごとに〕おどろきまごつく。うろたえる。れい とつぜんの雨で慌てた。
❷ひどくいそぐ。れい ちこくしそうになって、慌てて家をとび出した。

あわてんぼう【慌てん坊】ちょっとしたことで、すぐにあわてる人。そそっかしい人。あわてもの。

あわび ミミガイ科のまき貝。大形で、貝がらはあさい皿のような形。肉は食用になる。

あわれ【哀れ】❶かわいそうだという気持ち。また、悲しみ。れい 人々の哀れをさそう。
❷かわいそうだ。れい この物語の主人公は哀れだ。

あわれむ【哀れむ】かわいそうに思う。れい 親をなくした子犬を哀れむ。

1**あん** ❶アズキやインゲンマメなどをにて、つぶしたりこしたりし、あまく味をつけたもの。あんこ。
❷くず粉やかたくり粉でとろみを出したもの。れい やさいのあんかけ。

2**あん**【案】〔決めるためにまとめた〕考え・意見・計画など。れい 案をたてる。

あんい【安易】かんたんでやさしいようす。手軽なようす。れい 安易な仕事。

アンカー ❶船のいかり。
❷リレー競技で、最後に走ったりおよいだりする人。

あんがい【案外】物事のていどが、思っていたこととちがうようす。思いのほか。れい テストは、案外よくできていた。

あんき【暗記】書いたものを見ないでも言えるようにおぼえること。れい かけざんの九九を暗記する。

あんぎゃ【行脚】❶僧が修行のため、あちこちめぐり歩くこと。
❷歩いてあちこち旅をすること。れい 四国行脚の旅に出る。

アングル 角度。とくに、カメラでうつすときの角度。

アンケート たくさんの人に同じ質問をして答えや意見をもとめること。また、その調査の方法。

あんこ アズキやインゲンマメなどをにて、つぶしたりこしたりし、あまく味をつけたもの。あん。

あんごう【暗号】〔人に知られないように通信するため〕なかまのあいだで決めた合図のしるし。れい 暗号を解読する。

アンコール 音楽会などで、演奏がおわったとき、はくしゅをしてもう一度演奏をのぞむこと。れい アンコールにこたえる。

あんこく【暗黒】あたりいちめん、まっくらなこと。

あんさつ【暗殺】〔政治家などを〕すきをねらってころすこと。やみうち。れい 大統領が暗殺された。

1**あんざん**【安産】あまり苦しまずに、ぶじに子どもをうむこと。れい 安産をねがう。

慣用句 **あとを絶たない** あとからあとから続いて、なくならない。

- 2あんざん
- アンサンブル
- あんじ
- あんじゅう
- あんしょう
- あんしょうにのりあげる
- あんしん
- あんず
- あんずる
- あんずるよりうむがやすし
- あんせい
- あんぜん
- アンチ
- あんてい
- アンテナ
- アンデルセン
- あんどん
- あんな
- あんない
- あんないず
- あんのじょう
- あんばい

2あんざん【暗算】〔そろばん・計算器・紙などをつかわないで〕頭の中で計算すること。また、その計算。⇕筆算。

アンサンブル 少ない人数でおこなう合奏や合唱。また、その集まり。

あんじ【暗示】〔あることをはっきり言わず〕べつのことをしめしてそれとなくわからせること。(れい) すばらしい未来を暗示するようなできごと。

あんじゅう【安住】なんの心配もなく、そこにおちついてすむこと。(れい) 安住の地をみつける。

あんしょう【暗唱】〔文章・詩・歌などを〕暗記して、口に出して言うこと。(れい) 詩を暗唱する。

あんしょうにのりあげる【暗礁◂に乗り上げる】思いがけないことで物事が進まなくなる。行きづまる。(れい) 自転車旅行の計画は、お金が不足し暗礁に乗り上げた。

あんしん【安心】心配ごとのないこと。また、心配しないこと。(れい) 試験に合格したので、安心した。⇕心配。

あんず バラ科の木。春、うすいピンク色の花がさく。実はそのまま食べたり、ジャムにしたりする。アプリコット。

あんずる【案ずる】心配する。案じる。(れい) 子どもの将来を案ずる。

あんずるよりうむがやすし【案ずるより産むがやすし】物事をおこなう前にあれこれ心配していても、いざやってみると案外かんたんにできるものだというたとえ。

あんせい【安静】〔病気をなおすために〕体を動かさないで、しずかにしていること。(れい) 貧血をおこしたのでしばらく安静にしている。

あんぜん【安全】きけんがないこと。あぶなくないこと。(れい) 交通安全。／安全な場所ににげる。⇕危険。

アンチ ほかのことばの上について、「反対する」という意味を表すことば。(れい) なにがあってもアンチ暴力だ。

あんてい【安定】❶変化がなくおちついていること。(れい) 生活が安定する。❷すわりがよいこと。(れい) このいすは安定が悪い。

アンテナ 電波を出したりうけたりするための金属製の装置。

アンデルセン（一八〇五〜一八七五）デンマークの作家。「みにくいアヒルの子」「マッチ売りの少女」など、五十編をこえる童話を書いた。

あんどん【行どん】木や竹のわくに紙をはり、中に火をともすようにした、むかしの明かり。

行どん

あんな 物事の状態・ていどがあのようであるようす。あのような。(れい) あんなにいい人はいない。

あんない【案内】❶〔道などを〕教えみちびくこと。(れい) 目的地まで案内する。❷知らせ。通知。(れい) 開店の案内がきた。

あんないず【案内図】道順などを知らせる図。(れい) バス路線の案内図。

あんのじょう【案の定】思ったとおり。予期していたとおり。(れい) 案の定午後から雨になった。

あんばい ぐあい。ようす。調子。(れい)

いいあんばいに雨がやんだ。

あんぴ【安否】〔ある人物が〕ぶじかどうか。(れい)そうなん者の安否を気づかう。

アンモナイト 一～四億年くらい前にいた海の生物。まき貝のような形で、化石として発見される。アンモンガイ。

い イ

い[1]【亥】❶十二支の十二番目。❷むかしの時刻のよび名で、今の午後十時ごろ。また、その前後二時間。

い[2]【胃】食道と腸の間にある、内臓の一つ。食べものを消化するはたらきをする、ふくろのような形をしているところ。(れい)胃がいたむ。⬇内臓。

いい 「よい」のくだけた言い方。(れい)とてもいい気分です。

いいあらわす【言い表す】〔思っていることを〕ことばであらわす。

いいえ 相手の言ったことについて、反対したり打ち消したりしてそうではないと答えることば。⬍はい。

いいかえす【言い返す】❶一度いったことばをくり返していう。❷相手のいったことにたいして、〔さからって〕ことばを返す。(れい)負けずに言い返す。

いいがかり【言い掛かり】理由もないのに人をこまらせるようなむりなことをいうこと。また、そのことば。

いいかげん【いい加減】❶ちょうどよいていど。てきど。(れい)湯加減はどうですか。とてもいい加減です。❷やり方がなまぬるいようす。無責任であてにならないようす。(れい)いつもいい加減な仕事をする。

いいかた【言い方】話のしかた。ことばの使い方。言い回し。(れい)おこっているような言い方をする。

いいきがしない【いい気がしない】こころよい気持ちがしない。ふゆかいだ。(れい)そんなことをいわれたらいい気がしないだろう。

いいきかせる【言い聞かせる】よく教えさとす。(れい)ぎょうぎよくしているように弟によく言い聞かせる。

いいきになる【いい気になる】自分ひとりで満足して、得意になる。(れい)おだてられて、いい気になる。

いいきみ【いい気味】ほかの人の失敗などをよろこぶ気持ち。(れい)あいつがゲームにまけるなんていい気味だ。

いいきり【言い切り】言いきること。言い終わること。

いいきる【言い切る】❶きっぱりという。断言する。(れい)こんどこそ優勝をねらうと言い切った。❷いいおわる。(れい)言い切らないうちに電話が切れた。

いいだしっぺ【言い出しっぺ】はじめにいいだした人。(れい)計画は、言い出しっぺのぼくが立てます。

いいつけ【言い付け】❶命令。教え。(れい)親の言い付けを守る。❷つげぐち。

いいつける【言い付ける】❶命令する。(れい)父は庭をはくよう弟に言い付けた。❷つげぐちをする。(れい)妹はぼくが先生にしかられたことを母に言い付けた。

いいつたえ【言い伝え】むかしから語りつたえられてきた話。伝説。

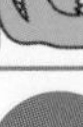

慣用句 **後を引く** あることのえいきょうが、いつまでも残っている。

ことばのテーブル

36ページ

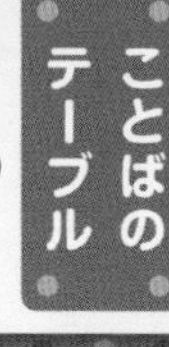

イーティーシー【ETC】自動車をとめずに有料道路の料金がはらえるしくみ。高速道路でつかわれている。

いいなおす【言い直す】同じことをもう一度いう。いいかえる。(れい)大声ではっきりと言い直す。

いいなずけ 結婚のやくそくをした相手。婚約者。フィアンセ。

いいなり【言いなり】〔人の〕いうとおりにすること。いうがまま。(れい)人の言いなりになってはいけない。

いいのがれ【言い逃◂れ】といつめられたとき、うまくいいわけをすること。また、そのことば。(れい)もう言い逃れはできない。

いいふらす【言い触◂らす】〔人の欠点・失敗などを〕あちこちで、おおぜいの人に話して広める。

いいぶん【言い分】いいたいことがら。主張したいことがら。(れい)子どもの言い分を聞く。

いいまわし【言い回し】ことばの言いあらわし方。言い方。口のきき方。(れい)たくみな言い回し。

イーメール【Eメール】でんしメール。

いいわけ【言い訳】〔失敗などをしたとき〕そのわけを説明すること。また、その説明。弁解。(れい)今さらそんな言い訳はとおらない。

1 **いいん**【医院】病院やしんりょう所のこと。

2 **いいん**【委員】〔ある会や組の中からえらばれて、代表として〕ある仕事をまかせられている人。(れい)学級委員。

いいんかい【委員会】委員の話し合いによって何かを決めたり、いろいろな仕事をしたりする会。

いいんちょう【委員長】委員をまとめる代表者。(れい)委員長を決める。

いう【言う】❶話す。(れい)なにも言うことがないのでだまっていた。❷《「…という」の形で》名づける。よぶ。(れい)小林という人。❸音がする。音をたてる。(れい)風にふかれて戸がガタガタいう。

いうことなし【言うことなし】文句や不満を言いたい点が一つもない。文句なし。申し分なし。(れい)委員長として言うことなしの人物。

1 **いえ** 物事を打ち消すときのことば。(れい)これはあなたのノートですか。いえ、ちがいます。

2 **いえ**【家】❶人のすむ建物。(れい)となりの家は、とても大きい。❷自分のすんでいる所。(れい)家であったことを話す。❸親子・きょうだいの集まり。家庭。(れい)ぼくの家は四人ぐらしです。

いえじ【家路】家へ帰る道。(れい)家路をいそぐ人のむれ。

イエス はい。そうです。⇕ノー。

いえで【家出】こっそり家をぬけだし、よそへ行って帰らないこと。

いえもと【家元】おどり・いけ花・茶の湯などの芸事で、その流派の教えを正しく受けつぎ、その中心となる家。また、その主人。

いえる【癒◂える】病気やけがなどがなおる。(れい)心にうけたきずはなかなか癒えない。

イエローカード〔サッカーなどで〕しんぱんが反則をした選手に、警告のために出す黄色いカード。

1 **いか** 海にすむ、ほねのないやわらかな

〔〕漢字を使った書き方　(れい)ことばの使い方の例　⇕反対のことば　⬇参考になる情報　◂小学校で習わない漢字

動物。体はつつの形をして、十本のあしをもつ。

[2] **いか**【以下】❶その数や量をふくんで、それより下。（れい）五才以下は無料です。❷それより下。（れい）実力はきみ以下だ。⇕①②以上。❸これよりあと。（れい）以下の説明はりゃくします。

いが クリなどの実のまわりをつつんでいる、とげのついた皮。

[1] **いがい**【以外】それよりほか。それをのぞいたほかのもの。（れい）ぼく以外は知らないひみつの場所。

[2] **いがい**【意外】思っていたこととじっさいのことがひどくちがうようす。思いのほか。（れい）木村さんまで参加するなんて、意外だった。

いかく【威嚇】自分の力をしめして、相手をおどすこと。（れい）威嚇射撃。

いがく【医学】人間の体や病気について研究する学問。

いかさま にせもの。また、いかにもほんとうらしく見せること。（れい）この勝負はいかさまだ。

いかす【生かす】❶〔死にかけたものを〕生きかえらす。❷命をたもたせる。（れい）てきを生かしておく。⇕①②殺す。❸うまく利用する。活用する。（れい）習ったことを次の学習で生かす。

いかずち 雲の中、または、雲と地面にできたプラスとマイナスの電気の放電によって出る大きな音や強い光。かみなり。

いかだ 丸太や竹をつなぎ合わせて、川などにうかべるもの。切った木を山からはこぶときや川をくだる乗り物として使う。

いかにも ❶どう考えても。どうみても。（れい）いかにもざんねんだ。❷ちょうどそのとおりのようすで。まことに。じつに。（れい）いかにも新春にふさわしい光景。

いがみあう【いがみ合う】にくらしいと思って、たがいにあらそう。（れい）二つのグループがいがみ合っている。

いかめしい 重々しくて近よりがたいようす。（れい）いかめしい顔つき。

[1] **いかり** 船が流されないように、水の底にしずめておく鉄のおもり。

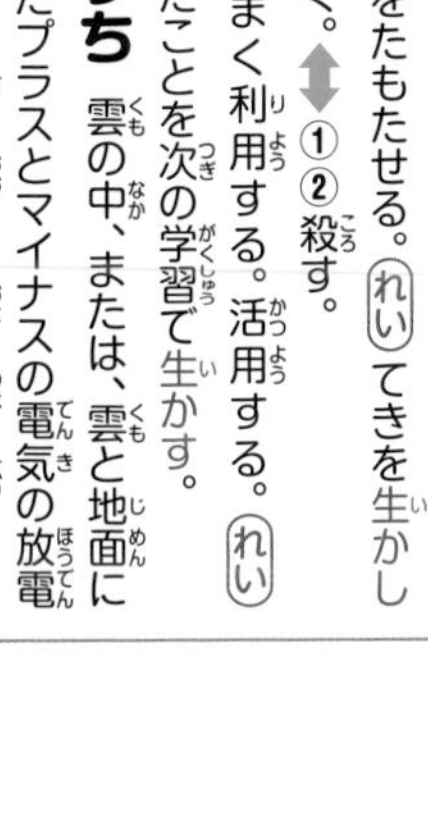

いかり

[2] **いかり**【怒り】はらをたてること。（れい）男は怒りで顔をまっかにした。

いかる【怒る】はらをたてる。（れい）不正を怒る。

[1] **いき**【生き】新しさの度合い。しんせんさ。（れい）市場に生きのいいカツオがならんでいる。

[2] **いき**【行き】あるところにむかって行くこと。また、そのときや、そのとちゅう。ゆき。（れい）行きは飛行機にすることにした。

[3] **いき**【粋】❶すっきりしていて、気がきいていること。上品でしゃれていること。（れい）粋な着物すがた。❷世の中のことをよく分かっていて気がきくこと。粋。（れい）粋なはからい。⇕①②やぼ。

ことわざ **危ない橋をわたる** あぶないと知っていながら、物事をおこなう。

4 **いき**【息】動物が呼吸すること。また、そのときの空気。(れい)息がくるしい。

息

1 **いぎ**【異議】ある考えとちがった考えや意見。反対の意見。(れい)人の意見にいつも異議をとなえる。

2 **いぎ**【意義】❶ことばのもつ意味。わけ。❷〔物事の〕ねうち。かち。(れい)山登りは、苦しさにたえるところに意義がある。

いきあたりばったり【行き当たりばったり】先のことを考えないで、その場その場で、物事をおこなうこと。ゆきあたりばったり。(れい)行き当たりばったりの勉強では、効果はない。

いきいき【生き生き】元気いっぱいのようす。(れい)生き生きした顔。

いきうつし【生き写し】顔かたちや身ぶりが、ある人にたいへんよくにていること。

いきおい【勢い】❶ほかをおしたおすようなさかんな力。勢力。(れい)敵軍の勢いはおとろえない。❷人の動作や物の動きなどにあらわれる、強さ・はやさなどの力。(れい)日の出の勢い。

いきがあう【息が合う】たがいの気持ちや調子がぴったりあう。

いきがい【生きがい】生きていてよかったと思うこと。生きるはりあい。(れい)人のためにつくすことが父の生きがいだ。

いきかえり【行き帰り】行きと帰り。ゆきかえり。往復。(れい)行き帰りに通る道。

いきかえる【生き返る】命やもとの元気をとりもどす。(れい)久々の雨で、草木が生き返った。

いきき【行き来】❶行ったり来たりすること。ゆきき。(れい)人の行き来がはげしい。❷つきあうこと。ゆきき。(れい)親どうしがしたしく行き来する。

いきぎれ【息切れ】息が苦しくなること。(れい)階段をかけのぼってきたので息切れがする。

いきぐるしい【息苦しい】息がつまりそうで苦しい。(れい)まどがしめきってあるので息苦しい。

いきごみ【意気込み】はりきって何かをやろうとする気持ち。(れい)たいへんな意気込みで仕事にとりくむ。

いきごむ【意気込む】〔あることをしようと〕はりきる。(れい)新記録を出そうと意気込む。

いきさつ そうなったわけ。事情。(れい)あらそいのいきさつを話す。

いきじごく【生き地獄】生きたまま地獄へ落ちたような、ひどいありさま。(れい)生き地獄のような事故現場。

いきじびき【生き字引】ある事がらについて、字引(辞典)のようになんでもよく知っている人。

いきすぎ【行き過ぎ】ふつうのていどをこしていること。やりすぎること。ゆきすぎ。(れい)そこまでやるのは行き過ぎだ。

いきだおれ【行き倒れ】おなかがすいたり、ひどい寒さなどで、道ばたで死ぬこと。また、そのようにして死んだ人。ゆきだおれ。

いきち【生き血】生きている動物の、ち。なまち。

いきちがい【行き違い】❶会うつもりが会えないこと。ゆきちがい。❷〔考えが相手によくつたわらないことからおこる〕くいちがい。ゆきちがい。(れい)話の行き違いから、けんかになる。

いきつぎ【息継ぎ】〔歌っているとちゅうや、泳いでいるとちゅうで〕息をすうこと。(れい)息継ぎをしないで二十五メートル泳ぐ。

いきつけ【行きつけ】いつもよく行くこと。ゆきつけ。(れい)行きつけの店。

いきづまる【行き詰まる】先に行けなくなる。ゆきづまる。物事がうまく進まなくなる。(れい)キャンプの計画が行き詰まる。

いきとうごう【意気投合】たがいに気持ちがぴったり合うこと。

いきどおり【憤り】はらをたてること。いかり。(れい)乗客のマナーの悪さに憤りをかんじた。

いきどおる【憤る】はげしくおこる。ふんがいする。(れい)政治家の不正を憤る。

いきとどく【行き届く】すみずみまで注意が配られている。ゆきとどく。(れい)手入れが行き届いた庭。

いきどまり【行き止まり】行く先がふさがっていて、先へ進めないこと。また、そのような場所。ゆきどまり。

いきながらえる【生き長らえる】長く生きつづける。長生きする。

いきなり とつぜん。急に。(れい)強い風に、いきなりぼうしをとばされた。

いきぬき【息抜き】❶〔気分をかえるため〕とちゅうでひと休みすること。(れい)勉強の息抜きにテレビを見る。❷空気を通すためにつくったあな。

いきのこる【生き残る】死なずにのこる。

いきのねをとめる【息の根を止める】❶ころす。❷完全に、活動ができないようにする。(れい)すりの一味の息の根を止める。

いきもたえだえ【息も絶え絶え】今にも息が止まりそうなようす。(れい)けが人は、息も絶え絶えだった。

いきもの【生き物】生きているもの。命のあるもの。生物。

いぎょう【偉業】かちのある、りっぱな仕事。(れい)かれは、多くの偉業をなしとげた。

いきようよう【意気揚揚】結果がよくてとくいになっているようす。(れい)優勝して意気揚々と帰ってきた。

イギリス「グレートブリテンおよび北アイルランド連合王国」のこと。英国。ヨーロッパの北西部にある立憲君主国。首都はロンドン。

いきる【生きる】❶〔生物が〕この世で命をたもちつづける。(れい)百才まで生きる。⇔死ぬ。❷生活する。(れい)生きるために働く。❸ねうちがある。役にたつ。(れい)前の経験が生きている。⇔死ぬ。

いきわかれ【生き別れ】〔親子・きょうだいなどが〕別れ別れになって会えないでいること。(れい)戦争で生き別れになっていた親子。

いきをころす【息を殺す】息をとめるようにして、じっとしずかにしている。息をこらす。息をつめる。(れい)息を殺してかくれる。

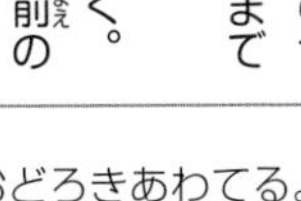
慣用句 **あわを食う** おどろきあわてる。

いきをのむ【息をのむ】思いがけないことに出会ってはっとする。(れい)日の出の美しさに思わず息をのんだ。

いく【行く】❶目あてのところにむかって進む。ゆく。(れい)学校へ行く。
❷通りすぎる。すぎさる。ゆく。(れい)道を行く人。
❸物事が進む。ゆく。(れい)計画どおりに行く。
❹《「…ていく」の形で》だんだん…する。ゆく。(れい)空が明るくなっていく。

いくさ【戦】たたかい。戦争。(れい)はげしい戦で多くの人が命をおとした。

いぐさ イグサ科の植物。しめった土地にはえる。くきは、たたみおもてや、ござなどの材料になる。

いくじ[1]【育児】赤んぼうや小さい子どもをそだてること。(れい)育児日記。

いくじ[2]【意気地】物事をやりとげようとする強い気持ち。気力。意地。(れい)意気地がない。

いくじなし【意気地無し】がんばろうとする気力や勇気がないこと。また、そのような人。(れい)意気地無しで、すぐになきだす。

いくせい【育成】育ててりっぱにすること。(れい)選手を育成する。

いくた【幾◂多】たくさん。数多く。(れい)幾多の苦しみを乗りこえる。

いくたび【幾◂度】「何回」「何度」の少し古い言い方。いくど。

いくつ【幾◂つ】はっきりしない、ものの数や人のとしを言うことば。また、ものの数や人のとしをたずねるときに言うことば。なんこ。なんさい。(れい)幾つでも食べなさい。／ぼうやは幾つ。

いくて【行く手】❶進んでいく方向。ゆくて。(れい)行く手に山が見える。
❷これから先。将来。ゆくて。(れい)行く手にきぼうがある。

いくどうおん【異口同音】多くの人が同じことを言うこと。

いくぶん【幾◂分】あるていど。少し。いくらか。(れい)むかつきは幾分おさまった。／昨日より幾分さむい。

いくら【幾◂ら】はっきりしない数・ねだん・ていどなどをあらわすことば。どれほど。どれくらい。(れい)ねだんは幾らになりますか。

いけ【池】❶地面がくぼんで水がたまったところ。
❷地面をほって水をためたところ。

いけがき【生け垣◂】木をうえてつくったかきね。

いけす【生けす】〔料理などにつかうため〕とった魚や貝を生かしたままかっておくところ。(れい)店の生けすにアジをはなす。

いけどり【生け捕◂り】生きたままつかまえること。また、つかまった人やけもの。とりこ。

いけどる【生け捕◂る】生きたままつかまえる。(れい)山でイノシシを生け捕る。

いけない ❶〔性質・中身などが〕よくない。悪い。(れい)スポーツはいいが、勉強となるとどうもいけない。
❷してはならない。(れい)信号を無視してはいけない。
❸しなければならない。(れい)税金をおさめなければいけない。

いけにえ ❶神にそなえるための、生きたままの動物。
❷ある物事やある人のために、命や利益をなげすてること。ぎせい。

いけばな【生け花】木のえだや草花などを切り、形をととのえていれものにさすこと。また、そうしてさした花。生花。華道。

いける【生ける】花などをいれものにさす。(れい)花びんに花を生けた。

いけん【意見】❶〔あることに対する〕自分の考え。(れい)ぼくの意見がすんなりとおった。❷注意をあたえて、いましめること。(れい)父に意見された。

いげん【威厳】りっぱで、人をしたがわせるような重々しさ。おごそかで、いかめしいこと。(れい)王様の威厳にみちた顔つき。

いけんぶん【意見文】自分の考えと、そのように考える理由などをのべた文章。

1**いご**【以後】❶そのときからのち。そののち。(れい)父は六時以後でないともどらない。⇔以前。❷今からのち。今後。(れい)以後気をつけます。

2**いご**【囲碁】たて横十九本ずつの線を引いた台の上に、白石と黒石をならべてじんちをとりあうゲーム。碁。

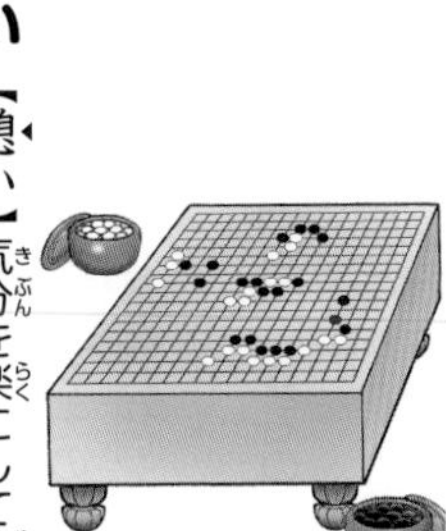
囲碁

いこい【憩い】気分を楽にして休むこと。くつろぐこと。休息。(れい)憩いのひとときをすごす。

1**いこう**【以降】ある時からのち。(れい)日本は、明治以降近代国家としてはってんした。

2**いこう**【威光】しぜんに人がしたがうような力やいきおい。(れい)親の威光をかさにきる(＝親の力をたよりにしていばる)。

3**いこう**【意向】〔このようにしたらどうかという〕考え。思うところ。(れい)みんなの意向を聞いて、決めた。

4**いこう**【憩う】仕事や勉強をはなれて、心や体をゆったり休ませる。(れい)休日は、家族と憩う。

イコール ❶算数で等しいことをあらわすしるし。等号。記号は、「＝」。❷等しいようす。同じようす。(れい)心がけしだいで短所イコール長所になる。

いこく【異国】よその国。他国。外国。(れい)異国の風俗。

いごこち【居心地】そこにいて感じる気持ち。(れい)このレストランは居心地がいい。

いこじ つまらないことに意地をはること。えこじ。(れい)弟はすぐいこじになる。

いころす【射殺す】〔人や動物に〕矢をはなってころす。

いざ 人をさそったり、なにかをはじめようとしたりするときに言うことば。さあ。さて。(れい)いざ出発というとき車が動かなくなった。

いさかい いいあらそい。口げんか。

いさぎよい【潔い】〔物事にいつまでもこだわらないで〕さっぱりしている。思いきりがよい。悪びれない。(れい)悪いと思ったら潔くあやまる。

いざこざ 小さなあらそいごと。もめごと。(れい)いざこざをおこす。

いささか わずか。少しばかり。(れい)いささかのゆだんもない。

慣用句 **息が切れる** 息をするのが苦しい。

いざというとき【いざと言う時】〔事故や病気など〕こまったことがおきたとき。万一のとき。(れい)いざと言う時にそなえて貯金をしておく。

いさましい【勇ましい】❶いきおいが強くて、元気がある。活発である。(れい)勇ましい行進曲。❷何もおそれない。ゆうかんである。(れい)勇ましいたたかいぶり。

いさみあし【勇み足】❶すもうで、相手を土俵ぎわに追いつめたとき、自分から先に足を土俵の外に出してしまうこと。(れい)勇み足でまける。❷調子にのってやりすぎたために、失敗すること。

いさむ【勇む】やってやろうという気になってはりきる。いきおいづく。(れい)ももたろうは勇んでおにたいじに出発した。

いさめる〔目上の人に〕まちがいや欠点などを、なおすように言う。(れい)死ぬかくごで、主君をいさめる。

いざよい むかしのこよみで、十六日の夜。また、その夜に出る月。

いさん【遺産】死んだ人がのこしたざいさん。(れい)遺産を相続する。

1 **いし**【石】❶すなより大きく岩より小さい岩石のかけら。❷岩石や鉱物など。(れい)石の家。❸宝石や碁石。(れい)このゆびわの石はなんですか。❹じゃんけんで、にぎりこぶし。ぐう。⇕はさみ。紙。

2 **いし**【医師】医者。

3 **いし**【意志】あることをやりとげようとする心。(れい)強い意志をもつ。

4 **いし**【意思】〔あることをしようという〕考え。思っていること。(れい)大学へ進学する意思がある。

1 **いじ**【意地】❶自分の考えをどこまでもとおそうとする心。(れい)意地をはる。❷〔人に対する〕きだて。性質。(れい)あの人は意地が悪い。

2 **いじ**【維◀持】ある状態をそのままたもちつづけること。保持。(れい)健康を維持する。

いしあたま【石頭】❶石のようにかたい頭。❷物わかりが悪くて、がんこなこと。また、そのような人。

いしがき【石垣◀】石をつんでつくった、しきりのかべ。⬇城。

いしかわけん【石川県】中部地方にある日本海に面した県。県庁所在地は金沢市。⬇都道府県。

いしかわたくぼく【石川啄◀木】〔一八八六～一九一二〕明治時代の歌人・詩人。歌集に「一握の砂」「悲しき玩◀具」がある。

いしき【意識】❶物事をはっきり知る心のはたらき。(れい)意識をうしなう。❷心にはっきりと感じること。(れい)見物人を意識して、かたくなった。

いしけり【石蹴◀り】子どもの遊びの一つ。地面に円や四角形をかいて、つぎつぎにその中に石をけって入れながら進んでいく遊び。

いじける ひねくれていくじがなくなる。(れい)一度失敗したぐらいでいじけ

石蹴り

るな

いしずえ【礎】❶建物の土台の石。❷物事の土台になる大事なことがら。（れい）研究の礎をきずく。

いしだたみ【石畳】石を平らにしきつめた場所。（れい）石畳の道。

いしつ【異質】性質がほかのものとちがうこと。

いじっぱり【意地っ張り】どこまでも自分の考えをおしとおすこと。また、そのような人。

いしどうろう【石灯籠】石でつくり、中に火をともして明かりにする用具。庭などにおくことが多い。

いしにかじりついても【石にかじり付いても】どんなに苦しくてもがまんして。なにがなんでも。（れい）石にかじり付いてもかちのこるぞ。

いしのうえにもさんねん【石の上にも三年】〔石でもその上に三年間すわればあたたまるという意味から〕何事もしんぼう強くおこなえばかならずせいこうする、というたとえ。

いしばしをたたいてわたる【石橋をたたいて渡る】〔じょうぶなその橋でもこわれはしないかとたたいて、たしかめてからわたるということから〕ひじょうに用心ぶかく行動することのたとえ。

いじめ わざと苦しめたり、困らせたりすること。（れい）弱い者いじめをするな。

いじめる 弱いものをわざとひどいめにあわせる。

いしゃ【医者】病人やけが人をみてなおすことを仕事にしている人。医師。

いじゅう【移住】よその土地や国にうつり住むこと。（れい）一家そろってブラジルに移住した。

いしょ【遺書】自分の死んだあとのことについて書きのこしたもの。遺言状。

いしょう【衣装】❶衣服。着物。❷しばいやおどりなどで着る着物。（れい）衣装係。

1 **いじょう**【以上】❶その数や量をふくんで、それより上。（れい）十二才以上はおとなの料金です。⇔以下。❷いままでのべたことがら。（れい）以上のべたとおりです。❸書きものなどの最後にしるす、「おわり」の意味をあらわすことば。❹…するからには。（れい）やくそくした以上、かならず守る。

2 **いじょう**【異状】ふだんとちがったようす。別状。（れい）体に異状はない。

3 **いじょう**【異常】ふつうとちがっていること。とくべつ。（れい）この冬のあたたかさは異常だ。⇔正常。

1 **いしょく**【異色】ほかとはとくべつにちがったところがあること。（れい）異色の作品。

2 **いしょく**【移植】❶木や草などをほかの場所へうつしうえること。❷ひふや内臓など、体の一部を切りとって、それをほかにうつしうえること。（れい）じん臓移植手術。

いしょくじゅう【衣食住】着るものと、食べるものと、住むところ。人間のくらしにひつようなもの。

いじらしい いたいたしく、かわいそうである。（れい）なきたいのをがまんしている子どものようすがいじらしい。

いじる 手でふれてあそぶ。また、指でさわる。（れい）おもちゃをいじる。

いじわる【意地悪】人のいやがることをわざとすること。また、そのような人。

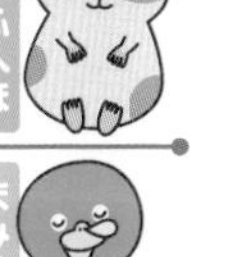

慣用句　**息が絶える**　息がとまる。死ぬ。

いじをはる【意地を張る】人にさからってむりにでも自分の考えをとおそうとする。

いじん【偉人】すぐれた仕事をしたりっぱな人。

いしんでんしん【以心伝心】口に出さなくても相手に考えや気持ちがつたわること。

いす【椅子】こしをかけるための道具。こしかけ。

いすか アトリ科の鳥。スズメより少し大きく、上下のくちばしの先が曲がり交差している。

いすか

いすくまる【居すくまる】おそろしさなどのために、すわったまま動けなくなる。

いずみ【泉】水がしぜんにわき出ているところ。

いずれ ❶どこ……か悪いのかいずれともきめかねる。❷近いうち。そのうち。(れい)いずれおうかがいします。❸どちらにしても。どっちみち。(れい)いずれはっきりすることだ。

いすわる【居座る】すわりこんで動かない。動かないでそのままいる。(れい)げんかんに居座って帰りをまつ。

いせい【異性】男からみて女、女からみて男をさすことば。(れい)異性の友だち。

いせえび イセエビ科のエビ。大形で、食用にする。正月などのめでたいときのかざりにも使われる。

1**いせき**【移籍】❶スポーツ選手などが、所属している団体を変えること。(れい)べつの野球チームに移籍する。❷本籍をほかの戸籍へうつすこと。

2**いせき**【遺跡】むかし、大きな建物や大きなできごとなどのあったあと。また、むかしの生活をしのばせる物ののこっているあと。(れい)古代ローマの遺跡。

いせものがたり【伊勢物語】平安時代に作られたとされる物語。在原業平と思われる男を主人公とし、和歌を中心とした短い物語からなる。

いぜん【以前】❶今より前。過去。むかし。(れい)ここは以前は海だった。❷そのときをふくんで、それより前。(れい)九時以前なら家にいます。⇕以後。

いそあそび【いそ遊び】海岸の波打ちぎわで、生き物を見たりとったりして楽しむこと。

いそいそ うれしそうに物事をするようす。(れい)いそいそとでかけて行く。

いそうろう【居候】他人の家に住まわせてもらい、生活のめんどうをみてもらっていること。また、その人。

いそがしい【忙しい】することが多くてひまがない。せわしい。(れい)父は、いつも忙しい。

いそがばまわれ【急がば回れ】急いであぶない方法をとるより、時間がかかっても安全な方法をとったほうが、かえってはやく物事をなしとげることができるというたとえ。

いそぎあし【急ぎ足】急いではやくあるくこと。(れい)むこうから母が急ぎ足でやってくる。

いそぎんちゃく やわらかいつつ形の体で、海中の岩にくっついている動

物。口のまわりに多くの触手があり、小さな動物をとらえて食べる。

いそぐ【急ぐ】❶物事をはやくしようとする。(れい)急いでごはんを食べた。❷気持ちがせく。あせる。(れい)気ばかり急いで足がついていかない。❸はやく歩く。(れい)道を急ぐ。

いぞく【遺族】ある人が死んで、あとにのこされた家族・親類。

いそん【依存】ほかのものにたよってなりたっていること。いぞん。(れい)日本は石油を外国に依存している。

いぞん【異存】〔出された意見やしめされた案にたいする〕反対の意見。不服な意見。(れい)その案にだれも異存はなかった。

いた【板】❶うすくて平らな木材。❷うすくて平らなかたいもの。(れい)ガラス板。

いたい【痛い】❶〔体をうたれたり、きずつけられたりして〕がまんできない感じだ。(れい)ハチにさされて痛い。❷ひじょうにつらく苦しい。(れい)九回裏のエラーは痛かった。

いだい【偉大】すぐれていて、りっぱなようす。(れい)偉大な音楽家。

いたいたしい【痛痛しい】〔いかにもいたそうで〕見ていられないほどかわいそうだ。(れい)痛々しいすがた。

いだく【抱く】❶うででかかえる。だく。(れい)子どもをしっかり抱いた。❷心の中に、ある考えや気持ちをもつ。(れい)のぞみを抱く。

いたけだか【居丈高】相手を強いたいどでおどかすようす。(れい)居丈高になってしかる。

いたずら おもしろがって人がこまるようなことをすること。

いたずらに むだに。(れい)いたずらに時間をすごす。

いただき【頂】〔山などの〕いちばん高いところ。てっぺん。頂上。(れい)富士山の頂。⇔麓。

いただきます【頂きます】食べたり飲んだりする前のあいさつのことば。

いただく【頂く】❶頭にのせる。(れい)雪を頂いたアルプスの山々。❷「もらう」のへりくだった言い方。(れい)先生から本を頂いた。❸「飲む」「食べる」などのへりくだった言い方。また「…てもらう」のていねいな言い方。(れい)ごちそうを頂く。

いたたまれない【居たたまれない】それ以上その場所にがまんしていられない。(れい)はずかしさで居たたまれなくなってへやを出た。

いたちごっこ きょうそうや対立をいつまでもくりかえしていて、少しもきまりがつかないこと。(れい)交通いはんをする人と警察とのいたちごっこ。

いたって【至って】ひじょうに。たいへん。たいそう。(れい)至って元気です。

いたで【痛手】❶ひどいきず。(れい)痛手をおう。／心の痛手。❷ひどい打撃や、そんがい。(れい)台風で痛手をうける。

いたにつく【板に付く】仕事や役がらがその人にぴったり合う。(れい)リーダーが板に付いてきた。

いたばさみになる【板挟みになる】対立する二つのものの間に立って、どうしたらよいかなやみ苦しむ。(れい)会長と副会長の板挟みになる。

いたまえ【板前】日本料理をつくることを仕事にしている人。

慣用句 **息を切らす** 苦しくて、はあはあいう。

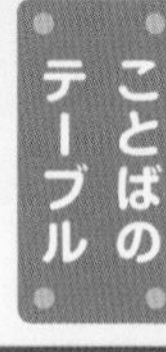

・いたましい
1 いたむ
2 いたむ
3 いたむ
1 いためる
2 いためる
・いたる
・いたるところ
・いたれりつくせり
・いたわる
・いたん
1 いち
2 いち
3 いち
・いちいち
・いちいん
・いちえん
・いちおう
・いちがつ
・いちかばちか
・いちからじゅうまで
・いちがんとなる

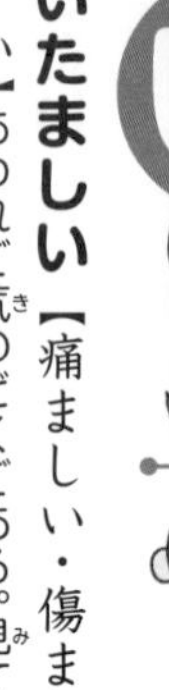
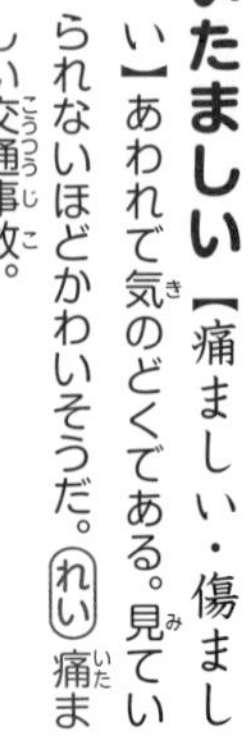

いたましい【痛ましい・傷ましい】あわれで気のどくである。見ていられないほどかわいそうだ。(れい) 痛ましい交通事故。

1 **いたむ**【悼む】〔人の死を〕なげきかなしむ。(れい) 青年の死を悼む。

2 **いたむ**【痛む】❶体にいたみを感じる。(れい) 虫歯が痛んでねむれない。❷心に苦しみを感じる。(れい) 友だちの不幸に、むねが痛む。

3 **いたむ**【傷む】❶〔物が〕こわれる。きずつく。(れい) 校舎が傷む。❷食べ物がくさったり、きずがついたりする。(れい) リンゴが傷む。

傷む②

1 **いためる** 食べ物を油を少し入れたなべなどでかきまぜながら、火を通す。

2 **いためる**【痛める】❶体にこしょうをおこす。いたく感じるようになる。(れい) 足を痛める。❷心に悲しみや苦しみを感じさせる。(れい) 弟の病気に心を痛めている。

いたる【至る】〔ある場所・時・状態・段階に〕いきつく。たっする。とどく。(れい) 東京より静岡に至る。

いたるところ【至る所】あちらにも、こちらにも。どこにでも。(れい) この花は日本の至る所で見られます。

いたれりつくせり【至れり尽くせり】〔心づかいが〕すべてにゆきとどいているようす。(れい) 友だちの家で至れり尽くせりのもてなしをうけた。

いたわる やさしく大切にする。(れい) 老人をいたわる。

いたん【異端】ある時代やある社会で、正しいとされている学問や宗教からはずれていること。また、その学問や宗教。(れい) 異端の教え。

1 **いち**【一】❶数の名で、ひとつ。❷はじめ。最初。(れい) 一からやりなおす。❸もっともすぐれていること。(れい) 一、二をあらそう。／一のけらい。❹《あることばの上につけて》「多くの中の一つ」の意味をあらわすことば。(れい) 一生徒の意見が学校をかえた。

2 **いち**【市】人がたくさん集まって物を売り買いすること。また、その場所。(れい) 市が立つ（＝ひらかれる）。

3 **いち**【位置】もののあるところ。場所。また、場所をしめること。

いちいち 一つ一つ。一つのこらず全部。(れい) いちいちもんくをつける。

いちいん【一員】団体・なかまなどの中のひとり。(れい) 合唱隊の一員。

いちえん【一円】ある地域のあたり全体。一帯。(れい) 台風は関東地方一円にひがいをあたえた。

いちおう【一応】じゅうぶんではないがひととおり。(れい) 一応そうだんしてみます。

いちがつ【一月】一年の一番目の月。古くは「睦月」といった。

いちかばちか【一か八か】どうなるかわからないが思いきってためしてみること。(れい) 一か八か勝負に出た。

いちからじゅうまで【一から十まで】なにからなにまで。すべて。(れい) 姉はぼくのすることに一から十まで口を出す。

いちがんとなる【一丸となる】あ

かきくけこ
さしすせそ
たちつてと
なにぬねの
はひふへほ
まみむめも
やゆよ
らりるれろ
わをん

【】漢字を使った書き方　(れい) ことばの使い方の例　⇕反対のことば　⬇参考になる情報　◀小学校で習わない漢字

るごとをするために、おおぜいの人が力をあわせてまとまる。(れい)クラスが一丸となってたたかう。

いちぐん【一群】一つのむれ。一つの集まり。(れい)マグロの一群。

いちげき【一撃】〔はげしく〕一回うつこと。ひとうち。(れい)一撃でえものをたおす。

いちご ❶バラ科の植物。オランダイチゴ・ヘビイチゴ・キイチゴなどをまとめていうことば。❷オランダイチゴのこと。春、白い花をさかせ、卵形の赤い実をつける。あまずっぱい実は、そのまま食べるほか、ジャムにしたりケーキをかざったりなどする。ストロベリー。

いちごいちえ【一期一会】一生に一度の出会いや機会。(れい)一期一会の出会いを大切にする。

いちごんはんく【一言半句】ほんのわずかなことば。(れい)一言半句も聞きもらすまいと耳をすます。

いちざ【一座】しばいなどをする人たちのひとまとまり。(れい)一座のスター。

いちじ【一時】❶〔今より前の〕あるとき。ひところ。(れい)一時はたすからないと思った。❷しばらく。(れい)計画を一時中止にする。

いちじいっく【一字一句】一つの字、一つのことば。ひとことひとこと。(れい)一字一句もらさず書きうつす。

いちじく クワ科の木。秋にみのる。実の中に、たくさんの小さな花がさく。

いちじつせんしゅうのおもい【一日千秋の思い】一日が千年にも感じられるほど、長く思われること。(れい)一日千秋の思いで待つ。

いちじつのちょう【一日の長】〔一日だけ年上の意味から〕経験をつんで、ちしきやわざがほかの人にくらべて少しすぐれていること。(れい)水泳では兄よりもわたしに一日の長がある。

いちじゅういっさい【一汁一菜】一品のしると、一品のおかずだけの食事。質素な食事のこと。

いちじゅん【一巡】あるはんいをまわってもとへもどること。ひとまわりすること。(れい)国内を一巡した。

いちじるしい【著しい】めだってはっきりしている。めだってはげしい。(れい)成績ののびが著しい。

いちず 一つのことを思いつめるようす。ひたむき。ひとすじ。(れい)いちずに思いつづける。

いちぞく【一族】同じ血すじの人たち。血族。(れい)平家の一族。

いちぞん【一存】自分ひとりの考え。(れい)わたしの一存では決められない。

いちだい【一代】❶その人の生きているあいだ。その人の一生。(れい)祖父は一代でこの会社をきずいた。❷ある一つの時代。その時代。(れい)一代の英雄。

いちだいじ【一大事】大変なできごと。大じけん。(れい)石油タンクに火がうつったら一大事だ。

1いちだん【一団】〔しっかりまとまった〕一つの集まり。ひとかたまり。(れい)修学旅行の一団。

2いちだん【一段】❶〔かいだんなどの〕一つのだん。❷〔文章などの〕ひとくぎり。

いちだんと【一段と】いっそう。めだって。(れい)寒さが一段ときびしくなる。

慣用句 **息をふき返す** 死にそうになっていたものが、生きかえる。

ことばのテーブル　48ページ

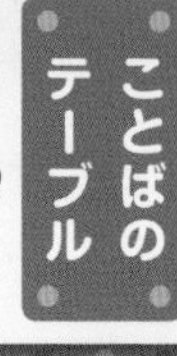

・いちだんらく
・いちど
・いちどう
・いちどきに
・いちどに
・いちなんさって またいちなん
・いちにち
・いちにをあらそう
・いちにん

・いちにんしょう
・いちにんまえ
・いちねん
・いちねんそう
・いちねんのけいはがんたんにあり

・いちねんほっき
・いちば
・いちはやく
・いちばん
・いちばんのり
・いちばんぶろ
・いちばんぼし
・1いちぶ
・2いちぶ

いちだんらく【一段落】(仕事などが)ひとくぎりつくこと。れい 準備が一段落した。

いちど【一度】いっかい。いっぺん。

いちどう【一同】その場所にいるすべての人。れい 三年二組一同。

いちどきに【一時に】同じ時に。一度に。いっぺんに。れい いろいろな花がいちどきにさく。

いちどに【一度に】いっぺんに。いちじに。れい 一度にかたづける。

いちなんさってまたいちなん【一難去ってまた一難】わざわいや苦しみがつぎつぎにやってくること。れい しかられたうえにころんでけがをするなんて、一難去ってまた一難だ。

いちにち【一日】❶午前〇時から午後十二時まで。一昼夜。❷朝から晩まで。れい まる一日海であそんだ。❸月のはじめの日。ついたち。

いちにをあらそう【一二を争う】第一位か第二位かをあらそう。れい 世界で一二を争う自動車会社。

いちにん【一任】すっかりまかせること。れい 代理の人に一任する。

いちにんしょう【一人称◂】自分をさすことばのよび名。「ぼく」「わたし」「わたくし」「おれ」「われ」など。

いちにんまえ【一人前】❶ひとりぶん。れい すし一人前。❷おとなとおなじようであること。ひとなみ。れい 体だけは一人前だ。❸ひととおりのことができるうでまえをもつこと。れい 一人前の仕事ぶり。⇕半人前。

いちねん【一年】❶一月一日から十二月三十一日まで。❷十二か月間の長さ。れい あれから、ちょうど一年たった。❸第一学年。一年生。

いちねんそう【一年草】春から秋にかけて芽を出し花をさかせ実をつけ、冬をこさずにかれる植物。イネ・アサガオ・ヒマワリなど。⇕多年草。

いちねんのけいはがんたんにあり【一年の計は元旦◂にあり】(その年の計画は一月一日にたてるのがよいという意味から)何事もはじめが大切であるということ。

いちねんほっき【一念発起】あることをなしとげようとかたく決心すること。れい 一念発起して練習にはげむ。

いちば【市場】❶商人が集まって物を売り買いする所。れい 青物市場。❷日用品や食料品の店が一か所に集まっている所。マーケット。

いちはやく【いち早く】すぐ。すばやく。れい 流行をいち早くとり入れる。

いちばん【一番】❶さいしょ。れい 打順が一番にもどった。❷もっともすぐれていること。れい 算数はクラスで一番だ。

いちばんのり【一番乗り】めざすところに、いちばん早くのりこむこと。

いちばんぶろ【一番風呂◂】わかして、まだだれも入っていないふろ。

いちばんぼし【一番星】夕方、いちばん早く光り出す星。

1 **いちぶ**【一分】ごくわずかなことのたとえ。れい 一分のすきもないかまえ。

2 **いちぶ**【一部】❶全体の中のある部分。れい 一部の人が反対している。⇕全部。❷雑誌や本などのかぞえ方で、一つ。

（れい）パンフレットを一部もらう。

いちぶしじゅう【一部始終】はじめからおわりまで。全部。（れい）事件の一部始終を語る。

いちふじにたかさんなすび【一富士二たか三なすび】初ゆめに見るとえんぎのよいものをならべたことば。一番よいものは富士山で、二番目はタカ、三番目はナスとされている。

いちぶぶん【一部分】全体の中のある（わずかの）部分。

いちぼうせんり【一望千里】広大なけしきをひと目で見わたすことができること。（れい）一望千里の大平原。

いちみ【一味】同じなかま。（れい）ごうとうの一味がつかまった。

1**いちめい**【一名】❶ひとり。❷べつのよび名。別名。

2**いちめい**【一命】〔たった一つしかないたいせつな〕いのち。（れい）一命をとりとめる（＝たすかる）。

いちめん【一面】❶どこもみな。全体。（れい）一面の菜の花畑。❷あるちがった面。（れい）かれはらんぼうだが、やさしい一面もある。

いちもうだじん【一網打尽】悪人たちを、いっぺんにすべてとらえること。（れい）すりの一味を一網打尽にする。

いちもくおく【一目置く】相手が自分よりすぐれているとみとめて、一歩ゆずる。（れい）みんな、かれには一目置いている。

いちもくさんに【一目散に】わき目もふらずに走るようす。まっしぐらに。（れい）こわくて一目散ににげかえる。

いちもくりょうぜん【一目瞭然】ひと目見てよくわかるようす。（れい）グラフにあらわせば一目瞭然だ。

いちもにもなく【一も二もなく】あれこれいうまでもなく。（れい）みんなは一も二もなくさんせいした。

いちもん【一門】❶同じ血すじの人々。一族。（れい）平家一門のはか。❷同じ先生から教えをうけたなかま。

いちもんいっとう【一問一答】一つの問いに対して一つの答えをすること。（れい）一問一答の形の説明なので、内容がわかりやすい。

いちもんじ【一文字】「一」の字のようにまっすぐなこと。真一文字。（れい）口を一文字にむすぶ。

いちもんなし【一文無し】お金をぜんぜんもっていないこと。文なし。（れい）一文無しになった。

いちや【一夜】❶ひとばん。（れい）一夜の宿をたのむ。❷ある夜。（れい）夏の一夜のできごと。

いちやく【一躍】じゅんじょをとびこして進むこと。一足とびに。（れい）チャンピオンをたおして一躍有名になった。

いちやづけ【一夜漬け】❶ひとばんだけつけた、つけ物。❷物事を急いで、まにあわせにすること。（れい）一夜漬けの勉強では、力が身につかない。

1**いちょう** イチョウ科の木。葉はおうぎ形で、秋、黄色になり落ちる。実は「ぎんなん」といい食用になる。

いちょう

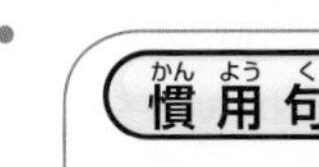

慣用句 **痛い所をつく** 相手の弱みをつかんでせめ立てる。

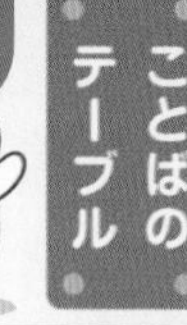

2いちょう【胃腸】胃と腸。また、胃や腸などの消化器。(れい)胃腸が弱い。

いちらん【一覧】❶ざっとひととおり目を通すこと。(れい)図書カードを一覧する。❷かんたんに内容がわかるように、表などにまとめたもの。(れい)商品一覧。

いちり【一理】一応の理由。一つのりくつ。(れい)たしかに、君の言うことにも一理ある。

いちりつ【一律】〔やり方が〕みな同じであること。(れい)全商品を一律に二割引きにする。

いちりづか【一里塚◂】むかし、主な道に一里（＝約四キロメートル）ごとに土をもって木をうえ、道のりのめじるしとしたもの。

一里塚

いちりゅう【一流】❶その中で、もっともすぐれていること。(れい)一流のデザイナー。❷〔やり方などが〕その人どくとくであること。(れい)それは、かれ一流の考え方です。

いちりょうじつ【一両日】一日か二日。今日か明日。また、近いうち。(れい)一両日中にうかがいます。

いちりん【一輪】花や車輪のかぞえ方で、一つ。(れい)一輪のコスモス。

いちりんしゃ【一輪車】車輪が一つの車。

いちるののぞみ【一るの望み】ほんのわずかの期待。(れい)事件の解決に一るの望みをいだく。

1いちれい【一礼】一度おじぎをすること。また、軽くおじぎをすること。(れい)一礼して席を立つ。

2いちれい【一例】一つのたとえ。(れい)一例をあげて説明する。

いちれつ【一列】一つの列。(れい)一列にならぶ。

いちれん【一連】かんけいのあるひとつながり。(れい)ここ二、三日つづいた一連の事件をしらべる。

いちろ【一路】❶ひとすじの道。❷まっすぐに。ひたすら。(れい)船は一路日本をめざして進んでいる。

いちをきいてじゅうをしる【一を聞いて十を知る】一部分を聞いただけで全体を理解する。頭のはたらきのよいことのたとえ。

いつ はっきりしないときをあらわすことば。(れい)たんじょう日はいつですか。

いつか ❶いつであったか。以前。(れい)おぼえていますか、いつかの話。❷そのうち。いずれ。(れい)またいつかおうかがいします。❸はっきりとわからないうちに。いつのまにか。(れい)目をさますと、いつか雨はあがっていた。

いっか【一家】❶一けんの家。❷家族全体。(れい)一家そろって温泉にでかける。

1いっかく【一角】❶一つのかど。一つのすみ。(れい)三角形の一角。❷ある場所の一部分。かたすみ。(れい)住宅地の一角。

2いっかく【一画】❶土地などの、ひとくぎり。一区画。(れい)住宅地の一画を買う。

❷漢字をかたちづくっている、一本の線。(れい)一点一画をきちんと書く。

いっかくせんきん【一攫千金】苦労しないで、一度に大金を手に入れること。(れい)一かく千金をねらって、宝くじを買う。

いっかつ【一括】ひとまとめにすること。(れい)代金を一括してしはらう。

いっかんのおわり【一巻の終わり】〔一巻は一さつの本のことで、本を読みおわることから〕物事がおわりになること。死ぬこと。命がなくなること。(れい)こんな大事故をおこしては会社も一巻の終わりだ。

1 **いっき**【一気】休まずに、つづけて物事をすること。一息。(れい)水を一気に飲んだ。

2 **いっき**【一揆】室町時代から江戸時代にかけて武士や地主などがむりな年貢をとりたてたときなど、農民が力をあわせて、てむかったこと。

いっきいちゆう【一喜一憂】めまぐるしくかわるじょうきょうにつれて、よろこんだり心配したりすること。

いっきうち【一騎討ち】ひとり対ひとりで勝負すること。〔「一騎」は、馬にのった武者ひとりの意味。〕

いっきに【一気に】いっぺんに。ひといきに。(れい)坂を一気にかけのぼる。

いっきゅう【一級】第一位の等級。いちばんよい品質。(れい)一級品ばかりを集めたお店。

いっきょいちどう【一挙一動】一つ一つの、体の動きやおこない。(れい)わが子の一挙一動を見まもる。

いっきょに【一挙に】いちどに。ひといきに。(れい)九回の裏に一挙に五点を入れた。

いっきょりょうとく【一挙両得】一つのおこないによって二つのりえきをえること。一石二鳥。

いっく【一句】❶俳句や川柳のかぞえ方で、一つ。(れい)一句よむ。❷ことばのひとくぎり。(れい)一句ずつわけて読んでください。

いつくしむ【慈しむ】かわいがって大事にする。(れい)親は子を慈しんで育てる。

いっけん【一見】❶一度見ること。❷ちょっと見ること。(れい)一見して、母の字だとわかった。❸ちょっと見たところ。(れい)一見やさしそうな男の人。

いっこう【一行】いっしょに行くなかまの人々。(れい)工場見学の一行。

いっさい【一切】❶一つ残らず。全部。(れい)子どもに一切のざいさんをゆずる。❷ぜんぜん。少しも。(れい)そのことについては一切知らない。

いつざい【逸材】すぐれた才能をもっている人。(れい)百年に一人という逸材だ。

いっさくじつ【一昨日】昨日の前の日。おととい。

いっさくねん【一昨年】去年の前の年。おととし。

いつしか 知らないうちに。いつのまにか。(れい)話がはずんでいつしか夜が明けていた。

いっしき【一式】道具や器具のひとそろい。(れい)台所用品一式を買いそろえる。

1 **いっしゅ**【一首】詩や和歌のかぞえ方で、一つ。(れい)和歌一首。

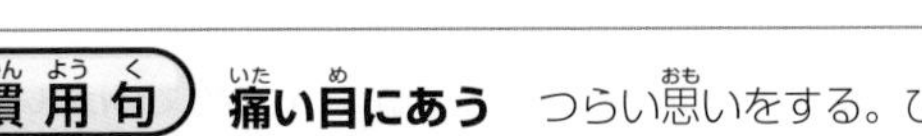
慣用句 **痛い目にあう** つらい思いをする。ひどい目にあう。

ことばのテーブル

52ページ

2いっしゅ【一種】同じなかまの一つ。(れい)ヒグラシはセミの一種だ。

いっしゅう【一周】ひとまわり。(れい)校庭を一周する。

いっしゅん【一瞬◀】まばたきするほどのわずかな時間。ほんのわずかな時間。

いっしょ【一緒◀】❶一つに集まること。ひとまとめ。(れい)駅で友だちと一緒になった。❷ともに同じことをすること。(れい)妹と一緒になわとびをした。❸同じであること。(れい)かれとぼくとは学校が一緒だ。

いっしょう【一生】生まれてから死ぬまで。(れい)人の一生。

いっしょうけんめい【一生懸◀命】物事をしんけんにするようす。

いっしょく【一色】❶一つの色。(れい)白一色の雪野原。❷そのことばかりになること。(れい)町じゅうがお祭り一色になる。

いっしょくそくはつ【一触◀即◀発】少しさわっただけで、ばくはつしそうなようす。とてもきけんなじょうたいのたとえ。

いっしをむくいる【一矢を報いる】負けずにやり返す。しかえしをする。(れい)同点ホームランを打って一矢を報いる。

1いっしん【一心】一つのことに心を向けること。(れい)一心に勉強する。／見たい一心で、遠くまで出かけていく。

2いっしん【一身】自分ひとりの体。また、自分自身。(れい)苦労を一身にせおう。

いっしんいったい【一進一退】❶進んだりもどったりすること。❷〔病気などが〕よくなったり、悪くなったりすること。(れい)父の病状は一進一退です。

いっしんじょう【一身上】自分の身の上やきょうぐうにかんけいしたことがら。(れい)一身上のつごう。

いっしんどうたい【一心同体】ふたり以上の人が、心を合わせてむすびつくこと。

いっしんふらん【一心不乱】一つのことに心を集中してほかのことにみだされないこと。(れい)一心不乱にいのる。

いっすんさきはやみ【一寸先は闇◀】少し先のことはどうなるかまったくわからない。(れい)ついさっき会った人が事故にあうなんて、一寸先は闇だ。

いっすんのむしにもごぶのたましい【一寸の虫にも五分の魂◀】どんなに小さくて弱いものにもそれぞれの考えや意地があって、軽くみることはできないということのたとえ。

いっせい【一世】❶移民などの、さいしょの代の人。(れい)日系一世。❷同じ名まえの君主や法王の中で、さいしょにその位についた人のよび名。(れい)エリザベス一世。

いっせいいちだい【一世一代】一生のうちで、ただ一度しかないほどねうちがあること。また、一生のうちで一度だけ。(れい)一世一代の名演技。

いっせいに【一斉に】みんなそろって同時に。いっしょにそろって。

いっせきにちょう【一石二鳥】〔一つの石で二羽の鳥をおとすように〕一つのことをして、二つのとくをするというたとえ。一挙両得。(れい)そうじをしたらへやはきれいになったし、母にはほめられるし、まさに一石二鳥だ。

↓53ページ（イラスト）

いっせん【一線】❶一本の線。❷はっきりしたくぎり。けじめ。(れい)公私の間に一線を引く。❸もっとも大切な活動をしているところ。(れい)一線でかつやくする。

いっそ ふつうではとらない手段を思いきってとろうとするようす。むしろ。(れい)いっそ打ち明けてしまおうか。

1いっそう【一掃】すっかりとりのぞくこと。(れい)町から暴力を一掃する。

2いっそう【一層】いちだんと。さらに。(れい)雨は一層はげしくなった。

1いったい【一体】❶一つにまとまっていること。(れい)チームが一体となる。❷仏像などの数え方で、一つ。❸ほんとうは。(れい)これは一体何につかうのか。

2いったい【一帯】あるはんい全体。そのあたり全体。(れい)大雨のたびにこのあたり一帯は水びたしになる。

一石二鳥

いったいぜんたい【一体全体】「一体(=ほんとうは)」を強めた言い方。(れい)一体全体、どうなっているんだ。

いったん【一旦】❶ひとたび。(れい)いったん言い出したら、きかない。❷ひとまず。いちおう。一時的に。(れい)車はふみきりで、一旦停止すること。

いっち【一致】二つ以上のものが一つになること。(れい)意見が一致する。

いっちゅうや【一昼夜】まる一日。二十四時間。(れい)船は一昼夜漂流した。

いっちょういっせき【一朝一夕】わずかの日時。(れい)この発明は一朝一夕にできたものではない。

いっちょういったん【一長一短】よいところもあるが悪いところもあること。(れい)どんな人にも一長一短がある。

いっちょうら【一張羅】たった一枚しかない晴れ着。(れい)一張羅を着て外出する。

いっちょくせん【一直線】❶一本のまっすぐな線。❷まっすぐなこと。

いつつ【五つ】❶一の五倍。五。❷五才。

いっつい【一対】二つで一組みになること。その一組み。(れい)一対のカップ。

いっつう【一通】手紙などの数え方で、一つ。(れい)一通の手紙がとどく。

いって【一手】自分ひとりだけですること。(れい)一手にひきうけた。

いってい【一定】一つに決まってかわらないこと。一つに決めること。(れい)一定の長さ。

いってき【一滴】水などの、ひとしずく。(れい)一滴の水もむだにしない。

いってきます【行って来ます】出かける人が、のこっている人に言う、あいさつのことば。

いってらっしゃい【行ってらっしゃい】出かける人を送り出す、あいさつのことば。

1いってん【一点】❶品物・作品などの数え方で、一つ。(れい)この美術館にはゴッホの絵が一点あります。❷点数の数え方で、一つ。❸一つの小さな場所。(れい)夜空の一点を見つめる。

慣用句 **痛しかゆし** どちらの方法もぐあいの悪いところがあって、こまること。

ことばのテーブル 54ページ

2いってん【一転】❶ひとまわりすること。❷ようすがすっかりかわること。(れい)情勢が一転した。

いってんばり【一点張り】一つのことをおし通すこと。(れい)弟は「おもちゃを買いたい」の一点張りだ。

いっとう【一等】いくつかあるうちのいちばんよいもの。(れい)かけっこで一等になった。

いっとうしょう【一等賞】スポーツ競技などで、もっとも成績のよかった人にあたえられる賞。(れい)百メートル競走で、一等賞をもらう。

いっとうせい【一等星】目で見える星の中でいちばん明るい星。

いっとうりょうだん【一刀両断】思いきってさっとやること。(れい)一刀両断に解決する。

いっとき【一時】わずかの時間。かたとき。(れい)一時もわすれたことがない。

いつになく【いつになく】いつもとちがって。(れい)母はいつになくきげんがよい。

いつのまにか【いつの間にか】知らないうちに。(れい)雨はいつの間にか雪にかわっていた。

いっぱ【一派】❶学問・宗教・芸術・武術などで、一つの教えを中心としてまとまっているなかま。❷なかま。一味。(れい)反対の一派。

いっぱい【一杯◀】❶入れ物一つのりょう。(れい)コップ一杯の水。❷ものがあふれるほど多いようす。たくさんあるようす。(れい)花が庭いっぱいにさきみだれている。❸ありったけ。ぎりぎり。(れい)力いっぱい走る。

いっぱつ【一発】鉄ぽうなどのたまの数え方で、一つ。また、鉄ぽうなどを一回うつこと。

いっぱん【一般◀】ふつうであること。また、そのような人。(れい)一般の席。⬍特殊。

いっぱんてき【一般的◀】広く、全体にわたるようす。とくべつでなく、あたりまえであるようす。(れい)一般的な意見にしたがう。／このようなばあいにはそうするのが一般的だ。⬍特殊。

いっぱんに【一般に】全体にわたって。多くのばあい。(れい)今年は一般に米のできがよい。

いっぺん【一遍◀】一回。(れい)一日に一遍、電話する。

いっぺんに【一遍に◀】❶たちまち。(れい)一遍に二つのことはできない。❷いちどきに。同時に。(れい)一遍に宿題をかたづける。

いっぽ【一歩】❶歩くときに、一回足を前に出すこと。ひとあし。(れい)一歩前に進む。／もう一歩も歩けない。❷ほんのわずかなこと。(れい)もう一歩のところで、にげられる。

いっぽう【一方】❶ある方向。(れい)人の波が一方に流れていく。❷二つあるもののうちの一つ。(れい)もう一方のはこをあける。❸…するばかり。(れい)物のねだんが高くなる一方だ。❹…しながらほかのほうで。(れい)兄は勉強する一方、遊びもよくする。

いっぽうつうこう【一方通行】車などを一つの方向だけに通すこと。

いっぽうてき【一方的】一方にだけかたよるようす。(れい)試合は一方的

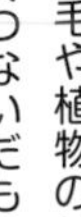

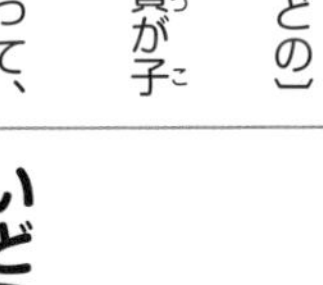
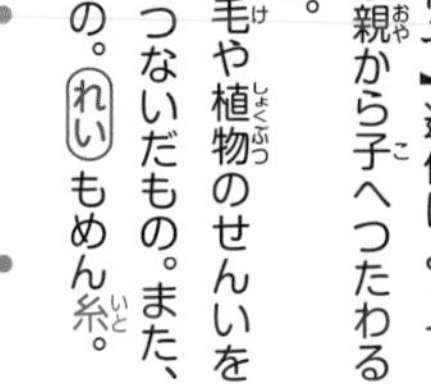
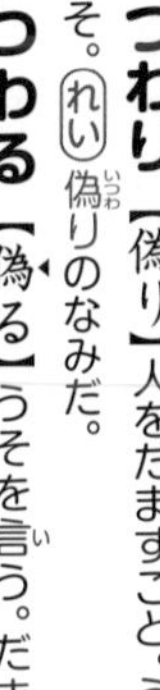

に赤組優勢になってきた。

いっぽんぎ【一本気】あることをひとすじに思いこむようす。また、そのような性質。

いっぽんしょうぶ【一本勝負】一回だけで勝ち負けを決めるやり方。

いっぽんぢょうし【一本調子】ちょうしやり方がはじめからおわりまで同じようで変化のないこと。いっぽんちょうし。(れい) かれは一本調子なせめ方しかしない。

いっぽんとる【一本取る】❶剣道や柔道でわざを決めること。(れい) 面を一本取る。❷相手を言いまかすこと。(れい) 言いかえして、兄から一本取ってやった。

いっぽんやり【一本やり】ある一つのやり方で、ずっとおし通すこと。(れい) 直球一本やりのピッチャー。

いつまでも ずっと。永久に。かぎりなく。(れい) いつまでもおしあわせに。

いつも ❶どんなときも。つねに。(れい) 父はいつも朝食のあとコーヒーをのむ。❷ふだん。(れい) いつもより早くおきる。

いつわ【逸話】世間にあまり知られていない、ちょっとした話。エピソード。

いつわり【偽り】人をだますこと。うそ。(れい) 偽りのなみだ。

いつわる【偽る】うそを言う。だます。ごまかす。(れい) 年れいを偽る。

いでたち【いで立ち】〔旅・仕事などをするための〕身じたく。よそおい。(れい) きりりとしたいで立ち。

いてもたってもいられない【居ても立っても居られない】〔すわっていることも立っていることもできない意味から〕心配ごとなどで、じっとしていられない。(れい) 母の手術のあいだ、居ても立っても居られない気持ちだった。

いてん【移転】〔住居・事務所などの〕場所がかわること。

いでん【遺伝】親の体の形や性質が子どもにつたわること。

いでんし【遺伝子】遺伝によって、どのような性質が親から子へつたわるのかを決める物質。

1いと【糸】動物の毛や植物のせんいをよりあわせて長くつないだもの。また、そのような形のもの。(れい) もめん糸。

2いと【意図】❶あることをしようと考えること。また、その考え。(れい) 計画の意図を説明する。❷ねらい。(れい) 作者の意図を正しくとらえる。

1いど【井戸】地面をほって地下水をくみあげるようにした設備。

2いど【緯度】地球上のある地点が、赤道から南北へどのくらいはなれているかをあらわすどあい。⬍経度。➡経度。

いどう【移動】場所をうつすこと。うつり動くこと。(れい) 兄と二人で机を移動する。

移動

いどうきょうしつ【移動教室】見学や自然観察のために、学校以外の場所に行って学ぶこと。

いとおしい いとしい。

いときりば【糸切り歯】前歯のとなりにある先のとがった歯。犬歯。

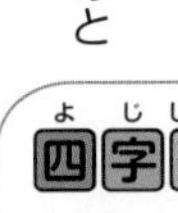
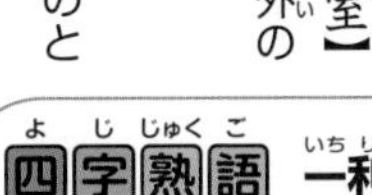
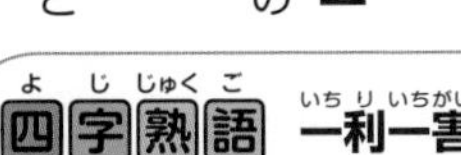
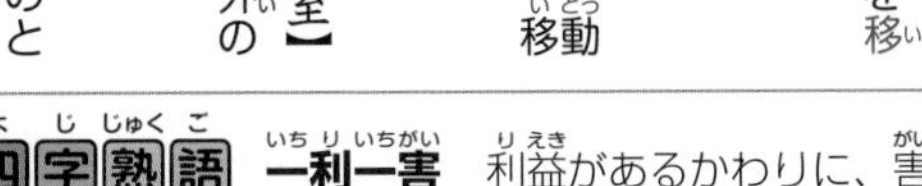
四字熟語 **一利一害** 利益があるかわりに、害もあること。

いとぐち【糸口】物事のはじめ。手がかり。(れい)事件を解決する糸口がみつかった。

いとぐるま【糸車】手で糸をつむぐときに用いる道具。いとくり車。

いとこ 両親のきょうだいの子ども。

いどころ【居所】いる場所。住んでいるところ。(れい)居所を知らせる。

いとしい かわいい。いとおしい。(れい)いとしいわが子。

いとでんわ【糸電話】二つの紙コップなどの間を糸でむすび、耳や口にあて、ふたりで話をするおもちゃ。糸の振動で声がつたわる。

糸電話

いとなみ【営み】〔生きるための〕仕事。くらし。

いとなむ【営む】❶仕事をする。とくに、商売などをやっていく。(れい)父は運送業を営んでいる。❷つづける。(れい)家庭を営む。

いどばたかいぎ【井戸端◀会議】女の人がより集まって、せけん話やうわさ話をすること。

いとへん【糸偏】漢字の部首の一つ。「紙」「級」「組」「絵」などの左がわの「糸」の部分。糸にかんけいした意味をあらわす。

いとまき【糸巻き】もつれないように糸をまいておくもの。

いどむ【挑◀む】❶たたかいやきょうそうをしかける。(れい)勝負を挑む。❷〔むずかしい物事に〕たちむかう。(れい)冬山に挑む。

いとをひく【糸を引く】❶見えないところから、人をあやつる。(れい)だれかがかげで糸を引いている。❷ねばねばしているものが糸でつながったようになる。(れい)なっとうが糸を引く。

いな【否】❶いいえ。いや。(れい)やくその時間は、午後二時、いな、三時です。❷ふしょうち。(れい)賛成か否か。

いない【以内】〔数量・時間・きょり・じゅんばんなどで〕それをふくめて、それより少ないこと。(れい)一時間以内に行きます。

いなおる【居直る】❶〔きちんと〕すわりなおす。❷〔おどすように〕急に態度をかえる。(れい)まちがいをあやまるどころか、居直って強気の発言をする。

いなか【田舎】❶都会からはなれた田畑や山林などの多い地方。❷〔今はそこからはなれて住んでいる人の〕生まれ育った所。ふるさと。

いなご イナゴ科のこん虫。体は緑色で、イネなどを食べる。

いなさく【稲作】イネをつくること。また、その実りぐあい。米作。

いなずま【稲妻】❶空中の放電で光る強い光。いなびかり。❷すばやいことや時間がひじょうに短いことのたとえ。(れい)稲妻のように考えがひらめいた。

いなば【因幡◀】むかしの国の名。今の鳥取県の東部にあたる。

いなびかり【稲光】空中の放電で光る強い光。いなずま。

いなほ【稲穂】イネの実がふさのよう

についたもの。いねのほ。(れい)稲穂が波うつ。

いなむら【稲むら】かりとったイネをたばねてつみ重ねたもの。

いなり 穀物がよく実るように守ってくれる神。また、その神をまつっている神社。

いにしえ 遠いむかし。(れい)いにしえの奈良の都。

イニシャル 名まえをローマ字で書いたときの最初の文字。たとえば「Yosida」の「Y」。イニシアル。

いにん【委任】仕事や任務を人にまかせること。(れい)代表者に会の進め方を委任する。

1いぬ【犬】イヌ科の動物。古くから人にかわれている。においや音をするどく感じ、家の番やかりなどに使われるほか、ペットにもされる。

2いぬ【戌】❶十二支の十一番目。❷むかしの時刻のよび名で、今の午後八時ごろ。また、その前後二時間。

いぬかき【犬かき】犬が泳ぐように、両手で水を手前にかき、両足で水をけって進む泳ぎ方。犬泳ぎ。

いぬじに【犬死に】なんの役にも立たないような死に方をすること。むだ死に。

いぬぞり【犬ぞり】雪や氷の上を、犬に引かせて走るそり。

いぬのとおぼえ【犬の遠ぼえ】おくびょう者や力のない者が、かげで悪口を言ったり強がりを言ったりすることのたとえ。

いぬもあるけばぼうにあたる【犬も歩けば棒に当たる】❶しなくてもよいことをしてさいなんにあうことのたとえ。❷出歩いたり何かをしたりすると思いがけない幸運にであうことのたとえ。

いね【稲】イネ科の植物。たねは「米」になる。日本では春にたねをまき、秋にかりとる。水田でつくるものを「水稲」、畑でつくるものを「陸稲」または「おかぼ」という。

いねかり【稲刈り】実ったイネをかりとること。かり入れ。

いねむり【居眠り】すわったりこしかけたりしたまま ねむること。

いのいちばん【いの一番】いちばん最初。まっさき。「い」は「いろは四十七文字」の最初の字であることから。(れい)スキーをつけると、ぼくはいの一番にすべりおりた。

いのうただたか【伊能忠敬】(一七四五~一八一八)江戸時代の終わりごろの地理学者・測量家。幕府の命令で日本全国を回り、日本全土のくわしい測量地図をはじめてつくった。

いのしし イノシシ科の動物。山林などにすむ。植物や小動物を食べ、作物をあらすことがある。

いのち【命】❶生き物が生きて活動をつづけるもとになるもの。(れい)命の恩人。❷生き物が生きているあいだ。(れい)命をちぢめる。❸いちばん大事なもの。ただ一つのよりどころ。(れい)本は、わたしの命だ。

いのちがけ【命懸け】死ぬかくごですること。(れい)父親はわが子を命懸けで助けた。

いのちからがら【命からがら】命だけはどうやら助かって。やっとのことで。(れい)なだれにあったが、命からがらにげのびた。

四字熟語 一切合切(いっさいがっさい) 何もかもすべて。すっかり全部。

いのちしらず【命知らず】死ぬことをおそれず、ゆうかんなこと。また、そのような人。

いのちづな【命綱】あぶないところで仕事をする人が命を守るために体につけるつな。

いのちとり【命取り】❶命をなくすもとになるもの。(れい)肺炎をおこしたのが命取りとなった。❷大切なものをうしなうもとになるもの。(れい)小さなミスが命取りとなる。

いのちのおんじん【命の恩人】命を助けてくれた人。(れい)あのお医者さんは母の命の恩人です。

いのちびろい【命拾い】死にそうになったところを運よく助かること。

いのちをかける【命を懸ける】死んでもかまわないという気になって、そのことをいっしょうけんめいにする。(れい)仕事に命を懸ける。

いのなかのかわず【井の中のかわず】物の見方や考え方がせまい人をたとえていうことば。世間知らず。もとは「井の中のかわず(=カエル)大海を知らず」で、「いどの中にすんでいて、広い海のあることを知らないカエル」という意味。

いのまま【意のまま】思うとおり。(れい)相手を意のままにあやつる。

いのり【祈り】いのること。(れい)神に祈りをささげる。

いのる【祈る】❶神や仏におねがいする。❷ねがう。きぼうする。(れい)ふたりの幸せを祈る。

いはい【位はい】死んだ人の、仏としての名などを書いて、ぶつだんにまつる木のふだ。

位はい

いばしょ【居場所】いるところ。いどころ。(れい)犯人の居場所をつきとめる。／居場所がない。

いばら【茨】❶とげのあるひくい木をまとめていうよび名。❷植物のとげ。

いばらきけん【茨城県】関東地方の北東部にある太平洋に面した県。県庁所在地は水戸市。⬇都道府県。

いばらのみち【茨の道】苦しいことの多い人生などのたとえ。(れい)茨の道を歩む。

いばる【威張る】強そうにみせつける。えらそうにふるまう。

いはん【違反】法律や規則などにそむくこと。(れい)交通違反。

いびき ねむっていて息をするとき、鼻や口から出る音。(れい)いびきをかく。

いびつ 形がゆがんでいること。とくに、まるいものがゆがんでいること。

いひょうをつく【意表をつく】相手が考えてもいなかったやり方をする。

いびる わざとつらく当たって苦しめる。ちくちくといじめる。

いひん【遺品】死んだ人があとにのこした品物。(れい)祖父の遺品。

イブ お祭りの前の夜。(れい)クリスマスイブ。

いぶき【息吹】いきいきした活動がはじまろうとする、ようすや気配。(れい)春の息吹。

いふく【衣服】着るもの。着物。

いぶくろ【胃袋】「胃」のくだけた言い方。

いへん【異変】〔ふつうでない〕かわったできごと。

イベント ❶行事。もよおしもの。❷競技種目。試合。(れい)文化祭のイベント。(れい)メーンイベント(＝ボクシング・プロレスなどで、その日の中心になる試合)。

いぼ ❶ひふにできるまるく小さくつき出たもの。❷物の表面にある小さくつき出たもの。(れい)キュウリのいぼ。

1いま【今】❶ちょうどこのとき。(れい)今いそがしくて手がはなせない。❷現代。(れい)今の子どもたち。⇔昔。❸少し前。(れい)今、来たところです。❹さらに。その上に。もう。(れい)今一度見せてください。❺すぐに。(れい)今行きます。

2いま【居間】家族がふだんあつまって使うへや。リビングルーム。

いまいましい【忌ま忌ましい】くやしくてはらが立つ。(れい)じゃまばかりして、いまいましいやつだ。

いまごろ【今頃】❶ちょうど今の時刻。(れい)父を乗せた飛行機は、今頃アメリカに着いたはずだ。❷今になって。(れい)今頃行っても、もうおそいよ。

いまさら【今更】今になって。今ごろ。(れい)今更こうかいしてもおそい。

いましめ【戒め】❶悪いおこないを注意したり、禁じたりすること。また、そのことば。(れい)父の戒めにそむかないようにする。❷こらしめのためのばつ。(れい)戒めをうける。

いましめる【戒める】❶〔あやまちのないように〕前もって注意したり、禁じたりする。教えて用心するようにさせる。(れい)まちがいをおこさないよう戒める。❷しかる。こらしめる。(れい)言うことを聞かない子をきつく戒める。

いまだに 今になってもまだ。(れい)たのんだものがいまだにとどかない。

いまどき【今時】今の時代。このごろ。(れい)今時めずらしい店だ。

いまにも【今にも】すぐにも。もう少しで。(れい)空が暗くなって、今にも雨がふりそうだ。

いまふう【今風】今の時代らしいようす。現代風。(れい)今風のぼうしを売っている店。

いまわしい【忌まわしい】❶よくないことがおこりそうで、いやな感じである。えんぎが悪い。(れい)忌まわしい夢をみた。❷にくむべきである。いやな感じだ。(れい)忌まわしいおこない。

いまわのきわ【今わの際】もうじき死ぬとき。死ぬまぎわ。いまわ。(れい)今わの際のことば。

いみ【意味】❶ことばのわけ。❷物事をおこなうだけのねうち。かち。(れい)試験のときだけ勉強しても意味がない。❸あることをするもとになった考えや、わけ。(れい)君がおこっている意味がわからない。

いみしんちょう【意味深長】ことばや動作のうらに、深い意味がかくれているようす。(れい)意味深長な発言をする。

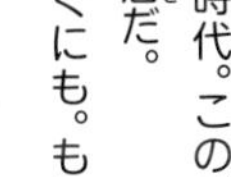

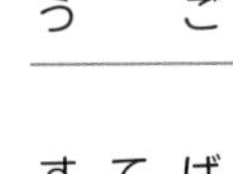

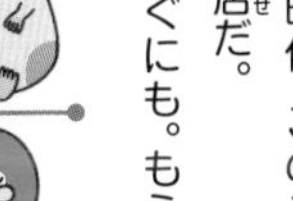

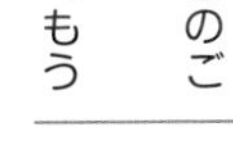
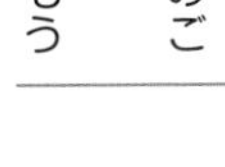
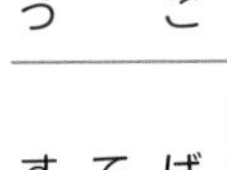

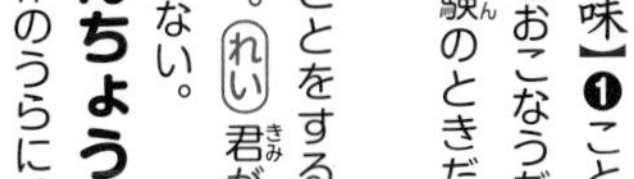
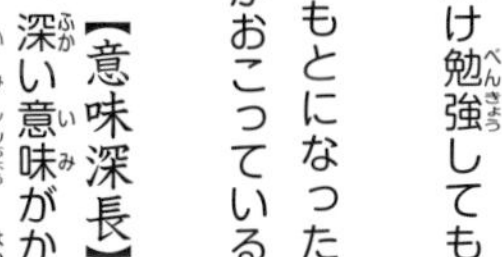
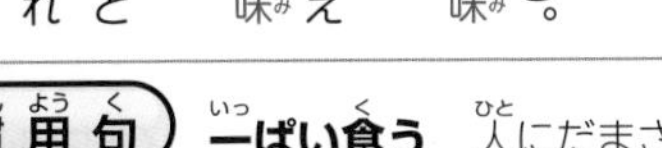

慣用句 **一ぱい食う** 人にだまされる。

イミテーション 本物ににせてつくった品物。もぞう品。

いみん【移民】外国にうつり住むこと。また、その人。

イメージ〔心の中に思いうかべる〕かたち。すがた。れい 作品のイメージ。

イメージアップ〔人が見たり聞いたりしたときにうける〕感じをよくすること。れい 店内を明るくして、イメージアップをはかる。⇕イメージダウン。

イメージダウン〔前はよかった〕感じを悪くすること。れい こんなに品質が悪くては、会社のイメージダウンになる。⇕イメージアップ。

イメージチェンジ 心に受ける感じをちがったものにすること。れい イメージチェンジをはかる。

いも【芋】❶植物の根や土の中のくきがようぶんをたくわえて大きくなったもの。❷サツマイモ・サトイモ・ジャガイモ・ヤマイモなどをまとめていうよび方。
⬇2だん目（イラスト）

いもうと【妹】年下の女のきょうだい。⇕姉。

芋

いもづるしき【芋づる式】〔サツマイモのつるをひっぱると、いもがつながっていくつも出てくるように〕あることがきっかけになって、それにかんけいした多くのことがあらわれてくること。れい 芋づる式に犯人をとらえる。

いもむし【芋虫】チョウやガのよう虫で、体に毛がなく、太って大きなもの。

いもめいげつ【芋名月】「中秋の名月」の別名。

いもをあらうよう【芋を洗うよう】せまい場所にたくさんの人が集まり、こみ合っているようす。れい まるで芋を洗うようなこんざつぶりだ。

1**いや** ❶打ち消すとき、さんせいしないときなどに言うことば。れい 海へ行こうよ。いや、ぼくは行きたくない。❷一度言ったことばをとりけして言いなおすときに言うことば。れい 今日買い物に行こうかな。いや明日にしよう。

2**いや**【嫌】きらいなようす。気に入らないようす。れい いっしょに行くのは嫌だ。

いやいや いやだと思いながら。しかたなく。れい いやいや出かける。

いやがらせ【嫌がらせ】わざといやがることをしたり、言ったりして人をこまらせること。

いやがる【嫌がる】いやだというようすをみせる。きらう。れい 病院に行くのを嫌がる。

いやけがさす【嫌気がさす】いやになる。れい このゲームにも嫌気がさしてきた。

いやしい【卑しい】❶下品である。心がきたない。れい 卑しいおこない。❷意地きたない。れい 食べ物に卑しい。

いやす【癒やす】〔病気・苦しみ・なやみなどを〕なおす。れい のどのかわきを癒やす。

いやというほど【嫌と言うほど】❶もうたくさんというくらい。あきるほど。れい 嫌と言うほど食べる。❷ていどがはげしく。ひどく。れい む

〔〕漢字を使った書き方　れい ことばの使い方の例　⇕反対のことば　⬇参考になる情報　◂小学校で習わない漢字

こうすねを嫌と言うほどぶつける。

イヤホン 耳にあてたりさしこんだりして使う、音声や音楽を聞く小さな器具。イヤホーン。

いやみ【嫌味】相手にいやな感じをもたせることばや態度。(れい)嫌味をいう。

イヤリング 耳かざり。イアリング。

いよいよ ❶よりいっそう。ますます。(れい)山はいよいよけわしくなった。❷とうとう。ついに。(れい)いよいよプロ野球の開幕だ。❸たしかに。きっと。(れい)これでいよいよ完成だ。

いよう【異様】〔形やようすが〕ふつうとかわっているようす。(れい)異様なふんいき。

いよく【意欲】ある物事を進んでしようとする気持ち。(れい)勉強しようとする意欲がない。

いよくてき【意欲的】何かをしようとする強い意欲が感じられるようす。(れい)意欲的な作品。

1 **いらい**【以来】その時からあと。その時から今まで。あれからずっと。(れい)その君ははじめてスキーに行って以来、すっかりスキーがすきになった。

2 **いらい**【依頼】❶人にたのむこと。(れい)調査を依頼する。❷人にたよること。あてにすること。(れい)依頼心が強い。

いらいら 思うようにならず、あせっておちつかないようす。(れい)友だちが来ないので、いらいらする。

いらか やねがわら。また、かわらぶきのやね。

イラスト 文章の内容をおぎなうさし絵・説明図や、絵本・広告などにつかう絵。イラストレーション。

いらだつ【いら立つ】思いどおりにならず、心があせる。いらいらする。

いらっしゃい ❶おいでなさい。(れい)早くいらっしゃい。❷人をむかえるときのあいさつのことば。(れい)やあ、いらっしゃい。

いらっしゃる 「居る」「来る」「行く」などのうやまった言い方。(れい)先生はまだ教室にいらっしゃる。／どちらからいらっしゃったのですか。

いりえ【入り江】湖や海が陸地にはいりこんだところ。

いりぐち【入り口】中へ入るところ。いりくち。⇔出口。

いりくむ【入り組む】〔物事の事情、物の組み立てなどが〕こみいっていてめんどうだったり、わかりにくかったりする。(れい)入り組んだ話。

1 **いりょう**【衣料】❶洋服や着物をつくるざいりょう。❷衣類。(れい)衣料品店。

2 **いりょう**【医療】〔手術や薬で〕病気やけがをなおすこと。(れい)医療設備。

いりょうひん【衣料品】品物としての衣類。(れい)衣料品売り場。

いりょく【威力】人をおそれさせたり、したがわせたりする強い力。

1 **いる**【入る】❶「はいる」の古い言い方。ふつう「はいる」がつかわれる。(れい)茶わんにひびが入る。❷《あることばの下につけて》その状態のていどがはげしいようすや、動作がおわったようすをあらわすことば。ふかく…する。すっかり…する。ほとんど…する。(れい)感じ入る。／聞き入る。／消え入る。

ことわざ **言わぬが花** はっきりといわないでおくのがよいということ。

ことばのテーブル

62ページ

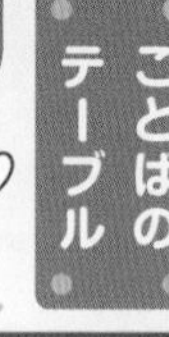

2いる【居る】❶人や動物がそこにある。おる。(れい)父は家にいます。❷《「…ている」の形で》ある動作や状態などがつづいているようすをあらわすことば。(れい)まだ雨がふっている。

3いる【要る】ないとこまる。必要である。(れい)お金が要る。

いるい【衣類】体に着るもの。着物・洋服・下着など。衣料。

いるか クジラのなかまのうち、マイルカ・バンドウイルカなど、小形のもの。

いるす【居留守】家にいるのに、わざといないふりをすること。(れい)居留守をつかう。

イルミネーション たくさんの電球をつけて、木や建物などをきれいにかざること。

いれかわりたちかわり【入れ替わり立ち替わり・入れ代わり立ち代わり】つぎからつぎへと人がやって来るようす。(れい)入れ替わり立ち替わり客が来る。

いれかわる【入れ替わる・入れ代わる】前のものが出てべつのものが入る。交替する。(れい)たなの商品が入れ替わる。

イレギュラー 不規則であるようす。

いれぢえ【入れ知恵】こうしなさいと人に教えこむ知恵。

いれば【入れ歯】ぬけたり、ぬいたりした歯のかわりに、つくった歯を入れること。また、その歯。義歯。

いれもの【入れ物】物を入れて、しまっておくためのもの。(れい)空き箱を入れ物にする。

いれる【入れる】❶外から中へうつす。おさめる。(れい)かばんに本を入れる。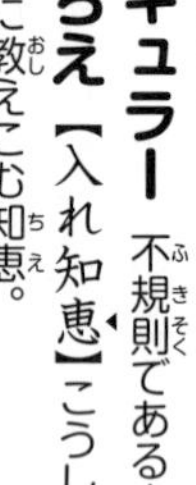⇕出す。❷ふくめる。(れい)なかまに入れる。❸〔あかり・電気などを〕つける。(れい)スイッチを入れる。❹〔文や語句などを〕くわえてなおす。(れい)文章に少し手を入れる。❺飲めるように用意をする。(れい)お茶を入れます。❻入学させる。(れい)子どもを高校に入れる。

いろ【色】❶目によって知る、赤・青・黄など。色彩。❷ようす。また、表情。(れい)ひろうの色はかくせない。

いろいろ【色色】種類がたくさんあるようす。さまざま。(れい)いろいろな国がある。

いろがみ【色紙】いろいろな色にそめた紙。かざりや子どもの遊びに使う。

いろづく【色付く】〔葉や実などに〕だんだん色がついてくる。(れい)イチョウの葉が色付く。

いろどり【彩り】❶色をぬること。❷色のとり合わせ。配色。(れい)彩りがうつくしい。❸〔いろいろな物事をとり合わせてつける〕変化。うるおい。はなやかさ。(れい)生活に彩りをそえる。

いろとりどり【色とりどり】❶いろいろな色があって、それぞれちがっているようす。(れい)色とりどりの花。❷さまざま。いろいろ。(れい)色とりどりの料理。

いろどる【彩る】❶色をつける。❷いろいろな色をとり合わせてかざる。(れい)もみじに彩られた秋の山。

いろは ❶かな文字のこと。「いろは歌」

〔〕漢字を使った書き方　(れい)ことばの使い方の例　⇕反対のことば　⬇参考になる情報　◀小学校で習わない漢字

の四十七文字に「ん」をくわえたもの。❷物事の初歩。れい料理のいろはからならう。

いろはうた【いろは歌】ひらがな四十七文字を一回ずつつかってつくった、七・五調の歌。

いろはかるた いろはの四十七文字と「京」をくわえた四十八文字をさいしょの字にした、ことわざからできているかるた。いろはがるた。「犬も歩けば棒にあたる」「論より証拠」など。

いろよい【色よい】のぞむとおりの。都合のよい。れい色よい返事を待つ。

いろり【囲炉裏】へやのゆかの一部を四角に切りぬいて、火をもやせるようにしたところ。

囲炉裏

いろをうしなう【色を失う】おどろきやおそれなどのため、顔色が青ざめること。れい祖母がたおれたという知らせに、母は色を失った。

いろんな【色んな】「いろいろな」のくだけた言い方。

いわ【岩】大きな石。

いわい【祝い】❶祝うこと。めでたいとして、よろこぶこと。祝賀。れい七五三の祝い。／祝いの席。❷祝う気持ちをあらわすことばや金品。れい入学のお祝いをいただく。

いわう【祝う】❶めでたいことをよろこぶ。れい優勝を祝う。❷幸せであるようにいのる。れいふたりの将来を祝った。

いわし ニシンのなかまで、むれで泳ぐ魚。せなかは青く、はらは銀色をしている。マイワシ・ウルメイワシ・カタクチイワシなど。

いわしぐも【いわし雲】魚のうろこのようにならんでうかぶ雲。うろこ雲。巻積雲。

いわてけん【岩手県】東北地方の北東部にある太平洋に面した県。県庁所在地は盛岡市。➡都道府県。

いわば【岩場】岩の多いところ。

いわゆる いっぱんによく言われている。多くの人がよく言う。れいあの人がいわゆる名物先生です。

いわれ ❶わけ。理由。れい君にとやかく言われるいわれはない。❷古くから言いつたえられていること。れい地名のいわれをしらべる。

1いん【印】はんこ。印鑑。れい書類に印をおす。

2イン テニスやバレーボールなどで、ボールが決められた線の内がわにあること。⇔アウト。

いんかん【印鑑】はんこ。はんこの形。

1いんき【陰気】〔天気・気持ち・ふんいきなどが〕暗く、はればれしないこと。れい陰気な感じの人。⇔陽気。

2インキ インク。

いんきょ【隠居】年をとって仕事をやめ、のんびりくらすこと。また、そのような人。

インク ものを書いたり、印刷したりするときにつかう、色のついた液体。インキ。

いんけん【陰険】見かけとはちがって、よくない考えをもっていること。れいやり方が陰険だ。

ことわざ **上には上がある** いちばんよいと思っていても、もっとよいものがある。

ことばのテーブル

64ページ

・いんさつ
・いんさつじょ
・いんしょう
・いんしょうぶかい
・いんしょく
・インスタント
・インストール
・インストラクター
・インスピレーション
・いんせい
・いんぜい
・いんせき
・いんそつ
・インターチェンジ
・インターネット
・インターホン

・いんたい
・インタビュー
・いんちき
・いんちょう
・インテリ
・インテリア
・インド
・インドア
・イントネーション

いんさつ【印刷】文字や絵などを版にして、それにインクをつけて紙などにすり出すこと。

いんさつじょ【印刷所】本などの印刷をする工場。

いんさつぶつ【印刷物】印刷されたもの。

いんしょう【印象】心に（強く）受けた感じ。心に強く感じた（わすれられない）こと。れい よい印象をあたえる。

いんしょうぶかい【印象深い】ある物事から受けた感じが心に深くのこるようす。

いんしょく【飲食】飲むことと食べること。のみくい。れい 飲食店がならんでいる。

インスタント すぐにできること。そくせき。れい スーパーでインスタント食品を買いこむ。

インストール ソフトウエアをコンピューターに組みこんで、じっさいに使えるようにすること。

インストラクター 技術などの指導をする人。指導員。れい スキーのインストラクター。

インスピレーション ぱっとひらめいた、すばらしい考え。

いんせい【陰性】❶暗い感じで、はっきりしないこと。また、その性質。❷病気のけんさをしたとき、そのしるしがあらわれないこと。れい ツベルクリン反応は陰性だった。⇕①②陽性。

いんぜい【印税】本のねだんや部数に応じて、発行者が一定の割合で著者などにはらうお金。れい 印税けいやくを結ぶ。

いんせき【いん石】流れ星のもえのこりが地球上におちてきたもの。

いんそつ【引率】人をひきつれていくこと。れい 先生に引率されて遠足に行く。

インターチェンジ 高速道路の出入り口。インター。自動車が安全に出入りできるように、ふつう立体交差になっている。

インターネット コンピューターの世界きぼの通信網。電子メールのやりとりや、ホームページを見ることなどに利用される。ネット。

インターホン へやとへやなどのれんらくにつかう、電話。

いんたい【引退】いままでやっていた仕事や役をやめること。れい 横綱が引退した。

インタビュー 新聞や雑誌などの記事を書くために、人に会って話を聞くこと。れい 新聞記者が、優勝を決めた選手にインタビューする。

いんちき 人をごまかすこと。不正なこと。れい いんちきをしたことが、母にばれてしまった。

いんちょう【院長】病院や学院など、「院」と名のつく組織・施設の最高責任者。

インテリ 学問や知識のある人。

インテリア 建物の中を、家具や装飾品でかざって、整えること。室内装飾。れい インテリアデザイン。

インド アジアの南にあるインド半島の大部分をしめる国。一九四七年、イギリス自治領から独立。農業が中心だが、工業もさかん。首都はニューデリー。

インドア 建物の内。室内。屋内。⇕アウトドア。

イントネーション 話や本の音読

をするときの声の調子の上がり下がり。抑揚。

インドネシア インドネシア共和国。東南アジアの、スマトラ島・ジャワ島・カリマンタン島など多くの島でできている国。石油・ゴム・コーヒーなどの産地。首都はジャカルタ。

いんねん【因縁】 ❶物事に定められた運命。めぐりあわせ。また、その運命によってむすびついた関係。（れい）こんなところで会うのも何かの因縁だ。❷いいがかり。（れい）因縁をつけられる。

インパクト 社会などにあたえる強い衝撃や影響。（れい）その事件が社会にあたえたインパクトは大きい。

インフルエンザ インフルエンザウイルスによっておこる感染症。熱が出て、頭・のど・手足などがいたむ。おもに冬から春先におこる。流感。

インフレーション お金のねうちが下がり、物価が上がること。インフレ。⇔デフレーション。

いんぼう【陰謀】 こっそりくわだてた悪い計画。悪だくみ。

いんよう【引用】 人のことばや文章をかりてきて、自分の話や文章の中で使うこと。

いんりょうすい【飲料水】 飲むための水。飲み水。飲用水。

いんりょく【引力】 物と物とが、たがいに引きあう力。

いんろう【印籠】 薬などを入れてこしにさげる小さな入れ物。もとは、印や印肉（＝はんをおすときにつかう色をしみこませたもの）を入れた。

う ウ

1う ❶見当をつける意味を表す。（れい）五十メートルはあろう。❷話し手や書き手の「…したい」という気持ちを表す。（れい）あしたこそ、母へのプレゼントを買おう。

2う【卯】 ❶十二支の四番目。❷むかしの時刻のよび名で、今の午前六時ごろ。また、その前後二時間。

ウイーク 週。週間。（れい）もうすぐゴールデンウイークがはじまる。

ういういしい【初々しい】 年がわかくて、すなおな感じがするようす。（れい）初々しいすがた。

ウイルス ふつうのけんび鏡では見えない、ひじょうに小さな、病気をおこす生物。ビールス。

ウインク 〔相手に合図をするために〕片目でまばたきをすること。

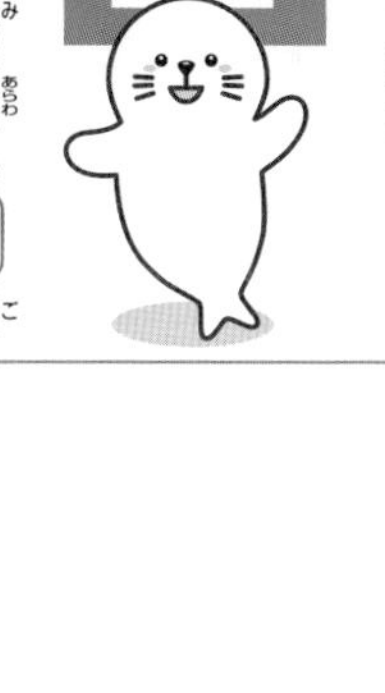
ウインク

ウインドー ❶まど。❷「ショーウインドー」のりゃく。品物をかざって見せるためのガラスまど。（れい）ウインドーショッピング（＝ショーウインドーにかざられた商品を見て歩くこと）。

ウインドサーフィン 波乗り用の板に三角形のほをはって、風の力で水上を走るスポーツ。

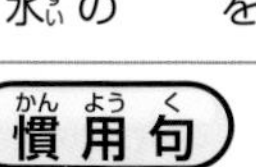
慣用句 **上を下への大さわぎ** 多くの人が入りみだれて、大さわぎになるようす。

ことばのテーブル

ウインナーソーセージ　細長い小形のソーセージ。ウインナー。

ウール　❶羊・ヤギなどの毛。❷羊の毛でおったぬの。毛織物。(れい)ウールのコート。

ウーロンちゃ【ウーロン茶】中国茶の一つ。お茶の葉の発酵をとちゅうで止めて作る。

うえ【上】❶高いところ。(れい)やねの上。❷年れいが多いこと。年上。(れい)上の子は七才になります。❸ものの表面。(れい)海の上。❹地位や等級などが高いこと。(れい)テストに合格して一級上のクラスにはいった。⇕①～④下。

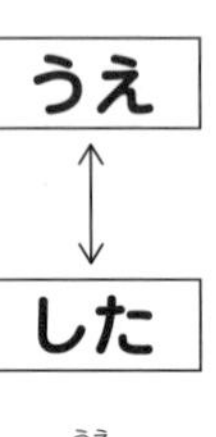

上

❺〔あることに〕くわえて。(れい)寒いうえに雪までふってきた。❻…したのち。(れい)よく考えたうえでお返事をください。

ウエーター　食堂やきっさ店などで、食べ物や飲み物の注文をきいたり、それを運んだりする男の人。⇕ウエートレス。

ウエートレス　食堂やきっさ店などで、飲食物の注文をきいたり、それを運んだりする女性。⇕ウエーター。

うえき【植木】庭やはちなどに植えてある木。

うえきばち【植木鉢◂】植物を植えて育てるための入れ物。

うえこみ【植え込み◂】庭などで、草や木をたくさん植えこんだところ。

うえじに【飢◂え死に】食べ物がなく、はらがへって死ぬこと。餓死。

ウエスト　胸とこしの間の、もっともくびれたところ。また、そのまわりの長さ。(れい)ウエストをはかる。

ウェットスーツ　水にもぐるための、ゴムでできた服。潜水服。

ウエディング　結婚。結婚式。ウェディング。(れい)ウエディングケーキ。

ウェブサイト　インターネット上で、情報の提供などのサービスがおこなわれる場所。

1うえる【飢◂える】❶食べ物がなくひどくはらがへる。❷〔ほしいものがえられず〕ひどくほしがる。(れい)親の愛情に飢えている。

2うえる【植える】草木の根を土の中にうめる。(れい)庭にバラを植える。

うお【魚】さかな。

うおいちば【魚市場】船からあげた魚を売り買いするところ。

うおうさおう【右往左往】多くの人がうろたえて、うろうろすること。

ウオーキング　歩くこと。とくに、運動のために歩くこと。(れい)健康のために毎日ウオーキングをする。

ウオーミングアップ　試合・競技、はげしい運動などをする前に、軽い運動をすること。じゅんび運動。

うおがし【魚河岸】魚市場のある川岸。「魚市場」の古い言い方。

うか【羽化】こん虫が、よう虫やさなぎから、成虫になること。(れい)セミが羽化した。

1うかい【う回】回り道をすること。(れい)工事中なのでう回する。

2うかい【う飼い】鳥のウをかいならし

【】漢字を使った書き方　(れい)ことばの使い方の例　⇕反対のことば　⬇参考になる情報　◂小学校で習わない漢字

してアユなどの魚をとらせること。また、それを仕事にしている人。

うがい 〔水や水薬で〕口やのどをすすぐこと。

1うかがう 〔人に気づかれないように〕ようすをさぐる。(れい)戸口に立って中をうかがう。

2うかがう【伺う】❶〔目上の人の意見や考えを〕たずねる。たずね問う。(れい)責任者の意見を伺う。❷〔目上の人の話などを〕耳にする。お聞きする。(れい)おうわさはいつも伺っています。❸訪問する。(れい)明日十時に伺います。

うかつ 注意が足りないこと。(れい)うかつにもすっかりわすれていた。

うかぶ【浮かぶ】❶〔水面や空中などに〕しずまずにある。うく。(れい)海にヨットが浮かぶ。⇔沈む。❷表面にあらわれる。(れい)ほほえみが浮かぶ。❸〔ある形・すがたなどが〕頭の中にあらわれる。(れい)ふるさとの母の顔が浮かぶ。

うかべる【浮かべる】❶〔水面や空中に〕うくようにする。(れい)ささ舟を川の水に浮かべる。❷表面にあらわす。(れい)なみだを浮かべる。❸〔ある形・すがたなどを〕頭の中にあらわし出そうとする。思い出す。(れい)物語のようすを目に浮かべる。

うかる【受かる】〔試験に〕合格する。(れい)入学試験に受かった。⇔落ちる。

うかれる【浮かれる】心がはずんでおちつかない気持ちになる。うきうきする。

うがん【右岸】川下にむかって、右がわの岸。⇔左岸。

うかんむり【ウ冠】漢字の部首の一つ。「安」「家」「守」などの上の「宀」の部分。「いえ」「やね」にかんけいした意味をあらわす。

うき【雨季・雨期】一年のうちで、いちばん雨の多い季節・時期。

うきうき【浮き浮き】うれしくて、心がはずむようす。そわそわ。

うきしずみ【浮き沈み】ういたり、しずんだりすること。

うきぶくろ【浮き袋】❶魚のはらの中にある空気のはいったふくろ。これを使って水中でうきしずみする。❷人が水中で体をうかせるために使う空気のはいったふくろ。

うきよ【浮き世】この世の中。世間。(れい)浮き世をはなれた生活をおくる。

うきよえ【浮世絵】江戸時代にはやった絵。そのころの人々のくらしぶりや時代のありさまがえがかれている。

うきわ【浮き輪】水中で体をうかせるための、輪になったうきぶくろ。

うく【浮く】❶水中にあったものが水面に出てくる。また、水の上にある。うかぶ。(れい)木のえだが池に浮いている。⇔沈む。❷空中にある。(れい)体が空に浮く。❸まわりのものとなじまない。(れい)かれはクラスで浮いた存在になっている。❹土台にしっかりのっていない。(れい)柱が土台の石から浮いている。❺あまりが出る。(れい)往復とも歩いたのでバス代が浮いた。

うぐいす ウグイス科の鳥。林などにすむ。体は緑と茶のまざったような色。春のはじめごろ「ホーホケキョ」と鳴く。

慣用句 **うき足立つ** 今にもにげ出しそうにする。おちついていられなくなる。

ことばのテーブル

68ページ

ウクライナ ヨーロッパ東部にある、黒海に面した国。農業がさかんで小麦の産地。首都はキエフ。

うけあい【請け合い】たしかだと保証すること。れい うまくいくことは請け合いだ。

うけたまわる【承る】❶「聞く」のへりくだった言い方。れい ご意見を承りたい。❷「承知する」「引き受ける」のへりくだった言い方。れい 年賀状の印刷を承ります。

うけつけ【受け付け・受付】❶〔申しこみなどを〕うけつけること。れい 願書の受け付けは三日までです。❷よそからきた人の用事をとりつぐところ。また、その係の人。れい 受付係。

うけとる【受け取る】手にとっておさめる。れい おつりを受け取る。

うけみ【受け身】❶ほかからはたらきかけられること。また、その立場。❷柔道で、けがをしないようにたおれるわざ。

うけもち【受け持ち】うけもつこと。また、ひきうけた仕事や人。れい 受け持ちの先生。

うける【受ける】❶ささえてとめる。うけとめる。れい ボールを胸で受ける。❷はたらきかけられてそれにおうじる。れい 相談を受ける。❸あとをつぐ。うけつぐ。れい 父の遺志を受けて、がんばりたい。❹あたえられる。れい 恩恵を受ける。

うごうのしゅう【う合の衆】まとまりのないよせ集めの人々。または、そのような軍勢。

うごかす【動かす】❶場所や位置をかえる。れい つくえを動かす。❷感動させる。感心させる。れい その演奏は、わたしの心を動かした。❸運転する。れい 機械を動かす。

うごき【動き】❶動くこと。動いているようす。どうさ。れい 動きがおそい。❷うつりかわり。れい 社会の動きに目をむける。

うごく【動く】❶位置をかえる。位置がかわる。れい 車が動く。❷心がゆれ、かわる。れい 友だちのことばに心が動いた。❸はたらきをする。れい エンジンが動く。

うごのたけのこ【雨後の竹の子】〔雨上がりにたけのこがよく出るように〕次々と物事があらわれるたとえ。

うさぎ ウサギ科の動物。耳が長く、後ろ足が発達している。草などを食べる。

うさぎとび【うさぎ跳び】こしのあたりに手を組んでしゃがみ、ウサギのようにはねながら前へ進むこと。

うさばらし【憂さ晴らし】いやな気持ちをわすれるために、なにかをすること。気晴らし。れい 憂さ晴らしに魚つりをする。

うさんくさい【う散臭い】〔見た感じが〕どことなくあやしい。れい う散臭い男だ。

1うし【牛】ウシ科の動物。草などを食べる。力が強い。家畜としてかわれ、ちちや肉を食用にする。

2うし【丑】❶十二支の二番目。❷むかしの時刻のよび名で、今の午前二時ごろ。また、その前後二時間。

うじうじ 決断力がなくて、ためらってばかりいるようす。れい うじうじして、なかなか行動しない。

うじがみ【氏神】❶血すじのつな

【】漢字を使った書き方　れい ことばの使い方の例　⇕反対のことば　⬇参考になる情報　◂小学校で習わない漢字

がった人々がその先祖としてまつる神。❷その土地やそこに生まれた人々を守る神。ちんじゅの神。うぶすな神。

うしなう【失う】❶〔持っていたものなどを〕なくす。(れい)財産を失う。❷とりにがす。(れい)話すチャンスを失った。❸〔人を〕なくす。死なれる。(れい)事故で友人を失う。

うしみつどき【うし三つ時】むかしの時刻のよび名で、今の午前二時から二時半ごろ。また、真夜中のこと。

うじゃうじゃ ❶小さい虫などが、たくさん集まって動いているようす。(れい)アリがうじゃうじゃいる。❷いつまでもしつこく言うようす。(れい)あまりうじゃうじゃ言うな。

うしろ【後ろ】❶正面と反対の方。あと。(れい)後ろをふりかえってみる。❷せなか。(れい)後ろのボタンをとめる。⇕前。

うしろあし【後ろ足】四本の足をもつ動物の、後ろのほうの足。⇕前足。

うしろがみをひかれる【後ろ髪を引かれる】〔かみの毛を後ろに引っぱられるように〕どうしても気になって思い切れない。(れい)後ろ髪を引かれる思いで友だちと別れた。

うしろすがた【後ろ姿】後ろから見た人のすがた。(れい)母の後ろ姿。

うしろだて【後ろ盾】かげで力をかして助けること。また、助ける人。

うしろで【後ろ手】両手を後ろにまわすこと。(れい)後ろ手にしばる。

うしろまえ【後ろ前】後ろと前とが反対になること。(れい)セーターを後ろ前に着る。

うしろめたい【後ろめたい】人に悪いことをしたと感じて、もうしわけない気持ちをもつ。

うしろゆびをさされる【後ろ指を指される】かげで悪口を言われる。(れい)後ろ指を指されるようなことをしてはいけない。

うす【臼】❶木や石をくりぬいてつくり、きねを使ってその中でもちをついたり、穀物をくだいたりする道具。❷石を二つかさね、その間に米や豆などを入れて、上の石をまわしてこなにする道具。ひきうす。石うす。

うず【渦】中心にむかって輪のようにまわる水の流れ。また、そのような形。

きね

臼①

1うすい【雨水】二十四節気の一つ。二月十八、十九日ごろ。雪が雨になり、草木の芽が出るころのこと。

2うすい【薄い】❶厚みが少ない。(れい)薄い紙。⇕厚い。❷色や味があっさりしている。(れい)薄いピンク。／薄い味。⇕濃い。

うすうす【薄薄】なんとなく。(れい)そのことは薄々わかっていた。

うずうず したいことがあって、心がおちつかないようす。(れい)はやく海へ行きたくてうずうずしている。

うすきみわるい【薄気味悪い】なんとなく気味が悪い。

うずくまる 体をまるめてしゃがむ。

うずしお【渦潮】うずをまいて流れる海水。(れい)鳴門海峡の渦潮。

慣用句 **動きが取れない** 自分の思いどおりに活動ができない。

ことばのテーブル

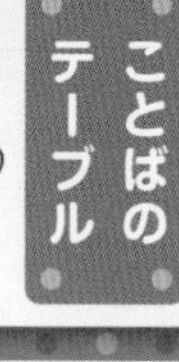

70ページ

- うずまき
- うずまく
- うすめる
- うずめる
- うずもれる
- うすれる
- うせつ
- うせる
- うそ
- うそつき

- うそなき
- うそはっぴゃく
- うそぶく
- うた
- うだいじん
- うたう
- うたがい

- うたがう
- うたがるた
- うたがわしい
- うたげ
- うたごえ
- うたたね
- うだつがあがらない

うずまき【渦巻き】中心にむかって、輪のようにぐるぐるまわって流れる水の動き。また、その形。

うずまく【渦巻く】水の流れがうずまきの形になる。れい にごった水が渦巻いて流れる。

うすめる【薄める】〔色・味などを〕水などをくわえて、うすくする。れい ジュースを水で薄める。

うずめる ❶物でおおって見えなくする。れい 土の中にごみをうずめる。❷すきまなくいっぱいにする。れい スタンドをうずめたファンの声援。

うずもれる 物におおわれてかくれる。

うすれる【薄れる】少なくなる。弱くなる。れい いたさが薄れてきた。

うせつ【右折】道路などを右にまがること。れい 交差点で右折する。⇔左折。

うせる【失せる】なくなる。きえる。れい つかれはてて気力が失せる。

うそ ❶本当でないことを言うこと。また、そのことば。れい うそをつくな。❷まちがっていること。正しくないこと。

うそつき うそを言うこと。また、その人。⇔正直。

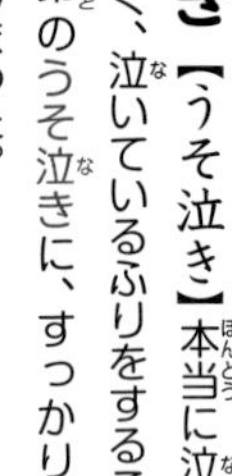

うそなき【うそ泣き】本当に泣くのではなく、泣いているふりをすること。れい 弟のうそ泣きに、すっかりだまされてしまった。

うそはっぴゃく【うそ八百】たくさんのうそ。れい うそ八百をならべる。

うそぶく ❶知らないふりをする。とぼける。れい 知らないとうそぶく。❷おおげさなことを言う。れい 天才だとうそぶく。

うた【歌】❶ことばにふしをつけて歌うこと。また、そのことば。❷「和歌」のこと。

うだいじん【右大臣】むかし、政治をおこなっていた役目の一つ。左大臣の次の位。

うたう【歌う】❶ことばにふしをつけて声に出す。❷和歌や詩につくる。❸さえずる。鳴く。れい 鳥が歌う。

うたがい【疑い】❶あやしいと思うこと。れい ぼくに疑いがかかった。❷どうだろうかと、不安に思うこと。れい 感染症の疑いがある。

うたがう【疑う】❶あやしいと思う。れい 政治家のことばを疑う。❷不安に思う。れい うまくいくだろうかと疑う。

うたがるた【歌がるた】小倉百人一首などの和歌が書いてあるかるた。読み札には和歌の全句、取り札には下の句が書いてある。

うたがわしい【疑わしい】❶あやしい。❷本当かどうかはっきりしない。れい 実験の成功は疑わしい。

うたげ【宴】集まって飲食をする会。酒もり。えん会。えん。

うたごえ【歌声】歌を歌っている声。

うたたね【うたた寝】ねどこに入らないで、うとうとねむること。かりね。

うだつがあがらない【うだつが上がらない】思うように地位が上がったり生活がよくなったりしない。「うだつ」は、はりの上に立ててむな木をささえる短い柱。いつも大きなむな木におさえられていることからいう。れい このままでは一生うだつが上がらない。⬇71ページ（イラスト）

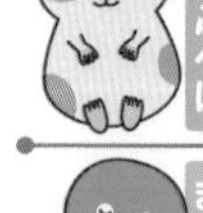

うち【内】❶ものの中。(れい)となりのかきねの内をのぞいた。⇔外。❷自分の家。自分の家庭。(れい)学校からうちへ帰ってきた。⇔よそ。❸…の間。…以内。(れい)今のうちに行っておいで。

うちあげ【打ち上げ】❶打ち上げること。(れい)ロケットの打ち上げ。❷もよおしものや事業などを終えること。また、それをねぎらう会。(れい)全国公演の打ち上げ。

うちあげはなび【打ち上げ花火】つつを使って空高く打ち上げる花火。

うちあける【打ち明ける】かくさずにすっかり話す。(れい)ひみつを打ち明ける。

うちあわせ【打ち合わせ】前もって相談すること。(れい)仕事の打ち合わせをする。

むな木
うだつ
はり
うだつ

うちあわせる【打ち合わせる】相手と前もって相談する。

うちいり【討ち入り】敵の陣地に入りこんで、せめること。(れい)赤穂浪士の討ち入り。

うちいわい【内祝い】❶家族や親せきの人だけでいわうこと。❷自分の家のいわいごとを記念して品物をおくること。また、その品物。

うちうち【内内】❶家庭の中。(れい)弟の病気は内々だけしか知らない。❷世の中に知らせず、親しい人たちだけですること。ないない。(れい)内々でおいわいをすませる。

うちがわ【内側】中のほう。中がわ。⇔外側。

うちき【内気】気が弱いこと。また、そのような性質。(れい)内気な子。

うちきる【打ち切る】あるところまでで終わりにする。中止する。(れい)仕事を打ち切って帰る。

うちけす【打ち消す】そうではないという。(れい)うわさを打ち消す。

うちこむ【打ち込む】❶打って中に入れる。たたきこむ。(れい)くぎを打ち込む。❷ひとつのことに、全力をつくす。(れい)ピアノの練習に打ち込む。

うちでし【内弟子】先生の家に住みこんで、家事のてつだいなどをしながら教えをうける人。(れい)落語家の内弟子になる。

うちでのこづち【打ち出の小づち】〔「一寸法師」などの昔話の中で〕手にもってふるとほしいものが出てきたり思いどおりになったりする、ものをたたく道具。

うちとける【打ち解ける】心から親しくなる。(れい)はじめて会った人と打ち解けて話ができた。

うちのめす【打ちのめす】❶立ち上がれなくなるほど強くなぐる。(れい)ちょうせん者を打ちのめす。❷〔大きな損害やいたでをあたえて〕立ち上がれなくさせる。がっかりさせる。(れい)台風に打ちのめされる。

うちぶろ【内風呂】建物の中にあるふろ。また、自分の家にあるふろ。(れい)むかしは内風呂のある家は少なかった。⇔外風呂。

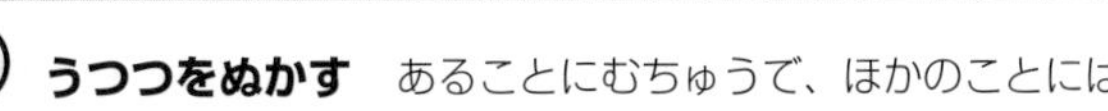
慣用句 **うつつをぬかす** あることにむちゅうで、ほかのことには見むきもしない。

うちべんけい【内弁慶】自分の家の中ではいばっているが、外ではおとなしいこと。また、そのような人。

うちポケット【内ポケット】衣服の内がわについているポケット。(れい)内ポケットにさいふを入れる。

うちまご【内孫】自分のあとをつぐ夫婦の間に生まれた子ども。

うちまた【内股】❶ももの内がわ。内もも。❷足の先を内がわに向けた歩き方。(れい)内股でしとやかに歩く和服の女性。

うちみ【打ち身】体を強くうったとき、ひふの内がわにできるきず。打ぼく傷。

うちみず【打ち水】ほこりがたたないようにしたり、すずしくしたりするために、庭や道路に水をまくこと。また、その水。

うちゅう【宇宙】地球・太陽・星などのある、はてしない広がりをもった世界。

うちゅうじん【宇宙人】地球以外の天体にいるかもしれないと考えられる人間ににている生きもの。

うちゅうステーション【宇宙ステーション】宇宙でいろいろな作業をするために、人工衛星につくられた基地。

うちゅうせん【宇宙船】人間が宇宙の空間をとぶための乗り物。

うちゅうひこうし【宇宙飛行士】宇宙をとぶために特別のくんれんを受けた人。

うちょうてん【有頂天】すっかりよろこんで、むちゅうになること。

1**うちわ** あおいで風をおこす道具。竹などの細いほねに、紙などをはって、柄をつける。

2**うちわ**【内輪】親しいなかまどうし。また、同じ身内。(れい)内輪だけの集まり。

1**うつ**【鬱】心がふさいで、はればれしないこと。(れい)気分が鬱じょうたいになる。

2**うつ**【打つ】❶強く当てる。強くたたく。(れい)つくえのかどで頭を打つ。❷感動させる。(れい)先生のことばが、ぼくの心を打った。❸たたいてはめこむ。たたきこむ。(れい)くいを三十本打つ。

3**うつ**【撃つ】〔鉄ぽうやピストルの〕たまを発射する。(れい)一発撃つ。

うっかり ぼんやりして、気がつかないようす。(れい)うっかりして犬にえさをやるのをわすれた。

うづき【卯月】むかしのこよみで四月のこと。

うつくしい【美しい】〔色や形などが〕よい感じである。きれいである。(れい)美しい花たば。

1**うつす**【写す】❶文や絵を見て、そのとおりにほかのものに書く。(れい)お経の本を写す。❷写真にとる。(れい)記念写真を写す。

写す②

2**うつす**【映す】❶〔光の反射で〕物の形や色をほかのものの上にあらわす。(れい)かがみに顔を映す。❷映画やスライドをスクリーンにあらわす。(れい)映画を映す。

3**うつす**【移す】❶ほかの場所へ物を動かす。(れい)つくえを移す。

❷物事を次に進める。(れい)計画を実行に移す。

❸〔病気などを〕感染させる。(れい)弟にかぜをうつしてしまった。

うっすら 物事のていどがわずかであるようす。かすかに。ほんのり。うっすり。(れい)庭にうっすら雪がつもった。

うったえ【訴え】うったえること。また、その内容。(れい)訴えを取り上げる。

うったえる【訴える】❶もめごとをさばいてくれるように裁判所にもうし出る。(れい)暴力をふるった人を訴えた。

❷〔自分の不幸や苦しみなどを〕人につげる。(れい)腹痛を訴える。

うつつ ❶目がさめている状態。現実。(れい)夢かうつつかはっきりしない。

❷気がたしかな状態。正気。

うってかわる【打って変わる】〔ようすや態度が〕急にすっかりかわる。(れい)きのうとは打って変わっていい天気だ。

うってつけ【打って付け】ある条件などにぴったり合うようす。(れい)これはあなたに打って付けの役だ。

うっとうしい【鬱陶しい】〔天気や気持ちなどが〕はればれしない。(れい)どんよりとくもった鬱陶しい天気だ。

うっとり ある一つのことに気をとられて、ぼんやりするようす。(れい)お姉さんは、うっとり夕日をながめている。

うつぶせ うつぶせること。うつぶせたすがた。⇕あお向け。⬇あお向け。

うつぶせる ❶顔や腹を下にしてふせる。うつぶす。(れい)つくえにうつぶせる。

❷器などをさかさにしてふせる。(れい)茶わんをうつぶせる。

うっぷん【鬱憤】がまんをしてきた不満やいかり。

うつむく 頭をたれて下をむく。顔をふせる。(れい)しかられてうつむく。

うつらうつら ねむくて意識がはっきりしないようす。

うつりかわり【移り変わり】だんだんにかわること。(れい)四季の移り変わり。

うつりぎ【移り気】気がかわりやすいこと。(れい)移り気な性格。

1うつる【写る】❶〔物の形やかげが〕ほかの物の上にあらわれる。(れい)ガラス戸に人かげが写る。

❷写真で、すがたや形があらわれる。(れい)写真に写る。

2うつる【映る】光やかげがほかの物の上にあらわれる。(れい)夕日が水面に映る。

3うつる【移る】❶場所をかえる。(れい)いなかから都会に移る。

❷時間がすぎる。(れい)年が移る。

❸〔色やにおいが〕ほかのものにつく。(れい)香水のかおりが着物に移る。

❹〔病気などが〕感染する。(れい)かぜがうつる。

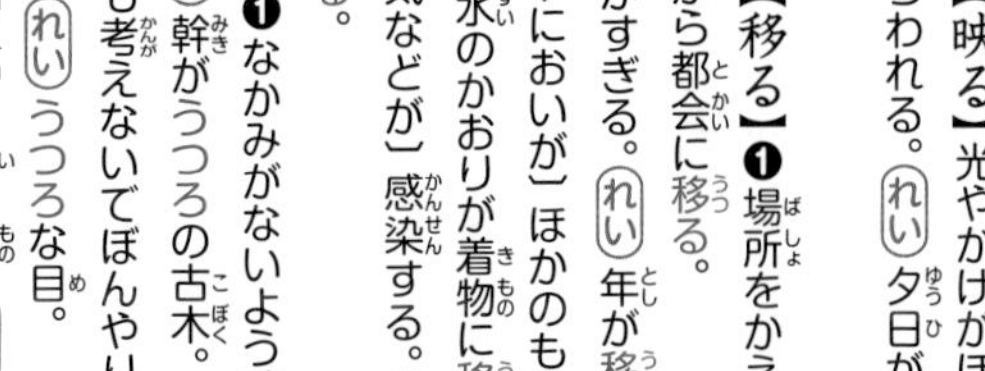

うつろ ❶なかみがないようす。からっぽ。(れい)幹がうつろの古木。

❷なにも考えないでぼんやりしているようす。(れい)うつろな目。

うつわ【器】❶入れ物。(れい)ガラスの器にもる。

❷〔ある仕事をするだけの〕能力。人がら。(れい)かれは大臣の器ではない。

うで【腕】❶かたと手首の間の部分。(れい)腕を組む。

❷仕事をする能力。うでまえ。(れい)腕のいいコック。

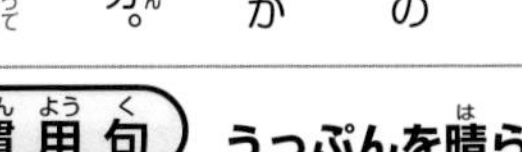

慣用句 **うっぷんを晴らす** 不満やいかりを口に出すなどして、気を晴らす。

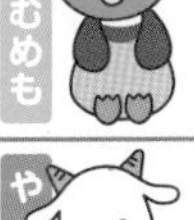

ことばのテーブル

74ページ

- うでがあがる
- うでがおちる
- うでがなる
- うでずく
- うでずもう
- うでたてふせ
- うでどけい
- うでによりをかける
- うでばひびく

- うでまえ
- うでをあげる
- うでをふるう
- うでをみがく
- うてん
- うてんじゅんえん
- うとい
- うとうと

- うどのたいぼく
- うとましい
- うどん
- うながす
- うなぎ
- うなぎのねどこ
- うなぎのぼり

う

うでがあがる【腕が上がる】前よりじょうずになる。(れい)泳ぎの腕が上がる。

うでがおちる【腕が落ちる】前よりへたになる。(れい)テニスの腕が落ちてしまった。

うでがなる【腕が鳴る】自分の能力や力をあらわそうとはりきる。

うでずく【腕ずく】物事を解決するのに、話し合いなどではなく腕力にたよること。(れい)腕ずくでとりかえす。

うでずもう【腕相撲】ふたりがむきあって、ひじを台につけてうでを立て、かた手の手のひらをにぎりあって相手のうでをたおす遊び。

うでたてふせ【腕立て伏せ】両方の手のひらをついて、手と足の先だけで体をのばしてささえ、ひじをまげのばしする運動。

うでどけい【腕時計】手首につける小型の時計。

うでによりをかける【腕によりを掛ける】うでまえをじゅうぶんにあらわそうとはりきる。

うでばひびく【打てば響く】はたらきかけをすると、すぐに反応する。(れい)打てば響くように答える。

うでまえ【腕前】仕事をじょうずにやりとげる力。手腕。てなみ。(れい)母の絵の腕前はたいしたものだ。

うでをあげる【腕を上げる】うでがあがる。

うでをふるう【腕を振るう】うでまえをじゅうぶんにあらわす。

うでをみがく【腕を磨く】さらにじょうずになるために、ねっしんに練習する。(れい)サッカーの腕を磨く。

うてん【雨天】天気が雨であること。雨ふり。⇕晴天。

うてんじゅんえん【雨天順延】〔行事などを予定していた日に〕雨がふったら次の日に、その日も雨ならまた次の日にというように、晴れるまでじゅんにのばすこと。

うとい【疎い】❶〔物事のようすを〕よく知らない。(れい)この町のようすには疎い。❷あまり親しくない。(れい)卒業後はつきあいが疎くなった。

うとうと あさくねむるようす。(れい)おばあさんは、日の当たるえんがわでうとうとしている。

うどのたいぼく【うどの大木】〔ウドのくきは長くて太いが、やわらかくて役にたたないところから〕体ばかり大きくて、役にたたない人のたとえ。

うとましい【疎ましい】気に入らなくていやである。(れい)見るのも疎ましい。

うどん 小麦粉をこねてうすくのばしたものを、細長く切った食べ物。

うながす【促す】はやくするように言う。さいそくする。(れい)答えを促す。

うなぎ ウナギ科の魚。体は細長く、ぬるぬるしている。川などにすむが、たまごは海でうむ。かばやき(=くしにさしてやく料理)などにして食べる。

うなぎのねどこ【うなぎの寝床】〔ウナギはからだが細長いので〕建物や場所の、はばがせまく奥行きが長いようす。

うなぎのぼり【うなぎ登り・うなぎ上り】〔ウナギが水中をのぼるようすなどから〕休みなくどんどん上がったり、ふえたりすること。(れい)物

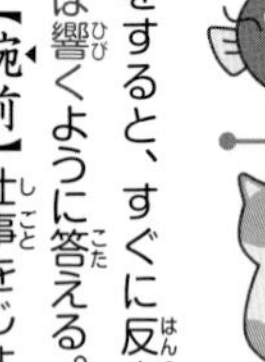

【】漢字を使った書き方　(れい)ことばの使い方の例　⇕反対のことば　⬇参考になる情報　◀小学校で習わない漢字

のねだんがうなぎ登りに上がる。

うなされる 〔こわい夢などをみて〕ねながら苦しそうなうなり声を出す。(れい) おそろしい夢を見てうなされた。

うなじ 首の後ろの部分。えり首。えり。

うなずく 〔承知したとか、わかったとかの意味で〕頭を軽く前にふる。(れい) 先生の説明に、クラスのみんながうなずいた。

うなだれる【うな垂れる】〔がっかりしたときや、悲しいときなどに〕頭を前にたれる。(れい) 父にしかられて、弟はうな垂れている。

うなばら【海原】ひろびろとした海。(れい) 青い海原。

うなる ❶〔苦しみのため〕長くのばした、ひくい声を出す。(れい) けが人がうなっている。❷〔けものが〕ひくく声を出す。(れい) ライオンがうなる。❸長くひびくひくい音を出す。(れい) 風がうなる。❹ひどく感動する。ふつう「うならせる」の形で使う。(れい) すばらしい演奏でみんなをうならせた。

うに 海にすむヒトデやナマコのなかま。体はまるく、からにはクリのいがのようなとげがはえている。からの中身を食用にする。

うぬぼれる 自分で自分をすぐれていると思う。

うね【畝】田畑で作物をうえるために細長く土をもりあげたところ。

畝

うねうね 高くひくく、また、左に右にまがって長くつづいているようす。(れい) 山あいにうねうねつづく道。

うねり ❶山や道などが、いくつにもまがっていること。また、その程度。❷波が上下に大きくゆれること。また、その波。

うのみ ❶〔鳥のウが魚をそのまま飲みこむように〕食べ物をかまずに飲みこむこと。まるのみ。❷〔人のことばや書物に書いてあることを〕よく考えないで、本当だと思いこむこと。

うのめたかのめ【うの目たかの目】〔ウやタカがえものをさがすときのように〕ねっしんにものをさがすようす。また、その目つき。

うば【乳母】母親にかわって、子どもにちちを飲ませて育てる女の人。

うばう【奪う】❶〔人のものを〕むりにとる。むりにとり上げる。❷〔人の心や注意を〕ひきつける。(れい) うつくしいけしきに目を奪われる。

うばぐるま【乳母車】赤ちゃんをのせて、手でおして運ぶのりもの。

うぶ 世の中のことになれていないこと。すなおでけがれがないこと。(れい) うぶな人。

うぶぎ【産着】生まれたばかりの子どもにきせる着物。

うぶげ【産毛】❶生まれたばかりの子どもにはえているやわらかい毛。❷〔顔やえりもとなどにはえる〕やわらかな細い毛。

うぶごえ【産声】生まれたばかりの子どもが、はじめてあげるなき声。

慣用句 **うでが立つ** 仕事などをやりとげる力がすぐれている。

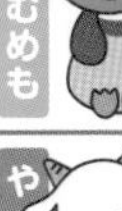

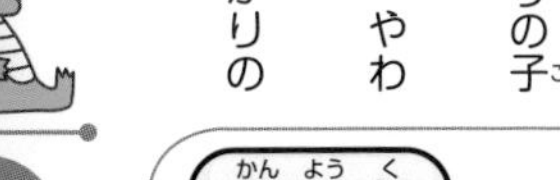

ことばのテーブル 76ページ

- うぶゆ
- 1うま
- 2うま
- うまい
- うまがあう
- うまとび
- うまのみみにねんぶつ
- うまのり
- うまみ
- うまる
- うまれ
- うまれかわる
- うまれつき
- うまれる
- 1うみ
- 2うみ
- うみかぜ
- うみがめ
- うみせんやません
- うみだす

う

うぶゆ【産湯】生まれたばかりの子どもをはじめて湯に入れること。また、その湯。

1うま【午】❶十二支の七番目。❷むかしの時刻のよび名で、午後〇時ごろ。また、その前後二時間。

2うま【馬】ウマ科の動物。ひづめが発達し、はやく走ることができる。家畜としてかわれる。

うまい ❶味がよい。おいしい。(れい)うまいおかしをあげよう。❷すぐれている。じょうずだ。(れい)君の絵はなかなかうまい。⇕①②まずい。

うまおい【馬追い】❶キリギリス科のこん虫。体は緑色で「スイーッチョ」と鳴く。うまおいむし。すいっちょ。❷牧場で、はなしがいにした馬をかこいの中においこむこと。また、その人。

うまがあう【馬が合う】気があう。(れい)あのふたりは馬が合うようだ。

うまとび【馬跳び】前かがみになった人の背に手をついて、その背を飛びこえたりその背に飛び乗ったりする遊び。

うまのみみにねんぶつ【馬の耳に念仏】いくらいってもききめのないことのたとえ。

うまのり【馬乗り】❶馬にのること。また、馬にのる人。❷〔馬にのる時のようなかっこうで〕人や物にまたがること。

うまみ【うま味】❶おいしい味。❷〔商売などの〕おもしろみ。また、もうけが大きいこと。(れい)うま味のある取り引きだ。

うまる【埋まる】❶物の下や中に、かくれる。うずもれる。うずまる。(れい)雪がつもって、道が埋まった。❷〔多くの人や物で〕その場所がいっぱいになる。ふさがる。(れい)会場は、人で埋まった。

うまれ【生まれ】❶生まれること。(れい)平成生まれ。❷生まれたところ。(れい)生まれは熊本です。

うまれかわる【生まれ変わる】❶死んでからまたべつの形でもう一度生まれてくる。❷心をいれかえて、よい人になる。(れい)新しい会社で生まれ変わったようによく働く。

うまれつき【生まれ付き】生まれたときからもっている性質や能力。

うまれる【生まれる】❶たんじょうする。(れい)北海道で生まれた。⇕死ぬ。❷新しくできる。(れい)ヒット曲が生まれる。

1うみ 傷口やできものから出る、どろどろした黄色い液体。

2うみ【海】❶地球の表面で、塩水でおおわれた広いところ。地球の表面積の七〇・八パーセントをしめる。⇕陸。❷《「…の海」の形で》いちめんに広がったもののたとえ。(れい)ガソリンに火がついて、付近は火の海になった。

うみかぜ【海風】海の上をふく風。また、海からふいてくる風。かいふう。(れい)気持ちのよい海風にふかれる。

うみがめ【海亀】海でくらしているカメ。アカウミガメ・アオウミガメ・タイマイなど。

うみせんやません【海千山千】いろいろな経験をつみ、世の中のことを知りつくしていて、悪がしこいこと。また、そのような人。

うみだす【生み出す・産み出す】

【】漢字を使った書き方 (れい)ことばの使い方の例 ⇕反対のことば ⬇参考になる情報 ◀小学校で習わない漢字

新しいものをつくりだす。どりょくしてつくりだす。／利益を生み出す。(れい) 新製品を生み出す。

うみどり【海鳥】海や島などにすむ鳥。カモメ・ウミネコなど。かいちょう。

うみなり【海鳴り】海のおきのほうからつたわってくる、遠いかみなりや風のような音。また、高い波が海岸でくだけるときにひびく音。海鳴。

うみのさち【海の幸】海からとれる食べ物。

うみのひ【海の日】国民の祝日の一つ。海のめぐみに感謝し、海洋国日本がさかえるようにねがう日。二〇〇二年までは七月二十日。二〇〇三年からは七月の第三月曜日。

うみびらき【海開き】海水浴場で、その年にはじめて水泳を公式にゆるすこと。また、その日。

うみべ【海辺】海のほとり。

1うむ【有無】あるかないか。(れい) 出席者の有無をしらべる。

2うむ【生む】作り出す。(れい) すばらしい作品を生む。

3うむ【産む】子ども（またはたまご）を母親の腹から外へ出す。(れい) ネコが子を産む。

産む

うめ【梅】バラ科の木。春のはじめごろ、白または赤色の花がさく。六月ごろ実がなる。

うめあわせる【埋め合わせる】不足やそんがいを、ほかのものでおぎなう。うめあわす。(れい) めいわくをかけたので、ごちそうで埋め合わせる。

うめく いたみや苦しみのために、うなる。(れい) けが人がうめく。

うめたてち【埋め立て地】海や川・湖などを、うめてつくった陸地。

うめぼし【梅干し】ウメの実をしおづけにしてほした、すっぱい食べ物。

うめる【埋める】❶土などをかけて見えなくする。(れい) 宝物を埋める。❷〔あいているところを〕物でいっぱいにする。(れい) くぼみを埋める。❸〔不足やそんがいを〕おぎなう。(れい) 赤字を埋める。

うもう【羽毛】鳥のひふにはえている毛のようなはね。

うもれる【埋もれる】❶物におおわれて見えなくなる。(れい) 土砂くずれで、家が土に埋もれてしまった。❷〔すぐれた人やものが〕世の中に知られないでいる。(れい) 埋もれた芸術家。

うやうやしい【恭しい】つつしみぶかく、れいぎ正しくふるまうようす。(れい) 神だなの前で恭しく頭を下げた。

うやまう【敬う】相手をりっぱだと思う。尊敬する。(れい) 神を敬う。

うやむや 物事がはっきりしないこと。(れい) 事故の原因をうやむやにする。

うようよ 小さい生き物がたくさん集まって動いているようす。

うら【裏】❶〔物の表面と〕反対のがわ。(れい) 紙の裏と表。❷後ろがわ。(れい) 裏の庭で遊ぶ。❸野球で、先攻のチームが守りにつくとき。(れい) 三回の裏。⇔①～③表。

うらうら〔春の〕太陽が明るくてって、のどかなようす。

慣用句 **うまいしるを吸う** 自分ではなんの苦労もしないで、利益をえる。

ことばのテーブル

78ページ

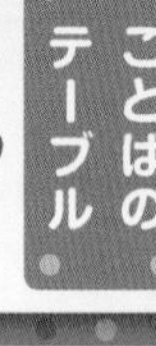

・うらおもて
・うらがえし
・うらがえす
・うらかた
・うらがわ
・うらぎる

・うらぐち
・うらごえ
・うらごし
・うらじ
・うらしまたろう
・うらづける
・うらて

・うらどおり
・うらない
・うらなう
・うらにわ
・うらばなし
・うらはら
・うらびょうし
・うらみ
・うらみち
・うらむ

うらおもて【裏表】❶裏と表。❷裏と表が反対になっていること。裏がえし。(れい)セーターを裏表に着る。❸人が見ているところと見ていないところで、おこないやたいどがちがうこと。(れい)裏表のある人。

うらがえし【裏返し】ひっくりかえして、裏と表を反対にすること。また、そのようになっていること。(れい)トランプを裏返しにならべる。／シャツを裏返しに着る。

うらがえす【裏返す】裏を表にする。ひっくりかえす。(れい)服を裏返す。

うらかた【裏方】❶舞台の裏で働く人。道具係・衣しょう係・照明係など。❷表だって活躍する人のかげで、その仕事の準備やじっさいの進行などをおこなう人。

うらがわ【裏側】❶物の、裏のほう。(れい)月の裏側。❷ものごとの表面にあらわれない部分。(れい)事件の裏側を調べる。

うらぎる【裏切る】❶〔やくそくをやぶって〕味方にそむき、敵のほうにつく。❷思っていたことと反対の結果になる。(れい)予想を裏切って、赤組が優勝した。

うらぐち【裏口】❶建物の裏がわの出入り口。かって口。❷正式でないやり方で物事をおこなうこと。(れい)裏口入学。

うらごえ【裏声】ふつうとはちがう方法で出す、高い声。(れい)裏声で歌う。⬍地声。

うらごし【裏ごし】目の細かいあみや布をはった調理器具。またそれで、豆やイモをつぶしてきめ細かくしたり、こしたりすること。

うらじ【裏地】衣服のうらにつけるうすい布。

うらしまたろう【浦◂島太郎◂】おとぎ話の一つ。浦島太郎が、助けたカメの案内で竜宮へ行き、もてなしを受けるが、もどって玉手箱を開けたらたちまち老人になったという物語。

うらづける【裏付ける】〔実験や実物によって〕ある物事がたしかであることを証明する。(れい)かれの説が正しいことを実験が裏付けた。

うらて【裏手】裏の方。後ろの方。

うらどおり【裏通り】〔広い通りに面した建物などの〕裏がわにあるせまい道。

うらない【占◂い】うらなうこと。また、その方法。

うらなう【占◂う】〔あることがらによって〕これからおこる幸福や不幸などをはんだんする。(れい)トランプで運命を占う。

うらにわ【裏庭】家の裏がわにある庭。(れい)裏庭に通じる木戸。

うらばなし【裏話】いっぱんの人には知られていない話。(れい)事件の裏話。

うらはら【裏腹】さかさま。あべこべ。反対。(れい)いうこととすることが裏腹だ。

うらびょうし【裏表紙】本・ノートなどのうらがわをおおっている表紙。

うらみ【恨◂み】うらむこと。にくいと思う心。(れい)恨みを晴らす。

うらみち【裏道】大きな道の裏のほうを通っている道。(れい)裏道を通る。

うらむ【恨◂む】〔ひどいしうちをうけて〕相手をにくく思う。(れい)相手の裏切りを恨む。

〔〕漢字を使った書き方　(れい)ことばの使い方の例　⬍反対のことば　⬇参考になる情報　◂小学校で習わない漢字

うらめしい【恨めしい】❶うらみたい気持ちだ。(れい)つまらないうわさをたてた人が恨めしい。❷ざんねんである。なさけない。(れい)根気のない自分が恨めしい。

うらめにでる【裏目に出る】よくなると思ってしたことが、かえって悪い結果になる。(れい)選手を交代させたら、裏目に出た。

うらやましい【羨ましい】〔自分よりもよく見える人のようすを見て〕自分もそうなりたいと思う気持ちだ。(れい)足のはやい人が羨ましい。

うらやむ【羨む】〔自分よりよく見える人のようすを見て〕自分もそうなりたいと思う。(れい)人の成功を羨む。

うららか 空がよく晴れて、のんびりとしているようす。(れい)うららかな春の一日。

うらをかく【裏をかく】相手が考えたことと反対のことをして相手をだしぬく。

うり マクワウリ・シロウリ・キュウリなどの、ウリ科の植物のこと。

うりあげ【売り上げ】品物を売ったお金の合計。(れい)今日の売り上げを計算する。

うりきれ【売り切れ】商品が全部売れてなくなってしまうこと。

うりきれる【売り切れる】商品がすっかり売れてしまう。

うりことばにかいことば【売り言葉に買い言葉】相手のらんぼうなことばにたいして、まけずに同じように言いかえすこと。

うりこむ【売り込む】❶〔うまく宣伝して〕売りつける。(れい)新しい製品を外国へ売り込む。❷さかんに宣伝して名前を広めようとする。(れい)自分を売り込む。

うりざねがお【うりざね顔】〔ウリの種の形ににていることからいう〕色白で、やや細長くふっくらとした顔。(れい)うりざね顔の美人。

うりざね顔

うりとばす【売り飛ばす】大事な物を、おしげもなく売りわたす。(れい)家宝を二束三文で売り飛ばす。

うりね【売値】品物を売るときのねだん。⇔買値。

うりば【売り場】品物を売っている場所。(れい)デパートのおもちゃ売り場。

うりふたつ【うり二つ】顔やすがたが、とてもよくにていること。たてに二つにわったウリは、形がよくにていることからいう。

うりもの【売り物】❶売るための品物。商品。❷客を引きつけたり人の関心を引いたりするもの。(れい)正直が売り物の友人。

うりょう【雨量】ふった雨の量。

うりょうけい【雨量計】雨のふった量をはかる器械。

うる【売る】❶お金とひきかえに相手に品物をわたす。(れい)時計を売る。⇔買う。❷世に広める。(れい)名を売る。❸〔自分の利益のために〕うら切る。(れい)なかまを売る。❹しかける。(れい)けんかを売る。

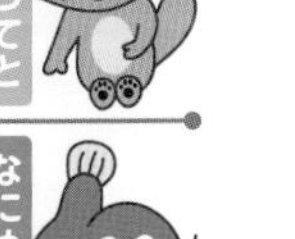

慣用句 **有無を言わせず** 相手がしょうちする、しないにかかわりなく。

・うるうどし
・うるおい
・うるおう
・うるおす
・うるさい
・うるし
・ウルトラ
・うるむ
・うるわしい
・うれい
・うれしい
・うれしがる
・うれしなき
・うれしなみだ
・うれっこ
・うれゆき
・1うれる
・2うれる
・うろ
・うろうろ

うるうどし【うるう年】一年が、ふつうの年より一日多い三百六十六日の年。二月が二十九日まである。四年に一回、まわってくる。⇕平年。

うるおい【潤い】❶てきとうな水分をふくんでいること。しめりけ。れい はだに潤いがない。❷精神的にゆたかであること。れい 潤いのある人生を送る。

うるおう【潤う】❶しめる。ぬれる。れい 雨で、大地が潤う。❷めぐみをうける。利益をうける。れい 工場ができて町が潤う。

うるおす【潤す】❶しめらせる。ぬらす。れい 雨が大地を潤す。❷ゆたかにする。れい 観光客が町を潤す。

うるさい ❶やかましい。❷〔同じことがくりかえされて〕いやだと思う。れい うるさく小言を言う。❸入り組んでいてめんどうである。れい うるさい手続きがひつようだ。❹うっとうしい。れい 長くのびた髪はうるさい。

うるし【漆】❶ウルシ科の木。木のみきにきずをつけてとったしるを、塗料につかう。さわるとかぶれることがある。❷「うるし①」からとった塗料。ぬりものなどに使う。

ウルトラ「ひじょうな…」「超…」などの意味をあらわす語。

うるむ【潤む】❶なみだでぬれる。れい 目が、潤んだ。❷なみだ声になる。れい 声が潤む。

うるわしい【麗しい】❶〔色・形などが〕うつくしい。れい 麗しい花。❷〔気分・天気などが〕よい。晴れやか。れい ごきげん麗しい。❸心があたたまるようす。れい 麗しい友情。

うれい【憂い】心配。なやみ。れい あとに憂いをのこさない。

うれしい〔自分ののぞみどおりになって〕楽しくよろこばしい。うきうきとはずむ気持ちだ。れい 合格してうれしい。⇕悲しい。

うれしがる うれしそうにする。喜ぶ。れい 先生にほめられてうれしがる。

うれしなき【うれし泣き】うれしさのあまり、なくこと。

うれしなみだ【うれし涙】とてもうれしくて流すなみだ。

うれっこ【売れっ子】いっぱんの人々にもてはやされたり、人気があって、あちこちから仕事をたのまれたりする人。れい 売れっこの役者。

うれゆき【売れ行き】品物の売れてゆくぐあい。れい エアコンの売れ行きが悪い。／新刊の売れ行きは順調だ。

1うれる【売れる】❶〔よく〕買われる。れい 本が売れる。❷広く知られる。れい 名前が売れる。

2うれる【熟れる】〔くだものやさいの〕実がじゅくす。れい カキの実が熟れる。

うろ 中ががらになっているところ。また、そのあな。れい 鳥が木のうろに巣をつくる。

うろ

うろうろ 行ったり、来たりするようす。れい 店をさがして、うろうろ歩きまわった。

〔〕漢字を使った書き方　れい ことばの使い方の例　⇕反対のことば　⬇参考になる情報　◀小学校で習わない漢字

うろおぼえ【うろ覚え】〔たしかではなく〕ぼんやりとおぼえていること。

うろこ 魚やヘビなどの体の表面をおおっている、うすい小さな皮のようなもの。

うろこぐも【うろこ雲】魚のうろこのようにならんだ白い雲。巻積雲。いわし雲。

うろたえる〔急なできごとに〕どうしてよいかわからず、あわてる。まごまごする。れい 父が大切にしている花びんをわってしまい、うろたえる。

うろちょろ うるさいぐらい、おちつきなく動きまわるようす。れい 子犬がうろちょろする。

うろつく あてもなく歩きまわる。さまよう。れい あやしい人が家の前をうろついている。

うわき【浮気】気持ちや愛情がかわりやすいこと。れい 浮気な性格で、なんにでも手を出したがる。

うわぎ【上着】❶外がわにきる衣服。⇔下着。❷上下にわかれている服の、上のもの。れい 上着をぬいで、体操をする。

うわぐつ【上靴】屋内ではく、くつ。うわばき。れい 上靴にはきかえる。

うわごと【うわ言】〔熱の高いときなどに〕自分では気づかずに言うことば。

うわさ ❶世間に広まっている、たしかでない話。❷その場にいない人について話すこと。れい きのう、あなたのうわさをしました。

うわて【上手】❶〔学問やわざが〕ほかの人よりもすぐれていること。れい 運動では、ぼくより妹の方が上手だ。❷すもうで、相手のうでの上からまわしをつかむこと。また、その手。れい 上手投げ。⇔下手。

うわのそら【上の空】ほかのことにむちゅうになっていて、ひつようなことに注意がいかないようす。れい 先生の注意を上の空で聞く。

うわばき【上履き】室内ではく、はきもの。

うわべ【上辺】表面。みかけ。れい 人をうわべだけで判断してはいけない。

うわまわる【上回る】ある数量や順位などよりも多くなったり、よくなったりする。れい 予想を上回るよい成績だった。

うわめづかい【上目遣い】顔を上げないで、目だけを上にむけて人を見ること。

うわやく【上役】〔役所や会社などで〕自分より位が上の人。⇔下役。

[1]うん〔自分と同じか、それより下の人に対する〕返事やあいづちのことば。れい これでいいかい。うん、いいよ。

[2]うん【運】〔自分の力ではどうにもならない〕めぐりあわせ。運命。れい 運がよい。

うんえい【運営】人々やしくみをうまくはたらかせて、仕事を進めること。れい 子ども祭りは、児童会が運営する。

うんが【運河】陸地をほって、船を通すためにつくられた水路。れい パナマ運河。

うんかい【雲海】山の上などから見おろしたとき、雲が重なって海のように見えるもの。れい わたのような雲海が広がって見える。

うんきゅう【運休】〔電車やバスが〕運転を休むこと。れい 大雪で電車が運休した。

慣用句 **運を天に任せる** 物事の結果をそのときのなりゆきにまかせる。

・うんこう
・うんざり
・うんしん
・うんせい
・うんちく
・うんちん
・うんてい
・うんでいのさ
・うんてん
・うんてんし
・うんてんしゅ
・うんてんせき
・うんどう
・うんどうかい
・うんどうじょう
・うんどうしんけい
・うんめい
・え1
・え2
・エア

うんこう【運行】❶〔電車やバスがふつうどおりに〕動いていること。(れい)地震があったが電車は運行している。❷天体が決まった道を進むこと。(れい)星の運行。

運行①

うんざり すっかりあきていやになるようす。(れい)雨の日がつづいてうんざりする。

うんしん【運針】さいほうで、まっすぐに布をぬうときのはりのはこび方。

うんせい【運勢】人のもっている幸福や不幸のめぐりあわせ。(れい)うらない師に運勢をみてもらった。

うんちく【うん蓄◂】たくわえた知識。(れい)祖父が、友だちに、魚についてのうん蓄を語る。

うんちん【運賃】人や品物を運ぶときにはらうお金。(れい)来月からバスの運賃が上がる。

うんてい【雲てい】遊園地や体育館などにある、はしごを横にしたような形の用具。ぶらさがってわたる。

うんでいのさ【雲泥の差◂】〔天の雲と地上のどろとのちがいということから〕大きなちがいのあること。(れい)あの二人の実力には雲泥の差がある。

うんてん【運転】乗り物や機械などを動かすこと。(れい)バスを運転する。

うんてんし【運転士】「運転手」のあらたまった言い方。

うんてんしゅ【運転手】仕事として、電車・自動車などを運転する人。(れい)タクシーの運転手。

うんてんせき【運転席】電車・自動車などを運転する人が、運転をするときにすわる席。(れい)バスの運転席。

うんどう【運動】❶物が動くこと。(れい)ふりこの運動。⇕静止。❷〔じょうぶになるために〕体を動かすこと。(れい)毎朝、運動をする。❸ある目的のために人によびかけたりはたらきかけたりすること。(れい)公害をなくすように運動する。

うんどうかい【運動会】たくさんの人が集まって、いろいろな運動競技を楽しむ会。(れい)小学校の運動会。

うんどうじょう【運動場】さまざまな運動などをするための広場。グラウンド。

うんどうしんけい【運動神経】筋肉や内臓にしげきをあたえ、運動をさせる神経。(れい)あの兄弟は、運動神経が発達している。

うんめい【運命】その人におこる幸福や不幸などをきめる、人の力ではどうすることもできないもの。(れい)運命にはさからえない。

え1【柄◂】道具や器などにある、手でもつ細長い部分。(れい)かさの柄。／ほうきの柄。

え2【絵】物の形やすがたなどをかきあらわしたもの。

エア ❶空気。エアー。(れい)エア・クリーナー（＝空気清浄器）。

〔 〕漢字を使った書き方　(れい)ことばの使い方の例　⇕反対のことば　⬇参考になる情報　◂小学校で習わない漢字

❷空をとぶ、飛行の、航空の、エアー
(れい)エアメール。／エアポート。

エアコン へやの中の温度・湿度を自動的に調節する装置。エアコンディショナー。

エアポート 飛行機が発着するところ。空港。

えいえん【永遠】いつまでもかぎりなく続くこと。永久。(れい)永遠の平和をねがう。

1**えいが**【映画】さつえいしたフィルムに光を当てるなどして、まくの上に動く像を大きくうつしだしたもの。(れい)父のしゅみは映画鑑賞だ。

2**えいが**【栄華】はなやかにさかえること。(れい)この世の栄華をきわめる。

えいかん【栄冠】〔勝利やめいよをえた人がかぶるかんむりの意味から〕りっぱな成功。かがやかしい勝利。めいよ。(れい)金メダルの栄冠をかちとる。

えいきゅう【永久】いつまでもかぎりなく続くこと。永遠。

えいきゅうし【永久歯】乳歯のぬけたあとにはえる歯。一生はえかわらない。ふつう、上下で三十二本ある。⇔乳歯。

えいきょう【影響】あることがらがほかのものにはたらきをおよぼして、変化をあたえること。(れい)台風の影響で、列車がおくれた。

えいぎょう【営業】利益をえるために仕事をすること。また、その仕事。(れい)あのレストランは、日曜日も休まず営業している。

えいご【英語】イギリスやアメリカで使われることば。ほかにも、オーストラリア・カナダなど、多くの国で使われている。

えいこう【栄光】かがやかしいめいよ。(れい)勝利の栄光をかちとる。

えいこく【英国】イギリス。

えいじゅう【永住】その土地にいつまでもながく住むこと。(れい)ブラジルに永住する。

1**えいせい**【衛生】清潔にして、病気にかからないようにすること。(れい)衛生に気をつける。

2**えいせい**【衛星】わく星のまわりを回っている天体。サテライト。

えいせいちゅうりつこく【永世中立国】現在のスイスのように、どのような戦争にも関係せず、どの国からもその独立と領土の安全をほしょうされている国。

えいせいほうそう【衛星放送】人工衛星で中継されたテレビ電波を、家庭へちょくせつ送りとどける方式の放送。

えいぞう【映像】光によってうつしだされた物のすがたや形。とくに、テレビや映画の画面にうつしだされたもの。(れい)テレビの映像がみだれる。

えいぞく【永続】いつまでもながく続くこと。長続き。(れい)平和が永続することをねがう。

えいだん【英断】思いきって大事な問題の決定をおこなうこと。(れい)戦争をやめるという英断をくだす。

えいち【英知】とてもすぐれた知恵。(れい)人類の英知をあつめる。

えいてん【栄転】今までよりも高い地位になってうつること。(れい)本社に栄転する。

えいへい【衛兵】警備をする役目の兵士。

慣用句 **えつに入る** 心の中でよろこぶ。ひとりでうれしがる。

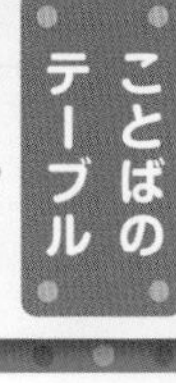

ことばのテーブル

えいみん【永眠】〔人が〕死ぬこと。

えいゆう【英雄◀】すぐれたちえや勇気をもっている人。また、ふつうの人にはできないような大きな仕事をなしとげた人。ヒーロー。

えいよ【栄誉◀】りっぱであるとみとめられること。ほまれ。めいよ。(れい)文化勲章の栄誉にかがやく。

えいよう【栄養】体の健康をたもったり、成長したりするためにひつような養分。

えいようし【栄養士】学校や病院などで、栄養についてのしどうをする人。(れい)栄養士が給食の献立表をつくる。

えいようしっちょう【栄養失調】栄養が足りなかったり、かたよったりして起こる体のしょうがい。(れい)世界中には食料不足から栄養失調になる子どもがおおぜいいる。

えいようそ【栄養素】栄養のもとになる成分。炭水化物・たんぱく質・しぼう・ビタミンなど。

1**えいり**【営利】お金をもうけること。(れい)営利事業。／営利団体。

2**えいり**【鋭利】ものなどがするどくてよく切れるようす。(れい)鋭利なナイフを使って切る。

エイリアン 宇宙にすむ生物。また、宇宙人。

エークラス【Aクラス】〔たくさんの人や物を等級にわけたときの〕いちばんよいグループ。いちばんじょうずな人たちのクラス。A級。第一級。(れい)あの選手は、Aクラス入りをねらっているといううわさだ。

エース ❶トランプやさいころの「一」。トランプでは「A」と書く。(れい)ハートのエース。❷〔なかまの中で〕とくにすぐれたもの。(れい)体操界のエース。❸野球で、チームの中心となる投手。

エープリルフール 四月一日には、〔悪気のない〕うそを言ってもゆるされるという、西洋のならわし。四月ばか。

えがお【笑顔】わらっている顔。

えがく【描く】❶絵や図をかく。(れい)風景を描く。❷文章や音楽にあらわす。(れい)人間の悲しみを小説に描く。❸心に思いうかべる。想像する。(れい)外国での生活を心に描く。

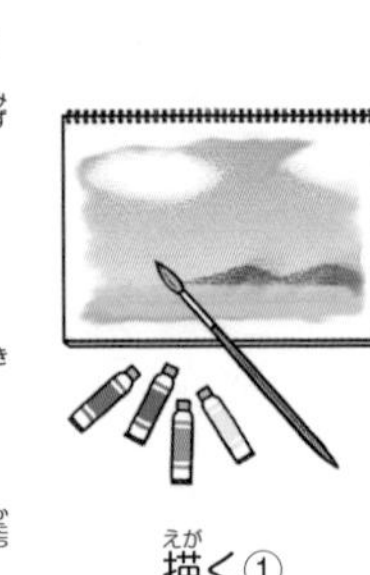
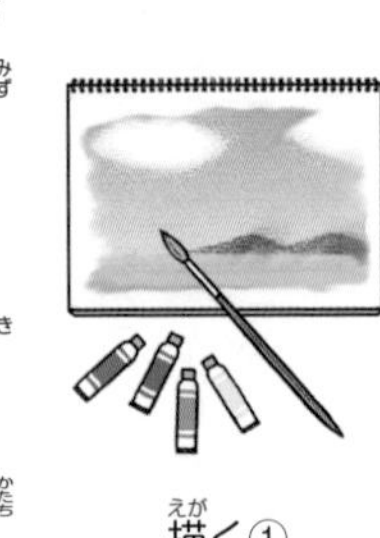
描く①

1**えき**【液】〔水のように〕決まった形がなく、流れ動くもの。えきたい。(れい)くだものの液をしぼる。

2**えき**【駅】電車などがとまり、人がのりおりしたり、貨物のつみおろしなどをしたりするところ。

えきいん【駅員】職員として、駅で働いている人。

エキサイト こうふんすること。(れい)接戦に、観衆はエキサイトした。

1**えきしゃ**【易者】易といううらないを仕事にしている人。

2**えきしゃ**【駅舎】駅の建物。

えきしょう【液晶】液状になっているが、光の屈折のさせ方が固体ににている物質。外から電圧などをくわえると、透明になったり、不透明になったり、色が変化したりする。テレビやパソコンの画面などに利用される。液状結晶。

えきじょうか【液状化】地震のときに、砂の多くまじった地面が液体のように流れ動くこと。地割れや地盤沈下の原因になる。

エキス ❶薬や食べ物から役にたつ成分をとりだし、こいしるにしたもの。れい 浅い海でとれるカキのエキスは、体によい。❷物事のいちばん大切な部分。れい 学問のエキス。

エキストラ かんたんな役をするために、そのときだけやとわれる俳優。

えきたい【液体】入れ物によって形はかわるが、体積はかわらない性質をもつもの。水や油など。熱すると気体、冷やすと固体になる。⇔気体。固体。

えきちょう【駅長】駅で、いちばん上の地位の人。れい 大阪駅の駅長。

えきでん【駅伝】長いきょりをいくつかにくぎり、何人かの選手がたすきを受けつぎながら走る競技。「駅伝競走」のりゃく。

えきびょう【疫病】広い地域に流行する、悪性の感染症。はやりやまい。

えきビル【駅ビル】駅を中にふくみ、たくさんの店などがはいっている大きな建物。れい 新しくできた駅ビルには、飲食店が多い。

えきべん【駅弁】駅で売る弁当。

えきまえ【駅前】駅の前。れい 駅前のスーパーで買い物をする。

えくぼ わらったとき、ほおにできる小さなくぼみ。れい 妹は、みんなからえくぼがかわいいといわれている。

えぐる ❶はものなどを深くさし、回すようにしてあなをあける。れい リンゴのしんをナイフでえぐった。❷心に強いいたみをあたえる。れい 悲しみにむねをえぐられる思いだ。

エコ 名詞の前について、「かんきょうに気をつかった」という意味をあらわす。「エコロジー」のりゃく。れい エコマーク。

エゴイスト 自分のことしか考えない人。利己主義者。れい かれのようなエゴイストはめずらしい。

エコノミー ❶経済。❷節約。れい エコノミークラス（＝旅客機などの、もっとも料金の安い席）。

えこひいき【依こひいき】ある人だけをとくにかわいがること。

エコマーク 資源の再利用によってつくられた商品や環境汚染の度合いをへらした商品につけられるマーク。英語の「エコロジー」の「エコ」と「マーク」を組み合わせて、日本でつくったことば。

エコロジー 人間と環境との関係を研究する学問。

えさ【餌】❶〔かっている〕生き物にあたえる食べ物。また、鳥やけものなどの食べ物。れい 小鳥の餌。❷相手をさそいよせるもの。れい お金を餌にして、多くの人をだました。

えじき【餌食】❶えさとして食われる生き物。❷〔悪がしこいものの〕ぎせいとなるもの。れい 悪人の餌食にならないよう、気をつける。

エジソン（一八四七〜一九三一）アメリカ合衆国の発明家。電信・電話・映写機・電球・電池など多くのものを発明・改良した。「発明王」とよばれる。トーマス＝エジソン。

慣用句 **煙幕を張る** 本当のことをかくすために、あいまいに言う。

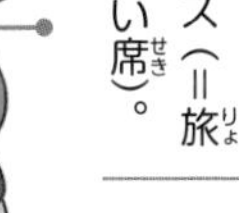

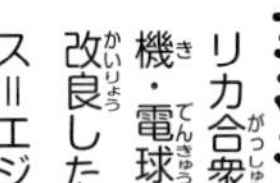

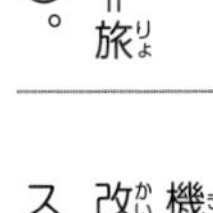

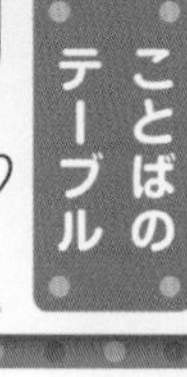

86ページ

- エジプト
- えしゃく
- エスエフ
- エスオーエス
- エスカレーター
- エスきょく
- えだ

- えだは
- えだまめ
- えだわかれ
- エチケット
- えっきょう
- エックスせん
- エッセー
- えっとう
- えつらん

- えと
- えど
- えどじだい
- えどっこ
- えにかいたもち
- えにっき
- エヌきょく

エジプト エジプト・アラブ共和国。アフリカ大陸北東部にある国。ナイル川の周辺にはゆたかな平野があるが、そのほかは砂漠。首都はカイロ。

えしゃく【会釈】軽くおじぎをすること。

エスエフ【ＳＦ】未来のできごとなどを、科学的な空想をもとにして書いた小説。空想科学小説。英語の「サイエンス フィクション」のりゃく。

エスオーエス【ＳＯＳ】船などがそうなんしたとき、たすけをよぶためにうつ無線信号。

エスカレーター 人を上の階や下の階に運ぶため、階段を動かすようにしたしかけ。

エスきょく【Ｓ極】磁石を自由に回転できるようにしておいたときに、南のほうをさす磁石のはしの部分。⇕Ｎ極。

えだ【枝】❶くきやみきから分かれでた部分。(れい)木の枝。❷もととなるものから分かれでたもの。(れい)話は枝に枝がでて、いつまでもつづいた。

えだは【枝葉】❶えだと葉。❷物事の、あまりたいせつでない部分。(れい)それは枝葉の問題だ。

えだまめ【枝豆】さやのついたままのまだじゅくしていない大豆。ゆでて、たねを食べる。

えだわかれ【枝分かれ】もとの部分から小さく分かれること。(れい)本線から支線が枝分かれする。

エチケット 社会生活をするうえでの、礼儀作法。

えっきょう【越境】さかいをこえること。とくに、国境をこえること。(れい)越境入学。

エックスせん【エックス線】ふつうの光線にくらべ、物をつきぬける力が強い光線。医学などでつかわれる。Ｘ線。「レントゲン線」ともいう。ドイツの物理学者レントゲンが発見した。

エッセー 形を決めずに、感じたことや思ったことなどを自由に書く文章。随筆。エッセイ。

えっとう【越冬】冬をこすこと。冬をすごすこと。(れい)南極で越冬する。

えつらん【閲覧】何かを調べるため、本や新聞などを読むこと。(れい)閲覧室。

えと 十二支のこと。(れい)来年のえとは酉だ。

えど【江戸】東京のむかしのよび名。徳川幕府があったところ。一八六八年に「東京」とあらためた。

えどじだい【江戸時代】一六〇三年に徳川家康が江戸に幕府をひらいてから、一八六七年に政権を明治天皇にかえすまでの二百六十五年間。「徳川時代」ともいう。

えどっこ【江戸っ子】江戸で生まれ、江戸で育った人。東京、とくに下町で生まれ育った人もいう。

えにかいたもち【絵に描いた餅】計画や想像だけで、実現の可能性がないことのたとえ。(れい)そのアイデアは絵に描いた餅だ。

えにっき【絵日記】絵を中心にして書いた日記。(れい)絵日記をつける。

エヌきょく【Ｎ極】磁石を自由に回転できるようにしておいたときに、北のほうをさす磁石のはしの部分。⇕Ｓ極。

エヌジー【ＮＧ】映画やテレビなどで、さつえいがうまくいかないこと。また、そのフィルム。

エネルギー ❶物がどのくらいの仕事をやれるかという能力。(れい)水のエネルギーで電気をおこす。❷〔あることをしようとする〕元気。

えのぐ【絵の具】絵に色をつけるためにつかう物。

えのころぐさ【えのころ草】イネ科の植物。夏から秋にかけて緑の花が穂の形にさく。「えのころ」は、犬の子。花の穂がふさふさとして犬のしっぽににているところから、名前がついた。また、ネコをからかうのにつかったことから「ねこじゃらし」ともいう。

えび 海や川にすむ、かたいからでおおわれた動物。あしは十本。種類がとても多い。

えびす【恵比寿】七福神のひとり。漁業や商売の神とされる。えぼしをかぶり、にこにこして、つりざおとタイをもったすがたであらわされる。⬇七福神。

えびすがお【えびす顔】〔七福神のえびすのように〕にこにこした顔つき。

エピソード ❶〔話や物語などの〕とちゅうにさしはさむ、短い話。そう話。❷〔ある人のかくれた一面を知らせるような〕ちょっとしたおもしろい話。いつ話。

えびでたいをつる【えびでたいを釣る】わずかなものをもとにして、ねうちのあるものを手に入れることのたとえ。「えびたい」ともいう。

えひめけん【愛媛県】四国の北西部にある県。県庁所在地は松山市。⬇都道府県。

エピローグ ❶詩・小説・戯曲などの終わりの章。❷物事の終わり。⇔①②プロローグ。

エプロン〔西洋ふうの〕前かけ。

えぼし むかし、一人まえになった男子がつけた頭にかぶるもの。今では、神主やすもうの行司などがかぶる。⬇行司。

えほん【絵本】絵を中心にした本。

えま【絵馬】ねがいごとをするときやそれがかなったときに神社や寺におさめる額。

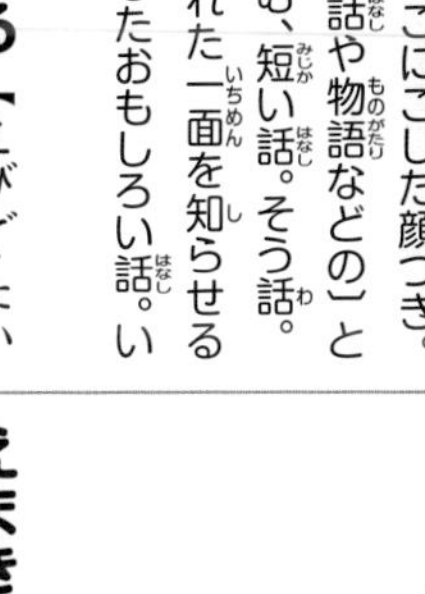

絵馬

えまきもの【絵巻物】物語や伝説などを絵と文であらわして巻き物にしたもの。絵巻。

エムブイピー【ＭＶＰ】プロ野球などで、シーズンちゅうに、もっともかつやくした選手。また、その選手にあたえられる賞。

エメラルド うつくしい緑色をした宝石。(れい)エメラルドグリーン（＝明るい緑色）。

えもじ【絵文字】かんたんな絵によって意味をあらわしたもの。文字のはじまりといわれる。

えもの【獲物】❶かりやりょうでとった、けものや魚などの生き物。❷動物が自分の食料としてつかまえる生き物。

えもんかけ【えもん掛け】着物をかけてつるしておくもの。

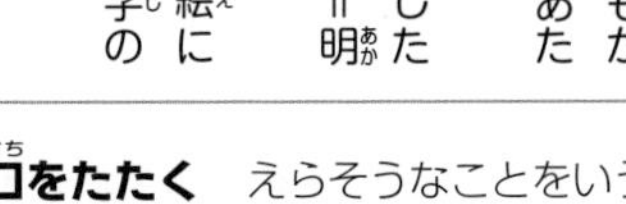
慣用句 **大口をたたく** えらそうなことをいう。

えら ❶魚・貝・エビ・カニなど、水中にすむ動物の呼吸器官。水の中の酸素を、体の中にとり入れるはたらきをする。❷人の顔で、あごの両はしの部分。(れい)えらのはった顔。

エラー しくじること。やりそこなうこと。しっぱい。

えらい【偉い】❶〔おこないや性格などが〕りっぱである。❷身分や地位が高い。(れい)あの人も偉くなったものだ。❸ていどがはげしい。ひどい。(れい)えらい目にあった。

えらぶ【選ぶ】二つ以上のものの中から、目的に合ったものをとりだす。(れい)すきなほうを選びなさい。／委員を選ぶ。

えり【襟】❶着る物の首のまわりの部分。⬇着物。❷首の後ろのところ。えり首。

えりあし【襟足】首の後ろの部分の、かみの毛のはえぎわ。

エリート 多くの中からえらばれた、すぐれた人。

えりくび【襟首】首の後ろのところ。うなじ。(れい)襟首をつかむ。

えりまき【襟巻き】寒さをふせぐために、首のまわりにまく物。マフラー。

えりもと【襟元】衣服のえりのあたり。また、えりがあたる首の部分。(れい)襟元が寒い。

えりをただす【襟を正す】〔身なりやしせいをきちんとして〕気持ちをひきしめる。(れい)襟を正して聞く。

える【得る】❶手に入れる。自分のものにする。(れい)ゆるしを得る。❷《あることばの下につけて》「…できる」の意味をあらわすことば。(れい)ひょっとしたら、そんなこともあり得る。

エレガント 上品で美しいようす。(れい)パーティーに集まったエレガントなよそおいの女性たち。

エレベーター 人や荷物を建物の上下に運ぶそうち。電力で動かす。

1えん【円】❶まるいこと。まるい形。(れい)円をえがく。⬇図形②。❷日本のお金の単位。❸「円②」であらわされるお金。(れい)円が上がる。

2えん【園】「幼稚園」「保育園」「動物園」などのりゃく。(れい)園の新しい教育方針が定まる。

3えん【縁】❶〔人や物事との〕つながり。関係。(れい)親子の縁。／お金に縁がない。❷その人におこってくるめぐりあわせ。(れい)縁があったらまた会おう。❸へやの外がわにつけた、細長い板じき。えんがわ。

えんえい【遠泳】長いきょりを泳ぐこと。また、その競技。(れい)遠泳大会。

えんえんと【延延と】物事が長く続くようす。(れい)会議は、延々と続いている。

えんか【演歌】日本風の物悲しいメロディーで、異性をしたう心や人情などを歌う歌謡曲。

1えんかい【沿海】❶海にそった陸地。(れい)沿海の村。❷陸地に近い海。(れい)沿海漁業がさかんな地域。

2えんかい【宴会】おおぜいの人が、酒を飲んだり食事をしたりして楽しむ会。(れい)宴会をもよおす。

えんかく【沿革】物事のうつりかわり。歴史。(れい)自分の町の沿革をしら

【】漢字を使った書き方 (れい)ことばの使い方の例 ↕反対のことば ⬇参考になる情報 ◀小学校で習わない漢字

べてみる。

えんかつ【円滑】物事が、すらすらと進むようす。なめらか。れい 会議は円滑に進められた。

えんがわ【縁側】へやの外がわにつくった、細長い板じき。えん。

縁側

えんがん【沿岸】❶海・湖・川などにそった土地。❷海・湖・川などの、陸地に近い部分。れい 沿岸をうめたてるための工事がはじまった。

えんき【延期】決められた日時や期間をのばすこと。日のべ。れい 雨のため、遠足は来週に延期します。

えんぎ1【演技】おおぜいの人の前で、しばいやおどりなどのわざを見せること。また、そのわざ。れい みごとな演技を見せる。

えんぎ2【縁起】❶物事のおこり。とくに神社や寺がどのようにしてできたかといういいつたえ。❷よいこと、または、悪いことのおこりそうな前ぶれ。れい これは縁起がよい知らせかもしれない。

えんきょり【遠距離】道のりが遠いこと。れい 遠距離通学。⇔近距離。

えんぎをかつぐ【縁起を担ぐ】縁起がいいとか悪いとかを気にする。

えんきん【遠近】遠いところと近いところ。

えんぐみ【縁組み】夫婦・養子などの関係をむすぶこと。れい 二人の縁組みがととのう。

えんぐん【援軍】❶戦っている軍隊をたすけるための軍隊。れい 援軍は、なかなか来なかった。❷力をかすなかま。れい 店がいそがしいので援軍をたのむ。

えんけい【円形】まるい形。円。

えんげい1【園芸】庭や畑に、くだもの・やさい・草花などをつくること。

えんげい2【演芸】人々を楽しませる、歌・しばい・おどり・落語などの芸。れい 演芸大会。

えんげき【演劇】俳優が、きゃく本をもとにしてぶたいでする劇。しばい。

エンゲルけいすう【エンゲル係数】家計のすべての支出の中で、食費のしめる割合を百分率であらわしたもの。この係数が高いほど、生活は苦しいとされる。ドイツの統計学者エンゲルが提唱した。

えんこ【縁故】❶しんせき関係などつながりのあること。また、その人。えんつづき。れい 縁故をたよって上京する。❷人と人や、人と物とのつながり。かかわりあい。れい 仕事上の縁故で知り合う。

えんご【援護】［こまっている人を］助け守ること。れい 被害者に援護の手をさしのべる。

えんざい【えん罪】悪いことをしないのに受けるつみ。無実のつみ。

えんし【遠視】遠くのものは見えるが、近くのものがよく見えない目。遠視眼。とつレンズのめがねをかけるとよく見えるようになる。⇔近視。

えんじ【園児】幼稚園や保育園などにかよっている子ども。

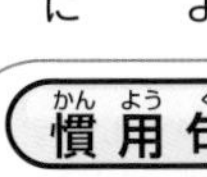
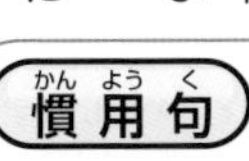

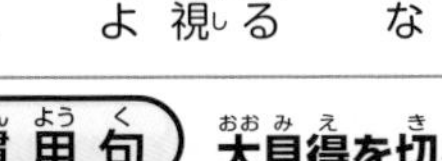

慣用句 **大見得を切る** 自分に力があることを、おおげさにことばでしめす。

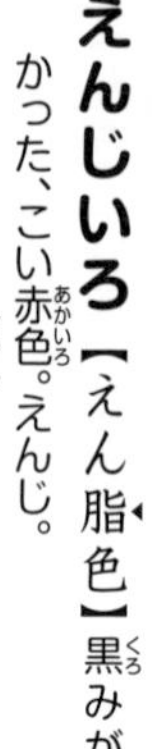

えんじいろ【えん脂色】黒みがかった、こい赤色。えんじ。

エンジェル 天使。エンゼル。

エンジニア〔機械などをあつかう〕技術者。技師。

1**えんしゅう**【円周】円のまわり。

2**えんしゅう**【演習】❶練習。けいこ。(れい)運動会の予行演習。❷軍隊が、本物の戦争をまねておこなう訓練。(れい)日米合同演習。

えんしゅうりつ【円周率】円周が、その円の直径の何倍であるかをあらわすわりあい。約三・一四。「π」の記号であらわす。

えんしゅつ【演出】きゃく本をもとに、俳優に演技をつけたり、ぶたいのしかけ・音楽・照明などをまとめたりして、劇や映画をつくりあげること。(れい)あの人は、有名な演出家だ。

えんじょ【援助】〔こまっている人や国などを〕助けること。(れい)資金を援助する。／経済援助。

えんしょう【炎症】体のどこかがきずついたとき、赤くなる、はれる、いたむ、熱が出るなどの症状がおこること。また、それらがおこっているようす。

えんじょう【炎上】〔大きい建物や船などが〕火事でやけること。(れい)タンカーが炎上した。

えんじる【演じる】❶〔劇などで〕決められた役がらをつとめる。(れい)おじいさん役を演じる。❷しでかす。する。(れい)大失敗を演じてしまった。

1**えんじん**【円陣】〔おおぜいの人が〕輪の形にならぶこと。まるくならぶこと。(れい)選手たちは、作戦をねるために円陣を組んだ。

2**えんじん**【猿人】五十万年以上前、はじめて立って歩き、手で道具をつかった人類。

3**エンジン** 機械や乗り物を動かす力をつくりだすしかけ。(れい)車のエンジンの調子がわるい。

エンジンがかかる 調子よく進む。本来の調子になる。はじめに調子が出なかったときに、よくつかう。(れい)作業にエンジンがかかる。

えんしんりょく【遠心力】回っているものが、その円の中心から遠ざかろうとする力。⇕求心力。

えんせい【遠征】❶遠くはなれたところにいる敵をせめにいくこと。❷遠くはなれたところへ、試合やたんけんなどに行くこと。(れい)選手たちがヨーロッパに遠征する。

えんぜつ【演説】おおぜいの人の前で、自分の意見をのべること。(れい)選挙演説。

えんせん【沿線】線路にそったところ。(れい)この沿線には名所が多い。

えんそう【演奏】楽器をならして、音楽をかなでること。(れい)ピアノを演奏する。

えんそうかい【演奏会】音楽をかなでて、人々にきかせるための会。(れい)有名なピアニストの演奏会がひらかれる。

えんそく【遠足】学校の行事の一つで、見学や運動のために遠くまで〔歩いて〕いくこと。

えんだい【縁台】外でつかう〔細長い〕こしかけ台。(れい)縁台にこしかけて、花火を見る。

えんだか【円高】日本のお金の円の

価値が、外国のお金にくらべて高くなっていること。⇔円安。

えんだん【縁談】ある人にけっこんをすすめるための話。けっこんの相談。(れい)姉に縁談がもちあがる。

えんちゅう【円柱】❶まるい柱。❷長方形の一辺をじくにしてひとまわりさせた立体。茶づつのような形。円筒。

1えんちょう【延長】長さや時間などがのびること。また、のばすこと。(れい)好評なので、展覧会の期日を延長する。⇔短縮。

2えんちょう【園長】幼稚園・動物園などの、園でいちばん上の地位の人。

1えんちょうせん【延長戦】決まった回数で勝負がつかないとき、回数や時間をのばして続ける試合。(れい)試合は、とうとう延長戦にもつれこんだ。

2えんちょうせん【延長線】かぎられた線のかたほうのはしから、その線をまっすぐのばした方向にひいた線。

エンディング 物事の終わり。終わりの部分。(れい)エンディングの曲が流れる。

えんてん【炎天】太陽がてりつけて、焼けつくようにあつい真夏の天気。また、その空。

えんてんか【炎天下】もえるように暑い夏の空の下。(れい)炎天下の球場で決勝にのぞむ。

えんとつ【煙突】けむりを外に出すための長いつつ。けむりだし。

エントリー 競技などへの、出場の申しこみ。参加登録。(れい)全国大会にエントリーする。

えんにち【縁日】神社や寺でお祭りをする、決まった日。(れい)姉といっしょに縁日で金魚すくいをした。

えんのした【縁の下】えんがわの下。また、ゆか下。

えんのしたのちからもち【縁の下の力持ち】人の気づかないところで、人の仕事の手助けをすること。また、そのような人。

えんばん【円盤】❶まるくて、平たい形をした物。❷「円盤投げ」につかう道具。木でつくられたまるい形をした盤。ふちとまんなかが金属でできている。

えんばんなげ【円盤投げ】「円盤②」をかた手でなげ、そのとんだきょりをあらそう陸上競技。

えんぴつ【鉛筆】字や絵をかくための道具。木のじくに細いしんをはめこんだもの。黒いしんは、黒鉛とねん土からつくる。

えんびふく【えん尾服】男の人が、儀式のときなどに着る服の一つ。上着の後ろのすそが二つに分かれている。「えんび」は、「ツバメの尾」の意味。上着のすそがその形ににていることからいう。

えん尾服

えんぶん【塩分】ある物にふくまれている、しおの量。しおけ。(れい)祖父は、塩分少なめの食事につとめている。

えんぽう【遠方】遠くはなれたところ。

えんま【えん魔】仏教で、死んでじごくにきた人のつみをしらべ、ばつをあたえるというじごくの王。えんま大王。

慣用句 **おく歯に物がはさまったよう** 思ったことをはっきり言わないようす。

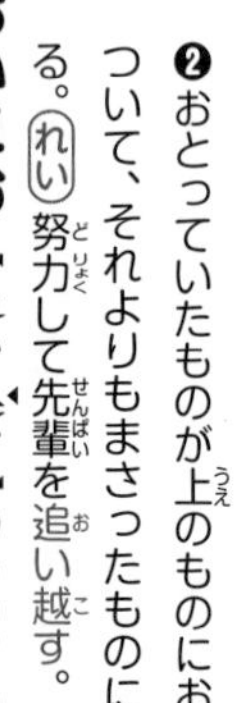

えんまん【円満】❶人と人とのなかが、うまくいっているようす。(れい)円満な家庭。❷〔性格が〕おだやかなようす。(れい)円満な人がら。

えんやす【円安】日本のお金の円の価値が、外国のお金にくらべて低くなっていること。⇕円高。

えんゆうかい【園遊会】庭園に客をまねき、食事を出したり、演芸を見せたりしてもてなす会。

えんりょ【遠慮】❶おこないやことばをひかえめにすること。(れい)遠慮なくいただきます。❷人からの申し出を辞退すること。(れい)出席を遠慮させていただきます。

えんりょがち【遠慮がち】人に気をつかいながら物事をするようす。

えんろ【遠路】遠い道のり。長いきょり。(れい)遠路はるばるやってきた。

お【尾】動物のしりから細長くのびたもの。しっぽ。(れい)尾をふる。

オアシス ❶さばくの中で、水がわき出し、草木がしげっているところ。❷心のなぐさめとなるところ。いこいの場所。(れい)都会のオアシスともいうべき美しい庭園。

おい 自分の兄弟や姉妹の、男の子ども。⇕めい。

おいかけっこ【追い掛けっこ】たがいに追いかけ合うこと。

おいかける【追い掛ける】〔先に進んでいるものを〕あとからおう。

おいかぜ【追い風】進んでゆく方向に後ろからふいてくる風。順風。⇕向かい風。

追い風

おいこす【追い越す】❶前にいたものにおいついて、それよりも先になる。(れい)前の車を追い越す。❷おとっていたものが上のものにおいついて、それよりもまさったものになる。(れい)努力して先輩を追い越す。

おいこむ【追い込む】❶おっていって、あるものの中に入らせる。(れい)馬をさくの中に追い込む。❷せめたてて、ぎりぎりの立場に立たせる。(れい)もう一歩で降参というところまで追い込んだ。❸おわりのほうで、のこっている力を全部出しきる。(れい)ゴール前で追い込んで、一着になった。

おいしい 〔食べ物や飲み物の〕味がよい。うまい。(れい)おいしいパン。⇕まずい。

おいしげる【生い茂る】草や木がさかんに葉やえだを広げる。(れい)雑草が生い茂ったはたけ。

おいだす【追い出す】おいたてて外へ出す。(れい)ネコを外へ追い出す。

おいたち【生い立ち】成長してきたようす。経歴。(れい)かわいそうな生い立ちの少年がでてくる物語を読んだ。

おいつく【追い付く・追い着く】おくれているものが、先に進んだもののところまで行きつく。

おいつめる【追い詰める】にげるところがなくなるまでおう。(れい)刑事が犯人を追い詰める。

おいで ❶「行くこと」「来ること」「居ること」のうやまった言い方。(れい)こちらにおいでください。
❷「おいでなさい」のりゃく。「行きなさい」「来なさい」「居なさい」をしたしみをこめて言う言い方。(れい)出ておいで(＝出てきなさい)。

おいてきぼり【置いてきぼり】〔なかまなどを〕そこにおいたまま、行ってしまうこと。おきざり。おいてけぼり。

おいめ【負い目】〔助けてもらったり、つらいめにあわせたりした人に対して〕負担に思って頭が上がらないこと。

おいもとめる【追い求める】❶追いかけてさがす。(れい)はんにんを追い求める。
❷努力して手に入れようとする。(れい)理想を追い求める。

1**おいる**【老いる】年をとる。

2**オイル** 油。食用の油や、石油・ガソリンなど。

1**おう**【王】❶国をおさめる人。王さま。キング。⇔女王。
❷ある分野でもっともすぐれている人やもの。(れい)ホームラン王。

2**おう**【負う】❶せなかにのせる。せおう。
❷自分の身にひきうける。(れい)責任を負う。

3**おう**【追う】❶先にいるもののところへ行こうとする。おいかける。(れい)父のあとを追う。⇔逃げる。
❷ほかのところに行かせる。おいはらう。

おうい【王位】王のくらい。

おうえん【応援】❶味方のチームやひいきの選手をはげますこと。
❷力をかして助けること。(れい)ひっこしの応援に行く。

おうかん【王冠】❶王さまがかぶるかんむり。
❷ビールびんなどの口がね。

1**おうぎ**【扇】あおいで風を出す道具。せんす。

2**おうぎ**【奥義】学問・武芸などで、もっとも大切なわざ。「おくぎ」ともいう。

おうきゅう【王宮】王さまの住むごてん。

おうきゅうてあて【応急手当て】急病人やけが人にする、まにあわせの手当て。

おうこく【王国】❶王さまが中心となって政治をおこなっている国。
❷ある一つのものが大きな力をもっている社会。(れい)アフリカは野生動物の王国だ。

おうごん【黄金】❶きん。こがね。
❷ひじょうに価値のあるもののたとえ。(れい)兄はサッカー部で、黄金の左足をもつ男といわれている。

おうざ【王座】❶王さまのすわる席。
❷その社会での第一番の地位。(れい)ボクシングでヘビー級の王座につく。

おうさま【王様】王をうやまった言い方。

おうじ【王子】王さまの男の子ども。⇔王女。

おうしつ【王室】王さまの一家。

おうじゃ【王者】❶王さま。
❷そのなかでいちばん力のあるもの。(れい)ライオンは動物の王者だ。

おうしゅう【欧州】ヨーロッパ。

慣用句 **後れを取る** 競争などで、人よりあとになる。

おうしゅうかいどう【奥州街道】江戸時代の五街道の一つ。江戸（＝今の東京）から白河（＝今の福島県の南のほう）までの道。

おうじょ【王女】王さまの女の子ども。↕王子。

おうじょう【往生】❶死ぬこと。（れい）やすらかに往生する。❷どうしてよいかわからなくて、ひじょうにこまること。（れい）車がパンクして往生した。

おうじょうぎわ【往生際】❶死ぬとき。死にぎわ。❷どうしようもなくて、あきらめなくてはならないとき。また、そのときのふるまい。（れい）往生際が悪い。

おうじる【応じる】❶〔よびかけなどに〕こたえる。応ずる。（れい）名前をよぶと、元気に応じる声がした。❷〔はたらきかけに〕したがう。応ずる。（れい）友だちのさそいに応じた。❸ふさわしくする。応ずる。（れい）環境の変化に応じる。

おうしん【往診】医者が病人の家へ出かけてしんさつすること。

[1]**おうせい**【王政】国王や天皇がみずから行う政治。

[2]**おうせい**【旺盛】ひじょうにさかんなようす。（れい）旺盛な食欲。／元気旺盛。

おうせいふっこ【王政復古】武家政治や共和制から、もういちど天皇または王中心の政治にもどすこと。日本では、明治の新政府ができたことをさす。

おうせつ【応接】人をむかえて、その相手をすること。（れい）客の応接にいそがしい。

おうせつま【応接間】客をむかえ入れる部屋。（れい）父が、たずねてきた友人を応接間に通す。

おうせん【応戦】敵のこうげきにたいして、それを受けて戦うこと。

おうたい【応対】相手になって、受けこたえをすること。（れい）客に応対する。

おうだん【横断】❶〔道・川・大陸などを〕横または東西に通りぬけること。（れい）道路を横断する。❷横にたち切ること。↕①②縦断。

おうだんほどう【横断歩道】道路にしるしなどをして、人が安全にわたれるようにしたところ。

横断歩道

おうちゃく【横着】苦労をせずに、とくをしようとすること。ずうずうしくて、ずるいこと。

おうちょう【王朝】❶王さまや天皇の朝廷。❷王さまや天皇が中心となって政治をおこなっていた時代。

おうて【王手】しょうぎで、相手の王将をちょくせつせめる手。

おうどいろ【黄土色】黄色っぽい茶色。

おうとう【応答】聞かれたことにこたえること。うけこたえ。

おうとつ【凹凸】たいらでないこと。でこぼこ。

おうひ【王妃】王さまの妻。きさき。

おうふく【往復】❶行きと帰り。また、その道のり。↕片道。

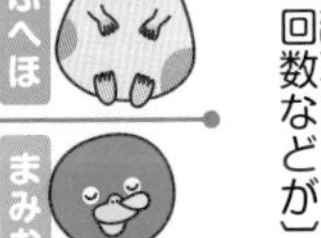

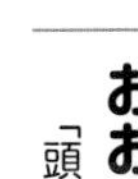

❷行ってもどること。(れい)学校までバスで往復した。

おうへい【横柄】えらそうにして人をばかにするようす。⇔謙虚。

おうべい【欧米】ヨーロッパとアメリカ。(れい)欧米諸国。

おうぼ【応募】人や作品などを広くよびかけて集めているところに、もうしこむこと。(れい)絵のコンクールに応募する。

おうぼう【横暴】わがままでらんぼうなこと。(れい)横暴なふるまい。

おうむ オウム科の鳥。くちばしが太く、かぎ形にまがって、頭にかんむりのような羽がある。人のことばをまねることができる。

おうむがえし【おうむ返し】相手のことばを、すぐ、そのままくりかえして言うこと。

おうよう【応用】あるりくつや知識を、ほかのことにあてはめてつかうこと。(れい)応用問題。

おうらい【往来】❶行ったり来たりすること。(れい)車の往来がはげしい。❷人や車の通るところ。道。(れい)往来で遊ぶな。

おうレンズ【凹レンズ】まんなかの部分がうすくなっているレンズ。近視の人がかけるめがねなどにつかう。⇔凸レンズ。➡凸レンズ。

おえる【終える】〔ある物事を〕おわりまでしとげる。すませる。(れい)仕事を終える。

おお【大】《あることばの上につけて》❶大きいことを表す。(れい)大空。／大男。❷〔量が〕多いことを表す。また、〔ていどが〕はなはだしいことを表す。(れい)大雨。／大うそつき。❸おおよそ。あらまし。だいたいのところ。(れい)大すじ。

おおあな【大穴】❶大きなあな。❷大きな損をしたり、被害にあったりすること。(れい)家計に大穴をあける。❸競馬などで、予想しなかった結果になること。また、それによって大金をもうけること。(れい)大穴をあてる。

おおあめ【大雨】はげしく、たくさんふる雨。(れい)大雨がふる。／大雨注意報。⇔小雨。

おおい【多い】〔数や量・回数などが〕たくさんある。ゆたかである。(れい)緑の多い街。⇔少ない。

おおいたけん【大分県】九州地方の北東部にある県。県庁所在地は大分市。➡都道府県。

おおいに【大いに】ていどのはげしいようす。ひじょうに。(れい)今日は大いに楽しもう。

おおいり【大入り】〔しばい・映画・スポーツなどのもよおしものに〕客がたくさん入ること。(れい)大入り満員。

おおう【覆う】❶物の上にかぶせる。(れい)ビニールシートで地面を覆う。❷広がって、見えなくする。(れい)空を雨雲が覆う。❸あたりいっぱいになる。たちこめる。(れい)きりがあたり一面を覆う。

おおおじ【大伯父・大叔父】両親のおじ。祖父母の男のきょうだい。⇔大伯母・大叔母。

おおおば【大伯母・大叔母】両親のおば。祖父母の女のきょうだい。⇔大伯父・大叔父。

おおがい【大貝】漢字の部首の一つ。「頭」「類」などの右がわの「頁」の部分。

慣用句 **おしが強い** 自分の考えを通そうとするようす。

1おおがた【大形】形が大きいこと。れい 大形のカブトムシ。⇕小形。

2おおがた【大型】型が大きいこと。また、規模が大きいこと。れい 大型バス。／大型店。⇕小型。

大型

オーガニック 農薬や化学ひりょうを使わずに育てられた農産物やその加工食品。れい オーガニック食品。

おおかみ イヌ科の動物。野山にすむ。口が大きく、きばがするどい。むれでくらし、他の動物をおそって食べる。

おおかれすくなかれ【多かれ少なかれ】多いにしろ少ないにしろ。どっちにしても。れい だれにでも多かれ少なかれよい面があるものだ。

おおきい【大きい】❶〔かさ・広さ・長さなどが〕たくさんの場所をしめている。れい 大きい家。❷数・量などが多い。また、ていどがはなはだしい。れい 大きい数。／大きい音。❸年が上である。れい 大きい子とあそぶ。⇕❶〜❸小さい。

おおきさ【大きさ】大きいこと。また、その程度。れい どれくらいの大きさの箱がひつようなのか教えてほしい。

おおきな【大きな】大きい。れい 大きな家。／大きな声。⇕小さな。

おおきなかおをする【大きな顔をする】いばった顔つきをする。えらそうにふるまう。れい 新入生のくせに大きな顔をする。

おおく【多く】❶たくさん。❷ふつう。たいてい。れい 運動会は多く秋におこなわれる。

オークション〔美術品などを〕買いたい人たちに競争でねだんをつけさせて、いちばん高いねだんをつけた人にそれを売ること。競売。せり売り。

オーケー【OK】❶承知しました。よろしい。❷許可。同意。れい 学校のOKが出た。

おおげさ【大げさ】じっさいよりも大きなことを言ったりしたりするようす。れい 大げさな話。

オーケストラ 管弦楽。また、それをえんそうする楽団。

おおごしょ【大御所】ある分野の第一人者として、大きな勢力を持っている人。れい 政界の大御所。

おおごと【大事】重大なことがら。また、重大なできごと。大事件。

おおさかふ【大阪府】近畿地方の中部にある府。府庁所在地は大阪市。⬇都道府県。

おおさじ【大さじ】調味料などの量をはかる、大きなスプーン。⇕小さじ。

おおざっぱ【大雑把】❶細かなことには気をつかわないようす。れい かれの仕事は大雑把だ。❷全体を大きくつかむようす。おおまか。れい 大雑把に見つもる。

おおしい【雄雄しい】男らしく、いさましい。強くてしっかりしている。

おおしお【大潮】潮のみちひの差がもっとも大きくなること。また、その時。

おおすじ【大筋】〔物事の〕だいたいのすじ。あらまし。れい 事件の大筋。

オーストラリア ❶オーストラリア連邦。南半球のオーストラリア大陸と…タスマニア島などをふくむ六つの州からなる国。羊毛・小麦・牛肉などを特産とする。首都はキャンベラ。豪州。❷オーストラリア大陸のこと。南半球にあり、太平洋・インド洋・アラフラ海にかこまれた世界一小さな大陸。

おおずもう【大相撲】 ❶日本相撲協会が年六回おこなう相撲の興行。❷相撲で、なかなか勝負のつかない、力のはいった取組。(れい) むすびの一番が大相撲になる。

おおせ【仰せ】 身分の高い人や、目上の人の言いつけ。おっしゃることば。(れい) 仰せにしたがう。

おおぜい【大勢】 たくさんの人数。(れい) 大勢の人が集まる。

おおそうじ【大掃除】 ふだんより時間をかけてていねいにするそうじ。

おおぞら【大空】 大きなひろい空。(れい) すみきった秋の大空。

オーダー ❶注文すること。注文。(れい) コーヒーをオーダーする。❷［スポーツの試合にでる選手などの］順番。順序。(れい) 審判に打者のオーダーを提出する。

おおだい【大台】 お金の額や物の量などの大きなくぎりや、めやすとなるさかいめの数やけた。(れい) 募金が十万円の大台をこえた。

おおだいこ【大太鼓】 大きなたいこ。木のばちで打つ和太鼓と、洋楽で使われる頭にフェルトなどのついたばちで打つドラム類がある。

おおづめ【大詰め】 ❶しばいの最後の幕。❷物事の終わり。(れい) 選挙戦の大詰め。

おおて【大手】 ❶城の表門。❷同じような仕事をしている会社のうちで、とくに大きな会社。(れい) 大手の私鉄。

オーディション 歌手やはいゆうなどをえらぶためのテスト。(れい) オーディションに合格する。

おおどうぐ【大道具】 ぶたいで使う、家や木などの大きな道具。また、それを組み立てたり、動かしたりする係。⇔小道具。

オートバイ エンジンの力で走る二輪車。単車。

オードブル 洋食で、主な料理の前に食欲をますために食べる軽い料理。前菜。

おおとものやかもち【大伴家持】 （七一八？〜七八五）奈良時代の歌人。「万葉集」の代表的歌人で、歌の数ももっとも多い。

オートロック 戸などをしめると自動的にかぎがかかる錠。日本でつくったことば。

オーナー 船・自動車・プロ野球の球団などの持ち主。

オーバー ❶かぎられた時間などをこえること。こすこと。(れい) やくそくの時間を三十分もオーバーした。❷寒さや雨などをふせぐために、洋服のいちばん上に着る衣服。オーバーコート。外とう。❸大げさなようす。(れい) オーバーな身ぶり。

おおはば【大幅】 ❶布のはばで、ふつうより広いもの。❷かわりぐあいが大きいこと。(れい) 大幅なねあげ。

おおばんぶるまい【大盤振る舞い】 人にお金やごちそうなどを出して、さかんにもてなすこと。

ことわざ 同じかまの飯を食う　いっしょに生活や仕事をする。

お
あいうえお
かきくけこ
さしすせそ
たちつてと
なにぬねの
はひふへほ
まみむめも
やゆよ
らりるれろ
わをん

オープニング 〔ショーやもよおしものなどの〕はじまり。(れい) オープニングゲーム（＝開幕試合）。／オープニングセレモニー（＝開会式）。

おおぶねにのったよう【大船に乗ったよう】〔大きな船に乗ったように〕人にすっかりまかせて安心しているようす。親船に乗ったよう。

オープン ❶開かれること。開くこと。(れい) 新しいプールがオープンする。❷だれでも参加できること。また、使えること。公開。(れい) オープンに話し合う。

オープンカー 屋根がない、または屋根をあけひろげできる自動車。

オーボエ 木でつくった、たてぶえ。二まいのリード（＝うすい板）がある。音はやわらかく、ものがなしい感じがする。

おおまか【大まか】❶小さなことにこだわらないようす。(れい) 弟は、大まかな性格だ。❷おおざっぱなようす。おおよそ。(れい) 大まかな計画。

おおまた【大股◂】両足を大きくひらくこと。また、歩幅が大きいこと。

おおみそか【大みそか】一年の最後の日。十二月三十一日。

おおむね ❶物事のだいたいの内容。(れい) 話のおおむねはわかった。❷だいたいにおいて。おおよそ。(れい) あの人の言うことは、おおむね正しい。

おおめにみる【大目に見る】〔よくないところや失敗などを〕やかましくいわないで見のがす。(れい) こんどだけは大目に見てやろう。

おおもじ【大文字】〔英語などで〕文の始めなどに使う、A・B・C…の文字。⬍小文字。

おおもと【大本】物事のいちばんもとになるもの。根本。

おおもの【大物】❶形の大きなもの。(れい) 大物をつりあげる。❷あるなかまの中で、大きな力をもっている人。(れい) 政界の大物といわれている人物。⬍①②小物。

おおもり【大盛り】食べ物をふつうの量より多めにもりつけること。また、そのようにもりつけられた食べ物。(れい) 兄は、大盛りのカレーライスを注文した。

おおや【大家】かし家やアパートの持ち主。やぬし。

おおやけ【公】❶国家や社会など、多くの人々に関係することがら。公共。⬍私。❷広く知れわたること。(れい) 調査結果を公にする。

オーラ 人からまわりにつたわるとされる、ふしぎなエネルギー。(れい) かれから、オーラを感じる。

おおらか【大らか】気持ちが大きくのびのびしているようす。こせこせしないでゆったりしているようす。(れい) 大らかな心をもとう。

1オール すべて。みんな。(れい) オールスター。

2オール ボートをこぐ道具。かい。

ボート
オール

オール

オーロラ 北極や南極の空に出る、美しい光の集まり。おび形やカーテン形

〔 〕漢字を使った書き方　(れい)ことばの使い方の例　⬍反対のことば　⬇参考になる情報　◂小学校で習わない漢字

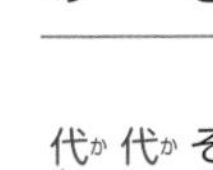

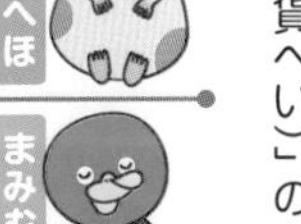

などがある。極光。

おおわらわ【大わらわ】けんめいになって物事をするようす。れい お祭りの準備に町じゅう大わらわだ。

おか【丘・岡】平地よりも少し高くもり上がった土地。

おかあさん【お母さん】「母さん」のていねいな言い方。

おかえりなさい【お帰りなさい】帰ってきた人に言う、あいさつのことば。

おがくず のこぎりで木をひいたときに出る、こなのような木のくず。

おかげ【お陰】❶ほかからうけた力ぞえ。れい ぼくが成功したのはきみのお陰です。❷ある物事やおこないなどの結果。れい 弟がぐずぐずしていたお陰で、ぼくまでおくれてしまった。

おかざり【お飾り】❶神仏の前に置く、そなえ物やかざり物。❷正月の松かざりやしめかざり。❸実質のない、名前だけのもの。れい 会長といっても、お飾りにすぎない。

おかし【お菓子】「菓子」のていねいな言い方。

おかしい ❶わらいたくなるような気持ちだ。こっけいだ。れい 飼い犬のとぼけた表情がおかしい。❷ふつうとちがっている。へんだ。れい 体のぐあいがおかしい。❸〔態度などが〕あやしい。いぶかしい。れい そぶりのおかしい男が、うろうろしている。

おかす【犯す】してはいけないことをする。とくに、きまりなどをやぶる。れい あやまちを犯す。

おかず 食事のときに食べる、ごはんやパンなどの主食以外の食べ物。副食物。そうざい。

おかって【お勝手】「かって（＝台所）」をていねいにいったことば。

おかっぱ 女の子のかみの形の一つ。前のかみを短く切り、後ろのかみをえりもとで切りそろえる形。

おかどちがい【お門違い】〔たずねる家の門をまちがえて入ることから〕見当ちがい。れい お門違いの質問をされてこまった。

おかね【お金】「かね（＝貨へい）」のていねいな言い方。

おかぶをうばう【お株を奪う】ある人がとくいとすることを、ほかの人がじょうずにおこなう。れい 姉のお株を奪うほどピアノが上手だ。

おかまいなし【お構い無し】まわりのようすを気にかけないこと。れい あの人はだれがいようとお構い無しで大声で話す。

おかみ【お上】〔古い言い方で〕天皇。また、政府。役所。

おがむ【拝む】〔神やほとけの前で〕手を合わせて礼をする。れい ほとけ様を拝む。

おかやまけん【岡山県】中国地方の東部にある瀬戸内海に面した県。県庁所在地は岡山市。➡都道府県。

おかゆ「かゆ」のていねいな言い方。

おがわ【小川】小さい川。細い流れの川。れい うちの裏を小川が流れている。

おかわり【お代わり】同じ食べ物や飲み物を、つづけてもらうこと。また、その食べ物や飲み物。れい ごはんのお代わりをする。／弟が、ジュースのお代わりをもらう。

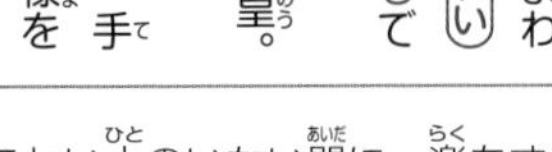
ことわざ **おにの居ぬ間の洗たく** こわい人のいない間に、楽をすることのたとえ。

おかん【悪寒】熱が出たときなどに感じる、ぞくぞくするような寒け。れい 悪寒がする。

おき【沖】海や湖などの、岸から遠くはなれたところ。

おきあい【沖合】沖のあたり。沖のほう。

おきあがりこぼし【起き上がりこぼし】底におもりをつけ、たおしてもすぐおきあがるようにした、だるま形の人形。

おきあがる【起き上がる】横になっていた人が、体をおこす。れい ベッドから起き上がる。

おきざり【置き去り】おいたままにして、行ってしまうこと。れい ごみを置き去りにする。

おきて なかまのあいだで決めたきまり。さだめ。

おきてがみ【置き手紙】用件を手紙に書いて、あとにのこしておくこと。また、その手紙。書き置き。れい 置き手紙をして外出する。

おきな 年をとった男の人。おじいさん。

おぎなう【補う】❶足りないところをつけたす。補足する。れい 学費を補うためにアルバイトをしている。❷うしなったものをうめあわせる。つぐなう。れい 事故のそんがいを補う。

おきなわけん【沖縄県】日本の南西部にある県。県庁所在地は那覇市。
⬇都道府県。

おきにいり【お気に入り】とくに気にいっているもの、または、人。れい 妹のお気に入りのぬいぐるみ。

おきゃくさま【お客様】「客」のうやまった言い方。

おきゃん わかい女の人が、元気でおてんばであるようす。また、そのような女の人。

おきゅう「きゅう（＝もぐさを使って病気をなおす方法）」のていねいな言い方。れい おきゅうをすえる（＝いましめのために、強く注意したり、ばつをあたえたりする）。

おきる【起きる】❶横になっていたものが立つ。れい ころんでもすぐ起きる。❷目がさめる。また、目がさめてねどこから出る。れい 毎朝六時に起きる。❸〔事件などが〕はじまる。しょうじる。おこる。れい 事件が起きる。

おく[1]【奥】❶中へ深く入ったところ。また、入り口から遠い方。れい 山の奥。❷表面からはかんたんにはわからないところやもの。れい 心の奥。

おく[2]【億】数の名。一万の一万倍。また、数がひじょうに多いこと。

おく[3]【置く】❶物をある場所にもっていって動かないようにする。れい 荷物をゆかに置く。❷そのままにしてのこす。れい 子どもを置いてでかける。❸《「…ておく」「…におく」の形で》…したままにする。また、前もって…する。れい 用意しておく。

おくいぞめ【お食い初め】赤ちゃんに、はじめて食べ物を食べさせる祝い。一生、食べ物にこまらないように願い、生後百日目または百二十日目におこなう。くいぞめ。

おくがい【屋外】建物の外。戸外。野外。⬍屋内。

おくさん【奥さん】他人の妻に対するていねいな言い方。「おくさま」よりも親しい気持ちが強い。

おくじょう【屋上】やねの上。とくに、建物の上につくった、たいらな場所。

おくする【臆する】気おくれしておそれる。おどおどする。(れい) 臆することなく、堂々とふるまう。

おくそく【臆測・憶測】〔はっきりわからないことを〕だいたいこうだろうと心の中で考えること。

おくち【奥地】海岸や都市などから遠くはなれた地域。(れい) アフリカの奥地。

おくづけ【奥付】本のおわりにある、著者名・発行者名・発行日・定価などを印刷した部分。

おくて 実るのがふつうよりおそい、イネなどの作物。

おくない【屋内】建物の中。(れい) 屋内プール。／屋内運動場。⇔屋外。

おくのて【奥の手】めったに使わない、とっておきの方法。(れい) 奥の手を使う。

おくのほそみち【奥の細道】江戸時代の俳人、松尾芭蕉があらわした紀行文。東北地方から北陸地方を半年かけて旅したときのようすを、俳句をまじえて記したもの。

おくば【奥歯】口のおくの方にある歯。きゅう歯。⇔前歯。

おくびょう【臆病】小さなことにもこわがること。また、そういう性格の人。

おくふかい【奥深い】❶表や入り口から遠くはなれている。おくぶかい。❷意味が深い。(れい) 奥深い教え。

おくまんちょうじゃ【億万長者】とてもたくさんの財産を持っている人。大金持ち。

おくゆかしい【奥床しい】上品で深みがあり、心がひかれる。(れい) 奥床しい人がらの人。

おくゆき【奥行き】〔建物や地面などの〕入り口からおくまでの長さ。

奥行き
間口

奥行き

おくりがな【送り仮名】漢字の読み方をはっきりさせるために、漢字の下につけるかな。「送る」の「る」、「明るい」の「るい」など。

おくりだす【送り出す】❶出て行く人を行かせる。また、世の中に出す。(れい) 卒業生を送り出す。❷物を送って外に出す。

おくりもの【贈り物】〔お祝いやお礼の気持ちをあらわすために〕人にあげる品物。プレゼント。

1おくる【送る】❶物をある場所へとどくようにする。(れい) 小包を送る。❷わかれていく人と、ある場所までいっしょに行く。(れい) 友人を駅まで送った。❸時をすごす。(れい) 一生を送る。

2おくる【贈る】〔お祝いやお礼の気持ちをあらわすために〕品物やお金などを人にあたえる。(れい) 母の日にカーネーションを贈る。

1おくれる【後れる】ほかのものよりあとになる。(れい) ひとりだけ後れてゴールする。

2おくれる【遅れる】❶決まった時間にまにあわなくなる。ちこくする。(れい) 学校に遅れる。❷進み方がふつうよりおそくなる。(れい) 時計が十分遅れている。

ことわざ **おにの目にもなみだ** ひどい人でも、情け深くなるときがあるというたとえ。

ことばのテーブル

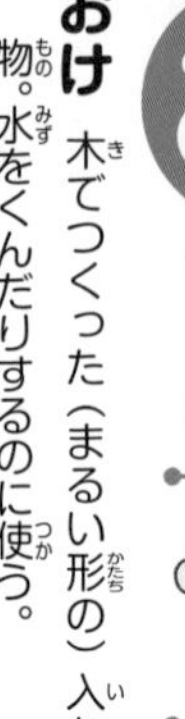

おけ 木でつくった（まるい形の）入れ物。水をくんだりするのに使う。

おこがましい でしゃばりすぎている。れい おこがましいようですが、その役は、わたしにさせてください。

おこす【起こす】❶横になっている物を立てる。れい たおれたへいを起こす。❷ねむっている人の目をさまさせる。れい あした七時に起こしてください。❸物事をはじめる。発生させる。れい 交通事故を起こす。／やる気を起こす。

おごそか【厳か】きちんとしていて、重々しいようす。れい 厳かな儀式。

おこたる【怠る】❶なまける。れい 勉強を怠る。❷いいかげんにする。ゆだんする。れい 注意を怠る。

おこない【行い】じっさいにすること。ふるまい。

おこなう【行う】物事をする。れい 入学式を行う。

おこのみやき【お好み焼き】水でといた小麦粉にやさいや肉などをまぜて、やいて食べる料理。

1**おごり** 人にごちそうすること。れい 今日はぼくのおごりだ。

2**おごり** 思い上がること。得意になって高ぶること。れい 口のきき方におごりがみえる。

おごりたかぶる 自分には力があるとじまんして、他人を見下す。

おこりっぽい【怒りっぽい】すぐはらを立てる性格である。

1**おこる**【怒る】❶不愉快な気持ちをあらわす。腹をたてる。❷目下の者を強くしかる。れい ひどく怒られる。

2**おこる**【起こる】〔物事が〕始まる。発生する。おきる。れい けんかが起こる。

1**おごる** ❶人にごちそうする。❷ぜいたくになる。れい 口がおごる。

2**おごる** とくいになる。人をばかにしていばる。れい 勝利におごるものは、かならずやぶれる。

おこわ もち米をむしたごはん。ふつうは、アズキを入れた赤飯をさす。こわ飯。

1**おさえる**【抑える】❶どうにかしてとめる。くいとめる。れい 動物の数がふえるのを抑える。❷がまんする。れい わらいを抑える。

2**おさえる**【押さえる】❶おして動かないようにする。れい 手で紙を押さえる。❷〔物事の大切なところを〕しっかりと理解する。つかむ。れい 算数の要点を押さえる。

押さえる①

おさがり【お下がり】❶神や仏にそなえたあとでとりさげた物。❷目上の人からもらった使い古しの物。おふる。れい 姉のお下がりの洋服。

おさげ【お下げ】かみの結い方の一つ。長いかみの毛を二つにわけてあみ、かたのあたりにたらしたもの。おさげがみ。れい お下げの女の子。

おさつ【お札】「札」のていねいな言い方。紙でつくったお金のこと。

おさない【幼い】❶年が少ない。❷年のわりに子どもっぽい。れい 考え

方が幼い。

おさなご【幼子】年の少ない子ども。幼児。

おさなごころ【幼心】子どもの心。(れい)幼心にも火事のおそろしさはおぼえている。

おさななじみ【幼なじみ】子どものころに、なかのよかったこと。また、なかのよかった人。

おざなり【お座なり】その場かぎりのいいかげんなこと。

おさまる【収まる】❶中にきちんと入る。(れい)本はすべて本だなに収まった。❷〔みだれていたものが〕しずまる。しずかになる。(れい)さわぎが収まる。❸〔満足して〕おちつく。なっとくする。(れい)腹の虫が収まらない。

1**おさめる**【収める】❶きちんと中に入れる。しまう。かたづける。(れい)ポケットに収める。❷〔うけとって〕自分のものにする。(れい)成功を収める。

2**おさめる**【治める】政治をおこなう。(れい)国を治める。

3**おさめる**【修める】❶心やおこないを正しくする。(れい)身を修める。❷〔わざや学問などを〕勉強して、自分のものにする。(れい)学問を修める。

4**おさめる**【納める】❶きちんと中に入れる。しまう。かたづける。(れい)宝物を倉に納める。❷お金や品物をわたす。納入する。(れい)税金を納める。❸終わりにする。(れい)とくいの歌で歌い納める。

おさらい 教えてもらったことを自分でもう一度やってみること。復習。

おさる【お猿】「猿」を親しみをこめて言うことば。(れい)お猿のかごや。

おじ【伯父・叔父】父や母の、男の兄弟。また、おばの夫。おじさん。父母より年上のばあいは「伯父」、年下のばあいは「叔父」と書く。⇔伯母・叔母。

おしい【惜しい】❶〔大切なものなので〕なくすのがざんねんである。もったいない。(れい)すてるには惜しい。❷わずかなところで思いどおりにならず、ざんねんである。(れい)惜しいところで負けてしまった。

おじいさん ❶父または母の、父にあたる人。祖父。❷年をとった男の人。⇔①②おばあさん。

おしいれ【押し入れ】日本間で、ふとんや道具などを入れておくところ。

おしうり【押し売り】ほしくもない品物をむりやり売りつけること。また、その人。

おしえ【教え】教えること。また、教えることがら。(れい)先生の教えをまもる。

おしえご【教え子】〔学校などで〕自分が教えた生徒。また、今教えている生徒。

おしえる【教える】❶知識やわざを身につけさせる。(れい)中学生に英語を教える。⇔教わる。❷知っていることを相手に知らせる。(れい)駅へ行く道を教える。

おしかける【押し掛ける】❶おおぜいでいきおいよく出むいてゆく。おしよせる。(れい)客が店に押し掛ける。❷〔まねかれないのに〕自分から出むいてゆく。(れい)休日に、知人の家に押し掛けた。

おじぎ【お辞儀】頭を下げてあいさつをすること。また、そのあいさつ。

慣用句 **重荷を下ろす** 気にかかっていたことが解決して、ほっとする。

おじぎそう【おじぎ草】マメ科の植物。葉に何かがふれたり刺激をあたえられたりすると、おじぎをするように、葉をとじてたれさがる。

おしくも【惜しくも】おしいところで。もう少しというところで。れい 惜しくも一点差でやぶれた。

おしくらまんじゅう【押しくらまんじゅう】子どもたちがおおぜいかたまって、おし合う遊び。

押しくらまんじゅう

1おじさん（中年の）よその男の人。親しみをこめてよぶときに使う。⇔おばさん。

2おじさん【伯父さん・叔父さん】「おじ」を尊敬または親しみをこめてよぶことば。⇔伯母さん・叔母さん。

おしだす【押し出す】おして外に出す。れい 絵の具をチューブから押し出す。

おしちや【お七夜】子どもが生まれてから七日目の夜。また、そのお祝い。

おしどり カモ科の鳥。おすは体の色があざやか。水べにすみ、木の実などを食べる。めすとおすが、いつもいっしょにいるといわれることから、なかのよい夫婦を「おしどり夫婦」ということもある。

おしのび【お忍び】身分の高い人が、身分をかくして出歩くこと。れい 殿様がお忍びで領地を見まわる。

おしはかる【推し量る・推し測る】わかっていることをもとにして、ほかのことをだいたいこうだろうと考える。推測する。推量する。れい 表情から気持ちを推し量る。

おしばな【押し花】植物の花などを紙や本などの間にはさみ、上からおもしをのせてかわかしたもの。

おしべ【雄しべ】花の中にあって、花ふんをつくるはたらきをするもの。ふつう、長い柄とその先についた小さなふくろとでできている。⇔雌しべ。⬇雌しべ。

おしぼり【お絞り】客に出す手や顔をふくためのタオルや手ぬぐい。

おしまい【お仕舞い】❶おわり。れい 話はこれでお仕舞い。❷物事がだめになること。れい ここで失敗したら、もうお仕舞いだ。

おしむ【惜しむ】❶ざんねんに思う。れい わかれを惜しむ。❷もったいないと思う。大切にする。れい 時間を惜しんで勉強する。

おしめ おむつ。

おしもおされもせぬ【押しも押されもせぬ】だれからも力があるとみとめられている。押しも押されもしない。れい 今や押しも押されもせぬ実力者だ。

おしもんどう【押し問答】おたがいに自分の意見をとおそうとして、いつまでも言い合うこと。

おじや ぞうすい。

おしゃべり ❶これといった目的もなく、気軽に話しあうこと。❷口数が多いようす。また、そのような人。れい おしゃべりな人。

おしゃれ 身なりをかざること。また、そのようにする人。

【 】漢字を使った書き方　れい ことばの使い方の例　⇔反対のことば　⬇参考になる情報　◂小学校で習わない漢字

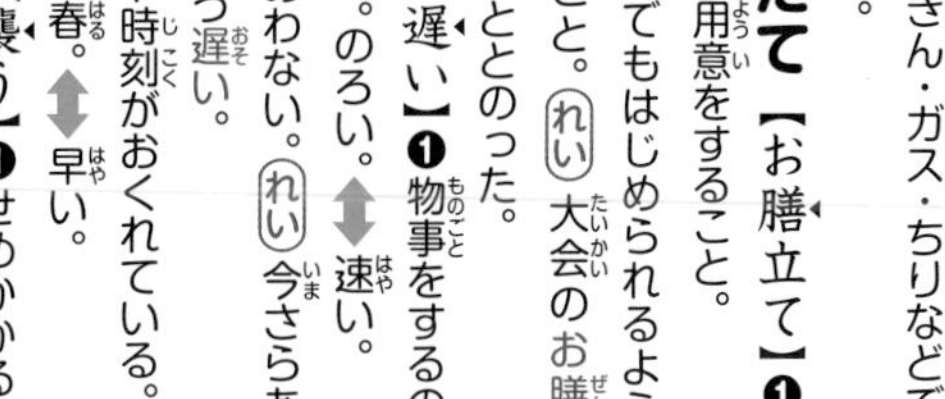

おじゃん　やりかけたことが、とちゅうでだめになること。(れい)計画にじゃまが入って、おじゃんになった。

おしょう【和尚】寺の住しょく。また、僧。

おしょく【汚職】役人などが、その役目を利用して不正をすること。とくに、お金や品物を受けとること。

おしろい　化粧のために顔やはだにつける白いこな。

おしんこ　つけもの。やさいを、ぬかやしおでつけた食べ物。

1おす【雄】動物のうち、人間でいえば男にあたるもの。⇔雌。

2おす【押す】❶むこうの方へ力をくわえる。(れい)ドアを押す。⇔引く。❷むりにする。(れい)病気を押して出席する。

おずおず　こわがりながら物事をするようす。こわごわ。(れい)谷そこをおずおずとのぞきこんだ。

おすそわけ【お裾分け】よそからもらった品物の一部をさらにほかの人にわけること。また、その品物。

おせじ【お世辞】相手のきげんをとろうとして、ほめたりおだてたりすることば。世辞。(れい)お世辞がうまい。

おせち【お節】おせちりょうり。

おせちりょうり【お節料理】正月をいわうためにつくるとくべつの料理。おせち。

おせっかい【お節介】よけいな世話をやくこと。また、そうする人。(れい)お節介をやく。

おせん【汚染】空気・水・食べ物などが、ばいきん・ガス・ちりなどでよごされること。

おぜんだて【お膳立て】❶おぜんに食事の用意をすること。❷〔いつでもはじめられるように〕準備すること。(れい)大会のお膳立てはすっかりととのった。

おそい【遅い】❶物事をするのに時間がかかる。のろい。⇔速い。❷まにあわない。(れい)今さらあやまっても、もう遅い。❸季節や時刻がおくれている。(れい)北国の遅い春。⇔早い。

おそう【襲う】❶せめかかる。害をくわえる。(れい)台風が日本を襲う。❷さびしさやおそろしさなどの気持ちが、急にわきあがる。(れい)とつぜん、不安な気持ちに襲われた。

おそうまれ【遅生まれ】その年の四月二日から十二月三十一日までに生まれること。また、生まれた人。同じ年に生まれた早生まれの人より、一年おそく小学校に入学する。⇔早生まれ。

おそかれはやかれ【遅かれ早かれ】おそい早いのちがいはあっても、いつかは。どうせそのうちに。(れい)遅かれ早かれみんなにもわかってしまうことだ。

おそざき【遅咲き】同じ種類のほかの花よりおくれて花がさくこと。また、その花。(れい)遅咲きのウメ。

おそなえ【お供え】❶神や仏にそなえること。また、そなえる物。❷正月などに、神や仏にそなえるもち。かがみもち。「おそなえもち」のりゃく。

おそらく【恐らく】ことによると。たぶん。(れい)恐らくそれはにせものだ。

おそるおそる【恐る恐る】物事をこわがりながらするようす。こわごわ。(れい)大きな犬に恐る恐るさわる。

慣用句　**折にふれて**　気のついたそのときそのとき。

ことばのテーブル
106ページ

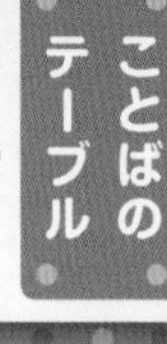

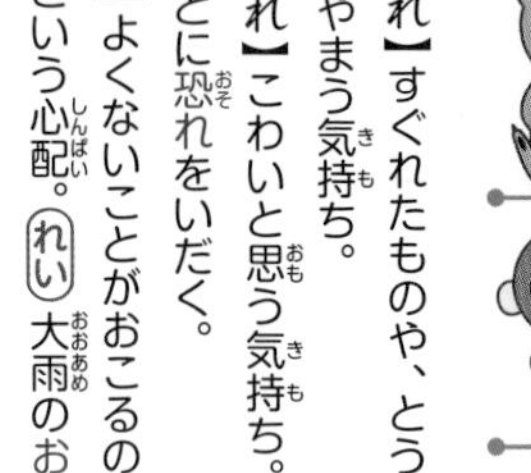

1おそれ【畏◂れ】すぐれたものや、とうとい人を、うやまう気持ち。

2おそれ【恐れ】こわいと思う気持ち。(れい)死ぬことに恐れをいだく。

3おそれ【虞◂】よくないことがおこるのではないかという心配。(れい)大雨のおそれがある。

虞

おそれいる【恐れ入る・畏◂れ入る】❶心からありがたく思う。(れい)ご親切恐れ入ります。❷まいる。こうさんする。(れい)相手のすばらしいわざに恐れ入る。

おそれおおい【恐れ多い・畏◂れ多い】ありがたい。もったいない。(れい)先生がご自身でとどけてくださるなんて、恐れ多いことです。

おそれる【恐れる】❶こわがる。おびえる。(れい)カエルはヘビを恐れる。❷〔よくないことがおこるのを〕心配する。(れい)失敗を恐れない。

おそろい ❶ふたり以上の人がつれだっていることをていねいに言うことば。(れい)おそろいでどちらへ？❷衣服や持ち物の形・色・もようが同じであること。(れい)姉とおそろいのくつ。

おそろしい【恐ろしい】❶こわい。きけんだ。(れい)恐ろしい顔の魔法使い。❷〔物事のていどが〕ふつうでない。ものすごい。(れい)恐ろしいほどの人出。

おそわる【教わる】教えてもらう。教えられる。習う。(れい)先生から読み方を教わった。⇕教える。

おだてる 人をほめてとくいにさせる。(れい)妹をおだてる。

おたふくかぜ【お多福風邪◂】耳の下のだえきせんがはれる病気。子どもに多い。流行性耳下せん炎。

おたまじゃくし ❶カエルの子。水中にすみ、えらでこきゅうする。❷しる物をすくうための、まるいしゃくし。おたま。

おだやか【穏◂やか】❶のんびりとして静かなようす。(れい)穏やかな春の日。❷おちついていて、ものやわらかなようす。(れい)穏やかな口調で話す。

おち【落ち】❶手ぬかり。手おち。もれ。(れい)準備に落ちはないか。❷落語などで、話の終わりをむすぶしゃれ。さげ。

おちあう【落ち合う】場所を決めてあう。(れい)夕方、駅の前で落ち合おう。

おちいる【陥◂る】❶悪い状態になる。(れい)祖父は意識不明に陥った。❷計略にかかる。(れい)相手の悪だくみに陥る。

おちおち 安心して。落ちついて。(れい)心配で、夜もおちおちねむれない。

おちこむ【落ち込◂む】❶落ちて中に入りこむ。(れい)あなに落ち込む。❷深くくぼむ。へこむ。(れい)寝不足で目が落ち込んでいる。❸元気がなくなる。(れい)みんなにめいわくをかけてしまい、落ち込んでいる。❹悪いじょうたいになる。(れい)景気が落ち込む。

おちつく【落ち着く】❶しずかなじょうたいになる。(れい)心が落ち着く。❷〔動作などが〕どっしりしている。(れい)わかいのに落ち着いている。

〔〕漢字を使った書き方　(れい)ことばの使い方の例　⇕反対のことば　⬇参考になる情報　◂小学校で習わない漢字

おちど【落ち度】あやまち。しっぱい。

おちば【落ち葉】ちりおちた木の葉。落葉。

おちぶれる【落ちぶれる】まずしくなる。みじめになる。

おちぼ【落ち穂】とり入れたあとに田畑に落ちのこったイネなどのほ。

おちめ【落ち目】だんだんとうまくいかなくなること。運が悪くなること。

おちゃ【お茶】❶「茶」のていねいな言い方。❷仕事の間の休憩。一服。(れい)そろそろお茶にしましょう。

おちゃのこさいさい【お茶の子さいさい】かんたんにできること。(れい)そんな仕事はお茶の子さいさいだ。

おちゃめ【お茶目】むじゃきないたずらをすること。また、そのような人。(れい)弟はお茶目な子だ。

おちゃをにごす【お茶を濁す】その場をうまくごまかす。(れい)知らないと言うのもしゃくなので、適当なことを言ってお茶を濁した。

おちょうしもの【お調子者】すぐいい気になりやすい、軽はずみな人。

おちる【落ちる】❶高いところから下の方へ位置がうつる。(れい)屋根から落ちた。❷〔月・太陽などが〕しずむ。(れい)太陽が西の山に落ちる。❸もれる。ぬける。(れい)字が一字落ちている。❹ていどが悪くなる。(れい)前よりも品質が落ちた。❺ついていたものがとれてなくなる。(れい)よごれが落ちた。❻落第する。(れい)入学試験に落ちる。⇔受かる。

おつ【乙】❶順番や順位を表すことばの二番目。甲の次、丙の前。❷気がきいているようす。風変わりでしゃれているようす。(れい)この料理は、乙な味がする。

おつかい【お使い・お遣い】人にたのまれて、買い物などにいくこと。(れい)近くのスーパーまでお使いにいく。

おっくう【億くう】めんどうで、物事をする気持ちにならないようす。(れい)出かけるのは億くうだ。

おつげ【お告げ】神や仏が人間にその考えをしらせること。また、そのことば。(れい)神のお告げ。

おっしゃる「言う」のうやまった言い方。(れい)先生のおっしゃること。

おっちょこちょい 考えがあさく、いいかげんなおこないをすること。また、そのような人。

おっと【夫】結婚している男女のうち、男の人。⇔妻。

おっとり 性質がゆったりとおちついているようす。(れい)兄はおっとりしている。

おつむ あたま。小さい子どもに対して使うことが多い。(れい)おつむをあらいましょうね。

おてあげ【お手上げ】どうしてよいかわからなくなってしまうこと。とほうにくれること。(れい)この問題はむずかしくてお手上げだ。

おでかけ【お出掛け】「出かけること」のていねいな言い方。(れい)お出掛けのときに着る服。

おでき ひふがはれて、うみをもったもの。できもの。はれもの。(れい)背中におできができる。

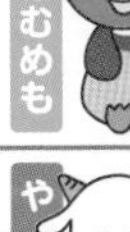

慣用句 **恩に着る** 人から受けた親切をありがたく思う。

おでこ ひたい。(れい)おでこにこぶができる。

おてだま【お手玉】小さな布のふくろにあずきなどを入れた遊び道具。また、それを何個か使って投げ上げる遊び。

お手玉

おてつき【お手付き】かるたなどのふだ遊びで、まちがってふだに手をつけること。

おてのもの【お手の物】よくなれていて、とくいなこと。てのもの。(れい)計算ならお手の物だ。

おてん【汚点】❶〔広い物の面に〕ぽつんとついたよごれ。しみ。❷ふめいよなことがら。(れい)歴史に汚点をのこすような事件。

おでん ❶くしにさした、とうふやこんにゃくなどをゆでて、みそなどをぬった食べ物。田楽どうふ。❷がんもどき・こんにゃく・ダイコン・サトイモ・はんぺん・ちくわなどをにこんだ食べ物。関西地方では、「関東だき」という。

おてんば【お転婆】女の子が、活発に行動したり、さわいだりすること。また、そのような女の子。

おと【音】耳に聞こえる、もののひびき。(れい)水のながれる音。／風の音。

おとうさん【お父さん】「父さん」のていねいな言い方。

おとうと【弟】年下の男のきょうだい。⇕兄。

おどおど こわがったり、自信がなかったりして、おちつかないようす。びくびく。(れい)しかられはしないかと、おどおどしていた。

おどかす【脅かす】❶こわがらせる。おびやかす。(れい)弱いものを脅かすのはいけない。❷おどろかす。びっくりさせる。(れい)かげにかくれていて脅かす。

おとぎぞうし【御伽草子】室町時代から江戸時代の初期にかけてつくられた空想的な短編物語。「一寸法師」「物ぐさ太郎」など。

おとぎばなし【おとぎ話】子どもに聞かせるために、むかしからつたえられてきた話。「ももたろう」「かちかち山」など。

おどける 人をわらわせようとして、おもしろいことを言ったりしたりする。

おとこ【男】人間の性別の一つで、女でないほう。男子。男性。⇕女。

おとこのこ【男の子】男性のうち、大人でない者。

おとこまえ【男前】男としての顔やすがたがよいこと。

おとこまさり【男勝り】女の人の性質やふるまいが、男の人もかなわないほどしっかりしていること。また、そのような女の人。

おとさた【音沙汰】たより。ようすの知らせ。れんらく。(れい)なんの音沙汰もない。

おどし【脅し】〔相手をしたがわせるために〕こわがらせること。きょうはく。

おとしあな【落とし穴】❶てきやけものなどを落としてつかまえるためにほったあな。❷人をだますための悪い計略。悪だく

み。(れい)うまい話には、落とし穴がある。

おとしいれる【陥れる】❶だまして人を悪い立場にする。(れい)人をつみに陥れる。
❷城などをせめおとす。

おとしだま【お年玉】新年をいわって、子どもにおくるお金や品物。

おとしぬし【落とし主】そのお金やその品物を落とした人。

おとしもの【落とし物】気がつかないうちに落としてなくしたもの。

おとす【落とす】❶高いところから低いところへ位置をうつす。(れい)ゆかにえんぴつを落とす。
❷〔よごれなどを〕とりさる。(れい)どろを落とす。
❸なくす。(れい)さいふを落とした。
❹敵をまかして手に入れる。おとしいれる。(れい)敵の城を落とす。
❺ていどをさげる。(れい)声を落とす。
❻おとろえさせる。へらす。(れい)スピードを落とす。
❼わすれていてぬかす。(れい)名ぼから名前を落としてしまった。
❽かげをうつす。(れい)水面に、雲がかげを落とす。

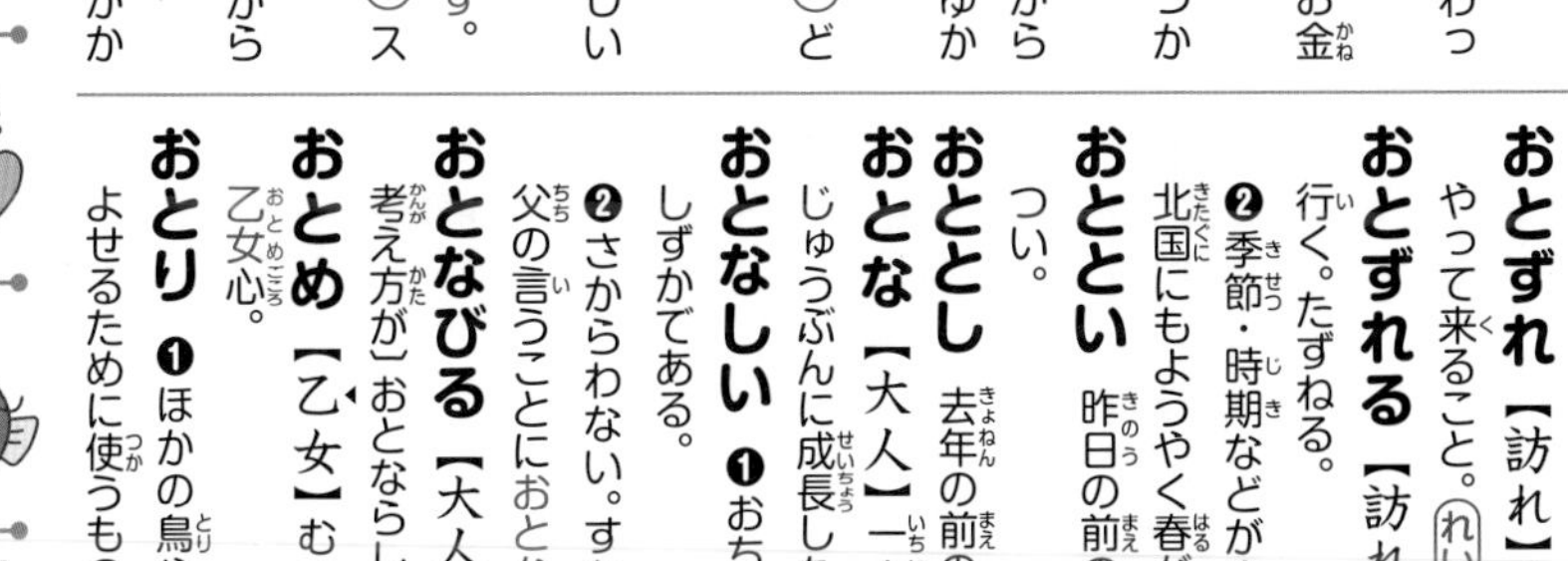

おどす【脅す】〔相手をしたがわせようとして〕こわがらせる。おびやかす。(れい)大声を出して脅す。

おとずれ【訪れ】おとずれること。やって来ること。(れい)春の訪れ。

おとずれる【訪れる】❶人の家に行く。たずねる。
❷季節・時期などがやってくる。(れい)北国にもようやく春が訪れた。

おととい 昨日の前の日。一昨日。おとつい。

おととし 去年の前の年。一昨年。

おとな【大人】一人前になった人。じゅうぶんに成長した人。⇔子供。

おとなしい ❶おちついていて、ものしずかである。
❷さからわない。すなおである。(れい)父の言うことにおとなしくしたがう。

おとなびる【大人びる】〔体つきや考え方が〕おとならしくなる。

おとめ【乙女】むすめ。少女。(れい)乙女心。

おとり ❶ほかの鳥やけものをさそいよせるために使うもの。
❷人をさそいよせるために利用するものや人。(れい)おとりを使って犯人をつかまえた。

おどり【踊り】音楽や手拍子に合わせて、体を動かすこと。

おどりじ【踊り字】同じ文字がくり返されるとき、後にくる文字のかわりに使うしるし。「人々」の「々」、「まゝ」の「ゝ」など。重ね字。

おどりば【踊り場】❶おどりをする場所。
❷かいだんのとちゅうにある、平らで少し広いところ。

おとる【劣る】〔能力やねうちなどが〕ほかとくらべて少ない。⇔勝る。

おどる【踊る】❶音楽や手拍子に合わせて体を動かす。(れい)ワルツを踊る。
❷ほかの人にあやつられて行動する。(れい)かれはだれかに踊らされている。

おとろえる【衰える】いきおいや力がなくなる。弱くなる。さかんでなくなる。また、おちぶれる。(れい)体力が衰える。／国力が衰える。⇔栄える。

おどろかす【驚かす】びっくりさせる。(れい)友だちを驚かす。

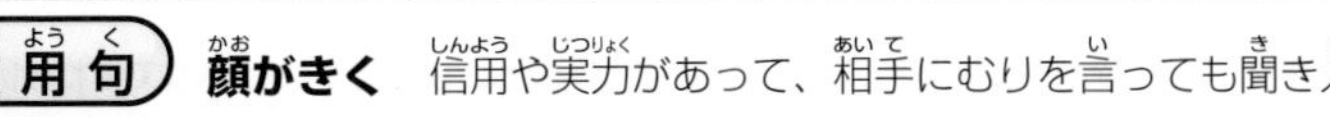
慣用句 **顔がきく** 信用や実力があって、相手にむりを言っても聞き入れてくれる。

ことばのテーブル

おどろき【驚◂き】びっくりすること。どきっとすること。(れい)驚きのあまり声も出なかった。

おどろく【驚◂く】びっくりする。どきっとする。(れい)大きな音に驚く。

おないどし【同い年】同じ年れい。同年。(れい)あのふたりは同い年だ。

おなか 「はら（腹）」のていねいな言い方。(れい)おなかがすく。

おなじ【同じ】ちがいのないようす。くべつできないようす。(れい)兄とぼくとは、同じ体重だ。

おなじあなのむじな【同じ穴のむじな】同じなかまであることのたとえ。

おなら 腸にたまったガスが肛門から出たもの。へ。

おに【鬼◂】❶人が想像でつくりあげた生き物。頭につのをはやし、口にきばをもっている。力が強くおそろしい。❷あることに心をうちこんでいる人。(れい)仕事の鬼。❸かくれんぼやおにごっこで、人をつかまえる役。❹《あることばの上につけて》「きびしい」の意味を表すことば。(れい)かれは「鬼コーチ」とよばれている。

おにいさん【お兄さん】「兄さん」のていねいな言い方。

おにがわら【鬼瓦】屋根のむねの両端に、かざりのためにつける大きなかわら。もとは、おにの面をかたどってまよけにした。⬇瓦屋根。

おにぎり【お握り】ごはんをまるく、または三角形などににぎって、軽くかためた食べもの。おむすび。

おにごっこ【鬼ごっこ】子どもの遊びの一つ。おにになった人がほかの人をおいかけてつかまえ、つかまった人が次におにになる。おに遊び。

おににかなぼう【鬼に金棒】〔ただでさえ強いおにに金棒をもたせる意味から〕強いうえに、さらに強くなることのたとえ。

おにはそとふくはうち【鬼◂は外福は内】幸運をもたらす福の神は内へ、不幸をもたらす鬼は外へということ。福は内、鬼は外。節分の夜に、豆まきをしながらとなえることば。

おにもつ【お荷物】じゃまになる物や人。(れい)チームのお荷物にならないようにがんばる。

おね【尾根】山の頂上と頂上をむすぶ部分。(れい)登山者が尾根づたいに歩いていく。

おねえさん【お姉さん】「姉さん」のていねいな言い方。

おねがい【お願い】❶「願い」のていねいな言い方。❷人になにかをたのむときに使うことば。(れい)お願い、なるべく早く帰ってきてね。

おの 厚い刃に柄がついていて、木をたたき切ったり、わったりするのに使う道具。

おのおの【各・各各】ひとりひとり。めいめい。それぞれ。(れい)各が責任をもって取り組んでください。

オノマトペ 擬声語。擬態語。

おのれ【己】❶自分。わたくし。(れい)己の責任をはたす。❷相手に対するいかりやくやしさを表していうことば。(れい)おのれ、今にみていろ。

おば【伯母・叔◂母】父や母の、女のきょ

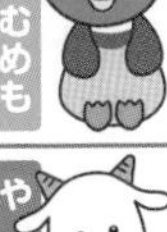

うだい。また、おじの妻。おばさん。父母より年上のばあいは「伯母」、年下のばあいは「叔母」と書く。おじの妻のばあいは、おじをきじゅんにして使いわける。⇔伯父・叔父。

おばあさん ❶父または母の、母にあたる人。祖母。❷年をとった女の人。⇔①②おじいさん。

おはぎ もち米をまぜてたいたごはんをまるめて、あんやきな粉をつけた食べ物。ぼたもち。

おはぐろ【お歯黒】歯を黒くそめること。むかしは結婚した女性は歯を黒くそめた。

おばけ【お化け】❶ばけもの。❷ふつうとちがって、きみが悪いほど大きなもの。(れい)キュウリのお化け。

おはこ その人のとくいな芸。十八番。

1おばさん〔中年の〕よその女の人。親しみをこめてよぶときに使う。⇔おじさん。

2おばさん【伯母さん・叔母さん】「おば」を尊敬または親しみをこめてよぶことば。⇔伯父さん・叔父さん。

おはじき 小さな、平たいガラス玉などをばらまき、指先ではじきあって、当てたものをとりあう遊び。また、そのガラス玉など。

おはじき

おばな【尾花】ススキ。秋の七草の一つ。また、ススキのほ。

おはやし「はやし（＝ふえやたいこで拍子をとること）」をていねいにいったことば。

おはよう【お早う】朝、はじめて会ったときに言うあいさつのことば。おもに、目下の人や親しい人に言うことば。ていねいな言い方は「おはようございます」。

おはらい 神にいのって、つみやけがれをとりのぞいてもらうこと。また、その儀式。

おはらいばこ【お払い箱】❶やとっている人をやめさせること。❷いらなくなった物をすてること。(れい)この服は、お払い箱だ。

おび【帯】和服をきるとき、和服の上からこしにまいてむすぶ、はばの広い長い布。⬇着物。

おびえる こわがってびくびくする。(れい)妹がかみなりの音におびえてなき出す。

おびきだす【おびき出す】だまして外に出てくるようにさせる。さそいだす。(れい)まんまと敵をおびき出す。

おひさま【お日様】「太陽」を親しみをこめて言うことば。(れい)お日様がしずんでいくね。

おひたし【お浸し】ホウレンソウなどの青菜をゆで、しょうゆなどをかけて食べる料理。

おびただしい ❶〔数や量が〕たいへん多い。(れい)おびただしい数の見物人がおしよせる。❷〔物事のていどが〕たいへんひどい。(れい)生意気で、にくらしいことおびただしい。

おひつ 木でつくった、ご飯を入れる入れ物。

慣用句 **顔を出す** 会合などにちょっと出る。

ことばのテーブル

おひとよし【お人よし】気がよくて、なんでも人のいうとおりになること。また、そのような人。

おびにみじかしたすきにながし【帯に短したすきに長し】ちゅうとはんぱで、どちらの役にも立たないことのたとえ。

おひや【お冷や】「冷や（＝つめたい水）」をていねいにいったことば。

おびやかす【脅◀かす】こわがらせる。おそれさせる。また、あぶなくさせる。れい チャンピオンを脅かす。／生命を脅かす。

おひらき【お開き】宴会などを、おわりにすること。お祝いの席などで「おわる」「とじる」などのことばを使うのは縁起が悪いということから、かわりに「開く」を使うようになった。れい パーティーがお開きになる。

おひる【お昼】「昼」のていねいな言い方。れい 今日は公園でお昼を食べることにしよう。

おびる【帯びる】❶そのようなようすをしている。ふくむ。れい まるみを帯びたほほ。❷ひきうける。れい 重要な任務を帯びて出かける。

オフ ❶電気のスイッチが入っていないこと。⇕オン。❷あるかぎられた時期やところからはずれていること。また、はなれていること。れい シーズンオフ。

おふくろ【お袋◀】自分の母親を親しみをこめていうことば。⇕おやじ。

おふだ【お札】神社や寺などで出す、おまもりのふだ。

オブラート でんぷんでつくった、うすい紙のようなまく。飲みにくいこな薬などを飲むときに使う。

おふれ【お触◀れ】役所から出される知らせや命令の古い言い方。

オフレコ 記録しないこと。ほかの人に知らせないこと。非公開。れい この話はオフレコだよ。

おべっか 相手のきげんをとるためのことば。おせじ。おべんちゃら。れい おべっかをつかう。

オペラ 音楽に合わせて、歌いながらする劇。歌劇。

おぼえ【覚え】❶〔経験して〕知っていること。きおくにあること。れい 身に覚えのないうわさがたつ。❷自信。れい うでに覚えがある。

おぼえがき【覚え書き】わすれないように書きつけておく書きもの。メモ。

おぼえる【覚える】❶〔見たり、聞いたり、ならったりしたことを〕わすれないでいる。きおくする。れい 漢字を覚える。❷ひとりでに感じる。れい なんとなくつかれを覚える。❸ならって身につける。れい 仕事のこつを覚える。

オホーツクかい【オホーツク海】北海道の北にある、カムチャツカ半島と千島列島とサハリンにかこまれた海。サケ・マス・タラ・カニなどがとれる漁場がある。

おぼつかない【覚つかない】❶しっかりしていなくてあぶない。れい 覚つかない足どり。❷〔うまくいくかどうか〕うたがわしい。はっきりしない。れい 実験が成功するかどうか覚つかない。

おぼれる【溺◀れる】❶水の中で死に

〔 〕漢字を使った書き方　れい ことばの使い方の例　⇕反対のことば　⬇参考になる情報　◀小学校で習わない漢字

そうになる。また、水に落ちて死ぬ。

❷ある物事にむちゅうになる。れい ゲームに溺れる。

おぼろげ はっきりしないようす。ぼんやりしているようす。れい 子どものころのことはなんとなくおぼろげにおぼえている。

おぼろづき【おぼろ月】〔春の夜の〕かすんで、ぼんやりと見える月。

おぼん【お盆】七月十五日ごろ、または八月十五日ごろにおこなう、死んだ人のたましいをなぐさめるお祭り。うらぼん。ぼん。

お盆

おまいり【お参り】神や仏、先祖のれいなどをおがみに行くこと。れい 神社にお参りする。

おまえ【お前】友だちや目下の相手をよぶことば。

おまけ ❶値段を安くすること。れい 百円おまけしておきます。❷売る品物に景品をつけること。また、そのつけられたもの。れい たくさん買うと、おまけにタオルがつく。

おまつり【お祭り】「祭り」のていねいな言い方。

おまもり【お守り】神や仏が、いろいろなさいなんから守ってくれるという、ふだ。

おまわりさん【お巡りさん】「警官」「警察官」を親しみをこめてよぶことば。

おみき【お神酒】神にそなえるさけ。

おみくじ 神社や寺で、おまいりした人がひいて、今から先のことをうらなうくじ。

おみなえし オミナエシ科の植物。えだわかれした先に、黄色の小さい花が集まってさく。秋の七草の一つ。

おみや【お宮】「みや（＝神社）」のていねいな言い方。

おみやまいり【お宮参り】❶神社へおまいりすること。❷うまれた子どもをつれて、はじめて氏神におまいりすること。

おむすび【お結び】おにぎり。

おむつ 赤ちゃんなどのおしりにあてて、大便や小便をうける布。おしめ。紙でつくられた紙おむつもある。

オムレツ たまごをといて、焼いた料理。いためたひき肉やタマネギなどを、入れることもある。

おめい【汚名】悪い評判。れい 汚名をきせられる（＝本当ではない悪い評判をたてられる）。

おめかし けしょうをしたり、きれいな衣服を着たりすること。おしゃれ。れい おめかしをして、出かけます。

おめだまをくう【お目玉を食う】〔目上の人から〕しかられる。れい 父からお目玉を食った。

おめでとう めでたいことをいわうあいさつのことば。ていねいな言い方は「おめでとうございます」。

おめん【お面】顔などをかたどったかぶりもの。めん。

おも【主】❶おもだったようす。大切なようす。れい 主な用件。❷大部分であるようす。れい ひやかし客が主だ。

慣用句 **顔を立てる** 相手のめいよやめんぼくをきずつけないようにする。

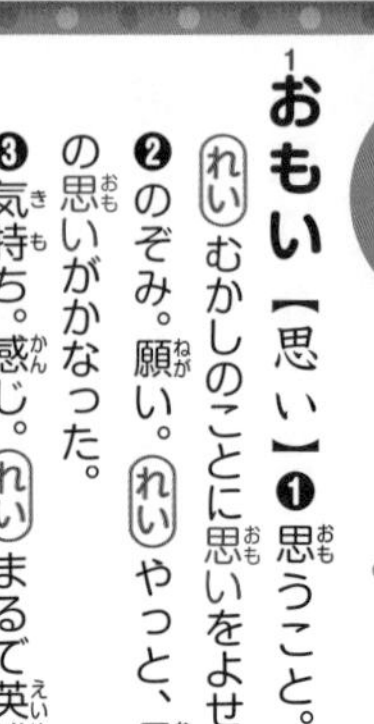

1おもい【思い】❶思うこと。考え。れい むかしのことに思いをよせる。❷のぞみ。願い。れい やっと、長い間の思いがかなった。❸気持ち。感じ。れい まるで英雄にでもなった思いがした。

2おもい【重い】❶めかたが多い。れい 君はぼくより体重が重い。❷ひどい。はなはだしい。れい 兄は重い病気にかかった。❸大切である。重要である。れい 社長としての責任は重い。❹〔気分が〕はればれしない。れい 今日は朝から頭が重い。⇕①〜④軽い。

おもいあがる【思い上がる】いい気になる。つけあがる。れい 少しばかりほめられたといって、思い上がるな。

おもいあたる【思い当たる】〔あとになって〕なるほどと気がつく。れい けんかの原因について、思い当たることがある。

おもいうかべる【思い浮◂かべる】思い出して心にえがく。

おもいえがく【思い描◂く】〔物事のようすなどを〕心にうかべてみる。れい 自分の将来のことを思い描く。

おもいおこす【思い起こす】思い出す。れい 外国にいたころを思い起こしてみる。

おもいおもい【思い思い】めいめいが自分の思ったとおりにするようす。てんでに。

おもいかえす【思い返す】❶〔すぎさったことを〕思い出す。れい きのうしたことを思い返してみよう。❷〔いちど決めたことを〕考えなおす。れい 出場をことわったが、思い返して出ることにした。

おもいがけない【思い掛◂けない】思ってもみない。意外である。

おもいきり【思い切り】❶思い切ること。あきらめること。れい ぼくは思い切りのいい方だ。❷できるかぎり。思うぞんぶん。れい テストがすんだら、思い切り遊ぶぞ。

おもいきる【思い切る】あきらめる。

おもいこがれる【思い焦◂がれる】強く恋しく思う。

おもいこみ【思い込◂み】そうにちがいないと決めてしんじること。れい 思い込みが強い人。

おもいこむ【思い込◂む】そうにちがいないと決めてしんじる。れい 本当だと思い込む。

おもいすごし【思い過ごし】よけいなことまで考えること。れい それは君の思い過ごしだよ。

おもいだしわらい【思い出し笑い】前にあったことを思い出して、一人でわらってしまうこと。

おもいだす【思い出す】わすれていたことを心に思いうかべる。れい むかしのことを思い出す。

おもいたつ【思い立つ】あることをしようと決心する。れい 急に思い立って、京都へ旅に出た。

おもいたったがきちじつ【思い立ったが吉日】あることをしようと思ったら、すぐにはじめるのがいちばんよい。

おもいつく【思い付く】ある考えがうかぶ。れい いいことを思い付いた。

おもいつめる【思い詰める】一つのことを深く考えてなやむ。れい そんなに思い詰めないほうがよい。

【】漢字を使った書き方　れい ことばの使い方の例　⇕反対のことば　⬇参考になる情報　◂小学校で習わない漢字

おもいで【思い出】思い出すことがら。

おもいなおす【思い直す】考えなおす。

おもいのほか【思いの外】考えていたこととはちがって。予想に反して。

おもいめぐらす【思い巡らす】あれこれと考えてみる。

おもいやられる【思いやられる】〔悪い状態になりそうで〕心配である。案じられる。(れい)先のことが思いやられる。

おもいやり【思いやり】相手の身になって考えること。また、その気持ち。

おもいやる【思いやる】相手の立場や気持ちを考える。同情する。(れい)入院している友を思いやる。

おもう【思う】❶心の中でまとめる。考える。(れい)君の言うとおりだと思う。❷よそうする。(れい)明日は雨だと思う。❸〔あることをしようと〕心に決める。(れい)先生にあやまろうと思う。❹そうなればよいとねがう。希望する。(れい)思うような品が手に入らない。❺心にうかべる。(れい)ふるさとのことを思う。

おもうつぼ【思うつぼ】〔物事が〕考えていたとおりになること。(れい)ここであきらめては相手の思うつぼだ。

おもおもしい【重重しい】おごそかでどっしりしている。(れい)校長先生は、いつも重々しい口調で話される。

おもかげ【面影】❶心にうかぶ顔つき。(れい)母の面影。❷心の中にうかぶ、あるもののありさま。(れい)むかしの面影をのこした松並木。

おもくるしい【重苦しい】おさえつけられるようではればれしない。(れい)重苦しいふんいき。

おもさ【重さ】❶重いこと。また、そのていど。目方。(れい)品物の重さをはかる。❷大切さ。(れい)野球部のキャプテンとしての責任の重さを感じる。

おもしろい【面白い】❶わらいだしたくなるようす。こっけいである。❷楽しくて、つい夢中になってしまうようすである。(れい)たんじょう会は、面白かった。

おもしろはんぶん【面白半分】ふざけながら物事をするようす。ふまじめなようす。

おもちゃ 子どもが遊ぶときに使う道具。がん具。

おもて【表】❶物の表面。物の外がわ。(れい)ふうとうの表にあて名を書く。

表①

❷野球の試合で各回の前半。(れい)試合は五回の表だ。⇔①②裏。

おもてざた【表沙汰】世間に知れわたること。(れい)事件が表沙汰になる。

おもてなし 「もてなし」のていねいな言い方。

おもてむき【表向き】うわべ。みかけ。(れい)ふたりのなかは表向きにはよいように見える。

おもなが【面長】顔が細長いようす。(れい)面長の人。

1おもに【主に】たいてい。主として。(れい)勉強は主に夜します。

慣用句 **数知れない** 数が多い。数がわからないほどたくさんの。

ことばのテーブル

116ページ

- 2おもに
- おもむき
- おもむく
- おもむろに
- おもや
- おもゆ
- 1おもり
- 2おもり
- おもわく
- おもわず
- おもわせぶり
- おもんじる
- おや
- おやかた
- おやこ
- おやこうこう
- おやごころ
- おやじ
- おやしお
- おやしらず
- おやすみなさい
- おやつ
- おやのこころこしらず
- おやのすねをかじる

2おもに【重荷】❶重い荷物。❷苦労するつらいことがら。れい この仕事はぼくには重荷だ。

おもむき【趣】❶おもしろみ。あじわい。れい この鳥の鳴き声には、趣がある。❷あるものがもっているようなようすや感じ。れい このたてものには古いお城の趣がある。

おもむく【赴◀く】ある場所にむかっていく。出かける。れい 父は仕事のためにパリに赴いた。

おもむろに あわてずにゆっくりと。れい おもむろにしゃべりはじめた。

おもや【母屋・母家】すまいの中心となる建物。

おもゆ【重湯】水を多くして米をにるときに出る、のりのようなしる。

1おもり【お守り】子どもや病人などの世話をすること。れい 孫のお守りをする。

2おもり【重り】❶はかりの一方にかけて、物の重さをはかるもの。❷重さをますためにくわえるもの。れい つり糸に重りをつける。

おもわく【思わく・思惑◀】考え。れい 思わくはみごとにはずれた。

おもわず【思わず】そうするつもりでなく。知らずに。うっかり。れい 思わず相手の手をにぎった。

おもわせぶり【思わせ振◀り】なにかとくべつの意味があるかのように、みせかけること。れい 思わせ振りな態度をとる。

おもんじる【重んじる】大切にする。大事にする。重んずる。れい 礼儀作法を重んじる。

おや【親】自分をうんだ人。父と母。また、養父と養母。れい 親のいうことを聞く。⇕子。子供。

おやかた【親方】❶職人などのかしら。❷すもうで、弟子をかかえてへやを経営する人。⇕弟子。

おやこ【親子】❶親と子。また、その関係。れい 親子づれ。❷もとになるものと、それから分かれたもの。れい 親子電話。

おやこうこう【親孝行】親を大切にし、よく親につかえること。⇕親不孝。

おやごころ【親心】子どもを思う親の気持ち。また、そのようなあたたかい心。

おやじ ❶自分の父を親しみをこめて言うことば。れい ぼくのおやじはジョギングをしている。⇕お袋。❷中年以上の男性を親しみをこめて言うことば。れい 店のおやじさん。

おやしお【親潮】北の方のベーリング海から日本の東がわを南へ流れてくるつめたい海水の流れ。「千島海流」ともいう。⇕黒潮。

おやしらず【親知らず】❶実の親の顔を知らないこと。❷もっともおそく生える四本のおく歯。れい 親知らずがうずく。

おやすみなさい【お休みなさい】ねる前に言うあいさつのことば。「おやすみ」のていねいな言い方。

おやつ【お八つ】食事と食事との間に食べる食べ物。間食。とくに、午後の間食のことをいう。

おやのこころこしらず【親の心子知らず】親が子どものことを心配しているのも知らないで、子どもはかってなことをするものだ。

おやのすねをかじる【親のす

ねをかじる】自分でひとり立ちした生活ができずに、親にお金を出して助けてもらう。(れい)いくつになっても、親のすねをかじっている。

おやのななひかり【親の七光】〔本人はたいした実力がなくても〕親の地位や財産のおかげで子どもが出世すること。「親の光は七光」ともいう。(れい)親の七光で社長になった。

おやばか【親馬鹿】親が、子どもがかわいいばかりに、ばかげたことをしたり、言ったりすること。また、そのような親。

おやふこう【親不孝】子どもが親に孝行しないこと。⇔親孝行。

おやま かぶきで、女性の役をする男性の役者。おんながた。

おやゆずり【親譲り】親からゆずりうけること。また、ゆずりうけたもの。(れい)親譲りの短気。

おやゆび【親指】手や足の指の中で、いちばんはしにあって、いちばん太い指。

おゆ【お湯】「湯」のていねいな言い方。

およぎ【泳ぎ】泳ぐこと。水泳。

およぐ【泳ぐ】〔手足やひれを動かして〕水中や水面をすすむ。(れい)プールで泳ぐ。

およそ ❶正確ではないが、だいたい。(れい)長さおよそ三メートル。❷まったく。ぜんぜん。(れい)考えていた人とは、およそ正反対の人だった。

および【及び】そのほかにまた。(れい)五年生及び六年生。

およぶ【及ぶ】❶〔あるところ・時間・数などに〕なる。(れい)話し合いは、二時間に及んだ。❷行きわたる。とどく。(れい)台風のひがいは、日本全土に及んだ。

およぼす【及ぼす】〔はたらきやえいきょうなどを〕行きわたらせる。およぶようにする。(れい)台風が、作物にえいきょうを及ぼす。

1おり〔にげないように〕けものなどを入れておくかこい。

2おり【折】〔ちょうどよい〕とき。時期。(れい)せきを立つ折をうかがっていた。

おりあい【折り合い】❶たがいにゆずりあって解決すること。(れい)折り合いをつける。❷人と人との関係。(れい)友だちと折り合いが悪くなった。

おりあう【折り合う】おたがいにゆずりあって意見を合わせる。おれ合う。(れい)ねだんが折り合わない。

おりおり【折折】❶そのときそのとき。(れい)四季折々の花。❷ときどき。ときおり。(れい)おりおり思い出したように、ウグイスが鳴く。

オリオンざ【オリオン座】冬の代表的な星座。中心に、ななめにならんだ三つの星がある。オリオンは、ギリシャ神話に出てくるかりゅうどの名で、三つの星はそのおびにあたる。

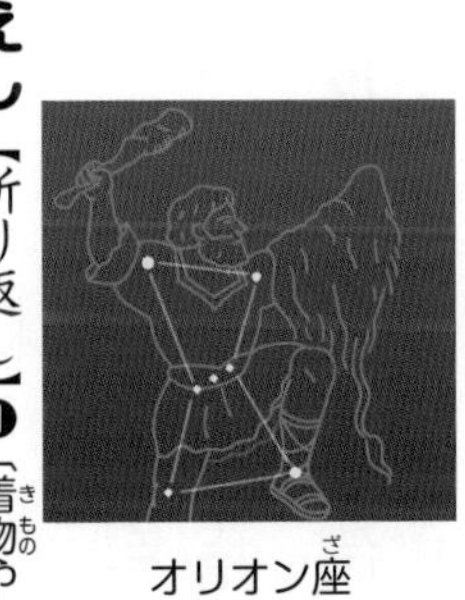
オリオン座

おりかえし【折り返し】❶〔着物やスカートなどのすそを〕内がわにおりまげた部分。❷引き返すこと。(れい)折り返し運転。❸すぐに。ただちに。(れい)折り返しお返事をください。

慣用句　**風の便り**　どこからともなくつたわってくるうわさ。

ことばのテーブル

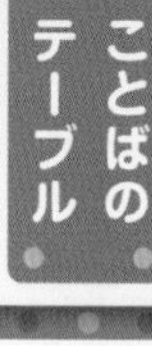

118ページ

おりかさなる【折り重なる】〔たくさんの人や物が〕つぎつぎに重なり合う。れい 後ろからおされ、人々が折り重なってたおれた。

おりがみ【折り紙】紙をおっていろいろな物の形をつくる遊び。また、それにつかう色のついた四角な紙。

おりく【折り句】和歌や俳句などで、各句のはじめに物の名を一字ずつよみこんだもの。たとえば、「かきつばた」をよみこんだ有名な和歌に「からころもきつつなれにし　つましあれば　はるばるきぬる　たびをしぞおもふ」がある。

オリジナル ❶いままでになくて、新しいようす。独創的。❷小説・絵画などで、もとの作品。原作や原画。

おりたたみ【折り畳み】折りたたむこと。また、折りたためるようになっていること。れい 折り畳みのかさ。

おりづる【折り鶴】紙をおってつくった、ツルの形をしたもの。

おりひめ【織り姫】おりひめぼし。

おりひめぼし【織姫星】こと座の中でいちばん明るい星。七夕のおりひめ星。ベガ。織女星。はたおり星。⇕ひこ星。

おりまげる【折り曲げる】おってまげる。れい 体を折り曲げた。

おりもの【織物】糸でおった布。

1おりる【下りる】❶上から下へさがる。くだる。れい まくが下りる。／山を下りる。⇕上がる。登る。❷〔役所から〕ゆるしやお金があたえられる。れい 建築の許可が下りた。

2おりる【降りる】❶乗り物から出る。れい 飛行機から降りる。⇕乗る。❷職をやめる。役がらをことわる。れい 主役の座を降りる。❸つゆやしもなどが生じる。れい けさは、しもが降りていた。

オリンピック ❶むかし、ギリシャで神をまつるために四年ごとにおこなわれた、体育・音楽・詩などの競技会。古代オリンピック。❷四年ごとに、世界各国の選手が集まってひらかれるスポーツ競技大会。一八九六（明治二十九）年からはじまった。近代オリンピック。

1おる【折る】❶まげて重ねる。また、まげ重ねて形をつくる。れい 紙を折る。／折り紙でツルを折る。❷まげて切りはなす。れい えだを折る。

2おる【織る】たて糸とよこ糸を組み合わせて、布をつくる。れい うつくしい布を織る。

オルガン けんばん楽器の一つ。空気をおくりながら、けんばんをおして音を出す。

オルゴール ぜんまいじかけで、短い曲をくりかえして演奏する小さな器械。

おれ【俺】〔男の人が〕自分をさして言うことば。

おれい【お礼】感謝の気持ちをあらわすこと。また、そのことばや、おくりもの。れい お礼を言う。／お礼の品。

おれる【折れる】❶まがって二つにはなれる。れい えだが折れる。❷まがって重なる。れい 本の表紙が折れている。❸まがって進む。れい 交差点を右に折れる。❹自分の考えをかえて相手にゆずる。れい 君が折れれば、けんかにならなかったのに。

オレンジ ミカン科の木。実は、球形で、あまくてかおりがある。アメリカや地中海沿岸で多くとれる。

おろおろ どうしたらよいかわからずこまるようす。れい ただおろおろとするばかりであった。

おろか【愚か】考えが足りないようす。ばか。れい 愚かな行動。

おろしうり【卸売り】問屋が小売店に品物を売ること。れい 卸売り業。

おろしがね【下ろし金】ダイコンやワサビなどをすって細かくする道具。

1おろす【下ろす】❶高い所から低い所へうつす。れい たなからはこを下ろす。⇔上げる。❷お金を引き出す。れい 貯金を下ろす。❸新しい品を使い始める。れい 新しい洋服を下ろす。❹魚の肉を切り開く。れい アジを三まいに下ろす。

2おろす【降ろす】❶乗り物から出す。れい 車から荷物を降ろす。❷役からはずす。職をやめさせる。れい かれを委員の役から降ろす。

降ろす①

3おろす【卸す】問屋が、品物をしいれて小売店に売りわたす。

おろそか 物事をいいかげんにしておくようす。れい 仕事をおろそかにするな。

おろち ひじょうに大きなヘビ。だいじゃ。古い言い方。

おわび あやまること。わび。れい「ごめんなさい。」とおわびを言う。

おわり【終わり】おしまい。最後。れい 文の終わりには句点をつける。⇔初め。始め。

おわる【終わる】〔そのときまで続いていたことが〕おしまいになる。れい オリンピックが終わった。⇔始まる。

おをひく【尾を引く】ある物事のえいきょうが、後までのこる。

1おん【音】❶おと。声。❷むかしの中国での発音をもとにした、漢字の読み方。たとえば、「川」を「セン」、「山」を「サン」と読むなど。⇔訓。

2おん【恩】人から親切にしてもらったり、めんどうをみてもらったりしたこと。

3オン スイッチが入っていること。機械などが仕事中であること。れい テレビをオンにする。⇔オフ。

おんかい【音階】音楽に使われる音を、ある一定の高さのじゅんにならべたもの。「ド・レ・ミ・ファ・ソ・ラ・シ・ド」のこと。

おんがえし【恩返し】人からの親切にたいして、お返しをすること。

おんがく【音楽】いろいろな音を組み合わせて、声や楽器であらわす芸術。

おんがくか【音楽家】曲を作ったり演奏したりして、音楽の仕事をする人。

おんかん【音感】音の高低や、音色、調子などを正しく聞き分ける力。れい 音感のするどい人。

おんぎ【恩義】返さなければならないような、人からうけたなさけ。れい 恩義をわすれない。

おんきょう【音響】音。また、音のひびき。れい 音響のよいホールで、コンサートがおこなわれた。

慣用句 **かたすかしを食う** いきごんで向かっていって、相手に勢いをそらされる。

ことばのテーブル

おんくん【音訓】漢字の読み方で、むかしの中国の読み方をもとにした音読みとその字の意味をあらわす日本語をあてた訓読み。

おんくんさくいん【音訓索引◀】漢字の音読みと訓読みを、あるじゅんじょにしたがってならべた索引。音読みと訓読みのどちらからでもひくことができる。

おんけい【恩恵◀】なさけ。めぐみ。れい 自然の恩恵。

おんこう【温厚】性質が、やさしくておだやかなようす。れい 温厚な人がらの兄は、だれからも好かれている。

おんこちしん【温故知新】むかしのことを勉強して、そこから新しい知識や考え方を見つけだすこと。「論語」にある孔子のことば「故きを温ねて新しきを知る」から。れい 温故知新の精神で新しい事業にとりくむ。

おんし【恩師】教えをうけ、おせわになった先生。

おんしつ【温室】草花やさいを寒さから守ったり、季節よりはやくつくったりするためのガラスばりの建物。れい 温室でそだてた花。

おんしつこうか【温室効果】大気中の二酸化炭素などが温室のガラスのような役割をして、地球の表面温度を高くたもつ現象。二酸化炭素などの割合が増えると、地球全体の温度が上がるといわれている。れい 温室効果ガスをへらす努力をする。

おんしらず【恩知らず】恩を受けても少しも感謝の気持ちをもたないこと。また、そのような人。れい 恩知らずなおこない。

おんしん【音信】手紙や電話による知らせやれんらく。

おんじん【恩人】自分が恩を受けた人。れい 命の恩人。

おんすい【温水】あたたかい水。れい 温水プール。

おんせい【音声】人がものを言うときの声のひびき。

おんせん【温泉】地下水が地熱によってあたためられて出てくる湯。また、その湯を使った浴場があるところ。

おんぞん【温存】使わないで大事にしまっておくこと。れい 有力な選手を温存する。

おんたい【温帯】熱帯と寒帯の間の地帯。ふつう、四季の区別があり、気候はおだやか。

おんたいていきあつ【温帯低気圧】温帯地方でできた低気圧。台風が温帯地方にはいって力が弱くなったときなどにいう。日本では、春と秋に発生する。

おんだん【温暖】〔気候が〕あたたかく、おだやかなようす。⇕寒冷。

おんだんか【温暖化】地球の表面の平均気温が、年間をつうじて高くなっていくこと。れい 地球の温暖化。

おんち【音痴◀】❶音感がにぶくて、歌がうまくうたえないこと。また、そのような人。❷あることについて、感覚がにぶいこと。また、その人。れい 姉は、かなりの方向音痴だ。

おんちゅう【御中◀】〔会社・商店・学校など〕団体あてに出す郵便物のあて名の下に書くことば。れい 山川物産株式会社御中。

おんてい【音程】二つの音の高さの

へだたり。(れい)音程がくるっている。

1おんど【音頭】❶おおぜいで歌うとき、調子をそろえるためにひとりの人がはじめの部分を歌うこと。❷おおぜいの人が、歌に合わせておどること。また、その歌やおどり。

2おんど【温度】あたたかさやつめたさのどあい。とくに、気温。

おんどく【音読】❶声を出して読むこと。❷漢字を音で読むこと。音読み。⇔訓読。

おんどけい【温度計】温度をはかる器具。気温の変化によってアルコールや水銀の体積が変化することを利用したものや、金属ののびちぢみを利用したものなどがある。

おんどり ニワトリのおす。⇔めんどり。

おんな【女】人間を体のはたらきによって分けたとき、もともと子どもをうむはたらきをもつとされる人。女子。女性。⇔男。

おんなのこ【女の子】女性のうち、大人でない者。

おんにきせる【恩に着せる】自分がした親切を相手にありがたく思わせるように言いたてる。

おんぱ【音波】物がしんどうしたとき、そのしんどうがまわりの空気につたわって、次々にまわりに広がる波。

おんびき【音引き】❶辞書などで、発音を手がかりにして、ことばや文字をさがしだすこと。❷かたかなで、のばす音をあらわす記号「ー」のこと。

1おんびん【音便】「泣きて」が「泣いて」、「書きて」が「書いて」とかわるように、発音の一部が言いやすいようにかわること。

2おんびん【穏便】物事をあらだてず、おだやかにあつかうようす。(れい)トラブルを穏便に解決する。

おんぶ【負んぶ】❶〔子どもを〕せおうこと。おぶうこと。❷人の力やお金にたよること。(れい)足りない分は会社におんぶする。

おんぷ【音符】音楽の記号の一つ。楽譜の中で、音の長さや高さを表すしるし。「四分(しぶ・しぶん)音符(♩)」「八分(はちぶ・はちぶん)音符(♪)」などがある。

♩=180—速度記号
音符
拍子
五線↑

音符

おんみつ【おん密】むかし、ひそかに敵をさぐることを仕事とした、身分の低い武士。

おんよみ【音読み】漢字を音で読むこと。音読。⇔訓読み。

おんりょう【音量】❶音の大きさ。(れい)ステレオの音量。❷人の声や楽器の音のゆたかさ。人の声はとくに「声量」という。

おんわ【温和】❶気候がおだやかであたたかなようす。(れい)温和な地方。❷人がらがおとなしくてやさしいようす。(れい)祖父も祖母も温和だ。

おんをあだでかえす【恩をあだで返す】親切にされたことをありがたく思うどころか、かえって相手にひどいことをする。(れい)恩をあだで返すようなしうち。

慣用句 **かたずをのむ** どうなることかとじっとなりゆきを見守るようす。

カンガルー

か[1] 《あることばの下について》❶うたがいや問いかけをあらわすことば。(れい)あなたも行きますか。❷強い感情やおどろきをあらわすことば。(れい)またきょうも雨か。❸はっきりしないことをあらわすことば。(れい)むこうからだれか来る。❹一つをえらびだす意味をあらわすことば。(れい)きみかぼくかが行こう。

か[2] 【可】よいこと。よいとみとめること。(れい)返品可。

か[3] 【科】❶学問などをくわけした一つ一つ。(れい)英文科。／内科。❷生物を分類する単位の一つ。(れい)イネ科の植物。

か[4] 【家】❶あることを職業にしていたり専門にしていたりする人。(れい)小説家になるのが夢だ。❷ある性質をもつ人。(れい)うちの兄は、努力家だ。

か[5] 【蚊◀】カ科のこん虫。はりのような口をもつ。めすは、人や動物の血をすう。幼虫は、ぼうふら。

が[1] ❶「だれ」「なに」をしめすことば。(れい)わたしが行く。／風がふく。❷文をつなぐ役目をすることば。(れい)風はふいているが、寒くはない。❸文全体の調子をやわらげる役目をすることば。(れい)明日は遠足なので雨がふらなければよいが。

が[2] 【我】自分の考えをおしとおそうとする心。自分勝手な考え。わがまま。(れい)我の強い子。

かあさん 【母さん】子どもが自分の母親をよぶときに使うことば。↕父さん。

ガーゼ うすくてやわらかい綿の布。マスクやほうたいなどに使う。

カーディガン 毛糸であんだ、前あきの上着。

カーテン 日よけや防寒・かざりなどのために、へやのまどや入り口などにかける布。

カート 荷物を運ぶための手押し車。(れい)買い物用のカート。

カード ❶いろいろなことがらを記入する、厚めの紙を小さく切ったもの。❷トランプやかるた。(れい)カードをきってならべる。

ガード 〔重要人物などの〕見はりや、ごえいをすること。また、その人。(れい)首相のボディーガード。

ガードマン 〔ビルや学校など大きな建物の中の〕見はりをする人。かんしをする人。けいびいん。

ガードレール 交通安全のために、自動車の通る道路のはしにとりつける、鉄のさく。

カーネーション ナデシコ科の植物。高さは六十センチメートルぐらいになる。葉は細長く、春から夏にかけて、白・赤・もも色などの花がさく。母の日におくる花。

カーネーション

カーブ ❶曲がること。また、道などの

曲がっているところ。(れい)バスがカーブにさしかかる。❷野球で、ピッチャーの投げたボールが、バッターの手もとで曲がること。また、そのように投げたボール。

カーフェリー 乗客とともに自動車などを運ぶ船。

カーペット 厚みのある大きなしきもの。じゅうたん。(れい)部屋にカーペットをしく。

カール かみの毛がうずまきのようにまいていること。また、そのようにしたかみの毛。

ガール 女の子。少女。⇔ボーイ。

1**かい** 水をかいて船をこぐのに使う道具。ボートのオール。

2**かい**【会】❶おおぜいが集まっておこなうもよおし。(れい)おいわいの会。❷ある目的のためにつくったしくみ。(れい)俳句の会に入る。

3**かい**【回】回数。度数。(れい)この薬は、一日に三回のむ。

4**かい**【貝】かたいからでおおわれた、水中にすむ動物。サザエ・アワビ・ハマグリ・アサリ・シジミなど。

5**かい**【階】二階だて以上の建物で、同じ高さのところ。(れい)上の階にのぼる。

6**かい**【下位】下の方のくらい。低い地位や順位。⇔上位。

がい【害】きずつけたりそこなったりすること。また、悪いえいきょうや結果をひきおこすこと。(れい)たばこの害。

かいいき【海域】かぎられたはんいの海。

かいいもじ【会意文字】二つ以上の漢字を組み合わせてつくった漢字。たとえば、「口」と「鳥」を組み合わせてできた「鳴」という文字など。

かいいん【会員】会に入っている人。

1**かいえん**【開園】❶動物園・遊園地・幼稚園などを新しくつくって、仕事を始めること。❷動物園・遊園地などが客を入れて、その日の仕事を始めること。⇔①②閉園。

2**かいえん**【開演】しばいや音楽会などを始めること。

かいおうせい【海王星】太陽系の惑星の一つ。太陽からもっとも遠くにある。➡太陽系。

かいか【開花】花がひらくこと。(れい)桜の開花。

かいが【絵画】絵。図画。

かいかい【開会】会が始まること。会を始めること。(れい)開会式。⇔閉会。

かいがい【海外】海をへだてた外国。国の外。(れい)海外旅行。

1**がいかい**【外海】陸地にかこまれていない海。そとうみ。

2**がいかい**【外界】自分をとりまくすべてのものごと。あるもののまわりの世界。

かいがいしい きびきびとしたようす。(れい)かいがいしく食事のしたくをする。

かいかく【改革】〔社会の決まりやしくみなどの〕悪いところをあらため、かえること。(れい)学制改革(＝学校教育の制度をあらためること)。

がいかく【外角】❶三角形や四角形などの一辺をのばしたとき、となりあう辺との間にできる角。❷野球で、ホームベースの、バッターから遠いほうのはし。アウトコース。⇔①②内角。

慣用句 **かたで風を切る** かたをそびやかして、いばって歩く。

ことばのテーブル

124ページ

かいかつ【快活】はきはきして明るいようす。(れい)快活な少年。

かいかぶる【買いかぶる】〔才能や人がらなどを〕本当のねうち以上によいと考える。

かいがら【貝殻◂】貝類の外がわをおおっているかたいから。

1かいかん【快感】気持ちのよい感じ。こころよい感じ。(れい)優勝の快感をたっぷりあじわう。

2かいかん【開館】❶図書館や博物館などができて、仕事を始めること。❷図書館や博物館などをひらく時刻になって、人々を入れること。⇕①②閉館。

かいがん【海岸】陸と海のさかいのところ。うみべ。

がいかん【外観】外がわから見たようす。おもてむき。外見。(れい)外観はりっぱだ。

かいがんせん【海岸線】陸と海とのさかいめをつないだ線。

かいき【怪奇◂】ふつうでは考えられないようなあやしくて、ふしぎなこと。気味が悪いこと。(れい)怪奇な姿。／怪奇現象。

かいぎ【会議】人々が集まって、ある議題について話し合うこと。また、その集まり。

がいき【外気】家の外の空気。

かいきゅう【階級】❶じゅんい。くらい。❷身分や財産などが、だいたい同じような人々のまとまり。(れい)上流階級。

かいきょ【快挙】むねがすっとするようなりっぱなおこない。(れい)かれは、ヨットで世界一周するという快挙をなしとげた。

かいきょう【海峡◂】陸と陸との間にはさまれたせまい海。

1かいきん【皆勤】ある期間中、学校やつとめを一日も休まないこと。無欠席。無欠勤。

2かいきん【解禁】法律で禁じていたことをゆるすこと。(れい)もうすぐ、アユつりが解禁になる。

かいけい【会計】お金の出し入れを計算すること。また、その仕事。

かいけつ【解決】むずかしい問題やもつれた事件などをかたづけること。また、かたづくこと。(れい)話し合いで解決した。

かいけつさく【解決策】解決するための方法。(れい)これが一番よい解決策だ。

かいけん【会見】〔あらたまった話し合いをするために〕人に会うこと。(れい)首相の記者会見。

がいけん【外見】そとから見たようす。外観。(れい)外見はこわそうだが根はやさしい人。

1かいこ【蚕】カイコガの幼虫。クワの葉を食べて育つ。さなぎになるときにつくるまゆから、絹糸がとれる。

2かいこ【解雇】やとっている人をやめさせること。くびにすること。(れい)不景気で解雇された。

かいご【介護】病人や年をとった人、からだの不自由な人などの世話をすること。

1かいこう【海溝◂】海の底が、急に深くなり、みぞのように長く続いているところ。日本海溝・マリアナ海溝など。深さが六千メートル以上のものをいう。

⬇125ページ（イラスト）

海溝

2かいこう【開校】新しく学校をつくり、授業を始めること。⇔閉校。

3かいこう【開港】❶新しい港や空港などができて、仕事を始めること。❷外国と貿易などをするために、港をひらくこと。

かいごう【会合】話し合いのために集まること。また、その集まり。

がいこう【外交】❶外国とのつきあいや話し合い。れい 平和外交。❷銀行・保険会社・商社などで、外に出て、品物の宣伝をしたり、とりひきをしたりする仕事。また、その仕事をするかかり。れい 保険の外交。

がいこうかん【外交官】外国に行って、その国との話し合いやつきあいなどの仕事をする役人。

かいこく【開国】❶独立した国をつくること。国をたてること。建国。❷外国とのつきあいを始めること。⇔鎖国。

がいこく【外国】よその国。他国。異国。れい 外国からの観光客。

がいこくご【外国語】よその国のことば。

がいこつ【骸骨】ほねだけになった死体。

かいこん【開墾】山や野をきりひらいて、新しく田畑をつくること。れい あれ地を開墾して、広大なブドウ畑にする。

かいさい【開催】会やもよおしものをひらくこと。れい オリンピックを開催する。

かいさつ【改札】鉄道の駅の出入り口などで、乗客の乗車券をしらべること。れい 自動改札。

かいさつぐち【改札口】駅などで、改札をおこなうための出入り口。れい 駅の改札口で友だちとまちあわせる。

かいさん【解散】❶集まっていた人たちがちりぢりにわかれること。れい 参加者たちは、会がおわったあと、解散した。⇔集合。❷議会で任期の終わるまえに、すべての議員の資格をとくこと。国会では、衆議院には解散があるが、参議院には解散がない。❸ある目的をもった集まりをなくすこと。れい 今年いっぱいでバレー部が解散することになった。

かいさんぶつ【海産物】貝・魚・海そうなど、海からとれるもの。

かいし【開始】はじめること。はじまること。れい 運動会は午前九時に開始する。／会場に試験開始のベルが鳴りわたった。⇔終了。

かいしゃ【会社】お金をもうけるために、仕事をおこなう団体。

かいしゃく【解釈】❶ことば・文章などの意味や内容をはっきりさせたり説明したりすること。❷ものごとを判断すること。れい 友だちのことばをよい意味に解釈する。

1かいしゅう【回収】くばったものや使ったものを集めてもとにもどすこと。とりもどすこと。れい あきびんを回収する。／クラス全員にくばったアンケート用紙を回収する。

慣用句 **片棒をかつぐ** なかまとなって、いっしょに仕事をする。

2 かいしゅう【改修】いたんだところを手入れしてなおすこと。修理すること。(れい)改修工事。

かいじゅう【怪獣】❶あやしい動物。ふしぎな動物。(れい)ネス湖の怪獣。❷映画などに登場する、空想上のふしぎな生き物。大きく、ぶきみなようすのものが多い。

怪獣①

がいしゅつ【外出】外に出かけること。(れい)母は午後から外出した。

1 かいじょ【介助】病人や年をとった人、からだの不自由な人の行動の手助けをすること。

2 かいじょ【解除】それまでするとをとめたり、せいげんしたりしていたことをやめて、もとにもどすこと。(れい)大雨注意報が解除された。

1 かいしょう【快勝】相手をかんぜんに負かして、気持ちよく勝つこと。(れい)白組に快勝した。

2 かいしょう【解消】それまでのやくそく・関係・じょうたいなどをなくすこと。また、なくなること。(れい)なやみが解消した。

1 かいじょう【会場】会をひらく場所。(れい)表彰式の会場が決まった。

2 かいじょう【海上】海の上。(れい)海上の安全を守る。⇕陸上。

3 かいじょう【開場】入り口をひらいて、会場に人々を入れること。(れい)開場は、午後二時です。

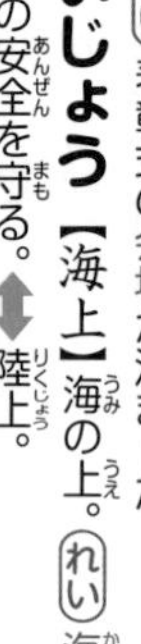
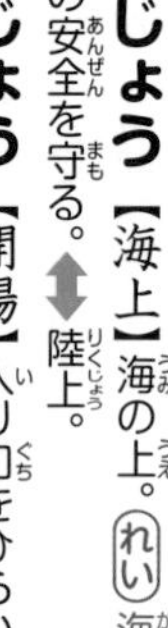

かいしょく【会食】何人かが集まって、いっしょに食事をすること。(れい)恩師をかこんで会食する。

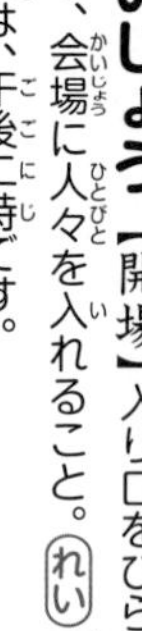

がいしょく【外食】自分の家でなく、飲食店などで食事をすること。

かいしん【改心】〔自分のしてきたことが〕悪かったと気づいて心を入れかえること。

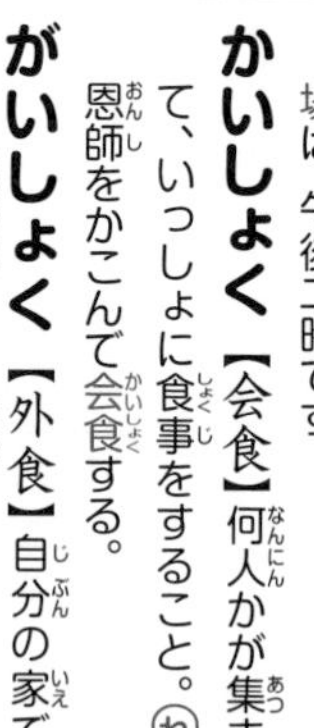

かいしんのえみ【会心の笑み】自分のしたことに心から満足して、にっこりわらうこと。(れい)優勝した選手が会心の笑みをうかべた。

かいすい【海水】海の水。

かいすいよく【海水浴】海水につかったり、海で泳いだりすること。

かいすう【回数】ものごとがおこったり、おこなわれたりするときの、くり返しの数。

かいすうけん【回数券】乗車券や入場券などを、何回分かひとまとめにしたもの。

1 かいせい【改正】〔規則などを〕正しいものにあらためること。(れい)法律を改正する。／来月から、電車の時刻表が改正される。

2 かいせい【快晴】空がきれいに晴れわたっていること。(れい)運動会は快晴にめぐまれた。

かいせき【解析】物事をこまかくしらべて、すじみちを立てて研究すること。(れい)データの解析。

かいせつ【解説】問題やできごとなどの内容をこまかく分け、そのわけをわかりやすく説明すること。また、その説明。(れい)あのキャスターのニュース解説は、とてもわかりやすい。

かいせん【回線】通信に使われる電線。

かいぜん【改善】悪いところをあらためてよくすること。(れい)食生活を改善する。

1 **がいせん**【がい旋】たたかいに勝って帰ること。

2 **がいせん**【外線】❶〔二本あるうちの〕外がわの線。❷〔建物の〕外に通じている電話線。⇔内線。

1 **かいそう**【回想】むかしのことをなつかしく思いかえすこと。(れい)小学校時代を回想する。

2 **かいそう**【改装】〔店・へやなどの〕かざりつけ・つくり・設備などをかえること。(れい)近くのレストランが店内を改装した。

3 **かいそう**【海草】海の中にはえる、花をつける植物をまとめていうよび名。イトモ・アマモなど。

4 **かいそう**【海藻】海で育つ藻類をまとめていうよび名。花はさかない。ワカメ・ノリなど。

5 **かいそう**【階層】❶社会の人々をくらしや知識の程度で分けたもの。階級。❷建物の上下のかさなり。階。

かいぞう【改造】〔組み立て方やしくみを〕つくりかえること。(れい)オートバイを改造する。／家を改造して喫茶店にする。

がいそう【外装】建物などの外がわのせつびやかざり。(れい)家の外装工事をたのむ。

かいそく【快速】❶〔乗り物や機械などの動きが〕気持ちがよいほどはやいこと。(れい)快速運転。❷ふつうの列車よりもはやく、とまる駅も少ない列車・電車。「快速列車」「快速電車」のりゃく。

かいぞく【海賊】海上で船をおそって、お金や品物をとるわるもの。(れい)海賊船。

かいたい【解体】一つのまとまったものをばらばらにすること。(れい)古い家を解体する。／近くのビルの解体工事が始まった。

かいたく【開拓】❶山野やあれ地をきりひらいて、田や畑にしたり、人がくらせるようにしたりすること。(れい)ここは、開拓によってできた農地だ。❷新しいやり方や新しく活動するはんいを見つけること。(れい)新しい漁場を開拓する。

1 **かいだん**【会談】会って話し合うこと。また、その話し合い。(れい)両国の首相の会談が開かれる。

2 **かいだん**【怪談】ゆうれいやばけものが出てくるこわい話。(れい)町につたわっている怪談を聞いた。

3 **かいだん**【階段】人がのぼりおりするための段になった通路。だんだん。(れい)駅の階段をのぼる。

ガイダンス 学校で、勉強や生活などについて、必要なことを教えたり説明したりすること。(れい)入学式のあとにガイダンスがある。

かいちく【改築】建物の全部、または、一部をたてなおすこと。(れい)台所を改築する。／あの店は改築中で、来月の初めにオープンする。

かいちゅう【海中】海の中。(れい)船が海中にしずむ。

1 **がいちゅう**【外注】会社などで、仕事を外部の人にたのむこと。(れい)人手不足で仕事を外注する。／外注先の人と打ち合わせをする。

あいうえお
かきくけこ
か
さしすせそ
たちつてと
なにぬねの
はひふへほ
まみむめも
やゆよ
らりるれろ
わをん

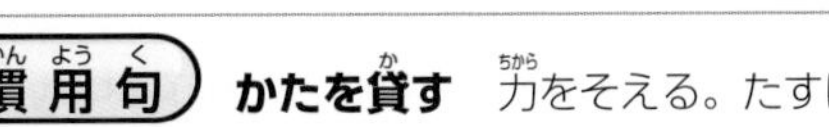
慣用句 **かたを貸す** 力をそえる。たすける。

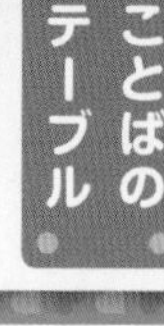

2**がいちゅう**【害虫】感染症のなかだちをしたり、農作物をくいあらしたりして、人間の生活に害をあたえる虫。

かいちゅうでんとう【懐◂中電灯】乾電池で明かりがつくようにした、持ち運びのできる電灯。

1**かいちょう**【会長】❶会の仕事をまとめるいちばん上の役目の人。(れい)子ども会の会長。❷会社で、社長の上の役目の人。

2**かいちょう**【快調】調子がとてもよいこと。(れい)仕事が快調にはかどる。

かいつう【開通】道路・鉄道・水道・電話などが新しく通じること。

かいづか【貝塚◂】大むかしの人々が食べた貝のからや魚のほねなどをひとところにすてたあと。

かいてい【海底】海の底。(れい)海底を探検する。／海底にねむる資源の量をしらべる。

かいてき【快適】ひじょうに気持ちがよいようす。(れい)快適な旅をする。

1**かいてん**【回転】❶くるくるまわること。また、まわすこと。(れい)回転木馬(＝メリーゴーランド)。❷〔頭が〕はたらくこと。(れい)頭の回転がはやい。❸店の客が入れかわること。(れい)あのラーメン屋は客の回転がよい。

2**かいてん**【開店】❶新しく店を始めること。(れい)本日開店。❷店をあけてその日の商売を始めること。(れい)開店は十時です。

ガイド ❶あんないや手引きをすること。また、あんないする人。❷案内書。「ガイドブック」のりゃく。

1**かいとう**【回答】しつもんに答えること。へんじ。(れい)回答をせまる。

2**かいとう**【解凍◂】冷凍してあったものをとかすこと。

3**かいとう**【解答】問題をといて答えること。また、その答え。(れい)解答をまちがえる。

かいどう【街道】国中に通じている、交通上大切な道。(れい)日光街道。

1**がいとう**【外灯】門灯など、家の外に取りつけた電灯。屋外灯。

2**がいとう**【街灯】道路をてらすために、道ばたにとりつけた電灯。

3**がいとう**【街頭】町の中。町の通り。(れい)街頭演説。

4**がいとう**【該当】条件にあてはまること。(れい)該当する人は申し出てください。

かいとうらんま【快刀乱麻◂】〔切れ味のよい刀(快刀)で、もつれた麻の糸をたち切るように〕こじれた物事をみごとにかいけつすることのたとえ。「快刀乱麻を断つ」のりゃく。

かいどく【解読】暗号や今まで知られていなかった文字などをといて読むこと。

かいにゅう【介◂入】そのことに関係なかった人や国などが、事件やあらそいにわりこむこと。(れい)国際紛争に介入する。

かいにん【解任】役目・仕事などをやめさせること。

かいぬし【飼い主】その家畜やペットをかっている人。

かいね【買値】品物を買うときのねだん。また、商品などを買い入れるときのねだん。⇕売値。

がいはく【外泊】よそでとまること。

かいばしら【貝柱】二枚貝の貝がら

をあけたりしめたりする筋肉。

かいはつ【開発】❶土地や山を切りひらいたり川をせきとめたりして、新しい産業をおこすこと。❷新しいものを考え出して、実際に使えるようにすること。れい 新しいエネルギーの開発に力を入れる。

かいばつ【海抜】海面からはかった陸地の高さ。標高。れい 海抜三十メートル。

海抜

1 **かいひ**【会費】❶会合に参加するものが出すお金。❷会をひらいたり続けたりしていくために、会に入っている人が出すお金。

2 **かいひ**【回避】さけること。よけること。れい あらそいを回避することができた。

がいぶ【外部】❶外がわ。外。❷ほかのもの。よその人。れい 外部の人から注意された。⇔①②内部。

かいふう【開封】❶〔手紙などの〕ふうがしてあるものをあけること。❷完全にふうをしないで中が見えるようにしておくる郵便物。ひらきふう。

かいふく【回復】〔悪くなったものが〕もとどおりになること。れい 天候の回復をまつ。／景気が回復する。

かいぶつ【怪物】❶あやしくておそろしい生き物。ばけもの。❷ふつうでは考えられないような、すぐれた力や才能をもっている人。れい あの投手は、野球界の怪物といわれている。

かいぶん【回文】上から読んでも下から読んでも、同じ読み方になることば。「たけやぶやけた（竹やぶ焼けた）」「たしかにかした（確かに貸した）」など。

がいぶん【外聞】❶世間のひょうばん。れい 外聞を気にしない。❷世間にたいするていさい。世間体。れい 外聞が悪い。

かいへい【開閉】ひらいたりとじたりすること。あけしめ。れい ドアを開閉する。

1 **かいほう**【介抱】病人やけが人の世話をすること。れい 病気でねている母を介抱する。

2 **かいほう**【快方】病気やけががよくなっていくこと。れい 祖母の病気は、日々快方にむかっている。

3 **かいほう**【開放】❶〔まど・戸などを〕あけはなすこと。あけたままにすること。れい 部屋のドアを開放する。❷だれでも自由に出入りしたり使ったりできるようにすること。れい 校庭を開放する。

4 **かいほう**【解放】制限やそくばくなどをなくして自由にすること。

かいぼう【解剖】なかのしくみや病気の原因などをしらべるために、生物のからだを切りひらくこと。

かいまく【開幕】❶舞台の幕があいて、しばいや映画が始まること。また、始めること。れい しばいの開幕をつげるベルが鳴る。❷もよおしものなどが始まること。れい オリンピックの開幕をたのしみにしている。

慣用句 **かの鳴くような声** ひじょうに小さな声のたとえ。

ことばのテーブル 130ページ

・かいまみる
・かいめい
・かいめつ
・かいめん
・かいもの
・がいや
・かいやく
・かいよう
・がいらい

・がいらいご
・かいらく
・かいらん
・かいり
・かいりき
・かいりゅう

・かいりょう
・1かいろ
・2かいろ
・3かいろ
・がいろじゅ
・かいわ
・かいわぶん
・1かう
・2かう
・3かう

かいまみる【垣◂間見る】もののすき間からのぞき見る。ちらっと見る。れい 通りから店の中を垣間見る。

かいめい【解明】〔わからない点を〕よくわかるようにはっきりさせること。れい 事件のなぞを解明する。

かいめつ【壊滅】くずれてほろびること。れい 戦争で首都が壊滅した。

かいめん【海面】海の表面。

かいもの【買い物】品物を買うこと。また、買った品物。

がいや【外野】❶野球場で、内野のうしろにあたるところ。❷「外野①」を守る選手。右翼手・左翼手・中堅手のこと。「外野手」のりゃく。⇔①②内野。❸そのことがらに、ちょくせつ関係のない人。れい 外野がうるさい。

かいやく【解約】やくそくやけいやくをとりけすこと。

かいよう【海洋】ひろびろとした大きな海。大洋。れい ヨットで海洋を旅する。⇔大陸。

がいらい【外来】❶外国やよそからくること。れい 外来の植物。❷病院などに、しんさつを受けに通ってくるかんじゃ。「外来かんじゃ」のりゃく。

がいらいご【外来語】外国からつたわり、その国のことばとして使われるようになったことば。日本語では「コーヒー」「ノート」など。

かいらく【快楽】気持ちよく、たのしいこと。たのしみ。

かいらん【回覧】何人かの人が次々にまわして見ること。れい 雑誌を回覧する。

かいり【海里】海上のきょりの単位。一海里は、約千八百五十二メートル。

かいりき【怪力】人なみはずれた力。

かいりゅう【海流】いつも決まった方向に流れている海水の大きな流れ。水温の高い流れを暖流、低い流れを寒流という。

赤矢印が暖流。
青矢印が寒流。

リマン海流
千島海流
対馬海流
日本海流

海流

かいりょう【改良】悪いところをなおしてよりよいものにあらためること。れい イネの品種を改良する。

1かいろ【回路】電気器具などで、電流の流れるみち。

2かいろ【海路】海上で、船の通るみち。また、それを使った交通。⇔陸路。

3かいろ【懐◂炉◂】ふところなどに入れてからだをあたためる器具。

がいろじゅ【街路樹】町の通りにそってきちんとうえてある木。

かいわ【会話】〔気がるに〕相手と話をすること。また、その話。

かいわぶん【会話文】話したことばをそのままに書きあらわした文。ふつう「　」の中に書く。

1かう【交う】すれちがったり、まじわったりする。れい ツバメが飛び交う。

2かう【買う】❶お金をはらって、品物・権利などを自分のものにする。れい 材料を買う。⇔売る。❷相手のねうちを高くみとめる。れい きみの努力を買う。

3かう【飼う】〔虫・馬・犬など〕動物をやしない育てる。れい 犬とネコを飼う。

カウンセリング なやみをもっている人の相談にのって、解決のための助言をあたえること。

カウンター ❶〔売上金などを〕計算する器械。❷店で、客の応対や会計などにつかう細長い台。

カウント ❶数をかぞえること。計算。❷野球で、投球の、ストライクとボールの数。ボールカウント。❸ボクシングなどで、ノックダウンのときに審判が秒数をかぞえること。また、その秒数。

カウントダウン 数を大きいほうから小さいほうへとかぞえていくこと。とくに秒読みのこと。(れい)ロケット打ち上げのカウントダウンが始まった。

かえうた【替え歌】メロディーは同じで、ことばだけつくりなおした歌。

1**かえす** たまごを、ひなや幼虫にする。ふ化させる。

2**かえす**【返す】❶もとにもどす。(れい)かりた本を返す。❷むきをかえる。(れい)手のひらを返す。❸《動作をあらわすことばについて》「ある動作をくり返す」意味をあらわす。(れい)読み返す。

3**かえす**【帰す】〔人を〕もといたところに行かせる。帰らせる。(れい)生徒を家に帰す。

かえだま【替え玉】本人やほんものに見せかけて、そのかわりに使うもの。(れい)替え玉を使う。

かえって 反対に。ぎゃくに。(れい)失敗したことが、かれのためには、かえってよかった。

かえりざく【返り咲く】❶決まった季節に一度さいた花が、ほかの季節になって、もう一度さく。❷〔一度やめたり、おとろえたりした人が〕ふたたびかつやくする。(れい)十年ぶりに返り咲いた歌手。

1**かえりみる**【省みる】自分のしたおこないや、自分の心の中をふり返ってよく考える。はんせいする。(れい)この一年間を省みる。

2**かえりみる**【顧みる】❶うしろをふり返って見る。❷すぎたむかしを思う。(れい)おさないころを顧みる。

1**かえる** 両生類の動物。たまごからかえった「おたまじゃくし」のときは、えらで呼吸をするが、大きくなると肺とひふで呼吸をする。

2**かえる** たまごからひなや幼虫になる。

3**かえる**【返る】❶物がもとにもどる。(れい)知り合いにかした金が返る。❷ようすやじょうたいがもとにもどる。(れい)正気に返る。❸《動作をあらわすことばについて》「すっかり…する」の意味をあらわす。(れい)しずまり返る。

4**かえる**【帰る】もといたところにもどる。(れい)家に帰る。

5**かえる**【代える】そのものがもつ役わりなどをほかのものにさせる。(れい)書面をもってごあいさつに代えさせていただきます。

6**かえる**【変える】❶前とちがったようす・じょうたいにする。(れい)かみがたを変える。❷前とちがったところ・時にうつす。(れい)つくえの位置を変える。／開店時間を変える。

慣用句 **かぶとをぬぐ** こうさんする。負ける。

7かえる【換える】とりかえる。こうかんする。れい 宝石をお金に換える。

8かえる【替える】それまでのものをべつのものや新しいものにする。れい 新しいほうたいに替える。

かえるのつらにみず【かえるの面に水】なにをいわれてもされても、へいきでいることのたとえ。

かお【顔】❶目や鼻や口のある部分。❷「かお①」のようす。かおかたち。かおだち。かおつき。れい うれしそうな顔をする。❸人にたいする、ていさい・めんぼく。めいよ。れい はずかしくてみんなにあわせる顔がない。❹広く知られていること。れい この町ではちょっとした顔だ。

かおいろ【顔色】❶顔の色・つや。れい 顔色がよくない。❷〔気持ちのあらわれた〕顔のようす。顔つき。

かおがたつ【顔が立つ】めいよや立場が守られる。

かおがつぶれる【顔が潰れる】めんぼくをなくす。はじをかく。れい 弟に負けては、兄としての顔が潰れる。

かおがひろい【顔が広い】多くの人とつきあいがある。れい 父は、この地元ではとても顔が広い。

かおからひがでる【顔から火が出る】ひじょうにはずかしくて、顔がまっかになる。

かおく【家屋】人のすむ建物。いえ。

かおだち【顔立ち】顔のありさま。目鼻だち。れい お母さんによく似た顔立ちをしている。

かおつき【顔付き】❶顔のかたち。顔だち。れい ふっくらした顔付きをしている。❷〔気持ちがあらわれた〕顔のようす。表情。れい ふしぎそうな顔付き。

かおなじみ【顔なじみ】おたがいによく顔を知りあっていること。また、その人。

かおにでる【顔に出る】気持ちや体調などが表情にあらわれる。れい よろこびが顔に出る。

かおぶれ【顔触れ】仕事や集まりなどにくわわる人々。メンバー。れい いつもの顔触れ。

かおまけ【顔負け】相手のずうずうしさやすぐれている点などをみて、あきれたり、はずかしく思ったりすること。れい まだ子どもなのに、おとな顔負けの話し方をする。

かおみしり【顔見知り】〔とくべつ親しくはないが〕おたがいに顔を知っていること。

かおもじ【顔文字】インターネットや電子メールなどで、文字や記号を組み合わせて顔の表情などをあらわしたもの。

かおり【香り】よいにおい。れい 茶の香り。

かおる【香る】〔よい〕においがする。れい バラの花が香る。

かおをあからめる【顔を赤らめる】はずかしくて顔を赤くする。

がか【画家】絵をかくことを仕事にしている人。絵かき。

かがい【課外】学校で、勉強するように決められた科目に入っていないこと。また、その授業。れい 課外授業。

かがいしゃ【加害者】他人に害をくわえた人。

〔〕漢字を使った書き方　れい ことばの使い方の例　⇕反対のことば　⬇参考になる情報　◀小学校で習わない漢字

かかえる【抱える】❶両うでにだいて持つ。また、わきの下にはさんで持つ。(れい)大きなはこを抱える。❷めんどうをみなければならないものを持つ。(れい)病人を抱えている。❸人をやといいれる。(れい)能力のある社員を抱える。

カカオ アオギリ科の木。熱帯地方で育つ。種はチョコレートやココアなどの原料となる。

かかく【価格】物のねだん。

1かがく【化学】いろいろな物質の性質や、変化のしかたなどを研究する学問。

2かがく【科学】いろいろなことがらをこまかくしらべ、そのつながりや原理を見つけ出し、それらを応用して生活に役立てようとする学問。サイエンス。

かがくしゃ【科学者】科学を研究する人。

かがくてき【科学的】決まった目当てと方法によって、物事を正しく、すじみちだててしらべるようす。(れい)物事を科学的に考える。

かがくはんのう【化学反応】ある物質が、性質のちがう別の物質になること。

かがくへいき【化学兵器】どくガスなどのように、化学的な反応を使った兵器。

かがくへんか【化学変化】ある物質の特性がまったく失われて、別の特性を持った物質に変わること。

かかげる【掲げる】❶高くあげる。(れい)国旗を掲げる。❷人目につくようにしめす。(れい)かんばんを掲げる。❸新聞や雑誌などにのせる。(れい)意見広告を掲げる。

かかし 作物をあらす鳥などをおいはらうために田畑に立てる人形。

かかす【欠かす】❶しないですませる。なまける。(れい)一日も欠かさず散歩をする。❷なくてもそのままにする。ぬかす。(れい)朝は牛乳を欠かさない。

かかと 足のうらの、うしろの部分。きびす。また、はきもののうしろの部分。

1かがみ あるものごとの手本。見ならわなければならないもの。(れい)スポーツマンのかがみ。

2かがみ【鏡】光の反射を利用して、顔やすがたをうつす道具。

かがみびらき【鏡開き】正月にかざった鏡もちをわっておしるこなどにして食べる行事。「割る」ということばをきらって、「開き」といった。多くは一月十一日におこなう。

かがみもち【鏡餅】正月やめでたいときに、神や仏にそなえる大小二つのまるくひらたいもち。おかがみ。おそなえ。むかしの鏡の形に似ているところからいう。

鏡餅

かがむ〔足やこしをまげて〕からだをひくくする。しゃがむ。こごむ。

かがやかしい【輝かしい】❶まぶしいほどに光る。(れい)輝かしい日の出をおがむ。❷ひじょうにりっぱである。すばらしい。(れい)輝かしい未来。

ことわざ **かべに耳あり** ひみつはもれやすいというたとえ。

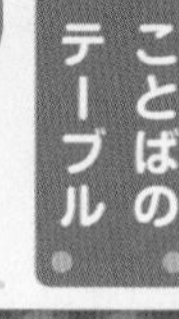

かがやく【輝く】❶きらきらと光る。(れい)水面が光をうけて輝く。❷めいよ・名声などをうけてりっぱに見える。(れい)ノーベル文学賞に輝く。

かかり【係・掛】その仕事を受け持つ役。また、受け持つ人。(れい)係の人。

かかりきり【掛かり切り】一つのことだけして、ほかのことはなにもしないこと。かかりっきり。(れい)母は店の仕事に掛かり切りだ。

かかりつけ【掛かり付け】決まった医者にいつもかかっていること。

かがりび【かがり火】夜、祭り・漁・警備などのために屋外でもやす火。

1かかる 病気になる。(れい)家族全員がかぜにかかる。

2かかる【係る】関係する。かかわる。(れい)生死に係る大問題。

3かかる【架かる】物が、一つのはしからほかのはしにわたされる。(れい)橋が架かる。

4かかる【掛かる】❶ぶらさがる。たれさがる。(れい)かべにはゴッホの絵が掛かっている。❷動かないようにとまる。(れい)かぎの掛かったへや。❸とらえられる。(れい)タヌキがわなに掛かる。❹たよって、その世話を受ける。(れい)医者に掛かる。❺かぶさる。(れい)本にカバーが掛かっている。❻〔よくないことが〕身にふりかかる。(れい)うたがいが掛かる。❼ひつようとされる。(れい)多額のお金が掛かる。❽ある作用がとどく。(れい)電話が掛かってくる。❾《動作をあらわすことばにつけて》「もう少しで…するところである」「ちょうど…しようとする」の意味をあらわすことば。(れい)花がかれかかる。／花屋の前を通りかかったとき、妹に会った。

かがわけん【香川県】四国地方の北東部にある瀬戸内海に面した県。県庁所在地は高松市。⬇都道府県。

かかわり【関わり】かかわること。関係。(れい)その事件とは、まったく関わりがない。

かかわりあう【関わり合う】つながりをもつ。関係する。(れい)やっかいな問題に関わり合う。

かかわる【関わる】関係する。(れい)事件に関わったものは、みな警察によばれた。

1かき【柿】カキノキ科の木。また、その実のこと。実は秋にじゅくす。あまがきとしぶがきがある。

2かき【夏期】夏の間。(れい)夏期休暇。

1かぎ ❶金属でできた先のまがったぼう。ものをひっかけるのに使う。❷文章の中で、人の言ったことばなどをあらわすときに使う「　」や『　』のしるし。かぎかっこ。

2かぎ【鍵】❶ドアなどをあけたりしめたりするための道具。キー。❷〔問題をとくための〕いちばん大切なことがら。キー。(れい)なぞをとく鍵。

かきあらわす【書き表す】文章にかいてしめす。(れい)感謝の気持ちを手紙に書き表す。

かきいれどき【書き入れ時】商売がいそがしく、ひじょうにもうかる時。

かきおき【書き置き】❶用事・伝言

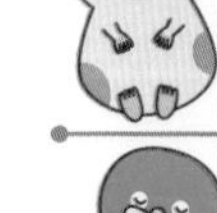

などを書いて残しておくこと。また、その手紙。置き手紙。❷死ぬ時に、あとに残す手紙。遺書。

かぎかっこ【かぎ括弧】文章の中で、人の言ったことばなどをあらわすときに使う「 」や『 』のしるし。かぎ。

かきごおり【かき氷】氷を雪のように細かくけずったものに、みつやシロップをかけた食べ物。氷水。

かきことば【書き言葉】文章を書くときに使うことば。⇕話し言葉。

かきじゅん【書き順】ひつじゅん。

かきぞめ【書き初め】新年になって、はじめて筆で字を書く行事。また、そのとき書いたもの。

がきだいしょう【餓鬼大将】子どもたちの中で、とくに力が強くて、リーダーになっている子。

かきだし【書き出し】文の書きはじめのところ。

かぎつける【嗅ぎ付ける】❶においをかいでさがしあてる。❷〔人のひみつなどを〕気づいてさぐりあてる。(れい)悪事を嗅ぎ付ける。

かきとめ【書留】かならず相手にとどくように別料金をとって、とくべつのとりあつかいをする郵便。「書留郵便」のりゃく。

かきとり【書き取り】❶〔文章や話などを〕書きとること。また、その文章。❷かなで書いた字を、漢字で書くこと。

かきなおす【書き直す】書きかえる。書きまちがえたものを直す。

かきね【垣根】しき地などのくぎりをつける（草木でつくった）かこい。垣。

かきのもとのひとまろ【柿本人麻呂】（七世紀ごろの人）「万葉集」の代表的歌人。

垣根

かきまぜる【かき混ぜる】かきまわしてまぜる。まぜ合わせる。

かきゅう【下級】位や学年などが低いこと。⇕上級。

かきゅうせい【下級生】下の学年の児童・生徒や学生。⇕上級生。

かぎょう【家業】〔代々受けつがれてきた〕その家の職業。

かぎり【限り】❶これ以上はない、ぎりぎりのていど・はんい。(れい)体力には限りがある。❷〔…する〕あいだは。〔…する〕うちは。(れい)生きている限りこの仕事を続けていく。❸《あることばの下につけて》…だけ。(れい)きょう限りでお別れだ。❹《「…の限りではない」の形で》当てはまる一定のはんい。(れい)急ぎの場合は、この限りではない。

かぎる【限る】❶さかいやはんいを決める。(れい)定員を五名と限る。❷《「…に限って」の形で》…だけは。…だけとくに。(れい)今夜に限って来るのがおそい。❸《「…に限る」の形で》〔…が〕いちばんよい。〔…に〕まさるものがない。(れい)つかれをとるには、温泉に限る。

¹かく❶つめや指さきでこする。(れい)頭をかく。❷はらいのけたり、よせ集めたりする。(れい)手で水をかく。／雪をかく。

慣用句 かまをかける　相手に本当のことを言わせるために、うまく話しかける。

2かく 出す。れい あせをかく。

3かく【角】❶〔切り口・形などが〕四角であること。また、そのもの。❷角度。れい 角の大きさをもとめる。

4かく【画】漢字を形づくる点や線で、一続きに書ける部分。字画。字画をかぞえる単位としても使う。れい 画数。／「書」という字は十画で書く。

5かく【格】くらい。地位。等級。れい 格がちがう。／格が上だ。

6かく【欠く】一部分をこわす。れい 茶わんを欠く。

7かく【書く】❶文字などをしるす。❷文章をつくる。れい できごとをよく思い出して書く。

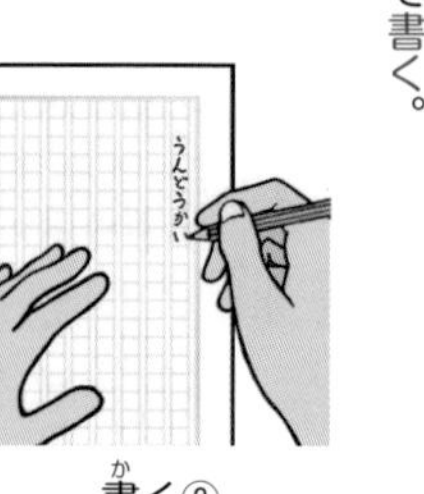
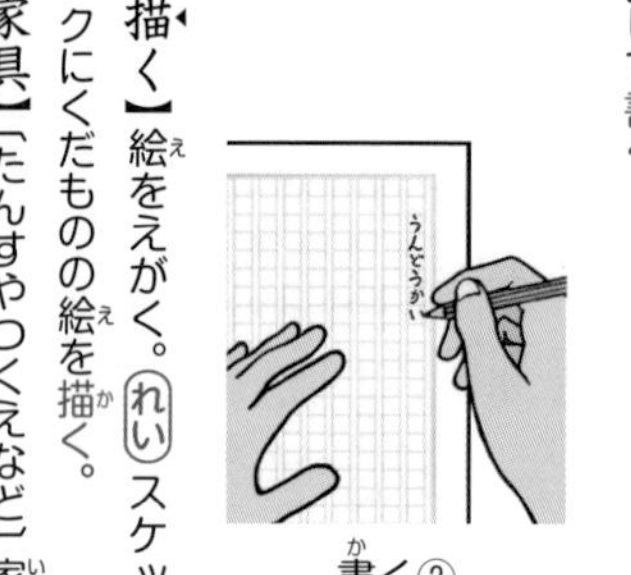

書く②

8かく【描く】絵をえがく。れい スケッチブックにくだものの絵を描く。

1かぐ【家具】〔たんすやつくえなど〕家の中で使う道具。

2かぐ【嗅ぐ】鼻でにおいを感じる。

1がく 花びらの外がわにあって、花を守る役目をするもの。⬇雌しべ。

2がく【額】❶絵・写真・賞状などを入れてかべなどにかけるもの。また、そのわく。れい 祖父の写真を額に入れる。❷分量や金がく。れい 寄付金はかなりの額になった。

かくいつてき【画一的】どれもこれも同じようで、かわりばえのしないようす。

かくう【架空】人が頭の中だけで考え出した（じっさいにはない）こと。れい かっぱは、架空の動物だ。

がくえん【学園】学校。とくに、小学校から大学までなどのようにつながっている組織。

がくがく ❶〔からだなどが〕強くこまかくふるえるようす。れい こわくて足が、がくがくする。❷ゆるんで動くようす。れい つくえの脚が、がくがくする。

がくぎょう【学業】学校の勉強。れい 学業にはげむ。

がくげいかい【学芸会】小学校などで、児童や生徒が、学習したことを劇や音楽などのかたちで発表する会。れい 来月の初めに学芸会がある。

かくげん【格言】いましめやものごとの真理などをするどく言いあらわした、短いことば。

かくご【覚悟】〔こんなんやきけんを前もって知ったうえで〕心がまえを決めること。れい きけんを覚悟してでかける。

かくさく【画策】〔悪い〕計画を立てること。れい どうも、かげで、画策しているようだ。

かくさん【拡散】物がひろがり、ちらばること。れい 核の拡散を防止する。

かくじ【各自】めいめい。ひとりひとり。れい 飲み物は、各自で用意することになった。

かくしき【格式】身分や家がらなどによって決まっている、礼儀作法。また、それによる世の中での地位。れい 格式を重んずる。

かくしげい【隠し芸】こっそりおぼえておいて、えん会などでやって見せる芸。

〔〕漢字を使った書き方　れい ことばの使い方の例　⇕反対のことば　⬇参考になる情報　◀小学校で習わない漢字

かくじつ【確実】たしかで、まちがっていないようす。(れい) あの人の市長当選は、確実だ。

がくしゃ【学者】学問を研究する人。

かくしゅ【各種】いろいろな種類。

がくしゅう【学習】〔学校などで、ある決まりにしたがって〕勉強すること。(れい) 漢字の学習。

がくしゅうかんじ【学習漢字】きょういくかんじ。

かくしょう【確証】たしかなしょうこ。(れい) 犯罪の確証をつかむ。

1**かくしん**【革新】今までのやり方をかえて、新しくすること。(れい) 技術を革新する。

2**かくしん**【核心】ものごとの中心となっている大切なところ。(れい) 事件の核心にふれる。

3**かくしん**【確信】〔たしかにそうだと〕かたくしんじること。また、そのような気持ち。(れい) 実験の成功を確信している。

かくじん【各人】めいめいの人。(れい) この問題は、各人がよく考えてほしい。

かくす【隠す】❶〔物のかげにおいたり、物でおおいをしたりして〕人の目につかないようにする。見えないようにする。(れい) おやつを戸だなに隠す。／すがたを隠す。⇔現す。❷ものごとを人に知られないようにする。ひみつにする。

かくすう【画数】漢字をつくっている線や点の数。たとえば「正」の字は、「一丅下正正」で五画。

がくせい【学生】学校で教育を受けている人。とくに、大学生。

がくせつ【学説】学問上の一つのすじみちの通った考え。(れい) 新しい学説を発表する。

かくだい【拡大】〔ものごとやしくみの大きさなどを〕広げて大きくすること。広がって大きくなること。(れい) けんび鏡で雪の結晶を拡大して見る。⇔縮小。

がくたい【楽隊】おもにふえやたいこなどの楽器を演奏する人たちの集まり。音楽隊。

がくだん【楽団】いろいろな楽器を使って音楽を演奏する人たちの集まり。(れい) 交響楽団。

かくち【各地】❶それぞれの土地。❷いたるところ。ほうぼうの土地。(れい) この大学には、日本の各地から受験生が集まる。

1**かくちょう**【拡張】〔はんいなどを〕広げて大きくすること。(れい) 店の売り場を拡張する。

2**かくちょう**【格調】話し方・文章・芸術作品などが上品で、味わいぶかいこと。(れい) これらの和歌は、どれも格調の高い作品ばかりだ。

がくちょう【学長】大学で、位のいちばん上の人。

かくづけ【格付け】かちや能力におうじて、くらいや等級を決めること。(れい) 店の料理が最高ランクに格付けされることに決まった。

かくてい【確定】はっきりと決めること。また、決まること。(れい) 旅行の日どりが確定した。

かくど【角度】❶二つの直線がまじわってできる開き方のどあい。❷ものの見方や考え方の方向。(れい) 角度をかえてしらべてみる。

あいうえお
かきくけこ か
さしすせそ
たちつてと
なにぬねの
はひふへほ
まみむめも
やゆよ
らりるれろ
わをん

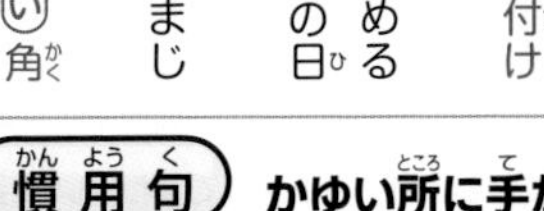
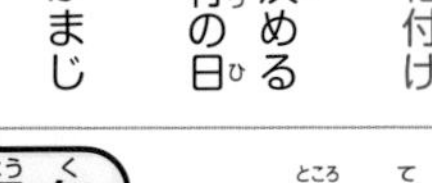
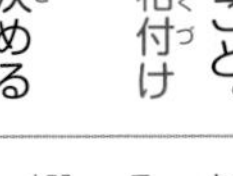
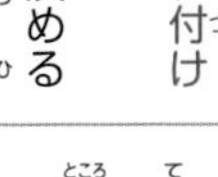
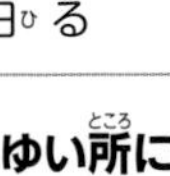
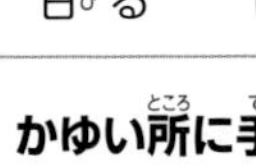
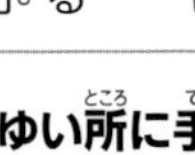

慣用句 **かゆい所に手が届く** 細かいところまで気がつき、世話がいきとどくたとえ。

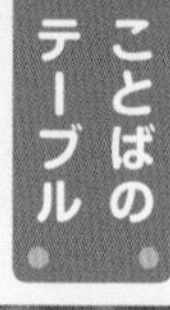

がくと【学徒】❶学校で勉強している人。❷学問を仕事にしている人。れい 物理学を研究する学徒。

かくとう【格闘◂】たがいに組みついてたたかうこと。とっくみあい。

がくどう【学童】小学校へ通っている子ども。児童。

がくどうそかい【学童疎◂開】第二次世界大戦の終わりごろに、戦争による災害をさけるため都市の小学校の児童を地方に移動させたこと。

がくどうほいく【学童保育】両親が働いている学童を、放課後、両親にかわって保育すること。

かくとく【獲得】どりょくして自分のものにすること。れい オリンピックで金メダルを獲得する。

かくにん【確認】たしかにそうだとわかること。たしかめること。れい 左右を確認する。

がくねん【学年】❶一年を一つのくぎりとした学校教育の期間。日本ではふつう四月から翌年の三月まで。❷入学した年度によってくべつした生徒や学生の学級。れい 学年別に集会をひらく。

がくひ【学費】学校に通って学問をするためにかかる費用。学資。

かくびき【画引き】漢字辞典・漢和辞典で、漢字の画数によって字を引くこと。

がくふ【楽譜◂】音楽の曲を、音ぷを使って、五線紙などの上に書きあらわしたもの。音譜。

がくぶ【学部】大学で学問の専門ごとに分けたそれぞれの部門。医学部・経済学部・文学部など。

がくぶち【額縁◂】絵や写真などを入れてかざるための外わく。額。

かくへいき【核兵器】原子核の分裂やゆうごうによって出る大きなエネルギーを利用した兵器。原子ばくだんや水素ばくだんなど。

かくべつ【格別】❶とくべつなようす。れい けさの寒さは格別だ。❷とくべつに。とりたてて。れい 格別かわったこともない。

かくほ【確保】しっかりと自分のものにしておくこと。れい 座席を二人分確保する。

かくまう おわれている人などをそっとかくす。れい にげてきた人を自宅にかくまう。

かくめい【革命】国の政治や社会のしくみなどを急に大きくかえること。

がくめい【学名】動物や植物につけられた世界共通の学問上の名前。

がくもん【学問】❶勉強して知識を自分のものにすること。また、ならいおぼえた知識。❷〔文学や科学などを〕ある方法にしたがって研究して、まとめた知識。

がくや【楽屋】❶劇場などで、出演者が、したくや休けいをするへや。❷内輪のこと。うちまく。楽屋裏。

かくやす【格安】品物のねうちにくらべてねだんがやすいようす。れい 格安のセーター。

かぐやひめ【かぐや姫】おとぎ話の一つ。「竹取物語」ともいう。また、その主人公の名前。

がくゆう【学友】学校の友だち。

がくようひん【学用品】〔ノート・えんぴつなど〕学校の勉強にひつよう

なもの。

かぐら【神楽】神をまつるために神前でする音楽や舞。(れい)神楽うた。

かくらん【かく乱】かきまわして、ものごとのまとまりをなくすこと。(れい)敵方をかく乱する。

かくり【隔離】ひきはなすこと。とくに、感染症にかかった人をとくべつな建物に入れて人と会わせないこと。

1**かくりつ**【確立】ものごとをしっかりと決めてかえないこと。(れい)方針を確立する。

2**かくりつ**【確率】あることがらがおこるわりあい。

がくりょく【学力】勉強して身についた力。(れい)学力テスト。

がくれい【学齢】❶小学校に入学できる年れい。満六才。(れい)学齢にたっする。❷小学校・中学校に行かなければならない年れい。満六才から満十五才まで。(れい)学齢期の子ども。

かくれが【隠れ家】人に見つからないように、かくれてすむ家。

がくれき【学歴】その人が、どのような学校で何を勉強し、いつ卒業したかという経歴。(れい)学歴が高い。

かくれる【隠れる】❶〔もののかげになって〕見えなくなる。(れい)月が雲に隠れる。❷人目につかないようにする。(れい)ものおきに隠れる。❸世の中に名前や実力が知られていない。(れい)隠れた才能。

かくれんぼう【隠れん坊】おにになった一人が、かくれた子どもたちをさがす遊び。かくれんぼ。

かぐわしい〔うっとりするような〕よいにおいである。かおりがよい。(れい)かぐわしい花のかおり。

がくわり【学割】学生や生徒が乗車券や入場券をふつうの人よりやすい値段で買える制度。「学生割引」のりゃく。

かけ【賭け】勝負ごとなどで、お金や品物を出し合って、勝った人がそれをとること。かけごと。

1**かげ**【陰】❶光のあたらないところ。(れい)建物の陰。❷〔ものにさえぎられて〕見えないところ。(れい)家の陰から犬がとびだす。❸人目につかないところ。見えないところ。(れい)陰で悪口をいう。

2**かげ**【影】❶光が物にあたってさえぎられるためにできる暗い部分。(れい)地面にうつった人の影。❷すがた。(れい)へいのむこうに父に似た人の影が見える。

影①

がけ【崖】山や岸の〔けずりとったような〕きりたったところ。

かけあし【駆け足】〔人や動物が〕はやく走ること。

1**かけい**【家系】その家の血すじ。家の系統。

2**かけい**【家計】家のくらしむき。くらしをささえるお金のやりくり。(れい)家計がくるしい。

かけいぼ【家計簿】くらしにひつようなお金の出し入れを書きつけておく帳面。

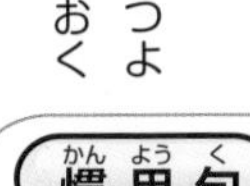

我を張る 自分の考えをまげずにどこまでも言いはる。

- ・かげえ
- ・かげき
- ・かげぐち
- ・かけざん
- ・かけつ
- ・かけっこ
- ・かけひき
- ・かげぼうし
- ・かげむしゃ
- ・かけもち
- ・かけら
- 1かける
- 2かける
- 3かける
- 4かける
- 5かける
- ・かげる
- 1かげろう
- 2かげろう

かげえ【影絵】手や紙などで物の形をつくり、あかりでてらして、その影をかべやしょうじなどにうつしたもの。

かげき【過激】〔考え方・やり方などが〕ひじょうにはげしいようす。れい 過激な運動。

かげぐち【陰口】その人のいないところで言う悪口。

かけざん【掛け算】数と数をかけ合わせる計算。⇕割り算。⬇九九。

2×3＝6

3×4＝12

4×5＝20

掛け算

かけつ【可決】出された議案をみんなで相談して、よいと決めること。れい 予算案が可決された。

かけっこ【駆けっこ】走って足のはやさをくらべること。かけくらべ。

かけひき【駆け引き】商売や話し合いで〔相手の出かたを見ながら〕自分のりえきになるように、ものごとをうまく進めること。

かげぼうし【影法師】地面やしょうじなどにうつった人のかげ。

かげむしゃ【影武者】てきをだますために、大将などに似た服そうをさせた身がわりのさむらい。

かけもち【掛け持ち】ひとりで二つ以上の仕事を受け持つこと。

かけら【欠けら】〔かたい物などの〕かけて、はなれた小さな部分。きれはし。れい ゆかに落ちていた茶わんのかけらで足をけがした。

1 **かける**【欠ける】❶一部分がこわれる。れい 歯が欠ける。❷〔月が〕細くなる。月の一部分が見えなくなる。れい 月が満ちたり欠けたりする。❸足りない。れい あの人は、常識に欠ける。

2 **かける**【架ける】一方から他の一方へわたす。れい 橋を架ける。

3 **かける**【掛ける】❶ぶらさげる。れい かべに掛ける。❷〔なべ・やかんなどを〕火にあてる。れい なべを火に掛ける。❸ほかのものの上におく。れい いすにこしを掛ける。❹しめる。とじる。れい かぎを掛ける。❺かけ算をする。れい 四に三を掛けると十二だ。❻かぶるようにする。ふりかける。れい 上から土を掛ける。❼道具を動かす。れい シャツにアイロンを掛ける。❽《動詞の下につけて》…しはじめる。…とちゅうまで…する。れい ごはんを食べかける。

4 **かける**【駆ける】はやく進む。走る。れい 子どもたちがすなはまを駆ける。

5 **かける**【賭ける】❶勝負ごとなどで勝った人が、負けた人からお金や品物をとる約束をする。❷失敗したらそれをうしなってもよいかくごで、ものごとをする。れい 命を賭けて仕事をやりとげる。

かげる【陰る】かげになる。光が物にさえぎられて、暗くなる。れい 空が、急に陰ってきた。

1 **かげろう** 天気のよい日に地上の物がゆらゆらゆれて見えるようす。

2 **かげろう** こん虫の一種。形はトンボ

に似ているが、羽やからだは小さくて弱々しい。成虫になって、数時間から数日で死ぬ。

1**かげん**【下限】いちばん下のさかいめ。これより下はない、いちばん下。(れい)この値段が値引きの下限です。⇔上限。

2**かげん**【加減】❶くわえることとへらすこと。たし算とひき算。❷ちょうどよいようにすること。(れい)しおを加減する。❸調子。ぐあい。(れい)すこし加減がわるい。❹《あることばにつけて》「…のていど」の意味をあらわすことば。(れい)腹のへり加減。❺《あることばにつけて》〔ちょうどよい〕…ぐあい。(れい)湯加減。

かげんじょうじょ【加減乗除】算数で、たし算・ひき算・かけ算・わり算のこと。

かこ【過去】すぎさった時。むかし。(れい)遠い過去のできごと。⇔未来。現在。

1**かご** むかし、人を乗せて、前と後ろでかついで運んだ乗り物。

2**かご**【籠】竹・つる・はり金などをあんでつくった入れ物。

かこい【囲い】〔まわりをかこむための〕へいやかきね。フェンス。(れい)囲いの中にはなしがいの牛を入れる。

1**かこう**【下降】さがること。おりること。⇔上昇。

2**かこう**【火口】火山の、よう岩やガスをふきだす口。

3**かこう**【加工】原料、または、ある製品に手をくわえて、新しい製品をつくること。(れい)革を加工してくつをつくる。／加工食品。

4**かこう**【河口】大きな川が、海や湖に流れこむところ。

かごう【化合】二つ以上の元素や物質がむすびつき、ちがった物質になること。

かこく【過酷】きびしすぎるようす。(れい)過酷な条件。

かごしまけん【鹿児島県】九州地方の南部にある県。県庁所在地は鹿児島市。↓都道府県。

かこむ【囲む】まわりをとりまく。

1**かさ** 物の大きさや量。

2**かさ**【傘】雨・雪・日ざしなどをふせぐためにさすもの。

かさい【火災】〔規模の大きな〕火事。(れい)火災予防運動。

かさかさ ❶かわいた（うすい）ものが、かるくふれあう音。(れい)落ち葉がかさかさと音をたてる。❷ものの表面がひからびて水けのないようす。(れい)手があれて、かさかさになる。

がさがさ ❶かわいたものがふれあう音。(れい)がさがさと包みを広げる。❷ひからびて、水けや油けがなくなっているようす。(れい)がさがさな木の幹。

かざかみ【風上】風のふいてくる方向。⇔風下。

かざかみにもおけない【風上にも置けない】行いや性質などがよくない。(れい)スポーツマンの風上にも置けない態度だ。

かさく【佳作】❶すぐれた作品。❷入選作品につぐよい作品。

四字熟語 **完全無欠** 完全で、不足や欠点がまったくないこと。

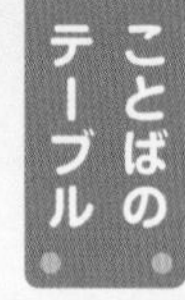

ことばのテーブル

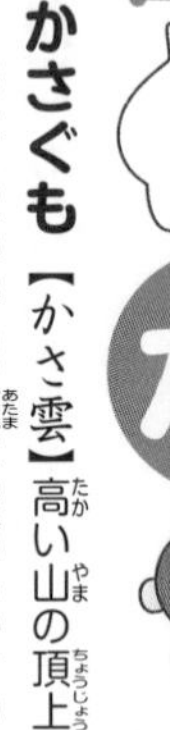

かさぐも【かさ雲】高い山の頂上のあたりにかかる、頭にかぶるかさのような形の雲。

かざぐるま【風車】❶風を受けて回るようにしたおもちゃ。❷ふうしゃ。

かさこそ かわいた落ち葉や、うすい紙などがふれあう音。(れい)風にふかれて、かれ葉がかさこそとなる。

かざしも【風下】風のふいていく方向。⇕風上。

かざす ❶物の上にさしかけておおう。(れい)ストーブに手をかざす。❷〔手にもった物を〕頭の上にさしかける。(れい)木刀をかざす。❸かげをつくるようにさしかける。(れい)まぶしいので本をひたいの所にかざしてながめる。

がさつ 動作やことばに落ち着きがなく、らんぼうなようす。(れい)やり方ががさつな人。

かさなる【重なる】❶ある物（の上）に、さらに同じ（種類の）物がのる。(れい)多くの人が重なってたおれた。❷あること（の上）に、さらに同じことがくわわる。(れい)不幸が重なる。

かさねる【重ねる】❶物の上に、さらに物をのせる。(れい)本を重ねる。❷くり返す。(れい)苦労を重ねる。

かざはな【風花】〔晴れた日に〕風に運ばれてちらちらとふる雪。かざばな。(れい)風花がまいちる。

かさばる【かさ張る】〔重さのわりに〕体積が大きくなる。(れい)荷物がかさ張る。

かさぶた【かさ蓋◀】できものやきずの表面がかわいてできた皮。

かざみ【風見】屋根の上などにとりつけて、風のふいてくる方向を知る道具。風向計。

かさむ 数や量がふえる。(れい)経費がかさむ。

風見

かざり【飾◀り】かざること。また、かざるもの。

かざりけ【飾◀り気】自分をかざってよく見せようとする気持ち。(れい)飾りけのない人。

かざる【飾る】❶いろいろなものを使って美しく見えるようにする。❷じっさいよりよく見せようとして見かけをよくする。(れい)うわべを飾る。

かざん【火山】地下の深いところにある、まっ赤にとけたものが、地上にふき出してできた山。また、現在、ガスなどをふき出している山。

かざんばい【火山灰】火山がふん火したとき、ふきあげられてふってくる、灰のような岩石のこな。

1**かし**【菓子】ようかん、せんべいなど、食事のほかに食べるもの。

2**かし**【歌詞】〔ふしをつけてうたう〕歌のことば。歌のもんく。

1**かじ** 船のうしろについている、船の方向を調節するもの。

2**かじ**【火事】建物や山林などがもえること。

3**かじ**【家事】〔そうじ・せんたくなど〕家の中の仕事。(れい)家事をてつだう。

4**かじ**【鍛◀冶】きんぞくを焼いたり打っ

たりして、いろいろな道具をつくること。また、その人。(れい)刀鍛冶。

がし【餓死】食べる物がなくて死ぬこと。うえじに。

カシオペヤざ【カシオペヤ座】ほぼ一年じゅう、北の空に見えるW形の星座。北極星をはさんで、北斗七星とむかい合っている。カシオペア座。

かじか【河鹿】アオガエル科のカエル。おすの鳴き声はシカににている。カジカガエル。

かじかむ 寒さのために、手や足の先がこごえて自由に動かなくなる。(れい)手がかじかんでうまく字が書けない。

かしかり【貸し借り】物をかしたり、かりたりすること。(れい)お金の貸し借りはしない。

かしきり【貸し切り】ある期間、決まった人や団体にかすこと。また、かしたもの。(れい)貸し切りバス。

かしげる かたむける。(れい)首をかしげる。

かしこい【賢い】❶りこうである。頭がよい。❷りくつに合っている。また、ぬけめがない。(れい)山で道にまよったら、むやみに動き回らないで方向をたしかめることが、賢いやり方だ。

かしこまる ❶〔目上の人の前などで〕態度をつつしむ。(れい)かしこまった顔で先生の話を聞く。❷きちんとすわる。(れい)そんなにかしこまっていないで、楽にしてください。❸《「かしこまりました」の形で》承知する。(れい)はい、かしこまりました。

かしだし【貸し出し】お金や品物をかして、持ち出させること。(れい)図書の貸し出しをする。

かしだす【貸し出す】お金や品物をかして、外に持ち出させる。(れい)本を貸し出す。

かしつ【過失】不注意のためにおきたあやまち。しくじり。

かじつ【果実】植物の実。とくに、くだもの。

かしや【貸家】お金をとって人にかすいえ。かしいえ。

かしゅ【歌手】歌をうたうことを仕事にしている人。うたいて。(れい)人気歌手のサイン会。

カジュアル 服装などがかたくるしくなくて、きがるなようす。(れい)カジュアルなよそおい。／カジュアルなくつ。

かじゅう【果汁】くだものをしぼったしる。ジュース。(れい)天然果汁。

がしゅう【画集】絵を集めて、一さつの本にしたもの。

かじゅえん【果樹園】くだもののなる木を育てている農園。

かじょう【過剰】たくさんありすぎてあまること。多すぎること。(れい)生産過剰。

がしょう【賀正】新年をいわうこと。年賀状やかん板に書くことば。

かじょうがき【箇条書き】一つ一つ、項目に分けて短い文で書くこと。また、書いたもの。(れい)話の要点を箇条書きにする。

かしら【頭】❶「あたま」の古い言い方。(れい)頭を下げる。❷いちばん上。(れい)十才の女の子を頭に三人の子がいる。❸上に立ってさしずをする人。おやかた。(れい)大工の頭。

慣用句 **気がきく** こまかいところまで注意がいきとどく。

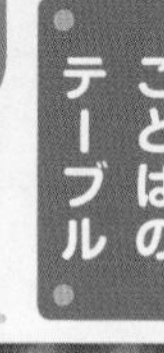

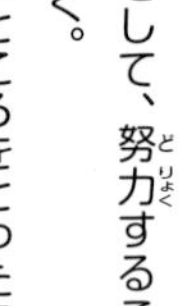

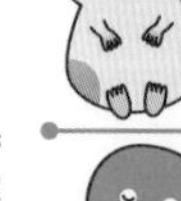

かしらもじ【頭文字】〔ローマ字で〕文章や名前のはじめにかく大文字。イニシャル。

かじる ❶〔かたいものを〕歯で少しずつ、かむ。❷ものごとを少しだけ知る。また、少しだけやってみる。れい ドイツ語を少しかじった。

かしわもち【かしわ餅◂】もちであんをくるみ、カシワの葉でくるんだ菓子。五月五日の節句にそなえる。

かじをとる【かじを取る】❶かじを動かして、船をめざす方向に進める。❷ものごとがうまく進むようにみちびく。れい 会社のかじを取る。

1**かしん**【家臣】〔大名などの〕家につかえるけらい。

2**かしん**【過信】信用しすぎること。しんらいしすぎること。れい 自分の力を過信するな。

かじん【歌人】和歌をつくる人。

がしんしょうたん【が薪◂しょう胆◂】〔たきぎの上にねて、苦い胆をなめる意味から〕かたきうちなどの目的をはたすために、自分からすすんで大変な苦労をして、努力すること。「臥薪嘗胆」と書く。

1**かす** よいところをとったあとに残るもの。れい 食べ物のかす。

2**かす**【貸す】❶自分の物を人に使わせる。れい 本を貸す。／お金を貸す。❷ちえや力をあたえる。たすける。れい 力を貸す。⬍①②借りる。

かず【数】❶ものごとの多い少ないやじゅんじょをあらわすもの。❷たくさん。れい 数ある名所。

ガス ❶気体。れい 炭酸ガス。❷都市ガスやプロパンガスなど、燃料に使われる気体。れい ガスぶろ。❸こい霧。

かすか わずかで、はっきりしないようす。ほんの少し。

かすがい 二つの材木などをつなぐのに使う「コ」の字形のくぎ。

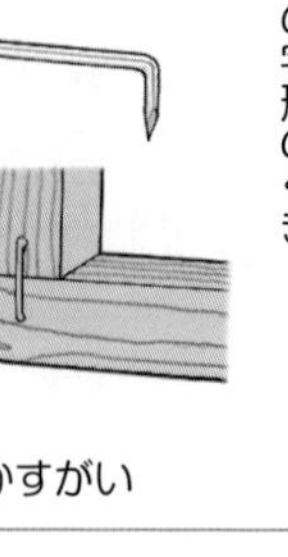
かすがい

カスタネット 木の実を二つにわったような形の、スペインで古くから使われていた打楽器。手のひらと指の間にはさんでうちならす。

カステラ 小麦粉に、たまご・さとうなどをまぜてむしやきにした洋菓子。

かすみ〔春の〕朝、または夕方、山のふもとなどをおおう雲のようなもの。

かすむ ❶かすみがかかる。れい 遠くの山がかすんでいる。❷はっきり見えなくなる。ぼんやり見える。れい 目がかすんで、けしきがよく見えない。

かすめる ❶〔すばやく〕ぬすみとる。れい のらネコが、テーブルの魚をかすめてにげた。❷ごまかす。すきをうかがう。れい 親の目をかすめて悪いことをする。❸すれすれに通る。れい ツバメがのきさきをかすめてとんだ。❹はっと、ある考えがうかぶ。れい 不安が心をかすめる。

かすりきず【かすり傷】ひふをこすってできたかるいきず。

かする わずかにふれて通りすぎる。

(れい) ボールが頭をかすったときは、ひやっとした。

かすれる ❶とぎれとぎれで、はっきり声にならない。声がかれる。❷すみ・絵の具などのつきが悪く、ところどころに白いところができる。(れい) ボールペンのインクが少なくなって、字がかすれてしまった。

1**かぜ**【風】❶物がゆれ動き、ふきとばされ、からだには寒く、または、すずしく感じられるような空気の流れ。❷《あることばの下につけて》ようす。たいど。そぶり。(れい) おく病風にふかれる(=おく病な心がおこる)。

2**かぜ**【風邪】呼吸器がおかされる病気。寒けがして、熱が出ることが多い。寒いときにかかりやすい。感染する。

かぜあたり【風当たり】❶風がふきつけること。また、その強さ。(れい) 山頂は風当たりが強い。❷人からうけるもんくや注意。(れい) 世間の風当たりが強い。

かせい【火星】太陽系の天体の一つ。わく星で、赤く光って見える。⬇太陽系。

かぜい【課税】税金をかけること。

かせき【化石】大むかしにすんでいた動物や植物の死がいなどが地中にうまり、その形が岩石の中に残されたもの。

かせぐ【稼ぐ】❶働いてお金を手に入れる。(れい) 生活費を稼ぐ。❷試合などで、得点をあげる。

1**かせつ**【仮設】一時的につくること。(れい) 仮設テント。

2**かせつ**【仮説】まだよくわからないある事実を説明するため、かりに決めたすじみちだった考え。(れい) 仮説をたてて研究を進める。

カセット 録音テープなどを小さな箱におさめて、機械にかんたんにはめこむことができるようにしたもの。カセットテープ。

かぜとおし【風通し】〔建物の中などを〕風がふき通るぐあい。かざとおし。(れい) 風通しのよいへや。

かぜひかる【風光る】春の日ざしの中をそよそよと風がふくようすをたとえることば。

かせん【河川】大きい川と小さい川をまとめてよぶことば。川。(れい) 河川がはんらんした。

かせんしき【河川敷】川のしき地。ふつう、川の両岸にある土手と土手の間をさす。かせんじき。(れい) 河川敷に、野球のグラウンドがある。

かそ【過疎】ひじょうにまばらであること。とくにあるはんいの土地に住む人の数が少なすぎること。(れい) 過疎地帯。⇔過密。

がそ【画素】画像を構成する小さな点。

1**かそう**【下層】❶いくつもかさなったものの下の部分。❷身分や生活ていどが低いこと。まずしいこと。⇔①②上層。

2**かそう**【火葬】死体を焼いて、そのほねをほうむること。

3**かそう**【仮装】祭りや会で楽しむために、あるものにすがたを似せること。

4**かそう**【仮想】かりにそうだと考えること。そうぞうすること。

がぞう【画像】❶絵にかいた人のすがた。(れい) 徳川家康の画像。❷テレビなどにうつしだされた物のすがたや形。(れい) テレビの画像がみだれている。

慣用句 **気が知れない** 考えていることがわからない。

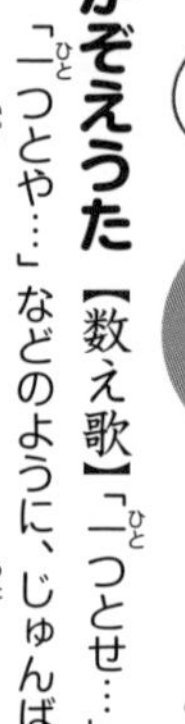

かぞえうた【数え歌】「一つとせ…」「一つとや…」などのように、じゅんばんに数をおってうたっていく歌。

かぞえどし【数え年】うまれた年を一才として、新年のたびに一才をくわえて数えた年れい。

かぞえる【数える】❶いくつあるか、かんじょうする。❷一つ一つとりあげていう。(れい)名人のひとりに数えられている。

かそく【加速】速度をはやくすること。また、速度がはやくなること。

1**かぞく**【家族】同じ家にくらしている親子・兄弟・夫婦など。

2**かぞく**【華族】一八六九(明治二)年、皇族の下、士族の上におかれた身分。公爵・侯爵・伯爵・子爵・男爵の五つに分かれている。一九四七(昭和二十二)年にはいしされた。

ガソリン 石油を蒸留したとき、はじめに出てくるじょう気を集めてひやした、もえやすい液体。自動車や飛行機などの燃料に使う。

ガソリンスタンド 道路のそばにあって、自動車などのガソリンを売るところ。

1**かた**【方】❶人をうやまっていうことば。(れい)あの方が校長先生です。❷《あることばの下につけて》「方法」「やり方」などの意味をあらわすことば。(れい)泳ぎ方を教える。❸《手紙のあて名などに書いて》ほかの人の家に住んでいることをあらわすことば。(れい)山本様方。

2**かた**【形】❶かたち。❷かならずかえすというほしょうとして、かりたもののかわりにあずけるもの。(れい)時計を形にお金をかりる。

3**かた**【肩】うでのつけねの上。

4**かた**【型】❶かたちをつくるもとになるもの。❷運動などの、基本になる動き。(れい)じゅうどうの型をならう。❸それぞれのとくちょう。タイプ。パターン。(れい)新しい型の自動車。

1**かたい**【固い】むすびつきが強い。たしかである。(れい)固い友情。

2**かたい**【堅い】❶中身がつまっていて、こわれにくい。(れい)堅い材木。❷まじめである。(れい)あの人はとても堅い人だ。

3**かたい**【硬◂い】❶外からの力に強い。(れい)硬い石。❷顔のようすがこわばっている。(れい)表情が硬い。

かだい【課題】問題をあたえること。また、あたえられた問題。(れい)課題曲。

かたうで【片腕◂】❶かた方のうで。❷〔仕事などをたすけてくれる〕いちばんたよりになる人。(れい)兄は父の片腕となって働いている。

かたおもい【片思い】一方だけが思って、相手はなんとも思っていないこと。(れい)初恋は片思いに終わった。

かたがき【肩書き】〔名前の右上に書く〕地位や身分。

かたかた かたいものがふれあって出る、軽い感じの音。(れい)おもちゃの車がかたかたと動く。

がたがた ❶かたいものがふれあって出る音。(れい)車ががたがたゆれる。❷〔こわさや寒さで〕からだがはげしくふるえるようす。❸ものがこわれかけているようす。また、みだれるようす。(れい)ドアががたかたになる。

かたがつく【片が付く】物事が決着する。「方が付く」とも書く。(れい) もめ事の片が付いた。

かたかな【片仮名】かなの一つ。多くは漢字の一部分をとってつくられたもの。⇔平仮名。

かたがみ【型紙】❶洋裁で、洋服の形をきりぬいた紙。❷そめものをするときに使う、もようの形をきりぬいた紙。

かたがわ【片側】両面・両側があるものの、一方のがわ。(れい) 板の片側をけずる。／片側通行。⇔両側。

かたき【敵】❶うらみのある相手。(れい) 親の敵をうつ。❷競争する相手。(れい) 商売がたき。

かたきうち【敵討ち】❶むかし、自分の主人や親などを殺した人を、しかえしに殺してうらみをはらしたこと。あだうち。❷しかえしをすること。(れい) 負けた試合の敵討ちをする。

かたくな 自分だけの考えやたいどを強く持ち続けるようす。(れい) かたくなにだまりこむ。

かたくるしい【堅苦しい】うちとけず、きゅうくつである。(れい) 堅苦しいあいさつはぬきにしよう。

かたぐるま【肩車】人を両かたにまたがらせてかつぐこと。

かたこと【片言】ことばをじゅうぶんにしゃべれないこと。また、そのことば。(れい) 片言の英語で話をする。

かたすみ【片隅】〔ものの〕一方のすみ。すみっこ。(れい) 教室の片隅。

かたち【形】❶見たりさわったりしてわかる、すがたやかっこう。(れい) 星の形のペンダント。❷外からだけ見たありさま。見かけ。(れい) 形ばかりのあいさつ。

がたつく がたがたと音を立てる。(れい) 風で、まどガラスががたつく。

かたづける【片付ける】❶ととのえてきちんとする。せいとんする。(れい) つくえの上を片付ける。⇔散らかす。❷決まりをつける。解決する。(れい) 宿題を片付けてしまう。

かたつむり 陸にすむ巻き貝。うずまきの形をしたからをせおってはう。しめり気の多いところをこのむ。でんでん虫。まいまいつぶり。

かたて【片手】かたほうの手。(れい) 片手で持つ。⇔両手。

かたてま【片手間】おもな仕事のあいま。

かたとき【片時】ちょっとの間。(れい) 片時もわすれない。

かたどる ある形に似せてつくる。(れい) ユリの花をかたどったもよう。

かたな【刀】むかし、さむらいがこしにさしていた長いはもの。

みね
さや
刀

かたながり【刀狩り】むかし、農民などが力を合わせて領主にはむかうことをふせぐために、刀ややりなどの武器をとり上げたこと。一五八八年に豊臣秀吉がおこなった刀狩りがいちばん有名。

慣用句 **気が散る** ほかのことが気になって、一つのことに集中できない。

- かたにはまる
- かたのちからをぬく
- かたのにがおりる
- かたばみ
- かたほう
- かたまり
- かたまる
- かたみ
- かたみがせまい
- かたみち
- かたむく
- かたむける
- かためる
- かたやぶり
- かたよる
- かたらう
- かたりぐさ
- かたりて
- かたる
- カタログ

かたにはまる【型にはまる】決まりきったやり方で、おもしろみがない。(れい)型にはまったあいさつ。

かたのちからをぬく【肩◂の力を抜く】気持ちを楽にする。

かたのにがおりる【肩の荷が下りる】気になることや責任がなくなって、ほっとする。楽になる。(れい)仕事がぶじに終わって、肩の荷が下りる。

かたばみ カタバミ科の植物。道ばたなどに生え、初夏に黄色い花がさく。

かたほう【片方】〔二つあるうちの〕一方。(れい)片方のくつがなくなる。⇕両方。

かたまり【固まり・塊◂】❶かたまること。また、かたまったもの。(れい)塩の固まり。
❷〔人や動物などの〕集まり。集団。(れい)草原を行く羊の固まり。
❸《「…のかたまり」の形で》ある性質や、ある傾向などがとくべつに強いこと。(れい)あの人は欲のかたまりだ。

かたまる【固まる】❶やわらかいものがかたくなる。(れい)コンクリートが固まる。
❷〔人や動物などが〕一つのところに集まる。(れい)固まって行動する。
❸たしかなものになる。(れい)自分の考えが固まる。

かたみ【形見】思い出となる品物。とくに、死んだ人やわかれた人の思い出となる物。(れい)祖父の形見の時計。

かたみがせまい【肩身が狭い】世間の人にたいしてひけめを感じる。(れい)子どもが人にめいわくをかけると、親としては肩身が狭い。

かたみち【片道】行き、または、帰りのどちらか一方。(れい)片道は電車で行く。⇕往復。

かたむく【傾く】❶ななめになる。たおれかかる。(れい)台風で木が傾く。
❷太陽や月がしずもうとする。(れい)太陽がようやく西に傾く。
❸おとろえる。(れい)家運が傾く。
❹あるじょうたいにうつりかける。(れい)反対の意見に傾く。

かたむける【傾ける】❶ななめにする。かしげる。(れい)首を傾ける。
❷あることに心や注意を集中させる。(れい)耳を傾けて先生の話を聞く。

かためる【固める】❶かたいものにする。かたまらせる。(れい)土を固める。
❷しっかりしたものにする。(れい)話を聞いて、ますます自信を固めた。
❸守りをきびしくする。(れい)警官が入り口付近を固めていた。

かたやぶり【型破り】基本になるかたちや、決まりきったかたちをやぶること。(れい)型破りな詩。／型破りな意見。

かたよる【偏◂る・片寄る】❶まん中からはずれて一方による。
❷正しいじょうたいからはずれて、不公平になる。また、ふつりあいになる。(れい)栄養が偏る。

かたらう【語らう】親しく話し合う。(れい)先生と楽しく語らう。

かたりぐさ【語り草】話の材料。話のたね。(れい)そのできごとは、のちのちまでの語り草となった。

かたりて【語り手】話をする人。話を読んで聞かせる人。話し手。

かたる【語る】話をする。(れい)優勝のよろこびを語る。

カタログ 商品の種類・値段・使い方

などを書きならべたもの。

かたわら【傍ら】❶そば。よこ。れい 辞典を傍らにおいて勉強をする。❷それをすると同時に。そのあいまに。れい 勉強のかたわら音楽をきく。

かたをすくめる【肩をすくめる】両方のかたをちぢませて、不満やがっかりした気持ち、やれやれという気持ちをあらわす。

かたをならべる【肩を並べる】❶ならんであるく。❷おたがいに同じような地位や力をもつ。れい 小さな店だが、大型店と肩を並べるまでになった。

かたをもつ【肩を持つ】みかたをする。れい 母が妹の肩を持つ。

かだん【花壇】庭や公園などの一部分をくぎり、土をもりあげるなどして草花をうえたところ。れい 公園の花壇。

花壇

1かち【価値】そのものが持っているねうち。れい 読む価値のある本。

2かち【勝ち】勝つこと。勝利。れい きみの勝ちだ。⇔負け。

かちかち ❶とてもかたいようす。れい もちがかちかちになる。❷〔考え方や性質が〕がんこなようす。れい かれの頭はかちかちだ。❸〔きんちょうなどで〕心がひきしまって、かたくなっているようす。

がちがち ❶かたいものがぶつかりあう音。れい 寒くて、歯ががちがちと鳴る。❷とてもかたいようす。れい がちがちにこおる。

かちき【勝ち気】負けることのきらいな性質。れい 勝ち気な人。

かちく【家畜】人のくらしに役立てるためにかう動物。牛・馬・ブタなど。

かちこし【勝ち越し】勝った数が負けた数より多いこと。⇔負け越し。

かちこす【勝ち越す】勝った数が負けた数より多くなる。れい あいてチームに勝ち越した。⇔負け越す。

かちぼし【勝ち星】すもうなどの勝ち負けをあらわす表で、勝ったことをあらわす白丸のしるし。

かちまけ【勝ち負け】勝つことと負けること。勝敗。

かちめ【勝ち目】勝つみこみ。勝ちみ。れい じゅうぶんに勝ち目はある。

かちゅう【渦中】事件・もめごとのまっただなか。れい あの人は、今、事件の渦中にある。

かちょうふうげつ【花鳥風月】自然界の美しいけしき。

かつ【勝つ】❶あらそって相手を負かす。れい 試合に勝つ。❷〔くらべたときに〕相手よりまさる。れい 人数では赤組に勝つ。⇔①②負ける。

かつお サバ科の魚。暖流にすむ。大きさは六十センチメートルぐらい。からだに青い線がある。なまで食べるほか、かつおぶしなどにする。

かつおぶし【かつお節】カツオの頭とほねをのぞいたものをにて、何日もよくかんそうさせ、かたくしたもの。うすくけずって、そのまま食べたり、料理のだしにしたりする。

慣用句 **気が引ける** 相手にすまないような気がする。ひけ目をかんじる。

かっか【閣下】身分や位の高い人をうやまってよぶことば。

がっか【学科】❶学問の科目。❷授業で、勉強することがらを内容によって分けたもの。国語や算数など。

かっかざん【活火山】今でも、ふん火したり、ガスをふき出したりしている火山。浅間山・阿蘇山など。

がつがつ むやみに食べ物をほしがるようす。

がっかり 希望・期待などとちがう結果になって、気落ちするようす。

かっき【活気】いきいきしていること。(れい)教室は、活気にあふれている。

1**がっき**【学期】学校で、一年間をいくつかの期間に分けたひとくぎり。

2**がっき**【楽器】音楽を演奏するために使う器具。

かっきてき【画期的】今までになかったような、新しくてすばらしいようす。(れい)画期的な新製品。

がっきゅう【学級】学校で、いくつかに分けた生徒の集まり。組。クラス。

がっきゅういいん【学級委員】えらばれて、いろいろとその学級の世話をする生徒。

がっきゅうかい【学級会】学級全員で話し合う会。

がっきゅうぶんこ【学級文庫】学級の中でみんなが利用する本。

がっきゅうへいさ【学級閉鎖◂】かぜなどの感染症が、それ以上はやることをふせぐために、その学級の子どもたちを登校させせないようにすること。(れい)インフルエンザによる学級閉鎖が決まった。

かつぐ【担ぐ】❶かたにのせて持つ。(れい)みこしを担ぐ。❷だます。(れい)人を担ぐ。❸気にする。(れい)えんぎを担ぐ。

がっく【学区】公立の学校で、生徒の通学を地域によって分けたくぎり。

かっくう【滑◂空】飛行機などがエンジンをつかわないで、風にのって空中をとぶこと。

がっくり ❶力がぬけて、急にしせいがくずれるようす。(れい)ゴールインした選手は、がっくりとひざをついた。❷失望やひろうなどのために、気持ちが急にゆるむようす。(れい)試合にやぶれてがっくりする。

かっけつ【かっ血】肺や気管支などから血をはくこと。

かっこ【括◂弧◂】文字・文・数字・式などを、とくにほかと区別するために使うしるし。（ ）・「 」・｛ ｝・〔 〕など。

かっこいい すがた・かたち・ようすなどがよい。(れい)足が長くてかっこいい少年。⇕かっこ悪い。

1**かっこう**【格好】❶かたちやすがた。(れい)夏らしい格好の人。❷ととのった形。ていさい。(れい)格好をつける。❸ちょうどよいこと。ころあい。(れい)集まるのに格好な場所だ。

2**かっこう**【滑降】スキーなどですべりおりること。また、急斜面のコースをすべりおりてタイムをきそうスキーの競技。

がっこう【学校】児童・生徒や学生を集め、ある決まった間、先生が知識や技術を教えるところ。

かっこわるい【かっこ悪い】すがた・かたち・ようすなどが悪い。みっともない。(れい)かっこ悪いところを見せ

てしまった。⇔かっこいい。

かっさい【喝采】おおぜいの人が感心して、声を出したりはく手をしたりしてほめること。(れい)拍手喝采。

がっさく【合作】ふたり以上の人がいっしょになってつくること。また、その作品。(れい)日米合作の映画。

がっさん【合算】いくつかの数量を、合わせて計算すること。(れい)費用を合算する。

かつじ【活字】印刷に使う、金属製の文字のかた。また、印刷した文字。

がっしゅく【合宿】〔ある目的のために〕なかまの人が、ある期間いっしょに生活すること。(れい)野球部の合宿。

がっしょう【合唱】おおぜいの人がいく組かに分かれて、ちがったふし（低音部と高音部など）を歌い合わせること。コーラス。

かっしょく【褐色】黄色がかった、こげ茶色。(れい)褐色のはだ。

がっしり からだつきや物のつくりがじょうぶで安定しているようす。(れい)がっしりしたからだつき。

かっせん【合戦】〔敵と味方の軍が出会って〕たたかうこと。あらそうこと。

がっそう【合奏】二つ以上の楽器で同時に演奏すること。アンサンブル。

かっそうろ【滑走路】飛行機が着陸したり、とび立ったりするための道路。

カッター ❶大型のボート。❷物を切る道具。

がったい【合体】二つ以上のしくみや団体が一つになること。(れい)二つの会社が合体する。

かつだんそう【活断層】現在も活動していると見られる断層。(れい)活断層のひずみがげんいんの地震。

がっちり ❶しっかりと安定していて力強いようす。がっしり。(れい)がっちりしたつくえ。❷ぬけめのないようす。(れい)がっちりとお金をためる。

ガッツポーズ にぎりこぶしを上のほうにあげるポーズ。スポーツ選手が、勝ったり、よいプレーをしたりしたときにする。⬇3だん目（イラスト）

かつて ❶あるとき。まえに。(れい)かつてわたしはここに住んでいた。❷《打ち消しのことばをつけて》今まで一度も（…しない）。(れい)かつて聞いたこともない美しい曲だ。

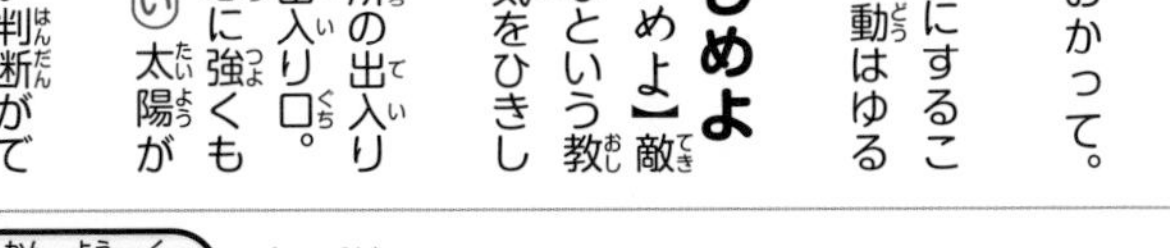

ガッツポーズ

かって【勝手】❶台所。おかって。(れい)お勝手が広い。❷自分のつごうのよいようにすること。わがまま。(れい)勝手な行動はゆるされない。

かってかぶとのおをしめよ【勝ってかぶとの緒を締めよ】敵に勝ったあともゆだんするなという教え。また、成功したあとでも気をひきしめよという教え。

かってぐち【勝手口】台所の出入り口。また、台所に通じる外の出入り口。

1かっと ❶火や日光などが急に強くもえ、または光るようす。(れい)太陽がかっとてりつける。❷急にこうふんして、正しい判断ができないようす。(れい)かっとなる。

慣用句 **気が短い** せっかちで、すぐにいらいらする。

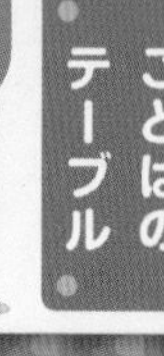

[2]カット ❶切りとること。(れい)かみの毛を短くカットする。❷テニスや卓球で、たまを切るようにしてうつこと。❸小さな、かんたんなさし絵。(れい)文集に入れるカットをたのまれた。

かつどう【活動】❶元気よく動くこと。また、ある働きをすること。(れい)火山が活動する。❷「映画」の古い言い方。活動写真。

かつどうてき【活動的】❶元気よく動いたり、働いたりするようす。かっぱつなようす。(れい)活動的な女性。❷動きやすいようす。(れい)活動的な服装で出かける。

かっとなる 頭に急に血がのぼって、気持ちが高ぶる。(れい)かっとなると、つい声が大きくなる。

[1]かっぱ 人が考え出した動物。頭にさらのようなくぼみがある。

[2]かっぱ【合羽】雨をよけるために着るがいとう。レインコート。雨がっぱ。

かっぱつ【活発】元気でいきおいがよいようす。(れい)活発な子。

かっぱのかわながれ【かっぱの川流れ】どんな名人でも失敗することがある、というたとえ。

カップ ❶とってのついている茶わん。❷賞品としてあたえる、金属製の大きなさかずき形をしたもの。(れい)優勝カップ。

カップル 夫婦や恋人どうしなど、男女ふたりの組み合わせ。(れい)似合いのカップル。

がっぺい【合併◂】〔いくつかの団体やしくみなどを〕合わせて一つにすること。(れい)二つの町が合併する。

かっぽうぎ【かっぽう着】料理や家事をするときに着る、そでのある前かけ。

かっぽう着

かつやく【活躍◂】めざましい働きをすること。(れい)かれは、運動会で大活躍した。

かつよう【活用】〔ある物の〕もっている力を生かして使うこと。(れい)資料を活用する。

かつら かみの毛などを材料にして、いろいろな髪型につくったかぶりもの。

かつりょく【活力】元気よく働いたり、動いたりするもとになる力。

かつをいれる【活を入れる】❶気絶した人の急所をついたりもんだりして意識をはっきりさせる。❷しかったり、きびしくさとしたりして元気づける。やる気をおこさせる。(れい)だらだら練習していたら、コーチに活を入れられた。

かて【糧◂】❶食べ物。❷なくてはならない大切なもの。(れい)よい本は心の糧となる。

[1]かてい【仮定】かりに〔そうだと〕決めること。(れい)各クラスから五人が参加すると仮定すると、予定の人数にたっすることになる。

[2]かてい【家庭】親子や夫婦など、生活をいっしょにする人の集まり。また、いっしょに生活しているところ。

[3]かてい【過程】ものごとのはじめから一つの結果がでるまでのうつりかわ

り。れい 自動車の発達の過程。

4かてい【課程】学んで身につけるために割り当てられた、一定の勉強や作業。れい 小学校の課程を終える。

かていか【家庭科】家庭生活にひつようなことをおぼえたり身につけたりするために、学校で勉強する教科。

かていきょうし【家庭教師】家庭に行って、その家の子どもに勉強を教える人。

がでんいんすい【我田引水】〔自分の田にだけ水を引き入れる、という意味から〕自分のつごうのよいように意見を言ったり、行動したりすること。

1かど【角】❶物のすみのとがったところ。れい つくえの角。❷道のおれまがっているところ。れい 角のポスト。❸ほかの人とうまくつきあえないような性質。れい 角がある人。

2かど【門】家の出入り口。もん。

かとう【下等】ていどが低いこと。質が悪いこと。⇔上等。

1かどう【華道・花道】草花・木などをうつわにさして、美しさを見せる芸術。いけばな。

2かどう【稼働】❶お金をかせぐために働くこと。れい 稼働日数。❷機械を動かしてはたらかせること。

かどがたつ【角が立つ】心がいらだち、おだやかでなくなる。れい ものも言いようで角が立つ。

かどで【門出】❶長い旅に出ること。旅立ち。❷新しい生活を始めること。れい 新しい人生の門出をいわう。

かどまつ【門松】正月に、家の入り口にかざる松。

かとりせんこう【蚊取り線香】蚊をころすためにもやすせんこう。うずまきの形のものが多い。

かな【仮名】漢字をくずしたり、その一部分をとったりしてつくった、一字で一音をあらわす文字。「ひらがな」と「かたかな」がある。かな文字。

かない【家内】❶家の中。❷家族。れい 家内一同元気です。❸他人にたいして自分の妻をさすときのことば。れい ぼくの家内です。

かなう ❶のぞみどおりになる。れい 願いがかなう。❷同じ大きさの力である。かたをならべる。れい すもうでかれにかなうものはいない。

かなえる のぞみどおりにさせる。ききとどける。れい あなたののぞみをかなえてやろう。

かながわけん【神奈川県】関東地方の南西部にある県。県庁所在地は横浜市。⬇都道府県。

かなきりごえ【金切り声】〔金物を切るときのような〕高くて、するどい声。きんきんひびく（女の人の）声。

かなぐ【金具】器具にとりつける、金属でつくったもの。

かなしい【悲しい】なきたいような気持ちである。つらくて、さびしい。れい 悲しい知らせを聞いてむねがいたむ。⇔うれしい。

かなしむ【悲しむ】かなしいと思う。れい いつまでも悲しんではいられない。⇔喜ぶ。

かなた 話し手から遠くはなれたほう。あちら。むこう。れい はるかかなたに見える白い建物が市役所です。

慣用句 **気が弱い** いくじがない。

かなづかい【仮名遣い】日本語をかなで書きあらわすときの決まり。「歴史的かなづかい」と「現代かなづかい」がある。

かなづち【金づち】❶鉄でできた、くぎなどをうつ道具。❷〔金づちは重くて水にしずんでしまうことから〕泳げないこと。また、泳げない人。れい ぼくは金づちだ。

かなでる【奏でる】楽器をならして演奏する。れい 楽団が美しいワルツを奏でる。

かなめ【要】❶おうぎのほねをとめてあるくぎ。❷〔①の意味から〕ものごとのたいせつなところや人。れい 話の要。／チームの要。

かなもの【金物】金属でできている道具。

かならず【必ず】きっと。たしかに。れい 毎朝必ずたいそうをする。

かならずしも【必ずしも】《下に打ち消しのことばをともなって》ぜったいに…とはかぎらない。れい 答案をはやく出した人が必ずしもよくできているわけではない。

かなり ずいぶん。そうとうに。れい かぜをひいてかなりつらそうだ。／かなりなうでまえだ。

かなわない ❶がまんできない。れい こうあつくてはかなわない。❷とても相手になれない。勝てない。れい 口では妹にかなわない。

かに こうかく類の動物。水中や水べにすむ。からだはかたいからにつつまれ、ひらたい。横に歩くものが多い。

かにゅう【加入】あるしくみや団体などに入ること。

カヌー 木のみきをくりぬいてつくったふね。丸木舟。

カヌー

¹かね【金】❶金属。とくに、鉄。❷おかね。貨へい。ざいさん。れい 金をためる。

²かね【鐘】つりさげて、たたいたりついたりして鳴らす金属でつくった道具。とくにつりがね。また、その音。れい 除夜の鐘がなる。

かねじゃく【かね尺】〔大工などが使う〕直角にまがった金属のものさし。

¹かねつ【加熱】熱をくわえること。

²かねつ【過熱】温度が高くなりすぎること。あつくしすぎること。

かねめ【金目】お金にかえたときの価値が高いこと。ねうちがあること。

かねもち【金持ち】お金やざいさんをたくさん持っていること。また、そのような人。

かねる【兼ねる】❶一つのものが二つ以上の働きや性質をもつ。れい 学級委員と学年委員を兼ねる。❷《動作をあらわすことばについて、「かねない」などの形で》…するかもしれない。れい あの人ならひょっとしてやりかねない。❸《動作をあらわすことばについて》…しにくい。…できにくい。れい その考えには賛成しかねる。

かねんぶつ【可燃物】もえるもの。

もえやすいもの。(れい)可燃物のあつかいに注意する。⇕不燃物。

1かのう【化のう】きず口などがうみをもつこと。

2かのう【可能】あることができること。できるみこみのあること。(れい)一週間は貸し出し可能だ。

かのうせい【可能性】ほんとうにおこるというみこみ。(れい)実現の可能性は少ない。

かのじょ【彼女】❶話し手と話し相手以外の女性をさすことば。あの女の人。(れい)彼女は学生だ。❷恋人である女性。(れい)彼女ができる。⇕①②彼。

1かば シラカバなどの、カバノキ科の木のこと。

2かば【河馬】カバ科の動物。体長約四メートル。口が大きく、あしは太くみじかい。

カバー ❶おおいをすること。また、そのおおい。❷足りないところをおぎなうこと。

かばう いたわる。たすけ守る。(れい)親が子どもをかばう。

がはく【画伯】絵かきをうやまっていうことば。(れい)山川画伯の絵。

かばん 革やかたい布などでつくった、本や品物などを入れて持ち運ぶ入れ物。(れい)父がかばんから書類を出す。

がばん【画板】絵をかくとき、画用紙をのせたり、はりつけたりする板。(れい)画板を持って写生に行く。

かはんしん【下半身】からだの、こしから下の部分。しもはんしん。⇕上半身。

かはんすう【過半数】半分より多い数。半数以上。(れい)過半数の人が、改正案に反対した。

かひ【可否】❶よいか悪いか。❷賛成か反対か。賛否。(れい)議案の可否をとう。

かび きん類のなかま。とても小さい。食べ物に発生してくさらせるものがあるが、生活に役立つものもある。(れい)つゆどきは、食物にかびが生えやすい。

かびん【花瓶】つぼやびんの形をした花をいけるうつわ。

1かぶ アブラナ科の植物。まるい根は白いものと赤いものがある。根や葉を食用にする。スズナ。カブラ。春の七草の一つ。

2かぶ【株】❶木を切りたおしたあとに残っている根のついたみきやくき。❷草木の根。(れい)株分けをする。❸株券(＝株式会社にお金を出したしるしになるもの)、また、株式のこと。❹その人のひょうばん。(れい)姉の株が上がる。❺《「お株」の形で》とくいなわざ。(れい)お株をうばわれる。

3かぶ【下部】全体のうちの下のほうの部分。(れい)電柱の下部を地中にうめる。⇕上部。

かふう【家風】その家に長い間つたえられている、くらしのしかたやならわし。(れい)母は、何事もつつましくという家風の家でそだったそうだ。

カフェ きっさ店。コーヒー店。

がぶがぶ 水やジュースなどをいきおいよく飲むようす。(れい)水をがぶがぶ飲んだ。

かぶき【歌舞伎】江戸時代にさかんになったしばい。日本独特の演劇として今もさかんに上演されている。

慣用句 きげんを取る 相手の気に入るようなことを言ったり、したりする。

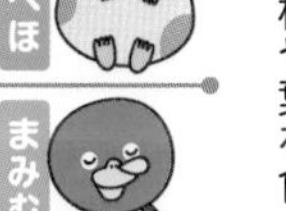

かぶしきがいしゃ【株式会社】株券を出してお金を集め、それをもとでにして事業をする会社。

カフスボタン ワイシャツのそで口につける、かざりをかねたボタン。

かぶせる ❶上からおおう。(れい)あみをかぶせる。❷上からおおうようにかける。(れい)水をかぶせる。❸〔ほかの人につみや責任を〕おわせる。(れい)責任を人にかぶせる。

カプセル ❶〔薬などを入れて飲みこむための〕ゼラチンでつくった小さな入れ物。❷内部をとじた容器。とくに、うちゅう船などで、人間や機械をつみこんであるところ。

かぶと むかし、武士がいくさの時、頭を守るためにかぶったもの。鉄・革などでつくった。

かぶとむし【かぶと虫】コガネムシ科のこん虫。おすには、かぶとのような大きな角がある。

かぶりつく【かぶり付く】〔大きな食べ物に〕いきおいよくかみつく。(れい)スイカにかぶり付く。

がぶりと 口を大きく開けて、一気に食いついたり飲みこんだりするようす。(れい)肉に、がぶりと食らいつく。

かぶる ❶頭の上からおおう。(れい)麦わらぼうしをかぶる。❷あびる。(れい)水をかぶる。⇕脱ぐ。❸責任やつみを身にうける。(れい)つみをかぶる。

かぶれ ひふがただれたりかゆくなったりすること。

かぶれる ❶うるしや薬などでひふがただれる。❷悪いえいきょうをうける。また、えいきょうをうけて夢中になる。(れい)流行にかぶれる。

かふん【花粉】おしべのふくろの中にあるこな。風や虫の働きでめしべの先につき、たねをつくる働きをもつ。

かふんしょう【花粉症◀】スギなどの花粉が鼻や気管支などに入っておこるアレルギー症状。くしゃみ・鼻水・鼻づまりなどの症状がでる。

かべ【壁】❶家のかこいや、へやのしきりにするもの。❷じゃまになること。のりこえることがむずかしいこと。(れい)百メートル競走で十秒の壁がやぶられた。

かへい【貨幣◀】商品ととりかえるねうちのあるもの。お金。

かべしんぶん【壁◀新聞】学校・会社などで、おおぜいの人が集まる場所のかべにはる新聞。

かべにみみあり、しょうじにめあり【壁に耳あり、障子に目あり】ひみつはもれやすいというたとえ。「壁に耳あり」ともいう。

かべん【花弁】はなびら。

1かほう【加法】たし算。⇕減法。

2かほう【家宝】その家に代々つたわっているたからもの。家のたから。

かほうはねてまて【果報は寝◀て待て】幸せは〔人の力ではどうにもならないので〕あせらずにまつのがよいというたとえ。

かぼそい【か細い】ほそくて、弱々しい。(れい)すてネコが、か細い声でなく。

かぼちゃ ウリ科の植物。つるがのび、夏、黄色の花がさく。実を食用にする。

1かま【釜】ごはんをたく道具。れい 電気釜。

2かま【鎌】草、イネなどをかるのに使う道具。

かまう【構う】❶気をくばる。気にする。れい 身なりに構わない。❷世話をする。もてなす。れい すぐ帰りますので、どうぞお構いなく。❸からかう。れい ネコを構っていてひっかかれた。

かまえ【構え】❶組み立てのようす。つくり。れい りっぱな構えの家。❷〔けんどうなどの〕身がまえ。❸漢字の部首の種類の一つ。門構え・国構えなど。

かまえる【構える】❶組み立てる。つくる。れい りっぱな家を構える。❷あるしせいをとって相手にたいする。れい 刀を上段に構える。

がまがえる せなかにいぼのある大形のカエル。動作はゆっくりで、おもに夜に活動する。ヒキガエルのこと。ガマ。イボガエル。

かまきり 肉食のこん虫。頭は三角形で、前あしはかまのような形。

がまぐち【がま口】お金を入れて持ち歩く、口がねのついた入れ物。

かまくら 秋田県で子どもたちがおこなう冬の行事。雪の山をつくって中をくりぬいたあなぐらで神をまつり、そこで遊んだりものを食べたりする。また、そのあなぐら。

かまくら

かまくらじだい【鎌倉時代】源頼朝が鎌倉に幕府を開いてから一三三三年にほろびるまでの約百五十年間。はじめて武士の政治がおこなわれた。

かます こくもつなどを入れるために、わらむしろでつくった大きなふくろ。

かまど なべやかまをのせて、下で火をもやし、食べるものをにたりたいたりするしかけ。へっつい。

がまん【我慢】〔痛み・いかり・悲しみ・苦しみなどの〕気持ちをおさえること。れい この暑さは、とても我慢できない。

がまんづよい【我慢強い】こらえる力が強いようすだ。

1かみ【上】❶位置が高い方。うえの方。れい 川上。❷身分の高い人。また、役所や政府など。れい お上（＝役所）にうったえる。❸前半。れい 上半期。／上の句。

2かみ【神】人間には考えられない大きな力をもち、あらゆるものをつくり、おさめていると考えられるもの。

3かみ【紙】❶文字や絵をかいたり、物をつつんだり、はこをつくったりするもの。おもに植物のせんいからつくる。❷じゃんけんで、ゆびを全部ひらいて出すもの。ぱあ。⇔石。はさみ。

4かみ【髪】あたまの毛。れい 髪を切る。

かみがかり【神懸かり】言うことやすることが、極端に常識をはずれていること。

かみかくし【神隠し】子どもやむすめなどが、とつぜんゆくえ不明になること。

1かみがた【上方】京都・大阪付近。関西地方。

四字熟語 **疑心暗鬼** うたがいだせばなんでもないことまで不安でおそろしくなること。

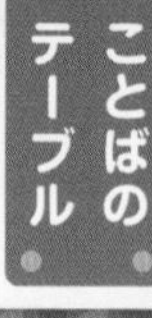

2かみがた
・がみがみ
・かみきりむし
・かみくず
・かみコップ
・かみざ
・かみさま
・かみしばい
・かみしも
・かみそり
・かみだな
・かみだのみ
・かみつ
・かみつく
・かみて
・かみなり
・かみなりがおちる
・かみなりぐも
・かみのけ
・かみひとえ
・かみふうせん
・かみわざ
1かむ

2 **かみがた**【髪型・髪形】髪のかたち。ヘアスタイル。(れい)髪型をかえる。

がみがみ 口うるさく、こごとなどを言うようす。(れい)父はがみがみともんくを言う。

かみきりむし【髪切り虫】カミキリムシ科のこん虫。触角が長い。幼虫は「てっぽうむし」といい、木のみきに穴をあける。

かみくず【紙くず】いらなくなった紙切れ。くずがみ。

かみコップ【紙コップ】紙でできているコップ。

かみざ【上座】会議・えん会などで上の立場の人がすわる席。上席。和室では、とこの間に近い方が上座になる。⇕下座。

かみさま【神様】❶「神」をうやまっていうことば。❷ひじょうにすぐれている人。(れい)サッカーの神様。

かみしばい【紙芝居】なんまいかのあつ紙に物語の絵をかき、話をしながらじゅんばんにめくって見せるもの。

かみしも 江戸時代の武士が、儀式のときなどにきた礼服。

かみそり かみの毛やひげをそるのに使うはもの。

かみだな【神棚】家の中で、神をまつっておくたな。

かみだのみ【神頼み】神にいのり、たすけをもとめねがうこと。(れい)苦しい時の神頼み。

かみつ【過密】つめこみすぎていること。とくに、あるかぎられたはんいの土地に住む人の数が多すぎること。(れい)過密都市。⇕過疎。

かみつく【かみ付く】❶食いつく。強くかんではなさない。❷強いちょうしで質問したり、意見を言ったりする。(れい)せんぱいの発言にかみ付く。

かみて【上手】しばいの舞台で、お客の方から見て右の方。⇕下手。⬇高座。

かみなり【雷】❶雲の中、または、雲と地面にできたプラスとマイナスの電気の放電によって出る、大きい音や強い光。いかずち。❷雲の上で、「かみなり①」をおこすと考えられている神。雷神。❸がみがみおこることのたとえ。(れい)祖父は雷おやじといわれていたようだ。

かみなりがおちる【雷が落ちる】目上の人に、ひどくしかられる。(れい)ついに父の雷が落ちた。

かみなりぐも【雷雲】かみなりをおこす雲。積乱雲。

かみのけ【髪の毛】頭にはえる毛。頭髪。

かみひとえ【紙一重】〔紙一まいの厚さの意味から〕ごくわずかなこと。(れい)合格・不合格の差は紙一重だといってよい。

かみふうせん【紙風船】おもちゃの一つ。なんまいかの色紙をはぎ合わせてまるい形にし、小さなあなから息をふき入れてふくらませ、手で空中につきあげて遊ぶ。

かみわざ【神業】〔神にだけできることという意味から〕人間にはとてもできないと思われるほどすぐれたうでまえ。(れい)あの医師の手術のうでまえは神業だといわれている。

1 **かむ** はなじるを出してふきとる。(れい)

【】漢字を使った書き方　(れい)ことばの使い方の例　⇕反対のことば　⬇参考になる情報　◂小学校で習わない漢字

はなをかむ。

2かむ ❶上下の歯を強く合わせる。また、食べ物を歯でくだく。❷〔動物が〕歯できずをつける。(れい) 犬が人をかんだ。

ガム お菓子の一つ。チクルという木のしるや合成樹脂に、あまみや香料をくわえ、かためたもの。口の中でかんであじわう。「チューインガム」のりゃく。(れい) ガムをかむ。

がむしゃら【我武者羅】あとさきを考えないでものごとをすること。(れい) 父は、わかいころはがむしゃらに働いたそうだ。

ガムテープ 荷づくりなどのときに使う、はばの広い片面がねばねばしたテープ。

カムフラージュ ほんとうのすがたを知られないように、べつのものに見せかけること。カモフラージュ。

1かめ 水・みそ・つけものなどを入れる、〔口が広く〕底の深い焼きもの。(れい) 祖母がかめいっぱいに梅ぼしをつけた。

2かめ【亀】からだがひらたく、背はかたいこうらでつつまれている、はちゅう類の動物。歩くのがおそい。長生きをするということで、ツルとともに、めでたい動物とされる。

1かめい【加盟】ある団体などにくわわること。(れい) 国連に加盟する。

2かめい【家名】❶家の名前。❷家のめいよ。(れい) 家名をきずつけてしまう。

がめつい よくが深く、もうけることにぬけめのないようす。(れい) あの人はがめついことで知られている。

カメラ 写真機。また、さつえい機。(れい) ビデオカメラ。／胃カメラ。

カメラマン ❶写真をとることを職業としている人。❷映画・テレビなどのさつえいの仕事をする人。

かめん【仮面】いろいろな顔の形のかぶりもの。お面。

がめん【画面】❶絵やうつされたフィルムの表面。❷映画やテレビにうつされた像。

かも ❶カモ科の水鳥。カルガモ・マガモなど。❷勝負などで、かんたんに負かせそうな人。だましやすい人。

かもい【かも居】戸やしょうじをうごかすために、敷居と対で、上の部分についている、みぞのある横木。

かも居

かもく【科目】❶ものごとをいくつかに分けたその一つ一つ。❷学科の区分。課目。(れい) 必修科目。

かもしか ウシ科の動物。野山でくらす。角はえだ分かれしない。

かもつ【貨物】貨車・トラック・船などで運ぶ荷物。

かもつれっしゃ【貨物列車】貨物を運ぶための列車。

かもめ カモメ科の鳥。からだは白い色で、つばさは灰色。海べでくらし、水中の魚などを食べる。

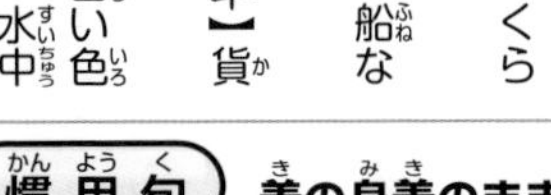

慣用句 **着の身着のまま** 今着ているもののほかには何も持っていないこと。

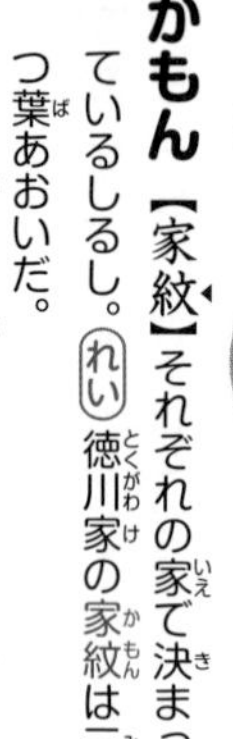

かもん【家紋】それぞれの家で決まっているしるし。(れい)徳川家の家紋は三つ葉あおいだ。

かや【蚊帳・蚊屋】ねるとき、蚊をふせぐためにへやにつるおおい。

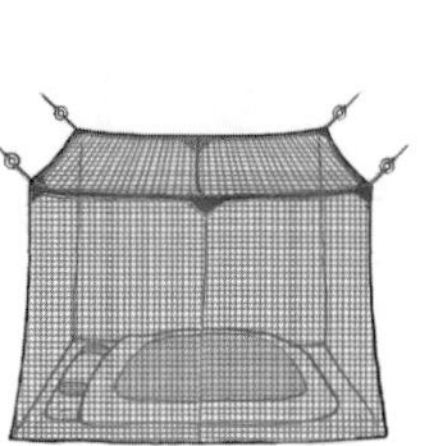
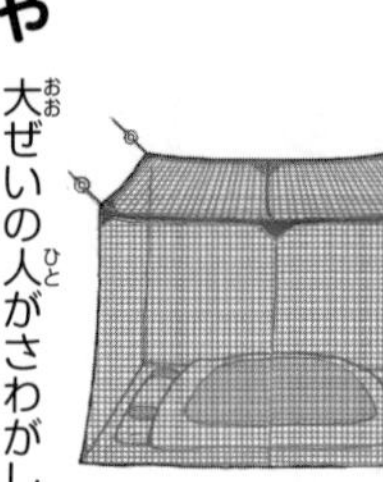
蚊帳

がやがや 大ぜいの人がさわがしく話し合うようす。(れい)教室の中でがやがやとさわぐ。

かやく【火薬】ばくはつさせる薬品。ダイナマイト・花火などに使う。

カヤック ❶木のわくにアザラシの皮をはった小さなふね。❷「カヤック①」に似た競技用のカヌー。

かやのそと【蚊帳の外】あることにかかわらせてもらえない、また、内部のじょうほうを知らされない立場。(れい)蚊帳の外に置かれる。

かやぶき 植物のカヤでやねをつくること。また、そのやね。

かゆい ひふがむずむずして、かきたいような感じである。

かよう【通う】❶なんども同じところをとおる。(れい)よく通った道。❷学校やつとめに行く。(れい)毎日会社に通う。❸〔心が〕つうじる。つたわる。(れい)みんなの心が通う。❹とおる。流れる。(れい)血の通った人(＝心のあたたかい人)。

かようきょく【歌謡曲】その時代の人々に親しまれる歌。流行歌。

がようし【画用紙】絵をかくのに使う、あつくて白い紙。

かようび【火曜日】一週の三番目の日。月曜日の次の日。火曜。

かよわい【か弱い】見るからに、弱そうなようす。(れい)か弱いうで。

1から ❶出発するところ、やってくるところ、始まるときなどをしめすことば。(れい)校門から児童がたくさん出てくる。／入学式は十時から始まる。❷材料をしめすことば。(れい)チーズは牛乳からつくられる。❸理由や原因をしめすことば。(れい)もうおそいからやめよう。

2から【空】❶中になにもないこと。からっぽ。(れい)コップが空になる。❷「見せかけ」の意味をあらわすことば。(れい)空いばり。／空元気。

3から【殻】❶〔豆や貝などの〕なかみをつつんでいるかたい皮。❷〔セミやヘビの〕ぬけがら。❸なかみがなくなったり、使い終わったりしたもの。(れい)べんとうの殻。／たばこのすい殻。

がら【柄】❶からだつき。体格。(れい)柄の大きい子。❷〔人やかんきょうなどの〕品位。(れい)柄が悪い。❸〔衣類などの〕もよう。(れい)はでな柄のワンピース。

カラー ❶色。また、色どり。❷もち味。特色。(れい)スクールカラー。

からい【辛い】❶〔とうがらし・わさび・こしょうをなめたときのように〕したをさすような感じである。❷塩気が多い。(れい)きょうのみそしるは、とても辛い。

❸きびしい。(れい)辛い点をつける。
⇔①〜③甘い。

からオケ【空オケ】伴奏だけで歌詞の入っていない音楽。また、その伴奏に合わせて歌うこと。「空」は歌詞が入っていないという意味。「オケ」は「オーケストラ」のこと。

からかう ひやかしたり、じょうだんを言ったりして、ひとをばかにする。

からから かわききって、水気がまったくないようす。

1**がらがら** ❶《多く「がらがらと」の形で》かたい物が、くずれたり音を立てたりするようす。また、その音。(れい)ガラス戸を、がらがらと音を立てて開ける。❷中に人がほとんどいないで、すいているようす。(れい)会場の客席はがらがらだった。❸声がかすれているようす。(れい)おうえんのしすぎで、声ががらがらになる。

2**がらがら** ふると、がらがらと音を立てて鳴る赤ちゃんのおもちゃ。

からくさもよう【唐草模様】つる草がのびてはいまわるようすからデザインされたもよう。

がらくた ねうちのない品物や道具。

からくち【辛口】からい味や塩味が強いこと。(れい)辛口のカレー。／辛口のワイン。⇔甘口。

からくり ❶しかけ。❷計略。はかりごと。

からす ハシブトガラス・ハシボソガラスなどの、カラス科の鳥のこと。羽の長さ四十センチメートルぐらい。からだの色は黒で、くちばしが大きい。高い木などにむれをつくって生活している。

ガラス けいしゃ・炭酸ソーダ・石灰石などのこなをまぜ、高い温度でとかし、ひやしてかためたもの。ふつう、すきとおっていてこわれやすい。

からすがい【からす貝】イシガイ科の貝。池やぬまにすみ、大形で、黒い。

からすのぎょうずい【からすの行水】〔カラスが水あびするときのようすから〕入浴している時間がひじょうに短いことのたとえ。

からすのぬればいろ【からすのぬれ羽色】〔水にぬれたカラスの羽のように〕黒くてつやつやした色のたとえ。(れい)姉の髪の毛はからすのぬれ羽色だ。

からだ【体】頭からつまさきまでの全部をまとめていうことば。身体。

からたち ミカン科の木。えだにとげがあり、春に白い花がさく。いけがきなどにする。

からっかぜ【空っ風】晴れているときに強くふく、かわいた風。からかぜ。

からっと からりと。

がらっと がらりと。

からっぽ【空っぽ】なかみがなにもないこと。(れい)荷物を運び出したあとの空っぽのへや。

からぶき【から拭き】つやを出すために、かわいたぬのなどでふくこと。つやぶき。(れい)板の間をから拭きする。

からぶり【空振り】ふったバットやラケットがボールにあたらないこと。

カラフル いろどりがゆたかなようす。いろいろな色があるようす。(れい)カラフルなかざりつけ。

からまつ【唐松】マツ科の木。葉は秋に黄色く色づいた後に、落ちる。

からまる【絡まる】まきつく。からみつく。(れい)かべにツタが絡まる。

慣用句 **気前がいい** お金や物をおしまずにつかう。けちけちしない。

からまわり【空回り】❶車や機械がむだにまわること。むだな動きをすること。空転。
❷行動が効果や結果にむすびつかないこと。(れい)努力が空回りする。

からむ【絡む】❶まきつく。まきつける。(れい)大木のみきにつる草が絡む。
❷言いがかりをつける。(れい)気に入らないことがあると、すぐ絡む人。

からりと ❶空がさわやかに晴れているようす。(れい)朝からからりと晴れあがる。
❷ものがよくかわいているようす。しめりけがないようす。(れい)せんたくものがからりとかわく。
❸性格が明るくて、さっぱりしているようす。(れい)からりとした人がら。

がらりと ❶急にかわるようす。(れい)態度ががらりとかわった。
❷戸・まどなどをいきおいよくあけるようす。(れい)がらりと雨戸をあける。

がらんと 建物の中になにもなく広々としているようす。(れい)倉庫の中はがらんとしている。

がらんどう〔建物やほらあななどの〕中になにもないようす。

1かり がん。

2かり【仮】❶いちじのまにあわせ。(れい)仮のすまい。
❷ほんとうのものでないこと。(れい)仮の名前。

3かり【狩り】❶鳥やけものをとること。
❷〔楽しみのために〕動物や植物をとること。また、野外に行って花などの美しさを楽しむこと。(れい)潮干狩り。／もみじ狩り。

かりかり 気が立って、いらいらするようす。(れい)そんなにかりかりするなよ。

がりがり ❶かたいものをくだいたり、ひっかいたりする音。(れい)ペンキをがりがりはがす。
❷とてもやせているようす。(れい)がりがりにやせている。

カリキュラム 学校の勉強の順序に組み立てられた教育の計画。

カリスマ 人々をひきつけて、したがわせる、すぐれた力や人気。また、それを持っている人。(れい)あの人にはカリスマ性がある。

かりてきたねこ【借りてきた猫】ほかの家から借りてきたネコのように、いつもとちがってとてもおとなしいこと。(れい)今日の妹は、借りてきた猫みたいだ。

かりに【仮に】❶まにあわせに。
❷もし(…としたら)。(れい)仮に飛行機で行くとすれば、旅費はいくらか。

かりぬい【仮縫い】服をしたてるとき、かんたんにぬって、からだに合わせてみること。また、そのようなしたて。

かりものきょうそう【借り物競争】スタートした後で、指定された品物を観客などから借り、その品物を持ってゴールを目指す徒競走。運動会などでおこなう。

かりゅう【下流】❶川の流れの川口に近いほう。川下。
❷社会のなかで、身分や生活ていどが低い階級。⇕①②上流。

かりる【借りる】❶人のものを使わせてもらう。(れい)お金を借りる。
❷たすけを受ける。(れい)あなたのちえを借りたい。⇕①②貸す。

かる【刈る】はえているものを切りとる。(れい)羊の毛を刈る。

がる《あることばの下につけて》「…と思う」「…のようすをする」などの意味をあらわすことば。(れい)とくいがる。

かるい【軽い】❶重さが少ない。❷ていどが小さい。ひどくない。(れい)軽いけが。❸大切でない。(れい)責任が軽い仕事。⇕①～③重い。❹かんたんである。やさしい。(れい)軽く優勝できた。

かるがる【軽軽】いかにもかるそうに。(れい)岩を軽々と持ちあげる。

カルシウム 銀白色のかるい金属。石灰石・貝がら・骨などにふくまれる。

かるた 遊びに使う絵や文字のかいてあるふだ。いろはかるた・小倉百人一首・トランプなど。

かるた

カルテ 医者が、かん者の病気のようすや、病気の経過を書きこむ紙。

カルテット ❶四つの楽器で合奏すること。また、その曲や楽団のこと。四重奏。❷〔ソプラノ・アルト・テノール・バスの〕四人で合唱すること。四重唱。

かるはずみ【軽はずみ】深く考えずに、ものごとをすること。(れい)軽はずみな行動。

かれ【彼】❶話し手・話し相手以外の男の人をさすことば。❷恋人である男の人。⇕①②彼女。

1**かれい** カレイ科の魚。海底の砂地にすむ。体はひらたく、置いて上から見たときに両方の目が体の右がわにあるものが多い。食用になる。

2**かれい**【華麗】はなやかで美しいこと。(れい)ぶたいで華麗におどる。

ガレージ 自動車をしまっておくところ。車庫。

カレーライス いためた肉ややさいにカレー粉・小麦粉を入れてにこんだ、とろみのあるしるを、ごはんにかけて食べる料理。ライスカレー。

かれき【枯れ木】かれた木。また、葉のかれ落ちた木。

がれき【瓦れき】かわらと小石。また、コンクリートのかけらや石ころ。(れい)瓦れきの山。

かれきもやまのにぎわい【枯れ木も山のにぎわい】つまらないものでも、ないよりはましだということのたとえ。

かれこれ ❶いろいろ。(れい)みんながかれこれうわさをする。❷およそ。(れい)かれこれ十二時だ。

かれの【枯れ野】草がかれてしまった野原。

かれは【枯れ葉】かれた葉。

1**かれる** 声がかすれて出なくなる。(れい)大声でどなったので声がかれた。

2**かれる**【枯れる】草や木が死ぬ。(れい)木が枯れる。

かれん【可れん】かわいらしくて、いたわりたい気持ちをおこさせるようす。(れい)可れんな花がさいている。

カレンダー こよみ。

1**かろう**【家老】大名の家来の中で、いちばん上の位。

慣用句 **決まりが悪い** ていさいが悪い。てれくさい。はずかしい。

2 **かろう**【過労】働きすぎてつかれること。(れい)母が、過労のためにねこんでしまった。

かろやか【軽やか】いかにもかるそうで、気持ちよく感じられるようす。(れい)軽やかに走る。

カロリー ❶熱量の単位。一グラムの水の温度を一度あげるのにひつような熱量。記号は「cal」。❷食べ物にふくまれる熱量の単位。また、その熱量。(れい)カロリーひかえめのメニュー。

1 **かわ**【川・河】雨水や地下水などが集まって、くぼ地にそって流れてゆくもの。また、そのとおり道。「河」は大きな川をいうことが多い。

2 **かわ**【皮】❶生物のからだの表面をつつんでいるもの。❷物の表面をおおっているもの。(れい)まんじゅうの皮。

3 **かわ**【革】動物の皮をはいで、やわらかくしたもの。(れい)父に、革のベルトをプレゼントした。

がわ【側】ものごとの一方。(れい)三るい側。／むこう側。

かわいい ❶深くあいする気持ちや、大切にする気持ちをおこさせるようす。(れい)自分の子どもはいくつになってもかわいい。❷〔小さくて、または、子どもらしくて〕ほほえましい気持ちをおこさせるようす。かわいらしい。(れい)かわいい服。

かわいいこにはたびをさせよ【かわいい子には旅をさせよ】子どもをほんとうにかわいがるならば、あまやかさないで、苦労をさせたほうがよいというたとえ。

かわいがる かわいいと思って、大切にする。(れい)ネコをかわいがって育てている。

かわいさあまってにくさひゃくばい【かわいさ余って憎さ百倍】とてもかわいいと思っていたので、にくいと思うようになると、かえって百倍もにくらしくなる。

かわいそう あわれで、きのどくなようす。(れい)かわいそうな身の上の女の子が主人公の物語。

かわいらしい かわいい。あいらしい。(れい)かわいらしいしゃべり方。

かわかす【乾かす】水分をとりのぞく。かんそうさせる。(れい)ぬれた服をストーブで乾かした。

かわかみ【川上】川の水が流れてくるほう。上流。⇕川下。

かわぎし【川岸・河岸】川のほとり。流れている川の水のそば。(れい)ボートを川岸に近づける。

かわきり【皮切り】ものごとのしはじめ。手はじめ。(れい)東京を皮切りに各地で公演する。

1 **かわく**【乾く】水分やしめり気がなくなる。かんそうする。(れい)せんたくものがよく乾く。⇕湿る。

2 **かわく**【渇く】〔のどに水分がなくなって〕水が飲みたくなる。(れい)のどが渇いた。

かわしも【川下】川の水が流れていくほう。下流。⇕川上。

1 **かわす** かるくからだを動かして、あたらないようにさける。(れい)ひらりと身をかわした。

2 **かわす**【交わす】やりとりをする。たがいにしあう。(れい)友だちとことばを交わす。／あくしゅを交わす。

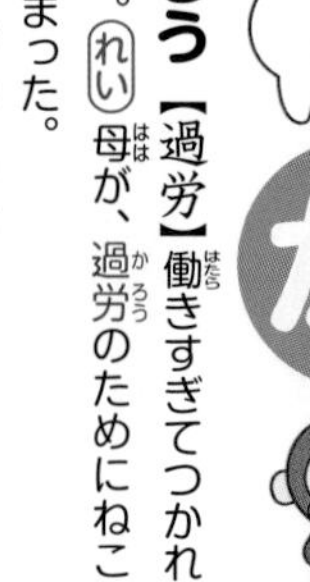

かわず　カエル。

かわせみ　カワセミ科の鳥。頭から背にかけては青緑色、腹はくり色。水にとびこんで、魚をとって食べる。

かわばたやすなり【川端康成】（一八九九〜一九七二）大阪府生まれの小説家。「伊豆の踊子」「雪国」などを書いた。一九六八（昭和四十三）年にノーベル文学賞を受賞した。

1**かわら**【瓦】ねん土を板のように焼きかためて、やねをおおうのに使うもの。

2**かわら**【河原・川原】川のふちの土地で、水のない、砂や小石の多いところ。

かわらばん【瓦版】ねん土に文字や絵をほり、かわらのように焼いて版をつくり、印刷したもの。江戸時代に事件を知らせるために使われた。

かわらやね【瓦屋根】かわらでおおったやね。

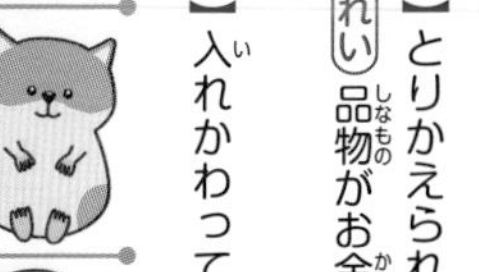

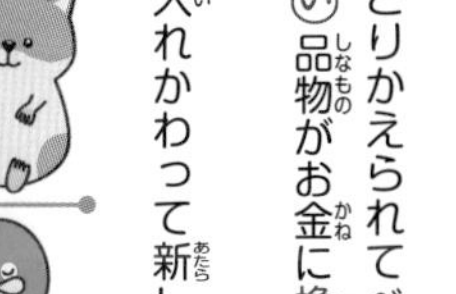
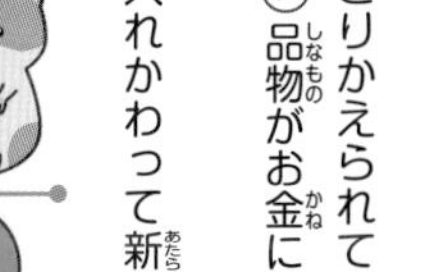

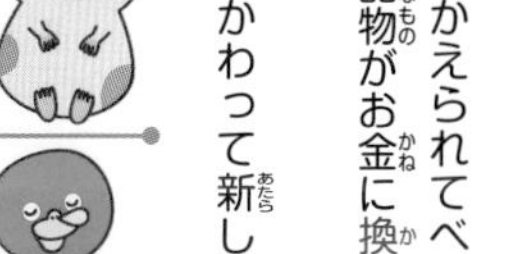

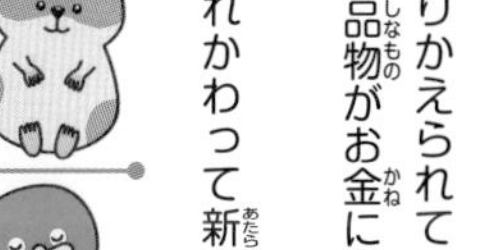

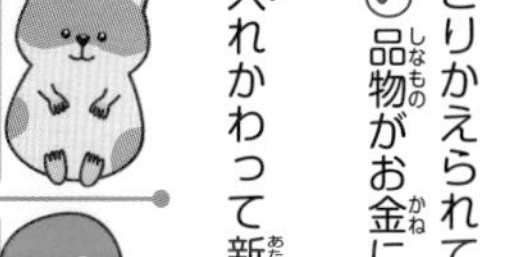
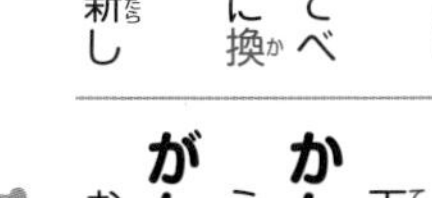
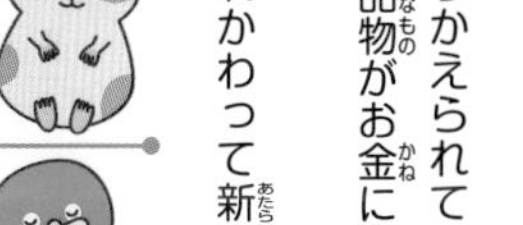
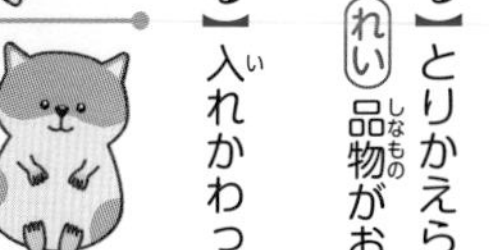

瓦屋根

かわり【代わり・替わり】❶あるものがほかのものにかわること。また、そのかわったもの。（れい）いそいで代わりの品物をさがす。❷《「お代わり」の形で》同じ食べ物を続けて出したり、もとめたりすること。

かわりばんこ【代わり番こ】かわるがわるすること。（れい）代わり番こにボートにのる。

かわりもの【変わり者】〔ほかの人から見て〕することや性質が、どこかちがっている人。変人。

1**かわる**【代わる】あるものの代理をする。（れい）社長に代わって私がお答えいたします。

2**かわる**【変わる】❶前とちがったようすになる。（れい）この町はすっかり変わってしまった。❷うつる。（れい）季節が変わる。❸ふつうのものとちがっている。（れい）変わった人。

3**かわる**【換わる】とりかえられてべつのものになる。（れい）品物がお金に換わる。

4**かわる**【替わる】入れかわって新しいべつのものになる。交たいする。（れい）クラスが替わる。

かわるがわる【代わる代わる】同じことをふたり以上の人が入れかわりながらするようす。かわりばんこに。（れい）公園で、妹と代わる代わるぶらんこにのる。

1**かん**【缶】金属でつくった入れ物。

2**かん**【勘】〔すじ道だてて考えるのでなく〕すぐに感じとったり、見ぬいたりする力。心のひらめき。（れい）勘が働く。

がん　カモ科の水鳥のこと。かり。日本で見られるのは、秋にやってくるわたり鳥のマガンなど。

かんいっぱつ【間一髪】ごくわずかな時間の差でものごとがうまくいったりいかなかったりするたとえ。（れい）間一髪で間に合った。

がんえん【岩塩】つぶやかたまりの形になって岩石の間などからとれる、天然の塩。

かんおけ【棺おけ】死体を入れてほうむる、はこ。かん。おかん。

がんか【眼科】眼の病気をみたり、なおしたりする医学。また、その病院。

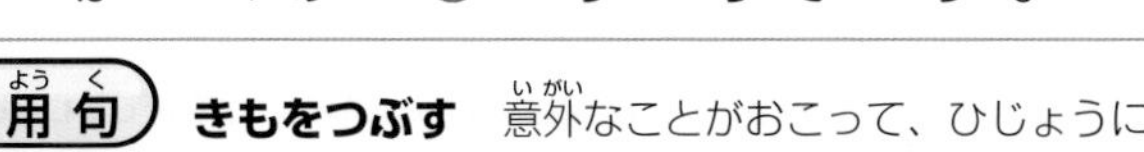
慣用句　**きもをつぶす**　意外なことがおこって、ひじょうにびっくりする。

1 **かんがい** 水路をつくって田や畑に水をひくこと。れい かんがい工事。

2 **かんがい**【感慨◂】しみじみと心に深く感じること。れい 感慨にふける。

かんがえ【考え】❶問題や感じたことなどを、頭の中でまとめたもの。❷思いつきや意見。れい よい考え。

かんがえあぐねる【考えあぐねる】考えがまとまらなくて、こまる。

かんがえあわせる【考え合わせる】いろいろなことを頭に入れて考える。

かんがえこむ【考え込◂む】つきつめて深く考える。れい むずかしい問題なので、みんな考え込んでしまった。

かんがえだす【考え出す】❶くふうして新しくつくる。❷考えはじめる。

かんがえつく【考え付◂く】新しい考えが頭にうかぶ。れい 楽しい遊びを考え付いた。

かんがえなおす【考え直す】もう一度、考える。れい 事態が変わったので考え直すことにした。

かんがえぬく【考え抜◂く】十分に考える。れい 考え抜いた末の決断だ。

かんがえる【考える】❶頭の中で、すじみちだててまとめる。❷くふうして新しいものをつくり出す。考え出す。れい コンピューターのしくみを考えた人。

1 **かんかく**【間隔◂】二つのものの間のへだたり。

2 **かんかく**【感覚】❶目・耳・鼻・した・ひふなどで感じる働き。❷ものごとのとらえ方や感じ方。れい 新しい感覚をもった芸術家。

かんがっき【管楽器】くだの中に息をふきこんで音をだす楽器。木管楽器と、金管楽器がある。

カンガルー カンガルー科の動物。めすのおなかに子どもを育てるふくろがある。オーストラリアとそのまわりの島でくらす。

カンガルー

かんかん ❶金属などをたたいたときに出る音。❷日光がはげしくてりつけるようす。れい 夏の日がかんかんてりつける。❸人がはげしくおこっているようす。れい 試合に負けたのでかんとくはかんかんだ。

1 **かんき**【寒気】さむいこと。さむさ。れい 寒気が身にしみる。

2 **かんき**【換気】〔へやの中の〕よごれた空気を出してきれいな空気を入れること。れい 台所の換気扇をとりかえることにした。

3 **かんき**【歓◂喜】ひじょうによろこぶこと。また、とても大きなよろこび。れい 優勝に歓喜する。

がんぎ 雪の多い地方で、雪がつもっても通れるように、道の上にひさしをはりだしてつくり、その下を通り道にしたもの。また、そのひさし。

かんきゃく【観客】映画・劇・スポーツなどを見る人。けんぶつ人。れい 観客席は、おおぜいの子どもたちでにぎわっていた。

かんきょう【環◂境】〔人や生物を〕と

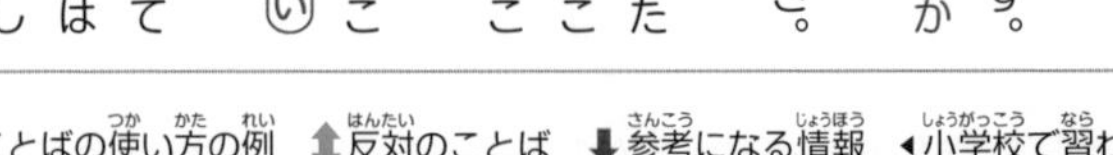

【】漢字を使った書き方　れい ことばの使い方の例　⇕反対のことば　⬇参考になる情報　◂小学校で習わない漢字

りまいて、さまざまなえいきょうをあたえているもの。

かんきん【監禁】ある場所にとじこめて、自由にさせないこと。

がんぐ【玩具】子どもが遊ぶための道具。おもちゃ。

かんけい【関係】❶かかわりあいをもつこと。かかわりあい。えいきょう。(れい)じけんに関係する。／時間の関係で、手みじかに話す。❷つながり。あいだがら。(れい)親子の関係をだいじにする。

かんげい【歓迎】よろこんでむかえること。(れい)新入生を歓迎する。

かんげき【感激】〔うれしいことや、すばらしいおこないを見て〕強く心を動かされること。(れい)友人のやさしい心づかいに感激した。

1**かんけつ**【完結】〔続いていたものが〕すっかり終わること。(れい)テレビドラマが完結した。

2**かんけつ**【簡潔】かんたんでよくまとまっているようす。(れい)簡潔な表現を心がける。

かんげん【還元】もとにもどすこと。(れい)もうけの一部を買い手に還元することにした。

1**かんご**【看護】けが人や病人につきそって、手当てや世話をすること。(れい)手あつい看護をうける。

2**かんご**【漢語】むかし、中国からつたわって、日本語になったことば。たとえば、「読書」「学習」など。また、漢字を組み合わせて音読みにすることば。たとえば、「書物」「病人」など。⇔和語。

がんこ【頑固】❶自分の考えや態度をかたく守って他人の考えをなかなか受け入れないようす。(れい)頑固な老人。❷しつこい。(れい)頑固なふきでものになやまされる。

1**かんこう**【刊行】〔書物などを〕印刷して発行すること。出版。(れい)定期刊行物。

2**かんこう**【観光】美しいけしきや名所などを見物してまわること。(れい)観光旅行。

かんごく【監獄】「刑務所」のむかしのよび名。

かんごし【看護師】医師の指示にしたがって、病人やけが人の世話をする仕事をする人。国でさだめた資格で、女性も男性もいる。

かんこんそうさい【冠婚葬祭】結婚式や葬式などの儀式。冠は成人式、婚は結婚式、葬は葬式、祭は祖先をまつることで、むかしからの四つの大切な儀式。

かんさい【関西】ふつう名古屋より西の、京都・大阪・神戸・奈良などを中心とする地方。関西地方。⇔関東。

かんざし 女の人がかみの毛にさす、かざり。

かんさつ【観察】ものごとの動きやようすを注意してよく見ること。(れい)ヒマワリを観察する。／星の動きを観察する。

かんさん【換算】ある数量をほかの単位の数量に計算しなおすこと。(れい)ドルを円に換算する。

かんさんと【閑散と】ひっそりとして、ひとけがないようす。(れい)閑散とした店内。

1**かんし**【漢詩】中国のむかしの詩。また、その詩の形をまねてつくった日本人の詩。

あいうえお
かきくけこ
か
さしすせそ
たちつてと
なにぬねの
はひふへほ
まみむめも
やゆよ
らりるれろ
わをん

四字熟語 **牛飲馬食** 一度にたくさんのんだり食べたりすること。

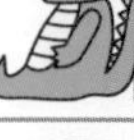

ことばのテーブル 168ページ

2 **かんし**【監視】注意して、よく見はること。また、見はる人。れい 監視の目を光らせる。

1 **かんじ**【感じ】❶かんじること。れい 指先の感じ。❷印象。れい 感じのよい青年。

2 **かんじ**【漢字】むかし中国でつくられて日本につたわってきた文字。一字一字がそれぞれ意味をもっている。

3 **かんじ**【幹事】団体や会の仕事を、中心になって進める役。また、進める人。れい 旅行の幹事。

かんじき〔深い雪の上を歩くとき〕雪の中に足がもぐりこまないように、はきものの下につけるもの。

かんじき

かんじじてん【漢字辞典】漢字をある決まったじゅんじょにならべ、その読み方や意味・使い方などを説明した本。「漢字字典」とも書く。

がんじつ【元日】国民の祝日の一つ。一年のはじめをいわう日。一月一日。元たん。

かんしゃ【感謝】ありがたいと思うこと。ありがたいと思ってお礼をいうこと。れい 母の日に日ごろの感謝をこめてプレゼントをする。

1 **かんじゃ**【患者】病気やけがなどをして、病院でちりょうをうけている人。れい 入院患者の世話をする。

2 **かんじゃ**【間者】敵方にもぐりこんで、そのようすをさぐる者。スパイ。れい 敵の間者が入りこんだようだ。

かんしゃく 少しのことにすぐ腹を立てること。また、そのような性質。れい 弟がかんしゃくをおこす。

1 **かんしゅう**【慣習】長い間おこなわれてきたならわし。習慣。しきたり。れい 慣習にとらわれない。

2 **かんしゅう**【監修】本の内容や、編集のしかたなどをかんとくすること。れい 百科事典の監修者。

3 **かんしゅう**【観衆】スポーツ・劇などを見るおおぜいの人。れい 大観衆を前に、かれは堂々と演じた。

かんじゅく【完熟】くだものなどが完全に大きくなり、あまくなること。種が熟すこと。

がんしょ【願書】❶ねがいごとを書いたもの。❷ねがいをみとめてもらうためにひつようなことを書いて出す書類。れい 入学願書を出す。

1 **かんしょう**【干渉】自分とちょくせつ関係のないことに立ち入って、かかわりをもとうとすること。れい 他人のことに干渉するな。

2 **かんしょう**【感傷】物事に心を動かされて、悲しくなったり、さびしくなったりすること。

3 **かんしょう**【観賞】美しいものを見て、楽しむこと。れい サクラの花を観賞する。

4 **かんしょう**【鑑賞】文学・絵・音楽・劇・映画などを読んだり、見たり、聞いたりして、そのよさをあじわうこと。れい クラシック音楽を鑑賞する。

1 **かんじょう**【勘定】❶数をかぞえたり、計算したりすること。❷前もってそのことを考えに入れるこ

2 かんじょう
・がんじょう
・かんじょうてき
1 かんしょく
2 かんしょく
3 かんしょく

・かんじる
1 かんしん
2 かんしん
・かんじん
・かんすうじ
・かんする
1 かんせい
2 かんせい

3 かんせい
・かんぜい
・かんせいとう
・がんせき
1 かんせつ
2 かんせつ
1 かんせん
2 かんせん
・かんぜん

と。(れい) かれが来ることは勘定に入れていなかった。
❸お金をはらうこと。また、はらったお金。

2 かんじょう【感情】うれしい、悲しい、楽しい、さびしいというような心の働き。(れい) 感情をぐっとおさえた。

がんじょう【頑丈】じょうぶで、がっしりしているようす。また、こわれにくいようす。(れい) 頑丈な木のはこ。

かんじょうてき【感情的】感情をすぐ表面に出すようす。落ち着いてものごとを考えられないようす。(れい) かれはすぐ感情的になる。

1 かんしょく【寒色】見る人にさむい感じをあたえる色。青色やそれに近い色。⇔暖色。

2 かんしょく【間食】決まった食事と食事との間に食べること。また、その食べ物。(れい) 間食をしたせいか、夕食の時間になってもおなかがすかない。

3 かんしょく【感触】❶ものにふれたときの感じ。手ざわり。(れい) すべすべした感触の布。❷それとなく心に感じること。(れい) よい感触をえる。

かんじる【感じる】❶〔ものごとにふれて〕ある感覚がおこる。感ずる。(れい) 痛みを感じる。❷心に思う。また、感動する。感ずる。(れい) 生きがいを感じる。

1 かんしん【感心】〔りっぱなことやおこないにたいして〕深く心を動かされること。(れい) 公平な態度に感心する。

2 かんしん【関心】とくに心をひかれること。(れい) 日本の歴史に関心をもっている。

かんじん【肝心】いちばん大切であるようす。(れい) 肝心なことをわすれていた。

かんすうじ【漢数字】〔一・十・百・千・万など〕漢字であらわした数字。

かんする【関する】〔あるものごとに〕関係をもつ。かかわる。(れい) 理科に関する本。

1 かんせい【完成】すっかりできあがること。(れい) 船のプラモデルが、やっと完成した。

2 かんせい【感性】いろいろなものごとを、心に感じとる力。(れい) かのじょは、とても感性のするどい人だ。／子どもの感性をたいせつにする。

3 かんせい【歓声】よろこんでさけぶ声。(れい) 見物客の中から歓声がわきおこった。

かんぜい【関税】外国から輸入した品物にたいしてかける税金。

かんせいとう【管制塔】飛行場で、飛行機の発着のさしずをするところ。航空管制塔。コントロールタワー。

がんせき【岩石】いわ。大きな石。

1 かんせつ【間接】じかに関係しないで、間にほかのものがあること。(れい) 間接に聞いた話。⇔直接。

2 かんせつ【関節】ほねとほねとが、動けるようにつながっているところ。(れい) ひざの関節がいたむ。

1 かんせん【感染】病気などがうつること。(れい) 妹がインフルエンザに感染した。

2 かんせん【観戦】試合や競技などのようすを見ること。(れい) サッカーの試合を観戦する。

かんぜん【完全】欠点や不足のないこと。(れい) 仕事は完全におわった。

四字熟語 **急転直下** 今まで行きづまっていたのに、急にうまくいくようになること。

かんせんしょう【感染症】コレラ・せきり・インフルエンザなど、ばいきんやウイルスによって人にうつる病気。もとは「伝染病」といった。

かんぜんへんたい【完全変態】こん虫が卵→幼虫→さなぎ→成虫の順にからだの形をかえて、大きくなり、成虫になること。変態。⇕不完全変態。

かんそ【簡素】かんたんでかざりけのないようす。(れい)簡素な生活。

がんそ【元祖】❶祖先。❷あることをはじめてした人。あるものをはじめてつくった人・店。(れい)茶道の元祖。／あの店があんパン製造の元祖といわれている。

1**かんそう**【乾燥】水分がなくなること。かわくこと。また、かわかすこと。(れい)空気が乾燥している。

2**かんそう**【間奏】独唱や独奏などのくぎりめで、伴奏の楽器だけで演奏する部分。

3**かんそう**【感想】あることがらについて、感じたり、考えたりしたこと。(れい)工場見学の感想。

かんぞう【肝臓】おうかくまくのすぐ下にある赤茶色の内ぞう。脂肪を消化するたんじゅうをつくったり、あまった栄養分をたくわえたりする。⬇内臓。

かんそうぶん【感想文】あるものごとについて、自分が心に思ったことや、考えたことなどを書きつづった文。(れい)本を読んで、その感想文を書く。

かんそく【観測】天文・気象などを、機械などを使ってしらべること。

1**かんたい**【寒帯】南極や北極の近くの地帯。とても寒い。

2**かんたい**【歓待】来た人をよろこんでむかえ、もてなすこと。(れい)外国からの客を、家じゅうで歓待した。

3**かんたい**【艦隊】いっしょに行動している、二せき以上の軍艦の集まり。

かんだい【寛大】心が広く、思いやりがあるようす。(れい)彼は寛大な心と勇気をもっている。

がんたい【眼帯】目の病気のとき、目をおおうために使う、ガーゼなどでつくったもの。

かんだかい【甲高い】声の調子が強くて高いようす。(れい)甲高いよび声が聞こえる。

かんたく【干拓】あさい海や湖などをしきり、中の水をかい出して陸地にすること。

1**かんたん**【感嘆】〔すぐれた行動などに〕ひじょうに感心すること。(れい)すばらしい絵のできばえに感嘆した。

2**かんたん**【簡単】こみいっていないようす。たやすいようす。てがるなようす。(れい)簡単な問題。／簡単にできる料理。⇕複雑。

1**かんだん**【寒暖】さむさとあたたかさ。(れい)寒暖の差がはげしい。

2**かんだん**【歓談】うちとけて、楽しく話し合うこと。(れい)ひさしぶりのクラス会でおさななじみと歓談した。

がんたん【元旦】❶一月一日の朝。❷一月一日。元日。

かんちがい【勘違い】まちがってそうだと思いこむこと。思いちがい。(れい)うっかり勘違いしてしまった。

がんちゅうにない【眼中に無い】気にもとめない。少しも問題にしない。(れい)人のことなど眼中に無い。

1**かんちょう**【干潮】海水がひいて、

海面の高さがいちばん低くなること。また、その時。⇔満潮。⬇満潮。

2かんちょう【官庁】おおやけの仕事をするしくみ。役所。れい 父は官庁につとめている。

かんつう【貫通】つきぬけること。れい 新しいトンネルが貫通した。

かんづめ【缶詰】❶かんの中に食物を入れ、ぴったりとふたをしてくさらないようにしたもの。❷人をある場所にとじこめて出さないこと。れい 事故で、電車の車内に三時間も缶詰にされた。

1かんてい【官邸】大臣などが住む、国でつくった建物。れい 首相官邸。

2かんてい【鑑定】〔美術品やしょうこの品などが〕ほんものかにせものか、よいか悪いかなどを見分けること。

かんでふくめる【かんで含める】〔食べ物を一度かんでから、子どもにあたえるように〕わかりやすく、かみくだいて話すようす。れい かんで含めるような教え方をする。

かんてん【寒天】海そうのテングサなどをにて、こおらせ、かわかしたもの。また、それを水でにてもどし、かためた食べ物。みつまめなどに使う。

かんでん【感電】動物や人のからだに電流がながれてショックをうけること。れい かみなりによる感電死。

かんでんち【乾電池】持ち運びできる小さな電池。中心の炭素のぼうが陽極(+)、まわりのあえんが陰極(−)で、その間に薬品が入れてある。

1かんとう【巻頭】本やまき物などのいちばんはじめのところ。れい 巻頭のことば。⇔巻末。

2かんとう【関東】東京都と、神奈川・千葉・埼玉・茨城・栃木・群馬の六県をふくむ地方。関東地方。もとは、箱根の関所から東の地方という意味。⇔関西。

1かんどう【勘当】親・主人・師匠などが、子ども・けらい・弟子などとえんを切っておい出すこと。

2かんどう【感動】ものごとに強く心を動かされること。れい 自然の美しさに深く感動した。

かんどうし【感動詞】〔「おや」「はい」「さようなら」など〕話し手の感動、よびかけ、こたえなどをあらわすはたらきをすることば。

かんとく【監督】仕事のさしずをしたり、とりしまったりすること。また、その人。れい サッカー部の監督をひきうける。

かんな 板や木材の表面をけずってなめらかにする道具。

かんなづき【神無月】むかしのこよみで十月のこと。かみなづき。日本中の神が出雲大社(今の島根県東部にある神社)に集まり、ほかの国には神がいなくなるという言い伝えから。

かんぬき 門や戸を外からあけられないようにするため、内がわにわたした横木。

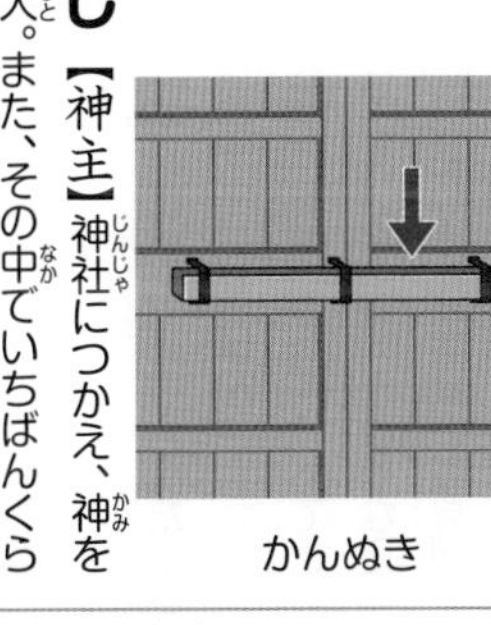
かんぬき

かんぬし【神主】神社につかえ、神をまつる人。また、その中でいちばんくらいが上の人。

あいうえお
かきくけこ
か
さしすせそ
たちつてと
なにぬねの
はひふへほ
まみむめも
やゆよ
らりるれろ
わをん

四字熟語 **共存共栄** ともにたすけあって、ともにさかえること。

かんねん【観念】❶あるものを見たり考えたりしたとき、頭の中にうかぶものごとの形や意味。❷〔もうだめだと〕あきらめること。(れい)いくらもがいてももうだめだ、観念しなさい。

がんねん【元年】❶ある年号のさいしょの年。一年。(れい)明治元年。❷ある物事の始まった年。(れい)うちゅう旅行元年。

かんのもどり【寒の戻り】春が来てあたたかくなったころに、急に冬がもどったように寒くなること。

かんのん【観音】人々の苦しみをすくう、なさけぶかいぼさつ。「観世音ぼさつ」のりゃく。

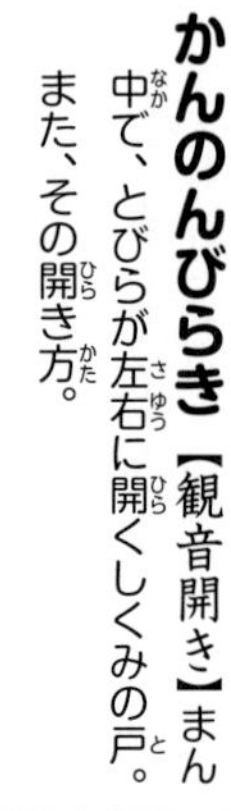

かんのんびらき【観音開き】まん中で、とびらが左右に開くしくみの戸。また、その開き方。

観音開き

1かんぱ【寒波】冬につめたい大気がおしよせて、気温が急に下がること。また、そのようなつめたい大気。(れい)寒波に見まわれる。

2カンパ ある目的のために、多くの人々によびかけてお金を集めること。また、よびかけにたいしてお金を出すこと。

かんぱい【乾杯】〔えん会などで〕みんなの健康や成功をいのって、いっせいにお酒などを飲むこと。また、そのときのかけ声。

かんぱく【関白】❶むかし、天皇をたすけて国の政治をおこなった、おもい役目。また、その人。❷けん力の強い人、いばっている人のたとえ。(れい)てい主(＝夫)関白。

がんばりや【頑張り屋】ある目的をとげるために、まじめにがんばる人。

がんばる【頑張る】❶苦しさに負けずに、どりょくする。また、がまんする。❷自分の意見などを強くおし通す。(れい)祖父は、病院へ行くのはいやだと頑張っている。

かんばん【看板】❶店や品物の名などを書いて人目につくところにかかげたもの。❷その店の信用や格式。(れい)店の看板にきずがつく。

かんぱん【甲板】船の上の広くたいらなところ。デッキ。こうはん。

かんび【完備】〔設備などが〕すべてととのっていること。また、完全にそなえること。(れい)理科室には実験の道具が完備している。⇕不備。

かんびょう【看病】病人の世話をすること。(れい)母は、入院した祖母の看病で毎日いそがしい。

かんぶん【漢文】❶中国でむかしから使われてきた文章。❷日本で「漢文①」をまねて、漢字だけで書いた文章。

かんぺき【完璧】少しも欠点がなく、りっぱなこと。(れい)完璧な答案。

かんべん【勘弁】人のあやまちやつみなどをゆるすこと。(れい)勘弁してください。

がんぼう【願望】ねがいのぞむこと。また、そのねがいやのぞみ。(れい)野球の選手になりたいという長年の願望がかなった。

かんぽうやく【漢方薬】中国からつたわってきた、草の根や木の皮などからつくった薬。

かんぼつ【陥没】地面などが落ちこんでへこむこと。

かんまつ【巻末】本やまき物などのいちばん終わりのところ。⇔巻頭。

かんむり【冠】❶むかし、身分の高い人が頭につけたかぶりもの。❷漢字の組み立てで、漢字の上の部分。「くさかんむり」「うかんむり」など。

かんむりょう【感無量】しみじみと思う気持ちで胸がいっぱいのようす。感慨無量。

かんめい【感銘】深く心に感じてわすれられないこと。れい 人々に感銘をあたえる話。／感銘を受けた。

がんめん【顔面】かおの表面。

かんもん【関門】通らなければならないが、なかなか通りぬけられないところ。れい 入学試験という関門。

かんゆう【勧誘】団体や会に入るようにすすめたり、さそったりすること。れい クラブの勧誘。

かんよ【関与】あるものごとに関係すること。れい あの人は事件への関与を否定している。

かんよう【寛容】心が広く、相手の気持ちをよく受け入れ、ゆるすこと。れい 他人にたいしては寛容の精神をもちたい。

かんようく【慣用句】二つ以上の単語がいつもいっしょに決まった形で使われ、それがとくべつな意味をあらわすもの。「骨が折れる（＝くろうする）」「油を売る（＝なまける）」など。

がんらい【元来】はじめから。もともと。れい 私は元来、陽気な性質です。

かんらく【陥落】❶〔城や都市などが〕戦争でせめおとされること。❷それまでの地位をうしなって、それより下になること。れい 二軍に陥落してしまった。❸なんども言われて、ついに承知すること。れい なんどもたのんで、父を陥落させた。

かんらん【観覧】ながめ見ること。れい 観覧席。／観覧料。

かんり【管理】事務・建物などをとりしきること。れい アパートの管理人。

かんりゃく【簡略】短くてかんたんなようす。れい 簡略な報告書。

かんりゅう【寒流】〔極地の方から、赤道の方に流れる〕つめたい海水の流れ。⇔暖流。

1 **かんりょう**【完了】ぜんぶ終わること。また、終えること。れい これで準備完了です。

2 **かんりょう**【官僚】〔くらいの高い〕役人。れい 高級官僚。

1 **かんれい**【寒冷】気温がひじょうに低くて、寒さ・冷たさがきびしいこと。⇔温暖。

2 **かんれい**【慣例】なんどもおこなわれて、ならわしになっていること。しきたり。れい 慣例にしたがう。

かんれき【還暦】かぞえ年で六十一才のこと。

かんれん【関連】〔あることがらが、ほかのことと〕つながりがあること。れい 生活にふかい関連のあることばをあつめる。

かんろ【寒露】二十四節気の一つ。十月八日、九日ごろ。冷たい露が宿るころのこと。

慣用句 **気を配る** こまかなことまでよく注意する。

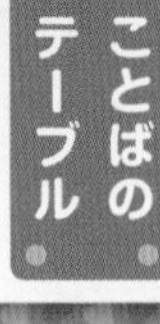

かんろく【貫ろく】態度に、どっしりとした落ち着きのあるようす。(れい)社長としての貫ろくがある。

かんわ【緩和】〔きびしさやはげしさを〕ゆるめやわらげること。楽にすること。(れい)制限を緩和する。

かんわじてん【漢和辞典】漢字や漢語の読み方や意味などを日本語で説明した本。

1**き**【木】❶かたく、じょうぶなみきをもった植物。樹木。❷ざいもく。(れい)木のつくえ。

2**き**【生】❶自然のままであること。(れい)生のままに行動する。❷《ほかのことばの上につけて》「まじりけのない」「心がきよらかなようす」などの意味をあらわす。(れい)生じょうゆ。／生まじめ。

3**き**【気】❶心の働き。心持ち。(れい)気をおちつける。❷あることをしようとする気持ち。(れい)やる気がない。❸性質。性格。(れい)気が弱い。❹空気。

4**き**【黄】黄色。色の三原色の一つ。

きあい【気合い】〔あることをしようとする〕はげしいいきおい。また、そのときのかけ声。

きあいをいれる【気合いを入れる】❶自分の気持ちをひきしめて集中する。(れい)気合いを入れて、ボールをける。❷かけ声をかけてはげます。(れい)新入生に気合いを入れる。

きあつ【気圧】地球をとりまく空気の圧力。

ぎあん【議案】会議にかけて、話し合おうとする問題。

キー ❶かぎ。❷ピアノ・オルガンなどの、指でおすところ。けんばん。

きいと【生糸】かいこのまゆからとった、加工していない糸。

キーボード ❶ピアノ・オルガン・シンセサイザーなどのけんばん。❷コンピューター・パソコンなどで、それをおすことによって、文字や記号を画面や紙の上にあらわす装置。

キーホルダー いろいろなかぎを一つにまとめてたばねる道具。

きいろ【黄色】菜の花や、たまごの黄身などのような色。黄。

きいろい【黄色い】色が黄色である。

キーワード ものごとを考えるときや知りたいことをさがすときなどに、手がかりになるたいせつなことば。(れい)キーワードでひく索引。

ぎいん【議員】選挙でえらばれて、議会でいろいろなことを相談したり、決めたりする人。

キウイ ❶キウイ科の鳥。ニュージーランドでくらす。とぶことはできない。❷「キウイフルーツ」のりゃく。実のようすが、鳥のキウイに似ている。

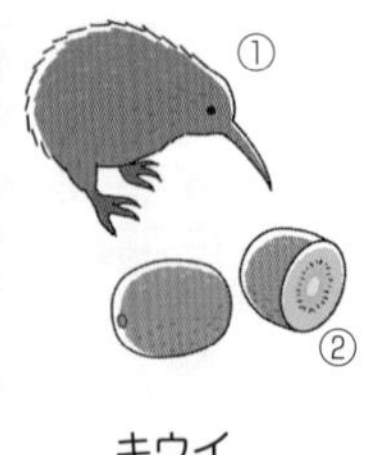

キウイ

きえる【消える】❶光や熱を出さなくなる。(れい)電灯が消えた。❷見えなくなる。なくなる。❸とけてなくなる。(れい)雪が消えて春になった。

きおう【気負う】〔負けまいとして〕いきおいこむ。(れい)気負いすぎて失敗した。

きおく【記憶】わすれないでおぼえていること。また、そのおぼえている内容。(れい)記憶をうしなう。／パスワードを記憶する。／記憶に残る。

きおくれ【気後れ】自信がなくてしりごみをすること。(れい)多くの人の前に出て気後れした。

きおち【気落ち】〔悪い結果などのために〕はりきっていた気持ちがくずれて、がっかりすること。(れい)サッカーの試合に負けて気落ちする。

きおん【気温】大気の温度。

ぎおんご【擬音語】ぎせいご。

きか【帰化】❶外国の国籍をえて、その国の国民になること。❷外国からきた生物が、その土地にもともとあったように育ちふえること。(れい)帰化植物。

きが【飢餓】食べ物がなくて、うえること。(れい)飢餓に苦しむ。

ギガ ある単位の前につけて、十億倍をあらわすことば。記号は「G」。(れい)二ギガバイト。

きがあう【気が合う】たがいに考えや気持ちが通じて、なかがよい。(れい)あの二人はとても気が合うようだ。

1きかい【奇怪】ひじょうにあやしく、ふしぎなようす。(れい)奇怪なうわさがながれる。

2きかい【機会】〔ものごとをおこなうのに〕ちょうどよいとき。チャンス。

3きかい【機械】じょう気・電気などのエネルギーを動力にかえて、ある決まった運動をくりかえして仕事をするもの。

ぎかい【議会】国民からえらばれた人々が、国や地方の政治について、相談してとり決める会。国会・県議会・市議会・村議会など。

きがえ【着替え】きがえること。また、そのための衣類。

きがえる【着替える】着ているものをぬいでほかの衣服を着る。きかえる。

きがおけない【気が置けない】えんりょが必要なく、うちとけられる。(れい)気が置けない友だちと、楽しい一日をすごした。

きがかり【気懸かり】心配で心からはなれないこと。心にかかること。(れい)病気の母が気懸かりだ。

きがかるくなる【気が軽くなる】〔なやみや心配などがなくなって〕気持ちがはればれとする。(れい)委員のつとめがおわって気が軽くなった。

きがきでない【気が気でない】心配で、じっとしていられない。(れい)発車時刻がせまっているのに友だちが来ないので、気が気でなかった。

1きかく【企画】計画をたてること。また、その計画。(れい)グループで新しい企画を立てる。

2きかく【規格】品物の形・大きさ・質などについての決まり。(れい)規格品。

きがたつ【気が立つ】〔ちょっとしたことにも〕おこりっぽくなる。いらいらした気持ちになる。(れい)兄は高校受験をひかえて気が立っている。

慣用句 **気をまぎらす** いやな思いをなくすように、気持ちをほかにむける。

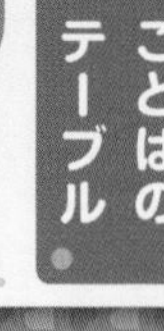

きがつく【気が付く】❶注意がゆきとどく。れい よく気が付く人。❷ある物事を意識する。気付く。れい 字のまちがいに気が付く。❸意識がもどる。気付く。れい 気が付くと病院のベッドの上にいた。

きがとおくなる【気が遠くなる】意識をうしなって、なにもわからなくなる。

きがはれる【気が晴れる】暗い気分が明るくなる。れい みまいに来てくれたクラスの友だちの顔をみて少し気が晴れた。

きがもめる【気がもめる】心配で落ち着かない。れい 合格の発表までは気がもめる。

きがらくになる【気が楽になる】〔なやみや心配などがなくなって〕気持ちが安らかになる。

きがる【気軽】かるい気持ちでものごとを考えたり、おこなったりするようす。れい だれにでも気軽に声をかける。

1 **きかん**【気管】せきつい動物の、のどから肺に通じている空気の通るくだ。

2 **きかん**【季刊】雑誌などを一年間に四回、春・夏・秋・冬のそれぞれに発行すること。

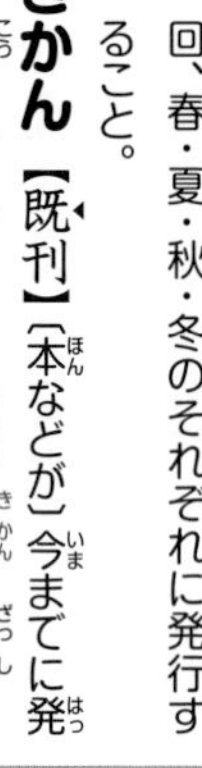

3 **きかん**【既刊】〔本などが〕今までに発行されていること。れい 既刊の雑誌。

4 **きかん**【帰還◀】つとめがおわって、もどってくること。れい 宇宙飛行士たちがぶじに帰還した。

5 **きかん**【期間】ある決まったときからほかの決まったときまでの間。れい 試験期間中。

6 **きかん**【器官】生物のからだの中で、ある決まった働きを受け持つ部分。れい 呼吸器官。

7 **きかん**【機関】❶電気・じょう気などのエネルギーを、仕事をする力にかえるしかけ。エンジン。❷ある仕事をするためのしくみ。れい 研究機関。

きがん【祈◀願】神や仏にいのって、ねがうこと。れい 全員で世界の平和を祈願する。

きかんしゃ【機関車】客車や貨車をひく、機関をとりつけた車両。

きき【危機】ひじょうにあぶないとき。れい 食糧危機。

ききいっぱつ【危機一髪◀】ちょっとまちがえれば助かるかどうかわからない、たいへんきけんな状態。れい 危機一髪でたすかった。「一髪」は、かみの毛一本ほどのわずかの差。

ききうで【利き腕】よく力が入るほうのうで。いつも使うほうのうで。

ききて【聞き手】話などを聞くがわの人。れい 聞き手によくわかるように話す。⇕話し手。

ききとり【聞き取り】聞いて、理解すること。ききとること。れい 聞き取り調査。

ききみみをたてる【聞き耳を立てる】〔人の話や物音を〕聞こうとして耳をすます。れい となりの人の話に聞き耳を立てる。

ききめ【効き目・利き目】ある働きのあらわれ。れい くすりの効き目があらわれた。

ききゅう【気球】水素ガスやヘリウムガスなど、空気よりかるい気体を入れて空中にあげる、まるくて大きなふくろ。

1 **ききょう** キキョウ科の植物。星形のむらさき色などの花がさく。秋の七草の一つ。

2 **ききょう**【帰郷】ふるさとに帰ること。(れい) 夏休みに帰郷する。

1 **きぎょう**【企業】利益をあげる目的で事業をおこなうまとまり。(れい) 大手の企業につとめる。

2 **きぎょう**【起業】新しく事業を始めること。

1 **ききん**【飢きん】❶作物がみのらないため、食物が足りなくなること。❷くらしにひつようなものが足りなくなること。(れい) 水ききん。

2 **ききん**【基金】ある事業を始めるもとになるお金。また、そのためにつみ立てておくお金。(れい) 文化交流基金。

ききんぞく【貴金属】性質がかんたんにはかわらず、とれる量がひじょうに少ないためにねうちのある金属。金・銀・白金など。

1 **きく**【菊】キク科の植物。秋に、白や黄色、むらさきなどの花をつける。

2 **きく**【利く】❶十分にはたらく。(れい) 鼻が利く。❷できる。(れい) 見通しが利かない（＝よく見えない。また、これからどうなるか、よくわからない）。❸ものを言う。(れい) 弟がにくまれ口を利く。

3 **きく**【効く】ききめがあらわれる。(れい) かぜに効く薬。／テレビのせんでんが効いた。

4 **きく**【聞く】❶（音や声を）耳で感じる。(れい) うわさ話を聞く。

聞く①

❷たずねる。(れい) 道を聞く。
❸承知する。受け入れる。(れい) 親の言うことをよく聞く子ども。

きぐ【器具】道具。また、かんたんな器械。(れい) 実験器具。

ぎくしゃく ❶ことばや動作などが、なめらかでないようす。(れい) ぎくしゃくした会話。❷ものごとがなめらかに進まないようす。(れい) 二つの国の関係がぎくしゃくする。

きぐらい【気位】自分の身分や地位などをほこりに思い、それをたもち続けようとする心のもち方。(れい) あの人は気位が高い。

ぎくりと おどろきとおそれを強く感じるようす。(れい) 急に名まえをよばれたのでぎくりとした。

きぐろう【気苦労】心配したり、気をくばったりする苦労。(れい) 気苦労がたえない生活。

きげき【喜劇】こっけいな劇。(れい) 喜劇役者。⇔悲劇。

ぎけつ【議決】会議で決めること。また、その決まったことがら。決議。

1 **きけん**【危険】あぶないこと。(れい) ここは危険なので遊んではいけない。⇔安全。

2 **きけん**【棄権】自分のもっている権利を使わないこと。とくに、選挙で投票しないこと。(れい) 体調がよくないので、この試合は棄権する。

1 **きげん**【起源】ものごとのおこり。はじまり。(れい) ひらがなやかたかなの起源は漢字にある。

ことわざ **木を見て森を見ず** 小さいことにこだわり全体がわからないことのたとえ。

2**きげん**【期限】決められている期間。(れい)入会申しこみの期限は、あすまでです。

3**きげん**【機嫌◀】❶〔たいどなどにあらわれた〕心のようす。(れい)今日の父は、とても機嫌がいい。❷《「ごきげん」の形で》いい気分。(れい)よほどよいことがあったのか、きょうはずいぶんご機嫌ですね。

きげんぜん【紀元前】キリストが生まれたとされる年よりも前。

きご【季語】俳句で、春・夏・秋・冬の季節の感じをあらわすためによみこむことになっていることば。季題。なの花(春)・さみだれ(夏)・名月(秋)・こがらし(冬)など。

1**きこう**【気候】〔その土地の〕長い間の気温・湿度・雨量などのようす。

2**きこう**【紀行】旅行で見聞きしたことや感じたことなどを書いたもの。旅行記。紀行文。(れい)フランス紀行。

3**きこう**【帰港】〔航海を終えて〕船が出発した港に帰ること。

きごう【記号】あることがらの意味や内容をあらわすしるし。符号。

ぎこう【技巧】〔技術・芸術などの〕すぐれたうでまえ。(れい)技巧をこらす。

きこうし【貴公子】身分の高い家に生まれたわかくて上品な男子。⇕貴婦人。

きこうぶん【紀行文】きこう(紀行)。

きこえる【聞こえる】❶音や声を耳で感じとる。(れい)スズムシの音が聞こえる。❷広く知られる。有名である。(れい)すぐれた作家として、世界にその名が聞こえている。

きこく【帰国】自分の国に帰ること。選手たちが帰国する。

きこくしじょ【帰国子女】家族の仕事で外国に行き、そこで教育を受けて日本に帰ってきた児童・生徒。

ぎこちない〔ことばや動作などが〕不自然である。なめらかでない。(れい)ほうちょうの持ち方がぎこちない。／話し方がなんとなくぎこちない。

きこなす【着こなす】衣服を自分によく似合うようにうまくきる。(れい)和服を着こなす。

きざ いかにもわざとらしくて、気どった感じがするようす。(れい)きざな話しぶり。

きさい【記載◀】〔あることを書類などに〕書いてのせること。(れい)台帳に記載されていることがら。

きさき 王や天皇の妻。皇后。

ぎざぎざ のこぎりの歯のようになったようす。(れい)ふちがぎざぎざになっている木の葉。

きさく【気さく】気持ちがさっぱりしていて、親しみやすいようす。(れい)気さくな人。

ぎざぎざ

きざし【兆し】あるものごとのおこりそうなようす。また、そのしるし。兆候。(れい)病人に回復の兆しが見えてきた。

きざむ【刻む】❶こまかく切る。(れい)ダイコンを刻む。❷ほりつける。ちょうこくする。(れい)

板に動物の形を刻む。
❸いつまでもしっかりおぼえておく。(れい)心に刻む。
❹こまかくくぎってすすむ。(れい)ときを刻む。

きさらぎ【如月】むかしのこよみで二月のこと。

1きし【岸】陸と川・湖などの水べとのさかい。

2きし【騎士】❶馬に乗ってたたかうさむらい。
❷むかしのヨーロッパの武士の階級の名前。ナイト。

1きじ【生地】❶手を入れない、自然のままの性質。(れい)自分の生地がでる。
❷織物の性質。また、織物。(れい)あつでの生地。
❸小麦粉をこねたじょうたいのパンやめんなどの材料。(れい)ピザの生地。

2きじ【記事】じっさいにあったことを知らせるために書いた文章。(れい)学校新聞の記事。

ぎし【技師】技術についての専門の知識やわざをもっている人。(れい)おじは建築技師だ。

きしかいせい【起死回生】今にもほろびそうなじょうたいからすくい出し、よいじょうたいにすること。(れい)起死回生の逆転ホームランをうった。

ぎしき【儀式】まつりやいわいごとなどのとき、ある決まりにしたがっておこなう作法。式典。

きしつ【気質】生まれつきの性質。気だて。(れい)母はおだやかな気質の人でみんなにすかれる。

きじつ【期日】前もって決められた日。(れい)提出の期日におくれないようにする。

きしべ【岸辺】岸のあたり。岸の近く。(れい)岸辺にさいている花。

1きしゃ【汽車】じょう気機関車の力で、線路を走る客車や貨車。

2きしゃ【帰社】外出していた社員などが、自分の会社にもどること。(れい)四時に帰社する予定です。

3きしゃ【記者】新聞や雑誌などで、取材をしたり、記事を書いたり、編集をしたりする人。

きしゅ【機種】飛行機や機械などの種類。(れい)古い機種のジェット機。／同じ機種のコンピューター。

きじゅ【喜寿】七十七才。また、そのいわい。「喜」をくずした字「㐂」が七十七にみえることから。

きしゅくしゃ【寄宿舎】学生や会社員が、共同で生活する（大きな）建物。寮。(れい)父は、学生時代は寄宿舎に入っていたそうだ。

1きじゅつ【奇術】❶ふしぎなわざ。
❷てじな。

2きじゅつ【記述】文章で書きしるすこと。(れい)調査の内容を報告書に正確に記述する。

ぎじゅつ【技術】❶科学をじっさいの仕事に役立たせるわざ。(れい)造船技術。／技術が進歩する。
❷ものごとを（うまく）おこなうわざ。(れい)バッティングの技術。

1きじゅん【基準】〔他のものとくらべる〕もとになるもの。ひょうじゅん。(れい)採点の基準。

2きじゅん【規準】いい悪いを決めるよりどころ。また、したがわなければならない決まり。(れい)キャンプ生活の規準をさだめる。

慣用句　**気をもむ**　あれこれ心配する。いらいらする。

1きしょう【気性】生まれつきもっている性質。気だて。(れい)気性のはげしい人。

2きしょう【気象】大気中におこるいろいろなありさま。天候・気圧・風速など。(れい)気象情報を伝える。

3きしょう【希少】きわめてまれで、数が少ないこと。(れい)世界じゅうの希少動物をほごする。

4きしょう【起床】ねどこからおきでること。(れい)けさは、いつもより起床時間がおそかった。⇔就寝。

きしょうちょう【気象庁】全国の気象についての仕事を担当する国の機関。国土交通省にぞくする。

きしょうてんけつ【起承転結】❶漢詩の組み立て方の一つ。第一句(=起句)で書きおこし、第二句(=承句)でその内容を続け、第三句(=転句)で内容のおもむきを変え、第四句(=結句)で全体をまとめるもの。❷文章やものごとを組み立てる順序。

きじょうのくうろん【机上の空論】頭の中で考えただけの、じっさいには役に立たない考え・計画。(れい)きみの案は、まさに机上の空論だ。

きしょうレーダー【気象レーダー】雨や雪がどこでどれくらいふっているかなどを調べるためのレーダー。

ぎじんか【擬人化】人以外のものを、人にたとえていいあらわすこと。(れい)動物たちを擬人化した童話を読む。

ぎじんほう【擬人法】〔詩や文章で〕人以外のものを人にたとえていいあらわす方法。「太陽はほほえみ、鳥は歌う」など。

きず【傷】❶けが。また、けがをしたところ。❷ものがこわれていたんだところ。(れい)柱の傷。❸欠点。(れい)わすれっぽいのが玉に傷だ(=ほかのことはよいが、わすれやすいのがただ一つの欠点だ)。

きすう【奇数】二でわりきれない整数。一・三・五・七……など。⇔偶数。

ぎすぎす ❶とてもやせているようす。(れい)ぎすぎすしたからだつき。❷態度やふんいきがとげとげしく、親しみにくいようす。(れい)ぎすぎすしたものの言い方。

きずく【築く】❶土や石などをつんでつくる。(れい)城を築く。❷努力してつくりあげる。(れい)平和でゆたかなくらしを築く。

きずぐち【傷口】きずのできているところ。

きずつく【傷付く】❶〔からだに〕きずができる。けがをする。❷〔ものに〕きずができる。こわれる。❸〔心に〕いたでをうける。(れい)友だちのひとことで、わたしの心はひどく傷付いた。

きずな たちきることのできない人と人とのむすびつき。(れい)親子のきずなをたいせつにする。

1きせい【帰省】〔親などに会うため〕ふるさとに帰ること。(れい)帰省の車で道路がこみあう。

2きせい【既成】すでにでき上がっていること。すでにおこなわれていること。(れい)既成の事実。

3きせい【寄生】ある生物がほかの生物についたり、からだの中に入ったりして、その生物から養分をうばって生活

【】漢字を使った書き方　(れい)ことばの使い方の例　⇔反対のことば　⬇参考になる情報　◀小学校で習わない漢字

すること。

4きせい【規制】決まりをつくり、それにしたがって制限すること。れい トラックの通行を規制する。

ぎせい【犠牲】ある目的をはたすために、自分のいのちや大切なものをささげること。れい 犠牲をはらう。

ぎせいご【擬声語】物音や動物の鳴き声をまねてつくったことば。「ガタガタ」「ザーザー」「ピヨピヨ」など。擬音語。かたかなで書くことが多い。

きせいをあげる【気勢を上げる】なかまが集まって、元気でいきおいのよいようすをしめす。れい みんなそろって大声を出して、気勢を上げる。

きせき【奇跡】ほんとうにおこるとはとても思われないふしぎなできごと。

ぎせき【議席】議場にある議員のすわる席。また、議員のしかく。

きせつ【季節】春・夏・秋・冬のそれぞれの期間。また、そのうつりかわり。

きぜつ【気絶】気をうしなうこと。失神。れい おどろいて、気絶する。

きせつかん【季節感】その季節らしい感じ。れい 都会になればなるほど、季節感がとぼしい。

きせつはずれ【季節外れ】その季節にふさわしくないこと。れい 各地で季節外れの雪がふる。

きせつふう【季節風】毎年季節によって、ある決まった方向からふいてくる強い風。モンスーン。

1きせる きざみたばこをつめてすう道具。両はしは金具、間は竹などでできている。

きせる

2きせる【着せる】❶衣服を身につけさせる。れい 弟にパジャマを着せる。❷なすりつける。負わせる。れい 人につみを着せる。

ぎぜん【偽善】本心ではなく、うわべだけよさそうなおこないをして見せること。れい 偽善者。

1きそ【起訴】検察官が裁判所にうったえをおこすこと。

2きそ【基礎】❶〔建物などの〕どだい。れい 基礎工事。❷ものごとのもとになることがら。基本。れい 基礎をしっかり身につける。

きそう【競う】〔負けまいとして〕たがいにあらそう。れい うでまえを競う。

きぞう【寄贈】品物をおくりあたえること。きそう。れい 卒業記念にパソコンを寄贈する。

ぎそう【偽装・擬装】人や敵の目をあざむくため、ほかのものとまぎらわしい色や形をよそおうこと。カムフラージュ。れい はんにんが偽装したにちがいない。

ぎぞう【偽造】〔人をだますために〕ほんものにまねてつくること。れい 偽造した一万円さつ。

きそうてんがい【奇想天外】ふつうではとても思いつかないほど、ひじょうにめずらしいようす。

きそく【規則】したがわなければならない決まり。ルール。

きぞく【貴族】身分や家がらなどが高く、とくべつな権力をあたえられている階級。

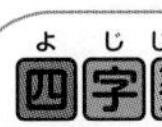
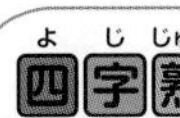

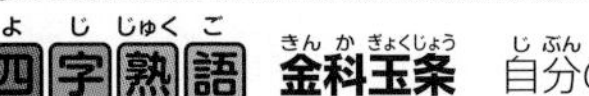

四字熟語 **金科玉条** 自分の考えのもとになる、もっとも大切な物事。

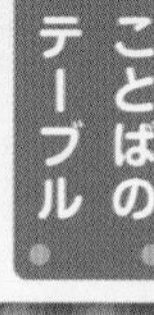

きそくただしい【規則正しい】一定の決まりにしたがって、ものごとがきちんとおこなわれるようす。れい規則正しく並べる。／規則正しい生活。

きた【北】太陽の出る方向にむかって左の方角。⇔南。

ギター 六本の糸をはった西洋の楽器。指ではじいてならす。

1**きたい**【気体】〔空気のように〕形が自由にかわり、おしつけられると体積が小さくなるもの。ガス。⇔液体。固体。

2**きたい**【期待】あてにしてまつこと。れいおみやげを期待する。

3**きたい**【機体】飛行機のどう体。また、飛行機の（エンジンをのぞいた）おもな部分。

ぎたい【擬態】❶あるものの形やようすに似せること。❷動物が、その形・色などをまわりのものや動物に似せること。敵に見つかりにくく、身を守るのにつごうがよい。

ぎだい【議題】会議で話し合う問題。

ぎたいご【擬態語】ものごとのようすや身ぶりなどの感じを、いかにもそれらしくあらわすことば。「ぬるぬる」「きらきら」「にっこり」など。

きたえる【鍛える】❶〔金属などを〕なんどもねっしたりたたいたりして強くする。れい鉄を鍛えて刀をつくる。❷なんども練習して、からだや心を強くする。また、わざをみがく。れい運動をしてからだを鍛える。

きたかぜ【北風】北の方からふいてくる（さむい）風。

きたく【帰宅】〔自分の〕家に帰ること。れい深夜に帰宅する。

きたぐに【北国】北のさむい地方。北の方にある国。ほっこく。

きたす【来す】あることがおこるようにする。おこす。まねく。れい食料に不足を来す。

きだて【気立て】生まれつきの性質。心のもちかた。れい気立てのいい人。

きたない【汚い】❶よごれている。ふけつである。れいほこりやどろにまみれた汚い手。❷ふゆかいな感じをあたえる。れい汚い字。❸ひきょうである。れい勝つために、なりふりかまわず汚い手を使う。⇔①〜③奇麗。

きたはらはくしゅう【北原白秋】（一八八五〜一九四二）明治時代から昭和時代にかけての詩人・歌人。詩集「邪宗門」「思ひ出」、歌集「桐の花」などを発表した。童謡にも、「からたちの花」「この道」「待ちぼうけ」「雨ふり」などの名作を残した。

きたる【来る】これからやってくる。この次の。れいすもう大会は、来る五日にひらかれる。⇔去る。

1**きち**【吉】〔うらないやおみくじなどで〕よいこと。めでたいこと。⇔凶。

2**きち**【基地】〔ある大きな仕事をする〕よりどころとなる場所。ねじろ。れい遠洋漁業の基地。

きちじつ【吉日】ものごとをするのによいとされるめでたい日。きちにち。

きちっと きちんと。

1**きちょう**【記帳】❶記録のため、帳簿に書き入れること。❷〔自分の名前などを〕帳面に書きつけること。れい受付で記帳する。

2**きちょう**【貴重】ひじょうに大切な

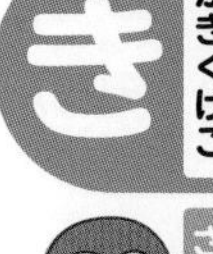

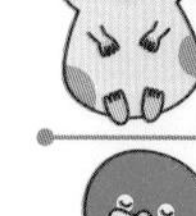

【】漢字を使った書き方　れいことばの使い方の例　⇕反対のことば　⬇参考になる情報　◀小学校で習わない漢字

ようす。（れい）貴重品。

きちょうめん 性格やおこないがきちんとしているようす。（れい）姉はきちょうめんだ。

きちんと ❶よくととのっているようす。きちっと。（れい）つくえの中はきちんとかたづいている。❷正確で規則正しいようす。きちっと。（れい）約束の時間にきちんと集まる。

きつい ❶〔ものごとのていどが〕はげしい。ひどい。（れい）きつくしかられた。❷〔力の入れ方などが〕強い。（れい）タオルをきつくしぼる。❸〔性格などが〕しっかりしている。気が強い。（れい）顔つきがきつい。❹〔寸法などに〕ゆとりがない。きゅうくつである。（れい）ズボンがきつい。

きつえん【喫煙】たばこをすうこと。

きっかり はんぱがなく、ちょうど。（れい）きっかり五時に始まる。

キック 足でけること。

きづく【気付く】考えがおよぶ。気がつく。かんづく。（れい）相手のまちがいに気付いた。

きつけ【着付け】和服をきちんと着ること。また、人にきちんと着せること。（れい）着付けを習う。／花嫁衣装の着付けをする。

きっさてん【喫茶店】コーヒーや紅茶などを飲ませる店。

ぎっしゃ【ぎっ車】むかし、牛にひかせた、やねのある車。身分の高い人が乗った。御所車。ぎゅうしゃ。

ぎっ車

ぎっしり いっぱいつまっているようす。ぎっちり。（れい）はこには、おかしがぎっしりつまっている。

きっすい【生粋】まったくまじり気のないこと。（れい）生粋の江戸っ子。

きっちり ❶ある数量や時刻などにちょうどあって、あまったり足りなかったりしないようす。（れい）やくそくの三時きっちりに駅についた。❷すきまなくいっぱいつまっているようす。（れい）本だなに本をきっちりならべる。❸よくととのってみだれていないようす。（れい）かさをきっちりとたたむ。

キッチン 台所。調理場。

きつつき キツツキ科の鳥のこと。森林などでくらす。するどいくちばしで木にあなをあけ、長いしたで中の虫をひきだして食べる。

きって【切手】郵便で送るものにはって、きめられた料金をはらったしるしとする小さな紙。郵便切手。

1きっと ❶たしかに。かならず。（れい）かれはきっと成功する。❷顔つきがきびしくひきしまるようす。（れい）口をきっとむすぶ。

2キット 組み立てる部品や道具などの一そろい。（れい）模型飛行機のキット。

きつね イヌ科の動物。野山にすむ。からだつきはほっそりしていて、尾が太くて長い。

きつねにつままれる〔キツネにだまされたように〕わけがわからず、ぼんやりすることのたとえ。（れい）会場にはだれもいなくて、きつねにつままれたような気分だ。

慣用句 **食うか食われるか** 相手に勝つか負けるか。

・きっぱり
・きっぷ
・きっぽう
・きづまり
・きつもん
・きてい
・きてき
・きてん
・きどあいらく
・きとう
・きどう
・きとく
・きどる
・きにいる
・きにかける
・きにとめる
・きにやむ
・きにゅう
・きぬ
・きぬいと
・きぬおりもの
・きね
・ギネスブック

きっぱり 〔ことばや態度などが〕はっきりしているようす。(れい)きっぱりことわった。

きっぷ【切符◂】乗り物にのったり、しせつに入ったりするときなどに、お金をはらったしるしになる小さな紙。

切符

きっぽう【吉報◂】よい知らせ。(れい)合格の吉報がとどく。

きづまり【気詰まり】〔まわりにえんりょして〕気持ちがきゅうくつなこと。(れい)ふたりっきりになると気詰まりで話もできない。

きつもん【詰問】相手を強くせめて、問いただすこと。(れい)やくそくをやぶった理由をみんなに詰問された。

きてい【規定】決まりをつくること。また、その決まり。(れい)規定の料金をはらう。

きてき【汽笛】じょう気を使って鳴らす、汽車や汽船などのふえ。また、その音。(れい)船の汽笛が聞こえる。

きてん【機転】〔その場その場におうじた〕すばやい心の働き。(れい)機転のきく人。

きどあいらく【喜怒◂哀楽】人間の心のいろいろな動き。よろこびといかりと悲しみと楽しみ。

きとう【祈とう】神や仏にいのること。また、その儀式。

きどう【軌道】❶電車などの通る線路。(れい)事故で車輪が軌道をはずれてしまった。❷星や月などの動いていく決まった道すじ。(れい)人工衛星の軌道。❸ものごとが進んでいく道すじ。(れい)仕事が軌道にのる。

きとく【危篤◂】病気がたいへんおもく、今にも死にそうなこと。(れい)入院のよく日、危篤におちいった。

きどる【気取る】❶ていさいをかざって、上品ぶったりすましたりする。(れい)気取って歩く。❷それらしいようすをまねてふるまう。(れい)ヒーローを気取って歩く。

きにいる【気に入る】自分のこのみに合う。満足する。

きにかける【気に掛◂ける】❶気をつけている。❷〔気にして〕あれこれ考える。なやむ。(れい)無責任な発言など気に掛けるな。

きにとめる【気に留める】〔相手の気持ちや話の内容などに〕注意をむける。わすれないでいる。(れい)注意をうけたことを気に留める。

きにやむ【気に病む】心配してなやむ。思いなやむ。苦に病む。

きにゅう【記入】字を書き入れること。(れい)カードに自分の住所・氏名を記入する。

きぬ【絹】かいこのまゆからとった糸。また、その糸でおったぬの。

きぬいと【絹糸】かいこのまゆからつくった糸。けんし。

きぬおりもの【絹織物】絹糸でおった織物。

きね 穀物をつく、木でできた道具。⬇臼①。

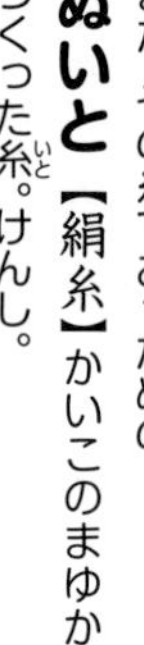
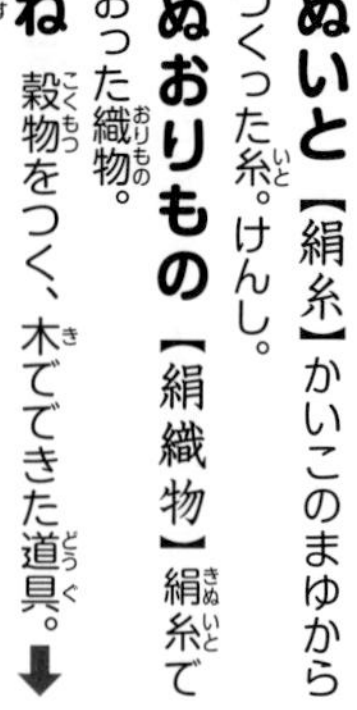

ギネスブック イギリスのギネス社が毎年発行する、いろいろな分野での

〔 〕漢字を使った書き方　(れい)ことばの使い方の例　⇕反対のことば　⬇参考になる情報　◂小学校で習わない漢字

世界一の記録をのせた本。(れい)なわとびの回数世界一でギネスブックに登録される。

きねん【記念】思い出として残すこと。また、思い出となるしるし。(れい)記念品として、バッジをくばった。

きのいい【気のいい】おこったり不平を言ったりすることがなく、いつも他人によい印象をあたえるようす。(れい)彼はとても気のいいやつだ。

1**きのう**【昨日】きょうの前の日。さくじつ。

2**きのう**【機能】あるもののもっている働き。作用。

ぎのう【技能】あることをするうえでの、うでまえ。(れい)デザインの技能をみがく。

きのこ きん類のなかま。まっすぐな柄の上に、かさがかぶっているような形のものが多い。マツタケ・シイタケなどのように食べられるものと、ベニテングタケなどのように毒のあるものとがある。

きのつらゆき【紀貫之】(八六八?～九四五?)平安時代前期の歌人。『古今和歌集』の歌をえらんだ人のひとりで、『土佐日記』の作者。

きのどく【気の毒】❶かわいそうで、心がいたむこと。(れい)けがをした人を気の毒に思う。❷めいわくをかけてすまなく思うこと。(れい)知らせるのをわすれて、気の毒なことをした。

きのぼり【木登り】木によじのぼること。

きのみ【木の実】このみ(木の実)。

きのめ【木の芽】❶春、木に新しく出た芽。❷サンショウの新しい芽。

きのり【気乗り】きょうみを感じ、進んでしようという気持ちになること。(れい)こんどの旅行は、なんだか気乗りがしない。

きば【牙】おもに肉食動物のあごの上下にある、するどい歯。(れい)ライオンが牙をむく。

1**きはく**【気迫】(何ものをもおそれない)強い気持ち。気力。いきごみ。(れい)するどい気迫が感じられる作品。

2**きはく**【希薄】❶少ないこと。うすいこと。(れい)高い山では、空気中の酸素が希薄だ。❷あるものごとにたいしてやる気のないこと。(れい)新企画はとりくむみんなの熱意が希薄だ。

きばつ【奇抜】ほかのものにくらべてひじょうにかわっているようす。(れい)奇抜な服装。

きばむ【黄ばむ】黄色みをおびてくる。黄色くなってくる。(れい)白いシャツが古くなって黄ばむ。

きばらし【気晴らし】つかれた心やいやな気持ちをはらいのけて気分をなおすこと。うさ晴らし。(れい)くさくさするので、気晴らしに近くの公園まで散歩に出かけた。

きばをむく【牙をむく】今にもおそいかかろうとする。

きび イネ科の植物。秋、黄色い実がなる。実は、もちやだんごにしたり、鳥のえさにしたりする。

きびき【忌引き】肉親などが死んだとき、学校やつとめを休んで家にひきこもり、つつしむこと。また、そのための休み。

慣用句 **口がうまい** 人の気に入るようなことをうまく言う。

きびきび　〔態度・動作・ことばなどが〕すばやく、はっきりしているようす。(れい)きびきびと仕事をかたづける。

きびしい【厳しい】❶少しも手かげんしない。(れい)厳しいしつけ。❷ひどい。はげしい。(れい)厳しい寒さ。

きひん【気品】上品でけだかいようす。品のいい感じ。(れい)気品のある人。

きびん【機敏◀】動作などがすばやいようす。(れい)みんなは、機敏に行動した。

きふ【寄付】ある目的に賛成して、お金や品物をさし出すこと。

ギブアップ　あきらめること。降参すること。(れい)ゲームのとちゅうでギブアップする。

きふく【起伏◀】❶高くなったり低くなったりしていること。❷〔気持ち・できごとなどが〕さまざまに変化すること。(れい)感情の起伏のはげしい人。／起伏の多い人生を歩む。

ぎふけん【岐◀阜県】中部地方の西部にある、内陸の県。県庁所在地は岐阜市。⬇都道府県。

きふじん【貴婦人】身分の高い家に生まれた上品な女性。⬍貴公子。

ギプス　骨がおれたときなどに、その部分が動かないようにほうたいをせっこうでかためたもの。ギブス。

きぶん【気分】❶気持ち。(れい)かぜをひいて、気分が悪い。❷全体の感じ。ふんい気。(れい)夏らしい気分。

きへん【木偏◀】漢字の部首の一つ。「板」「村」「根」などの左がわの「木」の部分。

きぼ【規模】ものごとのしくみの大きさ。(れい)日本一の規模の工場。

きぼう【希望】こうあってほしいとねがいのぞむこと。また、そののぞみ。(れい)希望者。／希望にもえる。

きほん【基本】ものごとのいちばんもとになるもの。基礎。(れい)どんなスポーツでも、基本の練習が大切だ。

きまぐれ【気まぐれ】そのときの気分や思いつきだけでものごとをすること。また、そのような性質。

きまじめ【生真面目】ひじょうにまじめなこと。(れい)兄は生真面目だ。

きまずい【気まずい】なんとなく気持ちがしっくりせず、いやな感じである。(れい)口げんかがもとで、友だちと気まずくなった。

きまつ【期末】ある期間の終わり。

きまり【決まり】❶決まっていること。規則。(れい)学級の決まりを守る。❷終わり。しめくくり。決着。(れい)仕事の決まりをつける。❸決めていること。習慣。(れい)朝散歩するのが決まりになっている。

きまりもんく【決まり文句】いつも決まっていう、新しさのないことば。

きまる【決まる】❶ある結果になる。さだまる。(れい)遠足の日が決まった。❷ものごとが形どおりにうまくできる。(れい)ストライクが決まる。❸《「…に決まっている」の形で》かならず…である。きっと…する。(れい)こっちのほうがいいに決まっている。

1きみ【君】❶むかし、王さまや天皇などをさしたことば。(れい)わが君。❷男子が自分と同じくらいの人、または目下の人をよぶことば。(れい)君のゆめは何?

2きみ【黄身】鳥などのたまごの黄色い部分。⬍白身。

【】漢字を使った書き方　(れい)ことばの使い方の例　⬍反対のことば　⬇参考になる情報　◀小学校で習わない漢字

きみつ【機密】仕事のうえでの大切なひみつ。(れい)機密書類。

きみどり【黄緑】黄色のまざっている緑色。

きみょう【奇妙】❶原因や理由がわからず、ふしぎなようす。❷ふつうとかわっているようす。(れい)奇妙なかっこうをした人。

ぎむ【義務】❶人として、しなければならないこと。❷法律で決められた、国民が守らなければならないこと。⇔権利。

ぎむきょういく【義務教育】国民の義務として、一定の年れいになった子どもに受けさせなければならない教育。日本では小学校（六年間）と中学校（三年間）の九年間の教育をいう。

きむずかしい【気難しい】おこりっぽくて、きげんがとりにくい。

きめい【記名】名前を書くこと。

ぎめい【偽名】にせの名前。

きめて【決め手】勝負やものごとを決めるよりどころ。(れい)事件解決の決め手は、足あとだった。

きめる【決める】❶〔ものごとや考えを〕一つにさだめる。(れい)じゃんけんでおにを決めた。❷わざがうまくいく。(れい)シュートをうまく決める。

きも【肝】❶かんぞう。❷心（の働き）。気力。

きもだめし【肝試し】夜などに、お墓などのさびしいところへ行かせ、勇気のあるなしをためすこと。

きもち【気持ち】❶あることがらについて、心に感じるもの。(れい)友だちの気持ちを察する。❷からだのぐあいのよしあしによっておこる感じ。気分。(れい)バスによって、気持ちが悪くなった。

きもの【着物】❶からだに着るもの。衣服。❷日本ふうの着るもの。和服。

えり
帯
すそ

着物②

きもをひやす【肝を冷やす】〔あぶないめにあって〕はっとおどろく。(れい)車の前に急に子どもがとび出してきて、肝を冷やした。

きもん【鬼門】❶むかし中国から伝わった占いで、北東の方角。おにが出入りする方角とされ、きらわれる。❷行くと、いやなことがおこる場所。また、苦手なことがら。(れい)あの家はぼくには鬼門だ。

ぎもん【疑問】❶うたがわしいこと。うたがい。(れい)ほんとうかどうか、疑問だ。❷よくわからないこと。(れい)疑問に答える。

きやく【規約】それに関係している人が相談して決めたことがら。団体などの決まり。(れい)規約の改正。

きゃく【客】❶その人をたずねてきた人。また、まねかれてきた人。(れい)父が客をつれて帰ってきた。❷ものを買う人。また、お金をはらって見物したり、サービスを受けたりする人。(れい)買いもの客でにぎわう。

ぎゃく【逆】さかさま。反対。(れい)かがみは左右逆にうつる。

慣用句　**くちばしを入れる**　ほかの人の話にわりこんで話をする。

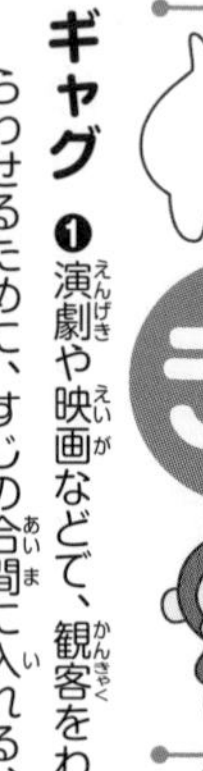

ギャグ ❶演劇や映画などで、観客をわらわせるために、すじの合間に入れる、おもしろおかしいせりふやしぐさ。❷人をわらわせるじょうだん。

ぎゃくこうか【逆効果】あらかじめ考えていたことと反対の（よくない）ききめ。ぎゃっこうか。(れい) なぐさめるつもりでいったことばが逆効果になってしまった。

ぎゃくさつ【虐殺】むごい方法でころすこと。

ぎゃくさん【逆算】ふつうの順序とは逆の順序で計算すること。終わりのほうから前のほうへかぞえること。

ぎゃくさんかくけい【逆三角形】底辺が上にきて、頂点が下にくる形の三角形。ぎゃくさんかっけい。

きゃくしつ【客室】❶客をとおすへや。客間。❷ホテルなどで、客を泊めるへや。

きゃくしゃ【客車】鉄道で、人を乗せるための車両。

ぎゃくしゅう【逆襲】今までせめられていたものが、反対にせめること。(れい) 敵の逆襲にあう。

ぎゃくじょう【逆上】〔いかり・悲しみ・おどろきなどのため〕かっとなって心がみだれること。とりみだすこと。(れい) 非難されて逆上する。

きゃくしょく【脚色】小説・物語などを、映画や劇にできるようなかたちに書きかえること。

きゃくせき【客席】〔劇場・映画館などの〕客がすわるところ。

きゃくせん【客船】客を乗せて運ぶ目的でつくられたふね。

ぎゃくたい【虐待】ひどくとりあつかうこと。いじめること。(れい) 虐待をうけた動物を保護する。

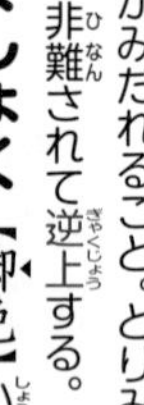

ぎゃくてん【逆転】❶反対の方向にまわること。❷ものごとのようすがすっかり反対になること。(れい) 逆転のホームランをうつ。／形勢が逆転する。

きゃくほん【脚本】劇や映画・テレビドラマなどの、せりふ・動作・ぶたい装置などを書いたもの。劇や映画をつくるもとになる本。台本。

きゃくま【客間】客をとおしてもてなすためのへや。

ぎゃくりゅう【逆流】水などが、いつも流れる方向とは反対の方向に流れること。また、その流れ。

きゃしゃ ❶〔からだつきなどが〕ほっそりしていて、弱々しいようす。(れい) きゃしゃなからだつき。❷物がこわれやすいようす。(れい) このいすは、つくりがきゃしゃだ。

キャスター ❶動かしやすくするために、ピアノ・家具・旅行かばんなどの下にとりつける小さな車輪。❷ニュース番組で、ニュースの解説をしながら番組を進める人。「ニュースキャスター」のりゃく。

きやすめ【気休め】❶その場だけの安心。(れい) 気休めにもう一度参考書を見ておこう。❷人を安心させるためにいうあてにならないことば。(れい) 気休めなんか言わないでほしい。

きゃたつ【脚立】小さなはしごを二つ組み合わせ、上に板をつけたふみ台。

キャタピラー 鉄などの板をおびのようにつないで、車輪のまわりにとりつけた装置。でこぼこ道や急な坂も走ることができる。トラクターや戦車などにとりつけられる。商標名。

キャタピラー

きゃっか【却下】役所や裁判所などが、申し出やうったえをとりあげないで、さしもどすこと。(れい)申請を却下する。

きゃっかんてき【客観的】自分の考えにとらわれずに、ものごとをありのままに見たり考えたりするようす。(れい)事実を客観的にとらえる。⇔主観的。

ぎゃっきょう【逆境】思うようにならない、苦しい身の上。(れい)逆境にあっても、明るさをうしなわない。

ぎゃっこう【逆光】見ているもののうしろからさしこむ光。逆光線。

キャッシュカード 銀行などの自動支はらい機で、現金をおろすときに使うカード。

キャッチ つかまえること。また、うけとること。(れい)情報をすばやくキャッチする。

キャッチコピー 広告で、とくに強く注意を引くためのことば。

キャッチフレーズ 人々の注意をひく短くておぼえやすい宣伝文句。

キャップ ❶ふちのないぼうし。❷〔えんぴつ・万年筆など〕物にはめて、かぶせるもの。

ギャップ へだたり。すきま。くいちがい。(れい)ふたりの意見のギャップをうめる。

キャビネット ❶事務用品などを入れるための戸だなやはこ。❷テレビ・ラジオなどの、機械の部分を入れるはこ。

キャプション 図版などにつける説明の文。

キャプテン ❶船長。艦長。❷運動チームなどの主将。

キャベツ アブラナ科の植物。大きな葉がかさなって、まるく球のようになる。たまな。

ギャラ テレビや映画などに出演した人にはらうお金。出演料。(れい)あのタレントは、ギャラが高い。

キャラクター ❶性格。個性。(れい)明るいキャラクター。❷小説・劇・まんがなどの登場人物。(れい)若者に人気のあるアニメのキャラクター。

キャラメル さとう・水あめ・牛乳・バターなどをまぜて、につめてつくったあめ。

ギャラリー ❶美術品をちんれつするへや。がろう。❷〔ゴルフなどの〕試合の見物人。

キャリア ❶仕事や技術などについての経験。経歴。(れい)豊富なキャリアをもつ選手。／キャリア不足。／キャリアウーマン（＝専門的な知識などをひつようとする職業についている女性）。❷国家公務員で、上級試験に合格している人。

ギャング 悪事をはたらく集団。

キャンセル 予約や契約などをとりけすこと。(れい)ホテルの予約をキャンセルする。

キャンドル ろうそく。

慣用句 **口を割る** かくしていたことなどを、かくしきれずに言う。

ことばのテーブル 190ページ

キャンバス 油絵をかくときに使う、（わくにはった）布。カンバス。

キャンパス 大学などの敷地。また、大学。

キャンプ ❶山や野原などで、テントをはってねとまりすること。❷プロ野球などの合宿練習。

キャンプファイヤー キャンプ地で、夜、人々が集まってするたき火。また、そのたき火をかこむ集まり。

キャンペーン ある目的をはたそうとして多くの人によびかける運動。れい キャンペーンをはる。

きゅう【き憂◀】心配しなくてもよいことを心配すること。とりこしぐろう。れい それはき憂にすぎない。

1**きゅう**【九】数の名で、ここのつ。また、九番目。れい 九死に一生を得る。

2**きゅう**【急】❶いそぐこと。れい 急をようする仕事。❷とつぜんおこった悪いできごと。れい 急を聞いてかけつける。❸〔ものごとの起こり方や進み方などが〕はやいようす。れい 流れが急だ。❹とつぜんであるようす。れい 急に走りだす。❺けわしいようす。れい 急な坂道。

ぎゅう【牛】牛。また、牛の肉。牛肉。

きゅうえん【救援◀】〔あぶないめにあったりこまったりしている人に〕力をかしてたすけること。れい 災害地で救援活動をする。

1**きゅうか**【旧家】古くから続いている（りっぱな歴史のある）家。

2**きゅうか**【休暇◀】学校や会社などの、決められた休み。れい 夏季休暇。

きゅうかく【嗅◀覚】五感の一つ。においをかぎわけるはたらき。

きゅうがく【休学】〔病気などのため〕学校を長い間やすむこと。

きゅうかざん【休火山】むかし、ふん火したことがあるが、その後長い間ふん火していない火山。今は使われないことば。

きゅうかなづかい【旧仮名遣◀い】平安時代のはじめごろの書物につかわれたかなづかいをもとにして決められたかなづかい。歴史的かなづかい。⇕現代仮名遣い。

1**きゅうかん**【休刊】決まって発行されている新聞や雑誌などが、出すのを一時やめること。

2**きゅうかん**【休館】映画館・図書館などが仕事をやすむこと。

きゅうぎ【球技】ボールを使ってする競技。野球・サッカー・バスケットボール・バレーボールなど。

きゅうきゅう【救急】急におこったさいなんから人をすくうこと。とくに、急の病気やけがの人をすぐに手当てすること。

ぎゅうぎゅう 人や物をつめこむようす。れい かばんに衣類をぎゅうぎゅうつめこむ。

きゅうきゅうしゃ【救急車】いそいで手当てをしなければならない病人やけが人を、病院へ運ぶ車。消防署に用意されている。

救急車

きゅうきゅうばこ【救急箱】急

な病気やけがのために、薬やほうたいなどを入れておくはこ。

きゅうぎょう【休業】商売や営業をやすむこと。(れい)本日休業。

きゅうきょく【究極・窮極】ものごとや考えをおしすすめていって、最後にいきつくところ。(れい)人生の究極の目的はなんだろうかと考える。

きゅうくつ【窮屈】❶自由に動きまわれないほどせまいようす。(れい)窮屈な小屋。❷かたくるしくて、のびのびできないようす。(れい)おじさんの前にいると窮屈でたまらない。

1**きゅうけい**【休憩】続けていた仕事をとちゅうでやめて、からだや心をやすめること。(れい)休憩時間。

2**きゅうけい**【球形】まりのようなまるい形。

きゅうげき【急激】〔ものごとの変化や動きが〕とつぜんで、はげしいようす。(れい)気温が急激に下がる。

きゅうご【救護】病人やけが人の手当てや世話をすること。(れい)負傷者の救護にあたる。

1**きゅうこう**【休校】学校の授業をおこなわないで、休みにすること。

2**きゅうこう**【急行】❶〔その場所に〕大いそぎで行くこと。(れい)消防自動車が火事の現場に急行した。❷ふつうの列車・電車よりはやく運行するもの。「急行列車」「急行電車」のりゃく。

きゅうこん【球根】植物の根や地下茎が養分をたくわえてまるい形になったもの。チューリップ・ヒヤシンス・ダリア・ユリなどに見られる。

きゅうさい【救済】〔不幸な人やこまっている人を〕すくいたすけること。(れい)職をうしなった人々を救済する。

1**きゅうし**【休止】しばらくの間やすむこと。また、とまること。(れい)雪のためバスの運行を冬の間休止する。

2**きゅうし**【急死】〔急病や事故で〕とつぜん死ぬこと。

きゅうじ【給仕】食事のせわをすること。また、その人。(れい)お客さまの給仕をする。

きゅうしき【旧式】〔形・やり方・考え方などが〕むかしふうであるようす。

きゅうじつ【休日】仕事や授業が休みになる日。

きゅうしにいっしょうをえる【九死に一生を得る】死にそうなじょうたいから、やっとたすかる。

1**きゅうしゅう**【九州】本州・四国の西南にあり、福岡・大分・佐賀・長崎・熊本・宮崎・鹿児島・沖縄の八つの県からなる地域。「九州地方」のりゃく。

2**きゅうしゅう**【吸収】❶すいとること。(れい)大地が雨を吸収する。❷食べ物から栄養分などをとり入れること。❸〔学問やわざなどを〕とり入れて、自分のものにすること。(れい)外国の文化を吸収する。

きゅうしゅつ【救出】〔きけんなじょうたいから〕すくいだすこと。(れい)しずみかけた船から、乗組員を救出した。

きゅうしょ【急所】❶からだの中で、いのちにかかわるような、とくにたいせつなところ。❷ものごとのもっともだいじなところ。(れい)急所をおさえた質問をする。

慣用句 **くったくが無い** なにかを気にして、心配するようなことがぜんぜんない。

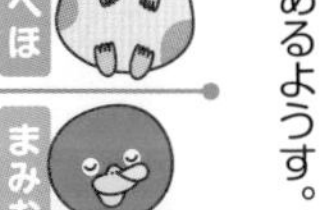

きゅうじょ【救助】あぶないめにあっている人をすくいたすけること。(れい) おぼれかけていた少年が、救助された。

きゅうじょう【球場】野球をするところ。野球場。(れい) 甲子園球場。

きゅうしょうがつ【旧正月】むかしのこよみによる正月。今使っていることよみよりも、一か月くらいおくれてやってくる。

きゅうしょく【給食】学校・会社などで、生徒・社員に、同じこんだての食事をあたえること。また、その食事。

ぎゅうじる【牛耳る】団体や会議などの中心となって、自分の思うとおりに動かす。

1**きゅうしん**【休診◀】医者や病院が、その仕事をやすむこと。(れい) 本日休診。／休診日。

2**きゅうしん**【急進】❶いそいですすむこと。❷目あてとすることをできるだけはやくやりとげようとすること。(れい) 急進的な考え。

きゅうじん【求人】働く人をもとめること。(れい) 近ごろは、新聞の求人広告がふえてきた。

きゅうしんりょく【求心力】❶物体が円運動をしているとき、円の中心にむかって物体を引っぱるように働く力。向心力。⬍遠心力。❷人の心や物事を中心に引きよせる力。(れい) チームの求心力が低下する。

きゅうす【急須◀】お茶を入れるときに使う、取っ手とそそぎ口のついた、小形の道具。

1**きゅうせい**【旧姓◀】〔結婚などをしてかわる前の姓。もとの姓。

2**きゅうせい**【急性】急におこり、急にひどくなる性質の病気。(れい) 急性中耳炎。⬍慢性。

きゅうせいしゅ【救世主】❶こまっているものをたすける人。(れい) 君はチームの救世主だ。❷キリスト教で「イエス＝キリスト」のこと。

きゅうせん【休戦】〔話し合ってきめ〕しばらくの間戦争をやめること。(れい) 休戦協定をむすぶ。

きゅうぞう【急増】急にふえること。にわかに多くなること。(れい) マンションができて、生徒数が急増した。

1**きゅうそく**【休息】からだをらくにして、つかれをやすめること。(れい) 木かげで休息をとった。

2**きゅうそく**【急速】〔ものごとの進み方が〕ひじょうにはやいようす。(れい) この辺りは、最近になって急速に開発がすすんでいる。

きゅうだい【及第】試験や検査にうかること。合格。⬍落第。

1**きゅうち**【旧知】古くからの知り合い。(れい) 先生と父とは旧知のあいだがらです。

2**きゅうち**【窮◀地】〔どうすることもできない〕ひじょうにこまったじょうたい。苦しい立場。(れい) 相手を窮地においこむ。

きゅうちゅう【宮中】宮殿の中。とくに、天皇の住まいの中。

きゅうてい【宮廷】天皇や王が住んでいるところ。

きゅうでん【宮殿◀】天皇や王が住んでいる建物。ごてん。

1**きゅうどう**【弓道】武道の一つ。弓て矢をいるときの、わざや決まり。今はスポーツとしておこなう人も多い。

2きゅうどう【旧道】もとからある道。古い道。

きゅうなん【救難】災害・事故などにあっている人をすくうこと。れい冬の海の救難作業は困難をきわめた。

きゅうにゅう【吸入】〔鼻や口から〕すいこむこと。

ぎゅうにゅう【牛乳】牛のちち。ミルク。

きゅうば【急場】〔こまったことがおきて〕いそいでなんとかしなければならないばあい。れいなんとか急場をしのいだ。

きゅうばん【吸盤】❶タコ・イカなどにある、ほかのものにすいつく器官。❷「吸盤①」に似せてつくった、ほかのものにすいつく道具。

吸盤

きゅうびょう【急病】急におきた病気。

きゅうへん【急変】❶ようすが急に〔悪く〕かわること。れい祖父の病状が急変した。❷とつぜんおこった（よくない）できごと。れいテレビが政局の急変をつたえた。

きゅうゆ【給油】❶自動車や飛行機などに（ガソリンなどの）燃料を入れること。れいガソリンスタンドによって、給油する。❷機械などのすべりをよくするために、あぶらをさすこと。

1きゅうゆう【旧友】古い友だち。むかしからの（親しい）友だち。れい母の旧友がうちをたずねてきた。

2きゅうゆう【級友】同じ学級の友だち。同級生。クラスメート。れい級友とサイクリングに行く。

きゅうよ【給与】❶お金や品物をあたえること。❷「給料」のあらたまった言い方。

1きゅうよう【休養】元気をとりもどすために、仕事などをいちじはなれ、心やからだをやすめること。れい休養をとる。

2きゅうよう【急用】いそぎの用事。れい父は、ついさっき急用ができて出かけた。

きゅうり ウリ科の植物。夏、黄色い花がさき、細長い実がつく。実は食用になる。れいきゅうりのすのもの。

きゅうりゅう【急流】急な流れ。れい急流をいかだでくだる。

きゅうりょう【給料】つとめている人に、やといぬしがしはらうお金。給与。れい今日は兄の給料日だ。

きゅうれき【旧暦】月のみちかけをもとにしてつくったこよみ。太陰暦。陰暦。「太陰」とは「月」のこと。

ぎゅっと 強くにぎったり、おしつけたりするようす。れい手をぎゅっとにぎりしめる。

きよい【清い】よごれのない。けがれのない。きれいである。れい谷川の清い流れ。／清い心の人間になりたい。

1きよう【起用】人をとりたてて、ある役目につかせて使うこと。れい新人を起用する。

慣用句 **食ってかかる** はげしいたいどやことばつきで、相手に立ちむかう。

ことばのテーブル 194ページ

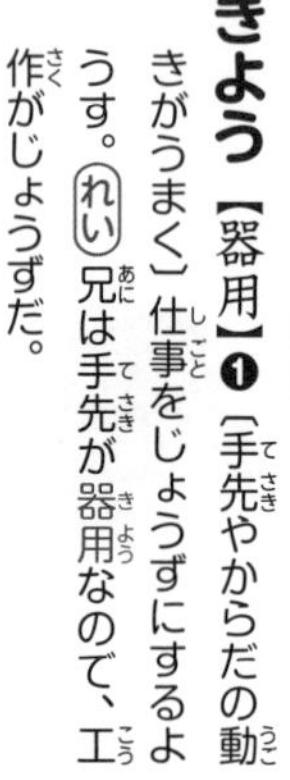

[2]**きよう**【器用】❶〔手先やからだの動きがうまく〕仕事をじょうずにするようす。(れい)兄は手先が器用なので、工作がじょうずだ。

器用①

❷要領よくものごとをするようす。(れい)器用にたちまわる。

[1]**きょう**【凶◂】〔うらないやおみくじなどで〕運が悪いこと。⇕吉。

[2]**きょう**【今日】今すごしているこの日。本日。(れい)今日から新学期がはじまる。

ぎょう【行】❶文字などのたて横のならび。(れい)行と行の間をつめる。❷仏道の修行。(れい)無言の行。

きょうあく【凶◂悪】ひじょうにむごいことをへいきでするようす。(れい)凶悪な犯罪。

[1]**きょうい**【胸囲】むねのまわりの長さ。むねまわり。バスト。

[2]**きょうい**【脅◂威◂】〔実力やわん力を使って〕おびやかしおどすこと。また、おどされること。(れい)原爆の脅威を感じる。

[3]**きょうい**【驚◂異】おどろいて、ふしぎに思うこと。(れい)自然の驚異に目をみはる。

きょういく【教育】❶才能をのばすようにおしえ育てること。❷知識やわざを身につけさせること。また、その知識やわざ。

きょういくいいんかい【教育委員会】都道府県や市町村で、教育にかかわる行政を受け持つ機関。

きょういくかんじ【教育漢字】小学校の六年間で、読み書きがほぼできるように決められている千六字の漢字。学習漢字。

きょういん【教員】学校で、児童・生徒・学生を教える人。教師。(れい)教員になるための試験。

きょうえい【競泳】決められたきょりを泳いで、そのはやさをくらべること。また、その競技。

きょうえん【共演】映画やしばいなどにいっしょに出演すること。(れい)この映画には今人気の若手のスターが共演している。

[1]**きょうか**【強化】〔足りないところや力をおぎなって〕つよくすること。(れい)チームを強化する。

[2]**きょうか**【教科】学校で勉強する科目。国語科・社会科・理科など。

[1]**きょうかい**【協会】ある目的のために、会員が協力してつくっている会。(れい)作家協会。

[2]**きょうかい**【教会】ある宗教〔とくにキリスト教〕の教えを広めたり、おいのりしたりするところ。また、そのための建物。(れい)姉が教会でけっこん式をあげた。

[3]**きょうかい**【境界】〔土地の〕さかい。くぎり。(れい)この川がとなりの町との境界だ。

ぎょうかい【業界】同じ産業や商売などをしている人々のなかま。また、それらの社会。(れい)自動車業界。

きょうがく【共学】一つの学校や組で、男女がいっしょに勉強すること。

きょうかしょ【教科書】学校で勉

強するときに使う本。テキスト。

きょうかつ【恐喝】人をおどして、お金や品物をとりあげること。(れい) 恐喝を働く。

きょうかん【共感】ほかの人の考えや意見・気持ちなどに、自分もそのとおりだと感じること。また、その気持ち。(れい) 作者のものの見方に共感をおぼえる。

ぎょうかん【行間】文章の、行と行の間。

1 **きょうき**【凶器】人をころしたりきずつけたりするために使う道具。

2 **きょうき**【狂喜】あまりのうれしさに、われをわすれて大よろこびすること。(れい) 優勝が決まったしゅんかん、選手たちは狂喜した。

3 **きょうき**【驚喜】〔思いがけないうれしいできごとに〕おどろきよろこぶこと。(れい) 兄は、驚喜のあまり声もでなかった。

1 **きょうぎ**【協議】おおぜいの人が相談して決めること。(れい) 今後の方針を協議する。

2 **きょうぎ**【競技】わざをくらべたり、勝ち負けをあらそったりすること。とくに、スポーツの試合。(れい) 陸上競技の選手。

ぎょうぎ【行儀】〔れいぎの面からみた〕立ったりすわったりする、動作のしかた。(れい) 一年生が行儀よくならんでいる。

きょうきゅう【供給】❶求められたものをあたえること。(れい) 水道をひいて水を供給する。❷売ったり買ったりするために、商品を市場に出すこと。(れい) 需要が多ければ供給もふえる。⬍需要。

きょうぐう【境遇】その人の運命やかんきょうなどのめぐりあわせ。身の上。(れい) まずしい境遇。

きょうくん【教訓】教えさとすこと。また、その教え。(れい) ことわざは教訓をふくんでいることばだ。

きょうげん【狂言】❶能楽のあいまにするこっけいな劇。能狂言。(れい) あの人は狂言の役者だ。❷人をだますためにしくんだこと。うそ。(れい) 狂言ごうとう。

きょうこ【強固】強くてしっかりしているようす。(れい) 意志が強固でなければ、この訓練にはたえられない。

1 **きょうこう**【恐慌】❶おそれあわてること。(れい) これまで例のない大型台風の発生に恐慌をきたした。❷世の中のお金や品物の動きが悪くなり、仕事や財産をなくす人が多くなって、社会がたいへんこんらんすること。

2 **きょうこう**【強行】悪い条件や反対などをおしきって、むりにすること。(れい) 雨の中で、運動会が強行された。

3 **きょうこう**【強硬】自分の考えや態度などをかえず、強くおしとおそうとするようす。(れい) 相手は強硬な態度に出た。

きょうごう【強豪】ひじょうに強いこと。また、そのような人や団体。(れい) 全国の強豪が集まった。

ぎょうざ ギョーザ。

きょうざい【教材】教えるための材料や参考にするもの。(れい) 教材としてわたされたプリント。

きょうさん【協賛】〔もよおしものなどの〕計画にさんせいして、力をかすこと。(れい) 新聞社の協賛による展覧会。

(慣用句) **くもの子を散らすように** 集まっていた人が、あちこちにちらばるようす。

・きょうし
1ぎょうじ
2ぎょうじ
・きょうしつ
・ぎょうしゃ
・きょうじゃく
・きょうじゅ
・ぎょうしゅ
・きょうしゅうじょ
・きょうしゅく
・きょうじょ
・ぎょうしょう
・きょうしょく
・ぎょうずい
・きょうずる
1きょうせい
2きょうせい
・ぎょうせい
・ぎょうせき
・きょうそ
1きょうそう
2きょうそう

きょうし【教師】〔学校などで〕学問や技術を教える人。先生。教員。

1**ぎょうじ**【行司】すもうをするとき、土俵の上で、すもうの勝ち負けを見分ける役目。また、その人。

行司

2**ぎょうじ**【行事】いつも決まっておこなうもよおし。(れい)一年間の行事。

きょうしつ【教室】❶〔学校などで〕勉強を教えるへや。❷おおぜいの人を集め、ある期間、技術をならわせるところ。(れい)水泳教室。／料理教室。

ぎょうしゃ【業者】❶事業をしている人。❷同じ種類の事業をしているなかま。(れい)業者の協定。

きょうじゃく【強弱】強さと弱さ。(れい)強弱に気をつけて歌う。

きょうじゅ【教授】❶学問や技術などを教えること。(れい)母が、ピアノを教授する。❷大学の先生。(れい)文学部の教授の講演を聞きにいく。

ぎょうしゅ【業種】工業・商業・サービス業など、事業や仕事の種類。

きょうしゅうじょ【教習所】とくべつな技術などを教えるためのしせつ。(れい)自動車教習所。

きょうしゅく【恐縮◂】❶〔相手のしてくれたことを〕もうしわけなく思い、おそれ入ること。(れい)わざわざ知らせてくださって恐縮しました。❷《「恐縮ですが」の形で》人にものをたのむとき、最初にいうことば。(れい)恐縮ですが、パンフレットを一部いただけませんか。

きょうじょ【共助】たがいに助け合うこと。

ぎょうしょう【行商】品物を持って売り歩くこと。また、その人。(れい)行商人。

きょうしょく【教職】児童・生徒・学生などを教える仕事。先生の仕事。

ぎょうずい【行水】〔夏のあついときなど〕たらいなどに湯や水を入れ、その中でからだのあせやよごれをあらい落とすこと。

きょうずる【興ずる】おもしろがる。たのしむ。きょうじる。(れい)みんなでトランプに興じている。

1**きょうせい**【強制】むりにおしつけてさせること。(れい)立ちのきを強制された。

2**きょうせい**【矯◂正】〔からだの〕欠点や悪いくせなどを正しいじょうたいになおすこと。(れい)妹が、歯ならびを矯正することになった。

ぎょうせい【行政】法律にしたがって、国や地方の政治をおこなっていくこと。

ぎょうせき【業績】やりとげたことがら。また、そのできばえ。(れい)会社の業績を上げる。

きょうそ【教祖】ある宗教を、はじめた人。

1**きょうそう**【競争】勝ち負けや、よしあしなどをあらそうこと。(れい)およぎの競争をした。

2**きょうそう**【競走】決められたきょ

りを走って、そのはやさをあらそうこと。(れい)百メートル競走。

きょうぞう【胸像】人のからだの、むねから上の部分をかたどった像。

ぎょうそう【形相】〔おそろしい感じのする〕顔つき。(れい)ものすごい形相でにらんだ。

きょうそうきょく【協奏曲】中心となる独奏楽器（多く、ピアノ・バイオリンなど）と、これをひきたてるオーケストラとで合奏する曲。コンチェルト。(れい)バイオリン協奏曲。

きょうそん【共存】〔ちがった性質や考えをもつものが〕ともに（たすけあって）存在すること。きょうぞん。

1**きょうだい**【兄弟】❶親が同じである男の子どうし。あにとおとうと。❷男女の区別なく、親が同じである人。

2**きょうだい**【強大】〔いきおいや力が〕強くて大きいようす。(れい)国家の強大な力。

3**きょうだい**【鏡台】けしょう道具などを入れる引き出しなどがついている、かがみのついた台。

きょうたん【驚嘆】ひじょうにおどろき、感心すること。(れい)あまりの美しさに驚嘆する。

きょうだん【教壇】教室で、先生が教えるときに立つだん。

きょうち【境地】❶（今の）立場やじょうたい。(れい)苦しい境地に立たされた。❷心のじょうたい。心もち。(れい)さとりの境地にたっした。

きょうちゅう【胸中】心の中。心中。また、ひそかに思っていること。(れい)胸中をうちあける。

1**きょうちょう**【協調】ものごとがうまく進むように、みんなで力を合わせること。(れい)みんなが協調して楽しいクラスをつくる。

2**きょうちょう**【強調】〔大切なこと、気をつけることなどを〕強くいうこと。(れい)校医の先生は、健康の大切さを強調した。

きょうつう【共通】二つ以上のものの、どれにもあてはまること。

きょうつうご【共通語】その国の中で、どこへ行っても通じることば。⇔方言。

きょうてい【協定】相談して決めること。また、その決めたことがら。(れい)協定料金。

きょうてき【強敵】ゆだんできない、強い敵。てごわい相手。

ぎょうてん【仰天】ひじょうにおどろくこと。たまげること。(れい)仰天するようなニュースがとびこんできた。

1**きょうど**【郷土】❶生まれ育った土地。郷里。故郷。(れい)郷土の歴史。❷ある地方。いなか。(れい)郷土芸能。

2**きょうど**【強度】❶ものの強さの度合い。❷ものごとのていどがはげしいこと。(れい)強度の近視。⇔軽度。

きょうとう【教頭】小・中・高等学校で、校長の仕事をたすける役目をする先生。

1**きょうどう**【共同】❶ふたり以上の人がいっしょに一つのことをすること。(れい)共同で作品をつくる。❷ふたり以上の人が同じ資格でものごとにつながりをもつこと。(れい)弟と共同でへやを使う。⇔①②単独。

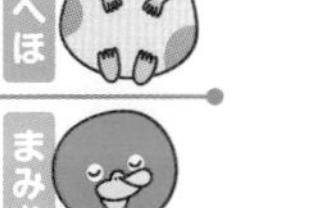

慣用句 **群をぬく** 多くのなかまの中でいちだんとすぐれている。

ことばのテーブル
198ページ

2 **きょうどう**【協同】ふたり以上の人がたすけ合って仕事をすること。(れい) ふたりの学者が協同して、研究する。

きょうとふ【京都府】近畿地方の北部にある府。府庁所在地は京都市。⬇都道府県。

ぎょうにんべん【行人偏◂】漢字の部首の一つ。「後」「待」などの左がわの「彳」の部分。

きょうねん【享◂年】この世に生きていた年数。死んだときの年。(れい) 享年八十才。

きょうはく【脅◂迫◂】自分の思うとおりにさせるため、相手をおどすこと。おどし。

きょうはん【共犯】ふたり以上の人が相談してつみをおかすこと。また、その人たち。

きょうふ【恐◂怖◂】おそれてびくびくすること。また、おそろしいと思う気持ち。(れい) 恐怖におののく。

きょうふう【強風】強い風。

1 **きょうぼう**【共謀◂】ふたり以上の人が、いっしょになってよくないことをたくらむこと。

2 **きょうぼう**【狂暴】ひじょうにはげしく、あばれるようす。

きょうみ【興味】おもしろいと感じて、心をひきつけられる気持ち。(れい) きょうりゅうに興味をもっている。

きょうみしんしん【興味津◂津◂】次々と心がひきつけられて終わりがないこと。(れい) これからのドラマの展開に興味津々だ。

きょうみぶかい【興味深い】ひじょうにおもしろみを感じる。ひじょうに興味がある。(れい) 興味深い結果。

ぎょうむ【業務】〔毎日続けてやっている〕仕事やつとめ。(れい) 本日の業務は終りょうしました。

きょうめい【共鳴】❶同じ振動数をもつ二つの音を出すもの（たとえば、音さなど）をはなしてならべ、一方を鳴らすと他方も鳴り出すこと。❷人の意見やおこないにたいして、心から賛成すること。(れい) かれの意見に共鳴する。

きょうゆ【教諭◂】幼稚園・小学校・中学校・高等学校の先生の正式なよび名。

きょうゆう【共有】二つのものをふたり以上の人の持ちものとすること。(れい) この土地は、きょうだい共有の財産です。

1 **きょうよう**【共用】〔何人かの人が〕一つのものを共同で使うこと。(れい) 共用の洗面所。⬍専用。

2 **きょうよう**【強要】〔あることを〕むりやりさせること。(れい) 寄付を強要された。

3 **きょうよう**【教養】学問や知識を身につけることによってうまれる心のゆたかさ。

きょうり【郷里】生まれ育った土地。ふるさと。郷土。(れい) 母の郷里はリンゴの名産地です。

きょうりゅう【恐竜◂】大むかしにさかえた、はちゅう類。大きなものが多く、体長三十メートルのものもいた。約六千五百万年前にぜつめつした。

恐竜

【】漢字を使った書き方　(れい) ことばの使い方の例　⬍反対のことば　⬇参考になる情報　◂小学校で習わない漢字

1**きょうりょく**【協力】〔目的をはたすため〕力や心を合わせること。れい 楽しい学級づくりのために、全員が協力した。

2**きょうりょく**【強力】力の働きなどが大きいこと。れい 強力な薬。

きょうれつ【強烈】強くてはげしいようす。れい ま夏の強烈な太陽の光。／強烈な印象をあたえる。

ぎょうれつ【行列】おおぜいの人が順序よくならぶこと。また、ならんで進むこと。れい 店の前に行列ができる。／仮装行列。

きょえい【虚栄】うわべをかざって、人によく見せようとすること。れい 虚栄心。

ギョーザ 中国料理の一つ。小麦粉をこねてのばしたうすい皮に、ひき肉とこまかくきざんだやさいをまぜたものをつつんで、焼いたり、ゆでたり、むしたりしたもの。ぎょうざ。

きょか【許可】ゆるすこと。ゆるし。れい 入国を許可する。

ぎょかいるい【魚介類】魚やイカ・エビ・タコ・カニ・貝など、海でとれる動物をまとめていうことば。

きょがく【巨額】ひじょうに大きな金額。れい 巨額の遺産。

ぎょぎょう【漁業】魚・貝・海そうなどをとったり、育てたりする仕事。

きょく【曲】音楽のふし。また、音楽の作品。れい 美しい曲。

きょくげい【曲芸】〔ふつうの人にはできない〕かわった、身がるなわざ。れい 空中ぶらんこの曲芸。

ぎょくせき【玉石】❶玉と石。❷すぐれたものと、おとったもの。

ぎょくせきこんこう【玉石混交】〔玉（＝宝石）と石が入りまじっていることから〕すぐれたものと、つまらないものとが、入りまじっていること。

きょくせん【曲線】まがった線。カーブ。れい なだらかな山が美しい曲線をえがく。⇔直線。

きょくたん【極端】考え方やおこないなどが、ひじょうにかたよっていること。れい 極端な考え。

きょくちてき【局地的】区域がかぎられているようす。れい 局地的な大雨になる。

きょくど【極度】〔つかれやおどろきなどの〕どあいが、この上もなくはなはだしいこと。れい 極度のつかれで一歩も進めなくなった。

きょくめん【局面】❶ご・しょうぎの勝ち負けのようす。❷ものごとのなりゆきやありさま。れい この企画は、今重大な局面をむかえている。

きょくもく【曲目】〔演奏される〕曲の名前。

きょくりょく【極力】力のかぎり。せいいっぱい。れい 悪い点は極力あらためます。

きょしき【挙式】儀式をおこなうこと。とくに、結婚式をあげること。

ぎょしゃ【御者】馬車にのり、馬をあやつって、馬車を動かす人。

きょじゃく【虚弱】からだが弱いこと。れい 虚弱な体質。

きょしゅ【挙手】〔あいずやあいさつのために〕手をあげること。

きょじゅう【居住】〔決まった場所や家に〕住むこと。れい 京都に居住している。

慣用句 **芸が細かい** ちょっとしたことにも注意がいきとどいている。

きょしょう【巨匠】〔美術・音楽など、芸術の分野で〕とくにすぐれている人。れい 油絵の巨匠の作品。

きょじん【巨人】❶からだがとくべつに大きな人。❷とくべつにすぐれた力や、うでまえをもっている人。大人物。

きょせい【虚勢】うわべだけいきおいがよいこと。からいばり。れい 虚勢をはる（＝からいばりをする）。

きょぜつ【拒絶】ことわること。こばむこと。れい 相手の要求を拒絶する。

ぎょせん【漁船】魚・貝などをとるのに使う（小型の）船。

ぎょそん【漁村】住んでいる人の多くが漁師である村。

きょたい【巨体】ひじょうに大きなからだ。れい 力士の巨体。

きょだい【巨大】ひじょうに大きいようす。れい 巨大なたてもの。

ぎょっと ひどく、びっくりするようす。れい ぶきみな人影に気づき、ぎょっとする。

きょてん【拠点】〔いろいろな活動の〕よりどころとなる場所。れい 活動の拠点をもうける。

きょどう【挙動】行動や動作。ふるまい。れい 挙動のおかしい男。

きょとん〔びっくりしたりあきれたりして〕目を大きくひらいたまま、ぼんやりしているようす。れい きょとんとした顔。

きょねん【去年】今年の前の年。昨年。⇔来年。

1きょひ【巨費】とても多くの費用。

2きょひ【拒否】しょうちしないこと。聞き入れないこと。れい 会談を拒否する。

ぎょふのり【漁夫の利】ふたりが利益をえようとあらそっているすきに、ほかの人がたやすくその利益をえること。シギ（＝鳥の名）とハマグリがあらそっているところに、りょうしが来て二つともとらえたという中国の話から。

きょへい【挙兵】たたかう人を集めて、いくさをおこすこと。

きよめる【清める】よごれやけがれをなくす。れい 身を清める。⇔汚す。

きょよう【許容】ゆるすこと。また、ゆるされること。れい そんなことは、許容できない。

きよらか【清らか】けがれや、よごれのないようす。れい 清らかな小川。

きょり【距離】二つのものの間の長さ。へだたり。人との付き合いや気持ちの上でのへだたりについても使う。れい 学校までの距離。／あの人とはもう距離をおいてつきあいたい。

ぎょるい【魚類】さかなのなかま。多くは、からだの表面にうろこがあり、水の中にすみ、えらで呼吸する。

きょろきょろ 落ち着きなくまわりを見るようす。れい あたりをきょろきょろと見回す。／小さな目をきょろきょろさせる。

きよわ【気弱】強い気持ちがなく、すぐにぐらつくこと。れい 気弱な性格をなおしたい。

きらい【嫌い】❶きらうこと。れい 嫌いな科目。⇔好き。❷《「…のきらいがある」の形で》〔のぞましくない〕傾向。れい ひとりよがりのきらいがある。

きらう【嫌う】❶いやだと思う。また、いやがってさける。(れい)においの強いものを嫌う。／不正を嫌う。
❷《「…きらわず」の形で》わけへだてをしない。よりごのみをしない。(れい)あの人はところをきらわず(＝どこででも)歌う。

きらきら なんども、またたくように光るようす。きらめくようす。(れい)今日の湖水は、朝日をあびてきらきら光っている。

きらく【気楽】心配することがなく、気持ちが楽なようす。(れい)だれとでも気楽に話す。

きらびやか きらきらと光りかがやくように、美しいようす。(れい)きらびやかにかざられた家の中。

きらめく きらきらと光る。光りかがやく。(れい)星がきらめく夜。

きらり いっしゅん、光りかがやくようす。(れい)かの女の目にはなみだがきらりと光っている。

ぎらり いっしゅん、おそろしく光りかがやくようす。(れい)オオカミの目がぎらりと光った。

1きり ゴマノハグサ科の木。春に、つつのような形のうすむらさき色の花がさく。木材は、たんすやげたなどをつくるのに使う。

2きり 材木などに小さなあなをあける、先のとがった道具。

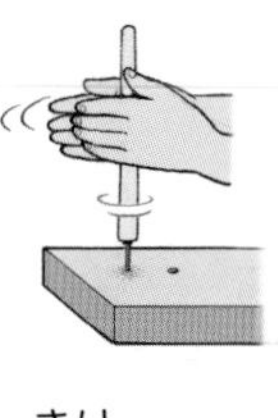
きり

3きり【霧】❶水じょう気がひえて小さな水のつぶになり、空気中にうかんでけむりのように見えるもの。(れい)あたり一面、霧がたちこめている。
❷水などをこまかなつぶにしたもの。(れい)アイロンをかける前に、シャツに霧をふく(＝きりふきで水をかける)。

ぎり【義理】❶ものごとのすじみち。つきあいをする上で、人として(いやでも)しなければならないこと。(れい)義理をたてる。
❷血のつながりのない、親子・兄弟などのあいだがら。(れい)義理の母。

きりかぶ【切り株】木などを切ったあとに残る、ねもとの部分。

きりきず【切り傷】刃物などで切った傷。

きりきり ❶きしみながらまわるようす。(れい)さびた車がきりきりまわる。
❷ひもや糸などを強くまきつけるようす。(れい)ひもをきりきりまいて、こまを回す。
❸さされるように、はげしくいたむようす。(れい)おなかがきりきりいたむ。

ぎりぎり ❶これ以上はないという、さいごのところ。(れい)発車の時間ぎりぎりについた。
❷きつくまいてしばるようす。(れい)なわでぎりぎりしばりあげた。

きりぎりす キリギリス科のこん虫。草むらでくらす。あしと触角が長い。おすは「チョンギース」となく。

きりきりまい【きりきり舞い】あわてふためいてものごとをするようす。いそがしくて休む間もないようす。(れい)年末に母が急病で入院して、きりきり舞いさせられた。

きりさめ【霧雨】きりのようにふる、こまかな雨。こぬか雨。

慣用句 **げたをあずける** 相手にすべてをまかせる。

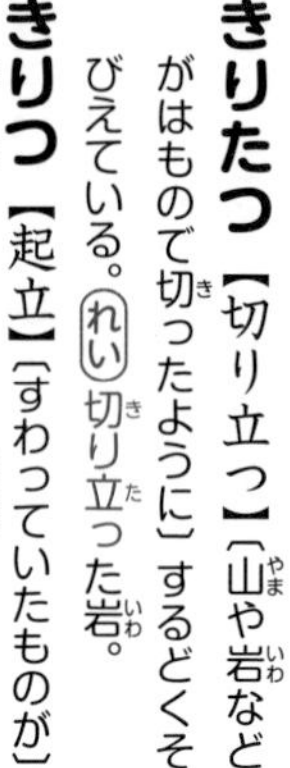

きりたつ【切り立つ】〔山や岩などがはもので切ったように〕するどくそびえている。れい 切り立った岩。

1**きりつ**【起立】〔すわっていたものが〕立ち上がること。⇕着席。

2**きりつ**【規律】人のおこないの、もととなる決まり。れい 規律をやぶるな。

きりっと ひきしまってゆるみのないようす。きりりと。れい きりっとむすんだ口。

きりとる【切り取る】全体から一部分を切ってとる。れい 必要な記事を切り取る。

きりぬき【切り抜き】新聞や雑誌などから、ひつような部分を切りとること。また、切りとったもの。スクラップ。れい 切り抜きを集める。

きりぬく【切り抜く】〔紙やきれなどから一部分を〕切ってとる。れい 新聞記事を切り抜く。

きりひらく【切り開く】❶あれ地や山林をかいこんして、田や畑などにする。❷〔努力して〕よいじょうたいをつくりだす。れい 自分のすすむ道は、自分で切り開く。

きりふき【霧吹き】水や香水などをきりのようにして、ふきかける道具。

きりふだ【切り札】❶トランプで、ほかのふだを全部負かす力をもっているふだ。❷いよいよというときまで出さないでおく、とっておきの方法。れい 最後の切り札。

きりみ【切り身】〔大きな〕魚などを、いくつかに切ったひときれ。れい マグロの切り身。

きりょう【器量】❶かおかたち。❷ものごとをやりとげるのにひつような才能。また、すぐれた人がら。れい 社長としての器量がない。

ぎりょう【技量】ものごとをおこなう、能力・力。うでまえ。れい 職人としての技量をみがく。

きりょく【気力】ものごとをやりとげようとする〔強い〕気持ち。

きりょくをふりしぼる【気力を振り絞る】せいいっぱい気持ちを強くもって、がんばる。れい 気力を振り絞って、最後まで走りぬく。

きりりと きりっと。

きりん キリン科の動物。首が長く、せが高い。アフリカの草原にすむ。

1**きる**【切る】❶はもので物を分ける。また、きずをつける。れい 野さいを切る。／ナイフで手を切った。

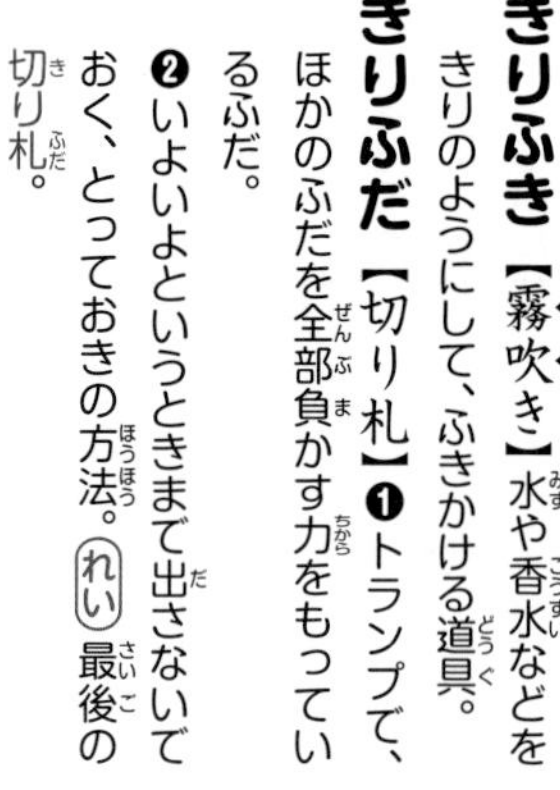
切る①

❷つながりをなくす。れい 電話を切る。❸水けをとる。れい 食器の水を切る。❹〔かるたやカードなどを〕まぜ合わせる。れい かるたの読みふだを切る。❺いきおいよく進む。れい 風を切る。❻ある動きを始める。れい スタートを切る。❼《動作をあらわすことばについて》「…しおわる」「すっかり…する」の意味をあらわす。れい 使い切る。／こまり切る。／読み切る。

2**きる**【着る】❶衣服をからだにつけ

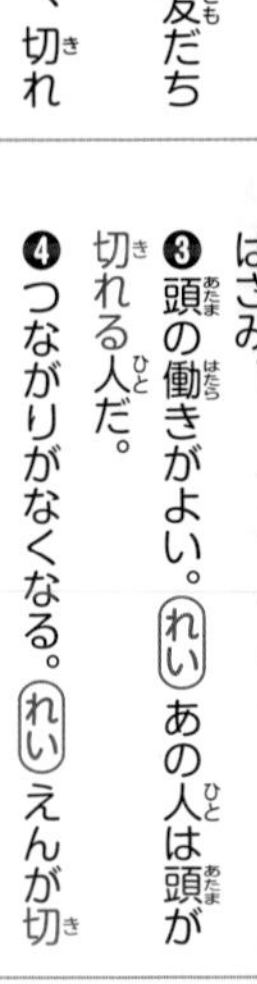

る。れい 洋服を着る。⇔脱ぐ。

❷自分の身に引き受ける。れい 友だちの罪を着る。

きれあじ【切れ味】はものの、切れぐあい。れい 切れ味のよいほうちょうを使って切る。

きれい【奇麗】❶美しいようす。れい 奇麗な着物。

❷よごれがなく、さっぱりしているようす。れい 庭を奇麗にはいた。

❸きちんとととのっているようす。れい 奇麗にならべる。

❹せいせいどうどうとしているようす。れい 奇麗な試合をした。⇔①～④汚い。

❺なに一つ残らないようす。れい ごちそうを奇麗にたいらげた。

ぎれい【儀礼】形式をととのえておこなう礼儀。れい 儀礼を重んじる。

きれつ【亀裂】表面にひびが入ること。また、そのさけ目。れい 大きな地しんで地面に亀裂が入る。

きれる【切れる】❶二つにはなれる。れい たこの糸が切れた。

❷切ることができる。れい よく切れるはさみ。

❸頭の働きがよい。れい あの人は頭が切れる人だ。

❹つながりがなくなる。れい えんが切れる。

❺〔売れたり、使ったりして〕なくなる。れい その品は切れております。

きろ【帰路】かえりみち。れい 九州旅行の帰路、京都によった。

きろく【記録】❶書きしるすこと。また、書きしるしたもの。れい 会議のようすを記録する。

❷運動競技などの成績。とくに、最高の成績。れい マラソン大会で新記録が出た。

きろくぶん【記録文】したことや、見聞きしたことを書きしるした文章。日記、観察・実験記録、見学記録、調査・研究記録など。

キログラム 重さの単位。一キログラムは千グラム。記号は「kg」。

キロメートル 長さの単位。一キロメートルは千メートル。記号は「km」。

ぎろん【議論】たがいに自分の意見をのべあうこと。れい 会の活動方針について議論をした。

ぎわく【疑惑】うたがって、あやしく思うこと。

きわめる【極める】これ以上ないというところまでいく。れい アルプスの頂上を極めた。

きをしずめる【気を静める】高ぶっている気持ちを落ち着かせる。

きをつかう【気を遣う】〔相手のことを思って〕注意をゆきとどかせる。心配する。

きをつけ【気を付け】足をそろえてまっすぐに立ち、正面をむくしせい。また、そのしせいをとるようにかける号令。れい 大声で「気を付け」と言う。

きをつける【気を付ける】注意する。用心する。

きをひきしめる【気を引き締める】ゆだんしないように、心をきんちょうさせる。れい 気を引き締めて決勝戦にのぞむ。

きをまわす【気を回す】相手の気持ちをおしはかって、よけいなことまで考える。れい そんなに気を回すひつようはないよ。

四字熟語 **言行一致** 口で言ったこととおこなうことに、食いちがいがないこと。

1きん【金】❶黄色の、美しいつやのある金属。こがね。黄金。❷金色。❸「金曜日」のこと。

2きん【菌】❶きのこやかびなど、胞子でふえるなかま。花はさかない。❷生物に寄生して、くさらせたり病気をひきおこしたりする、目に見えない小さな生物。れい 腸内で働く菌。

ぎん【銀】❶白くてつやのある金属。しろがね。❷銀色。

きんいつ【均一】どれも同じであること。れい 百円均一のおもちゃ。

きんいろ【金色】金のような、つやのある黄色。こがね色。こんじき。

ぎんいろ【銀色】銀のような、つやのある灰白色。しろがね色。

きんえん【禁煙】❶たばこをすってはいけないこと。れい 禁煙の店が、どんどんふえている。❷たばこをすうのをやめること。れい 正月から禁煙している。

きんか【金貨】金をおもな原料としてつくったお金。

ぎんか【銀貨】銀をおもな原料としてつくったお金。

ぎんが【銀河】天の川。また、たくさんの星の集まり。

きんかい【近海】陸地に近い海。れい 近海漁業。

きんがく【金額】おかねのがく。

ぎんがけい【銀河系】銀河をかたちづくっている、ひじょうに多くの恒星の集まり。太陽系もこの中にある。

きんがしんねん【謹賀新年】年賀状などに書く、新年のあいさつのことば。「つつしんで新年のおよろこびをもうしあげます」の意味。

きんかん【近刊】❶近いうちに出版されること。また、その本。れい 近刊予定の本の広告。❷最近、出版されたこと。また、その本。れい 近刊書。

きんがん【近眼】きんし（近視）。

きんかんがっき【金管楽器】おもに金属のくだでできている楽器。らっぱ・トランペット・トロンボーン・ホルンなど。

きんかんにっしょく【金環日食】日食の一種。月が太陽のまん中をかくし、黒い月のまわりに太陽が金の輪のように見えるもの。金環食。

きんき【近畿】京都・大阪・滋賀・兵庫・奈良・和歌山・三重の二府五県をふくむ地方。近畿地方。

きんきゅう【緊急】ひじょうにさしせまっていて、いそいでしなければならないこと。れい 緊急な用事ができてしまった。

きんぎょ【金魚】フナを改良してつくった魚。色や形にさまざまなしゅるいがあり、見て楽しむことができる。

金魚

きんきょう【近況】〔ある人の〕近ごろのようす。れい 友だちの近況をたずねる手紙を書いた。

きんきょり【近距離】近いところ。短いへだたり。れい 親の家から近距離の町のアパートに住んでいる。⇕遠距離。

きんく【禁句】相手がいやな思いをしないように、使ってはいけないことば。たとえば、結婚式のあいさつでは、「われる」「もどる」「きれる」などは禁句になる。

キング ❶王。国王。❷トランプで王の絵のついたカード。(れい)スペードのキング。❸その社会の中でいちばん強いもの。(れい)ホームランキング。

きんけい【近景】近くのけしき。手前のほうのけしき。

きんげん【金言】ためになる教えをふくんだ、すぐれた短いことば。(れい)世界の金言を集めた本。

きんこ【金庫】お金やたいせつなものを入れておく、鉄などでつくったがんじょうな入れ物。

1**きんこう**【近郊】都会に近いところ。郊外。(れい)近郊の住宅地。

2**きんこう**【均衡】つりあいがとれていること。(れい)輸出と輸入が均衡をたもっている。

ぎんこう【銀行】多くの人からお金をあずかったり、会社や個人にお金をかしたりする機関。

きんざん【金山】金がとれる鉱山。

ぎんざん【銀山】銀がとれる鉱山。

1**きんし**【近視】遠くのものがよく見えない目。きんがん。きんしがん。⬍遠視。

2**きんし**【禁止】してはいけないと、とめること。さしとめること。(れい)工事現場には、立ち入り禁止の札がぶらさがっていた。

きんしゅ【禁酒】酒を飲むのをとめること。また、やめること。(れい)父は病気のため、禁酒している。

きんしゅく【緊縮】どうしてもひつようなもの以外お金を使わないようにすること。(れい)緊縮財政。

きんじょ【近所】近いところ。とくに、自分の家の近く。

きんしょう【僅少】わずかなこと。ほんの少し。(れい)僅少差で勝利する。

きんじる【禁じる】してはいけないととめる。やめさせる。禁ずる。(れい)ここに立ち入ることを禁じる。

1**きんしん**【近親】〔親や兄弟など〕血のつながりの深い人々。(れい)近親者だけのパーティー。

2**きんしん**【謹慎】〔悪いことをしたばつとして〕家にとじこもったりおこないをつつしんだりすること。(れい)当分の間謹慎する。

1**きんせい**【近世】時代の分け方の一つ。日本では、ふつう江戸時代ごろのことをいう。

2**きんせい**【均整・均斉】全体のつりあいがよくとれて、ととのっていること。(れい)スポーツできたえた均整のとれたからだ。

3**きんせい**【金星】太陽系の天体の一つ。八つのわく星の中でもっとも明るく見える。明け方に東の空で見える時は「あけの明星」、夕方西の空に見える時は「よいの明星」とよばれる。⬇太陽系。

4**きんせい**【禁制】法律や規則で、してはいけないと止めること。(れい)これは禁制の品だ。

ぎんせかい【銀世界】雪が一面につもったけしき。(れい)まどをあけると、外は一面の銀世界だった。

ことわざ **光陰矢のごとし** 年月がたつのがひじょうに早いというたとえ。

きんせん【金銭】お金。貨幣。

1**きんぞく**【金属】熱や電気をよく通し、つやがあり、たたくとよくのびる性質をもったもの。金・銀・銅・鉄・アルミニウムなど。

2**きんぞく**【勤続】一つの会社や役所などに続けてつとめること。れい ことして勤続二十年になります。

きんだい【近代】❶近ごろの世の中。❷時代の分け方の一つ。日本では、ふつう明治時代からあとのこと。西洋では十八世紀終わりごろからのこと。

きんだいか【近代化】物事を合理的・民主的・科学的なものにすること。

きんちゃく【巾着】口をひもでしめる、布や革でつくったふくろ。むかしは、お金を入れるために使った。

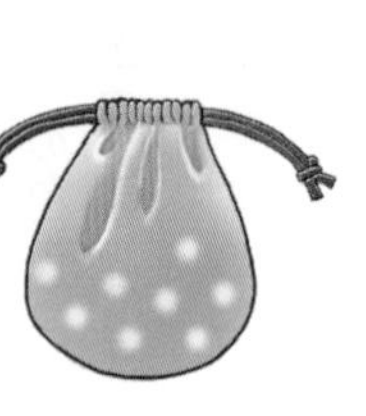

巾着

きんちょう【緊張】❶心がひきしまり、気持ちにゆるみのないこと。❷あらそいがおこりそうな状態であること。れい となりあった二つの国の間に緊張が続く。

きんとう【均等】差がなくて、どれもひとしいこと。れい お菓子を均等に分ける。

きんにく【筋肉】人や動物のからだの運動にひつような器官。のびたりちぢんだりして、からだの動きをたすける。

きんねん【近年】近ごろ。この二、三年。れい この冬は、近年にない大雪だった。

1**きんぱく**【金ぱく】金をたたいて、紙のようにうすくのばしたもの。

2**きんぱく**【緊迫】今にもなにか事件がおこりそうにさしせまっていること。れい 緊迫した空気がただよう。

きんぱつ【金髪】金色のかみの毛。ブロンド。

ぎんぱつ【銀髪】銀色のかみの毛。美しい白髪にもつかう。れい 銀髪の老しんし。

きんぴか【金ぴか】❶金色にぴかぴか光ること。れい 金ぴかのつぼ。❷はなやかにかざること。れい 金ぴかのいしょう。

きんべん【勤勉】〔仕事や勉強など〕にいっしょうけんめい、つとめはげむこと。れい 日本人は勤勉な国民といわれている。⇔怠慢。

きんぺん【近辺】〔ある場所の〕近く。ふきん。れい 家の近辺にはもう畑は少ない。

きんぼし【金星】❶すもうで、平幕の力士が横綱を負かすこと。❷大きなてがら。れい 優勝こうほをやぶるという金星をあげた。

ぎんまく【銀幕】❶映画をうつす白いまく。スクリーン。❷映画。映画界。れい 銀幕の女王。

ぎんみ【吟味】ものごとのよしあしや、品物のなかみ・質などをこまかい点までよくしらべること。れい 料理の材料を吟味する。

きんむ【勤務】〔会社などに通って〕つとめにつくこと。また、そのつとめ。れい 勤務時間。／市役所に勤務する。

きんメダル【金メダル】〔大きな〕競技で一位の人にあたえられる、金または金めっきのメダル。

ぎんメダル【銀メダル】〔大きな競技で二位の人にあたえられる、銀または銀めっきのメダル。

きんもくせい【金木せい】モクセイ科の木。秋、かおりの強い花がさく。

きんもつ【禁物】してはいけないこと。また、このましくないこと。(れい)リードしているからといって、まだまだゆだんは禁物だ。

きんゆうきかん【金融機関】お金をかしたりあずかったりする仕事をしているところ。銀行や信用金庫など。

きんようび【金曜日】一週の六番目の日。木曜日の次の日。金曜。

きんり【金利】あずけたお金や、かりたお金につく利子。また、その割合。(れい)金利を引き上げる。

きんりょく【筋力】筋肉の力。(れい)兄は筋力トレーニングにはげんでいる。

きんりん【近隣】となりとその近く。となりきんじょ。(れい)近隣諸国。

きんれい【禁令】あることを、してはいけないと禁じた命令や法令。(れい)禁令をおかす。

きんろう【勤労】〔からだを使って〕仕事をすること。からだを動かして働くこと。(れい)勤労の精神。

きんろうかんしゃのひ【勤労感謝の日】国民の祝日の一つ。国民がおたがいに日ごろの働きを感謝し、いわう日。十一月二十三日。一九四八(昭和二十三)年にもうけられた。

1く【区】❶〔ある目的のために〕ある広さにくぎった地いき。(れい)選挙区。❷東京都や政令指定都市(＝内閣によって指定された大きな都市)で、政治をおこなううえで分けた地いき。

2く【句】❶文章・詩・短歌・俳句などの一くぎり。(れい)上の句。❷俳句のこと。(れい)小林一茶の句。

ぐ【具】料理で、ごはんなどにまぜたりしるに入れたりする材料。(れい)五目ずしの具。

ぐあい【具合】❶あることの、なりゆき・ようす。(れい)さかなの焼け具合をたしかめる。❷〔からだや機械などの〕調子。かげん。(れい)おなかの具合が悪い。❸つごう。(れい)あいにく、あすは具合が悪い。❹ていさい。(れい)とても具合の悪い思いをする。❺〔ものごとの〕やり方。(れい)こんな具合につくってください。

くい 土の中にうちこんで、目じるしやささえにする、細長いぼう。

クイーン ❶女王。❷トランプで、女王の絵がかかれているふだ。(れい)ハートのクイーン。

くいき【区域】あるくぎりをつけた内がわ。(れい)立ち入り禁止の区域。

ぐいぐい ❶強い力で続けてものごとをするようす。(れい)ぐいぐい引っぱる。❷いきおいよく続けて飲むようす。(れい)水をぐいぐい飲む。

くいしんぼう【食いしん坊】やたらにものを食べたがること。また、そのような人。くいしんぼ。

クイズ なぞや問題を出してそれに答えるあそび。また、その問題。

四字熟語 **厚顔無恥** ひじょうにずうずうしく、あつかましいようす。

ことばのテーブル

208ページ

くいちがう【食い違う】ちがうところがあって、ぴたりと合わない。(れい)二人の意見は、まったく食い違っている。

くいとめる【食い止める】〔それ以上に広がるのを〕ふせぎとめる。(れい)消防隊の必死の活動で火事が広がるのを食い止めた。

くいる【悔いる】自分がしたことで、したりなかったことや、悪かったことを、あとでざんねんに思う。くやむ。(れい)キャンプに参加しなかったことを悔いる。

くう【食う】❶食べる。❷虫などがかじったりさしたりする。(れい)体のあちこちをダニに食われた。❸くらしをたてる。(れい)なんとか食っていけるだけの収入だ。❹〔時間・お金・エネルギー・労力などを〕多く使う。ついやす。(れい)時間ばかり食って、仕事がはかどらない。❺〔このましくないことを自分の身に〕受ける。(れい)ばつを食う。❻〔スポーツなどで〕強い相手を負かす。(れい)横綱を食う。❼他人の領分をおかす。(れい)大型店に客を食われる。

くうかん【空間】❶上下・左右・前後のどこまでもはてしのない広がり。(れい)宇宙の空間。❷あいていて、なにもないところ。(れい)物おきの空間をりようして、工作用の道具を置くたなを作った。

くうき【空気】❶地球をつつんでいる、色もにおいもない気体。(れい)高原の空気はすんでいる。❷まわりのようす。ふんいき。(れい)なごやかな空気につつまれる。

くうきょ【空虚】なかみがなにもないこと。とくに、ねうちや意味のないこと。(れい)空虚な心。／空虚な生活。

くうこう【空港】飛行機が、ついたりとび立ったりするところ。エアポート。(れい)羽田空港。

ぐうじ【宮司】神社でまつりごとをする、かんぬしのいちばん上の役。

くうしゃ【空車】〔タクシーやバスなどで〕人や物などを乗せていない車。また、使っていない車。(れい)雨の日は、タクシーの空車が少ない。

くうしゅう【空襲】飛行機を使って敵地をせめること。

くうしゅうけいほう【空襲警報】くうしゅうされるおそれがあるとき、人々にけいかいや用心をうながす知らせ。

ぐうすう【偶数】二でわりきれる整数。二・四・六…など。⇕奇数。

くうせき【空席】あいている席。(れい)あいにくの大雨で、客席は、空席がめだつ。

ぐうぜん【偶然】❶思いがけないこと。また、思いがけなくおこること。(れい)ここで会えたのは偶然ではありません。⇕必然。❷思いがけず。たまたま。はからずも。(れい)デパートで友だちと偶然あった。

くうぜんぜつご【空前絶後】今までに例がなく、これからもありえないと思われるようなひじょうにめずらしいこと。(れい)まさに空前絶後のできごとだった。

くうそう【空想】じっさいにはおこりそうもないことや、まだ見たこともないものを、あれこれと考えること。また、その考え。

ぐうぞう【偶像】❶木・石・土・金属などで、人間・神・仏などのすがたをかたどったもの。❷迷信・信仰などの目あてとなるもの。

ぐうたら ぐずぐずして気力がないこと。また、そういう人。れい ぐうたらな生活をおくる。

くうちゅう【空中】そらの中。空気の中。

クーデター 軍人や政治家が、軍隊の力などを使って、政府をたおし、政権をうばいとること。

くうはく【空白】❶紙などの、なにも書いてないところ。れい 文集作りで、空白のページがでないように注意する。❷なにもないこと。れい その部分は記おくが空白です。

くうばく【空爆】飛行機で、空からばくだんを落としてこうげきすること。「空中爆撃」のりゃく。

くうふく【空腹】はらがすいていること。れい 売店でパンを買って空腹をみたす。⇔満腹。

くうらん【空欄】文書などで、あとから書きこめるように線でかこってあけてあるところ。れい 問題の答えを空欄に書く。

クール ❶すずしくてさわやかなようす。❷冷静なようす。れい かれは、とてもクールな性格だ。

くかい【句会】俳句をつくったり、ひょうし合ったりするための集まり。れい 句会を開く。

くかく【区画】土地などをくぎって分けること。また、そのくぎった場所。れい この区画は、市が管理している。

くがく【苦学】働きながら、くろうして勉強すること。

くがつ【九月】一年の九番目の月。古くは「長月」といった。

くかん【区間】ある場所からある場所までの間。くぎられた間。れい マラソンの区間新記録。

くき【茎】植物の部分の一つ。花や葉をささえ、養分や水分などの通りみちとなる。

くぎ 鉄・木・竹などでつくった、一方がとがった細長いぼう。材木などをつないだりとめたりするのに使う。

くぎ

くぎづけ【くぎ付け】❶くぎをうって、動かないようにすること。❷ある場所から動けないようにすること。また、動けなくなること。れい わたしは、なぜかその絵の前にくぎ付けになってしまった。

くきょう【苦境】苦しい立場。れい 苦境に立たされる。

くぎょう【苦行】苦しくつらい修行。れい あの人は、苦行をつんだ末、りっぱな僧になった。

くぎり【区切り・句切り】❶詩や文章のきれめ。❷ものごとの一つのきれめ。きり。れい 練習に区切りをつけて休けいする。

くぎをさす【くぎを刺す】〔まちがいのないように〕前もって強く言いわたしておく。れい よりみちをしないようにと母が弟にくぎを刺す。

四字熟語 **荒唐無稽** 言うことやおこなうことが、いいかげんで、でたらめなこと。

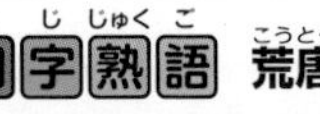
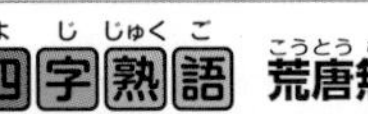

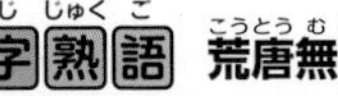

くく【九九】一から九までの数の、それぞれをかけあわせる計算の方法。また、その表。⬇211ページ（図）

くくる ❶一つにまとめてしばる。たばねる。れい 新聞紙をくくる。❷ひとまとめにする。れい かっこでくくって計算する。

くぐる ❶かがんで物の下を通る。れい 門をくぐる。❷水中にもぐる。❸すきまをねらって、うまく行動する。れい 法の目をくぐる。

くげん【苦言】言いづらいことだが、その人のためを思ってあえて言う忠告のことば。

くさ【草】❶くきがやわらかく、木ではない植物。❷《ほかのことばの上につけて》本格的でないものなどの意味をあらわす。れい 草けいば。／草野球。

くさい【臭い】❶いやなにおいがする。❷あやしい。れい どうもあそこにいる男が臭い。❸「…のにおいがする」の意味をあらわすことば。れい あぶら臭い。❹「…の感じがする」の意味をあらわすことば。れい いんちき臭い。

くさいきれ【草いきれ】夏、日が強くてっているとき、草のしげみから出る、むっとするようなあつい空気。

くさかんむり【草冠】漢字の部首の一つ。「花」「草」などの上にある「艹」の部分。

くさき【草木】草と木。植物。

くさとり【草取り】庭や田畑などのざっそうをぬき取ること。れい 休日に庭の草取りをする。

くさばな【草花】❶草にさく花。❷花のさく草。れい 庭の草花。

くさはら【草原】草が多くはえた野原。そうげん。

くさび かたい木や鉄などでつくった、きり口が三角形をしたもの。物をわるときやゆるみをつめたりするときなどに使う。

くさぶえ【草笛】草の葉やくきをくちびるにあててならすふえ。

くさむら【草むら】草がたくさんはえているところ。

くさもち【草餅】ヨモギのわかい葉などを入れてついたもち。

くさやきゅう【草野球】〔楽しむために〕しろうとが集まってする野球。

くさり【鎖】金属でつくった輪を、長くつなぎあわせたもの。

くさる【腐る】❶食物などが悪くなって食べられなくなる。❷木材や金属などがいたんでぼろぼろになる。れい トタン屋根が腐って雨がもる。❸〔思うようにいかないで〕やる気をなくす。気がしずむ。れい 兄は、計画がうまくいかないので腐っている。❹りっぱな心をうしなってだめになる。れい 心の腐った人。

くされえん【腐れ縁】はなれようとしてもはなれられずに、だらだらと続く関係。れい 腐れ縁だと思って、あきらめる。

くさわけ【草分け】あることがらをはじめてすること。また、その人。れい 日本のプロ野球の草分け。

1くし かみの毛をとかしたりととのえたりする道具。かみかざりにも使う。

あいうえお

かきくけこ く

さしすせそ

たちつてと

なにぬねの

はひふへほ

まみむめも
やゆよ

らりるれろ
わをん

1のだん

しき	九九	こたえ
1×1＝ 1	一一(いんいち)が	1(いち)
1×2＝ 2	一二(いんに)が	2(に)
1×3＝ 3	一三(いんさん)が	3(さん)
1×4＝ 4	一四(いんし)が	4(し)
1×5＝ 5	一五(いんご)が	5(ご)
1×6＝ 6	一六(いんろく)が	6(ろく)
1×7＝ 7	一七(いんしち)が	7(しち)
1×8＝ 8	一八(いんはち)が	8(はち)
1×9＝ 9	一九(いんく)が	9(く)

2のだん

しき	九九	こたえ
2×1＝ 2	二一(にいち)が	2(に)
2×2＝ 4	二二(ににん)が	4(し)
2×3＝ 6	二三(にさん)が	6(ろく)
2×4＝ 8	二四(にし)が	8(はち)
2×5＝10	二五(にご)	10(じゅう)
2×6＝12	二六(にろく)	12(じゅうに)
2×7＝14	二七(にしち)	14(じゅうし)
2×8＝16	二八(にはち)	16(じゅうろく)
2×9＝18	二九(にく)	18(じゅうはち)

3のだん

しき	九九	こたえ
3×1＝ 3	三一(さんいち)が	3(さん)
3×2＝ 6	三二(さんに)が	6(ろく)
3×3＝ 9	三三(さざん)が	9(く)
3×4＝12	三四(さんし)	12(じゅうに)
3×5＝15	三五(さんご)	15(じゅうご)
3×6＝18	三六(さぶろく)	18(じゅうはち)
3×7＝21	三七(さんしち)	21(にじゅういち)
3×8＝24	三八(さんぱ)	24(にじゅうし)
3×9＝27	三九(さんく)	27(にじゅうしち)

4のだん

しき	九九	こたえ
4×1＝ 4	四一(しいち)が	4(し)
4×2＝ 8	四二(しに)が	8(はち)
4×3＝12	四三(しさん)	12(じゅうに)
4×4＝16	四四(しし)	16(じゅうろく)
4×5＝20	四五(しご)	20(にじゅう)
4×6＝24	四六(しろく)	24(にじゅうし)
4×7＝28	四七(ししち)	28(にじゅうはち)
4×8＝32	四八(しは)	32(さんじゅうに)
4×9＝36	四九(しく)	36(さんじゅうろく)

5のだん

しき	九九	こたえ
5×1＝ 5	五一(ごいち)が	5(ご)
5×2＝10	五二(ごに)	10(じゅう)
5×3＝15	五三(ごさん)	15(じゅうご)
5×4＝20	五四(ごし)	20(にじゅう)
5×5＝25	五五(ごご)	25(にじゅうご)
5×6＝30	五六(ごろく)	30(さんじゅう)
5×7＝35	五七(ごしち)	35(さんじゅうご)
5×8＝40	五八(ごは)	40(しじゅう)
5×9＝45	五九(ごっく)	45(しじゅうご)

6のだん

しき	九九	こたえ
6×1＝ 6	六一(ろくいち)が	6(ろく)
6×2＝12	六二(ろくに)	12(じゅうに)
6×3＝18	六三(ろくさん)	18(じゅうはち)
6×4＝24	六四(ろくし)	24(にじゅうし)
6×5＝30	六五(ろくご)	30(さんじゅう)
6×6＝36	六六(ろくろく)	36(さんじゅうろく)
6×7＝42	六七(ろくしち)	42(しじゅうに)
6×8＝48	六八(ろくは)	48(しじゅうはち)
6×9＝54	六九(ろっく)	54(ごじゅうし)

7のだん

しき	九九	こたえ
7×1＝ 7	七一(しちいち)が	7(しち)
7×2＝14	七二(しちに)	14(じゅうし)
7×3＝21	七三(しちさん)	21(にじゅういち)
7×4＝28	七四(しちし)	28(にじゅうはち)
7×5＝35	七五(しちご)	35(さんじゅうご)
7×6＝42	七六(しちろく)	42(しじゅうに)
7×7＝49	七七(しちしち)	49(しじゅうく)
7×8＝56	七八(しちは)	56(ごじゅうろく)
7×9＝63	七九(しちく)	63(ろくじゅうさん)

8のだん

しき	九九	こたえ
8×1＝ 8	八一(はちいち)が	8(はち)
8×2＝16	八二(はちに)	16(じゅうろく)
8×3＝24	八三(はちさん)	24(にじゅうし)
8×4＝32	八四(はちし)	32(さんじゅうに)
8×5＝40	八五(はちご)	40(しじゅう)
8×6＝48	八六(はちろく)	48(しじゅうはち)
8×7＝56	八七(はちしち)	56(ごじゅうろく)
8×8＝64	八八(はっぱ)	64(ろくじゅうし)
8×9＝72	八九(はっく)	72(しちじゅうに)

9のだん

しき	九九	こたえ
9×1＝ 9	九一(くいち)が	9(く)
9×2＝18	九二(くに)	18(じゅうはち)
9×3＝27	九三(くさん)	27(にじゅうしち)
9×4＝36	九四(くし)	36(さんじゅうろく)
9×5＝45	九五(くご)	45(しじゅうご)
9×6＝54	九六(くろく)	54(ごじゅうし)
9×7＝63	九七(くしち)	63(ろくじゅうさん)
9×8＝72	九八(くは)	72(しちじゅうに)
9×9＝81	九九(くく)	81(はちじゅういち)

九九(くく)

慣用句(かんようく) **声(こえ)を大(だい)にする** 声(こえ)を大(おお)きくして、強(つよ)く主張(しゅちょう)する。

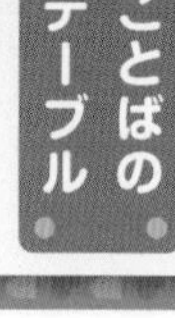

2くし【串】食べ物などをさし通すのに使う、竹や鉄でつくった細いぼう。

くじ 紙きれなどに番号やしるしなどをつけておき、それを引いて、あたりはずれ・勝ち負けをきめたり、ものごとのよしあしなどをうらなったりするもの。(れい)くじを引く。／くじに当たる。

くじく ❶ほねのつなぎめをいためる。(れい)足をくじいた。❷いきおいを弱くする。(れい)相手のいきおいをくじく。

くじける いきおいが弱まる。あることをしようとする元気がなくなる。(れい)一回の失敗ぐらいでくじけるな。

くじびき【くじ引き】〔順番などを決めるため〕くじを引くこと。

くじゃく キジ科の鳥。おすはおうぎ形にひらくあざやかなはねをもつ。

くしゃくしゃ ❶〔紙・布などが〕もまれてしわだらけになるようす。❷気持ちが晴れないようす。(れい)思いどおりに仕事が進まず気分がくしゃくしゃする。

くしゃみ 鼻の粘膜がしげきされたとき、急に音をたてて息をはきだすこと。

くじょ【駆◂除】〔害をもたらす虫・動物を〕ころしたりおいはらったりして、とりのぞくこと。

くしょう【苦笑】自分に不利な点や、はずかしさ・つらさなどをかくして、かすかにわらうこと。にがわらい。

くじょう【苦情】〔めいわくを受けていることに対する〕ふへい。もんく。

ぐしょぐしょ すっかりぬれてしまったようす。(れい)雨にぬれて、洋服がぐしょぐしょになる。

くじら【鯨◂】海にすむ魚ににた形の動物。シロナガスクジラ・マッコウクジラなど、大形のもの。

くしん【苦心】いろいろと考え苦しむこと。ほねおること。

1くず〔古くなったり、こまかくなったりして〕役に立たないもの。(れい)紙くず。

2くず【葛】マメ科の植物。根から「くず粉」をとる。秋の七草の一つ。

ぐず 動作がのろのろしていること。また、そのような人。

くすくす 声をおさえてわらうようす。(れい)姉はくすくすわらっている。

ぐずぐず ❶たいどや気持ちなどが、のろのろしているようす。(れい)ぐずぐずしないではやくかたづけなさい。❷ぶつぶつふへいをいうようす。(れい)ぐずぐずいってなかなかやらない。

くすぐったい ❶むずむずする。こそばゆい。❷きまりが悪い。てれくさい。(れい)ほめられすぎて、くすぐったい。

くすぐる ひふにふれて、わらいたいようなむずむずした感じをおこさせる。

くずこ【葛◂粉】クズの根からとった、白いでんぷん。菓子や料理に使う。

くずす【崩す】❶形のあるものをこわす。(れい)つみ木を崩す。❷ととのっているものや、まとまっているものをばらばらにする。(れい)列を崩す。❸字の、点や線をはぶいたり、まるめたりして続けて書く。(れい)漢字を崩して書く。❹小銭にかえる。(れい)百円玉を十円玉に崩す。

くすだま【くす玉】❶造花などで玉の形をつくり、五色の糸をたらしたもの。かざりものとして使う。

【】漢字を使った書き方　(れい)ことばの使い方の例　⇕反対のことば　⬇参考になる情報　◂小学校で習わない漢字

❷「くす玉①」に似せてつくった、大きなかざりの玉。わると中から色紙や風船などが出てくる。

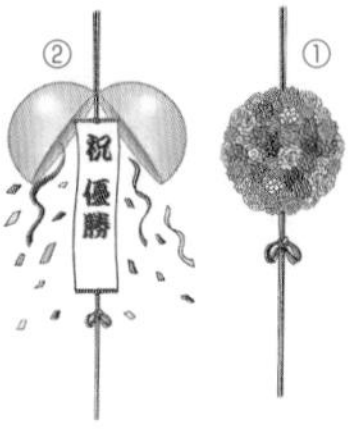

① ② 祝 優勝
くす玉

ぐずつく ❶〔子どもなどが〕きげんが悪く、いうことをきかない。だだをこねる。ぐずる。(れい)妹がぐずつく。❷〔天気や気分が〕はっきりしない。(れい)天気はあすもぐずつくでしょう。

くすのき クスノキ科の木。葉などに特有のかおりがあり、くすりの「しょうのう」をつくるもとになる。

くすぶる ❶よくもえないでけむる。(れい)たき火がくすぶる。❷〔前におこったことなどの〕解決がつかないじょうたいが続く。(れい)いやな気持ちが心の中でくすぶっていた。

くずもち【葛餅】水にといたくず粉を加熱し、型に流してかためた和菓子。

くすり【薬】❶病気やきずをなおすために、飲んだりつけたりするもの。❷〔心やからだの〕ためになること。(れい)少しはひどいめにあったほうがかれには薬になっていい。

くすりばこ【薬箱】いろいろな薬を入れておくはこ。

くすりゆび【薬指】中指と小指の間の指。親指から四番目の指。

ぐずる〔きげんが悪く〕ぐずぐずいう。ぐずつく。だだをこねる。

くずれる【崩れる】❶くだけてこわれる。(れい)大雨で、がけが崩れた。❷ととのっていたものがみだれる。❸〔天気が〕悪くなる。

くせ【癖】〔知らず知らずのうちに出る〕その人のもつ、とくべつな習慣。

くせもの【くせ者】❶悪者。また、あやしい人。❷ゆだんのできない人。

くせん【苦戦】苦しいたたかいをすること。また、そのたたかい。

くそ ❶大便。ふん。❷あか。かす。(れい)耳くそ。

くだ【管】中がからになっている、まるく細長いもの。

ぐたいてき【具体的】そのもののようすや形が、すぐに思いうかぶほどはっきりしているようす。(れい)具体的な例をあげて説明する。⇔抽象的。

くだく【砕く】❶うちこわして、小さくする。(れい)岩をハンマーで砕く。❷《「心を砕く」の形で》よくしようと思っていろいろと考える。

くたくた ひどくつかれて力のないようす。(れい)くたくたにつかれる。

くだける【砕ける】親しい感じをあたえる。

ください【下さい】❶「くれ」のていねいな言い方。❷「そうしてほしい」のていねいな言い方。(れい)ぜひ、見てください。

くださる【下さる】❶「あたえる」「くれる」のうやまった言い方。❷《「…てくださる」の形で》「…てくれる」をうやまっていう言い方。(れい)先生ならわかってくださるだろう。

くだす【下す】❶〔命令や判決を〕言いわたす。(れい)命令を下した。❷〔相手を〕負かす。(れい)強敵を下す。❸げりをする。(れい)はらを下す。

慣用句 **声をひそめる** 声を小さくする。小さい声で話す。

くたびれもうけ くろうするばかりで、少しもよいことがないたとえ。

くたびれる ❶つかれる。元気がなくなる。❷長く使って古くなる。(れい)くたびれた長ぐつ。

くだもの【果物】〔リンゴ・ミカンなど〕食用になる草木の実。ふつう水分とあまみが多く、生で食べられる。

くだらない【下らない】何の役にも立たない。つまらない。

くだり【下り】❶高い所からひくい所へうつること。❷中央から地方へ行くこと。とくに、東京から地方へ行くこと。❸道がしぜんに低くなっていくこと。また、そのような坂道。(れい)上りはつらいが、下りは楽だ。❹東京、または、幹線から地方へむかって行く列車。「下り列車」のりゃく。(れい)今度の下りは何時ですか。⇔❶〜❹上り。

くだりざか【下り坂】進むにつれて下がっていく坂。

くだる【下る】❶低い所に行く。おりる。(れい)山を下る。❷川下へ進む。(れい)ふねで川を下る。❸都（＝昔は京都、今は東京）から地方に行く。⇔❶〜❸上る。❹〔命令や判決が〕いいわたされる。(れい)命令が下る。❺げりをする。(れい)はらが下る。

くち【口】❶ものを食べたり、話をしたりするときにつかう、体の部分。❷物を出し入れするところ。また、出入りするところ。(れい)びんの口。／非常口。❸ことば。(れい)口をつつしむ。❹うわさ。(れい)世間の口がうるさい。❺《数のあとにつけて》ものを食べるとき、口に入れる回数をかぞえることば。(れい)カレーライスを一口食べてみる。

ぐち【愚痴】言ってもしかたのないことをなんども言ってなげくこと。また、そのことば。なきごと。

くちあたり【口当たり】食べ物や飲み物を口に入れたときの感じ。(れい)なめらかな口当たりのとうふ。

くちうつし【口移し】❶食べ物や飲み物を自分の口にふくんでから相手の口にちょくせつうつし入れること。❷〔書き物にしないで〕ことばでちょくせつつたえること。(れい)むかし、民話などは口移しにつたえられた。

くちえ【口絵】本や雑誌などの、いちばんはじめにのせられている絵。

くちがかたい【口が堅い】ひみつを守り、かんたんにはしゃべらない。(れい)あの人は口が堅いので信用できる。⇔口が軽い。

くちがかるい【口が軽い】〔言ってはならないことまで〕すぐしゃべる。(れい)妹は口が軽い。⇔口が堅い。

くちかず【口数】ものを言う数。(れい)口数が多い。

くちがすべる【口が滑る】言うつもりはないのに、うっかり言ってしまう。口をすべらす。

くちぐせ【口癖】くせのように、いつもくり返して言うことば。

くちぐちに【口々に】おおぜいの人がそれぞれにしゃべるようす。(れい)がんばれと、口々にさけぶ。

くちげんか【口げんか】言いあらそい。口論。

くちごたえ【口答え】〔目上の人の〕言いつけや注意などにさからって、言い返すこと。また、そのことば。

くちコミ【口コミ】人の口から口へ伝えられる、うわさやひょうばん。(れい)あの店のラーメンはおいしいと口コミで広がる。

くちさき【口先】❶口の先の方。❷〔まごころのこもらない〕うわべだけのことば。(れい)口先がうまい。

くちずさむ【口ずさむ】〔心にうかんだ詩や歌などを〕かるく声に出して歌う。

くちだし【口出し】〔ほかの人が話しているさいちゅうに〕わりこんでものを言うこと。(れい)関係ないことに口出しするな。

くちどめ【口止め】ほかの人に話さないようにさせること。(れい)その話は口止めされている。

くちにあう【口に合う】〔自分のこのみにあっていて〕おいしく食べられる。(れい)この料理は口に合う。

くちばし 鳥の口からつき出ている、かたいもの。

くちばしがきいろい【くちばしが黄色い】〔ひなどりのくちばしが黄色いところから〕わかくて、なにもよく知らないことのたとえ。

くちばし

くちばしる【口走る】〔よけいなことなどを〕うっかり言う。

くちびる【唇】上下から口をかこむ器官。

くちびるをかむ【唇をかむ】くやしさをがまんする。

くちぶえ【口笛】くちびるをすぼめて、息を強く外へふき、ふえのように音をたてること。また、その音。

くちべに【口紅】化粧品の一つ。くちびるにぬる。

くちもと【口元】口のあたり。(れい)口元のかわいらしい人。

くちやくそく【口約束】〔紙に書かないで〕ことばだけでするやくそく。

くちょう【口調】ものの言い方。ことばの調子。

くちる【朽ちる】〔木・材木などが〕くさる。

くつ【靴】はきものの一種。かわ・ゴム・ビニール・布などでつくり、その中に足を入れてはく。

くつう【苦痛】からだや心に感じる、いたみや苦しみ。(れい)けがの苦痛をやわらげる薬。

くつがえす【覆す】❶それまでのことを打ち消す。変える。(れい)中止の決定を覆す。❷〔政府などを〕たおす。ほろぼす。(れい)政権を覆すような事件。

クッキー 小麦粉にバター・たまご・さとうなどをくわえて焼いた菓子。

くっきり 物の形がはっきりしているようす。あざやかなようす。(れい)青い海に白い船がくっきり見える。

クッキング 料理。また、料理法。

くっし【屈指】〔ゆびをおってかぞえるほど〕数が少なく、すぐれていること。ゆびおり。(れい)世界でも屈指のピアニスト。

慣用句 **心がなごむ** ほのぼのとして、気持ちがおだやかになる。

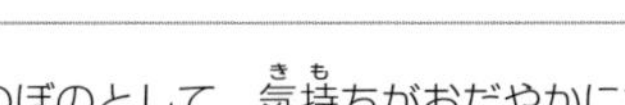

くつした【靴下】洋服を着たとき、足にはくもの。

くつじょく【屈辱】権力や勢力におさえつけられて受ける、はじ。れい 屈辱にたえる。

ぐっしょり ひどくぬれるようす。びっしょり。れい ジョギングをして、ぐっしょり汗をかいた。

クッション ❶羽毛やスポンジなどを入れてつくった洋風のざぶとん。❷いす、ソファー、乗り物の座席などの弾力をつけた部分。

くっしん【屈伸】かがんだり、のびたりすること。れい 屈伸運動。

ぐっすり 深くねむるようす。

くっする【屈する】❶曲がる。曲げる。れい ひざを屈する。❷気力がなくなる。元気をなくす。れい 失敗しても屈しない。

くつずれ【靴擦れ】くつと足がすれて、足のひふにきずができること。

くっせつ【屈折】❶おれ曲がること。れい 屈折した道。❷光や音波が二つの物質の中を通るときに、そのさかいめで進む方向をかえること。❸気持ちなどがゆがんで、すなおではないこと。れい 屈折したせいかく。

ぐったり〔弱ったりつかれたりして〕力がぬけるようす。れい 弟は、熱が出てぐったりしていた。

くっつく〔二つのものがすきまをあけず〕ぴったりと接する。れい 接着剤で、二まいの板がぴったりくっつく。

くっつける ものとものとをぴったりとつける。すきまのないようにつける。れい たんすをかべにくっつける。

ぐっと ❶あるものごとを、力を入れてするようす。一息にするようす。れい はらだたしさをぐっとがまんした。／水をぐっと飲みほす。❷それまでとはひどくちがうようす。いちだんと。ぐんと。れい 肉のねだんが、ぐっと高くなった。❸〔感動したりこまったりして〕ことばや息がつまるようす。れい よろこびで胸がぐっとつまり、ことばが出てこない。

くっぷく【屈服・屈伏】相手のいきおいや力に負けて、したがうこと。れい 権力に屈服する。

くつろぐ 心やからだをゆったりと楽にする。れい 日曜日には、ひさしぶりにみんなでくつろいだ。

くつわむし【くつわ虫】キリギリス科のこん虫。おすは、秋の夜に「ガチャガチャ」と大きな声で鳴く。

くてん【句点】文の終わりにつけるしるし。「。」のこと。

くどい ❶いやになるほど同じことをなんどもくり返すようす。しつこい。れい 母は礼儀を正しくするようにと、くどいくらいに言った。❷味・色などが、こい。しつこい。れい 味つけがくどい。

くとう【苦闘】苦しみながらたたかうこと。苦しみにたえて努力すること。

くとうてん【句読点】文の終わりにつけるしるし（＝句点「。」）と、文を読みやすくするために文のとちゅうにうつ点（＝読点「、」）。

くどく【口説く】自分の考えにしたがわせようとして、いろいろと話す。れい 夏休みに家族旅行に行こうと父を口説いた。

くどくど 同じことをくり返して言うようす。しつこいようす。(れい) くどくどと言いわけをする。

くなん【苦難】〔身に受ける〕苦しみや、こんなん。(れい) 苦難をのりこえる。

くに【国】❶国家。❷国土。(れい) 日本は海にかこまれている国だ。❸〔自分が〕うまれた土地。(れい) 国には父母が元気でいます。

くにがまえ【国構え】漢字の部首の一つ。「国」「囲」「因」などの「囗」のこと。

くにもと【国元】自分がうまれた土地。ふるさと。(れい) 国元へ帰る。

ぐにゃぐにゃ やわらかく、よく曲がり、形がかわりやすいようす。(れい) 板チョコが暑さでぐにゃぐにゃになる。

くねくね なんどもゆるやかに曲がるようす。(れい) 細い道がくねくねと続いている。

くのう【苦悩】苦しみなやむこと。また、その苦しみや、なやみ。(れい) 苦悩にみちた人生。

くばる【配る】❶わりあててわたす。(れい) おかしを配る。❷いきわたらせる。(れい) かんとくは、選手の動きに目を配っていた。

くび【首】❶頭とどうの間の部分。(れい) 首を右に曲げる。❷頭。(れい) 首をひっこめる。❸やとっている人をやめさせること。(れい) 会社を首になる。

くびかざり【首飾り】宝石・貴金属などをつないで首にかけるかざり。ネックレス。

くびすじ【首筋】首のうしろの部分。えりくび。うなじ。

くびねっこ【首根っ子】首のうしろの部分。首すじ。くびね。

くびれる 両はしがふくれて中ほどが細くなる。(れい) ひょうたんは、まん中がくびれている。

くびわ【首輪】❶首にかけるかざり。❷犬やネコなどの首につける輪。

首輪②

くびをつっこむ【首を突っ込む】〔自分から進んで〕そのことに関係する。(れい) 何にでも首を突っ込む人。

くふう【工夫】よいやり方をいろいろ考えること。また、その考えたやり方。

くぶくりん【九分九厘】〔百にたいして九十九のわりあいの意味から〕ほとんど。(れい) 九分九厘まちがいない。

くぶん【区分】❶くぎって分けること。区分け。(れい) ぼくたちの町は八つに区分されている。❷ある種類・性質などによって分けること。(れい) 大きいものと小さいものに区分する。

くべつ【区別】ちがいによって分けること。また、そのちがい。(れい) 人のものと自分のものを区別する。

くぼみ まわりよりへこんでいるところ。(れい) くぼみに足をとられる。

1くま〔つかれたときなど〕目のまわりにできる黒ずんだ部分。

2くま【熊】ヒグマ・ホッキョクグマなどの、クマ科の動物。からだは大きく、全身が毛でおおわれ、手足は太くてみじかい。

慣用句 **心がはずむ** 気持ちがわくわくする。うれしい気分になる。

くまで【熊手】❶竹でつくったクマの手のような形をした道具。落ち葉やかれ草などをかき集めるのに使う。❷とりの市などで売る竹でつくったえんぎもの。

熊手①

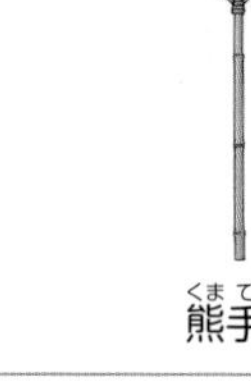

熊手②

くまなく【くま無く】残るところなく。すみずみまで。(れい)引き出しの中をくまなくさがす。

くまもとけん【熊本県】九州地方の中央部にある県。県庁所在地は熊本市。⬇都道府県。

1**くみ**【組】いっしょになってものごとをするなかま。また、学校で授業をするために、生徒を適当な人数でまとめたもの。学級。クラス。(れい)二つの組に分かれてたたかう。／一年一組。

2**くみ**【組み】ひとそろいになっているもの。(れい)一組みのふとん。

ぐみ グミ科の植物。実は赤い色でまるく、食用になる。

くみあい【組合】おたがいの利益のために、何人かの人が集まってつくる団体。(れい)労働組合。

くみあわせ【組み合わせ】いくつかのものを一つにとり合わせること。また、とり合わせたもの。(れい)試合の組み合わせ。

くみおき【くみ置き】水をくんでおくこと。また、その水。

くみたて【組み立て】❶組み立てること。(れい)組み立てはかんたんだ。❷もののしくみ。(れい)機械を分解して組み立てを知る。

くみたてる【組み立てる】組み合わせて、まとまったものにつくりあげる。(れい)プラモデルを組み立てる。

くみとる【くみ取る】❶水などをくんで入れ物に入れる。❷〔人の気持ちなどを〕思いやる。おしはかる。

1**くむ** ❶水などをすくいとる。(れい)バケツで水をくむ。❷〔人の心などを〕おしはかる。思いやる。(れい)友だちの気持ちをくむ。

2**くむ**【組む】❶たがいちがいにからませる。(れい)うでを組んで歩く。❷なかまになる。(れい)このゲームはふたりずつ組んでします。

くめん【工面】お金や品物などをそろえようとあれこれくふうすること。(れい)旅費を工面する。

1**くも** 足が八本ある動物。はらからねばり気のある糸を出し、あみをはって巣をつくる。その巣にかかった虫などを食べる。あみをはらない種類もある。

2**くも**【雲】空気中の水じょう気がひえ、こまかな水やこおりのつぶとなり、かたまって大気中にうかんでいるもの。

くもがくれ【雲隠れ】にげて、すがたをかくすこと。

くものみね【雲の峰】夏に、高い山のみねの形にわきあがった雲。ふつう、入道雲のこと。

くもゆき【雲行き】❶雲が動いてゆくようす。空もよう。❷ものごとのなりゆき。(れい)二つの国の間の雲行きがあやしくなってきた。

くもり【曇り】❶雲が空をおおっているじょうたい。(れい)晴れのち曇り。❷ぼんやりとしてよく見えないこと。(れい)まどガラスの曇りをぬぐう。

くもる【曇る】❶空が雲や霧でおおわれる。⇔晴れる。❷〔光っていたものやすきとおっていたものが〕にごる。(れい)ガラスが曇る。

くやくしょ【区役所】それぞれの区にあって、その区の仕事をする役所。

くやしい【悔しい】〔ものごとがうまくいかなかったり、人にうらぎられたりして〕ひじょうにざんねんであるようす。(れい)一勝もできず悔しい。

くやしなき【悔し泣き】くやしく思って泣くこと。

くやしなみだ【悔し涙】くやしく思って流すなみだ。

くやむ【悔やむ】❶ひじょうにざんねんに思う。くいる。(れい)してしまったことを悔やんでもしかたがない。❷人の死をかなしむ。

くよう【供養】死んだ人や仏に物をそなえて、死後のしあわせをいのること。(れい)先祖を供養する。

くよくよ〔わずかなことを〕いつまでも考え、心配するようす。(れい)今さらくよくよしてもしかたがない。

1**くら** 人や荷物を乗せるために、馬や牛のせなかにつける道具。

2**くら**【倉】穀物などをしまっておく建物。倉庫。

3**くら**【蔵】だいじな品物をしまっておく建物。

1**くらい**【位】❶身分。地位。(れい)大臣の位につく。❷数をあらわすために十倍ごとにつけたよび名。けた。(れい)百の位。

2**くらい**【暗い】❶光の量が少なく、はっきり見えない。(れい)暗い道を歩く。❷はればれしない。(れい)病気の友だちのことを思うと暗い気持ちになる。❸〔あるものごとについて〕よく知らない。(れい)わたしは、このへんの地理に暗い。①〜③⇔明るい。

ぐらい ❶あることがらをしめして、そのていどをあらわすことば。くらい。(れい)今年ぐらいさむい冬はない。❷だいたいの数や量をあらわすことば。くらい。(れい)六年ぐらい前のこと。

クライマックス 感動やこうふんがもっとも高まるとき。また、その場面。

くらう【食らう】❶食べる。また、飲む。(れい)大飯を食らう。❷うける。こうむる。(れい)お父さんからげんこつを食らった。

グラウンド 運動場。競技場。グランド。(れい)グラウンドを一周する。

くらがり【暗がり】暗いところ。また、暗くて、人目につきにくいところ。

くらく【苦楽】苦しみと、楽しみ。

クラクション 自動車の警笛。

くらくら 目まいがして、たおれそうになるようす。

ぐらぐら ❶ものがゆれ動いて、落ち着かないようす。(れい)地しんで建物がぐらぐらゆれる。❷湯がさかんににえたぎるようす。

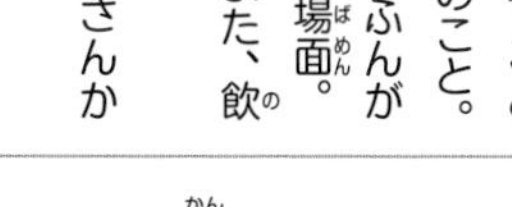

くらげ 海にすむ、かんてんのようにやわらかな体の動物。かさをひろげたような形をしている。

慣用句 **心のこもった** 相手を思う気持ちがじゅうぶんに感じられるようす。

ことばのテーブル

220ページ

くらし【暮らし】生活すること。また、生活していく費用。(れい)ぜいたくな暮らし。

クラシック ❶文学・音楽などで、むかしから多くの人々に親しまれてきたりっぱな作品。古典。とくに音楽をさすことが多い。(れい)ぼくは、クラシックがすきだ。❷古めかしいようす。(れい)クラシックな建物。

1くらす【暮らす】月日をすごす。(れい)毎日のんびりと暮らす。

2クラス ❶学級。組。❷階級。等級。(れい)トップクラス。

グラス ❶ガラス。(れい)教会のステンドグラス。❷ガラスでできたコップ。(れい)ワインのグラス。❸めがね。(れい)サングラス。❹そうがん鏡。(れい)オペラグラス。

クラスかい【クラス会】同じ学級で学んだ人たちが卒業後に開く、しんぼくのための会。同級会。(れい)十年ぶりのクラス会。

クラスメート 同じ学級のなかま。同級生。級友。クラスメイト。

グラタン 肉ややさいをホワイトソースであえて、焼き皿にいれ、粉チーズなどをかけてオーブンで焼いた食べ物。

クラッカー ❶うすいしおあじをつけたビスケット。❷かんしゃく玉。とくに、ひもを引っぱると大きな音と紙テープが出るものをさす。

ぐらつく〔物・気持ち・考えなどが〕ゆれ動く。ぐらぐらする。(れい)決心がぐらつく。

グラデーション 写真や絵画などで、明るさや色のこさを少しずつ変化させる技法。

グラデーション

クラブ ❶同じ目的をもった人々の集まり。また、集まるところ。(れい)テニスクラブ。❷トランプのしるしの一つ。黒い「♣」の形。クローバー。❸ゴルフで、ボールをうつぼう。

グラフ 数量の関係を図にあらわしたもの。おれ線グラフやぼうグラフなどがある。

クラブかつどう【クラブ活動】児童や生徒が課外活動として、好きな活動をえらんで、自分たちが中心になっておこなうもの。

くらべものにならない【比べ物にならない】くらべることができないほど、二つのものがちがいすぎている。

くらべる【比べる】二つ以上のもののちがいをしらべる。(れい)うでまえを比べる。

くらます 見つからないようにする。(れい)すがたをくらます。

くらむ 目の前がきゅうに暗くなり、見えにくくなる。目まいがする。

グラム 重さの単位。一グラムは、セ氏四度の水の一立方センチメートルの重さ。記号は「g」。

くらやみ【暗闇◂】暗いこと。また、暗いところ。

グランド グラウンド。

グランプリ 〔芸術やスポーツなどの〕最高賞。

くり ブナ科の木。実はふつう三こで、いがにつつまれている。実を食用にする。

クリアー ❶すきとおった。明るい。すみきった。はっきりした。クリア。クリヤー。(れい)クリアーな映像。
❷〔陸上競技の〕棒高とびや走り高とびで、バーを落とさないでとびこえること。クリア。クリヤー。
❸むずかしい問題やことがらをのりこえること。クリア。クリヤー。(れい)一次試験をクリアーする。
❹〔パソコンや電子計算機などで〕消すこと。消去すること。クリア。クリヤー。(れい)データをクリアーする。

くりあがり【繰り上がり】 一つ上の位に数がおくりあげられること。⇔繰り下がり。

くりあげる【繰り上げる】 ❶〔ものごとの位置を〕じゅんに上におくる。(れい)二位の選手を繰り上げる。
❷決めていた日時をはやめる。(れい)十二日の会議を、都合で十一日に繰り上げた。⇔①②繰り下げる。

クリーニング せんもんの業者がするせんたく。

クリーム ❶牛乳・たまご・さとうなどでつくる、どろどろした食べ物。
❷はだや髪などにぬりこむ化粧品。
❸「アイスクリーム」のりゃく。

クリーン ❶きれいな。清潔な。(れい)クリーンな選挙活動。
❷あざやかな。みごとな。(れい)クリーンヒット。

グリーン 緑色。

くりかえす【繰り返す】 同じことを何回もする。(れい)同じ失敗を二度と繰り返さないようにしたい。

くりくり まるいものが動くようす。(れい)目がくりくりとうごく。

ぐりぐり 強くおしつけながらまわすようす。

くりこす【繰り越す】 じゅんに次へおくりこむ。

くりさがり【繰り下がり】 一つ下の位に数がおくりさげられること。⇔繰り上がり。

くりさげる【繰り下げる】 ❶〔ものごとの位置を〕じゅんに下にさげる。
❷決めていた日時をおくらせる。⇔①②繰り上げる。

クリスタル ❶水晶。
❷「クリスタルガラス」のりゃく。水晶のようにすきとおった、じょうぶなガラス。また、それでつくった製品。

クリスマス キリストのたんじょうをいわう日。十二月二十五日。

クリスマスイブ クリスマスの前夜。十二月二十四日の夜。

クリスマスカード クリスマスをいわっておくる(美しい)カード。

クリスマスツリー クリスマスをいわうため、いろいろなかざりつけをした木。モミの木などを使う。

クリスマスプレゼント クリスマスのおくりもの。

クリック コンピューターの操作で、マウスのボタンをおして、すぐにはなすこと。(れい)画面上のアイコンをクリックする。

クリップ ❶書類などをはさむ金具。
❷かみの毛をはさみ、形をととのえる金具。

慣用句 **心をうばわれる** ひきつけられる。むちゅうになる。

ことばのテーブル

222ページ

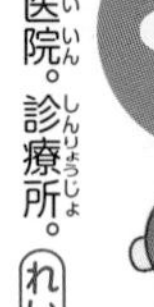

クリニック 医院。診療所。(れい) 内科のクリニック。

くりぬく はものをつきさし、回してあなをあける。また、そのようにしてなかみをとり出す。(れい) 木をくりぬいてつくった小さいふね。

くりひろげる【繰り広げる】次から次へとおこなう。展開する。(れい) 青空の下で、熱戦が繰り広げられた。

くりめいげつ【くり名月】「十三夜」の別名。

グリル ❶肉や魚などの焼きあみ。また、それで焼いた料理。❷手軽な洋風の料理店。また、ホテルなどの洋食堂。

くる【来る】❶こちらに近づく。(れい) むこうから来るのは木村さんだ。❷〔時刻・季節などが〕そのときになる。❸《「…てくる」の形で》「だんだん…のようすになる」の意味をあらわすことば。(れい) あきてくる。

くるいざき【狂い咲き】花がその時期でないのにさくこと。

くるう【狂う】❶正常なじょうたいではなくなる。❷正しい動きや働きをしなくなる。(れい) うで時計が狂う。❸ねらいや予想がはずれる。(れい) 予定が狂う。❹むちゅうになる。(れい) 兄はサッカーに狂っている。

グループ 集まり。なかま。

くるくる ❶物がかろやかになんども回るようす。(れい) 風車がくるくる回る。❷長いものをかるくまくようす。(れい) 新聞紙をくるくるとまるめる。❸ものごとがなんども変わるようす。(れい) 言うことがくるくると変わる。

ぐるぐる ❶なんども回るようす。❷長いものをなんどもまくようす。(れい) ロープをぐるぐるまきつける。

くるしい【苦しい】❶からだにいたみなどを感じてつらい。❷困難で、つらい。(れい) 苦しい仕事。⇕楽しい。❸物やお金が足りなくて、つらい。❹《あることばの下につけて、「…苦しい」の形で》「…しにくい」の意味をあらわす。(れい) 聞き苦しい。

くるしむ【苦しむ】❶「からだに痛みを感じて」つらい思いをする。❷心をいためる。思いなやむ。❸思うようにならなくてこまる。苦労する。(れい) 理解に苦しむ。

くるしめる【苦しめる】苦しくさせる。こまらせる。(れい) 友だちを苦しめるようなことは、してはいけない。

くるぶし 足首の両がわにある、もりあがったほねの部分。

くるま【車】❶じくを中心にしてまわる輪。しゃりん。❷輪の回転を利用して人や物を運ぶもの。とくに、自動車。

くるまざ【車座】おおぜいの人が輪のようになり、内がわをむいてすわること。

くるみ クルミ科の木。実のからは、とてもかたい。中の実を食用にする。

くるむ まくようにしてつつむ。(れい) お菓子を紙にくるむ。

グルメ 食べ物の味などにくわしい人。おいしいもの、ぜいたくなものをこのんで食べる人。(れい) テレビのグルメ番組。

くるり ❶急にひと回りするようす。(れい) くるりと背をむけて引き返す。

❷急に変わるようす。(れい)言うことがくるりと変わる。

ぐるり まわり。周囲。

くれ【暮れ】❶太陽がしずむころ。夕ぐれ。(れい)日の暮れがはやくなった。❷その季節やその年の終わり。

グレー はい色。ねずみ色。

クレーター 月や火星の表面にある大きなあな。

グレード 上下のくらい。等級。(れい)グレードが高い。

グレープフルーツ ミカン科の木。水分が多く、そのまま食べたり、ジュースにしたりする。

クレーム 苦情。もんく。(れい)商品がすぐこわれたのでクレームをつけた。

クレーン 重いものを持ち上げたり、動かしたりする機械。起重機。

クレーン

クレジット その場でお金をはらわなくても品物が受けとれるしくみの取りひき。信用はんばい。

くれない【紅】あざやかな赤色。べに色。(れい)紅のバラ。

クレヨン かたくてぼうのように細長い絵の具。

くれる[1] ❶〔相手が自分に〕ものをあたえる。よこす。(れい)兄が本をくれる。❷《「…てくれる」の形で》「相手が自分のために…する」の意味をあらわす。(れい)道を教えてくれる。

くれる[2]【暮れる】❶日がしずんで暗くなる。(れい)日が暮れる。⇕明ける。❷ある季節や年が終わりになる。❸どうしてよいかわからなくなる。(れい)道にまよいとほうに暮れる。

ぐれる 〔生き方が〕正しい道からはずれる。不良になる。

くろ【黒】❶すみのような色。❷犯罪をおかしたうたがいが強いこと。(れい)あいつは黒だ。⇕①②白。

くろい【黒い】❶すみのような色である。(れい)黒い着物。❷黒みをおびている。また、かっ色である。(れい)日に焼けた黒いはだ。⇕①②白い。❸〔心が〕正しくない。(れい)はらの黒い人間。

くろう【苦労】いろいろとからだや心をつかうために苦しむこと。

くろうと【玄人】ある技術や芸能に、すぐれている人。また、それを仕事にしている人。専門家。⇕素人。

クローズアップ ❶映画やテレビで、一つのもの（とくに、顔など）を大きくうつしだすこと。❷あることを、とくに大きくとり上げること。(れい)環境問題がクローズアップされる。

クローバー マメ科の植物。野原などで育ち、春から夏に白い花がさく。ふつう三まいの葉が集まってつく。シロツメクサ。

クロール 泳ぎ方の一つ。足を上下にふり、手で水をかいて進む。

クローン 人工的に、もとのものとまったく同じ遺伝子をもつようにした動物や植物。(れい)クローン技術。

くろぐろ【黒黒】ひじょうに黒いようす。(れい)黒々した髪。

慣用句 **心をこめる** 相手を思う気持ちをもって、いっしょうけんめいにする。

くろじ【黒字】使ったお金より、入ったお金のほうが多いこと。(れい) 今月は、黒字だった。⇕赤字。

くろしお【黒潮】日本列島の太平洋がわを、南から北東へむけて流れる暖流。水温が高く、黒ずんで見える。日本海流。⇕親潮。

くろずむ【黒ずむ】黒みをおびる。黒っぽくなる。(れい) 古くなって、黒ずんでしまった壁。

クロスワードパズル ごばんの目にしきったますの中にそれぞれの条件に合う文字を入れて、たてよこにつながることばをつくる遊び。クロスワード。

グロテスク すがたかたちがとくにかわっていたり、みにくかったりして、きみが悪いようす。(れい) これは、なんともグロテスクな絵だ。

くろふね【黒船】江戸時代の終わりごろ、アメリカやヨーロッパの国から日本にきた軍艦や汽船。船の色が黒かったことからこうよばれた。

くろぼし【黒星】❶すもうで、負けること。また、そのしるしをあらわす黒いまる。(れい) あの力士は、黒星がつづいている。⇕白星。❷〔①の意味から〕負けたり、しっぱいしたりすること。

くろまく【黒幕】表面には出てこないで、かげでさしずしたり、計画を考えたりする人。(れい) 政界の黒幕といわれている人。

くろまめ【黒豆】正月料理の煮豆などに用いる、皮の黒い豆。

くろめ【黒目】目玉の、小さく黒く見える部分。ここから光が入って、ものが見える。ひとみ。

1くわ 田畑をたがやしたり、ならしたりする道具。一まいのたいらな鉄の板にえをつけたもの。

2くわ【桑◀】クワ科の木。葉をかいこのえさにする木。

くわ

1くわえる 口・くちびる・歯などで、物をはさんでおさえる。(れい) 犬がえさをくわえる。

2くわえる【加える】❶あるものにほかのものをつけたす。増す。(れい) さとうを加える。❷ある数とある数をたす。(れい) 三に八を加える。❸ある動作をあたえる。(れい) さらに力を加える。

くわがたむし【くわ形虫】ノコギリクワガタ・オオクワガタなどの、クワガタムシ科のこん虫のこと。おすの角のようなものは、大あご。

くわしい【詳◀しい】❶こまかなところまでよくゆきとどいている。(れい) この辞書には、ことばの意味や用例が詳しくかいてある。❷よく知っている。(れい) 父は歴史に詳しい。

くわずぎらい【食わず嫌◀い】❶食べないで、きらいだと思うこと。食べずぎらい。❷ものごとのなかみをよく知らないで、さいしょからいやがること。食べずぎらい。

くわせもの【食わせ物】外からよ

く見えても、なかみのよくないもの。また、そういう人。(れい)かれは、なかなかのくわせものだ。

くわだてる【企てる】あることをしようと計画する。

くわわる【加わる】❶ふえる。多くなる。(れい)今年に入って、会員がさらに加わった。❷参加する。なかまに入る。(れい)探検隊の一員に加わる。

くん【訓】漢字を、日本語の意味にあてはめてよむ読み方。⇔音。

1 **ぐん**【軍】戦争をするためにつくられた組織。(れい)軍の指揮をとる。

2 **ぐん**【郡】都道府県の中を小さく分けた、市以外の区画。

ぐんか【軍歌】兵士を元気づけ、士気を高めるためのいさましい歌。

ぐんかん【軍艦】軍隊がもっていて、たたかいのできる設備のある船。

くんくん 鼻を鳴らしてにおいをかぐようす。(れい)いいにおいがするといって、妹が鼻をくんくんさせる。

ぐんぐん ものごとの進み方がはやいようす。また、いきおいのはげしいようす。(れい)家の庭のざっ草がぐんぐんのびる。

くんし【君子】人がらやおこないなどがりっぱな人。

ぐんし【軍師】むかし、軍の中で、たたかいに勝つために作戦を考えた人。

ぐんじ【軍事】戦争や軍隊に関係のあることがら。

ぐんしきん【軍資金】あることをするのにひつようなお金。もとで。(れい)兄が、海外旅行の軍資金を父親にたのんでいる。

くんしゅ【君主】王や皇帝など、国を代々おさめる人。

ぐんしゅう【群衆】ある場所に集まった多くの人々。(れい)群衆が広場をうめつくす。

ぐんしゅく【軍縮】戦争のためのそなえを少なくすること。「軍備縮小」のりゃく。

くんしょう【勲章】国や人々のためにつくしたてがらをみとめ政府がおくる記章。

ぐんじょういろ【群青色】むらさき色がまざったような、あざやかな青色。ぐんじょう。(れい)群青色の海が、どこまでも広がっている。

ぐんじん【軍人】軍隊に入って、戦ったりする人。

くんせい【薫製】肉や魚を塩づけにしてけむりでいぶした食べ物。長い期間、保存することができる。

ぐんぜい【軍勢】軍隊。または、軍隊の人数。(れい)五万の軍勢で、敵をむかえうつ。

ぐんぞう【群像】❶文学や映画などにえがかれた、多くの人々の生き生きとしたすがた。(れい)青春群像。❷絵画やちょうこくなどで、多くの人間をあらわした作品。

ぐんたい【軍隊】ある決まりによってつくられた軍人の集まり。

ぐんだん【軍団】軍隊のまとまりの単位。

ぐんて【軍手】太いもめん糸などであんだ、作業用の手ぶくろ。

ぐんと ❶強く力を入れるようす。❷ほかのものとくらべて、差が大きいようす。いちだんと。(れい)体重がぐんとへった。

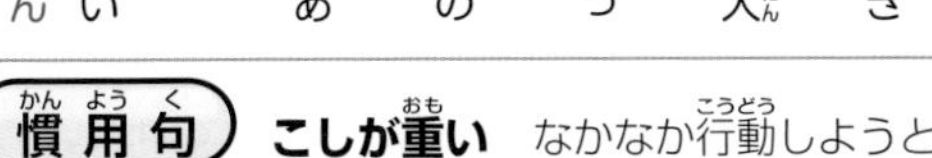
慣用句 **こしが重い** なかなか行動しようとしない。

くんどく【訓読】❶漢字にその意味をもつ日本語をあてて読むこと。訓読み。「花」を「はな」、「話」を「はなし」と読むなど。↕音読。❷漢文を、日本語の文章になおして読むこと。

ぐんばい【軍配】すもうの行司が使ううちわの形をしたもの。「軍配うちわ」のりゃく。↓行司。

ぐんぱつ【群発】あるとくていの場所で、しばしば起こること。

ぐんび【軍備】国を守るためや、戦争をするための兵器や設備。軍のそなえ。

くんぷう【薫風】〔若葉のかおりのする〕さわやかな初夏の風。(れい)薫風の季節となる。

ぐんぷく【軍服】軍人が着る制服。

ぐんまけん【群馬県】関東地方の北西部にある県。県庁所在地は前橋市。↓都道府県。

くんよみ【訓読み】漢字にその意味をもつ日本語をあてて読むこと。訓読。↕音読み。

くんりん【君臨】❶君主としてその国をおさめること。❷ある方面で、大きな力をもっていること。(れい)業界に君臨する。

くんれん【訓練】ものごとによくなれるように、教えきたえること。(れい)きびしい訓練をのりこえる。

1け【毛】❶動物のひふや植物の表面にはえる糸のように細いもの。(れい)ふさふさした犬の毛。❷かみの毛。❸鳥のはね。❹羊毛をつむいだ糸。

2け【家】《姓などの下につけて》その一族・家族全体をあらわすことば。また、敬意をそえることば。(れい)山本家。

けあがり【蹴上がり】鉄ぼうにぶらさがり、からだを曲げ空をけって、鉄ぼうの上にあがるわざ。

けあな【毛穴】ひふの表面の、毛が生える小さなあな。

1けい 文字の列をそろえて書くのに便利なように、紙などに、たて、または横に決まったはばでひいた線。けい線。

2けい【刑】法律にそむいた者におわせるばつ。けいばつ。しおき。

3けい【系】「まとまりのある関係である」意味をあらわす。(れい)太陽系。

げい【芸】身につけたわざや知識。(れい)芸をみがく。

1けいい【経緯】❶経度と緯度。❷ものごとのこまかい事情。いきさつ。(れい)事件の経緯を説明する。

2けいい【敬意】〔人を〕うやまう心。(れい)あなたの努力にたいして敬意をひょうする。

けいえい【経営】事業をやっていくこと。

けいえん【敬遠】❶表面ではうやまうようにみせかけて、心の中ではきらってうちとけないこと。また、きらってさけること。(れい)口やかましい人は、人に敬遠される。❷野球で、よくうつ打者をむかえたときなどに、わざとフォアボールをあたえること。

けいか【経過】❶年月・時間がすぎて

〔〕漢字を使った書き方　(れい)ことばの使い方の例　↕反対のことば　↓参考になる情報　◂小学校で習わない漢字

いくこと。れい れんらくがとだえてから五日経過した。❷ものごとがうつりかわっていくようす。れい 手術後の経過はよい。

1**けいかい**【軽快】❶かるそうにはやく動くようす。れい 軽快な動作。❷かろやかで気持ちのよいようす。れい 軽快なテンポの音楽。

2**けいかい**【警戒】よくないことがおこらないように、注意し、用心すること。れい 川の増水を警戒する。

けいかく【計画】あるものごとをするため、前もって方法や手順を考えること。また、その考え。

けいかくだおれ【計画倒れ】計画を立てるだけで、それを実行にうつせないこと。れい 資金不足で、計画倒れになった。

けいかくてき【計画的】前もって計画を立ててあるようす。

1**けいかん**【景観】すばらしいけしき。れい 山頂からの景観。

2**けいかん**【警官】「警察官」のりゃく。

けいき【景気】❶商売のようす。❷いきおい。元気。れい 景気のよいかけ声をかけて、みこしをかつぐ。

けいぐ【敬具】「つつしんでもうし上げます」の意味で」手紙文の終わりに書くあいさつのことば。多く「拝啓」と対応してもちいる。

けいけん【経験】じっさいに見聞きしたり、自分でおこなったりすること。また、それによって身についた知識やわざ。れい 長年の経験を生かす。

けいげん【軽減】少なくすること。へらすこと。れい 仕事の量を軽減することにした。

けいこ【稽古】ならうこと。とくに武術や芸ごとなどをならうこと。

1**けいご**【敬語】相手や話の中に出てくる人などをうやまう気持ちをあらわすことば。

2**けいご**【警護】きけんのないように、よく注意して守ること。

けいこう【傾向】「物事の動きや性質が」ある方向に進んでゆくこと。れい 電力の消費量は増加の傾向にある。

けいこうとう【蛍光灯】つつの形のガラスのくだの内がわに光を出す物質をぬってある電灯。

蛍光灯

1**けいこく**【渓谷】深い谷。谷間。

2**けいこく**【警告】注意するように前もって知らせること。またその知らせ。

けいさい【掲載】新聞や雑誌などに、記事や広告などをのせること。れい わたしの投書が新聞に掲載された。

けいざい【経済】❶生活にひつようなものをつくったり、売り買いしたり、使ったりするときのいろいろな働きやしくみ。❷お金のやりくり。れい 家の経済がらくになる。

けいざいてき【経済的】❶経済に関係のあるようす。れい 日本は経済的には大国だ。❷むだがはぶけて、費用・時間などが少なくてすむようす。れい 家族が多い場合は、食料をまとめ買いしたほうが経済的だ。

慣用句 **こしが軽い** おっくうがらないで、よく動く。

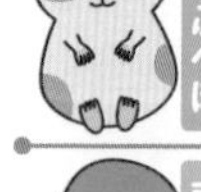

けいさつ【警察】人々のいのちや財産、社会の決まりなどを守ることを役目とするしくみ。また、その役所。

けいさつかん【警察官】警察の仕事をしている人。警官。おまわりさん。

けいさつけん【警察犬】警察がにおいを利用して犯人を見つけられるように、特別に訓練された犬。

けいさつしょ【警察署】都道府県内の受け持ちの区域で、警察の仕事をおこなう役所。

けいさん【計算】❶数量をはかり、かぞえること。❷算数の式をといて答えを出すこと。❸〔結果・なりゆきなどを〕予想し、予定の中に組み入れること。れい 道がこむことを計算に入れ、早めに家を出る。

けいし【軽視】ものごとをかるくみて、価値をみとめないこと。れい 意見を軽視された。⇕重視。

けいじ【刑事】❶どろぼうや人ごろしなどのような、刑法にふれることがら。れい 刑事事件。❷刑法にふれるようなことをした人を、とらえたりしらべたりする役目の警官。

けいしき【形式】❶〔一定の〕やりかた。しかた。れい 短歌の形式。❷ていさい。見かけ。れい 形式にとらわれる。⇕内容。

けいじばん【掲示板】人に広く知らせるためのものをかかげるための板。

けいしゃ【傾斜】かたむくこと。また、そのかたむきのていど。こう配。れい 傾斜のきゅうな坂道。

げいじゅつ【芸術】心に感じたことや思ったことを、形・色・音・声・ことばなどであらわすこと。また、そのあらわしたもの。文学・音楽・絵画・ちょうこく・演劇など。

1**けいしょう**【敬称】名前の下につけて相手をうやまう気持ちをあらわすことば。「さま・さん・くん・どの」など。

2**けいしょう**【景勝】とくによいけしき。れい 景勝の地。

3**けいしょう**【軽症】病気がかるいこと。⇕重症。

4**けいしょう**【軽傷】かるいきず。かるいけが。⇕重傷。

5**けいしょう**【継承】〔身分・仕事・財産などを〕うけつぐこと。

けいしょく【軽食】かんたんでてがるな食事。れい お昼は軽食ですます。

けいず【系図】一族の先祖から代々続いている人の名と、血すじが書いてある図。

1**けいせい**【形成】かたちづくること。れい 人格の形成。

2**けいせい**【形勢】変化するものごとの、その時その時のようす。なりゆき。れい 試合の形勢が不利になる。

けいせいもじ【形声文字】音をあらわす文字と、意味をあらわす文字とを組み合わせてつくった漢字。たとえば「花」では、「艹」が植物であることをあらわし、「化」が「か」の音をあらわす。

けいせき【形跡】ものごとがあったあと。あとかた。こん跡。

けいせつのこう【蛍雪の功】苦労して勉学にはげんだ成果。

けいせん【けい線】文字の列をそろえて書くのに便利なように、紙などに、たて、または横に決まったはばでひいた線。けい。

けいそう【軽装】みがるな服そう。活動しやすい身じたく。(れい) 軽装で旅行に出る。

けいそく【計測】〔数量・長さなどを〕はかること。

けいぞく【継続】〔前からしていることを〕続けること。また、続くこと。

けいそつ【軽率】深く考えないで行動するようす。かるはずみ。(れい) 軽率なふるまい。⇔慎重。

1**けいたい**【形態】あるしくみをもったものごとの、外から見たかたち・ありさま。(れい) 国の形態。／生活形態。

2**けいたい**【携帯】❶身につけたり、手にもったりして持ち歩くこと。(れい) 携帯にべんりな雨がさ。❷「携帯電話」のりゃく。小型でかるく、持ち歩くことのできる無線電話機。

けいだい【境内】寺や神社のしき地の中。

けいちつ【啓ちつ】二十四節気の一つ。三月五日、六日ごろ。冬ごもりをしていた虫や生き物が地上に出てくるころのこと。

1**けいちょう**【軽重】❶かるいこととおもいこと。❷だいじなことと、そうでないこと。

2**けいちょう**【慶弔】よろこび祝うべきことと、悲しむこと。慶事と弔事。(れい) 慶弔電報。

けいてき【警笛】人々に注意をあたえるためにならす、汽車や自動車などのふえやらっぱ。また、その音。

けいと【毛糸】羊などの毛をよりあわせてつくった糸。(れい) 毛糸のくつした。

1**けいど**【経度】地球上のある地点が、基準とする位置からどれくらいはなれているかを角度であらわしたもの。また、その角度。イギリスの、もとグリニッジ天文台があった場所を〇度とし、東西をそれぞれ百八十度にわける。⇔緯度。

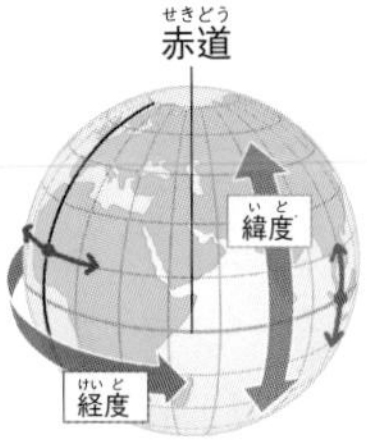

赤道
緯度
経度

経度

2**けいど**【軽度】どあいがかるいこと。(れい) 軽度の近視。⇔強度。重度。

けいとう【系統】❶同じ血すじ。(れい) 父方の系統。❷ものごとの順序。正しいつながり。すじみち。(れい) わかりやすいように系統だてて話す。❸同じ種類や流れに属しているもの。またその流れ。(れい) 茶系統の色の服をこのんで着る。

げいにん【芸人】❶〔俳優・落語家・歌手などのように〕芸能を職業とする人。芸能人。❷しろうとで、いろいろな芸をたくみにする人。(れい) あの人は、なかなかの芸人だ。

げいのう【芸能】演劇・音楽・映画・おどり・落語などをまとめていうことば。(れい) 郷土芸能。／芸能人。

けいば【競馬】騎手が馬を走らせ、その勝ち負けをあらそう競技。

けいはく【軽薄】考えがあさく、おこないがかるがるしいようす。(れい) 軽薄な人がら。

けいばつ【刑罰】〔法律によって〕悪いことをした人にあたえるばつ。

慣用句　**こしをぬかす**　ひじょうにおどろいて足が立たなくなる。

けいひ【経費】あることをするのにひつようなお金。(れい)会社の経費をせつやくする。

けいび【警備】〔よくないことがおこらないように〕前もって用心して、守ること。(れい)ビルの警備員。

けいひん【景品】売る品物にそえて客におくる品物。おまけ。

けいべつ【軽蔑◂】人をかるくみて、ばかにすること。

けいほう【警報】〔台風や火事など〕きけんなことがおこりそうなとき、用心するように出す知らせ。(れい)火災警報器をとりつける。

けいみょう【軽妙◂】〔文章や話などが〕かろやかで、気がきいていてうまいようす。(れい)軽妙な語り口。

けいむしょ【刑務所】悪いことをして刑を受けた人を、その刑の期間が終わるまで入れておくところ。

けいやく【契◂約】〔法律にもとづいて〕売り買いや、かしかりなどのやくそくをすること。また、そのやくそく。(れい)契約書。／契約をむすぶ。

けいゆ【経由】〔目的の場所へ行くとき〕とちゅうで、ある地点を通っていくこと。(れい)モスクワ経由でヨーロッパへ行く。

1けいよう【形容】もののすがた・形・ありさまをいろいろな言いまわし・たとえなどで言いあらわすこと。(れい)なんと形容してよいかわからないくらいみごとなけしき。

2けいよう【掲◂揚◂】〔はたなどを〕高くかかげること。(れい)開会式で国旗を掲揚する。

けいようし【形容詞】ものごとの性質や、ようすをあらわすことば。「美しい」「赤い」「苦しい」など。

けいようどうし【形容動詞】ものごとの性質や、ようすをあらわすことば。「しずかだ（です）」「りっぱだ（です）」など。

けいり【経理】会社などでお金の出し入れに関係のある事務。会計。

けいりゃく【計略】〔だまして〕ものごとをしようとする計画。はかりごと。(れい)敵の計略にまんまとひっかかる。

けいりゅう【渓流】谷川。また、谷川の流れ。(れい)渓流でヤマメをつる。

1けいりょう【計量】めかたや分量などをはかること。(れい)計量カップ二はい分の量。

2けいりょう【軽量】めかたがかるいこと。⇕重量。

けいれい【敬礼】うやまう気持ちをこめて、おじぎをすること。また、そのおじぎ。

けいれき【経歴】〔どのような学校を出て、どんな仕事についてきたかなど〕今までにしてきたことがら。りれき。

けいれつ【系列】すじみちだって、あるつながりをもっているものごと。(れい)系列会社。

けいれん 筋肉が急にひきつること。(れい)胃けいれんをおこす。

1けいろ【毛色】❶毛の色。❷種類。性質。(れい)毛色のかわった人。

2けいろ【経路】〔ものごとがとおってきた〕すじみち。手順。(れい)コレラ菌の入ってきた経路をつきとめる。

けいろう【敬老】高れい者をうやまうこと。(れい)敬老の精神。／敬老会。

けいろうのひ【敬老の日】国民の祝日の一つ。長い間、社会のためにつく

【】漢字を使った書き方 (れい)ことばの使い方の例 ⇕反対のことば ⬇参考になる情報 ◂小学校で習わない漢字

してきた高れい者をうやまい、長生きをいわう日。二〇〇二年までは九月十五日。二〇〇三年からは九月の第三月曜日になった。一九六六（昭和四十一）年に制定された。

ケーキ 洋ふうのやわらかい菓子。洋菓子。またとくに、小麦粉にたまご・牛乳・さとうなどをまぜて焼いたものに、クリームやくだものをそえた菓子。れい バースデーケーキを注文する。

ケース ❶はこ。入れ物。れい めがねのケース。❷ものごとのじっさいの例。ありさま。場合。れい 防災くんれんは、いろいろなケースを考えておこなわれた。

ケーブル ❶電気をとおさないものでおおった、（太い）電線。れい 海底にケーブルをとおす。❷はりがねや麻をより合わせてつくった、（太い）つな。❸「ケーブルカー」のりゃく。

ケーブルカー 登山電車の一つ。山の急斜面にしかれた線路の上を、太い鉄のつなでひいて、車両をのぼりおりさせる乗り物。ケーブル。

ケーブルカー

ゲーム ❶遊び。❷試合。❸テレビゲームなど、コンピューターを使った遊び。

ゲームセット 試合が終わること。

ゲームソフト コンピューターを使ったゲームのためにつくられたプログラム。

けおとす【蹴落とす】❶けって下へ落とす。❷〔自分が出世するために〕人をおしのけてその位や役目から落とす。れい これまでのボスを蹴落として、サル山の新しいボスになった。

けおりもの【毛織物】毛でつくった糸でおった布。ウール。

けが きずをうけること。また、そのきず。

げか【外科】からだのきずや病気を手術によってなおす医学。

げかい【下界】❶人間がすむ地上の世界。この世。❷高いところから見た地上。

けがす【汚す】❶〔清らかなもの、美しいものを〕きたなくする。よごす。れい 思い出を汚す。⇔清める。❷〔悪いことをして〕めいよや地位をきずつける。れい 学校の名を汚さないようにがんばる。

けがのこうみょう【けがの功名】なにげなくしたことや、まちがってしたことが、思いがけずよい結果になることのたとえ。れい 得点できたのは、けがの功名だった。

けがれる【汚れる】〔美しいものや人の心が〕よごれる。きたなくなる。

けがわ【毛皮】毛がついたままの、けものの皮。れい 毛皮のコート。

げき【劇】しばい。演劇。れい 学芸会で、自分たちでつくった劇を上演する。

げきが【劇画】〔こっけいさだけでなく〕じっさいにありそうな話や、まとまったすじのある話を絵にかいてあらわす、まん画。

慣用句 **言葉をにごす** はっきりものを言わないでおく。

ことばのテーブル 232ページ

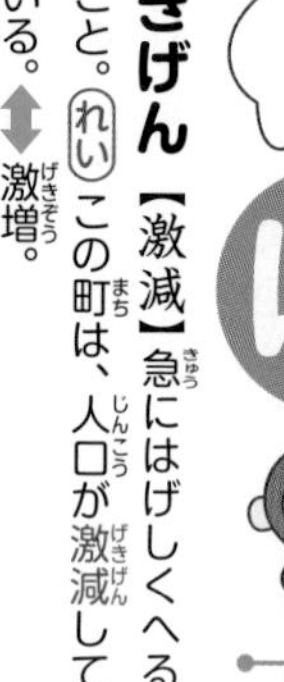

げきげん【激減】急にはげしくへること。れい この町は、人口が激減している。⇔激増。

げきじょう【劇場】劇や映画などを、おおぜいの人に見せるための建物。

げきせん【激戦】〔おたがいが全力を出しつくすような〕はげしいたたかい。れい 選挙の激戦地区。

げきぞう【激増】急にはげしくふえること。れい プールでの事故が激増する。⇔激減。

げきたい【撃退】〔せめてきた敵やいやな相手などを〕せめて、おいはらうこと。

げきだん【劇団】劇を研究し、劇を上演して見せる人たちの集まり。

げきつう【激痛・劇痛】〔がまんできないほどの〕はげしいいたみ。

げきてき【劇的】〔劇の場面に見られるような〕心に強い感激をおこさせるようす。れい 親子の劇的な再会。

げきど【激怒】はげしくおこること。

げきどう【激動】はげしくかわり動くこと。れい 激動する世界情勢。

げきとつ【激突】はげしくぶつかること。

げきへん【激変】急にひどくかわること。れい おだやかだった天候が激変する。

げきやく【劇薬】使い方や量をまちがえると、いのちがあぶなくなるような、きけんな薬。

けぎらい【毛嫌い】とくべつな理由もないのに、いやがること。わけもなくきらうこと。れい 姉は、なぜかこん虫を毛嫌いする。

げきれい【激励】元気づけ、はげますこと。

けげん よくわからなくて、ふしぎに思うようす。れい 弟は、けげんな顔をしている。

げこう【下校】〔勉強が終わって〕学校から帰ること。⇔登校。

1けさ 僧が、ころもの上にかたからかけるもの。

2けさ【今朝】きょうの朝。今朝。

げざい【下剤】大便がよく出るようにする薬。

げざん【下山】のぼった山をおりること。れい 早めに下山する。

げし【夏至】二十四節気の一つ。六月二十二日ごろ。赤道をさかいにした地球の北半分では昼の時間が一番長くなる。⇔冬至。

けしいん【消印】郵便局で、はがきや切手におす、使ったというしるしの日づけ入りのはん。

けしかける ❶〔動物を〕相手にむかってこうげきするようにしむける。れい 通りがかりの人に犬をけしかけるなんて、とんでもないやつだ。❷人をおだてたりそそのかしたりして、自分のつごうのいいようなおこないをさせる。れい みんなをけしかけてさわぎを大きくした。

けしき【景色】山・野原・川・海など、自然を中心としたながめ。風景。れい 山の頂上からの景色に目を見はる。

けしゴム【消しゴム】えんぴつで書いた文字や絵などをこすって消すのに使う、ゴムやプラスチックなどでつくった文房具。

けじめ あるものごとと他のものごとの区別。れい していいことと悪いことのけじめがつかない。／公私のけじめをつける。

げしゃ【下車】電車・自動車などからおりること。(れい)途中下車をして、観光する。⇔乗車。

げしゅく【下宿】お金をはらい、よその家のへやをかりて生活すること。また、そのへやをかす家。

げじゅん【下旬】それぞれの月の二十一日から終わりの日まで。⇔上旬。中旬。

けしょう【化粧】❶〔おしろいなどをつけて〕顔をきれいにかざること。❷ものの表面などをかざること。(れい)化粧タイル。

けしょうしつ【化粧室】❶けしょうをするための部屋。❷洗面所。トイレ。

けしん【化身】神や仏、また形のないものが、形をかえてこの世の中にあらわれたもの。

けす【消す】❶熱・光をはっしているものをはっしないようにする。(れい)火を消す。❷スイッチを切って、その器具を使うことをやめる。(れい)出かける前にテレビを消しわすれた。❸形を見えなくする。人目につかないようにする。(れい)とつぜんすがたを消した。❹見えなくする。なくす。(れい)くさいにおいを消す。

げすい【下水】❶台所やふろば、また工場などから流される、よごれた水。(れい)下水の処理場。❷「下水道」のりゃく。

げすいどう【下水道】下水を流すためのみぞ。

ゲスト❶客。❷テレビ・ラジオ番組などで、いつも決まって出る人のほかに、そのときだけとくべつにくわわる人。(れい)本日のとくべつゲストをしょうかいします。

けずる【削る】❶〔刃物で〕ものの表面をうすくそぎとる。(れい)ナイフでえんぴつを削る。❷〔一部分を〕とりのぞく。(れい)むだなことばを削る。

げた 足をのせる台木に歯をつくりつけ、足をさしこんで固定するための鼻緒をつけた、はきもの。

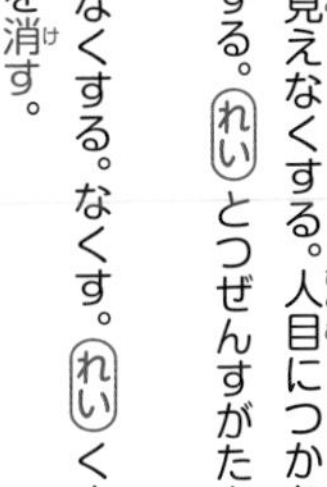

鼻緒
歯
げた

けだかい【気高い】どことなくきよらかで、上品である。(れい)雪におおわれた富士山は気高い感じがする。

けたたましい 高い音がして、びっくりするほどさわがしいようす。(れい)けたたましくサイレンが鳴った。

けたちがい【桁違い】❶数のくらいどりがまちがっていること。❷二つのもののちがいが大きくて、くらべものにならないこと。けたはずれ。だん違い。

げたばこ【げた箱】〔げただけでなく、さまざまな〕はき物をしまうための家具。(れい)うちは家族が多いのでげた箱も大きい。

けだもの❶からだじゅうに毛がはえ、四本足で歩きまわる動物。けもの。❷人間らしい心をもたない人をののしっていうことば。

慣用句 **小回りがきく** ひつようなときに、すばやく行動ができる。

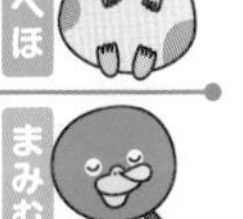
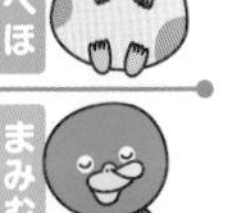

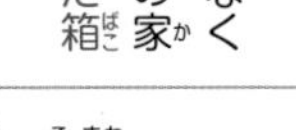
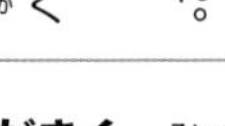
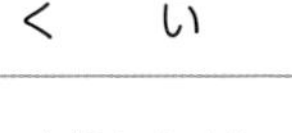
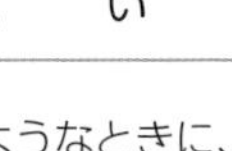
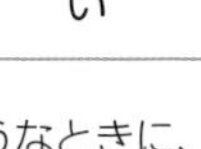
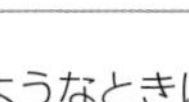
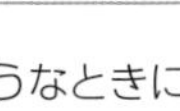
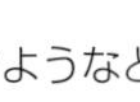
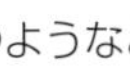
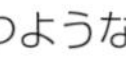

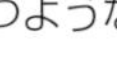

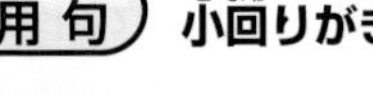
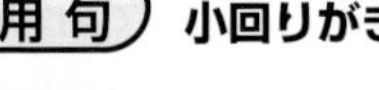
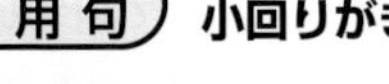
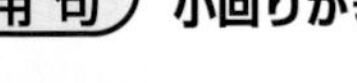
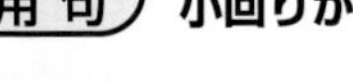

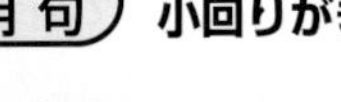

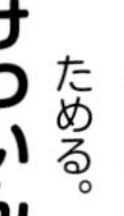
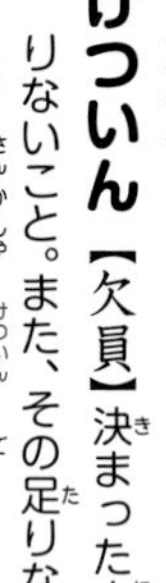

げだん【下段】〔いくつかある段の〕したの段。⇕上段。

けち ❶ものを使ったり人にあたえたりするのをひじょうにおしがること。また、そういう人。❷心がせまくいやしいこと。れい こっそり自分だけもうけようなどというけちなことはしない。

けちけち お金やものを出しおしむようす。

ケチャップ トマトなどをにつめてつくる調味料。トマトケチャップ。

けちらす【蹴◂散らす】❶〔集まっているものを〕いきおいよくおいはらう。れい 敵を蹴散らす。❷足でけってばらばらにする。

けちる ものおしみする。けちけちする。れい 材料代をけちったせいか、料理の味がものたりない。

けちんぼう【けちん坊◂】けちな人。また、けちなようす。

けつあつ【血圧】心臓からおし出された血が、血管のかべをおす力。れい 血圧が高い。

けつい【決意】はっきりと考えを決めること。また、その考え。れい 決意をかためる。

けついん【欠員】決まった人数に足りないこと。また、その足りない人数。れい 参加者に欠員が出てしまった。

けつえき【血液】動物のからだの中をまわる、赤色の液体。養分や酸素をからだじゅうにはこび、いらなくなったものを運びさる。血。

けつえきがた【血液型】ほかの血液を入れたとき、血液のかたまり方で分ける血液の型。ふつう、A・B・O・ABの四つに分ける。

けつえん【血縁◂】〔親と子のように〕血のつながりのあること。また、血のつながりのある人。れい 血縁関係。

けっか【結果】あることをしたためにおこったことがら。れい 観測の結果、新しい事実が出てきた。⇕原因。

けっかい【決壊◂】〔川や海のていぼうなどが〕やぶれてくずれること。れい 台風で近くの川のていぼうが決壊した。

けっかく【結核◂】「結核きん」によって、肺や腸などがおかされる病気。感染症の一つ。

1**けっかん**【欠陥◂】ふじゅうぶんなところ。かけて足りないところ。れい 自動車のハンドルに欠陥のあることがわかった。

2**けっかん**【血管】からだの中をまわっている、血液がとおるくだ。

げっかん【月刊】新聞や雑誌などを、毎月決まった日に一回出すこと。

1**けっき**【血気】あとさきを考えないで立ち向かうはげしい心。さかんな意気。れい 血気さかんなわかもの。

2**けっき**【決起】〔ある目的にむかって〕決心をして立ち上がること。れい 圧政に反対して、国民が決起した。

けつぎ【決議】会議をして決めること。また、決まったことがら。議決。れい 内閣の不信任を決議する。

げっきゅう【月給】働いたことにたいして、毎月しはらわれるお金。れい 月給が上がる。

けっきょく【結局】〔いろいろなことがあって〕さいごに。ついに。れい あれこれ考えてみたが、結局、答えがわからなかった。

けっきん【欠勤】つとめを休むこと。

【】漢字を使った書き方　れい ことばの使い方の例　⇕反対のことば　⬇参考になる情報　◂小学校で習わない漢字

れい 欠勤とどけ。⇔出勤。

1**けっこう**【欠航】いつも決まった時刻に出ている船や飛行機の運航をとりやめること。れい 午後の便はすべて欠航だ。

2**けっこう**【決行】思いきっておこなうこと。れい ストライキを決行する。

3**けっこう**【結構】❶すばらしくてもうしぶんがないようす。すぐれてりっぱなようす。れい 結構な品物をありがとうございます。❷それ以上ひつようとしないようす。それだけでじゅうぶんであるようす。れい もうこれで結構です。❸かなり。なんとか。そうとう。れい くらしはまずしかったがけっこうしあわせだった。

けつごう【結合】〔二つ以上のものがむすびあって〕一つになること。また、一つにすること。

げっこう【月光】月のひかり。

けっこん【結婚】男と女が夫婦になること。婚姻。

けっこんしき【結婚式】男女が正式に夫婦になるための式。

けっさく【傑作】❶とくべつすぐれた、すばらしい作品。れい 後世に名を残す傑作をつくりたい。❷ひどくこっけいでゆかいである。れい ペットショップではたらいているのに犬がこわいなんて傑作だね。

けっし【決死】死んでもよいつもりで、ものごとをすること。いのちがけ。れい 決死のかくごで決勝戦にのぞむ。

けっして【決して】どんなことがあっても。ぜったいに。れい もう、決してうそはつかない。

げっしゃ【月謝】教えを受けるために、毎月決めておさめるお金。とくに、授業料。れい 月謝をはらう。

けっしゅう【結集】〔ばらばらなものを〕一つにまとめること。また、一つにまとまり集まること。

げっしゅう【月収】一か月の収入。

1**けっしょう**【決勝】さいごの勝ち負けを決めること。また、その試合。

2**けっしょう**【結晶】❶〔水晶などの〕鉱物や雪などにみられる規則正しい形。また、その形をしたもの。❷努力や苦心によってやっとできあがったもの。れい 選手のあせの結晶である優勝旗をもって行進する。

けっしょく【血色】顔の色つや。れい 血色のよい顔。

げっしょく【月食】太陽・地球・月の順にならんだとき、地球が太陽の光をさえぎって、月の全部、または、一部分がかけて見えること。

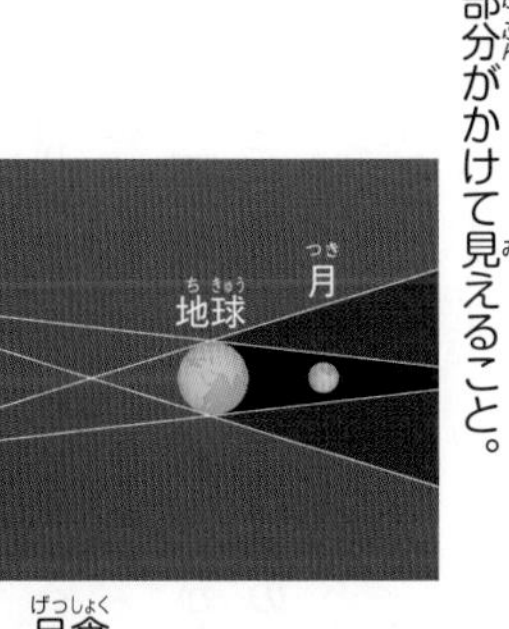

月食

けっしん【決心】あることをしようとはっきり考えを決めること。また、その考え。決意。

けっする【決する】あることを決める。あることが決まる。れい 運命を決するできごと。

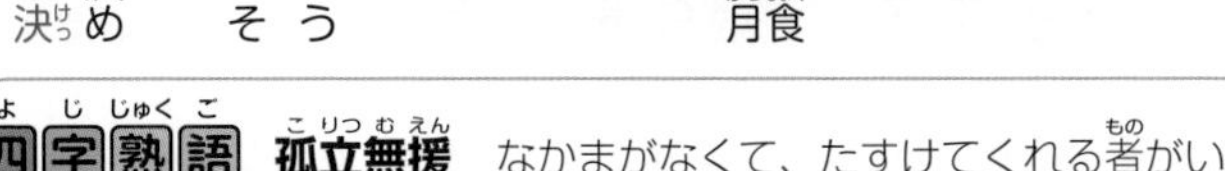
四字熟語 **孤立無援** なかまがなくて、たすけてくれる者がいないこと。

けっせい【結成】〔多くの人や団体を集めて〕一つのグループをつくり上げること。(れい) なかまで野球のチームを結成する。

けっせき【欠席】出なければならない会議や集まりなどに出ないこと。また、学校を休むこと。⇕出席。

けっせん【決戦】さいごの勝ち負けを決めるたたかい。

けっそく【結束】同じ考えの人が、心を合わせて一つにまとまること。団結すること。(れい) 全員が結束して解決にあたる。

けつぞく【血族】〔親子・きょうだいなどのように〕血すじでつながる人々。

げっそり ❶急にやせおとろえるようす。(れい) 病気で入院してからげっそりやせた。❷がっかりして元気がなくなるようす。(れい) 用事を三つも言いつけられてげっそりした。

けつだん【決断】〔あることがおきたとき〕まよわず自分の考えをきっぱり決めること。(れい) 決断をせまられる。／決断力。

けっちゃく【決着】ものごとの決まりがついて終わりになること。(れい) 多数決で、決着をつける。

けってい【決定】はっきりと決めること。また、決まること。(れい) 生徒会の活動方針を決定する。

けってん【欠点】よくないところ。足りないところ。短所。(れい) 私の欠点は、何事にもあきっぽいところだ。

ゲット ❶手に入れること。自分のものにすること。(れい) 新しい自転車をゲットした。❷〔バスケットボールやアイスホッケーなどで〕点をとること。

けっとう[1]【血統】祖先からの血のつながり。血すじ。(れい) 血統のよい馬。

けっとう[2]【決闘◂】〔うらみやあらそいごとがあったとき〕ある約束にしたがって、命をかけて勝負すること。はたしあい。

けっぱく【潔白】心やおこないが正しく、少しもはじるところがないこと。(れい) 身の潔白を証明する。

げっぷ 胃の中にたまっていたガスが口から出てくること。また、そのガス。

けっぺき【潔癖◂】❶きたないことをひどくきらうこと。また、そのような性質。(れい) 食後にかならずアルコール綿で指をふく潔癖な人。❷正しくないことをひどくきらうこと。また、そのような性質。

けつべつ【決別】はっきりと別れること。別れ。(れい) ふるさとと決別して上京した。

けつぼう【欠乏◂】ひつようなものがじゅうぶんにないこと。不足すること。(れい) 食料が欠乏して苦しんでいる人たちがいる。

けつまつ【結末】〔なにかのけっかが出る、ものごとの〕終わり。さいごのしめくくり。(れい) この小説の結末は、全くの予想外だった。

げつまつ【月末】月の終わり。月ずえ。(れい) 月末にいなかの祖母が来る。

げつようび【月曜日】一週の二番目の日。日曜日の次の日。月曜。

けつれつ【決裂◂】〔会議や交渉などで〕意見がわかれて、まとまらないまま終わること。ものわかれ。(れい) 交渉は決裂した。

けつろん【結論】話したり考えたりして、さいごにまとまった意見。

げどく【解毒】からだの中に入ったどくの働きをけすこと。(れい)この薬は解毒作用がある。

けとばす【蹴飛ばす】❶足でけってとばす。(れい)ボールを蹴飛ばす。❷〔問題にせず〕ことわる。はねつける。(れい)相手の要求を蹴飛ばす。

けなげ〔おさなかったり、力がなかったりするわりには〕心がけがよく、りっぱなようす。(れい)おさない子がけなげに母親をかんびょうする。

けなす 悪くいう。くさす。(れい)苦労した作品をけなされて、がっかりした。⇔褒める。

げねつ【解熱】病気などで高くなった体温をさげること。(れい)処方された解熱薬をのむ。

けねん【懸念】心配すること。気がかり。(れい)山道は、クマが出てくる懸念がある。

けはい【気配】なんとなく感じられるようす。(れい)秋の気配。

けばけばしい 服装やかざりなどが、ひじょうにはでで目立つ。(れい)けばけばしい服装。

けばけばしい

けびょう【仮病】病気でもないのに、病気のようなふりをすること。(れい)仮病をつかう。

げひん【下品】ことばづかいやたいどが、いやしいこと。ひんがないこと。(れい)下品な言い方をするのはよしなさい。⇔上品。

けむい【煙い】けむりにまかれて苦しい。けむたい。(れい)まきがくすぶって煙い。

けむくじゃら【毛むくじゃら】からだに毛がたくさんはえているようす。毛ぶかいようす。(れい)毛むくじゃらの大男。

けむし【毛虫】チョウやガの幼虫で、毛のはえているもの。

けむり【煙】❶ものがもえるときに出る、色のついた気体。(れい)工場のえんとつから煙が出てくる。❷「煙①」のように空中にとびちるもの。(れい)風が強くて、すな煙がまい上がる。

けむる【煙る】❶けむりがたくさん出る。くすぶる。(れい)たき火が煙る。❷遠くのものがかすんで見える。(れい)小雨に煙って、島はぼんやりと見えている。

けもの【獣】からだ全体に毛のはえている四本足の（野生の）動物。けだもの。

けものみち【獣道】けものがよくとおるので、いつのまにかできた山の中の細い道。

けやき ニレ科の木。秋に葉がいろづく。街路樹などとしてうえられる。(れい)けやきのなみ木道がつづく。

けらい【家来】主人につかえる人。従者。(れい)とのさまと家来。

げらく【下落】品物のねだんやねうちが下がること。

げらげら 大声でしまりなくわらうようす。(れい)おわらい番組を見て、げらげらわらう。

慣用句 **これ見よがし** じまんそうに見せつけるようす。

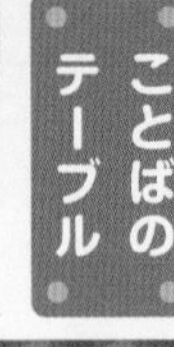

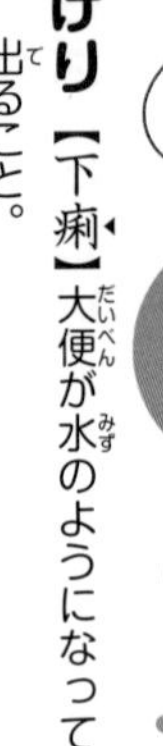
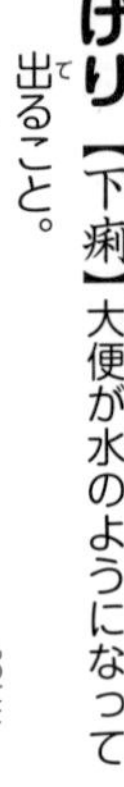

げり【下痢◀】大便が水のようになって出ること。

けりがつく【けりが付く】物事が決まって終わりになる。(れい)仕事のけりがついたのでほっとした。

ゲリラ 少ない人数でふいに敵をおそう（正式の軍隊でない）部隊。

けりをつける【けりを付ける】〔ものごとをうまくまとめて〕終わりにする。しめくくる。(れい)犯人のたいほによって事件にけりをつけた。

ける【蹴◀る】❶足でものをつきとばす。(れい)選手がいきおいよくボールを蹴る。❷聞き入れない。うけつけない。(れい)相手の要求を蹴る。

げれつ【下劣◀】ものの考え方やたいどが、おとっていて下品なこと。

けれど けれども。

けれども 前にいったこととはぎゃくの関係にあることをあらわすことば。しかし。だが。けれど。けど。(れい)きょうは雨がふった。けれども、野球の試合はおこなわれた。

ゲレンデ 山の斜面などを利用して、スキーの練習場。(れい)ゲレンデは、スキーを楽しむ人たちでにぎわっている。

けろりと 何事もなかったように平然としているようす。(れい)あれほどしかられたのに、弟はけろりとしている。

けわしい【険しい】❶〔山や坂の〕かたむきが急なようす。(れい)険しい山道を進む。❷こんなようす。きけんなようす。(れい)世界平和への道は険しい。❸〔ことばや顔つきが〕とげとげしくきついようす。(れい)姉は、さっきから険しい顔をしている。

けん[1]【県】地方公共団体のうち、都・道・府とならぶいちばん大きなもの。

けん[2]【剣◀】かたな。

げん【弦◀】❶弓のつる。❷〔バイオリンやチェロなどの〕楽器にはりわたした糸。

弦②

けんあく【険悪】❶人の顔つきなどがきびしく、おそろしいようす。(れい)険悪な顔をする。❷よくないことがおこりそうで、ひじょうにあぶないようす。(れい)会場には険悪な空気がただよっている。

げんあん【原案】会議などに出す、もとになる考え。(れい)原案どおり可決された。

けんい【権威◀】〔絶対的なものとして〕おさえつけ、したがわせる力。(れい)王としての権威をうしなう。

げんいん【原因】ものごとがおこるもとになること。また、もとになったことがら。(れい)事故の原因をしらべる。⇕結果。

けんえき【検疫◀】感染症をふせぐため、外国から入ってくる人や品物のけんさをすること。

げんえき【現役】今、その社会でじっさいにかつやくしていること。また、その人。(れい)四十才で現役の選手。

けんえつ【検閲】しらべあらためること。

けんえんのなか【犬猿◀の仲】ひ

じょうに仲の悪い間がら。

けんお【嫌悪】ひじょうに、にくみきらうこと。れい うそばかりつく人を嫌悪する。

けんおん【検温】体温をはかること。

けんか あらそうこと。とくに、いいあったりなぐりあったりすること。

げんか【原価】❶品物を仕入れたときのねだん。❷商品をつくりあげるまでにかかったお金。コスト。

けんかい【見解】〔あるものごとにたいする〕見方。考え方。れい 同じ見解の人たちがグループをつくる。

けんがい【圏外】あるはんいのそと。れい 味方のチームは、優勝圏外におちてしまった。⬍圏内。

げんかい【限界】〔これ以上はできないという〕ぎりぎりのさかいめ。れい 能力の限界を感じる。

けんがく【見学】〔工場・会社などを〕じっさいに見て、知識を広めること。れい 来週、となり町のパン工場を見学する予定だ。

げんかく【厳格】たいどやようすが、いいかげんでなくきびしいようす。れい しつけが厳格すぎる。

げんがっき【弦楽器】バイオリン・チェロ・ことなど、げん(=いと)のはってある楽器。

げんかん【玄関】家や建物の、おもな出入り口。

げんき【元気】❶活動のもとになる気力。からだを活動させる力。❷からだの調子がよく、けんこうなようす。れい 祖父も祖母も八十才をこえたが元気にくらしている。

けんきゅう【研究】ものごとを深く考えたり、しらべたりして、明らかにすること。また、その内容。れい 大ぜいの人の前で研究発表をする。

1**けんきょ**【検挙】つみをおかしたうたがいのある人をとりしらべるために、警察につれていくこと。

2**けんきょ**【謙虚】自分の能力・才能・知識などをほこらず、ひかえめですなおなこと。れい 謙虚な態度。⬍横柄。高慢。

けんぎょう【兼業】ある仕事のほかに、別の仕事をあわせてすること。また、その仕事。れい 兼業農家。

けんきん【献金】ある目的に使ってもらおうと、すすんでお金をさし出すこと。また、そのお金。れい 政治献金。

1**げんきん**【現金】❶〔小切手やかわせなどにたいして〕すぐ使えるお金。れい 現金で五十万円はらった。❷その場のそんとくを考えて、かんたんにたいどをかえるようす。れい こづかいをもらうと急にいうことをきくとは、現金なやつだ。

2**げんきん**【厳禁】〔してはいけないと〕きびしくとめること。れい 外出は厳禁だ。

げんけい【原型】〔ものをつくるときの〕もとになるかた。もとのかた。れい 紙で洋服の原型をつくる。

けんけつ【献血】健康な人が輸血に使う血液を無料でさしだすこと。

けんげん【権限】❶〔法律や、とりきめのもとで〕国や公共団体にまかされている仕事のはんい。❷とりきめによって、その人にまかされた仕事のはんい。れい 審判の権限で試合は中止された。

慣用句 **最善をつくす** できるかぎりの努力をする。全力をつくす。

ことばのテーブル

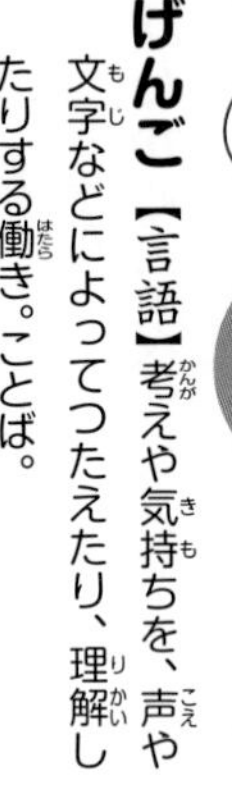

げんご【言語】考えや気持ちを、声や文字などによってつたえたり、理解したりする働き。ことば。

けんこう【健康】❶〔病気のあるなしから見た〕からだや心のじょうたい。(れい)健康に注意する。❷〔からだや心のじょうたいが〕すこやかなようす。じょうぶなようす。(れい)健康なからだをつくる。

げんこう【原稿】印刷したり発表したりするためのもとになる文章。(れい)文集にのせる原稿を書く。

げんごう【元号】昭和・平成などの年号。「平成二十八年」などと使う。

けんこうしんだん【健康診断】体に悪いところがないかどうかを調べること。

けんこうほうし【兼好法師】鎌倉時代の終わりごろ、随筆「徒然草」を書いた僧。「法師」は僧のこと。卜部兼好、吉田兼好ともよばれる。

げんこうようし【原稿用紙】原稿を書くための紙。ふつう、たて横に線を引いて四角くし、その中に一字ずつ書くようにしたもの。

けんこく【建国】新しく国をつくること。

げんこく【原告】裁判をしてほしいともうし出た人。⇕被告。

けんこくきねんのひ【建国記念の日】国民の祝日の一つ。国がつくられたとされる日。二月十一日。

げんこつ【げん骨】にぎりこぶし。げんこ。(れい)げんこつをふり上げる。／げんこつをくらわす（＝なぐる）。

げんごろう【源五郎】ゲンゴロウ科のこん虫。池やぬまなど水中でくらす。からだはたまご形で、黒くてつやがある。ほかの虫や小魚などを食べる。

けんさ【検査】悪いところなどがないかどうか、基準にてらし合わせてしらべること。(れい)胃の検査をうけたが、異状はなかった。

けんざい【健在】じょうぶで元気にくらしていること。(れい)両親とも健在です。

げんざい【現在】いま。そのとき。(れい)現在、小学校四年生です。／正午現在の気温。⇕過去。未来。

けんざかい【県境】県と県とのさかい。(れい)向こうに見えるあの山が、県境になっている。

けんさく【検索】調べて、さがすこと。辞典・インターネットなどでことばをさがすこと。

げんさく【原作】❶映画・しばいなどで、きゃく本のもとになっている作品。(れい)原作に忠実につくられた映画。❷ほんやくしたり書きかえたりしたものの、もとになった作品。

げんさん【原産】〔動物や植物が〕最初にとれたり、つくられたりしたこと。(れい)これは、熱帯原産の植物です。

けんし【犬歯】前歯のとなりにある、さきのとがった歯。いときりば。

大きゅう歯
小きゅう歯
門歯（前歯）
犬歯
歯ぐき
犬歯

1 **げんし**【原子】化学的方法によってそれ以上分けることのできない粒

あいうえお
かきくけこ
け
さしすせそ
たちつてと
なにぬねの
はひふへほ
まみむめも
やゆよ
らりるれろ
わをん

子。アトム。

2**げんし**【原始】❶ものごとのはじめ。もと。❷自然のままであること。

げんじ【源氏】源の姓を名のった武士の一族。平安時代から鎌倉時代にかけてさかえた。

けんしき【見識】ものごとを見とおす、すぐれた判断力。また、しっかりした意見。(れい)見識のある人とは思えない行動だ。

げんしじん【原始人】大むかしに生きていた人類。原人。

けんじつ【堅実】〔考え方やおこないなどが〕しっかりしていて、あぶなげのないこと。(れい)堅実な考え方。

げんじつ【現実】〔頭の中で考えていることではなく〕今、目に見えている、ありのままのすがた。(れい)ゆめが現実になる(=実現する)。⇔理想。

げんじつてき【現実的】実さいの状態。また、今の利益だけにかたむくようす。(れい)現実的な考え方。

げんしばくだん【原子爆弾】原子力を利用した爆弾。ふつうの爆弾の数百万倍のエネルギーを出す。原爆。一九四五(昭和二十)年八月に、広島と長崎に落とされた。

げんじものがたり【源氏物語】平安時代に、紫式部が書いた物語。光源氏という貴族を主人公にして、宮中の生活や、そのころの世の中のありさまなどが書いてある。

けんじゃ【賢者】かしこい人。賢人。(れい)賢者の意見をきく。

1**げんしゅ**【元首】その国家を代表する人。

2**げんしゅ**【厳守】〔規則などを〕かたく守ること。(れい)時間を厳守する。

けんしゅう【研修】学問や技術を学ぶこと。(れい)新入社員は、三か月間研修をうける。

げんじゅう【厳重】ひじょうにきびしいようす。(れい)るすにするので、家の戸じまりを厳重にする。

げんしゅく【厳粛】重々しくおごそかなようす。(れい)姉の結婚式は、神社で厳粛におこなわれた。

けんしゅつ【検出】物質の中にふくまれているものやかくれているものを、しらべて見つけ出すこと。(れい)毒物が検出された。

1**けんしょう**【検証】じっさいに、その場所に行ったり、そのものを見たりしてしらべ、事実を明らかにすること。(れい)警察によって、交通事故の現場検証がおこなわれた。

2**けんしょう**【憲章】大切な決まり。(れい)児童憲章。

3**けんしょう**【懸賞】〔すぐれた作品や正しい答えを出した人などに出す〕賞金や賞品。(れい)姉が、ざっしの懸賞クイズにおうぼした。

けんじょう【献上】〔身分の高い人に〕品物をさし上げること。

1**げんしょう**【現象】目に見えるありさまやできごと。目・耳・手などの感覚によって感じとるもの。(れい)オーロラは、北極や南極に近い空に見られる自然現象だ。

2**げんしょう**【減少】すくなくなること。へること。(れい)人口が減少する。⇔増加。

げんじょう【現状】〔ものごとの〕現在のようす。今のありさま。

慣用句 **細大もらさず** どんな小さなことも残さず。すっかり。

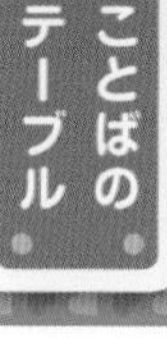

けんじょうご【謙譲語】へりくだった気持ちをあらわすことば。「見る」を「はいけんする」、「言う」を「もうしあげる」というなど。けんそん語。

げんしょく【原色】❶赤・黄・青の三色。三原色。光では、赤・緑・青むらさきの三色。❷ひじょうにあざやかな色。(れい)熱帯にさく花には原色のものが多い。

げんしりょく【原子力】原子核がこわれたり、むすびついたりするときに出る大きなエネルギー。原子エネルギー。(れい)原子力発電所。

けんしん【検診】病気にかかっているかどうかをしらべること。(れい)定期的に歯の検診をうける。

けんすい【懸垂】鉄ぼうにぶらさがり、うでをまげてからだをもちあげる運動。

げんすい【元帥】軍隊で、いちばん上の位。大将の上の位。

げんすん【原寸】じっさいのものと同じ大きさ。(れい)原寸でつくる。

げんせ【現世】この世。今の世の中。⇕前世。来世。

けんせい【けん制】相手の注意などを自分の方にひきつけておいて、自由に行動させないこと。(れい)ランナーをけん制する。

げんせいりん【原生林】大むかしから人が手をくわえたことのない、自然のままの森や林。原始林。

けんせつ【建設】〔大きな建物・そしきなどを〕新しくつくること。(れい)力を合わせて平和な社会を建設する。

けんぜん【健全】❶からだがじょうぶなこと。(れい)健全な身体をつくる。❷ものの考え方やおこないが、正しくしっかりしていること。(れい)健全な思想の持ち主。

げんせん【厳選】きびしい基準によって、えらび出すこと。(れい)材料を厳選する。

げんそ【元素】ものを化学的に分けたとき、これ以上は分けられない物質。

げんそう【幻想】現実にはなさそうな、ゆめのようなことを思うこと。また、その想像。

げんぞう【現像】カメラでうつしたフィルムや焼きつけをした印画紙を、薬の液につけて、うつした物の形があらわれるようにすること。

けんぞうぶつ【建造物】つくられた大きな建物・船・橋など。

げんそく【原則】おおもとになるきそくやほうそく。(れい)原則を守ってすすめる。

けんそん【謙遜】つつしみぶかくひかえめにすること。へりくだること。(れい)謙遜した言い方をする。

げんそん【現存】〔むかしから続いて〕今、じっさいにあること。げんぞん。(れい)現存するもっとも古い本。

けんそんご【謙遜語】けんじょうご。

げんだい【現代】❶今の時代。(れい)現代人。❷歴史の上で時代のくぎり方の一つ。ふつう、日本では、第二次世界大戦後から今までの時期をいう。

げんだいかなづかい【現代仮名遣い】現在、ふつうにつかわれていることばを、かなで書きあらわすときの決まり。

けんだま【剣玉】木でつくったおも

ちゃの一つ。両がわにくぼみをつけた胴に先のとがった棒をはめこみ、穴のあいた玉を糸でむすびつけたもの。胴や棒のくぼみや、とがった部分に、玉をうけて遊ぶ。

剣玉

げんち【現地】あることが、じっさいにおこなわれている場所。現場。

けんちく【建築】家などをたてること。また、たてたもの。

けんちょ【顕著】とくに目立って、はっきりしているようす。れい 努力のあとが顕著だ。

けんちょう【県庁】その県をおさめるための仕事をする役所。

けんてい【検定】〔ある決まりにしたがって〕けんさをし、よい悪いを決めること。れい 検定試験。

げんてい【限定】〔物事のはんいや数量などを〕かぎること。せいげんすること。れい 入場者数を限定する。

げんてん【減点】点数をへらすこと。また、へらした点数。

げんど【限度】〔それ以上はこえられない〕ぎりぎりのどあい。れい つかう回数の限度をきめる。

1**けんとう**【見当】❶みこみ。予想。❷だいたいの方向。れい 駅は、ちょうどこの見当になります。❸《数量をあらわすことばの下について》「…ぐらい」の意味をあらわすことば。れい 千円見当の品。

2**けんとう**【健闘】元気いっぱいによくたたかうこと。れい 健闘のかいあって、決勝に進出した。

3**けんとう**【検討】こまかにしらべ、それでよいかどうかたしかめること。れい その案をみんなで検討する。

1**けんどう**【県道】県のお金でつくられ、県が管理する道路。

2**けんどう**【剣道】刀やしないを使って、自分を守ったり相手をこうげきしたりする武術。

げんとう【幻灯】写真がうつったフィルムなどに光をあて、レンズをとおしてかくだいしてスクリーンにうつしだすそうち。また、そのフィルム。スライド。

げんどう【言動】ことばやおこない。言行。れい 言動をつつしむ。

げんどうりょく【原動力】❶機械に運動をおこさせる力。❷ものごとの活動をおこすもとになる力。れい 失敗したことのくやしさを原動力にしてがんばった。

けんない【圏内】あるかぎられたはんいの中。れい 暴風雨の圏内にはいる。⇔圏外。

げんに【現に】じっさいに。目の前に。れい 現にこの目で見たことだからまちがいない。

けんにん【兼任】ひとりで二つ以上の役目をうけもつこと。れい 水泳部とバレー部のコーチを兼任する。

げんば【現場】❶作業などがおこなわれているところ。れい 兄は、工事現場でアルバイトをしている。❷ものごとがおこったところ。れい パトカーが事故の現場に急行する。

慣用句 **采配をふる** さしずをする。

ことばのテーブル
244ページ

・けんばいき
・げんばく
・げんばくドーム
・けんばん
・けんばんハーモニカ
・けんびきょう
・げんぷく
・けんぶつ
・げんぶつ
・けんぶん
・げんぶん
・けんべん
・けんぽう
・げんぽう
・けんぽうきねんび
・けんま
・げんまい
・けんまく
・げんみつ
・1けんめい
・2けんめい
・げんめつ
・けんやく

けんばいき【券売機】電車の乗車券や映画の入場券などを売る機械。

げんばく【原爆】「原子爆弾」のりゃく。

げんばくドーム【原爆ドーム】広島市にある建物。原子爆弾の落ちた中心地にあり、そのおそろしさをつたえるため、こわされた形のまま保存されている。世界文化遺産に指定されている。⬇世界遺産。

けんばん【鍵盤】ピアノ・オルガンなどの指でたたくところ。キー。

けんばんハーモニカ【鍵盤ハーモニカ】アコーディオンのようなけんばんがついていて、口から息をふきこんで音を出すようにした楽器。

けんびきょう【顕微鏡】レンズを組み合わせることによって、ひじょうに小さなものを大きくして見る器械。

顕微鏡

げんぷく【元服】むかし、男子が十二才ごろから十六才ごろの間に、おとなになったしるしとしておこなった儀式。服を新しくかえ、髪型をなおして、かんむりをつけた。

けんぶつ【見物】ものを見ること。とくに、楽しみのために、しばいやけしきなどを見ること。

げんぶつ【現物】実際の品物。(れい)取り引きは現物を見てからにしよう。

けんぶん【見聞】見たり聞いたりすること。みきき。(れい)見聞を広める。

げんぶん【原文】〔ほんやくしたり、書きなおしたりした文章の〕もとになった文章。

けんべん【検便】大便をけんび鏡で見て、細菌や、きせい虫のたまごのあるなしなどをしらべること。

けんぽう【憲法】その国のもとになる決まり。国の政治のしくみや、国民の権利と義務などを決めたもの。

げんぽう【減法】ひき算。⇕加法。

けんぽうきねんび【憲法記念日】国民の祝日の一つ。日本国憲法が、じっさいにおこなわれるようになったことを記念する日。五月三日。一九四八(昭和二十三)年に制定。

けんま【研磨・研摩】刃物・宝石・レンズなどを、といでみがくこと。

げんまい【玄米】もみがらをとりのぞいただけの白くしていない米。⇕白米。

けんまく【剣幕・見幕】おこったりこうふんしたりしたときの、はげしいたいどや顔つき。(れい)おそろしい剣幕。

げんみつ【厳密】こまかいところまで、きびしく正確なようす。(れい)厳密にしらべる。

1けんめい【賢明】かしこくて、ものごとのすじみちがよくわかるようす。(れい)それは賢明なやり方だ。

2けんめい【懸命】力のかぎり、せいいっぱいおこなうようす。(れい)懸命にはたらく。

げんめつ【幻滅】考えていたことと現実のちがいがありすぎるので、がっかりすること。(れい)実物を見たら幻滅をかんじた。

けんやく【倹約】お金や品物のむだ

づかいをしないこと。節約。(れい)こづかいを倹約する。⇔浪費。

げんゆ【原油】地下からとりだしたままの、黒茶色のどろどろした石油。これから、灯油・ガソリンなどをつくる。

けんよう【兼用】一つのものを、二つ以上の目的に使うこと。(れい)食堂と兼用の台所。

けんり【権利】あることがらを自由にできる資格。(れい)国民の権利を守る法律。⇔義務。

げんり【原理】〔ものごとをなりたたせる〕おおもとのすじみち。(れい)民主主義の原理。

けんりつ【県立】県のお金でつくられ、県が管理すること。また、その施設。(れい)県立高校。

げんりゅう【源流】❶水の流れ出るおおもと。❷ものごとのおこり。(れい)日本文化の源流をさぐる。

1**げんりょう**【原料】品物をつくり出すときのもとになるもの。(れい)木材を原料として紙を作る。

2**げんりょう**【減量】あるものの分量・めかたなどがへること。また、へらすこと。とくに、体重をへらすこと。

けんりょく【権力】ほかの人を〔思いどおりに〕したがわせる力。

げんろん【言論】ことばや文章によって考えを発表すること。また、発表された考え。

1**こ**【子】❶むすこやむすめ。子ども。(れい)わが子のしあわせをねがう。⇔親。❷まだ年の多くいかないもの。おさないもの。(れい)近所の子。❸〔魚の〕たまご。(れい)ニシンの子。❹《あることばの下につけて》「人」「物」の意味をあらわすことば。(れい)売り子。／江戸っ子。／振り子。

2**こ**【故】《人の名や地位・身分の名などの上につけて》その人がすでに死んでいることをあらわす。(れい)故山川氏をしのぶ会を開く。

1**ご**【五】数の名で、いつつ。また、五番目。(れい)五ひく三は二。

2**ご**【語】〔一つ一つの〕ことば。単語。

コアラ めすのおなかに子どもを育てるふくろがある動物。オーストラリアにすむ。ユーカリの葉を食べる。

1**こい** コイ科の魚。川や池にすむ。食用にするものと、色やもようを見て楽しむニシキゴイなどがいる。

2**こい**【故意】わざとすること。(れい)故意に手あらなことをする。

3**こい**【恋】男女が、相手に心を引きつけられ、したうこと。

4**こい**【濃い】❶色がふかい。(れい)濃い緑色。⇔淡い。薄い。❷あるものがふくまれているわりあいが多い。(れい)濃いコーヒー。⇔薄い。❸ていど・どあいなどが強い。(れい)入賞のみこみが濃い。

ごい【語彙】ことばの集まり。(れい)語彙のゆたかな人。

こいしい【恋しい】〔ある人・場所・時などが〕身近にないため、心が引きつけられる。(れい)ふるさとを恋しく思う。／恋しい人。

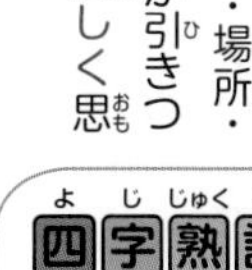

残念無念 ひじょうにくやしいこと。

ことばのテーブル

246ページ

こいつ この人。これ。少しらんぼうな言い方。(れい)こいつはぼくの弟だ。

こいのぼり 紙や布で、コイの形につくったのぼり。五月五日の「端午の節句」にたてる。

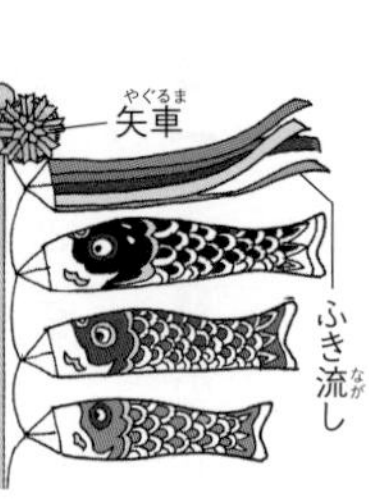

こいのぼり

こいびと【恋◂人】おたがいに恋をしている、相手の人。

コイン 金属でつくったお金。硬貨。

1**こう** このように。こんなふうに。(れい)こうすればうまくいくよ。

2**こう**【甲】❶カメやカニのこうら。(れい)カメの甲より年の功。❷手のひらや足のうらの反対がわ。(れい)手の甲に薬をぬる。❸順番や順位をあらわすことばの一番目。(れい)甲・乙・丙・丁の順にならべる。

ごう【号】❶よび名。画家や作家などが、本名のほかにつける名前。雅号。(れい)白秋という号で詩を書く。❷順番をあらわすことば。(れい)八月号。❸列車・船・飛行機・動物などの名前のあとにつけることば。(れい)新幹線のぞみ号。

こうあん【考案】いろいろくふうして考え出すこと。(れい)よくねむれるまくらを考案する。

1**こうい**【行◂為】〔しようとおもってする〕おこない。ふるまい。(れい)親切な行為をありがたいと思う。

2**こうい**【好意】〔人にたいしてもつ〕よい感じ。親切な気持ち。(れい)おばの好意にあまえる。

3**こうい**【皇位】天皇のくらい。(れい)皇位をつぐ。

4**こうい**【校医】児童・生徒のけんこうしんだんなどを、学校からたのまれている医師。学校医。

ごうい【合意】おたがいの考えがあうこと。(れい)長い話し合いをして、両者が合意した。

こういしつ【更◂衣室】衣服を着がえるためのへや。(れい)体育館にある更衣室で、運動服に着がえる。

こういってん【紅一点】〔いちめんの緑の葉の中に、一つだけ赤い花がさいているように〕たくさんの男の人の中に、女の人がひとりだけまじっていること。また、その女の人。(れい)姉は、参加者の中で紅一点だったそうだ。

ごういん【強引】〔相手のつごうなどを考えず〕むりやりにおこなうようす。(れい)かれは、強引に自分の意見をおしとおした。

ごうう【豪◂雨】〔一度に〕はげしくふる雨。(れい)集中豪雨によるひ害が各地に広がっている。

こううん【幸運・好運】ものごとのめぐり合わせがよくて、すべてうまくいくこと。ひじょうに運のよいこと。↕不運。

こうえい【光栄】ひじょうにめいよであること。(れい)おほめいただいて光栄です。

こうえき【交易】商人が、品物をとりかえたり売り買いしたりすること。(れい)日本と中国との交易は、むかしからおこなわれていた。

1**こうえん**【公園】みんなが自由に遊

247ページ

2 こうえん
3 こうえん
4 こうえん
1 こうおん
2 こうおん
1 こうか
2 こうか
3 こうか

4 こうか
・ごうか
1 こうかい
2 こうかい
3 こうかい
1 こうがい
2 こうがい
3 こうがい

4 こうがい
・ごうかい
・ごうがい
・こうがく
・ごうかく
・こうがくねん
・こうかてき

んだり休んだりできる、広い庭。れい 公園でぶらんこにのる。

2 **こうえん**【公演】おおぜいのお客の前で、歌・劇・おどりなどをえんじること。れい バレエの公演を見にいく。

3 **こうえん**【後援】〔集まりやもよおしものなどを〕たすけたり、ひきたてたりすること。れい 後援会の会長。

4 **こうえん**【講演】おおぜいの人の前で、ある問題について話をすること。れい あの作家は、各地を回って講演している。

1 **こうおん**【高音】たかいおと。とくに、音楽でソプラノ。⇔低音。

2 **こうおん**【高温】たかい温度。れい 高温でゆでる。⇔低温。

1 **こうか**【効果】〔あることをおこなってあらわれる〕よいけっか。ききめ。れい この薬は、飲んでから三十分後に効果があらわれる。

2 **こうか**【高価】ねだんがたかいこと。れい 高価な品物がならんでいる。

3 **こうか**【校歌】その学校の特色や目的をあらわし、校風を高めるためにつくられた歌。

4 **こうか**【硬貨】金属でつくったお金。金貨・銀貨・銅貨など。れい 百円硬貨。⇔紙幣。

ごうか【豪華】ひじょうにぜいたくで、はでなこと。れい 豪華な衣装を身につけて、ステージに立つ。

1 **こうかい**【公開】いっぱんの人々に、自由に聞かせたり見せたりすること。れい 市民ホールで公開討論会がおこなわれた。

2 **こうかい**【後悔】〔あやまちや失敗などを〕あとでざんねんに思うこと。れい 今ごろ後悔してもおそい。

3 **こうかい**【航海】船で海をわたること。れい 船は、二年間の長い航海をおえてようやく帰ってきた。

1 **こうがい**【口外】口に出していうこと。人に話すこと。れい このことは、ぜったい口外しないでほしい。

2 **こうがい**【公害】いやなにおい、うるさい音、きたない水など、いっぱんの人の生活に害をあたえる現象。

3 **こうがい**【郊外】都市に続いた田園地帯。れい 郊外の住宅地。／静かな郊外でのんびりくらす。

4 **こうがい**【校外】学校の敷地のそと。れい 校外学習。／近くの中学校は、校外活動がさかんだ。⇔校内。

ごうかい【豪快】見ていて気持ちがよいほど、どうどうとしているようす。れい ささいなことは気にしないよと、豪快にわらいとばす。

ごうがい【号外】〔新聞などで〕重大な事件などをいそいで知らせるため、りんじに出す印刷物。れい 駅前で号外をくばっている。

こうがく【高額】お金の額が大きいこと。れい 高額所得者。／高額な商品を買う。⇔低額。

ごうかく【合格】❶試験にうかること。れい 兄は、めでたく大学入試に合格した。❷ある決まった資格や条件にあてはまること。れい 品質検査に合格した。

こうがくねん【高学年】〔小学校で〕年れいが上の方の学年。おもに五・六年生をさす。⇔中学年。低学年。

こうかてき【効果的】ききめのあるようす。れい 効果的な方法。

四字熟語 **四角四面** まじめすぎて、かたくるしいようす。

1こうかん【交換】とりかえること。れい 友だちと日記を交換して、読み合っている。

2こうかん【好感】〔人にたいしてもつ〕よい感じ。れい なかなか好感のもてる青年だ。

1こうき【後期】ある期間を二つ、または三つに分けたときの、あとの部分。⇔前期。

2こうき【高貴】身分がたかく、とうといようす。れい 高貴な人。

3こうき【校旗】その学校のしるしとなるはた。

1こうぎ【抗議】〔ある考え・おこないなどについて〕反対の意見を強くもうしたてること。れい 審判の判定に抗議する。

2こうぎ【講義】ある学問について、教え聞かせること。また、その話。れい 先生の講義を聞く。

こうきあつ【高気圧】空気の集まりで、まわりより気圧がたかいところ。ふつう、中心ふきんでは風が弱く天気がよい。⇔低気圧。

こうきしん【好奇心】ものずきな心。めずらしいことにひかれる気持ち。れい うちの父は、なにごとにも好奇心が強い。

こうきゅう【高級】ていど・内容・等級などが、たかくすぐれていること。れい 高級な品物。⇔低級。

ごうきゅう【号泣】大声をあげてなくこと。

こうきょ【皇居】天皇が住んでいるところ。

こうきょう【公共】世の中いっぱんに関係すること。

1こうぎょう【工業】原料に手をくわえて、くらしにひつような品物をつくる産業。れい 工業団地。

2こうぎょう【興行】しばい・映画・すもうなどを、お金をとって見せること。れい もうすぐ、この町ですもうの興行がおこなわれる。

こうきょうきょく【交響曲】オーケストラで演奏する曲の中で、いちばんしくみの大きいもの。ふつう、四つの楽章からなりたつ。交響楽。シンフォニー。

こうきん【抗菌】有害な細菌を殺したり、育つのをおさえたりすること。れい 抗菌グッズの売れゆきがよい。

こうぐ【工具】工作に使う道具のこと。かなづち・のこぎり・かんな・ドライバーなど。

こうくうき【航空機】空をとぶ乗り物。飛行機・グライダーなど。

こうけい【光景】その場のようす。ありさま。れい 目を見はる光景。

ごうけい【合計】全部をくわえて数えること。また、その合わせた数。れい 買い物をした金がくは、合計で三万円になった。

こうけいしゃ【後継者】あとをつぐ人。れい 社長の後継者。

こうげいひん【工芸品】工芸としてつくられた品物。

こうげき【攻撃】❶敵をせめること。れい 相手チームの攻撃は思いのほかはげしかった。⇔防御。守備。❷相手の悪いところをのべて、せめること。れい かれの発言はみんなの攻撃をうけた。

1こうけん【後見】❶〔親がわりに〕子どもなどのめんどうをみること。また、その人。後見人。❷しばいなどで、出演者のうしろにいて、いろいろ世話をする役。また、その人。後見人。

2 **こうけん**【貢献】あることのためにカをつくすこと。れい 世界平和に貢献する。

こうげん【高原】たかい土地にある、ひろびろとした野原のようなところ。れい 高原のキャンプ場に行くことになった。

1 **こうご**【口語】ふだん、話すときに使うことば。話しことば。⇔文語。

2 **こうご**【交互】かわるがわる。たがいちがい。れい 二人が交互に自分のことについて話す。

1 **こうこう**【孝行】親を大切にし、よくつかえること。ある人を大切にし、いたわることにもいう。れい 母に孝行する。／おばあさん孝行。

2 **こうこう**【後攻】〔スポーツの試合などで〕あとからせめること。あとぜめ。⇔先攻。

3 **こうこう**【高校】「高等学校」のりゃく。れい 高校野球。／高校三年生。

こうごう【皇后】天皇・皇帝の妻。きさき。

こうごうしい【神神しい】とうとく、おごそかな感じがする。れい まっ白な山が神々しく見える。

こうごうせい【光合成】植物が、光のエネルギーを利用して、二酸化炭素などから炭水化物をつくりだす働き。

こうこく【広告】商品やもよおしものなどを、人々に広く知らせること。また、そのためのもの。れい 新製品の新聞広告。

こうさ【交差】十文字、または、ななめにまじわること。れい この道は、国道と交差している。

1 **こうざ**【口座】❶〔銀行などで〕お金や財産の出入りなどを、それぞれの項目ごとに書いたり計算したりするためのくわけ。❷銀行などで、あずけてあるお金の出入りを記録するための、その人の名前と番号をつけたくわけ。「預金口座」のりゃく。れい 口座番号。

2 **こうざ**【高座】話などをするために、一段高くつくった席。とくに、よせで芸をするための場所。

上手→
←下手

高座

3 **こうざ**【講座】❶大学で教授などが受け持つ学科のぶんたん。❷ある決まった間、同じ科目の勉強を続ける放送番組や会など。

こうさい【交際】〔人と人とが〕つきあうこと。つきあい。れい 交際が広い。

1 **こうさく**【工作】❶かんたんな品物や道具などをつくること。れい あきばこを使って工作する。❷〔ある目あてのため〕前もって、働きかけること。れい 取り引きがうまくいくように工作する。

2 **こうさく**【耕作】田畑をたがやし、作物をつくること。れい 耕作面積。

1 **こうさつ**【考察】〔ものごとを明らかにするために〕深く考え、よくしらべること。れい 日本文化の特質について考察する。

慣用句 **敷居が高い** もうしわけないと思っていて、その人のところに行きにくい。

2 **こうさつ**【高札】むかし、役所の命令や知らせなどを書いて立てた木の板。

こうさてん【交差点】道路などが十文字にまじわっているところ。

こうさん【降参】❶戦争やあらそいに負けて、相手のいうことを聞くこと。こうふく。❷手におえないで、ひじょうにこまること。れい 弟のわがままには降参だ。

1 **こうざん**【高山】たかい山。

2 **こうざん**【鉱山】役に立つ鉱物をほり出す山。金山・銀山・銅山など。

1 **こうし**【子牛】牛の子ども。

2 **こうし**【公私】おおやけのことにかかわりのあることと、自分だけにかかわりのあること。

3 **こうし**【孔子】(紀元前五五一年ごろ〜紀元前四七九年)中国の春秋時代の思想家。儒教を開き弟子たちを育てた。その教えは、ずっとのちに日本にも大きなえいきょうをあたえた。死後、弟子たちが孔子のことばやおこないをまとめたものが「論語」という書物。

4 **こうし**【講師】❶会などで、話したり教えたりする人。れい 講師をまねく。❷大学などで教える先生。

こうじ【工事】建物や道路などをつくる仕事。れい 地下鉄の工事をする。

こうしき【公式】❶おおやけに決められたやり方。れい アメリカの大統領と日本の首相が、公式に会談した。❷数学で、ある関係がなりたつことをしめす、記号を使ってあらわした式。れい 公式にあてはめて問題をとく。

こうしつ【皇室】天皇の一族。

こうじつ【口実】あることをするのにつごうのよいことば。いいわけ。れい 病気を口実に欠席した。

こうしど【格子戸】細い木や竹を、すきまをあけて縦・横に組み合わせてつくった戸。

格子戸

1 **こうしゃ**【後者】二つあるものごとの、あとのほう。⇔前者。

2 **こうしゃ**【校舎】学校の建物。

1 **こうしゃく**【公爵】華族のよび名の一つで、いちばん上の位。

2 **こうしゃく**【侯爵】華族のよび名の一つで、公爵につぐ位。

こうしゅ【攻守】せめることと守ること。攻撃と守備。れい 攻守ともにすぐれたチーム。

1 **こうしゅう**【公衆】社会いっぱんの人々。れい 公衆の前で演説する。

2 **こうしゅう**【講習】おおぜいの人を集め、ある期間、学問や技術を教え、ならわせること。れい あみものの講習をうける。

こうしゅうかいどう【甲州街道】江戸時代の五街道の一つ。江戸(＝今の東京)から甲府に通じていた。

1 **こうしょう**【交渉】❶問題を解決するために話し合うこと。れい 賃上げの交渉がおこなわれた。❷かかわり合い。かんけい。れい かれとは、さいきんまったく交渉がなくなってしまった。

2 **こうしょう**【高尚】上品で、ていどがたかいようす。れい あの人は、高尚なしゅみをもっている。

3 **こうしょう**【校章】学校のしるし。また、それをしるしたバッジ。

1 **こうじょう**【工場】多くの人を集め、機械などを使って物をつくっているところ。こうば。

2 **こうじょう**【向上】だんだんとよくなること。れい 技術が向上する。⇕低下。

ごうじょう【強情】人の言うことを聞かず、自分の考えをどこまでもおしとおすこと。いじっぱり。れい なんて強情な人なんだろう。

1 **こうしん**【行進】おおぜいの人が列をつくって進むこと。

2 **こうしん**【更新】〔記録やけいやくなどを〕あらためること。また、あらたまること。れい オリンピックで世界記録が次々と更新された。

こうしんりょう【香辛料】コショウやトウガラシなど、食べ物や料理にからさ・かおりなどをつけるためのもの。調味料。スパイス。れい 香辛料をたっぷりつかった料理。

こうず【構図】絵や写真などで、テーマや材料などの効果がよくでるように考えた物のくばりぐあい。れい 構図をくふうしてけしきを写生する。

1 **こうすい**【香水】けしょう品の一つ。からだや衣服にふきかける、よいにおいのする液体。

2 **こうすい**【硬水】カルシウムやマグネシウムが多くとけこんでいる水。ミネラルが多い。石けんのあわだちが悪く、せんたくなどには向かない。

こうずい【洪水】❶川の水がふえて、岸からあふれ出ること。れい 洪水警報が出された。❷あふれるほど物が多いことのたとえ。れい 道路は車の洪水だ。

こうすいりょう【降水量】地面にふった雨や雪などの量。れい 島の一年間の降水量をしらべる。

1 **こうせい**【公正】どちらにもかたよらず、正しいこと。れい 裁判官には公正な判断がもとめられている。

2 **こうせい**【更生】❶〔一度悪くなった人が〕考えをあらためてよくなること。れい かれは、悪の道からりっぱに更生した。❷役に立たなくなったものを、くふうしてもう一度使えるようにすること。れい このスカートは、母の古い服を更生したものだ。

3 **こうせい**【後世】のちの世。のちの世の中。後代。れい かれは、後世の人々に多くのえいきょうをあたえた。

4 **こうせい**【恒星】たがいの位置がほとんどかわらず、〔太陽のように〕それじしん光を出してかがやく星。

5 **こうせい**【校正】文字・文章のまちがいをなおすこと。とくに、印刷されたもののまちがいをなおすこと。れい みんなで手分けして学校新聞の校正をした。

6 **こうせい**【構成】組み立てること。また、組み立てられたもの。れい 文章の構成を考える。

ごうせい【合成】二つ以上のものをあわせて一つのものをつくること。れい 合成写真。

こうせいぶっしつ【抗生物質】カビや細菌がつくり出す、ほかの小さな生物の発育やはんしょくをさまたげる働きをもつもの。ペニシリン・クロロマイセチンなど。けがや病気のちりょうに使う。

慣用句 **舌が回る** なめらかによくしゃべる。

ことばのテーブル

252ページ

1こうせき
2こうせき
・こうせん
・こうぜんのひみつ

1こうそう
2こうそう
・こうぞう

1こうそく
2こうそく
1こうぞく
2こうぞく
・ごうぞく
・こうそくどうろ
1こうたい
2こうたい
・こうだい
・こうたいごう

・こうたいし
・こうたく
1こうち
2こうち
・こうちけん
・こうちゃ
1こうちょう
2こうちょう
・こうつう

1**こうせき**【功績】世の中のためになる、すぐれた働き。りっぱなてがら。れい 教育につくした人たちの功績をたたえる。

2**こうせき**【鉱石】鉄・銅など、役に立つ金属をふくんでいる鉱物。

こうせん【光線】ひかりが流れる道すじ。ひかり。れい 太陽光線。／強い光線をあてる。

こうぜんのひみつ【公然の秘密】表むきはひみつとされているはずのことが、じっさいには広く知れわたっていること。

1**こうそう**【高層】❶空のたかいところ。れい 高層は気流がはげしい。❷いくつにもたかくかさなっていること。れい 高層ビルがたちならぶ。／高層建築。

2**こうそう**【構想】〔内容や方法などについて〕考えをねり、計画や案を組み立てること。また、その計画や案。れい 小説の構想をじっくりとねる。

こうぞう【構造】全体を形づくっている、しくみ。組み立て。つくり。れい ふくざつな構造の機械。

1**こうそく**【校則】学校の決まり。れい 校則を守る。

2**こうそく**【高速】❶速度がひじょうにはやいこと。高速度。れい 高速で回転する機械。❷「高速道路」のりゃく。

1**こうぞく**【皇族】天皇の一族。

2**こうぞく**【後続】あとに続くこと。れい 父と母は、後続のワゴン車に乗っている。

ごうぞく【豪族◂】むかし、ある地方で、広大な土地、財産をもち、大きな勢力のあった一族。

こうそくどうろ【高速道路】はやい速度で走れるようにつくった自動車の専用道路。高速。

1**こうたい**【交代・交替◂】入れかわること。れい 試合のとちゅうで、選手が交代する。

2**こうたい**【後退】うしろへさがること。れい ほかの車がきたので車を後退させた。⇕前進。

こうだい【広大】ひろびろとして大きいようす。れい 広大な草原。

こうたいごう【皇太后】前の天皇の妻。今の天皇の母。

こうたいし【皇太子】天皇の位をつぐ皇子。東宮。

こうたく【光沢◂】物の表面に出る、つや。れい 光沢のある紙。

1**こうち**【耕地】たがやして作物をつくる土地。

2**こうち**【高地】たかいところにある土地。⇕低地。

こうちけん【高知県】四国地方の南部にある、太平洋に面している県。県庁所在地は高知市。⬇都道府県。

こうちゃ【紅茶】茶の一種。茶の木のわかい芽をはっこうさせ、かわかしたもの。湯をそそぐと赤茶色になる。れい 祖母のために紅茶をいれる。

1**こうちょう**【好調】〔からだやものごとの〕調子がよいようす。れい このところ、からだはずっと好調です。／売れゆきは好調だ。

2**こうちょう**【校長】〔小学校・中学校・高校などで〕その学校の最高の責任者。学校長。

こうつう【交通】❶人や乗り物が行き来すること。

❷はなれた地点の間の人や品物を運ぶしくみ。（れい）このあたりは、最近、交通の便がよくなった。

こうつごう【好都合】〔条件や希望にうまく合って〕ぐあいがよいこと。（れい）みんながいっしょに行ければ好都合だ。⇕不都合。

1**こうてい**【工程】〔物をつくる〕仕事を進めていく順序。（れい）作業の工程をおぼえる。

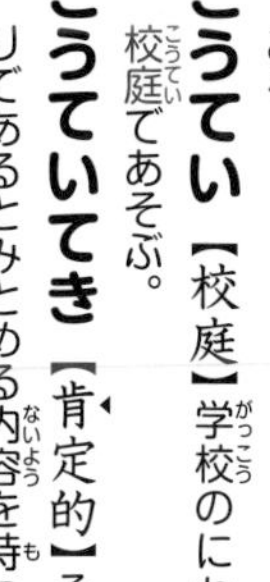
工程

2**こうてい**【肯定】そのとおりであるとみとめること。（れい）その考えについては、肯定するわけにはいかない。⇕否定。

3**こうてい**【皇帝】帝国の君主。帝王。（れい）ナポレオン皇帝。

4**こうてい**【高低】❶たかいこととひくいこと。（れい）この地いきの土地は、高低の差が大きい。❷ねだんなどの、あがりさがり。（れい）やさいは、日によってねだんに高低がある。

5**こうてい**【校庭】学校のにわ。（れい）校庭であそぶ。

こうていてき【肯定的】そのとおりであるとみとめる内容を持っているようす。（れい）肯定的な意見が多い。⇕否定的。

こうてき【公的】おおやけのことがらに関係のあるようす。（れい）市長が公的な立場で発言をする。⇕私的。

1**こうてん**【公転】わく星が、ある決まった道すじを通って、決まった時間で恒星のまわりをまわること。また、えい星がそれぞれのわく星のまわりをまわること。地球は、およそ三百六十五日で太陽のまわりを公転している。⇕自転。

2**こうてん**【好転】〔じょうたいなどが〕よいほうにむかうこと。ぐあいがよくなること。（れい）事態は、一気に好転にむかった。

3**こうてん**【後転】マット運動で、おしり・こし・せなか・両手のじゅんにつき、うしろに一回転しておきあがること。⇕前転。

こうでん【香典】なくなった人にそなえるお金や品物。香料。

こうてんてき【後天的】〔生まれつきでなく〕のちになって、その人にそなわったようす。（れい）あの人の陽気な性格は後天的なものだ。⇕先天的。

こうとう【口頭】口で言うこと。（れい）今後の予定について、みんなに口頭でつたえる。

1**こうどう**【公道】国・都道府県・市町村などのお金でつくられ、それらが管理する道路。いっぱんの人が使う道。⇕私道。

2**こうどう**【行動】あることをおこなうこと。（れい）団体行動。／みんなと行動をともにする。

3**こうどう**【講堂】❶〔学校などで〕式や講演などをする大きな建物。❷寺で講話や説教をするための建物。

ごうとう【強盗】ぼう力をふるったりおどかしたりして、お金や品物をうばいとること。また、その人。（れい）銀行強盗。

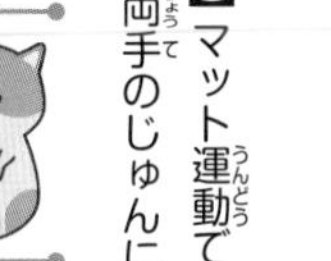

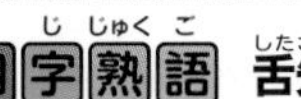

四字熟語　**舌先三寸**　相手をあやつる、たくみな話し方。

ごうどう【合同】❶〔あることをするために〕二つ以上のものが、一つにまとまること。れい 小学校・中学校の合同音楽会がひらかれた。❷二つ以上の図形の、大きさや形がまったく同じであること。れい この二つの三角形は合同である。

こうとうがっこう【高等学校】中学校を卒業した人に、さらにその上の教育をおこなう学校。高校。

こうとうぶ【後頭部】頭のうしろの部分。

こうない【校内】学校の中。れい クラブ活動で、おそくまで校内にのこる。／校内放送。⬍校外。

こうにゅう【購入】買い入れること。れい 学校図書館に、新刊の図書を購入した。

1**こうにん**【公認】おおやけにみとめること。とくに、国や政党や団体などが正式にみとめること。れい 公認候補。

2**こうにん**【後任】前の人にかわって、その役目につくこと。また、その人。れい 後任の会長。⬍前任。

こうねつ【高熱】❶たかい温度。れい ガラスを高熱でとかす。❷〔病気などのために出る〕たかい熱。れい 原因不明の高熱に何日もなやまされる。

こうねつひ【光熱費】あかりと燃料にかかる費用。電気・ガス・灯油などの代金。

こうねん【後年】何年もたったあと。れい その人は、後年、実業家として大成功をおさめた。

こうのう【効能】〔あるものの力がほかのものに働いてあらわれる〕よい結果。ききめ。れい 薬の効能書きをよく読む。

こうば【工場】こうじょう（工場）。

1**こうはい**【交配】おすとめす、また、おしべとめしべをかけ合わせること。

2**こうはい**【後輩】同じ学校や会社などで、自分よりあとから入ってきた人。⬍先輩。

1**こうばい**【勾配】〔やねや坂道などの〕かたむきのどあい。れい 列車は、急な勾配にさしかかった。

2**こうばい**【紅梅】こいもも色の花がさく梅。

3**こうばい**【購買】品物を買うこと。れい 購買数がふえる。

こうばいすう【公倍数】二つ以上の整数があるとき、そのどの数でもわりきれる数。たとえば、四、八、十二、…は、二と四の公倍数である。公倍数のうちでもっとも小さいものを「最小公倍数」という。

こうはく【紅白】赤と白。れい 紅白に分かれて試合をする。

こうばしい【香ばしい】こんがりと焼けたような、よいかおりがする。かんばしい。れい せんべいの香ばしいかおりがする。

こうはん【後半】全体を二つに分けたうちの、あとの半分。⬍前半。

1**こうばん**【交番】町角にもうけられた、警察官のいる建物。派出所。れい 交番で道をたずねた。

2**こうばん**【降板】野球で、投手が交替して、マウンドからおりること。

ごうひ【合否】合格か不合格かということ。れい 入試の合否が発表される。

1**こうひょう**【公表】世の中に広く発表すること。れい 関係者の名前の公表

【】漢字を使った書き方　れい ことばの使い方の例　⬍反対のことば　⬇参考になる情報　◀小学校で習わない漢字

にふみきる。

2こうひょう【好評】よいひょうばん。れい てんらん会は、好評のうちに終わった。⬌悪評。不評。

こうふ【交付】〔役所・学校などが〕書類やお金などをいっぱんの人にわたすこと。れい 証明書の交付。

こうふう【校風】その学校のとく色である、習慣や考え方。学風。れい あの高校は、自由な校風でしられている。

1こうふく【幸福】なに不自由なく、心に不平のないこと。しあわせ。れい 人類の幸福と平和をねがっている。⬌不幸。

2こうふく【降伏】たたかいに負けたことをみとめて、敵のいうことを聞くこと。こうさん。

1こうぶつ【好物】好きな食べ物。れい 姉の好物はショートケーキです。

2こうぶつ【鉱物】自然にでき、地中にふくまれているもの。金・ダイヤモンド・石英・長石など。

こうふん【興奮】〔あることがらに強く感じ〕気持ちがたかぶること。また、そのたかぶった気持ち。れい 興奮してさけぶ。

こうべ 頭のこと。れい 頭を垂れる（＝頭をさげる）。

こうへい【公平】〔考えやおこないが〕一方にかたよらないこと。えこひいきのないこと。れい 審判は公平な立場で試合にのぞむ。

こうほ【候補】❶ある地位や身分などをえる資格やみこみのあるもの。また、その人。れい あの学校は、今度の大会の優勝候補だ。❷その中からえらぶように、あらかじめあげられたもの。れい プレゼントの候補にゲームソフトを考えている。

こうぼ【公募】広くいっぱんの人々から集めること。

1こうほう【広報】多くの人に知らせること。また、その知らせ。れい 広報紙。／広報車。

広報

2こうほう【後方】うしろのほう。れい バスの後方に見えている建物が、放送局だ。⬌前方。

ごうほう【合法】ほうりつや規則に合っていること。れい 合法的な手段でもめごとを解決する。

こうぼうにもふでのあやまり【弘法にも筆の誤り】〔書にすぐれた弘法大師でもかきまちがえることもあるという意味から〕どんな名人でも、ときには失敗することがあるというたとえ。

こうまん【高慢】〔自分の才能・地位に〕うぬぼれて、人を見くびるようす。れい 高慢な人は、周りのひょうばんがよくない。⬌謙虚。

ごうまん【傲慢】自分をえらいと思い、人を見くびるたいどをとるようす。れい かれの傲慢なたいどには、いつも腹が立つ。

こうまんちき【高慢ちき】自分はすぐれていると思って、ほかの人をばかにして見くびるようす。うぬぼれていて、にくらしいさま。れい 高慢ちきな態度。

慣用句 **舌つづみを打つ** おいしいものを食べたとき、舌をならす。

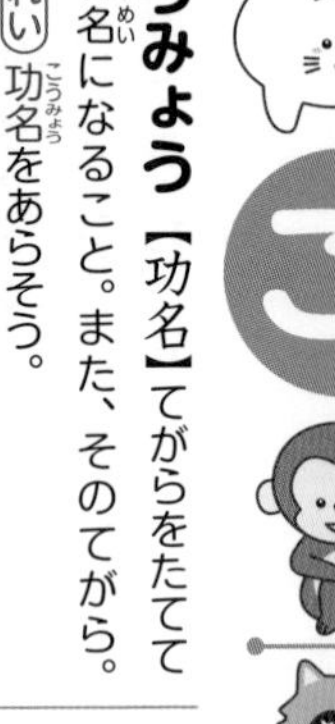

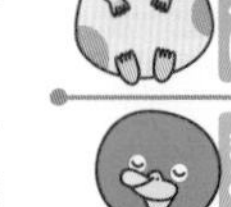

1こうみょう【功名】てがらをたてて有名になること。また、そのてがら。れい 功名をあらそう。

2こうみょう【巧妙】ひじょうにやり方がうまいようす。れい 巧妙な手段を使う。

3こうみょう【光明】❶明るい光。❷きぼう。のぞみ。れい 前途に一すじの光明をみいだす。

こうみんかん【公民館】市町村などにあって、その地域に住んでいる人の文化や教養をたかめる設備のある建物。

こうむいん【公務員】おおやけの仕事をしている人。国の仕事をする国家公務員と、都道府県や市町村などの仕事をする地方公務員とがある。

こうむる【被る】うける。れい 台風で、果樹園が大そんがいを被った。

こうめい【高名】❶有名であること。こうみょう。れい 高名な画家にインタビューする。❷相手の名前をうやまっていうことば。れい ご高名はかねがねうけたまわっております。

こうめいせいだい【公明正大】公平でやましいところがなく、だれが見ても正しくりっぱなようす。れい 公明正大な選挙。

こうもく【項目】記事や記録などのなかみをこまかく分けたものの一つ一つの部分。れい 報告書の項目ごとに小見出しをつける。

1こうもん【こう門】動物の大腸のはしにあってふんを出すあな。しりのあな。⬇内臓。

2こうもん【校門】学校の門。

ごうもん【拷問】罪をおかしたうたがいのある者などに、それをはくじょうさせようとして、からだをいためつけること。

こうや【荒野】あれはてた広い野原。

こうやく【公約】〔政府や政治家などが〕広くいっぱんの人にやくそくすること。また、そのやくそく。れい 選挙を間近にひかえ、こうほ者が有権者を前に公約をのべる。

こうやくすう【公約数】二つ以上の整数のどれをもわりきることができる数。公約数のうちで、もっとも大きいものを「最大公約数」という。れい 二は、六と八の公約数である。

こうゆう【交友】友だちづきあいをすること。また、その友だち。

1こうよう【孝養】心をこめて親のめんどうを見ること。

2こうよう【効用】❶役に立つ使いみち。れい すてるのはもったいないので、古い道具の効用を考える。❷役に立ち、ききめがあること。れい 薬の効用をたしかめる。

3こうよう【紅葉】秋になって、木の葉があかくなること。また、あかくなった葉。れい 山の紅葉がみごとだ。

4こうよう【黄葉】イチョウの葉のように、秋に木の葉が黄色になること。また、黄色くなった葉。

こうら【甲羅】カメやカニなどのからだをつつんでいるかたいから。

こうらく【行楽】野山や名所などに行って、楽しく遊ぶこと。れい 今日は行楽びよりだ。

こうり 竹・ヤナギなどであんでつくった、着物や荷物などを入れる物。⬇257ページ（イラスト）

【】漢字を使った書き方　れい ことばの使い方の例　⇕反対のことば　⬇参考になる情報　◀小学校で習わない漢字

ごうりか【合理化】むだをなくし、能率をよくすること。(れい)作業の合理化を考える。

こうり

1**こうりつ**【公立】国や都道府県、市町村などのお金でつくられ、それらが管理すること。また、その施設。(れい)公立図書館。⇔私立。

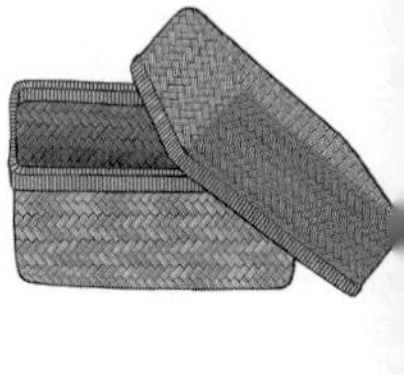

2**こうりつ**【効率】あることをするために使った時間と労力と、その成果のわりあい。(れい)効率のよい仕事。

ごうりてき【合理的】正しいりくつや道理に合っているようす。(れい)合理的な考え。

こうりゃく【攻略】❶敵をせめて、陣地などをうばいとること。❷勝負で相手を負かすこと。(れい)相手チームを一気に攻略する。

こうりゅう【交流】❶決まった時間ごとに、流れの方向と大きさがかわる電流。家庭用の電灯線は、交流の電流が流れている。❷たがいに行き来すること。まじわり。(れい)東西文化の交流がさかんにおこなわれた。

ごうりゅう【合流】❶二つ以上の流れが合わさって一つになること。(れい)二つの川の合流地点。❷二つ以上の集まりが一つになること。(れい)友人と駅で合流する。

こうりょ【考慮】考えに入れること。よく考えること。(れい)一年生が多いことを考慮して、楽な計画をたてる。

こうりょう【香料】❶よいにおいを出すもの。(れい)香料の入った洗ざい。❷死んだ人にそなえるお金。香典。

こうりょく【効力】❶〔法律や規則などの〕働き。(れい)新しい道路交通法が効力をはっする。❷〔薬などが〕作用してこうかをおよぼすことができる力。

こうりん【後輪】自動車などの、うしろのほうの車輪。⇔前輪。

1**こうれい**【恒例】〔儀式や行事などが〕いつも決まっておこなわれること。(れい)恒例のかるた会。

2**こうれい**【高齢】年をとっていること。たかい年れい。老齢。(れい)八十才をこす高齢なのに、とても元気だ。

ごうれい【号令】大声で命令やさしずをすること。また、その命令。(れい)号令をかける。

こうろ【航路】船や飛行機の通る決まった道すじ。(れい)外国航路。

こうろう【功労】〔世の中や国のためにつくした〕てがらとほねおり。(れい)世界平和に功労のあった人。

こうろん【口論】言いあらそうこと。口げんか。

こえ【声】人や動物の口から出る音。セミや秋の虫などが出す音にもいう。

ごえい【護衛】ある人や物につきそって、それを守ること。また、その人。(れい)大使を護衛する。

こえがはずむ【声が弾む】うれしくて、声が生き生きとしてくる。(れい)妹の声が弾んでいる。

こえがわり【声変わり】少年期から青年期へうつるころに、声帯が成長して声がかわること。また、その時期。

慣用句 **地団太をふむ** 足をふみならし、ひじょうにくやしがるようす。

ことばのテーブル

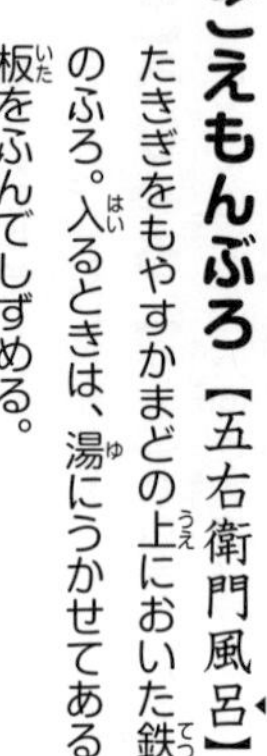

ごえもんぶろ【五右衛門風呂】たきぎをもやすかまどの上においた鉄のふろ。入るときは、湯にうかせてある板をふんでしずめる。

五右衛門風呂

1こえる【肥える】❶〔人や動物が〕ふとる。(れい)よく肥えたブタ。❷よい質の土になる。(れい)畑の土がよく肥えている。⇕①②痩せる。❸もののよい悪いを判断する力ができる。(れい)絵を見る目が肥えてきた。

2こえる【越える】❶〔ものの上をとおって〕むこうへ行く。(れい)ようやく山を越えることができた。❷ある時期をすぎる。(れい)父は、四十才を越えたばかりです。

3こえる【超える】ある基準や数量を上回る。(れい)一万人を超える。

こえをかける【声を掛ける】❶話しかける。よびかける。(れい)列車の中でとなりの人に声を掛ける。❷いっしょにするようにさそう。(れい)クラスの友だちに声を掛けて、校内美化運動をはじめた。

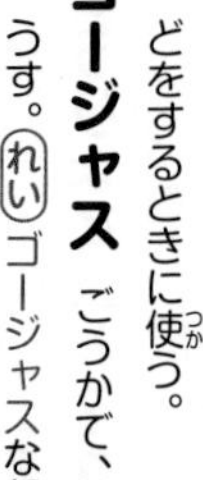
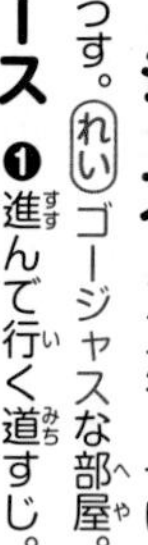

ゴーグル 目の部分をすっぽりおおう、風よけ・紫外線よけのめがね。オートバイにのるときや、スキー・登山などをするときに使う。

ゴージャス ごうかで、ぜいたくなようす。(れい)ゴージャスな部屋。

コース ❶進んで行く道すじ。(れい)ハイキングのコース。❷競争をするための道すじ。(れい)日本チームは第五コースを泳ぎます。❸〔学校などで決められた〕学科。課程。(れい)進学コース。

コーチ 運動競技などで、わざを教えること。また、教える人。(れい)サッカーのコーチ。

1コート 寒さや雨をふせぐために衣服の上に着るもの。(れい)コートを着て外出する。

2コート テニス・バスケットボール・バレーボールなどの競技場。

コード ゴム・布・ビニールなどでおおった〔室内用の〕電線。

コーナー ❶かど。すみ。また、曲がりかど。(れい)ランナーは最後のコーナーをまわった。❷あるところをくぎって、とくべつにもうけた、売り場や場所。(れい)日用品のコーナー。

コーヒー 熱帯地方にはえるコーヒーノキのたねをいって、こなにしたもの。また、そのこなを湯でせんじた、こげ茶色をした飲み物。

コーラス 合唱。また、合唱団。

こおり【氷】水が、セ氏〇度以下の温度のため、ひえてかたまったもの。(れい)手足が氷のようにつめたくなった。

こおりまくら【氷枕】頭をひやすために、氷を入れてまくらにするゴムなどでできたふくろ。

こおりみず【氷水】❶水に、氷のかけらを入れてつめたくしたもの。❷氷をこまかくけずり、さとう水・はちみつ・果汁などをかけた食べ物。

こおる【凍る】温度がセ氏〇度以下になって、水などがかたまる。(れい)池の水がすっかり凍る寒さ。

ゴール ❶決勝点。❷サッカー・バスケットボールなどで、ボールを入れると得点できるところ。また、そこへボールを入れて得点すること。

ゴールイン ❶ゴールに入ること。(れい)兄は一番でゴールインした。❷目標をたっすること。とくに、結婚すること。

ゴールデンウイーク 四月の終わりから五月のはじめにかけての休日の多い週。

こおろぎ コオロギ科のこん虫。体の色は黒っぽい。エンマコオロギのおすは秋に「コロコロリー」と鳴く。

こがい【戸外】家の外。おもて。屋外。(れい)戸外に出て遊ぶ。

ごかい【誤解】まちがってりかいすること。思いちがい。(れい)誤解をとく。

ごかいどう【五街道】むかし、江戸の日本橋から各地に通じていた、五つの大きな道。東海道・中山道・日光街道・甲州街道・奥州街道の五つ。

ごかく【互角】力やわざが同じくらいで、差がないこと。五分五分。(れい)優勝候補と互角の勝負をした。

ごがく【語学】❶ことばについて研究する学問。❷外国語の勉強。(れい)父は語学がとくいです。

こかげ【木陰】木の下で日のあたらないところ。木のかげ。(れい)夏は木陰で読書をする。

こがす【焦がす】❶焼いて黒くする。(れい)魚を焦がしてしまった。❷心をなやまし、苦しめる。(れい)胸を焦がす思い。

1こがた【小形】かたちが小さいこと。(れい)小形のチョウ。⇔大形。

2こがた【小型】かたが小さいこと。(れい)小型の自動車。⇔大型。

こがたな【小刀】〔紙を切ったり木をけずったりするのに使う〕小さな刃物。ナイフ。

ごがつ【五月】一年の五番目の月。古くは「皐月」といった。

ごがつにんぎょう【五月人形】五月五日の節句にかざる、男の子の祝いの人形。

こがね【黄金】金のこと。また、金色。(れい)黄金の波(＝黄色くなったイネのほが、なみうっているようす)。

こがらし【木枯らし】秋の終わりから冬のはじめにかけてふく、つめたくかわいた風。

こがん【湖岸】みずうみのきし。

1ごかん【五感】人間のもっている五つの感覚。視覚(＝見る)・聴覚(＝聞く)・味覚(＝あじわう)・触覚(＝さわる)・きゅう覚(＝かぐ)。

2ごかん【語感】❶あることばからうける感じ。(れい)この歌詞には、やわらかい語感のあることばが多い。❷ことばにたいする感覚。

こき【古希】七十才のこと。

ごき【語気】話すことばの調子・いきおい。(れい)母は、語気を強めて弟を注意した。

ごぎ【語義】一つ一つのことばの意味。語意。(れい)語義をたしかめる。

ごきげん【御機嫌】❶「きげん」のうやまった言い方。(れい)父の御機嫌をとる。❷ひじょうにきげんがいいようす。上きげん。(れい)わたしが入賞したので、父は御機嫌だった。

ことわざ **失敗は成功のもと** 失敗を反省すれば、成功するもとになるということ。

ことばのテーブル

260ページ

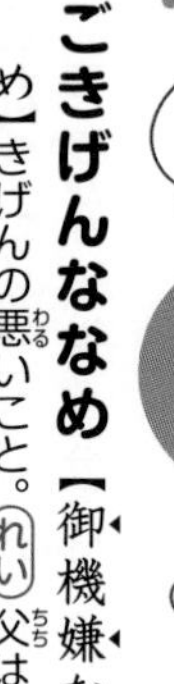

- ごきげんななめ
- こきつかう
- こぎって
- こきゅう
- こきゅうき
- こきゅうがあう
- こきょう
- ごぎょう

- こきんわかしゅう
- こぐ
- ごく
- ごくい
- こくいっこく

- こくう
- こくおう
- こくがい
- こくぎ
- こくご
- こくこく
- ごくごく
- こくごじてん
- こくさい

ごきげんななめ【御機◂嫌◂ななめ】きげんの悪いこと。(れい)父は御機嫌ななめだ。

こきつかう【こき使う】人をあらっぽく使う。

こぎって【小切手】銀行にお金をあずけている人が、ほかの人にお金をはらうとき、ひつような金額を書いてわたす書きつけ。

こきゅう【呼吸】❶息をすったりはいたりすること。❷〔あることをいっしょにするときの〕人と人との間の調子。(れい)ふたりの呼吸があって仕事がはかどった。❸ものごとをうまくおこなうときの調子。こつ。(れい)新しい仕事の呼吸がようやくわかってきた。

こきゅうがあう【呼吸が合う】いきがあう。

こきゅうき【呼吸器】〔動物のからだの中で〕呼吸をおこなうための器官。のど・気管・肺など。

こきょう【故郷】自分の、生まれ育ったところ。郷土。郷里。ふるさと。

ごぎょう【御形】ハハコグサ。春の七草の一つ。

こきんわかしゅう【古今和歌集】平安時代、醍醐天皇のいいつけで、紀貫之などがえらんだ、二十巻の和歌集。「古今集」ともいう。

こぐ ❶〔ろやかいを動かして〕舟を進める。(れい)小舟をこぐ。❷自転車やぶらんこなどを動かすために、足をのびちぢみさせる。(れい)自転車をこぐ。／ぶらんこをこぐ。

こぐ

ごく【語句】一つのことばや一くぎりのことば。(れい)語句のつかい方に注意する。

ごくい【極意】〔芸やわざなどの〕いちばん中心になるむずかしい技術。おくの手。(れい)剣道の極意を身につける。

こくいっこく【刻一刻】少しずつ時間がたつようす。しだいしだいに。だんだんと。刻々と。(れい)ロケット打ち上げの時刻が、刻一刻とせまってきた。

こくう【穀雨】二十四節気の一つ。四月二十日ごろ。春の雨が穀物をうるおすころのこと。

こくおう【国王】国をおさめる王。

こくがい【国外】国のそと。(れい)国外に追放する。⬍国内。

こくぎ【国技】その国でとくにさかんな、国を代表するような競技。(れい)すもうは、日本の国技だ。

こくご【国語】❶その国民が使うその国のことば。❷日本語。❸学校の学科の一つ。日本語について、読む・書く・聞く・話す力をつけることを学ぶ学科。国語科。

こくこく【刻刻】時が少しずつたしかにすぎていくようす。こっこく。(れい)約束の時間が刻々とせまる。

ごくごく のどを鳴らしながら飲み物をいきおいよく飲むようす。

こくごじてん【国語辞典】日本語を集めて、ある決まりにしたがってならべ、読み方や意味などを説明した本。

こくさい【国際】国と国との関係。多

【】漢字を使った書き方　(れい)ことばの使い方の例　⬍反対のことば　⬇参考になる情報　◂小学校で習わない漢字

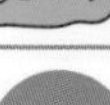

くの国にかかわりがあること。(れい) 国際問題。

こくさいかいぎ【国際会議】多くの国にかかわりのある問題について話し合い、解決するため、各国の代表が集まっておこなう会議。

ごくさいしき【極彩色】原色を多く使った、ひじょうにはなやかないろどり。(れい) 極彩色の絵。

こくさいしょく【国際色】多くの国の人やいろいろな国のものなどが集まり、入りまじってつくりだされるふんい気。(れい) 国際色ゆたかなオリンピック会場。

こくさいれんごう【国際連合】世界の平和と安全を守るために、各国が参加してつくられた国際的なしくみ。一九四五年に「国際連盟」にかわってつくられた。国連。日本は、一九五六年に加盟した。

こくさん【国産】その国でとれたり、つくったりしたもの。とくに、日本の国内でつくられたもの。(れい) 国産の自動車。⇔舶来。

こくし【国司】むかし、地方をおさめるために、天皇の命令ではけんされた役人。

1**こくじ**【告示】〔役所などが〕おおやけのことがらを、人々に知らせること。(れい) 選挙の投票日が告示された。

2**こくじ**【国字】❶その国の文字。❷日本の文字。かなもじ。❸漢字に似せて日本でつくられた文字。「峠」「畑」など。

ごくじょう【極上】〔品質が〕これ以上ないほど上等なこと。また、その物。(れい) 極上の品をそろえる。

こくせいちょうさ【国勢調査】国のようすを知るために、決まった時に、政府が全国いっせいにおこなう、国民の人口・年れい・職業などの調査。

こくせき【国籍】❶法律で決められた、その国の国民であるという身分と資格。(れい) 日本の国籍をとる。❷〔船や飛行機などが〕その国のものであるということ。(れい) 国籍不明の船。

こくそ【告訴】ひがいをうけた人などが、検察官に、犯人をとりしらべて裁判にかけるようにうったえること。

こくそうちたい【穀倉地帯】穀物をとくに多く産出し、ほかの地方にたくさんおくり出す地域。

こくち【告知】決定したことや事実などをきちんと知らせること。

こぐち【小口】❶金額や数量などが少ないこと。(れい) 小口の注文。❷〔ぼうのようなものを〕横に切った切り口。

ごくっと ごくりと。

こくていこうえん【国定公園】国立公園について、けしきの美しい土地で、都道府県で管理するように国で決めた公園。

こくど【国土】その国の土地。

こくどう【国道】国のお金でつくられ、国が管理する道路。(れい) 家の前の道路は、国道だ。

こくない【国内】その国の中。(れい) 国内を旅行する。⇔国外。

こくないそうせいさん【国内総生産】国民総生産から海外の所得を引いたもの。GDP。

こくはく【告白】〔かくしていたことや本心などを〕ありのままにうちあけること。(れい) つみを告白する。

慣用句 **十把一からげ** 物事を区別しないで、一つにまとめてあつかうこと。

こくはつ【告発】〔悪事などを〕あばいてうったえること。また、犯人とひがい者以外の人が、警察などにうったえ出ること。

こくばん【黒板】チョークで字や絵をかくための、黒や緑色のいた。

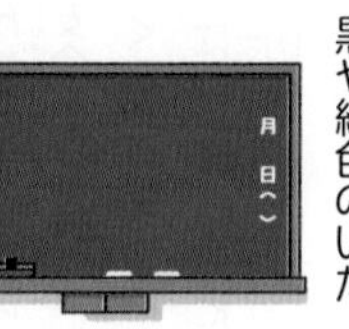

黒板

ごくひ【極秘】関係のない人に、ぜったいに見せたり話したりしてはならないこと。(れい)極秘の書類。

こくふく【克服】苦しいことや、むずかしいことにうちかつこと。(れい)あらゆる困難を克服して月に着陸した。

こくべつしき【告別式】死んだ人にわかれをつげる儀式。

こくほう【国宝】国のたから。とくに、文化や歴史のうえで世界的なねうちがあるものとして、国で守っている建物・ちょうこく・絵など。

こくみん【国民】その国の国籍をもち、その国の法律にしたがって生活している人々。

こくみんけんこうほけん【国民健康保険】会社員や公務員でない人の健康保険。病気などをなおす費用の一部を市町村が出す。

こくみんしゅけん【国民主権】主権が国民にあること。主権在民。

こくみんそうせいさん【国民総生産】一つの国で一年間に生産されたものとサービスの合計金額から原材料費などを引いたもの。GNP。

こくみんたいいくたいかい【国民体育大会】国民の体育をさかんにするため、夏季・秋季・冬季の三回、全国各都道府県の代表選手を集めて開かれる、運動競技大会。国体。

こくみんとうひょう【国民投票】国民にとって重大なことを決めるとき、ちょくせつ国民がおこなう賛成・反対の投票。

こくみんのしゅくじつ【国民の祝日】国民のみんながいわい、感謝し、記念する日。平成二十八年現在、一年に十六日ある。

こくもつ【穀物】〔米・麦・マメなど〕人間が主食とするさくもつ。穀類。

こくゆう【国有】国がもっていること。(れい)国有財産。／国有地。

ごくらく【極楽】❶仏教で、遠く西方にあり、あみだがいるという、平和な世界。「極楽浄土」のりゃく。⇕地獄。❷〔①の意味から〕なんの心配もなく楽しいこと。また、そういうところ。(れい)スポーツのあとのふろは極楽だ。

こくりつ【国立】国のお金でつくられ、国が管理すること。(れい)国立大学。

こくりつこうえん【国立公園】国を代表するような美しい自然を守ったり、人々が楽しんだりできるように法律で決めてある公園。

ごくり〔のどを鳴らしながら〕ひとくち分の飲み物などを一気にのむようす。ごくっと。(れい)つばをごくりと飲みこむ。

こけい【固形】あるかたちにかためた（かたい）もの。(れい)固形ねんりょうをつかう。

こけし　つつがたのどうにまるい頭をつけた、木の人形。東北地方で多くつく

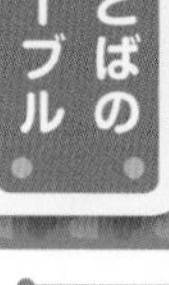

られる。

こげちゃいろ【焦げ茶色】黒みがかった茶色。

ごけにん【御家人】❶鎌倉・室町時代に、将軍と主従の関係を結んだ武士。❷江戸時代の将軍の家臣で、旗本より身分の低い武士。

こけらおとし【こけら落とし】新しい劇場などでおこなわれるはじめての興行。

こげる【焦げる】焼けて黒くなる。(れい)もちが焦げる。

ごげん【語源】そのことばのおこり。

1ここ ❶自分に近い場所をさしていうことば。このところ。この場所。❷このこと。この点。(れい)ここは、わたしにまかせなさい。❸今、現在。(れい)ここ二、三日はいそがしい。

2ここ【個個】一つ一つ。ひとりひとり。(れい)個々の意見を聞く。

こご【古語】むかし使われたことば。

ごご【午後】❶昼の十二時から、夜の十二時まで。❷昼ごろから夕方ごろまで。⇕①②午前。

ココア カカオのたねをいって、こなにしたもの。また、それを湯にとかした飲み物。

こごえる【凍える】きびしい寒さのためにからだがひえて感覚がなくなる。(れい)手が凍えそうだ。

ここく【故国】自分のうまれた国。母国。(れい)故国からたよりがとどいた。

ここち【心地】心持ち。感じ。(れい)ゆめを見ているような心地。

ここちよい【心地よい】気持ちがよい。(れい)心地よい風がふく。

こごと【小言】注意したり、しかったりすること。不平や不満をいうこと。また、そのことば。(れい)母にさんざん小言をいわれた。

ここのか【九日】❶一日の九倍。(れい)十月九日。❷ある月の九番目の日。

ここのつ【九つ】❶一の九倍。九。❷九才。(れい)おはじきが九つ。

こころ【心】❶人が感じたり考えたりする働きの、いちばんもとになると思われるもの。❷考え。気持ち。(れい)あなたの心がわからない。❸漢字の部首の一つ。「思」「悲」などの「心」の部分。

こころあたたまる【心温まる・心暖まる】〔人の情けの美しさなどを知って〕うれしくなる。気持ちがなごむ。(れい)心温まる話を聞く。

こころあたり【心当たり】〔たぶんこうではないかと〕心に思いあたることやところ。(れい)心当たりをさがす。

こころいき【心意気】ものごとに進んで取りくもうとする、はっきりした気持ち。(れい)プロとしての心意気。

こころえ【心得】❶あることがらをよく理解していること。また、わざなどを身につけていること。(れい)大工の心得のある人。❷注意したり、守ったりしなければならないこと。(れい)受験生の心得。

こころおきなく【心置きなく】❶心配することなく。(れい)勉強がすんで心置きなくあそべる。❷えんりょなく。きがねせずに。(れい)心置きなくなんでも話してください。

慣用句 **しっぽを出す** ごまかしていたことや、かくしていたことがあらわれる。

こころがうごく【心が動く】気持ちがひかれる。(れい)話を聞いて少し心が動いた。

こころがおどる【心が躍る】うれしくて、むねがわくわくする。(れい)明日からのキャンプのことを思うと、心がおどる。

こころがけ【心掛け】心の持ち方。(れい)成績をよくするには、ふだんの心掛けが大切だ。

こころがはれる【心が晴れる】〔なやみや心配などがなくなって〕心の中がさっぱりとする。

こころがまえ【心構え】〔あることがらにたいする〕心の持ち方。心組み。かくご。(れい)試合の心構えについて、コーチの話を聞く。

こころがわり【心変わり】それまでもっていた気持ちがかわること。心が、ほかのものにうつること。

こころざし【志】❶〔こうしよう、こうなろうと〕心に決めためあて。(れい)志をいだく（＝大きなのぞみをもつ）。❷しんせつな心。(れい)せっかくの志をむだにするな。

こころざす【志す】あることをしよう、また、あるものになろうと心に決める。(れい)音楽家を志す。

こころづよい【心強い】たよるものがあって、安心である。(れい)きみがいっしょだと心強い。⇕心細い。

こころない【心ない】考えが足りない。また、思いやりがない。(れい)公園の木のえだをおるとは心ないことだ。

こころにとめる【心に留める】わすれずにおぼえておく。(れい)母の注意を心に留める。

こころね【心根】❶心の底にある気持ち。(れい)なくのをひっしになってこらえている妹の心根をあわれに思う。❷性質。(れい)心根のやさしい人。

こころのこり【心残り】いつまでも気になって、心配したりざんねんに思ったりすること。(れい)すべて心残りのないようにする。

こころぼそい【心細い】たよるものがなくて不安である。(れい)一人でるす番するのは心細い。⇕心強い。

こころまち【心待ち】心の中であてにしながらまっていること。(れい)よい知らせがくるのを心待ちにする。

こころみ【試み】ためしてみること。ためし。(れい)新しい試み。

こころみる【試みる】ためしにやってみる。(れい)なんども試みたがうまくいかない。

こころもとない【心もとない】たよりなくて安心できない。心配である。(れい)妹にまかせるのは、なんとなく心もとない気がする。

こころよい【快い】〔さわやかで〕気持ちがよい。よい感じである。(れい)快い五月の風がふいている。

ここんとうざい【古今東西】むかしも今も。東も西も。いつでもどこでも。(れい)古今東西のめずらしい美術品を集めた展覧会。

ごさ【誤差】ほんとうのあたいと、計算したりはかったりしたあたいとのちがい。(れい)誤差を修正する。

ござ イグサのくきであんだ、しきもの。

ございます【御座います】「ある」をていねいにいうことば。(れい)おさがしの品はここにございます。

こさじ【小さじ】調味料などの量を

はかる、小さなスプーン。すりきり一ぱいで、五ミリリットルがはかれる。⇔大さじ。

こさめ【小雨】雨が少しふること。また、こまかにふる雨。⇔大雨。

小雨

ごさん【誤算】❶計算をまちがえること。❷まちがったみこみをたてること。みこみちがい。(れい)かんたんな仕事だと思ったのが誤算だった。

こし【腰】❶人間のせぼねの下のほうで、曲げることのできる部分。❷〔こな・もちなどの〕ねばり。また、しなやかさ。(れい)腰のあるそば。

こじ【孤児】両親に死なれた子。みなしご。

ごじ【誤字】形や使い方がまちがっている字。

こしかける【腰掛ける】〔こしかけや台などの上に〕こしをおろす。

こじき【古事記】奈良時代のはじめにつくられた、天皇家につたわる神話と歴史伝説をまとめた本。天皇のいいつけで、太安万侶が稗田阿礼のおぼえていたことをもとにして書いたとつたえられている。

こじせいご【故事成語】むかしからつたわる、何かのいわれがもとになってできていることば。「五十歩百歩」など。

こしたんたん【虎視たんたん】トラがするどい目つきでえものをねらうように、じっとよい機会をねらっているようす。(れい)虎視たんたんと相手のすきをねらう。

ごしちちょう【五七調】詩や和歌で、ことばが、五音・七音のじゅんにくり返される調子。「おくやまに(五) もみぢふみわけ(七) なくしかの(五) こえきくときぞ(七)…」のような調子。

1**こしつ**【固執】自分の意見などをかたく守って、ゆずらないこと。こしゅう。(れい)むかしのやり方に固執していては進歩しない。

2**こしつ**【個室】ひとり用のへや。

ごじつ【後日】のちの日。しょうらい。(れい)後日お話しします。⇔先日。

こじつける むりにりくつや理由をつける。(れい)どうにかこじつける。

ごじつだん【後日談】あることがおこってのち、それがどうなったかという話。

ゴシップ うわさばなし。

ごじっぽひゃっぽ【五十歩百歩】ちがうように見えても、じっさいはほとんど同じであること。敵におわれて五十歩にげた人が、百歩にげた人をおくびょうだとわらったが、にげたことは同じであるという中国の話から。

こしぬけ【腰抜け】おくびょうなこと。また、おくびょうな人。いくじなし。(れい)悪事を見て見ぬふりをするような腰抜けになるな。

こしゃく【小しゃく】なまいきでしゃくにさわること。(れい)何を小しゃくなことをいうか。

ごしゃく【語釈】ことばの意味を説明すること。また、その説明。

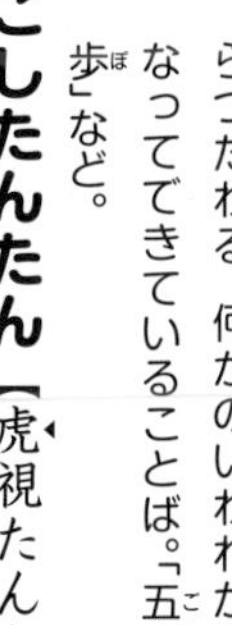

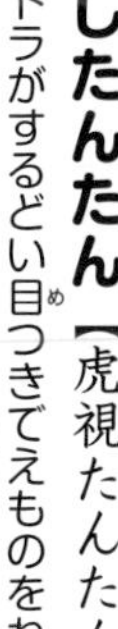
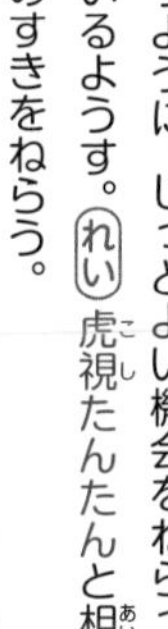
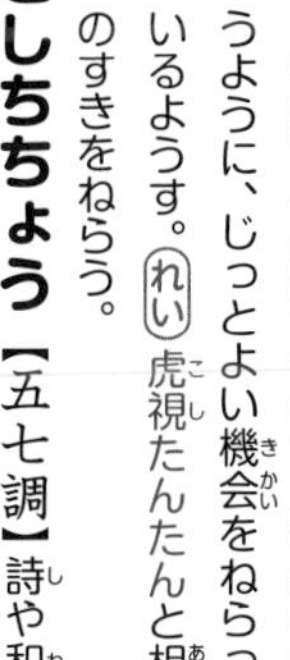
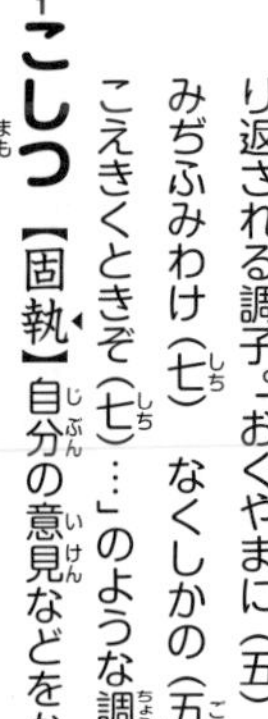
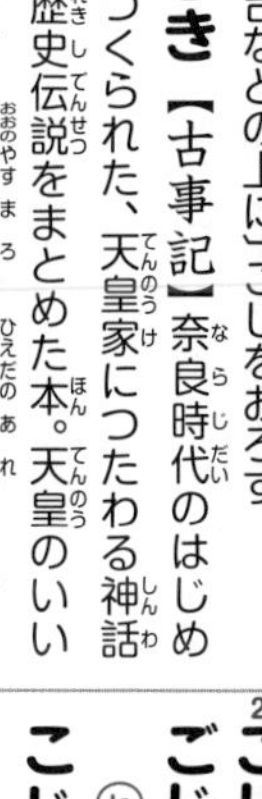

慣用句 **しっぽをつかむ** ごまかしていたことや、かくしていたことを見つける。

ことばのテーブル 266ページ
・こしゅ
・ごじゅうおん
・ごじゅうおんじゅん
・こじゅうと
・ごじゅうのとう
・ごしょ
1こしょう
2こしょう
・こしょうがつ
・ごしょく
・こしらえる
・こじれる
・こしをすえる
1こじん
2こじん
・こじんじょうほう
1こす
2こす
・こすい
・こずえ
・コスト

こしゅ【戸主】一家の主人。家長。

ごじゅうおん【五十音】日本語をかなで書きあらわした、あ・い・う・え・お、か・き・く・け・こ…の五十の音。実際には、発音の同じものと「ん」をのぞき、四十四音。

ごじゅうおんじゅん【五十音順】あ・い・う・え・お、か・き・く・け・こ……の、五十音のじゅんにならべるやり方。あいうえお順。

こじゅうと【小じゅうと】夫または妻のきょうだい。

ごじゅうのとう【五重の塔◀】寺などにある、五階だての塔。

五重の塔

ごしょ【御◀所】天皇など、皇族のすむところ。(れい)京都御所。

1 **こしょう** コショウ科の植物。熱帯地方でそだつ。実はこなにして、かおりやからみをつけるのに使う。

2 **こしょう**【故障】(機械やからだなどの)調子が悪くなること。(れい)エンジンの故障で、自動車が動かなくなった。／ひざを故障した選手。

こしょうがつ【小正月】むかしのこよみで一月十五日。また、一月十四日から十六日までのこと。

ごしょく【誤植】印刷で、まちがった文字を組みこむこと。また、印刷物の中の文字のあやまり。

こしらえる ❶つくる。(れい)のきにツバメが巣をこしらえている。❷ないことをほんとうのことのように見せかける。(れい)うまく話をこしらえてその場をごまかした。

こじれる ❶ことがらがもつれて、うまくいかなくなる。(れい)話がこじれてしまった。❷けがや病気が悪くなり、ながびく。(れい)かぜがこじれて肺炎になった。

こしをすえる【腰を据◀える】(ある場所に)落ち着く。また、落ち着いて一つのことをする。(れい)腰を据えて仕事にはげむ。

1 **こじん**【故人】なくなった人。(れい)アルバムを見て故人をしのぶ。

2 **こじん**【個人】(国や社会をつくっている)ひとりひとりの人。(れい)個人の考えをのべる。

こじんじょうほう【個人情報】住所・氏名・生年月日など、とくていの個人に関することがら。

1 **こす**【越◀す】❶あるものの上を通って行く。(れい)ボールが頭の上を越す。❷ある数量より上になる。(れい)気温が三十度を越す。❸ある時期をすごす。(れい)きずついた鳥は、おりの中でひと冬を越し、春になって元気にとびたった。❹ひっこしをする。(れい)となりに、フランス人の一家が越してきた。❺《「お越し」の形で》「行く」「来る」のていねいな言い方。(れい)ようこそお越しくださいました。

2 **こす**【超◀す】ある基準や数量を上回る。(れい)時速百キロを超すスピード。

こすい【湖水】みずうみ。また、そのみず。

こずえ 木のみきやえだの、先の方。

コスト ものをつくるのにかかる費用。原価。(れい)コストを下げる。

コスモス キク科の植物。葉は細い。秋に、赤・白・ピンク色などの花がさく。秋桜。

こすりつける ❶強くおしてつける。れい 弟がかべにこすりつけたどろをはがす。❷からだなどをおしつける。れい 犬がからだをこすりつけてくる。

こする おしつけるようにして動かす。強くおして、する。れい タオルでからだをこする。

こせい【個性】それぞれの人やものがもっている、ほかとちがったとくべつの性質。れい 個性をいかした作品。

こせいてき【個性的】その物、または、その人がもっているとくべつの性質が強くあらわれているようす。れい 個性的な作品。

こせき【戸籍】家族の名前・関係などをしるした、おおやけの書き物。

こせこせ 心がせまく、つまらないことに気をとられるようす。

こぜに【小銭】こまかいお金。額の少ないお金。れい 小銭しかもちあわせていない。

ごぜん【午前】❶夜の十二時から昼の十二時まで。❷朝から昼ごろまで。⇔①②午後。

こそ あることがらを、とくにとり上げて強めることば。れい 今年こそがんばるぞ。

こそあどことば【こそあど言葉】物事・場所・方向などをさししめすことば。「これ」「それ」「あれ」「どれ」など。指示語。

こぞう【小僧】❶僧になる修行をしている子ども。❷少年などをばかにしていうことば。

ごそう【護送】守っておくりとどけること。れい 犯人を護送する。

こそく その場だけ間に合わせること。れい こそくな手段。

こそこそ 人に気づかれないように、かくれて行動するようす。こっそり。れい こそこそと話す。

ごそごそ かわいてかたい物がふれあって出す音。また、そのような音を立てて動くようす。れい 草むらでごそごそとなにかが動く音がした。

1**こたい**【固体】木・石・金属など、決まった形や体積をもち、かんたんには形をかえないもの。⇔液体。気体。

2**こたい**【個体】独立して生活をいとなむ、一つ一つの生き物。れい 同じ親から生まれた子犬にも、個体差がある。

こだい【古代】❶おおむかし。れい よみがえった古代の村。❷時代の分け方の一つ。日本では、ふつう奈良・平安時代のこと。

こたえ【答え】❶へんじ。れい よんでも答えがない。❷問題をといたもの。解答。れい 正しい答えを書く。⇔問い。

1**こたえる**【応える】❶働きかけにたいして、あるおこないをする。れい みんなの期待に応える。❷強く感じる。れい はげしい寒さがからだに応える。

2**こたえる**【答える】❶へんじをする。れい 名まえをよばれたら元気に答える。❷問題をとく。れい 次の質問に答えなさい。

こだかい【小高い】少したかい。れい 小高いおか。

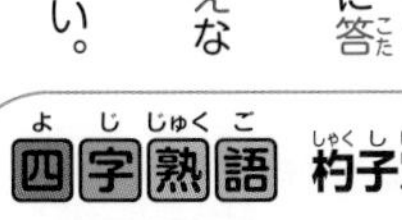
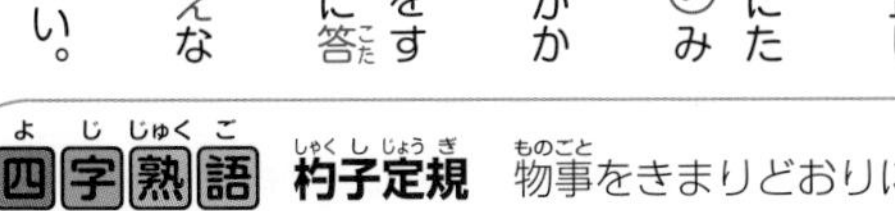
四字熟語 **杓子定規** 物事をきまりどおりにするだけで、ゆうずうがきかないこと。

ごたごた ❶いろいろなものが入りまじっていて、整理ができていないようす。(れい)箱の中には、おもちゃがごたごたと入っている。❷めんどうなもめごとがおきて、こんらんすること。また、もめごと。(れい)あの家ではごたごたがたえない。

こだち【木立】木が立ちならんでいるところ。また、その木。

こたつ だんぼう器具の一つ。熱を出すものの上をやぐらでおおい、ふとんをかけて手足を入れあたためるしかけ。

こたつ

こだま【木霊◀】声や音が山や谷などにぶつかり、はねかえってくること。また、その声や音。やまびこ。

こだわる あることをいつまでも気にする。(れい)ささいなことにこだわる。

こちこち ❶かわいたりこおったりして、ひじょうにかたいようす。(れい)道路がこちこちにこおる。❷きんちょうして、ゆとりがなくなるようす。(れい)人前で上がって、こちこちになる。❸がんこで、ゆうずうのきかないようす。(れい)こちこちの石頭。

ごちそう ❶人に食べ物や飲み物を出してもてなすこと。❷おいしい、りっぱな食べ物。(れい)こんばんのおかずはごちそうだな。

ごちそうさま 食べ物や飲み物を食べ終えたときのあいさつのことば。

ごちゃごちゃ いろいろの物がばらばらに入りまじっているようす。(れい)ひきだしの中はごちゃごちゃだ。

ごちょう【誇張】おおげさに表現すること。(れい)話を誇張する。

こちら ❶話し手に近い方向・場所、また、そこにあるものなどをさすことば。❷話し手、または話し手のがわにたつ人をさすことば。(れい)この失敗はこちらの責任です。

こぢんまり 小さいなりに、きちんとまとまっているようす。(れい)こぢんまりした庭。

こつ〔ものごとをうまくしとげるための〕ちょっとした調子や方法。ようりょう。(れい)ふえの鳴らし方のこつ。

ごつい ❶やわらかみがなく、大きくて角ばっている。ごつごつしている。(れい)からだつきがごつい。❷動作がかたくて、ぎこちない。

こっか【国家】ある決まった地域(=りょうど)とそこに住んでいる人からなり、主権によっておさめられている社会集団。くに。

こっかい【国会】国民の選挙でえらばれた議員が集まり、国の予算や法律などを決めるしくみ。日本では衆議院と参議院からなる。

こづかい【小遣◀い】自分で、買い物などに自由に使えるお金。

こっかいぎいん【国会議員】国民からえらばれて、国会を構成している国民の代表者。衆議院議員と参議院議員に分かれる。

こっかいぎじどう【国会議事堂】国会の開かれる建物。

こっかく【骨格】いくつものほねが組み合わさって、からだのささえとなっているもの。ほねぐみ。

こっかこうむいん【国家公務員】国全体にかかわる仕事をする人。

こっき【国旗】その国のしるしとなるはた。

こっきょう【国境】国と国とのさかい。(れい)イタリアとの国境をこえた。

こっきょうせん【国境線】国と国とのさかい目にあたるところ。

コック 職業として料理をつくる人。

こっくり ❶頭を前後に動かしていねむりをするようす。(れい)祖母は、またこっくりしている。❷頭をたてにふってうなずくようす。また、その動作。

こっけい【滑稽】〔言うことや動作が〕おどけていておかしいようす。(れい)ピエロが滑稽な動作をする。

ごっこ《あることばの下につけて》「…のまねをする遊び」「…遊び」の意味をあらわすことば。(れい)おにごっこ。

こっこう【国交】国と国のつきあい。(れい)国交が回復する。

こつこつ 休むことなく、がんばるようす。(れい)こつこつと研究する。

ごつごつ ❶ものの表面がでこぼこでかたいようす。(れい)ごつごつした岩。❷〔たいどなどが〕ぎこちないようす。(れい)動作や話し方がごつごつした感じがする人。

こっせつ【骨折】〔ぶつかったりして〕ほねをおること。(れい)スキーで足を骨折した。

こっそり 人に知られないようにものごとをするようす。そっと。(れい)こっそり外に出た。

ごっそり たくさんの物を残らず全部。ねこそぎ。(れい)売上金をごっそりぬすまれた。

こっち ❶「こちら①」のくだけた言い方。(れい)こっちへいらっしゃい。❷「こちら②」のくだけた言い方。(れい)こっちの考えも聞いてください。

こづつみ【小包】郵便でおくる小さな荷物。「小包郵便」のりゃく。

こってり ❶味や色などがこくてしつこいようす。(れい)こってりとした味つけのスープ。❷ぬったり、かけたりする量が多いようす。(れい)トーストにバターをこってりぬりつける。❸ものごとのていどのひどいようす。いやというほどしかられるようす。(れい)こってりと油をしぼられた(=きびしくしかられた)。

こっとう【骨とう】美術品としてねうちのある古い道具。こっとう品。

こつにく【骨肉】親子・兄弟など、たがいに血のつながりのある者。(れい)骨肉の争い。

こっぱみじん【木っ端みじん】こなごなにくだけちること。こなみじん。(れい)台風の大波で、小さなふねが木っ端みじんになった。

コップ ガラスなどでつくった、水を飲むための入れもの。

ごて【後手】❶相手に先をこされてしまうこと。❷いご・しょうぎなどの順番で、あとからせめる方。

こてい【固定】ある決まったところから動かないこと。また、動かさないこと。(れい)いすを固定させる。

こてきたい【鼓笛隊】たいことふえを使って演奏する楽隊。

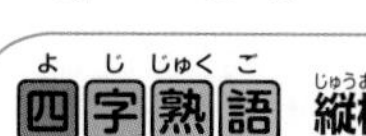

四字熟語 **縦横無尽** 物事を思いのままにおこなうようす。

ことばのテーブル 270ページ

ごてごて しつこいほど分量や数量が多いようす。れい 絵の具をごてごてとぬりたくる。

こてさき【小手先】❶手の先のほう。手先。❷ちょっと器用であること。れい 小手先がきく。

こてしらべ【小手調べ】〔本式にする前に〕ちょっとためしにやってみること。

こてん【古典】❶むかしの本。❷芸術などで、それぞれの方面を代表し、長く親しまれてきた、りっぱな作品。れい 古典に親しむ。

ごてん【御殿◂】身分の高い人のすまい。りっぱなすまい。

1**こと**【古都】京都・奈良など、むかしみやこだった都市。れい 古都の秋。

2**こと**【事】❶かわったできごと。大事件。れい 何か事がおこったようだ。❷けいけん。れい 行ったことはない。❸必要。れい いそぐことはない。❹話。うわさ。れい 先生はお元気とのことです。❺ねうち。かち。れい 勉強しただけのことはある。❻内容。意味。れい 話とはこういうことだ。❼ばあい。れい まさか失敗することはあるまい。❽《文の終わりについて》命令などの意味をあらわすことば。れい よそみをしないこと。

3**こと**【琴◂】キリの木でつくった細長いどうの上に、きぬなどの弦をはりわたした楽器。ふつう、弦の数は十三本。つめでひきならす。

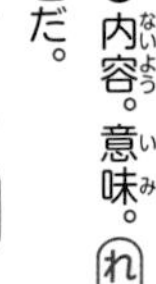

琴

ことう【孤◂島】一つだけ遠くはなれてある島。はなれ島。

こどう【鼓◂動】心臓が血をおくり出すために動くこと。また、その音。

こどうぐ【小道具】演劇の舞台などで使う、こまごました道具。れい ぶたいに小道具をはこぶ。⇕大道具。

ことがら【事柄◂】ものごとのありさま。内容。

こどく【孤◂独】ひとりぼっちであること。れい 孤独な生活をおくる。

ことこと ❶物をかるくたたくときや小さいものがかるくぶつかるときの音。れい はこをふるとことこと音がした。❷物をしずかににるときの音やようす。れい 豆をとろ火でことことにる。

ことさら【殊◂更◂】❶わざと。れい 雨の日にことさら出かけることはない。❷とくに。とりわけ。れい その服はことさらすばらしい。

ことし【今年】今すごしている年。

ことなる【異なる】同じでない。ちがう。れい 姉とはしゅみが異なる。

ことのほか【殊◂の外】❶いがいに。思いのほか。れい 殊の外いい成績をおさめることができてうれしい。❷とりわけ。れい 今夜は殊の外さむい。

ことば【言葉】❶人間が考えていることや気持ちを、声や文字にあらわしたもの。

【】漢字を使った書き方　れい ことばの使い方の例　⇕反対のことば　⬇参考になる情報　◂小学校で習わない漢字

❷ものの言い方。ことばづかい。れい ていねいな言葉で話す。

ことばあそび【言葉遊び】ことばを使ったさまざまな遊び。しりとりや早口ことばなど。

ことばかず【言葉数】ことばの数。話す回数や量。口数。れい 言葉数の少ない人。

ことばづかい【言葉遣い】話すときのことばのつかい方。れい ていねいな言葉遣いを心がける。

ことばのあや【言葉のあや】すぐにはわからないような意味をふくませた、たくみな言いまわし。れい そう言ったのは言葉のあやで、けっして悪口ではない。

ことばをかける【言葉を掛ける】話しかける。れい ひとこと言葉を掛ける。

ことぶき【寿】めでたいこと。また、それをいわうこと。れい 寿をいわってあつまる。

こども【子供】❶年のまだ少ない人。おさない人。また、考え方やおこないがおさない感じの人。れい 子供料金。⇔大人。❷むすこやむすめ。⇔親。

こどものひ【こどもの日】国民の祝日の一つ。子どもをたいせつにし、子どもの幸福を考え、りっぱなおとなになることをねがう日。五月五日。端午の節句にあたる。一九四八（昭和二十三）年にもうけられた。

こどもはかぜのこ【子供は風の子】冬のさむい風の中でも、子どもは外で元気に遊ぶものだということのたとえ。

ことり【小鳥】スズメ・メジロ・ウグイスなど、小さな鳥。

ことわざ 古くから言いつたえられている、教えやいましめなどをふくんだ、短いことば。「急がば回れ」「立つ鳥跡を濁さず」など。

ことわる【断る】❶相手のたのみなどを受け入れない。引き受けない。れい その話なら断る。❷前もって知らせておく。れい おうちの方に断ってから遊びにいらっしゃい。

こな【粉】くだけてこまかくなったとても小さなつぶ。また、その集まり。

こなごな【粉粉】とてもこまかくくだけるようす。れい ゆかに落としたコップが粉々になる。

こなす ❶食べ物を消化する。れい 胃で食べ物をこなす。❷〔ある量の仕事を〕かたづける。れい 仕事を一日でこなす。❸《動作をあらわすことばの下について》「自分の思うままにあつかう」の意味をあらわす。れい 使いこなす。

こなみじん【粉みじん】とてもこまかくくだけること。こっぱみじん。

こなゆき【粉雪】こなのようにこまかく、さらさらした雪。こゆき。

ごにんばやし【五人ばやし】ひな人形で、たいこ・大つづみ・小つづみ・ふえの演奏と、うたい手という、音楽を受け持つ五人をかたどった人形。⬇ひな人形。

コネ 親しいつながり。てづる。縁故。れい コネを利用する。

こねる ❶こなや土などに、水を入れてねる。れい 小麦粉をこねる。❷むりなことをくどく言う。れい おさない子どもがだだをこねる。

四字熟語 **終始一貫** 始めから終わりまでかわらないこと。

ことばのテーブル
272ページ

ごねる いろいろともんくを言う。

この 自分の近くにあるもの・人・ことがらなどをさすことば。れい この本をあげる。／この人はぼくのおじです。／この点がわからない。

このごろ【この頃◀】近ごろ。さいきん。れい この頃できたビル。

このは【木の葉】樹木の葉。きのは。れい 木の葉が色づく。

このましい【好ましい】❶気に入る。好きである。れい 気立てのよい、好ましい少年。❷つごうがよい。のぞましい。れい そうしたほうが好ましい。

1**このみ**【木の実】木になる実。クリやクルミなど、かたい実のものをいう。きのみ。

2**このみ**【好み】好きなこと。れい 青は好みの色だ。

このむ【好む】好きである。ほしいと思う。れい あまいものを好む。

こはく 大むかしに木のやにがかたまって石になったもの。すきとおった黄色で、アクセサリーなどに使われる。

こばしり【小走り】こまたではやく歩くこと。れい 駅に小走りでいく。

こばなし【小話】短くて、しゃれているわらい話。一口話。コント。

こばむ【拒む】❶承知しない。ことわる。れい たのみを拒む。❷〔進もうとするのを〕じゃまする。さまたげる。れい けわしいがけが登山者の行く手を拒んでいる。

こばやしいっさ【小林一茶】（一七六三～一八二七）江戸時代の俳人。句文集「おらが春」などを残した。

こはるびより【小春日和】十一月ごろの、〔春のように〕おだやかなあたたかい天気。「小春」は、むかしのこよみで十月（今の十一月）。

こはん【湖畔◀】みずうみのほとり。れい 湖畔でキャンプをする。

こばん【小判】おもに江戸時代に使われた、長円形のお金。ふつう金でつくられ、一まいが一両。

ごはん【御◀飯】「めし」「しょくじ」のていねいな言い方。

ごび【語尾◀】ことばの終わり。ことばの終わりの部分。ことばじり。

コピー ❶〔書類などを〕うつした方のもの。うつし。❷〔広告の〕文案。れい キャッチコピー（＝とくに強く注意を引くための広告の文案）。

こびりつく しっかりとくっつく。れい 服にペンキがこびりつく。

こびる 相手の気にいるようなことを言ったりしたりする。れい 力の強い人にこびる。

こぶ ❶〔病気やうちみなどで〕ひふや筋肉の一部が、かたまってもり上がったもの。れい ドアにぶつかってこぶができた。❷こだかくもり上がったもの。れい ラクダのこぶ。／力こぶ。

こふう【古風】〔現代とはちがっていて〕古めかしいこと。むかしふう。れい 古風な考え方。

ごふく【呉◀服】日本ふうの織物。反物。れい 呉服屋。

ごぶごぶ【五分五分】〔力やわざなどが〕たがいに同じくらいで、どちらがすぐれているか決められないこと。れい 両者の力は五分五分だ。

ごぶさた【御無沙汰】長い間、たず

【】漢字を使った書き方　れい ことばの使い方の例　⇕反対のことば　⬇参考になる情報　◀小学校で習わない漢字

ねて行かなかったり、手紙を出さなかったりすること。また、そのときに言うあいさつのことば。(れい)御無沙汰おゆるしください。

こぶし【拳】手の五本の指をおり曲げてにぎった形。げんこつ。

こふん【古墳】大むかしの（身分の高い）人のはか。土をもり上げておかのようにした。

こぶん【古文】ふるい時代に書かれた文章。とくに、江戸時代以前の文章。

ごへい【御幣】神をまつるときに使う用具の一つ。紙などを決まった形にきり、ぼうにはさんだもの。

こべつ【個別】一つ一つ。べつべつ。(れい)個別に検討する。

ごほう【誤報】まちがって、報告したり知らせたりすること。また、まちがった知らせ。(れい)ただいまの火災警報は誤報です。

ごぼう キク科の植物。地中に長くのびる茶かっ色の根を食用にする。

こぼす ❶〔ひっくり返したり、あふれさせたりして〕中のものを外に出す。(れい)びんの中の水をこぼした。❷不平やぐちを言う。(れい)こづかいが足りないとこぼしている。

こぼれる ❶もれて落ちる。あまって外に出る。(れい)ジュースがこぼれる。❷あふれる。(れい)こぼれるばかりのあいきょう。

こま じくを中心にして回す子どものおもちゃ。

ごま ゴマ科の植物。高さ約一メートル。実の中にたくさんの小さな種がある。種をいって食用にしたり、ごま油をとったりする。

コマーシャル 〔ラジオ・テレビなどで〕番組にはさむ短い宣伝。CM。

こまい【古米】とり入れてから一年をすぎた米。⇔新米。

こまいぬ【こま犬】神社の前などにある一対の「しし」ににた、けものの像。まよけのためにおくといわれる。

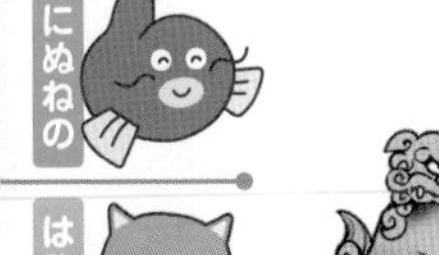

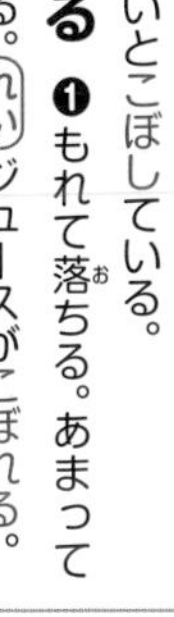

こま犬

こまか【細か】こまかいようす。(れい)細かな砂。

こまかい【細かい】❶小さい。(れい)つぶが細かい。⇔粗い。❷くわしい。(れい)細かい事情。❸ていねいである。めんみつである。(れい)細かい心づかい。⇔粗い。❹ひじょうにけちけちしている。(れい)お金に細かい。

ごまかす ❶うそをいってだます。また、人をだまして悪いことをする。(れい)売上金をごまかす。❷てきとうなことを言ったりしたりして、その場をきりぬける。言いのがれる。(れい)わらってごまかす。

こまぎれ【細切れ】こまかく切った切れはし。(れい)ぶた肉の細切れ。

こまく【鼓膜】耳のおくにある、うすいまく。空気のしんどうを音として神経につたえる働きをする。

こまごま【細細】❶こまかいようす。ひじょうに小さいようす。(れい)ひきだしの細々したものを整理する。❷くわしいようす。(れい)父は旅行のことを細々と話してくれた。

あいうえお かきくけこ こ さしすせそ たちつてと なにぬねの はひふへほ まみむめも やゆよ らりるれろ わをん

四字熟語 **自由自在** 思うとおりにするようす。思いのままにできるようす。

こまめ めんどうがらずによく動くようす。(れい)かれはこまめに働く。

こまやか すみずみまで心がこもっているようす。(れい)こまやかな人情のある町。

こまる【困る】❶どうしたらよいかわからずまよう。❷苦しむ。(れい)生活に困る。

ごまをする 自分が得をするために、相手にへつらってきげんをとる。(れい)上役にごまをする。

ごみ 役に立たないもの。ちり。

こみあう【混み合う】おおぜいの人が一か所に集まって混雑する。(れい)車内が乗客で混み合う。

こみあげる【込み上げる】〔うれしいときやかなしいときなどに〕わらいやなみだ、心にある感情などをおさえられないじょうたいになる。(れい)いかりが込み上げる。

ごみごみ せまいところにたくさんのものがあって、まとまりのないようす。(れい)ごみごみとした町。

こみだし【小見出し】新聞や雑誌などで、一つの文章をいくつかに分けて、それぞれにつける題。

こみち【小道】はばのせまい、小さな道。よこ道。わき道。(れい)山の小道。

コミック まん画。また、まん画がのっている本。コミックス。

コミュニケーション ことばや文字などを使って、人と人との気持ちや意見などをとりかわすこと。

コミュニティー 一定の地域に住んで、共通の感情を持つ人々の集団。地域社会。(れい)コミュニティーセンター。

1こむ【込む】❶細工などが複雑でじょうずである。(れい)手の込んだ仕事。❷《動作をあらわすことばについて》「入れる」「はいる」「(…を)続ける」などの意味をあらわす。(れい)なげ込む。／とび込む。／考え込む。

2こむ【混む】〔乗り物・建物などに〕人がたくさん入っている。また、人やものがたくさん集まる。(れい)電車が混む。

ゴム のばすと元にもどろうとする性質があるもの。タイヤ・ボールなど、さまざまなものに使われる。

こむぎ【小麦】イネ科の植物。種から小麦粉を作る。世界中で多くさいばいされている。

こむぎいろ【小麦色】コムギの実のようなうすい茶色。日焼けしたはだの色。(れい)小麦色にやけたはだ。

こむぎこ【小麦粉】コムギの実をひいてこなにしたもの。パン・菓子・うどんなどをつくるときにつかう。メリケン粉。うどん粉。

こめ【米】イネの実の、もみがらをとったもの。

こめかみ 目と耳の間にある、ものをかむとき動くところ。

こめだわら【米俵】米を入れておくのに使う、わらであんだ入れ物。また、米を入れたたわら。

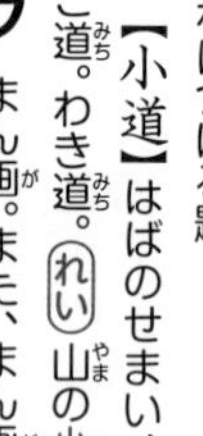
米俵

コメディアン 喜劇俳優。

コメディー こっけいな劇。喜劇。

こめどころ【米所】〔質のよい〕米がたくさんとれる地方。

【】漢字を使った書き方　(れい)ことばの使い方の例　⇕反対のことば　⬇参考になる情報　◂小学校で習わない漢字

こめる【込める】❶〔気持ちなどを〕集中する。れい 心を込めて、詩を朗読する。
❷つめこむ。入れる。れい てっぽうにたまを込める。
❸ふくめる。れい 手数料を込めて三千円です。

ごめん【御免】❶いやで、ことわる気持ちをあらわすことば。れい あそこへもう一度行くのは御免だ。
❷ゆるしをねがうことば。れい いっしょに行けなくなってしまったんだ。ごめんね。

コメント 問題になっていることについて、意見や考えを言うこと。れい コメントをさしひかえる。

ごめんなさい【御免なさい】あやまるときのことば。れい うまくできなくて、ごめんなさい。

こもじ【小文字】アルファベットで、a・b・c…のように小さな形の文字。⇔大文字。

こもの【小物】❶こまごました物。れい 母が、旅行に持っていく小物をふくろに入れている。
❷とるにたらない人。小人物。⇔大物。

こもり【子守】子どもの世話をしたり遊ばせたりすること。また、その人。

こもりうた【子守歌】子どもをあやしてねかせるときにうたう歌。れい 母親が子守歌をうたう。

こもる【籠もる】❶〔いっぱい〕ふくまれている。れい この作品には、子供への愛情が籠もっている。
❷〔気体などが〕中にいっぱいになっている。れい 家の中には、けむりが籠もっていた。
❸ある場所にいて外に出ない。れい きのうは、一日中、へやに籠もって本を読んでいた。

こもれび【木漏れ日】木のえだや、葉の間からもれてくる日の光。れい 木漏れ日が地面に美しいもようをつくっていた。

こもん【顧問】〔会社や団体などで〕相談をうけて、意見をのべる役目。また、その人。れい 教頭先生は、生徒会の顧問だ。

こや【小屋】❶小さくて、かんたんなつくりの家。れい 山に小屋をたてる。
❷みせ物やサーカスなどをする建物。れい サーカスの小屋がたつ。

こやがけ【小屋掛け】〔みせ物やしばいなどに使うための〕かんたんな建物をつくること。また、その建物。

こやし【肥やし】作物をよく育てるため、土の中に入れ、土の栄養をよくするもの。ひりょう。

こゆび【小指】手足の指のうち、いちばん小さな指。

こよい こんばん。こんや。

ごよう【御用】「用事」をていねいにいうことば。れい 何か御用ですか。

こよみ【暦】地球・太陽・月の関係から一年じゅうの月日・曜日を決め、順に書きしるしたもの。カレンダー。

こより やわらかい紙を細く切って、かたくよって、ひものようにしたもの。

ごらいこう【御来光】高い山の頂上から見る、日の出。

こらえる がまんする。しんぼうする。れい いたみをじっとこらえる。

ごらく【娯楽】人を楽しませなぐさめるもの。

ことわざ **十年一昔** 十年たったら、世の中はすっかりかわっていること。

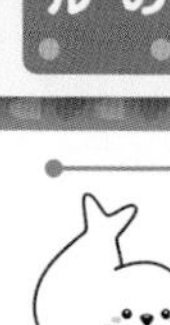

ことばのテーブル

276ページ

- こらしめる
- コラボレーション
- コラム
- こりごり
- こりつ
- ごりむちゅう
- ごりやく
- ゴリラ
- こる
- コルク
- これ
- これから
- コレクション
- コレラ
- ころ
- ころあい
- ごろあわせ
- ころがす
- ころがる
- ころころ

こらしめる【懲らしめる】〔悪いおこないや失敗をした相手に〕ばつなどをくわえて二度と同じことをするまいと思わせる。こりさせる。懲らす。

コラボレーション　ちがう分野の人などがいっしょになって何かを作ったり、おこなったりすること。コラボ。

コラム　新聞やざっしなどにのっている、わくでかこまれた短い記事。

こりごり【懲り懲り】二度としたくないと思うようす。

こりつ【孤立】なかまやたすける人がなく、ひとりだけはなれていること。(れい)島に孤立した人をたすける。

ごりむちゅう【五里霧中】〔深い霧の中にいて、方向がわからないことから〕ものごとの事情がわからなくて、どうしてよいかわからないこと。

ごりやく【御利益】神や仏によってあたえられるめぐみ。(れい)かんのん様の御利益があった。

ゴリラ　アフリカの森林にすむ、サルのなかまの中でいちばん大きな動物。力が強い。植物などを食べる。

こる【凝る】❶一つのことにむちゅうになる。(れい)父はいごに凝っている。❷筋肉がかたくなる。(れい)かたが凝る。❸いろいろとくふうをする。(れい)身なりに凝る。

コルク　びんのせんなどに使うもの。水や空気をほとんどとおさず、のびちぢみする性質がある。ブナ科のコルクガシの木の皮などからつくる。キルク。

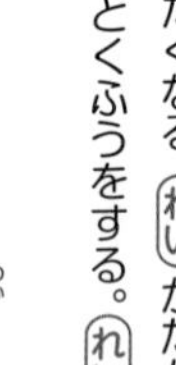
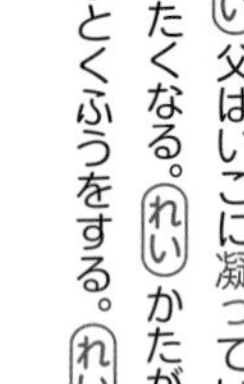

コルク

これ　話し手にもっとも近い人・物・場所などをさすことば。(れい)ぼくは、これがほしい。

これから　今からあと。今から。

コレクション〔美術品や切手などを〕集めること。また、集めたもの。

コレラ　感染症の一つ。コレラきんに腸がおかされておこる。熱が出て、はげしいげりをしたり、はいたりする。

ころ【頃】❶時期。季節。❷よいおり。機会。(れい)頃を見まからって先生に話す。

ころあい【頃合い】❶ちょうどよいとき。(れい)頃合いをみて話した。❷ちょうどよい程度。(れい)頃合いの大きさだ。

ごろあわせ【語呂合わせ・語路合わせ】あることばの音をまねて、べつのことばをつくること。「呉服屋」を「五二九八（ごふくや）」と数字であらわすなど。

ころがす【転がす】❶回すようにして動かす。(れい)大きなたるを転がす。❷ひっくり返す。(れい)力士が、相手を転がす。

ころがる【転がる】❶回りながら動く。ころげる。(れい)小石が転がる。❷よこだおしになる。ころげる。(れい)あきびんが転がる。❸からだを横たえる。(れい)しばふの上に転がって空を見る。

ころころ　❶小さな物がかるそうにころがるようす。(れい)しばふの上をボールがころころところがる。❷かわいらしく、まるまる太っているようす。(れい)ころころした子犬。

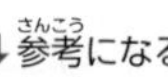
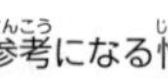

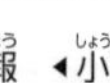

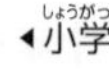

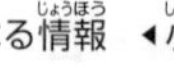
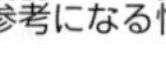

1ごろごろ かみなりの音のたとえ。

2ごろごろ ❶大きな物が重そうにころがるようす。❷あたりいちめんに、ちらばってたくさんあるようす。(れい)谷川に大きな石がごろごろしている。❸なにもしないで、ひまそうなようす。(れい)家でごろごろする。

ころしもんく【殺し文句】相手の気持ちを強くひきつけるような、気のきいたことば。

ころす【殺す】❶命をとる。(れい)害虫を殺す。⇔生かす。❷おさえて表面に出さないようにする。(れい)息を殺してじっとしていた。❸じゅうぶんに役立てていない。(れい)せっかくの才能を殺す。

コロッケ ゆでてつぶしたジャガイモに、いためたタマネギ・ひき肉などをまぜ合わせてまるめ、パン粉をつけて油であげた食品。

ころばぬさきのつえ【転ばぬ先のつえ】失敗しないように、前からよく注意することがひつようだというたとえ。

ころぶ【転ぶ】たおれる。ひっくりかえる。

ころもがえ【衣替え】❶季節に合った着物にかえること。❷店などで、かざりつけなどをすっかりかえること。

コロンブスのたまご【コロンブスの卵】人がやったあとではやさしそうなことでも、最初にやることはむずかしいというたとえ。

こわい【怖い】おそろしい。

こわいろ【声色】❶声の調子。❷他人の声の調子などをまねること。また、まねたその声。

こわがり【怖がり】なんでもないことでもこわがること。また、そのような人。(れい)気が強いわりには怖がりだ。

こわがる【怖がる】こわいと思う。おそろしがる。

こわき【小脇】わき。

こわけ【小分け】こまかく分けること。また、分けたもの。(れい)広い土地を小分けにして売り出す。

こわごわ おそろしいと思いながら、ものごとをするようす。おそるおそる。(れい)がけをこわごわおりた。

こわす【壊す】❶くだいたりつぶしたりして使えなくする。(れい)古い建物を壊す。❷からだのぐあいを悪くする。(れい)食べすぎておなかを壊す。❸〔じゃまをして〕まとまらないようにする。(れい)建設計画を壊す。

こわだか【声高】話す声が高く大きいようす。(れい)声高にしゃべる。

こわばる 〔きんちょうして〕かたくなる。(れい)顔がこわばる。

こわれる【壊れる】❶くだけたりきずになったりして、使えなくなる。(れい)花びんが壊れる。❷まとまらなくなる。だめになる。

こん【紺】青とむらさきを合わせた色。

こんがらかる ❶もつれてからまりあう。こんがらがる。❷混乱する。こんがらがる。(れい)話がこんがらかる。

こんがり ちょうどよく焼けるようす。(れい)もちがこんがり焼けた。

こんき【根気】ものごとをやりぬこうとする力。(れい)根気のいる仕事だ。

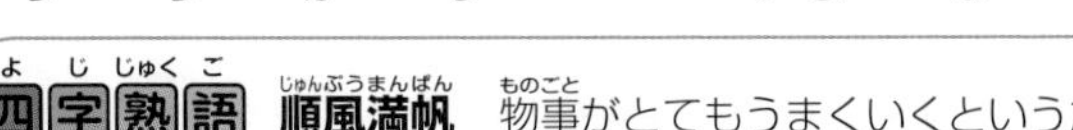
四字熟語 **順風満帆** 物事がとてもうまくいくというたとえ。

こんきゅう【困窮】とてもまずしくて生活にこまること。(れい)生活が困窮する。

こんきょ【根拠】〔あるものごとの〕もとになる理由。よりどころ。(れい)根拠をしめす。

こんく【困苦】〔物やお金がなくて〕こまり苦しむこと。(れい)困苦にたえてがんばる。

コンクール〔映画・音楽・美術などの〕作品やわざなどのよしあしをきそうもよおし。

こんくらべ【根比べ】どちらがねばり強いか、くらべ合うこと。(れい)両者が自分の説をゆずらず、いよいよ根比べになった。

コンクリート セメント・すな・じゃりに水をくわえ、まぜ合わせてかためたもの。

ごんげ【権化】❶人をすくうため、神や仏がすがたをかえて、この世にあらわれること。また、そのすがた。権現。❷心の働きや考えなど形のないものを、形があるものとして考えたもの。(れい)悪の権化。

こんげつ【今月】いまの月。現在の月。(れい)わたしのたんじょう日は今月です。

こんご【今後】これからのち。以後。(れい)今後の予定をたてる。

こんごう【混合】まぜ合わせること。また、まじり合うこと。(れい)二つの薬品を混合する。

こんごうせき【金剛石】宝石の一つ。かたくて、みがくとよく光る。ゆびわや首かざりなどにする。ダイヤモンド。ダイヤ。

ごんごどうだん【言語道断】ことばでは言いあらわせないくらいひどいこと。(れい)親切な人をだますとは言語道断だ。

コンサート 音楽会。演奏会。(れい)ピアノのコンサート。

こんざつ【混雑】こみ合うこと。ごたごたしていること。(れい)バスの中は、たいへん混雑している。

こんじき【金色】きん色。こがね色。(れい)金色にかがやく仏像。

こんじゃく【今昔】いまとむかし。

こんしゅう【今週】この週。自分が今すごしている週。(れい)今週は休みが三日続く。

こんじょう【根性】❶せいしつ。きだて。性根。(れい)根性を入れかえる。❷ものごとをやりとげようとする強い心。(れい)根性のある人。

こんしんかい【懇親会】つき合いを深め、親しくまじわることを目的に開く会。

こんすい【こん睡】病気などがおもくて、意識がなくなったまま、めざめないこと。(れい)こん睡状態。

コンセント〔コードの先のプラグをさしこみ〕かべや柱にある配電線から電気をみちびき出す器具。

こんだて【献立】料理の種類や取り合わせ。(れい)給食の献立。

こんたん【魂胆】〔心の中にかくされている〕たくらみ。(れい)よく言うことを聞くのは、何か魂胆があるようだ。

こんちゅう【昆虫】トンボ・セミ・チョウなどをまとめていうよび名。からだは、頭・胸・腹の部分に分かれ、六本のあしが胸から出ている。

こんちゅうさいしゅう【昆虫

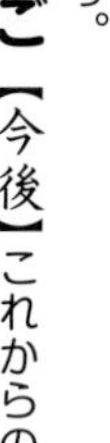

採集】標本などにするために、こん虫をつかまえること。

こんてい【根底】ものごとのいちばんおおもと。(れい)今までの学説を根底からくつがえした。

コンディション〔天候・気分・場所などの〕ようす。調子。じょうたい。(れい)来週の試合にむけて、コンディションをととのえる。

コンテスト 作品などのできばえのよしあしをあらそう競技会。(れい)写真コンテスト。

コンテナ 品物を荷づくりしないで入れて、運べるようにした、大きなはこ。はこのまま、貨車やトラックにつみこむ。コンテナー。

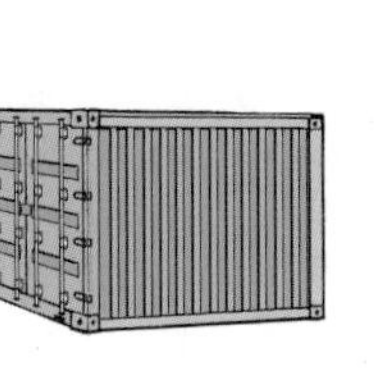
コンテナ

コンテナせん【コンテナ船】荷物を入れたコンテナをのせて運ぶ船。

コント 気のきいたしゃれとふうしのある短い話。こっけいなげき。

こんど【今度】❶このたび。今回。(れい)今度の実験はうまくいった。❷この次。(れい)今度のテストはがんばるぞ。

こんどう【混同】くべつしなければいけないものを、同じものとしてしまうこと。(れい)公私混同はよくない。

ゴンドラ ❶イタリアのベニスで観光用に使われている小さな舟。❷気球やロープウエーなどにとりつけた、人の乗る、かご。

コントラバス 弦楽器の一つ。バイオリンの形をした楽器のうちでいちばん大きくもっとも低い音を出す。

コントローラー テレビゲームなどをそうさするためのきかい。

コントロール ❶〔ていどがすぎないように〕調節すること。(れい)へやの温度をコントロールする。❷野球で、ピッチャーが自分の思うところにボールを投げること。(れい)コントロールのいいピッチャー。

こんな このような。(れい)今までこんなめにあったことはない。

こんなん【困難】つらく苦しいこと。また、ひじょうにむずかしいこと。(れい)困難をのりこえる。

こんにち【今日】❶「きょう」のあらたまった言い方。本日。❷このごろ。現在。(れい)みんなで努力して、今日の平和を続けたいものだ。

こんにちは【今日は】昼間、人に会ったり、人をたずねたりしたときに言うあいさつのことば。

こんにゃく ❶サトイモ科の植物。まるくて大きな地下茎は「こんにゃく玉」とよばれる。❷「こんにゃく玉」の粉からつくる食べ物。

コンパクト ❶おしろい・パフなどを入れておく、鏡のついた携帯用ケース。❷小さくまとまっていて、あつかいやすいようす。(れい)コンパクトなカメラ。

コンパス ❶製図用の道具の一つ。円をかいたり、長さをはかったりする。❷じしゃくの針がいつも南北をさすせいしつを利用して、飛行機や船などの進む方向を知る機械。羅針盤。

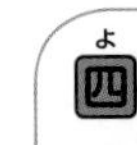

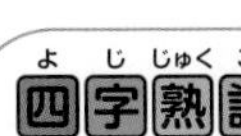

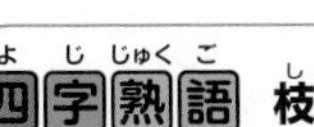
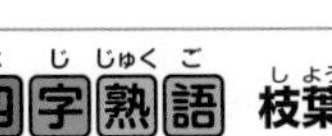

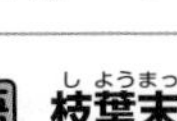
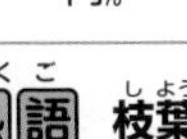

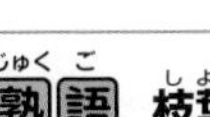
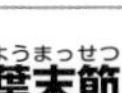
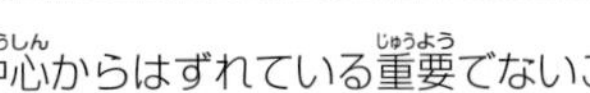

四字熟語 **枝葉末節** 中心からはずれている重要でないことがら。

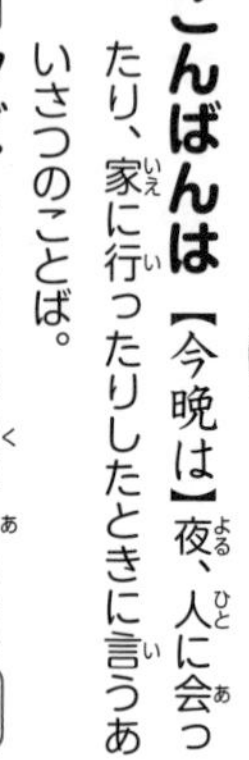

こんばんは【今晩は】夜、人に会ったり、家に行ったりしたときに言うあいさつのことば。

コンビ〔ふたりの〕組み合わせ。(れい)コンビを組む。／あの二人は、まさに名コンビだ。

コンビニ コンビニエンスストア。

コンビニエンスストア 多くの客が利用しやすい場所で、深夜まで、または二十四時間無休で営業している小型のスーパーマーケット。食料品や雑貨を中心に、いろいろな商品を売っている。コンビニ。

コンビネーション ❶組み合わせ。とり合わせ。(れい)色のコンビネーションがいい。❷上下がひと続きになった下着。❸色のちがう革などを組み合わせてつくったくつ。コンビ。❹スポーツで、みかたどうしがうまく合わせる動き。❺野球で、ピッチャーが投げるボールの組み合わせ。配球。

コンピューター ＩＣなどの電子回路を利用して、ふくざつな計算をすばやくおこなう機械。多くの資料や数値をきおくしてそれを加工したり、ひつようなときにとり出したりすることなどもできる。コンピュータ。電子計算機。

コンピューターウイルス コンピューターのプログラムに入りこんで、害をあたえるプログラム。インターネットなどをとおして広がっていく。

こんぶ【昆布】おびのように長い、黒みがかった茶色をした海そう。さむい地方の海底に多い。食用にしたり、ヨードをとったりする。こぶ。(れい)昆布でとっただしはとてもおいしい。

コンプレックス ほかの人にくらべて、自分がひどくおとっているように感じる気持ち。劣等感。(れい)妹は、コンプレックスが強い。

コンペイトー 外側に小さなでっぱりのある、球の形の砂糖菓子。

コンペイトー

ごんべん【言偏】漢字の部首の一つ。「話」「語」「読」などの左がわの「言」の部分。

こんぽん【根本】ものごとのいちばんもとになるもの。おおもと。(れい)この件は根本から見直すひつようがある。

コンマ 横書きの文のきれめや、大きな数のくらいどりに使うふごう。「，」。

こんまけ【根負け】ものごとを続ける気持ちがなくなること。(れい)きみの熱心さには根負けした。

こんや【今夜】きょうのよる。こんばん。(れい)今夜は満月だ。

こんやく【婚約】結婚のやくそくをすること。また、そのやくそく。

こんらん【混乱】入りみだれて、ものごとのまとまりがなくなること。(れい)事故で、列車のダイヤが混乱する。

こんりゅう【建立】神社・寺・塔などをたてること。

こんれい【婚礼】結婚式。

こんわく【困惑】どうしてよいかわからなくて、こまること。(れい)知らない人に話しかけられて困惑する。

さ

サ　ざ　ザ

さる

さ【差】❶へだたり。ひらき。性質・能力・ていどなどのちがい。れい 大きな差をつけて負かす。❷ある数からほかの数を引いた残り。引き算の答え。れい 五と三の差は二。

ざ【座】❶すわる場所。れい しばらくの間、座をはずす。❷人々が集まっている席。れい 誕生会の座がにぎわう。❸人の地位。れい 王の座をおわれる。

サーカス 動物や人間が、いろいろな曲芸をする見せ物。また、その団体。

サークル ❶まるい形。❷〔スポーツや芸術などをいっしょにおこなう〕なかま。れい 音楽のサークルに入る。

ざあざあ 雨がはげしくふる音や水がいきおいよく流れる音、また、そのようすをあらわすことば。れい 雨がざあざあふっている。

サービス ❶商店などで、ねだんを安くしたり、けいひんをつけたりして商品を売ること。れい 売り出し中は、サービス品をつける。❷〔客を〕もてなすこと。れい サービスのよいホテル。

サービスセンター 商品についての相談をうけたり、売った品物について、修理などのめんどうをみたりするところ。

サーファー サーフィンをする人。

サーフィン 波にのるための板(=サーフボード)にのり、バランスをとって、波にのって進み、スピードやわざを楽しむスポーツ。波のり。

1さい【才】❶生まれつきのすぐれた能力。頭の働き。れい 音楽の才をみがく。❷年を数えるときに、「歳」の代わりに使う文字。れい 十才。

2さい【歳】《数をあらわすことばの下につけて》年れいをあらわすことば。れい 十歳。

さいあい【最愛】ひじょうに愛していること。れい 最愛の人。

さいあく【最悪】〔物事のようすや性質などが〕いちばん悪いこと。れい 最悪のコンディション。

ざいあく【罪悪】〔人としての道にはずれた〕悪いおこない。れい 人をだますことは罪悪だ。

ざいい【在位】国王・皇帝・天皇などがその位についていること。また、その期間。

さいえん【菜園】やさいをつくる畑。

サイエンス かがく(科学)。

1さいかい【再会】〔長い間わかれていた人どうしが〕また会うこと。れい 十年ぶりの再会。

2さいかい【再開】一度やめていたものをまたはじめること。れい ゲームを再開する。

3さいかい【最下位】いちばん下の順位や位。れい リーグ戦で最下位になったチーム。

さいがい【災害】あらし・火事・事故などからうける、わざわい。れい 台風は各地に土砂災害をもたらした。

ざいかい【財界】品物の生産や、その売り買いなどを大きな規模でおこなっている人々の集まり。

ことわざ **知らぬが仏** 知っていれば気になるが、知らなければ平気でいられること。

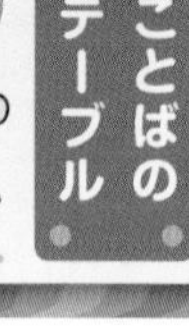

282ページ

・さいかく
・ざいがく
・1さいき
・2さいき
・さいきょう
・1さいきん
・2さいきん
・さいく
・サイクリング
・サイクル
・1さいけつ
・2さいけつ
・さいげつ
・さいけん
・さいげん
・ざいげん
・さいこ
・1さいご
・2さいご
・ざいこ
・さいこう
・さいこうさいばんしょ
・ざいこうせい

さいかく【才覚】すばやくちえを働かせる力。れい 才覚のある人。

ざいがく【在学】児童・生徒・学生として、その学校にいること。在校。

1**さいき**【才気】すぐれた頭の働き。れい 才気あふれる人物。

2**さいき**【再起】病気や事故にあって悪いじょうたいになった人が、ふたたびたちなおること。れい 大けがから再起した。

さいきょう【最強】いちばん強いこと。れい 日本最強のチーム。

1**さいきん**【最近】現在にとても近い、ある時。ちかごろ。

2**さいきん**【細菌】一つのさいぼうからできている、ひじょうに小さな生き物。病気のもとになるものや役に立つものなど、種類が多い。バクテリア。

さいく【細工】❶手先を使って細かい作業をして物をつくること。また、そのようにつくられた物。れい 竹細工。❷〔人目をごまかすように〕たくらむこと。れい へたな細工をして、すぐに見やぶられた。

サイクリング 自転車で遠乗りすること。自転車旅行。

サイクル ❶自転車。れい 兄とサイクルショップにいく。❷物事のくり返し。また、その期間。れい 流行にはサイクルがある。

1**さいけつ**【採血】〔検査や輸血などのため〕体から血をとること。

2**さいけつ**【採決】会議に出された案がいいかどうかを、賛成と反対の意見の数によって決めること。

さいげつ【歳月】としつき。れい 完成まで長い歳月をついやした。

さいけん【再建】❶こわれたり焼けたりした建物を、もとのようにたてなおすこと。れい 焼けた校舎を再建する。❷〔会社や団体などで〕ほろびたりおとろえたりしたものを、もとのじょうたいにすること。れい 会社の再建。

さいげん【再現】〔きえたものが〕ふたたびあらわれること。また、ふたたびあらわすこと。れい ビデオで、試合の場面を再現する。

ざいげん【財源】〔あることをおこなうための〕お金をうみだすもとになるもの。れい 国家の財源のおもなものは国民がおさめる税金だ。

さいこ【最古】いちばん古いこと。れい 日本最古のお寺。⇕最新。

1**さいご**【最後】❶いちばんおわり。最終。れい 今月最後の日曜日。⇕最初。❷《「…したら最後」「…したが最後」の形で》いったん…したら、それきり。れい かのじょはしゃべりだしたら最後、いつまでもとまらない。

2**さいご**【最期】死ぬまぎわ。

ざいこ【在庫】品物が倉庫にあること。また、その品物。

さいこう【最高】❶〔ていどなどが〕いちばん高いこと。れい 今日は、今年最高の気温だった。❷〔物事の状態や結果などが〕この上なくよいこと。れい この本は最高におもしろい。⇕①②最低。

さいこうさいばんしょ【最高裁判所】もっとも上級の裁判所。法律や条例などが憲法に合っているかどうかを判断する権限をもち、最終の判決をくだす裁判をおこなう。最高裁。

ざいこうせい【在校生】その学校に在籍している、児童・生徒・学生。

【】漢字を使った書き方　れい ことばの使い方の例　⇕反対のことば　⬇参考になる情報　◀小学校で習わない漢字

さいこうちょう【最高潮】気持ちや状態がいちばん高まったとき。クライマックス。れい 最高潮にたっする。

さいこうほう【最高峰】❶いちばん高い山。れい 日本の最高峰は、富士山だ。❷〔その分野で〕いちばんすぐれていること。れい 日本音楽界の最高峰。

さいころ すごろくなどで使う、小さな立方体の道具。六つの面に、それぞれ一から六までの数をあらわす点がある。さい。

さいころ

さいさき【さい先】これからおこなおうとすることの前ぶれ。れい 出発まえに雨がやむとは、さい先がいい。

さいさん【採算】入ってくるお金と出ていくお金とのつりあい。れい 採算がとれない（＝もうからない）。

ざいさん【財産】個人や団体がもっている、お金・建物・土地など、ねうちのあるもの。れい 財産を残す。

さいさんさいし【再三再四】三度も四度も。くり返しくり返し。れい 弟に再三再四注意する。

さいし【妻子】つまと、子ども。れい 妻子をやしなう。

さいじき【歳時記】❶一年じゅうの自然のようすや行事などをのせた本。❷俳句で、季語を集めて説明した本。

さいじつ【祭日】❶神社でまつりをおこなう日。❷「国民の祝日」のこと。

ざいしつ【材質】❶材木のせいしつ。❷材料のせいしつ。

さいしゅ【採取】〔鉱物や植物などを〕えらんでひろいとること。れい 川で、じゃりを採取する。

1**さいしゅう**【採集】標本や資料にするために、とって集めること。れい こん虫を採集する。

2**さいしゅう**【最終】いちばんおわり。最後。れい 最終のバスにまにあった。⇔最初。

ざいじゅう【在住】そこにすんでいること。れい 東京在住のアメリカ人。

さいしょ【最初】いちばんはじめ。れい 何事も最初が大切だ。⇔最後。最終。

さいしょう【宰相】内閣総理大臣。首相。れい 一国の宰相。

さいしょうこうばいすう【最小公倍数】公倍数がいくつかあるうちで、いちばん小さい数。たとえば、三と四の最小公倍数は十二。

さいしん【最新】いちばん新しいこと。れい 最新の情報。⇔最古。

サイズ 大きさ。寸法。れい ズボンのサイズをはかる。

さいせい【再生】❶死にかけていたものが、生き返ること。❷使えなくなったものを、また使えるようにつくりかえること。れい 古タイヤから再生したゴム。❸録音・録画されたものから、もとの音や画像をとり出すこと。れい CDを再生する。❹心を入れかえて、正しい生活をはじめること。れい つみをつぐない、りっぱに再生した。

慣用句 **白を切る** 知っていながら、わざと知らないふりをする。

あいうえお
かきくけこ
さしすせそ
さ
たちつてと
なにぬねの
はひふへほ
まみむめも
やゆよ
らりるれろ
わをん

ことばのテーブル
284ページ

・ざいせい
・さいせいし
・ざいせき
・さいせん
・さいぜんせん
・さいせんたん
・さいそく
・さいた
・さいだいげん
・さいだいこうやくすう
・ざいたく
・さいたまけん
1さいだん
2さいだん
・ざいだんほうじん
・さいちゅう
・ざいちゅう
・さいてい
・さいてき
1さいてん

ざいせい【財政】❶国や都道府県、市町村などをおさめていくためのお金のやりくり。❷個人や家庭の収入の具合。

さいせいし【再生紙】いちど使った古い紙を原料にしてつくられた紙。(れい)これは、再生紙でつくったトイレットペーパーです。

ざいせき【在籍◂】学校や団体に入っていること。(れい)在籍年数。

さいせん【さい銭】神社や寺におまいりしたとき、神や仏にささげるお金。

さいぜんせん【最前線】仕事や戦いなどで、活動のもっともはげしいところ。(れい)広告業界の最前線でかつやくする。

さいせんたん【最先端◂】物事の、もっとも進んでいるところ。(れい)流行の最先端をいく。

さいそく【催◂促◂】人に、はやくしてくれるようにたのむこと。せきたてること。(れい)かした本を返すように催促する。

さいた【最多】いちばん多いこと。(れい)あの人は、今シーズンの最多勝利投手です。

さいだいげん【最大限】〔あるはんいの中で〕それ以上大きくならないぎりぎりのところ。できるかぎりのこと。(れい)計画の実現にむけて、最大限の努力をする。

さいだいこうやくすう【最大公約数】いくつかある公約数のうちで、いちばん大きいもの。二十四と十八の公約数は六・三・二の三つで、最大公約数は六。

ざいたく【在宅】自分の家にいること。(れい)明日は一日じゅう在宅の予定だ。⇕不在。

さいたまけん【埼◂玉県】関東地方西部の県。県庁所在地はさいたま市。⬇都道府県。

1さいだん【祭壇◂】礼拝やまつりをおこなうための、だん。

2さいだん【裁断】❶紙や布を、ある長さや型に切りはなすこと。(れい)布を裁断する。❷〔物事のよしあしなどを〕はんだんして決めること。(れい)けっきょく、会長が裁断をくだした。

ざいだんほうじん【財団法人】ある〔おおやけの〕目的のために出された財産を活用する団体。

さいちゅう【最中】物事がさかんにおこなわれているとき。まっさかり。(れい)この幼稚園の園児たちは、今、ひるねの最中です。

ざいちゅう【在中】〔つつみやふうとうの〕中に物が入っていること。中身をしめすためにふうとうの上などに「…在中」と書く。(れい)写真在中。

さいてい【最低】❶〔ていどなどが〕いちばんひくいこと。(れい)この冬最低の気温。❷〔物事の状態などが〕この上なく悪いこと。(れい)かっとなって人をなぐるなんて最低だ。⇕①②最高。

さいてき【最適】いちばんよくあてはまること。(れい)人がらがいいから、まとめ役には山田さんが最適だ。

1さいてん【祭典】❶神や仏をまつる儀式。❷はなやかで大がかりなもよおし。(れい)明日から、この会場でスポーツの祭典がくり広げられる。

【】漢字を使った書き方　(れい)ことばの使い方の例　⇕反対のことば　⬇参考になる情報　◂小学校で習わない漢字

2さいてん【採点】テストや成績の点をつけること。れい 先生が、児童の答案を採点する。

サイド ❶わき。よこ。側面。れい 両サイド。／プールサイド。❷対立しているものの、一方のがわ。れい 市の意見と住民サイドの意見がくいちがう。

さいなん【災難】〔思いがけなくおこる〕不幸なできごと。わざわい。れい 交通事故の災難にあう。

ざいにん【罪人】つみをおかした人。

さいねん【再燃】いちどおさまっていた物事が、また問題になること。れい 値段の問題が再燃する。

さいのう【才能】ある物事をよく理解してやりとげる力。うでまえ。

さいばい【栽培】やさいやくだものの木などをうえて、育てること。れい ベランダでプチトマトを栽培する。

さいばし【菜箸】料理を作るときやおかずを皿などに分けるときに使う長いはし。➡2だん目（イラスト）

さいはつ【再発】〔同じ病気や事故などが〕ふたたびおこること。れい 事故の再発をふせぐために、住民たちが話し合いをする。

菜箸

ざいばつ【財閥】大きな資本をもち、いろいろな事業をしている一族・一団。

さいはて【最果て】中心からいちばん遠い、はずれの土地。れい ここは最果ての地だ。

さいばん【裁判】あらそいやうったえを、法にもとづいてさばくこと。

さいばんしょ【裁判所】裁判をする役所。最高裁判所・高等裁判所・地方裁判所・簡易裁判所などがある。

さいふ【財布】お金を入れて持ち歩く入れ物。

さいほう【裁縫】布をたちきって、着物などをぬうこと。ぬいもの。れい 祖母から裁縫の基本をならう。

さいぼう【細胞】生物の体をつくっている、いちばん小さな単位。

ざいほう【財宝】財産やたからもの。

さいまつ【歳末】年のくれ。年末。

さいみんじゅつ【催眠術】とくべつなことばや動作によって、人を半分ねむったようなじょうたいにする方法。れい 催眠術をかける。

ざいもく【材木】家や道具などをつくる材料にするために切った木。木材。れい トラックに材木をつむ。

さいよう【採用】〔人・意見・方法などを〕えらんで用いること。

ざいりょう【材料】❶物をつくるもとになるもの。れい 工作の材料を買いに行く。❷研究・調査・発表などのもとになることがら。れい 判断の材料がそろう。❸芸術作品の題材。れい 小説の材料となったできごと。

サイレン 警報などを知らせる大きな音。また、その音を出すそうち。れい 救急車がサイレンをならして走る。

さいわい【幸い】❶しあわせ。幸福。❷運よく。つごうよく。れい おじさんが交通事故にあったが、幸い、かるいけがですんだ。

慣用句 **しり馬に乗る** よく考えもしないで人のあとについて行動する。

あいうえお
かきくけこ
さしすせそ さ
たちつてと
なにぬねの
はひふへほ
まみむめも
やゆよ
らりるれろ
わをん

サイン ❶合図。しるし。❷自分の名前を書きつけること。署名。

サウスポー ボクシングや野球で、左ききの選手。また、左ききの人。

さえ ❶でも。すら。(れい)子どもでさえ、そのくらいのことは知っている。❷《強めた言い方で》…だけ。(れい)これさえあれば何もいらない。❸そのうえに。…まで。(れい)雨だけでなく、風さえも出てきた。

さえぎる【遮る】❶間に物をおいて、見えなくする。(れい)木のえだが太陽の光を遮っていた。❷間にはいってじゃまをする。

さえずる 小鳥がなく。(れい)朝早くからスズメがしきりにさえずっている。

さお ❶えだや葉をとりさった、竹などのぼう。物ほしざお。つりざお。❷ふねを進めるのに使うぼう。❸《数をあらわすことばの下につけて》たんす・はた・ようかんなどを数えることば。(れい)たんす一さお。

さおとめ【早乙女】❶田植えをする、わかい女の人。❷おとめ。少女。

さか【坂】〔道などで〕一方が高くなって、かたむきのあるところ。

さかあがり【逆上がり】てつぼうにぶらさがり、両足を前方から上に上げて体をさかさまに引き上げるわざ。

さかい【境】❶二つにわけたときの、わかれめ。くぎりめ。(れい)山口県と広島県の境。❷物事のようすのかわりめ。また、わかれめ。(れい)生死の境をさまよう。

さかいめ【境目】さかいになるところ。わかれめ。(れい)土地の境目。

さかうらみ【逆恨み】❶こちらがうらんでもいいような人から、ぎゃくにうらまれること。❷親切な気持ちでしたことが、ぎゃくにうらまれること。(れい)友人のためを思って忠告したのに、逆恨みされた。

さかえる【栄える】いきおいがさかんになる。はんじょうする。(れい)商業の中心地として栄える。⇔衰える。

さがけん【佐賀県】九州地方の北西部にある県。県庁所在地は佐賀市。⬇都道府県。

さかさま【逆様】順序・位置がひっくりかえっていること。ぎゃく。さかさ。

さがしだす【探し出す・捜し出す】さがし回って（やっと）見つける。(れい)気に入ったくつを探し出す。

さがす【探す】〔ほしいものを〕見つけようとして、たずねもとめる。(れい)山できのこを探す。

さかずき【杯】酒をついでのむ小さな器。ちょこ。

さかだち【逆立ち】両手を地につけて、さかさまに立つこと。

さかな【魚】ひれやうろこがあり、水中にすみ、えらで呼吸をする動物。うお。ぎょるい。

魚

さかなつり【魚釣り】魚をつること。(れい)父のしゅみは魚釣りだ。

さかのぼる【遡る】❶川の流れと反対の方向に進む。(れい)川を遡る。❷むかしにもどる。(れい)十年前に遡る。

【】漢字を使った書き方　(れい)ことばの使い方の例　⇕反対のことば　⬇参考になる情報　◀小学校で習わない漢字

さかみち【坂道】坂になっている道。

さからう【逆らう】❶反抗する。(れい)親に逆らう。
❷もののいきおいとぎゃくの方向に進もうとする。(れい)川の流れに逆らう。

さがる【下がる】❶〔ていど・かち・位置などが〕ひくくなる。(れい)成績が下がる。⇔上がる。
❷上から下へたれる。(れい)のきにつららが下がっている。
❸しりぞく。(れい)少し後ろに下がる。

さかん【盛ん】❶いきおいのいいようす。(れい)工業の盛んな国。
❷熱心に物事がおこなわれるようす。(れい)盛んにおうえんする。

さがん【左岸】川下にむかって、左がわの岸。⇔右岸。

さき【先】❶〔つきでたものなどの〕はし。(れい)ぼうの先。
❷〔進んでゆく〕前の方。(れい)先に立って案内する。⇔後。
❸これからのち。将来。(れい)こんなせいせきでは、先が思いやられる。
❹順序が前であること。(れい)ぼくのほうが一足先についた。⇔後。

さぎ【詐欺】人をだまして、お金や品物をとったり、損害をあたえたりすること。

さきがけ【先駆け】ある物事のはじめとなること。まえぶれ。

さきざき【先先】❶これからずっとあと。しょうらい。ゆくすえ。
❷出かけていくあちこちの場所。(れい)行く先々で歓迎をうける。

さきだつ【先立つ】❶おおぜいの人の先頭にたつ。
❷あることの前におこなわれる。
❸先に死ぬ。(れい)親に先立つ。
❹〔なにをするにも〕まず必要である。(れい)先立つものはお金だ。

さきどり【先取り】❶代金などを前もってとること。
❷人より先に物事をおこなうこと。(れい)時代を先取りした事業をおこす。

さきばしる【先走る】人より先に物事をしようとして、でしゃばる。はやまる。(れい)先走って失敗した。

さきまわり【先回り】❶相手より先に目的地に行っていること。
❷相手がしようとすることを先にしてしまうこと。(れい)話の先回りをする。

さきみだれる【咲き乱れる】〔たくさんの花が〕いちめんに美しくさく。

さきもり 奈良時代のころ、都から遠くはなれた九州地方などをまもっていた兵士。「防人」と書く。

さきゅう【砂丘】〔すなはまやさばくで〕風でふきよせられたすなが、つみ重なってできたおか。(れい)鳥取の砂丘。

さきゆき【先行き】しょうらい。ゆくすえ。(れい)先行きが思いやられる。

さぎょう【作業】仕事をすること。とくに、物をつくったり機械を動かしたりする仕事。(れい)作業にとりかかる。

さぎをからすといいくるめる【さぎをからすと言いくるめる】〔白い色の鳥のサギを黒いカラスだと言いはるように〕はっきりうそだとわかっていることを、むりに本当だと言いはる。

さきん【砂金】川底などでとれる、すなのようにこまかい金。しゃきん。

1**さく**【柵】木や竹を組んでつくった、かこい。

2**さく**【咲く】花のつぼみがひらく。

四字熟語 **私利私欲** 自分だけとくをしようとする気持ち。

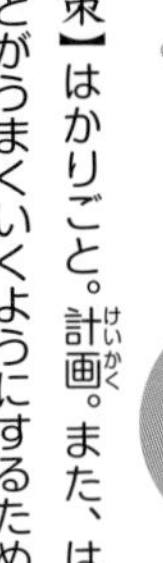

3**さく**【策】はかりごと。計画。また、はかりごとがうまくいくようにするための方法。(れい)策をねる。

4**さく**【裂く】❶力をくわえて、いきおいよくひきやぶる。(れい)布を裂く。❷むりにひきはなす。(れい)ふたりのなかを裂く。

裂く①

さくいん【索引】本の中の大事なことがらやことばなどを、さがしやすくした表。ある決まった順序にならべ、ページ数などをしめす。

さくげん【削減】〔量や金額を〕けずってへらすこと。(れい)予算の削減。

さくさく ❶砂・しも・雪などを足でふむときの音。また、そのようす。(れい)つもった雪をさくさくとふんで歩く。❷やさいなどを軽く切るときの音。また、そのようす。❸歯で物を軽くかむときの音やようす。(れい)さくさくとした歯ごたえ。

ざくざく ❶しきつめられた砂利やかたい雪などを足でふむときの音やようす。(れい)玉砂利（＝庭にしく小さな石）をざくざくふむ。❷やさいなどをいきおいよく大きめに切るときの音やようす。(れい)キャベツをざくざくきざむ。❸宝物やお金などが次々にたくさん出てくるようす。(れい)宝物がざくざく出てきた。

さくし【作詞】歌のことば（＝歌詞）をつくること。(れい)校歌を作詞する。

さくじつ【昨日】今日の前の日。きのう。

さくしゃ【作者】〔詩・小説・歌などの〕作品をつくった人。

さくしゅ【搾取】他人が働いて手にした利益をしぼりとること。

さくじょ【削除】文章や文字をけずりとること。はぶくこと。

さくせい【作成】物をつくること。とくに、計画や報告書などをつくること。

さくせん【作戦】戦いのし方。試合の進め方。(れい)作戦をたてる。

さくねん【昨年】今年の前の年。去年。(れい)昨年のできごと。

さくひん【作品】ある人がつくったもの。とくに小説・絵・彫刻・音楽などについていう。(れい)有名な画家の作品。

さくぶん【作文】❶文章をつくること。また、つくった文章。❷〔小・中・高等学校で〕〔題をあたえられて〕文章をつくること。また、その学習。(れい)作文の時間。

さくもつ【作物】田畑につくる植物。農作物。

さくや【昨夜】きのうの夜。ゆうべ。昨晩。

さくら【桜】バラ科の木。春、白色、または、あわい紅色の花がさく。日本の国花。

さくらがい【桜貝】さくら色をした小さな貝。貝がらはいろいろな細工に使われる。

さくらづき【桜月】むかしのこよみで、「三月」の別名。

さくらもち【桜餅】小麦粉またはもち米の粉でつくったうすい皮であんをつつみ、塩づけの桜の葉でまいた菓子。

あいうえお かきくけこ さしすせそ たちつてと なにぬねの はひふへほ まみむめも やゆよ らりるれろ わをん

さくらんぼ【桜んぼ】桜の実。とくに、食用となる桜桃（＝桜の一種）の実。さくらんぼう。

さくりゃく【策略】はかりごと。けいりゃく。れい 策略をめぐらす。

さぐる【探る】❶〔手や足などでさわって〕物をさがしもとめる。れい ポケットの中を探る。❷〔相手に知られないように〕ようすを調べる。れい 相手の本心を探る。❸〔はっきり知られていない物事の〕ようすをしらべる。れい 海底を探る。

1**さけ** サケ科の魚。川で生まれ、海で成長し、産卵のときに川にもどる。身はうすい赤色。しゃけ。サーモン。

2**さけ**【酒】アルコールをふくむ飲み物。とくに、日本酒。

さげすむ【蔑む】けいべつする。ばかにする。れい 人を蔑むのはよくない。

さけぶ【叫ぶ】❶〔はげしく高まった感情をこめて〕大声でいう。れい「たすけて」と声をかぎりに叫んだ。❷世の中の人々に強くうったえる。れい 世界平和を叫ぶ。

1**さける**【裂ける】いきおいよく切れて、はなれる。れい 布が裂けた。

2**さける**【避ける】〔自分につごうの悪いことやいやなことなどを〕きらってにげる。のがれる。れい 暑さを避ける。

1**さげる**【下げる】❶〔ていど・かち・位置などを〕ひくくする。れい 少し温度を下げる。⇔上げる。❷上から下へたらす。つるす。れい 名ふだを下げる。❸かたづける。れい 食べ終わりましたので、お皿を下げてください。

2**さげる**【提げる】物を手に持つ。れい 両手に荷物を提げて歩く。

ざこ【雑魚】いろいろな種類がまじった小さい魚。

ざこう【座高】いすにこしをかけたとき、下の板から頭の先までの高さ。

さこく【鎖国】政府が、外国とのつきあいやとりひきを禁止すること。れい 江戸時代は鎖国がつづいた。⇔開国。

さこつ【鎖骨】胸の上にある、胸骨とかたをつなぐ骨。

ざこね【雑魚寝】一つのへやなどで、多くの人がいりまじってねること。

ささい【さ細】わずかなようす。れい さ細なことがきっかけで、けんかになった。

さざえ サザエ科のまき貝。岩の多い海にすむ。にぎりこぶしくらいの大きさで、からに角のようなものがいくつかある。肉は食用になる。

ささえる【支える】❶物が落ちたりたおれたりしないように、手やぼうをつかってもちこたえる。れい トマトのなえを竹のぼうで支える。❷そのままのじょうたいがくずれないようにたもつ。れい 一家を支える。

ささくれ ❶物の先が細かくさけて分かれること。❷つめがはえているそばのひふが、小さくむけてめくれること。また、そのめくれたところ。さかむけ。

ささげる ❶両手でもって高く上げる。れい 優勝カップをささげる。❷〔神や仏、または、目上の人などに〕物をさしあげる。れい 祭だんに花をささげる。❸そのためにつくす。れい 植物の研究に一生をささげる。

ささたけ【ささ竹】小形の竹のこと。

四字熟語 **支離滅裂** めちゃくちゃで、すじ道のとおらないようす。

さざなみ【さざ波】小さな波。細かくたつ波。(れい)風がふくと、水面にさざ波がたつ。

ささぶね【ささ舟◀】ササの葉をおってふねの形につくったもの。

ささ舟

ささもち【ささ餅◀】もちを、ササの葉でつつんだ菓子。もちの中に、あんなどを入れる。

ささやか 小さいようす。わずかなようす。(れい)ささやかなおくり物。

ささやく こっそりと小さい声で話す。ひそひそ話す。

ささる【刺◀さる】先のとがった物が、ほかの物の中に入る。(れい)指にバラのとげが刺さった。

さざんか ツバキ科の木。秋のおわりごろ、赤や白の花がさく。

さじ わずかな粉や液体などをすくう道具。スプーン。

さしあげる【差し上げる】❶手でささえて、もちあげる。(れい)トロフィーを差し上げる。❷「あたえる」のへりくだった言い方。(れい)はじめてお手紙を差し上げます。

さしいれ【差し入れ】❶刑務所などに入っている人に、食べ物や着る物などをとどけること。また、その品物。❷仕事・スポーツ・勉強などをがんばる人をはげますため、食べ物や飲み物をとどけること。また、その食べ物や飲み物。

さしえ【挿◀し絵】新聞や本の、文章の間に入れる、その文章に関連した絵。

さじかげん【さじ加減】ちょうどよいていどにあつかうこと。(れい)この計画がうまくすすむかどうかは、かれのさじ加減一つだ。

さしがね【差し金】❶〔大工などが使う〕直角にまがった金属のものさし。かねじゃく。❷〔ある行動をさせるように〕かげで人をあやつり、さしずすること。(れい)これはだれの差し金ですか。

さしき【挿◀し木】植物のえだやくきなどを切って土にさし、新しく根を出させること。

ざしき【座敷◀】たたみをしいた(広い)へや。とくに、客を通すへや。

ざしきわらし【座敷◀わらし】おかっぱ頭の子供のすがたで、古い家の座敷にあらわれるという、家の守り神。

さしこむ【差し込◀む】❶光が入ってくる。(れい)月の光が差し込む。❷中につき入れる。(れい)かぎあなにかぎを差し込む。

さしさわり【差し障◀り】つごうの悪いこと。さしつかえ。

さしず【指図】いいつけておこなわせること。命令。(れい)指図にしたがう。

さしだす【差し出す】❶手や首などをのばして前に出す。つきだす。❷提出する。(れい)回答用紙を差し出す。

さしつかえる【差し支える】あることが別のことのさまたげになる。さしさわりになる。(れい)夜ふかしは、よく日の勉強に差し支える。

さしでがましい【差し出がましい】でしゃばるようす。よけいなことをするようす。(れい)差し出がましい口

【】漢字を使った書き方　(れい)ことばの使い方の例　⇕反対のことば　⬇参考になる情報　◀小学校で習わない漢字

をきく。

さしのべる【差し伸べる】❶あるほうにさしだす。❷たすけるために力をかす。(れい)めぐまれない人に愛の手を差し伸べる。

さしひき【差し引き】ある数量から、べつの数量を引くこと。また、引いた残りの数量。(れい)差し引きゼロ。

さしみ【刺身】魚や貝などを小さな切り身にして、生で食べる日本の料理。

さしみのつま【刺身のつま】さしみにそえるダイコン・シソなどのやさいや、ワカメ・ノリなどの海そう。

ざしょう【座礁】船が岩などにのりあげること。

さじをなげる【さじを投げる】❶医者がかん者を見はなす。❷物事のみこみがたたず、あきらめる。(れい)説得がうまくゆかず、ついにさじを投げた。

1**さす**【刺す】❶刃物や先のするどい物をつき入れる。(れい)だんごにくしを刺す。／ハチが人を刺す。❷野球でランナーをアウトにする。(れい)三るいで刺す。

2**さす**【指す】❶〔人・物などを〕指でしめす。指差す。❷その方向へむかう。めざす。(れい)旅人は都の方を指していそいだ。❸時計などのはりがしめす。(れい)時計が九時を指す。❹しょうぎのこまを動かす。また、しょうぎをする。(れい)次は君が指す番だ。

3**さす**【差す】❶光があたる。(れい)夕日が差す。❷あるようすがおもてにあらわれる。(れい)ねむけが差す。❸おびなどにはさみいれる。(れい)刀をこしに差す。❹頭の上に広げる。かざす。(れい)かさを差す。❺〔液体を〕そそぐ。(れい)油を差す。

さすが ❶そうはいうけれど、やはり。(れい)母の前ではさすがにうそはいえなかった。❷世間で、評判になっているだけあって、やはり。(れい)さすが体操の選手だけあって体がよく動く。

さずかる【授かる】〔神や目上の人などから〕いただく。たまわる。(れい)教えを授かる。

さずける【授ける】❶〔神や上の位の人が下の人に〕あたえる。❷〔知識やとくべつのわざなどを〕教える。つたえる。(れい)ちえを授ける。

サスペンス 小説や映画などからうける、次はどうなるのだろうと、はらはらどきどきする感じ。(れい)スリルとサスペンスにみちた物語。

さすらう どこへ行くあてもなくさまよい歩く。

さする てのひらで軽くなでる。

ざせき【座席】すわるところ。席。

させつ【左折】道路などを左にまがること。(れい)タクシーが交差点を左折する。⇔右折。

ざせつ【挫折】仕事や計画などがとちゅうでだめになること。

させる ほかの人におこなわせる意味をあらわすことば。(れい)弟に戸をしめさせる。

ざぜん【座禅】仏教（おもに禅宗）で、しずかにすわって、まよいごとをなくし正しい道をきわめること。(れい)座禅をくむ。

慣用句 **白い目で見る** 軽べつした、冷たい目で人を見る。

さそう【誘う】いっしょにおこなうようにすすめる。(れい)弟をサッカーに誘う。

さぞかし きっと。どんなにか。(れい)あなたの成長を、ご両親もさぞかしおよろこびでしょう。

さだいじん【左大臣】むかし、政治をおこなっていた役目の一つ。太政大臣の次で、右大臣より上の位。

さだか【定か】はっきりしているようす。たしかなようす。(れい)事故の原因は定かではない。

さだまる【定まる】❶きまる。決定する。(れい)自分の進む道はすでに定まっている。❷〔天気やさわぎなどが〕おさまる。しずまる。(れい)梅雨が明け、天候がやっと定まってきた。

さだめる【定める】❶きめる。決定する。(れい)きまりを定める。❷おさめる。しずめる。(れい)世の中を定める。

ざだんかい【座談会】数人で、ある問題について自由に話し合う集まり。

さち【幸】❶しあわせ。さいわい。(れい)めでたく結婚式をあげた二人に、幸多かれといのる。❷〔海や山からとれた〕えもの。(れい)海の幸、山の幸。

ざつ【雑】おおざっぱでいいかげんなようす。(れい)雑なつくりのおもちゃ。

雑

さつい【殺意】ある人をころそうとする気持ち。

さつえい【撮◀影◀】写真や映画をとること。

ざつおん【雑音】いろいろなうるさい音。また、テレビ・ラジオや電話などで、話が聞きとれなくなるようなじゃまな音。(れい)テレビに雑音がはいって、聞きとりにくい。

さっか【作家】小説や劇などを書く人。(れい)流行作家。

サッカー 十一人ずつ二組みに分かれ、足や頭を使って相手のゴールにボールを入れて得点をあらそう競技。

さつがい【殺害】人をころすこと。

さっかく【錯◀覚】❶思いちがい。考えちがい。(れい)すてたとばかり思っていたが、わたしの錯覚だった。❷じっさいとはちがうのに、本当にそうであるかのように思うこと。(れい)目の錯覚。

さつき【五月・皐◀月】❶むかしのこよみで、五月のこと。❷ツツジ科の木。五、六月ごろに、白・赤むらさき色などの花がさく。

1さっき 今より少し前。さきほど。(れい)さっき友人から電話があった。

2さっき【殺気】今にもころしあいでも始まりそうなきんちょうしたようす。あらあらしいふんい気。(れい)殺気を感じるような試合。

さつきばれ【五月晴れ】❶「つゆ」のころの、雨のはれ間。❷五月の、よく晴れわたった天気。

さっきゅう【早急】そうきゅう。

さっきょく【作曲】音楽の曲をつくること。また、詩にふしをつけること。

さっきん【殺菌】ばい菌をころすこ

と。(れい)熱をくわえて殺菌する。

ざっくばらん かくしだてをせず、さっぱりしているようす。(れい)本音をざっくばらんに話す。

さっさと すばやく物事をするようす。(れい)あの人は、たのんだ仕事をいつもさっさとかたづける。

サッシ ガラス戸などに使われる、金属でできたわく。まどわく。

ざっし【雑誌】いろいろなことがらをあつめて編集し、ある決まった日に出す本。

ざっしゅ【雑種】種類または品種のちがうものの間にできた動物や植物。

ざっしょく【雑食】食物として、動物・植物のどちらも食べること。なんでも食べること。(れい)人間は雑食だ。

さつじん【殺人】人をころすこと。

さっする【察する】人の気持ちや物事の事情などを思いやる。おしはかる。(れい)母の苦しいむねのうちを察して、無理はいわないことにした。

ざっせつ【雑節】二十四節気以外の季節の変わり目。節分、土用、彼岸など。

ざっそう【雑草】自然にはえるいろいろな草。(れい)庭にのびている雑草を兄と二人でぬいた。

さっそうと【さっ爽と】〔すがた・たいど・おこないなどが〕すっきりとして、いさましいようす。(れい)優勝した選手がさっ爽と歩く。

さっそく【早速】すぐさま。ただちに。(れい)工事現場の人たちは、早速仕事にとりかかった。

さつたば【札束】紙のお金を重ねて、たばねたもの。

ざつだん【雑談】世間のいろいろなできごとを思いつくまま、気軽に話すこと。また、その話。

さっち【察知】おしはかって知ること。たぶんそうだろうと気づくこと。(れい)危険を察知したのか、クマの親子は山の中にすがたをけした。

さっと ❶風が急にふいたり、雨が急にふったりするようす。❷動作や変化がすばやいようす。(れい)顔色がさっとかわる。

ざっと ❶物事をおおまかにおこなうようす。(れい)説明書をざっと読んだが、ややこしくてよくわからない。❷あらまし。およそ。(れい)観衆はざっと三万人だ。

さっとう【殺到】たくさんのものや人が、いきおいよくいちどにおしよせること。(れい)店に客が殺到する。

ざっとう【雑踏】こみあうこと。また、こみあっているところ。(れい)雑踏の中で、いつのまにか友だちとはぐれてしまった。

ざつねん【雑念】あることを考えようとするとき、その気持ちをじゃまするようなほかの考え。(れい)雑念をはらう。

ざつのう【雑のう】いろいろな物を入れてかたからさげる、布でつくったかばん。

さつばつと【殺伐と】あらあらしくて、うるおいやあたたかさが感じられないようす。(れい)殺伐とした光景。

さっぱり ❶気持ちのよいようす。(れい)ふろにはいってさっぱりする。❷しつこくないようす。あっさりしているようす。(れい)さっぱりした性格。❸まるで。まったく。(れい)何を考えているのかさっぱりわからない。

四字熟語 **四六時中** 一日じゅう。夜も昼も。

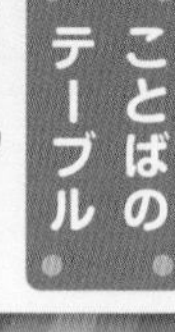

ことばのテーブル

294ページ

さっぷうけい【殺風景】おもむきのないようす。おもしろみのないようす。れい 殺風景なへや。

さつまいも【さつ摩◂芋◂】ヒルガオ科の植物。すなの多い土地につくられる。ふくれた根を食用にする。

ざつよう【雑用】〔重要でない〕いろいろなこまごました用事。れい 毎日雑用におわれている。

さて ❶それから。ところで。れい いよいよ野球のシーズンだ。さて、それぞれのチームの調子はどうかな。❷動作を始めるときのかけ声。さあ。れい さて、でかけましょうか。

さてつ【砂鉄】すななどにまじっている、こまかな鉄のつぶ。

さと【里】❶人家のあるところ。人里。❷生まれ育った家。実家。生家。れい 母の里へ遊びに行く。

さといも【里芋◂】サトイモ科の植物。葉は大きく、つやがあって水をよくはじく。くきのつけねが太くなったいもを食用にする。

さとう【砂糖】サトウキビやテンサイなどからとった、あまみのある調味料。

さどう【茶道】客をまねいて、茶を飲んでもらうこと。また、その作法。れい 姉は茶道をならっている。

さとがえり【里帰り】結婚した女の人が、自分の生まれ育った家に帰ること。

さとす【諭◂す】〔目上の人が目下の人に〕よくわかるようにいいきかせる。

さとやま【里山】人里に近く、人の手が入っている山や森林。

さとり【悟◂り】❶気がつくこと。理解すること。れい 悟りがはやい。❷仏教で、心のまよいがなくなって、物事の正しい道がはっきりとわかること。れい 悟りをひらく。

さとる【悟◂る】❶はっきりと知る。れい 人生のきびしさを悟る。❷それとなく知る。気がつく。れい てきに悟られないようにしのびこむ。❸仏教で、心のまよいがなくなって物事の正しい道を知る。

サドル オートバイや自転車などのこしかけ台。

さなえ【早苗◂】別の場所で種から育て田にうつしてうえる、わかいイネの苗。

さなぎ 完全変態をするこん虫が、幼虫から成虫になる間の発育段階。何も食べず動かない。

さば サバ科の魚。せの部分に波形のしまもようがある。沿岸にむれをなしてすむ。

1さばく【砂漠◂】大陸の中にあって、ひろびろとしたすな原になっている土地。雨が少ないので植物がほとんど育たない。

2さばく【裁く】〔あらそいごとなどの〕よい悪いをきめる。裁判する。

さばさば ❶いやなことがおわって、気分がすっきりするようす。れい 言うだけ言ったらさばさばした。❷性格がさっぱりしているようす。れい 陽気でさばさばした人。

サバンナ 熱帯・亜熱帯の雨の少ない地方にある草原。雨のふる季節とふらない季節とがはっきりわかれている。

さび 金属が、しめりけや空気中の酸素にふれたときに、表面にできるもの。

さびしい【寂しい】❶たよるものがなく、かなしい。れい ひとりぼっちで寂しい。

【】漢字を使った書き方　れい ことばの使い方の例　⇕反対のことば　⬇参考になる情報　◂小学校で習わない漢字

あいうえお　かきくけこ　さしすせそ　さ　たちつてと　なにぬねの　はひふへほ　まみむめも　やゆよ　らりるれろ　わをん

❷しずかで、心細い。みちたりない。(れい)寂しい夜道。❸ものたりない。みちたりない。(れい)ふところが寂しい（＝もっているお金が少ない）。

ざひょう【座標】ある点がどこにあるかを、直角にまじわる二本の線をもとにあらわした数字の組み合わせ。

さびる さびがでる。(れい)さびたナイフをとぐ。

さびれる【寂れる】にぎやかだったところが、人けがなくなってさびしくなる。(れい)人口がへり、すっかり寂れてしまった町。

サファイア 青い色をした、すきとおったほうせき。

ざぶとん【座布団】すわるときにしく、小さなふとん。(れい)客に座布団をすすめる。

サプリメント ビタミンなどさまざまな栄養の成分を、飲み物やつぶにしたもの。栄養補助食品。

さべつ【差別】そのものの性質やじょうたいなどのちがいによって、あつかい方をかえること。わけへだてをすること。(れい)差別のない社会。

さほう【作法】❶〔ふだんの生活の〕おこないについてのきまり。エチケット。(れい)わたしの祖母は作法にとてもきびしい。❷正しいやり方。(れい)作法のとおりにお茶をたてる。

サポート 手助けすること。(れい)学力をサポートする教材。

サボテン サボテン科の植物。熱帯地方のすな地にはえる。くきは肉があつく、葉はとげになっている。夏に白・赤・黄色などの花がさく。種類が多い。

サボる なまける。ずる休みする。(れい)仕事をサボる。

さま【様】❶ようす。形。(れい)花が風にゆれる様をえがいた絵。❷《人の名前や人を表すことばなどの下につけて》人をうやまう気持ちを表すことば。(れい)山川和子様。／お父様。❸《ほかのことばの下につけて》ていねいに言うことば。(れい)ごちそうさま。／おつかれさま。

さまざま【様様】いろいろであるようす。(れい)様々な形の貝をひろった。

さます1【冷ます】❶あついものの、温度をさげる。(れい)湯を冷ましてのむ。❷高まっていた気持ちや興味をおとろえさせる。(れい)こうふんを冷ます。

冷ます①

さます2【覚ます】❶ねむっていたじょうたいから、意識をとりもどす。(れい)物音で目を覚ます。❷〔まよいなどから〕正気にさせる。

さまたげる【妨げる】じゃまをする。(れい)議事の進行を妨げる。

さまよう あてもなく歩きまわる。(れい)道にまよい、山の中をさまよう。

さみしい さびしい。

さみだれ【五月雨】六月ごろにふり続く雨。梅雨。つゆ。

サミット 主要国首脳会議。世界の主だった国の代表者が集まり、世界のさまざまな問題について話し合う国際会議。一九七五年にはじまり一年に一回ひらかれる。

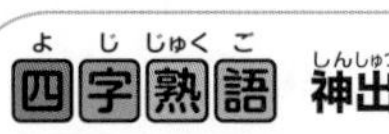

四字熟語　**神出鬼没**　急にあらわれたりかくれたりして、いばしょがわからないこと。

ことばのテーブル 296ページ

・さむい ・さむがり ・さむけ ・さむざむ ・さむらい ・さめ ・さめざめ 1さめる 2さめる

1さや 2さや ・さゆ ・さゆう ・さよう ・さようてん ・さようなら ・さら ・さらう

1さらさら 2さらさら ・ざらざら ・さらす

さむい【寒い】❶気温の低さを体に感じる。気温が低い。⇕暑い。❷とぼしい。(れい)給料日前でふところが寒い（＝もっているお金が少ない）。

さむがり【寒がり】ふつうの人とくらべて、とくに寒さを感じること。また、そのような人。⇕暑がり。

さむけ【寒気】体にぞくぞくと感じる寒さ。

さむざむ【寒寒】いかにも寒い感じがするようす。(れい)寒々とした光景。

さむらい【侍◂】武士。

さめ 軟骨魚（＝骨がやわらかい魚）のなかま。ひふがざらざらで、歯がするどい。ふか。

さめざめ しきりになみだを流してなくようす。(れい)さめざめとなく。

1**さめる**【冷める】❶あついものの温度が下がる。(れい)スープが冷める。❷気もちの高まりがうすれる。(れい)興奮が冷める。

2**さめる**【覚める】❶ねむりがおわる。(れい)目が覚める。❷〔ゆめ・なやみなどのじょうたいから〕正気をとりもどす。(れい)まよいが覚める。

1**さや** マメ科の植物のたねをつつんでいるから。

2**さや** 刀のなかみを入れる、つつのようなおおい。⬇刀。

さゆ【さ湯】なにもまぜていない湯。

さゆう【左右】❶左と右。(れい)足を左右にひろげる。❷強いえいきょうをあたえて、思うままに動かすこと。(れい)あの一言がわたしの一生を左右した。

さよう【作用】あるものの力が、ほかのものに働くこと。また、その力の働き。(れい)薬の作用でねむくなった。

さようてん【作用点】てこなどで、くわえた力が働くところ。⇕力点。⬇てこ。

さようなら 人とわかれるときのあいさつのことば。さよなら。

さら【皿】❶あさくて平たいうつわ。また、そのような形のもの。❷漢字の部首の一つ。「盛」「盟」などの下がわの「皿」の部分。

さらう ❶うばって、つれさる。(れい)子どもをさらう。❷〔その場にあるものを〕全部もって行く。すっかりうばいさる。(れい)人気をさらう。

1**さらさら**《あとに打ち消しのことばをつけて》少しも。いっこうに。(れい)反対されても、サッカーをやめる気はさらさらない。

2**さらさら** ❶小川など、あさい川が流れる音。(れい)小川がさらさら流れる。❷ふでやペンでつかえないでかくようす。(れい)ふででさらさらとかく。❸しめりけやねばりけのないようす。(れい)さらさらしたかみの毛。

ざらざら 物の表面が細かくでこぼこしていて、さわった感じがなめらかでないようす。(れい)ざらざらした紙。⇕つるつる。

さらす ❶日光にあてる。(れい)日にさらす。❷雨や風があたるままにしておく。(れい)風雨にさらされる。❸〔見せたくないものを〕多くの人々に見せる。(れい)はじをさらした。❹きけんなじょうたいの中におく。(れい)身をきけんにさらす。

〔〕漢字を使った書き方　(れい)ことばの使い方の例　⇕反対のことば　⬇参考になる情報　◂小学校で習わない漢字

サラダ 生やさいやくだものなどを、マヨネーズやドレッシングなどで味つけした料理。

さらに【更に】❶そのうえに。かさねて。(れい) 頂上へはここから更に二時間ぐらいかかる。
❷ますます。(れい) 雨は更にはげしくなった。
❸少しも。いっこうに。(れい) 言うことを聞く気など更にない。

さらば わかれるときにいうあいさつのことば。古い言い方。

サラブレッド 馬の品種の一つ。イギリスで改良されたもので、主に競馬につかわれる。

サラリーマン 月給をもらって生活をしている人。つとめ人。

さらり ❶しめりけや、ねばりけのないようす。(れい) さらりとした手ざわり。
❷こだわりがなくて、さっぱりしているようす。(れい) さらりとした性格。

ざらり さわった感じが細かくでこぼこしていて、なめらかでないようす。(れい) ざらりとした手ざわりの紙。

ざりがに 水田や川などにすむエビのなかま。日本で多く見られるのは、アメリカザリガニ。

さりげない【さり気無い】そのようなようすを見せない。なにげない。(れい) 友だちのさり気無いはげましがうれしかった。

1さる【申】❶十二支の九番目。
❷むかしの時刻のよび名で、今の午後四時ごろ。また、その前後二時間。

2さる【猿】霊長類の中で、ヒト以外の動物。とくに、ニホンザルのこと。

猿

3さる【去る】❶ある場所をはなれる。(れい) 長くすんでいた町を去る。
❷なくなる。(れい) きけんが去る。
❸時がすぎる。(れい) 夏が去り、秋がやってきた。
❹すぎさった。(れい) 去る三日の夜。
⇔来る。

ざる 竹などであんだ入れ物。

さるぢえ【猿知恵】かしこいようで、じっさいはおろかな考え。

サルビア シソ科の植物。夏から秋にかけて、赤などの花がさく。

さるまね【猿まね】なんの考えもなく、むやみに人のまねをすること。

さるもきからおちる【猿も木から落ちる】どんな名人でも失敗することがあるというたとえ。

さわがしい【騒がしい】大きな音などがして、うるさい。

さわぐ【騒ぐ】❶大声を出したり、やかましい音をたてたりする。
❷〔不安や心配のため〕心がおだやかでなくなる。(れい) 胸が騒ぐ。

ざわざわ ❶おおぜいの人の声や動きでおちつかないようす。
❷木のえだや葉がふれあってたてる音のようす。

ざわめく 音や話し声でざわざわする。(れい) 会場がざわめいている。

さわやか【爽やか】❶気分がさっぱりするようす。すがすがしいようす。(れい) 爽やかな秋風。
❷はっきりして、よどみがないようす。

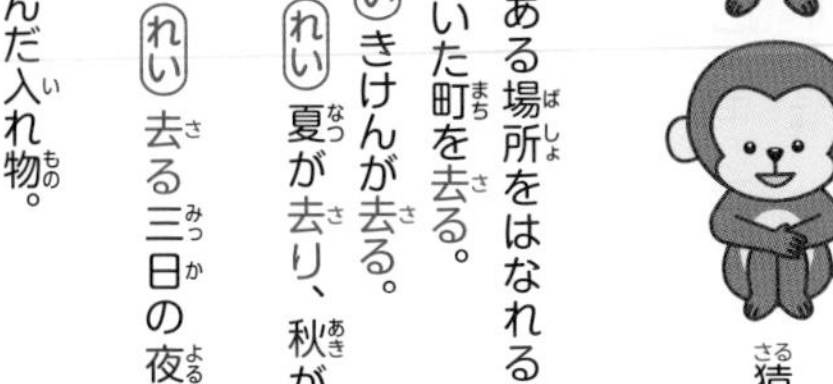

慣用句 **寝食を忘れる** ねることも食べることもわすれるほど、ある物事に熱中する。

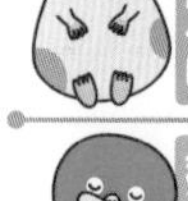

1さわる【触る】軽くふれる。(れい)ウサギの体に触る。

2さわる【障る】❶《「気に障る」の形で》しゃくにさわる。おこりたくなる。❷さしつかえる。害になる。(れい)食べすぎはからだに障る。

さん【三】数の名で、みっつ。また、三番目。

さんか【参加】なかまに入ること。くわわること。(れい)オリンピックに参加する。

さんがい【惨害】むごい被害。(れい)台風による惨害。

ざんがい【残骸】こわれたりやけたりしたまま、のこっているもの。

さんかく【三角】三つの角があること。また、そのような形。(れい)三角の屋根の家。

さんがく【山岳】山。とくに、高くて、けわしい山。

さんかくけい【三角形】三つの直線でかこまれた図形。三つの角と三つの辺からできている。さんかっけい。

さんかくじょうぎ【三角定規】線などを引くときにつかう、三角の形をした道具。

さんかくす【三角州】川が運んできた土やすなが、河口近くにつもってできた(三角形の)土地。デルタ。

三角州

さんがつ【三月】一年の三番目の月。古くは「弥生」といった。

さんかっけい【三角形】さんかくけい。

さんがにち【三が日】一月一日から三日までの、三日間。

1さんかん【山間】山と山とのあいだ。また、山の中。山あい。(れい)山間の村にある小学校。

2さんかん【参観】その場所に行って物事を見ること。(れい)授業参観。

さんぎいん【参議院】衆議院とともに、国会をつくっているしくみの一つ。衆議院できめたことを、(よいかどうか)もう一度話し合うところ。衆議院とちがって、解散はない。

さんぎいんぎいん【参議院議員】国民の選挙によってえらばれ、参議院をつくっている人。任期は六年で、三年ごとに半数を改選する。

さんきゃく【三脚】❶物をのせる三本足の台。❷三本足のおりたたみ式のいす。

サンキュー 感しゃの気もちをあらわすことば。ありがとう。

さんぎょう【産業】人間の生活にひつような、いろいろな物をつくりだす仕事。農業・鉱業・工業・林業・建設業・水産業など。

ざんぎょう【残業】きめられた時間のあとまでのこって仕事をすること。また、その仕事。(れい)父は、今日は残業だそうだ。

さんぎょうかくめい【産業革命】十八世紀の中ごろから十九世紀のはじめにかけて、イギリスを中心としておこった産業上の大きなうつりかわり。手工業から機械工業にかわり、大量生産がはじめられた。

さんきんこうたい【参勤交代】

江戸時代、幕府が各地の大名を一年おきに江戸へよびよせて、将軍につかえさせた制度。

サングラス 太陽の強い光などをふせぐため、色をつけためがね。(れい)母はいろいろなサングラスを持っている。

ざんげ 神仏や人の前で、自分のおかした罪やあやまちを正直に話してゆるしをねがうこと。

さんけい【参詣】 神社や寺におまいりすること。(れい)月に一回は、お宮に参詣する。

さんけつ【酸欠】 空気中や水中の酸素が不足すること。「酸素欠乏」のりゃく。(れい)へやの空気を入れかえないと酸欠になってしまう。

ざんげつ【残月】 明け方までのこっている月。有り明けの月。

さんけんぶんりつ【三権分立】 国家の権力を立法・司法・行政の三つに分け、それぞれ議会・裁判所・内閣の独立したしくみをおく制度。

さんご ❶あたたかい海にすむ小さい動物。岩などにたくさんより集まって生活する。サンゴチュウ。❷サンゴチュウが、海の底の岩などについてむれをつくり、死んだあとにのこった石灰質のほねぐみ。木のえだのような形をしている。

さんこう【参考】〔今までに人のおこなったことがらや意見を〕てらしあわせて、自分の考えの助けにすること。(れい)みんなの意見を参考にして校章のデザインをきめる。

さんこうしょ【参考書】 調査・研究・勉強などの参考に使う本。

ざんこく【残酷】 あまりにもひどいようす。むごたらしいようす。(れい)残酷なしうち。

さんごしょう【さんご礁】「さんご❷」によってできた岩。また、それが集まってできた島。

さんさい【山菜】 山にはえている植物のうち、食べられるもの。ワラビ・ゼンマイなど。

さんざい【散財】 たくさんのお金を(つまらないことに)つかうこと。(れい)つい散財してしまった。

さんさく【散策】 ぶらぶら歩くこと。散歩。(れい)このあたりは散策するのにぴったりの場所だ。

さんざん【散散】 ❶ひじょうにはなはだしいようす。ひどく。ずいぶん。(れい)散々まよったあげく、ようやく決心した。／駅前で、妹に散々待たされた。❷ひじょうに悪いようす。(れい)ふんだりけったりの散々なめにあう。

さんさんごご【三三五五】〔ここに三人あそこに五人というように〕少人数がばらばらにちらばっているようす。(れい)子どもたちが学校に三々五々集まってくる。

さんさんと きらきらと美しくかがやくようす。あざやかにかがやくようす。(れい)日の光がさんさんとふりそそいでいる。

さんじ【賛辞】 ほめることば。(れい)友だちに賛辞をおくる。

さんしょう【参照】 ほかのものとてらしあわせて参考にすること。(れい)五十一ページを参照してください。

1さんじょう【参上】 行くことをへりくだって言うことば。(れい)ただちに参上いたします。

四字熟語 **人跡未踏** 今までに人が一度もその土地に入りこんでいないこと。

2 **さんじょう**【惨状】むごたらしいありさま。れい 事故現場は、目をおおうばかりの惨状だった。

さんしょうはこつぶでもぴりりとからい【山しょうは小粒でもぴりりと辛い】〔サンショウの実は小さくてもひじょうにからいことから〕体は小さくても、気性や才能がすぐれている人のたとえ。

さんしん【三振】野球で、バッターがストライクを三つとられてアウトになること。

ざんしん【斬新】〔思いつきなどが〕とびぬけて新しいようす。れい 斬新なデザイン。

さんずい 漢字の部首の一つ。「池」「河」「流」などの左がわの「氵」の部分。

さんすう【算数】小学校の教科の一つ。数量や図形のきその学習。

1 **さんせい**【酸性】酸のせいしつ。青色リトマス試験紙を赤色にかえるせいしつ。⇔アルカリ性。

2 **さんせい**【賛成】人の考えや意見をよいとみとめて、それを支持すること。れい 木村さんのアイデアにみんなが賛成する。⇔反対。

さんせいう【酸性雨】酸性の強い雨。工場のけむりや車のはい気ガスなどが原因となっている。木をからすなどの悪いえいきょうをおよぼす。

さんぜんと【さん然と】きらきらと光りかがやくようす。れい ダイヤをちりばめたかんむりが、さん然と光をはなつ。

さんそ【酸素】色もにおいもない気体。空気の中にふくまれ、物がもえるときにひつよう。また、動物や植物の呼吸になくてはならない。

さんぞく【山賊】むかし、山の中にすんでいて、旅人などをおそった悪者。

さんそん【山村】山の中の村。山里。

サンタクロース クリスマスの前の夜、ねむっている子どもたちにおくりものをするとされる老人。トナカイが引くそりに乗ってくる。サンタ。

サンダル ひもやベルトでとめる、かんたんなはき物。ふつう、つまさきやかとの部分があいている。

さんち【山地】山が多い土地。れい 日本は山地が多い。⇔平地。

さんちゅう【山中】山の中。山あい。

さんちょう【山頂】山のいただき。山の頂上。れい やっとの思いで山頂にたどりついた。⇔山麓。

サンドイッチ うすく切ったパンの間に、やさいや肉などをはさんだ食べ物。れい 母が昼食にハムの入ったサンドイッチをつくってくれた。

1 **さんどう**【参道】神社や寺におまいりするためにつくられた道。れい お祭りの日になると、参道にいろいろな店がならぶ。

2 **さんどう**【賛同】人の考えや意見をよいとして、それに同意すること。れい その意見に、全員が賛同の意をあらわした。

さんどめのしょうじき【三度目の正直】はじめの二回はしっぱいしても、三回目はうまくいくこと。れい 三度目の正直で、すばらしい新記録が出た。

さんにんかんじょ【三人官女】ひな人形のなかで、宮中につかえた女性をかたどった三体の人形。⬇ひな人形。

さんにんしょう【三人称】人をさ

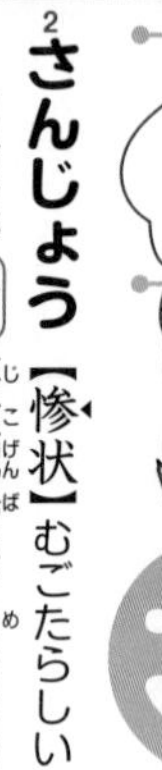

あいうえお かきくけこ さしすせそ たちつてと なにぬねの はひふへほ まみむめも やゆよ らりるれろ わをん

ししめすことばの一つで、話し手や聞き手以外の人や物事をさすもの。「彼・彼女」など。

さんにんよればもんじゅのちえ【三人寄れば文殊の知恵】平凡な人間でも三人集まって考えれば文殊(＝ちえのある、ぼさつの名)のようなすぐれたちえがわいてくるものだということ。

ざんねん【残念】だいじなものや機会をうしなって、くやしいと思うようす。また、心のこりなようす。なごりおしいようす。れい わずかの差で負けて残念だ。

さんぱい【参拝】神社や寺におまいりすること。れい 正月に家族で神社に参拝した。

さんぱつ【散髪】のびたかみの毛を切って整えること。れい 父の散髪は、いつも母がしている。

さんびょうし【三拍子】❶音楽のひょうしの一つ。一小節が強・弱・弱の三ぱくからなりたっているもの。❷三つのたいせつな条件。れい 安い・早い・うまいの三拍子がそろったレストラン。

さんぷ【散布】ふりまくこと。まきちらすこと。れい 広い耕作地に農薬を散布する。

サンプル 見本。ひょうほん。れい 新しい薬のサンプル。

さんぽ【散歩】(気ばらしや健康などのため)ぶらぶらあるくこと。れい 祖父は、運動のために毎朝池のまわりを散歩している。

さんぼう【三方】ヒノキの白木でつくった四角形の台。前と左右との三方にあながある。神や仏などに物をそなえるときに使う。

三方

さんま サンマ科の魚。体は細長い。秋の味覚として知られる。

さんまいめ【三枚目】映画・演劇などで、こっけいなことをして、人をわらわせる役。また、その役をする人。

さんみ【酸味】すっぱい味。れい 酸味の強いくだもの。

さんみゃく【山脈】多くの山が長くつらなっているもの。やまなみ。れい 奥羽山脈。／ヒマラヤ山脈。

さんや【山野】山や野原。のやま。

さんようすうじ【算用数字】アラビアすうじ。

1さんらん【産卵】たまごをうむこと。れい サケが産卵のために川をのぼる。

2さんらん【散乱】ばらばらにちらばること。れい あたりにごみが散乱している。

さんりゅう【三流】三番目の階級。ていどがとてもおとること。れい これは、どうみても三流品だ。

ざんりゅう【残留】あとにのこること。れい 調査員の一部は、ここにしばらく残留する。

さんりん【山林】山と林。また、山中にある林。

さんりんしゃ【三輪車】小さな子どもの乗り物など、三つの車輪のついた車。れい 弟が、かってもらったばかりの三輪車にのっている。

慣用句 **心臓が強い** あつかましい。ずうずうしい。ものおじしない。

さんれつ【参列】式などにくわわること。れい 家族そろっておばの結婚式に参列する。

さんろく【山麓◂】山のふもと。れい 山麓に新しくできたホテルにとまることにした。↕山頂。

1 **し**（…のうえに）また。れい 絵も好きだし、音楽も好きだ。

2 **し**【四】数の名で、よっつ。四。また、四番目。

3 **し**【市】地方公共団体の一つ。都市としてのはたらきをはたすもの。

4 **し**【死】命がなくなること。死ぬこと。れい 祖父の死に直面する。↕生。

5 **し**【師】❶学問やわざなどを教える人。先生。❷技術などを表すことばのあとにつけて、専門家であることをしめすことば。れい 医師。／教師。

6 **し**【詩】心に深く感じたことを、リズムをもった文章であらわしたもの。

1 **じ**【字】ことばや音を表すための記号。もじ。また、その書きぶり。れい 字が上手な人。

2 **じ**【地】❶土地。地面。れい 雨ふって地かたまる（＝悪いことがあったあとは、かえって前よりもよくなること）。❷もとからの性質。れい 親しい人ばかりなので、思わず地が出る。❸紙・布などでもようのない部分の色。れい 白の地に青い水玉のもようがついたワンピース。❹小説などの文章で、会話のないところ。れい 地の文。

しあい【試合】〔スポーツ・武芸などで〕勝ち負けをあらそうこと。

じあい【慈愛】いつくしみかわいがること。また、その心。れい 慈愛にみちた母のまなざし。

しあげ【仕上げ】❶できあがること。また、できあがったぐあい。れい みごとな仕上げ。❷している物事の最後のしめくくりや手入れ。れい いよいよ仕上げにとりかかる。

しあさって あさっての次の日。きょうからかぞえて四日目。

しあわせ【幸せ】運のよいこと。幸福。れい 幸せにくらす。

しあん【思案】〔どうしたらよいかと〕いろいろと考えをめぐらすこと。れい 思案をめぐらす。／思案顔。

しいく【飼育】いきものを飼って、そだてること。れい カブトムシを飼育する。

シーズン ❶季節。❷あることがさかんにおこなわれる季節・時期。れい そろそろ野球のシーズンがはじまる。

シーソー まんなかをささえた長い板の両はしに人がのり、たがいに上げ下げする遊び。また、そのしかけ。

しいたげる【虐◂げる】いじめて、苦しめる。むごくあつかう。

シーソー

シーツ ふとんの上にしく布。しきふ。

1シート 座席。れい シートにかかっているカバーをはずす。

2シート ❶一まいの紙。切手などを何まいかまとめて一まいにしてあるもの。れい 切手を二シート買う。❷自動車のおおいなどに使う、大きなビニールや布。れい 父が、車にシートをかぶせている。

シード トーナメントの試合で、さいしょから強いチームや強い選手どうしが対戦しないように、組み合わせをつくること。れい 第一シード。／シード校。

シートベルト 自動車や飛行機の座席にとりつけてある安全用のベルト。座席に体を固定させる。れい タクシーにのってシートベルトをする。

しいる【強いる】むりやりにさせる。おしつける。れい 参加を強いるのはどうかと思う。

シール 絵やマークなどがかいてあり、物にはりつけて目じるしやかざりにする小さな紙。れい 妹は、なんにでもシールをはりたがる。

しいん【子音】声を出すときに、舌や歯などによって息がさまたげられて出る音。しおん。たとえばka(カ)・so(ソ)では、k・sが子音、a・oは母音。⇔母音。

シーン ❶映画やしばいの場面。れい ラストシーン。❷光景。れい 感動的なシーン。

じいん【寺院】(大きな)寺。

ジーンズ 厚手の綿織物。また、それでつくったズボンや服。ズボン(ジーパン)だけをさすこともある。

しいんと 音がまったくしなくて、しずかなようす。れい 教室がしいんとしずまりかえる。

じいんと 深く感動したときや悲しいときに、なみだが出そうになるようす。れい 美しい歌声に思わずじいんとしてしまった。

しうんてん【試運転】車・船・機械などを、ためしに動かしてみること。

ジェスチャー ❶身ぶり・手ぶり・表情など、相手に気持ちをわかってもらおうとするしぐさ。れい 外国人とジェスチャーをまじえて話す。❷本心からではなく、うわべだけのおこない。れい あれは単なるジェスチャーだ。

ジェットコースター 遊園地などにある、人をのせて上下左右にまがりくねったレールの上を走る乗り物。

ジェネレーション 世代。れい ジェネレーションのちがいを感じる。

しえん【支援】人のしていることに、力をそえて助けること。れい 復興を支援する。

しお【塩】しおからい味がする無色の結晶。海水などからとれる。人間が生きていくのにかかせない食品。工業の原料にもつかわれる。

しおあじ【塩味】塩でつけた味。れい 塩味のせんべい。

しおかぜ【潮風】海からふいてくるしおけをふくんだ風。れい 潮風にふかれて、さんぽする。

しおからい【塩辛い】〔食べ物などに〕しおけが多い。れい このつけものは塩辛い。

しおくり【仕送り】くらしや学費をたすけるために、お金を送ること。また、そのお金。れい 父は、大学生の兄に毎月仕送りしている。

慣用句 **頭痛の種** 心配や、なやみの原因になることがら。

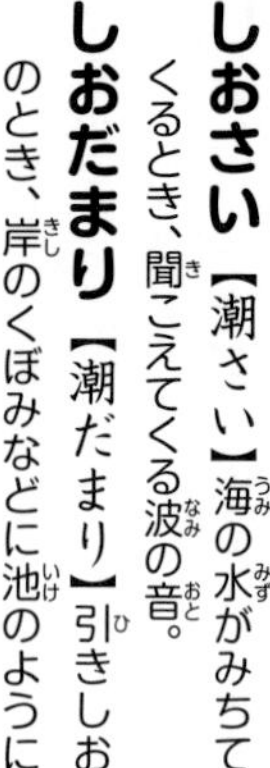

しおさい【潮さい】海の水がみちてくるとき、聞こえてくる波の音。

しおだまり【潮だまり】引きしおのとき、岸のくぼみなどに池のように海の水がたまっているところ。

潮だまり

しおどき【潮時】❶海の水がみちたり引いたりする時こく。❷あることをするのに、ちょうどよいとき。(れい)今が引退の潮時だ。

しおひがり【潮干狩り】海の水が引いたあとの遠あさのすなはまで、貝などをとってあそぶこと。

しおらしい おとなしくて、かわいらしい。ひかえめで、いじらしい。

ジオラマ 立体的なもけい。展示会場などでつかわれることが多い。

しおり【枝折り】❶読みかけの本の間に目じるしにはさむもの。❷あることをはじめてする人にわかりやすく書いた本。手引き書。(れい)旅行のしおり。

しおれる ❶草や木が水けがなくなり弱る。(れい)庭の草花がしおれる。❷元気がなくなる。(れい)弟はしかられてしおれている。

1**しか** 「それだけ」の意味を表すことば。(れい)出席者は五人しかいない。

2**しか**【鹿◂】シカ科の動物。おすの角はえだ分かれし、毎年はえかわる。

3**しか**【歯科】歯の病気をふせいだり、歯のちりょうをしたりするための医学。また、その医院。(れい)兄は歯科医をめざしてがんばっている。

じが【自我】〔他人とはっきりくべつした〕自分自身。自己。また、自分を意識する気持ち。(れい)自我にめざめる。

1**しかい**【司会】会をうまく進めること。また、そのかかりの人。

2**しかい**【視界】ある場所から、目に見えるはんい。(れい)視界が広がる。

しがい【市街】人家がたくさんならんでいるにぎやかなところ。まち。(れい)もう少しいくと市街地にはいる。

しかいしゃ【司会者】司会をする人。(れい)クイズ番組の司会者。

しがいせん【紫◂外線】日光の色を分けたとき、むらさき色の外がわにある目に見えない光線。ばいきんをころす力が強く、また、日やけのもとになる。(れい)紫外線をさけるためにサングラスをする。

1**しかく**【四角】〔正方形や長方形のように〕四つの角がある形。

2**しかく**【死角】ある物にさえぎられて、見えないはんい。(れい)運転席からは死角になって見えなかった。

3**しかく**【視覚】五感の一つ。目で、ものを見るはたらき。

4**しかく**【資格】❶人々の中で物事をするときの、身分・地位。(れい)委員の資格で会に出た。❷そのことをするのに必要なことがら。(れい)運転手の資格をとる。

1**じかく**【字画】漢字を組み立てている点や線。また、その数。(れい)字画が多い字は書きあやまりやすい。

2**じかく**【自覚】❶自分のおかれている立場や責任などを、自分でよく知ること。(れい)六年生としての自覚をもつ。

❷自分で感じとること。れい 自覚症状がまったくない。

しかくい【四角い】四角の形をしている。れい 四角い箱。

しかくけい【四角形】四つの辺でかこまれ、四つの頂点のある形。四辺形。方形。しかっけい。

しかけ【仕掛け】❶仕事がやりかけであること。❷〔たくみにつくった〕しくみ。また、装置。れい 手品の仕掛け。

しかける【仕掛ける】❶〔仕事などを〕とちゅうまでする。れい 宿題をしかけたら友だちがきた。❷〔どうさを〕しむける。れい けんかをしかける。❸とりつける。れい わなを仕掛ける。

しがけん【滋賀県】近畿地方の北東部にある県。県庁所在地は大津市。都道府県。↓

しかし 前の話をうけて、その反対のことをのべるときに使うことば。けれども。だが。れい 品物はよい。しかし、ねだんが高い。

じがじさん【自画自賛】〔自分でかいた絵に自分でことばを書き入れる意味から〕自分でしたことを自分でほめること。

しかた【仕方】やり方。方法。れい 話の仕方がうまい。

しかたない【仕方無い】❶ほかに方法がない。しかたがない。れい あやまるより仕方無い。❷どうにもならない。すくいようがない。どうしようもない。しかたがない。れい やくそくをやぶってばかりいて、仕方無い人だ。／泣けて仕方無い。

じかたび【地下足袋】力仕事などをするときにはく、底がゴムのたび。

しがつ【四月】一年の四番目の月。古くは「卯月」といった。

しがみつく 強くだきつく。れい 赤ちゃんがお母さんにしがみつく。

しかめる〔いやなきもちのとき〕ひたいやまゆの間にしわをよせる。れい あまりの痛さに顔をしかめる。

しかも そのうえに。おまけに。れい ねだんが安く、しかも質がよい。

しかる【叱る】〔はげしい声で〕相手をせめ、とがめる。れい 母親がいたずらをした子どもを叱る。

しがん【志願】あることをしたいと、自分からすすんでねがい出ること。れい 青年海外協力隊に志願する。

じかん【時間】❶とき。また、ある時刻とある時刻の間。れい 発車の時間。❷何かをするためにくぎった、ある長さの時。れい 算数の時間。❸時の単位。一時間は一日を二十四に分けた一つ。一分の六十倍。

1 **しき**【式】❶きまったやり方。また、そのやり方による行事やもよおし。れい お祝いの式。❷算数などで、計算のやり方を数字や記号でしめしたもの。れい かけ算の式。❸ほかのことばの下につけて、きまったやり方や形式であることをしめすことば。れい 和式。／自動式。

2 **しき**【士気】人々の意気ごみ。やる気。れい 士気があがる。

3 **しき**【四季】一年の四つの季節。春・夏・秋・冬。

4 **しき**【指揮】〔うまく仕事が進むように〕さしずすること。れい オーケストラの指揮。／ひなん訓練の指揮をとる。

慣用句 すねに傷を持つ　人にかくしている悪事がある。やましいことがある。

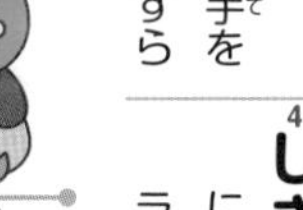

ことばのテーブル

306ページ

じき【時期】〔物事をする〕あるくぎられた時。おり。れい 四月は、入学や入社の時期だ。

しきさい【色彩◀】色のぐあい。いろどり。れい あざやかな色彩のスカーフをした女の人。

しきし【色紙】和歌や俳句などを書く四角いあつい紙。

しきじ【式辞】式のときのあいさつのことば。れい 校長先生の式辞。

しきしゃ【指揮者】音楽で、合唱や合奏のさしずやまとめをする人。コンダクター。

じきそ【直訴◀】決められた手続きをとらないで、上の立場の人に直接うったえでること。

しきたり 今までにやってきたこと。ならわし。れい その土地のしきたりにしたがう。

しきち【敷地◀】建物をたてたり道路にしたりするための土地。れい この工場は敷地がひろい。

しきてん【式典】ぎしき。れい 創立百周年の式典。

しきふ【敷布】シーツ。

しきべつ【識別】物事のちがいを見分けること。れい 色を識別する。

しきもの【敷物】地面や、ゆかの上にしくもの。じゅうたん・ござ・ざぶとんなど。

[1]しきゅう【支給】お金や品物をあたえること。れい アルバイトの大学生に交通費を支給する。

[2]しきゅう【至急】ひじょうに急ぐこと。れい 至急おあつまりください。

じきゅうじそく【自給自足】生活に必要な物を自分でつくって、自分でまにあわせること。

じきゅうりょく【持久力】〔あるじょうたいを〕長くもちこたえる力。

しきょ【死去】人が死ぬこと。他界。

じきょう【自供】とり調べをうけて、自分のした悪いことをのべること。れい 犯行を自供する。

じぎょう【事業】❶社会の役に立つ、大きな仕事。れい 社会福祉の事業。❷利益を目的としておこなう生産やとりひき。れい あの人は、わかくして事業に成功した。

しぎょうしき【始業式】学校で各学期の授業をはじめるときにおこなう儀式。⇕終業式。

しきょく【支局】本社や本局から分かれて、地方におかれ、その地方の仕事をうけもっているところ。れい 新聞社の支局。

しきりに ❶何度も。たびたび。ひっきりなしに。れい となりの犬が、しきりにほえている。❷ていどやあいが強いこと。さかんに。ねっしんに。れい しきりに入会をすすめられる。

しきる【仕切る】❶さかいをつける。れい カーテンで仕切る。❷組織や会合などをすべての責任をもって動かす。れい クラス会を仕切っているのは木村さんだ。❸すもうで、対戦する両者が、両手を土ひょうにつけて立ち上がる身がまえをする。

しきん【資金】仕事をするのに、もとになるお金。もとで。れい 商売の資金がたりない。

しく【敷く】❶たいらに広げる。れい ふとんを敷く。

【】漢字を使った書き方　れい ことばの使い方の例　⇕反対のことば　⬇参考になる情報　◀小学校で習わない漢字

❷一面にならべる。(れい)地面にじゃりを敷く。
❸設備をする。(れい)鉄道を敷く。
❹下にあてる。(れい)おしりの下にざぶとんを敷く。

じく【軸】❶回るものの中心にあって、それをささえている部分。(れい)自転車の車輪の軸。
❷細長いものの手でもつことができる部分。(れい)筆の軸。
❸物事の中心となるもの。(れい)クラスの軸になる人。
❹グラフで、もとになっているたてと横の直線。

しぐさ【仕草】何かをするときの体のうごかし方。身ぶり。(れい)幼児は親の仕草をまねる。

ジグザグ 右に左におれまがった形。

しくしく ❶しずかに弱々しくなくようす。(れい)女の子が、しくしくないている。
❷はげしくはないが、たえずいたむようす。(れい)おなかがしくしくいたむ。

しくじる やりそこなう。失敗する。(れい)試験にしくじる。

シグナル ❶信号。合図。
❷鉄道などの信号機。

しくはっく【四苦八苦】ひじょうに苦しむこと。(れい)文章にまとめるのに四苦八苦する。

しくみ【仕組み】機械や物事の組み立て。構造。(れい)かんたんな仕組みのおもちゃ。

しぐれ【時雨】秋から冬にかけてふったりやんだりする雨。

しけ ❶雨や風が強く、海があれること。
❷海があれて魚がとれないこと。

じけい【字形】書いた字のかたち。字のかっこう。

しげき【刺激】❶目・耳・鼻・口・ひふなどの神経に強く感じるようなはたらきをあたえること。(れい)鼻をつよく刺激するにおい。
❷心に強くひびかせること。こうふんさせること。(れい)病人を刺激しないでください。

しげしげ ❶たびたび。しきりに。(れい)同じ店にしげしげかよう。
❷よくよく。つくづく。(れい)母はぼくの顔をしげしげと見つめた。

しげる【茂る】草や木がたくさんはえる。(れい)若葉が茂る。

しけん【試験】❶物の性質や力をためして調べること。(れい)どのように動くか試験してみる。
❷問題を出して答えさせ、できばえをみること。(れい)入学試験がまぢかにせまっている。

しげん【資源】品物をつくるもとになるもの。とくに、自然界からとれて品物をつくるもとになるもの。(れい)地下資源にはかぎりがある。

じけん【事件】ふだんの生活にはないかわったできごと。(れい)事件がやっと解決した。

しけんかん【試験管】理科の実験などに使う、底がまるいガラスのくだ。

試験管

1しご【死後】死んだあと。(れい)死後の世界。⇕生前。

慣用句 **すみに置けない** 思っていたよりわざなどがすばらしく、ゆだんできない。

ことばのテーブル
308ページ

2しご【死語】むかしは使ったが、現在ではほとんど使わなくなったことば。「活動写真（＝映画）」や「乗合自動車（＝バス）」など。

3しご【私語】ひそひそ話。(れい) 授業中の私語はやめなさい。

1じこ【自己】自分自身。(れい) 自己反省をする。

2じこ【事故】思いがけない悪いできごと。(れい) 交通事故。

しこう【思考】考えること。また、考えたもの。(れい) 思考をかさねる。

じこう【時効】法律で、ある決められた期間がすぎると、権利がなくなったり、うまれたりすること。

しこうさくご【試行錯◀誤】ためすことと失敗することをくりかえしながら、正しい解決方法をさがしていくこと。(れい) 試行錯誤をかさねて、ようやく成功にこぎつける。

じごうじとく【自業自得】自分のした悪いおこないのむくいを、自分の身にうけること。(れい) 失敗したのは忠告を聞かなかったためだから、自業自得だ。

じごえ【地声】生まれつきの声。(れい) 地声が大きい。⇕裏声。

しこく【四国】徳島・香川・愛媛・高知の四県をまとめた言い方。四国地方。

じこく【時刻】ある決まった時。(れい) 出発時刻は七時だ。

じごく【地獄】❶仏教で、生きているときに悪いことをした人が、死んでから行ってばつをうけるというところ。⇕極楽。❷キリスト教で、すくわれないたましいが落ちてゆく世界。⇕天国。❸ひじょうに苦しいことやじょうたいのたとえ。(れい) 受験地獄。／通勤地獄。

じごくみみ【地獄耳】人のひみつなどをすぐ聞きつけること。(れい) 地獄耳の記者。

じこしょうかい【自己紹◀介◀】はじめて会った人などに、自分で、自分の名前やしゅみなどを説明すること。

しごと【仕事】❶はたらくこと。(れい) 畑で仕事をする。❷職業。(れい) 新しい仕事につく。

じこまんぞく【自己満足】自分のしたことや自分自身に、自分だけが満足すること。(れい) 自己満足ばかりでは進歩しない。

しこむ【仕込◀む】❶教えこむ。(れい) イルカに芸を仕込む。❷商人が商品を買い入れる。しいれる。(れい) 商品を仕込む。❸酒やしょうゆなどの原料をまぜて、おけにつめる。

しこり ❶筋肉がかたくなること。また、そのかたいところ。(れい) かたのしこり。❷いやなことがあったとき、そのあとまでのこっているいやな気持ち。(れい) しこりがなかなかきえない。

しさ【示唆】それとなく教えること。(れい) 解決法を示唆する。

じさ【時差】❶場所によってちがう、時刻の差。❷時刻をずらしておこなうこと。(れい) 父は時差出勤している。

しさい【子細】物事のくわしい事情。細かいわけ。(れい) これには何か子細がありそうだ。

しさつ【視察】その場所へ行って、じっさいにようすをしらべること。

【】漢字を使った書き方　(れい) ことばの使い方の例　⇕反対のことば　⬇参考になる情報　◀小学校で習わない漢字

(れい)外国の小学校を視察する。

しさん【資産】土地・家・お金などの財産。(れい)資産をふやす。

じさん【持参】品物をもって行くこと。もって来ること。(れい)弁当持参で出かけた。

1 **しじ**【支持】考えなどに賛成してたすけること。(れい)意見が支持された。

2 **しじ**【指示】❶さししめすこと。(れい)矢じるしで指示する。❷さしずすること。さしず。(れい)先生の指示にしたがう。

じじつ【事実】❶本当にあったことがら。(れい)この話は事実だ。❷ほんとうに。たしかに。(れい)事実そのとおりです。

ししまい【しし舞】ししの頭ににせたかぶり物をつけておこなう舞。正月や祭りのときにおこなわれる。

しし舞

しじもじ【指事文字】「上」「下」のように、形がなくて絵にかけないようなものを、点や線などの記号であらわした文字。

ししゃかい【試写会】映画を公開する前に、ある場所に人々を集めてためしにうつして見せるもよおし。(れい)姉は新作映画の試写会に出かけた。

ししゃく【子爵】華族のよび名の一つで、伯爵につぐ位。

じしゃく【磁石】❶鉄をひきつける性質をもっているもの。❷方位をはかる道具。はりは、いつも南北をさす。(れい)登山するときは、かならず磁石をもっていく。

ししゃごにゅう【四捨五入】およその数をもとめるとき、もとめる位のすぐ下の位が四までの数のときは切りすて、五以上の数のときは一をくり上げる方法。

ししゅ【死守】命がけで守ること。

1 **ししゅう**【刺しゅう】布に糸で絵やもようをぬいとること。

2 **ししゅう**【詩集】詩をあつめた本。

しじゅう【始終】❶はじめからおわりまで。(れい)一部始終。❷いつも。(れい)かれは始終不満ばかり言っている。

じしゅう【自習】自分で勉強すること。(れい)三時間目は自習だった。

じしゅく【自粛】自分からすすんで、おこないや態度をつつしむこと。

ししゅつ【支出】お金をしはらうこと。また、その額。⇔収入。

じしゅてき【自主的】人にたよらず、自分でするようす。(れい)自主的にすすめる。

ししゅんき【思春期】子どもの体からおとなの体への変化がはじまる時期。(れい)思春期にさしかかる。

ししょ【司書】図書館などで、本の整理をしたり、かしだしをしたりする役目。また、その人。

じしょ【辞書】ことばを集めて、きまった順序にならべ、その読み方や意味などを説明した本。辞典。

1 **じじょ**【次女】女のきょうだいのうち、二番目に生まれた子。⇔次男。

2 **じじょ**【自助】他人にたよらず自分の力でおこなうこと。

ことわざ **住めば都** どんな所でも、なれればいちばん住みやすくなるということ。

1 **ししょう**【支障】ある物事をするとき、じゃまになるもの。さしつかえ。(れい)仕事に支障をきたす。

2 **ししょう**【師匠◂】学問やげいごとなどを教える人。先生。(れい)おどりの師匠。⇔弟子。

じじょう【事情】❶物事のわけ。(れい)何かふかい事情があるらしい。❷物事のようす。(れい)アメリカの事情にくわしい。

ししょく【試食】味をしるために、ためしに食べること。

じしょく【辞職】自分から職をやめること。

ししょばこ【私書箱】郵便局においてある、決められた個人や団体だけが使える郵便箱。(れい)私書箱にあてて手紙を出す。

しじん【詩人】詩をつくる人。

1 **じしん**【自身】❶自分。(れい)兄は自身の考えでクラブをやめた。❷あることばにつけて、そのことばを強める。(れい)自分自身。

2 **じしん**【自信】自分のもっている力やねうちをかたくしんじること。(れい)水泳には自信がある。

3 **じしん**【地震】地球の内がわでおこるはげしい変化のために、地面がゆれうごくこと。

じすい【自炊◂】自分で自分の食事をつくること。(れい)自炊生活をする。

しずおかけん【静岡県】中部地方の南東部にある太平洋に面した県。県庁所在地は静岡市。↓都道府県。

しずか【静か】❶物音がせず、ひっそりしているようす。(れい)静かな夜。❷おだやかなようす。(れい)波もなく静かな海。❸〔人の心やたいどが〕おちついているようす。(れい)静かに話す。

しずく【滴】ぽたぽたおちる水などのつぶ。

しずしず【静静】動作などが、しずかでおちついているようす。しとやかなようす。(れい)花よめが、式場に静々と入場してきた。

システム ある目的のために組み合わせた、まとまりのある全体。組織。体系。(れい)会社のシステム。

しずまる【静まる】❶〔物音や動きがとまって〕しずかになる。(れい)あらしが静まる。❷〔気持ちが〕おちつく。(れい)心が静まる。

しずむ【沈◂む】❶水の中へ深く入る。(れい)船が沈む。⇔浮く。浮かぶ。❷なやんだり、悲しんだりして、元気がなくなる。(れい)心が沈む。❸下の方へおちる。(れい)日が沈む。⇔上る。昇る。

しせい【姿勢】❶体のかっこう。すがた。(れい)姿勢がわるい。❷心がまえ。(れい)前むきの姿勢でとりくむ。

1 **じせい**【自生】草や木が自然にはえること。(れい)野や山に自生するワラビ。

2 **じせい**【自制】自分の気持ちや欲を自分でおさえること。(れい)自制心。

しせき【史跡】歴史にのこる有名な場所やたてものなどのあと。

しせつ【施◂設】ある目的のためにつくられた、たてものや設備。(れい)あたらしい公共施設ができる。

しせん【視線】見つめている目の方向。目のむき。(れい)友だちと視線があ

う。

しぜん【自然】❶山・川・草・木・星・雲などのように、人間がつくったものでないもの。れい 自然に親しむ。❷人の手をくわえず、もとのままであること。⇔人工。❸ありのままであるようす。れい 動きが自然だ。❹ひとりでにそうなるようす。れい あせが自然にかわく。

1じぜん【事前】物事のおこるまえ。れい 事前に準備しておく。

2じぜん【慈善】まずしい人やこまっている人をあわれみ助けること。

じぜんいさん【自然遺産】世界遺産の分類の一つ。世界共通の貴重なものとして守るべき自然環境が認定される。日本では、屋久島・白神山地など。

しそう【思想】まとまったある一つの考え。とくに、世の中や人の生き方についての考え。

じぞう【地蔵】「地蔵ぼさつ」のりゃく。世の中の人々を助けみちびくといわれる。石でかたちをつくり、道ばたなどにたててあることが多い。

地蔵

しそうか【思想家】人生や世の中に対して、深い思想を持っている人。

しそく【子息】他人のむすこをていねいにいうことば。

じそく【時速】一時間に進むはやさを、そのきょりであらわしたもの。時速百キロメートルとは一時間に百キロメートル進むはやさ。

じぞく【持続】あるじょうたいが長くつづくこと。れい 薬の効果が持続している。

しそん【子孫】ある人を祖先として血すじがつながっている人々。子や孫。れい 藤原氏の子孫。⇔先祖。祖先。

1した【下】❶低いところ。また、低いほう。れい がけの下。❷ものの内がわになっているところ。れい 上着の下に着るもの。❸地位が低いこと。れい 下の者。❹年が少ないこと。年下。れい 弟はぼくより年が二つ下です。⇔❶〜❹上。❺「前もってする」の意味を表すことば。れい 下準備。／下調べ。

2した【舌】口の中にあって、食べ物の味を感じたり、物をのみこんだり、発音をたすけたりするはたらきをもつもの。べろ。

しだ ワラビ・ゼンマイなどの、シダ植物のこと。胞子でふえる。日かげにそだち、花はさかない。

1じたい【字体】❶文字の形。新字体・旧字体など。❷しょたい（書体❶❷）。

2じたい【事態】物事のなりゆき。ようす。れい 事態はますます悪くなるいっぽうだ。

3じたい【辞退】人からの申し出などをことわること。れい 出場を辞退する。

じだい【時代】❶長い年月。れい 時代を感じさせる、古いたてもの。❷人の一生をあるきまりによってくぎったときの一時期。れい 少年時代。❸歴史のうえで、あるきまりによってくぎられた期間。れい 江戸時代。

しだいに【次第に】物事が少しずつかわるようす。だんだん。(れい)次第に寒くなる。

したう【慕う】❶こいしく思う。なつかしく思う。(れい)いつもかわいがってくれた祖母を慕う。❷会いたくて、あとをおう。(れい)犬がぼくのあとを慕ってついてくる。❸尊敬してそうなりたいと思う。(れい)先生の人がらを慕う。

したうち【舌打ち】上あごを舌ではじいて音を出すこと。物事がうまくいかないときやしゃくにさわるときなどにする。

したえ【下絵】下がきの絵。

したがう【従う】❶あとについていく。(れい)先生のあとに従って体育館にはいる。❷人のいうとおりにする。(れい)父の忠告に従う。❸あるやり方のとおりにする。まねる。(れい)古いしきたりに従う。❹《「…に従って」の形で》…につれて。…するとともに。(れい)成長するに従って、たくましくなってきた。

したがえる【従える】❶ひきつれる。つれていく。(れい)家来を従える。❷したがわせる。征服する。(れい)全国の大名を従える。

したがき【下書き】❶清書する前にためしに書くこと。また、書いたもの。❷まだできあがっていない文章。(れい)作文の下書き。

したがって【従って】だから。それだから。(れい)熱心に練習した。従って上達も早かった。

したぎ【下着】はだにすぐ着るもの。シャツやパンツ。はだぎ。⇕上着。

したく【支度・仕度】物事の準備をすること。また、その準備。用意。

じたく【自宅】自分の家。

したごころ【下心】人に知らせない本当の気持ち。またとくに、悪いたくらみ。計略。(れい)あんなに親切なのは、何か下心があるにちがいない。

したしい【親しい】よく知っていて、なかがよい。心やすい。(れい)親しい友だち。

したじき【下敷き】❶字を書くとき下にしくもの。❷物の下になること。(れい)たおれた木の下敷きになる。

したしむ【親しむ】❶なかよくする。(れい)親しんだ友だちとわかれる。❷なじむ。(れい)読書に親しむ。／自然に親しむ。

したしらべ【下調べ】前もって調べること。また、予習すること。(れい)社会科の下調べをしていく。

したたか❶手ごわいようす。また、ずるがしこく思うままにあつかえないようす。(れい)かれはおとなしそうだが、したたかなところもある。❷ひどく。強く。(れい)すもうでなげられ、したたかこしをうった。

したづみ【下積み】❶荷物などが下の方につまれていること。また、つまれているもの。❷人の下でつかわれていて、いつまでも自分の力がだせないこと。また、その人。(れい)下積みの生活が長い。

したて【下手】❶下の方。川下。しもて。❷へりくだった態度。❸すもうで、相手のうでの下にさし入

【】漢字を使った書き方　(れい)ことばの使い方の例　⇕反対のことば　⬇参考になる情報　◀小学校で習わない漢字

れた手。(れい)下手をすばやくとった。⇕上手。

したてにでる【下手に出る】相手にたいして、へりくだった態度をとる。(れい)下手に出ればつけ上がる。

じたばた ❶〔手足をばたばたさせて〕さかんに抵抗するようす。❷〔悪い状態からぬけ出すため〕いろいろやってみるようす。あせってもがくようす。(れい)ここまできたらじたばたしてもしかたがない。

したばたらき【下働き】❶人の下ではたらくこと。また、その人。❷人の家でせんたくやごはんのしたくなどをすること。また、その人。

したび【下火】❶もえていた火のいきおいがおとろえること。(れい)火事がやっと下火になった。❷さかんであった物事のいきおいが弱くなること。(れい)流行が下火になる。

したまち【下町】大都市で土地の低い地域にある商工業のさかんな町。

したみ【下見】前もって見てしらべること。(れい)遠足の下見に行く。

したやく【下役】〔役所や会社などで〕自分より位が下の人。⇕上役。

したをまく【舌を巻く】ひどく感心する。(れい)小学生とは思えないみごとな演技に、みんな舌を巻いた。

しち【七】数の名で、ななつ。なな。また、七番目。

しちがつ【七月】一年の七番目の月。古くは「文月」といった。

しちごさん【七五三】子どもの成長をいのる祝い。男の子は三さいと五さい、女の子は三さいと七さいになった年の十一月十五日に、神社などにおまいりする。

しちごちょう【七五調】詩や和歌で、ことばが、七音・五音のじゅんにくりかえされる調子。「ほたるのひかり（七）まどのゆき（五）ふみよむつきひ（七）かさねつつ（五）…」のような調子になる。

じちたい【自治体】法律によってみとめられた都道府県・市町村などの、政治をおこなう団体。地方公共団体。

しちてんばっとう【七転八倒】苦しんでころげまわること。(れい)七転八倒の苦しみ。

しちふくじん【七福神】幸せをさずけるとしんじられている七人の神。恵比寿・大黒天・毘沙門天・弁財天・福禄寿・寿老人・布袋のこと。

七福神

しちめんちょう【七面鳥】キジのなかまの鳥。首のまわりの色が、赤や青などに変わる。

しちゃく【試着】体にあうかどうか、買う前にためしに着てみること。

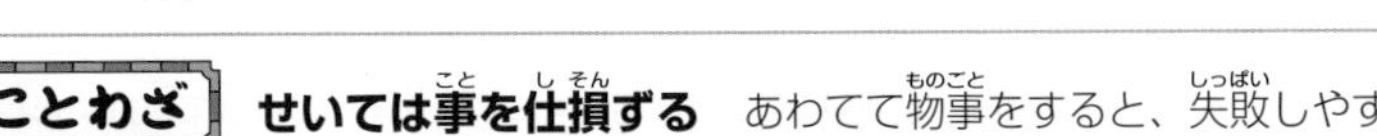
ことわざ **せいては事を仕損ずる** あわてて物事をすると、失敗しやすい。

ことばのテーブル 314ページ

しちょう【市長】選挙によって市民からえらばれた、市をおさめる代表者。

じちょう【自重】❶自分のおこないに気をつけ、軽はずみなことをしないようにすること。(れい)大切な発表会の前だから自重しよう。❷自分の体に注意して、大切にすること。自愛。

しちょうそん【市町村】市と町と村。(れい)市町村の代表者があつまる。

しちょうりつ【視聴率】テレビで、ある番組がどのくらい見られているかをあらわすわりあい。

しちりん【七輪・七厘】料理のために炭火をおこす、土でつくったこんろ。

しつ【質】❶中身や内容のよしあし。❷もともと持っている性質。たち。(れい)生まれながらがん健（＝じょうぶ）の質です。

しつい【失意】あてがはずれたり、のぞみがかなわなかったりして、がっかりすること。(れい)事業に失敗して、失意のどんぞこにある。⇕得意。

じっか【実家】自分のうまれた家。生家。

しっかり ❶たしかなようす。(れい)手をしっかりにぎる。❷気持ちが確かで、きんちょうしているようす。(れい)気をしっかりもて。❸〔体が〕じょうぶなようす。(れい)年をとっても、歩き方はしっかりしたものだ。

じっかん【実感】自分がじっさいにやってみて、感じること。また、そのようないきいきした感じ。(れい)まだ優勝の実感がわかない。

しっき【漆器】うるしをぬった道具や入れ物。ぬりもの。

じつぎ【実技】技術や演技などをじっさいにおこなうこと。(れい)体育の実技。／実技試験。

しつぎおうとう【質疑応答】疑問について質問し、それにたいして答えること。(れい)質疑応答の時間をとる。

じっきょう【実況】じっさいのありさま。(れい)野球の実況中継。

じつぎょうか【実業家】会社・工場・銀行などをうごかして、事業をやっている人。

しっくり〔二つのものの調子などが〕よく合っているようす。ぴったりしているようす。(れい)ちかごろ親友としっくりいかない。

じっくり 物事をおちついてゆっくりするようす。(れい)じっくり考える。

しつけ【仕付け】❶礼儀作法やよい習慣を教え、身につけさせること。❷さいほうで、糸であらくぬっておくこと。また、その糸。

しっけ【湿気】しめった感じ。しめりけ。しっき。(れい)湿気が多い。

しっけん【執権】鎌倉幕府で、将軍をたすけて政治をおこなった、最高の役目の人。

しつげん【失言】いってはならないことをうっかりいってしまうこと。また、そのことば。(れい)大臣が失言をとりけした。

1じっけん【実権】人々を自由に動かせるじっさいの権力。(れい)会社の実権をにぎる。

2じっけん【実験】〔理論や仮説が〕正しいかどうかじっさいにためしてみること。

じつげん【実現】本当のこととして、

【】漢字を使った書き方　(れい)ことばの使い方の例　⇕反対のことば　⬇参考になる情報　◂小学校で習わない漢字

あらわれること。本当に、おこなわれること。(れい)ゆめが実現する。

しつこい ❶〔色や味などの〕ていどが強い。(れい)料理の味がしつこい。❷くどくどとうるさい。(れい)しつこくいいわけをする。

しっこう【執行】決まっていることを、じっさいにおこなうこと。(れい)刑を執行する。

じっこう【実行】〔計画などを〕じっさいにおこなうこと。(れい)考えたとおりに実行する。

じっさい【実際】❶本当にあること。げんじつのありさま。(れい)実際にあった話。❷本当に。まったく。(れい)実際、こまったことだ。

じつざい【実在】じっさいにこの世の中にあること。(れい)実在の人物。

しつじ【執事】身分の高い人などの家で、仕事を主人にかわっておこなう役目。また、その役目の人。

じっし【実施】じっさいにおこなうこと。(れい)試験を実施する。

じっしつ【実質】〔外から見えるものにたいして〕ほんとうの中身。

じっしゅう【実習】仕事などをじっさいにやってならうこと。(れい)料理の実習。

1しっしん【失神】気をうしなうこと。気絶。(れい)ショックで失神する。

2しっしん【湿しん】ひふが赤くはれ、かゆみが強く、かくとしるの出る病気。

じっせき【実績】じっさいにあげた成績。(れい)実績がみとめられる。

じっせん【実践】自分でじっさいにおこなうこと。(れい)考えたことを実践にうつす。

しっそ【質素】じみでかざりけのないようす。(れい)質素なくらし。

しっそう【失踪】家を出たままゆくえがわからなくなること。

1じったい【実体】そのもののもっている、本当のすがた。(れい)実体のない会社。

2じったい【実態】ありのままのすがた。じっさいのありさま。(れい)交通事故の実態をしらべる。

しったかぶり【知ったか振り】〔本当は知らないのに〕知っているようなふりをすること。

じっちゅうはっく【十中八九】〔十のうちの八か九までの意味から〕おおかた。ほとんど。たいてい。(れい)かれは、十中八九来ないだろう。

じっちょく【実直】まじめで、正直なこと。

じって【十手】江戸時代に、罪人をつかまえる役人が持った、手元にかぎのついた鉄の棒。

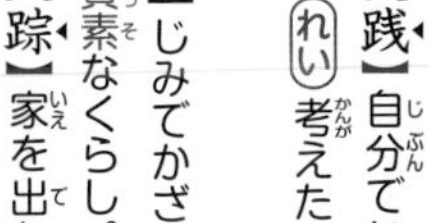

十手

しっと【嫉妬】人のことをうらやんで、にくんだりねたんだりすること。(れい)嫉妬ぶかい人。

しつど【湿度】空気中にふくまれている水分のわりあい。

じっと ❶〔体や視線などを〕動かさないようす。(れい)じっと見つめる。❷がまんしてたえるようす。(れい)いたさをじっとこらえる。

慣用句 **精を出す** いっしょうけんめい、はたらく。

しっとり ❶すこししめっているようす。れい 庭の草が、けさの雨でしっとりぬれている。❷〔ふんいきや性格が〕おちついてしずかなようす。れい しっとりした感じの町なみ。

じっとり 水分をたくさんふくんで、しめっているようす。れい ひたいに汗がじっとりにじむ。

しつない【室内】へやの中。れい 室内競技。

じつに【実に】本当に。まことに。れい となりのへやから実にうれしそうな笑い声がきこえる。

しっぱい【失敗】やりそこなうこと。れい 実験が失敗する。⇕成功。

しっぴつ【執筆】文章を書くこと。

しっぷ【湿布】水・薬などにひたした布を体のはれたりいたんだりしている部分にあてること。また、その布。

じつぶつ【実物】〔模型・見本・写真などでなく〕じっさいのもの。本物。れい 実物の名画を見て感動した。

じっぺんしゃいっく【十返舎一九】（一七六五〜一八三一）江戸時代の作家。弥次郎兵衛と喜多八が東海道を旅する「東海道中膝栗毛」を書いた。

しっぽ【尻尾】❶動物の尾。❷細長い物のはし。れい ダイコンの尻尾をきる。

尻尾①

しつぼう【失望】のぞみをうしなうこと。また、のぞみどおりにならず、がっかりすること。れい 前途（＝しょうらい）に失望する。

しつもん【質問】わからないことやうたがいのあるところをたずねること。れい 先生に算数の質問をする。

しつよう【執よう】かんたんにはあきらめないこと。しつこいこと。れい 執ようにつきまとう。

じつようか【実用化】じっさいに使えるようにすること。れい アイデアを実用化する。

しつらえる きちんと整える。美しくかざりつける。れい 客間に応接セットをしつらえる。

しつりょう【質量】❶質と量。れい 質量ともによい。❷物体がもっている分量。ふつう、そのものの重さをいう。

じつりょく【実力】本当の力。れい あなたの実力なら、ゆうしょうはまちがいなしです。

じつりょくこうし【実力行使】〔ある目的をはたすために〕じゃまになるものを、じっさいの行動によってのぞくこと。また、その行動。れい 実力行使に出る。

しつれい【失礼】❶れいぎにはずれたおこないをすること。れい 失礼のないように気をつける。❷人とわかれるときや、軽くあやまるときなどにいうことば。れい では、失礼します。／あっ、失礼。

しつれん【失恋】恋がかなわないこと。恋にやぶれること。

じつわ【実話】本当にあった話。

シテ 能楽や狂言の、主役。また、主役をする人。

1 **してい**【子弟】年のわかい人。(れい)王室の子弟が集まる学校。

2 **してい**【指定】はっきり、それとさしてきめること。(れい)国定公園に指定された。

3 **してい**【師弟】先生と、生徒。ししょうと、でし。(れい)師弟のあいだがら。

1 **してき**【私的】自分だけに関係のあるようす。個人的。(れい)私的な用事。⇔公的。

2 **してき**【指摘】〔多くの中から〕とくにこれとさししめすこと。とりあげてしめすこと。(れい)まちがいを指摘する。

1 **してん**【支点】「てこ」をささえているところ。→てこ。

2 **してん**【視点】ものを考える立場。観点。(れい)視点をかえて考える。

1 **じてん**【字典】漢字をきまった順序にならべ、読み方や意味などを説明した本。字書。(れい)漢字字典。

2 **じてん**【次点】当選または入選した人の、次の点数。また、その点数をとった人。(れい)学級委員の選挙で林さんは次点だった。

3 **じてん**【自転】天体が、自分の直径を一つの軸として回ること。(れい)地球は自転している。⇔公転。

4 **じてん**【事典】いろいろなことがらをあらわすことばを集めてくわしく説明した本。百科事典。

5 **じてん**【辞典】ことばをきまった順序にならべ、読み方や意味などを説明した本。辞書。(れい)国語辞典。

じてんしゃ【自転車】〔のった人が〕足でペダルをふみ、車輪を回して進む二輪車。

1 **しどう**【私道】個人の土地につくった道。⇔公道。

2 **しどう**【指導】ある目的にたっするように、教えみちびくこと。(れい)水泳を指導する。

じとう【地頭】鎌倉時代、幕府がしょう園のとりしまりや、税のとりたてをさせた役。また、その役人。

1 **じどう**【自動】〔機械などが〕自分の力でうごくこと。(れい)自動ドア。⇔手動。

2 **じどう**【児童】子ども。とくに、小学生。(れい)あたらしい児童公園ができることになった。

じどうかい【児童会】ある問題について、学校の児童全員で話し合うための会。

じどうかん【児童館】子どもたちの健康増進をはかるなどのために、いろいろな設備をそなえてある建物。

じどうしゃ【自動車】エンジンの力で車輪を回転させて、道路を走る乗り物。トラック・乗用車など。

じどうしょ【児童書】児童のために書かれた本。

じどうはんばいき【自動販売機】お金を入れると品物が出てくるしかけの機械。(れい)自動販売機でジュースを買う。

しとしと 雨がしずかにふるようす。(れい)朝から、春雨がしとしとふっている。

じとじと 気持ちが悪いほど、しめりけが多いようす。(れい)雨がつづくので、空気がじとじとしている。

しとやか おちついて上品なようす。(れい)和服を着た女性がしとやかにあいさつをする。

あいうえお かきくけこ さしすせそ し たちつてと なにぬねの はひふへほ まみむめも やゆよ らりるれろ わをん

慣用句 **背筋が寒くなる** おそろしさなどのため、ぞっとする。

しどろもどろ 〔心におちつきがなく〕話のすじがみだれているようす。(れい)急に質問されて、しどろもどろの答えしかできなかった。

しな【品】❶品物。(れい)お祝いの品。❷品物の性質。(れい)ねだんのわりに品が悪い。

しない【竹刀】剣道でつかう、竹でつくったかたな。

しなぎれ【品切れ】品物が売りきれてなくなること。

しなびる 草や木が水けがなくなってしぼむ。

しなもの【品物】何かの用につかうためのもの。とくに、商品。(れい)お祝いの品物。

しなやか ❶やわらかなようす。また、やわらかにまがるようす。(れい)しなやかな指。／えだが、しなやかにまがる。❷動作がなめらかでしぜんなようす。(れい)身のこなしがしなやかだ。

シナリオ 映画・テレビなどのきゃく本。せりふ・動作・場面などを細かく書いた本。

じなん【次男】男のきょうだいの中で二番目に生まれた子。⇕次女。

シニア ❶年長者。(れい)シニア向け住宅。❷上級生。上級者。⇕①②ジュニア。

しにせ【老舗◀】むかしからずっとつづいていて、しんようのある店。

しぬ【死ぬ】❶命がなくなる。命を落とす。(れい)金魚が死ぬ。⇕生きる。生まれる。❷いきいきしていない。(れい)この絵は死んでいる。❸役にたたない。活用されない。(れい)これではせっかくの才能が死んでしまう。⇕生きる。

じぬし【地主】土地のもち主。

しのびあし【忍び足】人に気づかれないようにそっと歩く足どり。

じのぶん【地の文】小説などの、会話文以外の文。

しはい【支配】あるものを思うとおりに動かしておさめたり、仕事をとりしまったりすること。(れい)王が国を支配する。

しばい【芝◀居】❶劇。とくに、歌舞伎のこと。❷人をだますためのつくりごと。(れい)かのじょがないたのは芝居だよ。

じはく【自白】自分のおかした罪を自分からうちあけること。

しばしば たびたび。なんども。(れい)このごろ友人としばしば会っている。

しはつ【始発】❶その日のうちで、いちばんはじめの発車。また、その電車・バスなど。❷あるところを出発点としてそこから出発すること。(れい)東京始発。

しばふ【芝◀生】シバがいちめんにはえているところ。

芝生

しばらく ❶少しの間。(れい)しばらくおまちください。❷少し長い間。(れい)あの人とはしばらく会っていない。

しばる【縛◀る】❶なわやひもで動かないようにむすぶ。ゆわえる。(れい)古い新聞をひもで縛る。

❷自由にさせない。(れい)きそくに縛られる。

しはん【師範】学問や技術を教える人。(れい)剣道の師範。

じひ【慈悲】あわれみ、いつくしむこと。なさけ。(れい)仏の慈悲にすがる。

じびか【耳鼻科】耳や鼻の病気をなおす医学。また、その医院。

じびき【字引】❶字典。❷辞典。辞書。

じひびき【地響き】地面が動き、音をたてること。また、その音。(れい)地響きをたててトラックが走りすぎた。

じびょう【持病】なかなかなおらないで、いつも苦しめられている病気。(れい)おばさんは持病の頭痛になやんでいる。

しびれる 体の感覚がなくなる。また、強いしげきをうけて、けいれんをおこしたようになる。(れい)足がしびれて、歩けなくなった。

じふ【自負】自分の才能や力をしんじてほこること。(れい)かれは走ることならだれにも負けないと自負している。

しぶい【渋い】❶舌がしびれるようないやな味がする。(れい)渋い茶。❷じみでおちつきがある。(れい)渋い色の着物。❸きげんが悪い。気むずかしい。(れい)渋い顔をしている。❹けちである。(れい)お金に渋い。

しぶおんぷ【四分音符】全音符の四分の一の長さをあらわす音符。しぶんおんぷ。

しぶき とびちる水のつぶ。(れい)波が岩にぶつかって、しぶきをあげている。

しふく【私服】学校や会社などできめられている服ではなく、自分がふだん着る服。⇔制服。

しぶしぶ【渋渋】いやいやながら。(れい)渋々お使いに行く。

しぶとい ねばり強い。(れい)かれはピンチをしぶとくきりぬけた。

じぶん【自分】❶その人自身。(れい)自分のことは自分でする。❷わたくし。(れい)自分が行きます。

じぶんかって【自分勝手】自分につごうのよいことだけしか考えないこと。わがまま。

しへい【紙幣】紙でつくったお金。さつ。⇔硬貨。

じべた【地べた】「土地の表面」「地面」「土の上」などのくだけた言い方。(れい)地べたにすわる。

1**しほう**【四方】❶東・西・南・北の四つの方角。(れい)このおかからは、四方がよく見わたせる。❷まわり全部。(れい)四方を山にかこまれている村。

2**しほう**【司法】国が法律によって、裁判の仕事をすること。

1**しぼう**【死亡】死ぬこと。なくなること。(れい)交通事故による死亡者。

2**しぼう**【志望】こうしたい、こうなりたいとのぞむこと。また、そののぞみ。(れい)アナウンサー志望だ。

3**しぼう**【脂肪】動物の体や植物の実などにふくまれているあぶら。

しほうはっぽう【四方八方】あらゆる方向。(れい)四方八方さがし回る。

しぼむ ❶いきいきした感じがなくなる。しおれる。(れい)アサガオの花は、昼ごろになるとしぼむ。❷〔ふくらんでいたものが〕小さくなる。(れい)風船がしぼむ。⇔膨らむ。

慣用句 **世話が焼ける** 手数がかかる。めんどうである。

1**しぼる**【絞る】❶ねじって水分を出す。(れい)ぞうきんを絞る。❷〔声や能力などを〕せいいっぱい出す。(れい)ちえを絞る。❸〔広がったものを〕小さくまとめる。(れい)テーマを一つに絞る。❹小さくする。(れい)音を絞る。

2**しぼる**【搾る】しめつけて液体を取り出す。(れい)牛の乳を搾る。

しほん【資本】ある仕事をするのに必要なお金。もとで。

しほんしゅぎ【資本主義】もうけるために資本家が事業をおこない、労働者をやとって品物を生産する経済のしくみ。⇔社会主義。

1**しま** 布地に、たて、または横におってだしたすじ。また、そのようなもよう。

2**しま**【島】まわりを水でかこまれた陸地。(れい)南国の海にうかぶ島。

しまい【姉妹】❶姉と妹。女のきょうだい。❷同じ流れをうけつぐ二つ以上のもの。また、よくにているもの。(れい)京都に姉妹店がある。

しまう ❶〔ある仕事などを〕すませる。(れい)店をしまってから出かける。❷〔使ったものや大切なものを〕かたづける。(れい)読んだ本はきちんとしまっておきましょう。❸《「…てしまう」の形で》すっかりすませる。しおえる。(れい)そうじを終わらせてしまう。

しまうま【しま馬】ウマ科の動物。体が黒と白のしまもようになっている。アフリカの草原に、むれをなしてすむ。ゼブラ。

じまく【字幕】〔映画やテレビで〕説明することばを文字でうつし出したもの。(れい)字幕の文字を読む。

しまぐに【島国】まわりを海でかこまれている国。(れい)日本は島国だ。

しまつ【始末】❶物事の、はじめからおわりまでの事情。(れい)ことの始末をお話しします。❷物事の（悪い）結果。じょうたい。(れい)手も足も出ない始末です。❸しめくくりをすること。あとかたづけをすること。(れい)火の始末をする。

しまねけん【島根県】中国地方の北部にある日本海に面した県。県庁所在地は松江市。⬇都道府県。

1**しまる**【閉まる】〔出入り口などが〕とざされる。(れい)店のシャッターが閉まる。⇔開く。

2**しまる**【締まる】❶ゆるみがなくなる。(れい)ねじが締まる。❷心にゆるみがなくなる。きんちょうする。(れい)気持ちが締まる。

じまん【自慢】自分のことや自分のものを、とくいになってしゃべったり見せたりすること。(れい)ゲームに勝ったことを自慢する。

しみ【染み】〔紙や布などに〕水やあぶらなどがしみこんでついたよごれ。

じみ【地味】目だたないようす。ひかえめなようす。(れい)地味なもよう。⇔派手。

しみじみ ❶深く心に感じるようす。(れい)友情のありがたさをしみじみ感じた。❷しずかでおちついたようす。(れい)ふたりでしみじみと話をした。

しみず【清水】地中や岩の間からわき出るきれいな水。

じみち【地道】きけんのあるようなお

こないをしないですすむようす。手がたいようす。れい 地道に努力する。

シミュレーション コンピューターなどをつかって、じっさいの場面ににた状況をつくり、そのなかでいろいろな実験をおこなうこと。模擬実験。

1**しみる** 水などがこおる。また、こおるように寒く感じる。

2**しみる**【染みる】❶液体などが中まで少しずつ入る。れい こぼしたスープが服に染みる。❷〔ふれたり、中に入ったりして〕痛みを感じる。れい 薬がきずに染みる。❸心に深く感じる。れい 友だちの親切が身に染みる。

しみん【市民】その市に住んでいる人。また、都市にすんでいる人。れい 市民運動会。

1**じむ**【事務】〔役所・銀行・会社などで〕帳面をつけたり計算をしたりする、おもにつくえの上でする仕事。れい 会計の事務。

2**ジム** トレーニングをするしせつ。とくに、ボクシングの練習をする所。

1**しめい**【氏名】みょう字と名前。姓名。

2**しめい**【使命】あたえられたつとめ。しなければならないつとめ。れい 重大な使命をはたす。

3**しめい**【指名】〔あることをするよう〕名まえをさししめすこと。れい 役員に指名された。

しめきり【締め切り】❶〔まど・戸などを〕しめたままにしておくこと。れい 締め切りのへや。❷とりあつかいをうちきること。また、その期日。れい 締め切りは来月の十五日です。

しめくくり【締めくくり】まとまりをつけること。れい 話の締めくくりをつける。

しめしあわせる【示し合わせる】❶前もってそうだんしてきめておく。れい なかまと示し合わせて出かけた。❷たがいに合図をして知らせあう。れい 目と目で示し合わせてそっと席を立った。

しめしめ 物事が自分の思いどおりに進んでいることを、ひそかによろこんで言うことば。れい しめしめ、作戦がうまくいったぞ。

じめじめ ❶〔気持ちが悪いほど〕しめりけが多いようす。れい じめじめした季節。❷せいしつやふんいきが暗いようす。れい じめじめした性格の人。

しめす【示す】〔相手にわかるように〕見せる。表す。れい もはんを示す。

じめつ【自滅】❶ひとりでにほろびること。❷自分のしたことがもとで自分がほろびること。れい みかたのエラーで自滅した。

しめなわ【しめ縄】神社や神だなどにはる、なわ。とうとい場所であることをしめす。

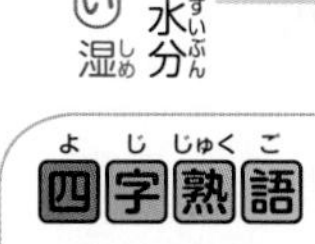
しめ縄

しめりけ【湿り気】水分。また、水分をふくんでいること。しっけ。れい 湿り気のある布。

四字熟語 **千客万来** 店などに、たくさんの客がたえずやってくること。

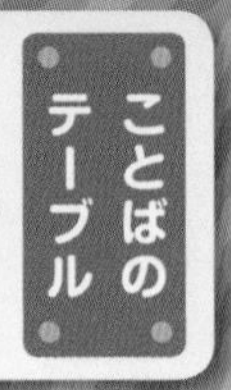

・しめる1
・しめる2
・しめる3
・しめる4
・じめん
・しも

・しもざ
・しもじも
・しもつき
・しもて
・じもと
・しもばしら
・しもん
・じもんじとう

・しや
・じゃあく
・ジャージ
・ジャーナリスト
・シャープ
・シャープペンシル
・シャーベット

1しめる【占める】❶〔ある地位などを〕自分のものにする。❷全体のある部分をとる。(れい)女性が半分を占める。

2しめる【閉める】〔戸・まど・ふたなどを〕とじる。(れい)へやのカーテンを閉める。⇕開ける。

3しめる【湿る】水分を少しふくむ。⇕乾く。

4しめる【締める】❶かたくむすぶ。(れい)おびを締める。

締める①

❷ゆるみをなくす。きんちょうさせる。(れい)気持ちを締めてかかる。❸くぎりをつけて合計する。(れい)売り上げは締めて十万円です。

じめん【地面】❶大地の表面。❷土地。

しも【霜】空気中の水じょう気が、夜の間に、ひえた地面や物にふれて、白い小さな氷の結晶となったもの。(れい)霜がおりる。

しもざ【下座】〔会議やえん会などで〕下の立場の人がすわる場所。⇕上座。

しもじも【下下】身分の高くない、ふつうの人々。(れい)下々の者には買えない品物だ。

しもつき【霜月】むかしのこよみで、十一月のこと。

しもて【下手】しばいなどの舞台で、お客の方からみて左の方。⇕上手。⬇高座。

じもと【地元】❶そのことにちょくせつ関係のある土地。現地。(れい)道路の建設について、地元の人々に説明会を開く。❷自分のすんでいる土地。(れい)地元代表のチームをおうえんする。

しもばしら【霜柱】土の中の水分がこおって、細かい氷のはしらになったもの。(れい)霜柱がたつ。

しもん【指紋】手の指先の内がわにある、多くの線がつくるもよう。人によって形がちがい、一生かわらない。

じもんじとう【自問自答】〔自分の気持ちや考えなどを〕自分の心にたずねて、自分で答えること。

しや【視野】❶目で見えるはんい。(れい)視野がひろがる。❷物事の見方や考え方のはんい。(れい)世界的な視野で物事を見る。

じゃあく【邪悪】心がねじけていて正しくないこと。

ジャージ 毛糸・きぬ・もめんなどを使ってつくった、のびちぢみするやわらかい布。また、それでつくった衣服。ジャージー。(れい)上下そろいのジャージを着てジョギングする。

ジャーナリスト 新聞・雑誌・ラジオ・テレビなどの、編集者・記者、また、原稿を書く人など。(れい)ぼくの将来の希望は、ジャーナリストになることだ。

シャープ ❶音楽で半音高くする記号。えい記号。「♯」であらわす。❷するどいようす。きれ味がよいようす。(れい)シャープな画像。

シャープペンシル しんを少しずつおし出してつかう筆記用具。しんはおぎなうことができる。シャープペン。

シャーベット くだもののしるに、

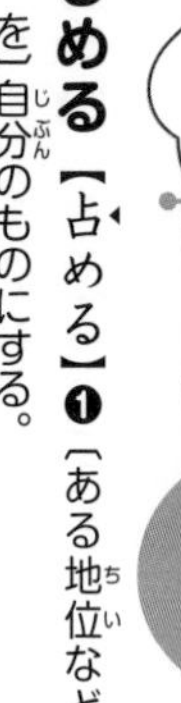

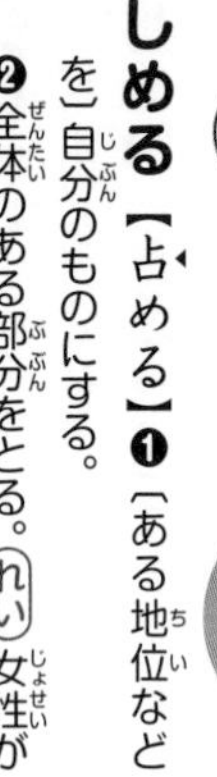

さとうや香料などを入れて、こおらせた菓子。

シャーレ まるくてひらたい、ふたのついたガラスの入れ物。理科の実験などにつかう。ペトリざら。

しゃかい【社会】❶たがいに助けあい、生活をしている人々の集まり。❷同じなかま。(れい)学生社会をえがいた青春小説。❸世の中。世間。(れい)社会に出る。❹社会科。

しゃかいか【社会科】小学校・中学校・高校で教える教科の一つ。社会のしくみを知り、社会生活についての知識を身につけることを目的とする。

しゃかいしゅぎ【社会主義】機械・土地・労働力など、生産手段を社会全体のものとして、経済の計画を立て、だれもが利益を平等にうけられるようにしようとする考え。また、そのようなしくみ。⇔資本主義。

しゃかいじん【社会人】社会の一員として、はたらいてくらしをたてている人。

じゃがいも【じゃが芋】ナス科の植物。まるくふくれた地下茎を食べる。メークイン・だんしゃくなどの種類がある。バレイショ。

しゃがむ うずくまる。かがむ。(れい)弟は、道ばたにしゃがんだきり、うごかない。

しゃきしゃき ❶歯切れよく物をかむ音。また、やさいなどを細かく切る音のようす。(れい)セロリのしゃきしゃきとした歯ごたえ。❷ことばやたいどが活発でてきぱきしているようす。(れい)木村さんのお姉さんは、しゃきしゃきとした人だ。

しゃく ふゆかいではらが立つこと。(れい)弟に先をこされたのがしゃくだ。

しやくしょ【市役所】市をおさめる仕事をする役所。市庁。

じゃぐち【蛇口】水道管の先の水を出すところにとりつける金具。

じゃくてん【弱点】❶じゅうぶんでないところ。(れい)相手の弱点をせめて、試合にかった。❷人に知られるとこまるようなこと。よわみ。(れい)弱点をにぎる。

しゃくどういろ【赤銅色】つやのある赤黒い色。黒く日に焼けて、つやのあるはだの色をいうことが多い。

しゃくにさわる【しゃくに障る】腹がたって、おこらずにはいられない気持ちになる。(れい)あの人の言い方がしゃくにさわる。

しゃくねつ【しゃく熱】焼けてあつくなること。また、焼けるような暑さ。(れい)しゃく熱の太陽。

しゃくほう【釈放】つかまえた人をはなして自由にすること。(れい)ようぎ者が釈放された。

しゃくめい【釈明】〔ごかいなどをとくために〕自分の立場やことのなりゆきをよく説明すること。弁解。弁明。いいわけ。(れい)失敗の原因について釈明する。

しゃくよう【借用】〔お金や物を〕かりてつかうこと。(れい)先生からかさを借用する。

しゃげき【射撃】ピストルや銃で、めあてのものをねらってうつこと。

ジャケット ❶〔前あきで〕たけが短めの西洋風の上着。❷レコードやCDを入れるふくろ。

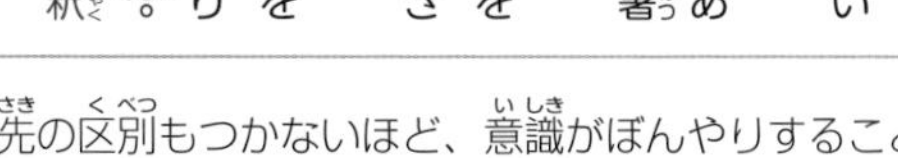

四字熟語 **前後不覚** 後先の区別もつかないほど、意識がぼんやりすること。

ことばのテーブル

324ページ

じゃけん【邪険◂】思いやりがなくて、いじわるなこと。(れい)邪険にあつかわれる。

しゃこ【車庫】電車や自動車などを入れておくたてもの。(れい)父が車庫から車を出す。

しゃこう【社交】世の中の人々のつきあい。社会生活をしていくために必要なつきあい。

しゃこうてき【社交的】人と人とのつきあいがじょうずなようす。(れい)社交的な人。

しゃざい【謝罪】自分のあやまちやつみをわびること。(れい)みんなを代表して相手に謝罪する。

しゃしょう【車掌◂】列車やバスなどの中で、客のせわや発車の合図などをする人。

しゃしん【写真】カメラでものをうつすこと。また、うつしたもの。(れい)キャンプをしたときにとった写真を整理してアルバムにはる。

しゃしんか【写真家】写真をとることを仕事にする人。

しゃせい【写生】人物や風景などをありのままに絵や文章にかくこと。(れい)公園に写生に行った。

しゃそう【車窓】電車・バスなどのまど。(れい)車窓から見えるけしき。

しゃち マイルカ科の動物。海にすむ、ほ乳類。体長八～十メートル。体の色は黒で、はらがわは白い。

しゃちほこ ごてんや城などの、やねのはしにつける、魚ににた形をしたかざり。

しゃちゅう【車中】電車や自動車の中。車内。

しゃちょう【社長】会社を代表する役目の人。

シャツ ❶上半身に着るはだぎ。❷上着の下に着る服。

1じゃっかん【若干】いくらか。少し。(れい)若干のお金。

2じゃっかん【弱冠◂】年がわかいこと。むかしは、二十才の男子をさした。(れい)弱冠十五才でオリンピックの金メダルをとる。

しゃっきん【借金】お金をかりること。また、かりたお金。

しゃっくり おうかくまく（＝胸と腹の間の膜）のけいれんによっておこる、空気をはげしくすいこむ運動。

ジャッジ 審判員。また、その判定。(れい)公正なジャッジ。

シャッター ❶カメラや映写機で、光を入れたりさえぎったりするしかけ。❷あげたりさげたりする、うすい金属の板でつくった戸。よろい戸。(れい)商店街のほとんどの店がシャッターをおろしている。

しゃどう【車道】道路で、自動車などが通るように区別された部分。(れい)車道で遊ぶのはきけんだ。⇕歩道。

しゃない【車内】電車や自動車の中。車中。(れい)車内は、通勤する人たちで満員だった。

じゃのめ【蛇◂の目】中心の近くに輪のもようがある紙の雨がさ。「じゃの目がさ」のりゃく。

ジャパン 日本。日本国。

じゃぶじゃぶ 水をかきまわしたり、水の中を歩いたりするときの音のようす。(れい)川をじゃぶじゃぶわたる。

しゃふつ【煮沸】〔水などを〕にたたせること。(れい)ふきんとタオルを煮沸

あいうえお
かきくけこ
さしすせそ
し
たちつてと
なにぬねの
はひふへほ
まみむめも
やゆよ
らりるれろ
わをん

消毒する。

1しゃべる〔口かず多く〕ものをいう。(れい)わたしの妹は、よくしゃべる。

2シャベル 土やすなをほりおこしたり、すくったりする道具。ショベル。

シャボンだま【シャボン玉】せっけんをとかした水を、細いくだの先につけ、反対がわからふいてつくるあわのたま。

じゃま【邪魔】〔あることをしようとするとき〕さまたげになること。また、そのもの。(れい)勉強の邪魔をする。

しゃみせん【三味線】三本のげんをばちではじいてならす、日本のげん楽器。皮をはりつけた胴の部分と、さおの部分からできている。

三味線

ジャム くだものをさとうでやわらかくにつめたもの。

しゃめん【斜面】ななめにかたむいている面。坂になっているところ。(れい)山の斜面。

しゃもじ ごはんやしるを食器にもる道具。しゃくし。

じゃり【砂利】❶くだけた小さな石。❷小さな石に砂のまじったもの。(れい)砂利とセメントをまぜる。

しゃりょう【車両】電車・自動車などのこと。とくに、電車が連結しているときの一両一両。

しゃりん【車輪】車のわ。(れい)前の車輪。

しゃれ ❶《「おしゃれ」の形で》美しくきかざること。また、きかざった人。(れい)おしゃれな人。❷同じ音や、似た音のことばをつかった、こっけいな文句。

しゃれい【謝礼】お礼の気持ちをあらわして、お金や品物をおくること。また、そのお金や品物。

じゃれる〔犬やネコなどが〕まつわりついてふざける。(れい)犬が足元でじゃれる。

シャワー「じょうろ」のような口から水や湯を出してあびるしかけ。また、そこから出る水や湯。

ジャングル 熱帯地方で、木がすきまなくしげっている林。密林。

ジャングルジム 金属のくだを組み合わせてやぐらのようにつくった子ども遊び道具。

じゃんけん〔ふたり以上の人が〕かた手で石・紙・はさみの形を出しあい、勝ち負けをきめる遊び。

しゃんと しせいや動作などがきちんとしているようす。(れい)背すじをしゃんとのばして歩く。

ジャンプ とぶこと。とびあがること。とくに、陸上競技の走りはばとび・走り高とび、スキー競技のちょうやく種目など。

シャンプー かみの毛をあらうときに使う洗剤。また、それでかみの毛をあらうこと。

ジャンル 部類。種類。とくに、文芸作品の部門。詩・小説・戯曲などの区別のこと。

しゅ【朱】だいだい色に近い赤。

しゅい【首位】第一位。一番。(れい)首位をまもる。

四字熟語 千差万別 たくさんのものが、それぞれちがっていること。

しゅいんせん【朱印船】豊臣秀吉や徳川家康があたえた朱印状（外国へ行ってもよいという手紙）を持って、東南アジアへ貿易に行った船。御朱印船。

1**しゅう**【州】❶日本で、むかしの国の名につけることば。(れい) 紀州（＝紀伊）・武州（＝武蔵）など。❷アメリカ合衆国やオーストラリアなどで、国を形づくる区画のよび名。(れい) ワシントン州。

2**しゅう**【週】七つの曜日でまとめた単位。一週間。(れい) 週に二回ピアノを習っている。

じゆう【自由】なにものにも制限されないで、思いどおりにできること。(れい) 自由に歩きまわる。

じゅう【十】数の名で、とお。また、十番目。(れい) 十倍。

じゅうあつ【重圧】強い力でおさえつけること。また、その力。(れい) 入学試験の重圧をはねかえす。

しゅうい【周囲】❶〔あるものの〕まわり。また、その長さ。(れい) 池の周囲。❷あるものや、ある人などをとりまく人々・もの。かんきょう。(れい) 周囲のあたたかい目につつまれる。

じゅうい【獣医】犬・ネコ・牛・馬など、動物のけがや病気をなおす医者。

じゅういちがつ【十一月】一年の十一番目の月。古くは「霜月」といった。

しゅうえき【収益】りえきをえること。また、そのりえき。(れい) 一日の収益が三万円ある。

じゅうおう【縦横】❶たてとよこ。❷東西や南北。四方八方。(れい) 鉄道が縦横に走っている。❸思うまま。自由自在。(れい) 縦横に走りまわる。

しゅうかい【集会】人々が、ある目的をもって集まること。また、その集まり。(れい) 集会に参加する。

しゅうかく【収穫】❶農作物をとり入れること。また、とり入れたもの。(れい) 米を収穫する。❷あることをおこなってえた、よい結果。(れい) 合宿の収穫は何ですか。

しゅうがくりょこう【修学旅行】児童・生徒に、その土地のようすなどを見学・学習させるためにおこなう団体旅行。

じゆうがた【自由形】水泳競技の種目の一つ。どんな泳ぎ方をしてもよいが、ふつうは、いちばんスピードのでるクロールで泳ぐ。

じゅうがつ【十月】一年の十番目の月。古くは「神無月」といった。

じゆうかったつ【自由かっ達】心がのびのびとしていて、小さなことにこだわらないようす。

1**しゅうかん**【週刊】新聞や雑誌などを一週間に一度発行すること。(れい) 女性週刊誌。

2**しゅうかん**【週間】❶とくべつな行事をする七日間。(れい) 読書週間。❷《数を表すことばにつけて》〔日曜日から土曜日までの〕七日間を単位とする数え方に使うことば。(れい) 発表会は二週間後だ。

3**しゅうかん**【習慣】くりかえしてするうちに、きまりのようになったことがら。ならわし。(れい) その土地の習慣にしたがう。

しゅうぎいん【衆議院】参議院とともに国会をつくっているしくみの一つ。全国のそれぞれの選挙区から国民の選挙によってえらばれた議員でつくられ、国の予算や法律などをきめる。

しゅうぎいんぎいん【衆議院議員】国民の選挙によってえらばれ、衆議院をつくっている人。任期は四年。

じゅうきょ【住居】住んでいる家。すまい。住宅。れい 住居をうつす。

しゅうきょう【宗教】神や仏をしんじることによって心のおちつきや幸福をえようとすること。仏教・キリスト教・イスラム教など。

しゅうきょうか【宗教家】布教など宗教にかかわることをおこなう人。

しゅうぎょうしき【終業式】学校で学期の授業が終わるときにおこなう儀式。⇔始業式。

しゅうきん【集金】〔品物の代金など〕お金を集めること。また、そのお金。

シュークリーム 小麦粉にたまごとバターをまぜてやいた、うすい皮の中に、クリームをつめた洋菓子。

しゅうけい【集計】集めて計算すること。れい 得点の集計をする。

しゅうげき【襲撃】ふいに敵をおそうこと。れい 敵の襲撃にあう。

しゅうけつ【終結】物事をおわりにすること。また、物事のおさまりがついて終わること。れい 戦いが終結した。

じゅうけつ【充血】体のある部分を流れる血が、とくに多くなること。れい 目が充血している。

しゅうげん【祝言】おいわい。とくに、結婚式。れい 祝言をあげる。

じゆうけんきゅう【自由研究】テーマを自分できめておこなう研究。

しゅうごう【集合】一か所に集まること。また、集めること。れい 全校児童が、校庭に集合した。⇔解散。

じゅうごや【十五夜】むかしのこよみで、十五日の満月の夜。とくに、八月十五日の夜。この夜の月を「中秋の名月」「いも名月」という。

十五夜

しゅうさい【秀才】ちえがあり、学問などにとくにすぐれている人。

じゅうさんや【十三夜】むかしのこよみで、十三日の夜。とくに、九月十三日の夜。この夜の月を「豆名月」「くり名月」という。

1**しゅうし**【収支】入ってくるお金と出ていくお金。収入と支出。れい 収支が合わない。

2**しゅうし**【終始】❶始めから終わりまで、かわらずにつづくこと。れい 平和運動に終始した一生。❷いつも。れい 終始笑顔だった。

しゅうじ【習字】〔ふでで〕文字の書き方を習うこと。書写。

じゅうし【重視】たいせつであると考えること。れい 実績を重視する。⇔軽視。

じゅうしちじょうのけんぽう【十七条の憲法】六〇四年、聖徳太子によってつくられたという、十七条からできている憲法。政治についての仕事をする人々がとくに気をつけなければならない心がけを記したもので、今の憲法とは性質がちがう。

しゅうじつ【終日】朝からばんまで。一日じゅう。れい 終日雨だった。

四字熟語 **前人未到** 今までに、だれもそこまで行きついたことがないこと。

じゅうじつ【充実】中身がゆたかでしっかりしていること。(れい)充実した生活。

しゅうじゃく【執着】しゅうちゃく。

1**しゅうしゅう**【収拾】みだれている物事をおさめまとめること。(れい)たくさんの人がおしかけて収拾がつかなくなった。

2**しゅうしゅう**【収集】集めること。また、集めたもの。コレクション。(れい)切手の収集。

しゅうしゅく【収縮】ちぢむこと。また、ちぢめること。(れい)筋肉が収縮する。

じゅうじゅん【従順】すなおで、人にさからわないようす。(れい)命令に、従順にしたがう。

じゅうしょ【住所】いま住んでいる地名と番地。

1**じゅうしょう**【重症】〔命があぶないほど〕病気やけがが重いこと。(れい)重症の患者。⇕軽症。

2**じゅうしょう**【重傷】〔命にかかわるような〕重いきず。(れい)救急車が、交通事故で重傷をおった人をはこんできた。⇕軽傷。

しゅうしょく【就職】ある〔きまった〕職業につくこと。(れい)銀行に就職する。

じゅうしょく【住職】寺で一番上の地位にある僧。住寺。

しゅうしょくご【修飾語】文中で、あとにくることばのようすを、くわしく説明することば。「赤い花」という文では、「花」をくわしく説明している「赤い」が修飾語。

じゅうじろ【十字路】道が十字の形になっているところ。四つかど。(れい)この先は、十字路になっている。

しゅうしん【就寝】とこにつくこと。ねること。(れい)就寝の時間を早める。⇕起床。

しゅうじん【囚人】罪をおかして、けいむ所に入れられている人。

じゅうしん【重心】重さの中心。

ジュース くだものや、やさいなどをしぼったしる。また、それにさとうや水などをくわえた飲み物。

1**しゅうせい**【修正】まちがいなどをなおして正しくすること。(れい)図を修正する。

2**しゅうせい**【習性】❶習慣によってつくられたせいしつ。❷その種類の動物にふつうにみられる生活や行動のし方。(れい)サケはうまれた川に帰ってくる習性がある。

しゅうせん【終戦】戦争が終わること。日本では、ふつう第二次世界大戦の終わったことをいい、一九四五（昭和二十）年八月十五日を「終戦記念日」とよぶ。(れい)父は終戦の年にうまれた。

1**じゅうたい**【重体・重態】病気が重く、命があぶないこと。(れい)重体におちいる。

2**じゅうたい**【渋滞】物事がうまく進まないこと。(れい)事故で交通が渋滞している。

じゅうだい【重大】ふつうでないようす。大変なようす。(れい)重大な事件。／責任重大。

じゅうたく【住宅】人の住んでいる家。すまい。住居。(れい)このあたりは住宅地だ。

しゅうだん【集団】多くの人・動物・

物の集まり。むれ。(れい)集団で行動する。

じゅうたん 床などにしく、あつい毛織物。カーペット。

じゅうだん【縦断】❶たて、または南北に通りぬけること。(れい)大陸を縦断する。❷たてにたち切ること。⇔①②横断。

しゅうちゃく【執着】あることを深く思いこむこと。また、あることがわすれられないこと。しゅうじゃく。(れい)食べものに執着する。

しゅうちゅう【集中】一つのところに集めること。また、集まること。(れい)質問が集中する。

しゅうてん【終点】物事のおわるところ。とくに、電車・バスなどがいきつく最後の駅。また、街道などの最後の地点。(れい)この電車は、終点に着くまで約一時間かかる。

じゅうてん【重点】大事なところ。とくに、力を入れるところ。(れい)予習に重点をおく。

じゅうでん【充電】電池に電気をたくわえること。(れい)けいたい電話を充電する。

しゅうと 夫、または、妻の父。⇔しゅうとめ。

じゅうど【重度】〔病気やけがなどの〕ていどが重いこと。(れい)火事で重度のやけどを負う。⇔軽度。

じゅうどう【柔道】たがいに組み合い、相手の力をうまく利用して、投げたり、たおしたりする日本ではじまったスポーツ。明治時代のはじめ、嘉納治五郎がはじめた。

しゅうとめ 夫、または、妻の母。⇔しゅうと。

じゅうなん【柔軟】❶やわらかくしなやかなようす。(れい)柔軟な体。❷そのときにおうじて、物事のあつかい方をかえるようす。(れい)柔軟な態度。

じゅうにがつ【十二月】一年の十二番目の月。古くは「師走」といった。

じゅうにし【十二支】むかし、十二の動物の名前をあてはめて、時刻や方向を表したよび名。子(=ネズミ)・丑(=牛)・寅(=トラ)・卯(=ウサギ)・辰(=竜)・巳(=ヘビ)・午(=馬)・未(=羊)・申(=サル)・酉(=ニワトリ)・戌(=犬)・亥(=イノシシ)。

じゅうにひとえ【十二ひとえ】むかし、皇室につかえた女の人がきた、正式な服装である着物。いろいろな色のえりがかさなるようにしてきた。

十二ひとえ

しゅうにゅう【収入】お金や品物が、自分のものとしてはいってくること。また、そのお金や品物。(れい)収入よりも支出が多い。⇔支出。

しゅうにん【就任】ある役目につくこと。(れい)市長に就任した。

じゅうにん【住人】その土地や家に住んでいる人。(れい)このアパートの住人は学生が多い。

じゅうにんといろ【十人十色】〔十人よればそれぞれみんな顔かたちがちがうように〕人によって、好みや考え方がちがっていること。

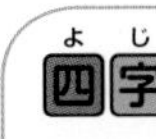
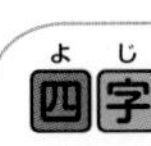
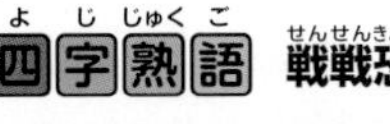
四字熟語 **戦戦恐恐** おそれてびくびくするようす。

しゅうねん【執念】深く思いこんでそこから動かない心。(れい)勝利への執念が感じられる。

しゅうのう【収納】❶〔箱やたんすなどに〕物をしまうこと。❷役所がお金や品物をうけとっておさめること。

じゅうばこ【重箱】食べ物を入れてつみ重ね、いちばん上にふたをするはこ。ふつう、四角なぬりもののはこ。

重箱

じゅうばこよみ【重箱読み】二つの漢字でできていることばを、上の漢字は音読み、下の漢字は訓読みにすること。重箱・台所・本屋・役割など。⇔湯とう読み。

じゅうはちばん【十八番】自分がいちばんとくいとすること。おはこ。(れい)父の十八番は、鳥の鳴きまねだ。

しゅうふく【修復】こわれたところをつくり直すこと。(れい)台風でこわれた屋根を修復する。

しゅうぶん【秋分】二十四節気の一つ。秋に昼と夜の長さが同じになるとき。九月二十三日ごろ。彼岸の中日にあたる。⇔春分。

じゅうぶん【十分・充分】みちたりて、不足や不満のないようす。(れい)もう十分にいただきました。

しゅうぶんのひ【秋分の日】国民の祝日の一つ。秋分にあたり、先祖のたましいをまつる日。九月二十三日ごろ。

しゅうへん【周辺】まわり。(れい)駅の周辺は交通量が多い。

シューマイ ブタなどのひき肉にみじん切りにしたやさいをまぜたものを、小麦粉のうすい皮でつつんでむした食品。

しゅうまつ【週末】一週間の終わり。土曜日。または金曜日の夜から日曜日まで。(れい)週末の予定。

じゅうまん【充満】いっぱいになること。(れい)ガスが充満している。

じゅうみん【住民】その土地に住んでいる人。(れい)住民の考えを聞く。

しゅうめい【襲名】かぶき役者や落語家などが、親やししょうの芸名をつぐこと。(れい)襲名ひろう興行。

じゅうよう【重要】〔物事のもとになる〕大切なこと。(れい)重要な任務。

じゅうらい【従来】前から今まで(ずっと)。(れい)従来どおりのやり方。

しゅうらく【集落】人家が集まっているところ。(れい)山あいの集落。

しゅうり【修理】〔こわれたり、やぶれたりしたところを〕なおすこと。修繕。(れい)時計を修理する。

しゅうりょう【終了】〔ある物事が〕すっかり終わること。また、終えること。(れい)競技大会はぶじに終了した。⇔開始。

じゅうりょう【重量】❶重さ。(れい)荷物の重量をはかる。❷めかたが重いこと。(れい)重量級の選手。⇔軽量。

じゅうりょく【重力】地球が、物をひきつける力。ふつう、物の重さとして感じるもの。

しゅうろく【収録】❶〔新聞・雑誌・書物などに〕とりあげてのせること。

【】漢字を使った書き方　(れい)ことばの使い方の例　⇔反対のことば　⬇参考になる情報　◂小学校で習わない漢字

れい この辞典は、六万五千の項目を収録してある。
❷〔放送するためや記録としてのこすために〕録音や、録画をすること。れい 山でウグイスの声を収録した。

じゅえき【樹液】❶木のかわからにじみでる液。❷木の中にふくまれている、養分となる液。

しゅえん【主演】映画やしばいなどで、主人公の役をすること。また、その人。れい 主演の女優がきまった。

じゅかい【樹海】〔高いところから見ると海のように見えるほど〕あおあおと木のしげった広い森林。れい 樹海にまよいこむ。

しゅかんてき【主観的】自分だけの感じや考え方にかたよるようす。れい 好き、きらいは主観的なものだ。⇔客観的。

しゅき【手記】自分で、自分がしたことや感想などを書き記すこと。また、書いたもの。れい スケート選手の手記。

しゅぎ【主義】❶〔その人が〕いつももっていてかわらない、ある一つの考え。れい 父はなんでも自分でやってみる主義だ。❷特定の考えを元にした制度や立場。れい 資本主義。

1**しゅぎょう**【修行】❶仏の教えにしたがって、心のまよいをなくし、物事の正しい道を知るための努力をすること。れい 寺にはいって修行する。❷学問・武芸などをおさめ、みがき、自分をきたえること。れい 武者修行。

2**しゅぎょう**【修業】学問やわざをならって、身につけること。しゅうぎょう。れい 兄はアメリカで、医学を修業した。

じゅぎょう【授業】〔学校などで〕勉強を教えること。れい 音楽の授業を受ける。

じゅぎょうさんかん【授業参観】保護者が、学校で勉強している子どものようすを、見学すること。

じゅく【塾】〔学校以外の場所で〕個人が生徒を集めて、技術や勉強などを教えるところ。れい 学習塾。

しゅくが【祝賀】〔めでたいことを〕よろこびいわうこと。れい 優勝の祝賀会を開く。

しゅくがん【宿願】ずっと前からもっていたねがいごと。れい 二年連続優勝の宿願をはたした。

じゅくご【熟語】二つ以上の漢字やことばがむすびついて、一つの意味を表すことば。熟字。たとえば、「校門」は「校」と「門」とがむすびついた熟語。

しゅくさいじつ【祝祭日】祝日と祭日。

しゅくじ【祝辞】おいわいの気持ちをのべることば。れい 卒業式の祝辞。

じゅくじくん【熟字訓】熟字（熟語）ぜんたいに当てる訓読みのこと。その熟字の意味に近い訓を当てる。「梅雨」「七夕」「五月雨」など。

しゅくじつ【祝日】おいわいをする日。とくに、国家がきめたおいわいの日。れい 明日は祝日だ。

しゅくしゃ【宿舎】とまるところ。やど。

しゅくしゃく【縮尺】〔地図・設計図などで〕じっさいの長さとちぢめてかいた長さとのわりあい。れい 百分の一の縮尺。

慣用句 **先手を打つ** 相手より先に物事をおこなって、よい立場にたつ。

・しゅくしょう
・しゅくず
・じゅくす
・じゅくすい
・しゅくだい
・しゅくちょく

・しゅくてき
・しゅくてん
・じゅくどく
・しゅくはく
・しゅくふく
・しゅくめい
・じゅくれん
・しゅくん

・しゅげい
・じゅけん
・しゅけんざいみん
・しゅご[1]
・しゅご[2]
・しゅこう
・しゅさい
・しゅざい

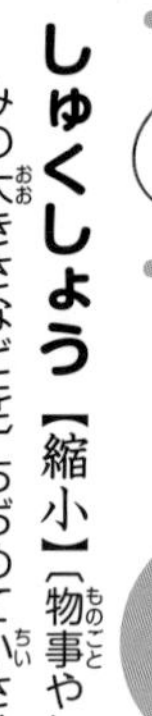

しゅくしょう【縮小】〔物事やしくみの大きさなどを〕ちぢめて小さくすること。ちぢんで小さくなること。れい 図を縮小する。⇕拡大。

しゅくず【縮図】❶〔あるきまったわりあいで〕もとの大きさをちぢめてかいた図。❷形は小さいが本物そっくりであることのたとえ。れい 社会の縮図。

じゅくす【熟す】❶くだものが食べごろになる。うれる。じゅくする。れい カキの実が熟した。❷〔あることをするのに〕ちょうどよいときになる。じゅくする。れい 機が熟した。

じゅくすい【熟睡◂】ぐっすりねむること。

しゅくだい【宿題】❶教師が生徒にあたえて、家でやらせる問題。❷そのときにはっきりきまらずに、あとにのこされた問題。れい その件は、次の会合のときまでの宿題とする。

しゅくちょく【宿直】つとめ先の役所や会社などに、ねとまりして、夜の番をすること。また、その当番の人。⇕日直。

しゅくてき【宿敵】ずっと前からの敵。れい 宿敵をたおして、はれて優勝することができた。

しゅくてん【祝典】いわいの儀式。れい 学校の創立記念日の祝典がおこなわれた。

じゅくどく【熟読】文章の内容をよく考えて（なんども）よむこと。れい 本は、熟読することによって、内容がより深く理解できる。

しゅくはく【宿泊◂】〔旅に出て〕旅館・ホテルなどにとまること。

しゅくふく【祝福】〔ほかの人の〕幸せをよろこびいわうこと。れい ふたりの前途を祝福する。

しゅくめい【宿命】うまれる前からその人にきまっている運命。れい 宿命のライバル。

じゅくれん【熟練】〔ある仕事・技術などに〕よくなれていて、じょうずなこと。れい 熟練したコックさんの料理だけあって、さすがおいしい。

しゅくん【主君】自分がつかえている君主。

しゅげい【手芸】〔ししゅうや編み物など〕手先をつかって小さなものをつくるわざ。

じゅけん【受験】試験をうけること。れい 受験生。

しゅけんざいみん【主権在民】主権（国をおさめる力）が国民のひとりひとりにあること。民主主義のもとになる考え方。

しゅご[1]【主語】文の中で「何が（は）」にあたることば。「花がさく。」「鳥がとぶ。」の文では「花が」「鳥が」が主語。⇕述語。

しゅご[2]【守護】❶守ること。❷鎌倉・室町幕府の役職の一つ。国ごとにおかれ、今の警察や裁判所の役目をした。のちに政治もおこなった。

しゅこう【趣向】〔ある物事をおこなったり、また、つくったりするときの〕かわった感じやおもしろみを出すためのくふう。

しゅさい【主催◂】中心になって会などをひらくこと。れい 新聞社が主催する野球大会。

しゅざい【取材】新聞・雑誌の記事や

芸術作品などの題材を〔じっさいの〕事件や話からとること。また、さがし集めること。れい 雑誌の取材のため九州に行く。

しゅざん【珠算】そろばんをつかってする計算。

1**しゅし**【種子】植物のたね。

2**しゅし**【趣旨】物事をする目当て。ねらい。れい 募金の趣旨に賛同する。

じゅし【樹脂】木のみきから出る液がかたまったもの。やに。

しゅしゃせんたく【取捨選択】〔たくさんの中から〕よいものをえらんでとり、悪いものをすてること。れい 本を取捨選択して読む。

しゅしゅ【守株】むだに古い習慣を守ること。また、古い習慣にこだわって進歩しないこと。ウサギが切り株にぶつかって死んだのを見た男が、ずっと切り株のそばにいて、またウサギを手に入れようと待っていたという話から。れい 会社の経営方針は守株だと、若い社員が意見書を出す。

しゅじゅつ【手術】医者が、病人の体の悪い部分を切り開いたりとったりして、なおすこと。れい 心臓の手術を受ける。

1**しゅしょう**【主将】〔スポーツなどで〕チームのかしら。キャプテン。れい 高校生の兄が、バレー部の主将にえらばれた。

2**しゅしょう**【首相】内閣の中心となってひきいる立場の大臣。日本では内閣総理大臣のこと。

1**じゅしょう**【受賞】賞状・賞品・賞金などを受けとること。れい ノーベル賞を受賞する。⇔授賞。

2**じゅしょう**【授賞】賞状・賞品・賞金などをあたえること。れい 授賞式。⇔受賞。

しゅしょく【主食】米やパンなど、ふだんの食事の中心となる食べ物。れい わが家の主食は近ごろパンが多くなった。⇔副食。

しゅじん【主人】❶一家のあるじ。❷自分のつかえている人。また、自分をやとっている人。れい 主人のゆるしをもらって、店を休む。❸妻が夫をさしていうことば。

じゅしん【受信】❶〔電信・電話・放送などで〕相手からの通信を受けること。れい 海外放送を受信する。⇔送信。発信。❷手紙などを受け取ること。⇔発信。

しゅじんこう【主人公】小説や映画などで、中心になる人。れい この物語の主人公は、小学二年生の少年だ。

じゅず【数珠】仏をおがむとき手にかけるもの。小さなたくさんのたまを糸でつないで輪にしたもの。ずず。

数珠

しゅせき【首席】第一位の席次。一番。れい ぼくのおじは、大学を首席で卒業した。

しゅだい【主題】❶作品・文章などの中心になっている考えやことがら。テーマ。れい 文章を書くときは、主題をはっきりさせることがたいせつだ。❷音楽で、曲の中心となるメロディー。テーマ。

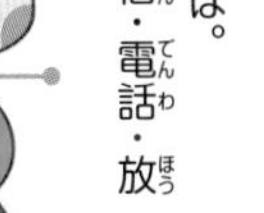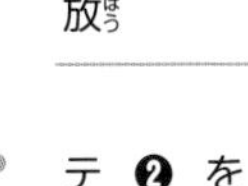

四字熟語 **前途洋洋** 将来がかぎりなく大きくひらけ、希望にみちているようす。

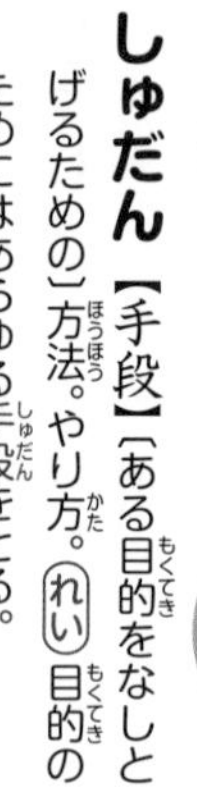

しゅだん【手段】〔ある目的をなしとげるための〕方法。やり方。(れい)目的のためにはあらゆる手段をとる。

しゅちょう【主張】自分の意見・説などを強く言いはること。また、その意見・説。(れい)正しいとしんじることを、はっきりと主張する。／主張をとおす。

しゅつえん【出演】舞台・映画・放送などに出て、歌や劇などをおこなうこと。

1 **しゅっか**【出火】火事がおこること。また、火事をおこすこと。

2 **しゅっか**【出荷】荷物をおくり出すこと。とくに、商品を市場に出すこと。(れい)来月、ミカンの出荷がはじまる。⇕入荷。

しゅつがん【出願】〔役所・学校などに〕ねがい出ること。願書を出すこと。

しゅっきん【出勤】つとめているところにはたらきに行くこと。(れい)今日は午前八時に出勤した。⇕欠勤。

しゅっけ【出家】世間をはなれて、仏の教えを学ぶこと。また、その人。

1 **しゅっけつ**【出欠】出席と欠席。(れい)出欠をとる。

2 **しゅっけつ**【出血】血が出ること。そんがいの大きいことのたとえにもつかう。(れい)出血多量。／出血大サービス。

しゅつげん【出現】〔かくれていたものや、今まで知られていなかったものなどが〕あらわれ出ること。

じゅつご【述語】文の中で、「どうする」「どんなだ」のように、主語の動作やようすを説明することば。たとえば、「花がさく。」「鳥がなく。」の「さく」「なく」をいう。⇕主語。

しゅっこう【出航】船が航海に出ること。船出。出帆。(れい)船の出航時刻がせまっている。

しゅっこく【出国】外国へ行くためにその国を出ること。しゅつごく。

しゅっさん【出産】子どもをうむこと。また、子どもがうまれること。

しゅっし【出資】商売をするための、もとでになるお金を出すこと。(れい)新会社に出資する。

しゅつじょう【出場】運動競技やもよおしなどに参加すること。(れい)音楽コンクールに出場する。

しゅっしん【出身】その土地のうまれであること。また、その学校を卒業したこと。(れい)出身地。／出身校。

しゅっせ【出世】世の中に出て、成功してりっぱな身分になること。また、地位が上がること。

1 **しゅっせい**【出生】子どもがうまれること。〔人が〕この世にうまれてくること。しゅっしょう。(れい)出生地。

2 **しゅっせい**【出征◂】軍人として軍隊にはいり、戦場に出かけること。

しゅっせき【出席】授業や会合などに出ること。(れい)あすの会合にはかならず出席します。⇕欠席。

しゅつだい【出題】題を出すこと。また、問題をだすこと。

しゅっちょう【出張】仕事のために、自分の職場以外のところへ出かけること。(れい)父は、カナダへ出張している。

しゅつどう【出動】〔軍隊や警官隊などが〕出かけていって、活動すること。また、活動するために出かけること。(れい)事件がおきると、パトカーが出動する。

・しゅつば
・しゅっぱつ
・しゅっぱん
・しゅっぱんしゃ
・しゅっぴん
・しゅつぼつ
・しゅと
・しゅとう
・しゅどう
・しゅとく
・しゅとけん
・ジュニア
・しゅにく
・しゅにん
・しゅのう
・1しゅび
・2しゅび
・じゅひょう
・しゅひん

しゅつば【出馬】❶地位の高い人が、自分からその場に出むくこと。(れい)会長の出馬で事態がおさまる。❷選挙に立候補すること。(れい)市長選挙に出馬する。

しゅっぱつ【出発】❶〔目的の場所にむかって〕出かけること。(れい)工場見学に出発した。❷物事をはじめること。(れい)ふたりの新しい出発をいわう。

しゅっぱん【出版】本や雑誌などを印刷して売り出すこと。

しゅっぱんしゃ【出版社】本や雑誌などを出版する会社。

しゅっぴん【出品】〔展覧会や博覧会などに〕品物や作品を出すこと。

しゅつぼつ【出没】あらわれたりかくれたりすること。すがたを見せたりかくれたりすること。(れい)クマが里に出没し、畑をあらしている。

しゅと【首都】その国全体をおさめる役所のある都市。首府。(れい)日本の首都は東京だ。

しゅとう【種痘】天然痘という病気をふせぐために、天然痘にかかった牛からつくったワクチンを人の体にうえつけること。一七九六年、イギリスの医学者ジェンナーが、はじめておこなった。

しゅどう【手動】機械などを手で動かしてあつかうこと。(れい)ハンドルを手動で動かす。⇔自動。

しゅとく【取得】〔権利・資格・品物などを〕自分のものにすること。手に入れること。(れい)自動車の運転免許を取得する。

しゅとけん【首都圏】首都、および、首都と経済的・社会的に深い関係のある地域。日本では、東京・神奈川・埼玉・千葉・茨城・栃木・群馬・山梨の一都七県。

ジュニア ❶年少者。❷下級生。⇔①②シニア。❸中・高校生ぐらいの少年・少女。(れい)ジュニアの雑誌。❹むすこ。二世。

しゅにく【朱肉】はんをおすときにつかう赤い色をしたもの。印肉。

しゅにん【主任】中心になってその仕事をうけもつ役目。また、その役目の人。(れい)かれが、このコーナーの販売主任です。

しゅのう【首脳】〔国・会社・団体などの〕中心となってはたらく人。おもだった人。(れい)きのうから日米首脳会談がはじまった。

1**しゅび**【守備】せめてくる敵をふせぐこと。まもり。(れい)守備を十分にかためる。⇔攻撃。

2**しゅび**【首尾】❶始めと終わり。(れい)文章の首尾がととのっている。❷物事のなりゆきや、結果。(れい)首尾は上々だ。

じゅひょう【樹氷】きりのつぶが、寒さで木のえだなどにこおりついたもの。風の方向にのびて氷の花がさいたように見える。

しゅひん【主賓】その会でいちばんたいせつな客。

樹氷

四字熟語 **創意工夫** それまでの考え方にとらわれない、新しい思いつきとくふう。

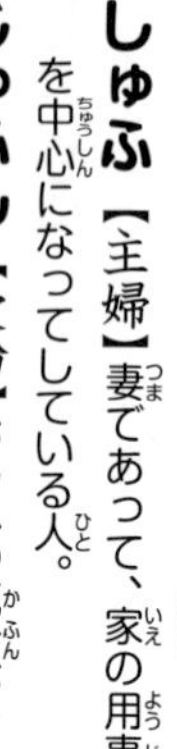

しゅふ【主婦】妻であって、家の用事を中心になってしている人。

じゅふん【受粉】おしべの花粉が、めしべの先につくこと。

しゅほう【手法】物事のやり方。とくに、文章・絵・彫刻などの表現のしかた。(れい)他人の手法をまねる。

しゅみ【趣◀味】❶物事のほんとうのあじわいやおもしろみを理解する力。(れい)先生は趣味がいい。❷〔職業でなく〕楽しみとしてする物事。(れい)父は、つりが趣味だ。

じゅみょう【寿命】❶いのちの長さ。(れい)寿命のちぢまる思いがした。❷物の、役にたっている期間。(れい)この機械の寿命は五年だ。

しゅもく【種目】種類によっていくつかに分けたひとつひとつ。(れい)競技の種目。

じゅもく【樹木】木。とくに、立ち木。

じゅもん【呪◀文】まじないやのろいのことば。(れい)呪文をとなえる。

しゅやく【主役】❶劇や映画・ドラマなどで中心になる役。また、その役をする人。❷物事をするときのおもな役目。また、それをする人。(れい)今日のパーティーは、かれが主役だ。

じゅよ【授与】さずけあたえること。(れい)卒業証書を授与する。

1**しゅよう**【主要】〔いくつかある中で〕おもだってたいせつなこと。(れい)会社の主要な人物があつまる。

2**しゅよう**【腫◀瘍◀】体内の細胞が、ふつうとちがったふえ方をしてかたまりになるもの。「がん」もその一つ。

じゅよう【需要】〔買い手が〕品物をひつようとすること。いりよう。(れい)この製品は需要が多い。⇕供給。

じゅり【受理】書類などを受け取ってしょりすること。受けつけること。(れい)入学願書を受理する。

しゅりけん【手裏剣◀】手に持って、敵に投げる小さい刀。

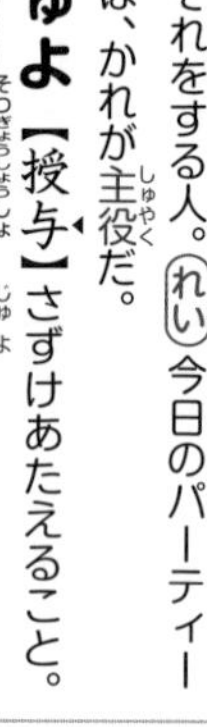
手裏剣

じゅりつ【樹立】〔これまでになかったようなことを〕うちたてること。(れい)陸上競技大会で世界新記録を樹立する。

しゅりゅう【主流】❶川のおおもとになる流れ。本流。❷中心となる考え方や傾向。(れい)自然を守ろうという考え方が主流をしめている。

しゅりょう【狩◀猟◀】てっぽうやわななどで、野生の鳥やけものをとらえること。かり。

しゅりょく【主力】主な力。(れい)英語の勉強に主力をそそぐ。

じゅりん【樹林】たくさんの木がはえている、大きな林。(れい)針葉樹林が広がっている。

しゅるい【種類】同じ性質や形などをもつものを、ひとつにまとめたときのなかま。

じゅれい【樹齢◀】木の年れい。(れい)いなかの祖父の家には、樹齢八百年の大木がある。

じゅろうじん【寿◀老人】七福神のひとり。長寿をさずける神とされる。頭

・しゅわ
・じゅわき
・しゅわん
・じゅん
・じゅんい
・じゅんえん
・じゅんかい
・しゅんかしゅうとう
・じゅんかつゆ
・しゅんかん
・じゅんかん
・じゅんじ
・じゅんじゅんに
・じゅんじょ
・じゅんじょう
・じゅんしん
・じゅんすい
・じゅんずる
・しゅんそく
・じゅんちょう

が細長く、白いひげをたらした背のひくい老人のすがたであらわされる。七福神。⬇

しゅわ【手話】耳が不自由な人やことばを話せない人が、目で見てわかるように手をつかってする会話の方法。

じゅわき【受話器】電話機などについている、耳にあてて相手のことばや通信を聞く器具。

しゅわん【手腕】（すぐれた）うでまえ。手なみ。(れい)会社の運営に手腕をはっきする。

しゅん【旬】その魚やくだものなどが多く出る、もっとも味のよい時期。(れい)旬の魚がいちばんおいしい。

じゅん【順】いくつかの物事で、どれが先でどれがあとかというならび方。じゅんじょ。じゅんばん。(れい)五十音順。

じゅんい【順位】きめられた位を表すじゅんばん。(れい)前回より順位を上げる。

じゅんえん【順延】前もってきめた日から、じゅんじゅんに日をのばしていくこと。(れい)雨がふったら、遠足は順延です。

じゅんかい【巡回】❶つぎつぎにまわって、うつっていくこと。(れい)巡回図書館。❷見回ること。(れい)ガードマンがビルを巡回する。

しゅんかしゅうとう【春夏秋冬】春と夏と秋と冬。四季。

じゅんかつゆ【潤滑油】機械のふれあう部分がよくすべるようにするためにさす、あぶら。

しゅんかん【瞬間】ひじょうに短い時間。また、何かをしたすぐあと。(れい)瞬間のできごと。

じゅんかん【循環】ぐるぐるとめぐること。(れい)市内を循環するバス。／血液の循環。

じゅんじ【順次】じゅんじゅんに物事をするようす。(れい)順次考えを発表する。

じゅんじゅんに【順順に】じゅんじょをおってするようす。つぎつぎに。(れい)順々にバスにのる。

じゅんじょ【順序】あるきまったならび方。また、きまった手順。だんどり。(れい)順序を入れかえる。／順序どおりにすすめる。

じゅんじょう【純情】すなおで、けがれのない心。また、そのような心をもっていること。(れい)純情な人。

じゅんしん【純真】心にいつわりやけがれのないこと。すなおで清らかなこと。(れい)純真な子どもたち。

じゅんすい【純粋】❶そのものだけで、まじりけのないこと。(れい)これは純粋の水だ。❷〔気持ちや考えに〕欲がなく、心が清らかなこと。(れい)書き手の純粋な気持ちがつたわってくる文章。

じゅんずる【準ずる】あるものを手本にして、それと同じようにあつかう。（…に）ならう。じゅんじる。(れい)会員に準ずるあつかいをうける。

しゅんそく【俊足】走るのがはやいこと。また、その人。(れい)俊足をほこるランナー。

じゅんちょう【順調】物事が調子よくすすむこと。つごうよくはかどること。(れい)ビルの工事は順調にすすんでいる。

慣用句 **造作もない** てまがかからない。わけはない。たやすい。

しゅんと しょんぼりとだまりこんでしまうようす。(れい)父親にしかられてしゅんとしてしまう。

じゅんど【純度】別のものがまじっていない程度。(れい)純度が高い。

じゅんのう【順応】まわりのようすの変化にしたがって、それに合うようにかわること。じゅんおう。(れい)新しい生活に順応する。

じゅんぱく【純白】まっ白なこと。(れい)純白のウエディングドレスをきた花よめ。

じゅんばん【順番】じゅんじゅんにかわってすること。また、そのじゅんじょ。(れい)順番にならぶ。

じゅんび【準備】ある物事をするとき、すぐにできるようにしておくこと。(れい)夕食の準備がととのった。

じゅんふどう【順不同】ならべ方に五十音順などのきまりがないこと。(れい)この表の名まえは順不同です。

しゅんぶん【春分】二十四節気の一つ。春に昼と夜の長さが同じになるとき。三月二十一日ごろ。彼岸の中日にあたる。(れい)今日は春分の日だ。⇔秋分。

しゅんぶんのひ【春分の日】国民の祝日の一つ。春分にあたり、自然をたたえ、生物を大切にする日。三月二十一日ごろ。

しゅんみんあかつきをおぼえず【春眠暁を覚えず】春の夜は短く、そのうえ気持ちよくねむれるので、明け方になってもなかなか目がさめない。むかしの中国の詩の中に出てくることば。

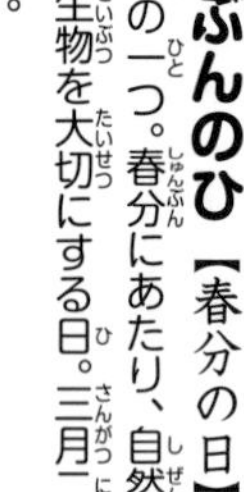

じゅんろ【順路】じゅんじょのある道すじ。(れい)見学の順路。

しょ【書】❶書いた文字。❷書道。❸書物。

しょいんづくり【書院造り】床の間やちがいだななどがある、家のつくり方。室町時代にはじまり、今の日本式の家のつくり方のもとになった。

しょう[1]【仕様】❶やり方。方法。(れい)返事の仕様がよくない。❷機械や自動車などのつくりやつかい方を説明した文書。「仕様書」のりゃく。(れい)パソコンの仕様を読む。

しょう[2]【私用】自分のための用事。(れい)私用で休む。

しょう[3]【使用】〔物・人などを〕使うこと。(れい)使用した用具をもどしておく。

しょう【小】❶小さいこと。小さいもの。(れい)大は小をかねる。⇔大。❷「小学校」のりゃく。(れい)小中学生(＝小学生と中学生)。

じょうあい【情愛】愛する心。なさけ。いつくしみ。(れい)親子の情愛。

じょうい【上位】上の位。順番などで上のほう。(れい)大会で上位に入賞した。⇔下位。

しょういだん【焼い弾◀】建物などをやくためにつかわれる爆弾。

しょういん【勝因】〔試合などに〕かったげんいん。⇔敗因。

じょういん【乗員】パイロットなど、船・列車・飛行機などに乗って仕事をする人。

じょうえい【上映】映画をうつして人々に見せること。(れい)上映の予定。

しょうエネ【省エネ】「省エネルギー」のりゃく。

しょうエネルギー【省エネル

あいうえお
かきくけこ
さしすせそ
し
たちつてと
なにぬねの
はひふへほ
まみむめも
やゆよ
らりるれろ
わをん

キー】石油・ガス・電力などのエネルギー資源をうまく使い、むだにしないこと。省エネ。

しょうえん【荘園】奈良時代から室町時代にかけて、貴族・神社・寺などがもっていた土地。

じょうえん【上演】劇などを舞台でおこない、人々に見せること。(れい)次の上演時間は六時です。

じょうおん【常温】❶いつもかわらない温度。❷ふつうの温度。(れい)油は常温では液体である。

1**しょうか**【消化】❶体に吸収されやすいように、食べ物がこまかくなること。(れい)おかゆは消化がよい。❷読んだり聞いたりしたことをよく理解して、自分のものにすること。(れい)この本はむずかしくて、わたしには消化できない。❸〔商品や仕事を〕のこさずに売ったり、やりとげたりすること。(れい)スケジュールをきっちり消化する。

2**しょうか**【消火】火や、火事を消すこと。(れい)消火作業。

しょうかい【紹介】❶知らない人どうしを会わせること。(れい)両親に親友を紹介する。❷物事を人に知らせること。広めること。(れい)商品の紹介をする。

しょうがい【生涯】この世に生きているあいだ。一生。

じょうがい【場外】しきられた場所の外。(れい)場外ホームラン。

しょうかく【昇格】資格や身分などが上がること。(れい)部長に昇格する。

しょうがくせい【小学生】小学校に通っている子ども。

しょうかせん【消火栓】火事を消すときのために、とくにもうけられている水道のせん。

しょうがつ【正月】❶一年のいちばんはじめの月。一月。❷新年のお祝いをする期間。

正月②

しょうがっこう【小学校】義務教育で六才から十二才までの子どもが通う学校。

しょうがない【仕様がない】ほかにいい方法がない。しまつにおえない。しかたがない。しょうがない。(れい)すんでしまったことを今さらくやんでみても仕様がない。

じょうかまち【城下町】むかし、大名のすんでいた城を中心にして発達した町。仙台・金沢・姫路など。

1**しょうかん**【小寒】二十四節気の一つ。むかしのこよみで、寒さがきびしくなりはじめるとされるとき。一月六日ごろ。

2**しょうかん**【召喚】呼び出すこと。とくに、裁判所が被告人や証人を呼び出すこと。

じょうかん【情感】ある物事や情景などによってひきおこされる心の動き。感じ。(れい)情感をこめて詩を朗読する。

しょうき【正気】頭のはたらきやしきが正常なこと。たしかな心。(れい)正気をうしなう。

慣用句 **そうは問屋がおろさない** そんなに思いどおりには、うまくいかない。

しょうぎ【将棋◂】ふたりがばんの上にこまをならべ、たがいに一つずつこまを動かして、敵の王将のこまをとるゲーム。

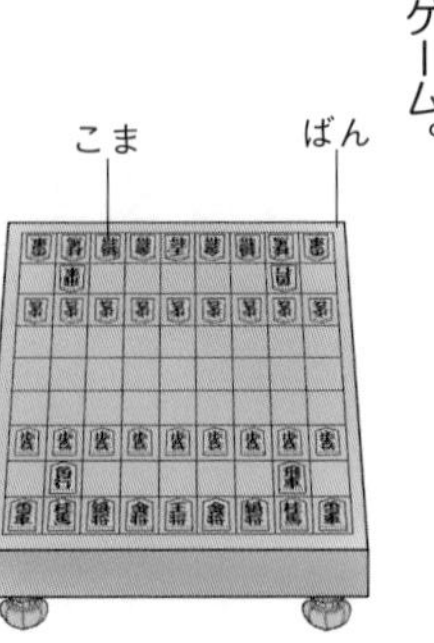

将棋

1じょうき【上気】〔こうふんしたり、はげしい運動をしたりしたために〕のぼせて顔があつくなること。

2じょうき【蒸気】❶液体がじょうはつして、気体となったもの。❷ゆげ。(れい)蒸気でめがねがくもる。

じょうぎ【定規・定木】線を引いたり、図をかいたりするときに使う道具。

じょうききかんしゃ【蒸気機関車】水が水じょう気にかわるときの力をつかって動かす機関車。SL。

じょうきげん【上機嫌◂】ひじょうにきげんがよいこと。(れい)父は、上機嫌で歌をうたっている。⇕不機嫌。

しょうぎだおし【将棋◂倒◂し】〔将棋のこまを一列にならべて、はしのこまをたおすと、次々に全部たおれることから〕一つがたおれると、ほかも〔次々おり重なって〕全部たおれること。(れい)電車が急停車したため、乗客は将棋倒しになった。

じょうきゃく【乗客】〔代金をはらって〕乗り物に乗る客。また、乗り物に乗っている客。

じょうきゅう【上級】❶位や程度が高いこと。⇕下級。初級。❷学年などの上のかいきゅう。(れい)兄はわたしより一年上級だ。⇕下級。

しょうきゅうし【小臼歯】犬歯のおくに二本ずつある、小さいおくば。⬇犬歯。

じょうきゅうせい【上級生】〔自分よりも〕学年などが上の、児童・生徒・学生。⇕下級生。

しょうきょ【消去】消してなくすこと。(れい)データを消去する。

しょうぎょう【商業】品物を売ったり買ったりして、利益をえる仕事。

1じょうきょう【上京】地方から東京へ行くこと。

2じょうきょう【状況◂・情況◂】物事のそのときのありさま。ようす。(れい)ニュース番組で刻々と変わる事件現場の状況をつたえる。

しょうきょくてき【消極的】自分からすすんでは物事をしないようす。ひかえめなようす。(れい)ぼくの弟は、どちらかというと消極的だ。⇕積極的。

しょうきん【賞金】ほうびとしてあたえるお金。

じょうくう【上空】空の上の方。また、ある場所の上の方の空。(れい)大阪上空。

しょうぐん【将軍】❶軍隊をひきいて、さしずする大将。❷「征夷大将軍」のりゃく。

じょうげ【上下】❶上の方向と下の方向。また、上の部分と下の部分。うえした。(れい)その絵は上下がぎゃくになっている。❷〔電車などで〕のぼりとくだり。(れい)列車は上下線ともおくれている。❸上がり下がりすること。(れい)ねだんが上下する。

じょうけい【情景】〔見る人の心を動かす〕ありさま。また、けしき。(れい)ほほえましい情景。

しょうけいもじ【象形文字】物の形をかたどってつくられた文字。漢字の「日」「月」などがそうだが、ふつうは、古代エジプトでつかわれた「エジプト文字」をいう。

しょうげき【衝撃】❶〔物などが〕はげしくあたったときの強い力。❷急に強く心を動かされること。(れい)全世界に衝撃をあたえた事件。

しょうげん【証言】ことばで、事実を証明すること。また、そのことば。(れい)裁判で証言する。

じょうけん【条件】あることを決めるため、また、そうなるためにひつような〔かぎられた〕ことがら。(れい)条件によっては話し合いにおうじる。

じょうげん【上限】いちばん上のさかいめ。これより上はない、いちばん上。(れい)料金の上限をさだめる。⇔下限。

じょうげんのつき【上弦の月】新月がすぎて、七日ほどして右半分がかがやいている月。

しょうこ【証拠】事実であることを証明するためのもととするもの。まちがいでないというしるし。

しょうご【正午】昼の十二時。午後〇時。(れい)まもなく正午の時報がなる。

じょうご 口の小さな入れ物に、液体をそそぐときにつかう道具。アサガオの花のような形をしている。ろうと。

1**しょうこう**【将校】軍隊で、少尉以上の軍人。

2**しょうこう**【焼香】よいにおいを出す香をたいて、死んだ人を送ること。

1**しょうごう**【称号】〔ある資格をあらわす〕よび名。(れい)文学博士の称号。

2**しょうごう**【照合】〔二つ以上のものを〕くらべて、調べること。(れい)データと照合する。

じょうこう【上皇】むかし、天皇のくらいをゆずった人をとうとんでいったよび名。(れい)後鳥羽上皇。

しょうこうぐち【昇降口】あがったりおりたりする出入り口。

しょうさい【詳細】くわしく細かいこと。(れい)事件の詳細をしらべる。／詳細はお会いしたときお話しします。

じょうざい【錠剤】まる、または、平たいつぶになっている薬。(れい)錠剤の胃薬をのむ。

しょうさん【賞賛・称賛】ほめたたえること。(れい)勇気ある行動を賞賛する。

しょうじ【障子】木のわくに紙をはり、へやをしきるのにつかうもの。(れい)祖母が、障子の紙をはりかえている。

じょうし【上司】職場で、位が自分より上の人。

しょうじき【正直】❶〔たいどに〕うそがないこと。(れい)あの人は正直な人です。⇔うそつき。❷いつわりなく。本当のところ。(れい)正直いって、今度の会にはあまり出席したくない。

じょうしき【常識】いっぱんの人々が、共通してもっている知識やものの考え方。(れい)人に世話になったら、お礼をいうのは常識だ。

しょうしつ【消失】消えてなくなること。(れい)たいせつな書類が消失した。

慣用句 **底をつく** たくわえたものが完全になくなる。

じょうしつ【上質】〔品物の〕質がよいこと。良質。(れい)上質の和紙。

しょうしゃ【勝者】〔競争・試合などに〕勝った人・チーム。(れい)勝負するからには勝者をめざす。⇕敗者。

じょうしゃ【乗車】乗り物に乗ること。⇕下車。

じょうじゅ【成就】物事ができあがること。物事をなしとげること。(れい)仕事が成就する。

1 **しょうしゅう**【召◂集】❶国会をひらくために、国会議員を集めること。(れい)国会を召集する。

召集①

❷戦争のときなどに、軍人となる人を軍隊に集めること。

2 **しょうしゅう**【招集】〔多くの人を〕よび集めること。集まってもらうこと。(れい)代表委員を招集する。

じょうじゅん【上旬◂】月の一日から十日までの十日間。初旬。⇕中旬。下旬。

1 **しょうしょ**【小暑】二十四節気の一つ。七月七日ごろ。暑くなり始めるころのこと。

2 **しょうしょ**【証書】〔事実の〕しょうことなる書類。(れい)卒業証書。

しょうじょ【少女】〔十代くらいまでの〕わかい女子。女の子。⇕少年。

しょうしょう【少少】❶〔数・量などが〕少ないこと。わずか。(れい)こしょう少々をくわえる。／少々おまちください。

❷たいしたことではないこと。(れい)少々のことではおどろかない。

1 **しょうじょう**【症状】病気やけがなどのようす。

2 **しょうじょう**【賞状】りっぱな成績やおこないなどをほめたたえることばを書いてあたえる、〔がくなどに入れてかざるようにした〕文書。

じょうしょう【上昇◂】上の方にのぼること。あがること。(れい)気温が上昇する。⇕下降。低下。

じょうじょう【上上】ひじょうによいこと。(れい)ハイキングには上々の天気になった。

しょうしょく【小食・少食】食べる量が少ないこと。⇕大食。

しょうじる【生じる】❶〔植物などが〕はえる。生ずる。(れい)パンにかびが生じる。

❷〔物事が〕おこる。生ずる。(れい)車に故障が生じた。

じょうじる【乗じる】❶ある数にある数をかける。乗ずる。(れい)二に三を乗じる。

❷〔よい機会をとらえて〕つごうよく利用する。つけこむ。乗ずる。(れい)敵の弱みに乗じて一気にせめこむ。

しょうしん【昇進】地位が上がること。(れい)おじの昇進いわいをする。

しょうじん【精進】❶いっしょうけんめい努力すること。(れい)日夜、学問に精進する。

❷ほとけの教えにしたがって修行すること。(れい)寺で僧たちが精進する。

しょうしんしょうめい【正真正銘◂】まちがいなく本物であること。(れい)これは、正真正銘の名刀です。

〔〕漢字を使った書き方　(れい)ことばの使い方の例　⇕反対のことば　⬇参考になる情報　◂小学校で習わない漢字

じょうず【上手】〔あることをしたり、物をつくったりする〕うでまえのすぐれていること。また、その人。れい ピアノが上手だ。⇕下手。

1 **しょうすう**【小数】〇より大きく一より小さい数。一を十等分したものを〇・一、百等分したものを〇・〇一などとあらわす。

2 **しょうすう**【少数】数が少ないこと。れい 少数派。⇕多数。

しょうすうてん【小数点】小数をあらわすとき、一の位のあとにうつ点。

じょうせい【情勢・状勢】〔物事の〕ありさま。なりゆき。れい 世界の情勢がはげしくうつりかわる。

1 **しょうせつ**【小雪】二十四節気の一つ。十一月二十二、二十三日ごろ。雪がまだ少ないころのこと。

2 **しょうせつ**【小説】作者が想像や体験を通してつくり出した、世の中のできごとや人の心の動きなどを文章に書いたもの。

しょうぞう【肖像】その人の顔やすがたをにせてこしらえた、絵やちょうこくなど。

1 **じょうそう**【上層】❶重なっているものの、上のほうの部分。れい 大気の上層の温度をはかる。❷地位の高い人々。れい 会社の上層部にもうし入れる。⇕❶❷下層。

2 **じょうそう**【情操】正しいことや美しいことなどを感じとる心のはたらき。れい ゆたかな情操をやしなう。

じょうぞう【醸造】菌をつかって、米や大豆などをはっこうさせ、酒・みそ・しょうゆなどをつくること。

しょうそく【消息】❶たより。手紙。❷〔ある人や物事の〕ようす。事情。れい かれの消息はわからない。

しょうぞく【装束】あることをするための、決まった身じたくや衣服。れい 旅装束。

1 **しょうたい**【正体】❶本当のすがた。れい 正体がつかみにくい人。❷たしかな心。正気。

2 **しょうたい**【招待】客をまねいて、もてなすこと。れい パーティーに招待された。

じょうたい【状態】物事のありさま。ようす。れい 健康状態。

しょうたいじょう【招待状】もよおしなどに、相手をまねくために送る手紙。

しょうだく【承諾】〔相手のたのみごと・要求などを〕聞いて受けること。聞き入れること。れい こころよく承諾してもらった。

じょうたつ【上達】じょうずになること。れい 上達がはやい。

1 **じょうだん**【上段】❶〔いくつかある段の〕うえの段。⇕下段。❷剣道で、刀を頭の上にかまえるかまえ方。

2 **じょうだん**【冗談】本気ではなく、ふざけてすること。また、ふざけた話。れい 冗談ばかり言っている。

しょうち【承知】❶聞いて受けること。れい たのみを承知する。❷知っていること。れい ご承知のとおりです。❸〔「承知しない」の形で〕ゆるさない。れい そんなことをしたら承知しない。

しょうちくばい【松竹梅】松と竹と梅。めでたいものとして、祝いごとのかざりなどにつかう。

四字熟語 **粗製乱造** そまつな品物をむやみにたくさんつくること。

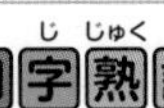

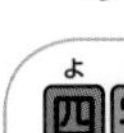

じょうちょ【情緒◀】あることを見たり聞いたり、ある場所に行ったりしたときにおこる、いろいろな感情。また、そのような感情をおこさせる独得のふんいき。じょうしょ。(れい)情緒のある町なみがつづいている。

1**しょうちょう**【小腸】胃と大腸をむすぶ細長い消化器官。おとなで約六メートルある。⬇内臓。

2**しょうちょう**【象徴◀】形のないものを、色・音・何かの形にたとえて表すこと。また、表したもの。シンボル。(れい)ハトは平和の象徴だ。

1**しょうてん**【商店】商品を売る店。

2**しょうてん**【焦点】❶平行な光線がレンズや球面鏡にあたって、くっせつ、または反射して集まる点。❷人々の注意や関心などが集まるところ。中心点。

焦点①

しょうてんがい【商店街】商店がたくさんならんでいるところ。

じょうと【譲渡】土地やたてものなどの財産や地位・権利などを、ゆずりわたすこと。(れい)家屋を譲渡する。

しょうとう【消灯】明かりを消すこと。(れい)九時に消灯する。

しょうどう【衝動◀】感情の動きのままに行動したくなる強い心の動き。(れい)大声でどなりたい衝動にかられた。

じょうとう【上等】上の等級。程度が上であること。↕下等。

しょうどく【消毒】病気のもとになる細菌をころすこと。(れい)家族全員の食器を消毒する。

しょうとくたいし【聖徳太子】(五七四〜六二二)飛鳥時代の皇族・政治家。推古天皇をたすけて政治をおこない、十七条の憲法や冠位十二階を定めた。遣隋使として多くの人を隋(＝今の中国)に送り、大陸の文化を日本にとり入れることに力をつくした。仏教をしんじ、法隆寺や四天王寺をたてた。

しょうとつ【衝突◀】❶物と物とがぶつかること。(れい)スピードを出しすぎた車がガードレールに衝突する事故がおこった。❷〔意見などがくいちがって〕たがいにあらそうこと。(れい)ふたりの意見はまっこうから衝突した。

しょうにか【小児科】子どもの病気の、ちりょうや研究を専門にする医学。

しょうにまひ【小児麻ひ◀】ポリオウイルスが原因で、手足などがまひして動かなくなる病気。ポリオ。

1**しょうにん**【承認】〔相手の希望などを〕みとめること。(れい)国会の承認をえる。／父の承認をえる。

2**しょうにん**【商人】商売を仕事にしている人。

3**しょうにん**【証人】❶ある事実を証明する人。❷〔裁判所によばれて〕自分の見聞きしたことをのべる人。

しょうにんずう【少人数】少ない人数。(れい)少人数でとりくむ。

じょうねつ【情熱】あることにうちこむ、はげしい心。(れい)教育の仕事に情熱をもやす。

しょうねん【少年】〔十代くらいまでの〕わかい男子。男の子。⇔少女。

しょうのう【しょう脳】クスノキからとる、白い結晶。どくとくの強いかおりがある。防虫剤や防臭剤などの原料に使う。

しょうのつき【小の月】〔一か月の日数が〕三十日以下の月。二・四・六・九・十一月のこと。「西向く士（二、四、六、九、士＝十一）」とおぼえるとよい。

じょうば【乗馬】馬に乗ること。また、乗るための馬。

しょうはい【勝敗】勝ち負け。勝負。れい 勝敗にこだわらず力いっぱいたたかう。

しょうばい【商売】❶利益をえるために、品物を売り買いすること。あきない。れい 商売でもうける。❷職業。仕事。れい 父の商売は花屋だ。

じょうはつ【蒸発】❶液体が、その表面から気体になること。れい 水が蒸発する。❷ものがある場所からなくなること。また、人が消えたようにゆくえ不明になること。

じょうはんしん【上半身】体の、こしから上の部分。上体。かみはんしん。れい 上半身はだかになる。⇔下半身。

しょうひ【消費】〔お金・品物・労力などを〕つかってなくすこと。れい むだな消費をなくす。⇔生産。

じょうび【常備】いつも用意しておくこと。れい 胃腸薬は、わが家の常備薬だ。

しょうひしゃ【消費者】つくられたものを買ってつかう人。

しょうひぜい【消費税】お金を出して品物を買ったときや、相手のサービスをうけたときに、一定のわりあいでかけられる税。

しょうひょう【商標】自分の会社でつくったしるしとして、商品につける記号。トレードマーク。れい メーカーの登録商標。

1しょうひん【商品】売ったり買ったりするための品物。

2しょうひん【賞品】〔競技・コンクールなどで成績のよかった者に〕ほうびとしてあたえる品物。

じょうひん【上品】品のよいようす。れい 上品な女の人。⇔下品。

しょうぶ【勝負】❶勝ち負け。勝敗。れい 判定で勝負をきめる。❷勝ち負けをあらそうこと。れい 実力で勝負する。

1じょうぶ【丈夫】❶健康なようす。れい 丈夫な体。❷しっかりしていて、こわれたりくずれたりしにくいようす。れい 地震にもびくともしない丈夫なたてもの。

2じょうぶ【上部】上の部分。れい かべの上部。⇔下部。

じょうぶつ【成仏】死んでほとけになること。死ぬこと。

しょうぶゆ【しょうぶ湯】五月五日の「端午の節句」に、ショウブの葉や根を入れてわかす、ふろ。悪をはらうとされる。

しょうぶん【性分】その人が生まれつきもっているせいしつ。たち。

じょうほ【譲歩】自分の考えをひっこめ、相手の言い分をうけいれること。

しょうぼう【消防】火事を消したり、火事がおこらないようにしたりすること。

慣用句 **そっぽをむく** 知らん顔をする。顔をそむける。横を向く。

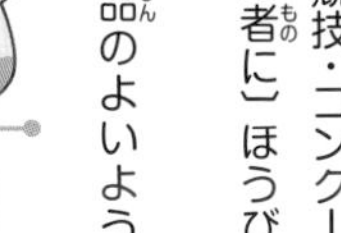

1じょうほう【乗法】かけ算。

2じょうほう【情報】ある物事のようすを知らせること。また、その知らせ。(れい)たしかな情報をあつめる。

しょうぼうしゃ【消防車】火事がもえ広がるのをふせいだり、人命救助をおこなったりするための車。ホースやはしごなどをつみ、消防士をのせて走る。消防自動車。

しょうぼうしょ【消防署】火事や事故などから、人々のいのちや財産を守る仕事をする役所。消防自動車・救急車などをそなえている。

しょうまん【小満】二十四節気の一つ。五月二十一日ごろ。草木などが生長し天地に満ちるころのこと。

じょうみゃく【静脈】血液を、体の各部から心臓へ運ぶくだ。ふつう、動脈よりあさいところにあり、脈を打たない。⇔動脈。

1しょうめい【証明】ある物事が事実であることを、明らかにすること。(れい)無実を証明する。

2しょうめい【照明】❶電灯などで、明るくてらすこと。また、そのあかり。(れい)室内の照明。❷舞台で、劇の効果をあげるための〔色つきの〕あかり。(れい)照明係。

しょうめつ【消滅】〔しぜんに〕消えてなくなること。

しょうめん【正面】❶まっすぐ前をむいて見える方向。(れい)先生の正面の席にすわる。❷ものの前にあたる面。とくにたてものなどのおもてがわ。(れい)正面げんかんから入る。

しょうもう【消耗◀】❶使ってなくなること。また、なくすこと。(れい)燃料を消耗する。❷体力や気力を使いはたすこと。(れい)体力の消耗をふせぐ。

じょうもんどき【縄◀文土器】日本の新石器時代に使われた土器。おもてになわ目のもようがある。縄文式土器。

縄文土器

じょうやく【条約】文書に書かれた、国と国との間の約束。(れい)条約をむすぶ。

じょうやとう【常夜灯】一晩中つけておく明かり。

しょうゆ【しょう油】大豆・小麦を原料として、しお・こうじをまぜ、はっこうさせてつくった調味料。むらさき。

じょうようかんじ【常用漢字】ふだんつかう漢字のめやすとして、政府がきめた二千百三十六の漢字。それまでの「当用漢字」にかわって、一九八一（昭和五十六）年にきめられ、二〇一〇（平成二十二）年に改定された。

しょうらい【将来】これから先。ゆくすえ。(れい)自分の将来のことをじっくり考える。

しょうり【勝利】〔戦い・試合などに〕勝つこと。勝ち。(れい)勝利を目前にする。⇔敗北。

じょうりく【上陸】水上から陸にあがること。(れい)横浜港に上陸する。

しょうりゃく【省略】物事や文章などの一部をはぶくこと。(れい)説明は省略する。

1じょうりゅう【上流】❶川の流れのみなもとに近いほう。川かみ。❷社会で、生活ていどや地位が高いこと。れい 上流社会のくらし。⇔①②下流。

2じょうりゅう【蒸留】液体をねっしたときに出る蒸気をひやし、ふたたび液体にすること。

しょうれい【奨励】〔よいこととして〕おこなうことをすすめること。れい スポーツを奨励する。

じょうれい【条例】国の法律のはんい内で、都道府県や市町村の議会できめたきまり。

じょうれん【常連】❶いつもいっしょに行動をしているなかま。❷〔一つのきまった店などに〕いつもきまって出入りする客。常客。れい 店は常連客でにぎわっている。

じょうろ 草花や植木などに水をかける道具。じょろ。

しょうわ【昭和】昭和天皇がくらいについていたときの年号。一九二六年十二月二十五日から一九八九年一月七日まで。

しょうわじだい【昭和時代】年号が昭和であった時代。一九二六（昭和一）年から一九八九（昭和六十四）年まで。

しょうわのひ【昭和の日】国民の祝日の一つ。昭和の時代を思い出し、国のしょうらいについて考える日。四月二十九日。

ショー 人に見せるもよおしもの。展覧会やしばいなど。れい ファッションショー。

じょおう【女王】女の王さま。クイーン。⇔王。

ショーウインドー〔商店などで〕品物をかざって見せるためのガラスばりのまど。

ジョーカー トランプで、切りふだとしてつかうことのできる、いちばん強いふだ。ばば。

ジョーク じょうだん。しゃれ。

ショートケーキ スポンジケーキを台にし、その上に生クリームやくだものをそえた菓子。

しょか【初夏】夏のはじめ。五月から六月ごろ。はつなつ。れい 初夏のさわやかな風がふいてくる。

じょがい【除外】あるはんいやきまりからとりのぞくこと。れい 未成年者を除外する。

じょかん【女官】宮中につかえる女の人。にょかん。

しょき【書記】❶会議のようすを記録する役。また、その人。れい 学級会の書記をつとめる。❷役所などで、書類などに記入したり整理したりする事務をする役。また、その役の人。

しょきゅう【初級】何かを習うときの、いちばんはじめの段階。れい 英会話を初級からはじめる。⇔上級。

じょきょ【除去】とりのぞくこと。れい きけんなものを除去する。

ジョギング 準備運動や健康のために、適度な速さで走ること。

しょくあたり【食あたり】くさったり、細菌がついたりした食べ物をたべて、からだの具合がわるくなること。食中毒。

しょくいく【食育】健康な生活を送るための、食べ物や食事に関する教育。

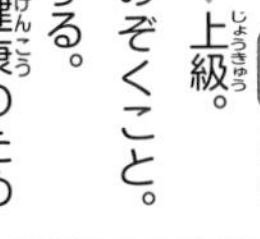
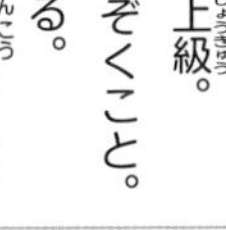
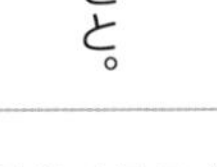
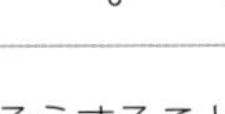
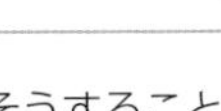
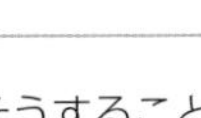
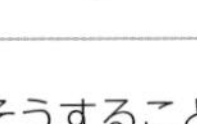
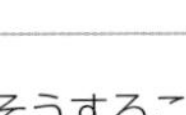
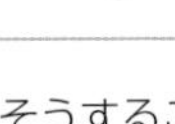
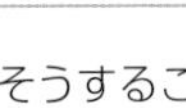
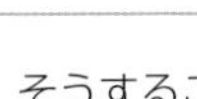
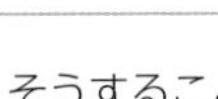
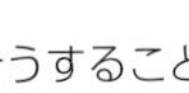
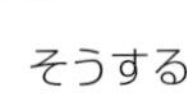
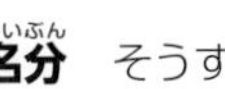

四字熟語 **大義名分** そうすることが正しいことを人々にみとめさせる、りっぱな理由。

しょくいん【職員】役所・学校・団体などにつとめている人。

しょくいんしつ【職員室】学校で、先生が授業以外の仕事をするためのへや。

しょくえん【食塩】食用にする、しお。(れい) 食塩が入ったふくろ。

しょくぎょう【職業】くらしていくための、きまった仕事。職。(れい) しょうらいの職業について考える。

しょくご【食後】食事のあと。(れい) 食後のデザート。⇕食前。

しょくじ【食事】〔生きるためにひつような〕食べ物を食べたり、飲み物を飲んだりすること。また、その食べ物。

しょくしゅ【触◂手】イソギンチャクやナマコなどの口のまわりにある、ひげのようなもの。物にさわったり、食べ物をつかまえたりする。

触手

しょくしゅをのばす【触◂手を伸◂ばす】自分のものにしようと思って、ほかのものへはたらきかける。

しょくぜん【食前】食事の前。(れい) 食前に飲む薬。⇕食後。

しょくたく【食卓◂】食事をするときにつかうつくえ。ちゃぶ台。食台。テーブル。

しょくちゅうどく【食中毒】しょくあたり。

しょくどう【食堂】❶食事をするためのへや。❷食事を出す店。

しょくにん【職人】主に手先の技術で物をつくることを仕事にしている人。(れい) こけし作りの職人。

しょくば【職場】仕事をするところ。また、つとめているところ。(れい) 新しい職場にうつる。

しょくひ【食費】食べ物にかかる費用。(れい) 食費がかさむ。

しょくひん【食品】食べるためにつくられた品物。

しょくぶつ【植物】木や草などのように地中に根をはって、土・空気・水などから養分をとって生きていく生物。⇕動物。

しょくみんち【植民地】政治や経済の上で、よその国におさめられている地域。

しょくむ【職務】それぞれが受け持っている仕事。つとめ。役目。(れい) 職務をはたす。

しょくもつ【食物】食べ物。(れい) 栄養の多い食物。

しょくよう【食用】食べ物としてつかうこと。また、そのもの。(れい) 食用の油を買う。

しょくよく【食欲】食べたいと思う気持ち。(れい) 熱が下がって食欲が出てきた。

しょくよくのあき【食欲の秋】あつさがやわらぐ秋には、食べ物を食べたいという気持ちが強くなるということ。(れい) 食欲の秋だからか、何を食べてもおいしい。

しょくりょう【食料】食べ物。また、その材料。(れい) 一週間分の食料を買いこむ。

しょくりん【植林】林をつくるため

【】漢字を使った書き方　(れい) ことばの使い方の例　⇕反対のことば　⬇参考になる情報　◂小学校で習わない漢字

に、山や野原などに木を植えること。

しょくん【諸君】「みなさん」とか「あなたがた」といった意味で、おおぜいの人によびかけるときに使うことば。多く、対等か目下のたくさんの人にむかっていう。れい 生徒諸君、ぼくの話を聞いてください。

しょげる がっかりして元気がなくなる。れい 父にしかられた弟は、すっかりしょげている。

しょけん【所見】❶見たことがら。また、見てくだした判断。れい 診察所見。❷考え。意見。れい 総理大臣が所見をのべる。

じょげん【助言】気づいたことをいって、助けてやること。また、そのことば。れい 先生の助言はとても役に立った。

じょこう【徐行】乗り物などが、(きけんをさけるなどのために)ゆっくり進むこと。れい 徐行運転。

しょこく【諸国】多くの国。いろいろの国。れい ヨーロッパ諸国をめぐる旅に出発する。

しょさい【書斎】家で、本を読んだり文章を書いたりするへや。

しょざい【所在】❶ものなどがあること。また、ある場所。れい 責任の所在をはっきりさせる。/県庁の所在地を調べる。❷人がいること。また、いる場所。れい 先方の所在をたしかめる。

しょじ【所持】身につけて持っていること。れい 免許証を所持する。

1じょし【女子】❶女の子。むすめ。❷女の人。女性。⇔①②男子。

2じょし【助詞】いつもほかのことばにつけて使われ、ことばとことばのつづきぐあいをあらわしたり、意味をそえたりすることば。たとえば、「鳥が鳴く」の「が」、「駅へ行く」の「へ」など。

しょしき【書式】願書・証書などの書類の、きまった書き方。

しょしゃ【書写】❶文字を書き写すこと。筆写。❷小学校・中学校でおこなう学科の一つ。ふでやえんぴつで文字の書き方を習うこと。習字。

じょしゅ【助手】❶研究や仕事などの手助けをする人。❷大学で、教授などの手助けをする役目の人。

しょじゅん【初旬】月のはじめの十日間。上旬。

しょしょ【処暑】二十四節気の一つ。八月二十三日ごろ。暑さがおさまるころのこと。

じょじょうし【叙情詩】(うれしさ・かなしさ・さびしさなど)自分の心の動きをうたいあらわした詩。

じょじょに【徐徐に】ゆっくり。だんだんに。少しずつ。れい いたみは徐々におさまってきた。

しょしんしゃ【初心者】まだなれていない人。習い始めの人。

しょしんわするべからず【初心忘るべからず】学び始めたときの新鮮な気持ちを、いつもわすれてはいけない。室町時代の世阿弥という人のことば。

じょせい【女性】おんな。婦人。⇔男性。

しょせき【書籍】書物。本。図書。

じょせつ【除雪】ふりつもった雪をとりのぞくこと。

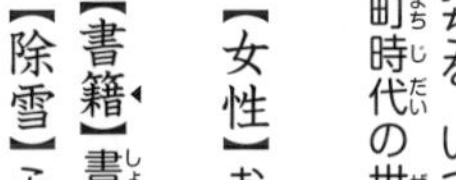

慣用句 **大事を取る** じゅうぶんに気をつける。用心する。

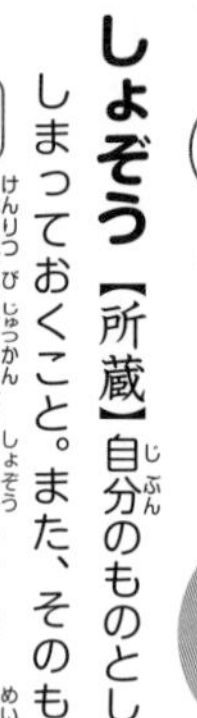

しょぞう【所蔵】自分のものとして、しまっておくこと。また、そのもの。(れい)県立美術館が所蔵している名画。／所蔵品。

じょそう【助走】〔高とびやはばとびなどで〕いきおいをつけるために、ふみきるところまで走ること。

しょぞく【所属】〔ある物や人が〕ある会や団体などに入っていること。(れい)わたしは、水泳クラブに所属している。

1 **しょたい**【所帯】一戸をかまえた、独立した生活・生計。(れい)所帯をもつ。／所帯道具。

2 **しょたい**【書体】❶文字のいろいろな書き方。字の形。かい書・行書など。❷印刷に使う文字の形の種類。明朝体・ゴシック体など。❸字の書きぶり。(れい)みごとな書体。

しょだい【初代】〔代々つづいている家・役職などの〕最初の代。第一代。(れい)初代の校長。

しょたいめん【初対面】おたがいにはじめて会うこと。(れい)初対面の人なので、きんちょうした。

しょち【処置】❶物事のしまつをつけること。物事を〔うまく〕とりはからうこと。(れい)事故の処置をする。❷〔病気やけがなどの〕手当てをすること。(れい)応急処置。

しょちゅうみまい【暑中見舞◂い】暑中（＝夏の暑い間）に、知人のようすをたずねること。また、そのたより。立秋（＝八月八日ごろ）をすぎると「残暑見舞い」という。

じょちょう【助長】ある傾向がさらに強まるようにはたらきかけること。(れい)みんなの不安を助長する。

1 **しょっかく**【触角】こん虫やエビなどの頭にある、細長いひげのようなもの。物にさわってきけんをさけたり、においをかいで食べ物をさがしたりするのにつかう。

触角

2 **しょっかく**【触◂覚】五感の一つ。物にさわって感じるひふのはたらき。

しょっき【食器】食事をするときに使う道具や入れもの。さら・ちゃわん・はしなど。

ショック ❶急に強い力を受けること。(れい)しょうとつのショックで車の前がへこんだ。❷心にはげしいおどろきや失望を受けること。(れい)不幸な知らせに、強いショックを受けた。

しょっちゅう いつも。(れい)しょっちゅうわすれ物をする。

しょっぱい 「しおからい」のくだけた言い方。

ショッピング 買い物。(れい)デパートで、ショッピングを楽しむ。／ショッピングセンター。

ショップ 店。商店。(れい)ペットショップ。

しょてい【所定】決まっていること。決められていること。(れい)所定の用紙に書いて出す。／所定の場所。

しょてん【書店】本を売る店。本屋。

しょとう【初等】〔教育や学問などの〕はじめのだんかい。さいしょの等級。(れい)初等教育。

しょどう【書道】筆とすみで文字を書く芸術。

じょどうし【助動詞】ほかのことばの下につけて、そのことばのはたらきを助け、意味をそえることば。たとえば、「母にしかられる」の「れる」や、「はやく帰りたい」の「たい」など。

しょとく【所得】ある期間に得た収入や利益。(れい)所得がふえる。

しょにち【初日】❶しばいやもよおしものなどを始める最初の日。第一日。⇔千秋楽。❷すもうで、負け続けていた力士がはじめて勝つこと。(れい)十両に上がってから五日目でようやく初日を出した。

じょのくち【序の口】❶物事が始まったばかりで、本式でないこと。(れい)このくらいの暑さはまだまだ序の口だ。❷すもうの番付のいちばん下の位。また、その位の力士。

しょばつ【処罰】おかした罪にたいして、ばつをあたえること。

しょぶん【処分】❶規則やきまりをやぶった者をばっすること。(れい)学校の規則をやぶり、処分をうける。❷物事のしまつをつけること。(れい)古い新聞を処分する。

ショベルカー 大きなシャベルを動力によって動かし、みぞをほったり、土砂をトラックにつみこんだりする機械。シャベルカー。

しょほ【初歩】物事の習い始め。手始め。(れい)おどりを初歩からならう。

じょほう【除法】わり算。

しょみん【庶民】いっぱんの人々。(れい)政治には庶民の声を反映させるべきだ。

しょめい【署名】自分の名前を書き記すこと。また、書き記した名前。サイン。(れい)用紙に署名する。

1じょめい【助命】ころされそうになっている人の命を助けること。

2じょめい【除名】〔ある団体や会などの〕名簿から名まえをとりさり、そのなかまからはずすこと。

しょめん【書面】手紙。文書。また、そこに書かれていることがら。(れい)書面で通知する。

しょもつ【書物】本。図書。書籍。

じょやのかね【除夜の鐘】おおみそかの夜十二時から寺でつく鐘。百八回つく。人間の心には百八のまよいがあり、それをとりのぞくために鳴らすという。

しょゆう【所有】〔自分のものとして〕持っていること。(れい)この美術館は、二千点の絵を所有している。

じょゆう【女優】女性のはいゆう。⇔男優。

しょり【処理】物事や仕事のしまつをつけること。(れい)たくさんの仕事をてぎわよく処理する。

じょりょく【助力】手助けをすること。(れい)助力をもとめる。

しょるい【書類】〔ある事務について〕文字で書き記したもの。書きつけ。(れい)たいせつな書類を金庫に保管しておく。

じょれつ【序列】地位や成績などの、じゅんじょ。(れい)序列をつける。

じょろん【序論】議論や論文で、本論に入る前に全体の内容についてのべる部分。

しょんぼり 元気がなく、さびしそうなようす。(れい) しかられた妹は、しょんぼりしている。

じらい【地雷】土の中にうめておいて、その上を車や人が通るとばくはつする兵器。

しらが【白髪◂】〔年をとったり病気になったりして〕白くなったかみの毛。

しらける【白ける】❶〔色があせて〕白っぽくなる。❷〔その場のふんいきが〕おもしろくなくなる。気まずくなる。(れい) 心ない一言で楽しかった会も急に白けた。

しらじら【白白】夜が明けて、空がだんだん明るくなってくるようす。(れい) 夜が白々と明けはじめる。

しらじらしい【白白しい】知っているくせに、知らないふりをするようす。(れい) 白々しいたいど。／白々しいうそをつく。

じらす〔からかったり、なかなか知らせなかったりして〕相手の気持ちをいらいらさせる。(れい) じらさずにはやく教えてほしい。

しらせる【知らせる】〔できごと・考えなどを言ったり書いたりして〕他人が知るようにする。通知する。(れい) 合格を知らせる。

しらたま【白玉】白玉粉（＝もち米の粉）でつくっただんご。しるこやつめたいさとう水などに入れて食べる。

しらなみ【白波】あわだって白く見える波。(れい) 海に白波が立つ。

しらばくれる 知っているのに知らないふりをする。知らぬ顔をする。しらばっくれる。(れい) だれがしたのかときかれても、みんなしらばくれてだまっている。

しらべる【調べる】❶〔わからないことや疑問などを〕書物や資料などで見たり、人から聞いたりして、明らかにする。(れい) 古墳について調べる。❷点検する。(れい) 機械を調べる。

しらゆき【白雪】まっ白い雪。

しらんかお【知らん顔】知っているのに知らないふりをしている、その顔つき。また、そのようにすること。(れい) みんながはたらいているのに、知らん顔をして本を読んでいる。

しらんぷり【知らんぷり】知っていても、知らないふりをすること。(れい) 友だちがこまっているのに、知らんぷりをする。

しり【尻】❶こう門やそのまわりにある肉のゆたかな部分。けつ。❷うつわなどの外がわのそこ。(れい) なべの尻をみがく。❸〔人や物の〕うしろ。あと。(れい) 車の尻をおす。❹最後。はし。すえ。(れい) 尻から三番目の成績。

しりあい【知り合い】おたがいに知っていること。また、その人。(れい) 知り合いの家に行く。

シリーズ ❶〔書物や映画などで〕同じような種類の一つづきのもの。(れい) 世界名作シリーズ。❷スポーツで、何日間かつづけておこなわれる試合。(れい) 日本シリーズ。

じりき【自力】自分ひとりの力。(れい) 自力で立ちなおる。

しりきれとんぼ【尻切れとんぼ】さいごまでつづかず、とちゅうでおわったままであること。

しりごみ ❶こわがったりして、後ろ

【】漢字を使った書き方　(れい) ことばの使い方の例　⇕反対のことば　⬇参考になる情報　◂小学校で習わない漢字

の方へ少しずつさがること。あとずさり。れい 山の頂上から下を見て、思わずしりごみをした。

❷するのをためらうこと。れい みんなしりごみしてなかなか歌う人がいなかった。

じりじり ❶〔ある目あてなどにむかって〕少しずつ進んでいくようす。れい ヘビがえものにじりじりと近よる。

❷太陽が強くてらすようす。れい 夏の太陽がじりじりとてらす。

❸〔物事が思うとおりにならず〕いらいらするようす。れい いくら待っても友だちがこなくて、じりじりした。

しりぞく【退く】❶後ろにさがる。れい 三歩退く。⇔進む。

❷たちさる。ひきさがる。れい 三しんして退く。

❸ある地位からはなれる。引退する。やめる。れい 社長の地位を退いた。

1**しりつ**【市立】市のお金でつくられ、市が管理すること。また、その施設。「私立」と発音が同じでまちがえやすいので、「いちりつ」ということもある。れい 市立の小学校。

2**しりつ**【私立】いっぱんの人や団体のお金でつくられ、それらが管理すること。また、その施設。「市立」と発音が同じでまちがえやすいので、「わたくしりつ」ということもある。れい 私立の中学。⇔公立。

じりつ【自立】人にたよらないで、自分の力で物事をやってゆくこと。れい 卒業したら自立してやってゆく。

しりとり【尻取り】前の人のいったことばの、最後の音で始まることばを見つけ、じゅんじゅんに言い続けてゆく遊び。

しりぬぐい【尻拭い】ほかの人のした失敗のあとしまつをすること。れい 妹のいたずらの尻拭いをする。

しりもち【尻餅】ころんで、しりを地面に打つこと。れい 尻餅をつく。

しりょ【思慮】いろいろと考えをめぐらすこと。また、その考え。れい 思慮のふかい人。

しりょう【資料】物事を調べたり、研究したりするときの、材料となるもの。れい 研究のための資料をさがす。

しりょく【視力】ものを見る目の力。れい 視力がいい。

1**しる**【汁】❶物からしみでた液。また、しぼりとった液。れい ミカンの汁。

❷すい物。おつゆ。

2**しる**【知る】❶〔見たり聞いたりして〕わかる。理解する。れい ニュースで事件を知った。／英語を少し知っている。

❷おぼえている。れい かれの子どものころを知っている。

❸会ったりつきあったりしたことがある。れい 知っている人に出会った。

シルエット ❶横顔などをかいて、中を黒くぬりつぶした絵。

❷かげ。かげぼうし。れい まどにシルエットがうつる。

シルクハット 黒いきぬをつかった、高いつつの形のぼうし。男の人が正式な服装でもちいる。

シルクハット

あいうえお
かきくけこ
さしすせそ
し
たちつてと
なにぬねの
はひふへほ
まみむめも
やゆよ
らりるれろ
わをん

ことわざ **大は小をかねる** 大きなものは、小さなもののかわりにつかうことができる。

しるし【印】❶目じるしになるもの。ほかのものとまちがわないようにつけるもの。(れい)赤い色で印をつける。❷しょうこになるもの。(れい)荷物をうけとった印のサインをする。❸気持ちを外にあらわしたもの。(れい)お礼の印に花をあげる。

しるす【記す】❶書きつける。文字を書く。(れい)名ぼに名まえを記す。❷心にとどめる。おぼえる。(れい)戦争のおそろしさを心に記す。

シルバー ❶銀。銀色。❷《ほかのことばにつけて》年れいが高いことをしめす。(れい)電車のシルバーシート。

しれい【指令】さしずすること。めいれい。(れい)責任者が指令をだす。

1じれい【事例】ある問題の例になるような、前にあったことがらや事件。

2じれい【辞令】❶人をもてなすときのことば。あいさつ。(れい)社交辞令。❷〔役所や会社などで〕人を仕事や役目につけたりやめさせたりするとき、そのことを本人に知らせる正式の書きつけ。

じれったい 物事が思うようにならずいらいらする。もどかしい。(れい)弟は動作がおそいのでじれったくなる。

しれん【試練】心の強さや実力などのぐあいをきびしくためすこと。また、そのときの苦しみ。(れい)試練にたえる。

ジレンマ 対立する二つのことがらの間に立って、どちらに決めてよいかまようこと。板ばさみ。

1しろ【白】❶雪のような色。❷罪をおかしていないこと。(れい)みんなにうたがわれていたが、かれは白だった。⇕①②黒。

2しろ【城】むかし、その地方をおさめていた人が、敵をふせいだり自分の力をしめしたりするために、石・木・土などできずいた大きなたてもの。

しろあと【城跡◂】むかし、城のあったところ。

天守かく
ほり
石がき
城

しろあり【白あり】白色のこん虫。くらい場所にすみ、木材や木造の建築物をくいあらす。名前に「あり」とあるが、アリとはべつの種類。

しろい【白い】❶雪のような色をしている。白の色である。⇕黒い。❷何も書いていない。(れい)ノートの白いページ。

しろうと【素人】ある物事をあまりしたことがなくて、じょうずでない人。そのことを専門にしていない人。(れい)素人のつくったものとは思えないよいできばえだ。⇕玄人。

しろがね 銀のこと。

しろくま【白熊◂】クマ科の動物。北極地方の氷の上にすみ、体は白く大きい。泳ぎがうまく、アザラシや魚などを食べる。ホッキョクグマ。

じろじろ えんりょがなく、人の顔などを見るようす。

シロップ くだもののしるに、こいさとう水を入れたあまい液体。(れい)いちごのシロップ。

しろぼし【白星】❶中をぬりつぶしていない、星型や丸型の図形。

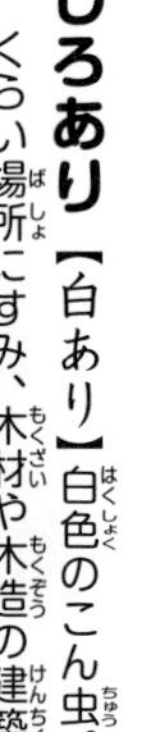

❷すもうで勝つこと。また、そのしるし。(れい)新入幕の力士が白星をあげる。⇔黒星。

しろみ【白身】❶食用の肉の白いところ。とくに、魚の白い肉。❷たまごの中身の白い部分。卵白。⇔黄身。

しろめ【白目】❶目玉の白い部分。(れい)白目をむいてたおれる。❷いかりや、軽べつの気持ちなどのこもった目つき。(れい)白目でにらむ。

しわ ❶ひふがたるんで表面にできるすじ。(れい)ひたいにしわをよせる。❷紙や布などをもんだときなどにできるすじ。

しわくちゃ しわだらけのようす。(れい)しわくちゃになった顔。

しわけ【仕分け】品物などを、種類によってわけること。(れい)ゆうびんの仕分け作業。

しわざ【仕業】したこと。おこない。(れい)犯人の仕業だ。

じわじわ ❶物事が、ゆっくりと少しずつすすんでゆくようす。(れい)ネコは、小鳥にじわじわ近づいた。❷液体がゆっくりしみこんだり、しみだしたりするようす。(れい)ほうたいに血がじわじわにじんできた。

しわす【師走】むかしのこよみで十二月のこと。(れい)師走の町は、買い物客でにぎわった。

しわよせ【しわ寄せ】ある物事がうまくしまつされないため、ほかのところにえいきょうがでること。また、そのえいきょう。

じわりと〔物事が〕そろそろとではあるが、かくじつに進んでいるようす。(れい)くすりがじわりときいてきた。

しん【芯】❶ろうそくやランプなどの火をつける部分。(れい)バットの芯。❷ものの中心。中心にあるかたい部分。

しんあい【親愛】人をあいし、親しく思っていること。また、その気持ち。(れい)親愛の情。

じんあい【仁愛】人をなかまとして思いやり、あいすること。(れい)仁愛の心をだいじにする。

しんい【真意】本当の気持ち。本心。(れい)相手の真意をたしかめる。

しんいり【新入り】新しくなかまに入ること。また、そのような人。(れい)新入りの力士。

じんいん【人員】ひとの数。人数。

しんうち【真打ち】落語などの寄席でいちばんあとに出てくる、すぐれた芸をする人。また、落語家などでいちばん上の位の人。

1**しんか**【臣下】君主につかえる者。家臣。家来。

2**しんか**【真価】本当のねうち。(れい)今こそきみの真価がとわれるときだ。

3**しんか**【進化】❶長い年月のあいだに、生物の体が生活しやすいように変化してゆくこと。❷物事が、いっそうすぐれたものになっていくこと。⇔①②退化。

しんかい【深海】深い海。また、海の深いところ。

しんがい【心外】考えてもいないようす。また、思いもよらないことになって残念なようす。(れい)そんな誤解をうけるとは心外だ。

しんがく【進学】上級の学校に進むこと。(れい)兄は高校に進学した。

慣用句 **高をくくる** たいしたことはないだろうと、かるくみる。

あいうえお
かきくけこ
さしすせそ し
たちつてと
なにぬねの
はひふへほ
まみむめも
やゆよ
らりるれろ
わをん

じんかく【人格】人間としてのねうち。人がら。

しんがっき【新学期】新しい学期。

シンガポール シンガポール共和国。マレー半島の南はしにある、シンガポール島を中心にした島々からなる国。首都はシンガポール。

しんがり 列や順番などのいちばんあと。また、その人。れい 入場行進でしんがりをつとめた。

しんかんせん【新幹線】日本のおもな都市を短時間でむすぶ高速幹線鉄道。一九六四(昭和三十九)年、東京・新大阪間が開通した東海道新幹線がはじめ。

新幹線

しんき【新規】新しく始めること。

じんぎ【仁義】仁と義。人への思いやりと、人として守らなくてはならない正しい道。

しんきいってん【心機一転】あることをきっかけにして、新たな気持ちになること。れい 心機一転、来年からはまじめにがんばろう。

1しんきゅう【進級】学年や位が上にすすむこと。

2しんきゅう【新旧】新しいものと古いもの。れい 新旧の交代。

しんきょ【新居】新しくたてた家。新しくすむ家。れい 新居をかまえる。

しんきょう【心境】気持ち。心のようす。れい 心境の変化。

しんきろう【しん気楼◂】さばくや海岸などの空中や地平線近くに、見えるはずのない遠くのけしきがうつって見えるもの。

しんきろく【新記録】〔今までの記録をやぶって〕新しくつくられたいちばんよい記録。れい 競技会で大会新記録が出た。

しんくう【真空】空気などがぜんぜんないこと。また、その空間。

ジンクス〔勝負などで〕えんぎの悪いこと。また、そのようないいつたえ。よいことにいう場合もある。れい 活やくしたつぎの年は成績が悪いというジンクスがある。

シングル ❶ひとり用。ひとり用のもの。れい シングルのベッド。❷洋服で、ボタンが一列についているもの。⇕①②ダブル。

しんけい【神経】❶動物の脳やせきずいから、体じゅうに広がっている糸のようなもの。いろいろな感じを脳につたえたり、脳の命令を体の各部分につたえてうごかしたりするはたらきをする。❷物事を感じとるはたらき。れい するどい神経でものを見る。

しんけいしつ【神経質】物事にかんじやすく、ちょっとしたことでもひどく気にするせいしつ。れい 飲み物に神経質な人。

しんげき【進撃◂】軍隊が敵をせめながら進むこと。れい 敵陣にむかって進撃する。⇕退却。

しんげつ【新月】月が地球と太陽の間にきて、明るい部分がほとんど見えなくなったときの月。すっかりかけたときの月。⇕満月。

しんけん【真剣】❶「木刀やしない

たいして〕ほんものの力で。れい 真剣で勝負する。❷本気であるようす。まじめで心のこもっているようす。れい クラブ活動に真剣にとりくむ。

じんけん【人権】人間が人間らしく生きるために、当然なこととしてみとめられている権利。自由や平等などの権利。

1**しんこう**【信仰】神やほとけなどをしんじてうやまうこと。れい 信仰のあつい人。

2**しんこう**【侵攻】相手の領土をせめて、入っていくこと。

3**しんこう**【振興】物事がさかんになること。また、さかんになるようにすること。れい 産業の振興をはかる。

4**しんこう**【進行】❶前へ進んでいくこと。❷物事がはかどること。れい 会議が進行する。

5**しんこう**【親交】親しいつきあい。れい 親交をむすぶ。

しんごう【信号】あるきまりにしたがって、色・音・形・光などで、はなれたものに合図すること。また、その合図。れい 信号が赤にかわる。

1**じんこう**【人口】国やあるきまった広さの土地に住んでいる人の数。れい 人口が多い。

2**じんこう**【人工】人手をくわえてつくりだすこと。人間の力でつくること。れい ここは、人工の湖だ。⇔天然。自然。

じんこうえいせい【人工衛星】ロケットでうち上げ、地球など、惑星のまわりをとびつづけるようにしたもの。宇宙の調査、気象観測、放送・通信などにつかわれる。

じんこうこきゅう【人工呼吸】息がとまって死んだようになっている人の肺に空気をおくりこみ、息をふきかえさせること。また、その方法。

じんこうみつど【人口密度】面積一平方キロメートルあたりの土地に、どれだけ人が住んでいるかをしめすもの。

しんこきゅう【深呼吸】できるだけたくさんの空気を、深くすったりはいたりすること。

1**しんこく**【申告】〔きまりにしたがって〕あることがらを役所へつたえること。れい 税金の申告をする。

2**しんこく**【深刻】❶深く思いつめるようす。れい 深刻な顔をする。❷物事のなりゆきが、ひじょうに重大なようす。れい 温暖化は、世界じゅうの深刻な問題だ。

しんこん【新婚】結婚したばかりであること。また、その人。れい 新婚旅行に出かける。

しんさ【審査】くわしく調べて、よいかどうかや資格があるかないかなどをきめること。れい 作品を審査する。

しんさい【震災】地震のためにうけるわざわい。

じんざい【人材】すぐれた才能のある人。役にたつ人間。

しんさつ【診察】医者が病人の体をみて、病気のようすや原因を調べること。れい 診察券をだす。

しんし【紳士】❶学問や教養があり、礼儀正しい男の人。❷男の人をうやまっていうことば。れい 紳士服。

四字熟語 **多種多様** いろいろ、さまざまなこと。

じんじ【人事】❶人の力でできることがら。人の仕事。れい 人事をつくす。❷役所や会社などで、地位や役目に関係したことがら。れい 人事異動。

しんしつ【寝室】ねるときにつかうへや。ねま。

しんじつ【真実】うそやかざりけのないこと。まこと。ほんとう。れい 証人として真実をのべる。

じんじゃ【神社】神をまつってあるたてもの。おみや。

しんじゅ【真珠◀】貝がらの中にできる小さな玉。銀色のつやがあり、ゆびわ・首かざりなどに使う。パール。

しんしゅつ【進出】〔新しい方面に〕進み出ること。力をあらわしてくること。れい 決勝戦に進出した。

しんじょう【心情】こころ。気持ち。れい 友の心情を思いやる。

しんじる【信じる】❶本当だと思いこんでうたがわない。信ずる。れい かれは犯人ではないと信じている。❷神や仏をうやまって、その教えにしたがう。信ずる。れい 仏教を信じる。

しんしん【心身】心と体。れい 心身ともに健康である。

しんじん【新人】〔ある会社・団体などに〕新しくはいってきた人。また、新しくあらわれた人。れい 新人歌手。

しんすい【浸水】〔大水などのため〕水が入りこんで水びたしになること。れい 大雨で床の下まで浸水した。

1**しんせい**【申請◀】〔ゆるしをうけるために〕役所へねがいでること。

2**しんせい**【神聖】清らかでけがれがないこと。おごそかで、とうといこと。

じんせい【人生】❶人の一生。人がこの世で生きているあいだ。れい 人生は長いようでみじかい。❷この世での人間の生活。れい さまざまな人生がある。

じんせいかん【人生観】人間はどう生きたらよいのかということについての考え方。れい 人生観が変わる。

しんせき【親戚】生まれやけっこんなどによってつながっていること。また、その人。親類。

1**しんせつ**【新雪】新しくふりつもった雪。

2**しんせつ**【親切】思いやりの深いこと。真心をこめて人につくすこと。れい 親切に人の世話をする。

しんせん【新鮮◀】❶新しくていきいきしているようす。れい 新鮮な野菜。❷よごれがなく気持ちがいいようす。れい 山の新鮮な空気。❸今までにない新しさが感じられるようす。れい 新鮮な感覚の絵。

しんぜん【親善】おたがいに親しくつきあい、なかよくすること。れい 親善試合。

しんそう【真相】本当のようす。本当の事情。れい 事件の真相をかたる。

しんぞう【心臓】❶胸の中にある、体中に血を送り出す、ポンプのようなはたらきをする器官。⬇内臓。❷〔①の意味から〕全体の中心にあって、重要なはたらきをする部分。れい 東京は、日本の心臓部だ。

じんぞう【腎臓】血液の中からいらなくなったものをとりだし、にょうをつくるはたらきをする内臓。おとなのこぶしぐらいの大きさで、左右に一つずつある。⬇内臓。

しんぞく【親族】同じ生まれや、けっ

あいうえお かきくけこ さしすせそ し たちつてと なにぬねの はひふへほ まみむめも やゆよ らりるれろ わをん

・じんそく
・しんそこ
1 しんたい
2 しんたい
・じんたい
・しんだん
・じんち
・しんちゃ
1 しんちょう
2 しんちょう
3 しんちょう
・じんつうりき
・シンデレラ
・しんてん
・しんでん
・しんでんづくり
・しんと
・しんとう
・しんどう
・じんどる
・しんにゅう
・しんにゅうせい
・しんにょう
1 しんにん
2 しんにん

こんなどによってむすばれている人々。みうち。

じんそく【迅速】行動などが、とてもすばやいこと。れい 迅速に処理する。

しんそこ【心底・真底】心のそこから。本当に。れい あの人が心底すきだ。

1 **しんたい**【身体】（人間の）体。肉体。

2 **しんたい**【進退】❶進むこととしりぞくこと。❷つとめや仕事をやめるかやめないかということ。

じんたい【人体】人間の体。

しんだん【診断】医者が病気のようすを判断すること。また、病気にかかっているかどうか調べること。れい 健康診断。

じんち【陣地】戦争をするために、軍隊をおいたところ。陣。

しんちゃ【新茶】その年の新しい芽をつんでつくった茶。

1 **しんちょう**【身長】背の高さ。

2 **しんちょう**【慎重】かるがるしく物事をしないこと。注意ぶかいこと。れい こわれやすいものなので慎重にあつかう。⇔軽率。

3 **しんちょう**【新調】〔衣服などを〕新しくつくること。また、新しくつくったもの。

じんつうりき【神通力】どんなことでも、思うとおりにできるふしぎな力。じんずうりき。

シンデレラ ヨーロッパの昔話。シンデレラという少女が、まほうの力で王子と出会い、けっこんする。

しんてん【進展】物事がすすみ広がること。れい 社会問題に進展する。

しんでん【神殿】神がまつってある建物。

しんでんづくり【寝殿造り】平安時代の貴族の家のつくり方。寝殿というたてものを中心に、東・西・北に対屋というたてものがあり、南に池がある。池の東西には釣殿というたてものがある。

寝殿造り

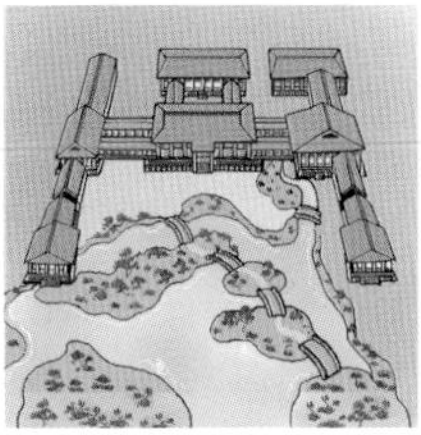

しんと ひじょうにしずかなようす。れい しんとしずまりかえっている。

しんとう【浸透】❶水などがしみとおること。❷考えなどが広まること。

しんどう【振動】❶ゆれ動くこと。❷〔ふりこのように〕ものが、あるきまった時間ごとに、くりかえし同じような運動をすること。また、その運動。

じんどる【陣取る】❶じん地をかまえる。❷ある場所をとる。ある位置をしめる。れい いちばん前の席に陣取る。

しんにゅう【侵入】〔よその家やその国などに〕むりに入ること。

しんにゅうせい【新入生】新しく入学した児童・生徒・学生。

しんにょう 漢字の部首の一つ。「近」「進」「達」などの「辶」の部分。「しんにゅう」ともいう。

1 **しんにん**【信任】その人を信用して、物事をまかすこと。れい みんなに信任されて、会長をひきうけた。

2 **しんにん**【新任】新しく役につくこと。また、ついた人。れい 新任の先生。

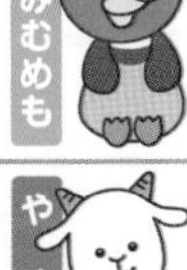

慣用句 **たぬきね入り** ねたふりをすること。

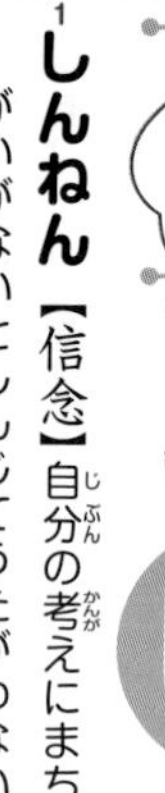

1しんねん【信念】自分の考えにまちがいがないとしんじてうたがわない心。れい 自分の信念をまげない。

2しんねん【新年】新しい年。また、年のはじめ。れい 新年おめでとう。

しんのう【親王】天皇家の男の子。

しんぱい【心配】❶どうだろうかと気にすること。不安に思うこと。気がかり。れい 兄の帰りがおそいので心配だ。⇕安心。❷こまやかに、世話をすること。れい 祝賀会の会場を心配する。

しんぱいしょう【心配性】あることをひつよう以上に気にかけて、心配するせいしつ。れい 母は、とても心配性だ。

じんばおり【陣羽織】むかし、武士が陣地のなかでよろいの上に着たそでのないはおり。

シンバル 打楽器の一つ。金属でつくった二まいの円ばんをうちあわせてならす。

しんぱん【審判】❶競技で、勝ち負けなどを決めること。また、決める人。❷正しいか正しくないかを調べて決めること。れい 今日、裁判官によって審判がくだされる。

しんぴ【神秘】人間の力では考えられないようなふしぎなこと。れい 宇宙の神秘。

しんぴん【新品】新しいしなもの。

1しんぷ【神父】キリスト教のカトリックで、神の教えをとく人。

2しんぷ【新婦】結婚したばかりの女の人。花よめ。⇕新郎。

しんぶつ【神仏】神と、ほとけ。れい 神仏にいのる。

じんぶつ【人物】❶ひと。れい りっぱな人物。／重要人物。❷人がら。れい あの人は好人物（＝いい人）だ。❸知識やおこないのすぐれた人。れい あの人は、なかなかの人物だ。

シンプル かざりけがないようす。よけいなものがなくて、すっきりしているようす。れい シンプルなデザイン。

しんぶん【新聞】社会のできごとやそれについての考えを、多くの人にはやく知らせるために、毎日、または、きまった日に出される印刷物。

しんぶんし【新聞紙】❶新聞。❷新聞を、つつみ紙のようにただの紙として使うときのよび名。しんぶんがみ。れい 茶わんを新聞紙で包んでから箱にしまう。

しんぺん【身辺】みのまわり。自分のそば。れい 身辺を守る。／身辺の整理をしておく。

しんぽ【進歩】物事がよいほうへ進むこと。れい 技術の進歩。

1しんぼう【心棒】❶車やこまなどの中心となるもの。軸。れい こまの心棒。❷はたらきの中心となるもの。

2しんぼう【辛抱】がまんすること。

じんぼう【人望】人々からたよりにされ、尊敬されること。れい 人望のある先生。

しんぼく【親睦】親しんで、なかよくすること。れい 親睦会。

シンポジウム 一つの問題についてまず何人かが意見を発表し、それについて参加している人たちが質問したり自分の意見をのべたりする討論会。れい 環境保護をテーマにシンポジウムがひらかれる。

【】漢字を使った書き方　れい ことばの使い方の例　⇕反対のことば　⬇参考になる情報　◂小学校で習わない漢字

シンボル 象徴。

しんまい【新米】❶今年とれた、新しい米。⇔古米。❷仕事にまだなれていないこと。また、その人。新前。（れい）新米の店員を教育する。

じんましん ひふに赤いぶつぶつができ、ひじょうにかゆくなる病気。食べ物や薬などによっておこるばあいが多い。（れい）うでにじんましんができる。

しんみ【親身】❶〔親子・兄弟・姉妹など〕したしいみうち。（れい）親身もおよばぬお世話になる。❷みうちの者のように、親切なこと。（れい）病気の友を、親身になってかいほうする。

しんみつ【親密】ひじょうに親しいこと。（れい）親密な関係。

しんみり しずかで、深く心にしみいるようす。また、悲しくて心がしずんでいるようす。（れい）身の上ばなしをしんみりときく。

1**じんめい**【人名】人の名まえ。

2**じんめい**【人命】人間の命。（れい）人命にかかわる問題。

しんや【深夜】まよなか。よふけ。

しんゆう【親友】たいへんなかのよい友だち。ほんとうの友だち。

しんよう【信用】❶たしかだとしんじてうたがわないこと。（れい）君を信用しよう。❷ほかの人からたしかだとしんじられていること。評判のいいこと。（れい）信用のある店。

しんようじゅ【針葉樹】はりのような形の葉をもつ木。マツ・スギなど。

しんらい【信頼】しんじて、たよりにすること。（れい）人に信頼される人間になりたい。

しんらつ【辛辣】言うことなどが、ひじょうにきびしいようす。（れい）辛辣な皮肉を言う。／辛辣に批評する。

1**しんり**【心理】心のようすやはたらき。（れい）バッターの心理をよんで投球する。

2**しんり**【真理】だれにでも、どこででも、いつでも正しいとみとめられることがら。

じんりきしゃ【人力車】客をのせて、人がひいて走る二りん車。

しんりゃく【侵略】よその国へせめこんで、土地などをうばいとること。

しんりょう【診療】医者が病人の病気を調べたり、なおしたりすること。

しんりょく【新緑】春から夏のはじめにかけてのわかばの緑。

しんりん【森林】木のたくさんはえているところ。大きな森。

しんるい【親類】生まれやけっこんなどによってつながっていること。また、その人。親せき。（れい）親類の家。

じんるい【人類】ほかの動物と区別したときの人間。（れい）人類の平和をねがう。

1**しんろ**【針路】❶〔らしん盤のはりのむきによってきめた〕船の進むみち。（れい）船は針路を北にとった。❷物事のめざす方向。（れい）日本の針路についてのいろいろな考え。

人力車

ことわざ **玉にきず** ほんの少し欠点があること。

2**しんろ**【進路】進んでゆくみち。(れい)台風の進路がそれる。／卒業した後の進路について考える。

しんろう【新郎◀】結婚式をあげたばかりの男の人。花むこ。⇔新婦。

しんわ【神話】むかしからつたえられている、神々を主人公にした物語。(れい)ギリシャ神話。

す

1**す**【巣】❶鳥・虫・魚・けものなどのすみか。❷〔悪いことをする者が〕あつまっている場所。(れい)どろぼうの巣。

2**す**【酢◀】料理などに味をつけるためのすっぱい液体。

ず【図】ものの形やようすをえがいたもの。(れい)わかりやすい図でしめす。

すあし【素足】くつやくつ下などをはかない足。

すあな【巣穴】虫・鳥・けものなどが巣をつくって生活しているあな。

1**すいい**【水位】もとになる面からはかった、川・海・湖などの水面の高さ。

2**すいい**【推移】時がたつにつれて、物事のようすがうつりかわること。また、そのありさま。(れい)この商店街を見ていると時代の推移を感じる。

スイーツ　あまい菓子。

すいえい【水泳】スポーツや楽しみとして泳ぐこと。スイミング。

すいか　ウリ科の植物。つるは地上をはう。夏、大きな丸い実をむすぶ。赤色または黄色の果肉は水分が多く、あまい。

すいかわり【すいか割り】目かくしをして、少しはなれた場所におかれたスイカをさがして、ぼうでたたきわる遊び。

すいぎん【水銀】銀白色をした液体の金属。温度の上がり下がりにしたがって、規則正しく体積がかわるので、温度計などにつかわれる。

1**すいこう**【推こう】文章や詩をつくるとき、ことばや書きあらわし方などを何度も考えてねりなおすこと。「推敲」と書き、「推」は押す、「敲」はたたくという意味。むかし中国の詩人が、「僧は推す月下の門」という詩の句の、「推す」を「敲く」にかえようかどうかまよったという話から。

2**すいこう**【遂行】〔最後まで〕やりとげること。

すいこむ【吸い込む◀】〔気体・液体などを〕すって中に入れる。(れい)息を深く吸い込む。

すいさいが【水彩画◀】水でといた絵の具でえがいた絵。

すいさつ【推察】人の気持ちなどをたぶんこうだろうと考えること。(れい)推察するところ、林さんはなやんでいるようだ。

すいじ【炊◀事】食物をにたりやいたりして食べられるようにすること。食事のしたくをすること。

すいしつ【水質】水のせいしつ。(れい)プールの水質を検査する。

すいしゃ【水車】流れる水や高いところから落ちてくる水の力を使って回る車。みずぐるま。水車の回る力を利用して機械を動かし、米や麦をついたり、こなにしたりするのに使った。⬇363ページ（イラスト）

〔〕漢字を使った書き方　(れい)ことばの使い方の例　⇕反対のことば　⬇参考になる情報　◀小学校で習わない漢字

すいじゃく【衰弱】〔体が〕おとろえ、弱ること。

すいじゅん【水準】〔物事のねうちや質などをみるときの〕ていど。レベル。(れい) 日本人の生活の水準はかなり向上した。

すいしょう【水晶】石英が六角の形になったもの。はんこ・レンズ・かざりものなどにつかう。

すいじょう【水上】水の上。水の表面。(れい) アジアには、水上で生活している人々も多い。⇔陸上。

すいじょうき【水蒸気】水が蒸発して、気体になったもの。

すいしん【水深】〔海・川・湖などの〕水の深さ。(れい) 水深三メートルのところまでもぐる。

すいすい ❶〔小さな動物などが〕水中や空中をかろやかに進むようす。❷物事がなんのさわりもなくはかどるようす。(れい) きのうのテストは、どれもすいすいとけた。

水車

1すいせい【すい星】太陽の光をうけて長い尾をひく星。ほうきぼし。約七十六年ごとに近づく「ハレーすい星」がよく知られている。むかしは、悪いことがおこる前ぶれと考えられていた。

2すいせい【水星】太陽系の天体の一つ。八つのわく星の中でもっとも小さい。約八十八日で太陽のまわりをまわる。⬇太陽系。

1すいせん【水仙】ヒガンバナ科の植物。球根でふえる。冬のおわりから春にかけて白や黄色の花がさく。

2すいせん【水洗】水であらい流すこと。(れい) 水洗トイレ。

3すいせん【推薦】自分がよいと思う人やものを、ほかの人にすすめること。

すいそ【水素】色もにおいもない、もっとも軽い気体。もえやすい。

すいそう【水槽】❶水をたくわえるための〔大きな〕入れ物。❷水を入れて、魚などをかうための入れ物。

すいぞう【すい臓】胃のうしろにある内臓。すい液をつくって十二指腸におくり出す。また、インシュリンというホルモンをつくる。⬇内臓。

ずいそう【随想】そのときそのときに、ふと心にうかんでくる思い。また、それを書きとめた文章。

すいそうがく【吹奏楽】管楽器や打楽器でえんそうされる音楽。

すいそく【推測】物事のようすやなりゆきなどを、だいたいこうだろうと考えること。(れい) 十年後の町のようすを推測する。

すいぞくかん【水族館】水中にすむいろいろな動物を飼って、人々に見せるようにしているところ。

すいちゅう【水中】水の中。

すいちょく【垂直】❶線と線、線と面、面と面がまじわるとき、たがいに直角であること。❷水平面に直角である方向。また、その方向にあること。(れい) ぼうを垂直にたてる。

スイッチ 電気の流れを切ったり、通じさせたりするしかけ。

ことわざ **短気は損気** 短気をおこすと、けっきょくは自分がそんをするということ。

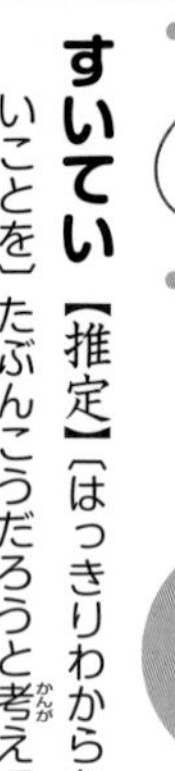

すいてい【推定】〔はっきりわからないことを〕たぶんこうだろうと考えて決めること。(れい)何世紀ごろにつくられた土器かを推定する。

すいてき【水滴◀】水のしずく。

すいでん【水田】水を入れてイネをつくる田。みずた。

すいとう【水筒◀】飲み水やお茶を入れてもち運べるようにした入れ物。

すいどう【水道】❶飲み水をそれぞれの家にくばるための設備。上水道。❷海で、陸地にはさまれてせまくなっているところ。(れい)豊後水道。

すいとる【吸い取る】❶〔ほかのものの中にあるものを〕すい出してとる。(れい)チョウが花のみつを吸い取る。❷他人の利益などを取りあげる。

すいはんき【炊◀飯器】ごはんをたく道具。ふつう、電気・ガスなどで自動的にたけるものをいう。

ずいひつ【随◀筆】そのときそのときに心にうかんだことや思ったことを書いた文章。エッセー。

すいぶん【水分】ものがふくんでいる水の量。みずけ。

ずいぶん【随◀分】❶とても。ひじょうに。(れい)ずいぶんおもいかばんだ。❷いじの悪いようす。ひどいようす。(れい)つげ口をするなんてずいぶんだ。

すいへい【水平】❶しずかな水の面のように平らなこと。❷地球の重力の方向と直角にまじわる方向であること。また、その方向。

すいへいせん【水平線】海の上で、空と海のさかいとして見える線。

すいみん【睡◀眠】ねむること。ねむり。(れい)睡眠をじゅうぶんにとる。

スイミング　およぐこと。水泳。

すいもの【吸い物】日本料理で、やさい・魚などを入れたすましじる。

すいもん【水門】川や貯水池にある、水の量をかげんするためのしかけ。

すいようえき【水溶◀液】ある物質を水にとかした液体。食塩水など。

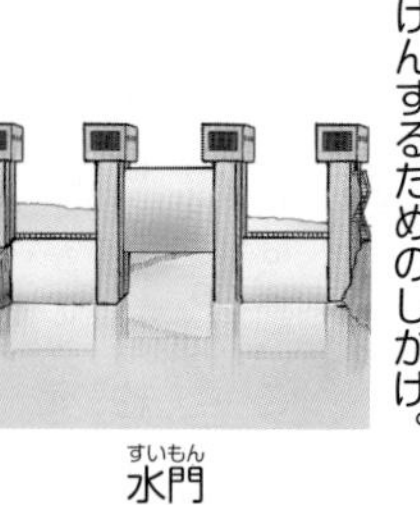
水門

すいようび【水曜日】一週の四番目の日。火曜日の次の日。水曜。

すいり【推理】わかっていることをもとにして、わからないことを考えること。(れい)姉は、推理小説が好きだ。

すいりょく【水力】流れる水の力。水のいきおい。とくに、高いところから流れ落ちる水の力。

すう【吸う】❶口や鼻から、気体や液体を体の中に入れる。❷しみこませる。すいとる。(れい)かわいたスポンジは水をよく吸う。

すうがく【数学】数や図形について研究する学問。代数・幾何など。

すうじ【数字】数を表す文字。アラビア数字（1・2・3…）・ローマ数字（Ⅰ・Ⅱ・Ⅲ…）・漢数字（一・二・三…）などがある。

すうじつ【数日】何日か。いく日か。(れい)ここ数日、晴天が続いている。

すうすう　❶せまいところなどを風がふきぬけるようす。(れい)すきま風がすうすう入ってくる。❷息を軽くすったりはいたりするときの音をあらわすことば。(れい)すうすう

あいうえお
かきくけこ
さしすせそ
す
たちつてと
なにぬねの
はひふへほ
まみむめも
やゆよ
らりるれろ
わをん

〔〕漢字を使った書き方　(れい)ことばの使い方の例　⇕反対のことば　⬇参考になる情報　◀小学校で習わない漢字

と寝息をたてる。

ずうずうしい 人のいやがるようなことを平気でするようす。あつかましい。(れい)ずうずうしいのらネコ。

ずうたい【ずう体】体。体つき。(れい)大きなずう体をもてあます。

すうち【数値】計算したりはかったりして出た数。

スーツ 同じ布でつくった、上下そろいの洋服。

スーツケース きがえなどを入れてもち歩く、旅行用のかばん。(れい)父がスーツケースに衣類をつめている。

すうにん【数人】何人か。いく人か。(れい)クラス会には数人が欠席した。

スーパー ❶「超…」「すぐれた…」という意味をあらわす。(れい)スーパーコンピューター。❷映画で画面の上に字幕を重ねること。また、その字幕。❸「スーパーマーケット」のりゃく。(れい)近所に新しいスーパーができた。

スーパーマーケット お客が売り場で自由に品物をえらび、出口でお金をはらうしくみの、規模の大きな店。スーパー。

スープ 肉やさいなどをにたしるに、味をつけた料理。(れい)わたしはコーンスープが好物だ。

スープざら【スープ皿】スープを入れるための皿。

ズーム 映画やテレビなどでレンズをもちいて、写されるものの大きさをかえること。(れい)ズームアップ。

すうりょう【数量】ものの数と量。(れい)荷物の数量をたしかめる。

すえ【末】❶おわり。(れい)父は、今月の末に東京に行く。❷これから先。しょうらい。(れい)末の見こみがない。❸(…の)のち。(れい)苦心の末にやっとできあがった。❹いちばん下の子。すえっこ。(れい)末の妹はまだ三才だ。

すえっこ【末っ子】きょうだいの中でいちばん年下の子。

すえひろがり【末広がり】❶先の方が広がっていること。❷〔①の意味から〕だんだんさかえていくこと。❸〔先の方が広がっている形から〕おうぎ・せんすのこと。

すえる【据える】❶一か所において、動かさないようにする。(れい)台所に冷蔵庫を据える。❷ある地位につかせる。(れい)議長に据える。❸しっかりとおちつかせる。(れい)こしを据えて勉強する。

ずが【図画】絵。また、絵をかくこと。(れい)図画工作。

スカート こしから下をおおう、女性の洋服。

スカーフ 肩にかけたり、頭や首にまいたりする、うすい布。

ずかい【図解】絵や図でわかりやすく説明すること。

ずがいこつ【頭蓋骨】人間や動物の脳をつつんでまもっている頭のほね。

スカイダイビング 飛んでいる航空機から飛びおり、パラシュートを開いて目標の場所におりるスポーツ。

スカウト よい人材を見つけて、自分のところに入るようにさそうこと。また、それを仕事にしている人。

四字熟語 **単刀直入** 遠回しの言い方をせず、いきなり物事の中心に入ること。

すがお【素顔】❶けしょうをしていない、そのままの顔。❷物事のありのままのすがた。(れい)都会の素顔。

ずがこうさく【図画工作】小学校の教科の一つ。絵をかいたりものを作ったりする。図工。

すかすか すきまが多いようす。(れい)軽い箱だと思ったら、あんのじょう、なかみはすかすかだ。

ずかずか えんりょなく、また、あらあらしく、進んだり入ったりするようす。(れい)その男はずかずかと家にあがりこんできた。

すがすがしい 〔あらい流されたように〕さっぱりとして、気持ちのいいようす。(れい)朝のすがすがしい空気を胸いっぱいにすう。

すがた【姿】❶体つき。かっこう。また、ものの形。(れい)美しい富士山の姿に見とれる。❷みなり。(れい)和服姿。❸ようす。ありさま。(れい)正しい日本の姿を紹介する。

すがる ❶つかまる。しがみつく。(れい)けわしい岩場をくさりにすがって少しずつのぼる。❷助けをもとめて、たよりにする。(れい)人のなさけにすがる。

すがわらのみちざね【菅◀原道真】(八四五～九〇三)平安時代の学者・政治家。右大臣になったが、藤原時平の策略で中央からはずされた。学問の神としてまつられている。

ずかん【図鑑◀】図や写真をたくさん入れて、わかりやすく説明している本。

1**すき**【好き】❶〔ある物・物事・人に〕心がひかれること。(れい)スキーが好きだ。⇔嫌い。❷思いのまま。(れい)ぼくの好きなようにさせてください。

2**すき**【透◀き・隙◀】❶すきま。(れい)戸の透きから月の光が入ってくる。❷あいている場所。余地。(れい)腰をかける透きもない。❸物事のきれめ。ひま。(れい)仕事の透きをみて電話します。❹気のゆるみ。(れい)透きを見せる。

すぎ【杉◀】スギ科の高木。常緑樹。葉ははりのような形。木材は建築などに使われる。

スキー くつにつけて、雪の上をすべったり歩いたりする長い板の形の道具。また、それをつかって雪の上をすべるスポーツ。

すききらい【好き嫌◀い】好きと思うこときらいと思うこと。えり好み。(れい)わたしの妹は、食べ物の好き嫌いがはげしい。

すきこそもののじょうずなれ【好きこそ物の上手なれ】何事でも、好きであればいっしょうけんめいにするから、ひとりでにじょうずになるということ。

ずきずき きずなどが、みゃくを打つようにたえずいたむようす。(れい)すりむいたひざがずきずきする。

スキップ かわるがわる、かた足でかるくとびながら前に進むこと。

すきとおる【透◀き通る】❶にごりやくもりなどがないために内がわやむこうがわがよく見える。透明である。(れい)底まで透き通って見える川。❷声がすんできれいである。(れい)少女の透き通った歌声。

あいうえお
かきくけこ
さしすせそ
す
たちつてと
なにぬねの
はひふへほ
まみむめも
やゆよ
らりるれろ
わをん

すきま【透き間・隙間】物と物との間。すいている場所。

すきやき【すき焼き】鉄なべに、牛肉・とうふ・しらたき・ネギなどを入れ、しょうゆ・さとうなどで味つけをし、にながら食べる料理。

すきやづくり【数寄屋造り・数奇屋造り】茶室のあじわいをとり入れた、日本のすまいのつくり方。

スキャナー ❶写真や絵・文書などに光をあてて、入力情報としてコンピューターによみとる装置。イメージスキャナー。
❷X線とコンピューターを組みあわせて、体の断面の写真をとる装置。CTスキャナー。

スキャンダル よくないうわさ。

スキューバダイビング ボンベ式の水中呼吸器をつかって水中にもぐること。

すぎる【過ぎる】❶通っていく。(れい)列車はもう静岡を過ぎた。
❷時がたつ。(れい)十年の年月が過ぎた。
❸〔もったいないくらい〕すぐれている。(れい)小学生には過ぎたもち物だ。
❹ていどをこす。(れい)じょうだんが過ぎる。

ずきん【頭巾】布でつくった、頭にかぶるもの。

[1]すく ❶中にあるものが少なくなる。(れい)電車がすいている。
❷ひまになる。(れい)手がすく。
❸さっぱりする。(れい)胸のすくようなホームラン。

[2]すく【透く】❶物と物との間があく。すきまができる。
❷物と物との間から、むこうがわが見える。また、ある物をとおして、むこうがわが見える。

すぐ ❶時間をおかないようす。ただちに。(れい)すぐ始めなさい。
❷きょりが短いようす。(れい)左にまがると、すぐ学校です。

すくい【救い】❶すくうこと。たすけ。(れい)電話で救いをもとめる。
❷気持ちのなぐさめになること。(れい)友だちのえがおが救いだ。

[1]すくう ❶〔液体やこなどを〕手・さじなどで軽くとり出す。また、液体の中の物を、〔あみなどで〕とりあげる。(れい)水をすくってのむ。
❷下から上へさっともち上げる。(れい)足をすくう。

[2]すくう【救う】〔あぶないじょうたい、悪いじょうたいなどから〕助けだす。(れい)川でおぼれた子どもを救う。

[3]すくう【巣くう】❶巣をつくってすみつく。
❷〔悪い人たちが〕集まって、すむ。

スクープ 新聞・雑誌・テレビなどが、他社よりさきに大きなニュースをみつけだして、報道すること。また、そのニュース。特種。(れい)汚職事件をスクープする。

スクールゾーン 幼稚園や小学校に通う子どもを交通事故から守るために、通学路としてきめた区域。登下校の時間には車両は入ってはいけないと決められている。

スクールゾーン

慣用句 **力を落とす** がっかりする。

スクールバス 学校に通う子どもたちをのせるためのバス。

すくすく 〔木や子どもなどが〕いきおいよく元気にのびるようす。(れい)スギの木がすくすくとのびる。

すくない【少ない】 数や量がわずかだ。(れい)燃料が少ない。⇕多い。

すくなくとも【少なくとも】 ❶少なく考えても。(れい)そこまで少なくとも二十分はかかる。❷せめて。(れい)少なくとも、これだけはすませておいて。

すぐに ただちに。じきに。(れい)雨がふってきたが、すぐにあがった。

すくむ 〔おどろきやおそろしさのために〕体がちぢまって動けなくなる。(れい)ゆれるつり橋を見て、足がすくんでしまった。

スクラップ ❶くず鉄。❷新聞や雑誌などから、記事を切りぬくこと。また、切りぬいたもの。

スクラップブック 切りぬいた記事をはりつけておくためのノート。

スクラム ❶多くの人がうでを組み合ってかたまること。❷力を合わせて物事をすること。(れい)学級のみんながスクラムを組んでがんばった。❸ラグビーで、みかたにボールを出すため、両チームのフォワードがかたを組んでおし合うこと。

スクリーン ❶映画やスライドなどをうつす、まく。映写幕。❷〔①の意味から〕映画。

スクリュー 船のうしろについていて、扇風機のはねのような形をした、船を進めるはたらきをする器械。

すぐれる【優れる】 ❶ほかのものよりも、まさっている。ふつうのものよりも、りっぱである。(れい)優れた成績をのこす。❷〔気分・けんこうなどが〕はればれとする。(れい)かぜで気分が優れない。

スクロール コンピューターで、画面やそこにあらわれている内ようを上下・左右にずらすこと。(れい)スクロールして、つぎのページを見る。

すげ カヤツリグサ科の植物。葉は細長くかたい。むかし、かさ・みのなどをつくった。

ずけい【図形】 ❶ものの形をかいたもの。(れい)図形をかくのはにがてだ。❷算数で、面・線・点などが集まってできた形。三角形・円など。⬇369ページ（イラスト）

スケート ❶氷の上をすべるスポーツ。また、そのときにはく、底に金具のついたくつ。アイススケート。❷くつのうらに、小さな車をつけて、コンクリートの上などをすべる道具。また、その遊び。「ローラースケート」のりゃく。

スケール ❶長さや角度などをはかる器具。ものさしなど。❷大きさ。規模。(れい)あの人の話は、スケールが大きい。

スケジュール 予定。予定表。

ずけずけ 思ったまま、えんりょなく言うようす。(れい)人の欠点をずけずけ言う人。

すけだち【助太刀】 こまっている人に力をかすこと。また、その人。(れい)大そうじの助太刀をする。

スケッチ けしきやありさまを、絵や文章などでかんたんにあらわすこと。

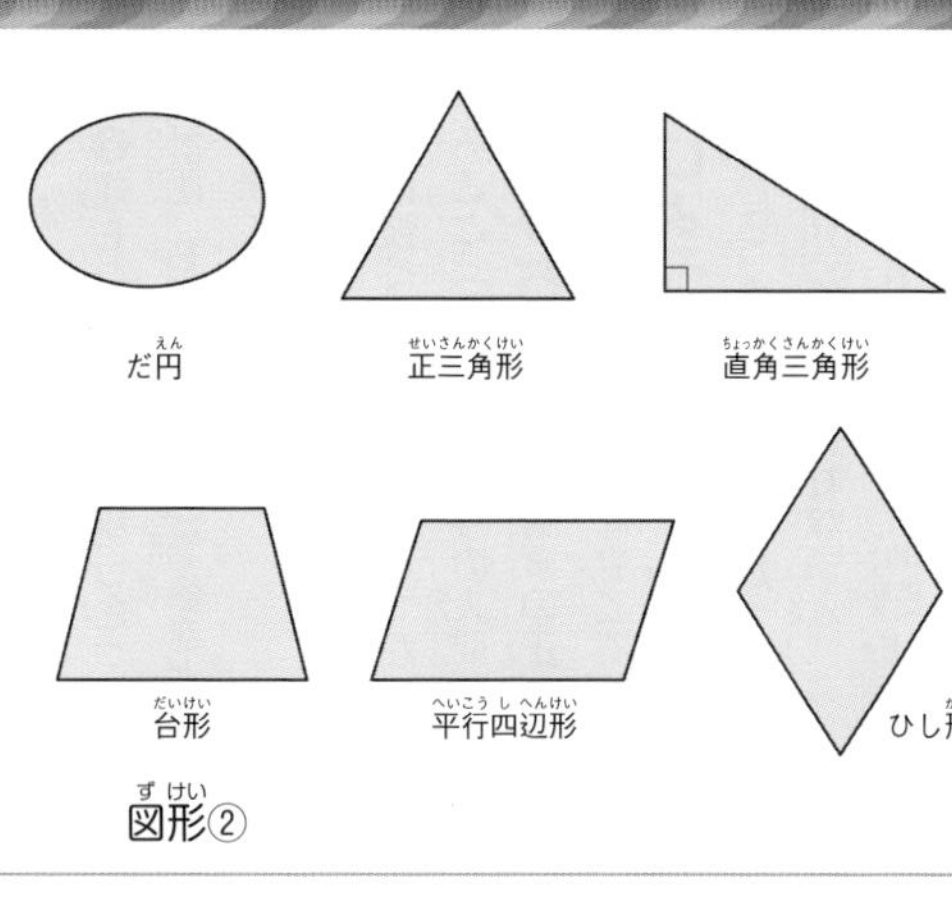

図形②

また、その絵や文章。

スケッチブック 画用紙をたばねて、ノートのようにしたもの。写生帳。

すけっと【助っと】手助けをする人。加勢。すけて。(れい)助っとをたのむ。

すける【透ける】あるものをとおして、中にあるものやむこうがわのものが見える。

スコア ❶競技の得点。また、その記録。(れい)六対五のスコアでまけた。❷音楽で合奏や合唱のすべての部分をひとまとめにした楽譜。

すごい ❶おそろしい。気味が悪い。(れい)すごい顔の仁王様。❷物事のていどがはなはだしい。(れい)すごい勉強家。❸《「すごく」の形で》とても。(れい)すごくうれしい。

ずこう【図工】図画と工作。

スコール 熱帯地方にふる、はげしいにわか雨。

すこし【少し】少ないようす。わずか。ちょっと。⇔沢山。

すごす【過ごす】❶時間をつかう。(れい)テレビを見て過ごす。❷くらす。おくる。(れい)冬も元気に過ごす。❸《動詞につけて》「…するままにしておく」の意味をあらわすことば。(れい)見過ごす。

すごすご 思うとおりにならず、元気なくたちさるようす。(れい)すごすごと引き返す。

スコップ 土やすなをほる道具。

すこやか【健やか】体がじょうぶなようす。健康。(れい)赤ちゃんが、健やかに育つ。

すごろく【すご六】紙の上に「ふりだし」から「あがり」までの絵があり、さいころをふって出た目の数だけ進んで、はやく「あがり」に行きついたものが勝ちになる遊び。

すさまじい おそろしいほどはげしい。ものすごい。(れい)すさまじい音。

ずさん いいかげんで、不足が多いこと。(れい)ずさんな工事。

すし すをまぜたごはんに、魚・貝・たまご・やさいなどをそえた、食べもの。にぎりずし・おしずし・まきずし・ちらしずしなど、種類が多い。

慣用句 **竹馬の友** 小さいころからの友だち。おさな友だち。

すじ【筋】❶きんにく。れい 足の筋がつる。
❷細長くつづいているもの。れい 雨水のながれたあとが筋になっている。
❸物語などのあらまし。あらすじ。
❹わけ。物事の正しいすじみち。れい 筋のとおった意見。
❺もってうまれた才能。素質。れい おどりの筋がいい。

すじがき【筋書き】❶物語や劇などの、あらすじを書いたもの。
❷前もって考えたり話し合ったりした計画。もくろみ。れい 筋書きどおりに、うまくいった。

すじがねいり【筋金入り】ある考えに強くささえられ、しっかりしていること。れい 筋金入りの人間だ。

すじみち【筋道】物事の正しいりくつや順序。れい 筋道を立てて話す。

すじょう【素性・素姓◂】❶生まれや家がら。また、生まれそだったかんきょう。れい 素性のしれない人。
❷いわれ。ゆいしょ。れい 素性のたしかな品。

ずじょう【頭上】頭の上。れい 頭上高くそびえるビル。

ずしりと とても重く感じられるようす。ずっしり。れい ずしりと重いかばんをもつ。

すす ❶けむりの中にはいっている、とても小さな黒いつぶ。
❷「すす①」とほこりがいっしょになって糸のようにたれさがったもの。れい 天井のすすをはらう。

すず【鈴◂】金属やせとものでつくった、中ががらになっている球の中に小さな玉を入れ、ふって鳴らすもの。

すすき イネ科の植物。野山にたくさん集まってはえる。秋に白いほをつける。おばな。かや。秋の七草の一つ。

すすぐ ❶水であらってよごれをおとす。れい シャツを水ですすぐ。
❷〔恥や悪い評判などを〕とりのける。れい 恥をすすぐ。

すずしい【涼◂しい】❶ひんやりとして気持ちがいい。れい 涼しい秋風。
❷さっぱりしていてさわやかだ。れい 目もとの涼しい人。

すずしろ ダイコンの古い言い方。春の七草の一つ。

すずな カブの古い言い方。カブラ。春の七草の一つ。

すずなり【鈴◂なり】木の実などが、一つの場所にたくさんなっていること。れい カキが鈴なりになっている。

すすはらい【すす払い】天井やかべなどのすすをはらってきれいにすること。すすはき。

すすむ【進む】❶前の方に行く。れい 車が進む。⇕退く。
❷〔物事の内容やていどが〕よくなる。うまくなる。れい 進んだ技術。
❸ひどくなる。れい 病気が進む。
❹はかどる。れい 仕事が進む。
❺とけいがはやく動いて、正しい時刻よりも先をさす。れい 家のとけいは五分進んでいる。
❻《「進んで…する」の形で》自分からてきぱきと物事をする。れい 進んでてつだいをする。

すずむ【涼◂む】暑さをさけて、すずしい風にあたる。れい 木かげで涼む。

すずむし【鈴◂虫】コオロギ科のこん虫。体の色は黒茶色。おすは、はねをすり合わせて、「リーンリーン」となく。

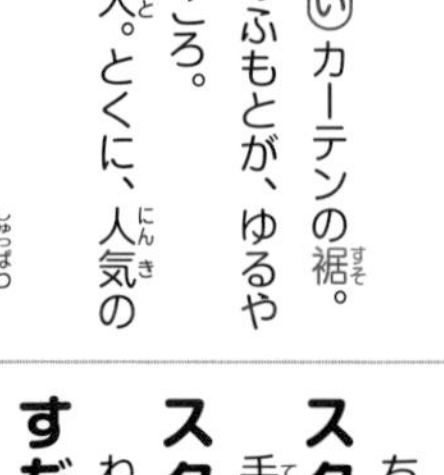

すずめ 人家の近くでよく見られる鳥。体の色は茶色。

すずめのなみだ【すずめの涙】 ひじょうに少ないことのたとえ。れい 予算は、すずめの涙ほどしかない。

1**すすめる【進める】** ❶前の方へ行かせる。れい 車を進める。❷〔物事の内容やていどを〕よくする。れい 合理化を進める。❸はかどらせる。れい 準備を進める。❹とけいの針を動かして正しい時刻よりも先の時刻をさすようにする。れい とけいを五分進めておく。

2**すすめる【勧める】** そうするように、さそう。れい お茶を勧める。

すずり 水を入れて、すみをする道具。石やかわらなどでつくる。

すすりなく【すすり泣く】 鼻水をすすりあげて、なく。

すする ❶すって口に入れる。れい あついおかゆをすすった。❷鼻水を、息といっしょにすう。

ずせつ【図説】 絵や図でわかりやすく説明すること。また、説明したもの。

すそ【裾】 ❶着物のいちばん下の部分。➡着物。❷山のふもと。❸物の下のほう。れい カーテンの裾。

すその【裾野】 山のふもとが、ゆるやかに広がっているところ。

スター 人気のある人。とくに、人気のある俳優・歌手など。

スタート 出発すること。また、出発するところ。

スタイル ❶体つき。すがた。れい スタイルのいい人。❷服の型。れい 最新流行のスタイル。❸文章の型。文体。

スタジアム 観客席のある運動競技場。野球場など。

スタジオ ❶写真・映画・テレビなどをさつえいするところ。❷放送や演奏をするへや。

すたすた 急ぎ足で歩くようす。れい 父はすたすた歩いていった。

ずたずた 細かく、切れているようす。れい 布をずたずたに切りさく。

すだつ【巣立つ】 ❶ひな鳥が大きくなって、巣からとび立つ。❷子どもが一人まえになって、父母や学校からはなれていく。れい 子どもたちはそれぞれの道へ巣立っていく。

スタッフ ある仕事を進めるために、手分けして仕事をうけもつ人々。

スタミナ 物事をながくつづける力。ねばり強さ。体力。

すだれ 細くけずった竹やアシのくきなどを、ならべて糸であんだもの。夏などに、日の光をさえぎるのに使う。

すだれ

すたれる【廃れる】 おこなわれなくなる。使われなくなる。はやらなくなる。れい こままわし、おてだまなどの遊びは、近ごろ廃れてしまった。

スタンド ❶競技場などの、階段のようになっている見物席。❷つくえの上などにおいて使う照明用の電灯。「電気スタンド」のりゃく。❸売店。れい 駅のスタンド。❹ものをのせたり、立てたりする台。

慣用句 **血のにじむような** ひじょうに苦労するようす。

スタンプ 切手やはがきなどにおす消印や観光地などで記念におすゴム印。

ずつ ❶それぞれに同じ数量をわりあてるという意味を表すことば。れい 百円ずつもらった。❷同じ数量をくりかえすという意味を表すことば。れい 一つずつかぞえる。

ずつう【頭痛】❶頭がいたむこと。また、そのいたみ。❷心配。なやみ。れい 頭痛の種（＝心配やなやみのもと）。

すっかり ❶なにもかもみんな。一つのこらず。❷あるじょうたいになりきってしまうようす。れい すっかり暗くなる。

すっきり ❶〔心配ごとなどがなくて〕気分がよいようす。さっぱり。❷むだなものがなく、あかぬけしているようす。れい すっきりとした文章。

すっくと 〔心をきめて〕いきおいよく立ち上がるようす。

ずっしり ずしりと。

ずっと ❶ほかのものにくらべて、大きなちがいがあるようす。❷時間のへだたりが大きいようす。れい ずっとあとで知った。❸あるじょうたいを長くつづけるようす。れい 問題をずっと考えつづけた。

すっとんきょう【素っ頓◀狂◀】とつぜん、ひどく調子はずれなことを言ったり、したりするようす。れい 素っ頓狂な声をあげる。

すっぱい【酸っぱい】すのような味である。すい。

すっぱぬく【素っぱ抜◀く】人がかくしていることを、とつぜん、ほかの人に知らせる。れい ぼくのひみつを姉がすっぱ抜いた。

すっぽかす しなければいけないことをしないで、そのままにしておく。

すっぽり 〔うまいぐあいに〕かぶさってしまったり、中に入ってしまったり、ぬけたりするようす。れい 村は、すっぽり雪につつまれている。

すで【素手】手に何ももたないこと。また、手に何もはめないこと。れい ボールを素手でつかむ。

ステージ ❶舞台。❷おおぜいの人に話をする、少し高くなったところ。演壇。

すてき【素敵】たいへんよいようす。すばらしいようす。れい 素敵な洋服。

すてぜりふ【捨てぜりふ】その場所から去るとき、相手に言うらんぼうなことば。

ステップ ❶バスや電車などの、乗り降りするところのふみ段。❷ダンスをするときの足の動かし方。

すでに【既に】❶今より前に。さきに。れい バスは既に出たあとだった。❷もう。もはや。

すてみ【捨て身】いのちをなげ出すくらいの気持ちで、いっしょうけんめいにすること。れい 捨て身の努力。

すてる【捨てる】❶なげだす。ほうりだす。れい 紙くずを捨てる。⇕拾う。❷なくす。れい なやみを捨てる。❸あきらめる。れい のぞみを捨てる。

ステレオ 録音テープ・CD・ラジオ・テレビなどの音が、演奏会場で聞いているような立体的な感じになるようなしくみ。また、その装置。

ステンレス 鋼鉄にクロムやニッケルをまぜてつくった、さびにくい金属。熱や薬品に強く、機械・家庭用品・建築用品などに使われる。

スト はたらく人たちが、自分たちの要求がやとい主にきき入れられないとき、要求をとおすためにそろって仕事をしないこと。ストライキ。

ストア 店。商店。

ストーブ 石油・ガス・電気などをつかって、へやをあたためる道具。

ストーリー ❶話。物語。❷物語や映画などのすじ。

ストップ 止まること。止めること。

ストラップ カメラやバッグ・携帯電話などをさげるための、つりひも。

ストレート ❶まっすぐなこと。❷ものの言い方などが、すなおなこと。(れい)相手の欠点をストレートに言う。❸つづけざまなこと。(れい)ストレートのフォアボール。❹野球で、直球のこと。❺ボクシングで、うでをまっすぐにのばしてうつこと。また、そのパンチ。❻入学試験に、一回で合格すること。(れい)ストレートで志望校に進む。

ストレス 外からのいろいろなしげきが人体にくわわったときにおこる、よくない反応。

ストロー 飲み物などをのむときに使う(ビニールなどでできた)くだ。

すな【砂】岩や石がくだけてできた、細かいつぶ。

すなあらし【砂嵐】さばくなどでおこる、砂をふくんでふきあれる強い風。

すなお【素直】❶ひねくれたところがなく、人にさからわないようす。(れい)父のことばに素直にしたがう。❷くせやかざりけがなく、ありのままのようす。(れい)心に感じたことを素直に表現する。

すなどけい【砂時計】まん中が細くくびれたガラスのつつの中に砂を入れ、いつも同じ量の砂が落ちるようにしたしかけ。落ちた量で時間をはかる時計。

砂時計

すなば【砂場】公園などで砂遊びができるように砂を入れてかこったところ。(れい)砂場であそぶ。

すなはま【砂浜】砂がいちめんにある海岸。

スニーカー 底がゴムでできている布製の運動ぐつ。

すね ひざからくるぶしまでの部分。

すねる わがままをいって、人のいうことをすなおにきかない。おこっていじをはる。

ずのう【頭脳】❶脳。あたま。❷物事を考える力。ちえ。(れい)頭脳プレー。

すのこ ❶竹を細くさいたものや、アシのくきをならべてあんだもの。日よけなどに使う。❷細い板を、間をあけて横木の上にならべて、くぎでとめたもの。ふろ場や流しなどにしく。

スパイ 敵のひみつをこっそりとさぐりだして、味方に知らせること。また、それを仕事にしている人。間者。

スパイス こうしんりょう。

スパゲッティ イタリアのめん類の一つ。また、それを使った料理。

四字熟語 **昼夜兼行** ひるもよるも休まないで仕事をすること。

ことばのテーブル

374ページ

すばこ【巣箱】野鳥がすめるように、木につけたはこ。

すばしこい 動作などがひじょうにはやいようす。すばしっこい。

ずばずば えんりょなく、言うようす。

ずばぬける【ずば抜◀ける】ほかよりもとびぬけてすぐれている。ひじょうにすぐれている。(れい)かれのうでまえはずば抜けている。

すばやい【素早い】動作や頭のはたらきがたいへんはやい。(れい)素早い身のこなし。

すばらしい【素晴らしい】❶目を見はるほどりっぱである。たいへんすぐれている。(れい)素晴らしい成績。❷ていどがはげしい。(れい)素晴らしく晴れ上がった空。

ずばり ❶ナイフなどで、いきおいよく切るようす。(れい)ずばりと切る。❷もっとも大事なことを、正しく言いあてているようす。(れい)相手の欠点を、ずばりと言う。

スピーチ おおぜいの人の前でする、短い話。かんたんな演説。

スピード はやさ。速力。速度。

ずひょう【図表】数量の関係やきまりなどをわかりやすいように、図や表にあらわしたもの。グラフや表。

スプーン〔西洋風の〕さじ。(れい)スプーン一ぱいのさとう。

ずぶとい【図太い】だいたんで、ちょっとしたことにはおどろいたり心配したりしないようす。ふてぶてしいようす。(れい)図太い男。

ずぶぬれ 体じゅうがすっかりぬれること。びしょぬれ。(れい)池におちてずぶぬれになった。

スプレー 液体に圧力をかけて、きりのようにふき出させ、ふきつけること。また、その装置。(れい)ヘアスプレー。

スペア〔なくしたり、こわれたりしたときのための〕予備の品。補充品。

スペース あいている場所。空間。

スペースシャトル 人や物をのせて地球と宇宙を行ききする宇宙船。

スペード トランプのしるしの一つ。黒い「♠」の形。

スペシャル 特別なようす。(れい)スペシャルランチ。

すべすべ なめらかなようす。(れい)すべすべしたはだ。

すべて【全て】ぜんぶ。みんな。(れい)宿題は全てすませた。

すべりだい【滑◀り台】高いところからすべりおりてあそぶための遊具。

すべる【滑る】❶物の上をなめらかに進む。(れい)スキーで滑る。❷ころびそうになる。(れい)雪の坂道で滑ってころぶ。❸〔調子にのって〕いってはいけないことをいう。(れい)口が滑る。❹試験におちる。落第する。(れい)入学試験に滑る。

スポイト 上の方にゴムのふくろがついていて、先の方が細くなっているガラスのくだ。インクや薬などをすい入れて、ほかの入れ物などにうつす器具。

スポイト

スポーツ 運動競技。

スポーツのあき【スポーツの

秋】暑くも寒くもなくてすごしやすい秋は、スポーツをするのによいきせつだということ。

ずぼし【図星】考えていたとおりであること。目あてのところ。急所。

スポットライト 舞台の一部分をとくに明るくてらし出すあかり。

すぼめる 広がっているものをせまくする。すぼむようにする。(れい)口をすぼめる。

ずぼら だらしがないこと。きちんとせず、しまりがないこと。

ズボン 洋服で、下半身にはく、またのところで二つにわかれているもの。スラックス。パンツ。

スポンサー お金をはらって、ラジオ・テレビなどで広告を放送してもらう人や会社。広告主。

スポンジ ゴム・合成樹脂などでつくった、小さなあなのたくさんあいたもの。

スマート すがたや形がすらりとしてうつくしく、かっこうがよいようす。

すまい【住まい】住むところ。住んでいる家。すみか。

1**すます**【済ます】❶してしまう。おえる。すませる。(れい)そうじを済ます。❷それでよいとする。すませる。(れい)昼食はおにぎりで済ます。

2**すます**【澄ます】❶〔にごった液体を〕すきとおるようにする。❷心をおちつけて、一つのことに注意を集める。(れい)耳を澄まして聞く。❸まじめそうな顔をする。きどる。(れい)澄ました顔をして写真にうつる。

スマホ 動画・音楽の再生や情報管理などさまざまな機能をそなえた、けいたい電話。「スマートホン」「スマートフォン」のりゃく。

1**すみ**【炭】木をむしやきにして、あとにのこったもの。木炭。

2**すみ**【隅】かこまれた場所のはしのところ。また、かど。(れい)教室の隅。

3**すみ**【墨】油をもやしたすすをかためたもの。筆で字などをかくときに、すってつかう。

すみか【住みか】住んでいるところ。すまい。

すみずみ【隅隅】あちらこちらのすみ。すべてのすみ。また、あらゆる方面。

すみません【済みません】「すまない」をていねいにいったことば。人にあやまったり、感謝したりするときにいうことば。もうしわけありません。

すみやき【炭焼き】木をむし焼きにして、炭をつくること。また、炭をつくる人。(れい)炭焼き小屋。

すみれ スミレ科の植物。野原や道ばたにはえる。春、むらさき色の花がさく。

1**すむ**【住む】❶家をきめて、そこでくらす。(れい)海べの町に住む。❷〔動物が〕巣をつくって生活をする。

2**すむ**【済む】❶おわる。(れい)食事が済んだ。❷かたがつく。解決する。まにあう。(れい)これは、あやまって済む問題ではない。

スムーズ 物事が、すらすらとうまくいくようす。スムース。

ずめん【図面】建物や機械などのしくみやつくり方を、図にあらわしたもの。

すもう【相撲】ふたりが土俵の中で組み合ったりおし合ったりして、相手をたおすか、土俵の外に出すかして勝ち負けをあらそう競技。日本の国技。

慣用句 **つかみ所のない** そのもののねうちや意味を、たしかに知ることができない。

すもも バラ科の植物。春、白い花がさく。実はあまずっぱく、食用になる。

すやすや しずかに、よくねむっているようす。(れい) すやすやねむっている赤んぼう。

スライド ❶すべること。すべらせること。(れい) スライド式の本だな。❷写真がうつったフィルムなどに光をあて、レンズで大きくし、スクリーンにうつしだすそうち。また、そのフィルム。げんとう。

ずらす 〔かさならないように〕少し動かす。(れい) つくえをずらす。／時間をずらす。

すらすら 物事がつかえたりおくれたりせず、なめらかにすすむようす。(れい) 問題にすらすら答える。

すらりと ❶物事がなめらかにおこなわれるようす。(れい) ことばがすらりと出てこない。❷背が高くスマートなようす。また、細くてなめらかなようす。(れい) すらりとした人。

ずらりと 〔同じようなものが〕たくさんならんでいるようす。(れい) 新しい商品がずらりとならんでいる。

スランプ 〔しばらくの間だけ〕調子が悪くなり、うまくいかないじょうたい。(れい) スランプにおちいる。

スリーディー 〔平面ではなく〕立体の。また、立体に見える写真や映画。「3D」と書くことが多い。

すりきず【擦◂り傷】すりむいた傷。(れい) ころんで、足に擦り傷をつくる。

すりこぎ【すり粉木】すりばちで、ごまやまめなどをすりつぶすときにつかう木のぼう。⬇すり鉢。

スリッパ へやの中でつっかけてはく、上ばき。

すりばち【すり鉢◂】すりこぎで食べ物をすりつぶすときに使う、うちがわにきざみがつけてあるはち。

すりこぎ
すり鉢

スリム ほっそりしているようす。細いようす。(れい) スリムな服がにあう。

すりむく【擦◂りむく】こすってひふをやぶる。こすってきずがつく。(れい) ひざを擦りむく。

スリル こわくて、また、あぶなくて、どきどきするような感じ。(れい) スリルたっぷりの乗り物。

する1 ❶〔あることを〕おこなう。(れい) あとかたづけをする。❷あるものにならせる。(れい) しっかりした人を司会者にする。❸〔あることがおこっていることが〕わかる。感じる。(れい) 音がする。❹時間がたつ。(れい) 十分もすればもどります。❺あるねだんである。(れい) 五万円もする本。❻そうきめる。(れい) 出かけるのはやめにする。

する2【刷る】字や絵を紙にうつしだす。いんさつする。(れい) 版画を刷る。

ずるい 不正な方法で成功しようとする性質である。悪がしこい。

ずるずる ❶物を引きずるようす。❷少しずつすべり落ちるようす。(れい) あなの中へずるずるおちた。

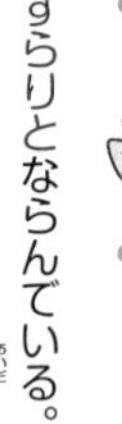

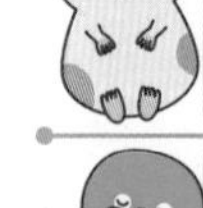

❸きまりがつかず長びくようす。れい約束をずるずると引きのばす。

するどい【鋭い】❶先がとがってよくささりそうだ。れいタカは鋭いつめをもっている。
❷よく切れそうである。れい鋭い切れあじ。
❸いきおいがはげしい。また、いきおいがはげしく、人の心を強くつきさすようである。れい鋭いいたみ。
❹頭のはたらきや感じ方がすばやく、すぐれている。れい勘が鋭い。⇔❷〜❹鈍い。

すれすれ ❶ある物にふれそうになるくらい近づくようす。れい車がせまい道をすれすれに通っていく。
❷ある限度に近いようす。ぎりぎり。れいコップのふちすれすれまで水を入れる。

すれちがい【擦れ違い】❶たがいにふれあうほど近くを通りすぎて、それぞれ反対の方向へ行くこと。
❷行きちがって、会えないこと。れい友だちとまち合わせをしたが、擦れ違いになってしまった。
❸話し合いなどで、問題とする点がかみ合わないこと。れい会議は擦れ違いのまま終わった。

すれちがう【擦れ違う】❶たがいにふれあうほど近くを通りすぎて、反対の方向へ行く。れい上りと下りの電車が擦れ違う。
❷たがいに反対の方向に行って会えない。行きちがう。れい擦れ違ってばかりでなかなか会えない。

ずれる ❶たてや横に動いて、正しい位置から少しはずれる。れいめがねがずれる。
❷〔考え方や感じ方などが〕ひょうじゅんからはずれる。れいかれは、感覚がずれている。

スローガン ある団体の考えやめあてなどを短いことばであらわしたもの。標語。

スロープ かたむいているところ。斜面。れいなだらかなスロープ。

スローモーション 映画やテレビなどで、画面の動きがゆっくりと見えること。また、そのうつし方。

すわる【座る】❶ひざをまげ、こしをおろす。⇔立つ。
❷ある位置をしめる。れい会長のいすに座る。

ずんぐり 太くて短いようす。太って背の低いようす。れいずんぐりした体つき。

ずんずん 物事がはやく進むようす。どんどん。れいずんずん前へ進む。

すんぜん【寸前】ほんの少し前。れいゴール寸前でおいぬかれた。

すんなり ❶形や背がすらりとして、美しいようす。れいすんなりした手足。
❷物事がうまくいくようす。れい意見がすんなりとおった。

すんぽう【寸法】ものの長さ。れい本だなの寸法をはかる。

せ セ ぜ ゼ

せ【背】❶せなか。
❷後ろ。れい海を背にして立つ。
❸せたけ。身長。また、物の高さ。せい。

あいうえお
かきくけこ
さしすせそ
たちつてと
なにぬねの
はひふへほ
まみむめも
やゆよ
らりるれろ
わをん

ことわざ **月とすっぽん** 二つのもののちがいがたいへん大きいことのたとえ。

ことばのテーブル

ぜあみ【世阿弥◂】室町時代の能役者。能作者。

1 **せい**《「…のせい」などの形で》原因や理由をあらわすことば。(…の)ため。(れい)ねぶそくのせいか頭が重い。

2 **せい**【正】主となるもの。本来のもの。(れい)正と副の書類。⇕副。

3 **せい**【生】❶命のあること。生きていること。(れい)生と死の分かれ目。⇕死。❷生まれること。命。

4 **せい**【姓◂】みょうじ。

5 **せい**【背】せたけ。身長。また、物の高さ。背。(れい)背の低い木。

ぜい【税】ぜいきん。

せいい【誠意】まじめにつくそうとする気持ち。まごころ。

せいいたいしょうぐん【征◂夷◂大将軍】❶平安時代の初期に朝廷から命じられた、東北地方の「えぞ」をしたがわせる役目の軍隊の長。また、その役名。❷鎌倉・室町・江戸の各時代に幕府の長となって政治・軍事をおこなった人の役名。将軍。

せいいっぱい【精一杯◂】力のかぎり。できるかぎり。

セイウチ セイウチ科の動物。北極海にむれでくらし、長いきばをもつ。

せいうん【星雲】雲のように見えるたくさんの星の集まり。

せいえん【声援◂】ことばをかけてはげますこと。(れい)声援をおくる。

せいおん【清音】濁点「゛」や半濁点「゜」をつけない、かなであらわす音。たとえば「が」にたいして「か」、「ぱ」にたいして「は」など。

1 **せいか**【生花】❶いけばな。❷自然のままの花。

2 **せいか**【生家】ある人が生まれた家。実家。(れい)母の生家。

3 **せいか**【成果】ある仕事の(よい)結果。(れい)勉強の成果。

4 **せいか**【聖火】神にささげるためにもやすきよらかな火。とくに、オリンピックの会場でもやしつづける火。

せいかい【正解】正しく答えること。また、正しい答え。

1 **せいかく**【正確】正しくてまちがいのないこと。(れい)時間に正確な人。

2 **せいかく**【性格】❶考え方や行動や態度にあらわれる、その人のとくちょう。ひとがら。(れい)明るい性格。❷物事がもっている傾向やとくちょう。(れい)会の性格がはっきりしない。

せいがく【声楽】人の声であらわす音楽。(れい)声楽家。

せいかつ【生活】生きて活動すること。くらしていくこと。くらし。(れい)生活が苦しい。

せいかつか【生活科】小学校低学年の学科の一つ。身のまわりの社会や自然について勉強する。

せいかん【生還】❶いきてもどること。(れい)探検隊は、全員生還した。❷野球で、走者が本るいにかえって点をとること。ホームイン。

ぜいかん【税関】港や空港などで輸出品・輸入品にぜい金をかけたり、貿易のとりしまりをしたりする役所。

1 **せいき**【生気】いきいきした感じ。(れい)目に生気がない。

2 **せいき**【世紀】百年をくぎりとした年代のかぞえ方。キリストの生まれた年をもとにしている。

3 **せいき**【正規】正式にきめられている

こと。また、そのきまり。れい 正規のてつづきをふむ。

せいぎ【正義】人のおこなうべき正しいすじ道。れい 正義のためにたたかう。

1 **せいきゅう**【性急】おちつきがなくあわただしいようす。せっかち。れい 性急に事をはこぶ。

2 **せいきゅう**【請求】〔とうぜんの権利として〕相手にもとめること。

せいきょ【逝去】人がなくなったことを、うやまっていうことば。れい 先生のお母さまが逝去されました。

せいぎょ【制御】❶思うとおりにおさえ、あやつること。コントロール。れい 欲望を制御する。❷機械などが目的どおりに動くように、操作・調節すること。コントロール。

ぜいきん【税金】国・都道府県・市町村が仕事をするため、国民にわりあててとるお金。租税。税。

せいくらべ【背比べ】せの高さを、たがいにくらべあうこと。

せいけつ【清潔】よごれがなく、さっぱりしていること。また、心がきよらかでおこないが正しいこと。れい 清潔な服装。／清潔な人がら。

せいげん【制限】〔これ以上はいけないという〕くぎりをつけること。また、そのくぎり。れい 食事を制限する。

せいご【生後】生まれてからのち。

せいこう【成功】❶計画どおり、りっぱにできあがること。⇔失敗。❷高い地位やたくさんの財産をえて社会からみとめられること。

1 **せいざ**【正座】ひざをそろえて、足をくずさずにすわること。

2 **せいざ**【星座】星をいくつかの集まりに分け、その形によって名まえをつけたもの。オリオン座・さそり座など。

せいさい【制裁】規則などをやぶった者をばっすること。また、そのばつ。

1 **せいさく**【制作】絵やちょうこくなど、芸術作品をつくること。れい 油絵を制作する。

制作

2 **せいさく**【製作】品物をつくること。作製。

1 **せいさん**【生産】人間の生活にひつような物をつくりだすこと。れい 自動車を生産する。⇔消費。

2 **せいさん**【清算】❶かしたりかりたりした金を計算してきまりをつけること。れい 月末に清算します。❷今までの関係やつながりをなくすこと。れい 悪い友だちとのつきあいを清算する。

せいさんかくけい【正三角形】三つの辺の長さが、すべてひとしい三角形。⬇図形②。

1 **せいし**【生死】生きているか死んでいるか。また、生きることと死ぬこと。れい 生死不明。

2 **せいし**【制止】おさえてやめさせること。れい 係員の制止をふりきる。

3 **せいし**【静止】じっとして動かないこと。⇔運動。

4 **せいし**【製糸】糸をつくること。とくに、まゆから生糸をとること。れい かつて日本は製糸業がさかんだった。

せいじ【政治】国をおさめること。

慣用句 **つむじを曲げる** 気分をそこねて、人のいうことを聞かない。

ことばのテーブル
380ページ

・せいじか
・せいしき
・せいしつ
・せいじつ
・せいじゃく
・せいしゅく
・せいじゅく
・せいしゅん
・せいじゅん
・せいしょ
・せいしょう
・せいじょう
・せいしょうなごん
・せいしょうねん
・せいしん
・せいじん
・せいじんしき
・せいじんのひ
・1せいすう
・2せいすう
・せいせいどうどう
・せいせき

せいじか【政治家】❶政治をおこなうことを仕事にしている人。❷ごたごたした問題をうまくおさめる人。かけひきのうまい人。（れい）あの人はなかなかの政治家だ。

せいしき【正式】きめられたとおりの正しいやり方。また、それに合っていること。（れい）正式にもうしこむ。

せいしつ【性質】❶人が生まれつきもっている心や気持ちのようす。たち。気質。（れい）父親ゆずりの性質。❷その物がもとからもっているとくちょう。（れい）油は水にまじりにくい性質がある。

せいじつ【誠実】真心がこもっていること。まじめ。（れい）誠実な人がら。

せいじゃく【静寂◂】ひっそりとしてしずかなこと。（れい）森は静寂なやみにつつまれた。

せいしゅく【静粛◂】声や物音をたてず、しずかなこと。（れい）ご静粛にねがいます。

せいじゅく【成熟】❶くだものなどが、よくみのること。（れい）成熟したメロン。❷心や体が一人前に成長すること。

せいしゅん【青春】元気でわかさのあふれる時代。（れい）青春時代。

せいじゅん【清純】きよらかで、けがれのないようす。（れい）清純な心。

せいしょ【清書】きれいに書きなおすこと。また、書きなおしたもの。浄書。（れい）作文を清書する。

せいしょう【斉◂唱】ふたり以上の人が同じふしをうたうこと。（れい）校歌を斉唱する。

せいじょう【正常】とくにかわったところがなく、ふつうであること。（れい）体温は正常です。⇕異常。

せいしょうなごん【清少納言】平安時代の中ごろ（十世紀ごろ）の女官・文学者。一条天皇のきさきである定子につかえた。宮中で見たり聞いたりしたことを書きつづった随筆「枕草子」の作者として有名。

せいしょうねん【青少年】青年と少年。わかもの。

せいしん【精神】❶心。たましい。⇕肉体。（れい）強い精神をもつ。❷物事のもとになる大切な意味・目的。（れい）オリンピックの精神。

せいじん【成人】子どもがそだって一人まえのおとなになること。また、そうなった人。日本の法律では満二十才以上の人。（れい）成人して親元をはなれる。

せいじんしき【成人式】ふつう、成人の日に、その一年間に二十才になった人々をいわう儀式。地方自治体などが中心になっておこなわれる。

せいじんのひ【成人の日】国民の祝日の一つ。成人した人をいわう日。一九九九年までは一月十五日。二〇〇〇年からは一月の第二月曜日。

1せいすう【正数】0より大きい数。プラスの数。

2せいすう【整数】数学で、0、または0に、じゅんに1をくわえたり引いたりしてできる数。1・2・3・4…など。

せいせいどうどう【正正堂堂】おこないやたいどが正しくて、りっぱなようす。（れい）正々堂々と戦う。

せいせき【成績】あることをやりおわったあとの結果。できばえ。（れい）成績があがる。

あいうえお
かきくけこ
さしすせそ
せ
たちつてと
なにぬねの
はひふへほ
まみむめも
やゆよ
らりるれろ
わをん

せいぜん【生前】〔ある人が〕生きていたとき。(れい) 生前の功績をたたえる。↔死後。

せいそ【清そ】かざりけがなく、きよらかなようす。(れい) 清そな女性をえがいた日本画。

1**せいそう**【正装】正式の服そうをすること。また、その服そう。(れい) 正装して式に出席した。

正装

2**せいそう**【清掃】きれいにそうじをすること。

3**せいそう**【盛装】美しく着かざること。また、その服そう。(れい) 会場は盛装した人々でいっぱいです。

せいぞう【製造】〔工場などで大量に〕商品として売るための物をつくること。(れい) テレビを製造する。

せいそく【生息】生物が生活し、生きていること。また、すんでいること。

せいぞろい【勢ぞろい】ある目的のためにおおぜいの人が一か所に集まること。(れい) オリンピックの選手が勢ぞろいした。

せいぞん【生存】生きていること。生きのこること。(れい) そうなん者の生存がたしかめられた。

せいたい【生態】生き物が生活しているようす。(れい) サルの生態を調べる。

せいだい【盛大】〔集まりや会が〕ひじょうにさかんなようす。(れい) 盛大な見送りをうける。

ぜいたく ひつよう以上にお金や物をつかうこと。(れい) ぜいたくなくらし。

せいちゅう【成虫】親になったこん虫。↔幼虫。

1**せいちょう**【生長】草や木が育って大きくなること。

2**せいちょう**【成長】❶人や動物などが育って大きくなること。(れい) 子どもは成長がはやい。❷物事が発展すること。(れい) 経済が成長する。

せいつう【精通】そのことがらについて、くわしく知っていること。(れい) 兄は、パソコンに精通している。

せいてい【制定】法律や規則などをつくりさだめること。(れい) 憲法を制定する。

せいてん【晴天】晴れた空。また、よい天気。↔雨天。

せいでんき【静電気】まさつによっておき、ある物についたまま流れずにいる電気。

せいてんのへきれき【青天のへきれき】とつぜんおこった、大事件やびっくりするようなこと。「へきれき」はかみなりのこと。青空にとつぜんかみなりが鳴ることから。

せいてんはくじつ【青天白日】❶青空に日がかがやいていること。よい天気。❷自分の心に後ろ暗いことがないこと。罪がないことがはっきりすること。(れい) うたがいがはれて青天白日の身になる。

せいと【生徒】先生から教えをうける人。とくに、中学生や高校生。ふつう、小学生は「児童」、大学生は「学生」という。

慣用句 **つらの皮が厚い** あつかましい。ずうずうしい。

382ページ

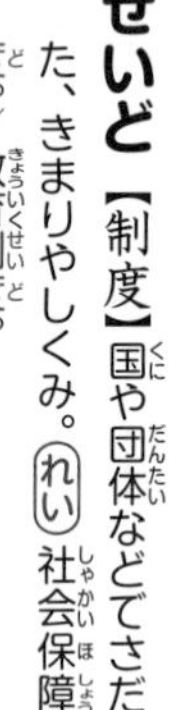

せいど【制度】国や団体などでさだめた、きまりやしくみ。(れい) 社会保障制度。／教育制度。

1 **せいとう**【正当】道理にかなっていて正しいこと。(れい) 正当な権利。

2 **せいとう**【政党】政治について、同じ考えをもつ人が集まってつくった団体。

せいとん【整頓◂】みだれている物の位置などをきちんとととのえ、かたづけること。(れい) へやの中を整頓する。

1 **せいねん**【成年】心や体が一人前になったとみられる年。日本の法律では満二十才。

2 **せいねん**【青年】二十才前後のわかい男女。わかもの。

せいねんがっぴ【生年月日】生まれた年と月と日。

せいのう【性能】〔機械などの〕せいしつやはたらき。(れい) 小さいが性能のよい乗用車。

せいは【制覇◂】❶ほかのものをおさえて、かしらになること。❷競技などで優勝すること。(れい) 世界制覇をめざす。

せいはんたい【正反対】まったくあべこべであること。(れい) 弟はぼくと正反対の性格だ。

せいび【整備】いつでも使えるようにじゅんびしておくこと。(れい) 自動車の整備工場。

せいひん【製品】〔商品として〕こしらえた品物。(れい) 新製品。

せいふ【政府】国の政治をおこなうところ。日本では内閣と、その役所。

せいぶ【西部】ある地いきの西のほうの部分。(れい) 北海道西部。

せいふく【制服】ある団体にぞくする人がきる、形や色が同じであるようにきめられた服。ユニホーム。(れい) 制服を着て出かける。⇔私服。

せいぶつ【生物】いきもの。動物や植物。(れい) 海の生物。

せいぶん【成分】つくられている物の、もとになる一つ一つのもの。(れい) 薬品の成分。

せいべつ【性別】男と女、おすとめすのくべつ。

せいほうけい【正方形】四つの辺の長さが同じで、四つの角がみな直角の四角形。真四角。⬇図形②。

せいまい【精米】玄米のぬかをとりのぞき、こめを白くすること。また、白くなったこめ。(れい) 精米所。

せいみつ【精密】❶細かいところまでうまくつくられているようす。(れい) 精密な計器。❷細かいところまで注意がゆきとどいているようす。(れい) 精密検査。

1 **せいめい**【生命】❶命。じゅみょう。(れい) 戦争では、多くの生命がうしなわれる。❷もっとも大切なもの。(れい) カメラの生命はレンズです。

2 **せいめい**【姓名◂】みょうじと名前。氏名。(れい) 姓名を記入する。

3 **せいめい**【清明】二十四節気の一つ。四月四日、五日ごろ。すがすがしいころのこと。

せいもん【正門】建物の正面にある門。おもて門。(れい) 学校の正門。

1 **せいよう**【西洋】〔日本からみて〕ヨーロッパやアメリカの国々のこと。⇔東洋。

2 **せいよう**【静養】病気やつかれをな

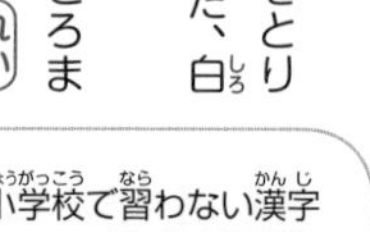

〔 〕漢字を使った書き方　(れい) ことばの使い方の例　⇔反対のことば　⬇参考になる情報　◂小学校で習わない漢字

おすために、心や体をしずかに安めること。れい 祖父は、温泉に静養に出かけた。

せいり【整理】❶きちんとかたづけること。れい ひきだしの中を整理する。❷いらないものなどをのぞくこと。れい 古着を整理する。

せいりつ【成立】物事がなりたつこと。また、とりきめなどがまとまること。れい 売買のけいやくが成立した。

せいりゅう【清流】川などのすんだ流れ。れい ヤマメは、清流にすむ川魚です。

せいりょく【勢力】ほかのものをおさえる力。いきおい。れい 勢力はんい。

せいれき【西暦】キリストの生まれた年を元年として数える、年のあらわし方。元年から前は、それからぎゃくに数えて、紀元前何年という。じっさいは、キリストの生後四年以上たった年が元年となっている。

せいれつ【整列】きちんとならぶこと。れい 全員が整列する。

せいろう【せい籠】食べ物をじょう気でむす道具。むし器。せいろ。

せい籠

せいろん【正論】りくつにあった正しい意見。れい かれは年はわかいが、どうどうと正論をのべた。

セーター 毛糸などであんだ上着。とくに、かぶって着るもの。れい 母がセーターをあんでくれた。

セーフ ❶野球で、打者や走者がるいに生きること。れい 三るいにすべりこんでセーフになった。⇕アウト。❷テニス・卓球などで球がきめられた線の内がわにはいること。

セーブ ❶いきすぎないように、おさえること。節約すること。れい 力をセーブする。／出費をできるだけセーブする。❷野球で、リリーフ投手が、自分のチームのリードをたもったまま試合終了まで投げぬくこと。また、その投手にあたえられる記録。れい 一シーズンで、三十セーブをあげる。❸コンピューターやテレビゲームの操作のとちゅうや最後で、それまでにおこなってきた内容を保存すること。

セール 売り出し。とくに、安売り。れい 近くのスーパーで開店記念セールがはじまる。

せおう【背負う】❶せなかにのせてもつ。れい 大きな荷物を背負って山道を歩く。❷〔仕事などを〕引き受けて責任をもつ。れい きみたちは、日本の将来を背負う若者だ。

せおよぎ【背泳ぎ】あおむけになって泳ぐ泳ぎ方。背泳。バックストローク。れい 水泳大会に背泳ぎで出場する。

せかい【世界】❶地球上のすべての国々。地球全体。れい 世界の平和。／世界地図。❷世の中。社会。れい 学校を卒業したあと、どんな世界が待っているのか、たのしみだ。❸同じなかまや種類の集まり。れい こん虫の世界について、図かんでくわしく調べた。

慣用句 **手がかかる** 多くの時間や労力がかかる。

せかいいさん【世界遺産】国連のユネスコにみとめられ、登録された、文化遺産・自然遺産・複合遺産。歴史的に大切な文化財や自然を長く保存するのが目的。日本では姫路城や富士山などがある。⬇385ページ（イラスト）

せかす いそがせる。せきたてる。(れい) 工事をせかす。

せかせか いそがしそうにして、おちつかないようす。

せがむ むりにたのむ。ねだる。(れい) 母にせがんで本を買ってもらった。

せき1 のどや気管がしげきされておこる、短くてはげしい息。

せき2【席】❶すわる場所。❷会や式のある会場。(れい) 結婚式のめでたい席でスピーチをする。❸地位。身分。❹《あることばの下につけて》成績や地位のじゅんじょを表すことば。(れい) 首席で卒業する。

せきがいせん【赤外線】日光をプリズムで分けたとき、赤の外がわにある目に見えない光。ものをあたためる力がある。

せきじゅうじ【赤十字】「赤十字社」または「国際赤十字」のこと。戦争のときは、敵みかたの区別なくきずついた人を助け、ふだんはめぐまれない人々を助ける仕事をする、世界的な団体。白地に赤い十字をえがいたマークで知られている。

せきじゅん【席順】すわる席のじゅんじょ。

せきしょ【関所】むかし、国ざかいや大事な道に役人をおいて旅人や荷物を調べたところ。関。(れい) 箱根の関所。

せきせつ【積雪】ふりつもった雪。(れい) 積雪は三メートルをこえた。

せきたん【石炭】大むかしの植物が長い間地中にうずもれているうちに、炭のようにかわったもの。燃料や化学工業の原料にする。

せきどう【赤道】地球の表面で、南極と北極から等しいきょりにある地点をむすんだ線。⬇経度。

せきにん【責任】❶まかされて、自分がしなければならないつとめ。(れい) 責任の重さをかんじる。❷物事がうまくいかなかった結果として、自分が引き受けるそんがいや非難。(れい) 事件の責任をとる。

せきはん【赤飯】もち米の中にアズキを入れてむしたごはん。こわめし。おこわ。めでたいときなどに食べる。

せきめん【赤面】はずかしくて顔を赤くすること。

せきゆ【石油】原油からとれる、きはつ油・軽油・灯油・重油などをまとめていうよび名。とくに「灯油」のこと。

せきらんうん【積乱雲】大きな山のようにもりあがった雲。夏に多くあらわれ、にわか雨やかみなりをおこす。入道雲。かみなり雲。

せけん【世間】❶世の中（の人々）。社会。(れい) 世間のひょうばん。❷つきあいのはんい。(れい) 世間を広げる。

せけんてい【世間体】世間の人にたいするていさい。みえ。(れい) 世間体を気にするな。

せけんばなし【世間話】世の中のいろいろなできごとなどについての話。よもやま話。

せこい けちくさい。ずるい。

【】漢字を使った書き方　(れい) ことばの使い方の例　⇕反対のことば　⬇参考になる情報　◀小学校で習わない漢字

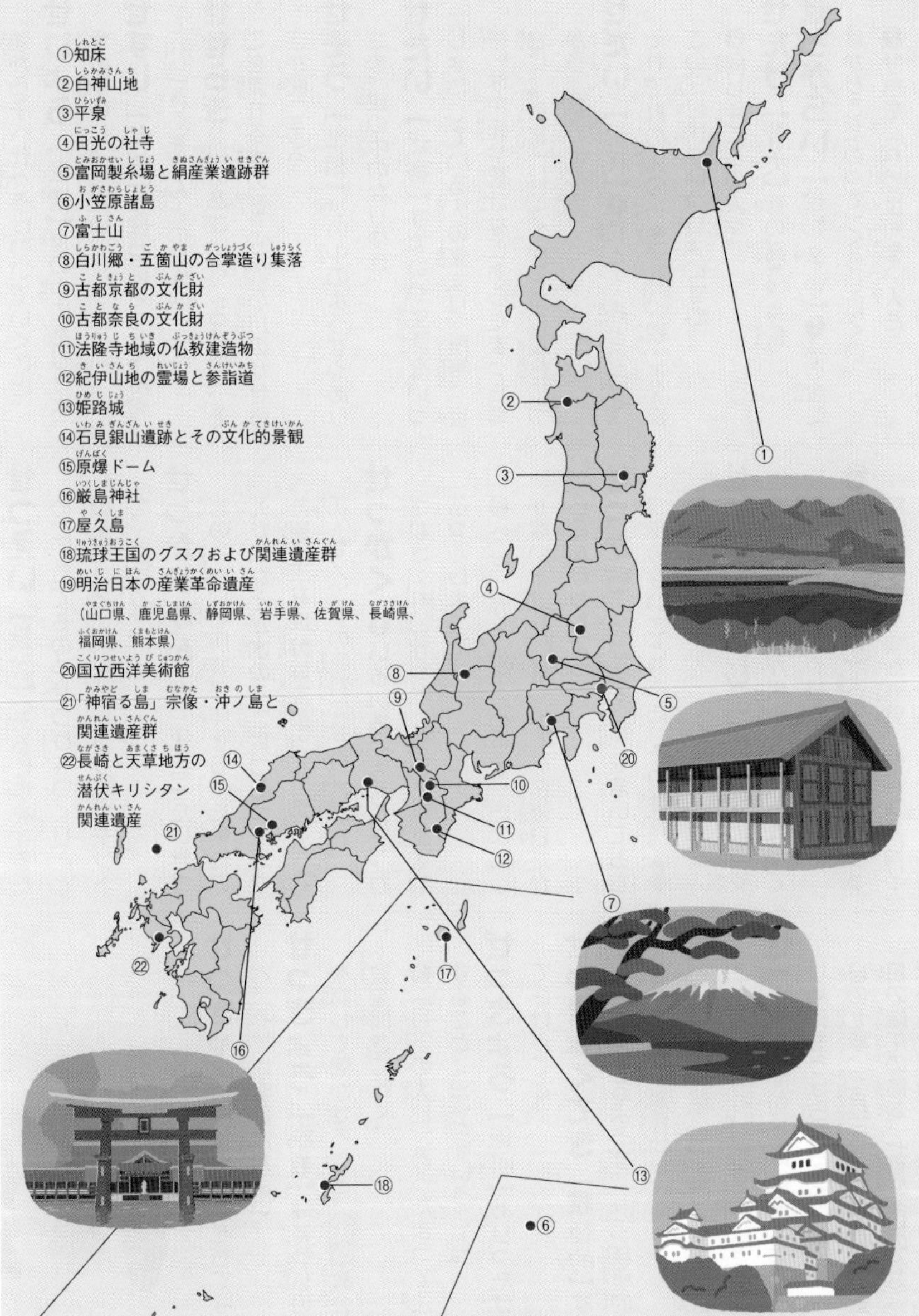

①知床
②白神山地
③平泉
④日光の社寺
⑤富岡製糸場と絹産業遺跡群
⑥小笠原諸島
⑦富士山
⑧白川郷・五箇山の合掌造り集落
⑨古都京都の文化財
⑩古都奈良の文化財
⑪法隆寺地域の仏教建造物
⑫紀伊山地の霊場と参詣道
⑬姫路城
⑭石見銀山遺跡とその文化的景観
⑮原爆ドーム
⑯厳島神社
⑰屋久島
⑱琉球王国のグスクおよび関連遺産群
⑲明治日本の産業革命遺産
（山口県、鹿児島県、静岡県、岩手県、佐賀県、長崎県、福岡県、熊本県）
⑳国立西洋美術館
㉑「神宿る島」宗像・沖ノ島と関連遺産群
㉒長崎と天草地方の潜伏キリシタン関連遺産

世界遺産

慣用句　**手が足りない**　あることをするための人数が足りない。

せしゅう【世襲◂】家の職業や地位を親から子へ代々うけついでいくこと。

せじょう【世情】世の中のありさま。世の中のじょうたい。

せすじ【背筋】せぼねにそったきん肉。(れい)背筋をぴんとのばす。

せせらぎ 川のあさいところ。また、そこを流れる水の音。(れい)小川のせせらぎが聞こえる。

せそう【世相】世の中のようすやありさま。世の中のなりゆき。

せたい【世帯】すまいや生活をいっしょにしている人の集まり。所帯。「世帯」は戸籍や統計などあらたまった場合に、「所帯」はごくふつうの場合につかう。(れい)世帯主。

せだい【世代】❶親・子・孫とつづく、それぞれの人の一生。(れい)親・子・まごの三世代がいっしょにすむ。❷同じ年ごろの人々。

せたけ【背丈◂】背の高さ。身長。

せちがらい【世知辛い◂】❶〔お金にばかりこだわって〕くらしにくい。❷けちだ。(れい)世知辛い人だ。

せつ【説】ある人が言った考えや意見。(れい)新しい説を発表する。

せつえい【設営】〔ある仕事をするために〕たてものやせつびをつくりととのえること。(れい)キャンプ場でテントを設営する。

せっかいがん【石灰岩】たいせき岩の一つ。石灰質の体をもった動物の死がいなどが水のそこにつもってできた岩。主な成分は炭酸カルシウム。石灰・セメントの原料になる。石灰石。

せっかく ❶いろいろくろうして。わざわざ。(れい)せっかく書いた手紙をやぶってしまった。❷《「せっかくの…」の形で》たまにしかない…。(れい)せっかくの日曜日だからのんびりしよう。

せっかち 気が短く、先を急いでおちつきのないこと。また、その性質。⇕のんき。

せっかんせいじ【摂◂関政治】平安時代に、藤原氏が摂政や関白となって政治を動かしたやり方。

せっき【石器】大むかしの人が使った、石でつくった道具。おの・やじり・さらなど。

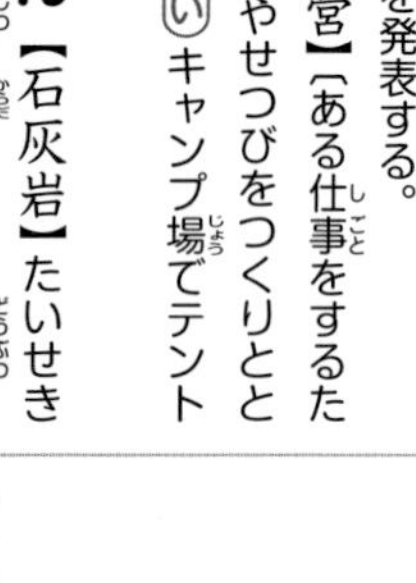
石器

せっきゃく【接客】客をもてなすこと。(れい)接客態度がよい。

せっきょう【説教】❶神や仏の教えを話して聞かせること。(れい)教会へ説教を聞きに行く。❷〔目下の人に〕あらたまって注意をすること。こごとをいうこと。

ぜっきょう【絶叫◂】ありったけの声でさけぶこと。

せっきょくてき【積極的】すすんで物事をするようす。(れい)積極的に発言する。⇕消極的。

せっきん【接近】近づくこと。近よること。近接。(れい)船が岸に接近する。

せっく【節句・節供】きせつのかわりめにもうけられた、祝いの日。一月七日の七草、三月三日の桃の節句、五月五日の端午の節句、七月七日の七夕、九月九日の菊の節句の五つをいう。現在はとくに「桃の節句」と「端午の節句」をさす。

ぜっく【絶句】❶漢詩の形式の一つ。起・承・転・結の四句からできている。❷話をしているとちゅうで、ことばがつまり、話ができなくなること。(れい)悲しみのあまり絶句した。

せっけい【設計】物をつくったり、あることをおこなったりするための計画をたてること。(れい)家の設計。

ぜっけい【絶景】ことばに言いあらわせないほどすばらしい風景。

せっけん【石けん】油にかせいソーダなどをまぜて熱をくわえ、かためたもの。水にとけるとあわだち、よごれやあかをおとす。シャボン。

ゼッケン スポーツの大会などで、選手が胸やせなかにつける番号を書いた布。また、その番号。

ぜっこう【絶交】つきあいをやめること。(れい)友だちと絶交した。

ぜっさん【絶賛】これ以上ないほどほめること。(れい)作品を絶賛する。

せつじつ【切実】❶身にしみて強く感じるようす。(れい)実力不足を切実に感じる。❷その人に深いかかわりがあって大事であるようす。(れい)ごみの処理はくらしにとって切実な問題だ。

せっしゅ【接種】病気をなおしたり予防したりするため、弱くした病原菌などを体にうえつけること。(れい)インフルエンザの予防接種。

せっしょう【摂政】天皇がおさないときや病気のとき、天皇にかわって政治をすること。また、その人。

せっしょく【接触】❶ふれあうこと。(れい)車と車の接触事故。❷かかわりをもつこと。また、ほかの人とつきあうこと。

せっする【接する】❶ふれあう。また、つづいている。❷相手になって話したり答えたりする。(れい)お客にえがおで接する。

せっせと〔休まずに〕いっしょうけんめいに物事をするようす。

せっせん【接戦】力が同じぐらいで、はげしく勝ち負けをせりあうこと。また、そのような戦い。(れい)接戦のすえ一点差でかつ。

せつぞく【接続】物をつなぐこと。つづくこと。また、物がつながること。つづけること。

せつぞくし【接続詞】前のことばや文と後ろのことばや文をつなぐ役目をすることば。つなぎことば。「しかし」「また」「そして」など。

せったい【接待】客をもてなすこと。

ぜったい【絶対】❶ほかにくらべるものや、ならぶものがないこと。(れい)絶対の自信をもつ。❷どうしても。かならず。(れい)絶対に勝つ。❸けっして。とうてい。(れい)絶対しゃべってはいけない。

ぜったいぜつめい【絶体絶命】おいつめられてどうすることもできないこと。(れい)絶体絶命のピンチ。

せつだん【切断】切りはなすこと。たち切ること。

せっち【設置】❶そなえつけること。❷ある組織などをつくること。

ぜっちょう【絶頂】❶山のいちばん高いところ。頂上。❷物事の調子がいちばんよいとき。

慣用句　**手が付けられない**　ていどがひどすぎて、どうすることもできない。

せっちん【雪隠】「便所」の古い言い方。

せってい【設定】新しく物事をきめたり、つくったりすること。れい 計画の目標を設定する。

セット ❶道具などのひとそろい。れい 応接セット。❷映画やしばいの舞台そうち。❸テニス・バレーボールなどの一試合の中のひと勝負。❹かみの形をととのえること。れい 美容院でセットしてもらう。❺機械や道具をつかえるように用意すること。れい めざましどけいを五時にセットする。

せっとく【説得】よく話してわからせること。ときふせること。

せっとくりょく【説得力】自分の意見や考えなどを話して、相手をなっとくさせるちから。

せつない【切ない】さびしかったり、悲しかったりして、胸がしめつけられるように、つらい。れい 切ないわかれ。

せつなる【切なる】ひじょうに強い思いがこもっているようす。れい 切なる願い。

せっぱつまる【切羽詰まる】どうにもしかたのないようすになる。おいつめられてこまる。

せつび【設備】〔あることをするのにひつようなものを〕そなえつけること。また、そのそなえつけたもの。

せっぷく【切腹】自分で腹を切って死ぬこと。はらきり。

せつぶん【節分】雑節の一つ。きせつのうつりかわるさかいめ。むかしは立春・立夏・立秋・立冬の前日のことをいったが、今はとくに立春の前日の二月三日ごろをいう。豆をまいて病気やわざわいをおいはらう。

ぜつぼう【絶望】のぞみがまったくなくなること。のぞみがたえること。れい 優勝は絶望的だ。

節分

せつめい【説明】ことがらの意味やなかみがわかるようにのべること。

せつめいぶん【説明文】あることがらについて、すじ道を立ててせつめいした文章。

ぜつめつ【絶滅】ほろびてすっかりなくなること。れい きょうりゅうは絶滅した。

せつやく【節約】むだをなくして、きりつめること。倹約。

せつりつ【設立】〔会社・学校・病院などを〕新しくつくること。創立。

せなか【背中】❶〔動物の〕体の後ろがわ。胸・腹の反対がわ。❷〔ある物の〕後ろの方。

せのび【背伸び】❶つまさきで立って背をのばし、背を高くすること。❷自分の力以上のことをしようとすること。

ぜひ【是非】❶よいことと悪いこと。よしあし。れい 是非をろんじる。❷かならず。きっと。

せびろ【背広】男の人が着る、折りえりのついた上着とズボンがそろいになった洋服。スーツ。

せぼね【背骨】動物のせなかにあつ

て、体をささえているほね。たくさんのほねが一本のはしらのようになっている。せきちゅう。

せまい【狭い】❶面積やはばが小さい。(れい)狭い庭。／(れい)狭い道。❷はんいが小さい。(れい)見方が狭い。❸心にゆとりがない。(れい)心の狭い人。⇔❶～❸広い。

せまる【迫る】❶間がせまくなる。(れい)山が海に迫っている所。❷〔ある時刻やあるじょうたいが〕近づいてくる。(れい)夕やみが迫る。❸強いたいどに出る。また、強くさいそくする。(れい)はやく返せと迫る。

せみ セミ科のこん虫。おすは木などにとまって鳴く。幼虫は地中で何年間もくらし、地上に出て成虫になる。アブラゼミ・ヒグラシ・ミンミンゼミ・ツクツクボウシなど種類が多い。

せみしぐれ【せみ時雨】たくさんのセミが鳴くようすを、しぐれがふる音にたとえたことば。

せめて まんぞくではないが、それだけでもよいから。少なくとも。

1せめる【攻める】戦いをしかける。こうげきする。⇔守る。

2せめる【責める】❶〔あやまちなどを〕ひなんする。とがめる。❷せきたてる。せがむ。(れい)子どもに責められて、おもちゃを買う。

せり セリ科の植物。かおりがよく食用になる。春の七草の一つ。

ゼリー ゼラチンをとかし、くだもののしる・さとう・香料などを入れてかためた菓子。ジェリー。

せりふ ❶劇などの中で役者がいうことば。❷人に対していう、言い分。いいぐさ。(れい)そのせりふは聞きあきた。

セルフサービス 品物を自分で運んだりかたづけたりするなど、店の人がすることを客が自分ですること。

セレモニー おごそかにおこなう儀式。式典。

ゼロ ❶数・数字の一つで、0。零。❷一つもないこと。何もないこと。(れい)わたしは音楽の才能がゼロだ。

セロハンテープ セロハンの片面に接着剤をぬったすきとおったテープ。

セロリ セリ科の植物。強いかおりがある。食用にする。

せろん【世論】世の中の多くの人たちの意見や考え。よろん。(れい)世論をとりいれた政治。

せわ【世話】❶こまやかに、めんどうをみること。❷間に入ってとりもつこと。(れい)就職を世話する。❸やっかいなこと。めんどうなこと。(れい)世話をかける。

せわをやく【世話を焼く】すすんで人のめんどうをみる。

1せん【千】数の名で、百の十倍。

2せん【栓】❶〔びんなどの〕口をふさぐもの。❷水道かんなどのはしについている、あけたりしめたりするしかけ。コック。

3せん【線】❶細長いすじ。(れい)白い線。❷物事のだいたいの方向やすじみち。(れい)その線で話をつけよう。

ぜんあく【善悪】よいことと、悪いこと。(れい)善悪の判断。

せんい【繊維】❶生物の体をつくっている細い糸のようなもの。❷糸や織物の原料となる細いもの。

慣用句 **手が出ない** 自分の力をこえていて、どうすることもできない。

ぜんい【善意】❶人のためを思う気持ち。思いやりのある心。(れい)善意でおこなわれる募金活動。❷よい見方。よい意味。(れい)人のいうことを善意にとる。⇔①②悪意。

ぜんいん【全員】すべての人。総員。

せんか【戦火】戦争によっておきた火事。また、戦争。(れい)戦火が広がる。

1 **ぜんかい**【全快】けがや病気がすっかりなおること。(れい)祖父の全快祝いにおおぜいの人が来てくれた。

2 **ぜんかい**【全開】すっかり開くこと。また、いっぱいに開けること。(れい)ガスせんを全開にする。

せんかん【戦艦◀】軍艦の中でいちばん大型で、せめる力も守る力も強い船。

せんがん【洗顔】顔をあらうこと。(れい)朝はまず洗顔をする。

ぜんき【前期】❶二つまたは三つに分けた期間の、さいしょの期間。(れい)前期の役員をえらぶ。⇔後期。❷今の期間の直前の期間。

せんきょ【選挙】ある地位や役目につく人を、おおぜいの人の中からえらぶこと。(れい)委員を選挙する。

せんきょけん【選挙権】国会議員や県会議員などの選挙で投票をすることができる権利。日本では満十八才以上の男女にある。⇔被選挙権。

せんげつ【先月】今月のすぐ前の月。前月。⇔来月。

せんげん【宣言】自分の意見やたいどをはっきり知らせること。(れい)独立宣言。

せんご【戦後】戦争のおわったあと。とくに、第二次世界大戦のあと。(れい)戦後最大の大火。⇔戦前。

ぜんご【前後】❶前と後ろ。(れい)前後からはさみうちにする。❷間をおかないでつづくこと。(れい)兄と前後して父が帰ってきた。❸じゅんじょがぎゃくになること。(れい)話が前後しているので、わかりにくくなっている。❹《数をあらわすことばの下につけて》「…くらい」のいみをあらわす。(れい)十才前後の男の子。

1 **せんこう**【先行】ほかのものより先にいくこと。(れい)先行の一団においついた。

2 **せんこう**【先攻◀】〔スポーツの試合などで〕先にせめること。⇔後攻。

3 **せんこう**【専攻】とくべつに深く研究すること。せんもんに研究すること。(れい)わたしの兄は、大学では心理学を専攻した。

4 **せんこう**【選考】多くの人やものの中から、よくしらべて、てきせつなものをえらびだすこと。(れい)優秀作品を選考する。

5 **せんこう**【線香◀】いろいろな香料のこなをねりかためて、細いぼうのようにしたもの。火をつけてぶつだんなどにそなえる。

ぜんこう【全校】学校全体。

せんこく【宣告】〔正式なこととして〕言って知らせること。(れい)裁判長が有罪を宣告する。

ぜんこく【全国】国全体。国じゅう。

ぜんこくし【全国紙】全国の読者に向けて発行される新聞。

センサー 光・音・温度・圧力などを感じとって、信号をおくる装置。

せんさい【繊細◀】❶ほっそりとしてうつくしいようす。(れい)少女の繊細な

〔〕漢字を使った書き方　(れい)ことばの使い方の例　⇔反対のことば　⬇参考になる情報　◀小学校で習わない漢字

ゆび。❷心のはたらきが細かくするどいようす。デリケート。れい 芸術家の繊細な感覚。

せんざい【洗剤】衣類・食器・やさいなどをあらうためにもちいられる薬品。れい あわだちのよい洗剤。

せんし【戦士】戦場で戦う兵士。

せんじつ【先日】この間。このまえ。過日。⇔後日。

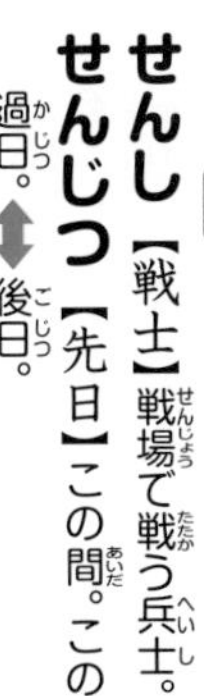
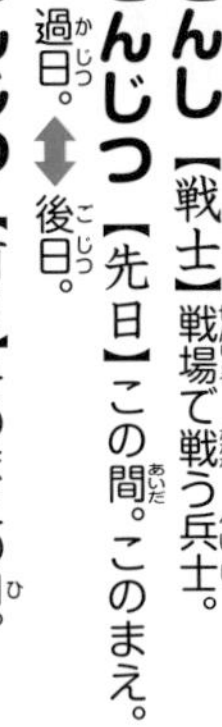

ぜんじつ【前日】そのまえの日。

ぜんしゃ【前者】二つのものをならべたりのべたりしたうちの、さいしょのほう。れい コロッケとハンバーグ、わたしはどちらかというと前者のほうが好きだ。⇔後者。

せんしゅ【選手】競技などに出るためにえらばれた人。れい 体操の選手。

せんしゅう【先週】今週のすぐ前の週。⇔来週。

せんしゅうらく【千秋楽】すもうやしばいなどの最後の日。⇔初日。

せんじゅつ【戦術】❶戦いや試合に勝つための方法。れい 相手の練習を見て戦術をねる。❷ある目的をはたすためのやり方。れい 先回りする戦術でいこう。

せんじょう【戦場】戦いをしている場所。れい 戦場におもむく。

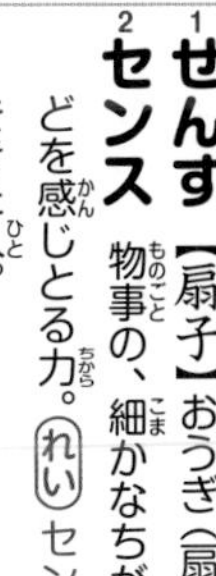

1**ぜんしん**【全身】体ぜんたい。体じゅう。れい 全身でよろこびをあらわす。

2**ぜんしん**【前進】前へ進むこと。⇔後退。

1**せんす**【扇子】おうぎ(扇)。

2**センス** 物事の、細かなちがいや意味などを感じとる力。れい センスのいい服をきた人。

せんすいかん【潜水艦】水の中にもぐったまま動きまわり、敵の船をせめたり、敵のようすをさぐったりする軍艦。

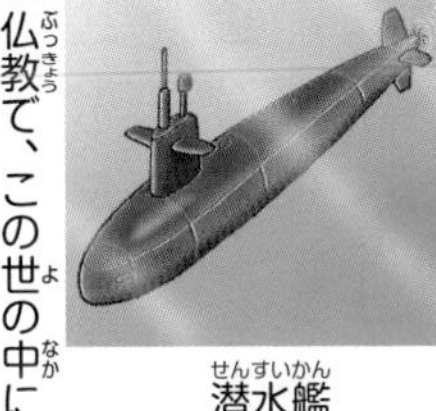
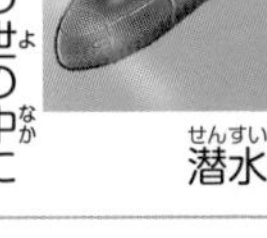

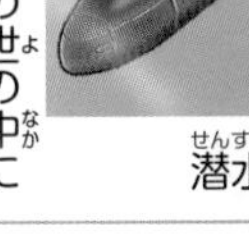
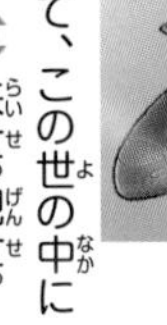
潜水艦

ぜんせ【前世】仏教で、この世の中にうまれる前にいた世。⇔来世。現世。

1**せんせい**【先生】❶学校で児童・生徒に勉強を教える人。教員。❷学問・芸術などを教える人。また、その人をうやまっていうことば。れい ピアノの先生。❸学者・医者・芸術家などをうやまっていうことば。

2**せんせい**【宣誓】ちかいのことばをのべること。ちかうこと。また、そのことば。れい 開会式で、選手の代表が宣誓をおこなった。

ぜんせい【全盛】物事のいきおいが、もっともさかんなこと。

せんせいてん【先制点】相手より先に取った得点。れい 先制点を取ってにげきる。

センセーション 人々の注意を強くひきつけて、ひょうばんになること。れい 映画スターどうしの結婚が、センセーションをまきおこした。

せんせん【宣戦】戦争を始めることを相手の国に知らせること。れい 宣戦を布告する。

せんぜん【戦前】戦争が始まる前。とくに、第二次世界大戦の始まる前。⇔戦後。

慣用句 **手がはなせない** 今やっていることをやめることができない。

ことばのテーブル 392ページ

・ぜんせん
・ぜんぜん
・せんぞ
・せんそう
・せんぞく
・ぜんそく
・センター

・せんたい
・ぜんたい
・ぜんだいみもん
1・せんたく
2・せんたく
・せんたくき
・せんたくし
・センチ
・センチメートル

・せんちゃ
・せんちゃく
・せんちょう
1・ぜんちょう
2・ぜんちょう
・ぜんてい
・せんでん
・ぜんてん
・せんてんてき
1・せんと

ぜんせん【前線】❶戦場で敵にいちばん近いところ。れい 前線の兵士。
❷あたたかい空気のかたまりとつめたい空気のかたまりがぶつかりあうさかいめが、地面とまじわるところ。れい 前線が近づいて天気がくずれた。

ぜんぜん【全然】まったく。まるで。れい かぜをひいているせいか、全然食欲がない。

せんぞ【先祖】その家のいちばんはじめの人。また、今の家族より前の代の人々。れい 先祖代々のおはかにおまいりする。⇕子孫。

せんそう【戦争】❶戦うこと。とくに、国と国とが戦うこと。戦い。いくさ。⇕平和。
❷戦いのようなはげしい競争。れい 受験戦争。／交通戦争。

せんぞく【専属】ある一つの会社や団体とだけ関係をもつこと。れい A社と専属のけいやくをむすぶ。

ぜんそく【ぜん息】急にはげしいせきがでて、呼吸がくるしくなる病気。

センター ❶まんなか。中心。また、中心となる機関・場所。れい センターライン。／文化センター。
❷野球で、外野の中央の守備位置。また、そこを守る役。中堅手。

せんたい【船体】船の、ふぞく品やつみ荷をのぞいた部分。船の本体。

ぜんたい【全体】あるもの・あることがらのすべて。全部。みんな。⇕部分。

ぜんだいみもん【前代未聞】今までに一度もきいたことがないようなめずらしいこと。れい 前代未聞の事件。

1**せんたく**【洗濯】よごれた衣類をあらってきれいにすること。

2**せんたく**【選択】二つ以上の中からえらぶこと。

せんたくき【洗濯機】よごれた衣類などをせんたくする機械。水と洗剤とよごれた衣類などを入れて水流をおこし、よごれを落とす。電気洗濯機。

せんたくし【選択肢】アンケートなどで、質問に対して用意されているいくつかの答え。

センチ 「センチメートル」のりゃく。

センチメートル 長さの単位の一つ。メートルの百分の一。センチ。記号は「㎝」。

せんちゃ【煎茶】茶の葉をあつい湯でせんじて飲む茶。また、その茶の葉。

せんちゃく【先着】ほかのものより先に着くこと。れい 先着十名様まで割引けんをさしあげます。

せんちょう【船長】船の乗組員にさしずをし、船を進める指揮をとる人。

1**ぜんちょう**【全長】全体の長さ。

2**ぜんちょう**【前兆】ある物事がおこる前にあらわれるしるし。まえぶれ。

ぜんてい【前提】あることがなりたつためのもととなることがら。ある考えのもとになるもの。れい 父の援助を前提に計画をたてる。

せんでん【宣伝】〔ある品物や考えを〕おおぜいの人に知らせ広めること。広く知らせること。

ぜんてん【前転】マット運動で、しゃがんで両手を前につき、頭の後ろからころがり、一回転して起きあがること。⇕後転。

せんてんてき【先天的】生まれながらもっているようす。生まれながらの。⇕後天的。

1**せんと**【遷都】首都をほかの場所にう

【】漢字を使った書き方 れい ことばの使い方の例 ⇕反対のことば ⬇参考になる情報 ◀小学校で習わない漢字

つすこと。

2**セント** アメリカ合衆国・カナダなどのお金の単位。一セントは一ドルの百分の一。

1**せんとう**【先頭】いちばん前。いちばん先。れい 選手たちは、校旗を先頭に堂々と入場した。

2**せんとう**【戦闘】武器を使って、戦うこと。また、その戦い。

3**せんとう**【銭湯】お金をとってふろにいれるところ。ふろ屋。れい 近くには、銭湯が一けんもない。

せんどう【船頭】船をこぐことを仕事にしている人。れい わたし船（＝岸の向こうへ行く船）の船頭さん。

せんにゅうかん【先入観】じっさいに見たり聞いたりする前に、もともっている考え。れい 先入観にとらわれすぎると、うまくいかないことが多いものだ。

1**ぜんにん**【前任】前にその役目についていたこと。また、その人。先任。れい 前任の人の意見をとりいれる。⇔後任。

2**ぜんにん**【善人】心やおこないのよい人。⇔悪人。

せんにんりき【千人力】❶力がひじょうに強いこと。また、その力。❷千人の助けをもったように心強いこと。れい あなたが味方になってくれたら千人力だ。

せんぬき【栓抜き】びんなどのせん、または王冠をぬいてあける道具。

せんねん【専念】ある一つのことにいっしょうけんめいになること。専心。れい サラリーマンをやめたおじは、しばらくは実家の店の手伝いに専念するらしい。

せんぱい【先輩】❶同じ学校に自分より先に入学した人。れい 向こうから歩いてくるのは、兄の二年先輩の木山さんだ。❷年れい・学問・地位・経験などが自分より上の人。れい 会社の先輩。⇔①②後輩。

ぜんはいそげ【善は急げ】よいことは、思いついたら、ためらわずにすぐおこなうのがよい。れい よいアイデアを思いついた。善は急げというから、さっそくクラスのみんなにつたえることにする。

せんばつ【選抜】〔ある基準にしたがって〕多くの中からえらびだすこと。れい 全国から選抜された選手。

せんぱつ【先発】❶先に出発すること。れい 先発の電車にのる。❷野球などで、試合のさいしょから出場すること。また、その人。れい 先発投手が発表された。

せんばづる【千羽鶴】おり紙でおったツルをたくさんつないだもの。ねがいごとがかなうようにいのってつくる。れい クラスで千羽鶴をおって、入院している友だちに持っていった。

千羽鶴

ぜんはん【前半】二つに分けたときの、前の半分。⇔後半。

ぜんぱん【全般】ぜんたい。みんな。すべて。れい 今回のテストは全般によ

慣用句 **手ぐすねを引く** しっかりと用意をして、そのときの来るのをまっている。

ことばのテーブル

394ページ

・ぜんぶ
・せんぷうき
・せんべい
・せんぽう
・ぜんぽう
・ぜんまい
・ぜんめつ
・せんめんじょ
・せんもん
・せんやく
・せんよう
・せんらん
・せんりゅう
1せんりょう
2せんりょう
・せんりょく
・ぜんりょく
・ぜんりん
・せんれん
・せんろ
・そいつ
1そう

ぜんぶ【全部】ある物事のすべて。みんな。ぜんたい。⇕一部。

せんぷうき【扇風機】モーターで羽を回して風をおこす機械。

せんべい【煎餅】米の粉または小麦粉をねり、うすくのばしてやいた菓子。

せんぽう【先方】❶相手がわの人。相手かた。(れい)先方のつごうをきく。❷むこうの方。先の方。前方。

ぜんぽう【前方】前の方。(れい)前方に注意する。⇕後方。

ぜんまい うずまき形にまいたはがねのばね。もとにもどろうとする力を利用して、いろいろな機械に使われる。

ぜんめつ【全滅】ぜんぶほろびること。また、ぜんぶほろぼすこと。(れい)水そうの魚が全滅した。

せんめんじょ【洗面所】❶顔や手をあらうところ。❷トイレのこと。手洗い。

せんもん【専門】ある一つの学問や仕事だけを受け持ったり、研究したりすること。また、その学問や仕事。(れい)歴史学を専門に研究する。

せんやく【先約】先に決めたやくそく。(れい)その日は先約がある。

せんよう【専用】❶その人だけが使うこと。(れい)社長専用の車。⇕共用。❷きまったことや、きまったときだけにつかうこと。(れい)自動車専用道路。

せんらん【戦乱】戦いがおこって世の中がみだれること。(れい)戦乱の世。

せんりゅう【川柳】五・七・五の十七音でできたこっけいな詩。俳句とちがって、季語や切れ字の約束がない。江戸時代、柄井川柳が作者として有名だったので、この名がついた。

1せんりょう【千両】❶一両の千倍。「両」は江戸時代の金貨の単位。❷たいへん価値のあること。(れい)千両役者。❸センリョウ科の木。冬に赤く小さな実がなる。

2せんりょう【占領】❶軍隊の力でほかの国の土地をうばって支配すること。(れい)占領地。❷あるところをひとりじめにすること。(れい)へやの半分をベッドが占領している。

せんりょく【戦力】戦争や試合で勝つための力。(れい)戦力をやしなう。

ぜんりょく【全力】ありったけの力。(れい)全力をつくす。

ぜんりん【前輪】自動車などの、前のほうの車輪。⇕後輪。

せんれん【洗練】〔文章・考え・人がらなどを〕ねって、りっぱなものにすること。(れい)洗練された文章。

せんろ【線路】電車などの通る道すじ。また、そこにしかれたレール。

そいつ「その人」「それ」の少しらんぼうな言い方。(れい)そいつをつかまえてくれ。／そいつはうれしい。

1そう ❶《前に言ったことなどをうけて》そのように。そんなに。(れい)そうしよう。／そう気にするな。❷相手の言ったことに対して、それをみとめたり、少しうたがったりする気持ちをあらわすことば。(れい)うん、そう、そのとおりだ。

【】漢字を使った書き方　(れい)ことばの使い方の例　⇕反対のことば　⬇参考になる情報　◂小学校で習わない漢字

2そう【僧】出家して仏につかえ、仏の教えをとく人。そうりょ。ぼうさん。

3そう【層】❶重なっていて、あつみをもって広がっているもの。また、その状態。れい ふりつもった火山灰が層をなしている。❷同じなかまの階級。れい 若手の選手層があついチーム。

4そう【沿う】〔長く続くものなどに〕はなれずついてゆく。れい 海岸線に沿って走る。

1ぞう【象】ゾウ科の動物。陸にすむ動物のうちで、最大。長い鼻と大きなきばをもつ。

2ぞう【像】❶ある物・人などをかたどって、つくったりえがいたりしたもの。れい ほとけさまの像。❷すがたや形。れい 理想像。

そうあん【草案】〔きまりなどをつくるときの〕文章の下書き。

そうい【相違】❶たがいにちがうこと。ちがい。れい ふたりの意見には大きな相違がある。❷《「…に相違ない」の形で》…にちがいない。まちがいなく…だ。れい かれはまだ何かかくしているに相違ない。

そういえば【そう言えば】前のことばに関係することや、思い出したことなどを話すときにいうことば。れい そう言えば、あのとき姉は何を言おうとしていたのだろう。

そうおん【騒音】うるさく感じる音。れい 車の騒音がはげしい。

ぞうか【増加】数や量がふえること。また、ふやすこと。⇔減少。

そうかくさくいん【総画索引】漢字の総画から辞書が引けるように、のっている漢字を画数順にならべ、その漢字が出ているページ数をしるしたもの。

そうかつ【総括】べつべつのものをまとめること。れい みんなの意見を総括する。

そうかん【創刊】雑誌や新聞などをはじめて出すこと。

ぞうかん【増刊】雑誌などで、きまった期日に出すほかに、りんじに発行すること。また、その雑誌。

そうがんきょう【双眼鏡】両方の目にあてて、遠くのものをはっきりと大きくして見る器械。

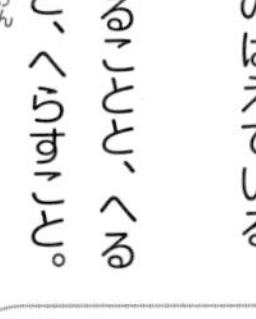
双眼鏡

そうぎ【葬儀】「葬式」のあらたまった言い方。

そうきゅう【早急】ひじょうに急ぐこと。大急ぎ。さっきゅう。れい 早急に送ってほしい。

そうぎょう【創業】新しく事業をはじめること。事業をおこすこと。

ぞうきん【雑巾】〔主に家の中の〕よごれたところなどをふく布。

そうぐう【遭遇】思いがけず、出あうこと。れい 事件に遭遇する。

そうげい【送迎】人の送りむかえをすること。

そうげん【草原】草のはえている、広々とした土地。

ぞうげん【増減】ふえることと、へること。また、ふやすことと、へらすこと。れい 地いきの人口の増減。

慣用句 **てこでも動かない** どんなことをしても、考えをかえない。

そうこ【倉庫】品物をしまっておく建物。

1そうこう【草稿】下書きの文章。(れい)演説の草稿をつくる。

2そうこう【霜降】二十四節気の一つ。十月二十三日、二十四日ごろ。霜が降りるころのこと。

そうごう【総合】多くのばらばらなものをよせ集めて、一つにまとめること。(れい)みんなの意見を総合する。⇕分析。

1そうさ【捜査】犯人をさがしたり、犯罪のしょうことなるものを見つけたりすること。(れい)事件の捜査。

2そうさ【操作】❶機械などを動かすこと。また、あつかうこと。(れい)耕うん機を操作して土地をたがやす。❷〔商売などで〕資金などをうまくやりくりすること。

そうさい【総裁】団体で、全体の仕事やそこではたらくすべての人をとりしまる役。また、その人。(れい)日本銀行総裁。

1そうさく【捜索】〔どこに行ったのかわからない人や物を〕たずねさがすこと。さがしもとめること。(れい)山でゆくえ不明になった人を捜索する。

2そうさく【創作】❶はじめてつくりだすこと。❷小説・絵・彫刻などをつくること。また、その作品。(れい)創作童話を読む。❸つくりごと。うそ。(れい)あの人の話は、すべて創作だ。

そうじ【掃除】ちりやごみをとりのぞいて、きれいにすること。清掃。

そうしき【葬式】死んだ人をほうむる、儀式。葬儀。

そうじゅう【操縦】❶飛行機・機械などを、あつかって動かすこと。(れい)ヘリコプターの操縦士。❷人を自分の思うように動かすこと。(れい)部下をうまく操縦する。

そうじゅく【早熟】❶くだものなどが、早くじゅくすこと。❷年がわかいのに、心や体がおとなのようであること。

そうしゅん【早春】春のはじめごろ。春さき。初春。

そうしょう【総称】いくつかのものをまとめてよぶこと。また、そのよび名。(れい)アサリ・ハマグリ・シジミなどを総称して二まい貝という。

1そうしょく【草食】動物が、草を主な食べ物とすること。(れい)草食動物。⇕肉食。

2そうしょく【装飾】美しくかざりつけること。また、そのかざり。(れい)高価な装飾品。

そうしん【送信】電気をつかった方法で通信をおくること。(れい)電子メールを送信する。⇕受信。

ぞうすい【雑炊】やさいなどを入れて味つけしたかゆ。おじや。

1そうぞう【創造】今までにないものを新しくつくりだすこと。(れい)人まねでなく創造性(＝新しくつくりだしたものであるようす)にあふれた作品。

2そうぞう【想像】じっさいにそこにないものや、けいけんしていないことがらを、心の中に思いうかべること。

そうぞうしい【騒騒しい】話し声や物音などがまざり合って、うるさく感じられる。さわがしい。

そうぞうりょく【想像力】心に思いえがく能力。(れい)想像力がゆたかだ。

そうぞく【相続】前の持ち主にか

わって、その権利や財産などをうけつぐこと。れい 遺産を相続する。

そうだ ❶物事のようすをあらわすことば。…のようである。れい 今にも雨がふりそうだ。❷人から聞いたことをあらわすことば。…ということだ。れい あすは雨がふるそうだ。

そうたい【早退】学校やつとめ先から、きめられた時刻よりも早く帰ること。はやびけ。はやびき。れい 頭痛がするので早退した。

そうだつ【争奪】あるものを手に入れるために、あらそうこと。れい はげしい争奪戦がはじまる。

そうだん【相談】〔どうすればよいかなどを〕話し合うこと。話し合い。また、ほかの人に意見を聞くこと。

そうち【装置】道具や設備をとりつけること。また、そのしかけ。しくみ。れい 舞台装置。

そうちょう【早朝】朝の早いころ。

そうてい【想定】かりに、ある条件やようすを定めること。れい 台所から出火したという想定でひなん訓練をする。

ぞうてい【贈呈】人に品物をあげること。れい 花たば贈呈。

そうとう【相当】❶つりあうこと。ふさわしいこと。れい 自分の実力に相当する学校をえらぶ。❷かなり。だいぶ。れい みんなは相当つかれている。

そうどう【騒動】❶多くの人がさわぎたてること。さわぎ。れい 教室に小鳥がとびこんできて、騒動になった。❷あらそい。もめごと。

そうどういん【総動員】〔仕事などをさせるため〕全部の人を集めること。れい 全校生徒総動員でかたづける。

そうなん【遭難】命にかかわるような、さいなんや事故に出あうこと。れい 山で遭難する。

ぞうに【雑煮】やさい・とり肉などを入れたしるに、もちを入れてにたもの。おもに正月に食べる。

そうび【装備】ひつような品物をそろえること。また、その品物。れい 登山の装備をととのえる。

そうまとう【走馬灯】中に明かりをつけると、まわりの紙にいろいろな絵がうつし出され、それが回るしかけになっているとうろう。まわりどうろう。

そうめん 小麦粉に水と塩をまぜてこね、細く切ってかわかしためん。

ぞうり【草履】鼻緒のある、そこの平らなはきもの。

草履

そうりだいじん【総理大臣】「内閣総理大臣」のりゃく。

そうりつ【創立】〔学校や会社などを〕はじめてつくること。

そうりょ【僧侶】僧。ぼうさん。

そうりょく【総力】すべての力。全体の力。れい 球技大会では、クラス全員、総力をあげて立ち向かう。

そえる【添える】あるものにほかのものをくわえる。れい プレゼントにカードを添えておくる。

ソース 西洋料理で、食べ物にかける、液体の調味料。種類が多い。

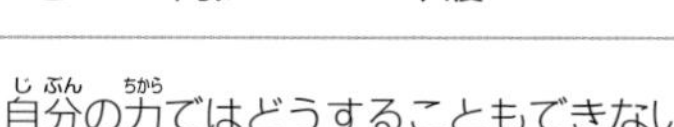
慣用句 **手も足も出ない** 自分の力ではどうすることもできない。

ソーセージ 牛やブタの腸に肉などをつめ、くんせいやむしやきにした食べ物。腸づめ。

ソーダ ❶「炭酸ソーダ」のこと。水によくとけ、アルカリ性をしめす化合物。せっけんやガラスの原料になる。炭酸ナトリウム。❷「炭酸水」のこと。また、これにさとうなどをくわえた飲み物。(れい) レモンソーダ。

そかい【疎開】戦争などのとき、損害を少なくするため都会の人や物などを地方にうつすこと。

そく【即】すぐに。(れい) お客の要望に対して即対応した。

そくい【即位】天皇や王の位につくこと。(れい) 即位式。⇕退位。

そくおん【促音】つまる音。「がっこう」「コップ」などのように小さな「っ」「ッ」で書きあらわす。

ぞくしゅつ【続出】同じ種類の物事が、つづけてあらわれること。また、つづいておこること。

そくしん【促進】急がせて、物事をはやく進めるようにすること。(れい) 土地の開発を促進する。

ぞくする【属する】ある種類や、あるなかまに入っている。(れい) ぼくは、水泳部に属している。

そくせき【即席】その場ですぐにすること。また、すぐにできること。(れい) 即席ラーメン。

1ぞくぞく ❶寒さやおそろしさのため、体がふるえるように感じるようす。❷うれしくておちつかないようす。(れい) アニメファンが知ったらぞくぞくしそうなニュース。

2ぞくぞく【続続】つぎつぎ。あとからあとから。(れい) 新人が続々入部した。

そくたつ【速達】ふつうの料金のほかに、ある一定の料金をとって、ふつうの郵便よりはやくとどける郵便物。「速達郵便」のりゃく。

そくてい【測定】〔道具や機械を使って〕長さ・重さ・深さ・はやさなどをはかること。(れい) 体重を測定する。

そくてん【側転】体操で、両手をじゅんにつきながら、倒立のしせいになり、横に一回転すること。また、マット運動で、ひざをおなかにかかえこんで、横に一回転すること。

側転

そくど【速度】〔進むものの〕はやさのていど。ある時間内に進むきょりであらわす。

そくとう【即答】その場ですぐに答えること。(れい) 即答をさける。

そくばく【束縛】〔制限して〕自由に行動させないこと。(れい) 親の束縛からのがれる。

そくほう【速報】すばやく知らせること。また、その知らせ。

そくめん【側面】❶横の面。また、左右の面。❷そば。わき。(れい) 側面からささえる。❸多くの中のある一面。(れい) 気づかなかった自分の側面を発見する。

そくりょう【測量】〔器械を使って〕土地の広さ・高さ・形・位置などをくわしくはかること。(れい) 測量船。

1そこ ❶話し手より相手がわに近い場所をしめすことば。(れい) そこにあるかさをとってください。❷話し手や相手から遠くない場所をしめすことば。(れい) ちょっとそこまで来たので寄ってみました。❸すぐ前に言ったことがらをしめすことば。(れい) そこがいちばんだいじだ。

2そこ【底】 ❶中のくぼんだところや入れ物などの下の面。(れい) バケツの底。❷かぎり。きり。(れい) 底がしれない実力をもっている。❸いちばんおく深いところ。(れい) 人の心の底まではなかなかわからない。

そこく【祖国】 先祖から住みつづけてきて、自分もそこで生まれた国。母国。

そこぢから【底力】 いざというときに出す強い力。

そこつ【粗こつ】 そそっかしいようす。(れい) 粗こつなふるまいが多い。

そこなう【損なう】 ❶悪くする。きずつける。(れい) 健康を損なう。❷《動詞の下につけて》「…に失敗する」「…する機会をのがす」の意味をあらわすことば。(れい) やり損なう。

そこぬけ【底抜け】 ❶入れ物などのそこがないこと。❷きりがないこと。このうえもないこと。(れい) あの人は、底抜けのお人よしだ。

そざい【素材】 〔芸術作品などの〕もとになる材料。

そし【阻止】 じゃまをしてやめさせること。くいとめること。(れい) 取りこわしを阻止する。

そしき【組織】 あるきまりや目的にしたがって集まり、まとまりのあるものをつくること。また、そのしくみ。

そしつ【素質】 生まれつきもっている（すぐれた）せいしつ。

そして それから。そうして。(れい) 青く、そしてすきとおった宝石。

そしな【粗品】 そまつな品物。そひん。人におくる品物をへりくだっていうことば。

そしょう【訴訟】 裁判所に、裁判をしてくれるようにもうしでること。

そせん【祖先】 ❶先祖。⇔子孫。❷現在あるものの、もとのもの。(れい) 人類の祖先。

そそぐ【注ぐ】 ❶流れこむ。❷〔液体を〕つぎ入れる。❸〔力や注意などを〕一つのところに集める。(れい) 友だちの目がぼくに注がれているのを感じた。

そそくさ おちつかず、いそがしそうに動くようす。せかせか。(れい) 客はそそくさと立ち去った。

そそっかしい 〔動作や考えに〕落ち着きがなく、しっぱいが多い。注意が足りない。(れい) そそっかしい人。

そそのかす【唆す】 〔よくないおこないをする気になるように〕さそいすすめる。おだてて〔悪いことを〕やらせる。(れい) 唆されていたずらをする。

そだつ【育つ】 ❶成長する。大きくなる。(れい) 作物が日に日に育っていく。❷教えられて、一人前になる。(れい) わかい選手が育つ。

そだてる【育てる】 ❶子どもや動物・植物のせわをして、大きくする。❷能力や心のはたらきなどをのばす。❸一人前にするために教えみちびく。(れい) 新人を育てる。

そち【措置】 〔うまくいくように〕とりはからうこと。(れい) 適切な措置をとる。

慣用句 手を貸す　てつだう。

ことばのテーブル

400ページ

・そちら
・そっきょう
・そつぎょう
・そつぎょうしき
・そつぎょうしょうしょ
・そつぎょうせい

・そっきん
・そっくり
・そっけない
・ぞっこう
・そつじゅ
・そっち
・そっちのけ
・そっちょく
・そっと

・ぞっと
・そっとう
・そで
・そと
・そとがわ
・そとづら

そちら ❶話し相手のいる方向・場所、また、そこにあるものをさすことば。(れい)そちらは雪ですか。❷話し相手をさすことば。あなた。(れい)そちらのお考えはどうですか。

そっきょう【即興】❶その場で感じるおもしろみ。❷その場で感じたことを、すぐに歌や詩などにあらわすこと。(れい)即興で詩をつくる。

そつぎょう【卒業】❶学校できめられた学科を、すべて学びおえて、学校を去ること。(れい)卒業式。⇕入学。❷ある段階を通りすぎること。(れい)ままごと遊びはもう卒業した。

そつぎょうしき【卒業式】学校で、卒業をいわっておこなう儀式。⇕入学式。

そつぎょうしょうしょ【卒業証書】その学校で学ばなければならないことをすべておえたことを、証明する文書。

そつぎょうせい【卒業生】その学校を卒業しようとしている人。また、卒業した人。(れい)卒業生の代表。

そっきん【側近】〔身分の高い人などの〕そば近くにつかえること。また、その人。(れい)首相の側近。

そっくり ❶すっかり。全部。(れい)そっくりさしあげます。❷ひじょうによく似ているようす。(れい)妹は母にそっくりだ。

そっけない【素っ気無い】思いやりやあいそがない。

ぞっこう【続行】ひきつづきおこなうこと。(れい)雨でも試合は続行する。

そつじゅ【卒寿◀】九十才。また、そのいわい。「卒」を略した「卆」が「九十」にみえることから。

そっち ❶「そちら①」のくだけた言い方。(れい)そっちをください。❷「そちら②」のくだけた言い方。(れい)そっちのせいだよ。

そっちのけ 手をつけないで、そのままにしておくこと。ほうっておくこと。

そっちょく【率直】かくしごとやかざりけがなく、ありのままであるようす。(れい)率直にものを言う。

そっと ❶音を立てずに物事をするようす。(れい)そっと歩く。❷《「そっとしておく」の形で》しずかなままにしておくようす。(れい)しばらくそっとしておいてくれ。❸こっそり。(れい)そっとのぞく。

ぞっと ❶寒さを感じてふるえるようす。(れい)風の冷たさにぞっとする。❷おそろしさに思わず体がすくむようす。(れい)あの交通事故は思い出してもぞっとする。

そっとう【卒倒◀】急に意識をうしなってたおれること。

そで【袖◀】❶衣服の、両うでをおおう部分。また、たもと。❷もののわきの部分。(れい)舞台のそで(=客席から見えない舞台の左右のはしの部分)。

そと【外】❶あるものの内がわでない部分。かこいやしきりがあるとき、その中でない(広い)方。⇕内。中。❷自分の家以外のところ。❸おもてにあらわれた部分。(れい)悲しみを外に出さない。⇕内。

そとがわ【外側】外のほう。ものの表面。⇕内側。

そとづら【外面】家族以外の、よその

【】漢字を使った書き方　(れい)ことばの使い方の例　⇕反対のことば　⬇参考になる情報　◀小学校で習わない漢字

人に見せる顔つきや態度。(れい)外面のいい人。

そとぶろ【外風呂】❶建物の外につくられた浴場。❷自分の家以外のふろに入れさせてもらうこと。また、銭湯。⇔①②内風呂。

そなえあればうれいなし【備えあれば憂いなし】まえもって準備をしておけば、いざというときでも何も心配することはない。

[1]**そなえる**【供える】神やほとけに、ささげる。(れい)お墓に花を供えた。

供える

[2]**そなえる**【備える】❶〔物事がうまく進むように〕前もって用意する。(れい)あすの試合に備えて休養する。❷物をととのえそろえる。(れい)実験器具を備える。❸生まれつきもっている。(れい)かれは音楽家としての能力を備えている。

そねむ 人をうらやましく思って、にくむ。ねたむ。(れい)人の成功をそねむ。

[1]**その** ❶話し手より聞き手に近いものをさすことば。(れい)その本。❷すぐ前に言ったことをさすことば。(れい)その話はやめましょう。

[2]**その**【園】やさいや花などを植えてある、くぎられた土地。(れい)桜の園。

そのうえ【その上】それにくわえて。さらに。(れい)風が強まり、その上雨もふってきた。

そのため そういうわけで。(れい)台風が上陸した。そのため、電車がおくれた。

[1]**そば** ❶タデ科の植物。夏から秋にかけて、白い小さな花がさく。実は粉にして食用にする。❷「そば①」からとった粉をこねて、細長くきった食べ物。ゆでて、つゆにひたしたり、つゆをかけたりして食べる。

[2]**そば** ❶〔ある物の〕すぐ近く。かたわら。❷《「…そばから」の形で》…するとすぐに。(れい)聞いたそばからわすれる。

そびえる 高く見おろすように立っている。(れい)富士山が青空にそびえる。

そびれる 《動詞の下につけて》「…しにくくなる」「…しそこなう」の意味をあらわすことば。(れい)聞きそびれる。

そふ【祖父】父または母の、父にあたる人。おじいさん。⇔祖母。

ソファー 両わきにひじかけがついた、横長のいす。

ソフト ❶やわらかいようす。(れい)ソフトなはだざわり。❷「ソフトクリーム」のりゃく。

ソフトクリーム かためないで、やわらかくつくったアイスクリーム。

そふぼ【祖父母】祖父と祖母。(れい)祖父母の家へ行く。

ソプラノ 女性のいちばん高い声のはんい。また、そのはんいをうけもつ歌い手。(れい)ソプラノ歌手。

そぶり【素振り】〔ある気持ちが〕顔つきやおこないにあらわれたようす。

そぼ【祖母】父または母の、母にあたる人。おばあさん。⇔祖父。

そぼく【素朴】❶〔性質などが〕すなおで、かざりけがないこと。(れい)ぼくは、かれの素朴な人がらが好きだ。❷考え方が単純で、あまり進んでいないこと。(れい)素朴な疑問。

慣用句 **手をぬく** しなければならないことをしないでごまかす。

そまつ【粗末】❶りっぱでないようす。ざつなようす。（れい）粗末な小屋。❷だいじにしないようす。（れい）物を粗末にする。

そまる【染まる】❶色がつく。（れい）山は紅葉して、まっかに染まっている。❷えいきょうを受ける。かぶれる。（れい）悪に染まる。

そむく【背く】❶きまりなどに反する。さからう。（れい）命令に背く。❷うらぎる。（れい）期待に背く。

そめつける【染め付ける】そめて、色やもようを出す。

そめる【染める】❶しみこませて、色をつける。また、ぬって色をつける。（れい）布を染める。❷《「ほほを染める」の形で》はずかしさなどで顔を赤くする。

そよかぜ【そよ風】しずかに気持ちよくふく風。（れい）高原にそよ風がふく。

そよぐ しずかにゆれ動く。（れい）ヤナギのえだが、風にそよぐ。

そよそよ しずかに風がふくようす。

そら【空】❶天。天空。大空。❷天候。空もよう。（れい）雨がふりだしそうな空。❸書いたものを見ないでそのとおりに言ったり書いたりすること。（れい）空で言える。❹《あることばの上につけて》「なんとなく」「みせかけだけの」などの意味をあらわすことば。（れい）空おそろしい。／空なみだ。

そらいろ【空色】晴れた空のようなうすい青色。水色。

そらす ❶ほかの方へむける。はずす。（れい）話をそらす。❷とりにがす。のがす。（れい）キャッチャーがボールをそらす。

そらまめ【空豆】マメ科の植物。春、うすいむらさき色のチョウ形の花がさく。実はさやになっていて、たねを食用にする。

そらみみ【空耳】❶〔本当は〕聞こえないのに、聞こえたように感じること。❷聞いても聞かないふりをすること。（れい）空耳をつかう。

そり 雪や氷の上をすべらせて、人や荷物などを運ぶ乗り物。遊びや競技などにもつかう。

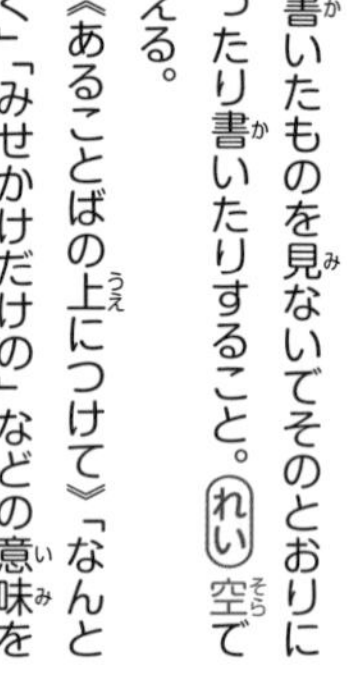

そり

1そる ひげやかみの毛を根もとから切りとる。（れい）ひげをそる。

2そる【反る】❶平らなものなどが弓のようにまがる。（れい）板が反る。❷体の一部が後ろの方にまがる。（れい）指がよく反る。

それ ❶話し手が相手の近くにあるものをさすことば。（れい）それがきみの本だ。❷話題になっていることがらや時をさすことば。（れい）それはいつごろのことですか。

それぞれ ひとりひとり。めいめい。（れい）卒業してそれぞれの道をすすむ。

それで ❶それゆえ。それだから。（れい）頭がずきずきした。それで薬をのんだ。❷それから。そのようにして。（れい）それで子ぎつねはどうなったでしょう。

それでも 〔前のことがらをうけて〕そうであっても。それにもかかわらず。

(れい) それでも休まずはたらいた。

それとも 〔二つのうち〕どちらかをえらぶときに使うことば。(れい) リンゴがいいか、それともナシがいいか。

それに 〔あることにくわえて〕その上。さらに。(れい) 風が強い。それに、雨もふりだした。

それる ❶ねらいがはずれる。(れい) ボールはゴールの右上にそれた。❷〔めあての方向や物事の中心から〕ずれる。(れい) 本題からそれる。

ソロ ひとりで歌ったり、演奏したりすること。独唱。また、独奏。

そろう ❶二つ以上の物事のじょうたいが同じになる。(れい) つぶがそろう。❷きちんと合う。一致する。(れい) 足なみがそろう。❸全部が一か所に集まる。(れい) 夕食のとき、家族みんなの顔がそろった。❹〔ひつようなものが〕全部そなわる。ととのう。(れい) 道具はそろっている。

そろえる ❶二つ以上の物事のじょうたいを同じにする。(れい) ぼうの長さをそろえる。❷合わせる。(れい) 声をそろえる。❸全部を一か所に集める。(れい) メンバーをそろえる。❹〔ひつようなものを〕全部そなえる。ととのえる。(れい) 辞書をそろえる。

そろそろ ❶ゆっくり、しずかに物事をするようす。(れい) そろそろと歩く。❷やがて。まもなく。(れい) そろそろ着く時間だ。

ぞろぞろ ❶〔人や虫などが〕長くつづいて進むようす。❷〔着物などを〕だらしなく引きずるようす。(れい) すそをぞろぞろ引きずる。

そろばん 中国や日本で、古くから使われている計算をする道具。

そわそわ 気持ちやたいどが落ち着かないようす。(れい) ほかのことを考えてそわそわしている。

そん【損】利益をうしなうこと。(れい) 十万円の損。⇔得。

そんがい【損害】〔こわれたりうしなったりしたために〕そんをすること。

そんがいほけん【損害保険】あらかじめお金をはらっておいて、事故にあったときに、決められたお金を受け取るしくみ。

ソング 歌。(れい) クリスマスソング。

そんけい【尊敬】とうとび、うやまうこと。(れい) ぼくは兄を尊敬している。

そんけいご【尊敬語】人をうやまう気持ちをあらわすことば。「おっしゃる」「くださる」など。

そんげん【尊厳】とうとく、おごそかなこと。(れい) 生命の尊厳をおかす。

そんざい【存在】〔人やものが〕あること。また、そのあるものや人。(れい) この島に存在する生物。

ぞんざい 物事のあつかい方が乱暴なようす。いいかげんなようす。(れい) ぞんざいな口のきき方。

そんぞく【存続】〔物事が〕ひきつづいてあること。(れい) 団体を存続させる。

そんちょう[1]【村長】村を代表し、村の政治をおこなう役目。また、その人。

そんちょう[2]【尊重】とうとんで、重んじること。(れい) 人命を尊重する。

そんとく【損得】そんをすることと、とくをすること。

そんな そのようであるようす。そのような。(れい) そんな人だったのか。

そんらく【村落】村里。村。

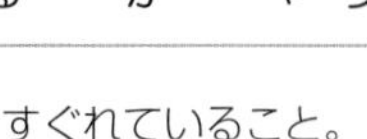
四字熟語　天下一品　この世でただ一つといえるほど、すぐれていること。

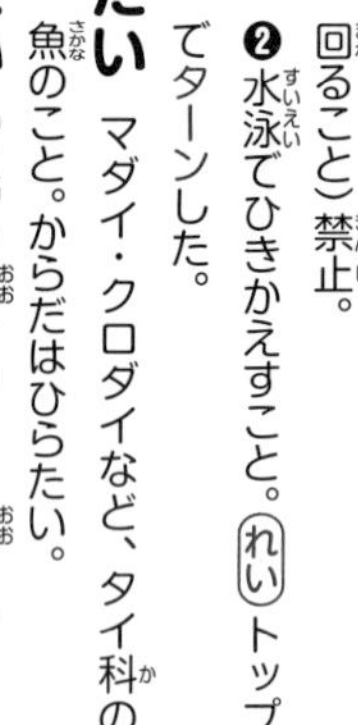

1**た** ❶ものごとが終わったことをあらわすことば。(れい) もう宿題をやった。❷ものごとがすぎさったことをあらわすことば。(れい) きのう船に乗った。❸ものごとのありさまをあらわすことば。…ている。(れい) とがったえんぴつ。

2**た**【田】〔水を引いて〕イネなどをつくる土地。たんぼ。(れい) 田をたがやす。

だ はっきりこうであるという気持ちをあらわすことば。…である。(れい) ぼくは、小学生だ。

ターゲット てっぽうや弓矢などの的。また、ねらいをつける相手。(れい) 女性をターゲットにした雑誌。

ターミナル ❶たくさんの交通機関が集まり、起点や終点となっているところ。(れい) ターミナル駅。❷空港で、いろいろな設備のある建物。「ターミナルビル」のりゃく。

ターン ❶回ること。向きをかえること。(れい) Uターン（＝Uの形のように回ること）禁止。❷水泳でひきかえすこと。(れい) トップでターンした。

たい マダイ・クロダイなど、タイ科の魚のこと。からだはひらたい。

1**だい**【大】❶大きいこと。大きいもの。(れい) 大は小をかねる。⇕小。❷「大学」のりゃく。(れい) 音大（＝音楽大学）に進む。

2**だい**【台】❶物をのせたり、人がのったりするもの。(れい) テレビの台。❷物のきそや土台になるもの。(れい) げきの台本。❸車や機械などを数えるのに使うことば。(れい) バス三台。／パソコン二台。❹ねだん・数量などのだいたいの範囲をあらわすことば。(れい) 八時台の電車。

3**だい**【題】❶書物・文章・絵などの作品につける、内容をかんたんにしめした見出しの語句や名前。標題。タイトル。(れい) 作文に題をつける。❷試験などの問題や質問などを数えるのに使うことば。

たいあたり【体当たり】❶からだごと相手にぶつかること。❷全力をつくしてものごとをすること。(れい) 体当たりの演技に多くのはく手がわいた。

タイアップ ある目的のために、いろいろな面で協力し合うこと。

たいあん【大安】こよみのうえで、なにをするにもよいとされている日。とくに、結婚式や旅行などによいという。⇕仏滅。

たいい【退位】天皇や王が、くらいをしりぞくこと。⇕即位。

たいいく【体育】からだの成長や発達をたすけるための教育。とくに、学校で運動競技の技術などを教える学科。⇕知育。

たいいくかん【体育館】屋内で運動をするためにつくられた建物。

たいいくのひ【体育の日】国民の祝日の一つ。スポーツに親しみ、健康な心とからだをやしない育てる日。一九九九年までは十月十日だったが、二〇〇〇年からは十月の第二月曜日になった。

だいいち【第一】❶いくつかあるも

のの中で、いちばんはじめ。❷いちばん大きいこと。いちばん大切なこと。(れい)世界第一の都市。／健康が第一だ。

だいいちいんしょう【第一印象】人や物を見て、さいしょにうけた感じ。

だいいちじせかいたいせん【第一次世界大戦】一九一四（大正三）年から一九一九（大正八）年まで続いた世界戦争。ドイツとオーストリアが、ロシア・イギリス・フランス・アメリカ・日本などを相手にたたかった。一九一九年、ドイツがわがやぶれて終わった。

たいいん【退院】入院していたかん者が、（けがや病気がなおって）病院を出ること。⇔入院。

ダイエット 健康や美容を目的に食事制限や運動などをすること。

たいおう【対応】❶〔上下・左右など〕たがいに向きあって組みになること。❷それぞれのものごとにおうじて行動すること。(れい)その場に対応した返事をする。

ダイオキシン ごみ焼却場の灰などから検出される、有機塩素化合物の一つ。ひじょうに強い毒性をもつ。

たいおん【体温】動物のからだの温度。とくに、人間のからだの温度。人の体温は、だいたいセ氏三十六～三十七度。

たいおんけい【体温計】体温をはかるための温度計。検温器。

体温計

たいか【退化】❶進歩がとまってあともどりすること。❷生物のある器官が、使わなくなったために、働きがおとろえたり、形が小さくなったりすること。⇔①②進化。

たいが【大河】川はばが広く、水の量もゆたかな長い川。

たいかい【大会】ある目的のために、たくさんの人が集まる会。

たいがい【大概】❶あらまし。ほとんど。大部分。(れい)それについては大概のことは知っている。❷だいたいのようす。たいてい。(れい)日曜日はたいがい家にいます。

たいがく【退学】卒業しないで、とちゅうで学校をやめること。また、やめさせること。退校。

だいがく【大学】高等学校を卒業した人、または、それと同じ学力があるとみとめられた人がさらに勉強するために入る学校。

だいがくいん【大学院】大学を卒業した人が、さらに深く勉強や研究をするために入るところ。

だいかん【大寒】二十四節気の一つ。一年のうちでいちばん寒いとされるとき。一月二十日ごろ。

たいき【大気】地球をとりまいている空気。

たいきおせん【大気汚染】自動車の排気ガスや工場のけむりなどで、空気がよごれること。

たいきけん【大気圏】地球のまわりの、空気のある範囲。

四字熟語 **天下太平** 世の中が心配ごともなく、おだやかなこと。

たいぎご【対義語】あることばにたいして、反対の意味をあらわすことば。反対語。対語。「近い」と「遠い」など。

たいきばんせい【大器晩成】すぐれた才能のある人は、わかいときはあまり目立たないが、年をとって力をあらわして、りっぱになること。

たいきゃく【退却◂】今までいたところから、あとにさがること。負けてにげること。⇕進撃。

だいきゅうし【大臼◂歯】うすのような形をした、大きな歯。おくば。⬇犬歯。

だいきん【代金】品物とひきかえにはらうお金。(れい)パンの代金をはらう。

だいく【大工】〔おもに木材を使って〕家を建てたりなおしたりすることを仕事にしている人。また、その仕事。

たいぐう【待遇◂】❶人をもてなすこと。もてなし。❷職場で働く人の、身分や給料などについてのとりあつかい。(れい)待遇の改善をもとめる。

たいくつ【退屈◂】何もすることがなくて、つまらないこと。

1**たいぐん**【大軍】たくさんの軍勢。

2**たいぐん**【大群】〔動物などが〕たくさん集まってできた、大きなむれ。

だいけい【台形】むかいあう辺の一組みが平行で、長さがちがう四角形。⬇図形②。

たいけつ【対決】たがいにはりあっている両者が、ちょくせつむかいあって、勝ち負けやよしあしをはっきりと決めること。

たいけん【体験】自分自身でじっさいにやってみたり、出会ったりすること。また、それによって身についたもの。(れい)おそろしい体験をした。

1**たいこ**【太古】おおむかし。(れい)地中にうもれた太古の植物が変化して石炭になった。

2**たいこ**【太鼓◂】打楽器の一つ。木や金属でつくったつつの両がわに皮をはったもので、ばちでうって音を出す。

太鼓

たいご【対語】ついご。

たいこう【対抗】競争すること。はりあうこと。(れい)野球の対抗試合。

だいこう【代行】本人にかわって、その仕事をおこなうこと。また、その人。(れい)会長の代行をつとめる。

だいこうどう【大講堂】学校や寺などにある大きな講堂。

だいこくてん【大黒天】七福神のひとり。幸福と財宝をさずける神とされる。左かたに大きなふくろをかつぎ、右手に打ちでの小づちをもって、米だわらの上にのったすがたであらわされる。大黒。⬇七福神。

だいこくばしら【大黒柱】❶木造の家の中央にある太い柱。やねをささえる大切な役目をはたす。❷家やある集団で、中心になって働くだいじな人。

たいこばんをおす【太鼓◂判を押す】たしかにまちがいないと責任をもってうけあう。

だいごみ【だいご味】ものごとのほんとうのおもしろさや楽しさ。深い味わい。(れい)コンサートに行ってオーケストラのだいご味を知った。

だいこん【大根】アブラナ科の植物。白く太い根などを食用にする。すずしろ。春の七草の一つ。

だいこんおろし【大根下ろし】❶ダイコンをおろし器ですりおろした食べ物。❷ダイコンなどをすりおろす道具。おろし金。おろし器。

たいさ【大差】おおきなちがい。(れい)大差で勝った。

たいざい【滞在】よその土地に行ってしばらくとどまること。

だいざい【題材】作品の主題になる材料。(れい)作文の題材をえらぶ。

1**たいさく**【大作】❶すぐれた作品。❷規模の大きな作品。

2**たいさく**【対策】問題となることがらを〔うまく〕解決する方法。(れい)水害をふせぐ対策を考える。

たいさん【退散】❶〔おわれて〕にげさること。❷集まっていた人などが、さっていくこと。(れい)もうおそいので、そろそろ退散することにしよう。

だいさんしゃ【第三者】問題がおきたとき、そのことに関係していない人。(れい)第三者の意見を聞く。

1**たいし**【大志】大きな希望。大望。(れい)大志をいだく。

2**たいし**【大使】国を代表して外国に行き、その国とのつきあいやそこにいる自分の国の人を守る役目の人。

1**たいじ**【対じ】にらみ合ったまま対立すること。(れい)両軍が川をはさんで対じする。

2**たいじ**【胎児】母親のおなかのなかにいる、まだ生まれ出ていない子。

3**たいじ**【退治】人やものに害をくわえるものをほろぼすこと。

だいし【台紙】〔写真・図画など〕物をはるためのあつい紙。

だいじ【大事】❶重要なようす。(れい)この点が大事だ。❷ていねいにあつかうようす。(れい)大事にしまっておく。

ダイジェスト 長い本などの、大切なところをぬき出して短くまとめること。また、そのようにまとめたもの。

たいした【大した】❶ていどがはなはだしいようす。ひじょうな。たいへんな。(れい)大したうでまえだ。❷とりたてて言うほどの。(れい)大したけがではない。

たいしつ【体質】うまれつきもっている、からだのせいしつ。

たいしゅう【大衆】おおぜいの人びと。社会いっぱんの人。民衆。

たいじゅう【体重】からだの重さ。

1**たいしょ**【大暑】二十四節気の一つ。七月二十二、二十三日ごろ。もっとも暑いころのこと。

2**たいしょ**【対処】ものごとの変化にしたがって、てきせつなしょちをすること。(れい)事故に対処する。

1**たいしょう**【大正】大正天皇がくらいについていたときの年号。一九一二年七月から一九二六年十二月まで。

2**たいしょう**【大将】❶軍人のいちばん上の位。❷集団の中で、いちばん上にたつ人。かしら。親分。(れい)店の大将。

3**たいしょう**【大賞】その分野でもっともすぐれた人や作品にあたえる賞。(れい)流行語大賞。

四字熟語 **電光石火** ひじょうにすばやいこと。

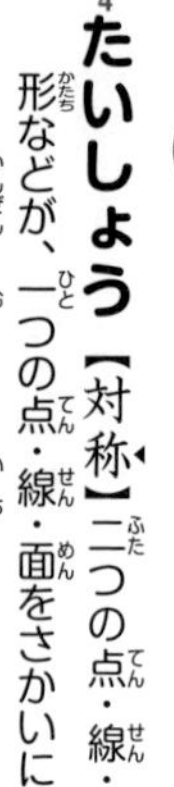

4 **たいしょう**【対称◀】二つの点・線・形などが、一つの点・線・面をさかいにして完全に向きあう位置にあること。

5 **たいしょう**【対象】あるものごとに働きかけるとき、そのめあてとなるもの。れい 小学生を対象にした本。

6 **たいしょう**【対照】❶二つのものをてらしあわせて、くらべること。れい 原文と対照してみる。❷二つのものをくらべたときのはっきりしたちがい。また、そのとりあわせ。れい 対照的な性格。

だいしょう【代償◀】損害をあたえた相手にたいして、つぐないをすること。また、そのつぐないのお金や品物。

たいしょうじだい【大正時代】年号が大正であった時代。一九一二（大正一）年から、一九二六（大正十五）年まで。

だいじょうぶ【大丈夫◀】たしかで、心配のないようす。

たいしょく【大食】たくさん食べること。おおぐい。⬍小食・少食。

だいじん【大臣】国の政治をおこなうため、内閣をつくっている人。総理大臣と、国務大臣とがある。

だいず【大豆】マメ科の植物。赤むらさきや白の花がさく。じゅくしていない実は「えだまめ」といい、食用になる。また、みそやしょうゆの原料になる。

大豆

だいすき【大好き】たいへん好きなようす。れい パンダが大好きだ。

たいする【対する】❶むかいあう。また、めんする。れい 海に対した別荘。❷相手になる。せっする。れい 先生に対するたいど。❸〔あるものごとに〕おうじる。れい 質問に対する答え。

たいせいほうかん【大政奉還◀】一八六七年に、江戸幕府が朝廷に政権をかえしたこと。

たいせき【体積】長さ・はば・あつさのあるものの大きさ。かさ。容積。

1 **たいせつ**【大切】❶重要なようす。れい 大切な話。❷〔そまつにしないで〕ていねいにとりあつかうようす。よく注意するようす。れい おからだを大切に。

2 **たいせつ**【大雪】二十四節気の一つ。十二月七日ごろ。雪が多くふるころのこと。

たいせん【対戦】相手となってたたかうこと。試合などをすること。

1 **たいそう**【大層】❶ひじょうに。たいへん。❷おおげさである。れい 大層なことをいう。

2 **たいそう**【体操】からだをきたえるため、規則正しく手足などを動かす運動。れい ラジオ体操。

たいだ【怠惰】なまけてだらしないこと。れい 怠惰な生活をおくる。

だいたい【大体】❶おおよそのこと。あらまし。れい 話は大体わかった。❷もともと。そもそも。れい 大体、きみがよくばりだからよくない。

たいだん【対談】〔あらたまった場で〕ふたりが、むかいあって話し合うこと。また、その話。

〔〕漢字を使った書き方　れい ことばの使い方の例　⬍反対のことば　⬇参考になる情報　◀小学校で習わない漢字

・だいたん
・1だいち
・2だいち
・1たいちょう
・2たいちょう
・たいてい
・たいど
・たいとう
・だいとうりょう

・だいどころ
・タイトル
・たいない
・だいなし
・ダイナマイト
・ダイナミック
・だいにじせかいたいせん

・たいのう
・たいはん
・たいひ
・だいひつ
・だいひょう
・ダイビング

だいたん【大胆】勇気があって、おそれないようす。どきょうがあるようす。

1だいち【大地】広々とした土地。地面。

2だいち【台地】まわりより高くてたいらになっている広い土地。

1たいちょう【体長】動物などのからだの長さ。

2たいちょう【体調】からだの調子・具合・じょうたい。コンディション。

だいちょう【大腸】消化器官の一つ。小腸からこう門まで続く。おもに水分を吸収する。⬇内臓。

たいてい【大抵】❶だいぶぶん。たいがい。(れい)父は、日曜日はたいていつりに行く。❷たぶん。おそらく。

たいど【態度】❶身ぶり。ふるまい。(れい)どうどうとした態度。❷〔ものごとにおうじる〕かまえ。心がまえ。(れい)態度をはっきりさせる。

たいとう【対等】二つのものの間に、よしあしや上下などの差がないようす。同等。(れい)対等にあつかう。

だいとうりょう【大統領】〔アメリカ・フランスなど〕共和制をとっている国で、国をおさめ、その国を代表する人。

だいどころ【台所】食事のしたくをするところ。勝手。炊事場。

タイトル ❶本や映画などの題。❷運動競技で、最高の資格。選手権。(れい)ミドル級のタイトルをうばう。

たいない【体内】からだのなか。(れい)栄養分を体内にとりいれる。

だいなし【台無し】役に立たなくなるようす。めちゃめちゃになるようす。(れい)大雨で花だんが台無しになった。

ダイナマイト けいそう土にニトログリセリンをしみこませてつくった爆薬。土木工事などに使う。一八六六年、スウェーデンのノーベルが発明した。

ダイナミック 力強い動きにあふれているようす。活動的。(れい)ダイナミックな演技。

だいにじせかいたいせん【第二次世界大戦】一九三九（昭和十四）年、ドイツがポーランドにせめいったのがはじまりで、太平洋戦争にまで広がった戦争。一九四五（昭和二十）年の日本の降伏で終わった。ドイツ・イタリア・日本などと、イギリス・アメリカ・フランス・中国・旧ソ連などの連合国とがたたかった。

たいのう【滞納】おさめるように決められた日がすぎても、お金をおさめないこと。

たいはん【大半】半分以上。大部分。おおかた。

たいひ【対比】二つのものをくらべてそのちがいをしらべること。また、二つの異なるもののとりあわせ。(れい)むかしのくらしと今のくらしを対比する。

だいひつ【代筆】その人のかわりに手紙や書類などを書くこと。また、その書いたもの。

だいひょう【代表】❶おおぜいの人にかわって考えをのべたり、ものごとをしたりすること。また、その人。(れい)学級を代表して意見をのべた。❷一つのもので、全体の性質やとくちょうをあらわすこと。また、そのもの。(れい)日本を代表する山は富士山だ。

ダイビング ❶水泳の飛びこみ競技。❷「スカイダイビング」のりゃく。❸「スキューバダイビング」のりゃく。

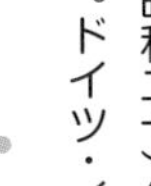

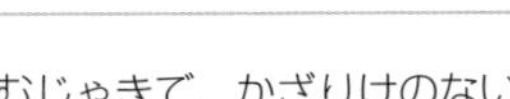
四字熟語 天真爛漫 むじゃきで、かざりけのないこと。

ことばのテーブル

410ページ

・だいぶ
・たいふう
・たいへいよう
・たいへん
・たいほ
・たいぼう
・たいぼく
・だいほん
・タイマー
・たいまつ
・たいまん
・だいみょう
・タイミング
・タイム
・タイムマシン
・だいめい
・だいめいし
・たいめん
・タイヤ
・ダイヤ
・たいやく
・ダイヤモンド
・ダイヤル

だいぶ そうとう。かなり。だいぶん。(れい)気分はだいぶよくなった。

たいふう【台風】赤道から北の太平洋の南西部におこり、日本列島やアジア大陸東部をおそう熱帯低気圧。はげしい雨風をともない、大きな被害をあたえる。八月から九月にかけて多い。

たいへいよう【太平洋】アジア大陸とアメリカ大陸の間にある、世界でいちばん広い海。

たいへん【大変】❶ていどがはげしいようす。たいそう。ひじょうに。(れい)きみに会えて大変うれしい。❷重大なようす。ていどがふつうでないようす。(れい)大変な事件。

たいほ【逮◀捕◀】警察が、罪をおかした人やそのうたがいのある人をつかまえること。

たいぼう【待望】まちのぞむこと。まちこがれること。(れい)待望の新刊が発売された。

たいぼく【大木】大きな木。大樹。

だいほん【台本】劇や映画・ラジオ・テレビなどのせりふや動作、舞台のようすなどが書かれている本。脚本。シナリオ。

タイマー ❶決めた時間に、スイッチを自動的に入れたり切ったりするそうち。タイムスイッチ。(れい)すいはんきのタイマーを入れる。❷競技などで、時間をはかったりする人。また、そのための時計。

たいまつ まつやにのついたえだや、竹・アシなどをたばねたものに火をつけ、明かりとして使うもの。

たいまん【怠◀慢◀】なまけて、仕事をしなかったり、責任をはたさなかったりすること。⇕勤勉。

だいみょう【大名】❶平安時代から室町時代にかけて、多くの領地をもっていた有力な武士。❷江戸時代、一万石以上の領地をもっていた武士。

タイミング ものごとをするのにちょうどよいとき。

タイム ❶時刻。時間。(れい)百メートル走のタイムをはかる。❷試合を少しの間中止すること。(れい)審判がタイムをかける。

タイムマシン 過去・現在・未来の世界の間を自由に行き来できるという、想像上の機械。

だいめい【題名】〔小説・詩・歌・映画などの〕作品の名前。タイトル。

だいめいし【代名詞】人・もの・方向・場所などの名前のかわりに使うことば。「わたし」「あなた」「これ」「あれ」「そこ」「どこ」など。

たいめん【対面】ちょくせつ顔を合わせること。(れい)恩師と十年ぶりに対面した。

タイヤ〔自動車・自転車などの〕車輪のまわりにつけるゴムのわ。タイア。

ダイヤ ❶「ダイヤモンド①」のりゃく。❷トランプのしるしの一つ。赤い「◆」の形。

たいやく【大役】責任のおもい役目。だいじな役目。重役。(れい)議長という大役をつとめる。

ダイヤモンド ❶宝石の一つ。かたくてみがくとよく光る。ゆびわや首かざりなどにする。金剛石。ダイヤ。❷野球場で、本るいと一・二・三るいをむすんだ正方形のところ。内野。

ダイヤル ❶ラジオなどの目もり。

【】漢字を使った書き方　(れい)ことばの使い方の例　⇕反対のことば　⬇参考になる情報　◀小学校で習わない漢字

❷電話機の数字ばん。(れい)ダイヤルをまわす。

たいよう【太陽】太陽系の中心にある天体。高い温度のガスのかたまりからなり、地球に光と熱をあたえる。おひさま。⬇太陽系。

だいよう【代用】あるもののかわりに使うこと。(れい)代用品。

たいようけい【太陽系】太陽を中心として動いている天体の集まり。八つの惑星（＝水星・金星・地球・火星・木星・土星・天王星・海王星）と、そのまわりを回る衛星や小惑星などからなる。

水星　地球　木星　天王星　太陽　金星　火星　土星　海王星

太陽系

たいようでんち【太陽電池】太陽からの光のエネルギーを、ちょくせつ電気エネルギーにかえる装置。

たいら【平ら】でこぼこやかたむきがないようす。(れい)土地を平らにならす。

たいらげる【平らげる】残らず食べてしまう。(れい)出されたごちそうを全部平らげた。

だいり【代理】その人にかわってものごとをすること。また、その人。(れい)父の代理で母が出席した。

たいりく【大陸】地球上のひじょうに大きな陸地。⬍海洋。

たいりつ【対立】両方の意見や利益などがたがいにちがっていること。また、反対の立場ではりあうこと。(れい)二人の意見が対立した。

だいりびな【内裏びな】天皇と皇后のすがたに似せてつくった一対の人形。三月三日のもものの節句にかざる。⬇ひな人形。

たいりょう【大量】数や量がひじょうに多いこと。

たいりょく【体力】［仕事・運動・病気などにたえられる］からだの力。(れい)体力には自信がある。

たうえ【田植え】種から育てたイネのなえを、田にうえること。

ダウンロード インターネットなどを通じて、別のところにあるコンピューターからパソコンなどにデータをとりこむこと。

たえず【絶えず】たえまなく。いつも。ひっきりなしに。

たえる【耐える】❶［つらさ・苦しさなどを］がまんする。❷もちこたえる。負けない。(れい)長い間、風や雪に耐えてきた大木。

たおす【倒す】❶力をくわえて、立っているものを横にする。ころばす。❷負かす。(れい)チャンピオンを倒す。❸ほろぼす。くつがえす。

タオル 表面に糸をわのような形にうきたたせておった、もめんの布。また、その布でつくった、手や体などをふくもの。

たおれる【倒れる】❶立っているものが横になる。ころぶ。(れい)大風で木が倒れた。❷病気になって動けなくなる。また、死ぬ。(れい)過労で倒れる。❸ほろびる。くつがえる。

慣用句　**天びんにかける**　どちらか一つをえらぶために、優劣や損得をくらべる。

たか【高】〔とれたものや、はいったお金の〕数量。分量。(れい)売り上げ高。

たが おけやたるなどのまわりにはめこみ、外がわからしめる、竹や金属のわ。

たかい【高い】❶たてに長い。(れい)せが高い。
❷〔身分や地位などが〕すぐれている。(れい)高い位につく。
❸〔ていど・いきおいなどが〕はげしい。(れい)気温が高い。／波が高い。
❹声や音が大きい。(れい)テレビの音が高い。⇕①〜④低い。
❺金額が大きい。(れい)ねだんが高い。⇕安い。

たがい【互◂い】むこうとこちら。両方。

たががゆるむ【たがが緩◂む】気持ちのしまりがなくなる。

たかさ【高さ】高いこと。また、その程度。(れい)せの高さをくらべる。

だがっき【打楽器】たたいて音を出す楽器。たいこ・もっきん・トライアングルなど。

たかとび【高跳◂び】走り高跳び。また、棒高跳び。

たかねのはな【高根の花】高根(=高い山)にさく美しい花のように、見ているだけで、とても自分の手に入りそうもないもののたとえ。

たかはまきょし【高浜虚◂子】(一八七四〜一九五九)明治時代から昭和時代にかけての俳人。正岡子規の弟子で、俳句の雑誌「ホトトギス」を中心になってつくった。一九五四年文化勲章を受けた。

たかびしゃ【高飛車】〔相手の気持ちを少しも考えないで〕相手をむりにおさえつけるようなようす。

たかまる【高まる】〔ものごとのていどが〕高くなる。また、目立って強くなる。(れい)不満の声が高まる。

たかみのけんぶつ【高みの見物】自分には、ちょくせつ関係のない立場で、ものごとのなりゆきを見ること。「高み」は高い所。

たがめ【田亀◂】コオイムシ科のこん虫。池やぬまにすみ、小魚などの体液をすう。

たかめる【高める】〔ものごとのていどを〕高くする。あげる。(れい)教養を高める。

たがやす【耕す】〔作物をつくるために〕土地をほりおこす。

たから【宝】❶金・銀・宝石などの貴重なもの。
❷ひじょうに大切な人やもの。(れい)子は宝だ。

だから そうであるから。それだから。前にのべたことを理由として次のことをのべるときに使う。(れい)雨がふってきた。だから、試合を中止した。

たからくじ【宝くじ】都道府県などで売り出す、お金の当たるくじ。

たからじま【宝島】イギリスのぼうけん小説。スティーブンソン作。ひとりの少年が、たからの地図を手に入れ、船乗りたちとともに、たからさがしの航海に出る物語。

たからぶね【宝船】宝物や七福神を乗せたふね。また、それをかいた絵。

宝船

たからもの【宝物】宝とするもの。また、ひじょうにねうちのあるもの。(れい)この標本は、ぼくの宝物だ。

たかわらい【高笑い】大きな声でわらうこと。また、その声。

たき【滝】高いがけなどを、水が流れ落ちているところ。

たきぎ【薪】燃料にする木。まき。

たぎご【多義語】いくつもの意味をもつことば。

タキシード 夜の音楽会やパーティーなどに出席するときに着る、男性の略式の礼服。

たきび【たき火】家の外で、木のくずやかれ葉などを集めてもやす火。

だきゅう【打球】野球やゴルフなどで、うったたま。

だきょう【妥協】〔意見が分かれているとき〕おたがいの考えなどをゆずり合うこと。(れい)こんな案では妥協できない。

たく【炊く】〔米を〕にる。(れい)ごはんを炊いて食べる。

だく【抱く】うでにかかえこむ。(れい)赤ちゃんを抱く。

たくあん【沢あん】ほしたダイコンを塩と米ぬかでつけたつけもの。たくあんづけ。たくわん。

たぐい【類い】同じ種類・程度のもの。

だくおん【濁音】にごる音。ガ行のガ・ギ・グ・ゲ・ゴのほか、ザ行・ダ行・バ行の音。

たくさん【沢山】❶数量が多いこと。(れい)おみやげをたくさんもらった。⇔少し。❷じゅうぶんで、もういらないようす。(れい)もう、その話はたくさんだ。

たくしあげる【たくし上げる】そでやすそなどを手でまくり上げる。(れい)シャツのそでをたくし上げる。

タクシー 注文によって客を乗せ、走ったきょりや時間にしたがって料金をとる自動車。

たくじょう【卓上】つくえやテーブルなどのうえ。(れい)卓上カレンダー。

たくす【託す】〔人に〕たのむ。あずける。(れい)伝言を託す。

だくてん【濁点】濁音をあらわすしるし。ガ・ギ・グ・ゲ・ゴなどの右上の「゛」のしるし。

タクト 音楽の指揮をするときに使う棒。(れい)音楽会でタクトをふる。

たくはいびん【宅配便】荷物を家や会社などに配達すること。また、その荷物。

たくましい ❶からだががっしりしていて、強そうである。❷心がしっかりしていて、ものごとに動かされない。(れい)たくましい精神を育てる。

たくらむ〔悪い〕計画を立てる。(れい)悪事をたくらむ。

たくわえる【蓄える】〔お金・品物・労力などを、あとで役立てるために〕ためておく。

たけ【竹】イネ科の植物。ササと似ているが、成長したくきに皮が残らないものをタケとよぶ。

だけ ❶はんいをかぎる意味をあらわすことば。(れい)のこっているのは、もうこれだけだ。❷最低のげんどをあらわすことば。(れい)もう一日だけまってくれ。❸ていどをあらわすことば。(れい)できるだけがんばってみる。

慣用句 **とうげをこす** いちばんさかんな時期をすぎる。

ことばのテーブル

414ページ

・たけうま
・たけかんむり
・たけとりものがたり
・たけとんぼ
・たけのこ
・たけやぶ
・たけをわったよう
1 たこ
2 たこ
・たこあげ
・たこいと
・たこやき
・たさい
・ださい
・たざんのいし
・だし
・だしあう
・だしおしむ
・たしか
・たしかめる
・たしざん

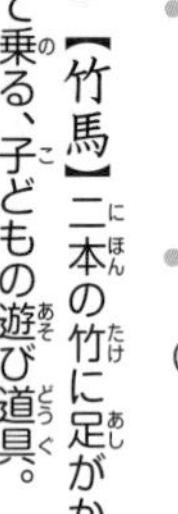
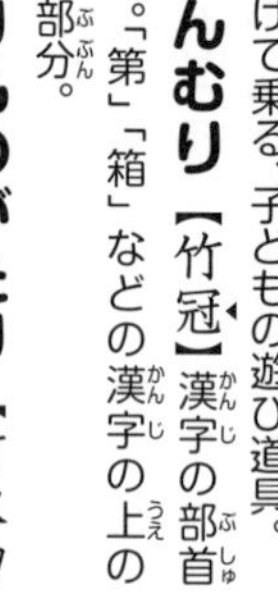
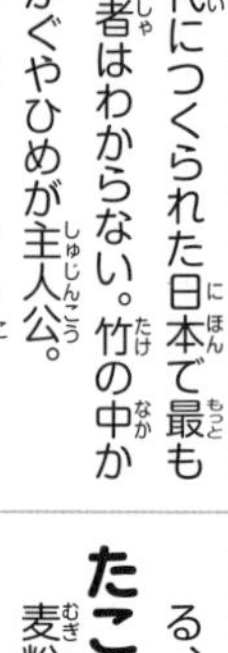

たけうま【竹馬】二本の竹に足がかりをつけて乗る、子どもの遊び道具。

たけかんむり【竹冠◂】漢字の部首の一つ。「第」「箱」などの漢字の上の「竹」の部分。

たけとりものがたり【竹取物語】平安時代につくられた日本で最も古い物語。作者はわからない。竹の中から生まれたかぐやひめが主人公。

たけとんぼ【竹とんぼ】子どものおもちゃの一つ。竹でプロペラをつくって、そのまんなかに柄をつけ、両手で柄を回してとばすもの。

たけのこ【竹の子】竹の地下茎から出るわかい芽。茶色の皮につつまれている。食用にする。

たけやぶ【竹やぶ】竹がいちめんにはえているところ。竹の林。

たけをわったよう【竹を割ったよう】性質がさっぱりしていることのたとえ。

1 **たこ** マダコ・イイダコなどの、あしが八本ある動物のこと。体はやわらかく、すみのような黒いしるをはく。食用にする。

2 **たこ** わり竹を組み合わせたものに紙をはって糸をつけ、風の力を利用して空にあげるおもちゃ。

たこあげ【たこ揚◂げ】たこを空にあげること。

たこいと【たこ糸】たこあげに用いる、太い木綿の糸。

たこやき【たこ焼き】水でといた小麦粉に、きざんだタコ・キャベツ・ネギなどを入れ、ピンポンだまくらいの大きさに焼いたもの。ソースや青のりなどをかけて食べる。

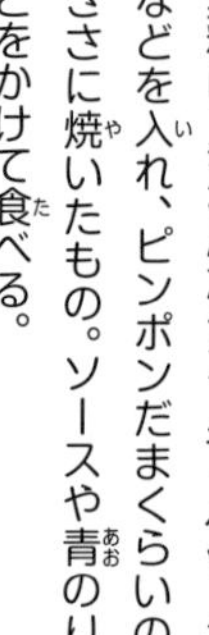

たさい【多彩◂】❶いろいろな色が入りまじって美しいこと。❷いろいろな種類や変化があって、にぎやかなこと。(れい)歌あり、おどりありの、多彩なプログラム。

ださい かっこうが悪い。センスがない。(れい)ださいかっこうはしない。

たざんのいし【他山の石】ほかの人のことばやおこないは、たとえどんな(つまらない)ことでも、その人の心がけしだいで自分をよくするのに役立つものだということ。

だし【山車】祭りのときに出る、きれいにかざった大きな車。みんなでひきまわす。車の上で、たいこをたたいたり、ふえをふいたりする。

だしあう【出し合う】たがいに、持っているものを出す。(れい)おこづかいを出し合ってプレゼントを買う。

だしおしむ【出し惜◂しむ】けちけちして、お金や品物などを出そうとしない。

たしか【確か】❶はっきりしていて、まちがいのないようす。また、信用できるようす。(れい)うでは確かだ。❷たぶん。おそらく。(れい)確かあのとき、話したよね。

たしかめる【確かめる】まちがいがないか、じっさいにしらべてはっきりさせる。(れい)出席者の数を確かめる。

たしざん【足し算】二つ以上の数をくわえる計算。よせざん。⇔引き算。

$$1+1=2$$
$$2+3=5$$
$$5+5=10$$

足し算

あいうえお
かきくけこ
さしすせそ
たちつてと
なにぬねの
はひふへほ
まみむめも
やゆよ
らりるれろ
わをん

【】漢字を使った書き方 (れい)ことばの使い方の例 ⇔反対のことば ⬇参考になる情報 ◂小学校で習わない漢字

だししぶる【出し渋る】お金や品物などを、なんとかして出すまいとする。れい 寄付金を出し渋る。

たじたじ 相手の力やいきおいなどにおされて、気が弱くなるようす。れい みんなのきびしい質問にあって、かれはたじたじとなった。

たしなむ ❶しゅみや楽しみで身につけている。れい 俳句をたしなむ。❷つつしむ。

たしなめる 注意する。しかる。れい ことばづかいが悪いと母親が子どもをたしなめる。

だしぬく【出し抜く】人のすきをみて、自分だけが先にものごとをする。れい ライバルを出し抜いてこっそり練習する。

だしもの【出し物】しばいの興行や、演芸会などでえんじる作品。

だじゃれ【駄じゃれ】へたなしゃれ。つまらないしゃれ。

たしょう【多少】❶多いことと少ないこと。❷いくらか。すこし。わずか。れい 算数には多少自信がある。

たす【足す】くわえて、ふやす。たりないところをおぎなう。ます。

だす【出す】❶中から外へうごかす。⇔入れる。れい ひな人形をはこから出す。❷おくる。れい 夏休みに、先生に手紙を出す。❸のせる。れい 新聞に広告を出した。❹新しく仕事をはじめる。れい 駅前に店を出した。❺加える。れい スピードを出す。❻あたえる。れい お客に、お茶とおかしを出す。❼《動詞の下につけて》「…しはじめる」の意味をあらわすことば。れい 雨がふり出す。

たすう【多数】数が多いこと。れい 多数の人が参加した。⇔少数。

たすうけつ【多数決】ものごとを決めるとき、賛成する人の多い方に決めること。また、そのような決め方。

たすかる【助かる】❶死をまぬがれる。れい 命が助かる。❷害をうけないですむ。れい 火事にあったが、金庫は助かった。❸費用やてまがはぶけて楽である。れい 物がやすくて助かる。

たすき ❶和服を着て仕事をするとき、動きやすいように両そでを肩にとめておくひも。❷一方の肩からななめにかける、文字などを書いた細い布。れい たすきをかけた選挙の候補者。

たすきがけ【たすき掛け】たすきをかけること。また、たすきをかけたすがた。れい たすき掛けで大そうじをする。

たすけあい【助け合い】おたがいに力を合わせること。

たすける【助ける】❶〔あぶないめにあっている人を〕すくう。救助する。れい おぼれかけた子どもを助ける。❷力をかしてものごとがうまくいくようにする。れい 母を助けて食事のしたくをする。

たずねる[1]【訪ねる】人の家やある土地をおとずれる。れい 名所を訪ねる。

たずねる[2]【尋ねる】❶さがしもとめる。れい 尋ねて回る。❷質問する。きく。れい 道を尋ねる。

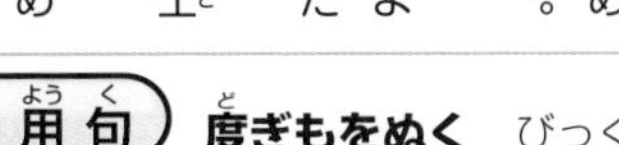
慣用句 **度ぎもをぬく** びっくりさせる。

たそがれ 日がくれて、うすぐらくなりかけたころ。夕方。

たそがれどき【たそがれ時】夕方。(れい) たそがれ時の町。

だそく【蛇足】むだなもの。よけいなもの。むかし、中国でヘビの絵をはやくかく競争をしたとき、先にかいた人が、はやいのをじまんしてヘビに足をかきたしたために負けになったということからできたことば。

1ただ 代金のいらないこと。無料。

2ただ ❶もっぱら。そればかり。(れい) ただぶじであることをいのる。
❷たった。わずかに。(れい) ただひとりそれに反対した。
❸ただし。もっとも。(れい) あのお店はおいしい。ただ、ねだんが高い。

ただいま【ただ今】❶ちょうどいま。現在。(れい) ただ今の時刻は十時です。
❷ほんの少し前。ついさっき。(れい) ただ今出発したところです。
❸間をおかずすぐに。今すぐ。(れい) ただ今うかがいます。
❹外出先から帰ってきたときにいうあいさつのことば。

たたかい【戦い・闘◂い】❶戦争。
❷競技などで、勝ち負けを決めること。
❸困難やよくないことをとりのぞこうとすること。(れい) 苦しみとの闘い。

たたかう【戦う】❶戦争をする。あらそう。
❷試合をする。きそう。

たたく ❶うつ。なぐる。
❷うって音を出す。(れい) 手をたたく。
❸せめる。やっつける。非難する。
❹ねだんをやすくさせる。まけさせる。

ただし【但◂し】前にのべたことがらに、説明や条件をつけくわえるときに使うことば。けれども。しかし。(れい) 明日は雨だ。ただし、午後には晴れる。

ただしい【正しい】❶真実である。まちがっていない。
❷きちんとしている。(れい) 正しい姿勢で立つ。

ただす【正す】❶〔まちがいを〕なおす。ただしくする。
❷きちんとする。(れい) みなりを正す。

たたずむ しばらく、たちどまる。

ただちに【直ちに】すぐに。そっこく。(れい) 直ちに出発する。

だだっこ【駄駄っ子】あまえて、わがままばかりいう子ども。ききわけのない子ども。

たたみ【畳】わらをしんにしたものに、イグサのくきであんだおもてをぬいつけた、あついしきもの。

たたみいと【畳糸】たたみをぬうときに用いる糸。

たたむ【畳◂む】❶おって、かさねる。(れい) 着物を畳む。
❷〔商売などを〕やめる。ひきはらう。(れい) 店を畳む。
❸小さくまとめる。(れい) かさを畳む。

ただよう【漂◂う】❶水中や空中でゆれ動く。(れい) 波に漂う木の葉。
❷あたりにたちこめる。

たたり ❶神や仏、死んだ人のたましいなどからうける災難。
❷悪いことをしたむくい。

たたる ❶神や仏、死んだ人などがうらんで、わざわいをあたえる。
❷悪いことやむりをしたために、あとまで苦しむ。悪い結果になる。(れい) 夜ふかしがたたってかぜをひいた。

ただれる〔やけどなどのために〕皮や肉が、やぶれたりくずれたりする。

だだをこねる【駄駄をこねる】子どもなどが、あまえてむりをいったり、わがままにふるまったりする。

たちあがる【立ち上がる】❶からだをおこして立つ。❷いきおいをもりかえす。❸行動をおこす。(れい)反対運動に立ち上がる。

たちいりきんし【立ち入り禁止】その場所へ入ってはいけないということ。(れい)そこは立ち入り禁止だ。

たちおうじょう【立ち往生】進むことももどることもできなくなること。(れい)強風で列車が立ち往生している。

たちすくむ【立ちすくむ】〔おそろしさやおどろきのため〕立ったまま動けなくなる。

たちどまる【立ち止まる】歩くのをやめて、その場に立つ。

たちば【立場】❶立っている場所。❷その人のおかれている地位やじょうたい。(れい)相手の立場を理解する。❸意見や考えなどのもとになること。(れい)自由主義の立場をとる。

たちまち すぐに。(れい)空がたちまち暗くなる。

だちょう【だ鳥】ダチョウ科の鳥。鳥の中でいちばん大きい。とぶことはできないが、はやく走れる。

1 **たつ** 時がすぎてゆく。(れい)月日のたつのははやい。

2 **たつ**【辰】❶十二支の五番目。❷むかしの時刻のよび名で、今の午前八時ごろ。また、その前後二時間。

3 **たつ**【竜】りゅう。

4 **たつ**【立つ】❶体をおこす。(れい)いすから立って歩きだす。⇔座る。❷まっすぐ、たてになっている。(れい)電柱が立っている。❸〔ゆげやけむりなどが〕上へあがる。(れい)ゆげが立つ。❹出かける。出発する。❺〔うわさなどが〕広まる。(れい)うわさが立つ。❻よくできる。(れい)筆が立つ。❼〔波や風が〕おこる。はげしくなる。(れい)波が立つ。

5 **たつ**【建つ】建物がつくられる。

たっきゅう【卓球】中央にあみをはった台の上で、セルロイドのたまをラケットでうちあう競技。ピンポン。

タックル ❶ラグビーで、ボールを持っている相手にとびつき、その動きをさまたげること。

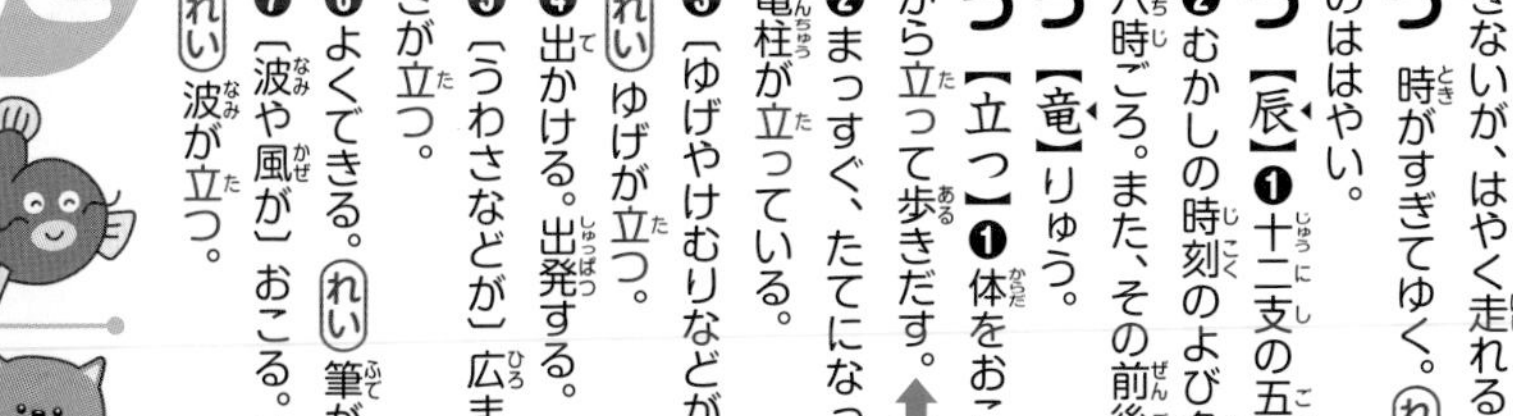
タックル①

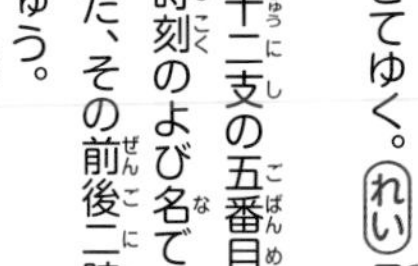

❷サッカーで、相手のボールをうばうこと。

だっしめん【脱脂綿】あぶらけをとりさって消毒した、わた。

ダッシュ ❶いきおいよく進むこと。❷文章で、説明をおぎなったり、ことばを省略したりするときなどに使う「―」のしるし。

だっしゅつ【脱出】〔あぶないところから〕ぬけ出すこと。

たつじん【達人】〔技芸・武術などに〕とくにすぐれたうでまえをもった人。

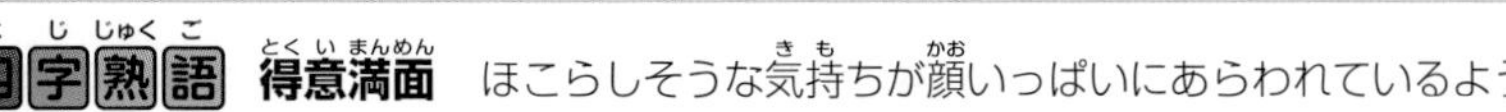
四字熟語 **得意満面** ほこらしそうな気持ちが顔いっぱいにあらわれているようす。

たっする【達する】❶とどく。ゆきつく。れい ゴールに達した。❷やりとげる。つらぬく。

だっする【脱する】〔あぶないところから〕ぬけ出る。のがれる。

たっせい【達成】やりとげること。

だっせん【脱線】❶電車などの車輪がレールからはずれること。❷話やおこないなどがそれること。れい 話が脱線する。

だっそう【脱走】〔とらわれている人が〕ぬけだしてにげること。

たった 数などの少ないようす。ほんの。わずか。れい 集まったのはたった三人だけだった。

たつたひめ【竜田姫・立田姫】日本の秋の女神。

タッチ ❶さわること。❷絵画などのふでづかいや感じ。❸関係すること。れい その問題にはいっさいタッチしていない。

たつとりあとをにごさず【立つ鳥跡を濁さず】よそにうつるときは、あとが見苦しくないように、きちんとしまつをしておかなければならない、というたとえ。飛ぶ鳥跡を濁さず。

たつのおとしご【竜の落とし子】ヨウジウオ科の魚。からだを立てたまま泳いだり、長い尾を海そうにまきつけたりする。

だっぴ【脱皮】❶こん虫やヘビなどの動物が、古い皮をぬぎすてること。❷今までの古い考えや習慣などからぬけ出すこと。

たっぷり ❶数量が多いようす。❷〔衣服などが〕ゆったりしているようす。れい たっぷりした洋服。

だつぼう【脱帽】❶ぼうしをぬぐこと。❷相手に感心して、うやまいの気持ちをあらわすこと。れい きみのがまん強さには脱帽するよ。

たつまき【竜巻】地上にある物や海水などをまきあげる、強くはげしい空気のうず。

だつらく【脱落】❶ぬけ落ちること。れい 文字の脱落がないかしらべる。❷なかまなどについていけなくなって、そのなかまからぬけること。

1**たて**《あることばの下につけて》「…してまもない」「…したばかり」の意味をあらわすことば。れい できたてのパン。

2**たて**【盾】敵の、矢・やり・つるぎなどをふせぐ道具。

3**たて**【縦】上と下の方向。または、前とうしろの方向。⇔横。

たてあなじゅうきょ【たて穴住居】古代の人々が住んでいた家。地面にあなをあさくほり、まわりに柱を立てて草でやねをふいた、かんたんなすまい。たて穴式住居。

たていたにみず【立て板に水】〔立ててある板に水を流すように〕つかえないですらすら話すことのたとえ。

たてがみ 馬・ライオンなどの、首からせなかにかけてはえている長い毛。

たてまえ【建て前】基本となる決まり。また、おもてむきの方針。

たてもの【建物】人が住んだり仕事をしたり物をおいたりするためにつくったもの。

1**たてる**【立てる】❶たてになるようにおく。れい かんばんを立てる。❷つきさす。れい つめを立てる。❸音や声などを出す。

❹きめてつくる。(れい)計画を立てる。❺〔めいよなどを〕きずつけないように気をつかう。(れい)顔を立てる。

2**たてる**【建てる】建物をつくる。

1**だとう**【打倒】うちたおすこと。負かすこと。(れい)強敵を打倒する。

2**だとう**【妥当】〔考えや、やり方が〕その場合によくあてはまること。(れい)妥当な意見。

1**たとえ**【例え】〔わかりやすく説明するため〕あるものに似たものをひき合いに出すこと。また、そのもの。

2**たとえ** かりに（…だとしても）。(れい)たとえ反対されても、ぼくは行く。

たとえば【例えば】例をあげるならば。(れい)祖母はあまい和がし、例えばようかんなどがすきだ。

たとえる【例える】あるものに似たものをひき合いに出して説明する。

たどたどしい じょうずでなく、あぶなっかしい。たしかでない。(れい)たどたどしい歩き方の女の子。

たどりつく【たどり着く】〔ようやく〕目あてのところにつく。(れい)頂上にたどり着いた。

たどる ❶道にそってすすむ。❷ものごとがある方向に進む。(れい)かなしい運命をたどる。

たな【棚】〔物をのせるため〕板を横にわたしたもの。

たなあげ【棚上げ】問題としてとり上げずに、ほうっておくこと。(れい)運賃の問題は棚上げになったままだ。

たなからぼたもち【棚からぼた餅】なにもしないのに思いがけない幸運に出会うことのたとえ。たなぼた。

たなばた【七夕】七月七日の夜におこなわれる星祭り。竹のえだにねがいごとを書いた短ざくやかざりを下げる。七夕祭り。この夜、天の川をはさんでおりひめ星とひこ星とが出会うという中国の伝説による。

たなばたかざり【七夕飾り】七夕に、色紙などでつくって竹のえだにかざるもの。

たなばたまつり【七夕祭り】たなばた。

たなびく【棚引く】〔雲・けむり・かすみなどが〕横に長く尾をひいたようにうかぶ。(れい)かすみがたなびく。

たに【谷】山と山との間の、深くくぼんでいるところ。

だに クモのなかまの小さい動物。人間や動物のからだについて血をすうものがある。種類が多い。

たにがわ【谷川】谷まを流れる川。

たにし【田にし】タニシ科のまき貝のこと。田んぼやぬまなどにすむ。貝がらは、黒っぽい緑色をしている。

たにま【谷間】谷になっているせまいところ。

たにん【他人】❶自分以外の人。❷血のつながらない人。(れい)赤の他人。❸そのことがらに関係のない人。

たにんぎょうぎ【他人行儀】親しい間がらなのに、他人のようにあらたまったふるまいをすること。

たぬき イヌ科の動物。からだは黒茶色で、しっぽが太い。

たぬき

慣用句

毒にも薬にもならない

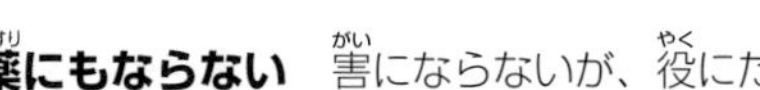
害にならないが、役にたつこともない。

たね【種】❶植物が芽を出し新しくうまれるもとになるもの。種子。❷あることをおこすもとになるもの。(れい)心配の種がなくならない。❸〔話などの〕材料。(れい)話の種。❹〔手品などの〕しかけ。

たねんそう【多年草】くきや葉がかれても、根はかれないで、二年以上生育を続ける植物。⇕一年草。

たのしい【楽しい】気持ちがよい。明るい気分である。よろこばしい。(れい)楽しい休日をすごす。⇕苦しい。

たのしみ【楽しみ】❶楽しむこと。❷楽しいであろうと心待ちにするようす。(れい)日曜日のつりが楽しみだ。

たのしむ【楽しむ】❶楽しいと感じる。楽しく思う。(れい)花を見て楽しむ。❷好きなことをして気持ちよくすごす。(れい)家で読書を楽しむ。

たのみ【頼◂み】❶人に、してほしいとねがうこと。また、その内容。❷あてにすること。たよること。(れい)頼みにするのはきみだけだ。

たのむ【頼◂む】❶してほしいとねがう。(れい)むかえを頼む。❷あてにする。たよる。(れい)一家のはしらと頼む父。

たのもしい【頼◂もしい】力強くてたよりになりそうだ。将来よくなるみこみがあって心強い。

たば【束】❶ひとまとめにしてくくったもの。(れい)イネの束。❷たばねたものをかぞえることば。(れい)ネギ五束。

たばこ ❶ナス科の植物。高さ約二メートルで、葉は大きい。❷「たばこ①」の葉からつくったもの。火をつけてすう。

たはた【田畑】田とはたけ。

たばねる【束ねる】ひとまとめにしてしばる。(れい)髪を束ねる。

1たび【足袋◂】和服を着たとき足にはくもの。指先が二つに分かれて、ふくろ状になっている。

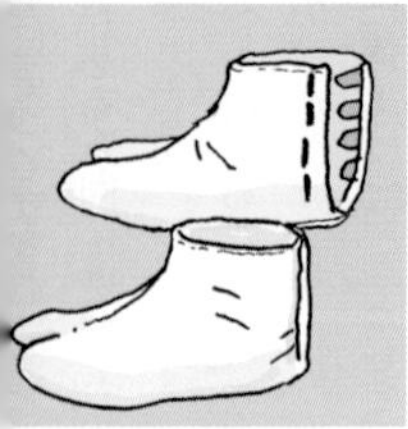

足袋

2たび【度】❶なんどかくり返されることの、それぞれの一回一回。時。おり。❷《「度に」の形で》…をするごとに。(れい)やる度にうまくなる。❸《数をあらわすことばにつけて》度数・回数を数えることば。(れい)三度。

3たび【旅】自分の家をはなれて、しばらくよその土地へ行くこと。旅行。

たびかさなる【度重なる】同じようなことがなんどもおこる。(れい)度重なる不幸に見まわれる。

たびじ【旅路】旅の道すじ。旅。

たびだつ【旅立つ】旅に出る。(れい)結婚式をあげたおばは、明日の朝、ハワイへ旅立つ。

たびたび【度度】同じことが、何回もくり返されるようす。しばしば。(れい)この土地へは、たびたびおとずれている。

たびびと【旅人】旅行をしている人。

ダビング 録音したものや録画したものを、べつのテープなどにうつすこと。

タフ たくましいようす。わずかなことではへこたれないようす。(れい)タフなわか者。

タブー 口に出したりふれたりしては

ならないとされていること。

だぶだぶ 着るものなどが大きすぎて、からだに合わないようす。(れい) だぶだぶのズボン。

たぶらかす だます。だましてまどわす。(れい) 悪い人にたぶらかされる。

1**ダブる** かさなる。二重になる。

2**ダブル** ❶二人用。(れい) ダブルベッド。❷洋服で前のあわせる部分が広くなっていて、ボタンが二列になっている上着。⇔①②シングル。

タブレット ❶錠剤。❷ペンや指先で液晶画面にふれてコンピューターを操作する装置。

たぶん【多分】❶たくさん。(れい) 多分のお祝い金をいただいた。❷おそらく。たいてい。(れい) かれは多分、来ないだろう。

たべもの【食べ物】食物。

たべる【食べる】物をかんで飲みこむ。(れい) 朝食は七時に食べる。

たぼう【多忙】ひじょうにいそがしいこと。(れい) 父は、多忙な毎日をおくっている。

だぼく【打撲】からだを強くうちつけること。(れい) 道で転んで、ひざを打撲してしまった。

1**たま**【玉】❶美しい宝石やしんじゅ。(れい) 玉をちりばめたかんむり。❷美しいもの、大切なものなどをたとえていうことば。(れい) 玉のはだ。❸まるい形をしたもの。(れい) こんにゃくの玉。

2**たま**【球】❶スポーツでつかうボール。(れい) あの投手は、はやい球をなげる。❷電球。

たまいれ【玉入れ】ぼうの先につけたかごに玉を投げ入れ、入った玉の数をきそう競技。

たまげる びっくりする。ひじょうにおどろく。くだけた言い方。

たまご【卵】❶鳥や魚のめすがうみおとすもの。中から子がかえる。❷とくに、ニワトリのたまご。❸まだ一人前にならないものや人。(れい) 医者の卵。

たまごがた【卵形】ニワトリの卵のような形。

たまごやき【卵焼き】といたたまごに味つけをして焼いた料理。

たましい【魂】❶からだとはべつにあって、心の働きのもとになると考えられているもの。❷「ものごとをしようとする」気力。せいしん。(れい) この作品には、画家の魂がこもっている。

だます ❶うそのことをほんとうだと思わせる。(れい) ゆだんしてまんまとだまされてしまった。❷なだめる。(れい) ないている子どもをだましながら家事をする。

たまたま ❶ときおり。たまに。❷ぐうぜん。おりよく。(れい) 運よく、たまたまそこを通りかかった人にたすけられた。

たまてばこ【玉手箱】❶むかし話で、浦島太郎が竜宮城で乙姫からもらったというはこ。❷大切なものを入れておくはこ。

たまに あるものごとのおこる回数がごく少ないようす。(れい) たまにたずねてくる人がある。

たまねぎ【玉ねぎ】ユリ科の植物。地下にできるまるいくきを食用にする。からみとかおりが強い。

慣用句 **年が明ける** 新しい年になる。

ことばのテーブル

422ページ

・たまらない
・たまる
・だまる
・ダミー
・ダム
・ため
・だめ
・ためいき
・ダメージ
・だめおし
・ためし
・ためす
・ためらう
・ためる
・たもつ
・たやすい
・たより
・たよる
・たら
・たらいまわし

たまらない ❶がまんできない。(れい)こうあつい日が続いてはたまらない。／くすぐったくてたまらない。❷このうえなくよい。(れい)早朝の空気はたまらなく気持ちがよい。

たまる ❶〔物が〕少しずつふえて、多くなる。(れい)おこづかいがたまったので、ちょ金した。❷〔仕事やしはらいなどが〕とどこおる。(れい)なまけていたら夏休みの宿題がたまってしまった。

だまる【黙る】ものをいうことをやめる。また、ものをいわない。(れい)黙っていては何もわからない。

ダミー ❶もけい。見本。❷洋装店などで、衣服を着せてかざっておくための人形。マネキン。❸映画のトリック撮影や実験で、人のかわりに使う人形。

ダム 発電などのために川などをせきとめ、水をためたところ。(れい)この川の上流には、大きなダムがある。

ため ❶役に立つこと。利益。(れい)みんなのためになる仕事をする。❷…の理由で。…のせいで。(れい)ねぼうしたために電車に乗りおくれてしまった。❸…という目的で。(れい)資格をとるために勉強する。

だめ【駄目】❶役に立たないようす。❷むだなようす。(れい)いまさらあやまっても駄目だ。❸できないようす。(れい)ぼくはスポーツが駄目だ。❹してはいけないようす。(れい)となりのへやで赤ちゃんがねむっているので、ここで大声を出しては駄目です。

ためいき【ため息】心配したり、こまったりしたときに出る大きないき。

ダメージ 損害。いたで。(れい)台風でたんぼがダメージを受ける。

だめおし【駄目押し】❶ねんのために、もう一度たしかめておくこと。(れい)すぐとりかかるように、弟に駄目押しをする。❷スポーツの試合で、勝ちがほとんど決まっているのに、さらに点をとって、その勝ちをいっそうたしかなものにすること。(れい)駄目押しのホームラン。

ためし【試し】ためすこと。こころみ。(れい)どうなるかわからないが、試しにやってみることにする。

ためす【試す】どうなるか、じっさいにやってみる。こころみる。(れい)力を試す機会がきた。

ためらう どうしようかと、まよう。心が決まらず、ぐずぐずする。

ためる ❶〔物を〕少しずつふやす。たくわえる。(れい)おこづかいをためる。❷〔仕事やしはらいなどを〕とどこおらせる。(れい)家ちんをためる。

たもつ【保つ】〔あるようすを〕かえずに長く続ける。まもり続ける。(れい)一定の温度を保つ。／平和を保つ。

たやすい やさしい。かんたんである。(れい)これは、だれにでもたやすくできる問題だ。

たより【便り】手紙。知らせ。

たよる【頼る】たのみにする。あてにする。(れい)人に頼らずひとりですることに決めた。

たら もし…したとするならば。(れい)失敗したら、どうしよう。

たらいまわし【たらい回し】一つのものやことがらを、じゅんにほかの場所や人にまわすこと。(れい)かん者をたらい回しにする。

だらく【堕落】ふまじめになり、おこないが悪くなること。

だらけ《あることばの下につけて》「…にまみれている」「…がたくさんある」などの意味をあらわすことば。(れい)血だらけ。/きずだらけ。

だらける しまりがなくなる。だらしなくなる。(れい)気持ちがだらける。

だらしない【だらし無い】❶きちんとしていないようす。しまりがない。❷気力が感じられず、ぶざまなようす。(れい)だらし無い負け方。

たらたら ❶しずくが続けて落ちるようす。(れい)あせがたらたら流れる。❷聞いていていやになるようなことを長々と言うようす。(れい)不満をたらたら言う。

だらだら ❶なだらかなけいしゃが続くようす。(れい)だらだらした長い坂道。❷液体がとぎれず流れてつたわるようす。(れい)工事現場で、あせをだらだら流しながら働く。❸ものごとがしまりなく長く続くようす。(れい)だらだらしたあいさつ。

タラップ 船や飛行機などの乗りおりにつかう階段。

たらふく【たら腹】じゅうぶんに食べるようす。はらいっぱい。(れい)ごちそうをたらふく食べた。

たり ❶いくつかのことがらをならべていうときに使うことば。(れい)字を書いたり、絵をかいたりする。❷一つの動作を例としてあげるときに使うことば。(れい)うたがったりしてすみません。

ダリア キク科の植物。夏から秋にかけて、赤・白・黄色などの大きな花がさく。観賞用としてさいばいされる。ダリヤ。

たりる【足りる】❶じゅうぶんである。(れい)材料費は千円で足りる。❷間にあう。役に立つ。(れい)電話で足りる用事。

たる 酒・みそ・しょうゆなどを入れる、ふたのある木の入れ物。

だるい〔つかれや病気などのために〕力がなく動くのがつらい感じである。

だるま【だる磨】❶インドの僧。禅宗を開いた人。だるま大師。❷だるま大師をかたどった人形。

だる磨②

たるむ ❶ぴんとはっていたものが、ゆるむ。(れい)なわがたるむ。❷気がゆるむ。しまりがなくなる。(れい)このごろ少したるんでいるぞ。

だれ【誰】名前がわからない人、また、とくにはっきりと決まっていない人をさすことば。

たれこめる【垂れこめる】〔雲・きりなどが〕低く下がって、あたりをおおう。(れい)きりが垂れこめている。

たれさがる【垂れ下がる】下の方にさがる。(れい)えだが垂れ下がる。

たれる【垂れる】❶しずくなどがしたたり落ちる。(れい)インクが垂れる。❷下にさがる。(れい)雨雲が垂れる。❸下の方へだらりとさげる。(れい)つり糸を垂れる。

慣用句 **取って付けたよう** ことばやたいどなどが不自然で、わざとらしいようす。

・タレント
・タワー
・たわし
・たわむれる
・たわら
・だん
・だんあつ
・たんい

・1たんか
・2たんか
・タンカー
・だんかい
・だんがい
・たんがん
・だんがん
・たんき

・タンク
・タンクローリー
・だんけつ
・たんけん
・だんげん
・たんご
・だんこ
・だんご

タレント テレビやざっしなどによく出てくる芸能人や有名人。

タワー 高い建物。とう。

たわし 食器やなべなどをこすってあらうのに使う道具。シュロの毛やナイロンなどをたばねてつくる。

たわむれる【戯◂れる】おもしろがって遊ぶ。ふざける。(れい)犬と戯れる。

たわら【俵】米やすみなどを入れる、わらなどであんだふくろ。

だん【段】❶階段。(れい)神社の段をあがる。❷将棋・碁・柔道・剣道などのうでまえによる等級。❸文章のひとくぎり。(れい)この文は三つの段に分かれている。

だんあつ【弾◂圧】権力などでむりにおさえつけること。(れい)反対派を弾圧する。

たんい【単位】❶ものの数や量をあらわすときのもとになるもの。長さをはかるメートル、重さをはかるグラム、量をはかるリットルなど。❷高等学校や大学などで学習量をはかるめやすとなるもの。

1たんか【担架◂】けが人や病人をのせて運ぶ道具。

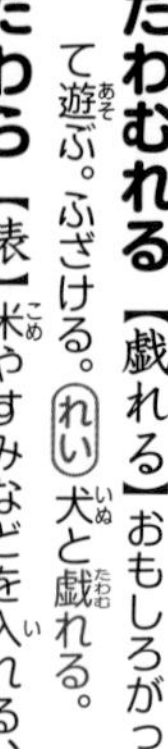
担架

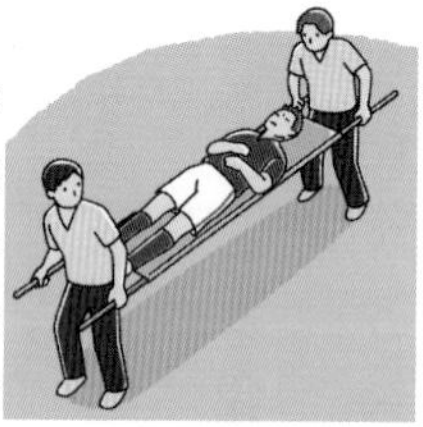

2たんか【短歌】五・七・五・七・七の五句三十一音からできているうた。和歌の形式の一つ。

タンカー 石油などを運ぶ船。油送船。

だんかい【段階】ものごとの進むじゅんじょ。また、そのひとくぎり。(れい)段階をふんでていねいに教える。

だんがい【断崖◂】切り立っている、けわしいがけ。

たんがん【嘆◂願】事情などをくわしく話して、とくにたのむこと。(れい)援助を嘆願する。

だんがん【弾◂丸】鉄ぽうやたいほうなどのたま。

たんき【短気】すぐにおこること。また、そのような性質。気みじか。(れい)短気な人。

タンク ❶気体や液体を入れておく大きな入れ物。(れい)ガスタンク。❷戦車。

タンクローリー ガソリンなどの液体を運ぶための鉄製のタンクをそなえた貨物自動車。

だんけつ【団結】あることをするために、おおぜいの人が力を合わせてまとまること。(れい)チームが団結すれば優勝もゆめではない。

たんけん【探検・探険】〔きけんをおかして〕まだ知られていない土地などをじっさいに行ってしらべること。(れい)ジャングルを探検する。

だんげん【断言】はっきり、自信をもって言いきること。(れい)今度の大会はかれが優勝すると断言できる。

たんご【単語】あるまとまった意味と、文法(＝ことばの決まり)のうえで決まった役目をもつ、ことばのいちばん小さな単位。

だんこ【断固】たいどをはっきりしめすようす。かたく決心しているようす。(れい)断固として主張をかえない。

だんご【団子】❶米・麦などの粉をこ

〔 〕漢字を使った書き方　(れい)ことばの使い方の例　⇕反対のことば　⬇参考になる情報　◂小学校で習わない漢字

・たんごのせっく
・たんこぶ
・だんごむし
・ダンサー
・たんざく
・だんし
・だんしゃく
・たんしゅく
・たんじゅん

・たんしょ
・だんじょ
・たんじょう
・たんじょうび
・だんしょく
・たんす
・ダンス
・たんすい
・だんすい
・たんすいかぶつ

・だんせい
・だんぜつ
・だんぜん
・たんそ
・だんぞく
・だんたい
・だんたいせん

ねてまるめ、むしたり、ゆでたりした食べ物。❷まるめたもの。(れい)ひき肉を団子にする。

たんごのせっく【端午の節句】五月五日におこなう男の子のおいわい。ショウブをのきにさし、こいのぼりをたて、よろい・かぶとなどをかざる。

たんこぶ 「こぶ」のくだけた言い方。

だんごむし【団子虫】オカダンゴムシ科の動物。石の下や落ち葉の中にいて、さわると丸くなる。

ダンサー〔西洋風の〕おどりを仕事にしている人。ぶよう家。

たんざく【短冊】短歌や俳句などを書くための細長い紙。

だんし【男子】❶男の子。❷男の人。男性。⇔①②女子。

だんしゃく【男爵】華族のよび名の一つで、子爵につぐ位。

たんしゅく【短縮】時間やきょりなどをちぢめること。(れい)休み時間を短縮する。⇔延長。

たんじゅん【単純】しくみがかんたんなこと。いりくんでいないこと。(れい)ルールは単純だ。⇔複雑。

たんしょ【短所】〔性質などの〕悪いところ。足りない点。欠点。⇔長所。

だんじょ【男女】男と、女。(れい)男女共学。

たんじょう【誕生】❶うまれること。(れい)誕生祝い。❷新しいものごとができ上がること。(れい)新会社が誕生した。

たんじょうび【誕生日】その人の生まれた日。

だんしょく【暖色】見た目にあたたかい感じをあたえる色。赤・黄・だいだい色など。⇔寒色。

たんす ひきだしやとびらのある家具。衣服などを入れる。

ダンス〔西洋ふうの〕おどり。(れい)ダンスパーティー。

たんすい【淡水】〔川の水や地下水など〕塩気をふくまない水。まみず。

だんすい【断水】〔水道管などに〕水をおくるのを止めること。また、水が止まること。

たんすいかぶつ【炭水化物】炭素・水素・酸素がむすびついてできているもの。でんぷん・さとうなど。栄養素の一つ。

だんせい【男性】おとこ。男の人。⇔女性。

だんぜつ【断絶】ものごとの関係がとだえること。また、関係などをたち切ること。(れい)国交を断絶する。

だんぜん【断然】❶考えをはっきりと決めるようす。かならず。(れい)委員長の選挙では、ぼくは断然木村さんを支持することにする。❷ものごとのどあいが、ほかとくらべてひじょうにちがっているようす。(れい)白組が断然リードしている。

たんそ【炭素】元素の一つ。もえて二酸化炭素になる。

だんぞく【断続】切れたり続いたりすること。(れい)鳥の鳴き声が断続して聞こえる。

だんたい【団体】同じめあてをもっている人々の集まり。(れい)団体旅行。

だんたいせん【団体戦】何人かで一つのチームになり、それぞれの人がおこなった競技の結果によって、チームとしてきそう競技の形式。

慣用句 **飛ぶ鳥を落とす勢い** いきおいや権力がひじょうに強いようす。

だんだん【段段】❶階段。段がいくつかあるもの。(れい)段々畑。❷ものごとがじゅんに進むようす。しだいに。(れい)だんだん、日がしずむのがはやくなってきた。

たんたんと【淡淡と】ものごとにこだわらないようす。また、あっさりしているようす。(れい)自分のおいたちを淡々と語る。

だんち【団地】住宅やアパート・工場など、同じ種類の建物を、計画的に集めてたててあるところ。

たんちょう【単調】同じような調子で、変化が少ないこと。(れい)単調な生活にあきる。

たんてい【探偵】ある人のようすや行動などをこっそりさぐること。また、それを仕事としている人。

だんてい【断定】はっきり、そうだと決めること。(れい)まだ、原因を断定することはできない。

たんでん【炭田】たくさんうまっている石炭をほり出している地域。

たんとう【担当】ある仕事や役目を受け持つこと。また、その人。(れい)会計を担当する。

たんどく【単独】ただひとりであること。また、ただ一つであること。(れい)団体旅行中の単独行動は禁止です。⇕共同。

だんどり【段取り】ものごとを進めるためのじゅんじょ。また、その準備。(れい)仕事の段取りを考える。

たんにん【担任】役目や学級を受け持つこと。また、その人。受け持ち。

だんねん【断念】あきらめること。(れい)天候がくずれてきたため、登頂を断念した。

たんぱくしつ【たん白質】動物や植物のからだをかたちづくる複雑な化合物。また、動物のだいじな栄養素の一つで、肉・牛乳・豆・たまごの白みなどに多くふくまれる。

タンバリン　金属、また、木などのまるいわくに皮をはり、まわりにすずをつけた打楽器。タンブリン。

ダンプカー　荷台をななめにかたむけて、中のものをすべりおとせるようにした大型トラック。ダンプトラック。ダンプ。

タンブリン　タンバリン。

たんぺんしゅう【短編集】小説などの、長さの短い作品を集めて一つにまとめた本。

たんぼ【田んぼ】田。水田。

だんぼう【暖房】へやの中をあたためること。また、そのしかけ。⇕冷房。

たんぽぽ　キク科の植物。春、黄または白の花をつける。たねに白い毛がついていて、風でとぶ。

たんまつ【端末】❶はし。すえ。❷中心になるコンピューターとつながって、データを入れたり出したりする装置。キーボード・ディスプレー・プリンターなどをそなえている。「端末装置」のりゃく。

たんまり　たくさん。どっさり。くだけた言い方。(れい)祖父母からたんまりおこづかいをもらった。

だんめん【断面】❶ものを切ったときの、切り口の面。❷ものごとをある立場から見たときのようす。(れい)新聞で社会の断面を知る。

たんもの【反物】着物にする布。

だんゆう【男優】男のはいゆう。（れい）あの男優は、デビューした年に新人賞をもらった。⬍女優。

だんらく【段落】❶文章を内容によって分けたひとくぎり。（れい）この説明文は、八段落からなっている。❷ものごとのくぎり。（れい）二年前からはじまっていたビルの建てかえ工事が一段落する。

だんらん【団らん】親しい者が集まってなごやかに楽しむこと。（れい）一家団らん。

だんりゅう【暖流】赤道ふきんから南北へ流れる、水温の高い海流。⬍寒流。

だんろ【暖炉】火をたいてへやをあたためるため、かべなどにつくりつけた設備。

暖炉

1ち【血】❶動物のからだの中を流れる赤い液体。血液。❷血のつながり。血統。（れい）かれとは血がつながっている。

2ち【地】❶地面。大地。⬍天。❷決められた場所。かぎられた地域。（れい）安住の地。

ちあん【治安】国や社会の決まりが守られ、平和なこと。（れい）治安のよい国。

ちい【地位】くらい。身分。立場。（れい）おじさんは、会社で重要な地位についている。

ちいき【地域】あるかぎられたはんいの土地。

ちいく【知育】頭の働きを高め、知識をゆたかにするための教育。（れい）知育のための教材。⬍体育。

ちいさい【小さい】❶〔形・広さなどが〕わずかである。（れい）小さい家。❷年れいが少ない。おさない。（れい）小さいころのゆめがかなう。❸数量やていどが少ない。（れい）声が小さい。／工場のきぼは、思ったより小さかった。❹ものごとのきぼが大きくない。（れい）小さい会社だが、品質のよい製品をつくる。⬍①〜④大きい。

ちいさな【小さな】〔そのものが〕小さい。（れい）小さな町。⬍大きな。

チーズ 牛乳の中のたんぱく質やしぼうなどをかたまらせて、はっこうさせた食品。

チーム 共同で仕事をする集団。また、団体競技のそれぞれの組。（れい）ソフトボールのチーム。

チームワーク あることをおこなうときの、チームの中のたがいのむすびつき。（れい）チームワークがよい。

ちいるい【地衣類】菌類のなかまで、おもに岩や木のみきなどにはえる。サルオガセ・リトマスゴケ・イワタケなど。地衣植物。

ちえ【知恵】ものごとのすじみちをよく知り、それをうまく使うことのできる心の働き。

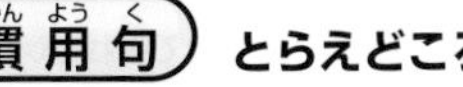
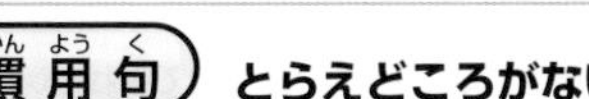
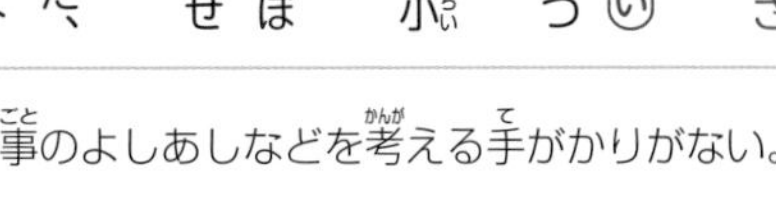

慣用句 **とらえどころがない** 物事のよしあしなどを考える手がかりがない。

チェス 日本の将棋に似た、西洋のゲーム。ふたりが白黒それぞれ十六のこまを動かして、勝負をあらそう。

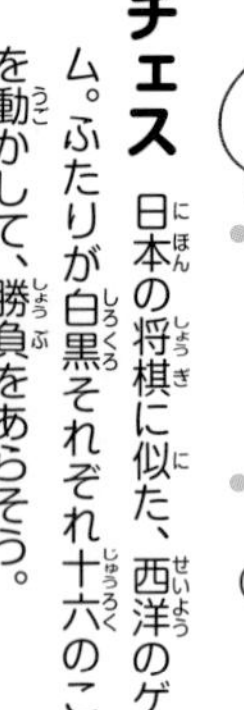

チェス

チェック ❶たてとよこの線をくみあわせた、もよう。❷てらし合わせたしるしとして「✓」などをつけること。また、てらし合わせて検査すること。また、そのしるし。

ちえのわ【知恵の輪】金属でできたいろいろな形の輪を、つなぎ合わせたりはずしたりして遊ぶおもちゃ。

チェロ 弦楽器の一つ。バイオリンを大きくしたような形で、音は低く、おもおもしい。セロ。

ちえん【遅◀延】予定した時刻よりおくれること。(れい)バスが遅延する。

チェンジ とりかえること。また、入れかわること。

ちか【地下】地面の下。土の中。(れい)地下道。／地下鉄。⇕地上。

1ちかい【近い】❶きょりが短い。❷時間のへだたりが少ない。日時が短い。(れい)近いうちにもう一度来たい。❸関係が深い。親しい。(れい)ごく近い間がら。❹似ている。(れい)緑に近い色。⇕❶～❸遠い。❺ほぼそれくらいである。(れい)百人近い人。

2ちかい【誓◀い】❶かたいやくそく。❷かたい決心。

ちがい【違◀い】ちがうこと。おなじでないこと。差異。

ちがいだな【違◀い棚◀】二枚のたな板を、上の板を左がわ、下の板を右がわというように、段ちがいにとりつけたたな。ふつう、とこの間のわきにつける。

ちがいない【違◀いない】《「…に違いない」の形で》…にきまっている。(れい)あの声は、父に違いない。

ちがいほうけん【治外法権】外国にいながら、その国の法律に支配されないというとくべつな権利。元首・外交官などにたいしてみとめられる。

ちかう【誓◀う】〔神や仏などにたいして〕かたくやくそくする。また、かたく決心する。(れい)来年こそ勝つと誓った。

ちがう【違◀う】❶同じでない。ことなる。(れい)話が違う。／前と感じが違う。❷まちがっている。正しくない。

ちかく【近く】❶近いところ。近所。(れい)近くの店に行く。⇕遠く。❷そのうちに。近いうちに。(れい)林さんは近く転校するそうだ。

ちかごろ【近頃◀】このごろ。さいきん。(れい)近頃はやっていることば。

ちかすい【地下水】地中の砂や石などのすきまにたまったり、その間を流れたりしている水。

ちかちか ❶星などが、くりかえし光るようす。(れい)星がちかちか光る。❷目がしげきされて、いたむようす。

ちかぢか【近近】近いうちに。(れい)近々行くつもりだ。

ちかづく【近付く】❶きょりが近くなる。(れい)目的地に近付いた。⇕遠のく。遠ざかる。❷ある期日がせまる。❸親しもうとする。つきあいをしようとする。⇕遠のく。遠ざかる。

ちかづける【近付ける】❶〔ある場所やものの〕近くによせる。(れい)本に目を近付ける。❷人を近よらせる。(れい)近付けるときけんな人物。⇔①②遠ざける。

ちかてつ【地下鉄】全部または大部分が地面の下にほったトンネルの中を走る鉄道。「地下鉄道」のりゃく。

ちかみち【近道】❶目的地にはやく行ける、きょりの短い道。(れい)駅への近道。⇔回り道。❷あることをはやくなしとげるための方法。(れい)合格への近道。

ちかよる【近寄る】❶〔ある物の〕近くによる。ちかづく。❷親しくなるようにする。(れい)悪いなかまには近寄るな。

ちから【力】❶動物がからだにもっている、動いたり、働いたりするもとになるもの。(れい)うでの力。❷ものを動かしたり、止めたり、速度をかえたりする働き。(れい)水の力で水車が回る。❸あることをおこなう能力。❹役に立つ働き。ききめ。(れい)薬の力で病気がなおる。❺手だすけ。(れい)親の力をかりる。❻元気。気力。(れい)力のこもった試合。

ちからしごと【力仕事】〔おもいものを運ぶなど〕力のいる仕事。

ちからずく【力ずく】〔権力や暴力で〕むりに目的をはたすこと。(れい)力ずくで意見を通す。

ちからづよい【力強い】❶力がこもっている。力があふれている。❷たのもしい。たよりになって心強い。

ちからもち【力持ち】力の強いこと。また、力の強い人。

ちきゅう【地球】人類がすんでいる天体。太陽系のわく星の一つ。一日に一回自転し、一年に一回公転する。周囲は、赤道上で約四万キロメートル。⬇太陽系。

ちきゅうぎ【地球儀】回転するようにつくってある、地球のもけい。

ちぎる ❶手でこまかく切りはなす。(れい)紙をちぎる。❷むりにひっぱってとる。もぎとる。(れい)えだから実をちぎる。

ちぎれる ❶こまかく切れて、はなれる。(れい)雲がちぎれて飛んでいく。❷もぎとったように切れる。(れい)ひっぱられて、着物のそでがちぎれる。

ちく【地区】あるくぎられたはんいの土地。地域。(れい)九州地区の代表。

ちくおんき【蓄音機】音や声をふきこんだレコードを回して、もとの音や声をとり出す機械。

ちぐさ【千草】いろいろな草。

ちくちく 先のとがったもので続けてさすようす。また、そのようにいたむようす。(れい)おなかがちくちくいたむ。

ちぐはぐ くいちがってそろわないこと。つり合いがとれないこと。(れい)言うこととすることがちぐはぐだ。

ちくりと とがったものの先でさすようす。(れい)ちくりとカにさされる。

ちくりん【竹林】タケがむらがってはえているところ。竹やぶ。

ちくわ【竹輪】魚の身をすりつぶしたものを、くしにぬりつけて焼いた食品。

ちけい【地形】土地の表面のようす。土地の高低やかたむきなどのようす。

チケット きっぷ。入場券・乗車券・回数券・食券など。

あいうえお

かきくけこ

さしすせそ

たちつてと
ち
なにぬねの

はひふへほ

まみむめも

やゆよ

らりるれろ
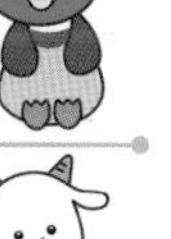
わをん

慣用句 **取り返しがつかない** もとどおりにすることができない。

ことばのテーブル

430ページ

ちこく【遅刻◀】決められた時刻におくれること。

ちじ【知事】都道府県の政治をおこなう、いちばん上の人。(れい)東京都知事。

ちしき【知識】ものごとについてよく知っていること。また、知っている内容。(れい)ゆたかな知識をもっている。

ちしまかいりゅう【千島海流】日本の太平洋がわを北から南へむけて流れる寒流。親潮。⬇海流。

ちじょう【地上】地面の上。地面より上。(れい)地上七階、地下二階だてのビル。⇕地下。

ちじん【知人】たがいに知っている人。しりあい。

ちず【地図】〔山・川・平野など〕ある土地のじっさいのありさまを、一定のわりあいでちぢめて、記号や文字などを使って紙などに書きあらわした図。

ちせい【知性】ものごとを知ったり考えたり、それを整理したり判断したりする心の働き。

ちそう【地層】岩や土などによってできた層のかさなり。

1**ちち**【父】男親。おとうさん。⇕母。

2**ちち**【乳】❶〔子を育てるために〕ちぶさから出る白いしる。❷ちぶさ。

ちちおや【父親】ある人の父である親。男親。⇕母親。

ちちのひ【父の日】父親に感謝する日。六月の第三日曜日。⇕母の日。

ちぢむ【縮む】❶小さくなる。短くなる。(れい)服が縮む。⇕伸びる。❷おそろしくて小さくなる。(れい)身の縮む思いがする。

ちぢめる【縮める】小さくする。短くする。(れい)ズボンのたけを縮める。／予定を縮める。⇕伸ばす。延ばす。

ちちゅう【地中】大地の中。土の中。

ちつじょ【秩序】ものごとが正しくおこなわれるための順序や決まり。(れい)社会の秩序を守る。

ちっそく【窒息◀】いきがつまって、呼吸ができなくなること。(れい)窒息死。

ちっとも《「ちっとも…ない」の形で》少しも。いっこうに。(れい)ちっともおもしろくない。

ちっぽけ ごく小さいようす。小さくてねうちがないようす。

ちてい【地底】大地の底。地下のひじょうに深いところ。

ちどり【千鳥】コチドリ・シロチドリなどの、チドリ科の鳥のこと。水辺にすむ。あしの指が三本で、後ろがわの指がないものが多い。

ちなみに あることを言ったついでにつけくわえて言うときに使うことば。ついでに言えば。(れい)ここがぼくの学校です。ちなみに、今年創立百周年をむかえました。

ちのう【知能】ものごとを知ったり、考えたりする頭の働き。ちえの働き。

ちばけん【千葉県】関東地方の南東部にある県。県庁所在地は千葉市。⬇都道府県。

ちひょう【地表】地球の表面。また、土地の表面。

ちへいせん【地平線】広い平地で、地面と空とのさかいの線。(れい)地平線にしずむ太陽。

ちほう【地方】❶中央の都市からはなれたところ。いなか。(れい)地方出身の青年。❷国内をいくつかに分けた、ある地域。

【】漢字を使った書き方　(れい)ことばの使い方の例　⇕反対のことば　⬇参考になる情報　◀小学校で習わない漢字

れい 九州地方。／関東地方。

ちほうこうきょうだんたい【地方公共団体】都道府県、市町村など、その地方をおさめていくことを法律でみとめられた団体。地方自治体。

ちほうじちたい【地方自治体】ちほうこうきょうだんたい。

ちまき たんごの節句につくって食べるもち菓子。もち米・もち米粉・くず粉などでつくったもちをササの葉などでまいてしばったもの。

ちまき

ちまた ❶町の中の道路。にぎやかな町の通り。町なか。れい ちまたは買い物客であふれている。❷世の中。せけん。れい ちまたのうわさになる。

ちまちま 小さくまとまっているようす。れい ちまちました庭。

ちみつ【緻密】❶〔紙や布などの〕きめがこまかいようす。❷くわしくて、たしかなようす。また、ていねいで、てぬかりがないようす。れい 緻密な計画。

ちめい【地名】その土地の名前。

ちゃ【茶】❶ツバキ科の「チャノキ」のりゃく。また、そのわか葉をかんそうさせたもの。または、それに湯をそそいでせんじた飲み物。おちゃ。れい 茶をいれる。／茶をのむ。❷黒みがかった赤い黄色。ちゃいろ。

チャージ ❶自動車や飛行機などに燃料を入れること。❷蓄電池に充電すること。

チャーシュー 中国料理で使う焼きぶた。れい チャーシューめん。

チャーハン ごはんに、肉・ネギなどのやさい・たまごなどをまぜて、味をつけながら油でいためた中国ふうの料理。焼きめし。れい 今日の昼食はチャーハンだった。

チャイム ❶打楽器の一種。音階に合わせて組み合わせた一組みのかね。❷家の入り口や、会社・学校などでならす、「チャイム①」に似た音を出すよび出し用のベル。れい げんかんのチャイムが鳴る。

チャイルドシート 自動車の席にとりつける、小さな子ども用の座席。六才未満の子どもには着用が義務づけられている。

ちゃいろ【茶色】黒みがかった赤い黄色。茶。

ちゃかす まじめなことをじょうだんにする。れい 兄はいつも人の話をちゃかす。

ちゃかっしょく【茶褐色】少し黒みがかった茶色。

ちゃくい【着衣】衣服を身につけること。また、身につけている衣服。

ちゃくじつ【着実】落ち着いて正確にものごとをおこなうこと。てがたいこと。れい 着実に得点をかさねる。

ちゃくしゅ【着手】〔ある仕事に〕とりかかること。れい 建設工事に着手した。

ちゃくじゅん【着順】目的のところに着いた順番。ゴールした順番。れい マラソン大会でのわたしのクラスの着順は二位だった。

慣用句 **取るに足りない** とりたてていうほどのこともない。それほどねうちがない。

ちゃくしん【着信】電話や電子メールなどの通信がとどくこと。また、その通信。(れい)メールの着信をかくにんする。⇔発信。

ちゃくせき【着席】席につくこと。席にこしをおろすこと。⇔起立。

ちゃくそう【着想】〔あるものごとをするときの、また、あるものをつくるときの〕くふう。思いつき。アイデア。(れい)おもしろい着想だ。

ちゃくち【着地】❶着陸。❷運動競技などで、とんだりとびおりたりしたとき、足が地につくこと。(れい)鉄ぼうで、着地に失敗した。

ちゃくちゃく【着着】ものごとが順序よく、うまく進むようす。(れい)仕事が着々とすすむ。

ちゃくもく【着目】〔あるものごとを重要なものとして〕目をつけること。気をつけて見ること。(れい)新しい技術に着目する。

ちゃくよう【着用】衣服を着ること。(れい)式には、全員が制服着用で出席することになった。

ちゃくりく【着陸】飛行機などが、空中から地上におりること。着地。⇔離陸。

ちゃっかり ぬけめがなく、ずうずうしいようす。(れい)ちゃっかり、自分の分まで注文している。

チャック ファスナー。

ちゃっこう【着工】工事にとりかかること。(れい)マンションの新築工事に着工する。

ちゃつみ【茶摘み】夏のはじめごろ、茶の芽やわかい葉をつむこと。また、その人。

ちゃつみうた【茶摘み歌】茶つみをしながら歌う歌。

ちゃどころ【茶所】茶が広くさいばいされていることで、知られている地方。(れい)静岡は茶所だ。

ちゃのま【茶の間】家族が食事をしたりお茶を飲んだりするへや。(れい)家族が茶の間にあつまる。

ちゃばしら【茶柱】お茶をゆのみに入れたとき、ゆのみの中でたてになってうかぶ、茶のくき。「茶柱が立つ」と、いいことがおこるといわれる。(れい)茶柱が立つ。

ちゃばたけ【茶畑】茶をさいばいしている畑。

ちゃぶだい【ちゃぶ台】〔和風のへやで使う〕おりたたみのできる短いあしのついた、小さな食たく。

ちやほや あまやかしたり、きげんをとったりするようす。(れい)ちやほやされていい気になる。

ちゃら ないことにすること。(れい)先日の話はちゃらになった。

ちゃらんぽらん いいかげんでむせきにんなようす。でたらめ。

チャリティー まずしい人やこまっている人を、寄付などをしてたすけること。慈善。(れい)チャリティーショー(＝慈善のための資金を集める目的でおこなう興行)。

チャレンジ たたかいをいどむこと。困難なものごとを、すすんでなしとげ

茶柱

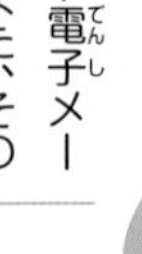

あいうえお
かきくけこ
さしすせそ
たちつてと ち
なにぬねの
はひふへほ
まみむめも
やゆよ
らりるれろ
わをん

ようとすること。挑戦。れい 世界記録にチャレンジする。

ちゃわん【茶わん】茶を飲んだりごはんを食べたりするのに使ううつわ。

チャンス ものごとをするのに、ちょうどよいおり。れい 点を入れるぜっこうのチャンスだ。

ちゃんちゃんこ 子ども用の、そでのない、わたのはいったはおり。

ちゃんと ❶まちがいなく、きちんとしているようす。❷形などが、ととのっているようす。れい ちゃんとした字。

チャンネル ❶ラジオ・テレビ・無線電信などで、それぞれの放送局にわりあてられた電波の周波数。❷テレビの、放送をきりかえるためのボタンやつまみ。

チャンピオン スポーツなどの優勝者。れい ボクシングのチャンピオン。

ちゅう【中】❶間・なかほどであること。れい 中の成績。❷「中学校」のりゃく。れい 姉は附属中に通っている。

ちゅうい【注意】❶気をつけること。用心すること。れい 足もとに注意する。❷〔悪いところや直さなければならないことを〕よくいい聞かせること。

ちゅういぶかい【注意深い】とくに気をつけ、心をくばるていどが大きいようす。れい 注意深い人。

ちゅうおう【中央】❶まんなか。中心。れい もよおしは、町の中央にある広場でおこなわれた。❷ある国で、政府のある土地。首都。❸中心となる大切な位置・役目。れい 中央官庁。

ちゅうかい【仲介】両方の間にいて、とりついだりまとめたりすること。れい 土地の売買の仲介をする。

ちゅうがえり【宙返り】空中で、からだや飛行機などを回転させること。とんぼがえり。

ちゅうがく【中学】「中学校」のりゃく。

ちゅうがくせい【中学生】中学校に通っている子ども。

ちゅうがくねん【中学年】〔小学校で〕中ほどの学年。おもに三・四年をさす。↔高学年。低学年。

ちゅうかじんみんきょうわこく【中華人民共和国】アジア大陸の中部から東部にかけてある国。人口は世界でもっとも多い。首都は北京。中国。

ちゅうがっこう【中学校】小学校の教育を終えた人が、さらに三年間の教育をうける義務制の学校。

ちゅうかん【中間】❶二つのものの間。とくに、まんなか。❷ものごとのとちゅう。れい 中間報告をする。

ちゅうぎ【忠義】主君や主人にたいして、いっしょうけんめいにつくすこと。

ちゅうきゅう【中級】中くらいの等級・ていど。れい 中級の教材。

ちゅうぐらい【中位】真ん中のあたりであること。中くらい。れい クラスでは中ぐらいのせの高さだ。

ちゅうけい【中継】❶とちゅうでうけつぐこと。なかつぎ。れい 外野手からのボールを内野手が中継する。❷ある場所や放送局をなかつぎにして放送すること。

ことわざ **泣きっつらにはち** 苦しんでいる人に、さらに心配や苦しみがかさなること。

ちゅうこういっかんきょういく【中高一貫教育】中学校と高等学校の六年間を、一つのまとまった考え方にもとづいて学ばせる教育の方法。

ちゅうこく【忠告】〔その人のためを思って〕あやまちなどを注意し、直すようにすすめること。また、そのことば。れい 親の忠告を聞く。

ちゅうごく【中国】❶ちゅうかじんみんきょうわこく。❷「中国地方」のりゃく。日本の本州西部の地方。山口県・鳥取県・島根県・広島県・岡山県のある地方。

ちゅうごし【中腰】こしを半分あげて、立ちかけた姿勢。

ちゅうざ【中座】集まりや話し合いのとちゅうで席をはずすこと。

ちゅうさい【仲裁】あらそっている両方の間にはいって、なかなおりをさせること。

ちゅうし【中止】ものごとを、とちゅうでやめること。れい 雨のため遠足は中止する。

ちゅうじつ【忠実】❶ものごとをしょうじきでまじめにおこなうようす。れい 規則を忠実に守る。❷少しのちがいもなく、ものごとをするようす。れい こまかいところまで忠実に写生する。

1**ちゅうしゃ**【注射】注射器の針をさして薬をからだの中に入れること。

2**ちゅうしゃ**【駐車】自動車などを止めておくこと。れい 駐車禁止。

ちゅうしゅうのめいげつ【中秋の名月】むかしのこよみで、八月十五日の月。いも名月。

ちゅうじゅん【中旬】月の十一日から二十日までの十日間。⇕上旬。下旬。

ちゅうしょうてき【抽象的】ばくぜんとしていて意味がはっきりしないようす。れい 抽象的でわかりにくい話。⇕具体的。

ちゅうしょく【昼食】ひるごはん。⇕朝食。夕食。

ちゅうしん【中心】❶まんなかの位置。中央。れい 町の中心。❷ものごとのいちばんだいじな働きをするところ。また、そのだいじな部分。れい メンバーの中心。／中心人物。

1**ちゅうせい**【中世】時代の分け方の一つ。日本では、ふつう鎌倉・室町時代のこと。西洋では五世紀から十五世紀ごろまでのこと。近古。

2**ちゅうせい**【忠誠】〔君主や主人に〕いっしょうけんめいにつかえること。忠実なこと。また、その心。

ちゅうせん【抽選】くじをひくこと。くじびき。れい 抽選にはずれる。

ちゅうだん【中断】とちゅうで切ること。また、とちゅうで切れること。

ちゅうちょ 考えが決まらず、あれこれとまよい、ためらうこと。れい ちゅうちょせず思い切って発言した。

ちゅうづり【宙づり】地面につかず、空中にぶらさがったままでいること。また、そのじょうたい。れい ロープウエーが宙づりになった。

ちゅうてん【中天】空のまん中あたり。ちゅうくう。なかぞら。れい 満月が中天にかかる。

ちゅうとう【中等】ていどが中くらいであること。

ちゅうどく【中毒】いたんだ食べ物や細菌の毒素などにあたること。れい

食中毒。

ちゅうとはんぱ【中途半端】ものごとがやりかけのままであること。どっちつかずであること。(れい)中途半端な仕事。

ちゅうねん【中年】四十代ぐらいの年。また、そのぐらいの年の人。青年と老年の間。

1**ちゅうぶ**【中部】❶まんなかの部分。❷「中部地方」のりゃく。新潟・富山・石川・福井・長野・山梨・岐阜・愛知・静岡の九つの県のある地方。

2**チューブ** ❶くだ。❷タイヤの中に入れるゴムのくだ。❸〔ねりはみがき・接着剤などを入れる〕やわらかい金属やビニールなどでつくったつつのような入れ物。

ちゅうもく【注目】注意してよく見ること。また、見守ること。

ちゅうもん【注文】❶品物をつくることや配達することなどをたのむこと。また、そのたのみ。(れい)レストランでカレーライスを注文する。❷こうしてほしいとのぞむこと。(れい)むずかしい注文をつける。

ちゅうりつ【中立】あらそっている両方の、どちらのみかたもしないし敵にもならないこと。

ちゅうりつこく【中立国】戦争がおきたとき、どちらの国のみかたもしないし敵にもならないことを、世界に明らかにしている国。

チューリップ ユリ科の植物。春につりがね形のさまざまな色の花がさく。球根でふえる。

チューリップ

ちゅうりゅう【中流】❶川の、みなもとから河口までの間のなかほど。❷世の中で中ぐらいの生活をしている階級。(れい)中流家庭。

1**ちょう** 四まいの大きな羽をもつこん虫。花のみつをすい、とまるとき羽を立てる。幼虫は、毛虫や青虫。ちょうちょう。ちょうちょ。

2**ちょう**【兆】数の単位。一兆は一億の一万倍。

3**ちょう**【町】❶町。地方公共団体の一つ。(れい)町議会。❷むかしの、土地の広さの単位。一町は約九・九一七平方メートル。❸むかしの距離の単位。一町は約百九メートル。

4**ちょう**【超】❶ていどが、それ以上である意味をあらわすことば。(れい)会場は超満員だった。❷あるはんいをはるかにこえている意味をあらわすことば。(れい)超能力。／超特急。

5**ちょう**【腸】胃とこう門の間にある、消化器官の一つ。小腸と大腸に分かれる。食べ物をこなして、とり入れる働きをする。

ちょうえつ【超越】❶ほかのものやふつうのていどをはるかにこえていること。(れい)一般の人を超越した才能の持ち主。❷ふつうの人の生活態度や考え方をこえて、物事にこだわらないこと。(れい)勝敗を超越している（＝勝ち負けにこだわらない）。

ことわざ **無くて七くせ** くせがないようでも、だれにもそれぞれくせがあるものだ。

ことばのテーブル

ちょうおん【長音】長くのばす音。「おとうさん」の「とう」、「おかあさん」の「かあ」などや、「サッカー」の「カー」など。

ちょうかく【聴◂覚】五感の一つ。耳で音や声をききわける働き。

ちょうかん【朝刊】毎朝、発行される新聞。⇕夕刊。

ちょうきか【長期化】長い期間になること。(れい)調査が長期化する。

ちょうけし【帳消し】❶お金や品物の貸し借りの関係がなくなること。(れい)借金を帳消しにする。❷先におこなわれたものごとのよい点や悪い点を、あとの行動でとりけしてしまうこと。(れい)エラーを帳消しにするホームラン。

ちょうこう【兆候】なにかがおこる前ぶれ。きざし。(れい)あらしの兆候がみられる。

ちょうこく【彫◂刻】木・石・金属などに、ものの形やもようなどをほりきざむこと。また、そのほりきざんだもの。(れい)彫刻刀。

ちょうさ【調査】しらべてはっきりさせること。(れい)事実を調査する。

ちょうさんぼし【朝三暮四】目先の損や得にとらわれて、けっかが同じになることに気がつかないこと。また、うまいことを言って人をだますこと。サルにトチの実をあたえるのに、朝に三つ、夕方に四つやろうと言ったらおこったのに、朝に四つ、夕方に三つやろうと言ったらよろこんだという、むかしの中国の話から。

ちょうし【調子】❶音楽で、音の高低や長短。(れい)調子がはずれる。❷〔からだや機械などの〕ぐあい。ようす。(れい)はらの調子がよくない。❸ことばの言い回しやようす。(れい)はげしい調子で言う。❹ものごとのいきおい。はずみ。(れい)調子が出る。／調子をおとす。❺相手の気持ちにおうじたようすやたいど。(れい)友だちと調子を合わせる。

ちょうじゃ【長者】「大金持ち」の古い言い方。(れい)長者番付。

ちょうじゅ【長寿】じゅみょうが長いこと。長生き。(れい)不老長寿。

ちょうじゅうぎが【鳥獣戯◂画】平安時代の終わりごろにえがかれた四巻からなる絵巻物。擬人化された動物などが、墨を用いてえがかれている。鳥獣人物戯画。

ちょうしょ【長所】〔性質などの〕すぐれて、よいところ。とりえ。⇕短所。

ちょうじょ【長女】女の子どもの中で最初にうまれた子。⇕長男。

ちょうじょう【頂上】❶山のいちばん高いところ。てっぺん。(れい)頂上からのながめはすばらしい。❷それより上のものがないじょうたい。(れい)暑さも今が頂上だ。

ちょうしょく【朝食】朝の食事。朝めし。⇕昼食。夕食。

ちょうじり【帳尻】お金の出し入れの最後の計算。また、ある行動の最後の結果。(れい)帳尻が合う。

ちょうせい【調整】物事をなおしたりととのえたりして、ほどよいじょうたいにすること。(れい)機械を調整する。

ちょうせつ【調節】ものごとの調子を、ちょうどよくととのえること。

ちょうせん【挑戦】相手に、たたかいをしかけること。また、立ちむかうこ

【】漢字を使った書き方　(れい)ことばの使い方の例　⇕反対のことば　⬇参考になる情報　◂小学校で習わない漢字

と。(れい)記録に挑戦する。

ちょうそん【町村】町と村。

ちょうだい【頂戴】❶「もらう」「食べる」「飲む」のへりくだった言い方。(れい)おほめのことばを頂戴する。／となりの家で、夕ごはんを頂戴する。❷「ください」のくだけた言い方。(れい)おやつをちょうだい。

ちょうちょ　1ちょう。

1ちょうちょう　1ちょう。

2ちょうちょう【町長】町の政治をおこなう、いちばん上の人。町民が選挙でえらぶ。

ちょうちん　むかしの明かりの一つ。細い竹でつくった骨組みの上に紙をはり、中にろうそくをともすもの。

ちょうつがい　ひらき戸やふたなどを、ひらいたりとじたりできるように、そのさかいめにとりつける金具。

ちょうつがい

ちょうてい【朝廷】むかし、天皇が政治をおこなっていたところ。(れい)大和朝廷。

ちょうてん【頂点】❶〔山などの〕いただき。てっぺん。❷二つの直線がまじわって角をつくっている点。❸ものごとのいちばんさかんなとき。(れい)人気の頂点に立つ。

ちょうど【丁度】❶〔数・大きさ・時刻などが〕ぴったりしているようす。きっちり。また、つごうよく。(れい)あれからちょうど十年たった。❷あるものごとが、ほかのものごとそっくりなようす。まるで。(れい)ちょうど雪の結晶のような形である。

ちょうない【町内】同じ町の中。(れい)町内会。

ちょうなん【長男】男の子どもの中で、最初にうまれた子。⇕長女。

ちょうのうりょく【超能力】人間の能力をこえた、ふしぎな能力。

ちょうはつ【挑発】相手をしげきしてさそいかけること。そそのかすこと。(れい)相手の挑発にのる。

ちょうふく【重複】同じものやことがらがかさなること。また、同じものごとがくり返されること。じゅうふく。

ちょうほう【重宝】べんりなこと。役に立つこと。(れい)ふだんから重宝している品物。

ちょうほうけい【長方形】四つの角がすべて直角の、細長い四角形。ながしかく。⬇図形②。

ちょうほんにん【張本人】事件をおこすいちばんもとになった人。

ちょうみりょう【調味料】食べ物や飲み物に、あじをつける材料。さとう・塩・しょうゆ・みそなど。

ちょうめん【帳面】ものを書くために、同じ大きさの紙をかさねてとじたもの。ノート。

ちょうり【調理】料理をすること。

ちょうりつ【町立】町のお金でつくられ、町が管理すること。また、その施設。(れい)町立図書館。

ちょうるい【鳥類】とりのなかま。からだは羽毛でおおわれ空を飛ぶものが多い。くちばしがあり、歯はない。卵をうんでふえる。

慣用句　**なしのつぶて**　れんらくにも返事がないこと。たよりがないこと。

ちょうれい【朝礼】〔学校や会社などで〕朝のあいさつや話をする集まり。朝会。

ちょうろう【長老】年をとって、多くの経験をつんだ人。(れい)町の長老。／政界の長老。

ちょうわ【調和】〔二つ以上のものごとが〕うまくつりあいがとれていること。(れい)町なみと調和のとれた建物。

チョーク 黒板に字などを書く、棒の形の道具。はくぼく。

ちよがみ【千代紙】いろいろな模様を色ずりにした紙。はこにはったり、おり紙にしたりするのに使う。

ちょきん【貯金】お金をためること。また、ためたお金。

ちょくげき【直撃◀】ちょくせつおそうこと。(れい)台風が直撃する。

ちょくご【直後】あるものごとのあった、すぐあと。(れい)事故の直後。⇕直前。

ちょくしん【直進】まっすぐに進むこと。(れい)光は直進する。

ちょくせつ【直接】間に、ほかのものをおかないようす。じか。(れい)先生に直接話す。⇕間接。

ちょくせん【直線】二つの点をむすぶ、まっすぐな線。(れい)直線きょり。⇕曲線。

ちょくぜん【直前】すぐ前。また、あるものごとがおこるすぐ前。(れい)出発直前。⇕直後。

ちょくちょく たびたび。ちょいちょい。(れい)ちょくちょく来る客。

ちょくつう【直通】乗り物や電話などで、乗りかえや中継なしに、じかに目的地や相手に通じていること。(れい)直通電車。／直通電話。

ちょこちょこ ❶小さいものが、せまい歩幅で歩いたり走ったりするようす。また、動作が落ち着かず、あちこちと動くようす。(れい)小さい子がちょこちょこ歩く。❷ちょいちょい。しばしば。

ちょこまか 落ち着きなく動き回るようす。(れい)ちょこまかと歩き回る。

チョコレート カカオの実をいって粉にし、さとう・ミルク・香料などを入れてねりかためた菓子。チョコ。

ちょこんと ❶すこしだけ。(れい)ボールにちょこんとバットをあてる。❷小さくかしこまっているようす。(れい)子どもがいすの上にちょこんとすわっている。

ちょさくけん【著作権】著作者が自分の作品を自由に使える権利。ほかの人は、ことわりなしにその作品をつかうことができない。

ちょしゃ【著者】その本を書きあらわした人。

ちょすいち【貯水池】飲み水や、田畑などに引く水をためておくいけ。

ちょぞう【貯蔵】物をたくわえておくこと。しまっておくこと。(れい)米を貯蔵する。

ちょちく【貯蓄◀】〔お金などの〕財産をたくわえること。また、たくわえたもの。(れい)貯蓄をふやす。

ちょっかく【直角】二つの直線が、垂直にまじわったときにできる角。九十度の角。

ちょっかん【直感】すばやく、ものごとのようすを感じとること。

チョッキ 上着の下にきる、えりとそでのない、たけの短い服。ベスト。

ちょっけい【直径】円、または球の中心を通って、はしからはしまでむすんだ直線。さしわたし。

ちょっこう【直行】寄り道をしないで、目ざすところにまっすぐ行くこと。れい 駅に直行する。

ちょっと ❶〔時間・数量・ていどなどが〕ひじょうに少ないようす。わずか。すこし。れい まだ、ちょっとはやい。／ちょっと食べてみる。
❷《下に「…ない」などのことばがついて》かんたんには。少しのことでは。れい こんなにやすくておいしい店はちょっと見つからない。
❸身近の人に、気がるによびかけることば。ちょいと。れい ちょっときて。

ちょっぴり 量やていどが、ひじょうに少ないようす。

ちょろちょろ ❶わずかな水などが流れ続けているようす。れい 水がちょろちょろ流れている。
❷小さいものが、すばしこく動きまわるようす。

ちょんまげ 江戸時代に、男がゆったかみ型の一つ。かみの毛を一つにまとめて頭の上でたばね、それを前におりまげたもの。

ちょんまげ

ちらかす【散らかす】ちらかるようにする。⇔片付ける。

ちらかる【散らかる】ものが、らんざつにちり広がる。ちらばる。れい 木のくずがいっぱい散らかる。

ちらす【散らす】❶ちるようにする。れい 花びらを散らす。
❷《動詞の下につけて》「あらあらしく…する」の意味をあらわすことば。れい どなり散らす。

ちらちら ❶こまかいものがとびちるようす。れい 雪がちらちらまう。
❷小さな光がくり返しかすかにひかるようす。れい 明かりがちらちらする。
❸ものが見えたりかくれたりするようす。れい 人かげがちらちらと見える。
❹少しずつくり返して見るようす。れい こちらをちらちら見ている。

ちらっと ちらりと。

ちらばる【散らばる】あちこちに散って広がる。れい 四方に散らばる。

ちらほら あちらこちらに少しずつあるようす。たまにあるようす。れい ウメの花がちらほらとさきだした。

ちらりと ❶ほんのちょっとの間、わずかに見るようす。また、わずかに見えるようす。ちらっと。
❷うわさなどがちょっと耳に入るようす。ちらっと。れい かれのうわさをちらりと耳にする。

1ちり【地理】❶土地・気候・生物・人口・都市・産業・交通などのようす。
❷土地のようす。れい かれはこの土地の地理にくわしい。

2チリ チリ共和国。南アメリカ大陸の南西部、太平洋に面した細長い形の国。首都はサンティアゴ。

ちりがみ【ちり紙】鼻をかむときなどに使う紙。

ちりぢり【散り散り】集まっていたものが、はなればなれになるようす。ばらばら。れい 一家が散り散りになる。

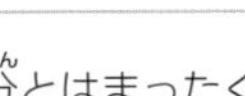

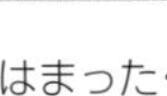

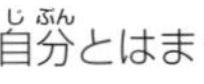

慣用句 **何食わぬ顔** 自分とはまったく関係がないふりをした顔。

ちりとり【ちり取り】はき集めたごみを、すくいとる道具。ごみとり。

ちりばめる〔金銀・宝石などを〕あちこちにちらしてはめこむ。

ちりもつもればやまとなる【ちりも積もれば山となる】ほんのわずかなものでも、つもりかさなれば大きなものになるというたとえ。

ちりょう【治療】病気やけがなどをなおすこと。

ちりれんげ【散りれん華】焼き物のさじ。れんげ。「れんげ」は、ハスの花のことで、形が散ったハスの花びらに似ているところからの名前。

散りれん華

ちる【散る】❶ばらばらになる。れい クラス会で、方々に散っていた友だちが集まった。⇕集まる。❷はなれて落ちる。れい バラの花びらが散った。❸〔にじんで〕広がる。れい インクが散る。❹気持ちがほかの方にむいて、落ち着かなくなる。れい 気が散る。

ちんぎん【賃金・賃銀】労働者が、働いたことにたいして受けとるお金。

ちんたい【賃貸】お金をとって物をかすこと。ちんがし。

ちんたら のろのろ仕事をすること。

チンパンジー アフリカの森林にすむサルのなかまの動物。身長約一・五メートルで、顔以外には黒いかっ色の毛がはえている。道具を使って食べ物をとることがある。

ちんぷんかんぷん 人のことばやその内ようがさっぱりわからないこと。れい かれの話はちんぷんかんぷんだ。

ちんぼつ【沈没】船が水中にしずむこと。れい 漁船が沈没した。

ちんまり 小さくまとまっているようす。れい へやのすみにちんまりすわっている女の子。

ちんみ【珍味】めずらしいあじ。また、その食べ物。れい 山海の珍味。

ちんもく【沈黙】だまっていること。だまりこむこと。れい 沈黙を守る。

ちんれつ【陳列】人に見せるために品物をならべること。れい 陳列だな。

つ ツ づ ヅ

ツアー 小旅行。観光旅行。

1つい ❶〔時間・きょりなどが〕ほんの少し。れい ついさっき帰ったばかりだ。❷うっかり。思わず。れい ないしょのことを、つい話してしまった。

2つい【対】二つそろって一組みになっているもの。ペア。また、それを数えることば。れい 対のコーヒーカップ。

ついか【追加】あとからつけくわえること。れい 追加注文。

ついきゅう【追求】〔めあてのものを〕どこまでも追いかけて、手に入れようとすること。れい 利益を追求する。

ついご【対語】❶二つ以上のことばの意味が、対の関係にあることば。たとえば、「天」と「地」、「右」と「左」、「親」と

「子」など。対語。❷反対語。

ついせき【追跡】❶にげるもののあとを追いかけること。❷物事や人物のその後のようすをしらべること。(れい)追跡調査。

ついたち【一日】月の第一日。

ついたて【つい立】びょうぶに似た家具。ざしきなどに立ててしきりにする。

ついで あるものごとをするとき、つごうよくほかのものごとといっしょにする機会。(れい)ついでがあれば、ぜひお寄りください。

ついでに〔あるものごとをした〕ちょうどその機会に。(れい)かたづけるついでに、そうじもした。

ついとつ【追突】乗り物などが、うしろからぶつかること。(れい)追突事故。

ついに ❶とうとう。さいごに。けっきょく。(れい)実験はついに成功した。❷最後まで。どうしても。

ついほう【追放】〔害のあるものを〕おいはらうこと。しめ出すこと。(れい)うらぎった家来を追放する。

ついやす【費やす】お金や時間をかける。また、むだに使う。(れい)十年の歳月を費やす。

ついらく【墜落】高いところから落ちること。(れい)飛行機の墜落事故。

つう[1]【通】❶あることをくわしく知っていること。また、そのような人。(れい)あの人はサッカー通です。❷《数をあらわすことばの下につけて》手紙や書類などを数えることば。

ツー[2] 二。二つ。(れい)ツーアウト。

つうか【通過】❶とおりすぎること。(れい)電車が駅を通過する。❷〔試験や検査などに〕合格すること。

つうかい【痛快】とても気持ちがよいこと。(れい)痛快な逆転ホームラン。

つうがく【通学】学校へ通うこと。(れい)歩いて通学する。

つうがくろ【通学路】学校に通う道。

つうこう【通行】人や自動車が道などを通ること。(れい)右側通行。

つうこん【痛恨】たいへんざんねんに思うこと。(れい)このたびのミスは痛恨のきわみです。

つうじょう【通常】ふだんのとおり。ふつう。(れい)店は通常どおり開く。

つうじる【通じる】❶〔列車や電流などが〕とおる。かよう。通ずる。(れい)鉄道が通じる。❷〔道などが〕ある場所に続く。いたる。通ずる。(れい)学校に通じている道。❸くわしく知っている。通ずる。(れい)先生はこの町のようすに通じている。❹〔相手に〕わかる。つたわる。通ずる。(れい)だまっていても心は通じていた。❺広くゆきわたる。いっぱんにわかる。通ずる。(れい)英語の通じる国。❻《「通じて」の形で》ある間じゅうずっと。(れい)一年を通じて泳げる。❼《「通じて」の形で》あるものをなかだちとするようす。(れい)テレビを通じてよびかける。

つうしん【通信】❶ようすを知らせること。たより。❷電信・電話・郵便などでれんらくすること。(れい)あらしで通信がとだえる。

つうしんぶん【通信文】ようすを伝える文章。電信・郵便などの文章。

つうしんぼ【通信簿】つうちひょう。

つうせつ【痛切】強く深く感じるようす。(れい)力不足を痛切に感じる。

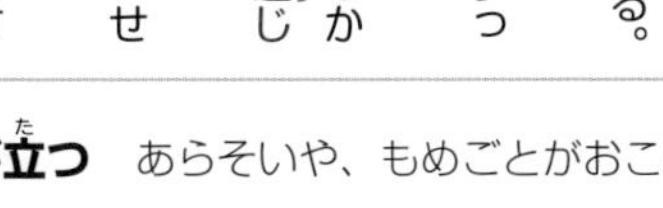

波風が立つ あらそいや、もめごとがおこる。

つうち【通知】知らせること。また、その知らせ。(れい)合格通知。

つうちひょう【通知表】学校から家庭に、学校生活のようすや成績などを知らせる書類。通信簿。

つうちょう【通帳】銀行・郵便局・商店などで、お金や品物の出し入れ、貸し借りなどを書き入れる帳面。

つうやく【通訳】話すことばがちがう両者の間に入って、両方のことばを相手にわかることばに直すこと。また、その人。(れい)英語の通訳をする。

つうよう【通用】❶世の中で使われること。(れい)日本語の通用する国。／このきっぷは三日間通用する。❷いつも出入りすること。(れい)通用口から入る。

つうろ【通路】通り道。行き来する道路。(れい)車が通路をふさいでいる。

つうわ【通話】電話で話をすること。

つえ 歩くとき、手にもってからだをささえるぼう。

つか【塚】❶土を高くもり上げたもの。(れい)塚をきずく。❷土を高くもり上げてつくった墓。(れい)お寺のうらに、古い塚があった。

つかい【使い・遣い】❶人にたのまれて用事をしに行くこと。また、その人。(れい)使いをたのむ。❷《あることばの下につけて》「…を使う人」の意味をあらわすことば。(れい)まほう使い。

つがい 二つ組み合わせて一組みになるもの。とくに、おすとめす。(れい)ツバメのつがい。

つかう【使う】❶人をやとって仕事をさせる。働かせる。❷ある物を役に立てる。使用する。

つかえる ❶つきあたって、先に進めなくなる。(れい)頭が天じょうにつかえそうだ。❷物がつまって通らなくなる。(れい)ものがのどにつかえる。❸ものごとが進まなくなり、たまる。(れい)仕事がつかえる。

つかつか えんりょしないで、いきおいよく進み出るようす。

つかのま【つかの間】ほんのちょっとの間。(れい)よろこんだのもつかの間だった。

つかまえる【捕まえる】❶とらえる。とりおさえる。(れい)クマを捕まえる。❷手でしっかりと持つ。(れい)お母さんの服のすそをしっかりとつかまえる。

つかまる【捕まる】❶〔にげたものが〕とらえられる。(れい)犯人が捕まる。❷手でにぎってささえる。(れい)つりかわにつかまる。

つかむ ❶ものをしっかりと手でにぎる。(れい)つなをしっかりとつかむ。❷自分のものにする。(れい)チャンスをつかむ。❸ものごとの大切なところをとらえて、よく理解する。(れい)要点をつかむ。

つかる ❶水や液体の中などにはいる。(れい)ふろにつかる。❷つけものが、食べごろになる。

つかれる【疲れる】体力や気力がおとろえる。

つき【月】❶地球のまわりを回っている天体。約二七・三日で地球を一回りする。太陽の光をうけてかがやく。❷〔こよみのうえで〕一年を十二に分けた一つ。一か月。

つぎ【次】すぐそのあとや下に続くこ

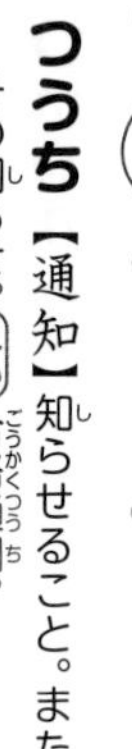

と。また、そのもの。(れい)次の電車。

つきあい【付き合い】人とつきあうこと。交際。(れい)付き合いが広い。

つきあう【付き合う】❶〔たがいに〕親しくまじわる。交際する。(れい)なかよく付き合う。
❷相手の人といっしょに行動する。(れい)さんぽに付き合う。

つきそう【付き添う】世話をするために、そばについている。(れい)母親が病気の子どもに付き添う。

つきだす【突き出す】❶ある決まったところから外へ、ついてだす。(れい)対戦相手を土俵の外へ突き出す。
❷物を前へ〔いきおいよく〕だす。(れい)両手を目の前に突き出した。
❸〔犯人などを〕警察にわたす。

つぎつぎ【次次】あとからあとからと続くようす。

つきなみ【月並み】どこにでもあってておもしろみのないようす。(れい)月並みな表現。

つぎはぎ【継ぎはぎ】着物などのやぶれめにつぎをあてること。また、その部分。

つきひ【月日】〔月と太陽の意味から〕時間。年月。

つきみ【月見】十五夜の月をながめて楽しむ行事。

つきみだんご【月見団子】月見のとき、月にそなえる、もちを小さくまるめた菓子。

つきよ【月夜】月が明るい夜。(れい)月夜のはまべを歩く。⇔闇夜。

1**つく**【付く】❶あるものがふれて、とれなくなる。くっつく。
❷いっしょに行く。(れい)兄に付いてプールに行く。
❸みかたする。(れい)強い方に付く。
❹ある働きがおこる。(れい)照明が付く。
❺感じとる。(れい)気が付く。
❻はっきりする。(れい)決心が付く。
❼うえた木などが根をはる。根づく。

2**つく**【突く】❶先のとがったものでさす。(れい)針で突く。
❷強く当てる。(れい)寺でかねを突く。
❸相手の弱点などをはっきり言う。(れい)いたいところを突く。
❹ささえとする。(れい)つえを突く。

3**つく**【着く】❶めあてのところにとどく。(れい)手紙が着く。
❷すわる。(れい)席に着く。

つくえ【机】本を読んだり、書きものをしたりするための台。

つくし 春、スギナの地下のくきから出る、筆のような形をしたもの。上の方にある胞子が風でとんでいき、ふえる。

つくし

つくす【尽くす】❶〔力などを〕出しきる。(れい)全力を尽くす。
❷人のためになることをする。(れい)世の中のために尽くす。
❸《動詞の下につけて》「すっかり…する」の意味をあらわすことば。(れい)食べ尽くす。

つくづく ❶こまかいところまでも見落とさないようにじっと見るようす。よくよく。じっくり。
❷身にしみて深く感じるようす。(れい)しあわせをつくづくあじわっていた。

慣用句 **鳴りをひそめる** さわいでいたものが、しずかにしている。

つぐない【償い】つぐなうこと。また、そのためにひつようなお金・品物・労力など。

つぐなう【償う】〔おかした罪や、相手にあたえた損害などの〕うめ合わせをする。つぐないをする。

つくり 漢字を左と右に分けたとき、右がわにある部分。「海」の「毎」、「初」の「刀」、「植」の「直」など。⇕偏。

つくりばなし【作り話】ほんとうにはないことを、いかにもあるようにつくった話。フィクション。

つくりわらい【作り笑い】わらいたくないのに、むりにわらうこと。

つくる【作る】❶材料・原料から、ものを新しくこしらえる。❷今までになかったものを新しくこしらえる。(れい)文章を作る。❸世話をして、育てる。(れい)やさいを作る。❹役に立てるためにととのえる。(れい)お金を作る。

つくろう【繕う】❶やぶれたものやこわれたものを直す。修理する。❷おかしくないようにととのえる。(れい)身なりを繕う。❸〔失敗や欠点を〕わからないようにする。見た目によいようにする。(れい)あわててその場を繕う。

つげぐち【告げ口】人のひみつやあやまちなどを、こっそりほかの人に知らせること。

つけもの【漬物】やさいなどを、塩・ぬか・みそ・酒かすなどにつけた食べ物。香の物。

1**つける**【付ける】❶物と物とをふれ合わせて、とれないようにする。(れい)シャツにボタンを付ける。❷書きこむ。(れい)日記を付ける。❸あるじょうたいがおこるようにする。(れい)力を付ける。❹ある働きがおこるようにする。(れい)テレビを付ける。❺見つからないように、あとをおって行く。❻気持ちをある方向にむける。(れい)目を付ける。

2**つける**【就ける】決まった場所や位置などに身をおかせる。(れい)新しい役目に就ける。

3**つける**【着ける】❶からだにまとう。きる。(れい)身に着けたシャツ。❷車や船をある場所に止めておりられるようにする。(れい)船を岸に着ける。

4**つける**【漬ける】❶液体の中へ入れて、しみこませる。ひたす。❷つけものにする。(れい)ナスを漬ける。

つげる【告げる】知らせる。通知する。伝える。(れい)試合開始を告げた。

つごう【都合】❶あることをするときのぐあい。事情。(れい)相手の都合に合わせる。❷くふうしてお金や品物を集めること。(れい)金を都合する。

つじつま ものごとのすじみち。(れい)つじつまの合わない話。

つしまかいりゅう【対馬海流】黒潮が南西諸島のあたりでわかれて、対馬海峡から日本海に流れこむ海流。⬇海流。

つた ブドウ科の植物。かべなどをはい上がるように育つ。

つたえあう【伝え合う】たがいにつたえる。(れい)気持ちを伝え合う。

つたえる【伝える】❶あるものをと

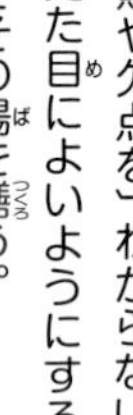

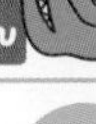

おして、一方からほかへうつす。(れい)熱を伝える。
❷ことばで知らせる。
❸伝言する。
❹ゆずりわたして、あとに残す。(れい)学問を伝える。

つたわる【伝わる】❶ものにそって進む。うつる。(れい)水がといを伝わる。
❷あるものが一方から他方へとどく。流れる。(れい)電流が伝わる。
❸世の中に知れわたる。
❹うけつがれて残る。

つち【土】❶岩石が、雨風にさらされて小さなつぶになったもの。どろ。
❷陸地の表面。地面。

つちがつく【土が付く】すもうで負ける。(れい)横綱に土が付く。

つつ【筒】まるくて細長く、中がからになっているもの。(れい)竹の筒。

つつく ❶指先・くちばしなどで続けてかるくつく。(れい)かたをつつく。
❷人の欠点をとり上げてとがめる。(れい)弱いところをつつかれる。

つづく【続く】❶物事やじょうたいがつながる。(れい)車が続く。／よい天気が続く。
❷同じものごとが間をおかずにおこる。(れい)不幸が続く。
❸すぐあとにしたがう。

つづける【続ける】続くようにする。(れい)話を続ける。／歌い続ける。

つつじ ツツジ科の植物。春に、赤・白・むらさきなどの花がさく。

つつしむ【慎む】❶ことばや行動に気をつける。(れい)ことばを慎む。
❷〔量などを〕ひかえめにする。(れい)長電話は慎みなさい。

つつぬけ【筒抜け】話の内ようやひみつにしていたことなどが、ほかの人にそのままつたわること。(れい)作戦が、敵に筒抜けになっていた。

つっぱしる【突っ走る】いきおいよく走る。

つっぱねる【突っぱねる】強くことわる。(れい)要求を突っぱねる。

つつましい えんりょ深い。ひかえめである。(れい)つつましくくらす。

つつみ【堤】川や池などの水があふれないように、土や石をもりあげて高くしたところ。どて。ていぼう。

つづみ【鼓】〔能などに使う〕打楽器の一つ。手でうちならす。

つつみがみ【包み紙】ものをつつむために使う紙。包装紙。

つつむ【包む】❶中に物を入れて、外から見えないようにかぶせる。
❷あたりいちめんをおおう。とりかこむ。(れい)きりに包まれる。

つづら 着物などを入れるはこ形のかご。フジのつるや竹であんでつくる。

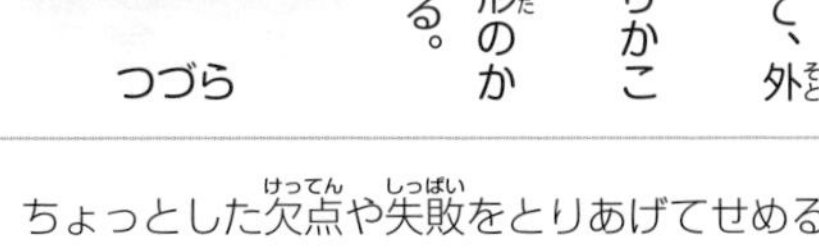
つづら

つづる 詩や文章をつくる。

つて 〔自分の希望や目的をとげるための〕手がかり。てづる。

つどい【集い】〔何かをするための〕集まり。会合。集会。

つどう【集う】〔会やもよおしものなどのために〕集まる。より合う。

つとめ【勤め】役所や会社などに行って働くこと。また、その仕事。

慣用句 **難くせをつける** ちょっとした欠点や失敗をとりあげてせめる。

ことばのテーブル 446ページ

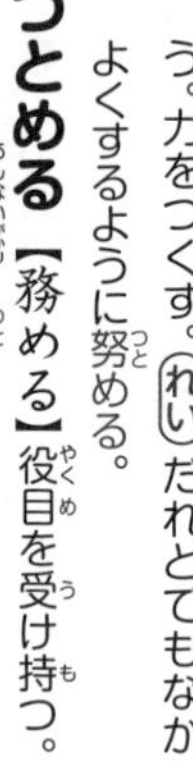

1つとめる【努める】努力しておこなう。力をつくす。れい だれとでもなかよくするように努める。

2つとめる【務める】役目を受け持つ。れい 案内係を務める。

3つとめる【勤める】役所や会社などに行って働く。

つな【綱◂】せんいやはり金などを、長くより合わせてつくったじょうぶなひも。ロープ。

つながる〔はなれていたものが〕ひと続きにむすばれる。また、つらなる。れい 自動車がつながって走っている。

つなぎことば【つなぎ言葉】せつぞくし。

つなぐ ❶〔ひもやつななどで〕むすびとめて、はなれないようにする。れい ロープで船を岸につなぐ。❷〔はなれているものを〕むすんで一続きにする。れい 手をつなぐ。

つなひき【綱◂引き】おおぜいの人がふた組みに分かれて、一本のつなを両方から引っぱり合う競技。

つなみ【津波】地震や台風などのために、とつぜん海岸におしよせる大波。

つなわたり【綱◂渡◂り】❶高いところにはった一本のつなの上を、わたり歩く曲芸。❷ひじょうにきけんなじょうたいで、ものごとをおこなうことのたとえ。れい 会社の経営は毎日が綱渡りだ。

つねに【常に】いつも。たえず。

つねる 指先で、ひふをつまんでねじる。れい ほおをつねる。

つの【角】動物の頭にある、かたくつき出たもの。れい 牛の角。

つのかくし【角隠◂し】和装の結婚衣装で、花よめが日本髪の上からかぶる白いぬの。

角隠し

つば【唾◂】口の中に出る、消化の働きをする液。だ液。つばき。れい 唾をはく。

つばき【唾◂】つば。だ液。

つばさ【翼】❶鳥のはね。❷飛行機のはね。

つばめ ツバメ科の鳥。尾は長く、二つに分かれている。春に日本にくるわたり鳥。

つぶ【粒◂】まるくて小さいもの。また、それを数えることば。れい 豆粒。／一粒の米。

つぶす【潰◂す】❶外から力をくわえて、形をくずす。おさえてこわす。❷〔あいている時間を〕うめる。れい ひまを潰す。❸役に立たなくする。れい 声を潰す。❹〔組織などを〕ほろぼす。れい 会社を潰す。

つぶやく 小さな声で、ひとりごとを言う。れい 妹が、さっきからぶつぶつとつぶやいている。

つぶる《多く「目をつぶる」の形で》まぶたをとじる。つむる。

つぶれる【潰◂れる】❶外からの力でおされて形がくずれる。ひしゃげる。れい はこが潰れる。❷〔時間が〕むだについやされる。れい わすれものをして半日潰れた。❸役に立たなくなる。だめになる。れい 声が潰れる。

❹〔組織などが〕ほろびる。(れい)会社が潰れた。

つべこべ あれこれと、うるさくもんくを言うようす。

つぼみ 花の、まだ開いていないもの。

つま【妻】夫のある女性。また、夫がその女性をよぶよび名。女房。⇔夫。

つまかわ【爪皮】雨水やどろをふせぐために、げたの先につけるもの。

つまさき【爪先】足のゆびさき。足のさき。

つまずく ❶足が物に当たってころびそうになる。けつまずく。❷しくじる。失敗する。(れい)新しい仕事につまずいた。

つまむ ❶指の先ではさんで持つ。(れい)小さな虫をつまむ。❷一部分をとらえる。ぬき出す。(れい)だいじなところをつまんで話す。

つまようじ【爪ようじ】歯の間にはさまったものをとりのける細いぼう。ようじ。

つまらない ❶価値がない。たいしたものではない。(れい)つまらないことにこだわる。❷きょうみがもてず、おもしろくない。(れい)あの映画はつまらなかった。

つまり けっきょく。言いかえると。(れい)この人は母の弟、つまり、ぼくにとってはおじにあたります。

つまる【詰まる】❶物が入って、いっぱいになる。(れい)本だなには、本がぎっしり詰まっている。❷ふさがる。つかえる。(れい)下水かんが詰まる。❸ちぢまる。(れい)差が詰まる。❹どうしてよいかこまる。(れい)答えに詰まった。

つみ【罪】❶人間の、してはならない悪いおこない。(れい)罪をおかす。❷思いやりのないようす。(れい)人をだますような罪なことはできない。

つみあげる【積み上げる】ある物の上に、ほかの物をあげてつむ。(れい)本を山のように積み上げる。

つみかさねる【積み重ねる】❶ある物の上にほかの物をつむ。(れい)たたんだ服を積み重ねる。❷あるものごとをだんだんとかさねていく。(れい)経験を積み重ねる。

つみき【積み木】いろいろな形をした木切れをつんで、いろいろなものの形をつくる遊び。また、それに使う木切れのおもちゃ。(れい)園児たちが積み木で遊んでいる。

つみくさ【摘み草】春、野原に出て草や花をつむこと。

つみほろぼし【罪滅ぼし】よいことをして自分のおかした罪のうめ合わせをすること。(れい)ちこくした罪滅ぼしに、あとかたづけを引きうける。

1つむ【摘む】先の部分を指先でつまんでとる。また、はさみで切りとる。(れい)芽を摘む。/えだを摘む。

2つむ【積む】❶物をかさねる。(れい)石を積む。❷ものごとをたびかさねる。くり返す。(れい)経験を積む。❸船や車に荷物をのせる。(れい)荷物を積む。

つむじ かみの毛がうずのようにまいてはえているところ。

つむじかぜ【つむじ風】うずをまいてふく強いかぜ。せんぷう。

つむる つぶる。

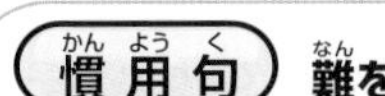
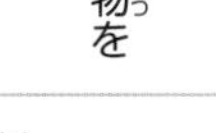
慣用句 **難をのがれる** さいなんにあわずにすむ。

つめ【爪】❶手や足の先にはえるかたいもの。❷ひっかけてとめるしかけのもの。❸辞書で、ページの外がわにある、そのページに出ていることばの一字目をしめすしるし。

つめきり【爪切り】つめを切るための道具。

つめこむ【詰め込む】つめられるだけいっぱいに入れる。

つめたい【冷たい】❶温度が低い。(れい)冷たい川の水。⇔熱い。❷思いやりがない。(れい)心が冷たい。⇔温かい。

つめる【詰める】❶ものを入れていっぱいにする。(れい)からのびんに水を詰める。❷熱心に続ける。(れい)あまり詰めて勉強するとからだをこわすよ。❸ちぢめる。短くする。❹役目のためにあるところに行って、そこにいる。(れい)役所に詰める。❺ふさぐ。とめる。(れい)息を詰める。

つもり ❶前もって思っていること。考え。(れい)明日は休むつもりです。❷〔じっさいはしないのに〕したような気持ちになること。(れい)旅行したつもりで貯金する。

つもる【積もる】上にだんだん重なって高くなる。たくさんたまる。

つや【通夜】葬式の前に、家族や親しい人たちが集まって、死んだ人の霊をなぐさめて一夜をすごすこと。おつや。

つやつや【艶艶】美しいつやがあるようす。(れい)つやつやしたかみの毛。

1**つゆ** ❶くだものなどの水分。(れい)オレンジのつゆをしぼる。❷すいもの。そばなどのつけじる。(れい)とうふの入ったおつゆ。

2**つゆ**【梅雨】六月中旬から七月初めにかけてふり続く雨。また、その季節。梅雨。五月雨。

3**つゆ**【露】❶夜、または夜明けに、空気がひえたため、空気中の水じょう気が小さい水のつぶになって、物の表面についたもの。❷きえやすく、すぐになくなるもののたとえ。はかないもの。(れい)露の命。

つゆあけ【梅雨明け】梅雨が終わること。また、その日。(れい)梅雨明けの時期になる。

つゆくさ【露草】ツユクサ科の植物。くきの下の方は地面をはい、夏の朝、チョウのような形をした、あい色の花がさく。ホタルグサ。

つよい【強い】❶力や能力がすぐれていて、ほかに負けない。(れい)兄は、すもうが強い。❷じょうぶである。(れい)強いからだ。❸しっかりしていて、くじけない。(れい)意志が強い。❹ていどがはげしい。(れい)強い風。⇔①～④弱い。

つよがり【強がり】強そうに見せかけること。(れい)強がりを言う。

つよき【強気】こわがるようすがないこと。気が強いこと。(れい)強気に勝負する。⇔弱気。

つよまる【強まる】だんだんと強くなる。前よりもはげしくなる。(れい)風雨が強まる。⇔弱まる。

つよめる【強める】それまでよりも強くする。(れい)火力を強める。／ことばを強めて言った。⇔弱める。

つらい ❶心やからだにひどくこたえ

〔〕漢字を使った書き方　(れい)ことばの使い方の例　⇔反対のことば　↓参考になる情報　◀小学校で習わない漢字

て、苦しい。(れい)つらい仕事。
❷つめたくあつかうようす。(れい)弟につらくあたる。

つらなる【連なる】❶列になって続く。(れい)高い山が連なる。
❷ある会や集まりに出る。(れい)式に連なる。

つらぬく【貫く】❶一つのはしから、反対のはしまでつき通す。(れい)山を貫くトンネル。
❷終わりまでやりぬく。なしとげる。(れい)初心を貫く。

つらねる【連ねる】❶一列にならべる。(れい)多くの店がのきを連ねる。
❷〔会や団体の〕なかまにくわわるようにする。(れい)会員に名前を連ねる。

つらら 家のひさしなどから少しずつ落ちる水がこおって、ぼうのようにたれさがったもの。

つらら

つり【釣り】❶魚をつること。(れい)父といっしょに釣りに行く。
❷つり銭。おつり。

つりあう【釣り合う】❶両方の力・数量・ていどなどがどちらにもかたよらない。(れい)今月は、収入と支出が釣り合った。
❷似合う。調和する。

つりあげる【つり上げる】つって高く上げる。

つりいと【釣り糸】魚をつるために使う糸。

つりかわ【つり革】電車やバスなどで立っている人がからだをささえるためにつかまる輪のついたひも。

つりばり【釣り針】魚をつるために使う、先のまがったはり。

1 **つる** ❶植物のくきで、細く長くのびて、ものにからまったり地をはったりするもの。
❷めがねの、耳にかける部分。

2 **つる**【鶴】タンチョウ・マナヅルなどのツル科の鳥。大形で、くび・あし・くちばしが長い。

3 **つる** ❶上からぶらさげる。つるす。(れい)てるてるぼうずをつる。
❷〔両方のはしをとめて〕かけわたす。(れい)ハンモックをつる。

4 **つる**【釣る】❶つりばりを使って魚などをとる。
❷うまく〔だまして〕あるものごとをさせる。さそい出す。(れい)うまい話に釣られないように。

つるぎ【剣】両がわに刃のついた刀。

つるす〔ひもやつなどで〕上からつり下げる。ぶらさげる。(れい)農家ののき下にほしがき用のカキがたくさんつるしてある。

つるつる ❶ものの表面がなめらかで、つやのあるようす。(れい)つるつるにみがく。⇔ざらざら。
❷よくすべるようす。

つるのひとこえ【鶴の一声】多くの人の意見や議論をおさえつける、権威のある人のひとこと。(れい)会長の鶴の一声で決まった。

つるはせんねんかめはまんねん【鶴は千年亀は万年】〔ツルやカメは長命だという考えから〕長生きでめでたいことにいう。

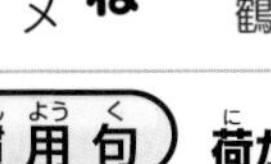

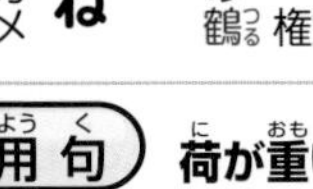
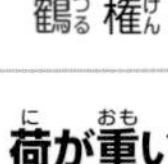
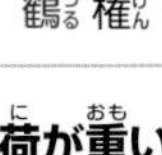
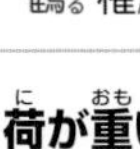
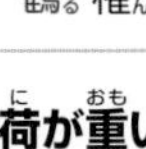
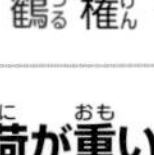
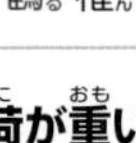

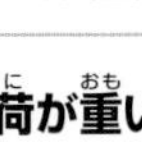
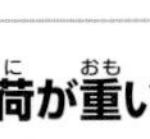

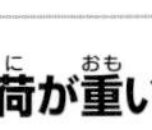
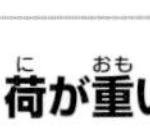

慣用句 **荷が重い** 責任が大きい。ふたんが重すぎる。

ことばのテーブル

つるりと ❶表面がつるつるしたようす。(れい)つるりとした頭。❷よくすべるようす。

つれ【連れ】いっしょに行動する人。

つれだつ【連れ立つ】いっしょに行く。(れい)友人と連れ立って家を出る。

つれづれぐさ【徒然草】鎌倉時代のすえに成立したずいひつ集。作者は、兼好法師。社会や人間をするどくかんさつしている。

つれる【連れる】いっしょに行く。また、したがえて行く。

つんざく はげしく、つきやぶる。また、〔やぶれると思われるくらい〕強い声や音がする。(れい)耳をつんざく音。

つんと ❶きどって、あいそのないようす。(れい)話しかけてもつんとしている。❷においなどが強くするようす。

ツンドラ 一年中ほとんど氷がはっていて、夏の間少しとけて、コケなどのはえる広いあれ地。シベリア・カナダ・アラスカなどにある。

つんのめる からだが前へ、いきおいよくたおれかかる。(れい)石につまずいて、つんのめる。

つんのめる

て テ で デ

て【手】❶からだの、かたからのびている部分。うで。❷①で、てくびから先の部分。❸働く人。労力。(れい)手が足りない。❹方法。やり方。(れい)新しい手を使う。❺方向。(れい)ゆく手。❻種類。(れい)この手の品物がほしい。❼《あることばの下につけて》「…をする人」の意味をあらわすことば。(れい)読み手。／働き手。

であい【出会い】〔思いがけなく〕めぐりあうこと。(れい)先生との出会いが運命をかえた。

であう【出会う】〔歩いているときや、出かけたところなどで〕ぐうぜんにあう。でくわす。(れい)デパートで、先生に出会った。

てあし【手足】手と足。

てあて【手当・手当て】❶働きにたいしてしはらうお金。また、基本給のほかに出されるお金。(れい)家族手当。❷けがや病気をなおすために、薬をつけたり、注射したりすること。(れい)きずの手当てをする。

てあらい【手洗い】❶手をあらうこと。また、そのためのうつわ。❷便所。トイレ。

てい【体】外から見えるようす。ていさい。(れい)ほうほうの体で(＝やっと)にげだす。／体のいい言いわけをする。

ていあん【提案】考えを出すこと。また、その考え。(れい)延期を提案する。

ティーシャツ【Tシャツ】丸首で半そで、または長そでのシャツ。広げた形が「T」の字に似ていることから。

ていいん【定員】ある、決められた人数。(れい)バスの定員。

[1]**ていおん**【低音】低い音や声。⬍高

2 **ていおん**【低温】低い温度。⇔高温。

1 **ていか**【低下】❶低くなること。れい 気温が低下する。⇔上昇。❷ていどが悪くなること。れい 体力が低下する。⇔向上。

2 **ていか**【定価】その品物につけられている決まったねだん。

1 **ていがく**【低額】金額が低いこと。少ない金額。⇔高額。

2 **ていがく**【定額】ある決まったお金の額。一定の金額。

ていがくねん【低学年】学校で下のほうの学年。とくに小学校の一、二年生。⇔中学年。高学年。

ていき【定期】いつからいつまでと期間が決まっていること。また、期日が決まっていること。れい もうすぐ定期試験がはじまる。

ていぎ【定義】あるものごとについて、どんなものであるかを正確に決めて説明すること。また、そのことば。

ていきあつ【低気圧】まわりの気圧にくらべて気圧が低くなっているところ。⇔高気圧。

ていきてき【定期的】決まった時期に決まったことをおこなうようす。れい 定期的に健康しんだんをうける。

ていきゅう【低級】ものごとのていどが低いこと。また、品物の質などが悪いこと。れい 低級品。⇔高級。

ていきょう【提供】人に自分のものをかしたり、あたえたりすること。

テイクアウト 飲食店から、料理を買って持ち帰ること。また、その食べ物。テークアウト。

ていくうひこう【低空飛行】飛行機が、空の低いところをとぶこと。

ていけい【提携】力を合わせて仕事をすること。とくに、二つ以上の会社や団体が協力して仕事をすること。

ていこう【抵抗】❶ほかからくわえられる力にたいして、それをはねのけようとすること。れい 犯人が警官に抵抗する。❷すなおには受け入れられない感じ。れい かれの言うことには抵抗がある。

1 **ていこく**【定刻】ある決まった時刻。定時。

2 **ていこく**【帝国】皇帝がおさめている国家。

ていさい【体裁】外から見た形。ありさま。れい 体裁をととのえる。

ていさつ【偵察】敵や相手のようすをこっそりさぐること。

ていし【停止】ものが、動いているとちゅうでとまること。また、とめること。れい 出場停止。

ていしゃ【停車】電車・バス・自動車などがとまること。また、とめること。⇔発車。

ていしゅつ【提出】〔決められたところに〕さし出すこと。れい 報告書を提出する。

ていしょく【定食】飲食店・食堂などで、献立の決まっている料理。

ディスカウント わりびき。れい 定価より三割ディスカウントする。

ディスカッション みんなが意見を出して、話し合うこと。討論。討議。

ディスプレー ❶商品などを、人に見せるためにきれいにならべること。❷コンピューターで、出力した情報を画面にしめすしかけ。

ていせい【訂正】〔文字や文章・内容などの〕あやまりを直すこと。

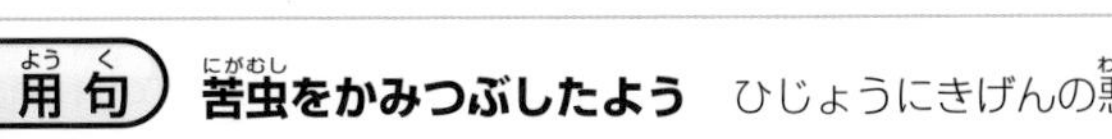
慣用句 **苦虫をかみつぶしたよう** ひじょうにきげんの悪い顔つきのたとえ。

452ページ

・ていたい
・ていたらく
・ていち
・ていちゃく
・ていでん
・ていど
・ていとく
・ディナー
・ていねい
・ていねいご
・ていばん
・ていひょう
・ていへん
・ていぼう
・ていめい
・ていりゅうじょ
・ていれ
・ディレクター
・てうす
・データ
・テープ
・テーブル
・テーマ
・テーマパーク

ていたい【停滞】ある所にとどまって進まないこと。また、ものごとがうまくはかどらないこと。

ていたらく【体たらく】みっともないようす。(れい)そんな体たらくでは、先が思いやられる。

ていち【低地】低い土地。⇕高地。

ていちゃく【定着】〔決まった位置や場所に〕しっかりとつくこと。根をおろすこと。(れい)読書の習慣がクラスに定着してきた。

ていでん【停電】送られている電流がとまること。また、そのために電灯がきえること。

ていど【程度】〔大きい小さい、高い低い、強い弱いなど〕ものごとのどあい。(れい)ひがいの程度をしらべる。

ていとく【提督】海軍で、司令官や大将・中将・少将などをさすことば。

ディナー 洋風の正式な食事。ふつうは夕食をさす。

ていねい【丁寧】❶親切で、礼儀正しいこと。(れい)丁寧なあいさつをする。❷すみずみまで、よく注意がゆきとどいていること。(れい)丁寧に説明する。

ていねいご【丁寧語】相手にたいして、あらたまった気持ちをあらわすことば。「です」「ます」などを使う。敬語の一つ。

ていばん【定番】流行にかかわりなく、いつも安定して人気のある商品。

ていひょう【定評】多くの人にみとめられている、よいひょうばん。

ていへん【底辺】いろいろな形の底にあたる辺。

ていぼう【堤防】水害をふせぐために、川や海岸に土・石・コンクリートなどで高くきずいた土手。つつみ。

ていめい【低迷】よくない状態からなかなかぬけだせないこと。(れい)景気が低迷する。

ていりゅうじょ【停留所】路面電車やバスなどがとまり、客が乗り降りするところ。停留場。

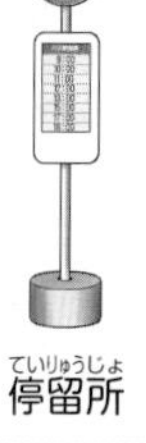

停留所

ていれ【手入れ】世話をして、きれいにしたり直したりすること。

ディレクター 映画・テレビ・演劇などで、演出や指揮をする人。

てうす【手薄】❶人手が少ないこと。また、そのために不完全であること。(れい)警備が手薄になる。❷手もとにある品物やお金が少ないこと。(れい)在庫が手薄になった。

データ ❶〔おしはかったり結論を出したりするための〕資料。材料。❷コンピューターなどで使うために、情報を記号などであらわしたもの。

テープ ❶紙や布でつくられた、はばのせまい、長いおびのようなもの。(れい)セロハンテープ。❷録音・録画などに使う、プラスチック製の細長いもの。(れい)ビデオテープ。

テーブル〔引き出しのついていない〕西洋式のつくえ。日常使う物をおく台。とくに、食卓。

テーマ 主題。

テーマパーク テーマを決めてつくった、きぼの大きい遊園地。日本でつくったことば。

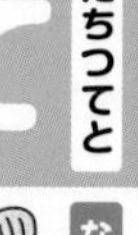

ておくれ【手後れ・手遅れ】間に合わないこと。(れい) はやく病院に行かないと手後れになる。

てがかり【手掛かり・手懸かり】さがしたりしらべたりする糸口となるもの。きっかけ。(れい) 問題をとく手掛かりが見つかった。

てがき【手書き】印刷などによらず、手で絵や字をかくこと。また、手でかいたもの。(れい) 手書きの年賀状。

でかける【出掛ける】❶外に出て行く。(れい) 遊びに出掛ける。❷〔ある場所から〕出ようとする。出かかる。(れい) 出掛けたところに電話がかかってきた。

てかげん【手加減】〔相手の力量やていどに合わせて〕ほどよく調節すること。(れい) 小さい子が相手のときは手加減をする。

てかてか つやがあって、光っているようす。(れい) くつにくつずみをつけて、てかてかに光らせる。

でかでかと とくに大きくて、目立つようす。(れい) 新聞に広告をでかでかとのせる。

てがみ【手紙】用事やつたえたい気持ちなどを書いて、人におくる書き物。封書・はがきなど。たより。

てがら【手柄】ほめられるようなりっぱな働き。功績。(れい) 手柄を立てる。

てがる【手軽】手数がかからず、かんたんなようす。(れい) 手軽に運べる。

てき【敵】たたかいやきょうそうなどの相手。⇔味方。

できあがり【出来上がり】できあがること。完成すること。また、そのもの。(れい) 洋服の出来上がりは明日の予定だ。

できあがる【出来上がる】すっかりできる。完成する。(れい) 今建てている家は、もう少しで出来上がる。

てきい【敵意】相手を敵と思い、にくむ気持ち。

てきおう【適応】❶あるものごとのようすにうまく合うこと。(れい) からだに適応した運動をおこなう。❷動物や植物のからだの形や働きが、まわりのようすに合わせてかわってゆくこと。

てきかく【的確】〔考え方・見通し・表し方などに〕くるいがなく、たしかなこと。てっかく。(れい) 的確にものごとを判断する。

できごと【出来事】世の中におこることがら・事件。(れい) 今年のおもな出来事をふりかえる。

テキスト 教科書。また、ものごとを学ぶときに使う本。

てきする【適する】ちょうどよく合う。よくあてはまる。(れい) 病人に適した食べ物。

1てきせい【適正】てきせつで正しいこと。ちょうどよくあてはまって正しいこと。(れい) 適正な判断をする。

2てきせい【適性】せいかくや能力が、あるものごとをするのによく合うこと。また、そのせいかくや能力。

てきせつ【適切】よくあてはまるようす。ふさわしいようす。(れい) 適切な処置をとる。

てきたい【敵対】敵としてたちむかうこと。(れい) 二人は敵対関係にある。

できたて【出来たて】できたばかりであること。また、そのもの。(れい) 出来たてのほやほや。

ことわざ にげるが勝ち　にげて、相手に勝ちをゆずったほうがかえって得になること。

ことばのテーブル

454ページ

・てきちゅう
・てきど
・てきとう
・てきばえ
・てきぱき
・できる
・てぎわ
・でぐち
・てくてく
・テクニック
・テクノロジー
・てくび
・てこ
・てこずる
・でこぼこ
・デコレーション
・てごろ
・てごわい
・デザート
・デザイン
・てさき
・てさぐり

てきちゅう【的中】❶たまや矢が正しくまとにあたること。命中。❷考えたことがぴたりとあたること。(れい)予想が的中する。

てきど【適度】ちょうどよいこと。ほどよいこと。(れい)適度のしめりけ。

てきとう【適当】❶目的や条件にちょうどよく合うこと。ほどよく合うこと。(れい)条件に適当な人物。❷分量・ていどなどが、ほどよいこと。❸いいかげんなこと。(れい)適当に答える。

できばえ【出来栄え】できあがりのようす。できぐあい。(れい)みごとな出来栄え。

てきぱき すばやくものごとを行うようす。(れい)てきぱきと仕事をする。

できる【出来る】❶つくられる。(れい)この地方では、米ができる。❷ものごとがおこってくる。生じる。(れい)用事ができる。❸しあがる。(れい)パンができた。❹すぐれている。(れい)兄は英語がよくできる。❺する力がある。やれる。(れい)スケートができる。

てぎわ【手際】ものごとをおこなう方法や順序。(れい)家じゅうを手際よくそうじする。

でぐち【出口】建物の外へでるところ。⇕入り口。

てくてく 同じような調子で歩き続けるようす。(れい)駅までてくてく歩く。

テクニック〔じょうずな〕やり方。わざ。(れい)かれのスキーのテクニックはすばらしい。

テクノロジー 科学技術。

てくび【手首】うでと手のひらがつながっているところ。⬇手の甲。

てこ 小さな力で、重い物を動かすときに使うぼう。また、そのしくみ。

てこずる どうしたらよいかわからなくて、こまる。もてあます。(れい)分数の問題にてこずった。

てこ

でこぼこ【凸凹◀】❶ものの表面に高い低いがあること。❷物の数や量がつりあっていないこと。ふぞろいなこと。

デコレーション かざり。かざりつけ。(れい)デコレーションケーキ。

てごろ【手頃◀】〔大きさやねだんが〕ちょうどよいようす。ころあい。(れい)手頃なねだん。

てごわい【手ごわい】相手として、なかなか強い。(れい)手ごわいチームと対戦する。

デザート 洋食で、正式な食事のあとに出る、くだものや菓子など。ふだんの食後のくだものや菓子の場合にも使う。

デザイン 図案や形などを考えること。また、考えた図案。

てさき【手先】❶手のさき。指のさき。(れい)手先が器用だ。❷ある人の命令どおりに使われる人。(れい)悪者の手先。

てさぐり【手探り】〔暗がりで〕手でさわりながらものごとをすること。(れい)暗やみの中で、手探りで電気のスイッチをさがす。

てざわり【手触り】手でさわった感じ。れい 手触りのよい布地。

でし【弟子】先生について教えをうける人。門人。⇔親方。師匠。

でしいり【弟子入り】でしになること。入門。

てしおにかける【手塩に掛ける】自分でいろいろとめんどうをみて育てる。「手塩」は、このみにあわせて自分で味つけができるように、めいめいのおぜんにそえた少量の塩。れい 手塩に掛けて育てた子馬。

てした【手下】ある人の命令どおりに働く人。子分。れい どろぼうの手下。

デジタル〔時間や重さなどの〕数量を、目もりなどではなく、数字であらわすこと。⇔アナログ。

てじな【手品】しかけを使って、いろいろとふしぎなことを手先でおこなって見せる芸。

でしゃばる【出しゃばる】しなくてもよいのに出てきてよけいなことを言ったりしたりする。

てじゅん【手順】仕事の順序。れい 手順よくかたづける。

です はっきりこうであるという気持ちをあらわすことば。「だ」のていねいな言い方。れい 七時のニュースです。

てすうりょう【手数料】手続きなどの仕事にたいしてうけとる料金。

デスク ❶事務づくえ。❷新聞社で、編集や整理の責任者。

テスト 試験。検査。

てそう【手相】〔その人の性質や運命があらわれているという〕手のひらのすじの形。

でぞめしき【出初め式】新年に、消防の仕事をする人たちがせいぞろいして、火事の消し方などを見せる行事。

てだし【手出し】❶けんかやあらそいをしかけること。れい いつも弟の方が先に手出しをする。❷〔よけいな〕世話をやくこと。れい よけいな手出しをするな。

てだすけ【手助け】人の仕事をてつだってたすけること。また、その人。

でたらめ〔言うことやおこないなどの〕すじ道がとおらないこと。でまかせでいいかげんなこと。

てちょう【手帳】ちょっとしたことを書きとめておくために、いつも手もとにもっている、小さな帳面。

てつ【鉄】❶かたくて強い金属。❷かたくて強いことのたとえ。れい 鉄の意志でやりとおす。

てっかい【撤回】一度出した意見や書類をとりさげること。ひっこめること。れい 提案を撤回する。

てづかみ【手づかみ】道具を使わず、手でちょくせつつかむこと。

てっきょ【撤去】建物や置いてある物などを、とりのぞくこと。れい 会場のいすを撤去する。

てっきょう【鉄橋】鉄でつくった橋。とくに列車の通る、大きな橋。

てっきり まちがいなく。きっと。れい てっきり晴れだと思っていた。

てっきん【鉄筋】❶コンクリートの建物のしんに入れる鉄のぼう。❷鉄のぼうをしんにして、コンクリートでかためたもの。大きな橋や建物に使う。「鉄筋コンクリート」のりゃく。

てづくり【手作り・手造り】自分の手でつくること。また、つくったもの。手製。れい 姉手作りのケーキ。

四字熟語 **二者択一** 二つのうちのどちらかをえらぶこと。

・てっこう
・てっこつ
・デッサン
・てっしゅう
・てったい
・てつだい
・てつだう
・でっちあげる
・てつづき
・てってい
・てつどう
・てっとりばやい
・てっぱい
・てっぱん
・てっぺき
・てっぺん
・てつぼう
・てっぽう
・てっぽうだま
・てつや
・てとりあしとり
・でなおす

てっこう【鉄鋼】とくに手をくわえた、かたくて強い鉄。はがね。船・車両などの材料になる。

てっこつ【鉄骨】鉄材で組み立てた、建物などのほね組み。また、それに使う鉄の材料。れい ビルの鉄骨。

デッサン 木炭やえんぴつでかいた、下がきの絵。

てっしゅう【撤収】とり去って、しまうこと。れい さつえい用の道具を撤収する。

てったい【撤退】軍隊などがじん地などをすてて引き上げること。

てつだい【手伝い】てつだうこと。また、その人。れい 父の手伝いをする。

てつだう【手伝う】人の仕事などをたすける。れい そうじを手伝う。

でっちあげる【でっち上げる】ありもしないことをほんとうにあったことのようにつくりあげる。れい 証拠をでっち上げる。

てつづき【手続き】ものごとをするときの決まったやり方。ものごとをするのにひつようなやり方。れい 入学の手続きをすませる。

てってい【徹底】❶〔知らせなどが〕じゅうぶんにゆきとどくこと。れい 旅行の注意を、全員に徹底させる。❷ものごとをどこまでもやりぬくこと。れい 徹底した仕事ぶりに感心する。

てつどう【鉄道】レールをしいて電車などを走らせ、人や物を運ぶ交通のしくみ。

てっとりばやい【手っ取り早い】すばやい。また、手間がかからずかんたんである。れい 話を手っ取り早くすませる。／人にたのむより自分でした方が手っ取り早い。

てっぱい【撤廃】〔それまでの制度や規則を〕とりのぞいてやめること。廃止すること。れい 差別を撤廃する。

てっぱん【鉄板】鉄のいた。れい 牛肉の鉄板焼き。

てっぺき【鉄壁】❶鉄のかべ。❷敵をふせぐ、鉄のかべのようなかたい守り。れい 相手チームの鉄壁の内野守備の前に、一点もとれなかった。

てっぺん 物のいちばん高いところ。いただき。頂上。れい 山のてっぺんから見下ろすながめは最高だ。

てつぼう【鉄棒】❶鉄でできたぼう。❷二本の柱に鉄のぼうを横にわたした体操の用具。また、それを使った体操の種目。れい 鉄棒で逆上がりの練習をする。

てっぽう【鉄砲】たまをこめて、うちだす武器。銃。

てっぽうだま【鉄砲玉】❶てっぽうのたま。だんがん。❷行ったままもどってこないことのたとえ。れい 弟のおつかいは、いつも鉄砲玉だ。

てつや【徹夜】一晩中ねないでいること。夜明かしをすること。れい 徹夜でしあげた。

てとりあしとり【手取り足取り】こまかいことまでめんどうをみて、ていねいに教えること。れい 手取り足取り親切に教える。

でなおす【出直す】❶いったんもどってから、もう一度出かける。れい 相手と会えなかったので、よく日出直した。❷はじめからやりなおす。れい 一から出直す。

テナント ビルなどの一区画をかりている商店や事務所。

てにいれる【手に入れる】 自分のものにする。(れい) ほしかったゲームソフトをようやく手に入れた。

テニス コートの中央にはったネットをはさみ、ラケットでボールをネットごしにうち合う競技。庭球。試合の方法には、ひとり対ひとりでするシングルスと、ふたり対ふたりでするダブルスがある。また、使うボールによって、軟式と硬式がある。

てにもつ【手荷物】 手に持って運ぶ荷物。また、旅行する人が持ち運びできる大きさの荷物。

てぬき【手抜き】 しなければならないとわかっていながら、それをしないでおくこと。(れい) 手抜き工事。

てぬぐい【手拭い】 あらったあとの手・顔・からだなどをふく、長方形の木綿の布。日本手ぬぐい。

てのこう【手の甲】 手の平の反対がわで、指のつけねから手首までの部分。⇔手の平。

てのひら【手の平】 手をにぎったとき、内がわになる面。手のはら。手のうち。手のうら。たなごころ。⇔手の甲。
⬇手の甲。

手の平
手首
手の甲

手の甲・手の平

では それでは。それならば。(れい) では、さようなら。

デパート ひじょうに多くの種類の品物をあつかっている大きな小売店。百貨店。

てはじめ【手始め】 ものごとをはじめる、第一歩。

でばん【出番】 ❶仕事や舞台などに出る番。(れい) こんどはぼくらの出番だ。❷ある人が働く場面がまわってくること。(れい) いよいよ次は、わたしのクラスの出番だ。

デビュー 俳優・歌手・作家などとして、はじめて多くの人々の前にあらわれること。

てふき【手拭き】 手をふく布や紙。お手ふき。

てぶくろ【手袋】 寒さをふせいだり、作業をしたりするときに手にはめるもの。手の形をしたふくろのようなもの。

てぶら【手ぶら】 手になにも持たないこと。また、みやげや、えものなどがないこと。

デフレーション 国に出回っているお金にくらべて、商品の量が多いじょうたい。物価が下がり、商品の売れゆきが悪くなる。デフレ。⇔インフレーション。

てへん【手偏】 漢字の部首の一つ。「打」「技」などの左がわの「扌」の部分。

てほん【手本】 ❶字や絵をならうとき、手もとにおいて模範とする、字や絵。(れい) 習字の手本。❷模範となるようなりっぱな人やおこない。(れい) 母を手本にして行動する。

四字熟語 **二束三文** 数が多くても、ひじょうに安いねだんにしかならないこと。

てま【手間】仕事をするのにかかる、時間や手数。(れい)手間のかかる料理。

デマ でたらめなうわさ話や、情報。

てまえ【手前】❶こちらがわ。自分に近い方。(れい)川の手前でまがる。❷人にたいするていさい。(れい)友だちの手前、なみだをこらえた。❸うでまえ。とくに、お茶をたてるときの作法。

てまねき【手招き】手をふって、こちらへ来るようにあいずすること。

でむかえ【出迎え】出ていってむかえること。また、その人。(れい)出迎えの車。⇔見送り。

ても ❶たとえ…しても。(れい)おくれてもかまわないよ。❷…したが。…したけれども。(れい)なん回行っても道がわからない。

1でも ❶一つの例としてあげるのに使うことば。(れい)なわとびでもしようか。❷きわだった例をあげて、強調するのに使うことば。…でさえも。(れい)そんなことは子どもでも知っている。❸すべてをみとめる意味をあらわすことば。(れい)だれでも参加できます。

2でも それでも。しかし。(れい)走った。でも、まにあわなかった。

てもと【手元】❶手のとどくところ。❷何かをするときの手の動きぐあい。(れい)手元がくるう。

デュエット ❶ふたりが高音部と低音部に分かれて歌うこと。二重唱。❷二つの楽器で合奏すること。二重奏。

てら【寺】仏をまつり、仏の教えをおさめる人が修行するところ。

てらこや【寺子屋】江戸時代、武士の子ども以外に読み書きなどを教えたところ。寺で、僧が教えたことからはじまった。

1てらす【照らす】光を当てて明るくする。(れい)足もとを照らす。

2テラス 西洋風の建物で、庭につきだした台のような所。

デラックス 〔品質や設備などが〕ぜいたくなようす。ごうかなようす。(れい)デラックスなホテル。

デリケート ❶こまかく入り組んでいるようす。びみょうなようす。(れい)デリケートな問題。❷するどく、感じやすいようす。(れい)デリケートな神経の持ち主。

テリトリー ❶自分のいきおいのおよぶはんい。なわばり。❷セールスマンや販売店などの、受け持ち地域。(れい)テリトリーを広げる。

てりやき【照り焼き】しょうゆやみりんなどでつくったたれをつけながら焼いて、表面が光るようにすること。また、そうして焼いたもの。(れい)ブリの照り焼き。

てりょうり【手料理】自分でつくった料理。

てる【照る】❶〔月や太陽などが〕光を出す。(れい)太陽がかっと照る。❷天気がよい。晴れる。(れい)照る日もあれば、くもる日もある。

でる【出る】❶内がわから外の方へ行く。(れい)線から出る。⇔入る。❷出発する。(れい)船が出る。❸あらわれる。(れい)月が出る。❹見つかる。(れい)落とし物が出る。❺おこる。(れい)風が出る。/波が出た。❻くわわる。(れい)スピードが出る。❼卒業する。(れい)学校を出る。❽出版される。(れい)本が出る。

あいうえお かきくけこ さしすせそ たちつてと て なにぬねの はひふへほ まみむめも やゆよ らりるれろ わをん

❾売れる。(れい)よく出る品。
❿あたえられる。(れい)ゆるしが出る。
⓫出せきする。(れい)パーティーに出る。

でるくいはうたれる【出るくいは打たれる】目立つ人は、とかくみんなからにくまれたり、ねたまれたりするものだというたとえ。

てるてるぼうず【照る照る坊主】晴天になるよう願って、家ののき下などにつるす人形。

照る照る坊主

てれくさい【照れ臭い】きまりがわるい。はずかしい。(れい)ほめられて照れ臭い。

テレパシー ことばや身ぶりによってではなく、気持ちや考えがはなれている人にちょくせつつたわること。

テレビ 像を電波にかえておくり、それをうつしだすしかけ。また、その機械。

テレビゲーム テレビの画面を利用して遊ぶコンピューターゲーム。

てれる【照れる】はずかしがる。はにかむ。(れい)人前で歌うのは照れる。

テロップ テレビの画面に文字や絵などをうつし出すしくみ。また、その文字や絵など。(れい)ニュース速報のテロップがながれる。

テロリズム 暗殺や暴行などの暴力によって、政治的な目的をはたそうとする考え方。また、その行動。テロ。

てわけ【手分け】一つの仕事をいく人かで分けて受け持つこと。(れい)手分けして、にわの草取りをする。

てをやく【手を焼く】しまつにこまる。もてあます。てこずる。(れい)母はやんちゃな弟にいつも手を焼いている。

1てん【天】地面から遠くはなれたところ。おおぞら。(れい)天にとどきそうな高い木。↕地。

2てん【点】❶小さなしるし。❷文のとちゅうの意味のきれめにつけるしるし。とうてん。(れい)点をうつ。❸ゲームやしけんなどのせいせき。(れい)よい点をとる。❹さししめすところ。そのところ。(れい)わからない点が多い。

でんえん【田園】❶田や畑。❷いなか。郊外。(れい)のどかな田園の風景。

1てんか【天下】全世界。全国。(れい)天下をおさめる。

2てんか【点火】火や明かりをつけること。(れい)ガスに点火する。

てんかい【展開】❶次々とくり広げること。また、変化していくこと。(れい)熱戦が展開する。❷はんいを大きく広げること。また、大きく広がること。(れい)山をこすと、広い平野が展開していた。❸〔ゆきづまっていたことが〕新しい方向に進むこと。(れい)一つのエラーで、試合は意外な展開になった。

てんかん【転換】〔方向・方針・気持ちなどを〕かえること。また、かわること。(れい)方向転換。／気分転換。

てんき【天気】❶空の〔変化の〕ようす。(れい)遠足の日の天気が心配だ。❷晴天。晴れ。

1でんき【伝記】ある人の一生のことを書いた本。

四字熟語 **日進月歩** たえまなく進歩していくこと。

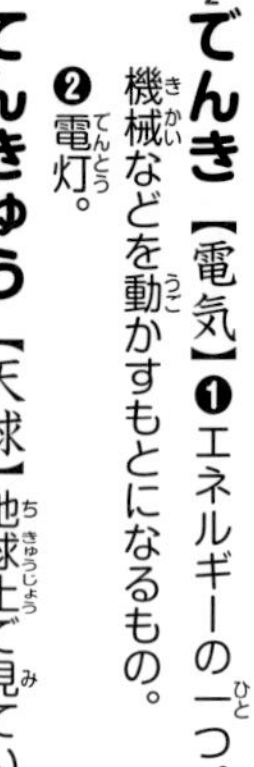

2 **でんき**【電気】❶エネルギーの一つ。機械などを動かすもとになるもの。❷電灯。

てんきゅう【天球】地球上で見ている人を中心として考えた、天に広がるかぎりなく大きな球面。すべての天体をこの球面上にしめすことができる。

でんきゅう【電球】電気を流すと、光を出すようにした、ガラスのたま。

てんきょ【転居】住む家をかえること。(れい)転居のため学校をかわる。

てんきよほう【天気予報】科学的な方法で、ある場所・ある期間の天気をあらかじめ予想して発表すること。また、その発表。

てんきん【転勤】〔つとめている会社や役所は同じで〕つとめる場所がかわること。(れい)父は、東京に転勤する。

てんぐ【天ぐ】❶むかし、山おくにすんでいるとしんじられていた、ふしぎな力をもったばけもの。顔は赤く、鼻が高くてつばさをもち、空をとぶことができる。⬇2だん目(イラスト) ❷じまんすること。また、じまんをする人。

天ぐ①

でんぐりがえし【でんぐり返し】手を地面について、前、またはうしろにからだを一回転すること。また、ひっくり返すこと。でんぐりがえり。

てんけい【典型】あるものの中で、そのもののもつとくちょうを、もっともよくあらわしているもの。(れい)正直者の典型のような人。

てんけいてき【典型的】あるもののとくちょうを、もっともよくあらわしているようす。(れい)典型的な日本人。

でんげきてき【電撃◀的】はっとおどろくほど、とつぜんであるようす。(れい)電撃的な引退発表。

てんけん【点検】ものの数や、よしあしなどをしらべること。(れい)荷物を点検する。

でんげん【電源】❶発電所など、電気をつくり出すところ。❷電流がひつようなときに、使える電流のとり出し口。コンセントなど。

てんこ【点呼】ひとりひとりの名をよんで、人数をしらべること。(れい)点呼をとる。

1 **てんこう**【天候】天気のぐあい。(れい)山の天候はかわりやすい。

2 **てんこう**【転向】立場・方針・仕事・しゅみなどをかえること。(れい)スポーツから学問の道へ転向した。

3 **てんこう**【転校】学業のとちゅうで、ほかの学校にかわること。

てんごく【天国】❶キリスト教で、神や天使がすんでいると考えられている、きよらかな天上の世界。⬍地獄。❷苦しみや心配のない世界。(れい)歩行者天国。

でんごん【伝言】人にたのんで、用件などを相手につたえること。また、そのことば。ことづけ。

1 **てんさい**【天才】うまれつきもっている、人よりすぐれたちえやうでまえ。また、その人。(れい)絵の天才。

2 **てんさい**【天災】あらし・地震・かみ

なり・こうずい・つなみなど、自然の変化によっておこるさいなん。

てんし【天使】キリスト教で、この世界につかわされた神の使い。エンゼル。

¹てんじ【点字】目の不自由な人のための文字。とび出させた小さな点を決まりにしたがって組み合わせてあり、指先でさわって読む。一八二五年、フランスのルイ＝ブライユが発明した。

²てんじ【展示】品物をならべて、人に見せること。(れい)作品を展示する。

でんじしゃく【電磁石】鉄にコイルをまいたもの。コイルに電流が流れているときだけ鉄が磁石になる。モーター・発電機など、使い道が広い。

てんじブロック【点字ブロック】目の不自由な人が足のうらでふれて方向がわかるように、道路などにつくられた、点や線のでっぱりのあるブロック。

でんしメール【電子メール】コンピューターのネットワークを使って、手紙のようにやりとりする通信。また、そのことば。Eメール。メール。

でんしゃ【電車】電気でモーターを回して、レールの上を走る乗り物。

てんしゅ【店主】みせの主人。

てんしゅかく【天守閣】むかし、城の中心（＝本丸）に建てた、遠くを見わたすためのやぐら。天守。⬇城。

てんじょう【天井】へやの上のほうにはった板。また、その面。

でんしょう【伝承】人から人へと受けつぎ、つたえていくこと。また、物語・歌・しきたりなどを、前の時代から次の時代へ言いつたえること。また、言いつたえられたことがら。

テンション 気持ちがはりつめること。(れい)テンションが高い。

てんすう【点数】❶〔競技や試験の〕成績をあらわす数字。❷品物の数。

てんせい【天性】その人のもって生まれたせいしつ。

でんせつ【伝説】むかしから、人々につたえられてきた話。言いつたえ。

てんせん【点線】点を線のようにならべたもの。

でんせん【伝染】❶病気が人や動物にうつること。❷物事が次々と広まること。(れい)あくびが伝染する。

てんそう【転送】送られてきたものを（そのまま）さらにほかのところに送ること。(れい)とどいた小包を、転居先に転送する。

てんたい【天体】太陽・月・星など、宇宙にあるすべての物体をまとめていうことば。地球もその一つ。

てんたいぼうえんきょう【天体望遠鏡】天体を観測するための望遠鏡。

てんたかくうまこゆるあき【天高く馬肥ゆる秋】〔空は高くはれわたり、馬はよくふとる、という意味から〕秋はよい気候であるということをあらわすことば。

でんたつ【伝達】ことばや文章で、命令やれんらくなどをほかの人につたえること。

てんち【天地】❶天と地。❷世界。世の中。(れい)新しい天地をもとめて外国にわたった。❸ものの上と下の部分。また、その方向。(れい)天地をぎゃくにする。

慣用句 **にっちもさっちもいかない** 行きづまって、どうしても解決できない。

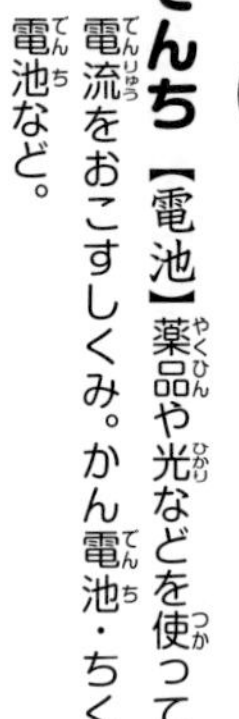
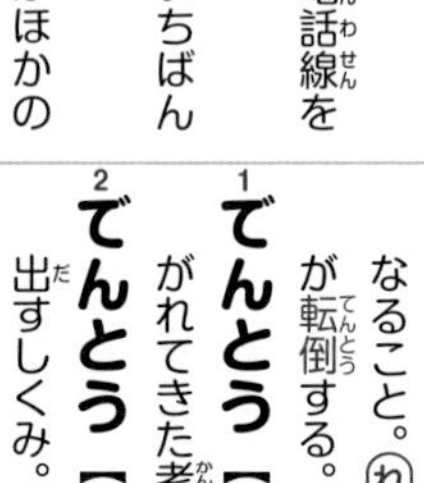

でんち【電池】薬品や光などを使って電流をおこすしくみ。かん電池・ちく電池など。

でんちゅう【電柱】電線や電話線をささえるはしら。電信ばしら。

てんちょう【店長】店で、いちばん上の地位の人。

てんてき【天敵】ある動物がほかの動物をとらえて食べるとき、食べられる動物にたいして、食べるほうの動物。

てんてん【点点】〔点をうったように〕あちこちにちらばったり、続いたりしてあるようす。れい ガラスのかけらが点々とちらばっている。

テント 野外で、暑さ・寒さや雨風などをふせぐため、かんたんな骨組みをあつい布でおおってつくる小屋のようなもの。

テント

てんとう【転倒◂】❶ころぶこと。れい つまずいて転倒する。❷あわててどうしてよいかわからなくなること。れい おどろきのあまり、気が転倒する。

1でんとう【伝統】むかしからうけつがれてきた考え方や習慣。

2でんとう【電灯】電流を通して光を出すしくみ。また、その明かり。

でんとうげいのう【伝統芸能】むかしから受けつがれてきた芸能。れい 能は日本の伝統芸能だ。

でんとうぶんか【伝統文化】むかしから受けつがれてきた文化。

てんとうむし【天道虫】テントウムシ科のこん虫。せなかに点のもようがある。

てんどん【天丼◂】どんぶりに入れたごはんの上にてんぷらをのせ、たれをかけた料理。

てんにょ【天女】天上にすんでいると考えられている美しい女性。

てんねん【天然】人手をくわえていない、自然のままのようす。れい 天然資源。⇕人工。

てんねんきねんぶつ【天然記念物】めずらしい動物・植物・鉱物などで、国が決めて保護しているもの。

てんのう【天皇】憲法で定められた日本のしょうちょう。

てんのうせい【天王星】太陽系の天体の一つ。わく星で、約八十四年で太陽を一回りする。⬇太陽系。

てんのうたんじょうび【天皇誕生日】国民の祝日の一つ。天皇のうまれた日。十二月二十三日。

でんぱ【電波】真空中や空気中を進む目に見えない電気のなみ。通信やラジオやテレビなどに使われている。

てんばつ【天罰】悪いことをしたために神から受けるばつ。

てんぴ【天火】料理に使う、むしやきの道具。オーブン。

てんびん【天びん】❶はかりの一つ。両はしにあるさらの一方に、はかるものをのせ、もう一方に重りをのせて、つりあわせてはかる。❷両はしに荷物をかけて、かたにかつぐぼう。「天びん棒」のりゃく。

てんぷ【添付】〔書類などに〕いっしょにそえること。れい 書類に写真を添付

する。

てんぷく【転覆】ひっくりかえること。ひっくりかえすこと。(れい)台風で船が転覆する。

てんぷら【天ぷら】魚ややさいなどに、水でといた小麦粉のころもをつけて、油であげた料理。

でんぶん【伝聞】〔ちょくせつ見たり聞いたりしたのではなく〕人からつたえ聞くこと。

てんぺんちい【天変地異】〔たつまきや地震など〕天や地上におこる、自然のかわったできごと。

テンポ ❶曲のはやさ。❷ものごとの進むはやさ。(れい)試合は、はやいテンポで進められた。

てんぼう【展望】❶広く、遠くまで見わたすこと。また、そのながめ。❷世の中の動きなどを見わたすこと。(れい)政界を展望する。

でんぽう【電報】電信で送る通信。また、その文章。

てんめつ【点滅】明かりがついたりきえたりすること。

てんもんだい【天文台】天体のありさまを、大型の望遠鏡などでかんそくしながら研究するところ。

てんらく【転落】❶ころがり落ちること。(れい)車が谷に転落した。❷悪い状態になること。(れい)最下位に転落する。

でんわ【電話】声を電流の変化にかえてはなれたところにつたえ、会話ができるようにしたしかけ。また、それを使って話をすること。

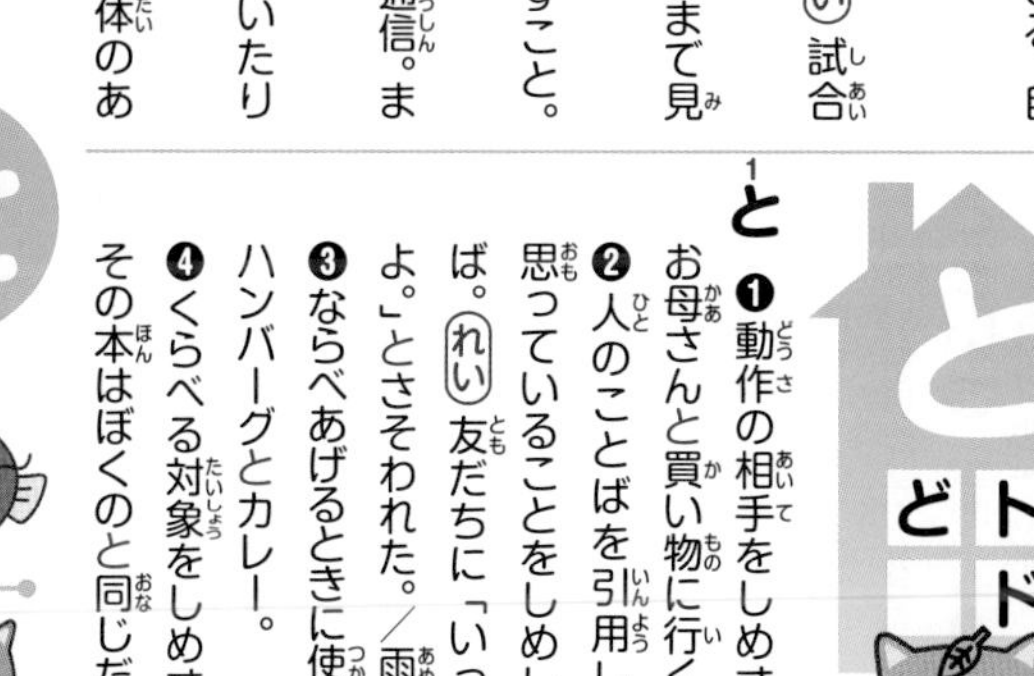

1と ❶動作の相手をしめすことば。(れい)お母さんと買い物に行く。❷人のことばを引用したり、自分の思っていることをしめしたりすることば。(れい)友だちに「いっしょに行こうよ。」とさそわれた。／雨がふると思う。❸ならべあげるときに使うことば。(れい)ハンバーグとカレー。❹くらべる対象をしめすことば。(れい)その本はぼくのと同じだ。❺前の文とあとの文とをつなぐことば。(れい)長いトンネルをぬけると、海が見えた。

2と すると。(れい)雨がやんだ。と、急に風がふきはじめた。

3と【戸】出入り口・まど・戸だななどにとりつけておく建具。ドア。

4と【都】地方公共団体の一つ。東京都のこと。(れい)都の財政。

ドア〔西洋風の〕ひらき戸。とびら。

とい【問い】❶たずねること。しつもん。(れい)先生の問いに答える。❷問題。⇔①②答え。

といあわせる【問い合わせる】よくわからないことを聞いてたしかめる。(れい)電話で問い合わせる。

1どいつ「だれ」「どれ」の少しらんぼうな言い方。(れい)ガラスをわったのはどいつだ。

2ドイツ ドイツ連邦共和国。ヨーロッパの中央部、フランスとポーランドの間にある国。第二次世界大戦のあと東西にわかれていたが、一九九〇年に統合した。世界有数の工業国。首都はベルリン。

慣用句 **値が張る** ねだんが高い。

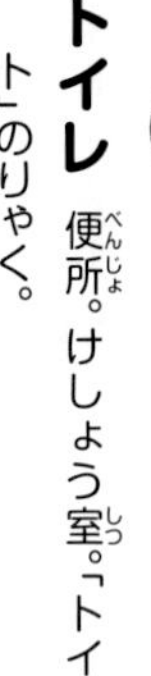
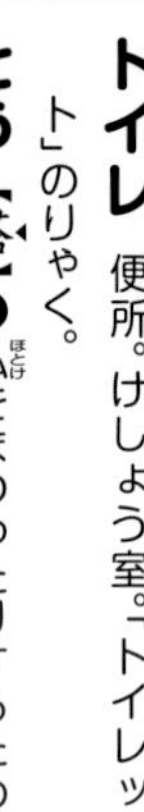

トイレ 便所。けしょう室。「トイレット」のりゃく。

1とう【塔】❶仏をまつったりするために建てた高い建物。(れい)五重の塔。❷細く高くそびえたっている建物。タワー。(れい)テレビ塔。

2とう【問う】❶たずねる。質問する。(れい)みんなの考えを問う。❷問題にする。気にする。(れい)年れいは問わない。❸責任などをきびしくしらべてせめる。(れい)罪に問われる。

1どう ❶どのように。(れい)試合はこれからどうなるのだろう。❷「どうですか」のりゃく。

2どう【胴◂】❶からだの、手足と頭をのぞいた部分。(れい)足が短く、胴が長い。❷物の中心部。胴体。(れい)船の胴。❸剣道の道具の一つ。胸やはらをおおうもの。

3どう【道】地方公共団体の一つ。北海道のこと。(れい)道立高校。

4どう【銅】黒みがかった赤色をした金属。鉄よりやわらかく、よくのび、熱や電気をよくつたえる。電線などに使う。

どうあげ【胴上げ】おおぜいで人のからだを高くほうり上げること。喜びの気持ちをあらわすときにする。(れい)選手たちが、かんとくを胴上げする。

とうあん【答案】答えを書いた紙。また、その答え。

どうい【同意】❶同じ意味。❷賛成すること。(れい)かれの意見に同意する。

とういつ【統一】いくつにも分かれたものごとを一つにまとめること。(れい)意見を統一する。

どういつ【同一】❶同じであるようす。(れい)同一人物。❷差のないようす。ひとしいようす。(れい)おとなと同一のあつかいをする。

どういん【動員】おおぜいの人や物を集めること。(れい)町内の人を動員して川のそうじをする。

どうおんご【同音語】同じ発音をすることば。「神」と「紙」、「強力」と「協力」など。

1どうか ❶ていねいにたのむ気持ちをあらわすことば。どうぞ。なにとぞ。(れい)どうか当たりますように。❷なんとか。どうにか。(れい)このさわぎはどうかならないのか。❸ふつうとはちがうようす。(れい)手首をどうかしたみたいだ。

2どうか【銅貨】銅でつくったおかね。

どうが【動画】❶アニメーション。❷コンピューターであつかう、動きのある映像。

とうかい【倒◂壊◂】建物などがたおれてこわれること。(れい)大雪で小屋が倒壊した。

とうかいどう【東海道】江戸時代の五街道の一つ。江戸(=今の東京)から京都に通じる、おもに海にそった道。

とうかいどうちゅうひざくりげ【東海道中膝栗毛】江戸時代の終わりごろに、十返舎一九が書いた物語。弥次郎兵衛と喜多八のふたりが、東海道を旅する間に起こるいろいろなじけんをおもしろおかしくえがいたもの。やじきた道中。

とうがらし【唐辛子】ナス科の植物。実は細長く、じゅくすと赤くなる。からい実をほして、香辛料にする。

どうかん【同感】ある人の感じ方や

【】漢字を使った書き方　(れい)ことばの使い方の例　⇕反対のことば　⬇参考になる情報　◂小学校で習わない漢字

考え方と同じように感じたり考えたりすること。れい きみの意見に、まったく同感だ。

1**どうき**【同期】❶同じ時期。れい 事故は昨年の同期にくらべて、へった。❷入学・入社や卒業の年が同じであること。れい 同期の者が集まる。

2**どうき**【動機】ある考えやおこないを引きおこす原因となるもの。きっかけ。れい 入部の動機を聞く。

1**とうきゅう**【投球】野球で、たまを投げること。とくに、ピッチャーがバッターにたまを投げること。

2**とうきゅう**【等級】〔身分や品質など〕上下をくべつする位。

とうきょうと【東京都】関東地方南部にある、日本の首都。日本の政治・経済・文化の中心地。都庁所在地は東京。⬇都道府県。

どうぐ【道具】ものをつくったり、ふだんの生活に使ったりするいろいろなもの。れい つりの道具。

どうくつ【洞窟】岩にできたおくの深い大きなあな。ほらあな。

どうくんご【同訓語】訓が同じことば。「川」と「皮」、「着く」と「付く」など。同訓異字。

とうげ【峠】❶山道をのぼりつめて、下りになろうとするところ。❷ものごとのいちばんさかんなとき。また、きけんなとき。れい 寒さも峠をこした。

どうけ【道化】こっけいなことばや身ぶりで人をわらわせること。また、それをする人。れい 道化者。

とうけい【統計】同じ種類のものやことがらなどを多く集め、それを数であらわすこと。また、その数であらわしたもの。

1**とうこう**【投稿】〔読者や視聴者などが〕新聞や雑誌にのせてもらったり、放送してもらったりするために、原稿などを送ること。また、その原稿など。

2**とうこう**【登校】児童や生徒などが学校に行くこと。⇔下校。

1**どうこう**【同行】いっしょに行くこと。れい 秘書が、社長に同行してアメリカへ行く。

2**どうこう**【動向】人や社会などの動き。また、その方向。れい 景気の動向に注目する。

どうさ【動作】からだの動き。ふるまい。れい きびきびした動作。

とうさい【搭載】船・飛行機・自動車などにつみこむこと。

とうざいなんぼく【東西南北】東と西と南と北の四つの方角。あらゆる方向。れい 磁石で東西南北を知る。

きた
にし　ひがし
みなみ
東西南北

1**とうさん**【父さん】子どもが自分の父親をよぶときに使うことば。⇔母さん。

2**とうさん**【倒産】お金のやりくりがつかず商店・会社などがつぶれること。

どうざん【銅山】銅をふくんだ鉱石をほりだすところ。

1**とうし**【投資】利益をえるために、事業をするもとになる金を出すこと。

2**とうし**【闘志】たたかって勝とうとする強い気持ち。ファイト。

慣用句 **ねこをかぶる** 本当の性質をかくして、おとなしそうにみせかける。

1とうじ【冬至】二十四節気の一つ。十二月二十二日ごろ。北半球では昼の時間が一年中でいちばん短くなる。⇕夏至。

2とうじ【当時】そのとき。そのころ。

3とうじ【湯治】温泉にはいって、病気やけがをなおすこと。

1どうし【同士】たがいに同じ関係にある人。また、同じ種類のもの。れい 似た者同士。

2どうし【同志】同じ考えや目的などをもって、いっしょに行動するなかま。れい 同志を集めてクラブをつくる。

3どうし【動詞】ものの動きや働きなどをあらわすことば。「行く」「走る」「見る」など。あとにつづくことばによって、ことばの終わりの部分（＝語尾）の形がかわる。

どうじ【同時】❶同じとき。れい ふたりは、同時にゴールインした。❷…とともに。れい 勉強は苦しみと同時に楽しみでもある。

とうじつ【当日】〔あるものごとがおこなわれる〕その日。れい 遠足の当日は雨だった。

どうして ❶どのようにして。れい 一人でどうして帰ろうか。❷どういう理由で。なぜ。れい どうしてないているの。❸予想されることや相手のことばをうちけして、それと反対のことを言うときに使うことば。それどころか。れい 父はやさしそうに見えるが、どうして、こわいところもある。

1とうしょ【当初】はじめのころ。れい 当初の計画をかえる。

2とうしょ【投書】自分の考え・希望などを書いて、新聞・雑誌・テレビ・ラジオなどの担当者におくること。また、おくったもの。

とうじょう【登場】❶舞台や映画・小説・事件などの場面に出てくること。れい 主人公が登場する。❷新しいものなどがあらわれること。れい 新しいゲームの登場。

1どうじょう【同上】すぐ前に書いたことと同じであること。また、その意味をあらわすときに使うことば。

2どうじょう【同乗】同じ乗り物にいっしょに乗ること。れい 友人の車に同乗する。

3どうじょう【同情】人のなやみや苦しみを相手の身になって思いやること。

4どうじょう【道場】❶仏の教えをまなび、おきてにしたがっておこない、はげむところ。❷武芸をまなび、けいこをするところ。

とうじょうじんぶつ【登場人物】しばいの舞台や物語などの中にあらわれる人。

どうせ いずれにしても。けっきょくは。れい 話してもどうせむだだ。

とうせい【統制】ある決まりにしたがってものごとをまとめ、とりしまること。れい クラスの統制がなかなかとれない。

どうせき【同席】同じ集まりに出ること。また、同じテーブルにすわること。れい 結婚式で新婦の友だちと同席する。

とうせん【当選】選挙でえらばれること。れい 議長に当選した。⇕落選。

とうぜん【当然】そうなるべきであるようす。あたりまえ。れい 安全を優

先するのは当然だ。

どうせん【導線】電流を通すための針金。

どうぞ ❶相手にものをたのむときに使うことば。(れい)どうぞおゆるしください。❷相手に物をすすめるときに使うことば。(れい)どうぞおかけください。

とうそう【逃走】走ってにげること。にげさること。

どうぞう【銅像】銅や青銅で、人のすがたなどを形づくったもの。

とうぞく【盗賊】どろぼう。ぬすびと。とくに、集団で大がかりなぬすみを働くもの。少し古い言い方。

どうそじん【道祖神】人を守るために、村はずれなどにまつられる神。

とうそつ【統率】たくさんの人を一つにまとめてひきいること。(れい)部員を統率する。

とうだい【灯台】❶島・みさき・港の出入り口などにある塔のような建物。夜、光を出して、航行する船に位置やあぶないところなどを知らせる。❷ろうそくを立て、火をともす台。

どうたい【胴体】❶人間や動物などの、手足と頭をのぞいた部分。❷物のまん中になる部分。(れい)飛行機の胴体。

とうだいもとくらし【灯台下暗し】〔「灯台②」のすぐ下は光が当たらず暗いことから〕身近なことは、かえって気がつきにくいことのたとえ。

とうたつ【到達】ある地点やじょうたいなどにいきつくこと。とどくこと。

1**とうち**【倒置】位置をさかさまにすること。

2**とうち**【統治】支配者が国や人民をおさめること。(れい)国家を統治する。

灯台②

灯台①

とうちゃく【到着】人やものが目的のところに着くこと。とどくこと。

どうちゅう【道中】旅のとちゅう。また、旅。(れい)道中の無事をいのる。

とうちょく【当直】役所や会社などで、日直・宿直の番にあたること。また、その人。

とうてい【到底】とても。どうしても。(れい)そんなひどいことは、ぼくには到底できない。

とうてん【読点】文のとちゅうの意味の切れめにつけるしるし。「、」であらわす。

1**どうてん**【同点】点数が同じであること。

2**どうてん**【動転】ひじょうにおどろいて落ち着きをうしなうこと。(れい)気が動転する。

とうとい【尊い】すぐれていて、うやまいの気持ちをおこさせるようす。たっとい。(れい)尊い仏像。

とうとう【到頭】〔いろいろやってみて〕ついに。けっきょく。(れい)かれはとうとうあらわれなかった。

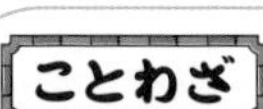

ことわざ **寝耳に水** 思いがけないことがおこり、ひじょうにおどろくことのたとえ。

どうとう【同等】〔位やていどなどが〕同じであること。(れい)おとなと同等にあつかう。

どうどうと【堂堂と】❶いかめしくりっぱなようす。(れい)堂々と入場行進をする。❷なにごともおそれず、いさましいようす。(れい)堂々と意見をのべる。

どうとく【道徳】社会生活をおくるうえで、人として守らなければならない正しいおこない。(れい)交通道徳。

とうとつ【唐突】とつぜん、前ぶれもなくものごとをはじめるようす。(れい)唐突におこりだす。

とうどり【頭取】銀行などの代表者。

とうなん【盗難】お金や品物をぬすまれること。(れい)電車で、盗難にあった。

どうにか ❶どうやら。やっと。(れい)どうにか命は助かるらしい。❷どのようにか。なんとか。

どうにゅう【導入】外からみちびき入れること。(れい)技術を導入する。

とうばん【当番】ある仕事を受け持つばんにあたること。また、そのばんにあたっている人。(れい)そうじ当番。

どうはん【同伴】いっしょに行くこと。また、いっしょにつれていること。

1**とうひ**【唐ひ】マツ科の木。エゾマツの変種。山地などにはえる。まつぼっくりは細長い。

2**とうひ**【逃避】しなければならないものごとなどをさけてにげること。

とうひょう【投票】❶選挙のとき、えらびたい人の名前を紙に書いてはこなどに入れること。❷会議などで、あることを決めるために、自分の考えを書いて出すこと。

とうふ【豆腐】大豆をすりつぶし、にてかすをとり、にがりでかためた食べ物。白くてやわらかい。

どうぶつ【動物】人間・鳥・けもの・魚など、自由に動きまわり、ほかの生物を食べて生きているもの。とくに、けものをさす場合がある。⇕植物。

どうぶつえん【動物園】おおぜいの人に見せるため、いろいろな動物をかっているところ。

1**とうぶん**【当分】しばらくの間。

2**とうぶん**【等分】いくつかのひとしい分量に分けること。

とうぼう【逃亡】にげて、すがたをかくすこと。(れい)犯人が逃亡した。

とうほく【東北】「東北地方」のりゃく。本州の東北部。青森・秋田・岩手・山形・宮城・福島の六県をふくむ地方。奥羽地方。

どうみゃく【動脈】心臓から送り出される血を運ぶくだ。⇕静脈。

とうみん【冬眠】動物がほとんど動かないじょうたいで冬をこすこと。カエル・ヘビ・ヤマネなどが冬眠する。

とうめい【透明】すきとおって見えること。(れい)透明なガラス。

どうめい【同盟】同じ目的のために、力を合わせることをやくそくすること。また、そのやくそく。(れい)同盟をむすぶ。

どうメダル【銅メダル】〔大きな〕競技で三位の人にあたえられる、どうのメダル。また、三位のこと。

どうも ❶どうしても。(れい)答えがどうもわからない。❷なんだか。どことなく。(れい)どうもからだのぐあいが悪い。❸どう考えても。どうやら。(れい)あす

はどうも雨らしい。❹ほんとうに。れい どうもありがとう。／どうもすみません。

とうもろこし イネ科の植物。くきの中ほどに、黄色などの種がぎっしりならんだ実がつく。実を食用にする。とうきび。

どうやら ❶なんとか。やっと。れい どうやらできあがった。❷なんだか。れい どうやら道をまちがえたらしい。

とうよう【東洋】アジア。とくに、アジアの東の地方。日本・中国・フィリピン・インドなど。⇔西洋。

1**どうよう**【同様】同じであるようす。れい かのじょはとなりの家にすんでいて、姉妹同様に育った。

2**どうよう**【動揺】❶ゆれ動くこと。❷気持ちが落ち着かず不安なこと。れい 心の動揺をかくす。

3**どうよう**【童謡】子どものためにつくられた歌や詩。

とうらい【到来】❶ある時期がやってくること。れい やっとチャンスが到来した。❷よそからおくりものがとどくこと。れい 到来物のメロン。

とうらく【当落】当選と落選。

どうらく【道楽】仕事のほかに、自分の楽しみとしてすること。

どうり【道理】ものごとの正しいすじみち。また、わけ。りゆう。れい 道理のわかった人。

とうりつ【倒立】さかだち。

どうりつ【道立】北海道のお金でつくられ、北海道が管理すること。また、その施設。

とうりゅうもん【登竜門】出世や成功のためにとおらなければならない、大切なところ。むかし中国で、黄河の「竜門」という急流を登ったコイは竜になるといわれた。そこから生まれたことば。れい このオーディションは役者の登竜門だ。

とうりょう【頭領】おおぜいの人をまとめ、おさめる人。頭。親方。

どうりょく【動力】機械を動かす力。電力・水力・風力・原子力など。

どうろ【道路】人や自動車などが通れるようにした道。

とうろう【灯籠】木・石・竹・金属などでわくをつくり、中に明かりをともすようにしたもの。

灯籠

とうろうのおの 自分が弱いのに、身のほど知らずに強い相手にたちむかうこと。「とうろう」はカマキリのこと。カマキリの前あしをおのにたとえた。れい あのチームが相手では、ぼくらはとうろうのおのだ。

とうろく【登録】役所などにとどけ出て、おおやけの書類に書きしるすこと。れい 自動車の登録をすませた。

とうろん【討論】〔何人かで〕ある問題について考えを出し合い議論すること。れい 環境問題についての討論。

どうわ【童話】子どものためにつくられたものがたり。

とお【十】❶一の十倍。十。❷十才。れい 今年で十になる。

慣用句 **根も葉もない** なんのよりどころもない。

あいうえお かきくけこ さしすせそ たちつてと と なにぬねの はひふへほ まみむめも やゆよ らりるれろ わをん

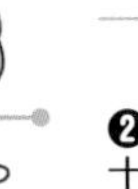

ことばのテーブル

・とおあさ
・とおい
・とおえん
・とおく
・とおざかる
・とおざける
・とおす
・トータル
・とおで
・ドーナツ
・トーナメント
・とおのく
・とおまき
・とおまわし
・とおまわり
・ドーム
・とおめがね
・とおり

とおあさ【遠浅】海岸から沖の方まであさくなっていること。また、そのようなところ。

とおい【遠い】❶〔きょりが〕はなれている。(れい)学校までは遠い。❷時間がへだたっている。年月がたっている。(れい)遠いむかしのこと。❸関係がうすい。(れい)遠い親類。⇕①〜③近い。❹よく聞こえない。(れい)耳が遠い。

とおえん【遠縁◂】血のつながりが遠い親類。

とおく【遠く】❶遠いところ。(れい)遠くの家。⇕近く。❷時間がへだたっているようす。はるかに。(れい)遠く千年のむかしの話。

とおざかる【遠ざかる】❶〔ある場所から〕だんだんはなれていく。とおのく。(れい)遠ざかっていく船を見送る。❷関係がうすくなる。親しまないようになる。うとくなる。(れい)野球から遠ざかる。⇕①②近付く。

とおざける【遠ざける】❶遠くへはなれさせる。(れい)人を遠ざける。❷つきあいをしないようにする。(れい)悪いなかまを遠ざける。⇕①②近付ける。

とおす【通す】❶通行させる。(れい)車を通す。❷はしまでとどかせる。(れい)二つの町の間に鉄道を通す。❸みとめさせる。(れい)無理を通す。❹〔ある人やものごとを〕なかだちとする。(れい)先生を通して申しこむ。❺〔客を〕案内する。中に入れる。(れい)お客さまを応接間に通す。❻最初から最後まで続ける。❼《動詞の下につけて》「終わりまでする」の意味をあらわすことば。(れい)歩き通す。

トータル 合計すること。総計。

とおで【遠出】遠くへ出かけること。

ドーナツ 小麦粉にさとう・たまご・牛乳などをまぜてこね、輪の形などにして油であげた菓子。ドーナッツ。

トーナメント 運動競技の試合の方法の一つ。勝ったものどうしが試合をしていって優勝を決めるやり方。

とおのく【遠のく】❶遠くなる。遠ざかる。❷関係がとぎれとぎれになる。(れい)つきあいが遠のく。⇕①②近付く。

とおまき【遠巻き】その場所から少しはなれてまわりをかこむこと。

とおまわし【遠回し】〔はっきり言わないで〕それとなく相手にわからせようとすること。

とおまわり【遠回り】遠い道を通っていくこと。まわり道。

ドーム まるいやね。また、まるいやねの建物。

とおめがね【遠眼鏡】「望遠鏡」の古い言い方。

とおり【通り】❶人や車の行き来する道。(れい)通りにめんした家。❷人や車の行き来。❸〔風や水などの〕流れぐあい。(れい)風の通りが悪いへや。❹声などがつたわるぐあい。(れい)通りのいい声。❺同じであること。それにちがいないこと。(れい)きみの言うとおりだ。❻《数をあらわすことばの下につけて》「…種類」の意味をあらわすことば。(れい)二通りの読み方をする漢字。

とおりあめ【通り雨】さっとふって、すぐにやむ雨。

とおりすがり【通りすがり】たまたまそこを通ること。

とおりすぎる【通り過ぎる】ある場所を通って先へ行く。通りこす。（れい）うっかり目的地を通り過ぎる。

とおりぬける【通り抜ける】通って、向こうへ出る。

とおる【通る】❶〔あるところを〕すぎる。通行する。（れい）駅の前を通る。❷向こうへとどく。（れい）鉄道が通る。❸一方から他方へぬける。（れい）このへやは風がよく通る。❹よくつたわる。（れい）よく通る声。❺広く人々に知れわたっている。❻わかる。りくつに合う。（れい）意味の通らない文章。❼合格する。（れい）試験に通る。

トーン 音や声の調子。音調。また、色などの調子。色調。

とかい【都会】人口が多く、政治・経済・文化などの中心になっている、にぎやかで大きい町。都市。

とかげ ニホントカゲ。トカゲ科のはちゅう類。体は細く、尾が長い。四本の短い足がある。

とかす【溶かす】かたまっているものを液体にする。（れい）さとうを水に溶かす。

どかっと ❶重いものがいきおいよく落ちるようす。（れい）やねの雪がどかっと落ちる。❷一度にたくさん。くだけた言い方。（れい）荷物がどかっととどく。

とがめる あやまちや罪などをせめる。（れい）失敗をとがめる。

とがる ❶先が細く、するどくなる。❷いらいらする。（れい）神経がとがる。

1とき トキ科の鳥。くちばしは黒くて長く、つばさのもとのほうはうすべに色。かつては多くいたが、日本では野生のものは絶めつした。国際保護鳥・特別天然記念物になっている。

とき

2とき【時】❶時間。また、時刻。（れい）時計が時をきざむ。❷時代。年代。（れい）子どもの時のこと。❸その当時。そのころ。（れい）時の大臣。❹よい機会。（れい）時をまつ。❺場合。（れい）雨の時は遠足は中止だ。

どき【土器】うわぐすりをかけないで焼いた、物を入れるうつわ。

ときおり【時折】あることがらが、たまにおこるようす。ときどき。（れい）時折雨もまじった、強い風がふく。

ときどき【時時】❶そのとき、そのとき。（れい）時々の花がさく庭。❷たまに。ときおり。

どきどき 〔はげしい運動・こわさ・喜びなどのために〕心臓のこどうがはやくなるようす。

ときはなつ【解き放つ】しばりつけていたものを自由にさせる。解き放す。（れい）古いしきたりから解き放つ。

どぎまぎ あわて、うろたえるようす。（れい）とつぜんの質問にどぎまぎする。

ときめく 〔喜びや期待などで〕心臓のこどうがはやくなる。ときめかす。（れい）うれしくて胸がときめく。

ことわざ ねる子は育つ　よくねる子どもは健康でじょうぶに育つ。

ドキュメンタリー じっさいのようすをそのまま記録したラジオ・テレビ・映画などの作品。

どきょう【度胸】ものごとをおそれない心。(れい)度胸のいい人。

ときょうそう【徒競走】かけっこ。

とぎれる【途切れる】続いていたものが、とちゅうで切れたりなくなったりする。(れい)たよりが途切れた。

1とく【得】❶りえき。もうけ。(れい)一文の得にもならない。⇕損。
❷つごうのいいこと。(れい)回数券を買ったほうが得だ。

2とく【解く】❶むすんであるものをほどく。(れい)なわを解く。⇕結ぶ。
❷〔ぬったりあんだりしてあるものを〕ほどいて分ける。
❸問題の答えを出す。
❹〔いかりやうたがいなどを〕なくす。
❺〔仕事や役目などを〕やめさせる。

3とく【説く】よくわかるように話す。説明する。(れい)人間の生き方を説く。

とぐ【研ぐ】❶刃物をと石などでこすって、切れあじをよくする。(れい)母がほうちょうを研ぐ。
❷水の中でこすりあわせてあらう。(れい)米を研ぐ。

1どく その場所をはなれる。しりぞく。(れい)ちょっとどいてよ。

2どく【毒】❶健康や命の害になるもの。(れい)マムシの毒。
❷人の心をきずつけるもの。(れい)毒のあることば。

とくい【得意】❶よくなれていてじょうずなこと。(れい)鉄棒が得意だ。⇕苦手。
❷すぐれているとじまんすること。
❸のぞみどおりになって満足すること。(れい)優勝して得意になる。⇕失意。
❹よく買ってくれる客。(れい)お得意さんにサービスをする。

どぐう【土偶】土でつくった人形。とくに、縄文時代にねん土で人物をかたどったもの。

土偶

とくぎ【特技】自分がとくに自信をもっていて、じょうずにできるわざ。

どくさい【独裁】自分ひとりの考えで決めること。

どくじ【独自】ほかのものとちがって、それだけがとくべつにもっているようす。(れい)日本独自の風習。

とくしまけん【徳島県】四国地方東部の県。県庁所在地は徳島市。⬇都道府県。

どくしゃ【読者】〔新聞・雑誌・書物などの〕読み手。読む人。

とくしゅ【特殊】ふつうとはちがっていること。とくべつであること。(れい)特殊な能力。⇕一般。一般的。

とくしゅう【特集】〔新聞・雑誌・テレビなどで〕一つのことをとくにとり上げて編集すること。また、その編集されたもの。(れい)高校野球を特集した番組を見る。

どくしょ【読書】本を読むこと。

とくしょく【特色】❶ほかのものと、とくにちがっているところ。特徴。
❷ほかのものより、とくにすぐれているところ。特長。(れい)この海岸は水が

きれいで、しかも遠浅であることが特色です。

どくしょのあき【読書の秋】夜が長い秋は、読書をする時間が十分にあり、読書によいきせつだということ。

どくしん【独身】結婚していないこと。また、その人。ひとりもの。

とくする【得する】利益をえる。

1とくせい【特性】そのものだけがもっている、とくべつなせいしつ。

2とくせい【特製】とくべつにつくること。（れい）特製のケーキ。

とくせつ【特設】そのときだけとくべつにもうけること。

どくぜつ【毒舌】ひどい悪口や、ひにく。（れい）毒舌をふるう。

どくせん【独占】ひとりじめにすること。（れい）利益を独占する。

どくそうてき【独創的】〔人のまねをしないで〕自分の考えだけで新しいものをつくりだす力があるようす。

ドクター ❶医者。医師。❷博士。（れい）アメリカの大学院でドクターの資格を取る。

どくだん【独断】〔人に相談せずに〕自分ひとりの考えで決めること。また、その考え。

とくちゅう【特注】ふつうに売っている商品ではなく、材料やつくり方を指定してつくらせること。「特別注文」のりゃく。（れい）特注品。

1とくちょう【特長】ほかのものにくらべて、とくにすぐれているところ。（れい）各人の特長をいかす。

2とくちょう【特徴】ほかのものとくらべて、とくに目立つところ。

とくてい【特定】〔多くのものの中から〕とくにそれと指定すること。また、とくにそれと決められていること。

1とくてん【特典】とくべつの（よい）あつかい。（れい）学生だけの特典。

2とくてん【得点】〔試合や試験などで〕点数をとること。また、そのとった点数。

とくに【特に】とりたてて。とりわけ。ことに。（れい）特に健康には気をつけている。

どくは【読破】〔書物や長い文章を〕終わりまで読み通すこと。（れい）長編小説を読破した。

とくばい【特売】とくべつ安いねだんで、品物を売ること。

どくはく【独白】❶ひとりごとを言うこと。また、そのことば。❷劇で、相手なしにひとりでせりふを言うこと。また、そのせりふ。

とくべつ【特別】ふつうとはちがっているようす。（れい）特別安い品物。

とくべつきゅうこう【特別急行】おもな駅だけに止まり、速度が速い列車。特急。

とくべつてんねんきねんぶつ【特別天然記念物】天然記念物のうち、とくに重要なものとして指定されたもの。トキやマリモなど。

とくほん【読本】❶明治時代から第二次世界大戦直後にかけての、国語の教科書のよび名。どくほん。❷やさしく書いた手引きの本。入門書。どくほん。（れい）文章読本。

とくめい【匿名】本名をかくすこと。また、本名をかくしてつけたべつの名前。

とくゆう【特有】そのものだけがとくべつにもっているようす。（れい）特有のにおいがある。

慣用句 **念頭に置く** わすれずにいつも心におぼえておく。

ことばのテーブル

474ページ

どくりつ【独立】❶ほかからはなれてあること。(れい)独立した家屋。❷ほかからのたすけや指図をうけずに、ひとりでものごとをしたり生活したりすること。ひとりだち。

とげ ❶〔植物のくき・葉、動物のひふ・からなどにある〕はりのように細くつき出ているもの。(れい)バラのとげ。❷細くてとがった、木や竹のかけら。❸意地の悪さを感じさせること。また、そのようなことば。(れい)あの人の言い方はとげがある。

とけい【時計】時間をはかったり、時刻をしめしたりする器械。

とけいまわり【時計回り】時計のはりの進む方向にまわること。(れい)時計回りに走る。

どげざ【土下座】地面にひざまずいて、おじぎすること。(れい)土下座をしてあやまる。

とげとげしい やさしさやゆとりがなく、とげでさすような意地悪な感じであるようす。(れい)とげとげしい声。

1とける【解ける】❶〔むすんであるもの、もつれているものが〕ほどける。❷〔いかり・うらみなどが〕なくなる。(れい)うたがいが解けた。❸わからなかったものがわかる。答えが出る。(れい)なぞが解ける。❹おさえられたり、止められたりしていたものがなくなる。(れい)外出禁止の命令が解ける。

2とける【溶ける】❶固体が液体になる。(れい)高い温度で鉄が溶ける。❷液体にほかのものがまざりあう。(れい)さとうは水に溶ける。

とこ【床】❶ねどこ。(れい)床をとる。❷とこのま。❸なえを育てるところ。なえどこ。

どこ どの場所。はっきりしない場所をしめす。(れい)どこへ行くの。

とこのま【床の間】ざしきの正面のゆかをいちだん高くしたところ。かけじく・おきもの・いけ花などをかざる。

床の間

ところ【所】❶場所。(れい)わたしの家はここからすぐの所にあります。❷土地。(れい)所によって習慣がちがう。❸住所。(れい)所、番地をはっきり書く。❹部分。(れい)物語の終わりの所は、とても感動的だった。❺とき。場合。(れい)きょうのところはゆるしてやる。❻ちょうどそのとき。(れい)今出かけるところだ。

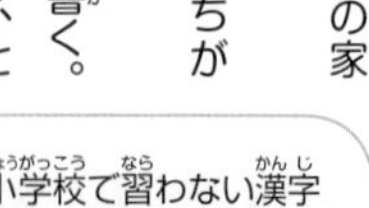

ところが 予想・期待に反することをのべるときに使うことば。けれども。しかし。でも。(れい)さいふをなくしたと思っていた。ところが、ポケットからでてきた。

ところかわればしなかわる【所変われば品変わる】土地がちがうと、ことばや習慣などもみなちがってくる。

ところせましと【所狭しと】その場所がせまく感じられるようす。(れい)その店は、いろいろな商品を所狭しとならべている。

ところで ❶急に話をかえるときに使

うことば。それはそうと。さて。(れい)ところで、あの話はどうなったのですか。❷「もし…しても」の意味をあらわすことば。(れい)行ったところで、どうせるすだろう。

ところてん 海藻のテングサをにて、そのしるをかためた食べ物。細長く切り、すじょうゆなどをかけて食べる。

とさか ニワトリ・キジなどの頭の上にあるかんむりのようなもの。

とざん【登山】山にのぼること。

[1]とし【年】❶一年。十二か月。❷年れい。(れい)年をとった人。

[2]とし【都市】人口が多く、政治・経済・文化などの中心になっている大きな町。都会。

どじ まぬけ。失敗。(れい)まったくどじなやつだ。

としうえ【年上】〔ある人より〕年れいが多いこと。また、その人。⇔年下。

としおとこ【年男】その年のえとと同じ年に生まれた男の人。

としおんな【年女】その年のえとと同じ年に生まれた女の人。

としご【年子】同じ母親からうまれた一つちがいの子。

としこし【年越し】新しい年をむかえること。おおみそかの夜。

とじこめる【閉じ込める】ある場所に入れて外に出られないようにする。(れい)森でつかまえたトラをおりに閉じ込める。

としした【年下】〔ある人より〕年れいが少ないこと。また、その人。年少。⇔年上。

としつき【年月】なん年かの長い間。ねんげつ。さいげつ。

どしどし ものごとが切れめなく、次々と続くようす。また、ものごとを休みなくするようす。(れい)どしどしお申しこみください。

とじまり【戸締まり】門や戸にかぎをかけ、あかないようにすること。

どしゃ【土砂】土とすな。

どしゃぶり【土砂降り】雨がはげしくふること。また、その雨。

としょ【図書】本。書物。

どじょう ドジョウ科の魚。田んぼなどにすむ。体は細長く、口のまわりにひげがある。食用にする。

としょかん【図書館】〔多くの人が利用できるように〕いろいろな本や資料を集めてあるしせつ。

としより【年寄り】年をとった人。老人。

とじる【閉じる】❶〔あけてあったり、広げてあったりしたものを〕しめる。合わせる。(れい)目を閉じる。❷〔会などを〕終わりにする。(れい)会合を閉じる。⇔①②開く。

としん【都心】都市の〔にぎやかな〕中心の場所。とくに、東京都の中心部。

どしんと 重いものが、ぶつかったり落ちたりするようす。また、そのときの音をあらわすことば。どすんと。(れい)車がへいにどしんとぶつかる。

どせい【土星】太陽系の天体の一つ。八つのわく星の中で木星の次に大きい。まわりに大きな輪があり多くの衛星をもっている。➡太陽系。

とそう【塗装】物の表面にペンキやニスなどをぬったりふきつけたりすること。

どそく【土足】はきものをはいたままの足。(れい)土足は禁止だ。

ことわざ **残り物には福がある** 残っている物の中に思いもしないよいものがある。

どだい【土台】❶建物・橋などのいちばん下にあって、上の重みをささえる横木や石。❷ものごとの、きそ。(れい)医学の土台をきずく。

とだな【戸棚】前の方に戸をつけ、中にたなのある、物を入れるための家具。

どたばた ❶さわがしく走りまわったり、あばれたりするようす。また、そのときの音をあらわすことば。(れい)どたばたとかけまわる。❷あわてるようす。(れい)急な客にどたばたする。

とたん【途端】〔あることをした〕ちょうどそのとき。(れい)家に帰りついたとたん、電話が鳴りだした。

どたんば【土壇場】〔これ以上どうしようもない〕ぎりぎりのところ。せっぱつまったところ。(れい)土壇場で大逆転する。

とち【土地】❶〔あるまとまった広さの〕地面。地所。(れい)家を建てる土地をさがす。❷その地方。(れい)土地の風習。

とちぎけん【栃木県】関東地方北部の県。県庁所在地は宇都宮市。⬇都道府県。

とちゅう【途中】❶ある場所から目的地につくまでの間。(れい)学校に行く途中で近所のおばさんにあった。❷ものごとが続いている間。(れい)試合の途中で帰った。

どちら ❶はっきりさだまらない方向や場所をさすことば。(れい)どちらへお出かけですか。❷二つ、または二つ以上のものの中から一つをえらぶときに使うことば。(れい)リンゴとミカン、どちらが好きですか。❸《「どちらさま」の形で》だれであるかわからない人をさすことば。(れい)失礼ですがどちらさまでしょう。

とっき【突起】〔ある部分が〕つき出ること。また、つき出たもの。

とっきゅう【特急】❶とくに急いですること。(れい)特急の仕事。❷「特別急行(列車)」のりゃく。

とっきょ【特許】新しい発明や改良などをした人や会社に政府がそれを使う権利をあたえること。また、その権利。

とつぐ【嫁ぐ】よめにいく。

とっくに ずっと前に。とうに。

とっくん【特訓】特別におこなうきびしい訓練。「特別訓練」のりゃく。(れい)大会にむけて特訓をする。

とつげき【突撃】敵にむかって、はげしくせめこんでいくこと。

とっけん【特権】ある人にだけあたえられている、とくべつの権利。

とっさ ひじょうに短い間。しゅんかん。(れい)とっさのできごと。

とっさに すぐに。たちどころに。(れい)爆発音に、とっさにかがんだ。

どっさり 物がたくさんあるようす。(れい)どっさりおみやげをもらった。

ドッジボール 二組みに分かれてコート内で一つのボールを投げ合い、相手のからだに多く当てたほうが勝ちになる競技。ドッチボール。

とつじょ【突如】思いがけないことが急におこるようす。とつぜん。(れい)突如、ひめいが聞こえた。

どっしり ❶いかにも重い感じがするようす。(れい)どっしりと重い荷物。❷落ち着いて、おもおもしいようす。

【】漢字を使った書き方　(れい)ことばの使い方の例　⇕反対のことば　⬇参考になる情報　◂小学校で習わない漢字

とっしん【突進】わき目もふらず、まっすぐにつき進むこと。(れい) ゴールめがけて突進する。

とつぜん【突然】思いがけないものごとが急におこるようす。(れい) 突然、停電した。

どっち ❶「どちら①」のくだけた言い方。(れい) トイレはどっちかな。❷「どちら②」のくだけた言い方。(れい) 夏と冬、どっちが好きですか。

とって【取っ手】ドア・ひき出しなどについている、手でにぎるところ。

1どっと ❶おおぜいが一度に声を上げるようす。(れい) みんながどっとわらう。❷多くの人やものごとなどが、一度に出てくるようす。(れい) 観光客がどっとおしよせる。／どっとつかれが出た。

2ドット 電子メールで使う、ピリオド。「.」であらわす。

とっとりけん【鳥取県】中国地方北東部の県。県庁所在地は鳥取市。都道府県。↓

とつにゅう【突入】いきおいよく入りこむこと。(れい) 敵陣に突入する。

とっぱ【突破】❶〔困難などを〕つきやぶること。(れい) 入試を突破する。❷ある数量をこえること。(れい) 観客が千人を突破した。

とっぱつてき【突発的】思いがけないことが急におこるようす。

とっぴ【突飛】ふつうでは考えつかないほど、ひじょうにかわっているようす。(れい) 突飛な行動をする。

とっぴょうしもない【突拍子もない】ふつうとはひどくちがっている。(れい) 突拍子もないことをいう。

トッピング 菓子や料理の上に、かざりにしたり味をととのえたりするためにのせるもの。

トップ ❶一番目。先頭。(れい) トップバッター。❷順番の最初。首位。❸会社などで、いちばん上の地位の人。

とっぷう【突風】急にふきつける強い風。(れい) 突風にあおられて、やねのかわらがまい上がる。

どっぷり ❶水や湯などにすっかりつかるようす。(れい) ふろに、首までどっぷりつかる。❷今のありさまに満足しているようす。(れい) かれは、古いやり方にどっぷりつかっている。

とつレンズ【凸レンズ】〔虫めがねのように〕まん中の部分がまわりよりあつくなっているレンズ。ものを大きく見ることができる。⇔凹レンズ。

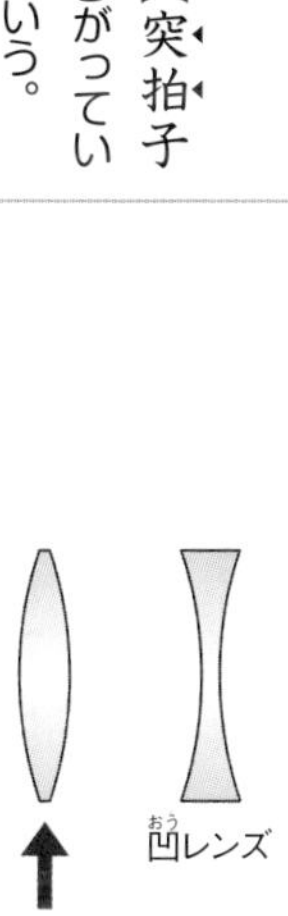

凹レンズ

凸レンズ

どて【土手】〔こうずいなどをふせぐために〕土を高く、長くつみ上げたもの。つつみ。

とてつもない なみはずれている。(れい) とてつもない記録が出た。

とても ❶《下に「ない」などの打ち消しのことばをともなって》どうしても。(れい) わたしにはとてもできない。❷たいそう。ひじょうに。

とどうふけん【都道府県】東京都・北海道・大阪府・京都府と、四十三の県をまとめていうことば。↓479ページ(図)

あいうえお
かきくけこ
さしすせそ
たちつてと と
なにぬねの
はひふへほ
まみむめも
やゆよ
らりるれろ
わをん

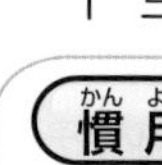

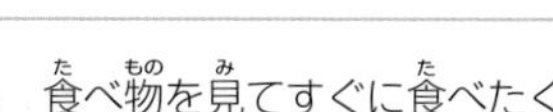

慣用句 **のどが鳴る** 食べ物を見てすぐに食べたくなる。

ことばのテーブル
478ページ

とどく【届く】❶〔送ったものが〕目的のところにつく。れい 荷物が届く。
❷あるところにたっする。れい てんじょうに手が届く。
❸〔願いなどが〕通じる。かなう。れい 思いが届く。

とどける【届ける】❶決められたばしょや相手にものがつくようにする。
❷役所やさしずしている人のもとにさしだしたり、もうし出たりする。れい ひろったお金を交番に届ける。

とどこおる【滞る】❶物事がつかえて進まない。れい 工事が滞る。
❷はらわなければならないお金がたまる。れい 家賃が滞る。

1ととのう【調う】❶用意ができる。れい 食事の用意が調う。
❷うまくまとまる。成立する。れい 縁談が調う。

2ととのう【整う】形がきちんとしている。また、みだれたところがなくなる。れい 足なみが整う。

ととのえる【整える】みだれているものをきちんとする。れい 身なりを整える。

とどのつまり〔いろいろなことがあって〕けっきょくのところ。

とどまる そこを動かないでいる。れい 現地にとどまる。

とどめる ❶動いていたものをとめる。れい 足をとどめてけしきに見入る。
❷あとに残す。れい むかしのおもかげをとどめている。
❸あるはんいから出ないようにする。それだけにする。れい ひようを五千円以内にとどめる。

とどろく ❶音が鳴りひびく。
❷世の中に知れわたる。れい 名前が日本中にとどろく。

ドナー 臓器や体の組織を提供する人。

となえる【唱える】❶声に出していう。れい 念仏を唱える。
❷〔人の先に立って〕自分の意見を強くいう。れい 戦争反対を唱える。

トナカイ シカ科の動物。北のさむい地方にむれをつくってすむ。おすにも、めすにも大きなつのがある。そりを引くのに使い、肉やちちを食用にする。

どなた「だれ」の尊敬した言い方。

となり【隣】❶右または左にならんで続いていること。れい 隣の席。
❷ならんで続いている家。

どなる【怒鳴る】はげしい声でさけぶ。また、大声をあげておこる。れい 怒鳴る声がきこえる。

とにかく どんな事情があっても、それはべつとして。いずれにしても。ともかく。れい むだかもしれないが、とにかく言ってみよう。

どの いくつかの中からえらぶときや、はっきりとしていないものやものごとをさすことば。れい どの本にしようか。

どのう【土のう】土をつめたふくろ。つみかさねて堤防などをつくる。

とのさま【殿様】江戸時代、大名や旗本をうやまってよんだことば。

とばす【飛ばす】❶空中を進ませる。れい 紙飛行機を飛ばす。
❷はやく走らせる。れい 車を飛ばす。
❸とちゅうをぬかして、先へ進む。れい むずかしい問題を飛ばしてやる。
❹〔うわさを〕言いふらす。

とばっちり そばにいたために、思わぬ災難にあうこと。まきぞえ。れい けんかのとばっちりをくう。

(1) 北海道／札幌市
(2) 青森県／青森市
(3) 岩手県／盛岡市
(4) 宮城県／仙台市
(5) 秋田県／秋田市
(6) 山形県／山形市
(7) 福島県／福島市
(8) 茨城県／水戸市
(9) 栃木県／宇都宮市
(10) 群馬県／前橋市
(11) 埼玉県／さいたま市
(12) 千葉県／千葉市
(13) 東京都／東京
(14) 神奈川県／横浜市
(15) 新潟県／新潟市
(16) 富山県／富山市
(17) 石川県／金沢市
(18) 福井県／福井市
(19) 山梨県／甲府市
(20) 長野県／長野市
(21) 岐阜県／岐阜市
(22) 静岡県／静岡市
(23) 愛知県／名古屋市
(24) 三重県／津市
(25) 滋賀県／大津市
(26) 京都府／京都市
(27) 大阪府／大阪市
(28) 兵庫県／神戸市
(29) 奈良県／奈良市
(30) 和歌山県／和歌山市
(31) 鳥取県／鳥取市
(32) 島根県／松江市

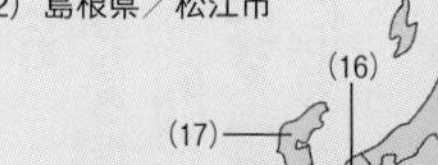

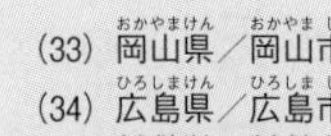

(33) 岡山県／岡山市
(34) 広島県／広島市
(35) 山口県／山口市
(36) 徳島県／徳島市
(37) 香川県／高松市
(38) 愛媛県／松山市
(39) 高知県／高知市
(40) 福岡県／福岡市
(41) 佐賀県／佐賀市
(42) 長崎県／長崎市
(43) 熊本県／熊本市
(44) 大分県／大分市
(45) 宮崎県／宮崎市
(46) 鹿児島県／鹿児島市
(47) 沖縄県／那覇市

：都道府県／都道府県庁所在地

慣用句 **のべつ幕無し** 休みなく、つづけるようす。

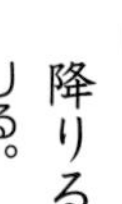

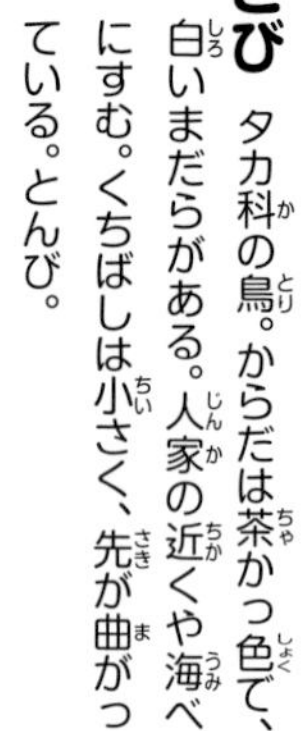

とび タカ科の鳥。からだは茶かっ色で、白いまだらがある。人家の近くや海べにすむ。くちばしは小さく、先が曲がっている。とんび。

とび

とびあがる【飛び上がる】❶とんで空中へあがる。❷はね上がる。おどり上がる。②は「跳び上がる」とも書く。(れい)合格の知らせに飛び上がってよろこぶ。

とびいり【飛び入り】〔もよおしものなどに〕予定していなかった人が急にくわわること。また、その人。(れい)飛び入りで歌う。

とびうお【飛び魚】トビウオ科の魚。むなびれとはらびれが大きく、水面から高くとび上がることができる。

とびおきる【飛び起きる】いきおいよく起き上がる。

とびおりる【飛び下りる・飛び降りる】❶高いところからとんでおりる。❷走っている乗り物からとんでおりる。(れい)走り出した車から飛び下りる。

とびこえる【飛び越◀える】間にあるものの上をとんでこす。とびこす。

とびこむ【飛び込◀む】❶とんで中に入る。❷いきおいよく入りこむ。(れい)プールに飛び込む。(れい)交番に飛び込む。❸自分から進んで、そのものごとにかかわる。(れい)政治の世界に飛び込む。

とびだす【飛び出す】❶いきおいよく外に出る。(れい)ホースから水が飛び出す。❷ある場所から急に立ちさる。(れい)家を飛び出す。❸急にあらわれ出る。

とびばこ【跳◀び箱・飛び箱】体操用具。木の四角のわくをかさねた上に、布などをはった台をおいたもの。走ってきて、手をついてとびこす。

とびまわる【飛び回る】❶空中をあちこちとぶ。❷あちらこちら走りまわる。❸ある目的のために、あちらこちらをいそがしく歩きまわる。(れい)商品の販売のために全国を飛び回る。

とびら【扉◀】❶ひらき戸。ドア。❷本の見返しの次のページ。本の題や作者の名などが書いてある。

1**とぶ**【飛ぶ】❶空中をうごく。❷はねてちらばる。とびちる。(れい)しぶきが飛ぶ。❸はやく走る。はやく行く。(れい)家に飛んで帰る。❹間をぬかして先へうつる。(れい)本のページが飛んでいる。❺世の中に広まる。すばやくつたわる。(れい)うわさが飛ぶ。

2**とぶ**【跳ぶ】はずみをつけて、はねあがる。(れい)カエルがぴょんと跳ぶ。

とほ【徒歩】〔乗り物を使わないで〕歩いて行くこと。(れい)徒歩で通学する。

とほうにくれる【途方に暮れる】どうしたらよいかわからなくなる。(れい)道にまよって途方に暮れる。

とほうもない【途方もない】道理に合わない。とんでもない。なみはずれている。(れい)途方もない考え。

とぼける ❶わざと知らないふりやわすれたふりをする。❷こっけいなことを言ったりしたりする。(れい)とぼけたじょうだんを言う。

とぼしい【乏しい】少ない。足りない。まずしい。

とぼとぼ 元気なく歩くようす。

どま【土間】家の中で床をはっていない、地面のままのところ。

トマト ナス科の植物。夏、黄色の花がさき、赤または黄色の実がなる。なまのまま食べたり、にこみ料理にしたりするほか、ケチャップやジュースにする。

とまどう【戸惑う・途惑う】どうしたらよいかわからずまよう。まごつく。(れい)外国人に話しかけられて、ことばがよくわからず戸惑った。

1とまる【止まる】❶動いていたものが動かなくなる。(れい)時計が止まる。❷通じていたものが通じなくなる。(れい)水道が止まる。❸続いていたものがやむ。❹鳥などが木やものにつかまって休む。(れい)スズメが木のえだに止まる。

2とまる【泊まる】❶自分の家でないほかのところで夜をすごす。❷船が港にとどまる。(れい)沖に泊まっている大きな船。

3とまる【留まる】心に残る。感じる。(れい)白いはたが目に留まる。

とみ【富】ざいさん。(れい)巨万の富。

とむ【富む】❶お金や品物がたくさんある。❷じゅうぶんある。ゆたかである。(れい)変化に富む。

1とめる【止める】❶動かないようにする。(れい)車を止める。❷通じていたものを通じないようにする。(れい)ガスを止める。❸続いていたものをやめさせる。(れい)いたみを止める。❹禁止する。(れい)通行を止める。

2とめる【泊める】❶家や宿などで人をひとばんすごさせる。❷船を港にとどまらせる。

とも【友】親しくしている人。友だち。

ともかく とにかく。

ともしび【ともし火】明かりにするため火をつけたもの。明かり。

ともだち【友達】(親しく)つきあっている人。友人。

ともなう【伴う】❶つれて行く。また、ついて行く。❷ついて回る。同時にもつ。(れい)雨を伴ったはげしい風。

とやまけん【富山県】中部地方北部にある日本海に面した県。県庁所在地は富山市。⬇都道府県。

どようび【土曜日】一週の最後の日。金曜日と日曜日の間の日。土曜。

どよめく ❶〔大きな音や声が〕鳴りひびく。❷〔多くの人が〕一度に声を上げてさわぐ。(れい)大観衆がどよめく。

1とら【虎】ネコ科の動物。からだは黄色で黒いしまもようがある。むれはつくらず、シカなどをおそって食べる。

2とら【寅】❶十二支の三番目。❷むかしの時刻のよび名で、今の午前四時ごろ。また、その前後二時間。

どら 青銅でできた、おぼんの形をした打楽器。船が出るときのあいずや楽器として使う。

トライ ためすこと。ためしにやってみること。(れい)スキーにトライする。

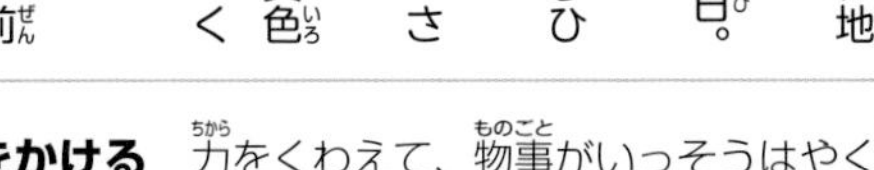
慣用句　**拍車をかける**　力をくわえて、物事がいっそうはやく進むようにする。

ことばのテーブル 482ページ

・ドライ
・トライアスロン
・トライアングル
・ドライブ
・トラウマ
・1とらえる
・2とらえる
・トラック
・とらのいをかるきつね
・トラブル
・ドラマ
・ドラム
・トランク
・トランプ
・トランペット
・1とり
・2とり
・とりあえず
・とりあげる
・とりあつかう
・とりい
・ドリーム
・とりいれる

ドライ ❶義理やなさけにこだわらず、わりきってものごとをおこなうようす。(れい)ドライな性格。❷しめりけのないようす。

トライアスロン 水泳・自転車・マラソンの三種目を一人で続けておこなう競技。鉄人レース。

トライアングル 三角形にまげた鉄のまるいぼうを、金属のぼうでたたいて鳴らす打楽器。

ドライブ 自動車で遠くへいくこと。

トラウマ おそろしい目にあったために、心に深い傷をおうこと。精神的ショック。

1とらえる【捉える】的確につかむ。(れい)文章の要点を捉える。

2とらえる【捕らえる】とりおさえる。つかまえる。(れい)えものを捕らえる。

トラック 荷物を運ぶ自動車。

とらのいをかるきつね【虎の威を借るきつね】〔自分には力がないのに〕強い人の力をたより、そのかげにかくれていばること。

トラブル ❶もめごと。ごたごた。❷機械のこしょう。

ドラマ ❶しばい。劇。❷脚本。戯曲。

ドラム 日本のたいこに似た、洋楽で使う打楽器。

トランク ❶じょうぶで大きな旅行かばん。❷自動車の（うしろについている）荷物を入れるところ。

トランプ 西洋からつたわった、かるたの一種。クラブ・スペード・ダイヤ・ハートの四種類のカード十三まいずつとジョーカー一まいの五十三まいのカードを使って遊ぶ。また、その遊び。

トランペット 金管楽器の一つ。小形のらっぱで、三つの弁があり、音は強くするどい。

1とり【酉】❶十二支の十番目。ニワトリ。❷むかしの時刻のよび名で、今の午後六時ごろ。また、その前後二時間。

2とり【鳥】❶つばさをもち、くちばしがあり、たまごをうむ動物。❷ニワトリ。また、ニワトリの肉。

とりあえず【取りあえず】ひとまず。さしあたって。

とりあげる【取り上げる】❶手にとって持ちあげる。❷意見や案を採用する。聞き入れる。❸むりやりとる。うばう。

とりあつかう【取り扱う】❶〔機械・道具などを〕手で動かしたり使ったりする。あつかう。❷仕事として引き受けてしまつをつける。(れい)銀行の窓口で取り扱う業務。❸もてなす。世話をする。(れい)一人前に取り扱ってもらう。

とりい【鳥居】神社の入り口に立てた門。木や石でつくる。

鳥居

ドリーム 夢。空想。

とりいれる【取り入れる】❶〔外に出ているものを〕とって中に入れる。(れい)せんたくものを取り入れる。❷みのったイネ・ムギなどをかりとる。収穫する。

❸受け入れる。みちびき入れる。(れい)外国の文化を取り入れる。

とりえ【取り柄・取り得】役に立つところ。長所。(れい)すなおなのが弟の取り柄です。

トリオ ❶三重唱。または、三重奏。❷三人でできた一組み。三人組。

とりかえす【取り返す】❶ふたたび自分のものにする。とりもどす。❷ふたたびもとへもどす。(れい)あの夕レントはおとろえていた人気を取り返すことができた。

とりかえる【取り替える・取り換える】❶〔自分のものと相手のものを〕たがいにかえる。❷べつのものにかえる。(れい)電池を取り替える。

とりくむ【取り組む】❶〔あらそって〕たがいにくみつく。くみ合う。❷ものごとをいっしょうけんめいする。(れい)算数の問題に取り組む。

とりけし【取り消し】なかったことにすること。(れい)入会の取り消し。

とりけす【取り消す】一度決めて、書いたり言ったりしたことをなかったことにする。(れい)予約を取り消す。

とりこむ【取り込む】❶とって中に入れる。とり入れる。❷自分のものにする。(れい)かれのアイデアを取り込んだ案。❸とつぜんのできごとや、いそがしいできごとで、ごたごたしている。

とりさる【取り去る】とってのぞく。(れい)ごみを取り去る。

とりしまる【取り締まる】〔不正やいはんのないように〕きびしく見守る。かんとくする。(れい)交通いはんを取り締まる。

とりだす【取り出す】手にとって外へだす。

とりたてる【取り立てる】❶〔きびしく〕さいそくして集める。❷上の地位に引き上げる。(れい)支店長に取り立てる。❸とくにとり上げる。

とりつ【都立】東京都のお金でつくられ、東京都が管理すること。また、その施設。(れい)都立高校。

トリック 人をだます方法。たくらみ。

とりつくしまがない【取り付く島が無い】相手がつめたくて、話しかけるきっかけもない。相手にすがることができない。取り付く島もない。

とりつくろう【取り繕う】❶修理する。(れい)いたんだやねを取り繕う。❷〔あやまちなどを〕うまくごまかして、その場をすます。

とりつける【取り付ける】❶そなえつける。(れい)エアコンを取り付ける。❷〔むずかしい取り引きや、やくそくなどを〕成立させる。

とりで むかし、中心の城を守るために、少しはなれたところにつくった、小さな城。また、敵をふせぐための建物。

とりとめない【取り留めない】つかみどころのない。まとまりのない。とりとめのない。とりとめがない。(れい)取り留めない話。

とりどり〔たくさんの種類があって〕それぞれちがっているようす。

とりなす【取り成す・執り成す】❶仲直りさせる。❷その場をうまくまとめる。(れい)母が取り成してくれたおかげで、父におこられずにすんだ。

ことわざ **はしにも棒にもかからない** 能力や程度がおとっていて、あつかいにこまる。

とりのける【取りのける】❶とってそこからなくす。とりのぞく。❷それだけべつに残しておく。

とりのぞく【取り除く】とってなくす。とりのける。

とりはからう【取り計らう◂】ものごとがうまくいくように処理する。

とりはずす【取り外す】とりつけてあるものを、はずす。

とりはだがたつ【鳥肌◂が立つ】寒さやおそろしさで、ひふが毛をむしったあとの鳥のはだのようにぶつぶつになる。

とりはらう【取り払◂う】すっかりとり去る。

とりひき【取り引き】品物を売ったり買ったりすること。商売。

ドリブル ❶ラグビーやサッカーで、ボールをけりながら進むこと。❷バスケットボールなどで、ボールをかた手でつきながら進むこと。❸バレーボールで、ひとりが続けて二度ボールにふれること。反則になる。

トリマー 犬やネコなど、ペットの毛をはさみなどでかったり、くしで整えたりする仕事をしている人。

とりまく【取り巻く】まわりをかこむ。とりかこむ。

とりもどす【取り戻◂す】一度うしなったものを、ふたたび自分のものにする。(れい)健康を取り戻す。

どりょく【努力】自分のもっている力のかぎりをつくすこと。

どりょくか【努力家】目標をたっせいするために、自分のもっている力のかぎりをつくしてがんばる人。

ドリル ❶〔モーターなどで〕ぐるぐる回して、あなをあける道具。❷ある教科の問題練習をくりかえすこと。また、そのための問題集。

とりわけ【取り分け】とくに。

とりわける【取り分ける】❶めいめいの分をわけてとる。❷とりのけてべつにする。(れい)不良品を取り分ける。

ドリンク 飲み物。

1とる【取る】❶つかむ。にぎる。❷うばう。ぬすむ。❸うけとる。もらう。(れい)休みを取る。❹そのところからのぞく。❺必要なものをえる。(れい)運転免許を取る。❻食べる。(れい)食事を取る。❼注文してもってこさせる。また、ひき続き予約して買う。(れい)出前を取る。／新聞を取る。❽負うべきものとして自分の身に受ける。(れい)責任を取る。❾必要とする。(れい)手間を取る。❿つみかさねる。(れい)年を取る。

2とる【捕◂る】つかまえる。とらえる。(れい)魚を捕る。

3とる【採る】❶さがして集める。(れい)こん虫を採る。❷人をやとう。(れい)社員を採る。❸えらび出して用いる。(れい)新しい方法を採る。

4とる【撮る】写真をうつす。

どれ いくつかあるうちで、これと決められないものをさすことば。

トレーナー ❶運動選手のからだの調子に気をつけたり、練習の指導をしたりする職業の人。❷運動用の厚手の長そでシャツ。

トレーニング 〔運動や競技などの〕

あいうえお

かきくけこ

さしすせそ

たちつてと
と

なにぬねの

はひふへほ

まみむめも

やゆよ

らりるれろ

わをん

練習。

ドレス 女の人が着る洋服。とくに、あらたまった場所などで着る服。

トレッキング 楽しみながら野山を歩くこと。

ドレッシング ソースの一つ。酢とサラダ油をまぜて調味料をくわえたもの。サラダなどにかけて用いる。

とれる【取れる】❶〔ついていたものが〕はなれおちる。❷理解できる。うけとれる。❸しゅうかくがある。えものがある。(れい)この海岸ではコンブが取れる。

どろ【泥】水がまじってやわらかくなった土。

ドロー スポーツの試合で、引き分けになること。

トロッコ 土や石などをのせ、小型のレールの上を手でおして運ぶ車。

トロッコ

ドロップ さとうにくだものなどの味や色をつけて、につめてつくった西洋ふうのあめ。

とろとろ ❶物がとけてねばり気があるようす。❷あさくねむるようす。ねむ気がしてくるようす。(れい)弟は、目がとろとろしている。❸火などのいきおいが弱いようす。(れい)おかゆをとろとろにる。❹ものごとをゆっくりするようす。(れい)とろとろしていないでもっと早くしなさい。

どろどろ ❶ものがとけて、ねばねばしたしるのようになるようす。(れい)どろどろにとけた鉄。❷どろでよごれたようす。

どろぬま【泥沼】❶どろの深いぬま。❷〔❶の意味から〕なかなかぬけられない、悪いじょうたい。(れい)連敗の泥沼におちこんだ。

トロフィー 優勝、または、入賞したものに記念にあたえられる、カップ・たて・像など。

どろぼう【泥棒・泥坊】人のものをぬすむこと。また、その人。

とろり ❶物がとけて形がくずれるようす。(れい)とろりととろけるチーズ。❷ねむくなるなどして、気持ちよくなるようす。(れい)とろりとした気分。❸あさくねむるようす。

どろり 物がとけて、ねばり気が強いようす。液体に物がとけて、重くにごっているようす。

どろんこ【泥んこ】どろ。また、どろまみれ。どろだらけ。(れい)泥んこの道。

どんかん【鈍感】ものごとにたいする感じ方がにぶいこと。⇔敏感。

どんぐり ブナ科の木の実。かたい皮におおわれている。マテバシイ・コナラ・クヌギなど、いろいろな形のものがある。

どんぐりのせいくらべ【どんぐりの背比べ】どれも同じくらいで、とくにすぐれたものがないこと。

どんぞこ【どん底】いちばん下。いちばん悪いじょうたい。

とんち【頓知】その場におうじて、すばやく働くかわったうまいちえ。(れい)とんちのきいた話。

慣用句 **はじをさらす** 自分のはじをおおぜいの人に見られてしまう。

あいうえお かきくけこ さしすせそ たちつてと と なにぬねの はひふへほ まみむめも やゆよ らりるれろ わをん

とんちんかん【頓珍漢】まとはずれで、つじつまの合わないことを言ったりしたりすること。また、その人。(れい)とんちんかんな返事をした。

とんでもない ❶ふつうの程度や常識をはずれている。(れい)この強風の中を出かけるなんて、とんでもない。
❷相手のいうことを、強くうちけすことば。(れい)わたしがかれをきらっているなんて、とんでもない話だ。

どんでんがえし【どんでん返し】ものごとがとつぜん正反対にかわること。(れい)この物語はどんでん返しで終わる。

とんと ちっとも。まったく。下に「…ない」などの打ち消しのことばがくる。(れい)あれ以来とんと顔を見せなくなった。

とんとん ❶かたいものをかるくたたく音のようすをあらわす。(れい)かなづちで、くぎをとんとんたたく。
❷ものごとが順調にはかどるようす。(れい)けいやくは、とんとんまとまったようだ。
❸両方が同じくらいで、差がないようす。(れい)もよおし物の収支はとんとんだった。

どんどん ❶かたいものなどを強くたたく音のようすをあらわす。
❷たいこ・花火などが続けて鳴る音のようすをあらわす。
❸ものごとがすばやくはかどるようす。また、さかんにそうなるようす。(れい)仕事がどんどんかたづく。

とんとんびょうし【とんとん拍子】ものごとが思いどおりに調子よく進むこと。(れい)とんとん拍子に出世をする。

とんとんぶき やねをそまつな板だけでふくこと。また、そのやね。

どんな どのような。(れい)どんなご用ですか。

トンネル ❶山・川底・海底などをほりぬいて、人や車などが通れるようにした道。
❷野球で、ゴロのボールをまたの間を通してうしろにのがすこと。

どんぶり【丼】❶食べ物を入れる、厚みのある深い焼き物のはち。「どんぶりばち」のりゃく。
❷「どんぶり①」にごはんをもり、その上におかずをのせた料理。(れい)親子どんぶりを注文する。

とんぼ こん虫の一種。からだは細長く、目が大きい。すきとおった四まいの羽でとぶ。幼虫は「やご」といい、水中にすむ。

とんぼがえり【とんぼ返り】❶しばいで、手を地面につかないでちゅう返りをすること。
❷目的地へついて、すぐに引きかえすこと。(れい)父は、急なよび出しをうけて、大阪からとんぼ返りしてきた。

ドンマイ スポーツなどで、しっぱいした人をはげますことば。「気にするな。」「心配するな。」という意味。

とんや【問屋】品物をつくる人から買い入れて小売店にうる店。また、それを仕事にしている人。といや。

どんより ❶空がくもっていてうす暗いようす。(れい)どんよりした天気が続いている。
❷色がにごっているようす。(れい)森のおくにあるそのぬまは、どんよりにごっていた。

な

ナ

なまず

1な ❶「(…しては) いけない」の意味をあらわすことば。(れい) もうなくな。❷感動をあらわすことば。(れい) うれしいな。

2な【名】❶名前。よび名。❷よい評判。(れい) この学校は、名門校として名が高い。

3な【菜】ハクサイ・キャベツ・ホウレンソウなど、葉や茎などを食べるやさい。なっぱ。あおな。(れい) 菜をつむ。

1ない 上の動作や作用を打ち消す意味をあらわすことば。(れい) 食べない。

2ない【無い】❶そんざいしない。(れい) 水とうの水が無い。❷持っていない。(れい) お金が無い。❸欠けている。(れい) 信用が無い。⇕①〜③有る。❹〔すでに死んで〕この世にいない。④は「亡い」と書くことが多い。

無い①

ナイーブ すなおで、感じやすいようす。(れい) ナイーブな青年。

ないか【内科】医学の区分けの一つ。肺・胃・腸など内臓の病気を、手術をしないでなおす医学。

1ないかく【内角】❶多角形の、となりあう二辺がつくっている内がわの角。❷野球で、ホームベースの、バッターに近いがわ。インコーナー。(れい) 内角高めのボール。⇕①②外角。

2ないかく【内閣】法にしたがって国をおさめる、いちばん上のしくみ。日本では、内閣総理大臣とそのほかの国務大臣によってつくられる。

ないかくそうりだいじん【内閣総理大臣】日本の政治で、内閣の最高責任者。首相とよばれる。国会の議決によって、国会議員の中からえらばれる。総理大臣。総理。

ないがしろ 物事や人をかるく見て、そまつにあつかうこと。(れい) 親をないがしろにするなんて、とんでもない。

ないこうてき【内向的】人の前に出ていかず、ひとりで考えたりなやんだりしているようす。

ないしゅっけつ【内出血】〔外に出ないで〕体の内部で、血管がやぶれて血が出ること。

ないしょ【内緒】人に知らせずに、かくしておくこと。ひみつ。(れい) 内緒話。

ないしん【内心】心のうち(では)。心中。(れい) 平気な顔をしていたが、内心はひやひやしていた。

ないしんしょ【内申書】生徒が今かよっている学校から、入学をのぞんでいる学校に、その生徒のそれまでの成績などを知らせる書類。

ないしんのう【内親王】天皇の女の子。皇女。また、皇太子の女の子。男子は「親王」という。

ないせん【内線】会社や学校などで、その内部だけに通じる電話線。(れい) 内線の番号を言う。⇕外線。

1ないぞう【内蔵】中に持っていること。内部に取りつけてあること。

慣用句 **旗色が悪い** 負けそうである。形勢がよくない。

あいうえお かきくけこ さしすせそ たちつてと なにぬねの な はひふへほ まみむめも やゆよ らりるれろ わをん

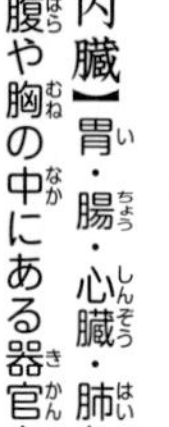

2ないぞう【内臓】胃・腸・心臓・肺などのように、腹や胸の中にある器官をまとめていうよび名。

ないてい【内定】〔正式に発表する前に〕内部で決めること。また、決まること。れい 就職先が内定する。

ナイフ ❶洋風の小がたな。❷洋食を食べるときに使う道具。

ないぶ【内部】❶物のうちがわ。れい エンジンの内部をしらべる。❷ある集まりやしくみのなか。うちわ。れい 内部事情。⇕①②外部。

ないみつ【内密】かくして表ざたにしないこと。ないしょ。ないぶん。

ないや【内野】❶野球で、本るい・一るい・二るい・三るいをむすぶ正方形の内がわ。インフィールド。れい 内野フライ。❷野球で、一るい手・二るい手・三るい手と、遊撃手のこと。「内野手」のりゃく。⇕①②外野。

ないよう【内容】❶あるものの中にはいっているもの。中身。❷文章や本に書かれていることがら。れい 報告文の内容をまとめる。⇕形式。

ないらん【内乱】国の中のみだれ。とくに、暴力によって政治の権力をうばいとろうとする、国の中のさわぎ。

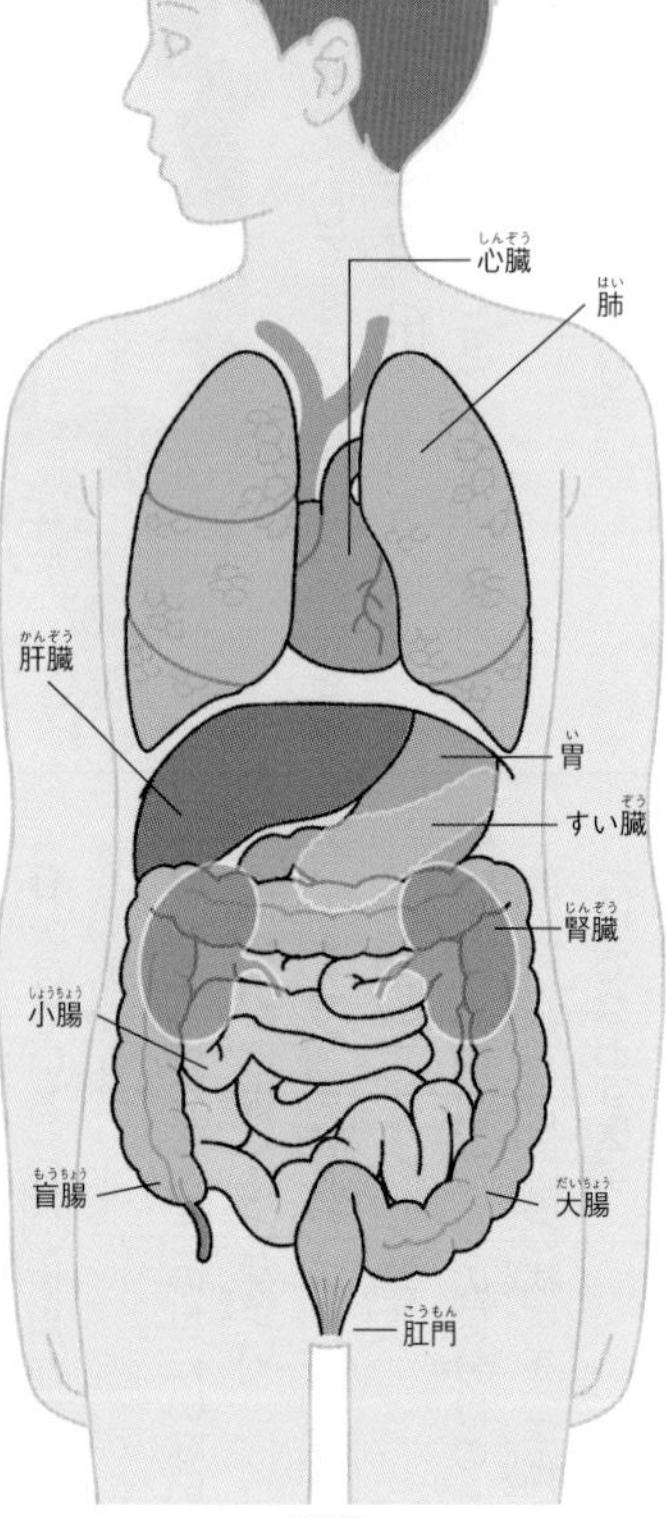

内臓

ないりく【内陸】陸地の中で、海岸から遠くはなれた地方。

なえ【苗】種から芽を出したばかりの小さな植物。とくに、イネ・やさい・草花・木などの、うえかえられるぐらいに育ったもの。

なお ❶あるじょうたいや気持ちなどが、前と同じように続いていることをあらわすことば。あいかわらず。まだ。れい 古い城が今なお残っている町。❷それ以上に。さらに。❸あることをいったあとでさらにほかのことをつけくわえるときに使うことば。れい なお、集合場所は未定です。

1なおす【治す】〔病気やけがを〕手あてして健康なじょうたいにする。

2なおす【直す】❶みだれたり、悪くなったりしたものをもとのよいじょうたいにする。れい きげんを直す。❷正しくする。きちんとする。❸《動詞の下につけて》さらに…する。正しく…する。れい きちんとすわり直す。

1なおる【治る】〔病気やけがが〕もとの健康なじょうたいになる。

2なおる【直る】❶悪くなったものがもとのよいじょうたいにもどる。(れい)きげんが直る。／エンジンの故障が直る。❷〔まちがったところが〕あらたまって、正しくなる。

1なか【中】❶かこまれたものの内がわ。(れい)家の中。⇔外。❷〔いちやじゅんじょの〕まん中。❸あるはんい。❹二つのものの間。中間。(れい)ふたりの中に立ってなかなおりさせる。❺あるじょうたいが続いているとき。

2なか【仲】人と人との間がら。

ながあめ【長雨】何日もふり続く雨。

1ながい【長い】❶二つの間のへだたりが大きい。(れい)長いひも。❷ある時からある時までの時間のへだたりが大きい。⇔①②短い。

2ながい【長居】あるところに長くとどまっていること。

ながいき【長生き】長く生きること。長命。長寿。

ながぐつ【長靴】〔雨ふりのときなどにはく〕ゴムまたは革でつくった長いくつ。

ながさ【長さ】❶長いこと。また、そのどあい。きょり。(れい)川の長さ。❷ある時刻とある時刻との間のへだたり。(れい)春分の日は、昼と夜の長さが同じだ。

ながさきけん【長崎県】九州地方の北西部にあり、東シナ海に面している県。五島列島・壱岐・対馬・島原などをふくむ。県庁所在地は長崎市。⬇都道府県。

ながし【流し】台所などで、水を流して食器や食品などをあらうところ。

ながしかく【長四角】ちょうほうけい。

ながす【流す】❶水やものなどを流れるようにする。❷世間につたえる。広める。❸よごれをおとす。❹《動作をあらわすことばの下につけて》「そのままにしておく」の意味をあらわすことば。(れい)聞き流す。

なかせんどう【中山道・中仙道】江戸時代の五街道の一つ。江戸（＝今の東京）から信濃（＝今の長野県）をへて京都にいたる街道。

なかだち【仲立ち】ある人とある人の間に立って、とりついだり世話をしたりすること。また、その人。

ながつき【長月】むかしのこよみで、九月のこと。

ながつづき【長続き】ひとつの物事が長い間続くこと。(れい)あきっぽくて、長続きしない人。

なかなおり【仲直り】なかが悪くなったふたりが、もとどおりになかよくなること。

なかなか❶思っていた以上によいようすであることをあらわすことば。ずいぶん。かなり。(れい)あの子は、なかなかじょうずな字を書く。❷物事がたやすく終わらないことをあらわすことば。かんたんには。とても。

ながなが【長長】ものや時間がひじょうに長いようす。また、長くのびているようす。

なかにわ【中庭】建物などにかこまれた庭。内庭。

ながのけん【長野県】中部地方の中央にある、海岸のない内陸の県。県庁所在地は長野市。⬇都道府県。

慣用句 **鼻息があらい** とくいになり、いせいがよい。

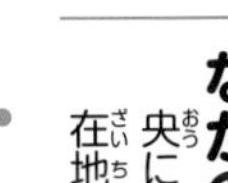

なかば【半ば】❶全体のおよそ半分。❷まん中。中ほど。とちゅう。❸半分ぐらいそのじょうたいであるようす。(れい)半ばあきらめる。

ながびく【長引く】〔予定・予想よりも〕時間が長くかかる。

なかま【仲間】あることをいっしょにする人。(れい)つりの仲間。

なかまいり【仲間入り】なかまにくわわること。

なかまはずれ【仲間外れ】なかまに入れてもらえないこと。また、なかまに入れないこと。

なかまわれ【仲間割れ】なかまの間にもめごとなどがおこって、ばらばらになること。

なかみ【中身・中味】中に入っているもの。内容。(れい)かばんの中身。

ながめ【眺め】見わたすこと。また、見わたしたけしき。

ながめる【眺める】❶じっと見つめる。(れい)自分の顔を鏡で眺める。❷遠くのけしきなどを見わたす。

ながもち【長持ち】物が長い間つかえること。長い間役に立つこと。

ながや【長屋】細長い建物をいくつかにしきって、たくさんの家族が住めるようにしたもの。

なかやすみ【中休み】仕事などのとちゅうで、ちょっと休むこと。

ながゆ【長湯】長い時間ふろに入ること。(れい)長湯をしてのぼせる。

なかゆび【中指】五本の指のうち、まん中にある指。

なかよし【仲良し】なかがいいこと。また、そのようなあいだがらの人。

ながら ❶二つのことが同時におこなわれることをあらわすことば。…と同時に。(れい)ギターをひきながら歌う。❷…にもかかわらず。…（な）のに。(れい)不満ながらしたがう。❸…のままのじょうたいで。

ながれぼし【流れ星】夜空に、とつぜん線をかいたように流れる星。流星。

ながれる【流れる】❶水などが動く。(れい)川が流れる。❷したたる。たれる。(れい)汗が流れる。❸ものが水上や水中を動く。❹〔気体が〕ただよい動く。❺すぎさる。(れい)時が流れる。❻とりやめになる。(れい)雨のため試合が流れる。❼広まる。(れい)うわさが流れる。

なきがお【泣き顔】ないている顔。また、なきだしそうな顔。

なきごえ【鳴き声】〔鳥・虫・けものなどの〕なく声。

なきむし【泣き虫】ちょっとしたことですぐなく人。

1なく【泣く】〔悲しみや喜びのあまり〕なみだを流す。

泣く

2なく【鳴く】鳥・虫・けものなどが声を出す。(れい)セミが鳴く。

なぐさめる【慰める】悲しみや苦しみなどをわすれさせ、気持ちをやわらげる。いたわって元気づける。

なくす【無くす】うしなう。

1なくなる【亡くなる】「死ぬ」のていねいな言い方。

なくなる[2]【無くなる】❶へっていって、なにもない状態になる。つきる。❷見つからなくなる。(れい)カメラがなくなった。

なくねこはねずみとらず【鳴く猫はねずみ捕らず】よくしゃべる人は実行しないものだということ。鳴く猫はねずみを捕らぬ。

なぐる【殴る】〔こぶしや棒などで〕強く打つ。

なげく【嘆く】❶深く心をいためて、かなしむ。(れい)祖父の死を嘆く。❷〔思いどおりにいかないことなどを〕うらみ、かなしんで口に出す。

なげる【投げる】❶〔遠くへ〕とばす。ほうる。(れい)ボールを投げる。❷あきらめて熱心にやらない。❸〔その方へ〕むける。(れい)音のしたほうへ視線を投げる。

なごむ【和む】気持ちがおだやかになる。(れい)花を見ていると心が和む。

なごり【名残】❶物事のすんだあとに、そのようすが残っていること。(れい)まつりの名残。❷わかれるのをつらく思う気持ち。

なごりおしい【名残惜しい】心残りがして、わかれるのがつらい。

なさけ【情け】きのどくに思う心。思いやりの心。(れい)人の情けにすがる。

なさけない【情けない】❶あきれはてたようすである。なげかわしい。❷みじめである。あわれである。

なさけはひとのためならず【情けは人のためならず】人に親切にしておけば、いつか自分も人から親切にされることがあるということ。

なざし【名指し】名前をさししめすこと。指名。

なし【梨】バラ科の木。春に白い花がさき、秋にあまく水分の多い実ができる。

なじみ なれて親しみをもつこと。親しい間がら。また、その人。

なじむ ❶よくなれて親しむ。❷物が、ほかの物としっくりした感じになる。(れい)くつが足になじむ。

なじる 相手を問いつめて、せめる。非難する。

なす ナス科の植物。夏に、星のような形のむらさき色の花がさく。夏・秋にできるこいむらさき色の実を食用にする。なすび。

なずな アブラナ科の植物。道ばたなどにはえ春に小さな白い花がさく。実は三角形。春の七草の一つ。ペンペングサ。

なぜ どうして。どういうわけで。

なぞ【謎】❶なぞなぞ。❷それとなく遠回しにいうこと。(れい)謎をかける。❸ほんとうのすがたやわけがわかっていない、ふしぎなこと。(れい)宇宙の謎。

なぞなぞ【謎謎】前もって用意した答えを、ほかのことばでといかけて、それを当てさせる遊び。

なぞらえる 似ているものにたとえて考える。見たてる。(れい)人生はよく旅になぞらえられる。

なぞる 書いてある字などの上をたどってかく。(れい)手本の字をなぞる。

なだかい【名高い】世間に広く名が知られている。有名である。

なたね【菜種】アブラナのたね。しぼってあぶらをとる。

なたねづゆ【菜種梅雨】三月の終わりごろ、アブラナの花がさくころにふる長雨。

慣用句 **話がはずむ** おもしろかったり、楽しかったりして、会話が活発につづく。

あいうえお かきくけこ さしすせそ たちつてと なにぬねの はひふへほ まみむめも やゆよ らりるれろ わをん

なだめる おこっている人やかなしんでいる人をなぐさめて、気持ちを落ち着かせる。

なだらか ❶〔山や道などの〕かたむきがゆるやかなようす。
❷なめらかなようす。すらすらとすすむようす。

なだれ【雪崩◀】ふりつもったたくさんの雪が、山のしゃ面を急にくずれおちること。また、その雪。

ナチュラル ❶自然であるようす。
❷音楽で、シャープ（♯）やフラット（♭）で変化した音を、もとの高さにもどす記号。本位記号。「♮」であらわす。

なつ【夏】一年を四つの季節に分けたうちの一つ。春の後の季節で、六・七・八月ごろ。一年で一番暑い。

なつかしい【懐◀かしい】〔すぎさったときのことが〕思い出されて、心がひきつけられる。

なつく【懐◀く】なれて、親しくなる。

なつくさ【夏草】夏におい しげる草。

なつぐも【夏雲】夏の空にあらわれる雲。

なつこだち【夏木立】夏に青々とおいしげっている木々。

なつざしき【夏座敷◀】すだれで日ざしをさえぎったり、戸を開けて風通しをよくしたりした夏向きのざしき。

なつぞら【夏空】日ざしが強く、晴れわたった夏の空。

なっとう【納豆】ダイズをにて、なっとう菌を働かせてつくった、ねばりけのある食べ物。

なっとく【納得】〔他人の考えなどが〕よくわかること。

なっぱ【菜っ葉】葉を食用にするやさいをまとめていうことば。

なつび【夏日】夏の暑い日。一日の最高気温が二十五度以上の日。

なつまつり【夏祭り】夏におこなわれる、地域や神社の祭り。

なつみかん【夏みかん】ミカン科の木。春から夏にかけてじゅくす実を食用にする。

なつめそうせき【夏目漱◀石】（一八六七～一九一六）明治時代から大正時代にかけての小説家・英文学者。「吾輩は猫である」「坊っちゃん」「草枕」「三四郎」「それから」などの作品がある。

なつやすみ【夏休み】学校が、夏の暑い間授業などを休みにすること。

なでしこ ナデシコ科の植物。へりが細かく切れこんだ花びらで、ピンク色などの花がさく。秋の七草の一つ。

なでる〔てのひらで〕かるくゆっくりとさわる。(れい)頭をなでる。

など ❶いくつかのものをならべあげて、ほかにもあることをしめすことば。(れい)さとう・塩などの調味料。
❷物事をひとつに決めず、ことばの調子をやわらげることば。(れい)お菓子など一ついかがですか。

なな【七】しち。

ななくさ【七草】「春の七草」「秋の七草」のこと。

ななくさがゆ【七草がゆ】一月七日に春の七草を入れてつくるおかゆ。

ななころびやおき【七転び八起き】〔七回ころんで八回おきあがる意味から〕なんど失敗してもそれに負けないでがんばること。

ななつ【七つ】❶一の七倍。七。七。
❷七才。

ななつどうぐ【七つ道具】七つの

種類がそろって一組みとなる道具。また、ひつようなときに使えるようにいつもそろえて持ち歩くひとそろいの道具。(れい)かなづちは大工の七つ道具の一つだ。

ななめ【斜め】❶かたむいていること。(れい)日が斜めにさしこむ。❷気持ちなどがふつうでないこと。(れい)父はごきげんが斜めだ。

なに【何】❶名前のわからない物やはっきりわからないことがらをさすことば。(れい)何がほしいの。❷少しも。まったく。いっさい。(れい)何不自由なくくらす。

なにか【何か】❶きまっていない物事やわかっていない物事をさすことば。(れい)何か書くものないかな。❷どことなく。なぜか。

なにげない【何気ない】❶気にしないようす。(れい)何気ないふりをする。❷《「何気なく」の形で》これといった目的もなく。ふと。(れい)何気なく外を見たら友だちが歩いていた。

なにしろ【何しろ】とにかく。なんにしても。

なにも【何も】❶どんなことも。なにもかも。❷とくにとりたてて。べつに。(れい)何もそうおこることはないでしょう。

なのか【七日】❶月の第七日。❷七つの日数。一週間。

なのはな【菜の花】アブラナ科の植物の、アブラナの花。

なのる【名乗る】❶自分の名をいう。❷自分の名とする。(れい)結婚して、山本の姓を名乗る。

なびく ❶雨や風のために横に流れるように動く。(れい)草が風になびく。❷ほかの人の考えや勢いにしたがう。

ナビゲーター 自動車レースなどで、助手席にのって、運転する人に速度や方向などを知らせる人。

ナプキン 主に洋食のとき、衣服のよごれるのをふせぐため、ひざや胸にかける白い布や紙。ナフキン。

なふだ【名札】名前を書いたふだ。

なべ【鍋】❶食物をにるのに使う道具。❷なべでにながら食べる料理。なべもの。「なべ料理」のりゃく。

なま【生】❶にたり、焼いたり、ほしたりしていないこと。(れい)生やさい。❷自然のまま。手をくわえないこと。(れい)生の声。❸《あることばの上につけて》「じゅうぶんでない」「いいかげんな」の意味をあらわすことば。(れい)生がわき。／生返事。

なまいき【生意気】えらぶったり、知っているふりをしたりして、にくらしいこと。

なまえ【名前】❶〔ほかのものと区別するため〕人・物・場所につけたよび名。名。❷氏名。また、名字に対する名。(れい)名字は山田、名前は一男です。

[1]なまけもの ナマケモノ科の動物。体長約六十センチメートル。かぎのようなつめで木の枝にぶらさがり、ほとんど動かない。木の葉や果実を食べる。

なまけもの

慣用句　**鼻にかける**　じまんする。とくいがる。

2**なまけもの**【怠け者】なまけてばかりいる人。⇔働き者。

なまける【怠ける】しなければならないことをしないで、ほうっておく。サボる。（れい）そうじを怠ける。

なまず ナマズ科の魚。川や池のどろの中にすむ。頭は、平たくて大きく、口のまわりにひげがある。うろこがなく、体の表面はぬるぬるしている。

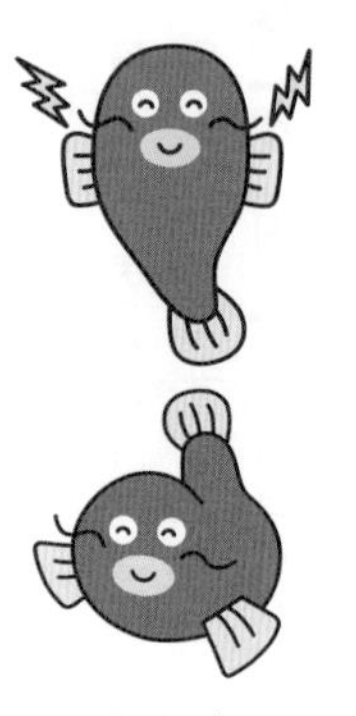

なまず

なまたまご【生卵】にたり、焼いたりしていないたまご。

なまみず【生水】わかしていない水。

1**なまる** ❶刃物の切れあじが悪くなる。（れい）ほうちょうがなまる。❷ものの働きがにぶくなる。（れい）運動不足で体がなまる。

2**なまる** 標準的な発音に合わない発音をする。

1**なみ**【波】❶風などによっておこる、水面の高低の運動。❷高くなったり、低くなったり変化していること。（れい）成績に波がある。❸動いていくもの、おしよせてくるもののたとえ。（れい）人の波。

2**なみ**【並】❶ふつう。中ぐらい。（れい）並の成績。❷《あることばの下につけて》「…と同じくらい」の意味をあらわすことば。（れい）人並み。／世間並み。❸《あることばの下につけて》「そのもの全部」の意味をあらわすことば。（れい）軒並み休業している。❹《あることばの下につけて》「ならんだもの」の意味をあらわすことば。（れい）みんなの足並みがそろう。

なみうちぎわ【波打ち際】波がうちよせるところ。なぎさ。

なみうつ【波打つ】❶波がよせてくる。波がたつ。（れい）波打つ岸辺。❷波のようにうねる。（れい）いなほが波打つ。

なみだ【涙】かなしいとき、苦しいとき、かわいそうなとき、感動したときなどに、目から出る液体。

なみだぐむ【涙ぐむ】目に涙をためる。いまにもなきそうになる。

なみだもろい【涙もろい】ちょっとしたことにもすぐ感じて、涙を流しやすい。（れい）わたしの母は涙もろい。

なみだをのむ【涙をのむ】ひじょうにつらいことやくやしいことをがまんする。（れい）大切にしていたものを、涙をのんで手ばなす。

なみなみ 水などが、こぼれそうなほどいっぱいであるようす。（れい）水をコップになみなみとつぐ。

なめくじ ナメクジ科の動物。しめったところにすみ、体はねばねばした液でおおわれている。塩をかけると水分が出て、体がちぢむ。

なめらか【滑らか】❶つるつるして、すべりそうなようす。（れい）滑らかなはだざわり。❷物事がつかえずにすらすら進むようす。（れい）滑らかな話し方。

なめる ❶舌の先で（なでるように）さわる。また、そのようにして味わう。（れい）あめをなめる。❷〔苦しみなどを〕経験する。（れい）苦

【】漢字を使った書き方　（れい）ことばの使い方の例　⇔反対のことば　↓参考になる情報　◂小学校で習わない漢字

労をなめてきた人だ。❸ばかにする。軽くみる。あまくみる。

なもない【名もない】世の中に知られていない。(れい)名もない人々。

なやましい【悩ましい】なやんで気持ちがはれない。(れい)悩ましい問題が生じる。

なやみ【悩み】心の苦しみ。心配。(れい)悩みをきいてもらう。

なやむ【悩む】❶〔心の中で〕あれこれと思い苦しむ。(れい)友だちとけんかをしてしまい悩む。❷体のいたみなどで苦しむ。(れい)日ごろから頭痛に悩んでいる。

なよなよ やわらかくて、弱々しいようす。

ならう【習う】教えてもらっておぼえる。(れい)ピアノを習う。

ならけん【奈良県】近畿地方の中央部にある県。県庁所在地は奈良市。⬇都道府県。

ならじだい【奈良時代】七一〇年に元明天皇が奈良に都をおいてから、七九四年に桓武天皇が京都に都をうつすまでの八十五年間。中国のえいきょうをうけて、仏教がさかえた。

1**ならす**【慣らす】❶よくなれるようにする。(れい)新しいくつに足を慣らす。❷動物を人になれるようにする。(れい)犬を慣らす。

2**ならす**【鳴らす】❶音を出す。(れい)すずを鳴らす。❷評判をとる。(れい)先生もわかいときは、マラソンで鳴らしたものだ。

ならぶ【並ぶ】❶となりあうような位置になる。(れい)並んで歩く。❷列をつくる。(れい)二列に並ぶ。❸〔力やわざなどのていどが〕同じくらいである。(れい)水泳では、かれに並ぶものがいない。

ならべる【並べる】❶となりあわせる。(れい)肩を並べて歩く。❷〔多くのものを〕おいて広げる。(れい)テーブルの上に皿を並べる。

なりたち【成り立ち】❶できあがるまでの順序。できかた。(れい)地球の成り立ちをしらべる。❷あるものの組み立て・しくみ。

なりたつ【成り立つ】❶できあがる。まとまる。(れい)契約が成り立つ。❷組み立てられている。できている。(れい)この文章は二段落から成り立つ。❸考えられる。ありうる。(れい)そういうやり方も成り立つ。

なりゆき【成り行き】物事がうつりかわってゆくありさまやその結果。(れい)自然の成り行きにまかせる。

1**なる** 実をつける。みのる。

2**なる**【成る】❶できあがる。成功する。(れい)研究が成る。❷組み立てられている。(れい)水は水素と酸素とから成る。❸〔前とちがったものに〕かわる。変化する。(れい)雪がみぞれになる。❹時がたって、あるようすやある時刻にたっする。(れい)秋になる。❺役に立つ。(れい)参考になる。❻《「お…になる」の形で》相手の動作を尊敬していうことば。(れい)お休みになる。

3**なる**【鳴る】❶音や声がする。音や声が出る。(れい)チャイムが鳴る。❷広く知れわたる。(れい)雄大なけしきをもって鳴る日本アルプス。

慣用句 **鼻を明かす** 人のすきをついて相手をびっくりさせる。

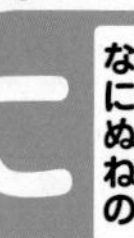

なるべく できるだけ。なるたけ。れい なるべく出席してほしい。

なるほど 〔前から聞いていたとおり〕ほんとうに。たしかに。

ナレーション 映画やテレビなどで、画面のそとから、その場面やすじについて音声で説明すること。また、その説明。れい ナレーションが入る。

なれなれしい いかにも親しいように、えんりょがない態度をとるようす。れい なれなれしい口をきく。

なれる【慣れる】❶何度もであったり、けいけんしたりして、あたりまえになる。習慣になる。❷何度もおこなって、じょうずになる。❸なじんでぐあいがよくなる。れい 新しいくつが足に慣れてきた。

なわ【縄◀】わらや麻のせんいをより合わせてつくった細長いひも。物をくくったり、むすんだりするのに使う。

なわとび【縄◀跳び・縄◀飛び】なわをもって回し、それをとびこえたり、くぐったりする遊び。

なをあげる【名を上げる】世の中で名声をえる。有名になる。

なんかい【難解】むずかしく、わかりにくいこと。れい 難解な文章。

なんかん【難関】なかなか通ることのできないむずかしい場所。また、きりぬけるのがむずかしい困難なことがら。れい 入試の難関を突破する。

なんきょく【南極】地球の南のはしにあたるところ。南緯九十度の地点。南極点。⇕北極。

なんこう【難航】❶悪天候で、船や飛行機がなかなか進まないこと。❷物事がうまく進まないこと。れい 話し合いが難航している。

なんごく【南国】南の方の（あたたかい）国・地方。

なんだか【何だか】なんとなく。れい 何だか心配だ。

1なんて 「など」のくだけた言い方。れい これなんてどうかな。

2なんて【何て】なんという。なんと。れい あなたの手は何てやわらかいの。

なんてん【難点】よくないところ。欠点。れい この商品はデザインはいいが、こわれやすいのが難点だ。

なんとか【何とか】❶なんでもよいからなにか。れい 何とかいってよ。❷どうにか。れい 何とかやっています。

なんとなく【何となく】はっきりした理由はないが、どことなく。なんだか。れい 何となく気にかかる。

なんぱ【難破】あらしなどのために、船がこわれたり、ひっくりかえったりすること。難船。

ナンバー ❶番号。れい 自動車のナンバー。❷〔雑誌などの〕号数。れい バックナンバー（＝古い号の雑誌）。

なんみん【難民】戦争などの災難にあってにげてきた人々。避難民。

に

に【二】数の名で、二つ。また、二番目。

にあう【似合う】よくつりあう。調和する。れい 赤い服がよく似合う。

にいがたけん【新潟県】中部地方北東部で日本海に面する県。県庁所在地は新潟市。⬇都道府県。

〔〕漢字を使った書き方　れい ことばの使い方の例　⇕反対のことば　⬇参考になる情報　◀小学校で習わない漢字

にいさん【兄さん】❶「兄」をうやまったり親しんだりしてよぶことば。❷わかい男性を、親しんでよぶことば。

にいみなんきち【新美南吉】（一九一三～一九四三）童話作家。『ごんぎつね』『手ぶくろを買いに』などの作品がある。

にえる【煮える】食べ物によく熱がとおって食べられるようになる。

におい【匂い】❶鼻に感じる、かおり。❷それらしい感じやようす。(れい)このあたりは、下町の匂いがする。

1**におう**【仁王】仏を守る二つの神。また、その像。仁王像。多く、寺の門の両がわに立っている。金剛力士。

仁王

2**におう**【匂う】よいかおりが感じられる。(れい)ウメの花が匂う。

にかい【二階】建物のつくりで、二つかさなっている階の上のほう。また、階が二つより多く重なっている場合は、下から二番目。

にがい【苦い】❶こいお茶などを飲んだときのように、顔をしかめたくなるような味がするようす。(れい)苦い薬。❷つらくて苦しい。(れい)苦い経験。❸おもしろくなくていやである。

にかいからめぐすり【二階から目薬】「二階から、下にいる人に目薬をさしてやるように」ひじょうに回りくどいことのたとえ。また、まったく効果のないことのたとえ。

にがおえ【似顔絵】ある人の顔に似せてかいた絵。

にがす【逃がす】❶「とらえていたものを」はなして自由にしてやる。❷とらえそこなう。にげられる。

にがつ【二月】一年の二番目の月。古くは「如月」といった。

にがて【苦手】❶あつかいにくい相手や物事。手ごわい相手や物事。❷自信がなく、よくできない物事や学科。(れい)音楽が苦手だ。⇔得意。

にがわらい【苦笑い】心の中では不ゆかいに思いながら、むりにわらうこと。また、そのわらい。苦笑。

にぎやか ❶人出が多くてさかんなようす。(れい)にぎやかな商店街。❷よくしゃべったり、わらったりしてさわがしいようす。ようきなようす。

にぎる【握る】❶手の指をすべて内がわにまげる。また、そうして物をつかむ。(れい)ボールを握る。❷たしかに自分のものにする。(れい)証拠を握る。❸にぎり飯やにぎりずしなどをつくる。(れい)すしを握る。

にぎわう 人がたくさん出て、にぎやかになる。(れい)商店街がにぎわう。

にく【肉】❶動物のひふの下にあって、ほねをつつんでいるやわらかいもの。❷くだものの実や葉などのやわらかい部分。(れい)肉のあついメロン。

1**にくい**《動詞の下につけて》「…することがむずかしい」の意味をあらわすことば。(れい)ここでは話しにくい。

2**にくい**【憎い】❶しゃくにさわる。かわいらしくない。❷気がきいている。みごとだ。(れい)母の日に花をとどけるなんて、憎いね。

慣用句 **歯にきぬを着せない** 相手を気にせずに思っていることをはっきり言う。

にくがん【肉眼】〔けんび鏡・虫めがね・望遠鏡などを使わない〕人間の目。また、その目で見ること。

にくきゅう【肉球】犬やネコの足のうらの、ふくらんだやわらかい部分。

にくしょく【肉食】❶動物がほかの動物の肉を食べること。⇕草食。❷人間が食べ物に主に肉類をとること。

にくしん【肉親】親子・兄弟など、血のつながりのひじょうに近い人。

にくたい【肉体】人間の体。身体。⇕精神。

にくたらしい【憎たらしい】いかにもにくらしい。(れい)憎たらしいふるまい。

にくづき【肉月】漢字の部首の一つ。「胸」「胃」などの左がわや下にある、「月」の部分。

にくばなれ【肉離れ】急にはげしい運動をしたときなどに、筋肉が切れてしまうこと。

にくまれぐち【憎まれ口】人に、にくまれるような口のきき方。また、そのことば。(れい)憎まれ口をたたく。

にくむ【憎む】にくいと思う。きらう。

にくらしい【憎らしい】その人をいやだと強く思うようす。しゃくにさわるようす。(れい)なまいきで憎らしいやつ。

にぐるま【荷車】荷物を運ぶのに使う、人や牛馬が引く車。

にげあし【逃げ足】にげるようす。にげるはやさ。(れい)逃げ足がはやい。

にげだす【逃げ出す】にげて、その場からいなくなる。(れい)小鳥が鳥かごから逃げ出す。

にげる【逃げる】❶おいつかれたり、とらえられたりしないように、その場から去る。また、すがたをかくす。のがれる。(れい)シマウマが走って逃げる。⇕追う。❷近づかないようにする。さける。(れい)かれはつらいことからすぐ逃げてしまう。

にこにこ〔声を出さず〕うれしそうにわらうようす。

にこやか にこにこして、気持ちの明るいようす。心からうれしそうなようす。(れい)にこやかにあいさつする。

にこり にこやかにわらいをうかべるようす。

にごる【濁る】❶よごれてすきとおらなくなる。(れい)大雨で川の水が濁る。❷濁音になる。(れい)「か」を「が」と濁って読む。❸色や音などがすんだじょうたいでなくなる。(れい)濁った声。

にざかな【煮魚】味をつけてにた魚。

にさんかたんそ【二酸化炭素】炭素が完全にもえたときや、動物の呼吸などによってできる気体。空気よりも重く、色もにおいもない。炭酸ガス。

にし【西】太陽のしずむ方角。⇕東。

にじ【虹】雨がふったあとなどにあらわれる、弓形の七色の光のおび。日光が空気中の小さな水のつぶに当たり、光が屈折しておこる。レインボー。あらわれるときは、かならず、太陽と反対がわの空中にあらわれる。

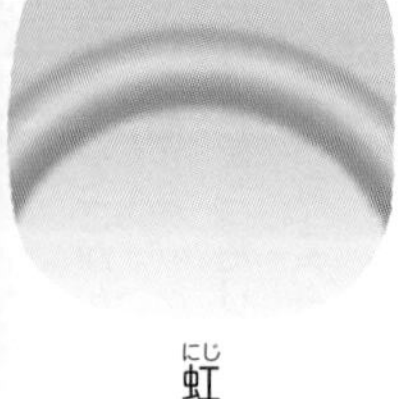
虹

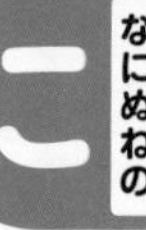

にしき【錦】❶金や銀の糸でもようをつけた、絹織物。❷色やもようの美しいもののたとえ。(れい)もみじの錦をまとった秋の山。

にしび【西日】西にしずもうとするころの太陽。また、その光。夕日。

にじむ ❶〔油や絵の具の色などが〕まわりにしみて広がる。(れい)習字の紙にすみがにじむ。❷〔なみだ・あせ・血などが〕うっすらと出てくる。(れい)目になみだがにじむ。

にじゅういっせいき【二十一世紀】西暦二〇〇一年から、二一〇〇年までの百年間。

にじゅうしせっき【二十四節気】むかしのこよみで、一年を二十四の時期に分けて、それぞれに名前をつけたもの。立春、夏至、秋分、冬至など。

にせい【二世】❶〔同じ名前で〕二番目に王位などについた人。(れい)チャールズ二世。❷日本から移住した人の子で、移住した国で生まれ、その国の市民権をもつ人。(れい)その人は、日系二世として生まれ活やくした。❸子ども。あとつぎ。(れい)おじさんに二世が生まれた。

にせもの[1]【偽物】本物ににせてつくったもの。⇔本物。

にせもの[2]【偽者】うそを言って、本人に見せかけている人。

にたつ【煮立つ】湯などが、ぐらぐらとわき立つ。煮え立つ。

にたりよったり【似たり寄ったり】どちらも同じようで、たいしたちがいのないこと。(れい)ふたりの言い分は、にたりよったりだ。

にちじ【日時】日づけと時刻。

にちじょう【日常】ふだん。つね日ごろ。(れい)日常の心がけが大切だ。

にちぼつ【日没】太陽がしずむこと。日の入り。(れい)日没時刻。

にちや【日夜】昼も夜も。いつも。

にちようび【日曜日】一週の最初の日。月曜日の前の日。日曜。

にちようひん【日用品】ふだんのくらしに使う品物。

にっか【日課】毎日するように決めてあることがら。(れい)兄は、早朝のジョギングを日課にしている。

にっかん【日刊】毎日刊行すること。(れい)日刊新聞。

にっき【日記】毎日のできごとや感じたことなどを書き記したもの。日誌。

にっきちょう【日記帳】日記を書きしるすノート。(れい)夏休みがはじまる前に日記帳を買った。

ニックネーム 親しんでつける、本名以外のよび名。愛称。あだ名。

にっこう【日光】太陽の光。日の光。

にっこうかいどう【日光街道】江戸時代の五街道の一つ。江戸（＝今の東京）から日光までの街道。

にっこうよく【日光浴】体をじょうぶにするため、日光に当たること。(れい)砂はまにねそべって日光浴をする。

にっこり 声を出さないでうれしそうにほほえむようす。(れい)母からとてもうれしい知らせを聞いて、思わずにっこりした。

にっし【日誌】毎日のできごとなどを、書きしるしたもの。(れい)学級日誌。ふつう「日記」は個人的なもの、「日誌」は公のものをいう。

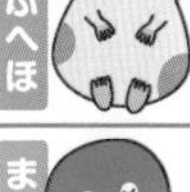

あいうえお かきくけこ さしすせそ たちつてと なにぬねの に はひふへほ まみむめも やゆよ らりるれろ わをん

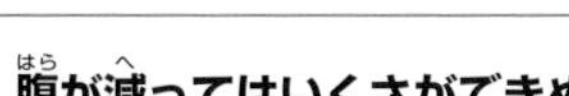
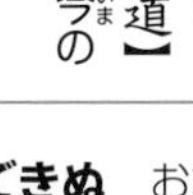

ことわざ **腹が減ってはいくさができぬ** おなかがすいたままでは十分活動できない。

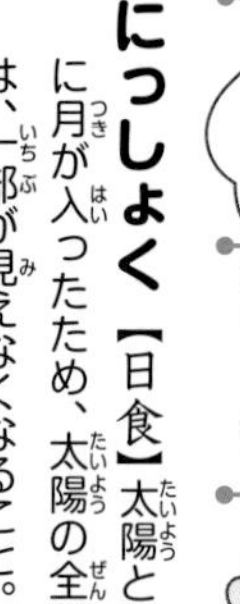

にっしょく【日食】太陽と地球の間に月が入ったため、太陽の全部あるいは、一部が見えなくなること。

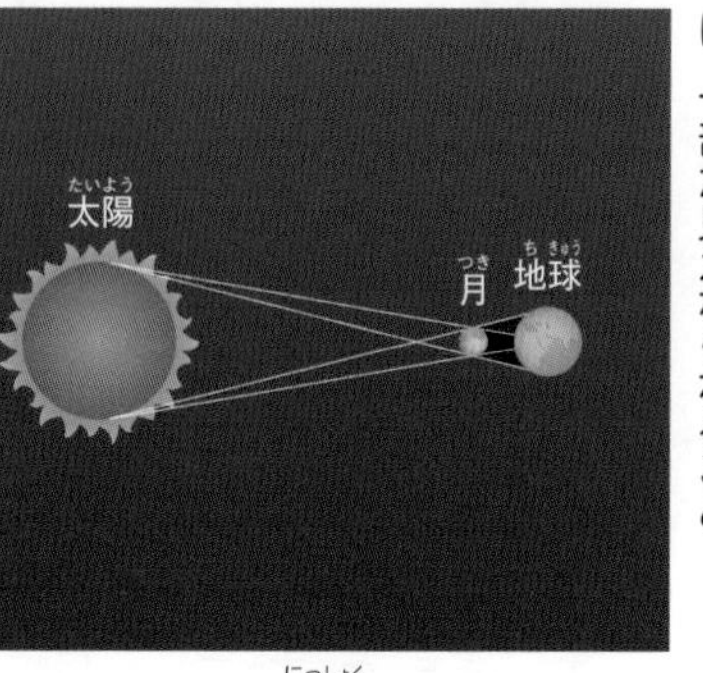

日食

1にっちゅう【日中】太陽の出ている間。昼間。⇕夜中。

2にっちゅう【日中】日本と中国。

にっちょく【日直】学校や会社などで、昼間の当番をすること。また、その人。⇕宿直。

にってい【日程】仕事・行事・旅行などの、一日または毎日の予定。(れい)旅行の日程が発表された。

ニット 毛糸などであんだ物。

にっぽん【日本】わが国のよび名。にほん。

にないて【担い手】❶物をかつぐ人。❷責任をもち、中心となって物事を進める人。(れい)次の時代の担い手。

ににんしょう【二人称】話し手が聞き手をさしていうときのことば。「あなた」など。

にねんそう【二年草】芽が出てから成長してかれるまで、足かけ二年かかる植物。ダイコンやムギなど、秋に芽が出て、春に花がさくものが多い。

にのうで【二の腕◀】かたからひじまでの間。

にのくがつげない【二の句が継◀げない】ひじょうにおどろいたり、あきれたりして次のことばが出てこない。

にぶい【鈍◀い】❶刃物がよく切れない。(れい)はさみの切れ味が鈍い。❷動きや頭の働きがおそい。のろい。(れい)動作が鈍い。／かんが鈍い。⇕❶❷鋭い。❸光が弱くてあざやかでない。また、音がはっきりしない。(れい)鈍い光。／どすんと鈍い音がする。

にほん【日本】わが国のよび名。にっぽん。

にほんかい【日本海】日本列島とアジア大陸との間の海。

にほんかいりゅう【日本海流】台湾おきから北に進み、日本の太平洋がわを流れる暖流。黒潮。⬇海流。

にほんかもしか【日本かもしか】ウシ科の動物。おすもめすも短い角がある。特別天然記念物。

にほんご【日本語】日本民族が国語として使うことば。にっぽんご。

にほんこくけんぽう【日本国憲法】日本の国の政治のおもととなる決まり。一九四六(昭和二十一)年十一月三日に決められ、よく年の五月三日からじっさいにおこなわれた。

にほんざる【日本猿◀】日本だけにいるサルのなかま。毛は茶色で、かおとおしりが赤い。

にほんじっしんぶんるいほう【日本十進分類法】日本の図書館で用いられる、図書の分類の方法の一つ。図書の内容によって大きく十に分け、それぞれをさらに十、またその下を十に分ける。

にほんれっとう【日本列島】アジ

あいうえお
かきくけこ
さしすせそ
たちつてと
なにぬねの に
はひふへほ
まみむめも
やゆよ
らりるれろ
わをん

ア の東部、太平洋の北西部を、北東から南西に弓のような形につらなっている島。日本の国土。

にまいがい【二枚貝】〔アサリやハマグリなど〕二枚の貝がらをもつ貝。

にまいめ【二枚目】❶かぶきや映画などの美男の役。また、その役者。❷顔だちのよい男の人。美男。

にもつ【荷物】持ち運んだり、送ったりする品物。荷。れい荷物を運ぶ。

にやにや 声をたてないで、何か意味がありそうに、うすわらいをするようす。れい人をばかにしたように、にやにやわらう。

にやり 何か意味がありそうなわらいを、顔にちらりとうかべるようす。れいかれはにやりとわらって去って行った。

ニュアンス 色・音・意味・調子などの、ごくわずかなちがい。

ニュー 新しい。れいニューメディア。

にゅういん【入院】病気やけがをなおすために病院に入ること。⇔退院。

にゅうえん【入園】❶幼稚園や保育園に、園児として入ること。❷動物園・植物園・公園・遊園地など、「園」と名のつくところに入ること。れい入園料をはらう。

にゅうか【入荷】店や市場に品物が入ること。れいアジが大量に入荷する。⇔出荷。

にゅうかい【入会】ある会に入って会員になること。れい野鳥観察の会に入会する。

にゅうがく【入学】児童・生徒・学生として、学校に入ること。れい小学校に入学する。⇔卒業。

にゅうがくしき【入学式】児童・生徒や学生の入学を祝っておこなう学校の儀式。⇔卒業式。

にゅうがくしけん【入学試験】入学をのぞむ者の中から、その学校にふさわしい者をえらぶために、学力・体力・人がらなどについておこなう試験。入試。

にゅうきょ【入居】建物に入って住むこと。れい新しいマンションに入居する。

1**にゅうし**【入試】「入学試験」のりゃく。れい大学入試問題。

2**にゅうし**【乳歯】生まれて六か月ぐらいではえはじめ、十才ぐらいまでにぬけかわる子どもの歯。⇔永久歯。

にゅうじ【乳児】生まれてから一年ぐらいまでの、ちちをのんでいる赤んぼう。ちのみご。

にゅうしゃ【入社】会社に入り、その社員になること。れい今年は十名入社した。

にゅうしゅ【入手】〔ほしい物を〕手に入れて、自分のものにすること。れいめずらしい切手を入手した。

にゅうしょう【入賞】〔展覧会や競技会などで〕成績がよく、賞をもらうこと。れい三位に入賞する。

にゅうじょう【入場】会場・式場・競技場などに入ること。れい選手たちが入場する。

にゅうじょうけん【入場券】❶場内に入ることのできるきっぷ。❷〔見送りや出むかえのため〕駅に入ることのできるきっぷ。

ニュース 新しいできごとや、めずらしいできごと。また、その知らせ。れいうれしいニュースが伝わってきた。

慣用句 **腹の虫が治まらない** しゃくにさわって、いかりがおさえられない。

・にゅうせん
・にゅうどうぐも
・にゅうねん
・にゅうばい
・にゅうもん
・にゅうようじ
・ニューヨーク
・にゅうよく
・にゅうりょく
・にょう
・にょきにょき
・にょろにょろ
・にらみをきかせる
・にらむ
・にらめっこ
・にりゅう
・¹にる
・²にる
・にわ
・にわかあめ
・にわさき

にゅうせん【入選】〔展覧会などにおうぼした作品が〕しんさに合格すること。⇔落選。

にゅうどうぐも【入道雲】「積乱雲」の別のよび方。

入道雲

にゅうねん【入念】細かいところにまでよく気を配ること。ねんいり。(れい)入念にしあげた手作りの家具。

にゅうばい【入梅】❶つゆの季節に入ること。つゆいり。❷雑節の一つ。六月十日、十一日ごろ。

にゅうもん【入門】❶弟子入りをすること。(れい)空手の道場に入門する。❷はじめて学ぶ人のために、よくわかるように書いた本。手びき。(れい)つり入門。

にゅうようじ【乳幼児】乳児と幼児。小学校に入学する前の子どもをまとめたよび名。

ニューヨーク アメリカ合衆国の東部にあるアメリカで最大の都市。大西洋にそそぐハドソン川の河口にあり、世界の経済や文化の中心地。

にゅうよく【入浴】ふろに入ること。(れい)入浴してさっぱりする。

にゅうりょく【入力】コンピューターに情報を入れること。インプット。

にょう 漢字を形づくっている部分の名の一つ。漢字の左から下にかけてつく部分。「道」の「辶(しんにょう)」、「建」の「廴(えんにょう)」、「起」の「走(そうにょう)」など。

にょきにょき 細長い物が次々にあらわれ出てくるようす。(れい)たけのこがにょきにょきとはえている。

にょろにょろ ヘビやウナギのような細長いものがくねって動くようす。

にらみをきかせる【にらみを利かせる】相手の心を強い力やいきおいでおさえつける。

にらむ ❶するどい目つきでじっと見る。(れい)こわい目でにらむ。❷見当をつける。(れい)刑事があやしいとにらんだ男。❸《「にらまれる」の形で》注意すべき人物として用心される。(れい)先生ににらまれる。

にらめっこ ❶ふたりがたがいにおかしな顔つきをしてにらみ合い、先にわらいだしたほうを負けとする、子どもの遊び。❷長い間、だまってものを見続けること。(れい)辞書とにらめっこして英語の本を読む。

にりゅう【二流】人間の品位やわざ、物の品質などが、いちばんよいものにくらべて少しおとること。(れい)二流の人物。

¹にる【似る】〔形や性質が〕おたがいに同じようである。そっくりである。(れい)あの兄弟はよく似ている。

²にる【煮る】食べ物などに水分をくわえ、火にかけて熱をとおす。(れい)まめを煮る。

にわ【庭】やしきの中のあき地。草木を植えたり、池などをつくったりする。

にわかあめ【にわか雨】急にふりだす、はげしい雨。

にわさき【庭先】庭の、えんがわや建

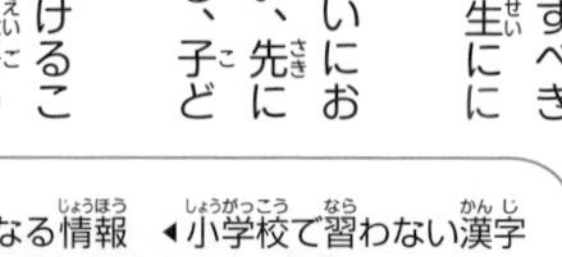

物に近い方。(れい)庭先に出る。

にわとり【鶏】キジ科の鳥。たまごや肉をとるためにかわれる。種類が多い。頭に赤色のとさかがある。

にんか【認可】ねがいでたことを〔役所などが〕よいとみとめてゆるすこと。(れい)飲食店営業の認可がおりる。

1**にんき**【人気】世の人々の（よい）評判。(れい)人気のある歌手。

2**にんき**【任期】その役目を受け持つ、ある決められた期間。(れい)委員長の任期は一年だ。

にんきもの【人気者】人気がある人。(れい)クラスの人気者になる。

にんぎょ【人魚】体の上半分はわかい女の人のすがたで、下半分が魚のすがたをしているという、想像上の動物。

にんぎょう【人形】人の形をかたどったおもちゃ。(れい)ひな人形。

にんぎょうげき【人形劇】あやつり人形や、指人形などを使ってする劇。

にんぎょうじょうるり【人形浄瑠璃】じょうるりの節に合わせて人形つかいが人形をあやつってするしばい。江戸時代にさかんだった。「文楽」はその代表的なもの。

にんげん【人間】❶ひと。人類。❷ひとがら。人物。(れい)あの人は人間ができている。

にんしき【認識】物事をよく知り、見わけ、判断すること。また、そのようにしてえた知識。(れい)自分の置かれた立場を正しく認識する。

にんじゃ【忍者】忍術を使って敵のようすをさぐったり、ひみつを聞き出したりする者。

にんじゅつ【忍術】人に気づかれないように、いろいろな行動をする術。しのびの術。にんぽう。

にんしょう【認証】ある行動や文書が、正しい手続きによるものだと役所などが証明すること。

にんじょう【人情】人が生まれながらにもっている心・感情。とくに、思いやり・愛情・あわれみなどの気持ち。(れい)この町の人たちは人情にあつい。

にんしん【妊娠】おなかに子どもをやどすこと。みごもること。

にんじん【人じん】セリ科の植物。夏にくきがのび、その先に小さな白い花がかたまってさく。だいだい色の根を食用にする。

にんずう【人数】人の数。(れい)サッカーの人数がそろう。

にんそう【人相】❶人の顔かたち。顔つき。(れい)人相の悪い男。❷顔にあらわれている、その人の性質や運命。(れい)人相を見る。

にんたい【忍耐】つらいことをがまんすること。じっとこらえること。(れい)忍耐力。

にんてい【認定】〔政府や役所などが〕内容やていどを調べて、ある基準に合っているとみとめること。(れい)そろばんの検定で二級と認定された。

にんべん【人偏】漢字の部首の一つ。「体」「作」「信」などの左がわの「亻」の部分。

にんまり〔物事が自分の思いどおりになったときなど〕満足そうなわらいをうかべるようす。(れい)作戦どおりにいったのでかんとくはにんまりした。

にんむ【任務】その人の責任としてしなければならないつとめ。(れい)議長としての任務をぶじにはたした。

慣用句 **はらわたがにえくり返る** とてもがまんができないほど、はらがたつようす。

にんめい【任命】ある役目を受け持つように命令すること。(れい)生徒会の会長に任命された。

ぬいぐるみ【縫◀いぐるみ】❶布を動物などの形にぬい、なかにわたなどをつめたおもちゃ。❷しばいで、役者が動物の役をするときに着る、動物の形をした、いしょう。

ぬう【縫◀う】❶糸と針を使い布などをつなぎあわせる。(れい)ゆかたを縫う。❷人や物などの間を、右や左にまがりながら通る。(れい)人ごみを縫って歩く。

ぬかよろこび【ぬか喜び】今まで喜んでいたのに、あてがはずれて喜びがむだになること。

ぬかるみ 雨や雪どけのため、どろどろになったところ。

ぬきあしさしあし【抜◀き足差し足】足音をたてないように、つまさきでそっと歩くようす。

ぬきうち【抜◀き打ち】前ぶれもなく、物事を急におこなうこと。不意打ち。(れい)抜き打ちに検査をする。

ぬきとる【抜◀き取る】引きぬいてとる。(れい)古いくぎを抜き取る。

ぬく【抜◀く】❶中からひっぱりだす。(れい)とげを抜く。❷とりさる。(れい)しみを抜く。❸はぶく。省略する。(れい)仕事の手を抜く。❹おいこす。また、続けて負かす。(れい)勝ち抜きすもう大会で五人も抜いた。❺《あることばの下につけて》「最後まで…する」「ひどく…する」などの意味をあらわすことば。(れい)百メートルを泳ぎ抜く。

ぬぐ【脱◀ぐ】体につけているものをとりさる。(れい)シャツを脱ぐ。／ぼうしを脱ぐ。⇕着る。はく。履く。かぶる。

ぬくぬく ❶気持ちよくあたたかそうなようす。❷ずうずうしいようす。平気でなまけているようす。(れい)悪いことをして、ぬくぬくとくらしている。

ぬくもり あたたかみ。ぬくみ。(れい)太陽のぬくもり。

ぬけあな【抜◀け穴】❶通りぬけのできるあな。❷責任などをうまくのがれる方法。(れい)この規則には抜け穴がある。

ぬけがけ【抜◀け駆け】こっそりと、人よりも先に物事をおこなうこと。

ぬけがら【抜◀け殻】❶セミやヘビなどが、ぬけでたあとに残った皮。❷気力をなくして、ぼんやりしている人のたとえ。

ぬけだす【抜◀け出す】こっそりその場所をはなれて、外に出る。(れい)へやを抜け出す。

ぬけみち【抜◀け道】❶〔ほかの人が知らない〕うら道。近道。(れい)抜け道を通って先回りする。❷責任などをうまくのがれる方法。

ぬけめがない【抜◀け目がない】自分の得になりそうだと思うと、その機会をのがさない。(れい)抜け目がない人。

ぬける【抜◀ける】❶はなれて、とれる。(れい)毛が抜ける。❷〔ある集まり・ある場所から〕いなくなる。(れい)会から抜ける。

❸必要なことがもれる。おちる。れい字が抜けている。❹なくなる。れい手の力が抜ける。❺ちえが足りない。れいどことなく抜けた感じの人。

ぬげる【脱げる】身につけていた物がとれる。れいぼうしが脱げる。

ぬし【主】❶一家をささえている人。主人。あるじ。れいこの家の主。❷持っている人。持ち主。れい地主。❸あることがらの中心となっている人。れいうわさの主が来た。

ぬすむ【盗む】❶人のものをこっそりとる。❷こっそり物事をする。れい母の目を盗んでつまみぐいをする。

ぬの【布】糸でおったもの。織物。きれ。

ぬま【沼】あさくて底にどろがたまった大きな池。

ぬらす〔水などで〕ぬれるようにする。れいタオルをぬらす。

ぬりえ【塗り絵】まわりの線だけをかいてある絵に、色をぬって遊ぶこと。また、その絵。

ぬる【塗る】ある面に液体や粉などをなすりつける。れいペンキを塗る。

ぬるい ❶〔湯などの温度が〕ちょうどよい温度より少し低い。れいお茶がぬるい。／おふろがぬるい。❷きびしさがたりない。れいそんなぬるいやり方ではだめだ。

ぬるぬる〔ぬれたりして〕すべりやすいようす。れい川の石がぬるぬるして歩きにくい。

ぬるまゆ【ぬるま湯】なまあたたかい湯。

ぬれてであわ【ぬれ手であわ】〔ぬれた手で穀物のアワをつかむとたくさんつかめるように〕くろうしないでたくさんもうけることのたとえ。

ぬれる 物に水や液体がかかる。また、水や液体がかかってしめる。れい雨にぬれる。

ね

1ね ❶相手の注意をひきながらことばをつないでいくときに使うことば。れいお兄さんがね、意地悪したの。❷相手に念をおす気持ちをあらわすことば。れいいいお天気だね。

2ね【子】❶十二支の一番目。ネズミ。❷むかしの時刻のよび名で、今の午前〇時ごろ。また、その前後二時間。

3ね【音】音。声。れいふえの音。

4ね【値】売り買いするねだん。あたい。

5ね【根】❶植物の地中にある部分。みきや葉をささえ、水や養分をすいとる役目をする。❷物の下にあって、土台となるもの。❸生まれつきもっている性質。れい根が正直な人。❹物事のおこるもと。れい悪の根。

根①

ねいろ【音色】その楽器がもつ音の、とくべつなひびき。おんしょく。

ねうち【値打ち】その物事の役立つどあいやりっぱさ。価値。

慣用句 **腹をかかえる** とてもおかしくて大わらいする。

ねえさん【姉さん】❶「姉」をうやまったり親しんだりしてよぶことば。❷わかい女性を、親しみをこめてよぶことば。

ネーム 名前。

ねおき【寝起き】❶ねむっていた人が目をさますこと。また、おきたときの気分。(れい)寝起きが悪い。❷ねたり起きたりすること。ふだんの生活。(れい)キャンプで友だちと寝起きをともにする。

ねがい【願い】こうあってほしい、こうしてほしいとのぞむこと。また、そのことがら。(れい)願いがかなう。

ねがう【願う】こうあってほしい、こうしてほしいとのぞむ。(れい)平和を願う。

ねがえり【寝返り】❶ねていて、からだのむきをかえること。❷みかたをうらぎって敵のほうにつくこと。

ねがお【寝顔】ねているときの顔。

ねかせる【寝かせる】❶ねむらせる。ねかす。(れい)子どもを寝かせる。❷そっとよこにたおす。ねかす。(れい)あきびんをねかせる。❸〔お金や品物を〕使わずにそのままにしておく。ねかす。❹こうじ・なっとうなどをつくるために、材料をあたたかいところではっこうさせる。ねかす。

ネガティブ ❶消極的であるようす。否定的であるようす。(れい)ネガティブな意見。⇔ポジティブ。❷「ネガ」のこと。写真をとって、現像したフィルム。明暗や色さいが実物とは反対にうつっている。陰画。

ねぎ ユリ科の植物。葉などを食用にする。根元の部分は白く、葉は緑色でつつのようになっている。

ねぎぼうず【ねぎ坊主】ネギの花。

ねぎらう 相手の苦労をなぐさめる。感謝していたわる。

ねぎる【値切る】ねだんをまけさせる。(れい)値切って買う。

ネクタイ ワイシャツなどの首の前でむすんでかざりにする、細長い布。

ねぐら ❶鳥のねるところ。❷人のねるところ。住む家。

ねこ【猫】ネコ科のイエネコのこと。むかしから人にかわれていた。体はしなやかでつめがするどい。

ねこじた【猫舌】あついものを飲んだり食べたりできないこと。また、そのような人。

ねこじゃらし【猫じゃらし】エノコログサ。

ねこぜ【猫背】首が前に出て、せなかがまがっていること。

ねごと【寝言】❶ねむっているときに自分では知らずに言うことば。❷わけのわからぬことば。

ねこにかつおぶし【猫にかつお節】〔かつおぶしはネコが好きな食べ物であることから〕好きな物をそばにおいたのでは、ゆだんがならないことのたとえ。

ねこにこばん【猫に小判】〔小判のねうちは、ネコにはわからない意味から〕どんなにねうちのあるものでも、知らない人にとっては、なんの役にも立たないことのたとえ。

ねこにまたたび【猫にまたたび】❶好きなもののたとえ。❷とてもききめがあることのたとえ。

〔〕漢字を使った書き方　(れい)ことばの使い方の例　⇕反対のことば　⬇参考になる情報　◂小学校で習わない漢字

ねこのてもかりたい【猫の手も借りたい】たいへんいそがしくて、だれでもよいからてつだいがほしいたとえ。

ねこのひたい【猫の額】ひじょうにせまい場所のたとえ。(れい)猫の額ほどの庭。

ねこのめのよう【猫の目のよう】ひじょうに変わりやすいようすのたとえ。(れい)あの人は気まぐれで、気分が猫の目のようにかわる。

ねこもしゃくしも【猫もしゃくしも】どれもこれも。だれもかれも。みんな。(れい)流行のスタイルを猫もしゃくしもまねる。

ねこやなぎ【猫柳】ヤナギ科の木。川の近くにはえる。花が集まった穂がネコのしっぽに似ている。

猫柳

ねころぶ【寝転ぶ】むぞうさに横になる。

ねこをおうよりさかなをのけよ【猫を追うより魚をのけよ】問題を解決するためには、目の前のことにとらわれず、おおもとから解決するべきだという教え。

ねじ ❶金属のぼうに、ななめにうずまき形のみぞをつけたもの。物をしめつけるのに使う。(れい)ねじがゆるむ。❷〔時計などの〕ぜんまいをまくもの。(れい)時計のねじをまく。

ねじまわし【ねじ回し】ねじをまわすための道具。ドライバー。

ねじりはちまき【ねじり鉢巻き】手ぬぐいをねじって、頭にまきつけること。

ねじる ひねってまげる。ひねる。(れい)うでをねじる。／水道のせんをねじる。

ねずみ ハツカネズミ・ドブネズミなどの、ネズミ科の動物。世界中にいる。歯はじょうぶで、一生のびつづける。

ねぞう【寝相】ねむっているときのかっこう。(れい)寝相が悪い。

ねたむ【妬む】うらやましく、にくらしく思う。(れい)人の成功を妬む。

ねだる ほしいものを手に入れようとむりにいってたのむ。せがむ。

ねだん【値段】品物の、売り買いするときの金額。あたい。値。

ねちねち ❶くどくて、しつこいようす。(れい)ねちねちといやみを言う。❷ねばねばしているようす。

ねつ【熱】❶ものの温度を変化させる力。(れい)料理の材料に熱をくわえる。❷病気などによる、ふつうより高い体温。(れい)かぜをひいて熱が出た。❸あることにうちこむ、はげしいいきごみ。(れい)野球の練習に熱がはいる。

ねつい【熱意】物事にたいするしんけんな気持ち。いきごみ。(れい)研究にたいする熱意にうたれる。

ねっき【熱気】❶あつい空気。❷興奮してたかまった気持ち・ふんいき。(れい)熱気がみなぎる。

ねっきょう【熱狂】興奮し、むちゅうになること。(れい)十年ぶりの優勝でファンが熱狂する。

ネックレス くびかざり。

ねっけつ【熱血】血がわき立つような、はげしい気持ち。

慣用句 **腹を決める** かくごする。決心する。

あいうえお

かきくけこ

さしすせそ

たちつてと

なにぬねの ね

はひふへほ

まみむめも

やゆよ

らりるれろ

わをん

ねっこ【根っこ】「根」のくだけた言い方。

ねっしん【熱心】一つのことにいっしょうけんめいとりくむこと。

ねったい【熱帯】赤道を中心にした、一年中暑く四季の区別がない地帯。

ねったいぎょ【熱帯魚】熱帯地方の海や川にすむ魚をまとめていうことば。色や形の美しいものが多い。

ねっちゅう【熱中】そのことにむちゅうになること。

ネット ❶テニスやバレーボールなどで、コートのしきりにするあみ。
❷「インターネット」のりゃく。
❸「ネットワーク」のりゃく。

ねっとう【熱湯】にえたっている湯。

ねっとり ねばりつく感じのするようす。(れい) ねっとりしたあんこ。

ネットワーク あみの目のようにはりめぐらされたもの。とくに、ラジオやテレビなどで、いくつかの放送局をむすんだ組織。また、いくつかのコンピューターをつないで情報をやりとりするしくみ。ネット。

ねつれつ【熱烈】気持ちが高ぶっていてはげしいこと。(れい) 熱烈におうえんをする。

ねつをあげる【熱を上げる】いっしょうけんめいになる。むちゅうになる。(れい) タレントに熱を上げる。

ねつをいれる【熱を入れる】むちゅうになって、一心におこなう。(れい) 熱を入れて勉強する。

ねてもさめても【寝ても覚めても】いつでも。たえず。(れい) 試合のことが寝ても覚めても頭からはなれない。

ねどこ【寝床】ねるためにふとんをしいたところ。(れい) 寝床にはいる。

ねにもつ【根に持つ】うらみの気持ちをいつまでもわすれない。

ねばねば よくねばって、ほかの物にくっつきやすいようす。また、ねばっているもの。

ねばる【粘る】❶やわらかくて、のびやすく物によくくっつく。
❷あきらめずに根気よく続ける。(れい) みとめてもらえるまで粘る。

ねぼう【寝坊】朝、おそくまでねていること。また、そのようなくせのある人。(れい) 寝坊して遅刻する。

ねぼける【寝ぼける】完全に目がさめず、ぼんやりしている。

ねむい【眠い】今にもねむってしまいそうなようすである。ねむたい。

ねむる【眠る】❶心や体が、自然に活動をやめて、一時的に意識がなくなるじょうたいになる。
❷死ぬ。(れい) 祖父が眠っている墓。

ねもと【根元・根本】❶〔植物や立っている物などの〕下の方の部分。
❷物事のおおもと。こんぽん。

ねらい【狙い】ねらうこと。また、ねらったもの。目標。(れい) 狙いをつける。

ねらう【狙う】❶めあてとするものに、当てようとかまえる。(れい) 的を狙ってうつ。
❷めあてのものを手に入れようとする。また、そのおりをうかがう。(れい) ネコがネズミを狙う。／優勝を狙う。

[1]**ねる**【寝る】❶ねむる。
❷体を横にする。(れい) 兄はソファーに寝ながら本を読む。
❸病気になって床につく。(れい) かぜをひいて寝ている。
❹品物や資金が動かず役に立たない。

れい 品物が倉庫に寝ている。

2ねる【練る】❶こねて、ねばらせる。れい 小麦粉を練る。❷よく考えて、よりよいものにする。れい 計画を練る。❸心や体をきたえる。れい 剣道のわざを練る。

ねをあげる【音を上げる】まいる。こうさんする。れい こんなことで音を上げるようではこまる。

ねんいり【念入り】細かく、ていねいに物事をするようす。入念。

ねんがじょう【年賀状】新年の祝いのことばを書いた、はがきや手紙。

ねんがん【念願】長い間ねがい、のぞむこと。また、そののぞみ。れい 念願がかなって、オリンピックに出場した。

ねんきん【年金】ある期間、決まった額のお金をはらいこんでおき、その後決まった期間、また、死ぬまでの間、毎年しはらわれるお金。れい 国民年金。

ねんぐ【年貢】むかし、田畑・屋敷・土地などに、わりあてられた税。

ねんげつ【年月】何年かの長い間。としつき。

ねんごう【年号】年につけるよび名。明治・大正・昭和・平成など。元号。

ねんざ【捻挫】手や足の関節をくじいていためること。

ねんし【年始】❶年のはじめ。年頭。⇔年末。❷年のはじめのお祝い。また、そのあいさつ。れい 年始回り。

ねんじゅう【年中】いつも。たえず。れい 父は、年中いそがしい。

1ねんしょう【年少】としがわかいこと。おさないこと。⇔年長。

2ねんしょう【燃焼】❶物がもえること。れい 不完全燃焼。❷〔心残りのないぐらい〕せいいっぱい物事をおこなうことのたとえ。

ねんちゃく【粘着】〔物に〕ねばりつくこと。れい 粘着テープでとめる。

ねんちょう【年長】年が上であること。また、その人。としうえ。れい 年長者。⇔年少。

ねんど【粘土】岩石がひじょうにこまかく分解してできた、ねばりけのある土。焼き物などの材料にする。

ねんねこ 子どもをせおうときに着る、わた入れのはんてん。「ねんねこばんてん」のりゃく。

ねんねこ

ねんねこばんてん【ねんねこ半てん】ねんねこ。

ねんのため【念のため】よりいっそう注意するため。れい 念のためもう一度説明します。

ねんぴ【燃費】自動車などが一リットルの燃料で走ることができるキロ数。燃料消費率。れい 燃費のよい車。

ねんぴょう【年表】世の中のできごとを年代じゅんに書いた表。

ねんまつ【年末】一年の終わりのころ。年のくれ。歳末。⇔年始。

ねんりき【念力】いっしんに思いこむことによってわいてくる力。

ねんりょう【燃料】もやして、熱・光・動力などをえるためのもの。炭・まき・石炭・石油・ガスなど。

慣用句 **腹を立てる** おこる。いかる。

ねんりん【年輪】木を横に切ったとき、その切り口に見える輪のようなすじ。一年に一つずつできる。

年輪

ねんをおす【念を押す◀】まちがいのないように、もう一度相手に注意をする。

1の ❶主語をさししめす働きをすることば。…が。れい わたしのすきな花。
❷「何のもの」「だれのもの」「どこのもの」「いつのもの」などの意味をあらわすことば。れい 昨日の話。
❸「もの」「こと」などのかわりに使うことば。れい 小さいのがほしい。
❹疑問の意味をあらわすことば。れい これからどうするの。

2の【野】❶草などがはえた、広くて平らな土地。野原。
❷《あることばの上につけて》「自然のままの」「野性の」の意味をあらわすことば。れい 野うさぎ。

1のう【能】❶物事をやりとげることのできる力。
❷室町時代にできた、謡とはやしに合わせてえんじる劇。能楽。

2のう【脳】❶頭のほねの中にあって、考える働きをしたり、体を動かす命令をだしたりするところ。のうずい。
❷考えたりおぼえたりする頭の働き。

のうあるたかはつめをかくす【能ある鷹は爪◀を隠す◀】すぐれた才能のある人は、むやみにそれを見せびらかさないということのたとえ。

のうか【農家】農業でくらしをたてている家庭。また、その家族の住む家。

のうぎょう【農業】土地をたがやして、作物・くだもの・花などをつくったり、かちくをかったりする仕事。

のうこう【農耕】田や畑をたがやして作物をつくること。

のうぜい【納税】税金をおさめること。

のうそん【農村】農家の多い村。

のうみん【農民】農業でくらしをたてている人。

のうめん【能面】能に使う面。

のうりつ【能率】決まった時間にできる仕事の量のわりあい。

のうりょう【納涼◀】夏の夜など、外の風通しのよいところですずしさをあじわうこと。れい 納涼花火大会。

のうりょく【能力】物事をすることができる力。

ノー ❶いいえ。だめ。れい はっきり「ノー」という。⬍イエス。
❷《外来語の上について》ひつようないこと、禁止されていることなどをあらわす。れい ノーネクタイ。

ノート ❶帳面。「ノートブック」のりゃく。
❷書きとめること。

ノーマル ふつうであるようす。

のき【軒】やねのはしの、建物より外につきだしたところ。

【】漢字を使った書き方　れい ことばの使い方の例　⬍反対のことば　⬇参考になる情報　◀小学校で習わない漢字

のきうら【軒裏】のきの、うらがわ。

のぎへん【のぎ偏】漢字の部首の一つ。「秋」「科」などの左側の「禾」の部分。

のぐちひでよ【野口英世】（一八七六〜一九二八）明治時代から大正にかけての細菌学者。アメリカにわたり細菌学の研究を続けたのち、黄熱病の研究のためアフリカにわたったが、自分もその病気にかかって死んだ。

のける ❶ほかのところへうつす。❷《「…てのける」の形で》みごとに…してしまう。れい やってのける。

のこぎり 木などをひいて切る道具。

のこす【残す】❶あとにおいておく。なくさずにおく。れい メモを残す。❷のちの世につたえる。れい エジソンは発明王として名を残した。❸全部は使わないであまらす。❹すもうで、相手のわざをこらえてもちこたえる。れい 土俵ぎわで残す。

のこのこ 出てきてはぐあいの悪いような場所に、へいきで出てくるようす。れい のこのこやってくる。

のこり【残り】残ること。また、残ったもの。

のこる【残る】❶あとにとどまる。なくならずにある。れい 教室に残る。❷あまる。れい 料理がひとり分残る。❸のちの世につたわる。❹すもうで、相手のわざをこらえてもちこたえる。

のさばる いばって勝手なことをする。れい 悪人がのさばる世の中。

のしあがる【のし上がる】地位や順位などが目立ってよくなる。

のしぶくろ【のし袋】のしや水引がついたり印刷したりしてあるふくろ。祝いごとや葬式のときなどにお金を入れてわたす。⬇水引。

のじゅく【野宿】夜、野山や野外でねること。

ノズル 液体などをふきつけるために、つつの先が細くなっている道具。

[1]のせる【乗せる】❶〔乗り物に〕人を乗るようにする。❷参加させる。❸計略にかける。

[2]のせる【載せる】❶〔乗り物に〕荷物をつむ。れい 自動車に道具を載せる。❷物の上におく。❸新聞や雑誌の記事にする。

[1]のぞく ❶すきまや小さなあなから見る。れい けんび鏡をのぞく。❷ちょっと見る。れい 本屋をのぞく。❸一部分が見える。

[2]のぞく【除く】❶その場所からとりのける。とりさる。❷ふくめない。くわえない。

のそのそ 動作がにぶく、ゆっくりと動くようす。れい のそのそと歩く。

のぞましい【望ましい】そうあってほしい。

のぞみ【望み】❶ねがい。願望。❷〔よくなりそうな〕みこみ。れい 回復の望みがでてきた。

のぞむ【望む】❶遠くからながめる。❷そうあってほしいと思う。ねがう。

のたうつ【のた打つ】苦しんで転げまわる。

のち【後】❶あることが終わったあと。❷これから先。⬍前。れい 後の人々。

のちに【後に】〔そのときや今から〕ある時間がたってから。そのあと。

のちのつき【後の月】むかしのこよみで、九月十三日の月。十三夜。

四字熟語 **波乱万丈** 事件などがつぎつぎにおこり、変化がひじょうにはげしいこと。

ノック ❶人の家やへやに入るとき、あいずのためにドアを軽くたたくこと。❷野球で、守備の練習のためにボールを打ってやること。

のっしのっし 〔体の重いものが〕ゆっくりと地面をふんで歩くようす。

ので 理由をあらわすことば。れい 頭がいたいので休みます。

のど【喉・咽・咽喉】❶口のおくで食道や気管につながるところ。⬇喉仏。❷歌う声。れい 喉自慢。

のどか ❶〔心持ちや動作などが〕のびのびしておだやかなようす。❷〔空が晴れて〕おだやかなようす。

のどからてがでる【喉から手が出る】ひじょうにほしくてたまらないことのたとえ。

のどぼとけ【喉仏】のどの中ほどにある、骨の出っぱっているところ。

喉仏

のに ふつうに考えつくことと、反対の結果になる意味をあらわすことば。れい 早く起きたのに学校におくれた。

ののしる【罵る】大声でひどい悪口をいう。大声を出してせめとがめる。

1**のばす**【伸ばす】❶〔ものの長さを〕長くする。れい 髪を伸ばす。❷まっすぐにする。れい 手足を伸ばす。⬍曲げる。縮める。❸〔力や能力を〕大きくゆたかにする。

2**のばす**【延ばす】❶〔時間を〕長くする。れい 休み時間を五分延ばす。❷きょりなどを長くする。れい 高速道路を先まで延ばす。⬍①②縮める。❸〔決まっている〕時期をおくらせる。❹うすめる。れい 水で延ばす。

のばなし【野放し】❶動物をはなしがいにすること。❷気ままにさせておくこと。

のはら【野原】草などのはえた広くたいらな土地。

のびちぢみ【伸び縮み】のびたりちぢんだりすること。伸縮。

1**のびのび**【伸び伸び】おさえつけるものがなく、ゆったりと感じられるようす。れい 伸び伸びそだつ。

2**のびのび**【延び延び】物事をおこなうのがだんだんおくれること。

1**のびる**【伸びる】❶〔ものの長さが〕長くなる。また、成長する。❷〔まがったり、ちぢんだりしていたものが〕まっすぐになる。れい しわが伸びる。⬍縮む。❸〔力や能力が〕ゆたかになる。❹弾力がなくなる。

2**のびる**【延びる】❶〔時間が〕長くなる。長引く。れい 寿命が延びる。❷〔決められた〕時期がおくれる。延期する。れい 遠足は一週間延びた。❸〔距離・線などが〕長くなる。

のべる【述べる】思っていることをことばであらわす。

のぼせる ❶頭に血がのぼってめまいがする。れい 長湯をしてのぼせた。❷物事や人にむちゅうになる。❸うぬぼれる。

のほほんと 何もしないで、のんきにしているようす。れい 何のなやみもなく、毎日をのほほんと暮らす。

1**のぼり** ❶布に文字などをそめ、さおを通して、目じるしとして立てるもの。

❷「こいのぼり」のりゃく。

2**のぼり**【上り】❶地方から中央へ行くこと。また、その列車やバス。

❷高い方へいくこと。また、そのような道。坂道。れい 急な上りにさしかかる。⇔①②下り。

のぼりざか【上り坂】❶だんだん上にのぼっていく坂。

❷〔物事が〕だんだんよい方にむかっているようす。れい 調子は上り坂だ。

1**のぼる**【上る】❶低いところから高いところへ行く。あがる。れい 坂を上る。

❷川上にむかって進む。れい サケはたまごをうみに川を上る。

❸地方から中央へ行く。上京する。⇔①〜③下る。

❹話題になる。とりあげられる。

❺〔ある数や量に〕たっする。

2**のぼる**【昇る】太陽や月などが空に高く上がる。「上る」とも書く。れい 朝日が昇る。⇔沈む。

3**のぼる**【登る】山道や急な坂などを自分であがっていく。⇔下りる。

のみこむ【飲み込む】❶飲んで腹の中に入れる。

❷〔りくつやわけを〕理解する。

ノミネート 候補として指名すること。推せんすること。

のみもの【飲み物】〔茶・酒・ジュースなどのように〕飲むためのもの。

のむ【飲む】❶〔水などを〕口から体の中に入れる。れい お茶を飲む。

❷相手を軽くみる。みくびる。れい 敵を飲んでかかる。

❸うけいれる。れい 要求を飲む。

❹〔なみだなどが出そうになるのを〕がまんする。こらえる。

のやま【野山】野と山。山野。

のらいぬ【野良犬】飼い主がいない犬。野犬。

のらねこ【野良猫】飼い主がいないネコ。

のらりくらり ❶なまけて、ぶらぶらしているようす。

❷態度などがはっきりしないで、つかみどころがないようす。

1**のり** ❶海中の岩などについている海そう。アオノリ・アサクサノリなど。

❷アサクサノリなどをうすくすいてほした食べ物。

2**のり** 物をはるときに使う、ねばねばしたもの。

のりうつる【乗り移る】❶ある乗り物から、ほかの乗り物に乗る。

❷神や仏、また、なくなった人のたましいなどが人の体にとりつく。

のりおくれる【乗り遅れる】❶乗り物の出発時間に間にあわなくて、乗りそこなう。れい 終電に乗り遅れる。

❷世の中の新しい動きについていけず、とり残される。

のりかえる【乗り換える】❶ある乗り物をおりて、ほかの乗り物に乗る。

❷今までの考え方ややり方から、新しい考え方ややり方にきりかえる。れい ひいきのチームを乗り換える。

のりき【乗り気】あることをしようという気持ちが強くなっていること。れい 何か動物をかおうというと、みんな乗り気になった。

のりきる【乗り切る】❶船などに乗ったままで最後まで進む。

❷むずかしいことをやりとげる。れい 最後の難関を乗り切る。

慣用句 **日が浅い** あまり日にちがたっていない。

のりくみいん【乗組員】船・飛行機などに乗って中で仕事をする人。

のりこえる【乗り越える】❶物の上をこえてむこうに行く。(れい)岩を乗り越えて進む。❷ほかの人をぬいて先に進む。(れい)先ぱいを乗り越える。❸〔苦しい状態を〕きりぬける。乗りきる。(れい)苦しみを乗り越える。

のりしろ【のり代】紙をはりあわせるとき、のりをつけるために用意してある部分。

のりのり 調子がよくて、もり上がっているようす。(れい)のりのりで歌う。

のりまき【のり巻き】のりでまいたすし。

のりもの【乗り物】人を乗せて運ぶもの。電車・自動車・飛行機・船など。

1のる【乗る】❶物の上にあがる。❷乗り物の中や上に体をおく。(れい)電車に乗る。⇕降りる。❸〔風などの流れによって〕運ばれる。(れい)子どもたちの歌声が風に乗って聞こえてくる。❹調子に合う。(れい)リズムに乗る。❺相手になる。(れい)相談に乗る。❻相手の考えのとおりに行動してしまう。(れい)敵の計略に乗ってしまった。❼いきおいがついて、調子がよくなる。❽じゅうぶんにつく。ゆきわたる。(れい)あぶらの乗ったサンマ。

2のる【載る】❶物が何かの上におかれる。(れい)テーブルに載っている本。❷文章などが新聞や雑誌に出る。

ノルマ わりあてられた仕事の量。(れい)ノルマをはたす。

のれん ❶店の名などをそめて、店の出入り口にたらしてある布。❷へやの出入り口などに、仕切りやかざりのためにかける布。❸店の信用。(れい)悪い品を売ったらのれんにかかわる。

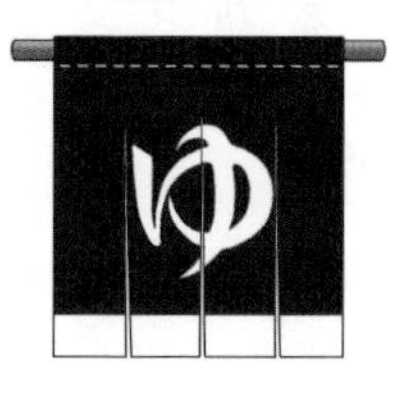

のれん①

1のろい【呪い】のろうこと。(れい)呪いをかける。

2のろい 動作がにぶい。また、動きがおそい。(れい)歩みがのろい。／計算がのろい。

のろう【呪う】〔うらみのある人やにくいと思っている人に〕災難がおこるようにいのる。

のろのろ 動きがにぶく、ゆっくりなようす。(れい)弟は、何をするにものろのろしている。

のわき【野分】台風の古い言い方。秋から冬のはじめにふく大風。のわけ。

のんき ❶心配ごとや苦労がないようす。(れい)祖父は、いなかにうつってのんきにくらしている。❷気が長く、のんびりしているようす。(れい)ぼくの母は、のんきな性分だ。⇕せっかち。

のんびり 心や体がゆったりと落ち着いているようす。(れい)ずっといそがしかったので、こんどの休みの日にはどこにも出かけないで家でのんびりとすごしたい。

ノンフィクション 事実を書いた読み物。伝記・歴史・旅行記など。⇕フィクション。

は

ぱ ば
パ バ ハ

ハムスター

1は【羽】鳥のはね。つばさ。

2は【葉】植物のくきやえだについていて、呼吸や光合成などをおこなう部分。

3は【歯】❶人や動物の口の中にあり、食べ物をかみくだく役目をするかたいもの。❷道具や機械などのふちにある、きざむところ。れい のこぎりの歯は、ぎざぎざしている。❸げたの、地面につく部分。⬇げた。

ば【場】❶物事がおこっているところ。れい この場は、どうか、わたくしにまかせてください。❷劇やしばいなどの一場面。れい 次は、親子の別れの場です。❸とき。場合。

ぱあ ❶じゃんけんで、五本の指をひらいた形。紙をあらわす。れい 妹は、はじめはぱあを出すくせがある。❷すっかりなくなること。れい 計画がぱあになる。

ばあい【場合】❶そのとき。そのおり。❷そのときのありさま。事情。れい 場合によっては中止する。

パーキング 車を止めておくこと。また、その場所。れい 近所に新しいパーキングができた。

はあく【把握】よく理解すること。れい 文章の内容を把握する。

バーゲンセール 商品をとくべつに安く売ること。特売。

バーコード 商品の包装紙や外箱などにいんさつしてある、黒い短い線を何本も平行にならべた符号。定価など商品についてのさまざまな情報が入っており、コンピューターに読みとらせることができる。

バージョン コンピューターのプログラムなどで、よくした段階をあらわすもの。

バージョンアップ コンピューターのプログラムなどを手直しして、性能などをよりよいものにすること。

バースデー たん生日。

パーセント 百分率（＝全体を百としたときの、それぞれのしめる割合）の単位。一パーセントは百分の一。記号は、「%」。

パーツ ぶひん。

パーティー おおぜいの人が集まって、何かをいわったり、食事をしたり、ゲームをしたりして楽しむ会。れい 友だちの家でひらかれるクリスマスパーティーに招待された。

ハート ❶心臓。こころ。❷トランプの「♥」の形のしるし。

ハード かたいようす。きびしいようす。れい 選手たちは、ハードな練習にもよくたえた。

パート ❶部分。❷楽団や合唱団などで、楽器や歌う人たちの受け持ち。

バードウオッチング 野山にでかけて、自然の中で野鳥を観察すること。

パートナー 二人で何かをするときの相手。

ハードル 台のついたわくをとびこえて走る陸上競技。または、その競技に使うわくのこと。のりこえなければならない物事のたとえにも使われる。

慣用句 **引けを取らない** ほかとくらべておとらない。負けない。

ことばのテーブル 516ページ

・ハーフ
・ハーブ
・ハープ
・パーフェクト
・バーベキュー
・ハーモニー
・ハーモニカ
・はい[1]
・はい[2]
・はい[3]
・ばい
・パイ
・はいいろ
・はいいん
・ばいう
・ばいうぜんせん
・はいえい
・はいえん
・バイオテクノロジー
・バイオマス
・バイオリン
・はいか
・ばいかい
・はいかつりょう

ハーフ 半分。中間。(れい) ハーフサイズのピザ。

ハーブ 薬や食品などとして、人のくらしに役立つかおりの強い植物。

ハープ 古くからある弦楽器。四十七本の糸を指ではじいてひく。たてごと。

パーフェクト ❶完全で、かけたところがないようす。
❷野球で、ピッチャーがひとりもランナーを出さずに、投げきること。

バーベキュー 野外で肉ややさいなどをやいて食べる料理。

ハーモニー ❶音楽で、高さのちがう二つ以上の音が重なって、美しく調和すること。また、そのひびき。
❷つりあい。調和。

ハーモニカ 口にあててふく長方形の楽器。息をすったりふいたりしてうすい金属の板をふるわせ、音を出す。

はい[1] ❶人によばれたときの、返事のことば。
❷相手の言ったことをわかったり、引き受けたりするときのことば。(れい) はい、わかりました。⬍ いいえ。
❸聞き手の注意をこちらに向けたいときに使うことば。(れい) はい、えんぴつを置いてください。

はい[2] 【灰】物がもえたあとにのこる、粉のようなもの。

はい[3] 【肺】人や動物がこきゅうをするための器官。肺臓。⬇内臓。

ばい 【倍】ある数を二回以上くわえること。(れい) 三の倍は六。

パイ 小麦粉とバターをねり合わせてうすくのばした皮を重ね、中にくだものやひき肉などを入れてオーブンで焼いた食べ物。(れい) 母の手作りのアップルパイを皿に取り分ける。

パイ

はいいろ 【灰色】❶ねずみ色。グレー。
❷うるおい・おもしろみ・希望などのないことのたとえ。(れい) 灰色の人生。

はいいん 【敗因】試合で、負けた原因。⬍勝因。

ばいう 【梅雨】六月から七月の中ごろにかけてふりつづく雨。つゆ。

ばいうぜんせん 【梅雨前線】梅雨のころ、日本列島の南の海岸ぞいにとどまって長雨(=梅雨)をおこす前線。

はいえい 【背泳】せおよぎ。

はいえん 【肺炎◀】細菌やウイルスによっておこる肺の病気。高い熱やはげしいせきがでて、呼吸が苦しくなる。

バイオテクノロジー 生物のはたらきを医学や農業に応用する技術。生命工学。バイオ。

バイオマス 木材や動物のふんなど、動物や植物から生まれた資源。

バイオリン 四本の弦を弓でこすって音を出す弦楽器。ヴァイオリン。

はいか 【配下】ある人に支配されていること。また、その人。手下。部下。

ばいかい 【媒◀介◀】二つのものやふたりの人などの間で、両方の関係をとりもつこと。また、とりもつもの。なかだち。

はいかつりょう 【肺活量】できるかぎり深く息をすって、それを十分にはき出したときの空気の量。

はいかん【拝観】見せてもらうこと。れい 拝観料。

はいき【廃棄】いらないものとして、すてること。れい 古い機械を廃棄する。

はいきガス【排気ガス】車のエンジンなどからはき出される気体。

はいきぶつ【廃棄物】必要がないものとして、すてられる物。れい 産業廃棄物。

ばいきゃく【売却】売りはらうこと。れい 古い絵を売却する。

はいきゅう【配給】一定の量の物を、わりあてて配ること。れい 戦争中、米は配給されていた。

はいきょ【廃きょ】たてものや町などの、こわれてあれてしまったところ。

ばいきん【ばい菌】害になる、細菌。

ハイキング 自然を楽しむために、野山を歩き回ること。

バイキング ❶八世紀から十一世紀にかけて、ヨーロッパ各地をあらした海賊。❷いろいろな料理を客が一定の料金で好きなだけ食べる形式の料理。バイキング料理。

はいく【俳句】五・七・五の十七音であらわした日本独特のみじかい詩。

バイク エンジンをとりつけた自転車。また、小型のオートバイ。

はいぐうしゃ【配偶者】夫に対して妻。また、妻に対して夫。

1はいけい【拝啓】手紙のはじめに書く、あいさつのことば。「つつしんでもうしあげます」の意味。

2はいけい【背景】❶絵や写真などで、主にあらわしたいものの後ろの部分。❷しばいなどで、舞台の後ろにかかれたけしき。❸ある人や事件についての、かくされた事情。れい 事件の背景をさぐる。

はいけん【拝見】「見ること」をへりくだっていうことば。れい おたよりを拝見しました。

はいご【背後】❶ものの後ろ。❷〔物事の表面には出てこない〕かげの部分。れい 事件の背後にいる人物を明らかにする。

はいごう【配合】いくつかのものを組み合わせること。また、その組み合わせぐあい。れい シャボン玉液を配合する。

はいし【廃止】今までおこなってきたことをやめること。

はいしゃ【敗者】勝負や競技に負けた人。また、負けたチーム。⇔勝者。

はいしゃく【拝借】「かりること」をへりくだっていうことば。れい 先生から拝借した本。

ばいしゅう【買収】❶買い取ること。れい 広大な土地を買収する。❷こっそりお金や物をあたえて、みかたに引き入れること。

はいしゅつ【排出】中にたまったいらないものを、外に出すこと。れい ガスを排出する。

はいじょ【排除】おしのけて、とりのぞくこと。れい 暴力を排除する。

ばいしょう【賠償】ほかの国や人にあたえた損害をうめあわせること。れい 賠償金。

はいしん【配信】❶新聞社や放送局などが、ニュースを関係のあるところに知らせること。❷インターネットを使って動画や音楽を送信すること。れい 動画を配信する。

慣用句 **一あせかく** せいを出して仕事や運動をする。

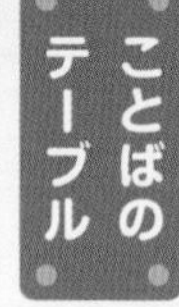

はいすい【排水】中のいらなくなった水を外にだすこと。(れい)ふろの排水をよくする。

はいすいのじん【背水の陣】負けたら死ぬというかくごで戦うこと。また、そのようなかくごで、物事をおこなうこと。

ばいすう【倍数】ある数のなん倍かにあたる数。たとえば、十二は二・三・四・六の倍数。⇕約数。

はいせき【排斥】きらってしりぞけること。きらっておしのけること。(れい)製品の排斥運動がおこる。

はいせつ【排せつ】動物が栄養をとったあとのいらなくなった物や、体の中にできた有害な物を、大便や小便として出すこと。

はいせん【配線】❶電線を引くこと。❷電気器具などに電流をながすために、各部分を電線でつなぐこと。(れい)テレビの配線図。

はいぜん【配膳】はしや茶わんなどといっしょに料理をのせた台(=膳)を配ること。

はいそう【配送】荷物などを送り先にとどけること。(れい)小型のトラックで配送する。

ばいぞう【倍増】ばいにふえること。(れい)商売のもうけが倍増する。

はいぞく【配属】人をいろいろな部署にわりあてて、それぞれの役目につけること。(れい)兄は、営業部に配属されたそうだ。

はいたい【敗退】戦争や試合に負けてしりぞくこと。

ばいたい【媒体】ニュースなどをつたえるための方法。新聞・ラジオ・テレビなど。メディア。(れい)テレビは宣伝の媒体になる。

はいたつ【配達】品物を配りとどけること。(れい)新聞を配達する。

バイタリティー 活動するもとになる力。活力。生活力。(れい)バイタリティーにあふれた人。

はいち【配置】〔人や物を〕ほどよい場所や地位におくこと。(れい)つくえの配置をかえる。

はいつくばる 両手・両ひざを地面につけて、はうようなかっこうでうずくまる。はいつくばう。(れい)つくえの下にはいつくばって、落とした文ぼうぐをさがす。

ハイテク もっとも進んだ科学技術。

はいてん【配点】試験で、それぞれの問題にきまった点をわりふること。また、その点。

ばいてん【売店】品物を売る店。とくに、劇場・駅・会社・学校などの中で、品物を売っている店。(れい)駅の売店でジュースを買った。

バイト コンピューターで、情報の量をあらわす単位。

はいとうかんじ【配当漢字】小学校で学習する漢字のうち、学年別に学習するようにわりふってある漢字。学年配当漢字。

パイナップル パイナップル科の植物。熱帯地方で育つ。実は大きく、松かさのような形で、食用にする。パイン。

パイナップル

あいうえお かきくけこ さしすせそ たちつてと なにぬねの は はひふへほ まみむめも やゆよ らりるれろ わをん

〔 〕漢字を使った書き方 (れい)ことばの使い方の例 ⇕反対のことば ⬇参考になる情報 ◀小学校で習わない漢字

ばいばい[1]【売買】品物を売ったり買ったりすること。売り買い。

バイバイ[2]「さようなら」のくだけた言い方。

はいはんちけん【廃藩置県】一八七一（明治四）年、明治政府がそれまでの藩をなくして、全国に府と県をおいたこと。

はいび【配備】手配して準備すること。(れい)警察官を配備する。

ハイビジョン あざやかな画像とよい音質をもつテレビの方式。

はいふ【配布】多くの人に配ること。(れい)団地の人たちに、もよおし物の案内状を配布する。

パイプ ❶水やガスなどを送るのに使うくだ。❷たばこをすうのに使う道具。

バイブル キリスト教の教えが書いてある本。聖書。

ハイフン 英語などで、語と語をつなぐときなどに使う、短い線。「-」。

はいぶん【配分】わりあてて配ること。

はいぼく【敗北】戦争や試合などで、負けること。⇔勝利。

はいめん【背面】後ろ。後ろがわ。

はいやく【配役】しばい・映画などで、俳優に役をわりあてること。また、その役。

はいゆう【俳優】映画・演劇などに出て、しばいをする人。役者。

ばいよう【培養】研究するために、細菌などをやしない育てること。

ばいりつ【倍率】❶レンズなどで見た像の大きさと、実物の大きさとのわりあい。(れい)倍率十倍の双眼鏡。❷募集した人数と応募した人数のわりあい。(れい)あの大学は、入学試験の倍率がとても高い。

はいりょ【配慮】いろいろなことによく心をくばること。心づかい。(れい)子どもたちにわたすプレゼントが同じになるように配慮する。

はいる【入る】❶外から内にうつる。(れい)家の中に入る。⇔出る。❷なかま・団体などにくわわる。(れい)大学に入る。／会社に入る。❸自分のものになる。(れい)アルバイト料が入る。❹ある時刻・時期になる。(れい)冬休みに入る。❺ちがうものがくわわる。(れい)ミルクの入ったコーヒー。❻あるはんいの中におさめることができる。(れい)三万人入るサッカー場。

はいれつ【配列・排列】順序よくならべること。また、そのならびぐあい。(れい)カードに書きぬいたことばを、あいうえおじゅんに配列する。

パイロット ❶飛行機をそうじゅうする人。飛行士。❷港に出入りする大きな船の進み方を案内する人。

はう ❶はらばいになって手足を使ってすすむ。(れい)赤んぼうがはう。❷動物が地面などに体をすりつけるようにして進む。(れい)ナメクジがはう。❸［つる草などが］物をつたわってのびてゆく。(れい)古い石がきにツタがはっている。

ハウス ❶家。建物。❷「ビニールハウス」のりゃく。

バウムクーヘン 切り口に木の年輪のような模様のある洋菓子。

慣用句 **一息入れる** ひと休みする。

ことばのテーブル 520ページ
・はえぬき ・1はえる ・2はえる ・はおり ・はおる
・はか ・ばか ・はかい ・はがき ・はかく ・ばかしょうじき
・はがす ・はかせ ・はがたたない ・ばかぢから ・はかどる ・はかない ・はがね ・はかば

はえぬき【生え抜き】❶その土地に生まれ、育つこと。きっすい。れい 生え抜きの江戸っ子。❷会社などで、入社してからずっとつとめていること。れい あの人は、生え抜きの社員だ。

1はえる【生える】❶草や木が芽を出す。れい 雑草が生える。❷毛や歯などが出る。れい 赤ちゃんに前歯が生えてきた。

2はえる【映える】❶光にてらされてかがやく。れい 山が夕日に映える。❷調和して美しく見える。ひきたつ。れい 白いかべに松の緑が映える。

はおり【羽織】和服の上に着る、たけの短い上着。

羽織

はおる【羽織る】衣服の上からかたにかけるようにしてきる。れい ガウンを羽織る。

はか【墓】死んだ人や、そのほねを、うめてあるところ。

ばか【馬鹿】❶頭のはたらきがにぶいこと。また、その人。❷くだらないこと。れい そんな馬鹿なことがあるか。❸《「ばかに」の形で》ていどがなみはずれていること。れい ばかに暑い日がつづいている。❹《あることばの上につけて》「ていどがなみはずれている」意味をあらわすことば。れい 馬鹿さわぎ。

はかい【破壊】つくりあげたものをこわすこと。また、こわれること。れい 爆発でビルが破壊された。

はがき【葉書】通信文を書いて出すためのきまった大きさの用紙。郵便はがき。

はかく【破格】〔今までの例やしきたりなどからはずれた〕とくべつなこと。れい このマグロは、破格のねだんで取り引きされたそうだ。

ばかしょうじき【馬鹿正直】正直すぎて気がきかないこと。また、そのような人。

はがす【剝がす】くっついているものを、めくりとる。はぎとる。れい 切手を剝がす。

はかせ【博士】❶あることに、とくにくわしい人。もの知り。れい あの人は、みんなに野球博士といわれるほど、知識が豊富だ。❷ある学問を深く研究した人にさずけられる学位。博士。

はがたたない【歯が立たない】❶かたくて、かめない。❷力がおよばない。かなわない。れい 何をやっても父には歯が立たない。

ばかぢから【馬鹿力】考えられないほど強い力。れい 馬鹿力を出す。

はかどる 仕事などがどんどん進む。れい 姉に手つだってもらったおかげで宿題がはかどった。

はかない ❶長くつづかない。むなしい。れい はかない命。❷たよりにならない。実現しそうにない。れい はかない希望。

はがね【鋼】刃物やレールなどに使われる、かたい鉄。鋼鉄。

はかば【墓場】墓のあるところ。墓地。

【】漢字を使った書き方　れい ことばの使い方の例　⇕反対のことば　⬇参考になる情報　◀小学校で習わない漢字

ばかばかしい【馬鹿馬鹿しい】たいへん、ばからしい。つまらない。

はかま こしから足までをおおう、ひだのある和服。⬇羽織。

はかまいり【墓参り】墓へまいっておがむこと。墓参。

はがゆい【歯がゆい】思いどおりにならないで、気持ちがいらいらする。じれったい。(れい)まかせている仕事が進まず、歯がゆい。

はからう【計らう】〔よいように〕とりあつかう。(れい)おじさんが、すべてうまく計らってくれる。

はかり 物の重さをはかる器具。ばねばかり・さおばかり・台ばかりなどがある。

ばかり ❶物事のはんいをかぎる意味を表すことば。…だけ。(れい)自分のことばかり話す。❷およそのていどを表すことば。…ぐらい。(れい)一時間ばかり休んだ。❸あることをして間がないことを表すことば。…してすぐ。(れい)ペンキをぬったばかりです。

はかりにかける【はかりに掛ける】二つのものをくらべて、どちらがだいじか、得かなどをかんがえる。(れい)映画と食事をはかりに掛ける。

1**はかる**【図る】いろいろと考えて、こころみる。くわだてる。

2**はかる**【計る】❶〔ものさし・ます・はかり・とけいなどで〕物の長さ・かさ・重さ・はやさなどを調べる。「測る」「量る」とも書く。(れい)背の高さを計る。／時間を計る。❷こうだろうと思う。「測る」「量る」とも書く。(れい)ころ合いを計る。

3**はかる**【測る】長さ・高さ・広さなどを調べる。

4**はかる**【量る】❶重さや容積などを調べる。❷おしはかる。見当をつける。(れい)相手の心を量りかねる。

バカンス 夏などに長くつづく休み。

はき【破棄】❶やぶりすてること。❷約束したことをとり消すこと。(れい)契約を破棄する。

はぎ マメ科の植物。秋に、チョウのような形の赤むらさき色などの花がさく。秋の七草の一つ。

はきけ【吐き気】はきたいような気持ち。(れい)車によったせいか、吐き気をもよおす。

はぎしり【歯ぎしり】ねているときに歯を強くかみあわせ、ぎりぎりと音を出すこと。また、ひどくくやしがることのたとえ。(れい)だまされたと知って、かれは歯ぎしりしてくやしがった。

はきはき 動作やものの言い方が、はっきりしているようす。

はきもの【履物】歩くときに足にはくもの。くつ・げた・ぞうりなど。

はきょく【破局】物事がうまくいかなくなること。物事の悲しい結末。

はぎれ【歯切れ】❶歯で物をかみきるときの感じ。❷ことばの発音や調子のぐあい。(れい)歯切れのよい返事。

1**はく** 足をとおして衣類を身につける。(れい)スカートをはく。⬌脱ぐ。

2**はく**【吐く】❶〔胃や口の中の物を〕口から外へ出す。(れい)つばを吐く。❷ことばに出す。(れい)本音を吐く。

3**はく**【掃く】ほうきなどでごみをとりのぞく。

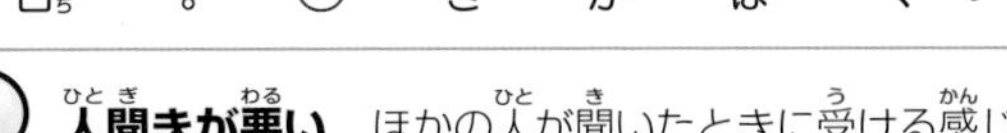
慣用句 **人聞きが悪い** ほかの人が聞いたときに受ける感じがよくない。

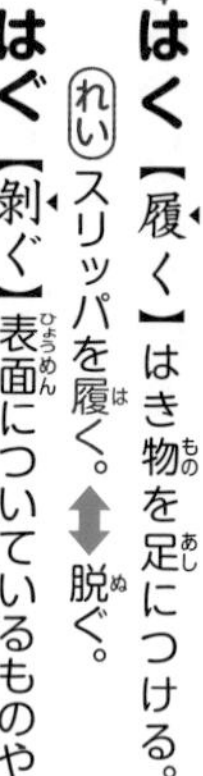

4はく【履◂く】はき物を足につける。(れい)スリッパを履く。⬍脱ぐ。

はぐ【剥◂ぐ】表面についているものや身につけているものをとる。(れい)シールを剥ぐ。

はくあい【博愛】広く人々を公平に愛すること。(れい)博愛主義。

はくい【白衣】医師や看護師などが仕事中にきる白い衣服。びゃくえ。

はくがい【迫害】権力によって、いじめ苦しめること。(れい)迫害にたえる。

はくがく【博学】いろいろな学問についていて、広い知識をもっていること。

はくがつく【はくが付く】ねうちがあがる。(れい)フランスで修業して、料理人としてのはくが付いた。

はくがんし【白眼視】意地の悪い目で見ること。つめたくあつかうこと。

はぐき【歯茎◂】歯のねもとをつつんでいる肉。⬇犬歯。

はくぎん【白銀】❶銀。しろがね。❷雪の白さをたとえることば。(れい)白銀の世界が広がる。

はぐくむ【育む】だいじに守り育てる。(れい)両親の愛情に育まれる。／友情を育む。

ばくげき【爆◂撃◂】飛行機から爆弾などをおとして敵をこうげきすること。

はくさい【白菜】アブラナ科の植物。葉は大きくてしわがあり、うすいみどり色をしている。葉を、つけものや、にものにして食べる。

はくし【白紙】❶白い紙。❷〔書くべきところに〕何も書いていない紙。(れい)白紙の答案。❸もとの状態。(れい)改革案を白紙にもどす。

はくしき【博識】広くいろいろなことを知っていること。物知り。

はくしゃ【拍◂車】乗馬用のくつのかかとにつける金具。馬をはやく走らせようとするとき、これで馬の腹をける。(れい)拍車をかける（＝ものごとのすすめ方をいっそうはやくする）。

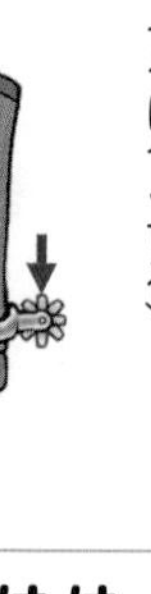
拍車

はくしゃく【伯◂爵◂】華族のよび名のひとつで、侯爵につぐ位。

はくしゅ【拍手】ほめたり賛成したりするとき、手を打ち鳴らすこと。(れい)会場に拍手が鳴りひびく。

はくじゅ【白寿】九十九才。また、そのいわい。「白」は、「百」という字から上の「一」をとった形であることから。

1はくじょう【白状】自分のおかした罪やかくしていたことを、うちあけること。(れい)自分のしたことを何もかも白状します。

2はくじょう【薄◂情】人に対する思いやりの心が少ないこと。(れい)かれの薄情な態度に、ひなんの声があがった。

ばくしょう【爆笑】おおぜいの人が、どっとわらうこと。(れい)そのお笑いコンビのコントはとてもおもしろくて、爆笑の連続だった。

はくしょく【白色】白い色。

はくせい【剝製】動物の体から内臓や肉をとりだして、中にわたなどをつめ、生きているときと同じような形にしたもの。

はくせん【白線】白い線。

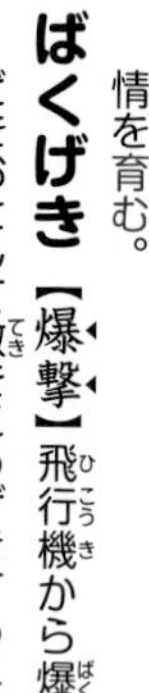

〔 〕漢字を使った書き方　(れい)ことばの使い方の例　⬍反対のことば　⬇参考になる情報　◂小学校で習わない漢字

ばくぜんと【漠然と】ぼんやりしてはっきりしないようす。(れい)あの人の話はいつも漠然としていて、何が言いたいのかわからない。

ばくだい【ばく大】ひじょうに多いようす。多大。(れい)この工事にはばく大な費用がかかる。

ばくだん【爆弾】中につめた火薬などをばくはつさせる兵器。

ばくちく【爆竹】竹や紙づつにつめた火薬に火をつけて鳴らすもの。中国で、正月や祭日などに鳴らして楽しむ。(れい)あちこちで、爆竹が鳴りひびく。

はくちず【白地図】地形だけをあらわし、細かい部分やしるしなどは書いていない地図。学習するときにかき入れてつかう。

はくちゅう【白昼】まひる。日中。(れい)白昼におきた事件。

はくちょう【白鳥】カモ科の鳥。体は白くて大きく、くびが長い。秋に日本にやってくるわたり鳥。スワン。

はくとうわし【白頭わし】タカ科の大形の鳥。頭と尾が白い。

はくねつ【白熱】❶金属などが高温になって白色に近い光を出すこと。(れい)白熱電球がきれたので、新しいものに取りかえる。❷ひじょうにはげしいじょうたいになること。(れい)討論は、ますます白熱してきた。

ばくは【爆破】爆薬を使ってこわすこと。(れい)古くなったビルを爆破することが決まった。

ぱくぱく ❶口を開けたりとじたりするようす。(れい)水そうの中で、金魚が口をぱくぱくしている。❷さかんに物を食べるようす。(れい)妹は、ものも言わずにケーキをぱくぱく食べている。

はくはつ【白髪】白くなった、頭の毛。しらが。(れい)祖母は、近ごろ白髪が目立つようになった。

ばくはつ【爆発】❶熱・光・音などを出してはげしいいきおいではれつすること。(れい)火山が爆発する。❷〔不満やいかりなど〕おさえられていたものが、いちどにはげしく出ること。(れい)グループ全員のいかりがとうとう爆発した。

ばくふ【幕府】武家政治の時代に、国をおさめるため、将軍が政治をおこなったところ。(れい)江戸幕府の政治について調べる。

はくぶつかん【博物館】科学・歴史・民俗・芸術・産業などのいろいろな資料を集め、人々に見せるしせつ。(れい)となり町に博物館がある。

はくぼく【白墨】チョーク。

はくまい【白米】玄米の皮やはい芽などをとった白い米。精米。⇕玄米。

ばくまつ【幕末】江戸時代のおわりごろ。徳川幕府がほろびかけたころ。

ばくやく【爆薬】ものをこわすときなどに使う火薬。ダイナマイトなど。

はくらい【舶来】外国でつくった物をもってくること。また、その品物。(れい)祖父のお気に入りは、舶来のパイプだ。⇕国産。

はぐらかす〔質問などに対して〕ほかのことに話をそらす。(れい)返事をはぐらかされた。

はくらんかい【博覧会】科学や産業に関係のあるものをならべて、多くの人に見せる会。(れい)万国博覧会。

慣用句 **一たまりも無い** わずかの間も、もちこたえることができない。

ぱくり ❶大きな口をあけて食べるようす。(れい)まんじゅうをひと口でぱくりと食べる。
❷われ目などが大きく開くようす。(れい)紙ぶくろがぱくりとやぶれて、中身がこぼれる。

はくりょく【迫力】〔人の心に〕せまってくる力。(れい)ベテラン俳優の迫力のある演技。

ぱくる ❶人の物をだまし取る。ぬすむ。くだけた言い方。(れい)他人のアイデアをぱくるなんて、ゆるせないことだ。
❷つかまえる。たいほする。くだけた言い方。(れい)犯人をぱくる。

はぐるま【歯車】まわりに歯をつけた車。一つの軸の動きをほかの軸につたえたり、回る方向をかえたりするはたらきをする。

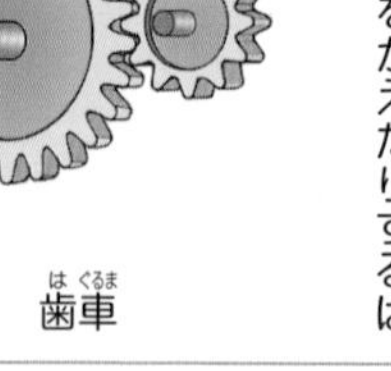

歯車

はぐれる つれの人とはなればなれになる。(れい)祭りの人ごみで親とはぐれてしまった。

はくろ【白露】二十四節気の一つ。九月七日、八日ごろ。葉に露がむすぶころのこと。

ばくろ【暴露】ひみつにしていたことやかくしていた悪いことなどが広く人に知られること。また、知らせること。(れい)不正を暴露する。

はげしい【激しい】❶いきおいが強い。(れい)台風の接近で各地に激しい雨がふっている。
❷ていどがひどい。きびしい。(れい)競争がますます激しくなる。

バケツ 手にさげて水などを運んだりするための、そこが深い入れ物。

バケット クレーンなどに取りつけ石や砂をすくって入れる大きな容器。

はげます【励ます】元気をつけてやる。(れい)落ちこんでいる弟を姉がやさしく励ます。

はげみ【励み】やる気をおこさせるもの。(れい)先生にほめられたのが励みとなって国語がすきになった。

はげむ【励む】元気を出していっしょうけんめいにする。せいを出す。(れい)来年大学を受験する兄は、日夜勉強に励んでいる。

はげる【剝げる】〔ぬったものや、はりつけたものが〕とれてはなれる。(れい)年月がたったので、へいのペンキが剝げてしまった。

ばける【化ける】本当のすがたをかえて、ちがった〔形の〕ものになる。(れい)この物語では、主人公のタヌキが、男の子に化ける。

はけん【派遣】❶役目をいいつけて、ある地域へ行かせること。(れい)調査員を現地に派遣する。
❷「派遣社員」のりゃく。派遣元の会社の社員で、ほかの企業に派遣されてはたらく人。

はこ【箱】紙や木などでつくった四角い入れもの。(れい)姉は、祖母の形見の宝石箱をたいせつにしている。

はごいた【羽子板】羽根つきにつかう、柄のついた板。⬇羽根突き。

はこぶ【運ぶ】❶物をある場所からほかの場所にうつす。(れい)トラックで荷

あいうえお
かきくけこ
さしすせそ
たちつてと
なにぬねの
は はひふへほ
まみむめも
やゆよ
らりるれろ
わをん

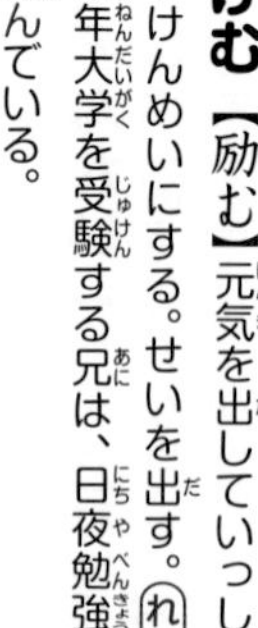

物を運ぶ。❷物事がうまく進む。はかどる。(れい)仕事が順調に運ぶ。

はこべら ナデシコ科の植物。白い花びらは五まいだが、先が切れこんでいて十まいに見える。ハコベ。春の七草の一つ。

はごろも【羽衣】 天人が着るといわれる、うすくて軽い、はねでできたころも。これを着ると空をとぶことができるといわれる。

バザー こまっている人をたすけたり、物事をするもとでのお金を集めたりするためのもよおし。(れい)小学校でバザーがひらかれた。

はざくら【葉桜】 花がちって、わか葉が出てきたころのサクラ。

ばさばさ 水分やあぶら気が少ないようす。(れい)ばさばさのかみの毛。

ぱさぱさ 水分やあぶら気が少ないようす。(れい)古くてぱさぱさしたパン。

はさみ ❶二まいの刃を合わせて、物を切る道具。❷きっぷなどに穴や切れこみを入れる道具。パンチ。❸じゃんけんで、ちょき。⇔紙。石。

はさむ【挟む】 間におく。とちゅうに入れる。(れい)目じるしのために、百まいごとに紙を挟む。

はさん【破産】 財産をすっかりなくすこと。

1はし【端】 ❶中心からいちばん遠い部分。へり。(れい)つくえの端。❷切りはなした部分。きれはし。❸物事の一部分。(れい)ことばの端をとらえる。

2はし【箸】 食べ物をはさんで口に入れるための、二本で一組みの細長い棒。

3はし【橋】 川などの上にかけわたして、上を通れるようにしたもの。(れい)橋をわたる。

1はじ はし(端)。

2はじ【恥】 はずかしい(と思う)こと。めいよをきずつけられること。(れい)恥をさらす。

はしおき【箸置き】 食事のとき、はしの先をのせておく器具。

はしか 子どもに多い、ウイルスによる感染症の一つ。熱が出て、体じゅうに赤いぶつぶつができる。麻しん。

はじく ❶はねとばす。はねかえす。(れい)おはじきをはじく。❷よせつけない。はねかえす。(れい)油は水をはじく。❸そろばんで計算する。

はじける いきおいよくさけてわれる。また、中から外へとびだす。はぜる。(れい)クリの実がはじける。

はしご たてかけたりつるしたりして、高いところにのぼる道具。

はじしらず【恥知らず】 はじをはじとも思わないこと。また、そういう人。(れい)恥知らずなふるまい。

はしたない 下品である。つつしみがない。(れい)はしたないことばは、つかわないようにする。

ばじとうふう【馬耳東風】 〔馬の耳に東風(＝春風)がふいても感じないことから〕人の言ったことなどを、少しも気にかけないこと。

はしばし【端端】 ところどころ。(れい)ことばの端々に感謝の気持ちがあらわれている。

はじまり【始まり】 始まること。(れい)学校の始まりは八時半だ。

慣用句 **人目に付く** 人の注意をひく。目立つ。

ことばのテーブル
526ページ
・はじまる
・1はじめ
・2はじめ
・はじめて
・はじめる
・ばしゃ
・はしゃぐ
・ばしゃばしゃ
・パジャマ
・はしゅつじょ
・ばしょ
・はしょる
・はしら
・はしりたかとび
・はしりはばとび
・はしりまわる
・はしる
・はじる

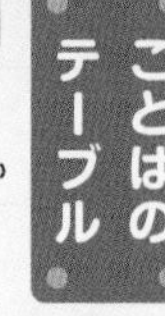

はじまる【始まる】あらたに物事がおこる。(れい)道路工事が始まる。⇔終わる。

1はじめ【初め】〔ある時間や期間の〕はじまり。さいしょ。(れい)年の初め。⇔終わり。

2はじめ【始め】❶始めること。(れい)仕事始め。❷物事の起こり。(れい)人類の始め。⇔終わり。

はじめて【初めて】そのときまではなかった、新しい物事であるようす。(れい)初めて会う人なので、少しきんちょうしている。

はじめる【始める】❶あらたにする。(れい)試合にそなえて、そろそろ練習を始める。❷新しく物事を起こす。(れい)会社を始める。❸《動作をあらわすことばの下につけて》「…しだす」意味をあらわすことば。(れい)始業のチャイムがなり始める。

ばしゃ【馬車】馬にひかせて、人や荷物を運ぶ車。(れい)ここは、むかし馬車が通っていた道だ。

はしゃぐ 調子にのってさわぐ。うかれる。(れい)工作をほめられた弟は、得意になってはしゃぐ。

ばしゃばしゃ 水をまいたり、かけたりするときの音。水の中を歩くときの音。(れい)水をばしゃばしゃまく。

パジャマ 上着とズボンに分かれている、ねまき。

はしゅつじょ【派出所】こうばん(交番)。

ばしょ【場所】❶所。何かをしたりする所。(れい)店の場所。／集まる場所。❷人がいるところ。座席。(れい)先に行って場所をとる。❸興行としてすもうをおこなう、あるきまった期間。(れい)秋場所。

はしょる ❶着物のすそを、おびなどにはさむ。❷はぶいて、かんたんにする。(れい)時間がないので、話の最後ははしょった。

はしら【柱】❶土台の上にまっすぐに立て、家の屋根などをささえる材木。❷細長く、まっすぐに立っているもの。(れい)電信柱。❸たよりとする大事なものや人。(れい)一家の柱。

はしりたかとび【走り高跳◀び】陸上競技の一つ。走っていってバー(＝横にわたしてあるぼう)をとびこえ、その高さをきそう。

はしりはばとび【走り幅◀跳◀び】陸上競技の一つ。走っていって、ふみきり線でかた足でふみきってとび、とんだきょりをきそう。

はしりまわる【走り回る】❶あちらこちらを走る。❷あちこちいそがしくうごき回る。(れい)配達で町じゅうを走り回る。

はしる【走る】❶〔人や動物が〕すばやく足を動かして前に進む。❷〔乗りものが〕うつり動く。(れい)バスが走る。❸〔川や道などが〕つづいている。(れい)川にそって道が走っている。❹〔はげしい気持ちや感じが〕さっとあらわれてきえる。(れい)肩にいたみが走る。

はじる【恥◀じる】❶〔自分のよくないところを〕はずかしく思う。(れい)おくびょうな自分を恥じる。

❷《「…に恥じない」の形で》…にふさわしい。(れい)父の業績に恥じない仕事をしたい。

はしわたし【橋渡し】〔川に橋をかけるように〕ふたりの間に立って、なかだちをすること。

はす スイレン科の植物。池やぬまに育ち、夏に、白またはもも色の大きな花がさく。地下茎は「れんこん」といい、食用にする。

はす

バス お金をとって人をのせる大型の自動車。

パス ❶とまらずに通りすぎること。また、合格すること。(れい)入学試験にパスした。❷〔バスケットボールやバレーボールなどで〕ボールをみかたにわたすこと。❸定期乗車券。また、無料の乗車券・入場券。

はずかしい【恥ずかしい】❶〔自分の欠点や失敗を気にして〕人前に出られないような気持ちになるようす。(れい)すらすら言えなくて恥ずかしい。❷きまりが悪い。(れい)みんなに見られると恥ずかしい。

バスケットボール 五人ずつに分かれ、きめられた時間内に相手のゴールである底のないあみにボールを入れ、その得点をきそう競技。バスケット。ろう球。

はずす【外す】❶かけてある物や、とりつけてある物をとってはなす。(れい)カーテンを外す。❷のぞく。(れい)メンバーから外す。❸そらす。ずらす。(れい)タイミングを外す。❹ある場からはなれる。(れい)席を外す。

バスてい【バス停】バスの停留所。

パスポート 政府が、外国に行く人の身分や国籍をしょうめいし、相手の国に保護をたのむ書類。旅券。

はずみ【弾み】❶はねかえること。はずむ力。(れい)弾みのいいボール。❷その場のぐうぜんのなりゆき。ひょうし。(れい)もののはずみでたのみごとを引き受けてしまった。

はずむ【弾む】❶ものにぶつかって、はねかえる。(れい)よく弾むまり。❷いきおいづく。(れい)話が弾む。❸息がはげしくなる。胸がどきどきする。(れい)息が弾む。❹お金などをたくさん出す。(れい)こづかいを弾む。

はすむかい【はす向かい】ななめ前。ななめ向かい。

パズル なぞをとく遊び。

はずれ【外れ】❶ある地いきやはんいのはし。(れい)村の外れ。❷〔ねらったことが〕当たらないこと。(れい)たからくじは全部外れだ。

はずれる【外れる】❶かけてある物やとりつけてある物がはなれたりぬけたりする。(れい)あみ戸が外れる。❷ある場所から外へそれて出る。(れい)町を外れると茶畑がつづく。❸基準になるものや手本になるものからそれる。(れい)調子が外れる。❹ねらったものからそれる。(れい)くじが外れる。／ねらいが外れる。

慣用句 **非の打ち所がない** 欠点が一つもない。完全である。

パスワード コンピューターで、ほかの人が勝手にプログラムを使ったり、データを見たりするのをふせぐために入力しておく符号。

はせい【派生】もととなるものや、ことがらから、分かれ出てくること。(れい)新しく派生した問題。

パセリ セリ科の植物。葉は細かくちぢれていて、かおりがある。料理のつけ合わせなどに使う。

パソコン 家庭や職場で個人が使う小型のコンピューター。パーソナルコンピューター。

はそん【破損】こわれること。また、こわすこと。

はた【旗】布や紙でつくり、さおやひもにつけてかかげるもの。しるし・かざり・祝いなどに使う。

はだ【肌◂】❶〔とくに人の〕ひふ。❷ものの表面。(れい)山肌。❸気質。性質。(れい)職人肌の人。

バター 牛乳からとった脂肪をかためた食品。

ばたあし【ばた足】水泳で、のばした両足をこうごに上下させて水をけること。

パターン ❶型。また、やり方。方法。(れい)練習のパターンをかえる。❷洋裁に使う型紙。

はだか【裸】❶体になにも着ていないこと。❷持ち物や財産が何もないこと。(れい)やけだされて裸になる。❸つつみかくすところがなく、ありのままのようす。(れい)裸のつきあい。

はたき 細長い布や紙などをたばねてぼうの先につけた、ちりをはらうための道具。

はたき

はだぎ【肌◂着】ちょくせつ、はだにつける、衣類。下着。

はたけ【畑】❶やさいやこくもつなどをつくる土地。❷その人が専門にしている分野。

はだける 着ている衣服の前の方をあけて広げる。また、開く。(れい)パジャマをはだけてねむる。

はたさく【畑作】畑に作物をつくること。また、その作物。

はださむい【肌◂寒い】ひふにつめたく感じる。はだざむい。(れい)肌寒い秋の風がふき始めた。

はだざわり【肌◂触り】物がひふにふれたときの感じ。(れい)ここちよい肌触りの肌着。

はだし はき物をはかないじょうたい。

はたす【果たす】❶〔役わりを〕なしとげる。やりおえる。(れい)責任を果たす。❷《動詞の下につけて》「すっかり…してしまう」の意味をあらわすことば。(れい)お金をつかい果たす。

はたち【二十・二十歳◂】二十才。

はたと ❶急に物をうつようす。(れい)はたとひざをうつ。❷急にかわるようす。とつぜん。(れい)はたと思いあたる。

1**はたはた** ハタハタ科の魚。北太平洋と日本海にすむ。うろこがなく、せなかはうすい黄色で、茶色のはん点がある。

あいうえお
かきくけこ
さしすせそ
たちつてと
なにぬねの
はひふへほ は
まみむめも
やゆよ
らりるれろ
わをん

2はたはた 旗などが風にふかれて、はためくようす。また、その音。れい 校旗が、はたはたとひるがえる。

ばたばた ❶つづけざまにたおれたり、落ちたりするようす。また、その音。れい ばたばたと本がたおれる。❷足や羽をつづけて動かすようす。また、その音。れい 羽をばたばたさせてはばたく。❸物事が急にはかどるようす。れい 仕事がばたばたときまった。❹いそがしくて落ち着かないさま。れい たくさんの仕事をかかえてばたばたする。

ぱたぱた うすくて軽いものが、物にあたったりするようす。また、その音。れい スリッパでぱたぱた歩く。

バタフライ 泳ぎ方の一つ。両うでをそろえて後ろから前へ出して水をかき、両足で同時に水をたたいて進む。

はたもと【旗本】江戸時代、将軍にちょくせつつかえた武士。

はたらき【働き】❶活動のしかた。れい 頭の働きがにぶる。❷活動してほかにおよぼす力。作用。れい モーターは電流の働きで動く。❸仕事などに力をつくしたよい結果。れい かれの働きで成功した。❹しゅうにゅう。かせぎ。れい 働きのない人。

はたらきもの【働き者】よくはたらく人。⇔怠け者。

はたらく【働く】❶仕事をする。れい あせを流して働く。❷動く。活動する。れい 頭がよく働く。❸作用する。れい 引力が働く。❹(悪いことを)する。れい ぬすみを働く。

ばたり 重いものが急にたおれるようす。れい 人がばたりとたおれる。

ぱたり 軽いものが急に落ちたり当たったりするようす。れい かさが、ぱたりとたおれた。

はたん【破綻】物事がうまくいかなくなること。れい 経営が破綻する。

1はち【八】数の名で、やっつ。また、八番目。れい 八方位。

2はち【蜂】こん虫の一種。すきとおった羽が四まいある。腹の先に毒の針をもつものもいる。しゅるいが多い。

ばち ❶たいこをたたくぼう。⬇太鼓。❷しゃみせんやびわなどの糸を、はじいてならす道具。⬇三味線。

はちあわせ【鉢合わせ】❶頭と頭をぶつけること。しょうとつ。❷思いがけないところで、出会うこと。れい 木村さんと本屋で鉢合わせした。

ばちがい【場違い】その場所に、にあわないこと。れい 場違いの服装。

はちがつ【八月】一年の八番目の月。古くは「葉月」といった。

はちくのいきおい【破竹の勢い】とめようとしてもとめることができないほどの、はげしいいきおい。れい 破竹の勢いで勝ち進む。

ぱちくり おどろいて目を大きくひらいたり、しきりにまばたきしたりするようす。れい 目をぱちくりさせる。

はちじゅうはちや【八十八夜】雑節の一つ。立春から数えて八十八日目。五月二日ごろ。

ぱちぱち ❶つづけてまばたきをするようす。また、つづけて写真をとるようす。れい 目をぱちぱちさせる。❷はく手の音。また、物がはじける音。

慣用句 **火の消えたよう** 急に活気がなくなって、さびしくなるようす。

はちまき【鉢巻き】ひたいから耳の上を通るところを布でまくこと。また、その布。

はちみつ【蜂蜜】ミツバチが巣にたくわえた花のみつ。食用や薬用にする。

はちゅうるい【は虫類】体にかたいうろこやこうらがある動物のなかま。ワニ・トカゲ・ヘビ・カメなど。

はちょう【波長】波の、山から山、また谷から谷までの長さ。うねりの長さ。光・音・電波などの波についていう。

はつ【初】❶はじめてのこと。さいしょ。(れい)会ができて初の会合。❷《あることばの上につけて》「はじめての」の意味をあらわすことば。(れい)初雪。／初仕事。

ばつ【罰】きまりをやぶったり、悪いおこないをしたりしたことに対するこらしめ。しおき。(れい)罰をうける。

はつあん【発案】新しく考え出すこと。また、新しい意見や議案を出すこと。(れい)このお楽しみ会は、わたしの発案で、できた。

はついく【発育】動物や植物が大きく育っていくこと。(れい)天候にめぐまれて、なえの発育がよい。

[1]はつおん【はつ音】「ん」や「ン」で書き表す音。「読んだ」「パン」など。

[2]はつおん【発音】声や音を出すこと。また、声や音の出し方。

はつか【二十日】❶月の第二十日目。❷一日の二十倍の日数。(れい)二十日間の日程でおこなわれる。

[1]はっか【発火】もえだすこと。火が出ること。

[2]はっか【薄荷】シソ科の植物。草全体にかおりがある。食用や薬用にする。ミント。

はつが【発芽】種から、芽が出ること。

はっかく【発覚】かくしていたことや悪事がわかること。

はつかねずみ【二十日ねずみ】ネズミ科の動物。野生では、畑や家屋などにすむ。また、実験用・ペット用に改良されたものを「マウス」という。

ばつがわるい【ばつが悪い】その場にいるのがきまりが悪い。(れい)ちこくした人は、ばつが悪そうに、そっと入ってきた。

はっき【発揮】ねうちや力をじゅうぶんにだすこと。(れい)実力を発揮する。

はづき【葉月】むかしのこよみで八月のこと。

はっきり❶ほかのものとよく区別できるようす。(れい)よく晴れて山の頂上まではっきりと見える。❷気分などがさっぱりしているようす。(れい)頭がはっきりしない。

ばっきん【罰金】〔法律をおかしたものに〕ばつとして出させるお金。

バック❶背景。うしろ。❷後ろだて。(れい)あの人には有力なバックがある。❸後ろにもどること。(れい)車がバックする。

バッグ 物を入れてもち歩く、ふくろやかばんをまとめていうことば。

バックアップ❶野球で、ほかの選手が球をのがしたときの用意に後ろから守ること。❷助けること。えんじょすること。(れい)資金をバックアップする。❸コンピューターで、データの予備をつくっておくこと。

はっくつ【発掘】土の中からほりだ

すこと。(れい)古代の遺跡を発掘する。

ばつぐん【抜群】多くのものの中で、とくにすぐれていること。(れい)抜群の成績。

パッケージ ❶品物をつつむこと。また、そのための入れ物や紙など。❷商品としてひとつにまとめてセットすること。またセットしたもの。(れい)チョコレートのパッケージをもらう。

1 **はっけん**【発見】はじめて見つけだすこと。(れい)化石を発見した。

2 **はっけん**【発券】乗車券などを発行すること。

はつげん【発言】言い出すこと。意見をのべること。(れい)全員がかっぱつに発言する。

はつこい【初恋】はじめての恋。(れい)初恋の人。

1 **はっこう**【発光】光を出すこと。(れい)発光塗料。

2 **はっこう**【発行】新聞・雑誌・書物・紙幣・入場券などを印刷して、世の中に出すこと。(れい)発行部数を調べる。

3 **はっこう**【発酵】こうぼ菌や細菌などのはたらきで、でんぷんや糖分が分解されてほかのものにかわること。しょうゆやチーズなどは、このはたらきを利用してつくられる。(れい)納豆は大豆を発酵させて作る。

はっこつ【白骨】雨や風にさらされて白くなった、ほね。

ばっさい【伐採】木を切りたおすこと。(れい)大きな木を伐採する。

ばっさり ❶刃物などで、いきおいよく切るようす。(れい)髪をばっさり切る。❷思いきってとりのぞくようす。(れい)予算をばっさりとけずる。

はっさん【発散】(光・熱・水分などが)外にとびちること。また、とびちらせること。(れい)熱を発散させる。

ばっし【抜糸】手術でぬい合わせた糸を、きずがなおってからぬき取ること。

バッジ えりや胸につける(金属製の)記章。(れい)委員のバッジをつける。

バッジ

1 **はっしゃ**【発車】電車・バスなどが、走り出すこと。⇔停車。

2 **はっしゃ**【発射】てっぽうのたまやロケットなどをうちだすこと。(れい)ロケットを発射する。

はっしょう【発祥】物事がおこりはじまること。始まり。(れい)ナイル川流域はエジプト文明発祥の地として知られている。

1 **はっしん**【発しん】ひふに小さなふきでものができること。また、そのふきでもの。ほっしん。(れい)赤ちゃんの首に発しんができている。

2 **はっしん**【発信】電報・郵便・通信・電波などを送り出すこと。また、その通信。(れい)SOSを発信する。⇔受信。

3 **はっしん**【発進】自動車などが動きはじめること。また、軍用機・軍艦などが基地から出発すること。

ばっすい【抜粋】本や作品から、すぐれた部分や必要な部分をぬきだすこと。また、そのぬきだしたもの。(れい)文集の作文の一部を抜粋して、学級新聞にのせる。

慣用句 **日の目を見る** 人々に知られていなかったものが、世の中にみとめられる。

はっする【発する】❶おこる。はじまる。(れい)この川の源流はあの山に発している。
❷〔声やことばを〕出す。はなつ。(れい)うなり声を発する。
❸〔矢や弾丸を〕はなつ。発射する。(れい)ピストルを発する。
❹発表する。(れい)命令を発する。

ばっする【罰する】〔きまりをやぶったり、悪いことをしたりした者を〕こらしめる。

はっせい1【発生】〔あることがらや現象が〕起こること。(れい)事件が発生した。／バッタが異常に発生した。

はっせい2【発声】声を出すこと。また、出した声。(れい)発声の練習をする。

はっそう【発想】思いつくこと。また、思いついたもの。(れい)発想はよいが、実現できるかわからない。

ばった こん虫の一種。後ろあしが発達し、よくはねる。からだの色は、緑やかっ色。トノサマバッタ・ショウリョウバッタ・オンブバッタなど。

はったつ【発達】❶成長して、前よりりっぱになること。(れい)骨格が発達してきた。
❷よくなってゆくこと。ひらけること。(れい)交通が発達する。

はったり 自分を実際以上に見せるために、おおげさなことを言ったり、したりすること。(れい)かれははったりをきかせるのがうまい。

ばったり ❶急にたおれるようす。(れい)その選手は、ゴールに入るなり、ばったりたおれた。
❷不意に出会うようす。(れい)駅前の広場で古い友人とばったり出会った。
❸〔今までつづいていたものが〕急にとだえるようす。ぱったり。ぷっつり。(れい)三日前から、連絡がばったりとだえてしまった。

ぱっちり 目もとがはっきりしているようす。また、目を大きく開いているようす。(れい)目をぱっちりあける。

ばってき【抜てき】多くの人の中からえらびだして役目につかせること。(れい)主役に抜てきする。

バッテリー ❶蓄電池。
❷野球で、そのチームのピッチャーとキャッチャー。

はってん【発展】❶のび広がってゆくこと。ひらけて、さかえていくこと。(れい)この町の発展はすばらしい。
❷物事を広げてゆくこと。(れい)問題を発展させる。

はつでんしょ【発電所】水力・火力・原子力などを利用して、電力をおこす所。

はっと 思いがけないことにあっておどろくようす。また、急に気がつくようす。(れい)とつぜん名前をよばれたのではっとした。

バット 野球などで、球をうつ道具。

ぱっと ❶いきなり。(れい)鳥がぱっととび立つ。
❷はでで目立つようす。(れい)ぱっとした顔だち。

はつねつ【発熱】❶熱を発すること。(れい)水に硫酸をまぜると発熱する。
❷〔病気などで〕体温がふつうより高くなること。(れい)かぜで発熱した。

はっぱ【葉っぱ】「葉」のくだけた言い方。

はつばい【発売】売り出すこと。(れい)記念切手を発売する。

あいうえお
かきくけこ
さしすせそ
たちつてと
なにぬねの
は はひふへほ
まみむめも
やゆよ
らりるれろ
わをん

ぱっぱと ❶ごく短い間に、くりかえされるようす。(れい) ぱっぱと火の粉がとびちる。❷すばやいようす。(れい) ぱっぱと仕事をかたづける。

はつひ【初日】一月一日の朝の太陽。初日の出。(れい) 初日をおがむ。

はっぴ【法被】名まえや屋号などをそめた、こしまでの上着。商人や職人などが着る。しるしばんてん。

法被

ハッピー 幸せなようす。(れい) ハッピーな気分。

ハッピーエンド 物語や映画などで、登場人物が幸せになって終わること。また、そのような終わり方。

はつひので【初日の出】元日の日の出。はつひ。(れい) 初日の出をおがむ。

はっぴょう【発表】多くの人々に知らせること。(れい) 試験の結果が発表された。／発表会。

はっぷ【発布】法律などを世の中に知らせて、広くゆきわたらせること。(れい) 憲法を発布する。

はっぽうびじん【八方美人】だれからもよく思われるように立ち回る人のこと。

はつみみ【初耳】はじめて聞くこと。(れい) それは、まったく初耳です。

はつめい【発明】今までになかったものを、考えて新しくつくりだすこと。(れい) エジソンは白熱電球を発明した。

はつめいか【発明家】発明をおこなう人。

はつもうで【初詣】正月にはじめて神社や寺へおまいりすること。

はつゆき【初雪】その冬、または新しい年になってからはじめてふる雪。

はつゆめ【初夢】一月一日、あるいは二日の夜にみるゆめ。

はつらつと 明るく元気のよいようす。(れい) 元気はつらつと出発した。

はで【派手】〔服装やおこないなどが〕はなやかでめだつこと。(れい) 派手な洋服。⇔地味。

パティシエ ケーキや洋風のお菓子を作る仕事をする人。

はてな あやしんだり、考えたりするときにいうことば。(れい) はてな、何かおかしいぞ。

ばてる つかれて動けなくなる。(れい) 一日じゅう歩いたのでばてた。

はてんこう【破天荒】それまでにだれもしなかったことをするようす。前代未聞。

はと ハト科の鳥のこと。頭は小さく、むねがつきだしている。ドバト・キジバトなど。

ばとう【罵倒】はげしくののしること。(れい) 相手を罵倒する。

ばとうきん【馬頭琴】二本の糸を弓でこすって鳴らす、モンゴルの弦楽器。先の方に、馬の頭の形のかざりがついている。

パトカー 警察の、無線機・サイレン・点滅灯をそなえた巡回用自動車。パトロールカー。

はとこ またいとこ。

はとば【波止場】港で、海に細長くつきでているところ。船着き場。

慣用句 **百も承知** じゅうぶん知っていること。

バドミントン 高くはったネットをはさみ、ラケットではねのついた球を打ち合う競技。

パトロール 警官などが見回りをすること。また、その人。

バトン ❶リレー競走で、次に走る人にわたす、つつ形の短い棒。❷パレードなどで、楽隊の指揮者が持つ、かざりのついた棒。

1はな【花】❶植物がきまった時期にくきやえだの先にさかせるもの。がく・はなびら・おしべ・めしべなどからなり、種をつくるはたらきをする。❷美しいもの。もっともよい時期のたとえ。(れい)今が花の女優。

2はな【鼻】顔のまん中の高くなっている部分。においを感じたり、息をしたりする。

はなうた【鼻歌】〔気分のよいときなどに〕鼻にかかったひくい声でうたうこと。また、その歌。

はなお【鼻緒◀】げたやぞうりにつける、足の指をかけるひも。(れい)鼻緒をとりかえる。⬇げた。草履。

はながた【花形】❶花をかたどった形・もよう。❷あるなかまの中でとくに人気があって、もてはやされること。また、その人。(れい)チームの花形となる。

はながたかい【鼻が高い】ほこらしく思う。とくいである。

はなぐもり【花曇◀り】桜の花がさくころの、うすぐもりの天気。

はなことば【花言葉】〔その花のもつ特色から〕花にある意味をもたせたもの。クローバーは「幸運」を、バラは「愛情」をあらわすなど。

はなざかり【花盛り】❶花がさかんにさいていること。また、その季節。❷ある物事がさかんであること。(れい)バラエティー番組が花盛りだ。

はなし【話】❶物語。むかし話。❷話すこと。(れい)友だちの話をきく。❸相談。(れい)話をまとめる。❹わけ。事情。(れい)話のわかる人。

はなしあい【話し合い】相手の考えを聞いたり、自分の考えを言ったりすること。

はなしあう【話し合う】おたがいに、わかりあったり、よい考えを出したりするために話す。相談する。(れい)校内を美しくするための方法をみんなで話し合う。

はなしがい【放し飼い】〔家ちくを〕広いところで自由にさせてかうこと。(れい)馬を放し飼いにする。

はなしかける【話し掛◀ける】❶〔相手に〕話をしかける。❷話をはじめる。

はなしがつく【話がつく】話し合いがまとまる。決着がつく。(れい)協力し合うということで話がついた。

はなしことば【話し言葉】おもに、話をするときに使うことば。⇕書き言葉。

はなして【話し手】❶話をする人。⇕聞き手。❷話のしかたのじょうずな人。(れい)かれはなかなかの話し手だよ。

1はなす【放す】❶〔つかまえていたものを〕自由にする。(れい)鳥を野に放す。❷つかんでいることをやめる。「離す」とも書く。(れい)つなを放す。❸《あることばの下につけて》「そのままにする」などの意味を表すことば。

(れい)あけ放す。

²はなす【話す】声に出して言う。ことばを使って相手につたえる。

³はなす【離す】❶つながっているものをべつべつにする。「放す」とも書く。(れい)にぎった手を離す。❷間をあける。(れい)一メートルずつ離して木をうえる。

はなたば【花束】草花を組み合わせてたばにしたもの。

はなぢ【鼻血】鼻から出る血。

バナナ バショウ科の植物。実は細長く、じゅくすと皮が黄色くなる。実はあまく、食用にする。

はなにつく【鼻に付く】あきあきしていやになる。(れい)ていねいすぎる言い方が鼻に付く。

はなばたけ【花畑】草花をつくっている畑。花が一面にさいているところ。

はなび【花火】まぜあわせた火薬を、紙にまいたり玉にしたりしたもの。火をつけて、色や音などを楽しむ。

はなびえ【花冷え】春、桜の花のさくころ、しばらくのあいだ寒くなること。また、その寒さ。

はなびら【花びら】花を形づくっている一枚一枚。花弁。⬇雌しべ。

はなふぶき【花吹雪】桜の花びらが風にふかれて、ふぶきのようにみだれちること。(れい)花吹雪がまう。

はなまつり【花祭り】四月八日の、釈迦のたんじょう日をいわう祭り。

はなまる【花丸】丸をいくつかくみあわせて、花のような形にしたしるし。テストなどの答えが、たいへんよくできたことをあらわす。

はなみ【花見】〔桜の〕花をながめて楽しむこと。

はなみず【鼻水】寒さやかぜなどのため鼻から出る、しる。

はなみち【花道】❶〔かぶきで〕舞台の左はしに客席をたてにつらぬいてつくられた細長い舞台。❷すもうで、力士が登場・退場する道。

花道①

はなむけ 旅に出る人やわかれていく人に心をこめて、お金・品物・詩歌・ことばなどをおくること。また、そのお金・品物・詩歌・ことばなど。せんべつ。

はなむこ【花婿】結婚したばかりの男の人。また、近く結婚することになっている男の人。⇔花嫁。

はなやか【華やか】美しくきらびやかで、目立つようす。明るくはでで、目立つようす。いきおいがさかんで目立つようす。(れい)華やかに着かざった女の人。

はなよめ【花嫁】結婚したばかりの女の人。また、近く結婚することになっている女の人。⇔花婿。

はなよりだんご【花より団子】見て美しいものより、じっさいに役立つもののほうがよいというたとえ。

はならび【歯並び】はえている歯のならび方。(れい)わたしの姉は、とても歯並びがよい。

はなれ【離れ】〔母屋からはなれて〕べつになっているざしき。はなれざしき。(れい)離れには、この家のあるじの両親が住んでいる。

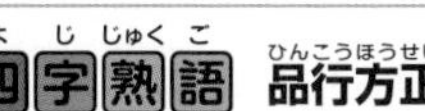

四字熟語 **品行方正** おこないによくないところがまったくないこと。

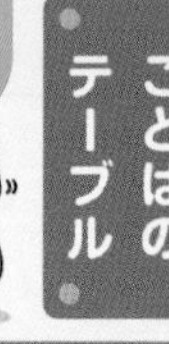

はなればなれ【離◂れ離◂れ】ばらばらにわかれること。(れい) 人ごみの中で友人と離れ離れになった。

はなれる【離◂れる】❶一つになっていたものがわかれる。(れい) 親もとを離れてくらす。❷間があく。(れい) 遠く離れた町。

はなれわざ【離◂れ業】ふつうの人にはできないような思いきった、だいたんな動作。(れい) おどろくような離れ業をえんじる。

はなわ【花輪】花や造花をならべて輪の形にしたもの。開店祝いや葬式などに使う。

はにかむ はずかしがる。

パニック 大きな災害や事故がおこったとき、多くの人々があわてふためく状態。(れい) パニックにおちいる。

バニラ ラン科の植物。また、その種からとった香料。あまいかおりで、アイスクリームなどに使う。

はにわ 土をやいて作った、人・馬・家などの像。四世紀から六世紀ごろ日本でつくられ、古墳（＝身分の高い人の墓）のまわりにうめられた。

1はね【羽】❶鳥のつばさ。また、こん虫がとぶときにつかう器官。❷飛行機のつばさ。❸鳥のひふをおおっている毛。羽毛。

2はね【羽根】ムクロジの種などに鳥のはねをつけたもの。羽子板でついて遊ぶのに使う。(れい) 羽根つきをする。

ばね ❶はねかえる力を利用して、強い力をやわらげたり、動力のもととしたりして使うもの。ふつう、はがねなどをまるくまいたり、まげたりしたものが使われる。(れい) ばねばかり。❷筋肉の力。

はねおきる【跳◂ね起きる】いきおいよく起き上がる。飛び起きる。(れい) 大きな音に、思わず跳ね起きた。

はねつき【羽根突◂き】むかいあって、一つの羽根を羽子板でうちあう正月の遊び。

羽根突き

はねる【跳◂ねる】❶とびあがる。(れい) バッタが跳ねる。❷とびちる。(れい) どろ水が跳ねる。❸その日の映画やしばいなどが終わる。(れい) しばいの跳ねる時間は、午後の九時だ。

パネル ❶たてもののかべやゆかなどにはめこむ板。❷展示するために、写真やポスターなどをはる板。(れい) パネルにみんなで作った新聞をはった。

パノラマ ❶まわりに絵をかき、その前に山・森・家などの模型をならべて、高いところから見わたすのと同じように見せるしかけ。❷広々としたけしき。

はは【母】❶おかあさん。女親。⇕父。❷物事をつくりだすもと。(れい) 必要は発明の母。

はば【幅◂】❶横の長さ。(れい) 幅一メートルのみぞ。❷ゆとり。よゆう。(れい) 今の規則はきびしすぎるので、もう少し幅をもたせることにした。

パパ 父をよぶことば。おとうさん。⇕

ママ。

ははおや【母親】おかあさん。女親。⇔父親。

はばたく【羽ばたく】鳥がつばさを広げて上下に動かす。広い社会に出て活やくするたとえにも使う。(れい)世界に羽ばたく日本の若者たち。

はばとび【幅跳び】きめられた線からどれだけ遠くにとべるかをきそう競技。走り幅跳びと立ち幅跳びがある。

ばばぬき【ばば抜き】トランプの遊び方の一つ。札をみんなに配り、順にとなりの人の札をとって、同じ数字の札が二枚そろったらすてる。さいごに一枚だけのこるばば（＝ジョーカー）をもっていた人が負けとなる。

ははのひ【母の日】母の愛をたたえ、母に感謝する日。五月の第二日曜日。⇔父の日。

はばむ【阻む】じゃまをする。ふせぎとめる。(れい)横綱の全勝を阻む。

はびこる ❶草木がいきおいよくのび広がる。(れい)雑草がはびこる。❷〔よくないものが〕広がっていきおいをふるう。(れい)暴力がはびこる。

パビリオン 展示会、見本市、博覧会などで、物を展示するためにたてられた建物。

パフォーマンス ❶演劇や音楽など人前で体を使ってする表現。❷人目を引くためにする行動。

はぶく【省く】とりのぞいてへらす。かんたんにする。(れい)むだを省く。

ハプニング 思いがけないできごと。とつぜんおこった事件やさわぎ。(れい)ハプニングにまきこまれる。

はブラシ【歯ブラシ】歯をみがくための、えのついたブラシ。

バブル あわ。あぶく。あわのように消えやすく、はかないもののたとえとしてもつかう。

はへん【破片】〔かたい物などの〕こわれたかけら。(れい)ガラスの破片。

はま【浜】海や湖の、波うちぎわの平らな砂地。はまべ。

はまぐり マルスダレガイ科の二枚貝。貝がらは三角で、表面に赤茶色のたてのまだらがある。食用にする。

はまべ【浜辺】はまのあたり。

はまや【破魔矢】正月をいわうための矢。また、家をたてる前に、屋根に立てる矢。

はまる ❶あななどに、ちょうどよく入る。(れい)ねじがぴったりはまる。❷条件などにぴったりと合う。あてはまる。(れい)あの俳優は、主役にはまっている。❸あななどに落ちこむ。(れい)どぶにはまる。❹たくらみに引っかかる。(れい)まんまと敵の計略にはまってしまった。

はみがき【歯磨き】❶歯をみがいてよごれをとること。❷歯をみがくためのクリームや粉。

はみだす【はみ出す】あるはんいにおさまらないで外に出る。はみでる。

はみでる【はみ出る】あるはんいにおさまらないで外に出る。はみだす。(れい)ふとんから足がはみ出る。

ハム ❶ブタのもも肉をしおづけにして、それをいぶした食品。❷アマチュアの無線家。

はむかう【歯向かう・刃向かう】ていこうする。さからう。(れい)権力に歯向かう。

あいうえお
かきくけこ
さしすせそ
たちつてと
なにぬねの
は はひふへほ
まみむめも
やゆよ
らりるれろ
わをん

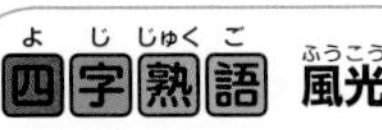

四字熟語 風光明媚

自然のながめがとても美しいこと。

ハムスター キヌゲネズミ科の動物。木の実などを食べる。ペットにしたり実験に使ったりする。

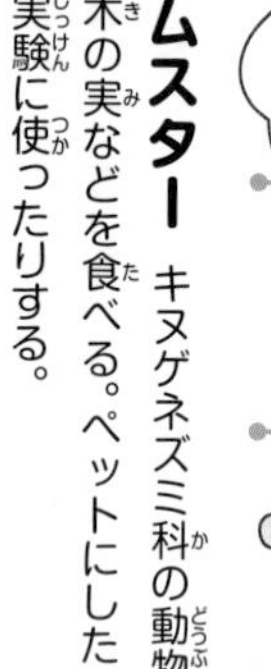

ハムスター

はめつ【破滅◂】ほろびること。だめになること。(れい)そんなことをつづけていると身の破滅をまねくよ。

はめる ❶ぴったり合うように入れる。また、外がわにかぶせる。(れい)手ぶくろをはめる。❷だます。(れい)敵をはめる。

ばめん【場面】❶映画・しばいなどの一つのシーン。(れい)名場面の多い映画。❷あることがおこっている場所とそのようす。(れい)さしせまった場面に出くわした。

はもの【刃◂物】物を切ったり、けずったりする刃のついた道具。ナイフやほうちょうなど。

1はもん【波紋◂】❶〔水面に石を投げたときなどにおこる〕広がっていく波のわ。❷次々に広がるえいきょう。(れい)波紋をよぶ。

2はもん【破門】❶先生が弟子との関係をたって、出入りさせないこと。❷宗教で、信者であることをやめさせること。

はやあし【早足】はやく歩くこと。(れい)早足で立ち去る。

1はやい【早い】❶まだ、その時刻や時期でない。(れい)学校に行くにはまだ早い。⇕遅い。❷てっとりばやい。かんたんだ。(れい)電話で長々と説明するよりも、会って話すほうが早い。

2はやい【速い】時間がかからない。すばやい。「早い」と同じように使われるが、「速い」は「動いているものが、短い時間に遠くまでいく」の意味が強い。(れい)川の流れが速い。／仕事が速い。⇕遅い。

はやうまれ【早生まれ】一月一日から四月一日の間に生まれたこと。また、その人。⇕遅生まれ。

はやおき【早起き】朝早く起きること。

はやおきはさんもんのとく【早起きは三文の得】朝早く起きると何かよいことがあるというたとえ。「早起きは三文の徳」とも書く。

はやくち【早口】話し方が早いこと。(れい)早口なので、聞きとれない。

はやくちことば【早口言葉】同じ音が重なっていて発音しにくいことばなどを、早口に言う遊び。また、そのことば。

はやさ【速さ】速いおそいのていど。速力。速度。(れい)時速百キロメートルの速さ。

はやし【林】木がたくさんはえているところ。

はやす【生やす】ひげや草木などをはえるままにしておく。(れい)ひげを生やす。

はやとちり【早とちり】人の言うことをよくきかずにわかったと思いこみ、まちがえること。(れい)早とちりして、別の会場に行ってしまった。

はやばや【早早】ふつうより大変早く。(れい)ぼくたちは早々と目的地に到着した。

はやばん【早番】交代して仕事をするつとめ先で、早い時間に出る番。

はやぶさ ハヤブサ科の鳥。とてもはやくとぶことができる。目やくちばしがするどく、小鳥などをとって食べる。むかし、たかがりに使われた。

1はやまる【早まる】❶きめられた日時よりはやくなる。(れい)予定が二日早まった。❷〔よい時期をまたないで〕あわてて物事をする。(れい)決して早まったことをしないように。

2はやまる【速まる】速度がはやくなる。(れい)車のスピードが速まる。／脈拍が速まる。

はやみみ【早耳】〔人の話などを〕ほかの人よりも早く聞きつけること。また、そのような人。

はやめ【早め】きまった時刻よりも少し早いようす。(れい)いつもより早めに家を出る。

はやり そのときの人々の好みや興味に合って、少しの間だけ世間に広まっていること。また、そのような好み。流行。(れい)今はやりの服。

はやる ❶世の中に広まる。流行する。❷〔病気などが〕つぎつぎにつたわって広がる。(れい)インフルエンザがはやっている。❸〔店などが〕はんじょうする。(れい)あのレストランは、あまりはやっていないらしい。

1はら【原】平らで広い（草のはえた）土地。はらっぱ。野原。

2はら【腹】❶おなか。❷心の中。考え。(れい)相手の腹を読む。❸物事をおそれない気力。どきょう。(れい)あの人は腹ができている。

1ばら もとはひとまとまりだった品物を、一つ一つべつにすること。また、その品物。(れい)セットをばらにして安く売る。

2ばら バラ科の木。えだやくきにとげがある。花にはいろいろな色や形のものがある。

はらいせ【腹いせ】いかりやうらみを、ほかに向けてはらすこと。(れい)腹いせにいすをけとばす。

ばらいろ【ばら色】うすい赤色。「しあわせ」「かがやかしい未来」などをあらわすことばとしても使う。(れい)ばら色の人生。

1はらう わざわいをとりのぞくために、神にいのってきよめる。

2はらう【払う】❶代金などをわたす。(れい)税金を払う。❷じゃまなものやいらなくなったものをとりのぞく。(れい)えだを払う。❸横に動かす。(れい)相手の足を払う。❹気持ちを一つのものにむける。(れい)注意を払う。

バラエティー ❶変化。また、いろいろとちがった種類。(れい)バラエティーにとんだ料理。❷歌やおどりなどを取りまぜて構成するショー。

はらがたつ【腹が立つ】いかりを感じる。しゃくにさわる。(れい)弟の態度に腹が立つ。

パラグライダー 横に長いパラシュートをつけて、山のしゃ面をかけおり、空中にまいあがるスポーツ。

慣用句 **不覚を取る** ゆだんをして失敗する。

パラシュート 飛行機から、とびおりたり、物を落としたりするときに、安全に着陸するために使う、道具。空中でかさのようにひらく。らっかさん。

パラシュート

はらす【晴らす】気持ちをすっきりさせる。(れい) うっぷんを晴らす。

ばらす ❶ばらばらにする。❷〔人のかくしごとなどを〕いいふらす。あばく。(れい) 人の秘密をばらす。

パラダイス 天国。楽園。

はらだたしい【腹立たしい】しゃくにさわる。腹が立つ。

はらっぱ【原っぱ】雑草などのはえているあき地。

はらはら ❶木の葉・花びら・なみだなどがつづいて落ちるようす。(れい) 花びらがはらはらとちる。❷ひじょうに心配するようす。(れい) 慣れないようすの運転にはらはらする。

ばらばら ❶大つぶのものがつづけて落ちるようす。(れい) あられがばらばらふりだした。❷多くのものがいきおいよく出てくるようす。(れい) 子どもがばらばらと出てきた。❸まとまり・つながりのないようす。(れい) 書類がばらばらになる。

ぱらぱら ❶雨やあられが少しふってくるようす。また、その音。(れい) 小雨がぱらぱらとふってくる。❷本のページなどを手早くめくるようす。また、その音。❸まばらにちらばっているようす。(れい) 人家がぱらぱらとある。

はらぺこ【腹ぺこ】とてもおなかがすいていること。

ばらまく ❶たくさんのものを、広いはんいにまきちらす。あちこちにちらしておく。(れい) えさをばらまく。❷〔お金などを〕多くの人にくばる。

はらりと ❶花びらなどの軽いものがまい落ちるようす。❷なみだがこぼれ落ちるようす。

ぱらりと ❶軽い小さいものが落ちるようす。(れい) 紙がぱらりと落ちる。❷とじているものを開くようす。(れい) せんすをぱらりとひらく。

パラリンピック 体の不自由な人たちが参加する国際スポーツ大会。四年に一回、オリンピックの開催地でおこなわれる。

はらわた ❶腸。❷内臓。(れい) 魚のはらわたをとる。❸精神。

はらん【波乱】❶もめごと。さわぎ。❷変化のはげしいこと。(れい) 波乱にとんだ一生。

バランス つりあい。また、つりあいがとれていること。(れい) うまくバランスをとって歩く。

はり【針】❶金属などでつくった、先のとがった細長いもの。ぬいばり・つりばり・注射ばりなど。❷計器のめもりをさししめすもの。(れい) 時計の針。

パリ フランスの首都。芸術や流行の中心地として知られる。

はりあう【張り合う】たがいに勝とうとしてきそいあう。(れい) トップの座

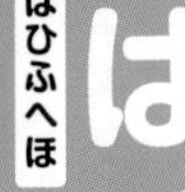

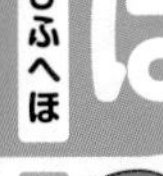

を張り合う。

バリアフリー 障害のある人や高齢者の生活をさまたげるものを、町やたてものの中からとりのぞくこと。仕切りや段差をなくしたり、車いすのためにスロープをつけたりすること。

バリエーション 形を変えること。変化。(れい) おどりにバリエーションをつける。

はりがね【針金】 金属を糸のように細長くしたもの。

ばりき【馬力】 ❶きまった時間にする仕事の量をあらわす単位。(れい) 三馬力の力が出る。一馬力は、一秒間に七十五キログラムのものを一メートルはこぶ仕事の量。❷がんばる力。(れい) かれは馬力がある。

はりきりあみ【はりきり網】 川などにはって待っていて、中に入ってきた魚をつかまえるあみ。待ちあみ。

はりきる【張り切る】 ❶まがらずに、ぴんとはる。❷元気があふれている。いきおいこむ。

ハリケーン カリブ海やメキシコ湾などで発生する熱帯性低気圧。はげしい暴風雨をともなう。

はりこ【張り子】 木の型の上に紙をなんまいもはりかさね、かわいてから中の型をぬきとったもの。

はりしごと【針仕事】 さいほう。ぬいもの。

ぱりっと ❶かたい物などが、やぶれたりわれたりするときの音のようす。(れい) せんべいをぱりっとわる。❷衣服などが新しくて見ばえがするようす。(れい) ぱりっとしたかっこう。

はりつめる【張り詰める】 ❶すきまなく、いちめんにはる。(れい) 湖に氷が張り詰める。❷心をひきしめる。きんちょうする。

はりねずみ【針ねずみ】 ハリネズミ科の動物。体に短いとげがたくさんあり、てきにあうと体を丸める。

ばりばり ❶かたい物をはがしたり、かんだりする音をあらわすことば。(れい) 板をばりばりとはがす。❷かたくこわばっているようす。(れい) のりがきいたばりばりのゆかた。❸物事をいきおいよくおこなうようす。(れい) ばりばりと仕事をこなす。

ぱりぱり ❶かたくて、うすい物をはがしたり、ひきさいたりする音をあらわすことば。(れい) セロハンの包みをぱりぱりとやぶく。❷かたくて、うすい物をかむ音をあらわすことば。(れい) せんべいをぱりぱりと食べる。

1はる【春】 ❶一年を四つの季節に分けたうちの一つ。冬の後の季節で、三・四・五月ごろ。あたたかくなり、草木の芽が出たり花がさいたりする。❷正月。新年。❸いきおいのさかんなとき。わかいとき。(れい) わが世の春。

2はる【張る】 ❶〔ぴんと〕かけわたす。(れい) 糸を張る。❷おしとおす。(れい) 意地を張る。❸いっぱいにする。一面をおおう。(れい) バケツに水を張る。／池にあつい氷が張る。❹高くなる。(れい) 値が張る。❺ひきしまる。(れい) 気が張る。

3はる【貼る】 平らなうすい物をくっつける。(れい) ポスターを貼る。

分が悪い わりが悪い。不利である。

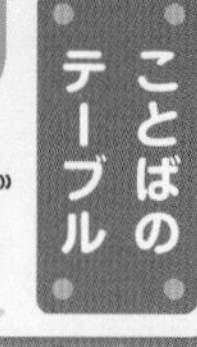

ことばのテーブル 542ページ

- はるいちばん
- はるか
- はるがすみ
- はるかぜ
- バルコニー
- はるさめ
- はるしぐれ
- はるのななくさ
- はるばる
- はるやすみ
- はれ
- バレエ
- バレー
- パレード
- バレーボール
- はれぎ
- はれすがた
- はれつ
- はればれ
- はれぶたい
- はれやか
- バレリーナ
- 1 はれる
- 2 はれる
- ばれる

はるいちばん【春一番】二月から三月にかけて、その年の最初にふく強い南風。

はるか ❶きょりや時間が大変はなれているさま。れい はるかむかしのこと。❷ちがいが大きいようす。れい こっちのほうがはるかにおいしい。

はるがすみ【春がすみ】春に野山などで見られるかすみ。

はるかぜ【春風】春にふく風。とくに、東または南からふく、あたたかいおだやかな風。しゅんぷう。

バルコニー〔西洋ふうの建築で〕へやの外につきでている、屋根のない手すりのついた台。れい バルコニーから景色をながめる。

はるさめ【春雨】❶春にふる雨。とくに、しとしととふる、きりのような雨。❷でんぷんからつくる、すきとおって細長い食べ物。

はるしぐれ【春時雨】春に、ふったりやんだりする雨。

はるのななくさ【春の七草】日本で、春を代表するとされる七つの植物。セリ・ナズナ・ゴギョウ（ハハコグサ）・ハコベラ（ハコベ）・ホトケノザ（コオニタビラコ）・スズナ（カブ）・スズシロ（ダイコン）の七つ。一月七日に七草がゆとして、これらのわかい葉や根をかゆに入れて食べる習慣がある。

はるばる 遠くはなれているようす。また、ひじょうに遠くから来るようす。れい 外国からはるばる日本へ来た。

はるやすみ【春休み】学校が、春の期間に授業などを休みにすること。

はれ【晴れ】❶天気のよいこと。晴天。❷《多く「晴れの」の形で》正式で、はなやかなこと。れい 晴れの舞台。

バレエ 音楽に合わせて劇をおどる、西洋ふうのおどり。バレー。

バレー 「バレーボール」のりゃく。

パレード 行列をつくってねり歩く、はなやかな行進。

バレーボール 六人（または、九人）ずつのチームがネットをはさんで分かれ、手でボールを打ち合う球技。排球。

はれぎ【晴れ着】よそゆきの着物。うつくしくてりっぱな衣装。

はれすがた【晴れ姿】❶晴れ着をつけたすがた。❷おもてだったところにどうどうと出たすがた。れい 優勝力士の晴れ姿。

はれつ【破裂◀】やぶれてさけること。れい 水道管が破裂する。

はればれ【晴れ晴れ】❶空がすっかり晴れわたったようす。❷〔心に〕くもりやかげがなく明るいようす。れい 晴れ晴れとした顔つき。

はれぶたい【晴れ舞◀台】みんなの前でめいよなことをする場面。れい 今日は姉の晴れ舞台です。

はれやか【晴れやか】❶明るくさわやかなようす。れい 晴れやかなえがお。❷空が晴れわたっているようす。

バレリーナ バレエをおどる女の人。

はれる[1]【晴れる】❶雨や雪などがやむ。また、青空が広がる。⇔曇る。❷いやな気分がなくなりさっぱりする。れい 心が晴れた。❸疑いが消える。れい 疑いが晴れる。

はれる[2]【腫◀れる】病気・けがなどで、ひふの一部がふくれあがる。

ばれる 人に知れないようにかくしていたことが、知られてしまう。れい う

【 】漢字を使った書き方　れい ことばの使い方の例　⇔反対のことば　➡参考になる情報　◀小学校で習わない漢字

そかはれる。

ばれん【馬れん】版画などで、版木にのせた紙を上からこする道具。

馬れん

バレンタインデー 三世紀ごろ、教えのために命をぎせいにしたバレンタインを記念するキリスト教の祭日。二月十四日。聖バレンタインデー。日本では、おもに女性が、好きな男性などにチョコレートをおくる。

ハロウィーン 万聖節（＝毎年十一月一日に、すべての聖人を記念するキリスト教の行事）の前夜の祭り。悪霊をおいはらう日とされる。カボチャのちょうちんなどをかざり、仮装した子どもたちが家々からお菓子をもらいながらねり歩く。

ハロー 軽いあいさつや、よびかけに使うことば。こんにちは。もしもし。

パロディー ある有名な作品の表現をたくみにまねて、ひにく・批判・ユーモアなどをあらわした作品。

パワー 力。勢力。(れい)パワーにあふれたバッティング。

ハワイ 太平洋中央部のハワイ諸島からなるアメリカ合衆国の州。州都はオアフ島のホノルル。世界的な観光地。

パワフル 力強いようす。強力なようす。(れい)パワフルなエンジン。

はをくいしばる【歯を食い縛る】〔つらいときやくやしいときなどに〕じっとがまんする。(れい)くやしさをこらえ、歯を食いしばる。

1**はん**【班】人の集まりを小分けにしたそれぞれ。(れい)班ごとに集まる。

2**はん**【藩】江戸時代、大名が支配していた領地。

1**ばん**【晩】夕暮れ。また、夜。⇔朝。

2**ばん**【番】❶何かをするときの順序。(れい)こんどはぼくの番だね。❷見はりをすること。また、その人。(れい)店の番をする。

パン 小麦粉を水でねり、イースト菌を入れ発酵させてやいた食べ物。

はんい【範囲】あるかぎられた広さ。

1**はんえい**【反映】❶光や色などが反射してうつること。❷あるもののえいきょうが、ほかのものにもあらわれること。(れい)国民の意見を政治に反映させる。

2**はんえい**【繁栄】さかえること。(れい)国の繁栄をねがう。

はんが【版画】木・銅・石などにほった絵を紙にすりうつしたもの。

ハンガー 洋服をかけてつるすための道具。洋服かけ。

ばんかい【ばん回】もとのいきおいをとりもどすこと。(れい)めいよをばん回する。

ばんがい【番外】予定外のもの。(れい)番外の放送。

はんかく【半角】文字一字分の半分の大きさ。

はんがく【半額】きまったねだんの半分。はんね。

ハンカチ 小形の四角い布。顔や手をふくのにつかう。ハンケチ。

はんかん【反感】〔その人の考え・やり方がきらいで〕さからいたくなる気持ち。(れい)目立ちすぎて反感を買う。

慣用句 **ふくろのねずみ** 追いつめられて、にげ道がなくなること。

- はんき
- はんぎゃく
- はんきょう
- パンク
- ハンググライダー
- ばんぐみ
- はんけい
- はんげき
- はんけつ
- はんげん
- ばんけん
- はんこ
- 1はんこう
- 2はんこう
- はんごう
- ばんごう
- ばんごはん
- はんざい
- ばんざい
- ハンサム
- ばんさん
- はんし
- ばんじきゅうす
- はんしゃ
- はんしゅ

はんき【半期】❶決められた期間のうちの半分。(れい)半期の売り上げ。❷一年の半分の期間。

はんぎゃく【反逆】主人にそむいたり、国の政治にさからったりすること。

はんきょう【反響◂】❶音がものにぶつかって反射し、ふたたび聞こえること。また、その音。❷あるもののえいきょうをうけておこる動き。(れい)首相の発言が、国内に大きな反響をまきおこした。

パンク ❶タイヤにあながあくこと。❷ふくれているものがはれつすること。(れい)食べすぎておなかがパンクしそうだ。

ハンググライダー ぬのをはった三角形のつばさで、すべるように空をとぶスポーツ。

ばんぐみ【番組】放送や試合などの組み合わせ。また、その内容を書いたもの。

はんけい【半径】円の中心と円周上の一点とをむすぶ直線。また、その長さ。直径の半分。

はんげき【反撃◂】せめられていたものが、反対にせめかえすこと。(れい)反撃に転じる。

はんけつ【判決】裁判所が、法律にしたがってもめごとをさばいたり、罪のありなしをきめたりしてばつをいいわたすこと。また、そのいいわたしたことがら。(れい)無罪の判決をいいわたす。

はんげん【半減】半分にへること。半分にへらすこと。

ばんけん【番犬】どろぼうなどが入らないように、番をさせるためにかっておく犬。

はんこ【判子】個人や団体などのしるしとして、朱肉をつけて文書などにおすもの。

1はんこう【反抗◂】さからうこと。(れい)親に反抗する。⇕服従。

2はんこう【犯行】法律のうえで、罪になる悪いおこない。

はんごう【飯ごう】野や山でごはんをたくためのうつわ。食器としても使う。アルミニウムなどでできている。

ばんごう【番号】数字や符号をつかって、順番をあらわしたもの。ナンバー。

ばんごはん【晩御飯◂】夜の食事。夕食。夕飯。

はんざい【犯罪】法律によってばっせられる悪いおこない。

ばんざい【万歳◂】❶とてもうれしいことやめでたいことがあったときにさけぶことば。(れい)万歳！　合格したぞ。❷こうさんすること。また、どうにも手のつけられないこと。(れい)むずかしい問題に万歳する。

ハンサム 男性の顔だちが美しいようす。美男子であること。

ばんさん【晩さん】夜の食事。とくに、あらたまった場所でのごちそうの多い夕食。(れい)盛大な晩さん会。

はんし【半紙】習字などに使う、たて二十五センチメートル、横三十五センチメートルぐらいの大きさの和紙。

ばんじきゅうす【万事休す】「すべてのことが終わってしまって」もうどうすることもできない。

はんしゃ【反射】光・熱・音・波などが、ものに当たってはねかえること。

はんしゅ【藩主】藩の領主。藩を支配

【】漢字を使った書き方　(れい)ことばの使い方の例　⇕反対のことば　⬇参考になる情報　◂小学校で習わない漢字

している大名。

はんじゅく【半熟】❶〔果実などが〕じゅうぶんに熟していないこと。❷半分にえていること。生にえ。れい 半熟のたまご。

はんしょう【半鐘】小さなつりがね。たたいて鳴らし、火事などを知らせる。

はんじょう【繁盛】〔商売などが〕さかえること。れい 商売が繁盛する。

はんしょく【繁殖】動物や植物が、どんどんうまれ、ふえること。れい 野ネズミが繁殖する。

はんしんはんぎ【半信半疑】半分しんじ、半分うたがうこと。本当かどうかまようこと。れい 半信半疑で聞く。

はんする【反する】❶反対である。ちがう。れい 予想に反した答え。❷〔規則などに〕いはんする。れい 規則に反することをしてしまった。❸〔教え・言いつけなどに〕そむく。れい 友人の忠告に反する。

はんせい【反省】自分のおこないをふりかえり、よく考えてみること。

はんせきほうかん【版籍奉還】一八六九（明治二）年、全国の藩主（＝江戸時代の大名）が、それまでおさめていた領地を天皇にかえしたこと。「版」は土地、「籍」は人民の意味。「奉還」は天皇にかえすこと。

ばんそう【伴奏】中心となる歌や楽器の演奏をひきたてるために、ほかの楽器を演奏すること。

はんそく【反則】〔競技で〕規則を破ること。

パンダ 中国南西部の高地にすむ大形のほにゅうるい。目のまわり、耳、後ろ足、かたから前足にかけて黒く、ほかは白い。ササ・たけのこなどを食べる。

はんたい【反対】❶あべこべ。さかさま。れい くつを反対にはく。❷逆の関係にあること。れい 兄とは反対の、おとなしい性格の弟。❸ある考えややり方などにさからうこと。れい 戦争に反対する。⇔賛成。

はんたいご【反対語】あることばと反対の意味をもつことば。「おもて」と「うら」、「高い」と「低い」、「行く」と「来る」など。

はんだくおん【半濁音】ぱ・ぴ・ぷ・ぺ・ぽ・ぴゃ・ぴゅ・ぴょの八つの音。

はんだくてん【半濁点】半濁音をあらわすしるし。「ぱ・ぴ・ぷ・ぺ・ぽ」などの、右上の「゜」のしるし。

パンタグラフ 電車などの屋根にとりつけて、上にはってある電線から電流をとりいれる、ひし形などの形をした、おりたたみ式のそうち。

パンタグラフ

バンダナ しぼり染めなどで模様をそめるなどした、大判のハンカチ。スカーフなどにも使う。

はんだん【判断】〔物事のよしあしなどを〕考えてきめること。

ばんち【番地】市町村などの土地を区分してつけた番号。

パンチ ❶きっぷ・カードなどにあなをあけること。また、それに使うはさみ。れい きっぷにパンチを入れる。❷ボクシングなどで、相手をこぶして打つこと。

慣用句 **ふけば飛ぶよう** 息でふくと飛んでしまいそうなほど軽くて小さなようす。

ことばのテーブル 546ページ

・ばんちゃ
・はんちょう
・パンツ
・ばんづけ
・ハンデ
・はんてい
・はんとう
・ばんとう
・はんとし
・ハンドル
・はんにち
・はんにゃ
・はんにゅう
・はんにん
・ばんにん
・はんにんまえ
・ばんねん
・はんのう
・ばんのう
・はんのき
・はんぱ
・ハンバーガー
・ハンバーグ
・はんばい
・はんぱつ
・はんはん

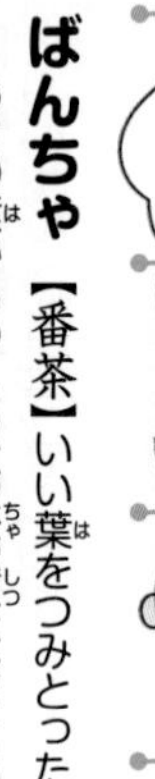

ばんちゃ【番茶】いい葉をつみとったあとの葉からつくる、お茶。質はおとる。

はんちょう【班長】班の代表者。

パンツ ❶ズボン。❷ズボンのようにはく短い下着。

ばんづけ【番付】すもうで、力士の位の順序。また、それを書いたもの。

ハンデ ❶競技などで、〔力を同じぐらいにするために〕強い相手にはじめからつけておく差。ハンディキャップ。❷不利な条件。ハンディキャップ。れい 体が小さいというハンデをはねかえしてがんばる。

はんてい【判定】勝ち負けなどを見分けてきめること。れい 判定で勝つ。

はんとう【半島】海の中へ長くつき出ている陸地。れい 房総半島。

ばんとう【番頭】商店や旅館などではたらく人のうち、一番上の立場で仕事をとりしきる人。

はんとし【半年】一年の半分。

ハンドル ❶ドアなどのとって。❷機械の一部で、手でにぎって運転するもの。れい 自動車のハンドル。

はんにち【半日】一日の半分。

はんにゃ【般若】能面の一つ。鬼のような、おそろしい顔をした女性をかたどった面。

はんにゅう【搬入】物を運び入れること。れい 資材を搬入する。

はんにん【犯人】犯罪をおかした人。犯罪者。れい 犯人が自首してきた。

ばんにん【番人】たてものなどの見はりをする人。番をする人。

はんにんまえ【半人前】一人前の半分。また、そのていどの能力しかない人。⇕一人前。

ばんねん【晩年】人の一生のうちで終わりのころ。老年。れい おだやかな晩年をすごす。

はんのう【反応】❶二つ以上のものがいっしょになったときに起こる化学変化。❷しげきやはたらきかけによって起こる変化・動き。れい 相手がどんな反応をするか、ようすをみる。

ばんのう【万能】❶何にでもききめがあること。何事にも役立つこと。れい この薬は万能だ。❷何でもできること。れい かれはスポーツ万能だ。

はんのき【はんの木】カバノキ科の木。しめったところにはえる。雄花はえだの先について、たれさがる。

はんぱ【半端】❶全部そろっていないこと。また、そのもの。❷どちらともはっきりしないこと。どっちつかず。れい 半端な気持ち。❸ちょうどの数より多くて、あまった分。はすう。

ハンバーガー パンにハンバーグをはさんだ食品。

ハンバーグ ひき肉にタマネギ・パン粉・たまごなどをまぜてこねたものを、平たい円形にしてやいた料理。ハンバーグステーキ。

はんばい【販売】品物を売りさばくこと。れい 二割引で販売する。

はんぱつ【反発】❶はね返ること。はね返すこと。れい 磁石の同じ極どうしは反発しあう。❷〔ある人の考え方やおこないに〕さからいたい気持ちになること。

はんはん【半半】半分ずつ。五分五分。れい 男女が半々の班。

ぱんぱん ❶手などで物を打つ音。手と手を打ちあわせる音。れい ほしたふとんをぱんぱんとたたく。❷体のある部分がはれあがるようす。れい マラソンで足がぱんぱんになった。

はんぴれい【反比例】ともなって変化する二つの量の、一方の量が二倍、三倍とふえるにつれて、もう一方が、ぎゃくに二分の一、三分の一とへっていく関係。⇕比例。

はんぷく【反復】くり返すこと。れい 計算問題を反復して練習する。

パンフレット〔品物の宣伝や説明などをのせた〕うすい本やおりたたんだ紙。れい 観光案内のパンフレット。

はんぶん【半分】一つのものを二つに同じように分けたものの一方。

はんべつ【判別】ちがいをはっきりと見わけること。れい 本物かにせ物か判別する。

はんみち【半道】❶一里の半分。約二キロメートル。❷行き先までの道のりの半分。

はんめい【判明】はっきりわかること。明らかになること。れい 事故の原因が判明した。

はんもく【反目】なかが悪いこと。れい となりの家と反目しあっている。

ハンモック じょうぶなあみや布で作り、両はしを木などにつないでつったじょうたいでもちいる、ねどこ。

ハンモック

ばんゆういんりょく【万有引力】宇宙のすべての物体の間にはたらく引力。「万有引力の法則」は一六六五年にニュートンによってはじめて明らかにされた。

1はんらん【反乱】国や政府にそむいて世の中をみだすこと。

2はんらん【氾濫】❶川の水などがいっぱいになってあふれること。れい 昨日からの大雨で川が氾濫した。❷ものがたくさん出回ること。多く、よくないじょうたいにいう。れい 情報が氾濫している。

はんりょ【伴侶】いっしょに連れだっていく人。れい 人生の伴侶（＝夫あるいは妻）。

はんれい【凡例】辞書などのはじめに、使い方や約束ごとなどをまとめて、かじょう書きにしたもの。

はんろん【反論】相手の意見に対して、反対の意見をのべること。また、その意見。

ひ
ぴ び
ピ ビ ヒ

1ひ【日】❶太陽。れい 日がしずむ。❷太陽の光や熱。れい 日にやける。❸一日のうちの明るい時間。昼。昼間。れい 日が長い。❹一日。れい 日に三時間勉強する。❺時間の流れの中のある時点。時期。れい おさない日の思い出。

2ひ【火】❶ものがもえているときに出る熱と光。ほのお。❷火事。

四字熟語 **不言実行** あれこれ言わずに、よいと思うことをじっさいにおこなうこと。

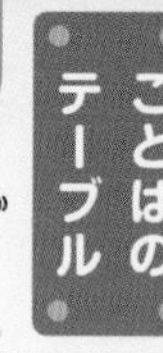

ことばのテーブル

3ひ
・ひあたり
・ピアノ
・ヒアリング
・ピーアール
・ひいおじいさん
・ひいおばあさん
・ビーカー
・ひいき
・ピーク
・ビークラス
・ビーズ
・ピース
・ビーだま
・ひいでる
・ビーバー
・ピーマン
・ひいらぎ
・ヒーロー
・ひうちいし
・ひえびえ
・ひえる
・ピエロ
・ひおけ
・ビオトープ

3ひ【灯】ものをてらす明かり。(れい)街に灯がともる。

ひあたり【日当たり】日が当たること。また、日の当たりぐあい。(れい)ぼくのへやは、日当たりがよい。

ピアノ ❶けんばんを指でたたくことによって音が出るしかけの楽器。❷音楽で、弱く演奏したり、歌ったりすることをしめす記号。「*p*」であらわす。

ヒアリング 外国語を聞きとること。ヒヤリング。

ピーアール【PR】(会社や官庁などが)仕事や商品の内容を多くの人々に知らせること。せんでん。(れい)新商品のピーアールにつとめる。

ひいおじいさん おじいさんやおばあさんの父にあたる人。そう祖父。⇕ひいおばあさん。

ひいおばあさん おじいさんやおばあさんの母にあたる人。そう祖母。⇕ひいおじいさん。

ビーカー 実験に使う、つつ形で口の広いガラスの入れ物。

ひいき 自分の気に入った人を、とくにかわいがり、よくあつかうこと。

ピーク 物事のいちばんさかんなとき。(れい)夏の暑さも、ここ一週間がピークといってよいだろう。

ビークラス【Bクラス】二番目の等級。二流。B級。

ビーズ 美しい色をつけた小さなガラスやプラスチックの玉。糸などに通して、アクセサリーなどをつくる。(れい)ビーズで首かざりを作る。

ピース 平和。

ビーだま【ビー玉】ガラスでできた小さな玉。

ひいでる【秀◂でる】とくにすぐれる。ぬきんでる。(れい)音楽に秀でる。

ビーバー ビーバー科の動物。後ろあしに水かきがある。かじってたおした木で川をせきとめて巣をつくる。

ピーマン トウガラシのなかまだが、からみがほとんどない野菜。緑色の実を食用にする。

ひいらぎ モクセイ科の木。葉はかたくてとげがある。冬に白く小さい花がさく。

ヒーロー ❶英雄。勇士。❷小説や劇などの、男の主人公。⇕ヒロイン。

ひうちいし【火打ち石】むかし、火打ち金とうちあわせて火花を出し、火をおこすのにつかった石。

火打ち金
火打ち石

ひえびえ【冷え冷え】(風や空気などが)つめたく感じられるようす。(れい)このへやは、冬になると冷え冷えするようになる。

ひえる【冷える】温度が下がってつめたくなったり寒くなったりする。(れい)足が冷える。／今夜は冷える。

ピエロ サーカスなどで、こっけいなことをして人をわらわせる役。また、その人。道化者。道化師。

ひおけ【火おけ】木でつくった、丸い火ばち。

ビオトープ その地域にもともとあった自然をもとどおりにしたり守り

育てたりすること。

ビオラ バイオリンより、やや大きい弦楽器。バイオリンより低い音を出す。

びか【美化】❶美しくすること。(れい)町の美化運動に学校全体で協力することになった。
❷実際より美しいものとして考えたり表現したりすること。(れい)思い出は美化されがちだ。

ひがい【被害】損害を受けること。また、受けた損害。

ひがえり【日帰り】その日のうちに、行って帰ってくること。

ひかえる【控える】❶えんりょする。(れい)自分の立場をわきまえて発言を控える。
❷すぐ近くにある。(れい)後ろに山を控えた町。
❸近いうちに予定している。(れい)試験をまぢかに控える。
❹書きとめる。メモする。
❺ある場所でまっている。(れい)名前をよばれるまで、そこに控えていてください。

ひかく【比較】二つ以上のものをくらべること。(れい)同じ商品について二つの店のねだんを比較する。

ひかげ【日陰】(もののかげになって)日光の当たらないところ。(れい)日陰だと植物が育ちにくい。↕日なた。

ひがさ【日傘】強い日光をさけるためにさすかさ。(れい)母の日に、母に日がさをプレゼントした。

ひがし【東】太陽がのぼってくる方角。↕西。

ピカソ（一八八一～一九七三）スペイン生まれの画家。さまざまに作風をかえ、たくさんの作品をのこした。

ひがた【干潟】遠浅の海岸で、ひきしおのときにあらわれる、すなの地面。

ぴかぴか ❶光がついたり消えたりするようす。
❷つやがあってうつくしいようす。(れい)ぴかぴかにみがいたくつをはいて出かけた。
❸まあたらしいようす。

ひがむ 自分だけが正しくあつかわれていないと思う。(れい)なかまはずれにされたといってひがむ。

ひからびる【干からびる】すっかり水分がなくなる。かわききる。(れい)干からびた野さい。

ひかり【光】❶目に明るさを感じさせるもの。太陽・星・電灯などから出る。(れい)日の光。
❷人の心に明るさや希望をあたえるもの。(れい)苦しみの中にも、ひとすじの光を見いだした。

ひかる【光る】❶光を出す。かがやく。(れい)星が光る。
❷とくにすぐれていて、めだつ。(れい)このチームの選手の中では、かれがだんぜん光っている。

ひかれる【引かれる】心が引き付けられる。

ひがわり【日替わり】毎日かわること。(れい)食堂に入って日替わり定食を注文する。

ひがん【悲願】どうしてもやりとげようと思っているねがい。(れい)悲願の優勝を達成した選手たちは、かたをだき合ってよろこんでいる。

ひかんてき【悲観的】何かというと希望をうしなって、暗くなりがちなようす。↕楽観的。

慣用句 **筆が立つ** 文章を書くことがじょうずである。

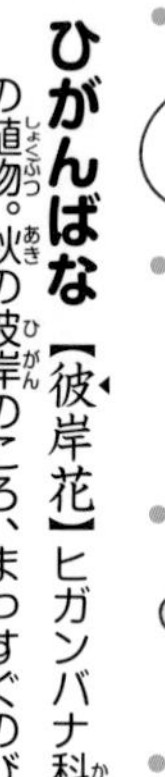

ひがんばな【彼岸花】ヒガンバナ科の植物。秋の彼岸のころ、まっすぐのびたくきの先に大きな赤い花がさく。葉は花のあとに出る。毒がある。マンジュシャゲ。

ひき【匹】《数を表すことばの下につけて》けもの・魚・虫などを数えることば。(れい)ぼくの家では、犬を二匹とネコを三匹かっている。

ひきいる【率いる】❶おおぜいの人をつれていく。(れい)先生が生徒を率いて遠足に行く。❷多くの人の行動をさしずする。(れい)チームを率いる。

ひきかえす【引き返す】もとのところへもどる。(れい)道を引き返す。

ひきがたり【弾き語り】自分でギターやピアノなどの楽器をひきながら、歌ったり話したりすること。

ひきがね【引き金】❶鉄ぽうなどをうつとき、指をかけて引く金具。❷ほかの物事を引き起こすもとになるもの。(れい)デッドボール(=ボールが打者にあたること)が引き金となって、両チームの選手が入りみだれてあらそうことになってしまった。

ひきざん【引き算】ある数からほかの数を引いて、のこりをもとめる計算。⇔足し算。

2−1=1
3−1=2
5−4=1
引き算

ひきしお【引き潮】海の水が引いて、海面がひくくなること。⇔満ち潮。

ひきずる【引きずる】❶地面やゆかなどをすって行く。(れい)ねんざをしてしまい、足を引きずって歩く。❷むりに引っぱっていく。(れい)いやがる弟を引きずっていく。

ひきだし【引き出し】つくえやたんすなどにとりつけて、引いたり出したりできるようにした箱。(れい)引き出しにノートをしまう。

ひきだす【引き出す】❶〔中にあるものを〕引っぱって外に出す。❷貯金などをおろす。(れい)銀行のまど口で預金を引き出す。

ひきでもの【引き出物】客をまねいた会などで、まねいた人が用意するみやげの品物。引き物。

ひきゃく【飛脚】むかし、手紙・品物・お金などを運びとどけることを仕事にした人。

[1]ひきょう【卑きょう】考え方ややり方などがずるいこと。(れい)人のせいにするなんて卑きょうだ。

[2]ひきょう【秘境】人があまり行ったことがなく、そのようすがよく知られていない土地。

ひきわけ【引き分け】勝ち負けが決まらないで、そのままおわること。(れい)試合は、けっきょく引き分けにおわった。

[1]ひく【引く】❶〔その一部をもって〕自分のほうに近づける。引っぱる。(れい)そりを引く。⇔押す。❷〔心を〕自分のほうにむけさせる。(れい)人目を引く。❸受けつぐ。(れい)姉は、画家だった祖父の血を引いたのか、絵が得意だ。❹いくつかあるものの中からひつよう

なものをとり出す。(れい) くじを引く。

❺調べてさがしだす。あたる。(れい) 辞書を引く。

❻数量を少なくする。(れい) 五から三を引く。

❼安くする。(れい) ねだんを引く。

❽〔線などを〕長くのばす。(れい) 定規で線を引く。

❾〔一面に〕ぬりつける。(れい) フライパンに油を引く。

❿もとへもどる。なくなる。(れい) 潮が引く。／熱が引く。

２ひく【弾く】楽器を鳴らす。演奏する。(れい) ギターを弾く。

びく つった魚を入れておくかご。

ひくい【低い】❶高さが少ない。(れい) 低い山。

❷ていどや地位などが下である。(れい) 気温が低い。

❸声や音が小さい。また、低音である。(れい) 低い声で言う。⇕①〜③高い。

ひくつ【卑屈】必要以上にいじけたり人のきげんをとったりするようす。(れい) あの人はすぐに卑屈になる。

ひくてあまた【引く手あまた】さそってくる人が多いようす。(れい) 引く手あまたでことわりきれない。

ピクニック 野山に遊びにゆくこと。

ひくひく 体の一部が、かすかにうごくようす。(れい) 犬のタロウが、鼻をひくひくさせている。

びくびく いやなことがおこるのではないかとおそれるようす。(れい) 夜道をびくびくしながら歩く。

ぴくぴく こきざみにふるえるようす。(れい) きんちょうで、ほおがぴくぴくする。

ぴくりと 体の一部が急に小さく動くようす。(れい) まぶたがぴくりと動く。

ひぐれ【日暮れ】日がしずむころ。夕ぐれ。夕方。⇕夜明け。

ひげ 人間の男性や動物の、口のまわりやあごなどにはえる毛。

ひげき【悲劇】❶かなしいできごとをえがいた劇。⇕喜劇。

❷かなしいできごと。(れい) 戦争の悲劇。

ひけし【火消し】江戸時代、火事を消すことを仕事とした人。

ひけらかす 自まんして、とくいそうに見せつける。(れい) 知識をひけらかす。

ひける【引ける】❶その日のつとめや授業などが終わる。(れい) 学校が引ける。

❷すすんでしようとする気持ちがなくなる。気おくれする。(れい) たびたびおねがいするのは気が引ける。

ひごい ❶観賞用につくられたコイ。体の色は赤色、または黄色をおびた赤色。

❷こいのぼりで、赤いコイの形のもの。

１びこう【尾行】そっとあとをつけてゆくこと。(れい) 刑事が尾行する。

２びこう【備考】参考用に書きそえること。また、書きそえたこと。

ひこうかい【非公開】いっぱんの人たちには、見せたり聞かせたりしないこと。(れい) 非公開の作品。

ひこうき【飛行機】つばさのうく力と、プロペラの回転力やガスのふきだす力を利用して空中をとぶ乗り物。

ひこく【被告】裁判で、うったえられたほうの人。⇕原告。

ひこぼし【ひこ星】わし座の中でいちばん明るい星。七夕のひこ星。けんぎゅう星。アルタイル。⇕織姫星。

ひごろ【日頃】ふだんのとき。いつも。(れい) 日頃から、体をきたえる。

慣用句 **ふに落ちない** よくわからない。なっとくがいかない。

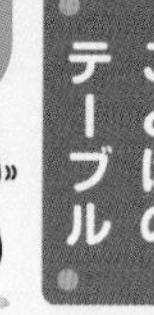

ひざ【膝】ももとすねの間にある関節の、前の部分。

ビザ ある国に入国し滞在することを希望する外国人にあたえる、入国の許可証。査証。

ピザ 小麦粉をねって平たくのばし、チーズ・トマトなどをのせて、オーブンでやいたイタリアの料理。ピッツァ。

ひざかり【日盛り】一日のうちで、いちばん日ざしの強いころ。

ひざこぞう【膝小僧】ひざがしら（＝ひざの関節がまるくつき出たところ）のくだけた言い方。れい ころんで、膝小僧をすりむく。

ひさし ❶雨や日光をさけるため、まどや出入り口などの上にとりつけた小さなやね。❷ぼうしの、前につき出た部分。

ひざし【日差し】日がてること。また、てっている光。れい 日差しが強い。

ひさしい【久しい】ある時から長い時間がたっているようす。れい 久しく見ないうちにすっかりかわった。

ひさしぶり【久し振り】ある時からしばらく長い時間がたっていること。しばらくぶり。れい 久し振りに映画を見た。

ひざまくら【膝枕】ほかの人のひざを、まくらのようにして横になること。

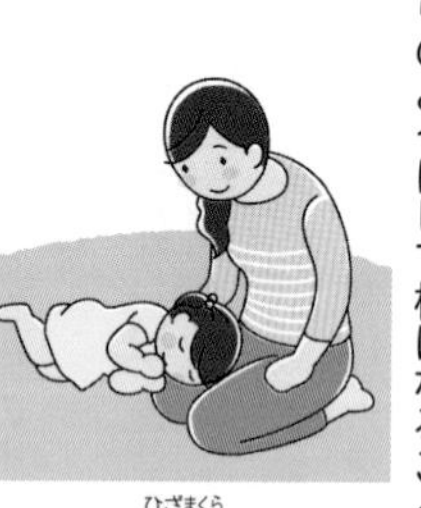
膝枕

ひざまずく ゆかや地面に、ひざをつけてかがむ。れい ひざまずいていのる。

ひさん【悲惨】見るのも気の毒なほどかわいそうなようすであること。れい 悲惨な事故。

ひじ【肘】うでの中ほどの関節をおりまげたとき、外がわになる部分。

ひしがた【ひし形】四つの辺の長さが等しく、どの角も直角でない四角形。⬇図形②。

びしっと 態度などがきびしいようす。れい 相手にびしっと言う。

ひじでっぽう【肘鉄砲】❶うでをまげて、相手をひじで強くつくこと。❷人のさそいや申しこみをはねつけること。ひじてつ。れい 肘鉄砲を食う。

ビジネス 仕事。商売。事業。

ひしひし 体や心に強く感じるようす。れい 期待をひしひしと感じる。

びしびし 手かげんをしないで、きびしくおこなうようす。れい 交通違反をびしびしとりしまる。

ひしもち【ひし餅】赤・白・みどりの三色のもちを、ひし形に切って重ねたもの。ひなまつりにかざる。

ひしゃく 水や湯などをくむ道具。長い柄の先におわんのような入れものがついている。

びじゃく【微弱】かすかで、とても弱いようす。

びしゃもんてん【毘沙門天】七福神のひとり。福をさずける神とされる。武将のすがたであらわされる。毘沙門。多聞天。⬇七福神。

ぴしゃり ❶戸などを、いきおいよくしめるようす。また、そのときの音。れい 窓をぴしゃりと閉める。❷いきおいよくたたくようす。また、そのときの音。れい ほおをぴしゃりとたたく。❸水などが、いきおいよくはねるよう

・びじゅつ
・びじゅつかん
・ひしょ
・びじょ
・ひじょう
・びしょう
・ひじょうかいだん
・ひじょうぐち
・ひじょうしき
・びしょく
・びしょぬれ
・びしょびしょ
・ビジョン
・ひじり
・びじん
・ビスケット
・ピストル
・ひせんきょけん
・ひそう
・ひぞう
・ひそか
・ひそひそ
・ひそむ

す。また、そのときの音。(れい)どろ水がぴしゃりとかかる。❹きびしくことわったり、はっきり言いきったりするようす。(れい)要求をぴしゃりとはねつける。

びじゅつ【美術】色や形であらわす芸術。絵・彫刻・建築など。

びじゅつかん【美術館】美術品をならべて見せるところ。

ひしょ【秘書】高い地位にいる人や重要な仕事をする人のそばにいて、仕事の手助けをする人。

びじょ【美女】びじん。

ひじょう【非常】❶〔何か大変なことが起こるなどして〕ふだんとちがっていること。(れい)非常ベル。❷ていどがふつうでないようす。とても。たいへん。(れい)非常な喜び。

びしょう【微笑】ほほえむこと。ほほえみ。(れい)微笑をうかべる。

ひじょうかいだん【非常階段】火事や地震のときなどに、ひなんするために使えるように、ふだん使用するかいだんとはべつに、つくられたかいだん。

ひじょうぐち【非常口】火事や地震など、思いがけない事故が起こったときに、にげだすための出口。

ひじょうしき【非常識】ふつうの人ならしないような、(よくない)考え方やおこないをすること。常識はずれ。

びしょく【美食】ぜいたくで、おいしいものばかり食べること。また、ぜいたくな食べ物。(れい)美食家。

びしょぬれ すっかりぬれること。(れい)とつぜんの雨でびしょぬれになって帰った。

びしょびしょ しずくがたれるほど、ひどくぬれるようす。(れい)あせで、びしょびしょになった服。

ビジョン 将来の見通し。将来はこうしようと、頭の中でえがいたすがた。未来像。(れい)ビジョンのない政策。／宇宙開発のビジョンをしめす。

ひじり 人から尊敬されている僧。

びじん【美人】顔やすがたの美しい女の人。美女。

ビスケット 小麦粉に、牛乳・たまご・さとう・バターなどをまぜてこね、かたくやいたかし。

ピストル かた手にもって発射できる、小型の銃。けん銃。

ひせんきょけん【被選挙権】選挙で公職につくために、立候補することができる権利。衆議院議員などは満二十五才以上、参議院議員などは満三十才以上の人にあたえられる。⇔選挙権。

ひそう【悲壮】悲しさの中にもいさましさの感じられるようす。(れい)悲壮な決意をする。

ひぞう【秘蔵】❶大切にしまっておくこと。(れい)秘蔵の本。❷大切にしてかわいがること。(れい)秘蔵の弟子。

ひそか 人に知られないように物事を進めるようす。こっそりとおこなうようす。(れい)ようすをひそかにさぐる。

ひそひそ 人に聞こえないように、小さな声で話すようす。(れい)ひそひそと話をする。

ひそむ【潜む】❶見つからないようにかくれる。(れい)草むらに潜む虫。❷かくれていて、外にあらわれない。(れい)心に潜む複雑な思い。

四字熟語 **不眠不休** 物事をするために、ねむることも休むこともしないこと。

ひそやか ❶人の声や物音がしないで、ひっそりとしずかなようす。れい ひそやかな夜の町。❷人に知られないようにしずかに物事をするようす。れい 祖母のひそやかな楽しみはフラダンスだ。

ひだ ❶スカートなどの、細長い折り目。❷細長い折り目のように見えるもの。れい 山ひだ。

ひたい【額】かみの毛のはえぎわとまゆ毛との間。おでこ。れい 額のあせをふく。

ひたいをあつめる【額を集める】集まって、相談する。

ひたす【浸す】水や液体の中に入れる。また、水や液体でびしょびしょにぬらす。れい 足を水に浸す。

ひたすら ただそのことだけをいっしょうけんめいにするようす。れい ひたすら勉強する。

ぴたっと 「ぴたりと」をやや強めたことば。

ひたひた ❶水がしずかにくりかえしうちよせるようす。❷〔波がよせるように〕しずかにだんだんと近づいてくるようす。れい 敵がひたひたとせまってくる。❸中のものがやっとかくれるくらいに水が入っているようす。れい なべの中の材料がひたひたになるくらいに水を入れる。

ひだまり【日だまり】日がよくあたって、あたたかい場所。

ビタミン 栄養素の一つ。動物の体のいろいろなはたらきを調節する。A・B・C・D・Eなどの種類がある。

ひたむき【ひた向き】ただそのことだけに、いっしょうけんめいになるようす。れい ひた向きに努力する。

ひだり【左】人が北をむいたとき、西にあたる方。⬍右。

みぎ ←→ ひだり

左

ひだりうちわ【左うちわ】仕事をしなくても、楽にくらしていけること。れい 左うちわでくらす。

ひだりがわ【左側】左の方。れい 左側を通行する。⬍右側。

ひだりきき【左利き】左手のほうが右手より、じょうずに使えること。また、その人。⬍右利き。

ひだりて【左手】❶左の手。❷左の方。左がわ。れい 左手のたてものが市役所だ。⬍①②右手。

ぴたりと ❶急にきちんと止まるようす。れい 車はぼくの横でぴたりと止まった。❷すきまなく、くっつくようす。ぴったり。れい かべにぴたりとつく。❸うまく合うようす。れい 計算がぴたりと合った。

ひだりむき【左向き】左のほうへ向くこと。また、向いていること。

ひたん【悲嘆】悲しみなげくこと。れい ペットが死んで悲嘆にくれる。

びちく【備蓄】万一の場合にそなえてたくわえておくこと。また、たくわえてある物。れい 米を備蓄する。

ぴちっと すきまやずれがなく合うようす。ぴっちり。ぴたっと。れい ぴちっとしたTシャツ。

【 】漢字を使った書き方　れい ことばの使い方の例　⬍反対のことば　⬇参考になる情報　◀小学校で習わない漢字

ぴちぴち ❶魚などがいきおいよくはねるようす。(れい)つり上げたアユがぴちぴちとはねる。❷生き生きとして、元気があふれているようす。(れい)ぴちぴちした女の子。

ひつう【悲痛】かなしいできごとのために、心がいたむようす。(れい)悲痛なさけび。

ひっかかる【引っ掛かる】❶〔つきでているものなどに〕かかって止まる。(れい)たこが電線に引っ掛かる。❷だまされる。(れい)まんまと敵の作戦に引っ掛かった。

ひっかきまわす【引っかき回す】❶らんぼうにかきまわす。(れい)引き出しの中を引っかき回す。❷勝手なふるまいをして、まとまりがつかないようにする。(れい)会を引っかき回す。

ひっかく【引っかく】つめや先のとがったもので強くこする。(れい)ネコに引っかかれる。

ひっかける【引っ掛ける】❶あるものに、ほかのものをかける。(れい)鉄ぼうに足を引っかけてぶらさがる。❷〔水のようなものを〕かける。(れい)頭から水を引っかけた。❸むぞうさに着る。また、上からはおる。(れい)カーディガンを引っかける。❹相手をだます。(れい)いつもの手で、引っかけられた。

ひっき【筆記】書きしるすこと。また、書きしるしたもの。(れい)筆記用具をかばんに入れる。

ひつぎ 死んだ人を入れる箱。かんおけ。

ビッグ 大きな。大事な。りっぱな。(れい)ビッグニュース。

ピックアップ たくさんある中から、いくつかえらびだすこと。(れい)重要なことばをピックアップする。

びっくり おどろくようす。(れい)電車が急に止まったのでびっくりした。

ひっくりかえす【引っ繰り返す】❶上と下や表と裏をさかさまにする。(れい)シーツを引っ繰り返す。❷たおす。(れい)テーブルの上の花びんを引っ繰り返した。❸それまでの立場や関係をぎゃくにする。(れい)試合を引っ繰り返すホームランが出た。

ひっくりかえる【引っ繰り返る】❶上と下や表と裏がさかさまになる。❷たおれる。(れい)いすが引っ繰り返る。❸立場などがぎゃくになる。(れい)試合が引っ繰り返る。

びっくりぎょうてん【びっくり仰天】ひじょうにおどろくこと。

ひづけ【日付】❶手紙・書類などを書いたり送ったりした年月日。❷こよみの、年月日をしめす数字。(れい)午前〇時をまわって日付が変わる。

ひっけん【必見】かならず見たり読んだりしなければならないこと。(れい)必見の書物。

ひっこし【引っ越し】引っこすこと。(れい)引っ越しの荷物。

ひっこす【引っ越す】家や仕事場などをほかへうつす。

ひっこみじあん【引っ込み思案】進んで物事をしようとする気持ちがないこと。また、そのような性質。

ひっこめる【引っ込める】前に出したものをもとにもどす。(れい)意見を引っ込める。

慣用句 **ふり出しにもどる** 物事のはじめのじょうたいにかえる。

ピッコロ 管楽器の一つ。フルートを小さくした形で、高くてするどい音をだす。

ひっさん【筆算】紙などに数字を書いて計算すること。⇔暗算。

ひっし【必死】〔命をかけるほど〕いっしょうけんめいになること。死にものぐるい。

ひつじ¹【未】❶十二支の八番目。❷むかしの時刻のよび名で、今の午後二時ごろ。また、その前後二時間。

ひつじ²【羊】ウシ科の動物。草を食べる。毛や肉、乳をとるためにかわれる。

ひつじかい【羊飼い】羊を飼ってそだてる人。また、野山にはなした羊の番をする人。

ひっしゃ【筆者】その文章や本などを書いた人。

ひっしゅう【必修】かならず学ばなければならないこと。れい 必修科目。

ひつじゅひん【必需◀品】なくてはならない品物。れい 生活必需品。

ひつじゅん【筆順】文字（とくに漢字）を書くときの順序。書き順。

ひっしょう【必勝】かならず勝つこと。れい 必勝をちかう。

びっしょり ひどくぬれているようす。ぐっしょり。れい あせびっしょり。

びっしり すきまなく、つまっているようす。れい 本だなには本がびっしりつまっている。

ひっせき【筆跡◀】書かれた文字。また、書かれた文字の特徴やくせ。

ひつぜん【必然】かならずそうなるときまっていること。⇔偶然。

ひっそり ❶人の声や物音がしないで、しずかなようす。れい 夜の町はひっそりしている。❷目立たないように何かをするようす。れい いなかでひっそりくらす。

ぴったり ❶すきまやずれがないようす。れい ドアをぴったりしめる。❷よくつりあうようす。よくにあうようす。れい この服は妹にぴったりだ。❸くっついてはなれないようす。れい 船は岸にぴったり横づけになった。❹急にまったくやめるようす。れい 父はぴったりたばこをやめた。❺少しのちがいもないようす。れい 答えがぴったりあう。

ひってき【匹敵◀】〔実力などが〕同じくらいであること。れい 足のはやさでは、かれに匹敵する者はいない。

ひっぱりだす【引っ張り出す】❶引っぱって取り出す。引き出す。れい 引き出しから紙を引っ張り出す。❷外につれ出す。れい 買い物に引っ張り出す。

ひっぱる【引っ張る】❶〔糸などを〕のばしてぴんとする。❷自分のほうへ引く。れい 犬がそりを引っ張る。❸なかまになるよう、さそう。れい 友だちに引っ張られて、水泳部にはいる。

ひづめ 牛・馬・シカなどの動物の足の先にある、かたいつめ。

ひつよう【必要】どうしてもいること。また、どうしてもしなくてはならないこと。⇔不要。

ひてい【否定】そうではないと打ち消すこと。⇔肯定。

ひていてき【否定的】そうではないと打ち消す内容をもっているようす。れい 否定的な意見。⇔肯定的。

ビデオカメラ 映像をさつえいし、

記録する器械。

ビデオテープ 〔テレビで〕音や声といっしょに画面を記録するテープ。

ひでり【日照り】長い間雨がふらず、日がてりつづけること。れい 日照り続きで畑の作物がかれそうだ。

ひと【人】❶人間。❷いっぱんの人。せけんの人。れい 人のうわさ。❸自分以外の人。他人。れい 人の物を勝手に使う。❹人がら。性質。れい 人がいい。

ひとあわふかせる【一泡吹かせる】相手が考えていないようなことをして、おどろかせ、あわてさせる。

ひとあんしん【一安心】〔心配がなくなって〕ひとまず安心すること。

ひどい ❶思いやりがない。むごい。れい 悪口を言いふらすなんてひどい。❷はげしい。れい ひどいあらし。❸たいへん悪い。れい いつもよりひどいできだ。

ひとがら【人柄】その人の性質。

ひときわ【一際】〔ほかとくらべて〕いちだんと。れい 一際大きな家。

ひとごみ【人混み・人込み】大ぜいの人でこみあっていること。また、こみあっている場所。れい 犯人は人混みにまぎれてにげた。

ひとさしゆび【人差し指】手の親指の次の指。

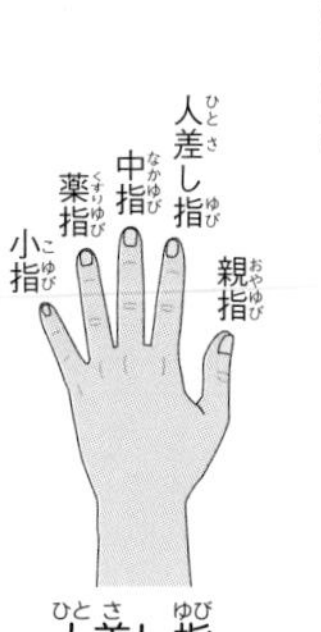

人差し指

ひとさま【人様】「他人」をていねいにいうことば。れい 人様のことに口を出すな。

ひとさわがせ【人騒がせ】わけもなく、人をおどろかし、さわがせること。れい ねぼけて大声を出すとは、人騒がせなやつだ。

ひとしい【等しい】❶二つ以上のものの、数量や性質などが同じである。❷同じようである。まるで…のようだ。れい 計画は延期になったが、じっさいには中止に等しい。

ひとしきり【一しきり】しばらくの間（さかんに）つづくこと。しばらくの間。れい ひとしきり風がふく。

ひとじち【人質】❶やくそくを守るしるしとして、相手にあずけておく自分がわの人間。❷〔自分の要求を通すために〕つかまえておく、相手がわの人間。

ひとつ【一つ】❶数のはじめ。一。❷そのものだけであること。れい 母の手一つで育てられる。❸同じであること。同じこと。れい みんなの気持ちが一つになる。❹ためしに。ちょっと。れい ひとつ、やってみよう。❺どうぞ。どうか。れい ひとつ、よろしくおねがいします。

ひとで【人手】❶人の手。人のわざ。れい 人手をくわえる。❷他人。れい 人手にわたる。❸他人の助け。れい 人手をかりる。❹はたらく人。れい 人手が足りない。

ひとどおり【人通り】人の行き来。人の通行。れい 人通りのない道。

ひとなつこい【人懐こい】ほかの人にすぐなれて、親しくなるようす。れい 人なつこい笑顔をうかべる。

慣用句 **ふるいにかける** 多くの中から、よいものをえらび出す。

ことばのテーブル

558ページ

- ひとはたあげる
- ひとふでがき
- ひとみ
- ひとみしり
- ひとめぼれ
- ひとめをひく
- ひとやすみ
- ひとやまあてる

1ひとり
2ひとり
- ひとりごと
- ひとりっこ
- ひとりでに
- ひとりぼっち

- ひな
- ひなた
- ひなたぼっこ
- ひなだん
- ひなにんぎょう
- ひなまつり
- ひなわじゅう

1ひなん

ひとはたあげる【一旗揚◀げる】新しく事業などをはじめる。

ひとふでがき【一筆書き】❶筆にとちゅうですみをつけたさないで、一気に書きあげた書や絵。❷図形などを、とぎれずにつづいた一本の線で書きあげたもの。

ひとみ ❶目玉の、小さく黒く見える部分。どうこう。くろめ。➡目。❷目のこと。れい つぶらなひとみ。

ひとみしり【人見知り】〔子どもなどが〕見なれない人を見て、はずかしがったり、きらったりすること。れい この子は人見知りがはげしい。

ひとめぼれ【一目ぼれ】一度見ただけで心を引かれて、好きになること。

ひとめをひく【人目を引く】目立っていて、人の注意を引く。れい はでなすがたが、人目を引いた。

ひとやすみ【一休み】ちょっと休むこと。れい 一休みして、みんなでお茶をのむことにした。

ひとやまあてる【一山当てる】ぐうぜんの利益などをねらって成功し、おおもうけをする。

1**ひとり**【一人】人の数が一つであること。一名。いちにん。

2**ひとり**【独り】❶自分だけであること。れい 独りで実行する。❷結婚していないこと。

ひとりごと【独り言】ひとりでしゃべること。また、そのことば。

ひとりっこ【一人っ子】〔きょうだいがいなくて〕ひとりだけの子ども。

ひとりでに【独りでに】ほかから力がくわわらないのに。自然に。れい ひとりでに、ドアがひらいた。

ひとりぼっち【一人ぼっち・独りぼっち】友だちやなかまがいなくて、ひとりきりのこと。ひとりぽっち。

ひな ❶たまごからかえって、まもない鳥。ひよこ。❷ひな人形。おひなさま。

ひなた【日なた】日光の当たっているところ。れい ふとんを日なたにほす。⬍日陰。

ひなたぼっこ【日なたぼっこ】日の当たるところであたたまること。れい ネコが日なたぼっこをしている。

ひなだん【ひな段】ひな人形などをならべてかざる段。➡ひな人形。

ひなにんぎょう【ひな人形】ひなまつりにかざる人形。内裏びなや三人官女、五人ばやしなど。ひな。

びょうぶ
ぼんぼり
内裏びな
三人官女
五人ばやし
右大臣
左大臣
ひな段

ひな人形

ひなまつり【ひな祭り】三月三日の桃の節句。ひな人形をかざり、白酒・ひしもち・モモの花などをそなえて、女の子の幸せをいのる。

ひなわじゅう【火縄◀銃◀】火なわ（=火をつけるためのなわのようなもの）に火をつけ、その火を火薬にうつしてたまをうちだす、むかしの鉄ぽう。

1**ひなん**【非難】人の失敗や欠点などをとりあげ、それをせめること。れい 強

【】漢字を使った書き方　れい ことばの使い方の例　⬍反対のことば　➡参考になる情報　◀小学校で習わない漢字

引なやり方に非難の声があがる。

ひなん[2]【避難】危険をさけるために、安全な場所にゆくこと。

びなん【美男】顔だちの美しい男の人。美男子。

ひなんくんれん【避難訓練】きけんをさけて安全なところににげるための練習。

ビニール アセチレンを主な原料としてつくる合成じゅし。ビニル。

ビニールハウス 鉄骨やパイプで骨組みをつくり、ビニールでおおった温室。やさいや花などを、季節に関わりなく育てることができる。

ひにく【皮肉】❶相手の欠点などを、遠まわしに、いじわるくせめること。❷予想・期待・希望と反対の結果がでること。(れい)皮肉な結果に終わる。

ひねくれる 性質が、すなおでなくなる。

びねつ【微熱】ふだんよりすこし高い体温。

ひねる ❶物を指先などでねじる。(れい)水道のじゃぐちをひねって、水を出す。❷体の一部分をねじって向きをかえる。(れい)こしをひねる。❸いろいろ考え、くふうする。(れい)頭をひねる。

ひのき ヒノキ科の高木。木材はじょうぶで、家や道具などをつくるのに使う。

ひので【日の出】太陽がのぼること。また、その時こく。

ひのまる【日の丸】❶太陽をかたどった赤い丸。❷白地に赤い丸をえがいた日本の国旗。日章旗。

ひのみやぐら【火の見やぐら】火事の見はりをするための塔。

ひのようじん【火の用心】火事にならないように火の元に注意すること。また、それをよびかけることば。

ひばく【被爆】爆撃を受けること。また原子爆弾や水素爆弾の爆撃を受けたりその放射能の害を受けたりすること。

ひばち【火鉢】はいを入れて炭火をおこし、湯をわかしたり暖房に使ったりする道具。

ひばなをちらす【火花を散らす】はげしくあらそうようす。(れい)火花を散らす大熱戦。

ひばり ヒバリ科の鳥。春の空に高くあがってさえずる。

ひはん【批判】物事のよい悪いを考えてはんだんすること。また、物事のよくないところについて、いろいろとのべること。(れい)事情をたしかめずに相手の行動を批判するのはよくない。

ひび ガラスやせとものなどにできる、細かいわれ目。(れい)花びんにひびがはいる。

ひびく【響く】❶音や声が伝わって聞こえる。(れい)美しい歌声が響く。❷音がはね返って聞こえる。(れい)トンネルに声が響いて聞き取りにくい。❸ふるえがつたわり、ゆれ動く。(れい)車が通るとガラス戸に響く。❹悪いえいきょうをあたえる。(れい)退院したばかりなのだから、そんなにむりをすると体に響く。❺世の中に広く知られる。(れい)サッカーのさかんな国として名が響く。

ひひょう【批評】物事のよい点・悪い点などについて、自分の考えをのべること。(れい)テレビ番組を批評する。

四字熟語 **不老長寿** いつまでも年をとらず、長生きすること。

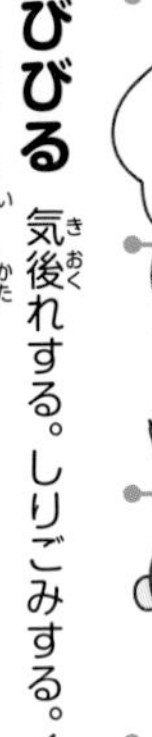

びびる 気後れする。しりごみする。くだけた言い方。

びひん【備品】会社・学校などで、きまった場所にそなえつけてある品物。つくえ・いすなど。

ひふ【皮膚】人や動物の体をおおっている皮。

ひふきだけ【火吹き竹】火をおこす道具。節に小さいあなをあけた竹のつつを火に近づけてふく。

火吹き竹

1ひへん【日偏】漢字の部首の一つ。「昭」「時」「明」などの左がわの「日」の部分。

2ひへん【火偏】漢字の部首の一つ。「灯」「燃」「焼」などの左がわの「火」の部分。

びぼう【美貌】美しい顔かたち。

ひぼん【非凡】とくにすぐれていること。れい 非凡な才能。⇕平凡。

ひま【暇】❶〔あることをするのにひつような〕時間。れい おしゃべりにつきあっている暇はない。❷休み。れい 正月には暇をとる。❸のんびりすごせる時間。また、のんびりしているようす。れい 暇をもてあます。

ひまご【ひ孫】まごの子。ひいまご。

ひまつぶし【暇潰し】ひまな時間を、何かしてすごすこと。退屈しのぎ。れい 暇潰しに本を読む。

ひまわり キク科の植物。高さ二〜三メートルにもなり、夏に大きな黄色の花がさく。たねから油をとる。

ひまん【肥満】体が太ること。太っていること。

ひみつ【秘密】人に知らせないで、かくしておくこと。また、そのことがら。ないしょ。

びみょう【微妙】ひとことでは言いあらわせないほど、細かくふくざつなようす。れい ふたりの意見は微妙にくいちがっている。

ひめ【姫】身分の高い人のむすめ。れい お姫さま。

ひめい【悲鳴】❶おそろしいときやおどろいたときなどにあげる、さけび声。❷こまったときやつらいときなどに出る、弱音やなきごと。れい あまりのいそがしさに悲鳴をあげる。

ひも 物をしばったりつないだりするのに使う細くて長いもの。

ひもの【干物】魚や貝などをほしたもの。れい アジの干物。

ひやあせ【冷や汗】はずかしかったりこわかったりするときに出るあせ。れい せりふをわすれ、冷や汗をかいた。

ひやかす【冷やかす】❶相手がこまったりはずかしがったりするようなじょうだんをいう。からかう。❷買う気がないのに、品物を見たりねだんを聞いたりする。れい 祭りの夜店を冷やかす。

ひやく【飛躍】❶高く大きくとびあがること。❷急に進歩すること。めざましく活やくすること。れい 飛躍的な発展。❸〔考え方や話などが〕正しいじゅんじょをふまずに先へ進むこと。れい 君の考えは飛躍している。

ひゃく【百】❶数の名。十の十ばい。❷百才。れい百まで生きる。

ひゃくにんいっしゅ【百人一首】百人の歌人の和歌を、一首ずつえらんでまとめたもの。また、それをかるたにしたもの。ふつう、鎌倉時代に藤原定家がえらんだとされる「小倉百人一首」をさす。

ひゃくぶんはいっけんにしかず【百聞は一見にしかず】何回も人の話を聞くよりも、たった一度でもじっさいに見るほうがよくわかる。

びゃくや【白夜】北極や南極に近い地方で、夏の時季に、夜の間ずっと、少し明るい状態であること。はくや。

ひやけ【日焼け】〔強い〕日光にあたってひふの色が黒くなること。れい日焼けした顔。

ひやす【冷やす】温度がひくくなるようにする。つめたくする。れい冷蔵庫でスイカを冷やす。

ひゃっかじてん【百科事典】さまざまな分野のことがらを五十音順にならべ、せつめいした本。

ひゃっかてん【百貨店】デパート。

ひやっと ❶空気などがつめたく感じられるようす。れいひやっとした風。❷おそれやおどろきで、いっしゅん寒気がするようなようす。れい自動車にはねられそうになってひやっとした。

ひゃっぱつひゃくちゅう【百発百中】〔てっぽうなどを〕うてばかならず命中すること。また、予想やねらいが、全部あたること。

ひやひや【冷や冷や】❶つめたく感じるようす。❷心配するようす。気が気でないようす。れい冷や冷やしながら大きな犬のそばを通った。

ひややか【冷ややか】❶つめたく感じるようす。❷思いやりが感じられないようす。れい冷ややかな目をむける。

ひやりと ❶つめたさを感じるようす。れい外の寒さにひやりとする。❷おそれやあぶなさを、はっと感じるようす。れい足がすべってしまい、ひやりとする。

ひゆ【比喩】ある物事を説明するのに、それににたほかのものを例にすること。たとえ。「グローブのような手」「雪のはだ」のような言い方。

びゅうびゅう 風がはげしくふくようす。

ビュッフェ ❶駅や列車の中にある軽い食事を出す食堂。❷いろいろな食べ物を客が皿に自由にとり、立ったままで食べる形式の料理。

ひょいと ❶とつぜん。おもいがけず。れい友だちがひょいとたずねてきた。❷らくらくと。あっさりと。れい大きな石をひょいともちあげた。

ひよう【費用】あることをするためにひつようなお金。れい旅行の費用。

ひょう[1] 空からふってくる小さな氷のかたまり。

ひょう[2]【表】〔よくわかるように〕主なことだけをまとめて、一定のきまり・順序にしたがって書き記したもの。れい毎日の気温を表にする。

びょう【秒】時間・角度などの単位。一秒は一分の六十分の一。

ひょういもじ【表意文字】漢字などのように、一字一字が意味を表す文字のこと。↔表音文字。

四字熟語 **平身低頭** 体を低くしてふかく頭を下げ、心からおそれいること。

びよういん【美容院】かみの形を整えたり着つけなどをする店。

びょういん【病院】医者が、病気やけがの人を調べたり、なおしたりするところ。

ひょうおんもじ【表音文字】一字一字に意味はなくて、音だけを表す文字のこと。ひらがな・かたかな・ローマ字など。⇕表意文字。

ひょうか【評価】物事のよいわるいや、ねうちなどをきめること。れい コンクールで高く評価された作品。

ひょうが【氷河】北極・南極や高い山につもった雪が、厚い氷のかたまりとなり、それがひくいところへゆっくり流れだしたもの。

ひょうき【表記】❶〔書類などの〕表に書くこと。また、表に書かれたもの。❷ことばを文字や記号で書き表すこと。

びょうき【病気】体のぐあいが悪くなること。やまい。

ひょうきん ほがらかで、こっけいなようす。れい 弟はひょうきんだ。

びょうけつ【病欠】病気で休むこと。れい 病欠のとどけを出す。

ひょうげん【表現】思ったことや感じたことを、ことば・表情・身ぶり・作品などで表すこと。

ひょうご【標語】みんなに守ってほしいことがらなどを、短くはっきりと言い表したことば。れい 交通安全の標語をつくる。

ひょうこう【標高】海面からはかった土地の高さ。海抜。れい 標高三千メートル。

ひょうごけん【兵庫県】近畿地方北西部の県。北は日本海に面し、南は瀬戸内海に面する。県庁所在地は神戸市。⬇都道府県。

ひょうさつ【表札・標札】家の出入り口や門などにかけておく名ふだ。

ひょうざん【氷山】海に流れこんだ氷河の一部が、大きな氷のかたまりとなってうかんでいるもの。

ひょうざんのいっかく【氷山の一角】表面にあらわれていることは、全体のほんの一部にすぎないということのたとえ。

1ひょうし【拍子】❶〔音楽の〕規則正しくくり返される音の強弱。れい 拍子をとる。❷〔あることをした〕はずみ。とたん。れい 転んだ拍子に頭をうった。

2ひょうし【表紙】本・ノートなどの外がわにつける、厚い紙やビニール・布など。

ひょうじ【表示】❶外へはっきり表すこと。れい 意思を表示する。❷表にして表すこと。れい 調べた結果を表示する。

ひょうしき【標識】目じるしとしてつけたもの。れい 交通標識。

びょうしゃ【描写】目や耳でとらえたものや、心に感じたことなどをえがくこと。れい 風景を描写する。

びょうじゃく【病弱】体が弱く、病気にかかりやすいこと。れい 病弱な母を助けて家事をする。

ひょうじゅん【標準】❶物事のていどをはかるもとになるもの。基準。❷ふつうのていど。れい 標準型。

ひょうじゅんご【標準語】その国のことばの手本としてみとめられていることば。

ひょうしょう【表彰】よいおこな

いやりっぱな成績をほめて、広く人々に知らせること。(れい) 人命救助で表彰された。

ひょうじょう【表情】自分の気持ちが顔にあらわれること。また、その顔つき。(れい) 表情ゆたかな顔。

びょうしん【秒針】時計の、秒の目もりをさす針。

びょうそく【秒速】はやさを一秒間に進むきょりで表したもの。

ひょうたん ❶ウリ科の植物。夏、白い花がさく。実は細長く、中ほどがくびれている。❷「ヒョウタン①」の実をくりぬいてつくった入れ物。酒を入れたり、かざり物にしたりする。

ひょうたんからこま【ひょうたんから駒】思いがけないことが実現してしまうたとえ。

ひょうちゃく【漂着】ただよって岸に流れ着くこと。(れい) 無人島に漂着する。

ひょうてき【標的】弓や鉄ぽうなどの練習に使う的。

ひょうてんか【氷点下】セ氏〇度よりひくい温度。零下。

びょうとう【病棟】〔病院などで〕たくさんの病室のあるたてもの。

びょうどう【平等】差別がなく、みんな同じであるようす。(れい) おかしを平等に分ける。

びょうにん【病人】病気にかかっている人。

ひょうのう【氷のう】氷や水を入れて、からだの熱のある部分をひやすふくろ。

ひょうばん【評判】❶世間の人が、よいとか悪いとかいい合うこと。(れい) 評判がいい店。❷世間の人によく知られていて、話題になっていること。(れい) これは、小学生の間で評判の本だ。

ひょうひ【表皮】動物や植物の体の外がわをおおっている皮。

ひょうひょうと 物事にこだわらずつかみどころのないようす。(れい) ひょうひょうとした人物。

びょうぶ【びょう風】へやの中に立てて、風をふせいだり、しきりやかざりにしたりする家具。おりたためる。

びょう風

ひょうほん【標本】〔学習や研究のために〕動物・植物・鉱物などの実物をそのままの形でのこし、見やすいようにしたもの。

ひょうめい【表明】〔意見などを〕はっきりと表すこと。(れい) 反対を表明する。

ひょうめん【表面】❶〔物の〕外がわの面。おもて。(れい) 水の表面。❷人の目につくところ。うわべ。(れい) 表面だけをかざる。

びょうよみ【秒読み】❶のこり時間がわずかになったとき、一秒ごとに時間を読みあげていくこと。(れい) ロケットの打ち上げが秒読みにはいる。❷物事の期限がさしせまっていること。(れい) 秒読みの段階にはいる。

ひょうりゅう【漂流】風や波のままに流されてゆくこと。

あいうえお かきくけこ さしすせそ たちつてと なにぬねの はひふへほ ひ まみむめも やゆよ らりるれろ わをん

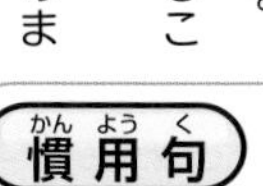
慣用句 **ベストをつくす** 全力をあげて物事をおこなう。

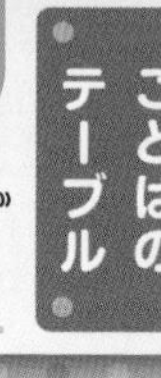

ことばのテーブル 564ページ

・ひょうろうぜめ
・ひよこ
・ひょっこり
・ひよどり
・ひょろひょろ
・ひよわ
・ぴょんと
・ぴょんぴょん
・ひらいしん
・ひらおよぎ
・ひらがな
・ひらく
・ひらける
・ひらたい
・ひらひら
・ピラミッド
・ひらめき

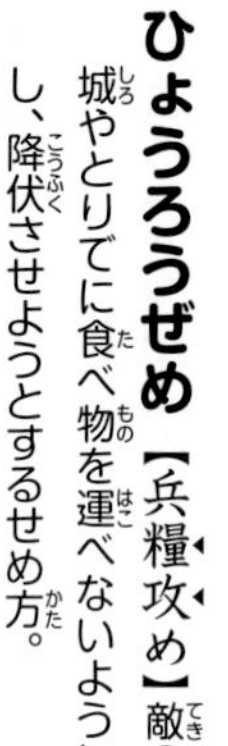
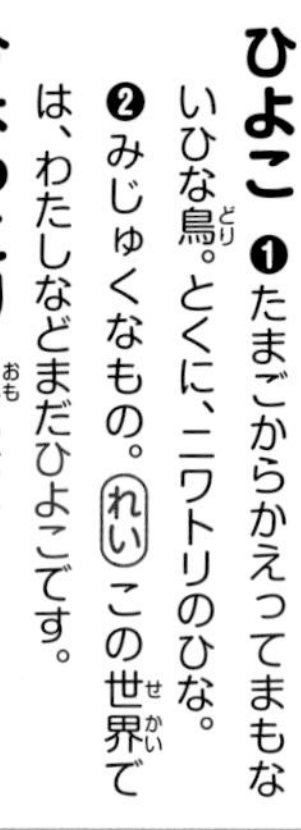

ひょうろうぜめ【兵糧攻め】敵の城やとりでに食べ物を運べないようにし、降伏させようとするせめ方。

ひよこ ❶たまごからかえってまもないひな鳥。とくに、ニワトリのひな。❷みじゅくなもの。(れい)この世界では、わたしなどまだひよこです。

ひょっこり 思いがけないときにあらわれるようす。また、とつぜん出会うようす。(れい)町でひょっこり、おばに出会った。

ひよどり ヒヨドリ科の鳥。体は灰色で、さかんに鳴く。

ひより【日和】❶天気。天候のぐあい。(れい)今日はよい日和です。❷《ことばの下につけて「びより」と読み》何かをするのによい日。(れい)行楽日和。

ひょろひょろ ❶よろめいて、たおれそうなようす。(れい)力なく、ひょろひょろと歩く。❷細長く、弱々しくのびているようす。(れい)背ばかり、ひょろひょろのびる。

ひよわ【ひ弱】弱々しいようす。

ぴょんと 身軽にとびはねるようす。(れい)いすからぴょんととびおりる。

ぴょんぴょん くり返し身軽にとびはねるようす。(れい)ウサギがぴょんぴょんはねる。

ひらいしん【避雷針】かみなりの被害をふせぐため、たてものなどの上に立てる金属のぼう。導線で、かみなりの電気を地中に流す。

ひらおよぎ【平泳ぎ】手を左右にひらきながら水をかき、足をのびちぢみさせて進む泳ぎ方。

ひらがな【平仮名】漢字の草書体をくずしてつくった文字。⇔片仮名。

ひらく【開く】❶〔しまっていたものが〕あく。また、あける。(れい)戸が開く。／まどを開く。❷〔とじていたものが〕広がる。また、広げる。(れい)花が開く。／本を開く。❸〔物事を〕始める。(れい)店を開く。⇔①～③閉じる。❹へだたりが大きくなる。(れい)一位との差が開く。

ひらける【開ける】❶世の中がすすんでべんりになる。(れい)文明が開ける。❷よい方にむかう。(れい)運が開ける。❸じゃまするものがなくなり、広く見わたせる。(れい)目の前にとつぜん、海が開けた。❹ものわかりがよい。(れい)開けた人。

ひらたい【平たい】❶あつみが少なく、横に広い。(れい)テーブルの上に平たいつつみが置いてある。❷平らで、でこぼこが少ない。❸〔ことばが〕わかりやすい。(れい)平たく言う。

ひらひら うすくて軽いものが、まうように動くようす。(れい)花びらがひらひらちった。

ピラミッド 大むかしのエジプトなどでつくられた、角すいの形の大きな建物。エジプトでは王などの墓だった。

ピラミッド

ひらめき ❶ぴかっと光ること。❷風にひらひらすること。❸才能や感覚のするどいはたらき。

【】漢字を使った書き方　(れい)ことばの使い方の例　⇕反対のことば　⬇参考になる情報　◀小学校で習わない漢字

ひらめく ❶いっしゅん、ぴかっと光る。(れい)夜空にいなずまがひらめく。❷〔旗などが〕風でひらひらする。(れい)国旗が風にひらめく。❸考えなどが急に頭にうかぶ。(れい)よいアイデアがひらめいた。

ひらや【平屋・平家】一階だての家。

ひらりと すばやく、軽々と体を動かすようす。(れい)ひらりと身をかわす。

びり いちばんあと。さいご。(れい)かけっこでびりになった。

ピリオド ヨーロッパなどのことばで、文の終わりにうつ点。「.」で表す。

ひりき【非力】力が弱いこと。また、才能や能力が足りないこと。(れい)自分の非力をはずかしく思う。

ひりつ【比率】二つ以上の数や量をくらべたときのわりあい。

ぴりっと ❶舌などに強いしげきを受けたときの感じ。(れい)ぴりっとからい。❷気持ちや態度がひきしまるようす。(れい)かんとくの注意で、チームがぴりっとする。

ひりひり ひふやねんまくに、いたさやからさを感じつづけるようす。(れい)道でころんですりむいたひざが、ひりひりする。

びりびり ❶布や紙がさけるようす。また、そのときの音。(れい)紙をびりびりとやぶく。❷電気のしげきを、体に感じるようす。(れい)静電気で、手がびりびりした。

ぴりぴり ❶からみなどで、口の中にさされるようなしげきを感じるようす。(れい)トウガラシを食べたら、舌がぴりぴりした。❷ひふにいたみを感じるようす。(れい)傷口がぴりぴりといたむ。❸きんちょうなどで、神経が高ぶっているようす。(れい)試合を前にして、選手はぴりぴりしている。

ひりょう【肥料】植物がよく育つように、土にまぜるもの。こやし。(れい)化学肥料。

ひる【昼】❶朝から夕方まで。日の出ている間。↕夜。❷正午。(れい)昼の時報。❸昼食。昼飯。(れい)お昼を食べる。

ビル 鉄筋コンクリートなどでつくった、西洋ふうの大きく高いたてもの。ビルディング。

ひるがお【昼顔】ヒルガオ科の植物。野原や道ばたにはえる。夏、うすいピンク色の花がさく。

ひるごはん【昼御飯】昼に食べるごはん。昼飯。昼食。

ひるさがり【昼下がり】正午を少しすぎたころ。

ひるね【昼寝】昼間、すこしの間ねむること。

ひるま【昼間】朝から夕方までの間。

ひるむ〔相手のいきおいにおされて〕弱気になる。こわいと思う気持ちになる。(れい)兄のおこった顔を見てひるむ。

ひるめし【昼飯】昼ごはん。昼食。くだけた言い方。(れい)昼飯の時間だ。

ひるやすみ【昼休み】昼の食事のためにとる休み。

ひれ 魚などの体からつきでた、泳ぐための器官。背びれ・胸びれ・腹びれ・しりびれ・おびれなどがある。

1**ひれい**【比例】二つの数または量のうち、一方が二倍・三倍…になると、他方も二倍・三倍…になるような関係。正比例。↕反比例。

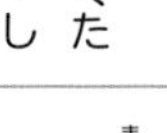
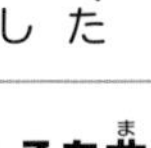
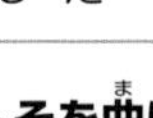
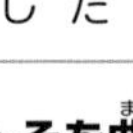
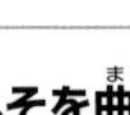
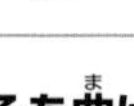
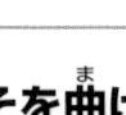

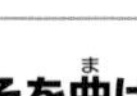

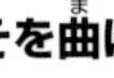

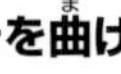

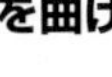
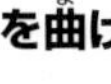

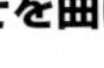

慣用句 **へそを曲げる** きげんを悪くする。すなおでなく、人の言うことをきかない。

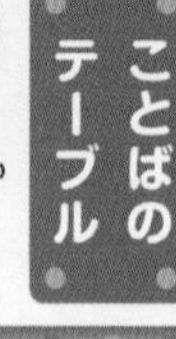

2ひれい【非礼】れいぎに欠けること。(れい)非礼をわびる。

ひれつ【卑劣】性質やおこないなどが、ずるくていやしいこと。

ひろい【広い】❶面積が大きい。(れい)広い庭。❷はばが大きい。(れい)広い通り。❸およぶはんいが大きい。(れい)かれの知識は広い。❹気持ちによゆうがある。ゆったりしている。(れい)心の広い人。⇔①〜④狭い。

ヒロイン 小説や劇などの女主人公。⇔ヒーロー。

1ひろう【披露】広く人々に知らせること。また、人に見せること。(れい)かくし芸を披露する。

2ひろう【疲労】〔体や心が〕つかれること。くたびれること。つかれ。

3ひろう【拾う】❶落ちているものを取り上げる。(れい)さいふを拾う。⇔捨てる。❷多くの中からえらんで取る。(れい)インターネットで話題を拾う。❸走っている車をよびとめて乗る。(れい)タクシーを拾う。

ひろがる【広がる】❶面積やはんいが大きくなる。(れい)耕地が広がる。❷広いはんいに行きわたる。広まる。(れい)うわさが広がる。

ひろげる【広げる】❶面積やはんいを大きくする。(れい)店を広げる。❷〔とじたり、つつんだりしてあるものを〕開く。(れい)べんとうを広げる。❸たくさんのものをいっぱいにならべる。(れい)路上に品物を広げて売る。

ひろしまけん【広島県】中国地方中部の県。県庁所在地は広島市。➡都道府県。

ひろば【広場】たてものなどがなく、広くあいている場所。広っぱ。(れい)広場であそぶ。

ひろびろ【広広】とても広いようす。(れい)広々とした庭。

ひろま【広間】広いへや。

ひろまる【広まる】❶広くなる。❷広いはんいにわたって知られたり、おこなわれたりする。(れい)うわさは学校じゅうに広まった。

ひろめる【広める】❶はんいを広くする。(れい)知識を広める。❷広くおこなわれるようにする。(れい)仏教を広める。

びわ バラ科の木。葉のうらに、うす茶色の毛がはえている。十一月ごろ白い花がさき、よく年の初夏にだいだい色の実がなる。実を食用にする。

びわこ【琵琶湖】滋賀県中央部にある、日本最大の湖。

びん【瓶】水などを入れる口の細くなった入れ物。ガラス・やき物などでできている。

ひんい【品位】その人やその物にそなわっている、品のよさ。(れい)きたないことばづかいは、品位を落とす。

ひんかく【品格】その人やその物にそなわっている上品さ。

ピンからキリまで はじめから終わりまで。また、いちばんよいものからいちばん悪いものまで。(れい)宝石といっても、ピンからキリまである。

びんかん【敏感】ちょっとしたことでもすばやく感じとるようす。感じかたがするどいようす。(れい)姉はにおいに敏感だ。⇔鈍感。

ピンク ももいろ。

ひんけつ【貧血】血液、とくに赤血球が少なくなること。顔が青くなり、めまいなどをおこす。

ビンゴ 数字あわせのゲーム。読みあげられた数字をカードから消していき、それが早くたて・よこ・ななめのどこかに五つならんだ人を勝ちとする。

ひんこん【貧困】❶びんぼうで生活が苦しいこと。れい 貧困にたえる。❷ひつようなものが足りないこと。れい 知識の貧困。

ひんし【品詞】一つ一つのことばを、そのはたらきや使い方などによって分類したもの。名詞・動詞など。

ひんしつ【品質】品物の性質。

ひんじゃく【貧弱】❶〔やせていたり、みすぼらしかったりして〕見おとりがすること。れい 貧弱な体。❷ゆたかでないこと。じゅうぶんでないこと。れい 貧弱な知識。

ひんしゅ【品種】同じ種類の家畜や作物を、性質や形などによってさらに細かく分けたもの。

びんじょう【便乗】❶ほかの目的に使用される車や船に、ついでに乗せてもらうこと。れい 友人の車に便乗する。❷自分につごうのよいできごとなどを、うまく利用すること。れい 品物の不足に便乗して値上げする。

ピンセット 小さな物をつまむための、金属でできたV字形の道具。

ピンセット

びんせん【便箋】手紙を書くための用紙。

ひんそう【貧相】顔つきや身なりなどがみすぼらしいようす。

ピンチ あぶなくなった状態。危機。れい ピンチをきりぬける。

ヒント それとなく知らせる手がかり。問題をとくための手がかり。

ぴんと ❶いきおいよくそりかえったりはねあがったりするようす。れい 胸をぴんとはる。❷たるまないように、まっすぐはるようす。れい ロープをぴんとはる。❸見たり聞いたりしたとき、すぐにわかるようす。れい 顔を見て、うそをついていることが、ぴんときた。

ひんぱん【頻繁】たびたびくり返されること。

ぴんぴん ❶いきおいよくはねるようす。れい 魚がぴんぴんはねる。❷元気なようす。健康なようす。

ひんぷ【貧富】まずしいことと、ゆたかなこと。れい 貧富の差がはげしい。

びんぼう【貧乏】お金や物が足りなくて、生活が苦しいこと。

ひんもく【品目】品物の種類。また、それをあらわす名前。れい 輸入品目。

ひんやり つめたさを感じるようす。れい 今朝の風はひんやりとしている。

ふ
ぷ ぶ
プ ブ フ

ふ【府】地方公共団体の一つ。都・道・県と同格のもの。大阪府と京都府の二つ。

ことわざ **下手の横好き** へたなのに、それがひじょうに好きなこと。

ぶ【分】❶わりあいを表す単位。割の十分の一。れい 一割五分。❷温度を表す単位。度の十分の一。れい 熱が三十九度五分もある。❸試合などで、勝てそうなようす。れい こっちに分がある。

ファースト ❶一番目。❷野球で、一るい。また、一るい手。

ファーストフード ハンバーガー・フライドチキン・ドーナツなどのように、店で注文するとすぐに出てくる、手軽な食べ物。ファストフード。

ぶあいそう【無愛想】そっけないこと。ぶあいそ。れい 無愛想な対応。

ファイト 戦おうとする元気。また、物事をしようとする元気。れい ファイトのある人。

ファイル ❶書類などを整理してとじこむこと。また、とじこんだもの。れい 新聞の切りぬきをファイルする。❷コンピューターで、項目別に保存された情報の集まり。

ファクシミリ 文字や図を電話回線で送る方法。文字や図などを電気信号にかえておくったものを紙の上にあらわす。ファックス。

ファスナー ふくろの口や洋服のあきなどにつける、あけたりしめたりするためのとめ具。

ぶあつい【分厚い】〔本・板などの〕あつみがかなりある。れい 分厚い本。

ファッション 〔洋服の型の〕流行。はやり。また、流行の服。

ファミリー 家族。一家。

ふあん【不安】〔おそろしさや心配などのため〕心が落ち着かないこと。安心できないこと。れい 一人で行くのははじめてなので不安だ。

ファン ある芸能や芸能人、スポーツ選手などが好きで、それにむちゅうになっている人。れい 映画ファン。

ファンタジー ❶空想。幻想。幻想的な話。❷自由な形式でかかれた曲。幻想曲。

ふあんてい【不安定】安定していないこと。物事が落ち着かないこと。れい 不安定なしせい。

ふい【不意】思いがけないこと。とつぜん。れい 不意に車がとびだす。

ブイエス【VS】「…に対する」の意味の記号。れい 赤組VS白組。

フィギュア ❶スケート競技の一つで演技をしながらすべるもの。フィギュアスケート。❷映画やアニメの登場人物などににせて作った人形。

フィクション ❶考えてつくり出した、じっさいにはない話や筋。❷小説。⇔①②ノンフィクション。

ぷいと とつぜんきげんが悪くなるようす。れい ぷいと顔をそむける。

フィナーレ オペラや劇などの、終わりの場面。また、物事の最後の場面。れい 大会のフィナーレをかざる。

フィルター ❶液体や気体の中にまじっている不要なものをとりのぞくための装置。❷色ガラスなどを使って、ある特定の光だけを通す装置。カメラのレンズの前などにつける。

フィルム ❶写真や映画で使う、像をうつしとるためのうすいまく。❷「フィルム①」を使ってうつしたもの。とくに、映画。

ふいをうつ【不意を打つ】とつぜ

あいうえお
かきくけこ
さしすせそ
たちつてと
なにぬねの
ふ はひふへほ
まみむめも
やゆよ
らりるれろ
わをん

【】漢字を使った書き方　れい ことばの使い方の例　⇕反対のことば　⬇参考になる情報　◂小学校で習わない漢字

んおそう。いきなりせめる。不意を突く。(れい) 不意を打つこうげきで、みごとに勝った。

ふうあい【風合い】ぬのにさわったときの感じや見た感じ。(れい) なめらかな絹の風合い。

ふういん【封印】封筒などの口をとじたところに印をおすこと。また、その印。(れい) 大事な手紙に封印をする。

ブーイング スポーツの試合や音楽会などで、観客がブーブーという声をだして不満のきもちをあらわすこと。(れい) 判定にブーイングがおこる。

ふうう【風雨】❶風と雨。(れい) 長い間、風雨にさらされてきた家。❷雨といっしょに強い風がふくこと。あらし。

ふうか【風化】❶岩石が、長い間の気温の変化や雨や風のために、くずれていく現象。❷記憶や印象がしだいにうすれていくこと。(れい) 戦争のひさんな体験を風化させてはならない。

ふうかく【風格】❶その人のもっている品位。人がら。(れい) かれにはどことなく大人物の風格がある。❷とくべつのあじわい。おもむき。(れい) この文章には風格がある。

ふうがわり【風変わり】ようす・考え方・おこないなどが、ふつうとちがっていること。

ふうき【風紀】人々が生活するときに守らなければならない、しぜんにできた決まり。(れい) 学校の風紀がみだれる。

ブーケ 小さな花たば。

ブーケ

ふうけい【風景】❶けしき。ながめ。(れい) ひろびろとした美しい風景。❷〔その場所・場面の〕ようす。じょうたい。(れい) 一家だんらんの風景。

ふうしゃ【風車】風の力ではね車を回すそうち。風の力を利用して粉をひいたり、水をくんだりするのに使う。かざぐるま。

ふうしゅう【風習】その土地に、むかしからつたわっているくらし方・行事などについてのならわしやしきたり。風俗や習慣。

ふうしん【風しん】発疹（ふき出もの）をともなう感染症。子どもに多く、はしかに似ているが、ふつう、三、四日でなおる。三日ばしか。

ふうせん【風船】うすいゴムのふくろに気体を入れてふくらませたもの。

ふうちょう【風潮】うつりかわっていく世の中のけいこう。(れい) 世の風潮にさからう。

1フード 食品。食べ物。(れい) ペットフードを買う。

2フード ❶布などでつくった頭にかぶるもの。ずきん。(れい) フードつきのコート。❷カメラのレンズにつける光線よけのおおい。

ふうとう【封筒】手紙や書類などを入れる紙のふくろ。

ブービー ゴルフやボーリングなどで、下から二番目の成績。

ふうふ【夫婦】結婚した男と女。夫と妻。夫妻。

あいうえお かきくけこ さしすせそ たちつてと なにぬねの はひふへほ ふ まみむめも やゆよ らりるれろ わをん

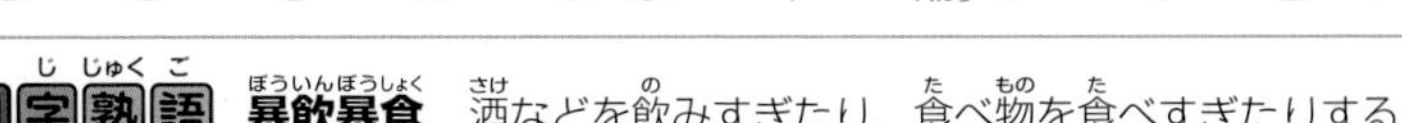
四字熟語 **暴飲暴食** 酒などを飲みすぎたり、食べ物を食べすぎたりすること。

ふうふう ❶口をすぼめて息をふきかけるようす。❷はげしく息をするようす。(れい)ふうふういいながら山をのぼる。❸仕事などがたくさんあり苦しいようす。(れい)宿題でふうふういう。

ぶうぶう ❶ブザーや楽器などの太くて低い音のようす。❷不平や不満などを言うようす。(れい)そんなにぶうぶう言うな。

ブーム 急に人気がでて、さかんになること。(れい)海外旅行ブーム。

ブーメラン オーストラリアの先住民が、かりなどに使った「へ」の字の形の道具。投げると回転しながら飛び、やがて元の位置にもどる。

ふうりゅう【風流】❶落ち着いて上品なおもむきや味わいのあること。(れい)日本風の風流な庭。❷詩歌・茶道・絵画などの上品なしゅみ。また、それらを好むこと。(れい)風流な人。

ふうりん【風鈴◀】金属・ガラス・せとものなどでできた、つりがねの形をしたすず。夏、軒下などにつるして、その音を楽しむ。

風鈴

プール ❶水泳をするために水をためてあるところ。❷ためておくこと。たくわえておくこと。(れい)会費をプールする。

ふうん【不運】運が悪いこと。(れい)不運をなげく。⇕幸運・好運。

ふえ【笛】❶竹・木・金属などの、つつ形のものにいくつかのあなをあけ、息をふきこんで音を出す楽器。❷合図の音を出す道具。

フェア ❶公平で正しいこと。(れい)フェアなたたかい方をする。❷野球やテニスなどで、うったボールが決まった線の中に入ること。

フェイント スポーツで、相手をまよわせるためにする動作。

フェスティバル 祭り。祭典。(れい)ダンスフェスティバル。

フェリーボート 客や貨物といっしょに自動車を乗せて運ぶ船。フェリー。

ふえる【増える】数や量が多くなる。(れい)人口が増える。⇕減る。

フェンシング 西洋の剣術をもとにした競技。剣で相手の体をついたり切ったりして勝負をあらそう。

フェンス へい。さく。

フォーク 西洋料理などを食べるときに食物をさして口に運ぶのに使う金ぞく製の道具。

フォークダンス 〔学校などで〕多くの人が円をつくったりならんだりしていっしょにおこなうダンス。

フォーマット ❶書式。形式。❷コンピューターで、情報を記録する形式。

フォーム 形。とくに、スポーツで、ある動作をするときの姿勢。

フォルダー ❶書類ばさみ。❷コンピューター上で、文書をしまうための入れ物。

フォント 印刷やコンピューターなどで使われる文字の書体。

【】漢字を使った書き方　(れい)ことばの使い方の例　⇕反対のことば　⬇参考になる情報　◀小学校で習わない漢字

1ふか【ふ化】たまごから子がかえること。また、たまごをかえすこと。

2ふか【不可】〔ていどが〕よくないこと。また、できないこと。(れい)品物の取りかえは不可。

1ふかい【不快】おもしろくないこと。不愉快。⇔愉快。

2ふかい【深い】❶底やおくまでのきょりが長い。(れい)深い谷。／深い森。❷ていどが十分である。(れい)知識が深い。❸色がこい。(れい)海は深い青色をしていた。⇔①〜③浅い。

ふかいり【深入り】あることに、深くかかわること。(れい)この件には、深入りしないほうがよい。

ふかかい【不可解】わけがわからないこと。理解できないこと。(れい)不可解な言動。

ふかく【不覚】❶思わずしてしまうこと。(れい)不覚にも、なみだがこぼれた。❷ゆだんしてしっぱいすること。(れい)かぎをかけなかったのは不覚だった。❸考えたり感じたりする働きがなくなること。(れい)前後不覚におちいる。

ふかけつ【不可欠】どうしてもなくてはならないこと。

ふかこうりょく【不可抗力】人の力ではどうにもできないこと。(れい)天災は不可抗力だ。

ふかす 蒸気をあててものをやわらかくする。むす。(れい)いもをふかす。

ぶかつ【部活】「部活動」のりゃく。学校で、生徒や学生が授業時間外におこなう運動部・文化部などのクラブ活動。

ぶかっこう【不格好】すがたや形の悪いこと。(れい)不格好な身なり。

ふかのう【不可能】できないこと。

ふかふか やわらかくて、ふっくらとふくらんでいるようす。(れい)ふかふかしたもうふ。

ぶかぶか 大きめで、ゆるいようす。(れい)ぶかぶかのパジャマ。

ぷかぷか ❶らっぱや笛などをさかんにふくようす。また、その音。❷水面や空中に軽いものがうかんでいるようす。(れい)木の葉のふねが水面にぷかぷかういている。

ふかぶかと【深深と】いかにも深く感じられるようす。(れい)深々とおじぎをする。

ふかんぜんへんたい【不完全変態】トンボやバッタなどのように、こん虫が卵→幼虫→成虫の順に体の形をかえて、大きくなり、成虫になること。さなぎの時期がない変態。⇔完全変態。

ぶき【武器】戦いに使う道具。相手をせめたり、自分の身を守ったりするための道具。

ふきかえ【吹き替え】外国の映画・テレビドラマなどの外国語のせりふを自分の国のことばに直して録音すること。

ふきげん【不機嫌】きげんの悪いこと。⇔上機嫌。

ふきさらし【吹きさらし】ふせぐものがなく、風があたるままになっていること。また、その場所。

ふきそく【不規則】規則正しくないこと。決まりがなく、みだれていること。(れい)不規則な生活。

ふきだし【吹き出し】まんがなどで、人物のせりふを書くためにかこんである部分。

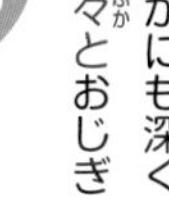

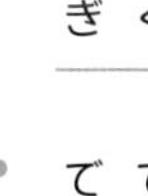

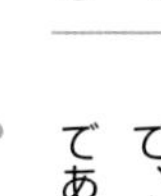

四字熟語 **傍若無人** そばに人がいないかのように勝手きままにふるまうこと。

ことばのテーブル

ふきだす【吹き出す】❶〔ガスや液体が〕いきおいよく出る。れい温泉が吹き出した。
❷こらえきれずに、わらい出す。れい話をきいて思わず吹き出した。

ふきつ【不吉】よくないことがありそうなこと。れい不吉な夢を見た。

ふきでもの【吹き出物】ひふにできる小さなできもの。

ふきながし【吹き流し】❶はたの一つ。半円形の輪に数本の細長いぬのをつけ、さおの先にむすんで風になびかせるもの。
❷こいのぼりの上につける、「ふきながし①」に似たもの。⬇こいのぼり。

ふきぬけ【吹き抜け】二階以上の建物の中の一部に、てんじょうやゆかをつくらず、たてに高い空間をつくったもの。

ふきのとう フキの、成長して花になる芽。うすい緑色で、早春に出る。かおりと苦みがあり、食用にする。

ぶきみ【不気味・無気味】きみが悪いようす。れい不気味なしずけさ。

1**ふきゅう**【不朽】いつまでも長く残ること。れい不朽の名作。

2**ふきゅう**【普及】世の中に広くゆきわたること。れいけいたい電話が普及する。

1**ふきょう**【不況】景気が悪いこと。不景気。

2**ふきょう**【布教】宗教を教え広めること。

ぶきよう【不器用・無器用】❶手先でする仕事がへたなこと。ぶきっちょ。
❷物事を手ぎわよく進めることができないこと。

ぶぎょう【奉行】むかし、幕府の事務をとった役。また、その役の人。

1**ふきん**【布巾】食器などをふく、小さい布。

2**ふきん**【付近】その場所の近く。近所。れい学校の付近は住宅地だ。

1**ふく** かわらなどで、やねの骨組みをおおう。

2**ふく**【拭く】〔布・紙などで〕こすって、よごれや水分をとりさる。れいひたいのあせを拭く。

3**ふく**【吹く】❶風がおこる。
❷息をいきおいよく出す。れいろうそくの火を吹いてけす。
❸ふえなどをならす。れいトランペットを吹く。
❹おおげさなことを言う。れいほらを吹く。
❺中から外に出てくる。れい草の芽が吹く。

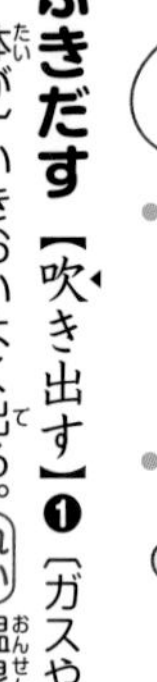
吹く①

4**ふく**【服】着る物。衣服。また、洋服。

5**ふく**【副】❶主なものの、次のもの。れい副議長になる。
❷写し。ひかえ。れい正副二通の書類。
⬍①②正。

6**ふく**【福】しあわせ。さいわい。幸運。れい福の神。

ふぐ フグ科の魚。体はまるみがある。食用にするが、内臓に強い毒をもつものが多い。

ふくいけん【福井県】中部地方の西

部にある、日本海に面した県。県庁所在地は福井市。⬇都道府県。

ふくおかけん【福岡県】九州地方の北部にある県。県庁所在地は福岡市。⬇都道府県。

ふくげん【復元】形や位置などをもとどおりにすること。また、もとどおりになること。(れい)大むかしの建築物を復元する。

ふくごう【複合】二つ以上のものが合わさって、一つになること。また、一つにすること。

ふくごういさん【複合遺産】世界遺産の分類の一つ。自然遺産と文化遺産両方の特徴をそなえたもの。

ふくごうご【複合語】二つ以上のことばが合わさって、べつの一つのことばになったもの。「とぶ」と「まわる」で「とびまわる」など。

ふくざつ【複雑】いろいろな物事が重なり、こみ入っていること。(れい)複雑な事情。↕簡単。単純。

ふくさよう【副作用】ある薬が、病気をなおす働きのほかにもっている、人体に害になる働き。

ふくざわゆきち【福沢諭吉】(一八三四〜一九〇一)思想家・教育家。明治時代の初めに「学問のすすめ」「西洋事情」などの本を書き、新しい考えを日本に広めるために力をつくした。また、慶応義塾という学校をつくり青年の教育にもあたった。

1**ふくし**【副詞】品詞の一つ。動作のようすやていどなどをくわしく説明することば。

2**ふくし**【福祉】多くの人々の幸せ。幸福。(れい)福祉団体。

ふくしまけん【福島県】東北地方の南部にある県。県庁所在地は福島市。⬇都道府県。

ふくしゃ【複写】機械を使ってもとの書類などと同じものをうつしとること。コピー。

1**ふくしゅう**【復しゅう】ひどいしうちをうけた相手に、しかえしをすること。かたきをうつこと。

2**ふくしゅう**【復習】一度ならったことを、自分でくりかえして勉強すること。↕予習。

ふくじゅう【服従】ほかの人の考えや命令にしたがうこと。↕反抗。

ふくしょく【副食】主食にそえて食べる物。おかず。副食物。↕主食。

ふくしん【腹心】ほんとうに信頼できること。また、そのような人。(れい)腹心の部下に仕事をまかせる。

ふくすいぼんにかえらず【覆水盆に返らず】一度してしまったことは取り返しがつかないということのたとえ。

ふくすう【複数】二つ以上の数。

ふくせい【複製】美術品などで、本物によく似せてつくること。また、そのつくったもの。

ふくそう【服装】身なり。よそおい。

ふくつ【不屈】どんなことにであってもくじけないこと。(れい)不屈の精神。

ふくつう【腹痛】はらがいたむこと。また、そのいたみ。

ふくとしん【副都心】大都市で、古くからある中心地にたいして、そのまわりにできた、新しい中心地。

ふくびき【福引き】くじを引かせ、当たりに対して景品を分けあたえること。また、そのくじ。

慣用句　**矛先を向ける**　論争や批判の攻撃を、ある人や物事に向ける。

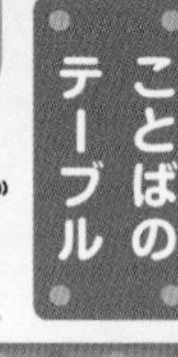

ふくぶくろ【福袋】正月の初売りなどで売られる、定価以上のいろいろな品物が入っているふくろ。

ふくみみ【福耳】耳たぶが大きい耳。幸運にめぐまれるといわれている。

ふくむ【含む】❶中にもっている。(れい)水をいっぱい含んだスポンジ。❷口の中に入れてそのままにしておく。(れい)水を口にいっぱい含む。❸考えに入れる。また、おぼえている。(れい)その点をよく含んでおいてください。

ふくめん【覆面】顔をおおいかくすこと。また、それに使う布。

ふくよう【服用】くすりをのむこと。(れい)このくすりは食前に服用してください。

ふくらはぎ 足のすねのうしろのふくらんだところ。

ふくらむ【膨らむ】中からもりあがって大きくなる。ふくれる。(れい)風船が膨らむ。／つぼみが膨らむ。⇕しぼむ。

ふくれる【膨れる】❶中からもりあがって大きくなる。ふくらむ。❷〔思いどおりにならないので〕ふきげんな顔つきになる。

1**ふくろ**【袋】紙や布などでできていて、中に物を入れて口をとじるようにした入れ物。

2**ふくろ**【復路】かえりみち。(れい)復路は飛行機をりようする。

ふくろう フクロウ科の鳥。顔の前面に目がついている。森林にすみ、夜、活動する。

ふくろう

ふくろくじゅ【福禄寿】七福神のひとり。幸福と寿命の神とされる。巻物をくくりつけたつえを持つすがたであらわされる。⬇七福神。

ふくろこうじ【袋小路】いきどまりになっている細い道。

ぶけしょはっと【武家諸法度】江戸幕府が大名をとりしまるために定めた法律。

ふける【老ける】年をとる。(れい)年れいのわりには老けて見える。

ふこう【不幸】❶幸せでないこと。また、運が悪いこと。⇕幸福。❷身内の人が死ぬこと。(れい)親類に不幸があった。

1**ふごう**【符号】物事をあらわすしるし。記号。

2**ふごう**【富豪】ざいさんをとてもたくさん持っている人。大金持ち。

ふこうへい【不公平】人や物事のあつかい方がかたよっていること。(れい)分け方が不公平だ。

ふこく【布告】広く人々に知らせること。とくに、国の重大な決定を人々やほかの国々に知らせること。(れい)宣戦を布告する。

ふこくきょうへい【富国強兵】明治政府がとった政策の一つ。国の経済をゆたかにして、軍事力を強くしようとした。

ブザー スイッチをおすと、電磁石に電流が流れ、うすい鉄の板をしんどうさせて音を出すしかけ。

1**ふさい**【夫妻】夫と妻。「夫婦」よりもあらたまった言い方。

2ふさい【負債】かえさなければならないお金や品物。

ぶざい【不在】❶その場所にいないこと。❷家にいないこと。るす。⇔在宅。

ぶさいく【不細工】つくりがととのっていないこと。

ふさがる【塞がる】❶あいていたものがとじる。(れい)きず口が塞がる。❷〔じゃまなもののために〕通れなくなる。(れい)土砂くずれのため道が塞がった。❸〔使われていて〕あいていない。いっぱいになる。(れい)へやはみな塞がっている。⇔空く。

ふさぐ【塞ぐ】❶すき間などをなくす。(れい)あみ戸のやぶれめを塞ぐ。❷〔ものをおいて〕通れなくする。(れい)にげ道を塞ぐ。❸場所をしめていっぱいにする。(れい)大きな石が道を塞ぐ。❹元気がなくなる。(れい)かぜをひいて気分が塞ぐ。

ふざける ❶おもしろいことを言ったりさわいだりする。(れい)ふざけてみんなをわらわせた。❷人をばかにする。(れい)ふざけたことを言うな。

ふさふさ 毛や糸などが、たくさん集まってたれさがっているようす。(れい)ふさふさした黒髪。

ぶさほう【無作法・不作法】れいぎ作法にはずれること。ぎょうぎが悪いこと。(れい)無作法なことばづかい。

ぶざま【無様・不様】かっこうが悪いこと。みっともないこと。(れい)無様な負け方をする。

ふさわしい よく似合ってぴったりである。よくつりあっている。(れい)季節にふさわしい服そうをする。

ふじ【藤】マメ科の木。つるをほかのものにまきつけてのびる。春、むらさき色や白色のふさのようにたれさがった花がさく。

ぶし【武士】むかし、武芸にはげんでいくさに出た人。さむらい。

ぶじ【無事】事故・病気などの悪いことがおこらないこと。かわったことがなく安全なこと。(れい)毎日を無事にくらす。／無事に帰ってきて安心した。

ふしあな【節穴】❶板などの、ふしがぬけてできたあな。❷物事を見ぬく力がないこと。(れい)こんなことも見ぬけないなんて、君の目は節穴か。

ふしぎ【不思議】人間の力ではとても考えられないようなこと。(れい)生命の不思議を感じる。

ふじさん【富士山】静岡県と山梨県の間にそびえる日本でいちばん高い山。高さは三千七百七十六メートル。世界文化遺産。⬇世界遺産。

ふしぜん【不自然】しぜんでないこと。わざとらしいこと。(れい)つくりわらいをするのは不自然だ。

ふじちゃく【不時着】飛行機がこしょうなどで、目的の場所以外のところにおりること。

ぶしつけ れいぎ作法をわきまえず、ずうずうしくふるまうこと。ぶさほう。(れい)ぶしつけな質問をする。

ふじばかま【藤ばかま】キク科の植物。秋にうすむらさき色の花がさく。秋の七草の一つ。

ことわざ　**骨折り損のくたびれもうけ**　苦労するだけで少しもよいことがないたとえ。

ふじみ【不死身】❶どんなにきずつけられても死なないくらいの、とても強い体。れい 不死身をほこる選手。❷苦しいことやつらいことがあっても、くじけないこと。また、そのような人。れい 不死身の精神をもつ。

ぶしゅ【部首】いくつかの漢字に共通する部分で、漢字の辞典などで漢字を分類してならべるときの、もととするもの。

ふじゆう【不自由】思うとおりにならないこと。また、そのためにものたりないと思うこと。れい 断水が続き不自由している。

ふじゅうぶん【不十分】たりない点があること。じゅうぶんでないこと。

ぶしゅさくいん【部首索引◂】漢字辞典で漢字をひくとき、その漢字の部首でひけるようになっている索引。

ふしょう【負傷】けがをすること。

1**ぶしょう**【武将】さむらいの大将。

2**ぶしょう**【無精・不精】めんどうがること。だらしがないこと。れい 無精な人。

ぶじょく【侮◂辱◂】相手をばかにして、はずかしい思いをさせること。れい みんなの前で侮辱された。

ふじわらのさだいえ【藤◂原定家】（一一六二～一二四一）平安時代から鎌倉時代にかけて活やくした歌人。「新古今和歌集」や「小倉百人一首」の和歌を選び、まとめた。「ふじわらのていか」ともよばれる。

1**ふじん**【夫人】他人の妻をうやまって言うことば。おくさま。れい あの人は、この会社の社長の夫人だ。

2**ふじん**【婦人】おとなになった女の人。女性。

ふじんふく【婦人服】女の人が着る洋服。

ぶすっと むっつりとして、きげんが悪いようす。れい 兄は、なにも言わずにぶすっとしている。

ふすま へやのしきりにする、紙やぬのをはった戸。

ふせい【不正】正しくないこと。悪いこと。また、悪いおこない。れい 不正なやり方。

ふぜい【風情】❶〔けしきなどの〕よいあじわい。おもむき。❷ようす。ありさま。れい さびしげな風情。

ふせぐ【防ぐ】❶せめてこられないように守る。❷〔害をうけないように〕さえぎる。前もってくいとめる。防止する。れい 交通事故を防ぐ。

ふせる【伏せる】❶下にむける。また、からだをうつぶせにする。れい 目を伏せる。／体をゆかに伏せる。❷とりあげない。また、かくす。れい 名前を伏せて報道した。❸表がわを下にして置く。れい 本を伏せる。

ふせん【付箋◂・附箋◂】用事を書きつけたり、目じるしにしたりするのにはる、小さな紙。れい ふせんをはる。

付箋

ぶそう【武装】戦争をするための身じたくをすること。また、そのための服装

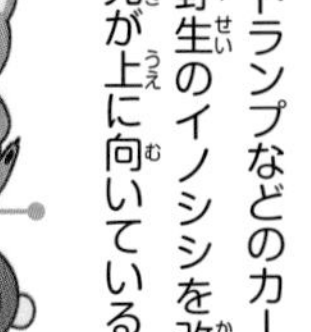
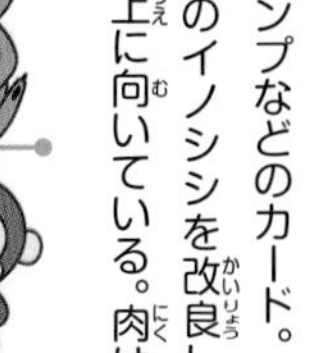

や設備。

ふそく【不足】❶足りないこと。かけていること。(れい)栄養が不足している。／料金不足。❷まんぞくしないこと。(れい)あれだけ食べたのに、まだ不足そうな顔をしている。

ふぞく【付属・附属】❶おもなものについていること。また、ついているもの。(れい)付属の部品。❷「付属小学校」「付属中学校」「付属高等学校」などのりゃく。教育の研究や実習のために、大学の下にもうけられた(小・中・高等)学校。

ふた【蓋】入れ物の口をおおうもの。(れい)なべの蓋。

ふだ【札】❶文字などを書いて、しるしにする、木・紙・ぬのなどのきれはし。(れい)入り口に立ち入りきんしの札を立てておく。❷神社やお寺で発行する、お守り。おふだ。❸かるた・トランプなどのカード。

ぶた【豚】野生のイノシシを改良した家畜。口の先が上に向いている。肉は食用となり、皮も利用する。

ぶたい【舞台】しばいやおどりなどをして見せるため、少し高くつくったところ。ステージ。

ふたご【双子】同じ母親から一度にうまれたふたりの子。双生児。

ふたしか【不確か】たしかでないようす。はっきりしないようす。(れい)不確かな情報。／不確かな記憶。

ふたたび【再び】もういちど。重ねて。(れい)再びちょう戦する。

ふたつ【二つ】❶一の二倍。二。❷二才。

ふたつとない【二つとない】ただ一つしかない。かけがえのない。(れい)二つとない記念の品。

ふたつへんじ【二つ返事】(何かをたのまれたときなど)すぐに気持ちよく引き受けること。(れい)姉にたのんだら二つ返事でやってくれた。

ふたて【二手】二つの方向。(れい)二手にわかれてさがす。

ふたまた【二股】❶もとが一つで、先が二つに分かれていること。また、そのもの。(れい)二股ソケット。❷二つの物事に、同時にかかわること。(れい)二股をかける。

ふたり【二人】人数が二であること。また、その数の人。

ふたん【負担】❶責任や仕事などを引き受けること。また、その責任や仕事。(れい)費用はみんなで負担する。❷責任や仕事を重く感じること。(れい)役目が負担になる。

ふだん【普段】いつも。日ごろ。

ふち1 ❶川で、水がよく流れないで深くなっているところ。❷なかなかぬけだせない苦しい立場のたとえ。(れい)悲しみのふちにしずむ。

ふち2【縁】物のはし。へり。

ふちゃく【付着】くっつくこと。(れい)ズボンにペンキが付着する。

ふちゅうい【不注意】注意が足りないこと。(れい)ちょっとした不注意が大きな事故にむすびつく。

ふつう1【不通】❶乗り物や電話などが通じなくなること。(れい)大雨のため列車が不通になった。❷たよりがないこと。(れい)音信不通でいどころがわからない。

慣用句 **骨を折る** 苦心して、いっしょうけんめいにする。

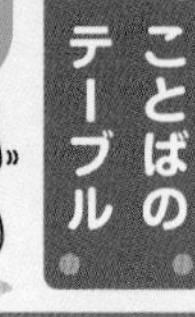

2ふつう【普通】❶とくにかわったところのないこと。あたりまえであること。(れい)成績は普通だ。
❷いつも。たいてい。(れい)普通は八時に家を出ます。

ふつか【二日】❶一日の二倍の日数。(れい)期日まであと二日ある。
❷ある月の、二番目の日。(れい)今月の二日は日曜日だ。

ぶっか【物価】品物のねだん。

ぶっかく【仏閣】寺の建物。(れい)京都には神社や仏閣が多い。

ふっかつ【復活】❶死んだものが生きかえること。
❷やめていたことをまた始めること。(れい)花火大会が十年ぶりに復活した。

ぶつかる ❶強くつきあたる。(れい)柱にぶつかって、こぶができた。
❷であう。いきあたる。(れい)むずかしい問題にぶつかる。
❸相手とやりあう。(れい)友だちと意見がぶつかる。
❹かちあう。かさなる。(れい)二つの日程がぶつかる。

ふっき【復帰】もといた団体や地位にもどること。(れい)病気がなおって職場に復帰する。

ふづき【文月】むかしのこよみで七月のこと。ふみづき。

ふっきゅう【復旧】もとどおりにすること。もとどおりになること。(れい)こわれた橋を復旧する。

ぶっきらぼう【ぶっきら棒】話し方や態度がぶあいそうなこと。(れい)ぶっきら棒な返事。

ブック 本。帳面。

ブックトーク 図書館や学校などで、あるテーマにそった内容の本の話をして、しょうかいすること。

ふっくら やわらかく、丸みをおびてふくらんでいるようす。(れい)ふっくらした小さな手。

ぶつける 強くうちあてる。また、ものを強く投げてあてる。(れい)自転車をへいにぶつけてしまった。

ふっこう【復興】おとろえたものが、ふたたびさかんになること。また、さかんにすること。(れい)都市が復興する。

ふつごう【不都合】❶ぐあいが悪いこと。(れい)その日が不都合な人が多いので予定をかえた。⇔好都合。
❷よくないこと。けしからぬこと。(れい)番組に一部不都合な点がありましたことをおわびいたします。

ぶっし【物資】食料や衣料など、くらしにひつような品物。

ぶっしつ【物質】見たりさわったりして、そこにあるとわかるもの。(れい)有害な物質。

ぶっそう【物騒】世の中がさわがしくおだやかでないようす。また、害をくわえられそうで、あぶないようす。(れい)夜道のひとり歩きは物騒だ。

ぶつぞう【仏像】仏のすがたを絵や彫刻にかたどったもの。ほとけの像。

ぶったい【物体】物質でつくられているもので、形のあるもの。

ぶつだん【仏壇】仏像や位はいなどをまつって、おがむところ。

仏像

【】漢字を使った書き方　(れい)ことばの使い方の例　⇕反対のことば　⬇参考になる情報　◀小学校で習わない漢字

ぶっちぎり 競走で、ほかを大きくひきはなして勝つこと。(れい)ぶっちぎりの大勝利。

ぶっちょうづら【仏頂面】 きげんが悪く、あいそのない顔つき。ふくれっつら。

ぷっつり ❶ひも・糸などが急に切れる音を表すことば。また、そのようす。(れい)わゴムがぷっつり切れた。❷物事が急にとだえるようす。(れい)連らくがぷっつりとなくなる。

ふっとう【沸騰】 ❶液体が、ある温度以上になってにえたつこと。❷〔意見や人気が〕はげしく、さかんになること。(れい)議論が沸騰している。

フットサル 一チーム五人でおこなう、サッカーに似たスポーツ。サッカーよりもコートがせまく、ボールも小さい。相手のゴールにボールを入れると得点になる。

フットボール サッカー・ラグビー・アメリカンフットボールをまとめていう語。

ぶっぴん【物品】 物。品物。

ぶつぶつ ❶小さな声で続けてものをいうようす。(れい)ぶつぶつひとりごとをいう。❷不平・不満をいうようす。(れい)ぶつぶつ文句をいう。❸表面につぶの形のものがたくさん出るようす。(れい)顔にぶつぶつができた。

ぶつめつ【仏滅】 こよみのうえで、どんなことをするにもよくないとされる日。⇕大安。

ふつりあい【不釣り合い】 つり合わないこと。ふさわしくないこと。(れい)服に不釣り合いなくつ。

ふで【筆】 ❶竹や木などの柄の先にたばねた毛をつけた、文字や絵をかく道具。毛筆。❷文字や文章を書くこと。また、書かれたもの。(れい)筆がすすむ。

ふてき【不敵】 どきょうがあって、なにごともおそれないこと。(れい)大胆不敵な行動をとっておどろかせる。

ふてきせつ【不適切】 てきせつでないようす。あてはまらないようす。(れい)不適切な発言。

ふてきとう【不適当】 ふさわしくないようす。あてはまらないようす。

ふてくされる【ふて腐れる】 不満があるため、わざと命令にしたがわなかったりさからったりする。(れい)父にしかられた兄は、ふてくされている。

ふでばこ【筆箱】 えん筆や消しゴム・ペンなどの筆記用具を入れるはこ。筆入れ。

ふてぶてしい 〔にくらしく思うくらい〕えんりょなくふるまうようす。ずうずうしい。(れい)犯人はふてぶてしいたいどをとった。

ふでをいれる【筆を入れる】 文章や文字をなおす。(れい)この作品は筆を入れれば、もっとよくなる。

ふと なんの気なしに。急に。(れい)ふと気がつくと、外はもう暗かった。

ふとい【太い】 ❶まわりの長さやはばが大きい。また、太っている。(れい)太い松の木。／太い線。❷声が低くて、よくひびく。(れい)男らしい太い声。⇕❶❷細い。❸物事に動じない。また、心が大きく広い。(れい)肝が太い(＝だいたんで勇気がある)。

四字熟語 **本末転倒** 大切なことと、大切でないことが反対になること。

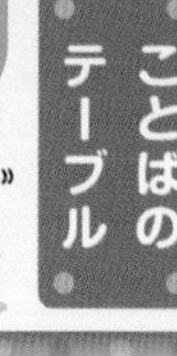

ふどう【不動】動かないこと。また、かんたんにはかわらないこと。(れい)会社の中で不動の地位をたもつ。

ぶどう ブドウ科の植物。実はまるく、ふさとなる。実は、そのまま食べたり、ぶどう酒にしたりする。むらさき色の皮でつぶが小さめの「デラウェア」や、黒い皮で大つぶの「巨峰」、皮が黄緑色で大つぶの「マスカット・オブ・アレキサンドリア」など、さまざまな品種がある。

ぶとうかい【舞踏会】ダンスをする集まり。「舞踏」はダンスのこと。

ふどうさん【不動産】土地や建物などのように、かんたんには動かすことのできない財産。

ふところ【懐】❶着物と胸の、間のあたり。(れい)懐にさいふを入れる。❷持っているお金。(れい)懐がさびしい（＝持っているお金が少ない）。❸まわりを山などにかこまれて、おく深くなったところ。

ふとさ【太さ】太いこと。また、その程度。(れい)木の太さをはかる。

ふとっぱら【太っ腹】心が広く、小さなことにこだわらないこと。(れい)太っ腹な政治家。

ふとらせる【太らせる】❶肉づきをよくさせる。(れい)ブタを太らせる。❷ふやす。多くする。(れい)財産を太らせる。

ふとる【太る】❶肉づきがよくなる。⇕痩せる。❷ふえる。多くなる。

ふとん【布団】ぬいあわせた布の中に、わた・はねなどを入れたもの。ねるときに、ゆかなどにしいたり体の上にかけたりして使う。

ふな コイ科の魚。池や川にいる。コイに似ているが、口にひげがない。

ぶな ブナ科の高木。山地にはえる。木材は家具などをつくるのに使われる。

ふなたび【船旅】船に乗ってする旅。(れい)ヨーロッパまで船旅をする。

ふなで【船出】船が港を出ること。また、船に乗って旅に出ること。出航。

ふなのり【船乗り】船に乗って働く人。船員。

ふなびと【船人・舟人】❶ふねに乗っている人。❷船員。

ぶなん【無難】❶とくによいというわけではないが、悪くもないこと。(れい)無難なデザイン。❷安全なこと。(れい)ここはだまっているほうが無難だ。

ふにゃふにゃ やわらかくて、おしてもはねかえそうとする力がないようす。(れい)ふにゃふにゃしたおかし。

ふにん【赴任】そこで仕事をするように言いつけられた土地に行くこと。(れい)赴任先がきまった。

ふぬけ【ふ抜け】気持ちや態度がしっかりしていないこと。いくじなし。

ふね【船・舟】人や荷物をのせて、水上を行き来する乗り物。ふつう「船」は大型のもの、「舟」は小型のものをさすときに使う。

船

ふねんぶつ【不燃物】もえない物。

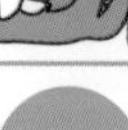

また、もえにくい性質をもっている物。↕可燃物。

ふはい【腐敗】❶ものがくさること。(れい)夏は生物が腐敗しやすい。❷心がゆるんで、悪いことが平気でおこなわれること。(れい)政治の腐敗で国がみだれた。

ふび【不備】じゅうぶんにそなわっていないこと。じゅうぶんに整っていないこと。(れい)計画に不備な点がみられる。↕完備。

ふひょう【不評】評判がよくないこと。(れい)今回の展示会は、不評だった。↕好評。

ふびん かわいそうなこと。気のどくなこと。(れい)物語の中のまずしい少女をふびんに思う。

ぶひん【部品】機械や道具などで、ある部分をつくっているもの。部分品。

ふぶき【吹雪】強い風とともに雪がふること。また、その雪。風雪。細かいものがたくさんおちてくる場合にもいう。(れい)紙吹雪。／花吹雪。

ふふく【不服】気に入らないこと。(れい)母のことばを聞いた妹は、不服そうな顔をしている。

ぶぶん【部分】全体を、まとまりのあるいくつかに分けたうちの一つ。一部。パート。(れい)やわらかい部分をけずる。↕全体。

ふへい【不平】自分の希望どおりにならないで、物足りないこと。不満。

ふへん【不変】かわらないこと。(れい)永久不変の真理。

ふべん【不便】べんりでないこと。つごうのよくないこと。(れい)ここは、交通は不便ですが、空気はとてもきれいです。↕便利。

ふぼ【父母】父と母。両親。

ふほう【訃報】人が死んだという知らせ。(れい)訃報をきく。

ふまん【不満】じゅうぶんであると思わないこと。気に入らないこと。(れい)兄に不満をぶちまける。

ふみ【文】❶手紙。古い言い方。❷文書。書物。古い言い方。

ふみおる【踏み折る】足でふんで、おる。(れい)おちているえだを踏み折りながら林の中をすすむ。

ふみきり【踏み切り】❶道と線路が交わっているところ。ふつう、「踏切」と書く。❷とびばこなどで、とび上がるいきおいをつけるため、地面を強くふむこと。また、その場所。

ふみだい【踏み台】❶高いところへ上がったり、高いところに手をとどかせたりするための台。❷目的をはたすために、りようするもの。(れい)かれは友だちを踏み台にして、出世した。

ふみづき【文月】ふづき。

ふむ【踏む】❶足でおしつける。(れい)ペダルを踏む。❷その場に立つ。経験する。(れい)初舞台を踏む。❸ある順序や段階をとおる。(れい)正式の手続きを踏む。❹予想する。また、予想してねだんをつける。(れい)この仕事は三日ぐらいかかると踏んでいる。／このつぼはどうやすく踏んでも百万円はする。

ふむき【不向き】てきしていないこと。むかないこと。(れい)君には不向きな仕事だ。

慣用句 **魔が差す** ふと悪い心をおこす。

ことばのテーブル 582ページ

- ふめい
- ふめつ
- ふもと
- ふやける
- ふやす
- ふゆ
- ふゆかい
- ふゆごし
- ふゆごもり
- ふゆじたく
- ふゆしょうぐん
- ふゆめ
- ふゆやすみ
- 1ふよう
- 2ふよう
- 3ふよう
- ふようど
- プライド
- フライドポテト
- プライバシー
- フライパン
- プライベート
- フライング
- ブラウス
- プラカード
- プラグ

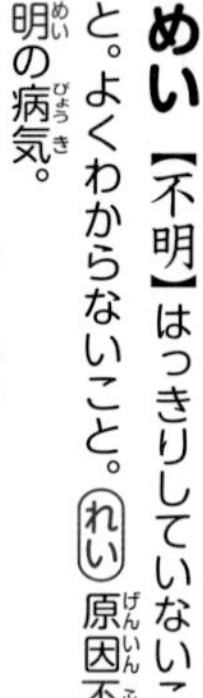
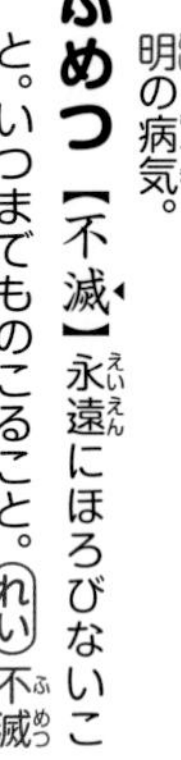

ふめい【不明】はっきりしていないこと。よくわからないこと。れい 原因不明の病気。

ふめつ【不滅】永遠にほろびないこと。いつまでものこること。れい 不滅の記録。

ふもと【麓】山の下のほう。山すそ。⇔頂。

ふやける ❶水分をふくんでやわらかくなる。れい おふろに入ったら、指先がふやけた。❷だらける。しまりがなくなる。

ふやす【増やす】〔数や量を〕多くなるようにする。ます。れい 人数を増やす。⇔減らす。

ふゆ【冬】一年を四つの季節に分けたうちの一つ。秋の後の季節で、十二・一・二月ごろ。一年で一番寒い。

ふゆかい【不愉快】いやな気持ちでおもしろくないこと。不快。

ふゆごし【冬越し】冬をこすこと。越冬。れい 冬越しの準備に追われる。

ふゆごもり【冬籠もり】冬の間、人や動物が、家や巣に入ったまま出てこないこと。

ふゆじたく【冬支度】着るものや暖房具を用意するなど、冬をむかえるじゅんびをすること。

ふゆしょうぐん【冬将軍】寒さのきびしい冬のたとえ。れい 冬将軍のおとずれ。

ふゆめ【冬芽】冬をこして春になってから生長する芽。冬芽。

ふゆやすみ【冬休み】正月をはさんで、学校が休みになること。また、その休み。

1**ふよう**【不用】使わないこと。いらないこと。れい 不用の品を処分する。

2**ふよう**【不要】ひつようがないこと。れい くわしい説明は、不要です。⇔必要。

3**ふよう**【扶養】生活のせわをして、やしなうこと。

ふようど【腐葉土】落ち葉がくさってできた土。やさいや草花を育てるのに使う。

プライド 自分をすぐれたものと思う気持ち。ほこり。自尊心。れい プライドが高い。

フライドポテト 切ったジャガイモを、油であげた食品。ポテトフライ。

プライバシー 人々に知られたくない自分の生活。れい 他人のプライバシーをおかす。

フライパン あげ物やいため物をつくるときなどに使う、柄のついたあさいなべ。

プライベート 自分だけにかかわるようす。個人的。れい プライベートな問題。

フライング 競走や競泳で、スタートの合図より前にとび出すこと。

ブラウス 女の人の着る、シャツのような形のうすいうわぎ。

プラカード 広告や自分たちの言いたいことなどを書いてもって歩く、長い柄のついたかんばん。

プラカード

プラグ コードの先にとりつけ、電気器具などに電気をとり入れたり切ったり

【】漢字を使った書き方　れい ことばの使い方の例　⇔反対のことば　⬇参考になる情報　◀小学校で習わない漢字

するためのもの。これをコンセントにさしこむ。

ぶらさがる【ぶら下がる】上からぶらりとたれさがる。れい てつぼうにぶら下がる。

ブラシ ほこりやよごれをとるための道具。れい 歯ブラシ。／ヘアブラシ。

プラス ❶数をたすこと。くわえること。れい 一に一をプラスすると二になる。❷役に立つこと。れい こんどの経験はおおいにプラスになった。❸数がゼロより大きいこと。正。❹利益。黒字。れい 売り上げはプラスとなった。⇔①～④マイナス。

フラスコ 理科の実験などに使う、ガラス製の入れ物。

プラスチック 熱や圧力をくわえて自由に形のかえられる物質。

プラタナス スズカケノキ科の木。スズカケノキ・モミジバスズカケなど。多く、街路樹としてうえる。

ふらつく ❶足に力が入らず、体がゆれる。れい 足がふらつく。❷目的もなく歩きまわる。れい 町をふらつく。❸気持ちが決まらずゆれ動く。れい 決心がふらつく。

ブラック ❶黒い色。黒。❷ミルクもさとうも入れないコーヒー。

ブラックホール 目には見えない天体の一つ。すべての光や物質をすいこんでしまうといわれる。

ブラックリスト 注意して見はるひつようがある人物名や団体名などを書いた表。

プラットホーム 駅で、汽車や電車の乗りおりなどのため、線路より高くつくったところ。ホーム。

プラネタリウム 星や月の動きや位置などを説明するために、丸いてんじょうに星座やその動きなどをうつし出して見せるしかけ。また、そのしかけのある建物。

ふらふら ❶体がゆれ動くようす。れい 校内マラソンのあと、ふらふらになった。❷あれこれとまようようす。れい いつまでもふらふらしていないではやく決めなさい。❸じゅうぶん考えないで物事をするようす。れい ついふらふらとなかまになってしまった。

ぶらぶら ❶ものがぶら下がってゆれ動くようす。❷あてもなくゆっくりと歩くようす。れい 公園をぶらぶらさんぽした。❸決まった仕事をしないで遊んでいるようす。れい 家で一日じゅうぶらぶらしていた。

フラミンゴ フラミンゴ科の鳥。水べにむれですむ。羽の色はピンクや赤で、首とあしが細長い。

ふらり ❶予告も目的もなく、きがるに出かけたり、やってきたりするようす。ふらっと。ぶらり。れい ふらりと旅に出る。❷ゆっくり、ゆれ動くようす。よろめくようす。ふらっと。ふらふら。

ぶらり ❶細長いものがたれ下がっているようす。れい ヘチマがぶらりと下がっている。❷予告も目的もなく、きがるに出かけたり、やってきたりするようす。ふらっと。ふらり。

慣用句 **真に受ける** 本当だと思いこむ。本気にする。
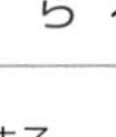

プラン 計画。くわだて。(れい)夏休みのプランを立てる。

ブランク 活動がとぎれている期間。(れい)二年間のブランクがあったのにもかかわらず、すばらしい記録を出した。

プランクトン 水面や水中にただよっている、ひじょうに小さな生物。魚のえさなどになる。動物性のものと植物性のものがある。

ぶらんこ つりさげて人がのり、前後にふり動かして遊ぶ道具。

フランス フランス共和国。ヨーロッパの西部にある国。大西洋と地中海に面している。首都はパリ。

ブランド 商標。(れい)一流ブランドの洋服。

1ふり 【不利】とくにならないこと。立場や条件が悪くなること。(れい)不利な立場に立つ。⇕有利。

2ふり 【振り】❶表面にあらわれたようす。すがた。(れい)人の振り見てわが振りなおせ。❷見せかけのようす。(れい)勉強する振りをしてまんがを読んでいた。❸ぶたいで、音楽に合わせてする動作やおどりの形。❹刀の本数などを数えることば。(れい)日本刀一振り。

1ぶり アジ科の魚。横はらに黄色の線がある。育つにつれて、ワカシ・イナダ・ワラサ・ブリなどと名がかわる。

2ぶり 《あることばの下につけて》❶年月や時間がそれだけたっていることを表すことば。(れい)五年ぶりに帰国した。❷あるじょうたいやようすを表すこと ば。(れい)話しぶりが親に似ている。

フリー 自由であるようす。だれにもしばられないようす。(れい)フリーのカメラマン。

ふりえき 【不利益】りえきにならないこと。そんになること。不利。

ふりかえる 【振り返る】❶うしろをむいてみる。❷すぎたことを思い出してみる。

ふりかけ 【振り掛け】ごはんにばらばらとかけて食べる食品。魚をほしてこなにしたもの・のり・ごまなどをまぜてつくる。

ふりがな 【振り仮名】漢字のそばにつけて、その読み方をしめす、かな。

ブリキ うすい鉄板の表面をすずという金属でめっきしたもの。バケツやかんづめのかんなどをつくる。

ふりこ 【振り子】ひもや棒のかた方をとめて、もう一方におもりをつけたもの。

ふりそで 【振り袖】女の人が着る、そでの長いはなやかな和服。また、そのそで。

ふりだし 【振り出し】❶すごろくの出発点。❷物事のはじめ。

ふりつ 【府立】府(大阪府、京都府)のお金でつくられ、府が管理すること。また、その施設。

ふりつけ 【振り付け】歌や音楽に合ったおどりかたを考えて、歌う人などに教えること。

ぷりぷり ❶はちきれそうなくらい肉がついていて、弾力があるようす。(れい)身がぷりぷりの魚。❷ひどくきげんが悪いようす。(れい)姉は朝からぷりぷりしている。

プリペイドカード 現金と同じように使うことのできる、代金前払いの

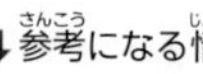

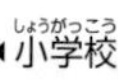
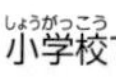
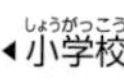
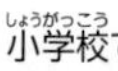
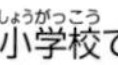
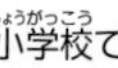
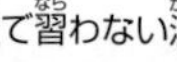

カード。図書カードなど。

ふりまわす【振り回す】❶ふりながら回す。❷みせびらかす。(れい)かれは、自分のちしきを振り回してばかりいる。❸むやみに使う。(れい)権力を振り回す。

ふりむく【振り向く】うしろを見る。そちらに注意をむける。

ぶりょく【武力】軍隊の力。兵力。

フリル 服などのかざりにする、細い布やレースを波打たせたもの。

プリン 牛乳・たまご・さとうなどをまぜ、むしてかためた菓子。

プリンス 王のむすこ。王子。⇔プリンセス。

プリンセス 王のむすめ。王女。⇔プリンス。

プリンター コンピューターなどで、文字や図形を用紙に打ち出す装置。

プリント ❶印刷すること。また、印刷したもの。(れい)問題をプリントする。❷紙型をあてて、布にもようをそめだすこと。また、そめだした布。

プリントアウト コンピューターなどで、入力されているデータをプリンターでいんさつすること。

1ふる【振る】❶からだの一部や、手に持ったものをゆり動かす。(れい)首を振る。／バットを振る。❷手をゆり動かしてまきちらす。ふりかける。(れい)しおを振る。❸字やしるしなどを横につける。(れい)むずかしい漢字にかなを振る。❹仕事などをわりあてる。(れい)全員に役を振る。❺相手にしないではねつける。(れい)かのじょに振られた。

2ふる【降る】〔雨や雪などが〕空からおちてくる。(れい)雨が降りそうな天気。

3フル じゅうぶんであるようす。(れい)ひまな時間をフルに使う。

1ふるい 〔粉・砂などの〕あらいものと細かいものとをふってわける、あみめのある道具。

ふるい

2ふるい【古い】❶長い年月がたっている。(れい)木造の古い校舎。❷長く使っている。(れい)古い洋服を仕立てなおす。❸めずらしくない。(れい)そのやり方は、もう古いよ。❹新鮮でない。(れい)この魚はかなり古い。⇔①〜④新しい。

ブルー 青い色。(れい)ブルーのシャツを着る。

フルーツ くだもの。

フルート 木または金属でつくった、横笛。高くすんだ音が出る。今は、金属でできたものが多い。

ふるえる【震える】❶寒さ、おそろしさ、はげしい感情などで、体や体の一部が細かく動く。(れい)声が感動で震えている。❷細かくゆれ動く。しんどうする。(れい)列車が通るたびにまどガラスが震える。

ふるぎ【古着】古くなった衣服。(れい)古着屋。

ふるさと その人がうまれて育ったところ。故郷。(れい)なつかしいふるさと。

慣用句 **ままならない** 思いどおりにならない。

ブルドーザー 土をほったり運んだり、地面を平らにしたりする、土木工事に使う機械。

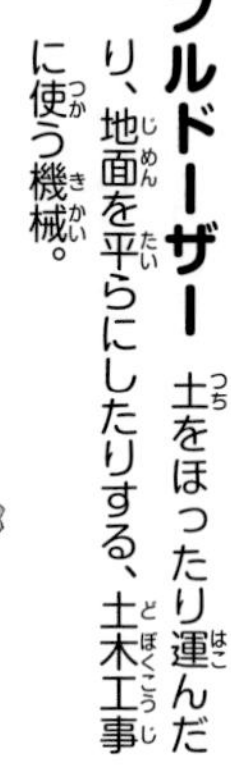

ブルドーザー

ぶるぶる 寒さやきんちょうのために体がふるえるようす。

ふるほん【古本】読み古した本。また、むかしの本。

ふるまい【振る舞い】❶〔人前での〕動作。おこない。(れい)勝手な振る舞い。❷もてなし。ごちそう。

ふるまう【振る舞う】❶〔人前で〕ある動作をする。おこなう。行動する。❷ごちそうをする。もてなす。

ふれあう【触れ合う】たがいに相手にふれる。(れい)かたが触れ合う。

ぶれい【無礼】れいぎにはずれていること。(れい)無礼なふるまい。

ブレーキ ❶回っている車輪を止めるしかけ。❷物事の進むのをおくらせたり、止めたりすること。(れい)仕事にブレーキをかける。

ブレーク ❶ひと休みすること。ブレイク。(れい)コーヒーブレーク(＝コーヒーやお茶を飲む時間)。❷急に人気が出ること。ブレイク。(れい)映画でブレークした役者。

ブレーン 政府や会社などの相談相手となる学者や専門家の集まり。(れい)首相には優秀なブレーンがついている。

ブレーンストーミング あることについて、みんなが自由に意見を出して話し合う方法。

プレゼンテーション 企画や計画などについて資料を用いて説明すること。プレゼン。

プレゼント おくりものをすること。また、おくりもの。

プレッシャー 圧力。とくに、精神的なもの。

フレッシュ 新しくて、いきいきとしているようす。新鮮なようす。

プレハブ 工場でつくった建築材料を建築現場で組み立てて家をつくること。また、そのようにしてつくった家。

プレパラート けんびきょうで観察するための、ガラスにはさんだ標本。

プレミアム 入場券などの料金に追加された金額。プレミア。(れい)プレミアムつきのチケット。

ふれる【触れる】❶さわる。また、さわるようにする。(れい)ウサギの背中に触れる。❷「目に触れる」「耳に触れる」などの形で〕見えたり聞こえたりする。❸そのことについて話したり書いたりする。(れい)そのことには触れない。❹やくそくや決まりにそむく。さしさわる。(れい)法に触れる。❺広く知らせる。(れい)火事だと触れて回る。

ふろ【風呂】❶湯であたたまったり体をあらったりするための設備。また、その湯や設備。❷ふろや。せんとう。

プロ ❶〔「プロフェッショナル」のりゃくから〕専門家。(れい)プロの音楽家。❷「プロダクション」のりゃく。

フロア ❶建物のゆか。

❷建物の階。(れい)デパートの地下のフロア。

ふろく【付録】❶本文につけくわえたもの。(れい)巻末付録。❷ざっしなどで、本のほかにおまけとしてついているもの。

ブログ 自分の考えなどを日記のようにまとめてのせるホームページ。

プログラム ❶〔演芸や試合など〕もよおしものの組み合わせ。また、その順序・配役・筋・解説などを書いたもの。❷コンピューターに対する命令のないようを、コンピューター用のとくしゅなことばで書き表したもの。

プロジェクト 研究や事業などの計画。(れい)宇宙開発プロジェクト。

ふろしき【風呂敷】物をつつむための正方形の布。

プロセス ❶仕事のじゅんじょ。❷物事が進んでいくすじ道。

プロダクション ❶映画・出版物などを製作するところ。プロ。❷芸能人をかかえ、もよおしものを計画しておこなうところ。プロ。

ブロッコリー アブラナ科の植物。かたまりになっている緑色のつぼみやくきを食用にする。

プロデューサー 映画や演劇、テレビ番組などの製作責任者。

プロフィール ある人の人がらやけいれきなどをかんたんにまとめたもの。(れい)今日のゲストのプロフィール。

プロフェッショナル ある仕事を職業としていること。また、専門的であるようす。プロ。⇔アマチュア。

ふろふきだいこん【風呂吹き大根】大根を輪切りにして、やわらかくゆで、みそなどをつけて食べる料理。

プロローグ ❶作品の前おきの部分。❷物事のはじめ。⇔①②エピローグ。

ふわふわ ❶ういて、ただよっているようす。❷やわらかく、ふくらんでいるようす。❸落ち着かないようす。(れい)気持ちがふわふわしている。

ふわりと ❶うかんで、ただようようす。(れい)ふわりと空にまい上がる。❷やわらかいものをのせるようす。(れい)毛布をふわりとかける。

ふん【分】時間をはかる単位。一分は一秒の六十倍。

1ぶん【文】❶考えや気持ちをことばで表すときに、一つ一つのことばをならべてまとまった内容を表す最小の単位。文字で表すときは、文の切れ目に句点「。」を打つ。❷「文①」が集まって、大きくまとまった内容を表したもの。文章。❸文学・学問・文芸などのこと。

2ぶん【分】❶その人がもっている能力・地位など。(れい)かれは、つねに分をわきまえて行動する。❷ある状態。ありさま。(れい)あの分ではなかなかおわらない。❸わりあてたもの。わけまえ。❹それくらいのていど。(れい)つかった分だけかえしました。❺《あることばの下につけて》成分を表すことば。(れい)塩分。❻《あることばの下につけて》「…にあたる分量」の意味を表すことば。(れい)五日分。/三人分。

ふんいき【雰囲気】しぜんにつくりだされる気分やようす。(れい)なごやかな雰囲気。

慣用句 **まゆつば物** 信用できないもの。あやしげなもの。

ことばのテーブル 588ページ

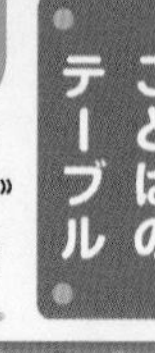

・ふんえん
・ふんか
・ぶんか
・ふんがい
・ぶんかい
・ぶんかいさん
・ぶんがく
・ぶんかくんしょう
・ぶんかさい
・ぶんかざい
・ぶんかつ
・ぶんかのひ
・ぶんぐ
・ぶんご
・ぶんごう
・ふんさい
・ぶんさい
・ぶんさん
・ぶんし
・ふんしつ
・ぶんしゅう

ふんえん【噴煙】火山からふき出しているけむり。

ふんか【噴火】火山がばくはつして、よう岩・火山灰・水じょう気・ガスなどがふき出ること。

ぶんか【文化】❶世の中が開けていて生活のていどが高くなること。❷〔自然に対して〕人間が精神によってつくりだしたもの。学問・芸術・道徳などをいう。れい日本の文化。

ふんがい【憤慨】はげしくおこること。はらを立てること。

ぶんかい【分解】一つにまとまっているものを細かくわけること。また、細かくわかれること。れいうで時計を分解する。

ぶんかいさん【文化遺産】❶むかしの人が残した文化で、受けつがれるべきねうちのあるもの。❷世界遺産の分類の一つ。世界共通の貴重なものとして守るべき建造物などがみとめられる。日本では、姫路城・厳島神社・富士山など。

ぶんがく【文学】人間のおこない・考え・感じなどを、ことばで書き表した芸術。詩や小説など。また、それを研究する学問。

ぶんかくんしょう【文化勲章】科学や芸術など、日本の文化の発展のうえで、りっぱな働きのあった人にあたえられる勲章。

ぶんかさい【文化祭】中学・高校・大学などで、生徒や学生が中心になって展示会・講演会・音楽会などのもよおしをおこなう行事。

ぶんかざい【文化財】文化活動によってつくり出されるもの。とくに、文化財保護法によって守られるもの。演劇・音楽・工芸技術など形のないものもふくまれる。れい重要文化財。

ぶんかつ【分割】わけてべつべつにすること。いくつかにわけること。れい分割ばらい。

ぶんかのひ【文化の日】国民の祝日の一つ。日本が平和な文化的国家として発展することをねがう日。十一月三日。

ぶんぐ【文具】ぶんぼうぐ。

ぶんご【文語】❶文章を書くときに使うことば。書きことば。⇔口語。❷むかし、文章を書くときに使われたことば。平安時代のことばをもとにしている。

ぶんごう【文豪】文学者のうちで、とくにすぐれていて名高い人。

ふんさい【粉砕】❶〔こなのように〕細かく、くだくこと。❷完全に負かすこと。れい相手チームを粉砕するぞ。

ぶんさい【文才】文章をじょうずに書く能力。れい姉は文才がある。

ぶんさん【分散】わかれて、あちこちにちらばること。また、あちこちにちらすこと。れい人数が多いので三か所に分散して食事をする。

ぶんし【分子】❶分数で、横線の上に書く数字。⇔分母。❷ある物質を小さくわけていったとき、それ以上わけるとちがった性質のものになる、もっとも小さなつぶ。分子は原子からなりたっている。

ふんしつ【紛失】ものがどこにいったのかわからなくなること。また、ものをなくすこと。れいかさを紛失する。

ぶんしゅう【文集】文章をいくつか

集めてつくった本。

ぶんしょ【文書】〔ひつようなことがらを〕文章にして書いたもの。書きつけ。(れい)正式な文書にする。

ぶんしょう【文章】文字を使って、ある考えや心の動きなどを書き表したもの。

ぶんしん【分針】時計の分をしめすはり。長針。

ぶんしん【分身】一つのもの〔とくに、体〕からわかれ出たもの。(れい)この小説の主人公は、作者の分身である。

ふんすい【噴水】水を高くふき上げるようにしたしかけ。また、そのふきでる水。

ぶんすう【分数】ある数をほかの数でわることを表したもの。一を四でわったものは「1/4」のように横線で上下にわけてしめす。

ぶんせき【分析】❶まじりあっているものを細かくわけること。❷物事を細かくわけ、そのなりたちや性質をはっきりさせること。(れい)今度の事件を分析する。⇔総合。

1**ふんそう**【ふん装】〔ある人や役がらに合わせて〕みなりをかえること。また、そのすがた。

2**ふんそう**【紛争】〔国と国、団体と団体などの間の意見が合わずに〕もつれてたがいにあらそうこと。

ふんそく【分速】一分間に進むはやさを、そのきょりであらわしたもの。

ふんぞりかえる【踏ん反り返る】体を後ろにそらすようにする。また、そのようにしていばる。

ふんだりけったり【踏んだり蹴ったり】続けてひどい目にあうようす。(れい)ころんだうえに川に落ちるなんて踏んだり蹴ったりだ。

ぶんたん【分担】〔一つの仕事・費用などを〕いくつかにわけて受け持つこと。(れい)仕事の分担を決める。

ぶんちん【文鎮】紙などが動かないようにのせる、おもり。

文鎮

ぶんつう【文通】手紙のやりとりをすること。

ふんづける【踏ん付ける】足で強くふんでおさえる。

ふんとう【奮闘】力いっぱいたたかうこと。また、けんめいにがんばること。(れい)奮闘のかいなく敗れる。

ふんぱつ【奮発】❶元気を出して物事をおこなうこと。はっぷん。❷思いきってお金を出すこと。(れい)おこづかいを奮発する。

ふんばる【踏ん張る】❶足に力を入れてふみこたえる。❷がんばる。こらえる。

ぶんぷ【分布】わかれて、あちらこちらにあること。(れい)この地域は湖が多く分布している。

ぶんぶん ぼうなどをふりまわしてたてる音や、虫などの羽音のようす。

ぷんぷん ❶強いにおいが鼻をつくようす。❷ひどくおこっているようす。

ふんべつ【分別】物事のよしあしを見わけること。また、その力。(れい)まだ、分別のつかない子ども。

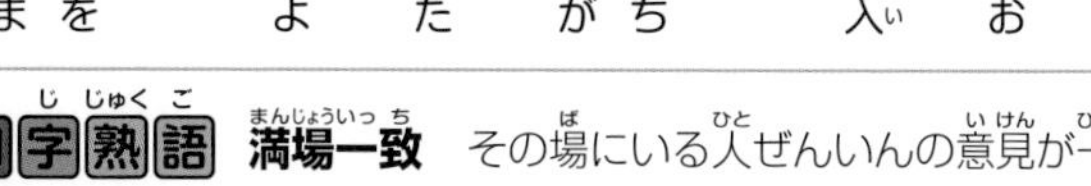
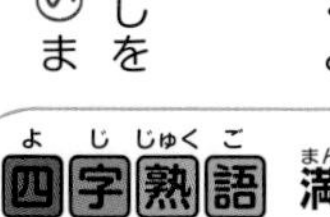

四字熟語 **満場一致** その場にいる人ぜんいんの意見が一つにまとまること。

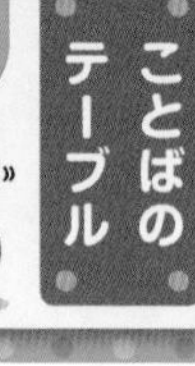

ことばのテーブル

ぶんべつ【分別】種類によってわけること。(れい)カキを大きさで分別する。

ぶんぼ【分母】分数で、横線の下に書く数字。⇔分子。

ぶんぽう【文法】ことばの働きや文章の組み立て方の決まり。

ぶんぼうぐ【文房具】えんぴつ・消しゴム・ノート・絵の具など、勉強や事務にひつような道具。文具。

ふんまつ【粉末】こな。こなにしたもの。(れい)粉末の薬。

ぶんまつ【文末】文や文章の終わり(のほう)。

ぶんみゃく【文脈】文章の内容の続きぐあい。文章のすじみち。

ぶんめい【文明】人間のちえや努力によって、世の中がゆたかでべんりな生活ができるように開けたようす。

ぶんや【分野】物事を、大きくいくつかにわけた方面。はんい。

ぶんらく【文楽】江戸時代にはじまった日本独特の、あやつり人形のしばい。

ぶんり【分離】わかれて、はなれること。また、わけて、はなすこと。(れい)水と油が分離する。

ぶんりょう【分量】重さ・かさ・数・わりあいなどの多さ。(れい)食事の分量をへらす。

ぶんるい【分類】同じ種類・同じ性質のものをまとめて、いくつかの集まりにわけること。

ぶんれつ【分裂】一つのもの、または、一つのまとまりのあるものが、いくつかにわかれること。

へ ❶方向をしめすことば。(れい)ひたすら東へ進む。❷動作の相手や場所をしめすことば。(れい)いなかへ荷物を送る。

ペア 二つ、またはふたりで一組みになること。また、男女の一組み。対。(れい)姉とペアの時計。

へい1【丙】物事の第三番目。甲・乙の次。

へい2【塀】家や、しき地のさかいなどにつくるしきり。板・石・コンクリートなどでつくる。

へいあんきょう【平安京】七九四年に桓武天皇がつくった都。今の京都市の中心部にあった。都としては、一八六九(明治二)年に首都が東京にうつるまで、千年以上続いた。

へいあんじだい【平安時代】七九四年、桓武天皇が都を京都にうつしてから、源頼朝によって鎌倉幕府が開かれるまでの約四百年間。

へいえき【兵役】国民の義務として、軍隊に入って働くこと。日本では、第二次世界大戦後なくなった。

へいえん【閉園】❶動物園・遊園地など、園と名のつくしせつが、えいぎょうをやめ、そのしせつをとじること。❷動物園・遊園地などが、その日の仕事を終えること。また、休むこと。(れい)閉園時間になる。⇔①②開園。

へいか【陛下】天皇・皇后・国王・女王などをうやまっていうことば。

へいかい【閉会】会が終わること。会を終えること。⇔開会。

へいがい【弊害】がいになる悪いこと。がい。(れい)テレビゲームの弊害。

【 】漢字を使った書き方　(れい)ことばの使い方の例　⇔反対のことば　⬇参考になる情報　◂小学校で習わない漢字

へいかん【閉館】❶図書館・美術館・博物館など、館と名のつくしせつが、そのしせつをとじて仕事をやめること。❷館がその日の仕事を終えること。また、休むこと。(れい)月曜閉館。⇔①②開館。

へいがん【併願】二つ以上の学校や学部などに、入学試験を受けたいという願書を出すこと。(れい)国立と私立の中学を併願する。

1**へいき**【平気】悪いことやこまったことがあっても気にかけず、心が落ち着いていること。(れい)平気な顔。

2**へいき**【兵器】戦争のときに使う道具。

へいきん【平均】❶〔数や量の〕ちがいがないようにすること。また、ちがいがないこと。(れい)つぶの大きさが平均している。❷二つ以上の数や量をならすこと。また、そのあたい。(れい)平均点をだす。❸かたむかないで、つり合っていること。(れい)体の平均をうしなう。

へいきんてん【平均点】テストなどで、全部の人の点数を足して、人数でわった数。

へいけ【平家】平の姓を名のった一族。とくに、平安時代の終わりごろに政権をにぎって、のちに源氏にほろぼされた平清盛の一族をいう。平氏。

へいけものがたり【平家物語】鎌倉時代のはじめにつくられた、いくさを中心にえがいた物語。平家がさかえていたころからほろびるまでのようすが、力強く、また、物悲しい文章で書かれている。作者はわからない。

へいげん【平原】平らでひろびろとした野原。

1**へいこう**【平行】二つの直線や平面が、どこまでのびたり広がったりしても、交わらないこと。

平行

2**へいこう**【閉口】〔口をとじてだまってしまう意味から〕手におえなくて、こまること。もてあますこと。(れい)あまりの暑さに閉口した。

3**へいこう**【閉校】❶学校などがけいえいをやめ、そのしせつを閉じること。⇔開校。❷学校などが一時的にじゅぎょうをとりやめること。(れい)インフルエンザの流行で、二日間閉校になった。

へいこうせん【平行線】❶平行になっている直線。❷意見などがくいちがい、どこまでいってもいっちしないこと。(れい)二国の交しょうは平行線をたどった。

べいこく【米国】アメリカ合衆国。

へいさ【閉鎖】❶とじること。ふさぐこと。(れい)入り口を閉鎖する。❷活動をやめること。(れい)今年で、この工場は閉鎖される。

べいさく【米作】米をつくること。また、イネのみのりぐあい。

へいし【兵士】戦争をする人。兵隊。

へいじつ【平日】❶ふだんの日。❷日曜日や祝日でない日。(れい)平日は客が少ない。

べいじゅ【米寿】八十八才。また、そのいわい。「米」の字を分解すると「八・十・八」になることから。

慣用句 **見えを張る** じっさい以上に見かけをよくしようとする。

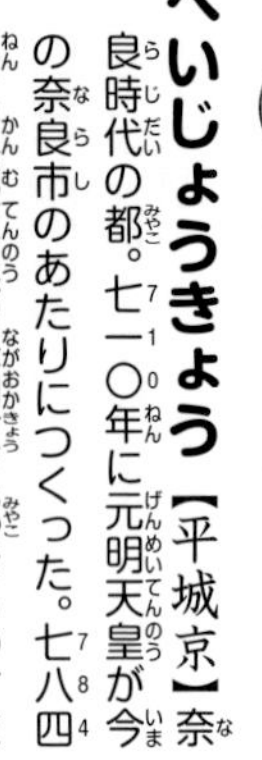

- へいじょうきょう
- へいせい
- へいせいじだい
- へいそ
- へいたい
- へいち
- へいねつ
- へいねん
- へいぼん
- へいみん
- へいや
- へいわ
- ベーコン
- ページ
- ベージュ
- ペース
- ベートーベン
- へこたれる
- ぺこぺこ
- へこむ
- ベスト
- へそ
- べそをかく
- 1へた
- 2へた
- べた

へいじょうきょう【平城京】奈良時代の都。七一〇年に元明天皇が今の奈良市のあたりにつくった。七八四年に桓武天皇が長岡京に都をうつすまで続いた。

へいせい【平成】日本の今の年号。一九八九年一月八日からはじまった。

へいせいじだい【平成時代】年号が平成である時代。一九八九年からはじまった。

へいそ【平素】ふだん。つねひごろ。平生。(れい)平素の心がけ。

へいたい【兵隊】兵士。

へいち【平地】平らな土地。⇕山地。

へいねつ【平熱】その人が健康なときの体温。だいたい、セ氏三十六度から三十七度ぐらい。

へいねん【平年】❶二月が二十八日で、一年が三百六十五日の年。⇕うるう年。❷いつもの年とくにかわったことのない年。ふつうの年。

へいぼん【平凡◂】ありふれていること。ふつう。(れい)平凡な人。⇕非凡。

へいみん【平民】❶ふつうの人々。いっぱんの人たち。❷明治時代につくられた身分のよび方の一つ。皇族・華族・士族以外の人々のこと。今はない。

へいや【平野】平らで広い土地。

へいわ【平和】❶戦争やあらそいがなく、世の中がおだやかにおさまっていること。⇕戦争。❷心配ごとやもめごとがなくおだやかなこと。(れい)平和な生活。

ベーコン ブタのはらやせなかの肉を塩づけにして、くんせいにしたもの。

ページ 書物・ノート・新聞などを開いたときのかた方の面。また、それを数えることば。

ベージュ うすくて明るい茶色。

ペース ❶走ったり、歩いたりする速度。(れい)はやいペースで走る。❷物事が進んでいく調子。(れい)仕事のペースをあげる。

ベートーベン (一七七〇～一八二七)近代音楽のもとをつくった、ドイツの作曲家。交響曲やピアノ曲など、数多くの曲をつくった。

へこたれる 元気がなくなる。いきおいが弱る。

ぺこぺこ ❶とてもおなかがすいているようす。❷しきりに頭を下げ、相手の言うとおりにするようす。(れい)上司にぺこぺこする。

へこむ ❶表面の一部が低くなる。くぼむ。(れい)道がへこんでいる。❷気持ちが落ちこむ。

ベスト ❶いちばんよいこと。(れい)ベストメンバー。⇕ワースト。❷最善。全力。(れい)ベストをつくす。

へそ はらのまん中にある小さなくぼみ。生まれる前に母親から栄養をもらっていたところ。

べそをかく なき顔になる。(れい)しかられて、べそをかく子供。

1へた ナスやトマトなどの実についている、がくの部分。

2へた【下手】❶うまくないこと。まずいこと。⇕上手。❷注意ぶかくないこと。(れい)下手なことは言えない。

べた《ほかのことばの上につけて》「すっかり」などをあらわすことば。

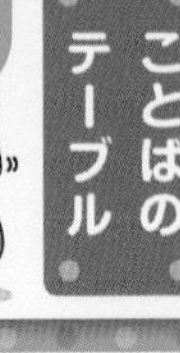

（れい）べたほめ。

へだたり【隔たり】二つのものの間のきょり。

べたべた ❶ものがねばりつくようす。（れい）油でべたべたの手。❷一面にぬりつけたり、はりつけたりするようす。（れい）ペンキをべたべたとぬる。❸判などをやたらにおすようす。（れい）スタンプをべたべたとおす。

ペダル〔自転車・オルガン・ピアノ・ミシンなどの〕機械の、足でふんで動かす板のようなもの。

へちま ウリ科の植物。夏、黄色の花がさく。実は長さ三十～六十センチメートル。実のせんいをたわしにしたり、くきから、へちま水（＝けしょう水）をとったりする。

へちま

ぺちゃくちゃ うるさいほどよくしゃべるようす。べちゃくちゃ。

ぺちゃんこ おしつぶされてひらたくなったようす。ぺしゃんこ。

べつ【別】❶ちがい。区別。（れい）男女の別なく走れるマラソン。❷あるものと同じでないようす。（れい）これとは別の紙に書いてください。

べっそう【別荘】ふだん住む家のほかに、けしきのよいところなどにつくった家。

べったり ❶ねばりけのあるものが、くっついてはなれないようす。（れい）ズボンにべったりとペンキがつく。❷すっかりたよりきって、はなれないようす。（れい）母親にべったりの子供。❸しりを落としてすわるようす。（れい）地面にべったりすわりこむ。

ベッド ねるときに使う台。

ペット 人がかわいがるためにかっている動物。

ペットボトル ジュースなどの飲み物を入れるプラスチックの容器。

ヘッドホン 音楽などをきくとき、頭からかぶるようにして、耳にあてて使うそうち。

べっとり ねばりけのあるものが、一面にくっつくようす。（れい）絵の具をべっとりとぬりつける。

ベテラン そのことによくなれ、すぐれた知識やうで前をもっている人。（れい）ベテラン選手が活やくした。

へとへと 体がつかれ、ぐったりしているようす。（れい）一日じゅう歩きまわってへとへとになる。

べとべと ものがねばりつくようす。（れい）あせで背中がべとべとする。

へなへな しっかりしないようす。また、力がぬけるようす。（れい）その場にへなへなとすわりこむ。

ペナルティー ❶罰。罰金。❷スポーツで、反則をしたときにあたえられる罰則。

べに【紅】❶あざやかな赤色。紅色。くれない。❷くちべに。また、ほおべに。

へばりつく【へばり付く・へばり着く】ぴったりとつく。こびりつく。（れい）なべによごれがへばりつく。

へび【蛇】はちゅう類の動物。体は細長い。体をくねらせて進む。

慣用句 **身が持たない** 体力が続かない。からだがだめになる。

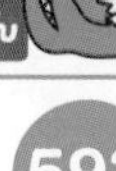

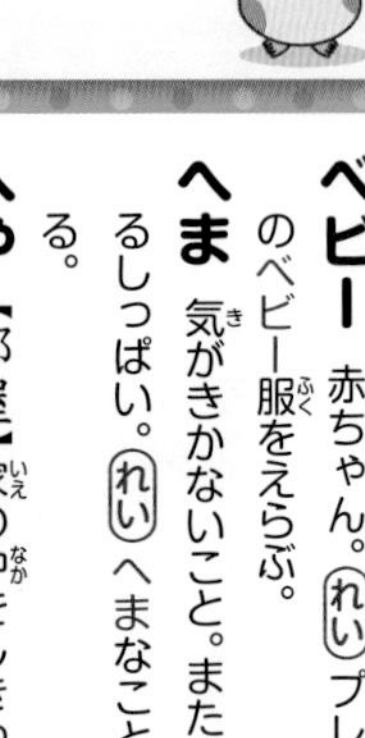

ベビー 赤ちゃん。(れい)プレゼント用のベビー服をえらぶ。

へま 気がきかないこと。また、それによるしっぱい。(れい)へまなことばかりする。

へや【部屋】家の中をしきったところの一つ一つ。

へらす【減らす】〔数や量を〕少なくする。(れい)商品の仕入れを減らす。⇕増やす。増す。

へらへら ❶軽々しくよくしゃべるようす。(れい)かれは、へらへらとおせじばかりいう。❷だらしなく笑うようす。(れい)へらへら笑うな。

べらべら たてつづけに、いきおいよくしゃべるようす。(れい)べらべらとまくしたてる。

ぺらぺら ❶口が軽く、よくしゃべるようす。❷紙などをめくるようす。(れい)本をぺらぺらめくる。❸外国語をじょうずに話すようす。(れい)あの人は、英語とフランス語がぺらぺらです。❹〔紙・布などが〕うすくて弱そうなようす。

ベランダ 西洋風の家のつくりで、外がわにはりだした、広いえんがわのようなもの。

へり 〔ものの〕はし。ふち。(れい)ぼうしのへり。

ペリカン ペリカン科の鳥。大形で、湖などにすむ。くちばしが長く、のどの下の方がふくろのようにふくらむ。

へりくだる 相手をうやまって、自分のたいどをひかえめにする。けんそんする。

へりくつ【へ理屈◀】すじ道の通らないりくつ。つまらないりくつ。(れい)へ理屈を言う。

ヘリコプター 機体の上につけた細長いつばさを回してとぶ飛行機。ま上にとびあがったり、空中に止まったりすることができる。

へる【減る】〔数や量が〕少なくなる。(れい)雨がふらないので、貯水池の水が減る。⇕増える。増す。

ベル 電流の働きで、音を続けて出すそうち。よびりん。

ヘルシー 健康によいようす。(れい)ヘルシーなメニュー。

ベルト 皮や布などでつくった、洋服用の細いおび。バンド。

ヘルメット きけんをふせぐためにかぶる、洋風のかぶと形のかたいぼうし。安全ぼう。

ヘルメット

ぺろぺろ 舌で物をなめるようす。(れい)赤い服の女の子が、あめをぺろぺろなめている。

ぺろりと ❶舌を出すようす。❷たちまち食べてしまうようす。(れい)ぺろりとたいらげる。

1へん【辺】❶あたり。まわり。(れい)父はその辺にいるはずだ。❷図形を形づくる線。(れい)三角形の辺は三つ。

2へん【変】ふつうとちがっているようす。(れい)このお菓子は、なんだか変な

【 】漢字を使った書き方　(れい)ことばの使い方の例　⇕反対のことば　⬇参考になる情報　◀小学校で習わない漢字

味がする。

3へん【偏】漢字を形づくっている左がわの部分。「休」の「亻(＝にんべん)」や「紙」の「糸(＝いとへん)」など。⬍つくり。

ペン インクによって字や絵を書く道具。万年筆・ボールペンなど。

へんか【変化】ようすや性質などがかわっていくこと。れい 山の天気は変化がはげしい。

べんかい【弁解】いいわけをすること。れい 今さら弁解してもむだだ。

へんかく【変革】物事をすっかりかえること。また、かわること。れい 社会を変革する。

べんがく【勉学】学問につとめはげむこと。勉強。

1へんかん【返還】一度手に入れたものを(もとの持ち主に)返すこと。

2へんかん【変換】ほかのものに変わること。また、ほかのものに変えること。れい パソコンで、ひらがなを漢字に変換する。

べんぎ【便宜】つごうがよいこと。また、そのようなしょち。れい 便宜をはかる。

ペンキ 絵の具を油にとかしたもの。木や金属の表面にぬって、さびをふせいだり、美しくしたりする。

へんきゃく【返却】(かりたものやあずかったものを)持ち主に返すこと。れい あしたは、図書館の本を返却しなければならない日だ。

べんきょう【勉強】❶知識をえるために学ぶこと。❷商人が品物を安く売ること。れい 今日はとくべつに、千円の品を八百円に勉強します。

ペンギン ペンギン科の鳥。南極を中心に南半球だけにすむ。ひれのようなつばさで水中を泳ぐ。空はとべない。陸では立って歩く。

へんげ【変化】動物などが、すがたかたちをかえてあらわれたもの。化け物。ようかい。

へんけん【偏見】かたよった考え。れい 偏見をもたない。

べんご【弁護】その人のりえきになるようなことをいって、助けかばうこと。れい みんなで弁護する。

へんこう【変更】(決めたことを)かえること。あらためること。れい 出発の時間が変更になったので、みんなに連らくした。

へんさい【返済】(かりたお金や品物を)返すこと。れい 借金をやっと返済することができた。

べんざいてん【弁財天】七福神のひとり。音楽やちえなどの神とされる。びわをひく、美しい女性のすがたであらわされる。弁天。⬇七福神。

へんさち【偏差値】学力テストなどの得点が、全体の中でどのくらいの位置にあるかをしめす数値。ふつう平均値を五十とする。

へんじ【返事】❶(よばれたり聞かれたりして)答えること。また、答えることば。返答。れい 名前をよばれたので、大きな声で返事をした。❷(うけた手紙に)答える手紙。返信。

へんしゅう【編集】いろいろな資料や原稿をもとにして、本・ざっし・新聞・映画などをつくりあげること。また、その仕事。れい 学校新聞の編集をすることになった。

慣用句 **見切りを付ける** 見こみがないと考えてあきらめる。

べんじょ【便所】大便・小便をするところ。手あらい。トイレ。

へんじょう【返上】かえすこと。（れい）休日を返上してはたらく。

べんしょう【弁償◂】人に損害をあたえたとき、お金や品物で返すこと。（れい）こわした物を弁償する。

1**へんしん**【返信】返事の手紙・通信。

2**へんしん**【変身】ほかのものにすがたをかえること。

へんじん【変人】ふつうの人とかわったことをしたり、考えたりする人。かわりもの。

へんせん【変遷◂】〔物事が〕うつりかわっていくこと。うつりかわり。（れい）服そうの変遷。

へんそう【変装】べつの人に見えるように、顔や服装などをかえること。

ペンダント くさりやひもなどの先に、宝石などをつけた首かざり。

ベンチ ❶木や石などでつくった、かんたんな長いす。❷野球場でかんとくやせんしゅがすわるところ。

ペンチ はりがねなどをまげたり切ったりするのに使う道具。

へんとう【返答】こたえること。また、そのことば。返事。

べんとう【弁当】よそで食べるためにもち歩く食事。

ぺんぺんぐさ【ぺんぺん草】「ナズナ」の別名。

べんり【便利】つごうのよいこと。役に立つこと。（れい）交通が便利な場所。⇕不便。

ほ

ぽ ぼ
ポ ボ ホ

ほ【穂◂】❶〔イネ・ムギなどの〕長いくきのいちばん先に花や実がついたもの。❷「穂①」の形に似ている、先のとがったもの。（れい）筆の穂。

ほいくえん【保育園】ほいくじょ。

ほいくし【保育士】保育所などで、子供のせわをする人。（れい）姉は、保育士をめざして勉強している。

ほいくじょ【保育所】にゅう児や幼児をあずかり、めんどうをみるところ。保育園。ほいくしょ。

ボイコット ❶目的などを達成するために、みんなが力を合わせて、ある品物を買わないこと。（れい）海外で日本の製品がボイコットされた。❷あることにこうぎするため、みんなが力を合わせて、あることがらやある人を受け入れないこと。また、集会や会合などにまとまって参加しないこと。（れい）試合をボイコットする。

1**ぼいん**【ぼ印】はんこのかわりに、親指の先に朱肉などをつけておすこと。また、その親指のあと。（れい）受け取りにぼ印をおす。

ぼ印

2**ぼいん**【母音】声を出すときに、舌や歯などにじゃまされずに出すことのできる音。ぼおん。日本語では、ア・イ・ウ・エ・オの五音。⇕子音。

ポイント ❶点。地点。

❷得点。(れい)かれは試合で大量のポイントをかせいだ。

❸大切なところ。要点。(れい)テストのポイントはここだ。

❹線路の分かれ目で、列車をべつの線に入れるしかけ。(れい)ポイントを切りかえる。

ほう【方】❶向き。方角。(れい)南の方に行く。❷分野。(れい)運動の方では、多少自信がある。❸いくつか考えられるもののうちの一つ。(れい)和食より洋食の方が好きだ。

ぼう【棒】〔木・金属などでできた〕手に持てる大きさの、細長い物。(れい)鉄の棒。

1 **ほうい**【方位】東西南北などの方向。方角。

2 **ほうい**【包囲】まわりをとりかこむこと。(れい)警察官が、犯人のかくれ家を包囲する。

ほうえい【放映】テレビで放送すること。(れい)サッカーのワールドカップが放映される。

ぼうえい【防衛】ふせぎ守ること。(れい)国土を防衛する。

ぼうえき【貿易】国と国が品物を売ったり買ったりすること。(れい)貿易をさかんにする。

ぼうえんきょう【望遠鏡】レンズなどを使い、遠くのものを大きく、はっきり見えるようにしたきかい。(れい)天体望遠鏡を使って、夜空の星を観察する。

ほうかい【崩壊】くずれてこわれること。(れい)古い建物が崩壊する。

ぼうがい【妨害】じゃまをすること。(れい)守備を妨害する。

ほうがく【方角】東西南北などの方向。方位。向き。(れい)駅の方角へむかって歩く。

ほうかご【放課後】学校の授業が終わったあと。(れい)放課後、友だちと図書館へいった。

1 **ぼうかん**【防寒】寒さをふせぐこと。(れい)防寒具を用意する。

2 **ぼうかん**【傍観】〔なにもしないで〕そばで見ていること。(れい)なりゆきを傍観する。

ほうがんなげ【砲丸投げ】陸上競技の一つ。金属でできた重いたまを、決められた円の中からかた手でなげて、とんだきょりをきそうもの。

1 **ほうき** ちりやごみをはく用具。(れい)ほうきとちりとりを使って、げんかんの前をそうじする。

2 **ほうき**【放棄】資格や権利などを、自分のほうからすてること。(れい)試合をとちゅうで放棄する。

ぼうきゃく【忘却】すっかりわすれてしまうこと。

ぼうきょ【暴挙】考えのたりない、らんぼうなふるまい。(れい)これは、まさに暴挙としかいえない行動だ。

ぼうぎょ【防御】〔敵の攻撃などを〕ふせぎ守ること。⇕攻撃。

ぼうきょう【望郷】ふるさとをなつかしく思うこと。(れい)望郷の思いがつのる。

ほうぎょく【宝玉】たからとして大切にされる玉。(れい)むかしの王の墓から宝玉が出てきた。

ぼうくうごう【防空ごう】飛行機がおとす爆弾のひがいをさけるため、地面をほってつくった穴。

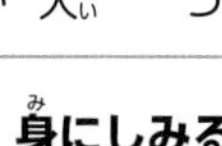
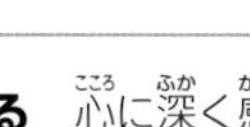
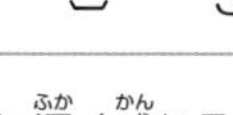

慣用句 **身にしみる** 心に深く感じる。

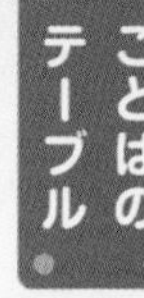

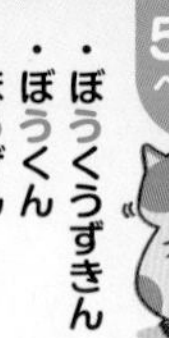

ぼうくうずきん【防空頭巾◂】地震や空襲のとき、火やとんでくる物から頭を守るためにかぶる、綿の入ったずきん。

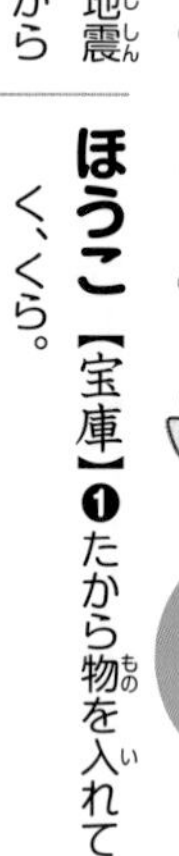
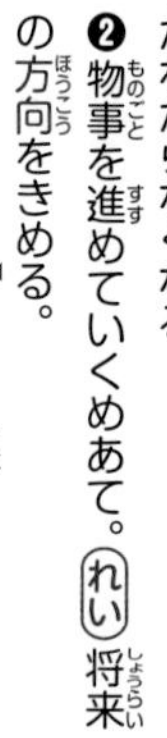
防空頭巾

ぼうくん【暴君】❶らんぼうなやりかたで、人々を苦しめる君主。❷勝手気ままでらんぼうな人。

ほうげん【方言】ある地方だけで使われていることば。⬍共通語。

ぼうけん【冒険】きけんなこと、無理なことだと知っていながら、あえてすること。(れい)冒険の話をきく。

ぼうげん【暴言】〔相手をきずつけるような〕らんぼうなことば。(れい)かっとなって暴言をはく。

ほうけんせいど【封建制度】君主が家来に土地を分けあたえておさめさせ、家来は主君に忠実につかえる形の政治や社会のしくみ。

ほうこ【宝庫】❶たから物を入れておく、くら。❷よい産物やきちょうなものがたくさんあるところ。(れい)海は魚だけでなく、いろいろな資源の宝庫だ。

1ほうこう【方向】❶前後・左右・上下などの、むき。方角。(れい)森の中で方向がわからなくなる。❷物事を進めていくめあて。(れい)将来の方向をきめる。

2ほうこう【奉公】❶国などのためにつくすこと。❷〔よその家に住みこんで〕やとわれて働くこと。古い言い方。

ぼうこう【暴行】なぐる、けるなどのらんぼうをはたらくこと。また、そのようなおこない。

ほうこうおんち【方向音痴◂】方向についての感覚がにぶいこと。また、そういう人。

ほうこく【報告】〔物事のなりゆきなどを〕知らせること。また、その知らせ。(れい)調査の結果を報告する。

ぼうさい【防災】〔地震や台風などによる〕さいがいをふせぐこと。(れい)防災対策。

ほうし【奉仕◂】❶社会や他人のためにつくすこと。(れい)奉仕活動。❷ねだんをやすくすること。サービス。(れい)奉仕品。

ほうじ【法事】死んだ人のたましいをまつる、仏教の儀式。法要。

1ぼうし【防止】ふせぎとめること。(れい)交通事故を防止する。

2ぼうし【帽子】暑さ・寒さ・ほこりなどをふせぐためやおしゃれのために、頭にかぶるもの。

ほうしき【方式】〔何かをするときの〕ある決まったやりかた。(れい)新しい方式を試みる。

ほうしゃせん【放射線】放射性元素がこわれるときに出るもの。レントゲン写真をとるときのエックス線はその一つ。

ぼうしゅ【ぼう種】二十四節気の一つ。六月五日、六日ごろ。イネなどの種をまくころのこと。

ほうしゅう【報酬◂】仕事をした人にはらうお金や品物。

ほうしゅつ【放出】❶いきおいよく

出すこと。(れい)ダムの水を放出する。❷ためておいた物を一度に出すこと。(れい)残った商品を放出する。

ほうしん【方針】物事を進めていく方向。めざす方向。(れい)教育方針。

ほうせき【宝石】美しい色とかがやきをもち、かざり物としてとうとばれる鉱物。ダイヤモンドなど。

ぼうぜんと【ぼう然と】おどろきあきれるようす。どうしてよいかわからず、ぼんやりしているようす。(れい)負けて、ぼう然と立ちつくした。

1**ほうそう**【包装】品物などを紙でつつむこと。(れい)包装紙。

2**ほうそう**【放送】ラジオ局やテレビ局で、電波を使っていろいろな番組をおおぜいの人々に送ること。

ぼうそう【暴走】❶〔自動車などが、きそくを守らずに〕らんぼうに走ること。(れい)暴走トラック。❷運転する人のいない車がとつぜん走りだすこと。

ほうそうきょく【放送局】放送の仕事をするところ。

ほうそく【法則】❶守らなければならない決まり。規則。ルール。❷いつ、どこでも、すべてのものにあてはまる決まり。

ほうたい【包帯】きず口などをほごするためにまく、細長い布。

ぼうだい【膨大】ひじょうに大きいようす。また、数や量がひじょうに多いようす。(れい)膨大な金額。

ぼうたかとび【棒高跳び】陸上競技の一つ。二本の柱の間にわたしたバー(=横木)の上を長いポール(=棒)を使ってとびこえ、その高さをきそいあう。

ほうち【放置】そのままほうっておくこと。(れい)放置自転車。

1**ほうちょう**【包丁】料理で、材料を切るために使う、ひらたくてうすいはもの。(れい)包丁をとぐ。

2**ほうちょう**【放鳥】鳥を自然の中に放すこと。

ぼうちょう【膨張】❶ふくれること。ふくれて大きくなること。❷発展し、大きくなること。(れい)都市が膨張する。

ほうっておく【放っておく】そのままにしておく。ほったらかす。(れい)虫歯を放っておくとたいへんなことになる。

ぼうっと ❶すがたや形、色などがほのかに見えるようす。(れい)東の空がぼうっと明るい。❷頭の働きがにぶっているようす。(れい)熱で、頭がぼうっとしている。

ぽうっと ❶かすかに赤くなるさま。(れい)ほおがぽうっとそまる。❷むちゅうになってぼんやりしているさま。(れい)タレントとあくしゅしてぽうっとなった。

ほうてい【法廷】さいばんをするところ。(れい)法廷に立つ。

ぼうてん【傍点】意味を強めたり、読む人の注意をうながしたりするために、文字のわきにつける点。

ほうどう【報道】〔新聞・テレビ・ラジオなどで〕世の中のできごとを人々に知らせること。また、その知らせ。ニュース。(れい)事件を報道する。

ぼうとう【冒頭】〔文章・会議・話などの〕最初の部分。(れい)会議は、冒頭からもめた。

慣用句 **身につまされる** 人の不幸や苦しみなどが自分のことのように思われる。

ことばのテーブル 600ページ

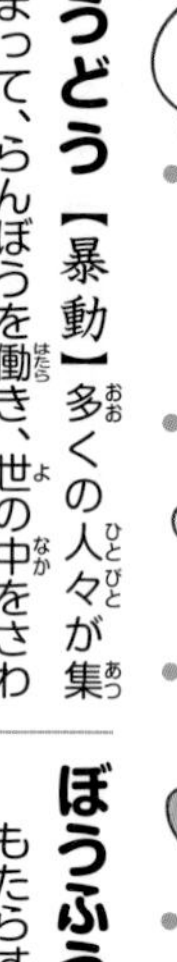

ぼうどう【暴動】多くの人々が集まって、らんぼうを働き、世の中をさわがせること。また、そのようなさわぎ。

ほうどうじん【報道陣◀】取材や報道のためにその場に集まっている記者やカメラマン。

ほうにん【放任】かまわないで、ほうっておくこと。したいようにさせておくこと。

ほうねん【豊年】（米などの）作物がよくみのった年。

ぼうはん【防犯】〔殺人・ぬすみなどの〕犯罪がおこるのをふせぐこと。(れい)防犯ベル。

ほうび【褒◀美】おこないを、ほめて、あたえる品物やお金。

ぼうび【防備】敵や災害などをふせぐためのそなえをすること。また、そのそなえ。(れい)防備をかたくする。

1 **ほうふ**【抱◀負】心の中で考えているのぞみや計画。(れい)しょうらいの抱負をかたる。

2 **ほうふ**【豊富】ゆたかなこと。たくさんあること。(れい)豊富な経験をもつ人。

ぼうふう【暴風】はげしい風。被害をもたらすような強い風。

ぼうふうう【暴風雨】はげしい風をともなった雨。あらし。

ぼうふうりん【防風林】強い風の害をふせぐためにつくった林。

ほうふく【報復】しかえしをすること。ふくしゅう。

ほうほう【方法】〔ある目的をはたすための〕やりかた。手段。てだて。

ほうぼう【方方】あちらこちら。いろいろなところ。(れい)ことしは、ずいぶん方々を旅行した。

ほうもん【訪問】人をたずねること。人の家をおとずれること。(れい)先生の家を訪問する。

ぼうらく【暴落】もののねだんが、急にひどく下がること。(れい)豊作のためキャベツのねだんが暴落した。

ほうりだす【放り出す】❶いきおいよく投げて外へ出す。また、投げるようにしておく。(れい)へやに入りこんできた虫をまどから放り出す。／かばんを放り出して遊びに行く。❷あきらめて仕事などをとちゅうでやめてしまう。(れい)宿題を放り出してしまった。❸世話をしないで、そのままにしておく。(れい)たのまれた弟のことを放り出して友だちと遊びにいってしまい、母にしかられた。

ほうりつ【法律】〔人々の生活を守るために国で決めた〕国民として守らなければならない決まり。

ほうりゅう【放流】❶〔魚をふやすために〕たまごからかえって間もない魚を川や湖などにはなすこと。(れい)アユを放流する。❷〔ダムなどで〕せきとめていた水を流すこと。

ぼうりょく【暴力】らんぼうなふるまい。(れい)暴力をふるう。

ほうる【放る】❶ものを投げる。(れい)ボールを放る。❷かまわないでそのままにしておく。(れい)ないている子どもを放っておく。❸あきらめてとちゅうでやめる。(れい)問題がむずかしくて、とちゅうで放ってしまった。

ぼうれい【亡霊◀】死んだ人のたましい

い。また、ゆうれい。

ほうれんそう【ほうれん草】アカザ科の植物。根は赤い。こい緑色の葉を食用にする。

ほうろう【放浪】あてもなく、いろいろな土地をさまよい歩くこと。

ほえる 犬などの動物が大声で鳴く。

ほお【頬】顔の両がわの部分。ほっぺた。ほほ。

ボーイ ❶男の子。少年。⇔ガール。❷レストランやホテルなどで、客の案内をしたり、料理を席に運んだりする男の人。ウエーター。

ボーイスカウト 少年たちの心と体をきたえ、社会のためにつくす人間を育てるためにつくられた団体。くんれんとして、奉仕活動やキャンプなどをおこなう。一九〇八年、イギリスではじめられた。

ホース ゴム・ビニールなどでつくった、水やガスをおくるための長いくだ。

ポーズ ❶体のかまえかた。しせい。(れい)美しいポーズをとる。❷〔物事をするときの〕きどったたいど。みせかけだけのたいど。(れい)かれのやさしさは、単なるポーズだ。

ポータブル 持ち運びできること。また、持ち運びできるもの。(れい)ポータブルテレビ。

ほおづえ【頬づえ】ひじをついて、ほおを手のひらでささえること。

頬づえ

ボート 西洋風の、(オールでこぐ)小さなふね。⬇²オール。

ほおのき【ほおの木】モクレン科の木。大きな葉がえだの先に集まってつく。ホオ。

ほおばる【頬張る】口の中に食べ物をたくさん入れる。(れい)せんべいを頬張る。

ホーム ❶家庭。(れい)マイホーム。❷世話をする人のいない子ども・お年より・生活にこまっている人などの世話をするしせつ。(れい)老人ホーム。❸野球の本るい。ホームベース。❹サッカーなどで、自分のチームの本きょ地。⇔アウェー。

ホームページ 個人や団体・企業などがインターネットの中におく、情報を発信するためのページ。また、それを開いたときにあらわれる、最初の画面。

ホームベース 野球の本るい。また、そこにおく五角形の白い板。ホーム。

ホームラン 野球で、ボールをうったバッターが、相手のエラーなしにその一打だけで本るいまでもどれる当たり。本るい打。

ホール ❶西洋風の大広間。❷ぶたいや客席のある、もよおしをおこなう会場。また、その会館。

ボール ❶スポーツや遊びに使う、ゴム・かわ・プラスチックなどでつくった、まるいもの。球。(れい)テニスのボール。❷野球でピッチャーの投げた球が、ホームベース上の決められたはんい(=ストライクゾーン)を通らないこと。また、その球。

ポール ❶細長いぼう。さお。❷ぼう高とびに使うぼう。

慣用句 **身の毛がよだつ** おそろしさで、からだじゅうの毛が立つように感じる。

ことばのテーブル 602ページ

- ボールペン
- ほおん
- 1ほか
- 2ほか
- ほかく
- ほかげ
- ぼかす
- ほかほか

- ぽかぽか
- ほがらか
- ほかん
- ぽかんと
- ぽきぽき
- ほきゅう
- ほきょう
- ぼきん

- ぼく
- ぼくし
- ぼくじゅう
- ぼくじょう
- ボクシング
- ほぐす
- ぼくそう
- ぼくとう
- ほくとしちせい

ボールペン 回転する小さな金属の球を先にはめこんで、書くとそれが回ってインクが出るしかけの筆記用具。

ほおん【保温】ある決まった温度をたもつこと。さめないようにすること。(れい)湯をまほうびんで保温する。

1ほか【外】❶ていどやことがらがあるはんいのそとにあること。(れい)思いの外、たくさんの人が集まった。
❷《「ない」のことばを続けて》それ以外にはないということをあらわすことば。(れい)お気のどくという外ない。

2ほか【他】べつのもの。べつのところ。よそ。(れい)他の本。／他をさがそう。

ほかく【捕獲】動物などをつかまえること。いけどりにすること。(れい)クマを捕獲する。

ほかげ【火影】火の光。また、明かり。

ぼかす ❶色のこいうすいのさかいめをはっきりさせない。
❷〔ことばや話のないようなどを〕はっきりさせない。あいまいにする。

ほかほか あたたかいようす。(れい)できたてのほかほかのパンを食べる。

ぽかぽか ❶〔気持ちよく感じるほど〕あたたかいようす。(れい)ぽかぽかとした春の陽気。
❷〔頭などを〕続けてたたくようす。

ほがらか【朗らか】はればれとして、明るいようす。(れい)朗らかな性格。

ほかん【保管】こわしたりなくしたりしないよう、たいせつにしまっておくこと。

ぽかんと ❶頭などをいきおいよくうつようす。(れい)頭をぽかんとたたく。
❷口を開けてぼんやりしているようす。(れい)口をぽかんと開けて見ている。

ぽきぽき 木のえだやほねなど、細くてかたいものが続けておれるようす。また、その音。

ほきゅう【補給】足りなくなった分をおぎなうこと。(れい)ねんりょうを補給する。

ほきょう【補強】弱いところをおぎなって全体を強くすること。(れい)ていぼうの補強工事をする。

ぼきん【募金】〔ある目的のために〕多くの人から寄付のお金を集めること。

ぼく【僕】男性が自分をさしていうことば。

ぼくし【牧師】キリスト教のプロテスタントで、信者をみちびき説教する人。

ぼくじゅう【墨汁】すみをすったしる。また、筆につけてすぐ使えるように作った、すみのしる。

ぼくじょう【牧場】〔牛・馬・羊などの〕家ちくを放しがいにして育てるところ。

ボクシング ロープを四角にはったリングの中で、二人の選手が手にグローブをはめて、うち合う競技。

ほぐす ❶もつれているものをほどく。(れい)からまった毛糸をほぐす。
❷かたまったものをやわらかくする。(れい)ふくらはぎをほぐす。

ぼくそう【牧草】家ちくのえさになる草。

ぼくとう【木刀】木でつくった刀。木剣。

ほくとしちせい【北斗七星】ひしゃくの形にならんだ七つの星。北の空に見え、北極星を見つける目じるしになっている。⬇603ページ（イラスト）

〔〕漢字を使った書き方 (れい)ことばの使い方の例 ⬍反対のことば ⬇参考になる情報 ◀小学校で習わない漢字

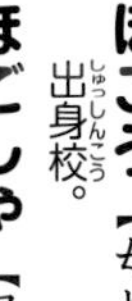

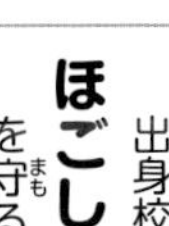
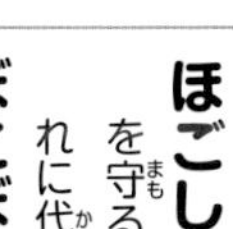
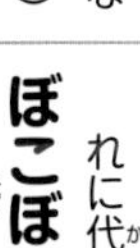
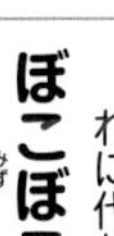
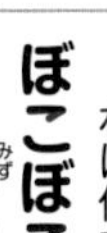

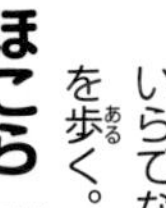
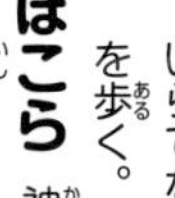
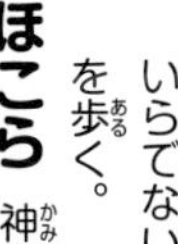

ほくほく ❶すっかりまんぞくしたようす。れい こづかいをたくさんもらってほくほくしている。❷焼いたりふかしたりした、いもなどが、やわらかくておいしいようす。

北斗七星

ぼくめつ【撲滅】すっかりほろぼしてしまうこと。れい 交通事故を撲滅するためのキャンペーン。

ほくろ ひふにある小さな黒い点。

ほけつ【補欠】足りない人員をおぎなうこと。また、おぎなうための（予備の）人。れい 補欠の選手。

ぼけっと なにもしないでぼうっとしているようす。

ポケット 洋服についている小さな物入れ。

ほけん【保険】決められた額のお金をふだんから（少しずつ）はらっておき、思いがけない災難にあったときに、そのどあいによって決められたお金をうけとるしくみ。れい 生命保険。

ほけんしつ【保健室】学校や会社などで、かんたんなけがや病気のちりょうをするためのへや。

ほこ【矛】長いぼうの先に、両がわに刃のついたけんをつけて、やりのように敵をつく武器。

ほご【保護】（弱いものを）たすけ守ること。れい 野生動物を保護する。

ほこう【歩行】歩くこと。

ぼこう【母校】自分が卒業した学校。出身校。

ほごしゃ【保護者】未成年の子どもを守る責任のあるおとなの人。親やそれに代わる人。

ぼこぼこ ❶水がわき出る音。れい わき水がぼこぼこと音をたてている。❷あなやくぼみがたくさんあって、たいらでないようす。れい ぼこぼこの道を歩く。

ほこら 神をまつる小さいやしろ。れい 石のほこら。

ほこらしい【誇らしい】とくいで ほかの人にじまんしたいようす。れい 優勝した母校の選手を誇らしく思う。

ほこり¹ 空中にとびちっている、細かいごみ。

ほこり²【誇り】めいよに思うこと。ほこること。また、そのような気持ち。プライド。れい 誇りをきずつけられた。

ほこる【誇る】あることをじまんしてとくいになる。めいよとする。れい 古い伝統を誇る学校。

ほころぶ【綻ぶ】❶（服などの）ぬい目がとける。ほころびる。❷（花の）つぼみが少し開く。ほころびる。れい バラが一輪綻ぶ。❸（顔つきなどが）おだやかになる。えがおになる。ほころびる。れい うれしくて思わず顔が綻ぶ。

ほさ【補佐】人の仕事を助けること。また、その役の人。れい 委員長を補佐する。

ぼさつ 仏教で、さとりをもとめ、世の中の人々をすくいみちびき、仏への道をたどる人。

ぼさっと なにもしないでぼうっとしているようす。ぼけっと。れい ぼさっと立っていないで、手をかして。

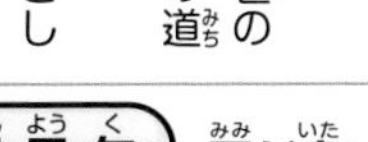
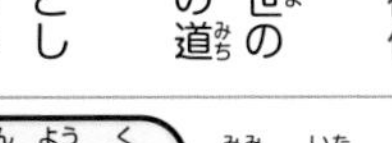
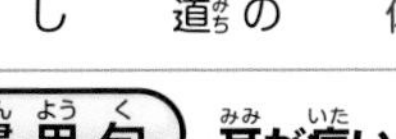

慣用句 **耳が痛い** 自分の悪いところやよわみを言われて、聞くのがつらい。

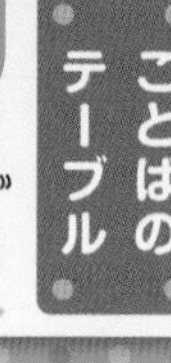

ぼさぼさ かみの毛などがみだれているようす。(れい)ぼさぼさの頭。

ほし【星】❶夜空にかがやいてみえる天体。(れい)星を見あげる。❷「星①」をかたどった「☆」のしるし。また、小さなまるい点。(れい)星じるし。❸すもうなどで勝ち負けをあらわすしるし。また、勝負の成績。(れい)星のつぶしあい。❹はんにん。(れい)星の見当をつける。❺運勢。運命。(れい)よい星のもとに生まれる。

ほしい【欲しい】❶自分のものにしたい。(れい)おかしが欲しい。❷してもらいたい。(れい)わたしのねがいを聞いてほしい。

ポジション 位置。地位。とくに、野球などで、選手の守る位置・場所。(れい)レフトのポジションを守る。

ほしぞら【星空】多くの星が見える夜空。

ほしづきよ【星月夜】よく晴れていて、星の光が月のように明るい夜。

ポジティブ ❶積極的であるようす。(れい)ポジティブな人。⇕ネガティブ。❷「ポジ」のこと。明暗や色がじっさいと同じに見える写真。

ほしまつり【星祭り】七夕まつり。七月七日の夜におこなわれる。

1**ほしゅう**【補修】こわれたところをおぎないなおすこと。(れい)やねを補修する。

補修

2**ほしゅう**【補習】学校で、決まった時間のほかにつけくわえて勉強をおこなうこと。また、その勉強。(れい)補習授業を受ける。

ほじゅう【補充◂】足りなくなったところをおぎなってじゅうぶんなものにすること。(れい)用具を補充する。

ぼしゅう【募◂集】〔人や作品などを〕多くの人によびかけて集めること。(れい)生徒募集。

ほじょ【補助】足りないところや、できないところをおぎない助けること。(れい)学費の補助。

1**ほしょう**【保証】責任をもってうけあうこと。(れい)身分を保証する。

2**ほしょう**【保障】〔ほかから害をくわえられないように〕責任をもって守ること。(れい)言論の自由を保障する。

3**ほしょう**【補償◂】あたえた損害のつぐないをすること。(れい)交通事故の補償金。

ほしん【保身】自分の体の安全や、地位・めいよなどを守ること。(れい)うまく保身をはかる。

ほす【干す】❶日光・熱・風などにあてる。かわかす。(れい)ふとんを干す。❷池や沼などの水をすっかりなくす。❸うつわの中の液体を残らずのむ。❹人にわざと仕事や役目をあたえないようにする。(れい)仕事を干される。

ボス 親分。かしら。

ポスター 何かを広く伝えたり、宣伝したりするためのはり紙。

ポスターセッション 自分の意見や計画などを発表するときのやり方の一つ。要点・図・表などをかいたポスターくらいの大きさの紙を、かべや板にはって説明する。

ポスト ❶ゆうびん物を出すときに入れる、はこ。❷その人の地位や役目。(れい)父は会社の重要なポストについた。

ぼぜん【墓前】墓の前。(れい)墓前に花をそなえる。

ほそい【細い】❶はばがせまい。また、やせている。(れい)みきの細い木。／細い道。❷〔声などが〕小さくて弱い。(れい)細い声。⬍①②太い。❸量が少ない。(れい)食が細い。

ほそう【舗装】道の表面をコンクリートやアスファルトでかためたり、れんがなどをしきつめたりしてととのえること。

ほそく【補足】足りないところをおぎなうこと。(れい)説明を補足する。

ぼそっと ❶短いことばを小さな声で言うようす。(れい)祖父が、ぼそっとつぶやいた。❷なにもしないでぼんやりとしているようす。ぼさっと。(れい)ろうかのすみにぼそっと立っている。

ほそながい【細長い】細くて長い。

ほそぼそ【細細】❶ひじょうに細いようす。(れい)細々とした声。❷やっとくらしをたてているようす。(れい)細々としたくらし。

ぼそぼそ ❶低く小さな声で話すようす。(れい)まわりの人に聞こえないようにぼそぼそと話す。❷水気がなく、かわいているようす。(れい)ぼそぼそしたごはん。

ほそる【細る】❶細くなる。やせて細くなる。(れい)心配で身も細る思いだ。❷分量がへる。力やいきおいが弱くなる。(れい)ひどい暑さで食が細る(＝あまり食べられなくなる)。

ほぞん【保存】そのままのじょうたいで、長くとっておくこと。(れい)塩づけにして保存する。／保存食品。

ぼたぼた ❶大つぶの液体が続いてしたたり落ちる音。また、そのようすを表すことば。(れい)洗たく物から水がぼたぼたとたれる。❷水分を多くふくんでいて、重そうなようす。

ぽたぽた 水などのしずくが次々にしたたり落ちる音。また、そのようすを表すことば。(れい)汗がぽたぽたたれる。

ほたる【蛍】ホタル科のこん虫。腹の先が光る種類がいる。日本では、夏の水べでゲンジボタル・ヘイケボタルなどが見られる。

1ぼたん ボタン科の木。初夏に、赤・むらさき・白などの大きな花がさく。

2ボタン 洋服などで、合わせるところの一方につけて、もう一方のあなにはめてとめるもの。

3ボタン 指でおして、ブザーをならしたり、機械の働きをおこさせたりするしかけ。(れい)ボタンをおしてエレベーターがおりてくるのをまつ。

ぼち【墓地】〔たくさんの〕はかがあるところ。はかば。

ホチキス ホッチキス。

ほちょう【歩調】❶歩くちょうし。足なみ。❷おおぜいの人がいっしょに仕事をするときのちょうし。(れい)仕事の歩調を合わせる。

慣用句 **耳が早い** 物音やうわさをすぐに聞きつける。

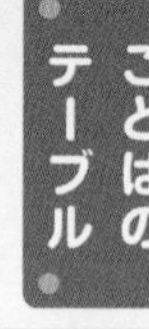

ほちょうき【補聴器】音をよくききとれない人が使う、音を大きくするための器具。

ぼつ【没】❶死ぬこと。死亡。❷原稿・投書を採用しないこと。(れい)記事が没になった。

ほっかいどう【北海道】日本の北のはしにある、大きな島とそのまわりの島からなる地方公共団体。道庁は札幌市にある。⬇都道府県。

ぽっかり ❶軽くうかび、ただよっているようす。(れい)ぽっかりとうかんだ白い雲。❷ものがわれたり、あながあいたりするようす。

ほっきょく【北極】地球の北のはし。また、そのあたり。⬍南極。

ほっきょくせい【北極星】地球の真北の方角にある星。いつも真北の空にあり、方角を知る目じるしになる。⬇北斗七星。

ぽっきり 物がおれるようす。また、そのときの音をあらわすことば。(れい)えんぴつのしんがぽっきりとおれる。

ボックス ❶はこ。❷はこの形の小さな建物。❸野球でバッターやコーチャーなどの立つ、しきられたところ。(れい)バッターボックス。

ホッケー 球技の一つ。先のまがった木のぼうで、小さな球をうちあい、相手のゴールに入れて点数をきそう。一チームは十一人。

ほっさ【発作】病気のしょうじょうが急にはげしくおこること。

ぼっしゅう【没収】とりあげること。(れい)財産を没収する。

ほっする【欲する】ほしいと思う。のぞむ。ねがう。(れい)自由を欲する。

ほっそく【発足】新しい会社や団体などができて活動をはじめること。はっそく。(れい)新しい会社は四月に発足した。

ホッチキス コの字の形のとじ金で紙などをとじる道具。ホチキス。商標名。

ぼっちゃん【坊ちゃん】❶よその男の子をていねいによぶことば。❷だいじに育てられて世の中のことを知らない男の人。(れい)坊ちゃん育ち。

1ほっと ❶ためいきが出るようす。(れい)思わずほっといきをついてしまう。❷安心するようす。(れい)みんな無事と聞いてほっとした。

2ホット ❶あつい飲み物。とくに、あついコーヒー。❷最新であるようす。(れい)ホットなニュース。

1ぽっと ❶とつぜんなにかがあらわれたり、とび出したりするようす。(れい)いい考えがぽっとうかぶ。❷電気がついたり、日がさしたりするようす。(れい)あかりがぽっとつく。❸顔が少し赤くなるようす。(れい)はずかしさで顔がぽっとなる。

2ポット ❶コーヒー・紅茶などを入れるときに使う、そそぎ口がついた、つぼの形のうつわ。❷中に入れたものの温度が長い時間かわらないようにした、びん。まほうびん。

ぼっとう【没頭】そのことだけにむちゅうになること。(れい)受験勉強に没頭する。

ホットケーキ 小麦粉・ふくらし粉・

たまご・さとう・牛乳などをまぜ合わせ、円形に焼いた食べ物。

ホットドッグ 細長いパンに、焼いたソーセージをはさんだ食べ物。

ぼっぱつ【勃発】〔事件や戦争などが〕とつぜんおこること。(れい)戦争が勃発する。

ポップコーン トウモロコシの実をいって、はじけさせた食品。

ほっぺた 「ほお」のくだけた言い方。

ほっぺたがおちる【ほっぺたが落ちる】 とてもおいしいことをたとえるときのことば。「ほおが落ちる」ともいう。(れい)このケーキ、ほっぺたが落ちるほど、おいしいね。

ほっぽうりょうど【北方領土】 北海道の東にある歯舞群島・色丹島・国後島・択捉島のこと。

ぽつぽつ ❶小さな点やあながあちこちにあるようす。❷雨つぶが少しずつ落ちてくるようす。ぽつりぽつり。(れい)雨がぽつぽつとふってきた。

ぼつらく【没落】 さかえていたものが落ちぶれること。

ぽつりと ❶雨やしずくなどが落ちてくるようす。(れい)雨がぽつりと降ってきた。❷小さな点や、あななどができているようす。(れい)ぽつりとあなのあいた手ぶくろ。❸一つだけ、またはひとりだけのようす。(れい)山おくに、ぽつりとたつ家。❹小さな声で短いことばを言うようす。(れい)ぽつりと一言つぶやく。

ぽつりぽつり ❶雨やしずくが少しずつ落ちてくるようす。❷とぎれとぎれに話すようす。(れい)ぽつりぽつりと話しはじめる。

ほつれる ❶ぬい目がほどける。(れい)スカートのすそがほつれた。❷ととのえたかみの毛がみだれる。

ぽつんと ❶雨やしずくなどが落ちてくるようす。(れい)やねから雨だれがぽつんと落ちる。❷小さな点やあなが一つだけできるようす。❸一つだけ、またはひとりだけのようす。(れい)ベンチにぽつんとすわっている女の子。

ほてい【布袋】 七福神のひとり。いつくしみやむつまじさの神とされる。大きなふくろをもち、はらはまるく、おだやかな笑顔をしたすがたであらわされる。➡七福神。

ボディー ❶体。とくに、胴体の部分。❷自動車・飛行機・船などの乗り物の人や荷物をのせるところ。

ボディーガード 重要な人につきそって、命を守ること。また、その役目の人。ごえい。

ポテト ジャガイモ。

ホテル 西洋風の旅館。

ほどう【歩道】 道で、人が歩くようにくぎってあるところ。(れい)横断歩道。⇔車道。

ほどうきょう【歩道橋】 車の行き来のはげしい道路の上に、人が安全に横ぎるためにかけわたした橋。

歩道橋

慣用句 **耳にする** うわさなどで、そのことを聞く。うわさで知る。

ほどく むすんであるものをとく。ぬってあるものをときはなす。

ほとけ【仏】❶仏教で、さとりを開いた人。とくに、「釈迦」のこと。❷死んだ人。❸なさけぶかく、心の広い人のたとえ。

ほとけごころ【仏心】ほとけのようになさけぶかい心。あわれみの心。

ほとけのざ【仏の座】❶シソ科の植物。野原や道ばたにはえる。春、赤むらさき色の花がさく。❷コオニタビラコ。キク科の植物。春の七草の一つ。

ほととぎす カッコウ科の鳥。春の終わりごろに日本にくるわたり鳥。おすは「キョキョキョキョ」などと鳴く。

ほとばしる いきおいよく、とびちる。

ほとほと ひじょうに。まったく。ほんとうに。れい いろいろなことがあって、ほとほとつかれはてた。

ぽとぽと しずくがしたたり落ちるようす。

ほとり そば。あたり。れい 池のほとりをさんぽする。

ほとんど ❶だいたい。おおかた。れい 雨はほとんどあがった。❷もう少しのところで。れい 妹はほとんどなきそうだった。❸多くのうちの大部分。れい クラスのほとんどが賛成した。

ほにゅうるい【哺◀乳類】人間のように子どもをちちで育てて、肺でこきゅうをする動物。ネコ、サルなど。

ほね【骨】❶人や動物の体内にある、体をささえている、かたいもの。❷しょうじ・かさなどの全体をささえる細長い竹や木など。れい かさの骨。❸しっかりした心。れい 骨のある男。

ほねがおれる【骨が折れる】物事をするのにくろうが多い。

ほねみにこたえる【骨身に応える】〔苦しさやいたみなどが〕体の中心部までとどく。れい この寒さは骨身に応える。

ほねみをけずる【骨身を削◀る】〔体が細くなるほど〕一生けんめいに努力する。

ほねをおしむ【骨を惜◀しむ】苦労をいやがって、なまける。

ほのお【炎◀】ものがもえるときに見える、熱や光が出ている部分。火炎。

ほのか〔わずかで〕はっきりとくべつできないようす。かすか。れい 光がほのかにさしこんでいる。

ほのぼの ❶かすかに明るいようす。れい 東の空がほのぼのと明るくなる。❷心を動かされ、あたたかみが感じられるようす。れい ほのぼのと心のあたたまる話。

ほはば【歩幅◀】〔歩くときの〕一歩で進むきょり。れい 大きな歩幅でゆっくり歩く。

ポピュラー みんなによく知られ人気があるようす。れい サッカーは、ポピュラーなスポーツだ。

ポプラ セイヨウハコヤナギなどの、ヤナギ科の木のこと。街路樹などとしてうえる。

ほほえましい【ほほ笑ましい】ほほえみたくなるようす。れい 赤ちゃんがよちよち歩くようすは、見ていてほほ笑ましい。

ほほえみ【ほほ笑み】声をたてずにやさしくわらうこと。また、そのわらい。びしょう。

ほほえむ【ほほ笑む】声をたてずにやさしくわらう。にっこりする。

ほめる【褒める】人のおこないをすぐれているとして、そのように言う。たたえる。(れい) 親切にして褒められた。⇔けなす。

ぼやく ぶつぶつもんくを言う。くだけた言い方。

ぼやける ぼんやりする。はっきりしなくなる。(れい) なみだであたりがぼやけて見える。

ほやほや ❶食べ物ができたてで、湯気が立っているようす。(れい) ほやほやのごはん。❷物事がそうなってまもないようす。(れい) 新婚ほやほやの夫婦。

ぼやぼや 気がつかなかったり、どうしたらよいかわからなかったりして、ぼんやりしているようす。(れい) ぼやぼやしてないで、早く手伝ってよ。

ほらあな【洞穴】がけや岩山などにある、中がからっぽになっている大きなあな。

ほらふき【ほら吹き】おおげさなことや、でたらめなことを言う人。

ボランティア 自分から進んで社会に役立つ仕事にさんかすること。また、さんかする人。

ほり【堀】❶地面をほって水を通したところ。ほりわり。❷敵の進入をふせぐために城のまわりをほり、水をたたえたところ。➡城。

ほりゅう【保留】その場で決めてしまわないで、あとにのばすこと。(れい) 返事を保留する。

ボリューム ❶分量。かさ。(れい) ボリュームのある食事。❷音量。声量。(れい) スピーカーのボリュームをおとす。

ほりょ【捕虜】戦争などで、敵につかまった人。

1ほる【彫る】きざむ。ちょうこくする。(れい) 木を彫って人形をつくる。

2ほる【掘る】❶地面にあなをあける。(れい) トンネルを掘る。❷地面にあなをあけて、うまっているものをとり出す。ほり出す。(れい) ジャガイモを掘る。

ホルン 金管楽器の一種。長い金属の管をまるくまいた大型の楽器。

ほろばしゃ【ほろ馬車】ほろをかけた馬車。

ほろ馬車

ほろぶ【滅ぶ】おとろえて、なくなる。ほろびる。

ぼろぼろ ❶布などが古くなり、やぶれたりくずれたりして、もとの形がないようす。❷心も体もつかれているようす。

ぽろぽろ つぶのようなものがこぼれるようす。(れい) なみだがぽろぽろと流れた。

ほろりと 感動して思わずなみだぐむようす。(れい) 戦争のことを書いた物語を読んでほろりとした。

ぽろりと ❶つぶのようなものが一つ落ちるようす。(れい) なみだがぽろりとこぼれた。❷くっついていたものが、とれて落ちるようす。(れい) 歯がぽろりとぬける。

あいうえお
かきくけこ
さしすせそ
たちつてと
なにぬねの
はひふへほ ほ
まみむめも
やゆよ
らりるれろ
わをん

慣用句 **耳にたこができる** 同じことをなんども聞かされて、いやになる。

ことばのテーブル 610ページ

ほん【本】❶書物。(れい)図書館で本を借りて読む。❷この。当の。(れい)本大会。／本件。❸《数を表すことばの下につけて》細長いものを数えることば。(れい)えんぴつ二本。

ぼん【盆◀】❶物をのせるための、平たくてあさい、うつわ。(れい)木の盆にお茶をのせて運ぶ。❷おぼん。

ぼんおどり【盆◀踊◀り】おぼんの夜に、大ぜいの人が集まって、歌に合わせておどるおどり。死んだ人のたましいをなぐさめるためにはじまったものといわれる。

ほんき【本気】本当の気持ち。しんけんな気持ち。また、本当だと思いこむこと。(れい)本気で取りくむ。

ほんけ【本家】❶一族の中でいちばんもとになる家。❷茶道・いけ花・おどりなどの流派でいちばんもとになっている家。家元。

ぼんさい【盆◀栽◀】はちに木をうえて、えだなどを整え、そのすがたを楽しむもの。

ほんじつ【本日】今日。この日。

ほんしゃ【本社】❶一つの会社がいくつかに分かれているとき、その中心になっているところ。(れい)本社に転勤する。❷〔自分の属する〕この会社。(れい)本社はことし創立三十年をむかえます。

ほんしゅう【本州】日本列島のまん中にある、いちばん大きな島。

ほんしょう【本性】❶うまれつきもっている性質。(れい)野生動物の本性をあらわす。❷頭の働きがたしかなこと。正気。(れい)本性をうしなう。

ほんしん【本心】本当の気持ち。本音。(れい)本心をうちあける。

ほんたい【本体】❶本当のすがた。正体。(れい)本体をみぬく。❷機械などの、中心の部分。

盆栽

ほんだな【本棚◀】本をのせておくためのたな。

ぼんち【盆◀地】まわりを山にかこまれた、平地。

ぽんと ❶ものを軽くたたいたり、軽くあてたりするようす。また、その音。(れい)背中をぽんとたたく。❷ものがはじけたり、いきおいよくとび出したりするようす。また、その音。(れい)ラムネのせんがぽんとぬける。❸かるくものを投げ入れたり、すてたりするときのようす。また、その音。(れい)空きかんをぽんと投げすてる。❹お金やものを気軽に出すようす。(れい)ぽんと百万円を寄付する。

ほんとう【本当】うそやごまかしのないこと。また、本物であること。(れい)これはつくりごとではなく本当の話だ。

ほんにん【本人】その人自身。当人。(れい)本人の気持ちを尊重する。

ほんね【本音】本当の気持ち。本心から出たことば。(れい)本音をはく。

ほんのう【本能】人間や動物が、うまれつきもっている性質や心の働き。

ほんのり かすかなようす。また、かす

かにあらわれるようす。(れい)空がほんのり明るくなってきた。／ほんのり赤みがさした顔。

ほんば【本場】あるもののおもな産地。また、あることがさかんにおこなわれているところ。(れい)本場のミカン。／野球の本場アメリカ。

ほんばん【本番】映画・テレビなどで、練習ではなく本式にさつえいしたり、放送したりすること。

ほんぶ【本部】ある仕事やしくみの中心となるところ。(れい)大会の本部からの発表。

ポンプ 水や油などを、低いところから高いところへあげたり、ほかのところへ送ったりするときに使うきかい。(れい)井戸のポンプ。

ポンプしゃ【ポンプ車】消防車の一つ。ポンプで水をすい上げ、おし出すことによって火をけす車。

ぼんぼり 絹や紙のおおいをつけた、小さなあんどん。ひなまつりなどにかざる。⬇ひな人形。

ボンボン 洋酒の入ったシロップなどを、さとうやチョコレートでつつみこんだ菓子。(れい)ウイスキーボンボン。

ぽんぽん ❶続けてものを軽くたたく音。また、そのようす。(れい)おなかをぽんぽんたたく。❷いきおいよく、続けてものを言うようす。(れい)ぽんぽんともんくを言う。❸物事が次々と出てくるようす。また、どんどんおこなわれるようす。(れい)アイデアがぽんぽんとわいてくる。／古いざっしをぽんぽんすてる。

ほんみょう【本名】戸籍の上の本当の名前。実名。

ほんめい【本命】❶スポーツや競馬などで、優勝の第一こうほ。❷もっとも有力と思われる人。(れい)かれは、次の会長の本命だ。

ほんもの【本物】❶〔にせものではない〕本当のもの。(れい)本物のピカソの絵。⬍偽物。❷〔名前やみせかけでなく〕本当にしかくや実力をもっているもの。(れい)かれのピアノのうでは本物だ。

ほんや【本屋】本を売る店。また、その店を経営している人。

ほんやく【翻訳】ある国のことばであらわされた文章をほかの国のことばになおすこと。(れい)英語の童話を日本語に翻訳する。

ぼんやり ❶形などがはっきりしないようす。(れい)遠くの山がぼんやり見えている。❷元気がなくぼうっとしているようす。(れい)ぼんやりまどから外をながめている。

ほんらい【本来】❶もともとそうであること。元来。(れい)やっと本来の調子にもどる。❷はじめからそうでなければならないこと。(れい)そんなことは本来ならゆるされないことだ。

ほんろう【翻弄】思うままにあつかうこと。もてあそぶこと。(れい)敵のチームを翻弄する。

ほんろん【本論】議論や論文のいちばん中心になる部分。(れい)では本論に入ろう。

ほんわか 心がなごんで、気持ちのいいようす。また、あたたかく、なごやかなようす。(れい)あの人と話しているとほんわかとした気分になる。

慣用句 **耳をすます** 心を落ち着けて、しずかに聞く。じっと聞く。

まがも

ま[1]【真】❶まこと。ほんとう。

❷《あることばの上につけて》「まじめな」「完全な」の意味をあらわすことば。(れい)真心。／真四角。

ま[2]【間】❶ものとものとのあいだの場所。

❷時間と時間とのあいだ。(れい)日がしずむまでには、まだ間がある。

❸へや。(れい)六じょうの間。

ま[3]【魔◀】ふしぎな、おそろしい力で人を苦しめたり、なやませたりする悪い神。(れい)魔よけのお守り。

マーガリン 植物油をもとにしてつくった、バターににた食品。

マーク ❶しるし。記号。また、それをつけること。(れい)赤十字のマーク。

❷記録を出すこと。(れい)競技会で、世界最高記録をマークした。

❸特定の人に注意をはらうこと。(れい)六番の選手をマークする。

マークシート テストなどの解答用紙で、記号や小さいわくの中をぬりつぶして答える形式のもの。

マーケット 毎日の生活にひつような品物や食べ物を売る店が集まっているところ。市場。

マーチ 行進するときにえんそうするようにつくった曲。行進曲。

まい【枚】《数をあらわすことばの下につけて》うすくてひらたいものを数えることば。(れい)ハンカチ一枚。

マイク 「マイクロホン」のりゃく。音波を、電流の強弱にかえるしかけ。放送・録音などで、声を送るために使われる。

まいご【迷子】いっしょに来た人とわかれわかれになったり、道にまよったりした子ども。

まいしゅう【毎週】どの週も。一週間ごと。

まいそう【埋◀葬◀】死んだ人を土の中にうめること。ほうむること。

まいぞう【埋◀蔵】金・銀・銅・石炭・石油などの資源が地中にうまっていること。(れい)金の埋蔵量。

まいちもんじ【真一文字】〔一の字のように〕まっすぐなこと。一直線。(れい)口を真一文字にむすぶ。

まいつき【毎月】一月ごと。つきづき。まいげつ。

まいとし【毎年】一年ごと。ねんねん。まいねん。

マイナー ❶規模などが小さいこと。また、有名でないこと。(れい)マイナーな映画。／マイナーリーグ。⬍メジャー。

❷音楽で短調。短音階。

マイナス ❶さしひくこと。へらすこと。(れい)六マイナス二は四。

❷そんになること。(れい)それはきみにとってマイナスだ。

❸不足すること。赤字。(れい)家計がマイナスになる。⬍①～③プラス。

まいにち【毎日】一日ごと。くる日もくる日も。(れい)毎日予習する。

まいぼつ【埋◀没】〔土やすなに〕うまって見えなくなること。(れい)車両が土砂に埋没した。

まいる【参る】❶「行く」「来る」をへりくだっていうことば。(れい)私が参ります。

〔〕漢字を使った書き方　(れい)ことばの使い方の例　⬍反対のことば　⬇参考になる情報　◀小学校で習わない漢字

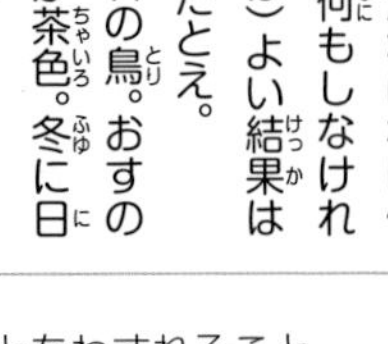

❷神社や寺におがみに行く。(れい)お寺に参る。

❸負ける。こうさんする。(れい)この暑さには参った。

まう【舞う】❶〔音楽などに合わせて〕からだを美しく動かす。おどる。

❷空中を回るようにとぶ。(れい)木の葉が舞う。

まえ【前】❶顔のむいている方。正面の方。(れい)まっすぐ前を見て歩く。⇕後ろ。

❷はじめの部分。さき。(れい)列の前の方にならぶ。⇕後。

❸ある時よりむかしの時。(れい)それは、十年も前のことだ。⇕後。後。

❹〔ある時をもとにして〕まだ、その時にならない時期。(れい)夏休みの前に計画をたてる。⇕後。

❺《人数をあらわすことばの下につけて》その人数分の意味をあらわすことば。(れい)すし五人前。

まえあし【前足】四本の足をもつ動物の、頭に近いほうの足。⇕後ろ足。

まえうり【前売り】入場券・乗車券などを使う日より前に売ること。

まえがみ【前髪】頭の前の方のかみの毛。また、ひたいにたれ下がっているかみの毛。

まえづけ【前付け】書物の本文の前につける、序文や目次などのページ。⇕後付け。

まえば【前歯】❶口の前の方の歯。門歯。⇕奥歯。

❷げたの前の方の歯。

まえむき【前向き】❶前の方をむいていること。

❷進んでやろうとする態度であること。(れい)前向きにとりくむ。

まかせる【任せる】❶そのままにする。まかす。(れい)なりゆきに任せる。

❷人にたのんでやってもらう。また、その人の自由にさせる。まかす。(れい)るす番を任せる。

❸その働きをじゅうぶんに利用する。まかす。(れい)力に任せて相手をおした。

まがたま【まが玉】大むかしの人が、首かざりなどに使った、かぎ形にまがった玉。ひすい・水晶・めのう・ガラスなどが使われた。

まかぬたねははえぬ【まかぬ種は生えぬ】たねをまかなければ何もはえてこないように、何もしなければ(努力をおしんでいては)よい結果はえられないということのたとえ。

まがも【真がも】カモ科の鳥。おすの頭は青緑色。めすは全身が茶色。冬に日本にやってくるわたり鳥。

真がも

まがりかど【曲がり角】❶道のおれまがっている角。

❷大きくかわるところ。ふしめ。

まがる【曲がる】❶まっすぐでなくなる。(れい)くぎが曲がる。

❷進む向きをかえる。

❸ひねくれる。正しくない。(れい)曲がったことは、大きらいだ。

まきがい【巻き貝】〔サザエやカタツムリなど〕うずまき形のからをもっている貝。

四字熟語 **無我夢中** いっしょうけんめいになり、ほかのことをわすれること。

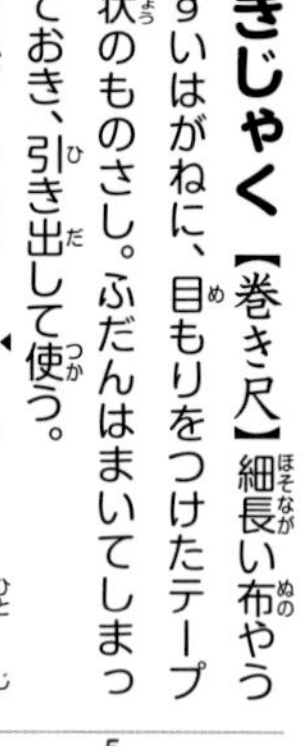

まきじゃく【巻き尺】細長い布やうすいはがねに、目もりをつけたテープ状のものさし。ふだんはまいてしまっておき、引き出して使う。

まきぞえ【巻き添◂え】ほかの人の事件や事故などにまきこまれること。れい けんかの巻き添えをくう。

まきつく【巻き付く】まいてくっつく。ぐるぐるとからみつく。れい アサガオのつるが、かきねに巻き付く。

まきもの【巻物】細長い紙に絵や字を書いて、じくにまきつけたもの。

1**まく** ❶あちこちにちらす。れい 庭に水をまく。❷おおぜいの人にくばる。れい ちらしをまく。

2**まく** 植物のたねを地面にちらす。れい ヒマワリのたねをまく。

3**まく**【巻く】❶まるくたたむ。れい 賞状を巻いて、つつに入れる。❷まわりにからみつける。れい うでにほうたいを巻く。❸ねじってまわす。れい ねじを巻く。

4**まく**【幕】❶しきりにしたり、まわりにはりめぐらしたりする、広くて長い布。れい 紅白の幕をはる。❷劇などのかわりめ。

5**まく**【膜◂】❶動物や植物の、内部の器官をつつむ、うすいかわ。❷物のおもてがわをおおう、うすいかわ。れい 牛乳をわかすと、表面に膜ができる。

まくぎれ【幕切れ】❶劇のひとくぎりが終わること。❷ものごとの終わり。れい 試合はあっけない幕切れだった。

マグニチュード 地震の規模をあらわす単位。記号は「M」。

マグマ 地球の内部で、高温のためにどろどろにとけている物質。これが地表に流れ出したものが溶岩。

まくら【枕◂】ねるときに、頭の下におくもの。

まくらのそうし【枕◂草子】平安時代に清少納言が書いた随筆。宮廷での生活、世の中のようす、自然のうつりかわりなどについての自分の感想をのべたもの。「源氏物語」とならぶ平安女流文学の代表作である。

まくる ❶おおっているものをまいて上にあげる。れい そでをまくる。❷《あることばの下につけて》「さかんに…する」「…し続ける」などの意味をあらわすことば。れい 書きまくる。

まぐれ たまたまよい結果になること。ぐうぜん。れい まぐれで正解した。

まぐろ クロマグロ・メバチマグロなどの、サバ科の大きな魚。世界中のあたたかい海にすむ。

まけ【負け】負けること。敗北。れい 負けがつづく。⇕勝ち。

まけこし【負け越◂し】負けた数が勝った数より多くなること。⇕勝ち越し。

まけこす【負け越◂す】勝負で、負けた回数が勝った回数よりも多くなる。⇕勝ち越す。

まけずぎらい【負けず嫌◂い】人に負けるのをとくにきらう性質であること。また、そのような人。

まけずに【負けずに】負けないで。

まける【負ける】❶たたかってやぶれる。⇕勝つ。❷さからえなくなる。れい しつこいさそいに負ける。

あいうえお かきくけこ さしすせそ たちつてと なにぬねの はひふへほ ま まみむめも やゆよ らりるれろ わをん

【】漢字を使った書き方　れい ことばの使い方の例　⇕反対のことば　⬇参考になる情報　◂小学校で習わない漢字

❸ねだんをやすくする。

まげる【曲げる】❶まっすぐでないじょうたいにする。⇔伸ばす。❷〔ものごとのすじみちや考え方を〕悪い方にかえる。れい事実を曲げる。

まご【孫】むすこやむすめの子ども。

まごい【真ごい】❶ふつうに見られるコイ。体の色は黒っぽい。❷こいのぼりで、黒いコイの形のもの。

まごころ【真心】うそいつわりのない、ほんとうの心。

まごつく どうしたらよいかわからなくて、まよう。まごまごする。れい急な変こうにまごつく。

まごのて【孫の手】先を指の形につくった、木や竹のぼう。手のとどかないせなかなどをかくのに使う。

まごまご どうしてよいかわからず、うろうろするようす。れい道にまよってまごまごした。

まさおかしき【正岡子規】（一八六七〜一九〇二）明治時代の俳人・歌人。俳句・短歌の革新運動を進めた。雑誌『ホトトギス』を発行。

まさか いくらなんでも。れいまさか負けるとは思わなかった。

まさつ【摩擦】❶すれ合うこと。また、こすること。れい手を摩擦する。❷意見や気持ちのくいちがいによっておこるあらそい。いざこざ。

まさに【正に】❶ちょうど。今にも。❷たしかに。れい正に母の言うとおりだった。

まさゆめ【正夢】ゆめに見たことがほんとうになったときの、そのゆめ。

まさる【勝る】ほかのものにくらべて、すぐれている。れいあの大工さんのうでに勝る人は少ない。⇔劣る。

1まざる【交ざる】まじる（交じる）。

2まざる【混ざる】まじる（混じる）。

ました【真下】ちょうど下。すぐ下。

マジック ❶てじな。まほう。❷プロ野球などで、そのチームが優勝するためにはあとなん回勝てばよいかをしめした数。「マジックナンバー」のりゃく。

まじない 神や仏の力をかりて、わざわいをとりのぞいたりあたえたりするような術。れいまじないをかける。

まじまじ じっと見つめるようす。

まじめ【真面目】❶本気であること。❷いっしょうけんめいであること。

まじゅつ【魔術】人をまよわす、ふしぎなわざ。まほう。れい魔術師。

まじょ【魔女】まほうを使う女の人。

ましょうめん【真正面】ちょうど正面にあたるところ。

1まじる【交じる】ほかのものが入って、いっしょになる。まざる。れい漢字とかなが交じった文。

2まじる【混じる】ほかのものが入って、一つに合わさる。まざる。れい酢にしょう油が混じる。

混じる

まじわり【交わり】つきあい。れい近所との交わりを大切にする。

まじわる【交わる】❶線などがかさなる。れいこの道は国道と交わる。❷人とつきあう。交際する。

ましん【麻しん】はしか。

慣用句　**虫がいい**　自分につごうのよいようにばかり考える。

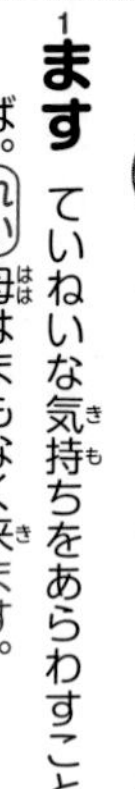

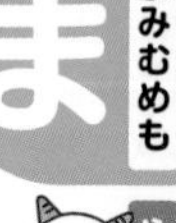

1ます ていねいな気持ちをあらわすことば。(れい)母はまもなく来ます。

2ます【増す】 ❶数量やていどが多くなる。ふえる。(れい)川の水が増す。⬍減る。
❷数量やていどを多くする。(れい)速度を増す。⬍減らす。

まず ❶さきに。最初に。第一に。(れい)まず、やさしい問題をやってみる。
❷とりあえず。とにかく。(れい)手術がぶじすんで、まず、一安心だ。
❸だいたい。たぶん。(れい)あしたの天気は、まずだいじょうぶだろう。

ますい【麻酔】 〔手術などのため〕薬を使って、しばらくの間からだの痛みなどを感じる働きをなくさせること。(れい)麻酔をかける。

まずい ❶あじが悪い。おいしくない。(れい)まずい料理。⬍おいしい。
❷へたである。つたない。(れい)まずい歌。⬍①②うまい。
❸ぐあいが悪い。つごうが悪い。(れい)まずいところを人に見られた。

マスク ❶〔風やほこりなどをふせぐため〕はなや口をおおうもの。
❷おめん。(れい)ヒーローのマスクをかぶる。
❸顔つき。(れい)あまいマスク。

マスコミ 新聞・雑誌・ラジオ・テレビ・映画などを使って、多くの人々に同時にニュースや知識などをつたえること。「マスコミュニケーション」のりゃく。

まずしい【貧しい】 ❶お金やものが少ない。びんぼうである。
❷〔質・量・内容などが〕とぼしい。少ない。(れい)貧しい知識。

マスター ❶飲食店などの主人。
❷完全にならいおぼえること。

ますます ていどがしだいにふえるようす。いっそう。

1まぜる【交ぜる】 ほかのものを入れて、いっしょにする。(れい)漢字とかなを交ぜて書く。

2まぜる【混ぜる】 ほかのものを入れて一つに合わせる。(れい)たまごと牛乳とさとうを混ぜる。

1また【又】 ❶やはり。同じく。(れい)この作品もいいが、あの作品もまた、すばらしい。
❷ふたたび。もう一度。
❸そのうえに。さらに。(れい)気がやさしいし、また、力も強い。
❹ならびに。(れい)かれは政治家であり、また、作家である。

2また【股】 両足のつけねのうちがわ。ももともものの間。

まだ ❶今になってもなお。いまだに。
❷どちらかといえば。まだしも。(れい)それならまだ、あれのほうがましだ。
❸あまり時間がたっていないようす。(れい)まだ三時か。
❹もっと。さらに。(れい)言いたいことは、まだある。

またいとこ【又いとこ】 親がいとこどうしである子どもと子どもとの間がら。父母のいとこの子。はとこ。

またがる ❶両足を開いて上に乗る。
❷二つ以上のものにかかる。(れい)三県にまたがる広大な平野。

またぎき【又聞き】 ちょくせつではなく、ほかの人を通して聞くこと。

またぐ またを広げて物の上をこえる。(れい)水たまりをまたいで、こえる。

またした【股下】 ズボンなどで、またから下の部分。

または【又は】あるいは。そうでなければ。(れい)えんぴつ、またはボールペンで書きなさい。

まだら ちがった色や、こい色とうすい色があちこちにまじっていること。

まだれ【麻垂れ】漢字の部首の一つ。「広」「庁」「庭」「店」などの「广」の部分。

まち【町】❶家や店がたくさんあるところ。(れい)町まで買い物に行く。❷市や区をさらに小さく分けた単位。❸地方公共団体の一つ。ほかに、「市」「村」がある。

まちあわせ【待ち合わせ】まち合わせること。(れい)待ち合わせの時間。

まちあわせる【待ち合わせる】時間と場所を決めて、あう。

まちうける【待ち受ける】来るのをまつ。

まぢか【間近】時間やきょりが、ひじょうに短いこと。

まちがい【間違い】❶まちがうこと。あやまり。(れい)答えの間違い。❷あやまち。しくじり。(れい)かれにまかせておけば、間違いはない。

まちがう【間違う】❶ちがってしまって、正しくなくなる。❷ほかのものととりちがえる。

まちがえる【間違える】❶やりそこなう。しくじる。❷とりちがえる。

まちかど【町角・街角】❶町の道路のまがりかど。(れい)町角の高いビル。❷町の道ばた。街頭。

まちくたびれる【待ちくたびれる】長い間まって、つかれる。

まちどおしい【待ち遠しい】まつ時間がたいへん長く感じられる。(れい)春のくるのが待ち遠しい。

まちなみ【町並み】町の、家がたくさんならんでいるところ。また、そのようす。(れい)美しい町並み。

町並み

まちのぞむ【待ち望む】はやくそうなればいいと思う。待望する。

まちぶせ【待ち伏せ】〔相手がゆだんしているのをねらうために〕その人の来るのを、かくれてまつこと。

まちぼうけ【待ちぼうけ】来るはずの人が、いくらまっても来ないこと。

まちまち それぞれちがっていること。さまざま。(れい)まちまちな服装。

1まつ【松】クロマツ・アカマツなどの、マツ科の木のこと。葉ははりのように細い。松かさができる。

2まつ【待つ】❶〔人・ものごと・じゅんばんなどが〕くるまでの時間をすごす。❷たよりにしてまかせる。期待する。(れい)日本の将来は、わかい人の力に待つところが大きい。

まつおばしょう【松尾芭蕉】〔一六四四〜一六九四〕江戸時代前期の俳人。紀行文「おくのほそ道」などが有名。

まっか【真っ赤】❶赤の色が濃いこと。ひじょうに赤いこと。❷まったくそのとおりであること。まるっきり。(れい)真っ赤なうそ（＝まったくのでたらめ）。

まつかさ【松かさ】マツの実。かわくとかたくなる。まつぼっくり。

慣用句 **虫が知らせる** 前もってなんとなく感じる。予感がする。

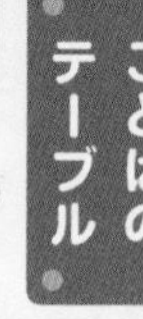

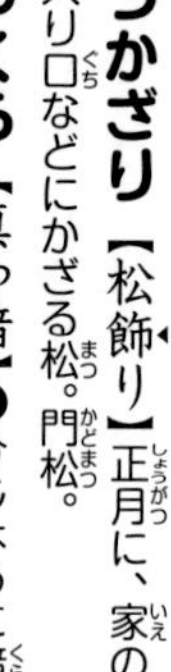

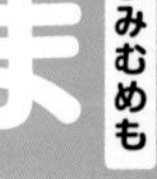

まつかざり【松飾り】正月に、家の入り口などにかざる松。門松。

まっくら【真っ暗】❶ひじょうに暗くて、何も見えないこと。❷まったく希望のもてないこと。

まっくろ【真っ黒】❶まったく黒いこと。⇕真っ白。❷黒ずんでよごれていること。

まつげ【まつ毛】まぶたのふちにはえている毛。⬇目。

マッサージ 手のひらやゆび先などで、からだをもんだりさすったりして、つかれや病気をなおす方法。

まっさいちゅう【真っ最中】ものごとがさかんにおこなわれているとき。(れい)試合の真っ最中。

まっさお【真っ青】色がまったく青いようす。すんだ空のような色の場合にも、顔色のよくない場合にもいう。

まっさつ【抹殺】ないものとして問題にしないこと。消してなくすこと。(れい)反対意見を抹殺する。

まっしぐら ほかのことに目をむけず、目標にむかっていきおいよく進むようす。いちもくさん。(れい)学校が終わったら、まっしぐらに家へ帰る。

まっしょう【抹消】書かれていることを、消すなどして、のぞくこと。(れい)リストから名前を抹消する。

まっしろ【真っ白】まったく白いこと。すっかり白くなること。⇕真っ黒。

まっすぐ【真っすぐ】❶まがったりゆがんだりしていないようす。❷正直なようす。かくしだてがないようす。(れい)心の真っすぐな人。❸より道をしないようす。

まっせき【末席】じゅんばんが、いちばん下の席。

まつだい【末代】その人が死んだあとの世。後世。

まったく【全く】❶すっかり。完全に。(れい)きみの意見に全く賛成だ。❷ほんとうに。じつに。❸《あとに打ち消しのことばがついて》ぜんぜん。(れい)全く知らなかった。

まつたけ【松たけ】キシメジ科のきのこ。アカマツの林などにはえる。かおりがよく、食用にする。

まったん【末端】いちばんはしの部分。さきのほう。

マッチ ❶細い木のじくの先にりんなどの薬品をつけて、こすって火をおこすもの。❷試合。競技。(れい)タイトルマッチ。❸ちょうど合っていること。(れい)服によくマッチしたアクセサリー。

まっちゃ【抹茶】上等の緑茶をこなにしたもの。

マット ❶入り口などにおくしき物。はきもののどろをおとしたり足をふいたりする。❷体操やレスリングなどで使う、あつくてやわらかいしきもの。

まつばづえ【松葉づえ】足の不自由な人がわきの下にあてて体をささえ、歩くときの助けにする、つえ。上の方が松の葉のように二つに分かれているところからいう。

まつばやし【松林】松の木の林。

まつび【末尾】もののいちばん終わり。

まっぴら【真っ平】どんなことがあってもいやなこと。ぜったいにしたくないこと。(れい) そんなことをするのは真っ平だ。

マップ 地図。(れい) ドライブマップ。

まつぼっくり【松ぼっくり】まつかさ。

まつむし【松虫】コオロギ科のこん虫。草むらにすみ、おすは、夏から秋にかけて「チンチロリン」となく。

まつり【祭り】❶神さまをまつること。また、その行事。❷にぎやかにおこなうもよおし。(れい) さくら祭り。／みなと祭り。

まつりごと【政】国をおさめること。政治。少し古い言い方。

まつる【祭る】❶神や死者のたましいをなぐさめるため、そなえものをして儀式をおこなう。❷神として（神社をたてて）うやまう。(れい) 祖先を祭る。

まつろ【末路】人の一生の終わりのころ。また、さかんだったものの、おとろえた最後。(れい) 悪人の末路。

まで ❶場所・時間・はんいなどをかぎっていうことば。❷ていどをしめすことば。(れい) コップに水を半分まで入れる。❸ひどい場合をしめして、そのほかの場合を、それとなくしめすことば。…でさえ。(れい) あなたまでそんなことを言うのか。❹つけくわえる意味をしめすことば。(れい) 雨ばかりか風までふきはじめた。

まてんろう【摩天楼】天にとどきそうなくらいに高い建物。超高層ビル。

まと【的】❶弓で矢をいたり、てっぽうをうったりするときの目じるし。❷めあて。ねらい。(れい) 的をしぼる。❸おおぜいの注意が集まるもの。

まど【窓】へやの中に光や空気を入れるために、かべや屋根にあなをあけて、ガラス戸などをつけたところ。

まどぐち【窓口】役所・会社・病院・銀行などで、書類を受けつけたり、お金の出し入れなどをしたりするところ。

まとはずれ【的外れ】めあてからはずれること。また、ものごとのだいじなところからずれていること。

まとまる ❶ばらばらなものが一つになる。(れい) みんなの意見がまとまる。❷決まりがつく。成立する。(れい) 話がまとまった。❸できあがる。完成する。

まとめる ❶ばらばらになっているものを一つにする。❷なりたたせる。(れい) 話をまとめる。❸完成させる。(れい) 研究をまとめる。

まとも ❶まっすぐむかいあうこと。(れい) 強風がまともにふきつける。❷きちんとしていること。(れい) まともな服そう。

まどり【間取り】家の中のへやのならびかた。

まどろむ 少しの間ねむる。(れい) 木の下でまどろむ。

まとをいる【的を射る】❶射た矢がまとにあたる。❷まちがいなく要点や本質をとらえる。(れい) 的を射た意見。

マドンナ ❶キリストの母のマリア。また、その像。❷あこがれの女の人。

(慣用句) **虫も殺さない** 虫さえも殺せないほど、おとなしそうであるようす。

ことばのテーブル

620ページ

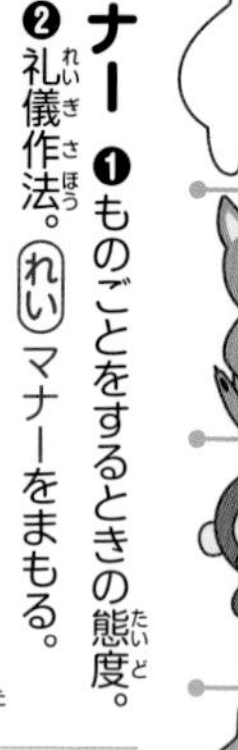

マナー ❶ものごとをするときの態度。❷礼儀作法。(れい)マナーをまもる。

まないた【まな板】ほうちょうで食べ物を切るときに、台にする板。

まなこ【眼】めだま。また、目。

まなざし ものを見るときの目のようす。目つき。(れい)かなしいまなざし。

まなじり めじり。

まなつび【真夏日】一日の最高気温が三十度以上の日。

まなぶ【学ぶ】❶教えてもらう。❷学問をする。勉強する。❸経験して身につける。(れい)自然から多くのことを学んだ。

マニア 自分の楽しみのために、あることにむちゅうになっている人。

まにあう【間に合う】❶決まった時刻・時期におくれないですむ。❷その場の用が足りる。(れい)千円あれば間に合うだろう。

マニキュア つめをみがいたり、そめたりして、美しくすること。

マニュアル ものごとの手順や機械の使い方などを、わかりやすく書いた本。手引き。

まぬけ【間抜け◀】することにぬかりがあること。また、そのような人。

まね ❶ほかのものに似せてその通りにすること。❷しぐさ・行動。(れい)出すぎたまね。

マネー お金。金銭。

マネージャー ❶支配人。❷芸能人・スポーツチーム・劇団・楽団などの世話をする人。

まねき【招き】まねくこと。招待。

マネキン ❶〔デパートなどで〕衣服を着せてかざっておくための人形。❷衣服や化粧品のせんでんなどのために、店の客の前で、じっさいに衣服を着たり化粧をしたりしてみせる人。

まねく【招く】❶お客としてよぶ。招待する。❷たのんで来てもらう。❸〔よくないことを〕ひきおこす。(れい)その事件は家に不幸を招いた。

まねる ほかのものに似せて、同じようにする。まねをする。

まのあたり【目の当たり】目の前。(れい)事故を目の当たりにする。

まのび【間延び】動作などの間が長すぎること。(れい)間延びした返事。

まばたき まぶたをとじたりひらいたりすること。またたき。

まばゆい ❶まぶしい。(れい)初夏のまばゆい光。❷かがやくように美しい。(れい)まばゆいばかりに美しい人。

まばら あちこちに少しずつあって、間がすいていること。(れい)このあたりは、家もまばらだ。

まひ ❶しびれて、からだの感覚がなくなること。❷今まで活動していたものが、活動しなくなったり、にぶくなったりすること。(れい)事故で交通がまひした。

まぶか【目深】ぼうしなどを、目がかくれるほど深くかぶるようす。

目深

まぶしい 明るすぎて目がむけられないほどである。光が強くて目があけられないほどだ。まばゆい。

まぶた 目の上をおおっていて、上下に動いてとじたりひらいたりする、うすいひふ。⬇目。

マフラー 寒さをふせいだり、かざりにしたりするために、首にまくぬの。えりまき。

まほう【魔法】ふつうの人間にはできないようなことを起こす術。魔術。

まぼろし【幻】❶じっさいにはないものが、あるように見えること。また、そう見えるもの。❷すぐにきえてしまう、はかないもののたとえ。❸じっさいにあるかどうか、はっきりしないもの。(れい)幻の作品。

1まま ❶そのようすをかえないでおくこと。(れい)むかしのままの町。❷思う通りのじょうたい。(れい)世の中にはままにならないことが多い。❸そのじょうたいで、つづいていること。(れい)立ったままで聞く。

2ママ 子どもが母をよぶことば。お母さん。⇔パパ。

ままごと【まま事】子どもが、おもちゃなどを使って料理や食事などのまねをする遊び。

1まめ ❶めんどうに思わないで、きちょうめんなこと。(れい)まめにはたらく。／まめにメモをとる。❷からだがじょうぶなこと。(れい)まめにくらす。

2まめ【豆】❶ダイズ・アズキ・エンドウなどマメ科の植物のたね。❷手や足のひふがこすれてできた小さな水ぶくれ。(れい)手に豆ができた。❸《あることばの上につけて》「形やしくみが小さいもの」の意味をあらわすことば。(れい)豆電球。

まめちしき【豆知識】知っていると少し役に立つ知識。

まめまき【豆まき】節分の夜、「福は内、おには外。」と言いながら、いった豆をまき、幸せをいのる行事。

まもなく【間もなく】ある時からあまり時間がたっていないようす。ほどなく。すぐに。

まもの【魔物】ふしぎなおそろしい力をもっていて、人をまどわすもの。ばけもの。

まもる【守る】❶ほかから害をうけないようにふせぐ。⇔攻める。❷その通りにしたがう。決めたとおりにする。(れい)約そくを守る。⇔破る。

1まゆ【眉】目の上に横にならんではえている毛。眉毛。⬇目。

2まゆ【繭】かいこ・けむしなど、こん虫の幼虫が、さなぎの時期をすごすために、口から糸を出してからだのまわりにつくる巣。かいこのまゆからは、きぬ糸をつくる。

まゆげ【眉毛】まゆ。また、まゆにはえている短い毛。(れい)眉毛がこい。

まよう【迷う】❶行こうとする方角がわからなくなる。(れい)道に迷う。❷自分の考えなどが決まらず、どうしていいかわからなくなる。

まよなか【真夜中】すっかり夜のふけたとき。深夜。

マヨネーズ たまごの黄身・サラダ油・酢・塩などをまぜてつくるソース。

マラカス 中南米につたわる楽器。マラカという植物の実をくりぬいてかんそうさせ、中に豆などを入れて、ふって音を出す。

慣用句 **胸が熱くなる** 感謝や感動の気持ちがあふれる。

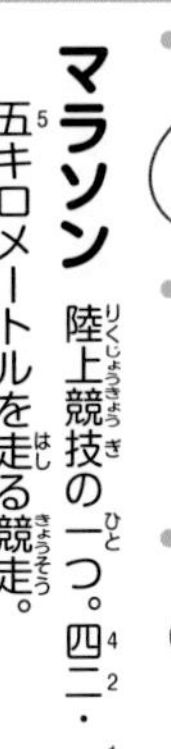

マラソン 陸上競技の一つ。四二・一九五キロメートルを走る競走。

まり 遊びに使う球。ゴムや皮でつくったもの、また、わたをしんにして糸でかがったものなどがある。ボール。

まりょく【◀魔力】人をまよわす、ふしぎな力。魔法の力。

まる【丸】❶まるい形。❷文のおしまいにつける「。」のしるし。句点。❸《あることばの上につけて》「全部」「完全」の意味をあらわすことば。れい 気に入った詩を丸暗記する。❹《数字の上につけて》「ちょうど」の意味をあらわすことば。れい 山田さんが引っこしてから丸一年がたつ。❺船などの名前の下につけることば。れい 富士丸。

1まるい【丸い】❶球の形、または、円の形をしている。れい 地球は丸い。❷かどがたたない。おだやかである。れい 先生が中に入ってけんかを丸くおさめる。

2まるい【円い】円の形をしている。

まるき【丸木】切りたおして山から運び出したままの材木。丸太。

まるきばし【丸木橋】一本の丸木をわたしただけの橋。

まるた【丸太】切りたおして山から運び出したままの材木。丸木。

まるで ❶ちょうど。下に「…のよう」などのことばがくる。れい まるで氷のように冷たい手。❷まったく。ぜんぜん。

まるまる【丸丸】❶いかにもまるいようす。また、よく太っているようす。❷すっかり。ぜんぶ。

まるめる【丸める】❶まるくする。れい ねん土を丸める。❷相手を自分の思うようにあやつる。れい なんだか、母にうまく丸められたような気がする。❸《「頭を丸める」の形で》かみの毛をそる。

まれ めったにないようす。めずらしいようす。れい まれに成功する。

まろやか ❶まるみのあるようす。❷味や性質などにやわらかみがあっておだやかなようす。

まわしもの【回し者】内部のようすをさぐるために、敵から送りこまれた者。スパイ。

まわす【回す】❶円をえがくように動かす。回転させる。❷じゅんじゅんに送る。れい 書いたら、ノートを次の人に回す。❸そこへ行かせる。さしむける。れい すぐに車を回します。❹《動詞の下につけて》「しきりに…する」の意味をあらわすことば。れい 祖父は、自まんのつぼをいつもなで回している。

1まわり【回り】❶まわること。まわる回数。れい 車輪の回りがなめらかだ。／グラウンドを一回りする。❷いきわたること。広がること。れい 火の回りがはやい。❸体の近く。れい 身の回りのことにいつも気をくばる。❹大きさをくらべるとき、そのていどをいうことば。れい この本より一回り大きな本。

2まわり【周り】外側の部分。とりまいているところ。れい 家の周り。

まわりみち【回り道】遠まわりの

道。遠まわりになる道を通って行くこと。⇔近道。

まわる【回る】❶円をえがくように動く。回転する。(れい)せんぷう機が回る。
❷いきわたる。
❸じゅんじゅんにいく。
❹ある時刻をすぎる。
❺べつの場所や立場にうつる。(れい)相手のうしろに回る。
❻《動詞の下につけて》「そのあたりを…する」の意味をあらわすことば。(れい)子犬が、さっきからちょこちょこ動き回っている。

まわれみぎ【回れ右】からだを右にまわして、うしろにむきをかえること。くるりとうしろにむきをかえること。

1まん【万】千の十ばいの数。

2まん【満】年れいや期日などを数えるときに、次の年の同じ月・同じ日で一年になるとする数え方。(れい)満で六才、数え年では七才だ。

まんいち【万一】もしも。ひょっとして。万が一。

まんいん【満員】決められた人数になること。それ以上入れないくらい人がいっぱいになること。

まんが【漫画】実際のできごとや、ものがたりなどを、おもしろくかいた絵。

まんかい【満開】花がすっかり開くこと。花ざかり。(れい)花見に行った公園は、桜が満開だった。

マングローブ 熱帯地方の入り江や河口などのどろ地で発達する、とくべつな森林。

まんげきょう【万華鏡】鏡を内がわにむけて正三角形のつつをつくり、底をすりガラスでおおい、小さく切った色紙などを入れたもの。のぞくと、きれいなもようが見える。

まんげつ【満月】まんまるの月。十五夜の月。⇔新月。

マンゴー ウルシ科の常緑高木。熱帯に育つ。実は黄色で、かおりが強い。

まんさい【満載】〔人やものを〕いっぱいにのせること。

まんざい【漫才】ふたりが組んで、おたがいにこっけいなことを言い合ってお客をわらわせる演芸。

まんじゅう 小麦粉をねった皮の中に、あんを入れてむした菓子。

マンション 一つの大きな建物の中をいくつかのへやにくぎって、多くの人や家族が住めるようにしたすまい。

まんせい【慢性】〔急に悪くはならないが〕長びいてなかなかなおらない、病気の性質。(れい)慢性中耳炎。⇔急性。

まんぞく【満足】❶じゅうぶんであること。完全であること。
❷不平や不満が一つもなく、みちたりていること。

まんちょう【満潮】しおがみちて、海の水面が一日のうちでもっとも高くなること。また、そのとき。⇔干潮。

干潮
満潮

満潮

まんてん【満点】❶決められた点数で、最高の点。(れい)百点満点。
❷欠点や不足のないこと。(れい)それだけできれば満点だ。

マント そでのない外とう。洋服や着物の上からきる。

慣用句 **胸をなで下ろす** 心配なことがなくなって、ほっとひと安心する。

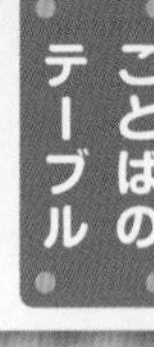

まんなか【真ん中】ちょうど中央にあたるところ。

マンネリ 同じことをくり返しているうちに、新鮮でなくなること。「マンネリズム」のりゃく。

まんぷく【満腹】はらがいっぱいになること。⇕空腹。

まんまと ひじょうにうまく。しゅびよく。(れい)兄に、まんまとだまされた。

まんまる【真ん丸】ゆがみやへこみがなく、完全にまるいこと。

マンモス ❶大むかしに生きていたゾウ科の動物。全身に長い毛がはえ、上向きにまいた長いきばがある。

マンモス①

❷とくに大きなもののたとえ。(れい)マンモス都市。

まんようがな【万葉仮名】ひらがな・かたかながつくられる前、漢字の意味には関係なく、漢字の音や訓をかりて日本語の発音を書きあらわしたもの。「也麻（山）」、「宇美（海）」など。「万葉集」に多く使われている。

まんようしゅう【万葉集】奈良時代にまとめられた、日本でさいしょの歌集。天皇から農民にいたる、あらゆる身分の人々の歌をおよそ四千五百首のせている。

1み【巳◂】❶十二支の六番目。ヘビ。❷むかしの時刻のよび名で、今の午前十時ごろ。また、その前後二時間。

2み【身】❶からだ。(れい)身をかがめる。❷自分。わが身。(れい)身を守る。❸〔皮やほねにたいして〕肉。❹〔その人の〕立場。

3み【実】❶花のめしべのもとがそだったもの。果実。(れい)アサガオの実。❷しるの中に入れるやさいや肉など。❸ないよう。なかみ。(れい)実のない話。

みあい【見合い】けっこんの相手をさがしている男女が、他人のしょうかいで会うこと。

みあげる【見上げる】❶下から上の方を見る。(れい)屋上を見上げる。❷りっぱなので感心する。(れい)見上げた男だ。⇕①②見下ろす。

みあわせる【見合わせる】❶おたがいに見る。(れい)顔を見合わせる。❷〔実行するか〕しばらくようすをみる。(れい)旅行は当分見合わせる。

ミーティング れんらくや打ち合わせのための集まり。会合。

ミイラ 人間や動物の死体が、くさらずにかわいて、もとに近い形のまま残っているもの。

みいる【見入る】見つめる。見とれる。

みうける【見受ける】❶見かける。❷見て判断する。見てとる。

みうしなう【見失う】今まで見えていたものがきえて、どこにあるのかわからなくなる。

みうち【身内】❶からだじゅう。❷しんるい。身より。

みえけん【三重県】近畿地方東部で

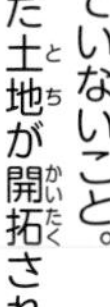

海に面した県。県庁所在地は津市。⬇都道府県。

みえっぱり【見えっ張り】みかけだけよく見せようとすること。また、そのようにする人。

みえる【見える】❶目にはいる。目にうつる。❷見る力がある。(れい)タカは遠くからでも、えものが見える。❸…と見うけられる。…と思われる。(れい)人がよさそうに見える。❹「来る」のそんけい語。おいでになる。

みおくり【見送り】❶出かける人を送ること。また、送る人。⇔出迎え。❷もっとよい機会をまって、行動しないこと。(れい)案の提出を見送りにする。

みおくる【見送る】❶出かける人を送る。❷つごうのよいときまでまつ。一時見合わせる。さしひかえる。(れい)バスを一台見送る。

みおぼえ【見覚え】前に見ておぼえていること。(れい)見覚えのある人。

みおろす【見下ろす】❶高いところから下の方を見る。❷けいべつする。見さげる。見くだす。⇔①②見上げる。

みかい【未開】❶文化・文明がまだひらけていないこと。❷まだ土地が開拓されていないこと。未開拓。

みかいけつ【未解決】まだかいけつされていないこと。(れい)未解決の問題。

みかえし【見返し】本の表紙と中のページとの間にある紙。

みかえす【見返す】❶もう一度よく見る。見直す。❷自分を見た相手を見る。❸〔ばかにされた相手に〕成功したすがたを見せつける。(れい)いつかはあいつを見返してやる。

みかぎる【見限る】みこみがないものとしてあきらめる。(れい)一時は医者も見限るほどの重症だった。

みがきをかける【磨きを掛ける】練習をつんで、よりすぐれたものにする。(れい)芸に磨きを掛ける。

みかく【味覚】五感の一つ。舌で、あまさ・すっぱさ・しょっぱさ・苦さなどを感じるはたらき。

みがく【磨く】❶こすって光らせる。❷〔勉強したり練習したりして〕ますます、よくする。(れい)わざを磨く。

みかけ【見掛け】外がわから見たようす。外見。(れい)見掛けはこわそうだ。

みかける【見掛ける】目にとめる。見うける。

1みかた【見方】❶ものを見る方法。❷ものごとの考え方。(れい)自分の見方をおしつけてはだめだ。

2みかた【味方】❶自分たちのなかま。⇔敵。❷おうえんすること。

みかづき【三日月】新月から三日目ぐらいの細い月。

みがって【身勝手】自分のつごうのよいように考えること。わがまま。

みかど「天皇」の古い言い方。

みがる【身軽】❶からだの動きがすばやいこと。❷〔もち物などがなく〕楽に行動できること。(れい)旅行は身軽なのがよい。❸自由で気楽なこと。

みかん ミカン科の植物。だいだい色の実を食用にする。種類が多い。

慣用句 **目がきく** 物のよい悪いを見分ける力がすぐれている。

みかんせい【未完成】まだでき上がっていないこと。

みき【幹】❶木の、えだや葉を出すもとになる太い部分。❷物事の中心になる大切な部分。れい 幹になる計画。

みぎ【右】人が北をむいたとき、東にあたる方。⇔左。

みぎがわ【右側】右の方。れい 右側を歩く。⇔左側。

みぎきき【右利き】右手の方が左手より、じょうずに使えること。また、その人。⇔左利き。

ミキサー ❶くだものややさいなどをひじょうに細かくつぶしたり、しるをとったりする電気器具。❷〔コンクリートをつくるため〕セメント・じゃり・すななどをかきまぜる機械。れい ミキサー車。

みぎて【右手】❶右の手。❷右の方。右がわ。れい 家の右手は林になっている。⇔①②左手。

みぎにでる【右に出る】《「…の右に出る者がない」の形で》いちばんすぐれている。れい 走ることにかけては兄の右に出る者がない。

みぎひだり【右左】❶右と左。❷右と左を反対にすること。れい あわてしまい、うわばきをうっかり右左にはいてしまった。

みぎむき【右向き】右の方へ向くこと。また、向いていること。

みきわめる【見極める】❶さいごまで見る。見とどける。れい ボールのゆくえを見極める。❷物事のほんとうのようすをよくたしかめる。れい 正体を見極める。

みくびる【見くびる】たいしたことはないと思って相手をばかにする。れい かれを見くびると、いたい目にあうよ。

みくらべる【見比べる】いくつかのものを見て、くらべる。

みぐるしい【見苦しい】〔たいど・ふるまい・外観などが〕見ていて、いやな感じがするようす。

みけん【眉間】まゆとまゆの間。ひたいのまん中。れい あの人は、いつも眉間にしわをよせている。

みこし 神社のおまつりのとき、神がやどるもの・神のかわりとなるものなどをのせておおぜいの人がかつぐもの。おみこし。

みごと【見事】❶すばらしいようす。りっぱ。れい 見事なできばえ。❷じょうずなようす。あざやか。れい その選手は、むずかしいわざを見事にこなした。

みこし

みこみ【見込み】❶こうなるだろうという考え。予想。れい 見込みちがい。❷将来ののぞみ。れい この子は、なかなか見込みがある。

ミサイル ロケットの力でとび、電波などでみちびかれて目標物にあたるばくだん。

みさき【岬】陸地の一部が、海や湖の中に細長くつき出たところ。

みさだめる【見定める】よく見てたしかめる。れい 方向を見定めてから

歩き出す。

みじかい【短い】❶二つのものの間のへだたりが少ない。(れい)短いきょり。❷ある時からある時までの時間のへだたりが少ない。長く続かない。(れい)日が短くなってきた。⇔①②長い。

みじたく【身支度・身仕度】〔何かをするために〕身なりをととのえること。(れい)旅の身支度をする。

みしみし ゆかやかいだんなどが、ものとこすれて立てる音。(れい)ろうかを歩くとみしみしいう。

みじめ【惨め】見ていられないほど、いたいたしいようす。また、ひじょうになさけなくあわれに思えるようす。(れい)惨めな負け方をする。

みじゅく【未熟】❶くだものなどが、じゅうぶんにみのっていないこと。❷学問やわざなどがまだじゅうぶんでないこと。(れい)未熟者。

ミシン ぬのなどをぬったり、ししゅうをしたりする機械。

ミス しっぱいすること。やりそこない。

みず【水】❶川・池・海など、自然にふつうにある液体。色がなく、すきとおっていて、味もにおいもない。生物が生きていくのになくてはならないもの。❷大水。こう水。(れい)大雨がふって、水がでた。

みずあび【水浴び】❶体に水をかけること。水浴。❷泳ぐこと。水泳。

みずあめ【水あめ】すきとおっていて、ねっとりとやわらかいあめ。

みすい【未遂】あることをしようとして、やりとげていないこと。また、うまくいかなかったこと。ふつう、犯罪など、よくないことに使われる。

みずいらず【水入らず】家族など親しい人ばかりで、他人がまじっていないこと。(れい)ひさしぶりに親子水入らずで食事をした。

みずいろ【水色】うすい青色。

みずうみ【湖】陸地にかこまれ、池や沼よりも広くて深く、水をたたえているところ。(れい)湖のほとり。

みすえる【見据える】じっと見る。

みずかき【水かき】水鳥やカエルなどのゆびの間にある、まくのようなもの。これで水をかいて泳ぐ。

みずから【自ら】❶自分。自身。❷自分で。自分から。(れい)自ら失敗をみとめる。

みずぎ【水着】水泳をするときに着る衣服。海水着。

みずくさ【水草】水の中にはえる草。

みずぐるま【水車】すいしゃ。

みずしごと【水仕事】〔台所の仕事など〕水を使ってする仕事。

みずたま【水玉】❶まるく玉になった水のつぶ。❷小さなまるい形をたくさんちらしたもよう。「水玉もよう」のりゃく。

みずたまり【水たまり】地面のくぼみに雨水などのたまったところ。

ミステリー ❶ことばでは表せないほど、ふしぎなこと。❷推理小説。

みずとあぶら【水と油】水と油がとけ合わないように、性質が合わなくて、しっくり調和しないこと。(れい)あのふたりは水と油だ。

みずとり【水鳥】おもに水のあるところにすむ鳥。足に水かきがある。カモ・アヒル・ハクチョウなど。みずどり。

慣用句 **目が高い** よい物を見分ける力がすぐれている。

ことばのテーブル

628ページ

・みずにながす
・みずのあわ
・みずはけ
・みずひき

・みずびたし
・みずべ
・みずぼうそう
・みずみずしい
・みずもの
・みずをうったよう
・みずをさす
・みせ

・みせいねん
・みせる
・みそ
・みぞ
・みぞおち
・みそしる

みずにながす【水に流す】〔いざこざ・うらみなどについて〕いままでのことはすてて、以後こだわらないようにする。(れい)おたがいに、今までのことは水に流して、協力していきましょう。

みずのあわ【水の泡◀】長い間の努力や苦労が、むだになってしまうこと。(れい)ちょっとしたミスをしてしまったことで、せっかくの苦労が水の泡になってしまった。

みずはけ【水はけ】雨水や下水などの流れぐあい。(れい)校庭は、水はけが悪い。

みずひき【水引】おくりもののつつみ紙をむすぶのに使うひも。こよりをのりでかためてつくる。いわいごとなどには赤と白、金と銀。おくやみには、黒と白などを使う。

のしぶくろ
のし
水引

水引

みずびたし【水浸◀し】すっかり水につかること。(れい)大雨で、道路が水浸しになった。

みずべ【水辺】海・川・池などの水のほとり。水ぎわ。

みずぼうそう【水ぼうそう】ウイルスによっておこる子どもに多い感染症。からだじゅうに赤いぶつぶつができて、その中に水がたまる。

みずみずしい つやがあって、いきいきしている。また、わかわかしい。

みずもの【水物】❶飲み物。❷運に左右されやすく、予想外の結果が出やすいものごと。(れい)勝負は水物だから、やってみなければわからない。

みずをうったよう【水を打ったよう】たくさんの人が熱心に聞き入って、しずまりかえっているようす。

みずをさす【水を差す】せっかくうまくいっているものごとを、そばでじゃまをして、うまくいかないようにする。(れい)ふたりの友情に水を差すようなことをしてしまった。

みせ【店】売るために、品物をならべておくところ。商店。(れい)店をひらく。

みせいねん【未成年】二十才未満であること。また、その人。

みせる【見せる】❶人に見えるようにする。❷おもてに出す。あらわす。(れい)うれしそうな表情を見せる。❸《「…してみせる」の形で》きっと…してやる。(れい)山のてっぺんまでのぼってみせる。

みそ【味そ】❶水につけてやわらかくした大豆をむし、こうじ・塩をまぜてはっこうさせた食品。❷どくとくのくふうをこらした点。また、じまんしたい点。(れい)組み立てやすいところが味そだ。

みぞ【溝】❶水を流すためにほった、細長いくぼみ。❷〔しょうじやふすまを前後に動かすために、しきいやかもいに〕細く長くほったくぼみ。❸人と人との気持ちのへだたり。(れい)友だちとの間に、溝ができる。

みぞおち 胸と腹の間あたりの、少しくぼんだところ。

みそしる【味そ汁◀】みそで味をつけ

たしる。おみおつけ。

みぞれ 雨のまざった雪。

みだし【見出し】〔新聞やざっしなどで〕内容がひと目で分かるように、大きな文字で書いた、短いことば。

みだしご【見出し語】辞典で、項目としてのせたことば。太字などですぐわかるようにしめしてある。みだし。

みたてる【見立てる】❶見てえらぶ。(れい)母に洋服を見立ててもらう。❷医者がどんな病気かを判断する。しんだんする。(れい)ただのかぜだと見立てる。

みだれる【乱れる】❶まとまりがなくなる。ばらばらになる。(れい)かみの毛が乱れる。❷おだやかでなくなる。(れい)世の中が乱れる。❸心や気持ちがゆれ動く。

1みち【未知】まだ知らないこと。まだ知られていないこと。(れい)未知の世界。

2みち【道】❶人や車などが行き来するところ。道路。❷人としてしなければならないこと。(れい)人の道にはずれるおこない。❸方法。(れい)努力は成功への道だ。❹方面。(れい)芸術の道を進みたい。

みちあんない【道案内】❶道の方向やきょりなどを書いて道ばたに立ててあるもの。道しるべ。❷道の方向などを教えるために、先にたってみちびくこと。また、その人。

みぢか【身近】自分の身に近いこと。自分に関係の深いこと。

みちかけ【満ち欠け】月が、まるく見えることと欠けて見えること。(れい)月の満ち欠けをかんさつする。

みちくさ【道草】❶道ばたにはえている草。❷「道草を食う」こと。

みちくさをくう【道草を食う】ある場所への行き来のとちゅうで、ほかのことをして時間をとる。

みちしお【満ち潮】海の水が満ちてきて海面が高くなること。満潮。⇕引き潮。

みちじゅん【道順】通っていく道のじゅんじょ。道すじ。

みちたりる【満ち足りる】ひつようなものがじゅうぶんにそなわっていて、満足できる。

みちづれ【道連れ】いっしょに行くこと。また、いっしょに行く人。

みちのり【道のり】通っていく道の長さ。きょり。(れい)遠い道のり。

みちひ【満ち干】海の水が、みちることと、ひくこと。満潮と干潮。

みちびく【導く】❶あるところにあんないする。(れい)客をテーブルに導く。❷よい方に進ませる。指導する。(れい)先生が生徒を教え導く。❸あるじょうたいにさせる。(れい)事業を成功に導く。

みつ【蜜】❶花から出る、あまいしる。❷はちみつ。

みっか【三日】❶一日が三つ集まった数。(れい)三日あればできる。❷月の第三番目の日。(れい)一月三日。

みっかぼうず【三日坊主】ものごとにあきやすく、長続きしないこと。また、そのような人。

みつかる【見付かる】❶人の目にとまる。人に見つけられる。発見される。❷見つけることができる。(れい)苦労した末によい表現が見付かる。

慣用句 **目がない** ひじょうに好きであるようす。

ミックス まぜ合わせること。また、まぜ合わせたもの。(れい)やさいのミックスジュース。

みつける【見付ける】さがしていたものをさがしだす。発見する。(れい)さがしていた本を見付ける。

みっこう【密航】国の決まりをやぶり、こっそりと船や飛行機にしのびこんで外国に行くこと。

みっこく【密告】人のひみつなどを、こっそりほかの人や警察などに知らせること。(れい)犯人を密告する。

みっしつ【密室】❶しめきって、人が出入りできないようにしたへや。❷人に知らせないでひみつにしてあるへや。(れい)地下に密室をつくる。

みっしゅう【密集】すきまもないほどたくさん集まっていること。

みっせつ【密接】❶すきまもなく、ぴったりとくっつくこと。❷ひじょうに関係が深いこと。(れい)二つの国の間には、密接な関係がある。

みつだん【密談】人にかくれて、こっそり話をすること。

みっちゃく【密着】ぴったりとくっつくこと。(れい)密着取材をする。

みっちり 物事をじゅうぶんにおこなうようす。(れい)みっちり練習をする。

みっつ【三つ】❶一の三倍。三。❷三才。

みつど【密度】決まった面積や体積の中に、ものがどのくらいつまっているかのどあい。(れい)人口の密度。

みつばち【蜜◀蜂◀】ミツバチ科のこん虫。花のみつをすって、はちみつをつくり、巣にたくわえる。

みっぺい【密閉】すきまがないように、ぴったりととざすこと。

みつめる【見詰◀める】目をはなさずに、見続ける。しっかりと見る。

みつもり【見積もり】見積もること。また、それを書いたもの。

みつもる【見積もる】❶目で見て、だいたいの量やていどなどをはかる。❷どれくらいのお金や日数などがかかるか、だいたいの計算をする。(れい)工事の費用を見積もる。

みてい【未定】まだ決まっていないこと。(れい)遠足の期日は未定だ。

みとおし【見通し】❶遠くまでひと目で見えること。(れい)見通しのよい丘。❷これから先のことを予想したり、だいたいの見当をつけたりすること。(れい)明るい見通し。

みとおす【見通す】❶遠くの方までひと目で見る。❷先のことや心の中まで見ぬく。(れい)将来を見通した計画。❸はじめから終わりまで見る。

みとどける【見届ける】さいごまで、見て、たしかめる。(れい)勝敗を見届けてから、出かける。

みとめる【認める】❶目にとめる。(れい)あやしい人かげを認めた。❷たしかにそうだと受け入れる。(れい)あやまちを認める。❸ゆるす。(れい)入会を認める。

みどり【緑】春や夏の、草や木の葉のような色。緑色。

みどりのひ【みどりの日】国民の祝日の一つ。自然に親しむとともに、そのめぐみにかんしゃし、ゆたかな心をはぐくむ日。五月四日。

みとれる【見とれる】感心して、

じっと見る。うっとりとして見続ける。れい すばらしいけしきに、見とれた。

みな【皆】残らず全部。すべて。みんな。れい 皆で歌う。

みなおす【見直す】❶もう一度、よく見る。見返す。れい 答えを見直す。❷今まで気づかなかったよさに気づいて、考えをかえる。れい 作文を読んで、弟を見直した。

みなさん【皆さん】「皆様」の少しくだけた言い方。

みなづき【水無月】むかしのこよみで六月のこと。

みなと【港】船が出入りしたり、とまったりするところ。

みなみ【南】日の出る方（＝東）にむかって右手の方角。⇔北。

みなもと【源】❶水の流れ出るもと。水源。れい 川の源までさかのぼる。❷物事のおこりはじめる、もと。れい 文明の源。

みならい【見習い】ある仕事を、じっさいにしながらおぼえること。また、その人。れい 見習いの看護師。

みならう【見習う】見て学ぶ。見ておぼえる。手本にする。れい 弟も、兄を見習ってよく手つだいをする。

みなり【身なり】洋服や着物などを身につけたすがた。れい 初めて会う人なので、きちんとした身なりをして出かける。

ミニ《ほかのことばの上について》小さい意味をあらわす。小型の。短い。れい ミニカー。

みにくい【醜い】美しくない。見ていていやな感じがする。れい 醜いあらそい。

ミニスカート たけがひじょうに短いスカート。ミニ。

ミニチュア 小型。また、小型のもけい。れい おじさんにSLのミニチュアを買ってもらった。

みにつく【身に付く】知識や技術などが、かんぜんに自分のものとなる。れい 長い外国生活のおかげで、英会話が身についた。

ミニトマト 直径二～三センチメートルの小さいトマト。

みね【峰】❶山のいちばん高いところ。また、その辺り。れい 高い峰が続く。❷刀または刃物の、刃と反対の部分。せ。⬇刀。

みの カヤやスゲなどの草の葉やくきであんだ雨具。

みの

みのうえ【身の上】❶その人の（今までの）くらしのようす。その人のおかれているきょうぐう。れい 友だちの身の上を心配する。／身の上話。❷その人の運命。

みのしろきん【身の代金】犯人が人質をかえすかわりに、受けとるお金。

みのまわり【身の回り】❶自分の近く。しんぺん。れい 身の回りの植物や動物をよくかんさつする。❷いつも身につけたり、使ったりしているもの。れい 身の回りのものを整理する。❸ふだんのくらし。しんぺん。れい おばあさんの身の回りの世話をする。

慣用句 **目じりを下げる** うれしそうな顔つきをする。気に入ったような顔をする。

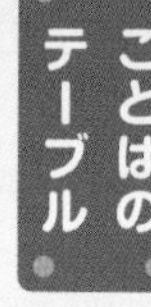

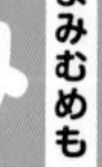

みのむし【みの虫】ミノガ科のガの幼虫。木のえだや葉を糸でつづって「みの」のような形の巣をつくる。

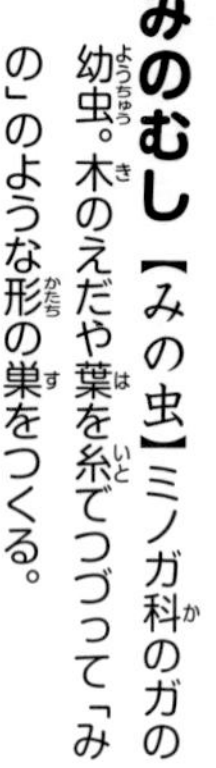

みの虫

みのる【実る】❶草や木の実がなる。❷よいけっかとしてあらわれる。(れい)苦労が実る。

みはからう【見計らう】❶見当をつける。(れい)時間を見計らって出かける。❷見て、ちょうどよさそうだと決める。(れい)スーパーへ行って、夕食のおかずを見計らって買う。

みはらし【見晴らし】広く、遠くまで見わたせること。また、そのけしき。

みはり【見張り】よく気をつけて番をすること。また、その人。

みはる【見張る】❶目を大きく開いて見る。❷よく見て番をする。(れい)会場のまわりを見張る。

みぶり【身振り】手足やからだを動かして、自分の考えや気持ちを相手につたえること。また、そのからだの動き。(れい)ピエロが、おおげさな身振りで客をわらわせる。

みぶん【身分】その人の、社会的な地位や立場。(れい)身分が高い。

みほれる【見ほれる】見て、うっとりする。(れい)ベテランの役者の演技に見ほれる。

みほん【見本】買う前に、どんなものか、見たりためしたりするための品物。(れい)見本を見て、注文する。

みまい【見舞い】病気になったり、さいなんにあったり、くろうしたりしている人をたずねて、なぐさめたり元気づけたりすること。(れい)入院している祖母を見舞いに行く。／見舞い状。

みまう【見舞う】❶病気になったりさいなんにあったりした人をたずねて、なぐさめたりはげましたりする。(れい)けがをして入院している友だちを見舞う。❷おそう。(れい)台風に見舞われる。

みまもる【見守る】❶じっと見つめる。(れい)作業のようすを見守る。❷まちがいがないように、よく見る。見て、番をする。(れい)母に見守られながら、妹はすやすやとねむっている。

みまわす【見回す】まわりをあちこちと見る。ぐるっとあたりを見る。(れい)へやの中を見回した。

みまわる【見回る】まちがいがないかどうか、見てまわる。(れい)校舎の中を見回った。

みまん【未満】まだその数に足りないこと。みたないこと。「十八才未満」というときは、十八才は入らないが、「十八才以下」というときは、十八才も入れて、それより下。

みみ【耳】❶音を感じとるはたらきをする、体の部分。❷物音を聞きとる力。(れい)耳がいい。❸紙・織物など、ひらたいもののはし。(れい)パンの耳をミルクにひたしてネコにやる。

みみざわり【耳障り】聞いていて、いやな感じがするようす。(れい)耳障りな音。

【】漢字を使った書き方　(れい)ことばの使い方の例　⇕反対のことば　⬇参考になる情報　◀小学校で習わない漢字

みみず 土の中などにすむ、細長いひものような形の動物。からだには、輪のようなふしがたくさんあり、土の中の養分をとる。

みみずく フクロウ科の鳥。頭に耳のように見える羽毛がある。昼は木のあなの中などにいて、夜になると活動し、ネズミなどの小さな動物を食べる。

みみずばれ ひっかいたときなどに、ひふがミミズのように細長く、赤くはれること。また、そのきず。

みみたぶ【耳たぶ】耳の下にたれ下がった、肉のやわらかい部分。

みみなれる【耳慣れる】なんども聞いて、めずらしくなくなる。(れい)となりのへやから、耳慣れた声が聞こえてくる。

みみにいれる【耳に入れる】知らせる。話して聞かせる。(れい)ねんのために、本人の耳に入れておこう。

みみにつく【耳につく】❶声や音がうるさく感じられる。(れい)川の音が耳についてねむれない。
❷聞いたことばなどが、気になってわすれられない。(れい)母に言われたことばが耳についている。

みみもと【耳元】耳のすぐそば。

みめい【未明】まだ夜が明けきらない、うす暗いころ。あけがた。

みもと【身元】その人のうまれや育ち、親やきょうだいのことなど。(れい)身元を証明する。

みやぎけん【宮城県】東北地方中部で太平洋に面した県。県庁所在地は仙台市。⬇都道府県。

みゃくはく【脈拍】心臓から血が送り出される運動によっておこる血液の規則的な動き。脈。

みやげ【土産】❶旅先などからもって帰る、その土地の産物。
❷人の家をたずねるときに持って行くおくりもの。手みやげ。

みやこ【都】❶その国の政治の中心地。首都。
❷経済や文化の中心地としての、にぎやかな大きな町。都会。(れい)芸術の都パリ。

みやざきけん【宮崎県】九州地方南東部にあり、日向灘に面した県。県庁所在地は宮崎市。⬇都道府県。

みやざわけんじ【宮沢賢治】(一八九六〜一九三三) 岩手県生まれの詩人・童話作家。農業の研究をしながら、科学者の冷静な目とゆたかな想像力によって、多くの作品を残した。詩『雨ニモマケズ』、童話『銀河鉄道の夜』などが有名。

みやすい【見やすい】見るのに、ちょうどよい。

みやだいく【宮大工】神社や寺などをたてたり、なおしたりすることをせんもんとしている大工。

みやもとむさし【宮本武蔵】江戸時代の剣の達人。巌流島で佐々木小次郎とたたかい、勝った。

ミュージック 音楽。

みょう【妙】❶すぐれていること。(れい)それは妙案だ。
❷ふつうとちがってへんなようす。

みょうごにち【明後日】あすの次の日。あさって。よくよく日。

みょうじ【名字】その家の名。姓。

みょうに【妙に】どうしてかわからず、ふしぎに思うようす。へんに。(れい)妙にむなさわぎがする。

あいうえお かきくけこ さしすせそ たちつてと なにぬねの はひふへほ まみむめも み やゆよ らりるれろ わをん

慣用句 めどが付く 見通しがはっきりする。

・みらい
・ミリ
・ミリメートル
・みりょう
・みりょく
・みりん
・みる
・ミルク
・ミレニアム
・みれん
・みわける
・みわたす
・みわたすかぎり
・みをいれる
・みをむすぶ
・みんか
・みんかん
・みんげいひん
・みんしゅう
・みんしゅく
・みんしゅしゅぎ
・みんな
・みんよう
・みんわ
・むいか
・むいしき

みらい【未来】これからさき。⬍現在。過去。

ミリ 「ミリメートル」のりゃく。

ミリメートル 長さをあらわす単位。一メートルの千分の一。ミリ。記号は、「㎜」。

みりょう【魅了◂】心をひきつけ、夢中にさせること。れい 観客を魅了する。

みりょく【魅力】人の心をひきつける力。れい 魅力のある人。

みりん【味りん】調理用に使うあまみの強い酒。

みる【見る】❶目の働きで、物の形・内容などを知る。ながめる。❷調べる。れい あじを見る。❸世話をする。れい 子どものめんどうを見る。❹経験する。れい いたい目を見る。❺《「…してみる」の形で》ためしに…する。れい やってみる。／食べてみる。

ミルク ❶牛乳。❷牛乳をにつめて、手をくわえたもの。れんにゅう・こなミルクなど。

ミレニアム 千年の期間。

みれん【未練】あきらめきれずに、心残りがすること。れい なくした本に未練がある。

みわける【見分ける】見てくべつする。れい もののよしあしを見分ける。

みわたす【見渡◂す】遠くまで広く見る。れい おかの上から海を見渡す。

みわたすかぎり【見渡◂す限り】遠くまで広くながめられるはんい。目に見えるはんい。れい 見渡す限りの海。

みをいれる【身を入れる】心をこめて、いっしょうけんめいにする。れい 先生の話を身を入れて聞く。

みをむすぶ【実を結ぶ】❶植物の実がなる。❷よい結果となってあらわれる。れい 長い間の苦労が実を結んだ。

みんか【民家】いっぱんの人が住んでいる家。

みんかん【民間】政府や役所などにかんけいのない、いっぱんの社会。れい 民間の意見を政治にとり入れる。

みんげいひん【民芸品】いっぱんの人々の生活の中でつたえられてきた、その土地の工芸品。

みんしゅう【民衆】世の中の、ふつうの人々。いっぱんの人たち。大衆。

みんしゅく【民宿】観光地などで、旅館やホテルよりもきぼの小さい、客を宿泊させるためのしせつ。

みんしゅしゅぎ【民主主義】国民が中心になって、自分たちのしあわせや利益を考え、国をおさめていこうとする考え方。

みんな みな。

みんよう【民謡◂】その地方の人々のくらしの中から生まれ、親しまれて、古くからうたいつがれてきた歌。

みんわ【民話】その地方の人々のくらしの中から自然に生まれ、古くからかたりつたえられてきた話。むかし話や伝説など。

むいか【六日】❶日数が六つあること。れい 運動会まで、まだ六日ある。❷ある月の六番目の日。れい 八月六日。

むいしき【無意識】❶自分で自分の

していることに気づかないこと。知らず知らず。（れい）無意識のうちにつめをかんでいた。❷気をうしなったじょうたい。

ムード〔その場に合った〕気分。ふんいき。（れい）落ち着いたムードの店。

むえん【無縁】えんがないこと。つながりがないこと。（れい）お金や名声にはまったく無縁の人生をおくる。

むがい【無害】害がないこと。⇕有害。

むかいかぜ【向かい風】進んでいく方向から、こちらにむかってふいてくる風。逆風。⇕追い風。

向かい風

むかう【向かう】❶顔をその方へむける。（れい）鏡に向かう。❷〔ある方向を〕目ざして進む。❸あるじょうたいに近づく。（れい）父の病気は、快方に向かってきた。❹相手にする。（れい）姉に向かって文句をいう。❺さからう。てむかいする。（れい）たったひとりで敵に向かっていった。

むかえる【迎える】❶やってくるのをまち受ける。❷まねく。よびよせる。❸〔家族やなかまとして〕受け入れる。（れい）およめさんを迎える。❹その時期になる。（れい）冬を迎える。

むかし【昔】❶ずっと以前。何年も前の時代。⇕今。❷すぎさった十年を単位とした年月のあらわし方。（れい）あの事件は一昔前のことだ。

むかしばなし【昔話】❶むかしあったことを話すこと。（れい）父は昔話に花をさかせている。❷むかしから言いつたえられてきた物語。「桃太郎」など。

むかつく ❶むねがむかむかする。はきけがする。❷いらいらして、いかりを感じる。

むかで あしのたくさんある、ひらたくて細長い動物。からだは多くの節にわかれている。口から毒を出す。

むかむか ❶はきけをもよおすようす。（れい）船によって、むかむかする。❷しゃくにさわるようす。

むき【向き】❶むいている方向。❷ふさわしいこと。てきすること。（れい）若者向きのドラマ。

むぎ【麦】イネ科の植物。オオムギ・コムギなど。

むきだし【むき出し】❶おおうものがなく、全部見えていること。丸出し。（れい）おなかをむき出しにしてねむる。❷かざらないで、ありのままにあらわすこと。（れい）闘志をむき出しにする。

むぎちゃ【麦茶】オオムギを、からがついたまま、いってこがしたもの。また、それをせんじた飲み物。

むきになる 小さいことでも、いいかげんに考えず本気になる。（れい）かれはすぐむきになる。

むきゅう【無休】仕事などを一日もやすまないで、続けてすること。（れい）年中無休で営業している店。

むぎわらぼうし【麦わら帽子】麦のくきをあんでつくった帽子。夏、日よけ用にかぶる。

ことわざ **目は口ほどに物を言う** 目つきは、ことばと同じように感情をつたえる。

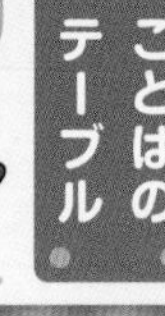

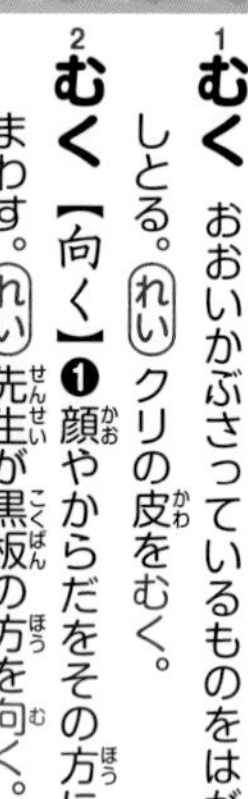

むく[1] おおいかぶさっているものをはがしとる。(れい)クリの皮をむく。

むく[2]【向く】❶顔やからだをその方にまわす。(れい)先生が黒板の方を向く。❷似合う。てきする。(れい)この本は、子どもに向いている。❸だんだんそのようになる。(れい)運が向いてきたようだ。❹その方向に面している。

むくい【報い】自分のしたことの結果として身に受けるもの。(れい)なまけていた報いを受ける。

むくち【無口】あまり人としゃべらないこと。また、そのような人。

むくむく ❶次から次へとわき上がるようす。(れい)入道雲がむくむくわく。❷ふっくらと太っているようす。

むけいぶんかざい【無形文化財】演劇や音楽などの芸術、織物やそめものなどの技術のうち、のちの世まで残すねうちのあるもの。国や県などがさだめて保護している。

むける【向ける】❶〔その方向に〕むくようにする。(れい)顔を上に向ける。❷行かせる。(れい)サービス係を向ける。❸わりあてる。(れい)お年玉の半分を本代に向ける。

むげん【無限】終わりのないこと。かぎりのないこと。(れい)無限に広がる大空。

むげんだい【無限大】かぎりなく大きいこと。

むこ【婿◀】❶むすめの夫。❷結婚する相手の男の人。(れい)姉のお婿さんが決まった。⇕①②嫁。

むごい ❶目をそむけたくなるほどひどくて、いたましい。ひさんである。❷思いやりがない。ざんこくである。(れい)ペットをすてるとはむごい。

むこう[1]【向こう】❶正面。むかい。(れい)向こうの家。❷あちらの方。あっち。❸相手。(れい)向こうのせいだ。❹今から。今後。(れい)向こう五日間。

むこう[2]【無効】役に立たないこと。きめのないこと。効力がないこと。(れい)この割引券は、期限切れで無効だ。⇕有効。

むこうずね【向こうずね】すねの前のところ。

むこうみず【向こう見ず】あとのことも考えず、むちゃなことをすること。また、その人。むてっぽう。

むごん【無言】なにも言わないこと。

むざい【無罪】さいばんで、罪がないとされること。⇕有罪。

むささび リス科の動物。尾が長く、前足と後ろ足の間のまくを広げて木の上から飛ぶ。

むざん【無残・無惨◀】見ていられないほどいたましいこと。

むし[1]【虫】❶〔人間・けもの・鳥・魚・貝以外の〕小さな動物をまとめていう言い方。とくに、こん虫。❷秋に美しい声で鳴くこん虫。(れい)虫の音。❸寄生虫。(れい)虫くだし。❹一つのことにむちゅうになる人。(れい)読書の虫。❺人の気持ちを動かすと考えられているもの。(れい)くやしくて、はらの虫がおさまらない。

むし[2]【無視】❶あってもないようにあつかうこと。(れい)忠告を無視する。❷かるくみて相手にしないこと。

【】漢字を使った書き方　(れい)ことばの使い方の例　⇕反対のことば　⬇参考になる情報　◀小学校で習わない漢字

むじ【無地】全体が一色で、もようのないこと。

むしあつい【蒸し暑い】しめり気が多くて風がなく、あつい。

むしがすかない【虫が好かない】はっきりした理由はないが、なんとなく気に入らない。

むしきき【虫聞き】秋の夜、屋外で虫の鳴き声を楽しむこと。

むししぐれ【虫時雨】多くの虫がいっせいに鳴いているようすを時雨の音にたとえたことば。

むじつ【無実】❶内容がないこと。(れい)有名無実。❷罪がないこと。

むしとり【虫取り・虫捕り】虫をつかまえること。

むしのしらせ【虫の知らせ】よくないことがおこりそうだと感じること。悪い予感。

むしのね【虫の音】虫の鳴き声。

むしば【虫歯】細菌がつくった酸によって、一部分がとけた歯。

むしむし【蒸し蒸し】むし暑いようす。(れい)この部屋は蒸し蒸しする。

むしめがね【虫眼鏡】とつレンズを使った、小さな物を大きくして見るための道具。

虫眼鏡

むじゃき【無邪気】すなおなこと。また、おさなくて、かわいらしいこと。

むしゃくしゃ いらいらして、腹が立つようす。

むしゃぶるい【武者震い】〔物事をしようとするとき〕きんちょうのため、思わずからだがふるえること。

むしゃむしゃ いきおいよく食べ続けるようす。

むじゅん【矛盾】つじつまが合わないこと。むかし中国で、矛（＝せめる武器）と盾（＝まもる武器）を売っている人があり、その人が「この矛はどんな盾でもつきやぶることができるし、この盾はどんな矛でもふせぐことができる」とじまんした。そこで、ある人が、「その矛でその盾をついたらどうなるか」とたずねたら、答えられなくなったという話から。(れい)あの人の話は、矛盾だらけだ。

むしょく【無色】まったく色がついていないこと。

むしる ❶つかんで、ひきぬく。❷ついているものを、つまんではなす。(れい)魚の身をむしる。

むじんとう【無人島】人の住んでいない島。

むす【蒸す】❶ゆげでねつをくわえる。ふかす。(れい)いもを蒸す。❷むしあつく感じる。(れい)今日は蒸す。

むずかしい【難しい】❶わかりにくい。よくわからない。むつかしい。❷かんたんにはできない。むつかしい。(れい)これを組み立てるのは難しい。⇔①②易しい。❸きげんが悪い。むつかしい。(れい)父は、難しい顔で弟をよびつけた。❹なおりにくい。むつかしい。(れい)難しい病気。

むすこ【息子】〔親からみて〕自分の子どものうち、男のほう。せがれ。⇔娘。

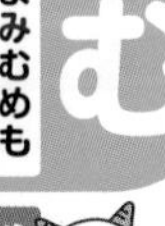

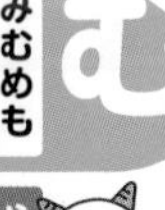

あいうえお かきくけこ さしすせそ たちつてと なにぬねの はひふへほ まみむめも む やゆよ らりるれろ わをん

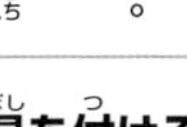
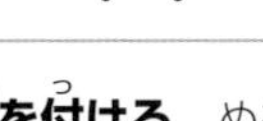
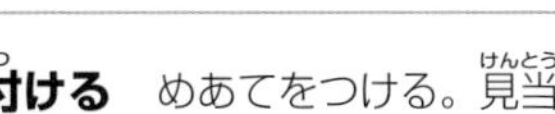

慣用句 **目星を付ける** めあてをつける。見当をつける。

むすび【結び】❶むすぶこと。また、むすんだところ。❷物事の終わり。しめくくり。(れい)結びのあいさつ。❸にぎりめし。おむすび。

むすぶ【結ぶ】❶糸やひもなどをからませて、つなぎ合わせる。⇕解く。❷はなれている二つのところを直接つなぐようにする。(れい)本州と北海道を海底トンネルで結ぶ。❸やくそくなどをとり決める。(れい)条約を結ぶ。❹しめくくりをつける。まとまりをつける。(れい)話を結ぶ。❺かたくとじる。(れい)口を結ぶ。

むずむず ❶〔虫がはうような〕かゆい感じがするようす。(れい)せなかがむずむずする。❷したくてもできず、いらいらするようす。また、自分がやってみたくて落ち着かないようす。(れい)自分も試合に出たくてむずむずする。

むすめ【娘】❶〔親からみて〕自分の子どものうち、女のほう。⇕息子。❷わかい女の人。とくに、結婚していない女の人。

むせきにん【無責任】とうぜんしなければならないつとめや役わりをはたさないこと。責任を感じないこと。

むそう【夢想】〔頭の中だけで〕あれこれととりとめのないことを思いうかべること。空想。

むだ【無駄◀】役に立たないこと。ききめがないこと。(れい)無駄をはぶく。

むだづかい【無駄◀遣◀い】お金やものを役に立たないことに使うこと。

むだん【無断】ゆるしを受けないこと。(れい)無断で休む。

むち【無知】❶それについて知識がないこと。(れい)法律には無知だ。❷おろかなこと。知恵のないこと。

むちゃ ❶すじみちがたたないようす。らんぼうなようす。(れい)むちゃな話。❷ていどをひどくこえているようす。(れい)あまりむちゃをするなよ。

むちゅう【夢中】あることだけに熱中すること。

むつ【六つ】❶一の六倍。六。むっつ。❷六才。むっつ。

むつき【睦◀月】むかしのこよみで一月のこと。

むっくり ❶急におき上がるようす。❷よく太っているようす。

むっつ【六つ】むつ。

むっつり 口数が少なくてあいそうのないようす。(れい)むっつりだまりこむ。

むっと ❶急に不きげんになるようす。(れい)足をふまれて、むっとした。❷いやなにおいやむしあつさで、息がつまりそうなようす。(れい)しめきった部屋にはいると、むっとする。

むつまじい〔たがいに気が合って〕なかがよい。親しい。

むてき【無敵】相手になるものがいないほど強いこと。

むてっぽう【無鉄砲◀】けっかを考えずに、むやみにものごとをすること。むこうみず。

むなぐら【胸倉】着物の左右のえりが重なる、むねのあたり。

むなさわぎ【胸騒◀ぎ】なにか悪いことがおこりそうな気がして、心が落ち着かないこと。胸が騒ぐこと。(れい)けさからなぜか胸騒ぎがする。

むなしい ❶いっしょうけんめいやっ

ても、むだである。(れい)努力もむなしく、負けた。❷はかない。あっけない。(れい)あっけなく死んでしまった人をみて、人生をむなしくかんじた。❸中身がなくそらぞらしい。(れい)口先だけのむなしいことば。

むね【胸】❶からだの前がわで、首とはらの間の部分。❷心。(れい)胸をふくらませる。❸肺。(れい)胸のレントゲン写真。

むねがいたむ【胸が痛む】かなしみや心配で、つらく思う。

むねがいっぱいになる【胸が一杯になる】かなしみやよろこびなどで、胸がつまるように感じる。

むねがおどる【胸が躍る】よろこびや期待などで、心がときめく。(れい)プレゼントをもらって胸が躍る。

胸が躍る

むねがすく【胸がすく】さっぱりとした、いい気持ちになる。(れい)成功して、胸がすく思いがした。

むねがたかなる【胸が高鳴る】きぼうや期待などで、胸がどきどきする。

むねがはずむ【胸が弾む】うれしくて、気持ちがわくわくする。

むねにきざむ【胸に刻む】わすれないように、しっかりとおぼえておく。(れい)先生の教えを胸に刻む。

むねにせまる【胸に迫る】かなしみや感動がこみあげてきて、胸がおさえられるように感じる。(れい)親子の愛情がひしひしと胸に迫る。

むねにひびく【胸に響く】感動する。心が動かされる。(れい)校長先生の言葉が胸に響く。

むねをうつ【胸を打つ】心に強く感じる。深く感動する。(れい)胸を打つ行動。

むねをはる【胸を張る】胸を大きく広げて、どうどうとしたたいどをとる。(れい)選手たちは、胸を張って行進した。

むねをふくらませる【胸を膨らませる】うれしさや希望などで心がいっぱいになる。(れい)入学のよろこびに胸を膨らませる。

むねん【無念】くやしく思うこと。ざんねんなこと。(れい)試合に負けて無念のなみだをながす。

むのう【無能】仕事をする力や、うでまえがないこと。

むぼう【無謀】よく考えずに物事をおこなうこと。むちゃ。むてっぽう。(れい)こんなあらしの海に船を出すなんて、無謀としかいえない。

むほん【謀反】家来が主君をうらぎること。

むめい【無名】❶有名でないこと。(れい)無名の選手。⇔有名。❷名前がわからないこと。(れい)無名戦士の墓。

むよく【無欲】よくがないこと。よくばらないこと。(れい)無欲な人。

むら【村】❶いなかで、人家が集まっているところ。❷地方公共団体の一つ。市や町より人口が少ないところ。

目も当てられない ひどくて見ていられない。みじめでまともに見られない。

ことばのテーブル 640ページ

・むらがる
・むらさき
・むらさきしきぶ
・むらざと
・むらはずれ
・むらびと
・むり
・むりじい
・むりやり
・むりょう
・むりょく
・むれ
・むれる
・むろ
・むろまちじだい
・むろん
・め[1]

むらがる【群がる】たくさんの人やものが、ひとつのところに集まる。(れい)さとうにアリが群がる。

むらさき【紫◀】赤と青をまぜてできる色。

むらさきしきぶ【紫◀式部】（九七三?〜一〇一四?）平安時代中ごろの女流文学者。宮中につかえ、「源氏物語」や「紫式部日記」などを書いた。

むらざと【村里】いなかで、人家が集まっているところ。

むらはずれ【村外れ】村の中心からはなれたところ。

むらびと【村人】村に住んでいる人。

むり【無理】❶りくつに合わないこと。(れい)無理を通す。❷できそうにもないこと。❸するのがむずかしいこと。

むりじい【無理強い】いやがることを無理にやらせようとすること。

むりやり【無理やり】無理をして、どうしてもするようす。

むりょう【無料】物事をするのにお金がいらないこと。ただ。

むりょく【無力】物事をする気力・財力・能力などがないこと。

むれ【群れ】一つのところにより集まっていること。また、より集まったなかま。(れい)わたり鳥の群れがとぶ。

むれる【群れる】より集まる。むらがる。(れい)子どもたちが群れている。

むろ【室】外気をさえぎり、中の温度がかわらないようにしたへや。食べ物をたくわえたりするのに使う。

むろまちじだい【室町時代】足利氏が、京都の室町に幕府を開いて政治をおこなった時代。一三三六年ごろから一五七三年まで。

むろん【無論】もちろん。いうまでもなく。(れい)会には、無論出席します。

め[1]【目】❶〔光や色を感じて〕ものを見る働きをする、体の部分。❷目つき。(れい)変な目で見る。❸見る働き。視力。(れい)目がいい。❹見ること。見えること。❺ねうちのあるなしを見分ける力。はんだん力。(れい)目が高い。❻あんだり組んだりしたものやひと続きのもののすきま。❼ものの中心。(れい)台風の目。❽ある物事にあうこと。経験。(れい)ひどい目にあった。❾順番や順序をあらわすことば。(れい)十日目の夜。❿《あることばの下につけて》「やや、その性質がある」の意味をあらわすことば。(れい)長めのズボン。⓫《あることばの下につけて》物事のさかいとなる場所・線・点などをあらわすことば。(れい)さかい目。

まゆ
まぶた
まつ毛
目頭
目じり
ひとみ（どうこう）

目①

2め【芽】❶草のたねや木のえだからのび、生長すると、花・葉・えだ・くきなどになるもの。❷新しく出てきて、これから成長しそうなもの。

めあて【目当て】❶目じるし。(れい) 交番を目当てに進む。❷目的。ねらい。(れい) この旅行の目当ては温泉だ。

めい 自分の兄弟や姉妹の、女の子ども。⇔おい。

1めいあん【名案】すばらしい思いつき。よい考え。(れい) みんなで話し合えば、きっと名案がうかぶだろう。

2めいあん【明暗】❶明るさと、暗さ。❷幸せと、不幸せ。喜びと悲しみ。(れい) 明暗をわける試合。

めいおうせい【冥王星】太陽系の天体の一つ。かつては、わく星と考えられていたが、二〇〇六年にわく星ではないと決められた。

めいかい【明快】すじ道がはっきりしていて、わかりやすいこと。

めいかく【明確】はっきりしていてたしかなこと。(れい) 明確に答える。

めいきゅう【迷宮】入ると出口がわからなくなるようにつくった宮殿。

めいきゅういり【迷宮入り】犯罪事件などで、解決がつかないまま、そうさが打ち切りになること。

めいきょく【名曲】すぐれた有名な曲。(れい) 名曲をかんしょうする。

メイク 化粧をすること。とくに、俳優などが映画や舞台に出るために化粧をすること。メーキャップ。

1めいげつ【名月】古いこよみで、八月十五日の月。(れい) 中秋の名月。

2めいげつ【明月】すんだ夜空にかがやく、まるく美しい月。

めいげん【名言】言い回しがうまくて、すぐれた教えをふくんでいることば。有名なことば。(れい) 世界の名言。

めいさい【明細】❶細かなところまでくわしくはっきりしていること。❷内容をくわしく記した書きつけ。「明細書」のりゃく。

めいさく【名作】〔文学・絵・音楽などの〕すぐれた作品。有名な作品。

めいさん【名産】その土地でできる、有名な産物。名物。(れい) ふるさとの名産をみやげにする。

1めいし【名刺】名前・身分・住所などをいんさつした小さな紙。はじめて会った人などにわたす。

2めいし【名詞】文法で、人やもの・ことがらなどの名前をあらわすことば。「木」「学校」など。

めいじ【明治】明治天皇がくらいについていたときの年号。一八六八年から一九一二年まで。

めいじいしん【明治維新】一八六八年、徳川幕府がほろび、天皇を中心とする政府が政治の権力をにぎって、西洋にならって新しい国家のしくみをつくった改革。

めいじじだい【明治時代】年号が明治であった時代。一八六八（明治一）年から一九一二（明治四十五）年まで。

めいしどめ【名詞止め】文や詩歌の句の終わりを名詞（＝体言）で終わらせる表現方法。体言止め。

めいしょ【名所】けしきがよいことや、歴史上のいわれなどがあって有名なところ。

めいしょう【名称】名前。よび名。

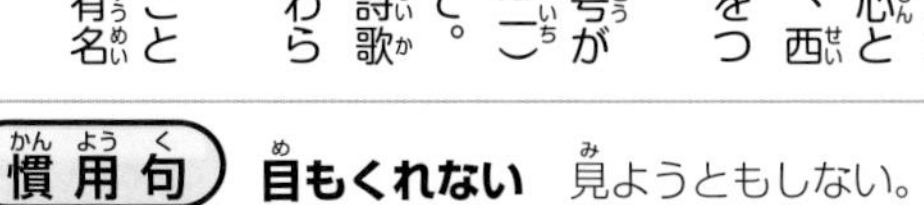
慣用句 **目もくれない** 見ようともしない。相手にしない。

めいしん【迷信】りくつに合わなくて、正しくないとされることをしんじること。

めいじん【名人】わざのすぐれた人。れい つりの名人。

めいずる【命ずる】❶言いつける。命令する。命じる。❷ある地位や役目につける。命じる。れい 委員長を命ずる。

めいせい【名声】世間でのよいひょうばん。れい 名声を得る。

1 **めいそう**【めい想】目をとじて、しずかに考えること。

2 **めいそう**【迷走】予想できない道すじをたどること。れい 台風が迷走する。

めいちゅう【命中】〔たまや矢が〕ねらったものにうまくあたること。的中。

めいにち【命日】毎月、または、毎年めぐってくる、その人の死んだ日にあたる日。

めいはく【明白】はっきりしていて、うたがわしいところのないこと。れい この件についてはかれの責任でないことは明白だ。

めいぶつ【名物】❶その土地にできる有名な産物。名産。れい 土地の名物を送る。❷有名なもの。また、少しかわっていることで、ひょうばんになっている人。れい 名物の夏祭り。／村の名物男。

めいぼ【名簿】人の名前や住所などを書いた書類。れい 卒業生名簿。

1 **めいめい**【命名】名前をつけること。

2 **めいめい**【銘銘】ひとりひとり。おのおの。それぞれ。れい レストランで、めいめい好きなものを食べる。

めいもん【名門】❶長い歴史のある、りっぱで広く知られている家がら。❷長い歴史のある有名な学校。れい 名門大学。

めいよ【名誉】❶すぐれているとみとめられて、自分でもほこりに思うこと。れい 名誉に思う。❷面目。体面。れい その人の名誉のために名前は言わない。

めいれい【命令】いいつけること。また、そのいいつけ。

めいろ【迷路】中に入ると、出口も入り口もわからなくなってしまうような道。こみいっていて、まよいやすい道。

めいわく【迷惑】人の行動のためにいやな思いをしたりこまったりすること。れい 人に迷惑をかけない。

メイン おもなもの。中心。メーン。

めうえ【目上】自分よりも、年れいや地位などの高い人。⇕目下。

メーカー 品物などをつくる会社。その中でも、有名な会社。

メートル 長さの単位。フランスで決められ、多くの国で使われている。一メートルは百センチメートル。メーター。記号は「m」。

メール ❶郵便。郵便物。れい エアメール（＝航空郵便）。／ダイレクトメール（＝個人にちょくせつ郵送する広告）。❷「電子メール」のりゃく。

メガ メートル法の単位名の上につけて、その単位の百万倍であることをあらわすことば。記号は「M」。

めがくらむ【目がくらむ】❶まぶしくて見えなくなる。れい 急に雨戸をあけたので外の明るさに目がくらんでしまった。❷目まいがする。れい 屋上から下を見ると目がくらむ。

【】漢字を使った書き方　れい ことばの使い方の例　⇕反対のことば　⬇参考になる情報　◀小学校で習わない漢字

❸〔お金や品物などに〕心をうばわれて、正しいはんだんができなくなる。（れい）大金に目がくらむ。

めがける【目掛ける】あるものを目あてとして物事をする。ねらう。めざす。（れい）心を集中し、遠くのまとを目掛けて矢をはなつ。

めがこえる【目が肥える】よいものを見なれて、よい悪いの見分けができる。

めがしら【目頭】目の、鼻に近いほうのはし。↕目じり。⬇目。

めかた【目方】物の重さ。重量。（れい）目方をはかる。

メカニズム ❶機械の装置。しかけ。メカ。❷機構。しくみ。（れい）現代社会のメカニズム。

めがね【眼鏡】視力を整えたり目をまもったりするための、レンズ・プラスチックなどを利用した器具。

メガホン 声が遠くまでとどくように、口にあてて使う、らっぱ形の道具。（れい）メガホンを使って、すきな野球チームをおうえんする。

めがみ【女神】女性の神。（れい）自由の女神。

めからひがでる【目から火が出る】頭やひたいを強くぶつけたときのめまいがする感じのたとえ。

メキシコ メキシコ合衆国。北アメリカ大陸南部にある国。首都はメキシコシティ。

めきめき はっきりわかるほど大きくなったりじょうずになったりするようす。目立って。（れい）めきめき上達する。

めぐすり【目薬】目の病気をなおすためにつける液体の薬。

めぐりあう【巡り合う・巡り会う】思いがけなく出会う。（れい）旅先で、転校した友だちに巡り合った。

めくる 上にあるものをはがすようにして、うら返す。（れい）ページをめくる。

めぐる【巡る】❶もののまわりにそって動く。（れい）池のあたりを巡る。❷あちこちをじゅんに回って歩く。❸次々にうつりかわって、またもとにもどる。（れい）さむい冬が巡ってきた。❹そのことに関係する。（れい）プール使用の規則を巡る話し合い。

メガホン

めざす【目指す・目差す】目あてにする。ねらう。（れい）ゴールを目指す。

めざましどけい【目覚まし時計】目をさまさせるために、あらかじめ合わせておいた時間がくると、ベルやブザーなどが鳴るしかけになっている時計。目覚まし。

めざめる【目覚める】❶ねむりからさめる。❷知らなかったことに気づく。❸まよいがなくなり、正しい心にもどる。（れい）友だちの一言で目覚めて、悪の道からぬけ出す。

めざわり【目障り】❶あるものを見るのにじゃまになること。❷見て、ふゆかいに思うこと。

めした【目下】自分よりも年れいや地位などが下であること。また、その人。↕目上。

慣用句 **目を白黒させる** とてもおどろいたり、くるしんだりするようす。

めしべ【雌◂しべ】花の中心にあって、花粉がつくと、実やたねをつくるところ。⬍雄しべ。

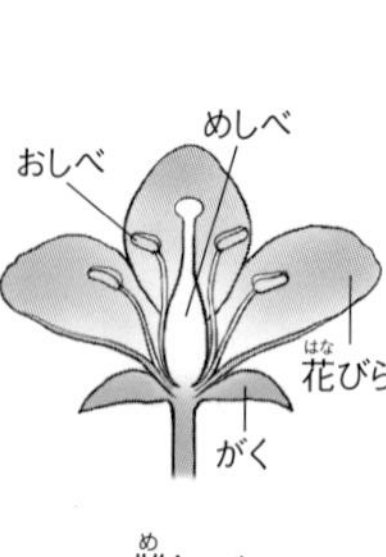

雌しべ

メジャー 規模などが大きいこと。また、主流であること。(れい)メジャーなスポーツ。⬍マイナー。

メジャーリーグ アメリカのプロ野球で、最上位のリーグ。ナショナルリーグとアメリカンリーグの二つがある。大リーグ。

めじり【目尻◂】目の、耳に近いほうのはし。まなじり。(れい)目じりにしわがある。⬍目頭。⬇目。

めじるし【目印】見てすぐに、それだとわかるようなしるし。(れい)集合場所がわかりやすいように、赤い旗を目印として立てることにした。

めす【雌◂】動物のうちで、子やたまごをうむほう。⬍雄。

めずらしい【珍◂しい】めったにない。変わっている。

メスをいれる【メスを入れる】問題を根本から解決するために、思いきった手段をとる。(れい)観光客がふえることによっておこる自然破壊の問題にメスを入れる。

めそめそ 声をたてずに、弱々しくなくようす。また、すぐになくようす。(れい)あの子は、しょっちゅうめそめそしている。

めだか【目高】メダカ科の魚。小川や池にすむ。体長約三センチメートルで、目が大きい。むれをなして泳ぐ。

めだつ【目立つ】とくに目につく。(れい)川原さんは、遠くからでもよく目立つ洋服を着てあらわれた。

めだま【目玉】❶目の玉。まなこ。❷《「お目玉」「大目玉」の形で》しかられること。(れい)お目玉を食う。❸目立たせたい中心となるもの。(れい)目玉商品。

めだまやき【目玉焼き】たまごの黄みと白みをかきまぜずに、わっただけのじょうたいで焼いた料理。

メダル 金属の丸い板に、絵や文字などをほったもの。ほうびや記念のために人にあたえる。

めちゃくちゃ ❶こわれてみだれたじょうたいになること。(れい)とんできたボールが当たって、まどのガラスがめちゃくちゃにわれてしまった。❷なみはずれていること。(れい)子どもをめちゃくちゃにかわいがる。

めつき【目付き】ものを見るときの目のようす。(れい)目付きのするどい男が、道をうろついている。

めっき きれいにしたり、さびをふせいだりするために、金属の上に他の金属をうすくかぶせること。また、それをかぶせてつくったもの。(れい)金めっき。

めっきり 目立って、かわるようす。(れい)九月に入ってからめっきりすずしくなった。

メッセージ ❶あいさつのことば。とくに、公のあいさつのことば。声明。❷相手につたえることば。でんごん。

めったに ほとんど。ごくまれにしか。下に「…ない」などの打ち消しのことばがくる。(れい)おばさんは、わたしの家

にはめったに来ない。

めつぼう【滅亡】ほろびること。ほろびて、なくなること。

メディア 新聞や雑誌、テレビやラジオなど、情報を伝える手段のこと。

めでたい ❶おいわいをするように、よろこばしい。(れい)めでたく卒業した。❷《「おめでたい」の形で》お人よしでだまされやすい。

メトロノーム 音楽で、曲のはやさやひょうしをはかる器械。

めにあまる【目に余る】だまって見すごすことができないほど、ひどい。(れい)弟のいたずらが目に余るので、父がおこった。

めにつく【目に付く】目立って見える。目にとまる。(れい)休日なので家族づれが目に付く。

めにものみせる【目に物見せる】ひどいめにあわせて思い知らせる。(れい)いつか目に物見せてやる。

メニュー 料理のこんだてを書いた表。また、こんだて。

めのまえ【目の前】❶見ているすぐ前。すぐそば。❷ひじょうに近い将来。目前。

めばえ【芽生え】❶芽が出はじめること。また、その芽。❷物事の起こりはじめ。

めまい【目まい】目が回ること。目がくらんで、たおれそうになること。

メモ おぼえておくために書きつけること。また、その書きつけたもの。

めもり【目盛り】ものさし・はかり・ますなど、物をはかる器具についている、長さ・重さ・量などをしめすためのしるし。

めらめら ほのおを出して、火がいきおいよくもえるようす。(れい)火は、風にあおられて、またたくまに、めらめらもえ広がった。

メリークリスマス クリスマスをいわっていう、あいさつのことば。

メリーゴーランド 遊園地などにある乗り物の一つ。回転する円形のゆかに、木馬などをとりつけたもの。回転木馬。

メリット 物事をおこなうことによって得られる利益。利点。価値。(れい)機械化によるメリット。

めりめり 木などが、何かの力でゆっくりとおれるようすや、その音をあらわすことば。

メルヘン おとぎ話。童話。ようせいなどがかつやくする空想的な物語。

メロディー 音楽のふし。

メロン ウリ科の植物。実を食用にする。実の表面にあみ目のあるマスクメロンなどがある。

めをみはる【目を見張る】おどろいたり、感心したりして、目を大きく見開く。(れい)山頂からのながめの美しさに目を見張った。

めん【面】❶あることがら。方面。❷剣道などで、頭や顔を守るためにかぶるもの。また、剣道で、相手の頭の部分をうつ、わざ。(れい)面を一本とる。❸顔などをかたどった、かぶりもの。おめん。❹《数をあらわすことばの下につけて》ひらたいものを数えることば。(れい)テニスコートが三面ある。

めんえき【免疫】一度ある病気にかかると、そのあと同じ病気にかかりにくくなる働きが体にできること。

慣用句 **目をぬすむ** 見つからないように、こっそりとする。

あいうえお かきくけこ さしすせそ たちつてと なにぬねの はひふへほ まみむめも め やゆよ らりるれろ わをん

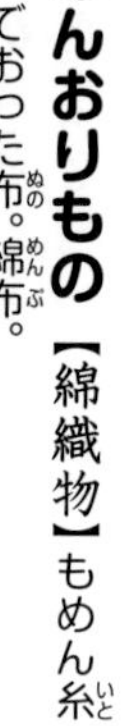
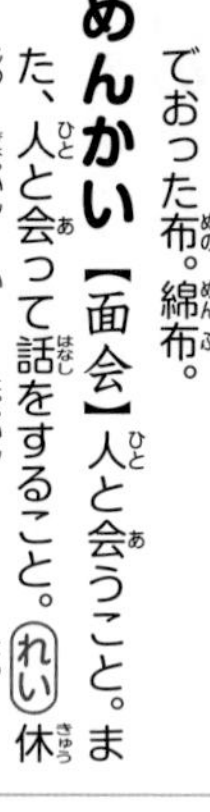

めんおりもの【綿織物】もめん糸でおった布。綿布。

めんかい【面会】人と会うこと。また、人と会って話をすること。(れい) 休日に病院へ行き、入院している友だちに面会してきた。

めんきょ【免許】❶政府や役所などが、ある資格をあたえること。また、その資格。(れい) 姉が、自動車の運転免許をとった。❷先生がでしに、わざや芸などを教え、上達した人にあたえる資格。(れい) 華道の免許をもっている。

めんこ【面子】円形や四角形の厚紙に絵をかいた、おもちゃのふだ。地面にたたきつけ、相手のふだをうらがえしたりして遊ぶ。

面子

めんし【綿糸】ワタからつくった糸。もめん糸。

めんしき【面識】会ったことがあり、たがいに顔を知っていること。(れい) 面識のない人。

めんじょ【免除】しなければいけない役目や義務をしなくてもよいとゆるすこと。(れい) 成績が優秀な学生の学費を免除する。

めんせき【面積】〔あるくぎられた形の〕広さ。(れい) 長方形の面積。

めんせつ【面接】ちょくせつその人に会うこと。とくに、試験をうける人にちょくせつ会って、いろいろと質問すること。(れい) 面接試験。

めんだん【面談】ちょくせつ会って話し合いをすること。(れい) 母が先生と面談する。

メンテナンス 機械や建物などが安全に使いつづけられるように点検や整備をすること。

めんどう【面倒】やっかいなこと。わずらわしいこと。(れい) 面倒な仕事をおしつけられた。

めんどり ニワトリのめす。⇕おんどり。

メンバー ある会や団体などのなかま。また、その中のひとり。

めんみつ【綿密】細かにゆきとどいていること。手ぬかりのないこと。(れい) 綿密な計画をたてる。

も モ

1も ❶同じようなことがらが、ほかにもあることをしめすことば。(れい) 明日も雨らしい。❷いくつかのものをならべて、しめすことば。(れい) 手も足もよごれた。❸意味を強めることば。(れい) 千円も使ってしまった。

2も【喪】人が死んだとき、家族などがある期間、つきあいなどをつつしむこと。(れい) 喪にふくす。

3も【藻】海そうや水草など、水の中にはえるもの。

もう ❶もはや。すでに。(れい) もう十時になった。❷まもなく。やがて。(れい) もう帰ってくるだろう。

❸さらに。あと。(れい)もう一つほしい。

もうい【猛威】はげしいいきおい。はげしい力。(れい)インフルエンザが猛威をふるっている。

もうけ 利益。(れい)もうけが少ない。

1もうける 利益を得る。得をする。(れい)品物を売ってもうける。

2もうける【設ける】❶前もって用意する。前もって準備する。(れい)話し合いの場を設ける。❷つくる。こしらえる。おく。(れい)水泳教室に新しいシャワー室を設けることが決まった。

もうさいけっかん【毛細血管】体じゅうに、あみの目のようにゆきわたっている、毛のように細い血管。

もうしあげる【申し上げる】「言う」のへりくだった言い方で、「もうす」よりもさらにていねいな表現。(れい)およろこびを申し上げます。

もうしこみ【申し込み】もうしこむこと。また、そのことがら・手続き。

もうしこむ【申し込む】❶自分のしたいことなどを相手につたえる。❷募集におうじる。おうぼする。(れい)ピアノコンクールに参加を申し込む。

もうじゅう【猛獣】性質があらく、ほかの動物をとらえて食べるけもの。ライオン・トラ・ヒョウなど。

もうしょび【猛暑日】一日の最高気温が三十五度以上の日。

もうしわけない【申し訳ない】言いわけできないほど、すまない。(れい)おくれて申し訳ない。

もうす【申す】「言う」のへりくだった言い方。また、ていねいな言い方。(れい)うそは申しません。

もうそう【妄想】想像したことを、事実であるかのように信じこんでしまうこと。また、その想像。

もうちょう【盲腸】❶大腸と小腸のさかいにある、ふくろのようになっている部分。➡内臓。❷盲腸の下のはしにある虫垂がはれたり、うんだりする病気。「虫垂炎」のこと。

もうどうけん【盲導犬】目の不自由な人を、みちびいて歩くように訓練された犬。

もうはつ【毛髪】かみの毛。頭髪。

もうひつ【毛筆】先の部分を動物の毛でつくった、ふで。

もうふ【毛布】動物の毛などでおった、あつい布。

もうれつ【猛烈】〔いきおいやていどが〕ひじょうにはげしいこと。(れい)猛烈なスピード。

もうろうと ぼんやりとかすんでいてはっきりしないようす。(れい)意識がもうろうとしている。

もえる【燃える】❶火がついて、ほのおやけむりがあがる。❷ある気持ちがさかんになる。(れい)希望に燃える。

モーニング ❶朝。午前。❷男性の礼服。「モーニングコート」のりゃく。

もがく 苦しんで、手足や体をやたらに動かす。

もぎ【模擬】ほかのものをまねること。形だけをまねること。(れい)模擬店(=本ものの店をまねてつくった店)。

もぎしけん【模擬試験】本番の試験のじゅんびのため、その試験に似せてする試験。

慣用句 **目を引く** 人の注意を引きつける。

ことばのテーブル 648ページ

もぎたて 〔くだものなどが〕えだからとったばかりであること。取り立て。(れい) もぎたてのモモ。

もくぎょ 【木魚】〔僧などが〕お経をとなえながらたたく道具。木をくりぬいてつくり、おもてに魚のうろこのもようがほりつけてある。

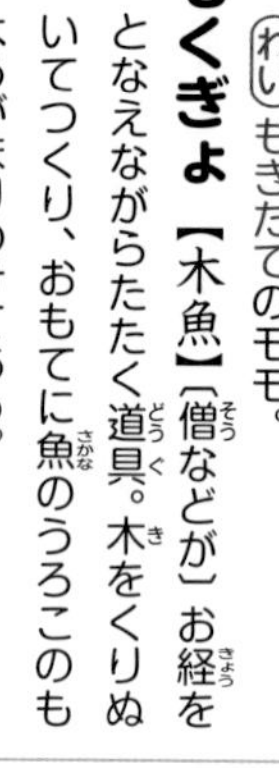

木魚

もくげき 【目撃◀】その場にいて、じっさいにそのようすを見ること。(れい) 犯人を目撃した。

もくざい 【木材】建築物や工作などに使うために切ってある木。材木。

もくじ 【目次】本の内容の見出しを、じゅんに、ならべたもの。

もくせい 【木星】太陽系の天体の一つ。八つのわく星の中でもっとも大きい。⬇太陽系。

もくぞう 【木造】家や船などを木でつくること。(れい) 木造家屋。

もくぞうけんちく 【木造建築】主に木を材料にしてつくられた建物。

もくそく 【目測】目で見て、だいたいのきょりや大きさなどをはかること。

もくたん 【木炭】木をむしやきにしてつくった、ねんりょう。すみ。

もくてき 【目的】あることをするときのめあて。(れい) 目的をもった行動。

もくてきち 【目的地】めざして行こうとしているところ。めあての場所。(れい) 目的地を地図で確認する。

もくとう 【黙◀とう】声を出さないで、心の中でいのること。(れい) 死者に黙とうをささげる。

もくにん 【黙◀認】知らないふりをして、みとめること。みのがすこと。

もくば 【木馬】木で馬の形につくったもの。(れい) 回転木馬。

もくひょう 【目標】❶目じるし。(れい) あの木を目標に進めばよい。❷物事をするときのめあて。ねらい。(れい) 夏休みの目標を立てる。

もくめ 【木目】木を切ったとき、切り口に見えるもよう。(れい) 美しい木目を生かしたつくえ。

もくもくと 【黙◀黙◀と】だまって、いっしょうけんめいに、物事をするようす。(れい) 黙々と仕事にはげむ。

もぐもぐ ❶口を大きくあけないで、ものをかむようす。❷口をじゅうぶんにあけないで、ものを言うようす。(れい) もぐもぐと話すので何を言っているのかわからない。

もくようび 【木曜日】一週の五番目の日。水曜日の次の日。木曜。

もぐら モグラ科の動物。土の中に巣をつくる。前あしは平たくて大きく、つめがするどい。

もぐる 【潜◀る】❶水の中に、体がかくれるように入りこむ。❷ものの下や間などに入りこむ。(れい) ふとんに潜る。

もけい 【模型】実物の形に似せてつくったもの。(れい) 模型飛行機。

モザイク ガラス・貝がら・石・木などの小さなきれはしを組み合わせて、もようや絵をあらわしたもの。また、そのかざりもの。

もし ある物事をかりに考えて言うときのことば。もしかして。万一。(れい) もし

【 】漢字を使った書き方　(れい) ことばの使い方の例　⇕反対のことば　⬇参考になる情報　◀小学校で習わない漢字

雨がふったら、遠足は中止だ。

もじ【文字】ことばを書きあらわす記号。字。もんじ。

もしかしたら ひょっとすると。場合によっては。もしかすると。

もしも 「もし」を強めた言い方。

もしもし 人に呼びかけるときに言うことば。また、電話をかけて話しはじめるときに使うことば。

もじもじ はずかしかったり、まよったりして落ち着かないようす。ためらうようす。(れい)妹は、知らない人の前ではもじもじする。

もしゃ【模写】実物どおりにまねて、うつしとること。また、そのうつしたもの。(れい)名画を模写する。

モスクワ ロシア連邦の首都。クレムリン宮殿や赤の広場などがあり、文化・経済・交通の中心地。

もぞうし【模造紙】表面がなめらかで、じょうぶな少しあつい紙。ポスターやつつみ紙などに使う。

もぞもぞ ❶小さな虫などがうごめくようす。また、そのような感じがするようす。(れい)せなかがもぞもぞする。❷落ち着きがなくたえず動くようす。

もたもた 人の動作や物事の進み方がおそくて、はかどらないようす。ぐずぐずしているようす。(れい)もたもた歩いていたら電車に乗りおくれた。

もたらす 持って来る。ある状態にさせる。(れい)台風がもたらした被害。

もたれる ❶よりかかる。(れい)かべにもたれる。❷食べ物がよく消化しないで、胃にたまっている。(れい)胃がもたれる。

もち【餅】もち米をむして、うすや機械でついてつくった食べ物。

もちあげる【持ち上げる】❶もって、上のほうにあげる。(れい)大きな石を持ち上げる。❷おだてる。(れい)持ち上げられて、いい気になる。

もちいる【用いる】あることのために使う。役に立てて、使う。(れい)サインをするのにボールペンを用いる。

もちだす【持ち出す】❶物をもって外に出す。中にあったものを外に出す。❷言い出す。(れい)今さらそんな古いことを持ち出さなくてもいいのに。

もちつき【餅つき】むしたもち米をついて、もちをつくること。

もちづき【もち月】古いこよみで十五日の夜の月。満月。

もちぬし【持ち主】〔あるものを〕持っている人。所有者。

モチベーション 物事をおこなう元気をおこさせるもの。

もちもの【持ち物】自分の物として手に持っている物。また、自分の物。

もちよる【持ち寄る】それぞれの人が持ってより集まる。(れい)不用の品を持ち寄る。

もちろん いう必要もないほどはっきりしているようす。いうまでもなく。(れい)もちろん約束はまもるよ。

もつ【持つ】❶手にとる。(れい)えんぴつを持つ。❷身につける。(れい)さいふを持つ。❸自分のものにする。(れい)家を持つ。❹心にいだく。思う。(れい)自信を持つ。❺受け持つ。(れい)責任を持つ。❻長くその状態が続く。持ちこたえる。(れい)このお菓子は冷蔵庫に入れておけば三日は持つ。

慣用句 **もぬけのから** 人がぬけだして、ねどこや家がからになっていること。

ことばのテーブル 650ページ

・もっかんがっき
・もっきん
・もったいない
・もったいぶる
・もってのほか
・もっと
・もっとも
・もっぱら
・もつれる
・もてなし
・もてなす
・モデル
・1もと
・2もと
・3もと
・もとおりのりなが
・もどかしい

もっかんがっき【木管楽器】木のくだでつくられた楽器。ふいて鳴らす。フルート・オーボエなど。今は金属でつくられたものが多い。

もっきん【木琴◀】台の上に長さのちがった細長い板をならべ、たたいて鳴らす楽器。シロホン。

もったいない【もったい無い】❶むだにするのがおしい。(れい)まだ使えるのに、すてるのはもったいない。❷ひじょうにありがたい。おそれおおい。(れい)もったいないおことばをいただき、感げきした。

もったいぶる【もったい振◀る】わざとおもおもしく、おおげさなふりをする。(れい)もったいぶって言わない。

もってのほか【もっての外】❶とても考えつかないようなこと。意外。❷とんでもないこと。(れい)れんしゅうをまったくしないなんて、もっての外だ。

もっと さらに程度やありさまが強まるようす。いっそう。(れい)もっといろいろなことが知りたい。

もっとも【最も】なによりも。ほかのものにくらべていちばん。(れい)くだものの中で最も好きなのはリンゴです。

もっぱら【専ら】そのことだけをするようす。

もつれる ❶〔髪の毛や糸などが〕からみ合ってとけなくなる。いりみだれる。(れい)糸がもつれる。❷物事がうまくいかなくて、ごたごたする。(れい)話がもつれる。❸ことばや動作が自由にできなくなる。(れい)ことばがもつれて、うまく話せない。

もてなし ❶〔客の〕あつかいかた。たいぐう。(れい)心のこもったもてなし。❷ごちそう。(れい)お茶やおかしなど、たくさんのもてなしを受ける。

もてなす ❶〔客を〕とりあつかう。(れい)丁重にもてなす。❷ごちそうをする。(れい)きょう土の料理でもてなした。

モデル ❶かた。もけい。❷手本。もはん。❸〔絵・ちょうこく・小説などの〕作品をつくるとき、題材とする人やもの。❹新しい型の洋服などを着て人に見せる職業の人。「ファッションモデル」のりゃく。

1もと【元】❶今より前の時。以前。むかし。(れい)元の校長先生。❷元手。元金。❸原価。もとね。(れい)元をとる。

元①

2もと【本】❶物事の中心となる大事な部分。(れい)本を正す。❷木の根もと。

3もと【基】物事のおおもと。よりどころ。もとい。(れい)事実を基にした小説。

もとおりのりなが【本居宣長】(一七三〇～一八〇一)江戸時代中ごろの国学者。長い間「古事記」の研究を続けて、「古事記伝」という本を書いた。また、「源氏物語」の注釈や、ことばの研究にもすぐれた仕事を残した。

もどかしい 思うようにならないでいらいらする。はがゆい。じれったい。

【】漢字を使った書き方　(れい)ことばの使い方の例　⬍反対のことば　⬇参考になる情報　◀小学校で習わない漢字

(れい)本当のことを言えないのが、もどかしい。

もどす【戻す】❶かりたものを返す。❷はじめにあった場所や状態に返す。❸食べた物を口からはき出す。

もとどおり【元通り】前とかわらない形やようすであること。もとのとおり。(れい)本を元通りに本だなにおく。

もとめる【求める】❶ほしいと思う。ほしがる。(れい)幸福を求める。❷相手に、あることをしてほしいと要求する。(れい)助けを求める。❸さがす。(れい)仕事を求める。❹買う。手に入れる。

もどる【戻る】もとの場所や状態にかえる。(れい)家に戻る。／体調が戻る。

もなか もち米の粉をねってうすくのばして焼いた皮を二枚合わせ、その間にあんを入れた和菓子。

モニター ❶放送や録音などがうまくいっているかどうかを見はる機械。また、それを使って見はる人。❷放送局・新聞社・会社などからたのまれて、記事や放送の内容、また、商品などについて、意見や感想をのべること。また、その人。

1**もの**【物】❶見たりさわったりできる物体。(れい)物を大事にする。❷品物。物品。(れい)いい物を買った。❸ことば。また、文章。(れい)物も言わずにとびだした。❹なにかをするときの対象。(れい)じょうずに物を食べる。／物をおぼえる。❺すじみち。わけ。(れい)物のわかる人。❻いろいろな事がら。物事。(れい)兄はわかいけれど、物をよく知っている。❼ひじょうに感心したり、希望したりする意味をあらわすことば。(れい)りっぱになったものだ。／一目だけでも見たいものだ。❽《あることばの上につけて》「なんとなく」の意味をそえることば。(れい)物さびしい。

2**もの**【者】人。(れい)にせ者。

ものいり【物入り】費用がかかること。(れい)今月は、大変な物入りだった。

ものおき【物置】いろいろな道具などを入れておく小屋。納屋。

ものおと【物音】何かがたてる音。(れい)あやしい物音。

ものおぼえ【物覚え】物事をおぼえること。また、その力。記憶力。

ものがたり【物語】❶あることについて話をすること。また、その話。❷作者の経験や想像などをもとに、あるできごとを書いた文学作品。❸古くからつたえられている話。

ものがなしい【物悲しい】なんとなく悲しい。(れい)物悲しい秋の夕ぐれ。

ものごと【物事】物とことがら。生活の中のすべてのもの。事物。

ものさし【物差し・物指し】〔物にあてて〕物の長さをはかる道具。

ものずき【物好き】変わったことを好むこと。また、そのような人。

ものすごい【物すごい】❶ひじょうにおそろしい。(れい)物すごい顔つきでにらむ。❷ていどが、ひじょうにはげしい。(れい)物すごい雨。

ものたりない【物足りない】なんとなく満足できない。

もののけ 人にとりついてたたりをするといわれる、死んだ人や生きている人の霊。または妖怪など。

慣用句　**物心がつく**　子どもが成長し、世の中のことがなんとなくわかるようになる。

モノレール 一本のレールの上を走る電車。レールにつり下がって走るものと、またがって走るものとがある。

モバイル 持ち運んで使える、小型のパソコンなどの機器。

もはん【模範】人が見ならわなくてはならない、りっぱなもの。手本。

もみじ【紅葉】❶秋になって、木の葉の色が赤や黄色にかわること。また、その葉。こうよう。❷カエデのべつのよび名。

もみじおろし【紅葉卸し】大根の切り口にトウガラシをさしこみ、すりおろしたもの。

もみじがり【紅葉狩り】秋、山や野などに出かけて、赤や黄に色づいた木の葉を観賞して楽しむこと。

もみじのようなて【紅葉のような手】小さくてかわいらしい子供の手のたとえ。

もむ ❶両手の間にはさんで、こする。(れい)紙をもんでやわらかくする。❷手や指を動かして、ほぐす。

もめる あらそいがおこる。ごたごたがおこる。また、心配で落ち着かなくなる。(れい)代表をえらぶのに、もめた。

もめん【木綿】ワタの実からとったせんいでつくった糸。また、その糸で織った織物。めん。

1**もも** 足の、ひざから上の部分。

2**もも**【桃】バラ科の木。春、うすいべに色または白色の花がさき、夏に丸く大きい実ができる。

ももいろ【桃色】モモの花のような色。ピンク。

ももたろう【桃太郎】おとぎ話の一つ。モモから生まれた桃太郎が、犬・サル・キジとともに、おにを退治しに行くという物語。

もものせっく【桃の節句】三月三日におこなう、女の子のおいわい。ひな人形などをかざる。ひなまつり。

もや 地面や海面などに、低くたちこめるうすい霧。

もやし ダイズや麦などのたねを水にひたし、光をあてないで芽を出させたもの。食用にする。

もやす【燃やす】❶もえるようにする。(れい)落ち葉を燃やす。❷〔ある気持ちを〕はげしくおこす。

もやもや ❶けむりやもやなどが、たちこめるようす。❷心にわだかまりがあって、晴れ晴れしないようす。また、心のわだかまり。

もよう【模様】❶かざりのために使う、形や絵。(れい)水玉の模様。❷ありさま。ようす。

もよおし【催し】おおぜいの人を集めた会。もよおしもの。

もよおす【催す】❶〔会などを〕計画して開く。(れい)運動会を催す。❷そのような気持ちになる。感じる。(れい)ねむけを催した。

もより【最寄り】いちばん近いところ。すぐ近所。(れい)最寄りの駅に行く。

もらいなき【もらい泣き】ほかの人がないているわけや気持ちに同情して、自分もいっしょになくこと。

もらう ❶人からあたえられたものを受け取る。(れい)おこづかいをもらう。❷《「…てもらう」の形で》人にたのんであることをさせる。(れい)一晩とめてもらう。

もらす【漏らす】❶外にこぼす。おとす。❷〔必要なことを〕ぬかす。

あいうえお かきくけこ さしすせそ たちつてと なにぬねの はひふへほ まみむめも も やゆよ らりるれろ わをん

❸こっそり人に知らせる。❹口に出して言う。れい 不平を漏らす。

モラル 社会生活をするのに、人間として守らなくてはならない決まり。道徳。倫理。れい モラルがみだれる。

もり【森】大きな木がたくさんしげっているところ。

もりもり ❶どんどん食べるようす。れい ごはんをもりもり食べる。❷物事を、いきおいよく、どんどん進めるようす。れい もりもり働く。

もる【盛る】❶〔食べ物などを〕入れ物の中に入れる。また、たくさん入れる。❷土や砂などを高くつむ。❸薬を飲ませる。また、毒をまぜて飲ませる。れい 毒を盛る。

モルモット テンジクネズミ科の動物。性質はおとなしく、医学の実験にも使われる。テンジクネズミ。

もれる【漏れる】❶〔水・空気・光などが〕すきまから外にこぼれる。❷かくしていたことがほかの人にわかる。れい ひみつが漏れる。❸必要なことがぬけ落ちる。ぬける。

もん【門】❶家の外がわの、出入り口。❷ある先生から教えを受けるなかま。

もんがまえ【門構え】❶門のかまえのようす。れい りっぱな門構えの家。❷漢字の部首の一つ。「関」「間」「閉」「開」などの「門」の部分のよび名。

もんく【文句】❶文章の中のことば。れい 弟に文句をいう。❷不平。苦情。

もんげん【門限】夜、門をしめる時刻。また、夜、外出から帰らなければならない時刻。

モンゴル モンゴル国。中国とロシアの間にある内陸の国。首都はウランバートル。

もんし【門歯】中央にある歯。人間では上下四本ずつある。前歯。➡犬歯。

もんしょう【紋章】その家や団体などを表す、決まったしるし。

もんしろちょう【紋白ちょう】シロチョウ科のこん虫。羽は白色で、黒い点がある。

もんぜんばらい【門前払い】たずねてきた人に会わないで、おいかえすこと。

もんぜんまち【門前町】大きな寺や神社を中心にして発達した町。善光寺のある長野市、伊勢神宮のある伊勢市など。

もんだい【問題】❶答えさせるための質問。れい 試験の問題をとく。❷考えたり解決したりしなければならないことがら。れい 期限が問題だ。❸めんどうなことがら。れい 問題をひきおこす。❹世の中で話題になっていることがら。れい これが問題の建物だ。

もんちゅう【門柱】門の、両がわのはしら。

もんどう【問答】❶質問することと、答えること。❷議論すること。れい 問答無用（＝議論するひつようはない）。

もんぺ こしまわりがゆるく、足首のところを細くしたズボンのようなもの。労働のときなどに女性が用いた。

もんぺ

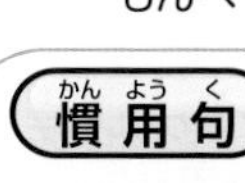

慣用句 **物になる** 人や仕事などが、りっぱな状態になる。

あいうえお
かきくけこ
さしすせそ
たちつてと
なにぬねの
はひふへほ
まみむめも
や ゆ よ
らりるれろ
わをん

やぎ

1 や ❶ことがらや物事をならべていうのに使うことば。(れい)赤や白の玉。❷「…するとすぐ」の意味を表すことば。(れい)家に帰ってくるやなき出した。❸確認や感動を表すことば。(れい)もうこれでいいや。／わあ、すごいや。

2 や【矢】弓で遠くへとばす先のとがった道具。⬇弓。

3 や【家】人が住むためのたてもの。いえ。

やいば はもの。刀。

やおちょう【八百長】競技や試合などで、観客には本気でやっているように見せかけて、じっさいには、前におたがいがうちあわせたとおりに勝負をつけること。

やおや【八百屋】やさいなどを売る店。また、その人。

やがい【野外】家の外。屋外。

やかた【館・屋形】❶貴族などが住んだ大きな家。やしき。(れい)洋風の館。❷屋根を取り付けた小さな船。船遊びにつかう。「屋形船」のりゃく。

やがて まもなく。そのうちに。

やかましい ❶うるさい。❷注意や文句が多く、きびしい。

やかん 湯をわかす道具。

やぎ ウシ科の動物。おすはあごひげがある。毛・肉・乳をとるためにかわれる。

やぎ

やきいも【焼き芋◂】焼いたサツマイモ。

やきざかな【焼き魚】魚をあぶって焼いた料理。

やきそば【焼きそば】むした中華そばを、やさいや肉などといっしょに油でいためた料理。

やきもき あれこれと心配して、いらいらするようす。

やきもち【焼き餅◂】❶火にあぶって焼いたもち。❷ねたむこと。しっと。

やきゅう【野球】九人一組みで二組みに分かれ、ボールをバットで打ち、るいへ走って得点をあらそう競技。アメリカではじまった。ベースボール。

1 やく【厄◂】❶わざわい。災難。❷「厄年」のりゃく。(れい)厄があける。

2 やく【役】❶仕事上の受け持ち。❷劇や映画で、俳優がえんじる人物。

3 やく【訳】❶ある国のことばで書かれたものを、ほかの国のことばになおすこと。また、そのなおしたもの。❷むずかしいことばや文を、わかりやすくいいかえたもの。(れい)「枕草子」の現代語訳。

4 やく【焼く】❶火をつけてもやす。❷火であぶる。(れい)魚を焼く。❸熱などをくわえて、ものをつくる。(れい)炭を焼く。❹日光に当てて色を黒くする。❺あれこれと注意し気をつかう。(れい)世話を焼く。

やくしゃ【役者】しばいをして、人に見せる人。はいゆう。

やくしょ【役所】国や都道府県・市町

【】漢字を使った書き方　(れい)ことばの使い方の例　⇕反対のことば　⬇参考になる情報　◂小学校で習わない漢字

村などの公の仕事をするところ。

やくす【訳す】外国のことばや古いことばを、ほかの国のことばや、わかりやすいことばになおす。

やくすう【約数】ある整数や式を、わりきることができる整数や式。たとえば、十六の約数は、一・二・四・八・十六。⬍倍数。

やくそう【薬草】薬になる草。

やくそく【約束】たがいに、そのとおりにすることを決めること。また、決めたことがら。

やくだつ【役立つ】何かをするとき、その用をはたす。役に立つ。

やくどし【厄年】❶わざわいにあいやすいので、気をつけなければならないとされる年れい。やく。数え年で男性の二十五才と四十二才、女性の十九才と三十三才など。❷わざわいの多い年。

やくにたつ【役に立つ】何かをするとき、じゅうぶんにその用をはたす。

やくにん【役人】役所などにつとめて、公の仕事をしている人。公務員。

やくばらい【厄払い】神やほとけにいのって、さいなんをとりのぞいてもらうこと。やくはらい。

やくびょうがみ【疫病神】❶悪い病気をはやらせるとされる神。❷わざわいをもたらすとして、みんなからきらわれている人。

やくぶそく【役不足】その人の持っている力より、役目が軽いこと。また、役者が自分の役にまんぞくしないこと。(れい)こんなやさしい仕事は、かのじょには役不足だ。

やくぶん【約分】分数で、分母と分子を同じ数でわって、(分数の大きさをかえないで)かんたんにすること。たとえば、$\frac{2}{4}$を約分すると$\frac{1}{2}$になる。

やくみ【薬味】料理にそえて、味をひきたたせるもの。ネギ・ショウガなど。

やくめ【役目】あたえられた仕事としてしなければならないこと。つとめ。

やぐら ❶城の石がきや門などの上に、高くつくったたてもの。❷遠くを見るために高くつくったたてもの。(れい)火の見やぐら。❸祭りなどで、たいこなどをたたいたりするために高くつくった台。

やぐるま【矢車】矢のかたちをしたものを、何本かじくのまわりにとりつけたもの。こいのぼりのさおの先などにつける。➡こいのぼり。

やくわり【役割】それぞれに役をわりあてること。また、わりあてられた役。(れい)委員の役割を分けて受けもつ。

やけいしにみず【焼け石に水】焼けた石に少しばかりの水をかけても、すぐには冷めないように、少しばかりの助けや努力ではききめのないことのたとえ。

やけど 火やあつい湯などにふれて、ひふがただれること。また、そのきず。

やける【焼ける】❶火でもえる。❷火であぶられる。❸ねっせられてあつくなる。(れい)焼けたすなはま。❹熱をくわえて、物ができあがる。❺日光に当たって色がかわる。❻(空などが)赤くそまる。❼食べ物が胃にたまって、むかむかする。(れい)むねが焼ける。❽あれこれと手がかかる。(れい)まったく世話の焼ける弟だ。

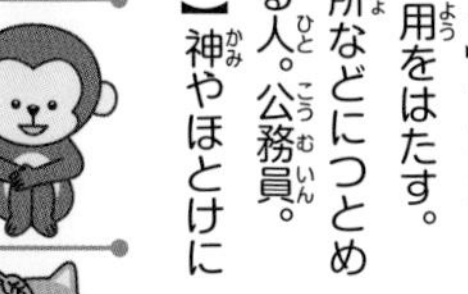

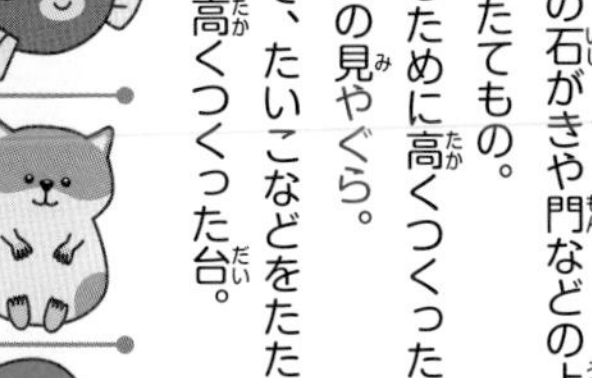
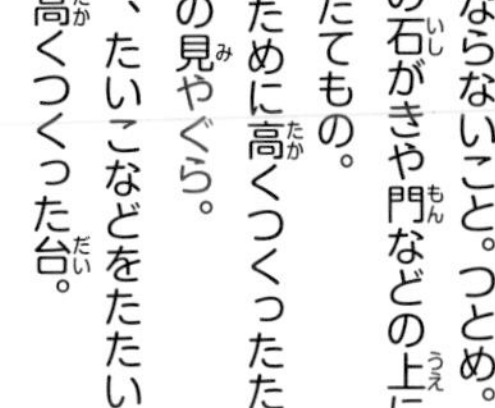

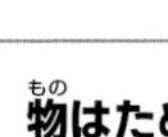

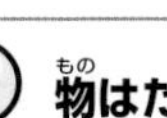

慣用句 **物はためし** 物事はやってみなければ、よいか悪いかわからないということ。

やけん【野犬】かいぬしのいない犬。のら犬。

やご トンボの幼虫。池やぬまなどの水中にすむ。

やさい【野菜】畑でつくって食べ物にする植物。ハクサイ・ダイコン・ニンジン・キュウリ・キャベツなど。

1**やさしい**【易しい】❶かんたんにできる。容易である。たやすい。れい この問題は易しい。❷わかりやすい。れい 子どもでもらくに読める易しい物語。⇕①②難しい。

2**やさしい**【優しい】❶おだやかで、おとなしい。れい 気だての優しい人だ。❷思いやりがある。親切だ。れい 優しいことばをかける。

やし ココヤシ・ナツメヤシなどの、ヤシ科の高木。あたたかい地方で育つ。実は食用などにする。

やじうま 事件のときに、自分には何のかんけいもないのに、人のあとについてさわぐ人。

やしき【屋敷◀】❶その家がたっている土地のひとくぎり。家のしき地。❷しき地が広く、かまえが大きくてりっぱな家。

やしなう【養う】❶生活のめんどうをみる。れい 家族を養う。❷子どもを育てる。養育する。❸だんだんとつくりあげる。れい 物を大切にする気持ちを養う。❹たくわえて、りっぱにする。れい 力を養う。

やじゅう【野獣◀】山や野にすんでいる、けもの。とくに、性質のあらい大きなけもの。

やじるし【矢印】方向などをあらわす、矢の形のしるし。「⇨」「→」など。

やしろ【社】神をまつってあるたてもの。神社。

やじろべえ 短い棒や人形の形をしたものに、細長い横棒をつけ、その先におもりをつけてつり合いをとり、たおれないようにしたおもちゃ。

やじろべえ

やしん【野心】〔自分の能力にふさわしくない〕大きなのぞみ。れい 野心をいだく。

1**やすい** ❶やさしい。かんたんだ。れい おやすいごようです。❷《動詞につけて》「…しがちである」「楽に…できる」の意味を表すことば。れい こわれやすい。／このくつは、とても歩きやすい。

2**やすい**【安い】品物のねだんが低い。⇕高い。

やすうり【安売り】安いねだんで売ること。れい 安売りの日に買う。

やすまる【休まる】体や心が落ち着いて、楽になる。れい いそがしくて体の休まるときがない。

やすみ【休み】❶休むこと。❷仕事や授業をしない日。休日。

やすむ【休む】❶仕事をしない。れい 店を休む。❷学校やつとめに行かない。けっせきする。れい かぜで学校を休んだ。❸つかれをなおす。きゅうようする。れい 雨の日は、家でゆっくり休む。❹ねる。れい 今夜は早めに休もう。

やすめる【休める】❶〔心や体を〕楽にする。れい 体を休める。❷していることを一時やめさせる。休ませる。れい 仕事の手を休める。

やすらか【安らか】心配ごとのないようす。しずかでおだやかなようす。れい 安らかな顔。

やすらぎ【安らぎ】心配ごとのない落ち着いた気持ち。安心。れい 心の安らぎをおぼえる。

やすらぐ【安らぐ】心配ごとがなくおだやかな気持ちになる。なごむ。れい 友だちのはげましのことばに、心が安らぐ。

1やせい【野生】動物や植物が、山や野でしぜんに育つこと。れい 野生の馬が草原をかける。

2やせい【野性】〔けものなどのもつ〕しぜんのままの、あらあらしい性質。

やせがまん【痩せ我慢】むりにがまんをして、平気なようすをすること。れい いたかったが、みんなに心配をかけないように痩せ我慢した。

やせる【痩せる】❶体の肉が少なくなって細くなる。れい 病気をして五キロも痩せた。⇔肥える。太る。❷土の質が悪くなり作物がよく育たなくなる。れい 痩せた土地。⇔肥える。

やそう【野草】野山に自然に生えている草。

やたい【屋台】小さな家の形をした、移動できるしくみの店。屋台店。れい 屋台のおでん屋。

やちょう【野鳥】山や野にすんでいる鳥。野生の鳥。

やちん【家賃】家をかりるために持ち主にはらうお金。れい 兄のアパートの家賃が来月から上がるそうだ。

やつ【八つ】❶一の八倍。八。やっつ。❷八才。やっつ。

やつあたり【八つ当たり】おこって、関係のない人をせめたりすること。れい 母にしかられたぼくは弟に八つ当たりしてしまった。

やっかい【厄介】❶めんどうなこと。手数のかかること。れい 厄介なことになってしまった。❷世話になること。れい 荷物をはこび出すときには、となりの家に厄介をかけてしまった。

やっきょく【薬局】❶病院などで、薬の管理や調合などをするところ。❷薬を売る店。

やっつ【八つ】やつ。

やっつける 相手を負かす。やりこめる。こらしめる。れい 口ではいつも姉にやっつけられる。

やってくる【やって来る】こちらへ来る。むこうからこっちへ来る。れい あした、おじさんがいなかからやって来る。

やっと ようやく。どうにかこうにか。れい たまっていた夏休みの宿題が、やっとかたづいた。

やつれる〔病気や心配ごとのために〕やせおとろえる。れい ひさしぶりに会ったおばは、やつれたように見えた。

やど【宿】❶住む家。すみか。❷旅先でとまるところ。旅館。

1やとう【野党】内閣に入っていない党。⇔与党。

2やとう【雇う】お金をはらって、人や乗り物などをつかう。れい アルバイトを雇う。／ひっこしのためにトラックを雇う。

慣用句 **矢面に立つ** ほかからの攻撃をまともに受ける。

ことばのテーブル

やどかり【宿借り】まき貝のからの中に入ってすむ海の動物。からをせおって、くらす。

やどなし【宿無し】きまったすまいがないこと。また、その人。

やどや【宿屋】旅行者をとめることを商売にしている家。旅館。

やなぎ【柳◂】ヤナギ科の木。とくに、シダレヤナギのこと。枝の先が細長く、たれ下がっている。

やなぎにかぜ【柳◂に風】相手にさからわないで、じょうずに相手をすること。(れい)何をいわれても、柳に風とうけながす。

やなぎのしたにいつもどじょうはいない【柳◂の下にいつもどじょうはいない】一度うまくいったとしても、同じやり方でいつもうまくいくとはかぎらない。

やね【屋根】❶家など、建物のいちばん上につくるおおい。❷物のいちばん上のおおい。(れい)自動車の屋根。

やねうら【屋根裏】屋根とてんじょうの間。また、そこにある小さなへや。

やはり ❶〔前にあったもの、また、ほかのものと〕同じように。(れい)やはり、いつものところで失敗した。❷思っていたとおり。❸それでもなお。(れい)この雨でも、やはり出かけるのですか。

やばん【野蛮】❶文化がひらけていないこと。未開。(れい)野蛮な習慣。❷らんぼうで、ぶさほうなこと。(れい)野蛮なおこない。

やぶ ❶草や小さな木、また、竹などがたくさん集まってはえているところ。❷病気をみたりなおしたりすることのへたな医者。「やぶ医者」のりゃく。

やぶへび【やぶ蛇◂】よけいなことに口出しをしたり手出しをしたりして、かえってめんどうなことを引き起こすこと。「やぶをつついて蛇を出す」ということわざから。

やぶる【破る】❶紙・布などを、手でさく。❷相手を負かす。(れい)強敵を破った。❸こわす。(れい)金庫を破る。❹きめたことを守らない。(れい)やくそくを破る。⇕守る。❺こえる。新しくする。(れい)世界記録を破った。

1やぶれる【破れる】❶紙・布などがさけたり、あながあいたりする。(れい)しょうじが破れる。❷なくなる。うしなわれる。(れい)ゆめが破れる。

2やぶれる【敗れる】勝負に負ける。

やぼ 物事のおもむきが、よくわからないこと。気がきかないこと。また、そのような人。(れい)やぼな人。⇕粋◂。

やぼう【野望】能力にあわない大きなのぞみ。だいそれたのぞみ。

やま【山】❶土地が高くもりあがっているところ。❷高く積み上げたもの。(れい)本の山。❸物事のいちばん大事なところ。やまば。(れい)物語の山。❹多分こうなるというみこみ。(れい)出題の山をかける。

やまあらし【山嵐◂】ヤマアラシ科の動物。とげのような長い毛をさか立てて、てきをおどかす。

やまい【病】体のこしょう。病気。

やまいも【山芋◂】ヤマノイモ科の植

【】漢字を使った書き方　(れい)ことばの使い方の例　⇕反対のことば　⬇参考になる情報　◂小学校で習わない漢字

物。地中に細長いいもができる。いもをすりおろして、とろろを作る。じねんじょ。ヤマノイモ。

やまおく【山奥】山の深いところ。

やまおとこ【山男】❶山おくに住むという男の怪物。❷山に住んでいる男の人。また、山ではたらいている男の人。❸山登りが好きな男の人。(れい)父は、大学時代山男だったそうだ。

やまがたけん【山形県】東北地方の南西部にある、日本海に面した県。県庁所在地は山形市。➡都道府県。

やまぎわ【山際】山のそば。山のみねの線につながるあたりの空。(れい)山際から、だんだん明るくなってきた。

やまぐちけん【山口県】中国地方のいちばん西にある県。県庁所在地は山口市。➡都道府県。

やまざくら【山桜】❶山にさく桜。❷バラ科の木。山地に生え、春、葉が出るのといっしょに花がさく。

やまざと【山里】山の中の小さな村。

やまと【大和】❶むかしの国の名。今の奈良県を中心とする地方。古代日本の文化・政治の中心としてさかえた。❷「日本」の古いよび名。やまとの国。

やまとことば【大和言葉】漢語・外来語に対して、日本にむかしからあることば。和語。

やまなしけん【山梨県】中部地方の東部にある内陸の県。県庁所在地は甲府市。➡都道府県。

やまねむる【山眠る】しずまりかえった冬の山のようすのたとえ。

やまのさち【山の幸】山でとれる鳥やけもの。また、山でとれる食べられる草や実やキノコ。山幸。

やまのひ【山の日】国民の祝日の一つ。山に親しむ日。八月十一日。

やまば【山場】物事のいちばんさかんになるところ。やま。(れい)試合は山場をむかえた。

やまばと【山ばと】山にすんでいるハト。とくに、キジバト。

やまびこ【山びこ】山などで、声や音を出したとき、それがはね返ってくること。また、その声や音。こだま。

やまぶき【山吹】バラ科の木。春に黄色の花がさく。

やまぶきいろ【山吹色】ヤマブキの花のような、あざやかな黄色やこがね色。

やまぶし【山伏】山や野で、修行をする僧。修験者。

山伏

やまみち【山道】山の中の道。

やまもり【山盛り】山のように高くもりあげること。また、もりあげたもの。(れい)どんぶりに山盛りのごはん。

やまゆり【山ゆり】ユリ科の植物。野山で育つ。夏に、白く、赤いはん点のある大きな花がさく。地下のくきは「ゆりね」とよばれ、食用にする。

やまよそおう【山よそおう】紅葉で美しく色づいた秋の山のようすのたとえ。

やまわらう【山笑う】草木の芽が出はじめて、明るくなった春の山のようすのたとえ。

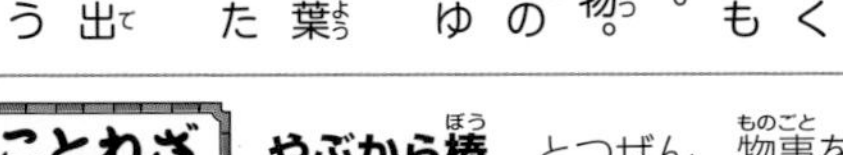
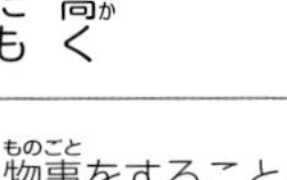
ことわざ　やぶから棒　とつぜん、物事をすること。

やみ【闇◀】❶暗いこと。暗やみ。❷これから先に希望が持てないこと。(れい)心は闇だ。❸人の目にふれないこと。(れい)悪事を闇から闇にほうむる。

やみよ【闇◀夜】月の出ていない、まっ暗な夜。暗夜。⇕月夜。

やむ1〔今までつづいていたことが〕とまる。終わる。それきり、おこなわれなくなる。(れい)雨がやんだ。

やむ2【病む】❶病気にかかる。❷気にして心配する。心をいためる。(れい)気に病む。

やめる1 とちゅうで終わりにする。おこなわなくなる。中止する。(れい)工事をやめる。

やめる2【辞める】〔ある地位や役目を〕しりぞく。(れい)会社を辞める。

やや 少し。いくらか。(れい)実物よりやや小さい。

ややこしい こみいっていて、わかりにくい。いりくんでいて、めんどうだ。

やよい【弥生】むかしのこよみで三月のこと。

やよいどき【弥◀生土器】二千三百年くらい前から始まった弥生時代に、日本で作られた土器。縄文土器よりなめらかで形も整っている。弥生式土器。東京都文京区弥生町ではじめて発見されたことからこの名がついた。

弥生土器

やらせ 先に相談しておいてから、物事をおこなうこと。とくに、テレビの番組などで本当のように見せながら、実際には演技だったり前からの計画だったりするもの。

やり 長いぼうの先に、細長いとがった刃物をつけた、人をつきさす武器。

やりがい 物事をするだけのねうち。(れい)やりがいのある仕事。

やりきれない【やり切れない】❶終わりまですることができない。(れい)この作業は一日ではやり切れない。❷がまんできない。しんぼうできない。

やりくり【やり繰◀り】くふうして、どうにかおこなうこと。(れい)家計をやり繰りする。

やりとり【やり取り】あたえたり、もらったりすること。また、たがいに話をすること。(れい)転校した友だちと手紙のやり取りをする。

やりなおし【やり直し】もう一度すること。やり直すこと。また、まちがいなどを正して、もう一度はじめからし直すこと。

やりなおす【やり直す】はじめからもう一度する。し直す。

やる ❶ものをそこからほかへうつらせる。(れい)花びんはどこへやったの。❷物事をする。おこなう。❸行かせる。(れい)おかしを買いに、弟をやった。❹〔目下の人や動物などに〕ものをあたえる。(れい)妹に、色紙をやった。❺《「…てやる」の形で》ほかの人のために何かをする。(れい)妹の荷物をもってやる。

やるき【やる気】物事をすすんでやろうとする、積極的な気持ち。(れい)や

る気をおこす。

やわらかい【柔らかい】❶かんたんに、のばしたりまげたりできる。(れい)体が柔らかい。❷さわったとき、ふっくらとしてかたくない。(れい)柔らかいパン。❸おだやかである。(れい)柔らかい春の日ざし。

やんちゃ 子どもが、わがままでいたずらなこと。また、そのような子ども。

やんわり やわらかに。おだやかに。(れい)やんわりと注意する。

ゆ ユ

ゆ【湯】❶水をわかしたもの。❷ふろ。銭湯。(れい)湯に入る。❸温泉。(れい)湯の町、別府。

ゆあがり【湯上がり】ふろから出たばかりのとき。(れい)湯上がりに牛乳を飲む。

ゆいいつ【唯一】それ一つだけしかないこと。ただ一つ。(れい)読書が唯一の楽しみだ。

ゆいごん【遺言】死ぬときに、言いのこすこと。また、そのことば。(れい)父の遺言を守る。

ゆいしょ【由緒】❶古くから言われている、その物事についてのおこり。由来。(れい)門の前に寺の由緒が書かれている。❷りっぱな歴史。いわれ。(れい)由緒のある家。

ゆいのう【結納】結婚のやくそくのしるしに、お金や品物をやりとりすること。また、そのお金や品物。(れい)結納をかわす。

ゆう【夕】夕ぐれ。夕方。⇕朝。

ゆうい【優位】ほかのものよりすぐれた地位・立場。(れい)優位に立つ。

ゆううつ【憂鬱】気持ちがはればれとしないこと。心がふさぐこと。(れい)テストのことを考えると憂鬱だ。

ゆうえい【遊泳】泳ぐこと。水泳。(れい)この海は遊泳禁止だ。

ゆうえつかん【優越感】自分がほかの人よりすぐれていると思う気持ち。(れい)優越感をいだく。

ゆうえんち【遊園地】楽しむための乗り物や、いろいろな遊び道具などをもうけてあるところ。

ゆうが【優雅】❶やさしくて上品なこと。(れい)優雅なおどり。❷世間のわずらわしさからはなれて、くらしや気持ちにゆとりが感じられること。(れい)優雅な生活。

ゆうかい【誘拐】人をだましてさそいだすこと。また、むりやりつれていくこと。(れい)誘拐事件が発生した。

ゆうがい【有害】がいがあること。ためにならないこと。⇕無害。

ゆうがお【夕顔】❶ウリ科の植物。夏の夕方、白い花がさく。実から、食品の「かんぴょう」をつくる。❷ヒルガオ科のヨルガオのこと。夏の夕方、らっぱ形の白い花がさく。

ゆうがた【夕方】太陽がしずむころ。日ぐれのころ。夕ぐれ。たそがれ。

1**ゆうかん**【夕刊】毎日、夕方に発行する新聞。⇕朝刊。

2**ゆうかん**【勇敢】物事をおそれず、自分から進んですること。(れい)勇敢にたたかう。

ことわざ **病は気から** 病気は気のもちようで、よくも悪くもなるということ。

ゆうき【勇気】物事をおそれない、強くいさましい心。(れい)あの少年は勇気がある。

ゆうぐ【遊具】主に、子どもが使って遊ぶための道具やかんたんな設備。ぶらんこやシーソーなど。

ゆうぐう【優遇◂】ていねいなあつかいをすること。(れい)この工場では、経験者を優遇している。

ゆうぐれ【夕暮れ】日がくれるころ。日ぐれ。夕方。(れい)夕暮れのけしき。⇕夜明け。

1ゆうこう【友好】友だちとしてのなかのよい交わり。(れい)外国との友好関係を深める。

2ゆうこう【有効】❶ききめがあること。役に立つこと。(れい)休暇を有効に使う。❷〔あるきまりによって〕使うことができること。(れい)このきっぷは五日間有効です。⇕①②無効。

ユーザー 商品などの利用者。使用者。(れい)自動車会社がユーザーの意見を聞く会をもうける。

ゆうざい【有罪】さいばんで、つみがあるとみとめられること。⇕無罪。

ゆうしゃ【勇者】勇気のある人。勇士。(れい)勇者が主人公の物語。

ゆうしゅう【優秀◂】ひじょうにすぐれているようす。また、ほかのものよりまさっているようす。(れい)ぼくの学校の水泳部は、全国大会で優秀な成績をおさめた。

ゆうしょう【優勝】〔ゲームや競技などで〕第一位になること。

ゆうじょう【友情】友だちどうしの真心や思いやりの心。(れい)かわらぬ友情をちかう。

ゆうしょく【夕食】夕方の食事。ばんごはん。夕はん。⇕朝食。昼食。

ゆうじん【友人】友だち。友。

ゆうすずみ【夕涼◂み】夏の夕方、外に出てすずしい風に当たること。

ゆうせい【優勢】いきおいが、ほかのものよりまさっていること。(れい)みかたのチームが優勢のうちに試合は進んでいった。

ゆうせん【優先】ほかのものより先にすること。(れい)高れい者・子どもを優先して車にのせる。

ゆうそう【郵送】郵便で送ること。

ゆうだち【夕立】夏の夕方などに、急にふりだしてすぐやむ、はげしい雨。

ゆうづき【夕月】夕方に見える月。

ゆうどう【誘導◂】〔ある場所やある状態に〕みちびいていくこと。(れい)ひなんするおおぜいの人々を、安全な場所に誘導する。

ゆうに【優に】じゅうぶんなようす。らくらく。(れい)あの会場なら、優に五百人は入れる。

ゆうはん【夕飯】夕方の食事。ばんごはん。夕食。ゆうめし。

ゆうひ【夕日】夕方の太陽。また、その光。⇕朝日。

ゆうびん【郵便】郵便局が管理して、手紙や小さな品物を、あて名のところに送りとどけるしくみ。また、送りとどけられる手紙や品物。

ゆうびんきょく【郵便局】郵便・かわせ・貯金・保険などをあつかう仕事をするところ。

ゆうふく【裕福】お金や財産があって、くらしがゆたかなようす。(れい)裕福な家。

〔 〕漢字を使った書き方　(れい)ことばの使い方の例　⇕反対のことば　⬇参考になる情報　◂小学校で習わない漢字

ゆうべ 昨日の夜。昨夜。

ゆうべん【雄弁】力強くすらすらと、じょうずに話すこと。(れい)会議で雄弁をふるう。

ゆうぼう【有望】これから先、りっぱになったりよくなったりする見こみがあるようす。(れい)この文章を書いたのは、前途有望な青年だ。

ゆうめい【有名】広く知れわたっていること。名高いこと。(れい)有名な画家。⇕無名。

ユーモア 上品なしゃれ。気のきいたおかしさ。(れい)校長先生のユーモアにあふれた話しぶりに、その場のふんいきがなごんだ。

ゆうやけ【夕焼け】太陽がしずむとき、その光の反射で、西の空が赤く見えること。⇕朝焼け。

ユーラシア アジアとヨーロッパをまとめたよび名。ひとつづきの大陸で、その広さは地球の陸地の三分の一ほどもある。

ゆうらんせん【遊覧船】湖や川をまわり、客に見物させる船。(れい)遊覧船に乗って景色を楽しむ。

ゆうり【有利】利益があるようす。また、つごうがよいようす。(れい)試合を有利に進める。⇕不利。

ゆうれい【幽霊】❶死んだ人が、(仏になれず)生きていたときのすがたで、この世にあらわれたとされるもの。❷じっさいにはないのに、あるように見せかけたもの。(れい)幽霊会社。

ゆうわく【誘惑】心をまよわせて、悪い方へさそいこむこと。(れい)誘惑にうちかつ。

ゆか【床】家の中で、地面より少し高くして板をはったところ。

ゆかい【愉快】楽しくて気持ちのいいこと。(れい)愉快な話。⇕不快。

ゆかた【浴衣】もめんでつくった、うら地のない着物。湯上がりや、夏などにきる。(れい)浴衣をきて、夕すずみをする。

浴衣

ゆがむ ❶形がくずれて、正しくなくなる。ねじれたりまがったりする。(れい)テレビの画面がゆがんだ。❷心やおこないが正しくなくなる。(れい)ゆがんだ考え方をしないように日ごろから気をつける。

ゆき【雪】冬、空からふる白い小さなもの。空の水じょう気が急にひやされ、小さな氷の結晶となってふってくる。結晶は、もとは六角形で、いろいろな形に変化する。

ゆきあそび【雪遊び】雪合戦や雪だるま作りなど、雪を使って遊ぶこと。(れい)雪国では、冬の間、いろいろな雪遊びをして楽しんでいる。

ゆきおろし【雪下ろし・雪降ろし】❶やねなどに積もった雪をかき落とすこと。❷山から雪をまじえてふきおろす、つめたい風。(れい)このあたりは、冬になると雪下ろしがふく。

ゆきかき【雪かき】積もった雪をどけること。また、その道具。(れい)兄は、父といっしょに、朝から家のまわりの雪かきをしている。

慣用句 **山をこす** 物事のもっともさかんなときがすぎる。

・ゆきがっせん
・ゆきぐに
・ゆきげしき
・ゆきげしょう
・ゆきげた
・ゆきだるま
・ゆきみ
・ゆきもよう
・ゆきやま
・ゆく
・ゆくえ
・ゆくて
・ゆげ
・ゆけつ
・ゆしゅつ
・ゆしゅつにゅう
・ゆず
・ゆずゆ
・ゆずる
・ゆそう
・ゆたか
・ゆだん
・ゆだんたいてき
・ゆたんぽ

ゆきがっせん【雪合戦】雪を丸めて、投げ合う遊び。雪なげ。(れい)雪のつもった校庭に、クラス全員が出て雪合戦をする。

ゆきぐに【雪国】雪の多くふる地方。日本では、北海道・東北・北陸地方など。

ゆきげしき【雪景色】雪のふり積もったながめ。(れい)野も山も白一色の雪景色であった。

ゆきげしょう【雪化粧◀】あたりが雪におおわれて、うつくしくなること。(れい)雪化粧をした野山。

ゆきげた【雪げた】雪の上で用いる、げた。歯が高く、すべらないようにするための金具がついている。

ゆきだるま【雪だる磨◀】雪を丸めてだるまの形につくったもの。

ゆきみ【雪見】雪げしきをながめて楽しむこと。

ゆきもよう【雪模様】雪がふり出しそうな天気。

ゆきやま【雪山】雪がふってつもっている山。

ゆく【行く】いく。

ゆくえ【行方】❶進んで行くところ。(れい)草原にねころんで、雲の行方をながめていた。❷去って行った先。(れい)犯人の行方をさがす。❸これから先。しょうらい。行く末。(れい)日本の行方を考える。

ゆくて【行く手】いくて。

ゆげ【湯気】水じょう気が空気中でひえて、小さな水のつぶとなり、けむりのように見えるもの。(れい)湯気がたちのぼる。

ゆけつ【輸血】けがや手術でたくさん出血した人などに、その人に合う血液型の血液をおぎなうこと。

ゆしゅつ【輸出】外国に品物・労力・技術などを売ること。⬍輸入。

ゆしゅつにゅう【輸出入】輸出と輸入。

ゆず ミカン科の木。夏のはじめごろ、白い花がさく。まるい黄色の実は食べ物に味やかおりをつけるのに使う。

ゆずゆ【ゆず湯】冬至の日に、ユズの実を入れてわかす、ふろ。風邪をふせぐとされる。

ゆずる【譲◀る】❶自分のものをほかの人にあたえる。(れい)自分の自転車を弟に譲る。❷〔自分のもっているものなどを〕ほしがっている人に売る。(れい)土地を譲る。❸自分はえんりょして、ほかの人を先にする。(れい)道を譲る。／席を譲る。❹先へのばす。(れい)この問題は、またの機会に譲ろう。

ゆそう【輸送】〔列車・船・飛行機・トラックなどで〕人や品物を運ぶこと。

ゆたか【豊か】❶不足のないようす。じゅうぶんにあるようす。(れい)作物が豊かにみのる。❷ゆったりしているようす。(れい)本を読むと、心が豊かになる。

ゆだん【油断】気がゆるんで、注意をしないこと。

ゆだんたいてき【油断大敵】油断することは、思いがけない失敗のもとになるということ。油断はおそろしい敵であるということ。

ゆたんぽ【湯たんぽ】プラスチックや金属などでできた入れ物の中にあつい湯を入れ、ふとんの中などに入れて体をあたためるための道具。

〔 〕漢字を使った書き方　(れい)ことばの使い方の例　⬍反対のことば　⬇参考になる情報　◀小学校で習わない漢字

ゆっくり ❶いそがないようす。落ち着いているようす。(れい)祖母は、いつも、ゆっくり話す。❷よゆうのあるようす。ゆったり。

ゆったり ❶たっぷりあって、よゆうのあるようす。(れい)ゆったりしたそでのついた服。❷こせこせしないで、のんびりしているようす。(れい)ひさしぶりにゆったりとした気分になる。

ゆでたまご【ゆで卵】たまごをからつきのまま、ゆでたもの。

ゆでる あつい湯に入れて、にる。うでる。(れい)ポテトサラダを作るため、ジャガイモをゆでた。

ゆでん【油田】石油の出る地いき。

ゆとうよみ【湯とう読み】漢字二字で書きあらわされる熟語の読み方のうち、上の字を訓で、下の字を音で読むもの。手本・石段など。⇕重箱読み。

ゆとり きゅうくつでないこと。よゆう。(れい)あと数人すわれるくらいのゆとりがある。

ユニセフ【UNICEF】国際連合児童基金。世界の不幸な子どもたちをすくう目的で、一九四六(昭和二十一)年、国際連合の機関の一つとしてつくられた。

ユニバーサルデザイン〔年れいや体の不自由さなどに関係なく〕だれもが無理なく使えるようにデザインすること。また、そのようなデザイン。

ユニホーム 制服。とくに、そろいの運動服。

ゆにゅう【輸入】外国から品物・技術などを買い入れること。⇕輸出。

ユネスコ【UNESCO】国際連合教育科学文化機関。国際連合の機関の一つ。一九四五(昭和二十)年に、教育と科学と文化をとおして世界の人々がなかよくしていこうという目的でつくられた。本部は、フランスのパリにある。

ゆのみ【湯飲み】お湯やお茶を飲むときに使う茶わん。湯飲み茶わん。

ゆび【指】手足の先の、えだのように分かれた部分。

ゆびきり【指切り】約束を守るしるしとして、相手と小指と小指をからみあわせること。

ゆびさす【指差す】指で、ある方向やものをさししめす。(れい)ケーキがたくさんならんでいるガラスケースの前で、ほしいものを指差す。

ゆびわ【指輪】〔かざりとして〕指にはめる輪。

ゆびをくわえる【指をくわえる】ほしいけれども手が出せず、うらやましく思いながらながめていることのたとえ。

ゆぶね【湯船】ふろの湯を入れるところ。(れい)湯船につかって、一日のつかれをとる。

ゆみ【弓】❶竹・木などの細長い棒につるをはり、矢をとばしてものを射る道具。❷バイオリンやチェロなどの弦楽器で、弦をこすって音を出すもの。

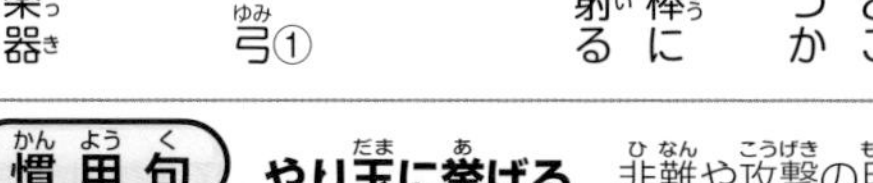

弓①

慣用句 **やり玉に挙げる** 非難や攻撃の目標にする。

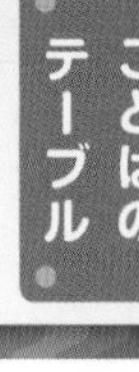

ことばのテーブル 666ページ

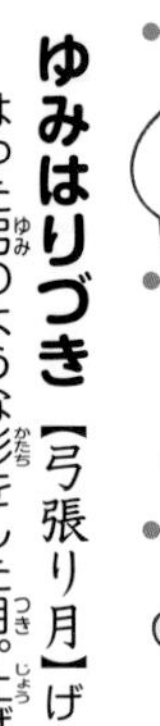
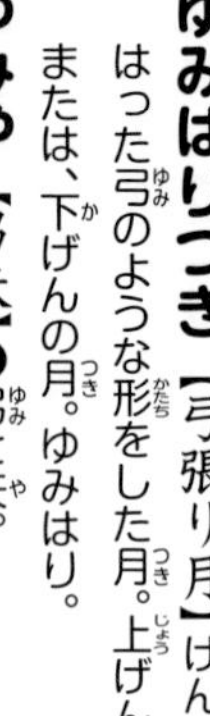

ゆみはりづき【弓張り月】げんをはった弓のような形をした月。上げん、または、下げんの月。ゆみはり。

ゆみや【弓矢】❶弓と矢。❷戦いに使う道具。武器。れい 弓矢をすてて、こうさんする。

ゆめ【夢】❶ねむっている間に、じっさいのできごとのように頭の中に見えるもの。れい こわい夢を見る。❷じっさいにはかないそうもないのぞみ。れい 夢のようなことを言ってわらわれる。❸きぼう。のぞみ。れい 子どもの夢を大切にする。

ゆめみる【夢見る】❶夢を見る。れい 夢見るような（＝うっとりした）気持ち。❷〔すばらしいことを〕心の中に思う。れい 未来の科学者を夢見て勉強する。

ゆらい【由来】ある物事が、そこから起こっていること。また、その今までのすじ道。

ゆらぐ【揺◀らぐ】❶ゆれ動く。れい 地震で家が揺らぐ。❷考えなどがかわりそうになる。ぐらつく。れい 決心が揺らぐ。

ゆらゆら ゆっくりとゆれ動くようす。れい ぶらんこがゆらゆらゆれる。

ゆり ヤマユリ・オニユリ・テッポウユリなどの、ユリ科の植物。大きくて美しい花がさく。

ゆりかご【揺◀り籠◀】赤ちゃんを入れ、ゆり動かしてねむらせるかご。

ゆるい【緩◀い】❶しまっていない。ゆるんでいる。また、中身より入れ物のほうが大きい。❷ていどがきびしくない。れい 学校の規則が緩い。❸かたむきなどが急でない。ゆるやかである。れい 緩いさか道。

ゆるす【許す】❶ねがいを聞き入れる。れい 入学を許す。❷まちがいや罪などをせめない。❸よいとみとめる。れい 自他ともに許すピアノの名手。❹けいかいしない。れい 心を許す。

ゆるむ【緩◀む】❶はっていたものが、ゆるくなる。れい くつのひもが緩む。❷きんちょうしていた心がほぐれる。ゆだんする。れい 気が緩む。❸きびしかったものが、やわらぐ。

ゆるめる【緩◀める】❶ゆるくする。❷おそくする。ゆるやかにする。❸心を楽にする。のんびりする。れい さいごまで気を緩めるな。

ゆるゆる ゆったりしているようす。

ゆるりと くつろいでいるようす。ゆっくりと。れい どうぞごゆるりとおくつろぎください。

ゆれる【揺◀れる】❶上下・左右・前後などに動く。❷気持ちが定まらない。

1よ《文の終わりにつけて》強め・よびかけ・感動などを表すことば。れい もう、行こうよ。／うれしかったよ。

2よ【世】❶世の中。せけん。れい バレリーナとして世に出る。❷時代。れい 戦国の世を生きぬく。❸一生。生がい。れい わが世の春。❹過去・現在・未来のそれぞれの世の

〔〕漢字を使った書き方　れい ことばの使い方の例　⇕反対のことば　⬇参考になる情報　◀小学校で習わない漢字

中。れい この世。／あの世。

³よ 【夜】よる（夜）。

よあけ 【夜明け】夜が明けるころ。あけがた。⇔日暮れ。夕暮れ。

夜明け

¹よい 【宵】日がくれて、まもないころ。

²よい 【良い】❶質や状態などがすぐれている。れい 品質が良い。❷好ましい。ふさわしい。れい 湯かげんが良い。⇔①②悪い。❸さしつかえない。❹じゅうぶんである。れい じゅんびはすべて良い。❺《動詞のあとにつけて》「…しやすい」「気持ちよく…できる」の意味を表す。れい はきよいくつ。

よいのくち 【宵の口】日がくれてまもないころ。夜になったばかりのころ。

よいまつり 【宵祭り】祭りの前の日の夜におこなう祭り。宵宮。

¹よう 【用】❶用事。用件。❷役に立つはたらき。使い道。れい 用がなくなった物を処分する。

²よう 【洋】西洋。西洋のもの。⇔和。

³よう 【酔う】❶酒を飲んで、心や体がふつうのじょうたいでなくなる。❷乗り物にゆられて気分が悪くなる。❸うつくしいものにひかれて、それにむちゅうになる。れい 音楽に酔う。

¹ようい 【用意】前からそろえておくこと。したく。じゅんび。

²ようい 【容易】たやすいようす。かんたんにできるようす。

よういく 【養育】子どもをやしない育てること。

ようおん 【よう音】あるきまったかなの右下に「ゃ・ゅ・ょ」を小さく書き表し、一つの音とするもの。「きゃ・きゅ・きょ」「ぎゃ・ぎゅ・ぎょ」など。

ようか 【八日】❶一日を八回重ねた日数。れい この仕事は八日かかる。❷月の八番目の日。

ようかい 【妖怪】人の理解をこえた、あやしいすがたのおばけ。

ようかん あんに砂糖とかんてんを入れてにつめ、ねったりむしたりしてかためた菓子。

ようがん 【溶岩】火山がふん火するときに流れ出る、まっ赤にとけたもの。また、それがひえてかたまった岩石。

¹ようき 【容器】物を入れるうつわ。

²ようき 【陽気】❶ほがらかで明るいようす。⇔陰気。❷〔暑さ・寒さなどの〕天候。気候。

ようぎ 【容疑】つみをおかしたのではないかという、うたがい。

ようぎしゃ 【容疑者】つみをおかしたうたがいのある人。

ようきゅう 【要求】強くもとめること。れい 賃上げを要求する。

ようぐ 【用具】あることをするのに使う道具。れい そうじ用具。

ようけん 【用件】用事の種類や内容。

¹ようご 【養護】とくべつに守って育てること。

²ようご 【擁護】かばって、守ること。れい 人権を擁護する。

ようこそ たずねてきてくれた相手を喜んでむかえる気持ちを表すことば。れい ようこそおいでくださいました。

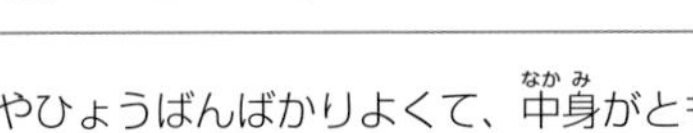
四字熟語 **有名無実** 名前やひょうばんばかりよくて、中身がともなわないこと。

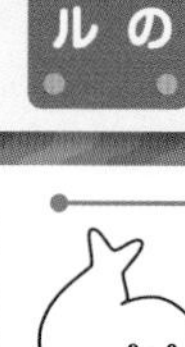

ようさん【養蚕】まゆをとるために、かいこをかうこと。(れい)養蚕業。

1 **ようし**【用紙】使いみちのきまっている紙。(れい)原稿用紙。

2 **ようし**【要旨】文章や話の大切なところ。また、だいたいの内容。

3 **ようし**【容姿】顔つきとすがた。すがたかたち。

1 **ようじ**【幼児】ちちを飲まなくなってから小学校に入るまでぐらいの子ども。おさない子ども。

2 **ようじ**【用事】しなくてはならないことがら。用。(れい)急な用事ができた。

ようしき【洋式】西洋風のやり方。西洋式。(れい)洋式のトイレ。⇔和式。

ようしょう【幼少】年がおさないこと。(れい)幼少のころの写真。

1 **ようしょく**【洋食】西洋風の料理。西洋料理。⇔和食。

2 **ようしょく**【養殖】人の力で、魚・貝・海そうなどを育てふやすこと。

ようじん【用心】気をつけること。注意すること。

ようじんぶかい【用心深い】じゅうぶんに注意をするようす。

ようす【様子】❶物事のありさま。じょうたい。(れい)駅前の様子。❷〔人の〕すがた。みなり。❸そぶり。けはい。(れい)どうもあの人の様子がおかしい。

ようするに【要するに】かんたんに言うと。つまり。けっきょく。

1 **ようせい**【幼生】たまごからかえった動物の子が、親とちがう形をしているもの。おたまじゃくしなど。

2 **ようせい**【妖精】西洋の伝説や童話などに出てくる、動物や植物などのたましいが形をかえたもの。女の人や小さい人間のすがたであらわれ、まほうを使う。

3 **ようせい**【要請】強くたのむこと。

4 **ようせい**【陽性】❶明るくてほがらかなせいしつ。❷〔病気のけんさなどで〕反応があらわれること。(れい)ツベルクリン反応が陽性になった。⇔①②陰性。

5 **ようせい**【養成】教えみちびいて、りっぱに育てること。

ようせき【容積】❶入れ物の中にはいる量。容量。❷たいせき。

ようそ【要素】物事がなりたつのになくてはならない、おおもとのもの。

ようだ ❶にていることを表すことば。また、たとえることを表すことば。(れい)まるで夢のようだ。❷〔はっきりしないが〕たぶんそうだろう、という意味を表すことば。(れい)家の中にはだれもいないようだ。

ようたし【用足し】用事をすませること。(れい)本屋まで用足しに行く。

ようち【幼稚】❶おさないこと。❷考え方ややり方がみじゅくなこと。

ようちえん【幼稚園】満三才から小学校に入るまでの子どもを集めて、教えみちびくところ。

ようちゅう【幼虫】こん虫で、たまごからかえった、さなぎや成虫になる前の虫。⇔成虫。

ようつう【腰痛】こしのいたみ。

ようてん【要点】話や文章で大切なところ。(れい)文章の要点を書き出す。

ようと【用途】ものの使い道。

ようなし【洋梨】バラ科の植物のセイヨウナシ。実はたてが長く、下がふく

〔〕漢字を使った書き方　(れい)ことばの使い方の例　⇔反対のことば　⬇参考になる情報　◀小学校で習わない漢字

らんでいる。

ようび【曜日】日・月・火・水・木・金・土の、一週間のそれぞれの日のよび名。

ようふく【洋服】西洋からつたわってきた服。せびろなど。⇔和服。

ようぶん【養分】えいようになるもの。(れい) 根から養分をすいあげる。

ようぼう【要望】してほしいと強くのぞむこと。また、そののぞみ。

ようみゃく【葉脈】木や草の葉に見えるすじ。葉をしっかりとたもち、水分や養分の通り道になっている。

ようもう【羊毛】羊からとった毛。毛糸や毛織物のもとになる。

1**ようやく** ❶やっと。❷少しずつ。だんだんと。

2**ようやく**【要約】文章や話の大切なところを短くまとめること。また、まとめたもの。(れい) 筆者の考えを要約する。

1**ようりょう**【要領】❶物事の大切なところ。要点。(れい) 話の要領。❷物事をじょうずにおこなうやり方。こつ。(れい) 要領が悪い。

2**ようりょう**【容量】入れ物の中に入る量。容積。(れい) びんの容量。

ようれい【用例】ことばの使い方のれい。(れい) 辞書で用例をしらべた。

ヨーグルト 牛乳に乳酸菌をくわえて、やわらかくかためた食べ物。

ヨーヨー ❶二つの円盤の中心をつないだところに、糸をまきつけて、糸の先を持ち上下にうごかして遊ぶおもちゃ。

ヨーヨー①

❷小さなゴムの風船の中に水を入れ、とりつけたゴムで上下にうごかして遊ぶおもちゃ。

ヨーロッパ 北半球にあり、アジアの北西につづく大陸。北は北極海、西は大西洋に面し、南は地中海をはさんでアフリカ大陸に接する。イギリス・フランス・ドイツ・ポーランド・スウェーデンなどの国がある。むかし「欧羅巴」と書いたことから、「欧州」ともいう。

よかん【予感】なにか起こりそうだと感じること。(れい) 悪い予感がする。

よきょう【余興】えん会や多くの人が集まるときに、たのしませるためにおこなうもよおし。

よきん【預金】銀行などにお金をあずけること。また、そのあずけたお金。

1**よく**【良く・善く】❶くわしく。じゅうぶんに。(れい) よくわかった。❷〔相手のしたことをにくみ〕とてもそんなことはできないはずなのに、ずうずうしくも。(れい) よくそんなことが言えるものだ。❸しばしば。いつも。

2**よく**【欲】ほしがること。また、自分のものにしようと求めること。また、その気持ち。(れい) 欲をだす。／欲が深い。

よくあさ【翌朝】次の日の朝。明くる朝。よくちょう。

よくしつ【浴室】ふろば。

よくじつ【翌日】次の日。明くる日。

よくせい【抑制】おさえて、とめること。(れい) 気持ちを抑制する。

よくそう【浴槽】ふろの湯を入れるところ。湯船。

慣用句 **夢を見る** 未来などについて空想する。

ことばのテーブル 670ページ

よくばり・よくばる・よくぼう・よけい・よける・よげん・よこ

よこう・よこがお・よこがき・よこぎる・よこく・よごす・よこたわる

よこづな・よこどり・よこなぐり・よこならび・よこやりをいれる・よごれ・よごれる・よざくら・よさのあきこ・よさぶそん

よくばり【欲張り】よくばること。また、その人。

よくばる【欲張る】必要いじょうにほしがる。

よくぼう【欲望】自分ののぞみをまんぞくさせようとする心。(れい)人間の欲望は、きりがない。

よけい【余計】❶いらないようす。むだ。(れい)余計なおせわだ。❷なおさら。もっと。(れい)そんなことをすれば、余計きらわれるだろう。❸ていど・分量の多いようす。(れい)余計に作りすぎて、あまった。

よける ❶さける。ふせぐ。(れい)台風をよけるために、近くの港に船を入れることにした。❷とりのぞく。わきによせる。(れい)不良品をよける。

よげん【予言】先のことをおしはかって、前もって言うこと。また、そのことば。(れい)事件を予言する。

よこ【横】❶右左の方向。(れい)横にならぶ。⇕縦。⬇2だん目(イラスト)❷わき。そば。かたわら。(れい)横から口を出す。／つくえの横。

よこ
たて
横①

よこう【予行】本当におこなうときと同じやり方で、その前にけいこすること。(れい)運動会の予行演習をする。

よこがお【横顔】❶横から見た顔。横むきの顔。❷ある人のあまり知られていない面。(れい)人気女優の横顔をしょうかいする。

よこがき【横書き】文字を横の方に書きならべていくこと。

よこぎる【横切る】横の方向に通りすぎる。一方からもう一つの方へわたる。横断する。(れい)道路を横切る。

よこく【予告】〔あることをおこなうことを〕先に知らせること。

よごす【汚す】きたなくする。また、けがす。

よこたわる【横たわる】❶横になる。(れい)ソファーに横たわる。❷じゃまをするように、前にある。(れい)多くの困難が横たわる。

よこづな【横綱】すもうのいちばん上の位。また、その位の人がこしにしめる太いつな。(れい)横綱の土俵入り。

よこどり【横取り】人のものを横からうばい取ること。

よこなぐり【横殴り】雨や風が横から強くふきつけること。(れい)大つぶの雨が横殴りにふりだした。

よこならび【横並び】どれも差がなく、にた状態であること。

よこやりをいれる【横やりを入れる】ほかの者が横からもんくをいう。関係のない者がじゃまをする。

よごれ【汚れ】よごれていること。また、よごれているところ。

よごれる【汚れる】きたなくなる。けがれる。(れい)どろで、服が汚れる。

よざくら【夜桜】夜にながめる桜の花。また、桜の花を夜に楽しむこと。

よさのあきこ【与謝野晶子】(一八七八～一九四二)明治時代の歌人。歌集に「みだれ髪」などがある。

よさぶそん【与謝蕪村】(一七一六～一七八三)江戸時代の俳人・画家。写

実的・絵画的な句が多い。

よさん【予算】収入や支出をあらかじめ見積もること。また、見積もったお金。

よし イネ科の植物。水辺で育つ。高さは二メートル以上にもなり、葉は細長い。アシ。

よじじゅくご【四字熟語】漢字が四字むすびついて、一つの意味を表すことば。たとえば、「海千山千」「五里霧中」「油断大敵」など。

よしず ヨシ（＝アシ）のくきであんだすだれ。

よじのぼる【よじ登る】ものにつかまって登る。すがりつくようにして登る。れい けわしいがけをよじ登る。

よしゅう【予習】まだ習わないところを、先に勉強しておくこと。⇔復習。

よしん【余震】大きな地震のあとに、ひきつづいて同じ地域でたびたびおこる小さな地震。ゆりかえし。

よせがき【寄せ書き】何人かの人が、一まいの紙や布に、字や絵を思い思いにかくこと。また、そのかいたもの。

よせる【寄せる】❶近づく。近づける。近づけておく。れい 波が寄せる。／テーブルをまどぎわに寄せる。❷ものを送る。れい 投書を寄せる。❸そこにいて、せわになる。れい 友人の家に身を寄せる。❹ある感情をもつ。いだく。

よせん【予選】あらかじめえらぶこと。また、そのための試合。れい 予選はぶじ通過した。

よそ ❶ほかのところ。ほかの場所。❷自分の家以外のところ。他人の家。れい よそにとまりに行く。⇔内。❸自分とはちょくせつ関係のないこと。多く「…をよそに」の形で、「…をほったらかしにして」「…を無視して」の意味で使う。れい みんなが遊んでいるのをよそに勉強する。

よそいき【よそ行き】❶よそへ行くこと。また、そのときに用いる物。よそゆき。れい 外出するのでよそ行きの服に着がえた。❷ことばづかいや動作などが、ふだんとちがって、きちんとしていること。よそゆき。れい よそ行きのことばづかいで話す。

よそう【予想】〔これから先のこと、あることのなりゆきや結果などを〕先に考えること。また、その考えたこと。れい わたしの予想が当たった。

よそおい【装い】❶〔衣服などの〕したく。また、きちんとした身じたく。れい 装いをこらす（＝いっしょうけんめいによそおう）。❷外から見たようすをととのえること。れい 劇場の装いを新たにする。

よそおう【装う】❶かざり整える。身じたくする。よそう。れい 美しく装った女の人が通る。❷〔あるものに〕見せかける。ふりをする。れい 平気を装う。

よそく【予測】どうなるかおしはかること。れい 秋の天気はかわりやすくて予測しにくい。

よそみ【よそ見】〔ほかのことに気をとられて〕見なければならない方を見ないで、べつの方を見ること。

よそよそしい 親しみを見せない。知らない人どうしのようだ。れい ひさしぶりにあったせいか、なんとなくよそよそしい。

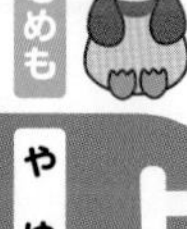

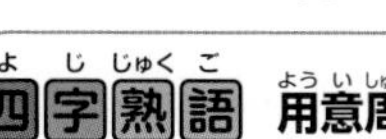

用意周到 用意がじゅうぶんにいきとどいて落ち度がないこと。

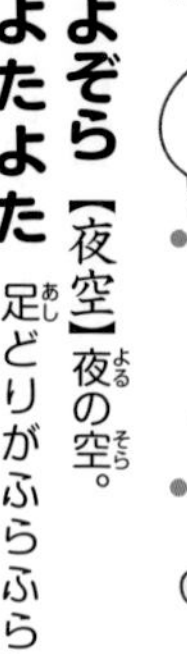

672ページ

- よぞら
- よたよた
- よだれ
- よち
- よちよち
- よつ
- よつかど
- よっきゅう
- よっつ
- ヨット
- よてい
- よとう
- よなか
- よなが
- よのなか
- よはく
- よび
- よびおこす
- よびこう
- よびすて
- よびだし
- よぶ
- よぶん
- よぼう
- よぼうせっしゅ
- よほど

よぞら【夜空】夜の空。

よたよた 足どりがふらふらして、しっかりしていないようす。れい よたよたと歩く。

よだれ 口の外にながれ出る、つば。

よち【予知】前もって知ること。れい 地震を予知することはむずかしい。

よちよち 幼児などが、たよりない足どりで歩くようす。

よつ【四つ】❶一の四倍。四。よん。よっつ。❷四才。よっつ。❸すもうで、おたがいに両手でまわしをつかむこと。れい がっぷりと四つに組む。

よつかど【四つ角】二つの道が、十字に交わっているところ。また、その角。四つつじ。十字路。

よっきゅう【欲求】ほしがりもとめること。れい 欲求をみたす。

よっつ【四つ】よつ①②。

ヨット 三角のほをはってすすむ小型の船。

よてい【予定】これからおこなうことなどを先に決めること。また、決めたことがら。

よとう【与◂党】内閣をつくっている政党。⬍野党。

よなか【夜中】夜がふけたころ。夜半。れい 夜中に火事があった。⬍日中。

よなが【夜長】夜が長いこと。また、その季節。れい 秋の夜長。

よのなか【世の中】人々がたがいにつながりをもって生活している場。社会。世間。

よはく【余白】〔文字などを書いた紙の〕何も書いていない白いところ。れい ノートの余白。

よび【予備】前もって用意しておくこと。また、用意したもの。れい 予備のかぎをつくる。

よびおこす【呼び起こす】❶声をかけて、ねむっている人を起こす。❷〔今までじっとしていたものに〕はたらきかけて、活動をおこさせる。れい その映画は、ぼくの歴史に対する興味を呼び起こした。

よびこう【予備校】大学などの入学試験に合格するための指導をする学校。

よびすて【呼び捨て】「さん」「くん」などをつけず、名前だけでよぶこと。

よびだし【呼び出し】❶よびだすこと。よんで、その場所まで来させること。れい 市役所から呼び出しがある。❷すもうで、力士の名をよびあげて、土俵にあがらせる役の人。

よぶ【呼ぶ】❶大きな声で言う。れい 助けを呼ぶ。❷声を出してこちらに来させる。たのんで来てもらう。また、まねく。れい タクシーを呼ぶ。❸名づける。❹集める。ひきつける。れい 新しいゲームが人気を呼ぶ。

よぶん【余分】❶あまっているもの。あまり。れい ぜんぜん余分がない。❷必要な数や量より多くあること。よけい。れい 余分なお金を寄付する。

よぼう【予防】〔病気や悪いことがおこらないように〕前からふせぐこと。

よぼうせっしゅ【予防接種】病気をふせぐために、ワクチンを体にうえつけて人工的に免疫をつくること。

よほど ❶そうとう。ずいぶん。れい よほど強く打ったらしく、こぶができている。

【】漢字を使った書き方　れい ことばの使い方の例　⬍反対のことば　⬇参考になる情報　◂小学校で習わない漢字

❷もう少しでそうするところであるようす。思いきって。(れい)よほどすぐに帰ろうかと思った。

よみ【読み】❶文章や文字を読むこと。(れい)読みの練習をくりかえす。❷漢字の読み方。❸これから先のようすを見通すこと。

よみがえる ❶いちど死んだ人が生きかえる。❷〔いきおいのおとろえたものが〕まえのいきいきした状態をとりもどす。(れい)戦争が終わり、平和がよみがえった。❸わすれていたものや、うしなわれていたものが思い出される。

よみかき【読み書き】文字を読むことと書くこと。

よみかた【読み方】字や文を読む方法。また、読むときの発音のしかた。

よみきり【読み切り】〔雑誌などにのせる読み物で〕次の号につづけず、一回で終わるもの。

よみせ【夜店】祭りのときなどに、夜、道ばたに品物をならべて売る店。

よみち【夜道】夜の道。

よみとる【読み取る】❶読んで、書いてあることをりかいする。❷人の気持ちや考えなどをおしはかる。(れい)相手の表情を見て、気持ちを読み取る。

よみもの【読み物】読むために書かれた文章。物語・小説・ずいひつなど。また、それらの本。

よむ【読む】❶目で見た文字を声に出して言う。(れい)大きな声で読む。❷文字・文章・図表などを見て、その意味をさとる。(れい)手紙を読む。❸〔人の心などを〕おしはかる。❹数える。(れい)選挙で票を読む。

読む①

よめ【嫁】❶むすこの妻。❷結婚する相手の女性。(れい)兄のお嫁さんが決まった。⇔①②婿。

よめな【嫁菜】キク科の植物。秋にうすむらさき色の花がさく。わかい葉は食用になる。

よもぎ キク科の植物。葉はかおりが強く、うらに白い毛がある。若葉は草もちに使われる。

よやく【予約】前もってやくそくしておくこと。また、そのやくそく。

よゆう【余裕】❶必要な分より多くあること。あまり。❷〔気持ちが〕ゆったりとしていること。ゆとり。(れい)やれるだけのことはやったので、気持ちに余裕がある。

より ❶ある動作やはたらきの始まるところをしめすことば。…から。❷くらべるもとになるものをしめすことば。(れい)ぼくは、みんなより三十分も早くついた。❸それにかぎることを表すことば。…する以外。下に「…ない」などの打ち消しのことばがくる。(れい)こうなったら信じて待つより方法がない。❹それ以上に。いっそう。もっと。

よりかかる【寄り掛かる】❶体をもたせかける。(れい)妹はかべに寄り掛かっている。❷〔ほかの力を〕たよりにする。

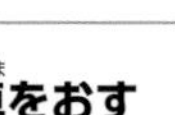
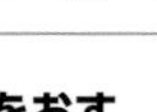
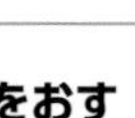

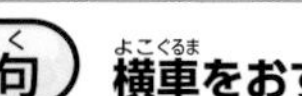

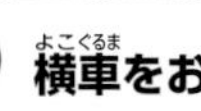

慣用句 **横車をおす** すじの通らないことをむりやりにおし通す。

よりそう【寄り添◀う】体をよせるようにしてならぶ。そばによる。(れい)母は、祖父に寄り添って歩いている。

よりみち【寄り道】目当てのところへ行くついでに、どこかへよること。

1**よる**【夜】日がしずんでから日の出までの間。よ。⇔昼。

2**よる**【因る】❶もとづく。げんいんとする。(れい)運転者の不注意に因る事故。❷したがう。よりどころとする。(れい)こういうスケジュールにしたのは、先生の意見に因るところが大きい。

3**よる**【寄る】❶近づく。(れい)もっとこちらに寄りなさい。❷ひとつの場所に集まる。(れい)えさに魚が寄ってくる。❸より道する。(れい)友だちの家に寄る。❹重なる。多くなる。(れい)しわが寄る。❺すもうで、相手のまわしをつかんでおす。

よろい むかし、戦のときに、武士がてきのこうげきから自分の体を守るために着たもの。

よろこばしい【喜ばしい】うれしい気持ちである。めでたいと思う。(れい)全国大会出場が決まって、本当に喜ばしい。

よろこび【喜び】❶うれしいこと。うれしい気持ち。(れい)みんなの顔が、喜びにかがやいている。❷おめでたいこと。おいわいのことば。(れい)つつしんで新年のお喜びをもうしあげます。

よろこぶ【喜ぶ】うれしく思う。楽しく思う。(れい)成功を喜ぶ。⇔悲しむ。

よろしい ❶「よい」のあらたまった言い方。(れい)たいへんよろしい。❷かまわない。さしつかえない。❸相手に賛成するときに使うことば。(れい)よろしい。あなたの言うとおりにしましょう。

よろしく ❶〔その人のはんだんで〕悪くないように。適当に。いいように。(れい)あとはそちらでよろしくやってください。❷「よろしくおねがいします」のりゃく。また、「よろしくお伝えください」のりゃく。(れい)明日のパーティー、よろしくね。／お母様によろしく。

よわい【弱い】❶力やいきおいが少ない。(れい)弱いチーム。／気が弱い。❷抵抗力がとぼしい。じょうぶでない。また、病気にかかりやすい。❸長くもたない。こわれやすい。もろい。(れい)このいすは、あしが弱い。❹力がおとる。得意でない。(れい)どうも算数が弱い。⇔①〜④強い。

よわき【弱気】進んで物事をしようとする気持ちがないこと。気が弱いこと。(れい)やる前からそんな弱気ではだめだ。⇔強気。

よわまる【弱まる】前よりもいきおいがおとろえる。弱くなる。(れい)風が少し弱まってきたので、出かけることにする。⇔強まる。

よわむし【弱虫】気の弱い人やいくじのない人。おくびょうもの。

よわめる【弱める】力やいきおいを弱くする。(れい)ガスの火を弱める。⇔強める。

よわる【弱る】❶元気や力がなくなる。おとろえる。❷どうすることもできなくて、ひじょうにこまる。

よん【四】し(四)。

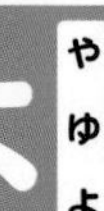

ら

ラ

ライオン

ラーメン 中国ふうのそば。中華そば。

らいう【雷雨】かみなりが鳴り、雨がふること。

ライオン ネコ科の動物。アフリカの草原などに、むれでくらす。おすには、たてがみがある。しし。

ライオン

らいきゃく【来客】たずねてきた客。(れい)昨日、来客があった。

らいげつ【来月】今月の次の月。⇕先月。

らいこう【来校】その学校をたずねてくること。(れい)創立記念日に市長が来校する。

らいしゅう【来週】今週の次の週。次週。⇕先週。

ライス ごはん。めし。

らいせ【来世】仏教で、死んだあとに行くといわれている世。あの世。⇕前世。現世。

ライセンス 許可。免許。また、それをかいた文書。(れい)ダイビングのライセンスをとる。

らいにち【来日】外国人が日本にやってくること。来朝。(れい)アメリカの大統領が来日した。

らいねん【来年】今年の次の年。明年。⇕去年。

ライバル 同じくらいの力をもつ競争相手。好敵手。

らいひん【来賓】〔会や式などに〕まねかれてきた客。(れい)来賓のことば。

ライフ ❶命。(れい)ライフジャケット。(＝海や川で、水におぼれないように体につけるジャケット) ❷生活。くらし。(れい)ライフスタイル。❸一生。(れい)ライフワーク。

ライブ ❶録音や録画ではなく、スタジオや現場からちょくせつ放送すること。生放送。(れい)会場からライブで放送する。❷録音を再生した音楽ではなくて、じっさいにその場で演奏すること。生演奏。(れい)ライブコンサート。

ライブラリー 図書館。図書室。

らいめい【雷鳴】かみなりの音。

ライン ❶線。(れい)センターライン(＝中央に引かれた線)。❷船や飛行機が通る道すじ。❸きじゅんとなる数。(れい)合格ライン。

ラインナップ ❶野球で、打順。ラインアップ。❷団体や作品などの顔ぶれ。ラインアップ。(れい)正月映画のラインナップ。

ラウンジ 空港やホテルなどにもうけられた、休けいしたり、まちあわせをしたりするための場所。(れい)空港のラウンジ。

らく【楽】❶心やからだになやみや苦しみがないこと。また、生活のための苦労や心配がないこと。(れい)なやみをうちあけたら、心が楽になった。❷かんたんなこと。たやすいこと。(れい)楽に勝てる相手だ。❸「せんしゅうらく」のりゃく。

慣用句 **寄ってたかって** おおぜいの人がより集まって。

らくえん【楽園】苦しみのない、楽しいところ。れい この世の楽園。

らくがき【落書き】〔書いてはいけないところに〕絵や文字をいたずら書きすること。また、その書いたもの。

らくご【落語】人をわらわせるこっけいな話をし、終わりをしゃれたしめくくりのことば（＝おち）でむすぶ、ひとりでおこなう演芸。また、その話。落とし話。

らくさ【落差】❶高いところから低いところへ水が流れ落ちるときの、二つの水面の高さのちがい。❷二つのものの間のちがい。れい 二人の考え方には落差がある。

らくしょう【楽勝】〔力の差がありすぎて〕かんたんに勝つこと。れい 楽勝できる相手だと思っていたが、いがいに苦戦した。

らくじょう【落城】敵に城をせめられ、守りきれないでほろびること。

らくせい【落成】〔大がかりな〕工事が終わり、すっかりできあがること。れい 体育館が落成した。

らくせん【落選】❶選挙で、えらばれないこと。⇔当選。❷審査で、えらばれないこと。れい 展覧会に出品したが、おしくも落選した。⇔入選。

らくだ ラクダ科の動物。こぶが一つのヒトコブラクダと、こぶが二つのフタコブラクダがいる。草原やさばくでくらす。せなかのこぶに、脂肪をたくわえている。長い間、水を飲まずに生活することができ、さばくを旅するときに乗ったり荷物を運んだりするのに使われた。

らくだい【落第】❶試験や検査におちること。⇔及第。❷成績が悪くて、上の学年に進めないこと。❸よいとされるきじゅんより、おとっていること。れい この車は、安全性という点では落第だ。

ラグビー 十五人ずつの二組みにわかれ、だ円形のボールをうばいあい、それを相手の陣地につけて得点をあらそう競技。

らくよう【落葉】木の葉が、かれて落ちること。また、落ちた木の葉。おちば。

らくらく【楽楽】❶ゆったりとしてむりのないようす。れい 列車はすいていて、楽々すわれた。❷ひじょうにたやすいようす。れい 問題は、すべて楽々とけた。

ラケット テニス・卓球・バドミントンなどで、ボールなどを打つ道具。

[1]らしい 《物の名前をあらわすことばなどの下につけて》「…にふさわしいようすである」の意味をあらわすことば。れい 子どもらしい夢。

[2]らしい 物事をおしはかる意味をあらわすことば。…のようだ。れい 明日は雨らしい。

ラジオ 放送局で出す電波を受けて音にかえ、放送をきかせるきかい。

ラスト いちばん後。終わり。

らせん まき貝のからのように、ぐるぐるまいているもの。うずまき。

らっかさん【落下傘◀】パラシュート。

らっかんてき【楽観的】物事がうまくいくにちがいないと、明るい見通しをもつようす。れい うまくいくはずだと、楽観的に考える。⇔悲観的。

【】漢字を使った書き方　れい ことばの使い方の例　⇔反対のことば　⬇参考になる情報　◀小学校で習わない漢字

ラッキー 運がよいこと。幸運なこと。(れい) 相手のエラーで、ラッキーな一点を得た。

らっきょう ユリ科の多年草。特有のにおいがある。地中にできた、たまご形のくきを食用にする。

らっこ イタチ科の動物。北太平洋の岸近くにすむ。あおむけになって泳ぎながら、むねの上においた石に貝をぶつけてわって食べる。

ラッシュ ❶物事が一度に集中しておこること。(れい) 帰省ラッシュ。❷会社や学校に通う人たちで、乗り物がたいへんこみあう、朝夕の時間。「ラッシュアワー」のりゃく。(れい) ラッシュをさけて出かける。

らっぱ 金管楽器の一つ。ふき口が細くて、一方のはしが大きくひらいている。トランペット・ホルンなど。

らっぱ

ラッピング つつみ紙やリボンなど、物をつつむための材料。また、それらを使ってきれいにつつむこと。(れい) ラッピングしたプレゼント。

ラフ ❶あらっぽいようす。(れい) まだラフな計画だ。❷むぞうさなようす。(れい) ラフなかっこうで出かける。

ラベル 商品にはりつける、商品名や会社名などを印刷した紙など。レッテル。

ラベンダー シソ科の植物。夏、青むらさき色の小さな花をたくさんつける。花や葉にかおりがある。

ラムネ あまみをくわえた水に、二酸化炭素をとかして作った飲み物。

ラメ 織物などにおりこんだ金糸・銀糸など。また、その織物。

られつ【羅列】たくさんならべること。ずらりとならべること。(れい) 季節のことばを羅列する。

られる ❶「ほかのものから…される」の意味をあらわすことば。(れい) 先生にほめられる。❷「…することができる」の意味をあらわすことば。(れい) 全部食べられる。❸「ひとりでにそうなる」の意味をあらわすことば。(れい) なんとなく秋の気配が感じられる。❹そんけいする意味をあらわすことば。(れい) 先生が来られる。

ランキング せいせきなどによってつける順番。(れい) 世界ランキング。

ランク 順位をつけること。また、その順位。(れい) 上位にランクされる。

らんざつ【乱雑】ばらばらにちらばっていること。(れい) へやの中が乱雑にちらかっている。

らんせい【乱世】あらそいやたたかいがつづく、みだれた世の中。らんせ。

ランダム じゅんばんどおりでないこと。思いつくままであること。(れい) ランダムに人をえらぶ。

ランチ 昼食。また、洋食の定食。

らんとう【乱闘】敵とみかたが、いりみだれてあらそうこと。

ランドセル 小学生などが、学用品を入れてせおう、かばん。

ランナー ❶走る人。❷野球で、るいに出た人。(れい) ランナーがかえって、一点入った。

慣用句 **弱音をはく** 気の弱いことをいう。いくじのないことをいう。

ことばのテーブル

678ページ

・ランニング
・ランプ
・らんぼう
・らんまん

・リアクション
・リアスしきかいがん
・リアリティー
・リアル
・リーグせん
・リーズナブル
・リーダー
・リード

・リーフレット
・りえき
・りか
・りかい
・りがい
・りきし
・りきてん

ランニング ❶走ること。❷そでなして、首のまわりが大きくあいたシャツ。運動用。また、男性の下着用。「ランニングシャツ」のりゃく。

ランプ しんに石油をしみこませて火をともし、ガラスのほやをかぶせたあかり。

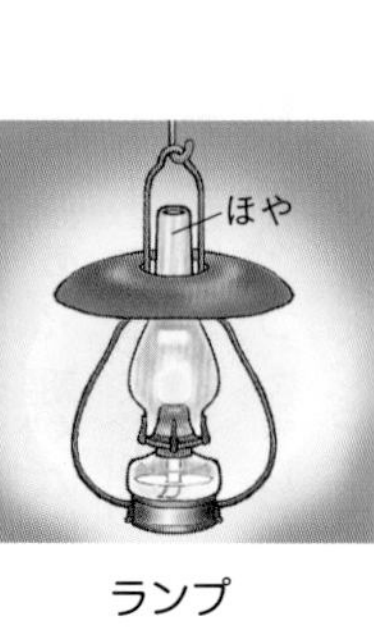
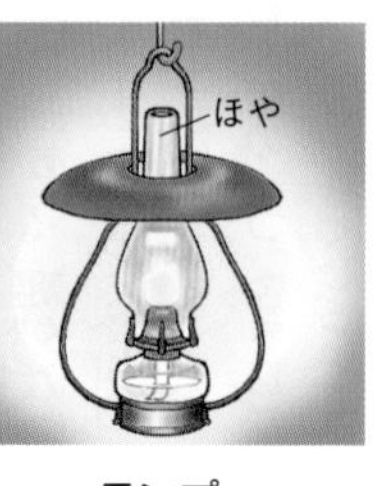

ランプ

らんぼう【乱暴】❶あらあらしいおこないをすること。また、ていねいでないこと。❷やり方があらっぽいこと。(れい)それは、ずいぶん乱暴な意見だ。

らんまん【らん漫◂】たくさんの花がさきみだれているようす。

リアクション ある動きにおうじて起こる動き。反応。

リアスしきかいがん【リアス式海岸】山地が海にしずむなどしてできた入り組んだ海岸。地図で見ると、のこぎりの歯のようにぎざぎざしている。東北地方の三陸海岸が有名。

リアリティー 本当らしいようす。本物らしさ。(れい)リアリティーのあるドラマ。

リアル ありのままであるようす。(れい)リアルな表現。

リーグせん【リーグ戦】参加したすべてのチームや選手が、ほかのどのチームや選手とも試合をして優勝を決める方法。総あたり戦。

リーズナブル 道理に合っていて、なっとくできるようす。また、価格がなっとくできるようす。(れい)リーズナブルな値段なので買うことにした。

リーダー 集団の中心になってみんなを教えみちびく人。指導者。

リード ❶〔グループなどを〕中心になってみちびくこと。(れい)キャプテンが部員をリードする。❷〔競技や勝負ごとで〕相手をひきはなすこと。相手より多く点をとること。❸野球でランナーが次のるいをねらって、今いるるいからはなれること。

リーフレット せんでんや案内のための内容を、一まいの紙に印刷したもの。(れい)店のリーフレットを作って、お客にくばる。

りえき【利益】❶ためになること。役に立つこと。(れい)国民の利益。❷もうけ。得。(れい)予想以上の利益があがった。

りか【理科】学校で、自然や自然の中のできごとについて学ぶ教科。

りかい【理解】❶物事のすじみちやわけをよくのみこむこと。(れい)問題の意味を理解する。❷人の立場や気持ちを思いやること。(れい)友だちの立場を理解する。

りがい【利害】得をすることと、損をすること。利益と損害。

りきし【力士】すもうをとることを仕事にしている人。

りきてん【力点】❶てこで物を動かすとき力のかかるところ。⬍作用点。

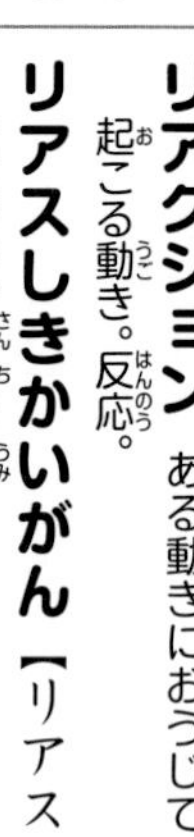

⬇てこ。❷〔物事の中で〕とくに力を入れるところ。れい使いやすさに力点をおく。

りきとう【力投】野球で、ピッチャーが力いっぱい投球すること。れいエースが力投する。

りく【陸】地球の表面で水におおわれていないところ。おか。⇔海。

リクエスト〔利用者からの〕希望や注文。れいリクエストにこたえる。

りくじょう【陸上】❶陸地の上。⇔海上。水上。❷「陸上競技」のりゃく。おもに、運動場でおこなわれる運動競技。走る・とぶ・投げるの三つの分野がある。

りくち【陸地】〔海や湖にたいして〕陸である土地。おか。陸。

りくつ【理屈】❶物事のすじみち。はっきりと説明のつくわけ。れい理屈に合わないことを言う。❷自分に都合のいいようにつくりだした、理由。れい理屈をこねる。

りくろ【陸路】陸上の道。また、陸の上を通っていくこと。⇔海路。

りこう【利口】❶頭がよいこと。かしこいこと。❷ぬけめのないこと。れい利口にたちまわる。

リコーダー たてにふく木管楽器。木やプラスチックでできている。

リコール ❶選挙でえらんだ議員などを住民の投票によってやめさせたりすることができる制度。❷不具合のある商品を返してもらって無料で直すこと。

リサイクル ふだんの生活の中でいらなくなった物やエネルギー源などを再利用すること。れいペットボトルをリサイクルする。

りさん【離散】〔まとまっていた人々が〕はなればなれになること。

りし【利子】かしたり、あずけたりしたお金にたいして、ある決まったわりあいでしはらわれるお金。利息。

りじ【理事】団体で、その団体を代表する権利をもつ役。また、その役の人。

りす リス科の動物。ふさふさした大きなしっぽがある。ニホンリス・シマリスなどのしゅるいがある。

リスク 損害を受けるかもしれない危険。れいリスクを考えておく必要がある。

リスト 一らん表。表。目録。

リズム ❶音の強弱と長短でできる一定の調子。❷物事の規則的なくり返しによって生まれる調子。れい生活のリズム。

りせい【理性】物事をすじみちをたてて考え、正しくはんだんする力。れいこうふんして、すっかり理性をうしなってしまった。

リセット 機械などを、動かす前の状態にもどすこと。れいパソコンをリセットする。

りそう【理想】人々がもっともよいものとして考え、追い求めるもの。れい理想の生き方。⇔現実。

りそうてき【理想的】考えられる、もっともよい状態であるようす。

リゾート 避暑や行楽などのための保養地。れいリゾート地。

りだつ【離脱】ぬけだすこと。はなれること。れい政党を離脱する。

りちぎ【律義・律儀】まじめで義理を大事にすること。れい律義な人。

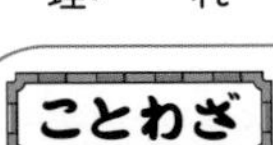

ことわざ **楽あれば苦あり** 楽しいことがあれば、きっと苦しいこともやってくる。

りつあん【立案】〔物事をおこなうために〕計画をたてること。(れい)生徒会で、ハイキングの計画を立案したところ賛成する人が多かった。

りっか【立夏】二十四節気の一つ。夏がはじまるとされるとき。五月六日ごろ。

りっきょう【陸橋】道路や鉄道線路の上にかけた橋。

りっこうほ【立候補】選挙に名のりでること。こうほ者として立つこと。(れい)学級委員の選挙に立候補する。

りっしゅう【立秋】二十四節気の一つ。秋がはじまるとされるとき。八月八日ごろ。

りっしゅん【立春】二十四節気の一つ。春がはじまるとされるとき。節分のよく日。二月四日ごろ。

りっしんべん【立心偏◀】漢字の部首の一つ。「性」「情」「慣」などの左がわの「忄」の部分。

りったい【立体】箱などのように、長さ・はば・あつみのあるもの。

1**りっとう**【立刀】漢字の部首の一つ。「利」「別」「割」などの右がわの「刂」の部分。

2**りっとう**【立冬】二十四節気の一つ。冬がはじまるとされるとき。十一月七日ごろ。

リットル 体積をはかる単位。一リットルは、たて・横・高さが十センチメートルの立方体の体積で、千立方センチメートル。記号は、「L」であらわす。

りっぱ【立派】❶どうどうとしているようす。(れい)かれの態度は、最後まで立派だった。❷技術などがすぐれているようす。(れい)立派なうでまえ。❸完全であるようす。(れい)立派に責任をはたした。

りっぽう【立法】法律を決めること。

りとう【離◀島】❶陸地から遠くはなれた島。はなれ島。❷島をはなれること。

リトマスしけんし【リトマス試験紙】ある液体が酸性かアルカリ性かを見分けるときに使う、青と赤の紙。酸性だと青が赤くなり、アルカリ性だと赤が青くなる。

リニアモーターカー 磁石の力を利用して車体をうき上がらせて、高速で走る乗り物。

リニューアル 新しくすること。一新すること。また、改装すること。(れい)店舗をリニューアルして、来月からふたたびオープンする。

りねん【理念】ある物事について何が最高であるかを決めるもとになる考え方。(れい)企業の理念。

リハーサル〔演劇・映画・放送・音楽などの〕けいこ。練習。

りはつ【利発】かしこいこと。りこうなこと。(れい)利発な子ども。

リハビリ 病気やけがによってからだが不自由になった人の機能をもとにもどすための訓練。リハビリテーション。

リピーター 同じ店・旅館・観光施設・商品などを、くり返して利用する客。(れい)ここは、近ごろリピーターの多い観光地だ。

リピート ❶くり返すこと。❷音楽で、曲の一部、または全部をくり返すこと。また、その記号。

リビング 居間。茶の間。「リビングルーム」のりゃく。

リフォーム ❶古くなった衣服など

〔〕漢字を使った書き方　(れい)ことばの使い方の例　⇕反対のことば　⬇参考になる情報　◀小学校で習わない漢字

に手をくわえ、新しいものにつくり直すこと。❷建物などの改築・増築・改装をすること。

りふじん【理不尽】物事のすじがとおらないこと。また、むりをおしとおそうとすること。れい これは、まったく理不尽な話だ。

リフト ❶荷物などをあげたりおろしたりする、小型のエレベーター。❷スキー場などで、人をすわらせて低いところと高いところの間を運ぶしかけ。スキーリフト。

リフレッシュ 気分をかえて、元気になること。元気回復。れい 温泉に入ってリフレッシュする。

リベンジ 復しゅう。しかえし。また、もう一度ちょうせんして、くやしさをはらそうとすること。

リボン かざりにする、はばのせまい布。テープのようになったひも。また、それをむすんだかざり。

リマンかいりゅう【リマン海流】日本海を流れる海流の一つ。オホーツク海からアジア大陸にそって南に流れる寒流。⬇海流。

リモコン はなれたところから機械などを動かすこと。また、そのしくみ。リモートコントロール。遠隔操作。遠隔操縦。

りゃく【略】全体のうちから、ある部分をはぶくこと。省略。れい 以下略。

りゃくず【略図】必要なところだけを、わかりやすいようにかんたんにかいた図。

りゃくだつ【略奪】おそって、人のものをむりやりにうばうこと。

りゆう【理由】物事が、そうなったわけ。れい ちこくした理由をのべる。

りゅう【竜】中国で考えられた想像上の動物。からだは大きなヘビのようで、四本の足とつのがある。天にのぼって雲をおこし雨をふらせるという。たつ。

竜

りゅういき【流域】川の流れにそった地帯。

りゅうがく【留学】ある期間、外国に行って勉強すること。れい 姉が、フランスに留学して、絵の勉強をすることになった。

りゅうがくせい【留学生】外国に行って勉強している学生。

りゅうぐう【竜宮】深い海の底にあって、竜神と乙姫がすむという想像上の宮殿。竜宮城。

りゅうこう【流行】〔病気・ことば・服装など〕あるものがしばらくの間世の中に広がること。はやること。れい 今月のはじめあたりから、インフルエンザが流行している。

りゅうしゅつ【流出】❶液体が、入れ物から流れ出ること。れい 座しょうしたタンカーから石油が流出するという事故がおきた。❷ほかの場所に出てしまうこと。れい 大切な人材が海外へ流出する。

りゅうすい【流水】流れる水。また、流れ。川。れい 流水に手足をひたすと、気持ちがいい。

慣用句 **らちが明かない** 物事の決まりがつかない。はかどらない。

りゅうせい【流星】うちゅうにある小さな天体が、地球に落ちてくるとき、空気とのまさつでもえて光るもの。ながれぼし。

りゅうつう【流通】❶〔空気などが〕流れ動くこと。れい 空気の流通をよくする。❷世の中で、広く使われること。広く出まわること。

りゅうひょう【流氷】海水がこおって氷の板のようになり、われて流れ出したもの。日本では北海道のオホーツク海沿岸で見られる。

流氷

りゅうよう【流用】予定していた以外の目的のために、お金やものを使うこと。れい 学校新聞にのった写真を、学級新聞に流用する。

リュックサック 登山などのとき、食べ物や衣類など、必要な物を入れてせおうふくろ。リュック。

りよう【利用】❶役に立つように、うまく使うこと。❷自分がとくをするために、うまく、物・人・地位などを使うこと。

りょう【漁】魚や貝などの水産物をとること。また、そのえもの。

りょうかい【了◂解】物事のすじみちやわけをよく理解すること。なっとくすること。

りょうがえ【両替◂】ある種類のお金を、それと同じ金額の、ほかの種類のお金にかえること。れい 千円札を百円硬貨に両替する。

りょうがわ【両側】〔右と左、うらとおもてなど〕ものの両方の側。れい 道の両側に木を植える。⇕片側。

りょうかん【良寛◂】（一七五八～一八三一）江戸時代の僧・歌人・書家。諸国をまわって修行したのち、故郷の越後（＝今の新潟県）に帰り、子どもたちと楽しく遊んだりして、くらした。すぐれた和歌・漢詩・書で名高い。

りょうきん【料金】見物したり、ものを使ったりしたときにはらうお金。れい 入場料金。／電気料金。

りょうこう【良好】〔成績やもののようすが〕よいじょうたいにあるようす。すぐれているようす。

りょうし[1]【猟◂師】山野で、鳥やけものをとらえることを仕事にしている人。かりゅうど。

りょうし[2]【漁師】海・川・湖などで、魚や貝などをとることを仕事にしている人。

りょうじゅう【猟◂銃◂】鳥やけものなどをとるために使うてっぽう。

りょうしゅうしょ【領収書】お金などを受けとったというしょうことして出す書類。領収証。

りょうしん[1]【両親】父と母。父母。

りょうしん[2]【良心】自分のおこないがよいか悪いか考えて、悪いことはせず、よいことをしようとする心の働き。れい 良心にはじない行動。

りょうせい【良性】〔病気などの〕性質がそれほど悪くないこと。れい 良性のしゅよう。⇕悪性。

りょうせいるい【両生類】子どものころはえらで呼吸をして水中にす

【】漢字を使った書き方　れい ことばの使い方の例　⇕反対のことば　⬇参考になる情報　◂小学校で習わない漢字

み、成長すると肺ができて陸上にもすむ、動物のなかま。カエル・イモリなど。

りょうち【領地】❶むかし、大名などがおさめていた土地。❷その国がおさめている土地。領土。

りょうて【両手】左右両方の手。れい 姉は、両手に荷物をもっている。⇔片手。

りょうど【領土】その国がおさめている土地。領地。

1りょうほう【両方】二つのものの、どちらも。れい カキとリンゴ、両方ともすきだ。⇔片方。

2りょうほう【療法】病気やけがをなおす方法。

りょうやくはくちににがし【良薬は口に苦し】〔よくきく薬は苦くて飲みにくいように〕他人からうける忠告は聞きづらいが身のためになるというたとえ。

りょうよう【療養】けがや病気をなおすために、ちりょうしたりからだを休めたりすること。れい 温泉へ療養に行く。

りょうり【料理】❶〔にたり、焼いたり、味をつけたりして〕食べ物をつくること。また、つくった食べ物。❷ものごとをうまくかたづけること。れい 難問をかんたんに料理する。

りょうりつ【両立】二つのものが同時になりたつこと。れい 勉強とスポーツを両立させる。

りょかん【旅館】人をとめることを仕事にしている（日本風の）家。やどや。

りょくいん【緑陰】青葉のしげった木のかげ。

りょくちゃ【緑茶】緑色の茶。茶のわか葉をむし、もみながらかわかしてつくる。玉露・せん茶・抹茶などの種類がある。

りょこう【旅行】旅に出ること。れい 旅行のじゅんびをする。

リラックス 楽な気分でくつろぐこと。きんちょうをなくすこと。れい 音楽をきいてリラックスする。

りりく【離陸】飛行機などが地上をはなれて空へとび上がること。⇔着陸。

りりしい〔人のすがたやたいどが〕きりっとひきしまって、いさましい。れい 少年のりりしいすがた。

リレー ❶受けついで次へおくること。なかつぎ。れい 投手リレー。❷「リレーレース」のりゃく。数人で一組みになり、ある決まった距離を、次々に受けついでおこなう競走や競泳。

りれき【履歴】その人がこれまでにしてきた学業や職業のことがら。経歴。

りれきしょ【履歴書】その人の履歴を決まった書き方で書いた書類。

りろん【理論】〔学問などで〕ある物事についてのすじみちのとおった考え。

りん【厘】❶むかしのお金の単位。円の千分の一。❷わりあいをあらわす単位。割の百分の一。分の十分の一。れい 打率、三割三分三厘。

りんかいがっこう【臨海学校】学校で、夏休みに子どもたちを海辺につれて行き、からだをきたえながら勉強をさせること。また、その場所。

りんかんがっこう【林間学校】学校で、夏休みに子どもたちをすずしい山や高原につれて行き、からだをきたえながら勉強をさせること。また、その場所。

四字熟語 **理路整然** 話や議論のすじみちがきちんと整っているようす。

リンク ❶むすびつけること。❷インターネット上で、ほかの場所に移動できるようにすること。

リング ❶輪の形をしたもの。とくに、ゆびわ。❷ボクシングやプロレスなどの試合をするところ。れい リングサイド。

りんご バラ科の植物。すずしい地方で育つ。秋になる実を食用にする。

りんご

りんじ【臨時】❶〔時間や日を決めないで〕必要な時に物事をおこなうこと。❷必要なときだけ（まにあわせに）すること。れい 臨時に人をやとう。

りんじゅう【臨終】人が死ぬまぎわ。死にぎわ。

りんりつ【林立】たくさんの物が、ならび立っていること。

りんりんと いさましくて、りりしいようす。

るいぎご【類義語】意味のにていることば。類語。たとえば「日常」と「平常」、「親類」と「親族」など。

るいけい【累計】全体の合計を出すこと。また、その計算。れい 累計百万部売れた絵本。

るいご【類語】るいぎご。

るいじ【類似】おたがいによく似ていること。れい 類似品。

るいする【類する】似ている。

るいせき【累積】つぎつぎとつみ重なること。れい 問題が累積する。

ルー 小麦粉をバターでいためたもの。カレーやシチューなどを作るときに牛乳やスープをくわえて使う。

ルーキー 野球などで、新人の選手。また、新入社員。新人。

ルーズ だらしがないこと。しまりがないこと。れい ルーズな生活。

ルーマニア 東ヨーロッパのバルカン半島の北東部にある国。黒海の西に面しており、南をドナウ川が流れる。首都はブカレスト。

ルール 決まり。規則。

ルーレット 色や数字などの目もりをつけた円ばん。また、どの目もりに止まるかをお金などをかけてあらそうかけごと。

るす【留守】❶だれもいない家に残って、まちがいのないように家を守ること。るすばん。❷家の中にだれもいないこと。❸《「お留守になる」の形で》あることに気をとられ注意がゆきとどかないこと。れい 遊びにむちゅうで、つい勉強がお留守になる。

るすばん【留守番】るすの家の番をすること。また、その人。るすい。

ルネサンス 十四世紀から十六世紀にかけて、イタリアにおこりヨーロッパ各国に広がった、学問・芸術上の運動。ギリシャやローマの古い文化を手本にして、人間らしさをとりもどそうとした。ルネッサンス。

ルビ 漢字などのわきにふりがなとして

つける小さな文字。ふりがな。

ルビー 赤い色をした宝石。紅玉。

るろう【流浪】あちこち、あてもなくさまよい歩くこと。さすらうこと。

れ レ

レア ❶牛肉をあつく切って焼く料理の焼き方の一つ。強火で肉をさっと焼き、中は生に近い。
❷めずらしい。(れい)レアアイテム。

1 **れい**【礼】❶人間としておこなうべき決まり。とくに、人をうやまう気持ちをあらわす作法。礼儀。(れい)礼をわきまえる。
❷あいさつ。おじぎ。
❸感謝の気持ちをあらわすことばや品物やお金。(れい)謝礼。

2 **れい**【例】❶同じようなことがら。ためし。また、ならわし。しきたり。(れい)今までの例にならう。
❷理解のよりどころとなるもの。見本。
❸いつもと同じであること。(れい)かれは、例によっておくれてきた。

3 **れい**【零】数量がまったくないこと。ゼロ。(れい)零下(温度が0度よりもひくいこと)十度の寒さ。

4 **れい**【霊】❶死んだ人のたましい。
❷目に見えず、想像できないふしぎな力をもっているもの。

レイアウト ❶新聞・雑誌・ポスターなどで、文字や図などを組みあわせて紙面の形をととのえること。割り付け。
❷商品をならべたり、家具をおいたりする位置を決めること。

れいがい【例外】決まりにあてはまらないこと。また、そのもの。

れいぎ【礼儀】人間として守らなければならない決まり。とくに、人をうやまう気持ちをあらわす作法。礼。

れいこく【冷酷】心がつめたくて、思いやりがないこと。

れいこん【霊魂】肉体とはべつのもので、しかも、肉体にこもっていて、そのおこない・働きをさしずすると考えられているもの。たましい。霊。

れいじょう【令嬢】他人のむすめをうやまっていうことば。おじょうさん。⇔令息。

れいせい【冷静】心が落ち着いていて、感情に動かされないこと。(れい)おたがいに冷静に話し合う。

れいぞう【冷蔵】飲食物などを低温でたくわえること。

れいぞうこ【冷蔵庫】食べ物や飲み物などをひやしたりくさらないようにしたりするため、低い温度をたもつしかけをもった、はこがたの入れ物。電気・ガスなどで温度を下げるしくみになっている。

れいそく【令息】他人のむすこをうやまっていうことば。⇔令嬢。

れいたい【冷帯】温帯と寒帯との間にある地帯。

れいだい【例題】内容がよくわかるようにするため、また、練習のために例として出す問題。

れいたん【冷淡】❶思いやりがないこと。親切でないこと。(れい)冷淡な人。
❷熱心でないこと。あまり関心がないこと。(れい)仕事に冷淡だ。

れいちょうるい【霊長類】ほ乳類のなかで、ヒトやサルなどのなかま。

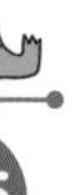

四字熟語 **臨機応変** その場その時にあったやり方をすること。

れいとう【冷凍◂】食べ物などをくさらせないで長い間とっておくため、こおらせること。(れい)魚を冷凍する。

れいねん【例年】いつもの年。

れいの【例の】いつもの。あの。(れい)例の件はどうなりましたか。

れいぶん【例文】説明をするために例としてしめす文章。

れいぼう【冷房◂】へやの温度を、外の温度より低くすること。また、そのしかけ。(れい)冷房中。／冷房車。⇕暖房。

レインコート 雨をふせぐために服の上に着る、雨をとおさないようになっているコート。レーンコート。

レインボー にじ。

レール ❶電車などを走らせるためにしく二本の鉄のぼう。線路。❷カーテンなどをすべらせるためのぼう。

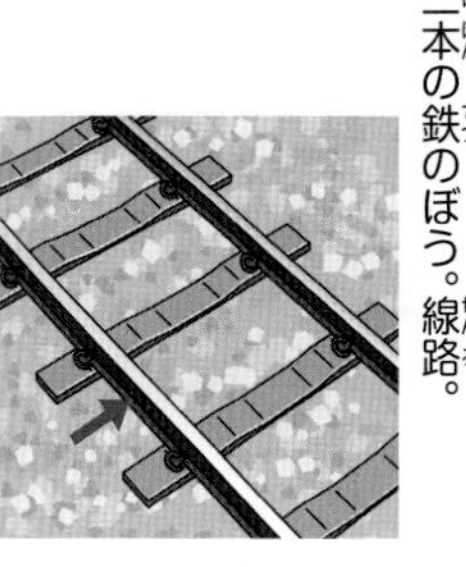
レール①

れきし【歴史】❶むかしから今までの、世の中に起こったことや世の中のうつりかわりなどのありさま。また、それを書きしるしたもの。(れい)日本の歴史。／歴史文学。❷ある人や物事などが、今までにたどってきたありさま。経歴。(れい)歴史が古い学校。

れきだい【歴代】何代も続いてきたこと。代々。(れい)歴代の社長の写真がかざってある。

レギュラー ❶正式に決められたもの、また、通常のものであること。(れい)レギュラーサイズのオレンジジュースを注文する。❷正式に決められた出席者や出演者。また、スポーツでいつも試合に出るようになっている選手。正選手。「レギュラーメンバー」のりゃく。

レクリエーション 仕事や勉強などのつかれをとり、気分をよくしたり心身の力をとりもどすためにおこなう軽い運動・音楽・遊びなど。リクリエーション。

レジ ❶自動的にお金の出し入れが記録される器械。レジスター。❷店で、レジをつかってお金の出し入れをする係の人。また、その場所。

レシート 領収書。とくに、レジでうちだされた領収書。

レジェンド 伝説。

レシピ 料理や菓子の、材料の分量や作り方。また、それを記したもの。(れい)くだものを使ったデザートのレシピ。

レジャー 生活を楽しむための自由な時間。また、そのときにする遊び。(れい)ヨットやサーフィンなど海のレジャーを楽しむ。

レスキューたい【レスキュー隊】消防署におかれている、災害のときに人を救助するチームのよび名。

レストラン 〔主に、西洋料理を食べさせる〕料理店。

レタス キク科の植物。葉がかさなって、球のようになったところをサラダなどに使う。

れつ【列】いくつかのものが、順に長くならんだもの。行列。(れい)入り口に列をつくる。

れつあく【劣◂悪】中身がおとってい

て悪いようす。(れい)劣悪な商品。

1れっか【列火】れんが(連火)。

2れっか【劣化】物の中身や働きが悪くなること。(れい)柱時計の部品が劣化してきた。

れっしゃ【列車】鉄道で、人や物を運ぶために車両がつながったもの。

レッスン けいこ。練習。(れい)ピアノのレッスンにかよう。

れっせき【列席】式や会などに出席すること。(れい)父と母はいとこのけっこん式に列席した。

レッテル 売る品物にはりつける、商品の名前や会社名などを書いた紙。ラベル。

レッド 赤。赤色。

レッドカード サッカーなどで、悪質なプレーなどをした選手に退場を命じるために、しんぱんがしめす赤いカード。

レディー 婦人。女性。とくに、しとやかで上品な女の人。

レパートリー ❶劇団や演奏家などが、いつでも演じられるように用意してある演目や曲目。❷その人が得意とする分野。(れい)結婚した姉は、料理のレパートリーがだいぶふえたそうだ。

レバノン レバノン共和国。西アジア、地中海東岸に面する国。首都はベイルート。

レプリカ 本物に似せてつくった品物。複製。

レベル 物事のよい悪いを決めるときの、ていど。水準。(れい)日本の工業技術のレベルは高い。

レポート 研究したことや調べたことをまとめた報告書。取材して報告すること。リポート。(れい)図書委員会の活動のレポートを出す。

レモン ミカン科の植物。実は黄色で、すっぱい。

れる ❶「(ほかの人やものから)…される」の意味をあらわすことば。(れい)母にしかられる。❷「…することができる」の意味をあらわすことば。(れい)ここから駅まで、十分で行かれる。❸「ひとりでにそうなる」の意味をあらわすことば。(れい)むかしのことが思い出される。❹その動作をする人をそんけいする意味をあらわすことば。(れい)先生が風景画をかかれる。

れん【連】❶いくつかのものをひもなどで一続きに通したものを数えることば。(れい)しんじゅのネックレスを二連もっている。❷詩の行をいくつかにまとめてくぎった部分。(れい)この詩は三つの連でできている。

れんあい【恋愛】男女がたがいに好きになって、相手をこいしく思うこと。(れい)恋愛の相手。

1れんが ねん土に砂を入れ、水でねって長方形にして、かまで焼いたもの。建築材料に使う。

2れんが【連火】漢字の部首の一つ。「熱」「然」などの「灬」の部分。「列火」ともいう。

れんきゅう【連休】休日が続くこと。また、続いた休日。

れんげ ❶ハスの花。❷れんげそう。❸ちりれんげ。

慣用句 **レッテルをはる** 人や物を一方的にひょうかする。きめつける。

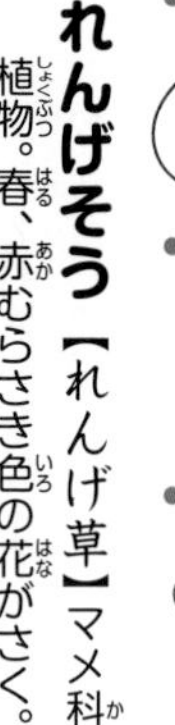

れんげそう【れんげ草】マメ科の植物。春、赤むらさき色の花がさく。ミツバチが花のみつをすい、はちみつができる。レンゲ。ゲンゲ。

れんけつ【連結】しっかりとつなぐこと。(れい)客車を連結する。

れんこ【連呼】同じことばを続けて言うこと。(れい)車からこうほ者の名前を連呼する。

れんこん【れん根】ハスの、地中にあるくき。つつのような形で、中にたくさんのあながあいている。食用にする。

れんさ【連鎖◀】物事がつらなって続くこと。たがいにかかわり合っていること。(れい)食物連鎖(=自然界で、一続きになっている、食べるものと食べられるものとの関係)。

れんさい【連載◀】小説や記事などを同じ新聞やざっしに続けてのせること。(れい)連載小説。

れんし【連詩】何人かがそれぞれ短い詩を作り、それを合わせて一つの詩にすること。

レンジ ❶材料をむしやきにしたりする道具などのついた調理用の器具。❷電波を使って熱をくわえる調理器具。短い時間でてがるに加熱できる。「電子レンジ」のりゃく。

れんじつ【連日】毎日毎日。(れい)連日の雨で、川の水があふれた。

れんしゅう【練習】くり返し習うこと。けいこをすること。

レンズ ガラスやプラスチックなどでできていて、光を集めたりちらしたりするもの。まん中の部分があついものを「とつレンズ」、うすいものを「おうレンズ」という。めがねやカメラなどに使う。

れんそう【連想】あることがらから、それに関係のあるほかのことを思いうかべること。(れい)「のぞみ」ということばから新幹線を連想する。

れんぞく【連続】同じものが次から次へと続くこと。(れい)三年連続して出場する。

れんたいし【連体詞】単語の種類の一つ。「この」「その」「ある」「あらゆる」などのように、名詞などをかざることば。ことばの形はかわらない。

レンタル◀ お金をとって貸すこと。(れい)レンタルの自転車に乗る。

れんちゅう【連中】なかまの人々。(れい)クラブの連中とゲームをする。

1れんぱ【連破】続けて相手を負かすこと。(れい)ライバルチームを連破する。

2れんぱ【連覇◀】続けて優勝すること。(れい)十連覇をはたす。

れんぱつ【連発】❶続いておこること。(れい)くしゃみを連発する。❷〔てっぽうなどを〕続けてうちだすこと。(れい)ピストルを連発する。

れんらく【連絡◀】❶知らせること。また、その知らせ。(れい)父に連絡する。❷つながりのあること。つながりをつけること。また、そのつながり。(れい)バスと電車の連絡がよい。

ろ 水をかいて船を進ませる道具。(れい)ろをこぐ。和船(=日本の船)に使う。

➡689ページ(イラスト)

〔〕漢字を使った書き方　(れい)ことばの使い方の例　⇕反対のことば　➡参考になる情報　◀小学校で習わない漢字

ろ

ろうか(1)【老化】年をとるにつれて、からだの働きがおとろえること。

ろうか(2)【廊下】建物の中の、へやとへやをつなぐ細長い通路。(れい) 長い廊下をあるく。

ろうきゅう【老朽】古くなったり長く使ったりして、役に立たなくなること。(れい) 老朽した市役所を建てなおすことが決まった。

ろうご【老後】年をとってからのち。(れい) 老後の生活。

ろうじゅう【老中】江戸幕府の役職の一つ。将軍のすぐ下でじっさいの政治をおこなった、もっとも重要な役目。また、その人。

ろうじょう【籠城】❶敵にとりかこまれて、城の中にたてこもること。❷ある場所にひきこもって外に出ないこと。

ろうじん【老人】年をとった人。としより。高れい者。

ろうせき【ろう石】やわらかくて、つるつるした石。字や絵を書くのに使う。ちょうこくの材料になる。

ろうそく 糸をしんにして、ろうを細長くかためたもの。しんに火をつけて明かりにする。キャンドル。

ろうどう【労働】働くこと。とくに、お金をもらうために働くこと。

ろうどうしゃ【労働者】働いて賃金を受けとり、くらしをたてている人。

ろうどうりょく【労働力】労働のための人手。生産にひつような人間の力。(れい) 労働力を確保する。

ろうどく【朗読】声を出して詩や文章を読むこと。

ろうにゃくなんにょ【老若男女】年よりもわかものも男も女も。すべての人。みんな。

ろうにん【浪人】❶武士が、それまでつかえている主人をうしなったり、つかえることをやめたりすること。また、その人。浪士。❷高校や大学の入学試験や就職試験などに合格しなかったため、来年の試験を待っていること。また、その人。(れい) 兄は浪人中だ。

ろうひ【浪費】〔お金・品物・時間などを〕むだにつかうこと。むだづかい。(れい) そんなことをつづけるのは、時間の浪費だ。⇔倹約。

ろうふ【老父】年をとった父親。⇔老母。

ろうぼ【老母】年をとった母親。⇔老父。

ろうほう【朗報】うれしい知らせ。(れい) 合格の朗報がとどく。

ろうぼく【老木】長い年数のたった古い木。

ローカル 物事が、その地方だけにかぎられていること。地方らしいこと。(れい) ローカル線に乗って旅をする。

ローテーション じゅんばんにすること。また、そのじゅんばん。(れい) アルバイトのローテーション。

ロードローラー 道路の地ならしをする機械。大きなまるいつつ形をしたものをころがし、その重みで地面をならしてかためる。ローラー。

慣用句 **わき目もふらず** 一つのことに集中してとりくんでいるようす。

ロープ なわ。つな。とくに、あさ糸や針金などで作ったじょうぶなつな。

ロープウエー 空中にはったかたいロープに車体をつるして、人や荷物を運ぶしかけ。(れい)ロープウエーからのながめは、すばらしい。

ロープウエー

ローマじ【ローマ字】❶古代ローマでつくられ、現在は世界の国々で広く使われている文字。AからZまでの二十六文字。
❷「ローマじ①」で、日本のことばを書きあらわすつづり方。ローマ字つづり。

ローマすうじ【ローマ数字】古代ローマでつくられた、Ⅰ Ⅱ Ⅲ Ⅳ…Ⅹなどの数字。

ろく【六】数の名で、むっつ。また、六番目。

ログアウト コンピューターシステムの利用を、終了すること。⬍ログイン。

ログイン コンピューターシステムの利用を、開始すること。⬍ログアウト。

ろくおん【録音】テープやCDなどに、音を記録すること。また、その音。

ろくが【録画】テレビの映像などをビデオテープやディスクなどに記録すること。また、その記録したもの。(れい)ドラマを録画する。

ろくがつ【六月】一年の六番目の月。古くは「水無月」といった。

ろくじぞう【六地蔵】道ばたなどにならべられている、六体の地蔵。それぞれが仏教の六つの世界を受け持って、人々をすくうとされる。

ろくしょう【緑青】銅にできる、緑色のさび。

ろくでなし 役に立たない人。何のとりえもない人。

ログハウス 丸太を組んでつくった家。日本でつくったことば。

ロケーション ❶テレビや映画で、じっさいの場所や野外へ出かけて行ってさつえいすること。ロケ。
❷場所。立地。(れい)あのスーパーマーケットは、ロケーションがいい。

1ロケット 小さな写真入れのついた首かざり。(れい)姉とおそろいのロケットを買ってもらった。

2ロケット ねんりょうをばくはつさせてガスをふき出させ、その反動で進むしかけ。また、そのしかけをもったもの。(れい)ロケットの打ち上げ実験に成功した。

ロゴ 会社名や商品名などに使われる、個性的なデザインの文字。「ロゴタイプ」のりゃく。

ろこつ【露骨】ありのままで、少しもかくさないこと。また、そのようす。むきだし。(れい)感情を露骨にあらわす。

ろじ【路地】家と家の間のせまい道。(れい)その店は、大きな通りから路地へ入ったところにある。

ロシア ロシア連邦。ヨーロッパ東部からシベリアに広がっている国。鉱物資源がゆたかにある。首都はモスクワ。

ろじょう【路上】道の上。道ばた。(れい)路上で遊ぶのは、あぶない。

ロス うしなうこと。また、むだ。(れい)エネルギーのロス。

あいうえお
かきくけこ
さしすせそ
たちつてと
なにぬねの
はひふへほ
まみむめも
やゆよ
らりるれろ
ろ
わをん

ろせん【路線】❶バス・電車・飛行機などの交通に使う道路や線路など。また、その道すじ。(れい) 定期バスの路線。❷物事を進めるときの、もとになるやり方。方針。(れい) あくまでも平和路線を守るようにする。

ロッカー かぎがかかるようになっている戸だな。(れい) 駅のコインロッカー。

ロック ❶岩。岩石。❷一九五〇年代にアメリカでおこった、大きな音とはげしいリズムがとくちょうの音楽。また、それに合わせておどるダンス。「ロックンロール」のりゃく。

ロッジ 山小屋。また、山小屋風のかんたんな宿泊所。(れい) 頂上に近いところにあるロッジに一泊する。

ろてんぶろ【露天風呂】戸外にあるふろ。(れい) 露天風呂に入って、夜空の星をながめる。

ろば ウマ科の動物。体は小さいが、力は強い。耳が長い。ウサギウマ。

ロビー ホテル・集会所・空港などにあって、通路とひかえ室をかねた広い場所。

ロボット ❶電気の力などで動く、人の形の機械。人造人間。❷工場で、人間のかわりに細かい作業やきけんな作業をする機械。❸自分の考えがなく、人の言うとおりに物事をする人。

ロマンチック じっさいにはありそうにもないほど、美しく気持ちがよいようす。空想的。

ろめん【路面】道路の表面。道の上。(れい) 路面がかちかちにこおっている。

ろんがい【論外】話し合うだけのねうちのないことがはっきりしていること。もってのほか。(れい) 今さらそんなことをするなんて、論外だ。

ロング 長いこと。長いきょり。長い期間など。(れい) ロングスカート。／ロングセラー（＝長い期間にわたって売れ続ける商品）。

ろんご【論語】孔子と、その弟子たちの、道徳・政治・教育などについての考えを問答の形で書きあらわした書物。その後の人々の生き方・考え方に大きなえいきょうをあたえた。「ふるきをたずねて、新しきを知る」（＝むかしのことを学んで新しいことを理解する。温故知新。）や「義を見てせざるは勇なきなり」（＝正しいと知りながら実行しないのは勇気がないからだ。）など、さまざまなことばがある。

ろんじる【論じる】❶すじみちをたてて説明する。論ずる。(れい) 平和を守ることについて論じる。❷言い合う。意見をのべる。論ずる。(れい) 研究の方法について論じる。

ろんそう【論争】ちがった意見をもっている人が、たがいに自分の意見を出して言いあらそうこと。(れい) はげしい論争がおこなわれた。

ろんだい【論題】議論や論文の題。

ろんてん【論点】議論・論説・論文の中心になっていることがら。(れい) 論点があいまいだ。

ろんぶん【論文】あることがらについての研究や考えを、すじみちをたてて書いた文章。(れい) 兄は、卒業論文を書くために図書館にかよっている。

ろんりてき【論理的】考え方が、すじみちに合って、はっきりしているようす。

ことわざ **わたりに船** 何かをしようとするときに、つごうのよいことがおこること。

わ

わ[1]【羽】《数をあらわすことばの下につけて》鳥やウサギなどを数えるときに使うことば。(れい)五羽のスズメ。

わ[2]【和】❶人々がなかよくまとまっているようす。(れい)人の和を大切にする。❷足し算の答え。❸日本。または、日本のもの。(れい)和食。／和服。⇕洋。

わ[3]【輪】円の形をしたもの。(れい)輪ゴム。／見物人の輪ができる。

ワースト いちばん悪いもの。いちばん悪いこと。⇕ベスト。

わあわあ ❶はげしくなくようすをあらわすことば。❷やかましくさわぐようすをあらわすことば。

ワイシャツ 男性が上着の下に着る、えりつきの長そでのシャツ。

ワイド はばなどが広いこと。

わいろ【賄◂賂◂】よくない目的で、人にお金や品物をおくること。また、そのお金や品物。

わいわい 何人かの人がしきりにものを言うようすをあらわすことば。

わか【和歌】日本に古くからある、音の数に決まりのある詩。長歌・短歌・旋頭歌など。現在では、とくに短歌のこと。

わかい[1]【和解】あらそいをやめて、なかなおりすること。

わかい[2]【若い】❶年れいが少ない。(れい)母は、父より五才若い。❷元気でいきいきしている。(れい)祖母は、気持ちが若い。❸じゅうぶんでない。未熟だ。(れい)あなたの考え方は、まだ若い。❹数が少ない。(れい)若い番号。

わかがえる【若返る】わかいころの状態にもどる。わかわかしくなる。

わかくさ【若草】〔春になって〕芽を出したばかりの草。

わかす【沸◂かす】❶〔水などを〕あつくする。にえたたせる。❷〔多くの人を〕むちゅうにさせる。(れい)ホームランをうち、観衆を沸かす。

わかつ【分かつ】❶〔一つのものを〕いくつかにくぎる。❷わける。分配する。(れい)友だちとよろこびを分かつ。

わかば【若葉】出たばかりの新しい葉。(れい)サクラの若葉。

わがまま【我がまま】自分の思うままにふるまうこと。自分勝手。

わがみをつねってひとのいたさをしれ【我が身をつねって人の痛さを知れ】同じことが自分の身におこったときを考えて他人の苦しみや悲しみを思いやれという教え。

わかめ コンブ科の海そう。色は、こい茶色。食用にする。

わかもの【若者】年れいのわかい人。青年。わこうど。

わがや【我が家】自分の家。自分の家庭。(れい)我が家のじまん料理。

わかやまけん【和歌山県】近畿地方南西部の県。県庁所在地は和歌山市。⬇都道府県。

わかる【分かる】❶〔見たり聞いたりした物事を〕理解する力がある。❷はっきりする。知れる。❸人の気持ちや物事のわけなどをよく

知っていて、きびしく言わない。(れい)先生は、話の分かる人だ。

わかれ【別れ】はなればなれになること。わかれること。

1**わかれる**【分かれる】❶一つのものが、二つ以上のものになる。❷全体が、いくつかにくべつされる。(れい)意見が分かれる。

2**わかれる**【別れる】いっしょにいたものがべつべつになる。はなれる。(れい)友だちと別れる。⇔会う。

わき【脇】❶むねの横がわで、うでのつけねの下の部分。❷ものの横。そば。(れい)机の脇の本箱。❸ほかのところ。よそ。(れい)話がわきにそれる。

1**わく**【枠】❶ものをかこんでいるもの。(れい)まどの枠。❷かぎられたはんい。(れい)予算の枠の中で買う。

2**わく**【沸く】❶水が熱くなる。(れい)お湯が沸く。❷むちゅうになってさわぐ。(れい)ホームランに、観客が沸く。

3**わく**【湧く】❶地中からふき出る。(れい)温泉が湧く。❷〔ある気持ちが〕おこる。(れい)勇気が湧いてくる。❸虫などが発生する。(れい)ぼうふらが湧く。

わくせい【惑星】恒星のまわりを決まった道すじでまわっている星。⬇太陽系。

ワクチン 感染症のもとになる細菌を弱めてつくった薬。これを人のからだに入れて、めんえきを作り病気を予防する。

わくわく 期待などで気持ちが落ち着かないようす。

わけ【訳】❶意味。❷理由。事情。(れい)ちこくした訳。❸物事の正しいすじみち。道理。❹《「…する訳にはいかない」の形で》…することができない。(れい)だまってみのがす訳にはいかない。

わけいる【分け入る】かきわけて、中に入る。(れい)深いやぶに分け入る。

わける【分ける】❶一つのものをいくつかに細かくする。❷〔いろいろなものを〕種類によってくべつする。分類する。❸くばる。分配する。

わご【和語】日本人がむかしから使ってきたことば。やまとことば。中国から入ってきた漢語や外来語に対していう言い方。⇔漢語。

わこうど【若人】わかもの。青年。

ワゴン ❶食器や料理などをのせて手でおして運ぶ、車をつけた台。❷車内の後ろに荷物を積めるようにした、箱形の自動車。ワゴン車。

ワゴン①

わざ【技】❶うでまえ。ぎじゅつ。(れい)技をみがく。❷じゅうどう・すもうなどで、相手を負かすための、ある決まった方法。また、その動作。(れい)技をかける。

わざと 意識して何かをするようす。わざわざ。(れい)わざと負けたら、おこられた。

ことわざ **わらにもすがる** とてもこまり、たよりにならないようなものにもたよる。

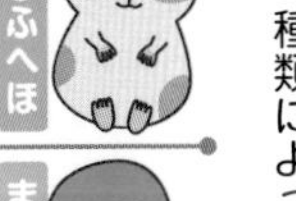
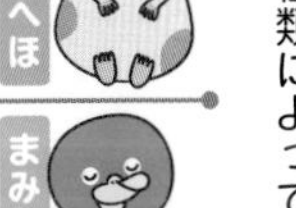

わさび アブラナ科の植物。きれいな水の流れているところに育つ。土の中にあるくきをすりおろして、料理にからみや風味をそえるのに使う。

わざわい【災い】悪いできごと。さいなん。

わざわざ ❶とくべつに。(れい)わざわざ持ってきてくれた。❷わざと。(れい)言わなくてもいいことをわざわざ言う。

1わし タカ科の鳥のうち、大形のもの。オオワシ・ハクトウワシなど。

2わし【和紙】むかしから日本でつくられてきた紙。コウゾ・ミツマタなどを原料としてつくる。日本紙。

わしき【和式】日本風のやり方。日本式。(れい)和式のトイレ。⇕洋式。

わしつ【和室】日本風のへや。たたみがしいてあり、しょうじなどでしきられている。日本間。

わしづかみ らんぼうに物をつかみとること。

わしょく【和食】日本風の食べ物。てんぷら・さしみ・すしなど。日本料理。⇕洋食。

わずか ❶時間や数や量が少ないようす。ほんの少し。ちょっと。(れい)わずかの差で負けた。❷やっと。かろうじて。(れい)わずかに記おくにのこっている。

わずらう【患◂う】病気になる。(れい)父は、長い間心臓を患っている。

わずらわしい【煩◂わしい】めんどうである。やっかいである。(れい)煩わしい人間関係からのがれたい。

わすれもの【忘れ物】持っていく物をおいてくること。また、その物。

わすれる【忘れる】❶おぼえていたことが思い出せなくなる。❷うっかり、物をおいてくる。(れい)車の中に紙ぶくろを忘れた。❸やらなければならないことをしないでいる。(れい)しゅくだいを忘れていた。❹気がつかないでいる。(れい)ときのたつのを忘れて遊ぶ。

わすれんぼう【忘れん坊◂】すぐにわすれる人。わすれんぼ。

わた【綿】❶アオイ科の植物。たねのまわりに白くてやわらかい毛のようなものがつく。❷「わた①」からとった白い毛のようなやわらかいせんい。ふとんに入れたり、糸や織物をつくったりする。

わたあめ【綿あめ】わたのようにふわふわした菓子。さとうをにつめたものを、細い糸のようにして、わりばしにからめとる。綿がし。

わだい【話題】話の材料。また、話の中心となっているもの。(れい)かれは話題が豊富だ。

わたくし【私】❶自分をさして言うことば。「ぼく」「わたし」よりもあらたまった言い方。❷自分ひとりにかかわりのあること。わたくしごと。(れい)私よりも公を優先する。⇕公。

わたぐも【綿雲】わたをちぎったように、ふわふわしている雲。

わたげ【綿毛】わたのように白くてやわらかい毛。タンポポのたねなどにはえている。

わたし【私】自分をさすことば。

わたす【渡す】❶手にあるものを相手の手にうつす。(れい)バトンを渡す。❷またぐようにして、かける。(れい)橋

【】漢字を使った書き方　(れい)ことばの使い方の例　⇕反対のことば　⬇参考になる情報　◂小学校で習わない漢字

を渡す。
❸向こうがわへ送る。(れい)船で人を向こう岸へ渡す。

わたる【渡る】❶一方からほかのほうへうつる。(れい)橋を渡る。
❷世の中を生きていく。くらしていく。(れい)世の中をじょうずに渡る。
❸ある期間・回数まで、物事が続く。(れい)三か月にわたる旅行をした。
❹《動詞の下につけて》「すみずみまでおよぶ」の意味をあらわすことば。(れい)行き渡る。／晴れ渡る。

ワッペン ブレザーなどのうでや胸につけるかざり。また、紙やうすいプラスチックに絵やもようを印刷して、ものにはるようにしたもの。

わな ❶鳥やけものをとるしかけ。
❷人をだますための悪い計画。(れい)てきのわなにひっかかる。

わなげ【輪投げ】立てたぼうにむかって、はなれたところから輪を投げ入れる遊び。また、その道具。

わなわな からだが、ぶるぶるとふるえるようす。(れい)はげしいいかりのため、全身をわなわなとふるわせた。

わに 大形のはちゅうるいの動物。熱帯地方の川やぬまにすむ。かたいうろこでおおわれ、尾が長い。

わに

わびる あやまる。謝罪する。

わふく【和服】日本風のきもの。(れい)祖母は、和服がにあう。⬍洋服。

わめく 大きな声でさけぶ。また、大きな声をあげて、さわぐ。

わら イネやムギのくきをかわかしたもの。(れい)わらでぞうりを作る。

わらい【笑い】わらうこと。わらう声。

わらう【笑う】❶おかしかったりうれしかったりして、にこにこしたり声をたてたりする。
❷相手をばかにしてあざける。

わらうかどにはふくきたる【笑う門には福来たる】いつもほがらかで楽しく生活している人の家には、しあわせがやってくるものだ。

わらぐつ 雪の中を歩くのに使う、わらをあんでつくった長めのくつ。

わらじ わらでつくり、ひもで足にむすびつけてはく、はきもの。

わらしべ イネのわらのしん。または、わらのくず。

ワラビー カンガルー科の動物。カンガルーより小形で、尾が短い。オーストラリアなどにすむ。

わらべ【童】子ども。古い言い方。

わらべうた【童歌】むかしから、子どもたちの間でうたわれてきた歌。

わり【割】❶比率。わりあい。(れい)ひとりに三個の割でくばる。
❷十分の一をあらわす単位。(れい)二割びき。

わりあい【割合】❶あるものとほかのものとの大小のかんけいを数であらわしたもの。比率。(れい)す大さじ三ばいにさとう小さじ一ぱいの割合。
❷思いのほか。あんがい。(れい)この石は、割合かるい。

わりかん【割り勘】かかった費用を人数でわった額を、全員が平等にはらうこと。(れい)食事代を割り勘にする。

慣用句 **我に返る** 物事にむちゅうになっていた人が、いつものじょうたいにもどる。

わりざん【割り算】二つの数のうち、一方がもう一方のなんばいであるかをしらべる計算。⇕掛け算。

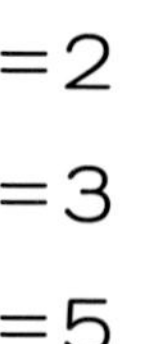

割り算

わりつけ【割り付け】新聞や文集などを作るとき、記事・写真などをどのようにおくか決めること。レイアウト。

わりばし【割り箸◀】二本にわって使う、たてにわれめの入った木や竹のはし。

わりびき【割引】決まったねだんより、少し安くすること。

わる【割る】❶一つのものをいくつかに分ける。(れい)スイカを割る。❷こわす。❸わり算をする。❹ある数よりも下になる。(れい)定員を割る。

わるい【悪い】❶人間のすることとしてよくない。正しくない。❷おとっている。(れい)品質が悪い。❸〔健康などが〕すぐれない。❹好ましくない。(れい)天気が悪い。❺ふつうでない。じゅうぶんでない。❻気のどくだ。もうしわけない。⇕①～④良い。

わるくち【悪口】他人を悪く言うこと。また、そのことば。

わるぢえ【悪知恵◀】悪いことばかりに働くちえ。(れい)悪知恵を働かせる。

わるもの【悪者】悪いことをする人。

われ【我】自分をさして言うことば。わたくし。少し古い言い方。

われる【割れる】❶こわれる。❷わり算で、わりきれる。❸二つ以上に分かれる。❹かくしていたことやわからなかったことが明らかになる。

われわれ【我我】自分たち。

われをわすれる【我を忘れる】❶あることにむちゅうになる。(れい)我を忘れてピアノをひく。❷ぼんやりする。ぼうぜんとなる。

1わん ごはんや汁をもる食器。

2わん【湾】海が陸地に深くはいりこんでいるところ。入り江。

わんぱく【腕◀白】子どもが、いたずらをしたり動きまわったりするようす。

ワンピース 上着とスカートの部分が続いている女性用の洋服。

わんりょく【腕◀力】❶うでの力。(れい)かれは、すぐ腕力をふるう。❷らんぼうな力。

を

を
ヲ

❶動作や働きの目あてをしめすことば。(れい)絵をかく。／手をあらう。❷動作のおこなわれる場所をしめすことば。(れい)山道を歩く。❸動作のはじまる場所をしめすことば。(れい)学校を十時に出発する。

ん

ん
ン

上のことばを打ち消す意味をあらわす。(れい)わたしにはできません。

〔 〕漢字を使った書き方　(れい)ことばの使い方の例　⇕反対のことば　⬇参考になる情報　◀小学校で習わない漢字

小学校で習う漢字

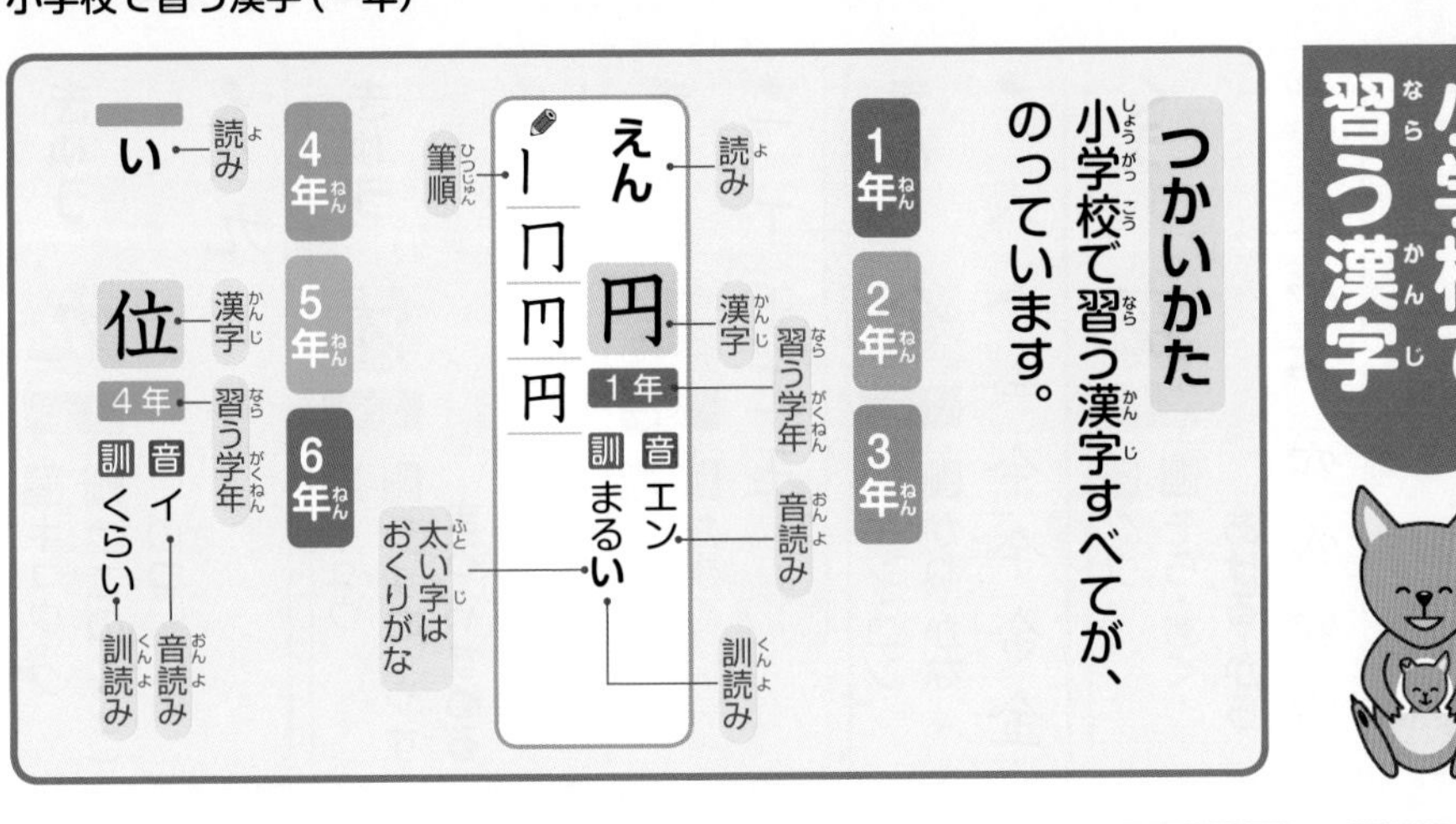

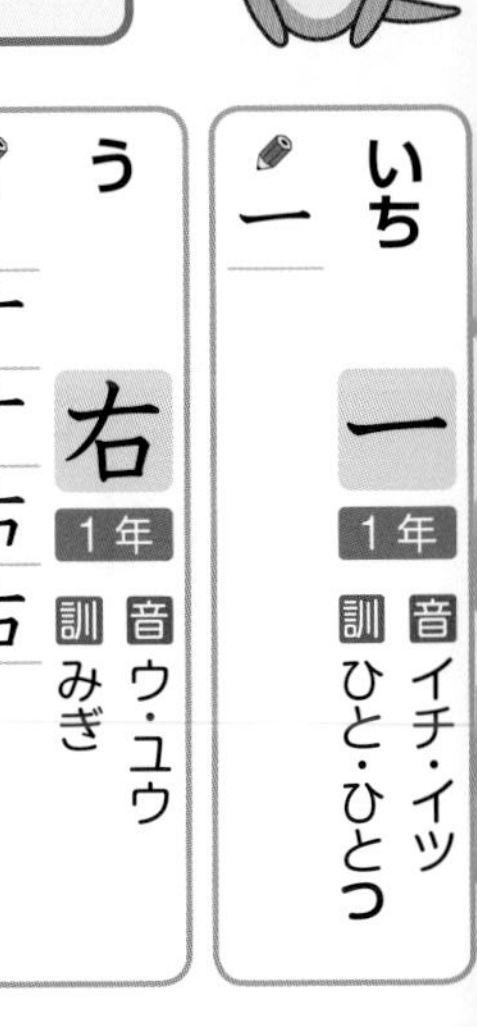

いち
一 1年
音 イチ・イツ
訓 ひと・ひと**つ**
筆順：一

う
右 1年
音 ウ・ユウ
訓 みぎ
筆順：ノ ナ 𠂇 右 右

う
雨 1年
音 ウ
訓 あめ・あま
筆順：一 𠘨 冂 帀 币 雨 雨 雨

えん
円 1年
音 エン
訓 まる**い**
筆順：丨 冂 冂 円

おう
王 1年
音 オウ
訓 ー
筆順：一 T 干 王

おん
音 1年
音 オン・イン
訓 おと・ね
筆順：丶 亠 亠 立 立 产 音 音 音

か
下 1年
音 カ・ゲ
訓 した・しも・もと・さ**げる**・さ**がる**・くだ**る**・くだ**す**・くだ**さる**・お**ろす**・お**りる**
筆順：一 丅 下

か
火 1年
音 カ
訓 ひ・ほ
筆順：丶 丷 少 火

か
花 1年
音 カ
訓 はな
筆順：一 十 艹 艹 艹 芢 花

かい
貝 1年
音 ー
訓 かい
筆順：丨 冂 月 月 目 貝 貝

がく
学 1年
音 ガク
訓 まな**ぶ**
筆順：丶 丷 𭕄 ⺍ 𭕄 学 学 学

き
気 1年
音 キ・ケ
訓 ー
筆順：ノ 𠂉 气 気 気 気

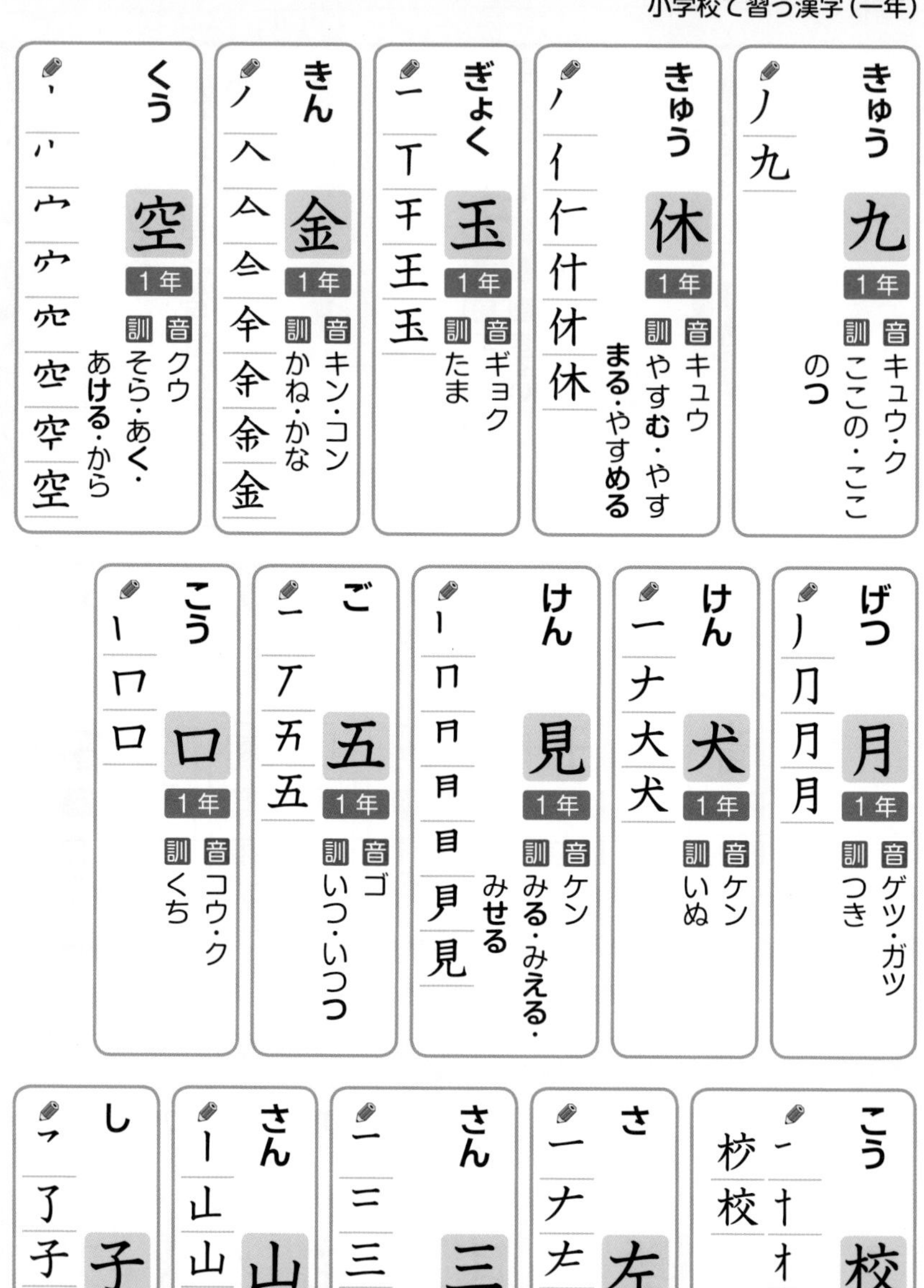

きゅう 九 1年
音 キュウ・ク
訓 ここの・ここのつ

きゅう 休 1年
音 キュウ
訓 やすむ・やすまる・やすめる

ぎょく 玉 1年
音 ギョク
訓 たま

きん 金 1年
音 キン・コン
訓 かね・かな

くう 空 1年
音 クウ
訓 そら・あく・あける・から

げつ 月 1年
音 ゲツ・ガツ
訓 つき

けん 犬 1年
音 ケン
訓 いぬ

けん 見 1年
音 ケン
訓 みる・みえる・みせる

ご 五 1年
音 ゴ
訓 いつ・いつつ

こう 口 1年
音 コウ・ク
訓 くち

こう 校 1年
音 コウ
訓 ー

さ 左 1年
音 サ
訓 ひだり

さん 三 1年
音 サン
訓 み・みつ・みっつ

さん 山 1年
音 サン
訓 やま

し 子 1年
音 シ・ス
訓 こ

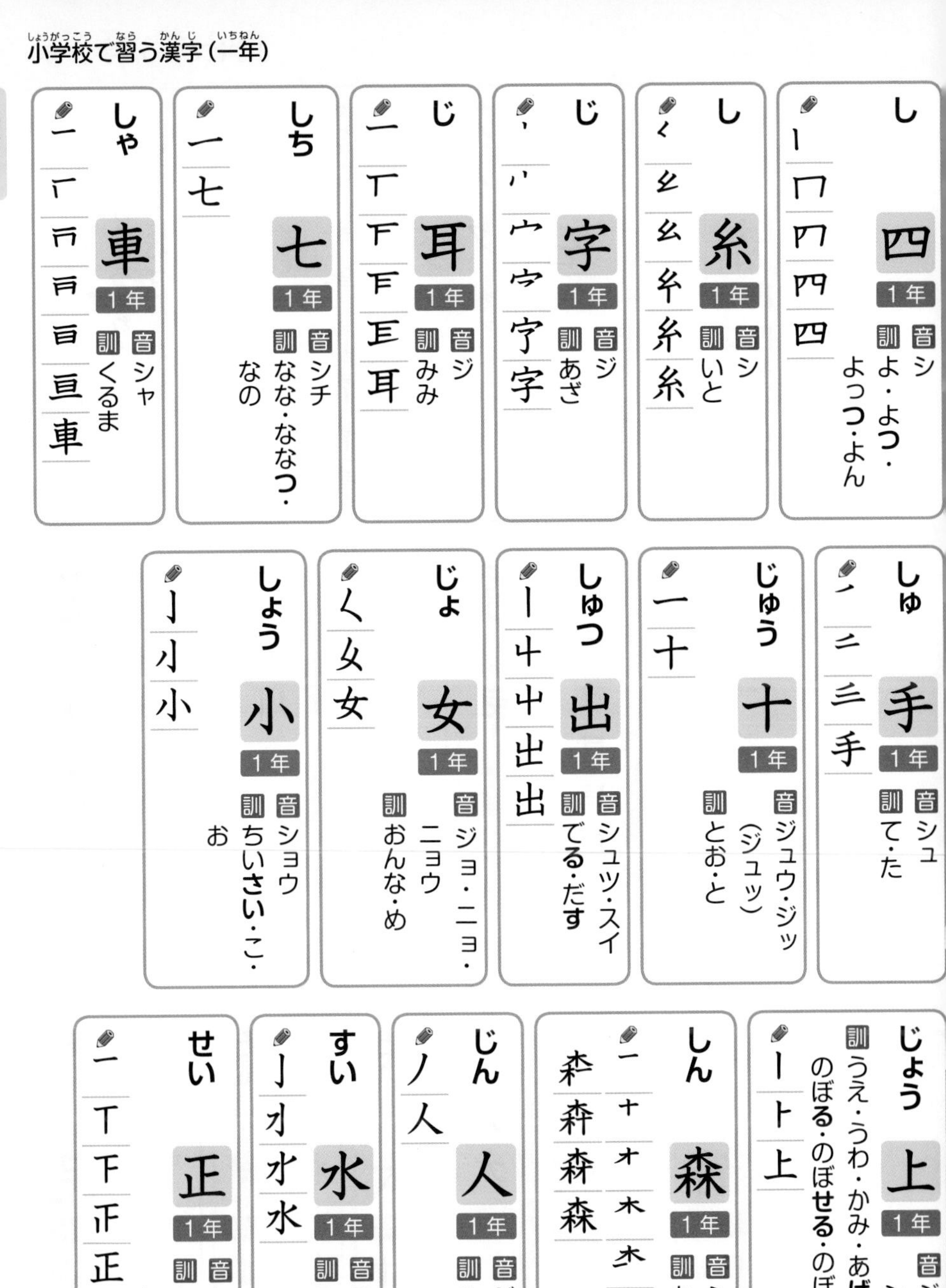

- **四**（し）1年　音 シ　訓 よ・よっ**つ**・よっつ・よん
- **糸**（し）1年　音 シ　訓 いと
- **字**（じ）1年　音 ジ　訓 あざ
- **耳**（じ）1年　音 ジ　訓 みみ
- **七**（しち）1年　音 シチ　訓 なな・なな**つ**・なの
- **車**（しゃ）1年　音 シャ　訓 くるま
- **手**（しゅ）1年　音 シュ　訓 て・た
- **十**（じゅう）1年　音 ジュウ・ジッ（ジュッ）　訓 とお・と
- **出**（しゅつ）1年　音 シュツ・スイ　訓 で**る**・だ**す**
- **女**（じょ）1年　音 ジョ・ニョ・ニョウ　訓 おんな・め
- **小**（しょう）1年　音 ショウ　訓 ちい**さい**・こ・お
- **上**（じょう）1年　音 ジョウ・ショウ　訓 うえ・うわ・かみ・あ**げる**・あ**がる**・のぼ**る**・のぼ**せる**・のぼ**す**
- **森**（しん）1年　音 シン　訓 もり
- **人**（じん）1年　音 ジン・ニン　訓 ひと
- **水**（すい）1年　音 スイ　訓 みず
- **正**（せい）1年　音 セイ・ショウ　訓 ただ**しい**・ただ**す**・まさ

せい 生 1年
音 セイ・ショウ
訓 いきる・いかす・いける・うまれる・うむ・おう・はえる・はやす・き・なま

せい 青 1年
音 セイ・ショウ
訓 あお・あおい

せき 夕 1年
音 セキ
訓 ゆう

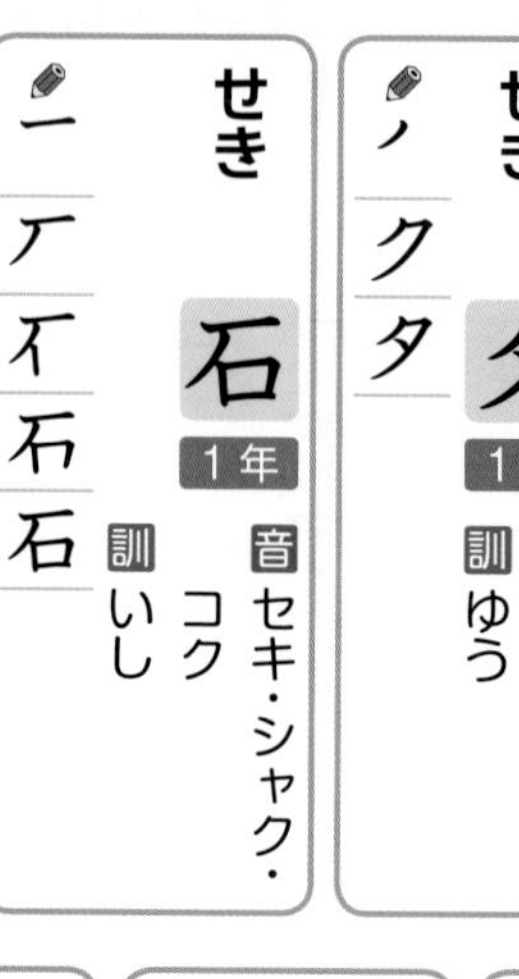

せき 石 1年
音 セキ・シャク・コク
訓 いし

せき 赤 1年
音 セキ・シャク
訓 あか・あかい・あからむ・あからめる

せん 千 1年
音 セン
訓 ち

せん 川 1年
音 セン
訓 かわ

せん 先 1年
音 セン
訓 さき

そう 早 1年
音 ソウ・サッ
訓 はやい・はやまる・はやめる

そう 草 1年
音 ソウ
訓 くさ

そく 足 1年
音 ソク
訓 あし・たりる・たる・たす

そん 村 1年
音 ソン
訓 むら

だい 大 1年
音 ダイ・タイ
訓 おお・おおきい・おおいに

だん 男 1年
音 ダン・ナン
訓 おとこ

ちく 竹 1年
音 チク
訓 たけ

中（ちゅう） 1年
音 チュウ・ジュウ
訓 なか

虫（ちゅう） 1年
音 チュウ
訓 むし

町（ちょう） 1年
音 チョウ
訓 まち

天（てん） 1年
音 テン
訓 あめ・あま

田（でん） 1年
音 デン
訓 た

土（ど） 1年
音 ド・ト
訓 つち

二（に） 1年
音 ニ
訓 ふた・ふた**つ**

日（にち） 1年
音 ニチ・ジツ
訓 ひ・か

入（にゅう） 1年
音 ニュウ
訓 い**る**・い**れる**・はい**る**

年（ねん） 1年
音 ネン
訓 とし

白（はく） 1年
音 ハク・ビャク
訓 しろ・しら・しろ**い**

八（はち） 1年
音 ハチ
訓 や・や**つ**・やっ**つ**・よう

百（ひゃく） 1年
音 ヒャク
訓 ―

文（ぶん） 1年
音 ブン・モン
訓 ふみ

木（ぼく） 1年
音 ボク・モク
訓 き・こ

本（ほん） 1年
音 ホン
訓 もと

名（めい） 1年
音 メイ・ミョウ
訓 な

もく

目　1年

音 モク・ボク
訓 め・ま

りつ

立　1年

音 リツ・リュウ
訓 たつ・たてる

りょく

力　1年

音 リョク・リキ
訓 ちから

りん

林　1年

音 リン
訓 はやし

ろく

六　1年

音 ロク
訓 む・むつ・むっつ・むい

いん

引　2年

音 イン
訓 ひく・ひける

う

羽　2年

音 ウ
訓 は・はね

うん

雲　2年

音 ウン
訓 くも

えん

園　2年

音 エン
訓 その

えん

遠　2年

音 エン・オン
訓 とおい

か

何　2年

音 カ
訓 なに・なん

か

科　2年

音 カ
訓 ―

か

夏　2年

音 カ・ゲ
訓 なつ

か

家　2年

音 カ・ケ
訓 いえ・や

か
歌 2年
音 カ
訓 うた・うた**う**

が
画 2年
音 ガ・カク
訓 ー

かい
回 2年
音 カイ・エ
訓 まわ**る**・まわ**す**

かい
会 2年
音 カイ・エ
訓 あ**う**

かい
海 2年
音 カイ
訓 うみ

かい
絵 2年
音 カイ・エ
訓 ー

がい
外 2年
音 ガイ・ゲ
訓 そと・ほか・はず**す**・はず**れる**

かく
角 2年
音 カク
訓 かど・つの

がく
楽 2年
音 ガク・ラク
訓 たの**しい**・たの**しむ**

かつ
活 2年
音 カツ
訓 ー

かん
間 2年
音 カン・ケン
訓 あいだ・ま

がん
丸 2年
音 ガン
訓 まる・まる**い**・まる**める**

がん
岩 2年
音 ガン
訓 いわ

がん
顔
2年
音 ガン
訓 かお

き
汽
2年
音 キ
訓 ー

き
記
2年
音 キ
訓 しるす

き
帰
2年
音 キ
訓 かえる・かえす

きゅう
弓
2年
音 キュウ
訓 ゆみ
ぎゅう
牛
2年
音 ギュウ
訓 うし
ぎょ
魚
2年
音 ギョ
訓 うお・さかな

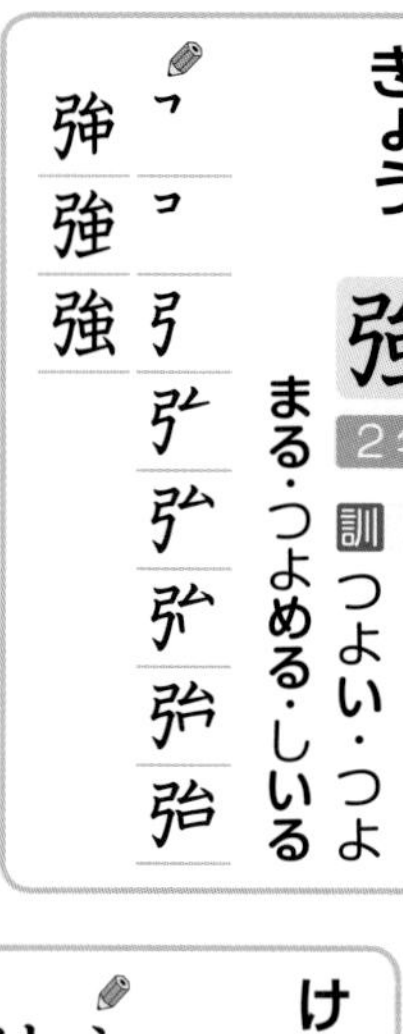
きょう
京
2年
音 キョウ・ケイ
訓 ー
きょう
強
2年
音 キョウ・ゴウ
訓 つよい・つよまる・つよめる・しいる

きょう
教
2年
音 キョウ
訓 おしえる・おそわる
きん
近
2年
音 キン
訓 ちかい
けい
兄
2年
音 ケイ・キョウ
訓 あに
けい
形
2年
音 ケイ・ギョウ
訓 かた・かたち
けい
計
2年
音 ケイ
訓 はかる・はからう

げん **元** 2年 音 ゲン・ガン 訓 もと
一 二 テ 元

げん **言** 2年 音 ゲン・ゴン 訓 い**う**・こと
丶 亠 亠 亖 言 言 言

げん **原** 2年 音 ゲン 訓 はら
一 厂 厂 厂 盾 盾 原 原 原 原

こ **戸** 2年 音 コ 訓 と
一 ヨ ヨ 戸

こ **古** 2年 音 コ 訓 ふる**い**・ふる**す**
一 十 十 古 古

ご **午** 2年 音 ゴ 訓 ―
ノ ケ 二 午

ご **後** 2年 音 ゴ・コウ 訓 のち・うしろ・あと・おく**れる**
ノ 彡 彳 彳 彳 彳 徉 後 後

ご **語** 2年 音 ゴ 訓 かた**る**・かた**らう**
丶 亠 亠 亖 言 言 言 言 訂 語 語 語 語 語

こう **工** 2年 音 コウ・ク 訓 ―
一 丅 工

こう **公** 2年 音 コウ 訓 おおやけ
ノ 八 公 公

こう **広** 2年 音 コウ 訓 ひろ**い**・ひろ**まる**・ひろ**める**・ひろ**がる**・ひろ**げる**
丶 亠 广 広 広

こう **交** 2年 音 コウ 訓 まじ**わる**・まじ**える**・ま**じる**・ま**ざる**・ま**ぜる**・か**う**・か**わす**
丶 亠 亣 六 交 交

こう **光** 2年 音 コウ 訓 ひか**る**・ひか**り**
丨 リ 业 业 光 光

こう **考** 2年 音 コウ 訓 かんが**える**
一 十 土 耂 耂 考

こう **行** 2年 音 コウ・ギョウ・アン 訓 い**く**・ゆ**く**・おこな**う**
ノ 彡 彳 彳 行 行

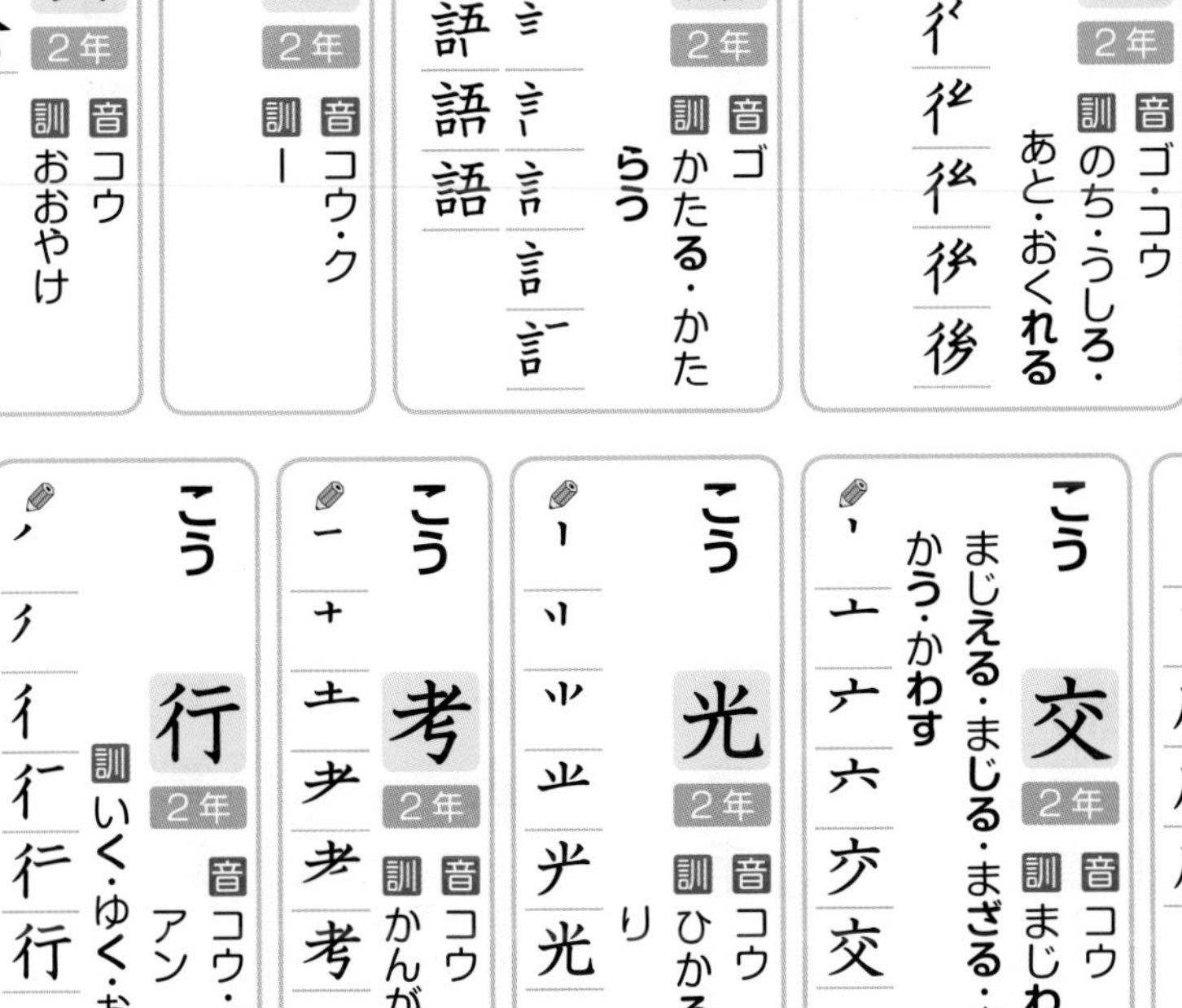

こう
高 2年
音 コウ
訓 たかい・たか・たかまる・たかめる

こう
黄 2年
音 コウ・オウ
訓 き・こ

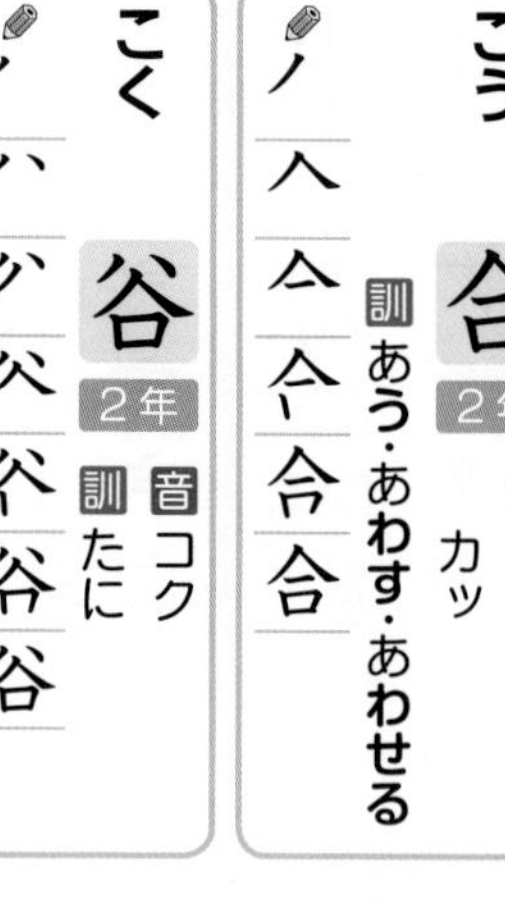

ごう
合 2年
音 ゴウ・ガッ・カッ
訓 あう・あわす・あわせる

こく
谷 2年
音 コク
訓 たに

こく
国 2年
音 コク
訓 くに

こく
黒 2年
音 コク
訓 くろ・くろい

こん
今 2年
音 コン・キン
訓 いま

さい
才 2年
音 サイ
訓 ―

さい
細 2年
音 サイ
訓 ほそい・ほそる・こまか・こまかい

さく
作 2年
音 サク・サ
訓 つくる

さん
算 2年
音 サン
訓 ―

し
止 2年
音 シ
訓 とまる・とめる

し
市 2年
音 シ
訓 いち

し
矢 2年
音 シ
訓 や

し
姉 2年
音 シ
訓 あね

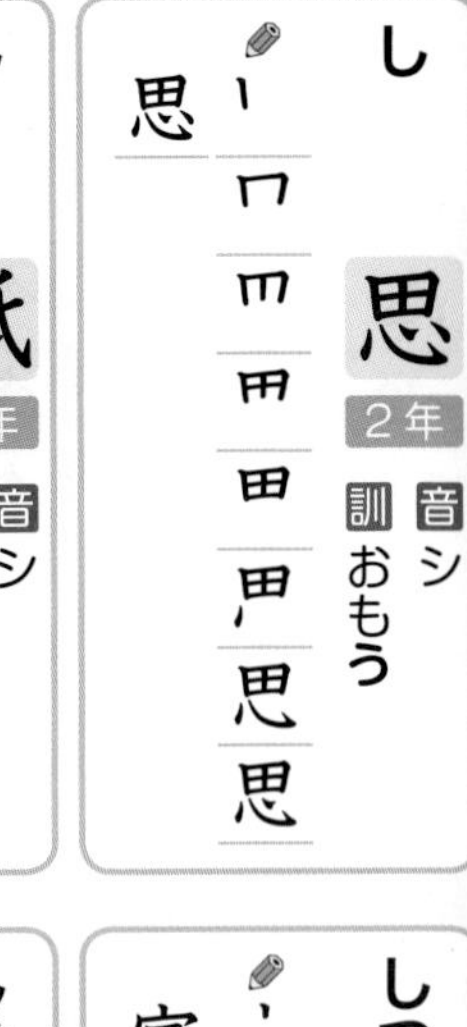

し
思 2年
音 シ
訓 おもう

し
紙 2年
音 シ
訓 かみ

じ
寺 2年
音 ジ
訓 てら

じ
自 2年
音 ジ・シ
訓 みずから

じ
時 2年
音 ジ
訓 とき

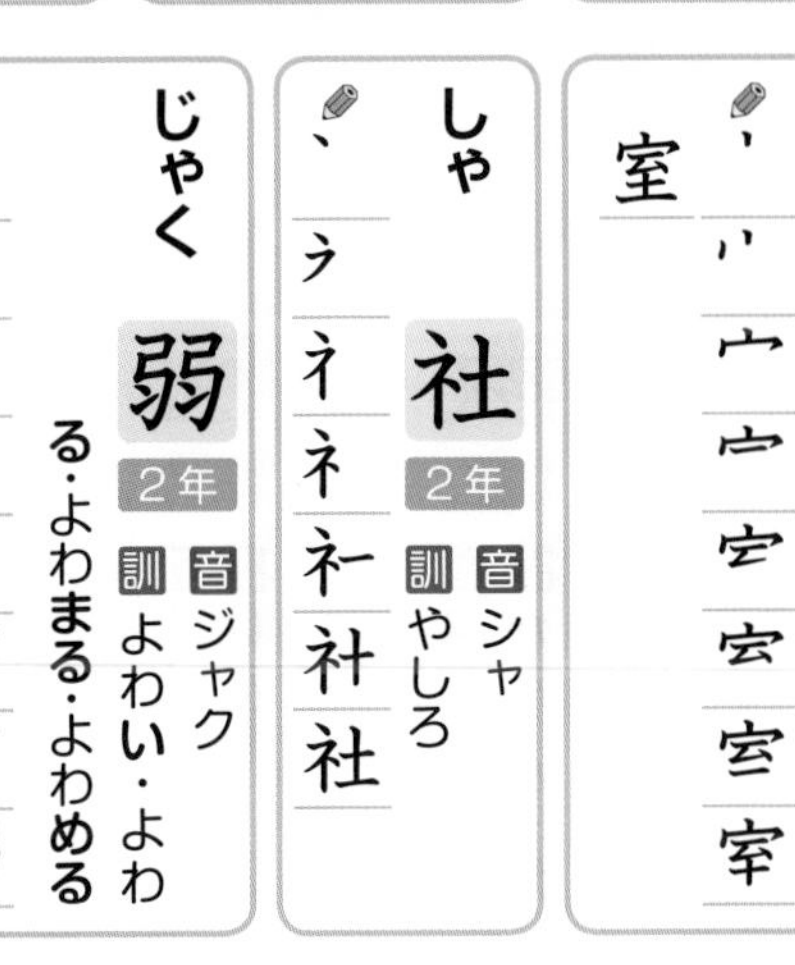

しつ
室 2年
音 シツ
訓 むろ

しゃ
社 2年
音 シャ
訓 やしろ

じゃく
弱 2年
音 ジャク
訓 よわい・よわる・よわまる・よわめる

しゅ
首 2年
音 シュ
訓 くび

しゅう
秋 2年
音 シュウ
訓 あき

しゅう
週 2年
音 シュウ
訓 ー

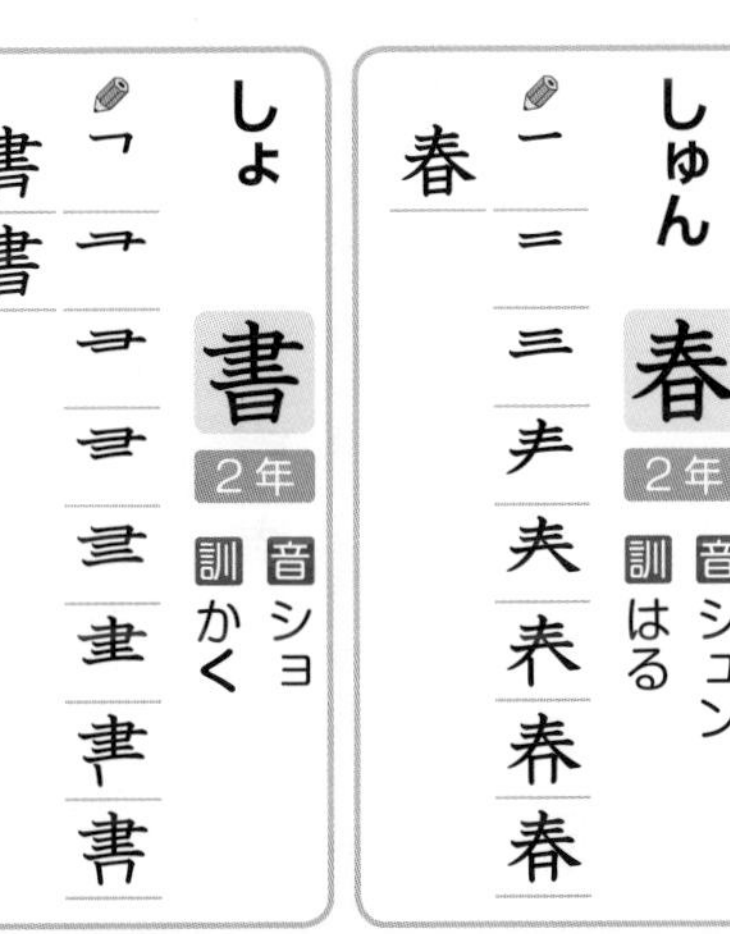

しゅん
春 2年
音 シュン
訓 はる

しょ
書 2年
音 ショ
訓 かく

少 しょう　2年
音 ショウ
訓 すくない・すこし

場 じょう　2年
音 ジョウ
訓 ば

色 しょく　2年
音 ショク・シキ
訓 いろ

食 しょく　2年
音 ショク・ジキ
訓 くう・くらう・たべる

心 しん　2年
音 シン
訓 こころ

新 しん　2年
音 シン
訓 あたらしい・あらた・にい

親 しん　2年
音 シン
訓 おや・したしい・したしむ

図 ず　2年
音 ズ・ト
訓 はかる

数 すう　2年
音 スウ・ス
訓 かず・かぞえる

西 せい　2年
音 セイ・サイ
訓 にし

声 せい　2年
音 セイ・ショウ
訓 こえ・こわ

星 せい　2年
音 セイ・ショウ
訓 ほし

晴 せい　2年
音 セイ
訓 はれる・はらす

切 せつ　2年
音 セツ・サイ
訓 きる・きれる

せつ 雪 2年
音 セツ 訓 ゆき
一 𠂉 ⺁ 雨 雨 雨 雨 雨 雪 雪 雪

せん 船 2年
音 セン 訓 ふね・ふな
ノ 丿 介 力 舟 舟 舟 舟 船 船 船

せん 線 2年
音 セン 訓 ー
く 幺 幺 糸 糸 糸 糸 糸 約 約 約 約 線 線 線

ぜん 前 2年
音 ゼン 訓 まえ
丶 ヽ 丷 䒑 广 前 前 前 前

そ 組 2年
音 ソ 訓 くむ・くみ
く 幺 幺 糸 糸 糸 糸 糸 糸 組 組

そう 走 2年
音 ソウ 訓 はしる
一 十 土 キ 丰 未 走

た 多 2年
音 タ 訓 おおい
ノ ク タ 夕 多 多

たい 太 2年
音 タイ・タ 訓 ふとい・ふとる
一 ナ 大 太

たい 体 2年
音 タイ・テイ 訓 からだ
ノ 亻 仁 什 休 休 体

だい 台 2年
音 ダイ・タイ 訓 ー
ム ム 台 台 台

ち 地 2年
音 チ・ジ 訓 ー
一 十 土 圴 圴 地

ち 池 2年
音 チ 訓 いけ
丶 氵 氵 汁 沖 池

ち 知 2年
音 チ 訓 しる
ノ 𠂉 二 チ 矢 知 知 知

ちゃ 茶 2年
音 チャ・サ 訓 ー
一 十 艹 艹 艾 苓 茶 茶 茶

ちゅう
昼 2年
音 チュウ
訓 ひる
筆順：一 コ 尸 尺 尽 昼 昼 昼 昼

ちょう
長 2年
音 チョウ
訓 ながい
筆順：丨 厂 F F 트 長 長 長

ちょう
鳥 2年
音 チョウ
訓 とり
筆順：丿 亻 户 户 白 自 鳥 鳥 鳥 鳥 鳥

ちょう
朝 2年
音 チョウ
訓 あさ
筆順：一 十 宀 古 古 吉 直 卓 朝 朝 朝 朝

ちょく
直 2年
音 チョク・ジキ
訓 ただ**ち**に・な**お**す・なお**る**
筆順：一 十 广 冇 有 直 直 直

つう
通 2年
音 ツウ・ツ
訓 とお**る**・とお**す**・かよ**う**
筆順：フ マ 乛 乃 月 甬 甬 涌 通 通

てい
弟 2年
音 テイ・ダイ・デ
訓 おとうと
筆順：丶 丷 丬 当 肖 弟 弟

てん
店 2年
音 テン
訓 みせ
筆順：丶 亠 广 广 庁 庐 店 店

てん
点 2年
音 テン
訓 ー
筆順：丨 卜 ⺊ 占 占 占 点 点 点

でん
電 2年
音 デン
訓 ー
筆順：一 ㇒ 戸 币 币 雨 雨 雨 雨 雫 雷 雷 雷 電

とう
刀 2年
音 トウ
訓 かたな
筆順：フ 刀

とう
冬 2年
音 トウ
訓 ふゆ
筆順：ノ ク 夂 冬 冬

とう
当 2年
音 トウ
訓 あた**る**・あ**てる**
筆順：丨 ハ 业 当 当 当

とう
東 2年
音 トウ
訓 ひがし
筆順：一 厂 冂 戸 百 申 東 東

とう
答
2年
音 トウ
訓 こたえる・こたえ

とう
頭
2年
音 トウ・ズ・ト
訓 あたま・かしら

どう
同
2年
音 ドウ
訓 おなじ

どう
道
2年
音 ドウ・トウ
訓 みち

どく
読
2年
音 ドク・トク・トウ
訓 よむ

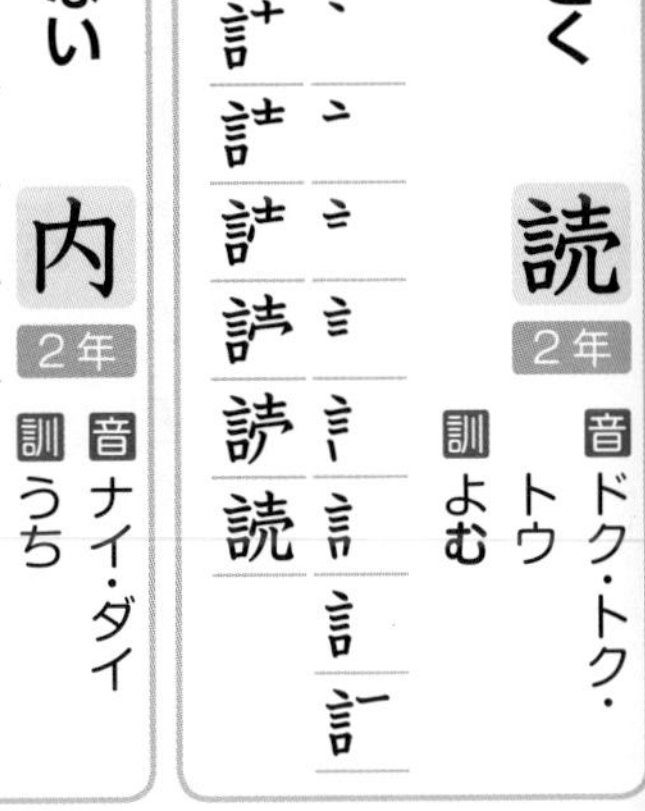

ない
内
2年
音 ナイ・ダイ
訓 うち

なん
南
2年
音 ナン・ナ
訓 みなみ

にく
肉
2年
音 ニク
訓 ―

ば
馬
2年
音 バ
訓 うま・ま

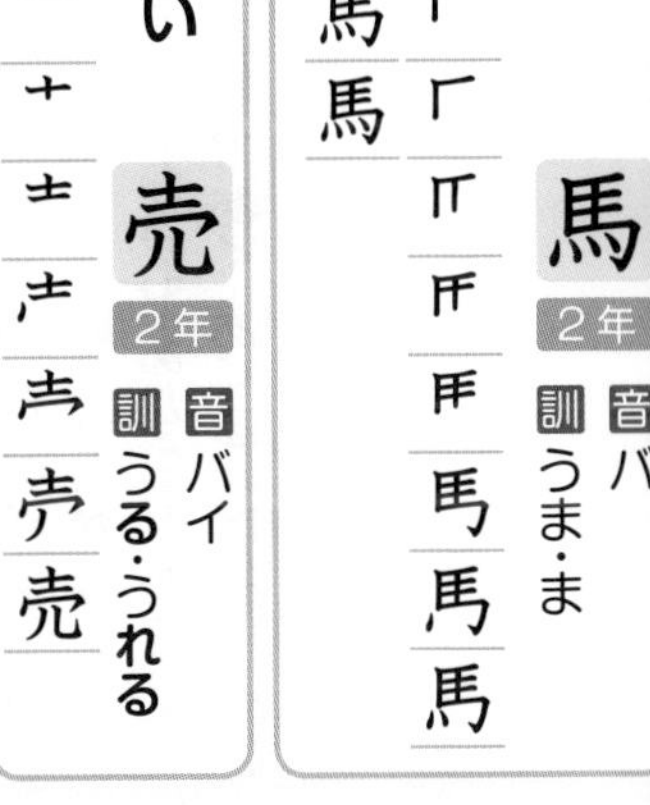

ばい
売
2年
音 バイ
訓 うる・うれる

ばい
買
2年
音 バイ
訓 かう

ばく
麦
2年
音 バク
訓 むぎ

はん
半
2年
音 ハン
訓 なかば

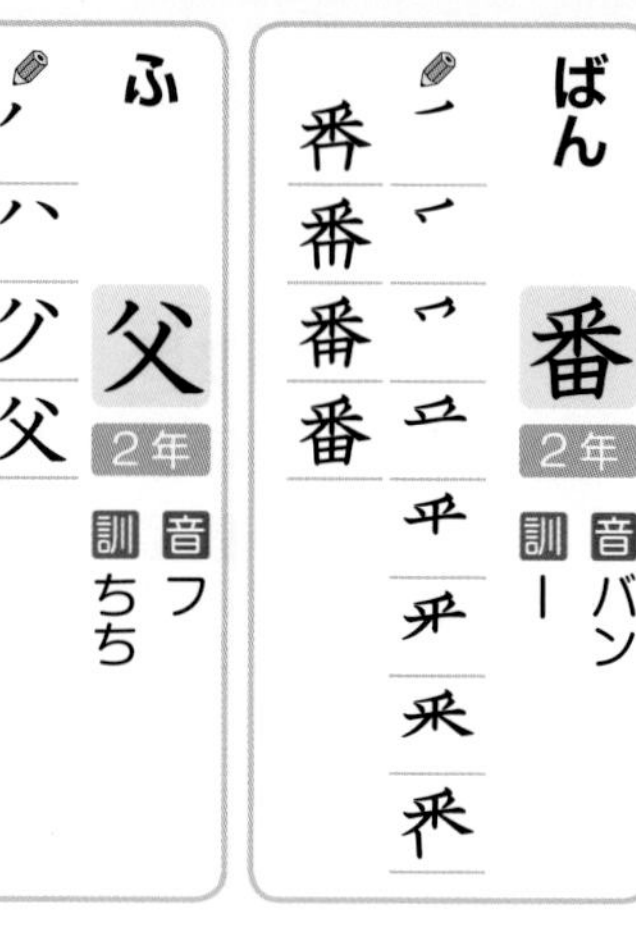

ばん 番 2年
音 バン
訓 ー

ふ 父 2年
音 フ
訓 ちち

ふう 風 2年
音 フウ・フ
訓 かぜ・かざ

ぶん 分 2年
音 ブン・フン・ブ
訓 わける・わかれる・わかる・わかつ

ぶん 聞 2年
音 ブン・モン
訓 きく・きこえる

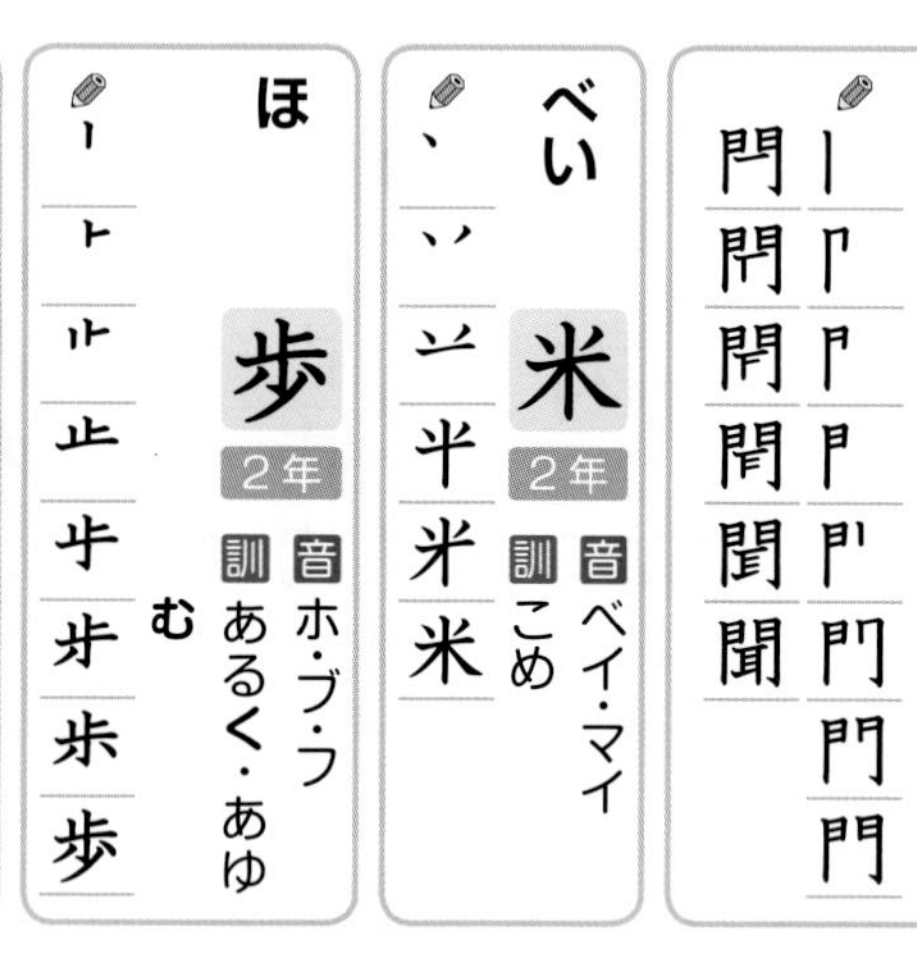

べい 米 2年
音 ベイ・マイ
訓 こめ

ほ 歩 2年
音 ホ・ブ・フ
訓 あるく・あゆむ

ぼ 母 2年
音 ボ
訓 はは

ほう 方 2年
音 ホウ
訓 かた

ほく 北 2年
音 ホク
訓 きた

まい 毎 2年
音 マイ
訓 ー

まい 妹 2年
音 マイ
訓 いもうと

まん 万 2年
音 マン・バン
訓 ー

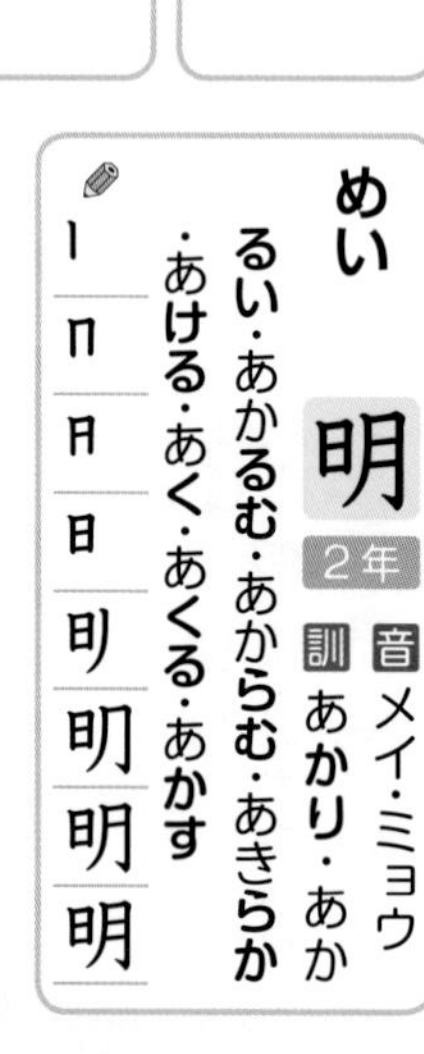

めい 明 2年
音 メイ・ミョウ
訓 あかり・あかるい・あかるむ・あからむ・あきらか・あける・あく・あくる・あかす

めい 鳴 2年
音 メイ
訓 なく・なる・ならす

もう 毛 2年
音 モウ
訓 け

もん 門 2年
音 モン
訓 かど

や 夜 2年
音 ヤ
訓 よ・よる

や 野 2年
音 ヤ
訓 の

ゆう 友 2年
音 ユウ
訓 とも

よう 用 2年
音 ヨウ
訓 もちいる

よう 曜 2年
音 ヨウ
訓 ー

らい 来 2年
音 ライ
訓 くる・きたる・きたす

り 里 2年
音 リ
訓 さと

り 理 2年
音 リ
訓 ー

わ 話 2年
音 ワ
訓 はなす・はなし

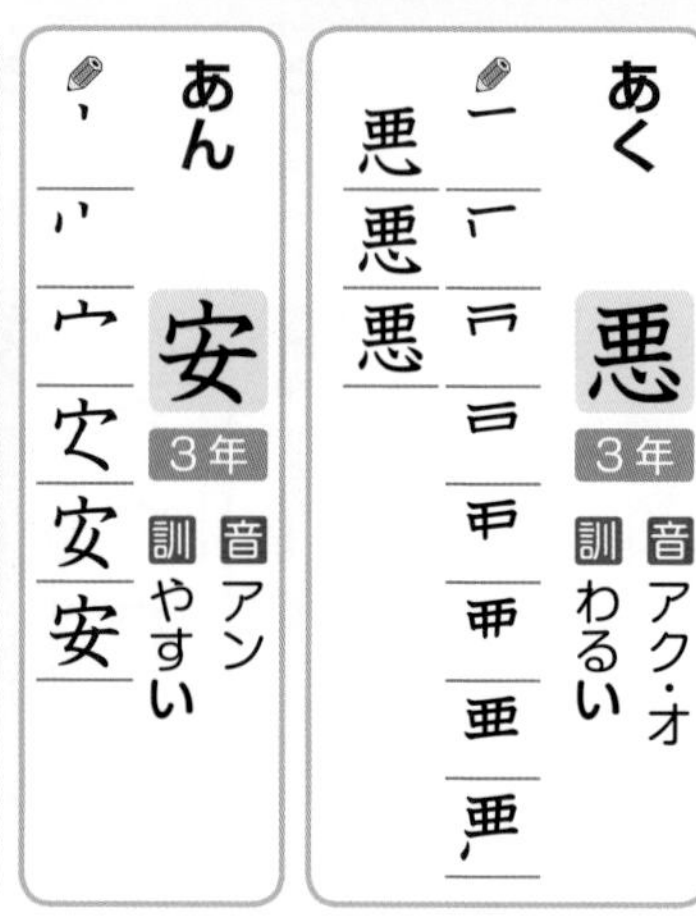
あく
悪
3年
音 アク・オ
訓 わるい
あん
安
3年
音 アン
訓 やすい

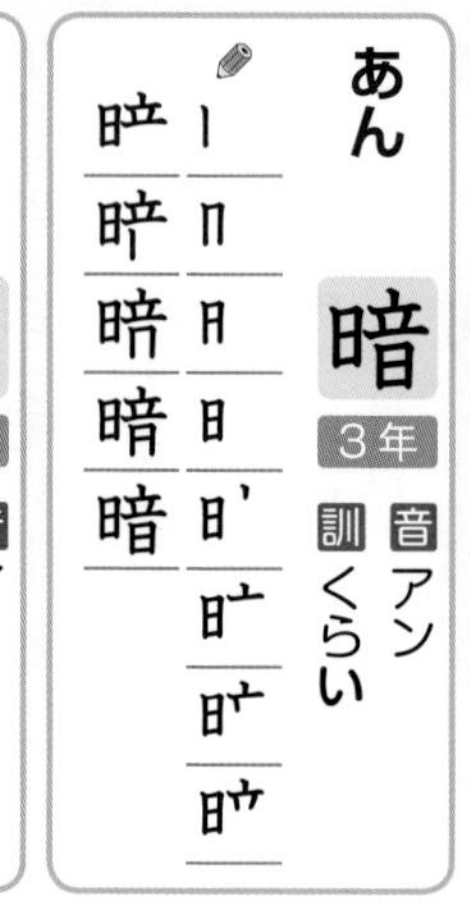
あん
暗
3年
音 アン
訓 くらい

い
医
3年
音 イ
訓 ―
い
委
3年
音 イ
訓 ゆだねる

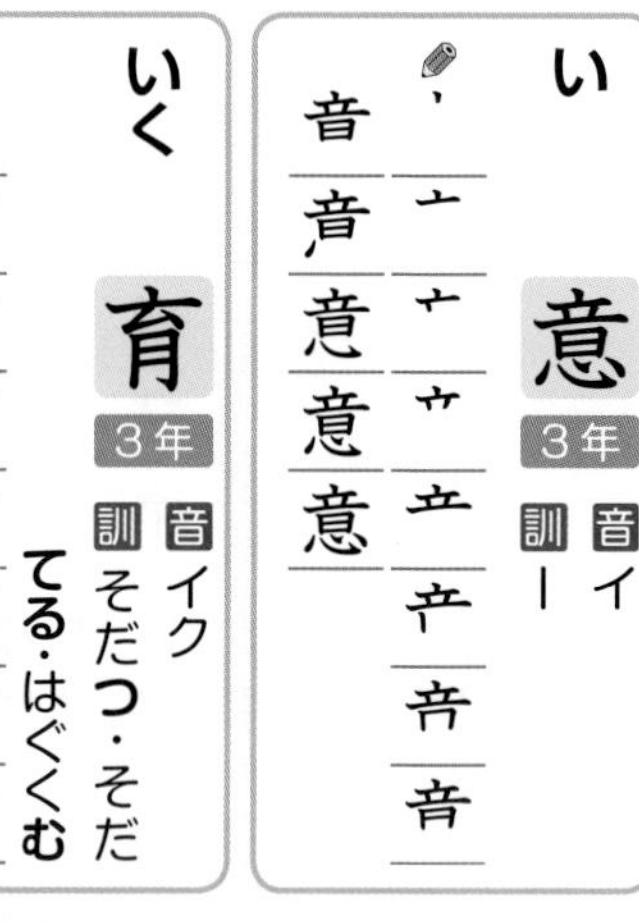
い
意
3年
音 イ
訓 ―
いく
育
3年
音 イク
訓 そだつ・そだてる・はぐくむ

いん
員
3年
音 イン
訓 ―

いん
院
3年
音 イン
訓 ―

いん
飲
3年
音 イン
訓 のむ
うん
運
3年
音 ウン
訓 はこぶ
えい
泳
3年
音 エイ
訓 およぐ

えき
駅
3年
音 エキ
訓 ―

おう
央
3年
音 オウ
訓 ―

おう **横** 3年
音 オウ
訓 よこ

おく **屋** 3年
音 オク
訓 や

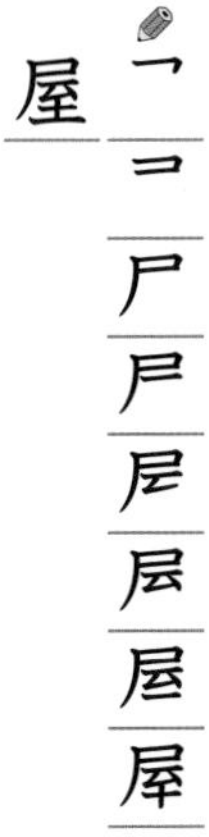

おん **温** 3年
音 オン
訓 あたたか・あたたかい・あたたまる・あたたまる・あたためる

か **化** 3年
音 カ・ケ
訓 ばける・ばかす

か **荷** 3年
音 カ
訓 に

かい **界** 3年
音 カイ
訓 ―

かい **開** 3年
音 カイ
訓 ひらく・ひらける・あく・あける

かい **階** 3年
音 カイ
訓 ―

かん **寒** 3年
音 カン
訓 さむい

かん **感** 3年
音 カン
訓 ―

かん **漢** 3年
音 カン
訓 ―

かん **館** 3年
音 カン
訓 やかた

がん
岸
3年
音 ガン
訓 きし
丶 山 山 屵 岸 岸 岸 岸

き
起
3年
音 キ
訓 おきる・おこる・おこす
一 十 土 キ キ 走 走 起 起 起

き
期
3年
音 キ・ゴ
訓 ー
一 十 廾 甘 甘 甘 其 其 期 期 期 期

きゃく
客
3年
音 キャク・カク
訓 ー
丶 ⺌ 宀 宀 夕 安 客 客 客

きゅう
究
3年
音 キュウ
訓 きわめる
丶 ⺌ 宀 穴 空 究 究

きゅう
急
3年
音 キュウ
訓 いそぐ
ノ 𠂊 ⺈ 刍 刍 刍 急 急 急

きゅう
級
3年
音 キュウ
訓 ー
く 幺 幺 糸 糸 糸 紉 級 級

きゅう
宮
3年
音 キュウ・グウ・ク
訓 みや
丶 ⺌ 宀 宀 宀 宀 宀 宮 宮 宮

きゅう
球
3年
音 キュウ
訓 たま
一 丁 干 王 王 玎 玎 玎 球 球 球

きょ
去
3年
音 キョ・コ
訓 さる
一 十 土 去 去

きょう
橋
3年
音 キョウ
訓 はし
一 十 才 木 木 杧 杧 桥 桥 桥 橋 橋 橋 橋 橋 橋

ぎょう
業
3年
音 ギョウ・ゴウ
訓 わざ
丶 丷 丷 业 业 业 业 业 业 业 業 業 業

きょく 曲 3年
音 キョク
訓 まがる・まげる

きょく 局 3年
音 キョク
訓 ー

ぎん 銀 3年
音 ギン
訓 ー

く 区 3年
音 ク
訓 ー

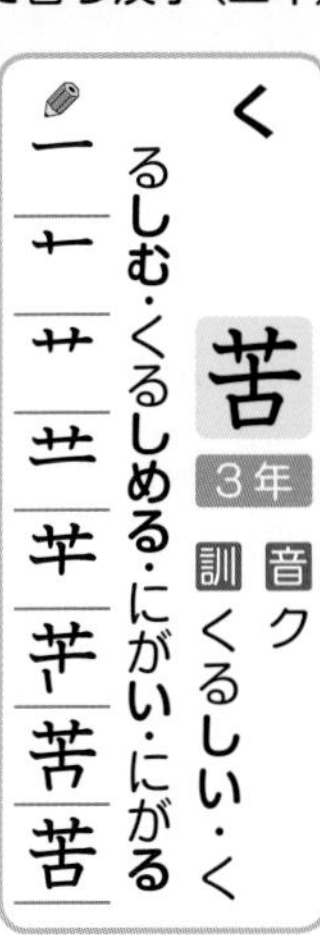

く 苦 3年
音 ク
訓 くるしい・くるしむ・くるしめる・にがい・にがる

ぐ 具 3年
音 グ
訓 ー

くん 君 3年
音 クン
訓 きみ

けい 係 3年
音 ケイ
訓 かかる・かかり

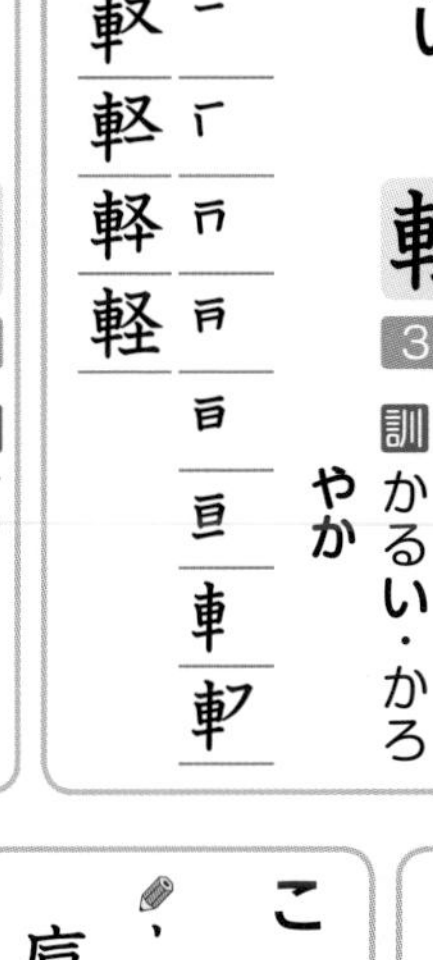

けい 軽 3年
音 ケイ
訓 かるい・かろやか

けつ 血 3年
音 ケツ
訓 ち

けつ 決 3年
音 ケツ
訓 きめる・きまる

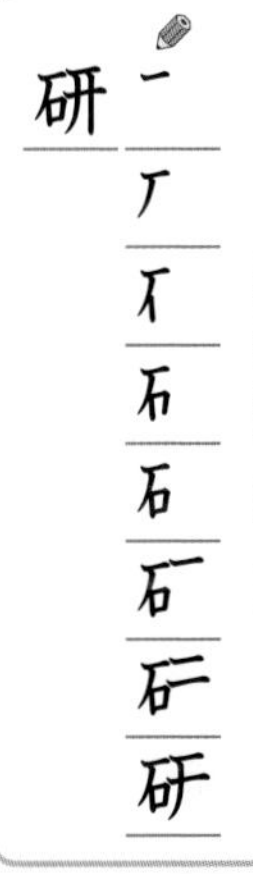

けん 研 3年
音 ケン
訓 とぐ

けん 県 3年
音 ケン
訓 ー

こ 庫 3年
音 コ・ク
訓 ー

こ
湖 3年
音 コ
訓 みずうみ

こう
向 3年
音 コウ
訓 むく・むける・むかう・むこう

こう
幸 3年
音 コウ
訓 さいわい・さち・しあわせ

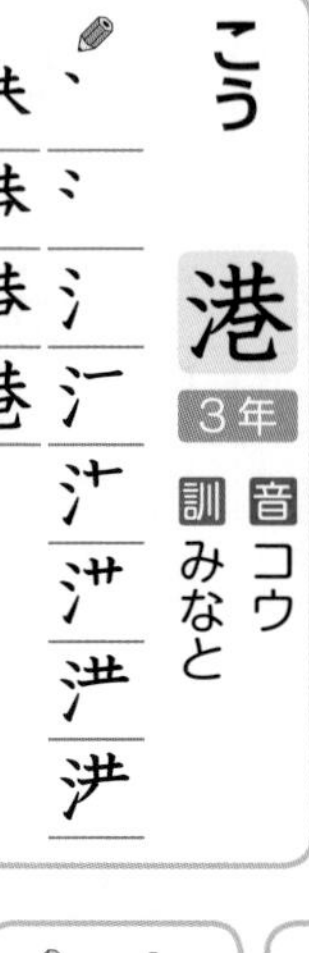

こう
港 3年
音 コウ
訓 みなと

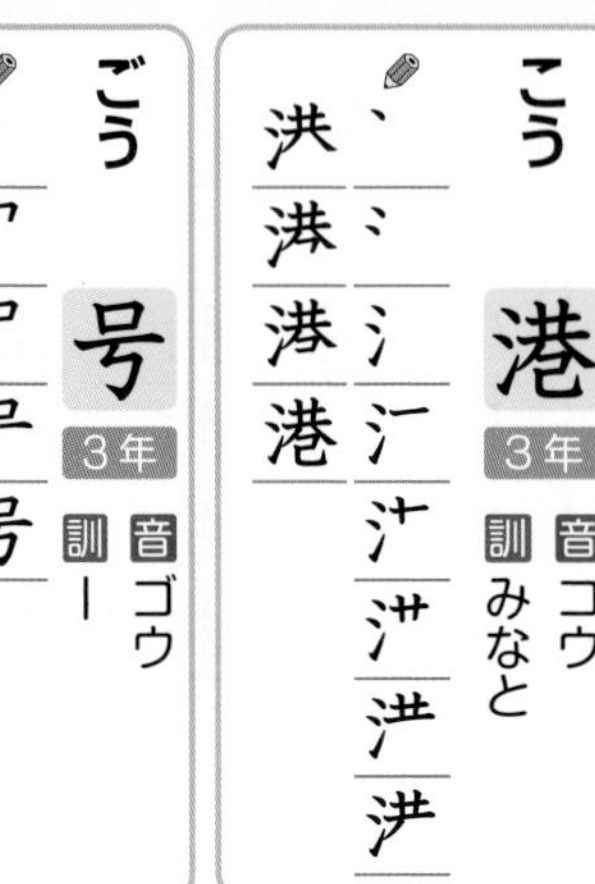

ごう
号 3年
音 ゴウ
訓 ー

こん
根 3年
音 コン
訓 ね

さい
祭 3年
音 サイ
訓 まつる・まつり

さら
皿 3年
音 ー
訓 さら

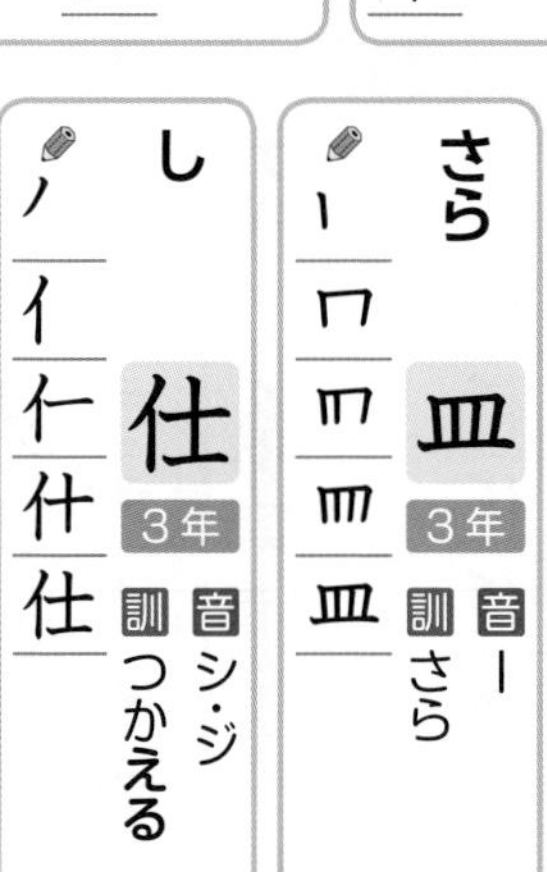

し
仕 3年
音 シ・ジ
訓 つかえる

し
死 3年
音 シ
訓 しぬ

し
使 3年
音 シ
訓 つかう

し
始 3年
音 シ
訓 はじめる・はじまる

し
指 3年
音 シ
訓 ゆび・さす

し
歯 3年
音 シ
訓 は

し
詩
3年
音 シ
訓 ー
じ
次
3年
音 ジ・シ
訓 つぐ・つぎ
じ
事
3年
音 ジ・ズ
訓 こと
じ
持
3年
音 ジ
訓 もつ
しき
式
3年
音 シキ
訓 ー

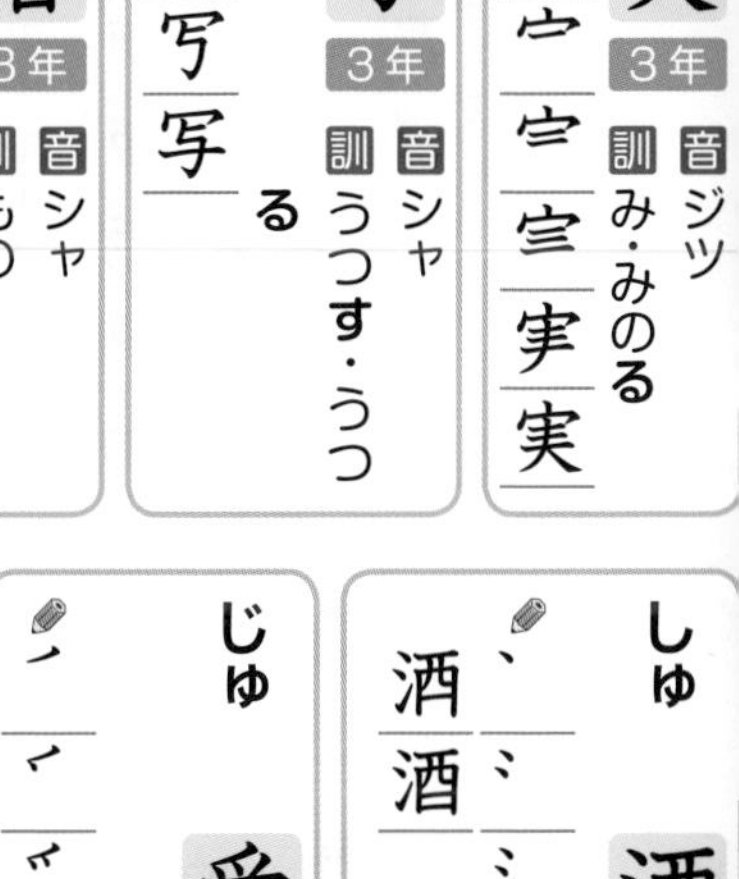
じつ
実
3年
音 ジツ
訓 み・みのる
しゃ
写
3年
音 シャ
訓 うつす・うつる
しゃ
者
3年
音 シャ
訓 もの

しゅ
主
3年
音 シュ・ス
訓 ぬし・おも
しゅ
守
3年
音 シュ・ス
訓 まもる・もり

しゅ
取
3年
音 シュ
訓 とる

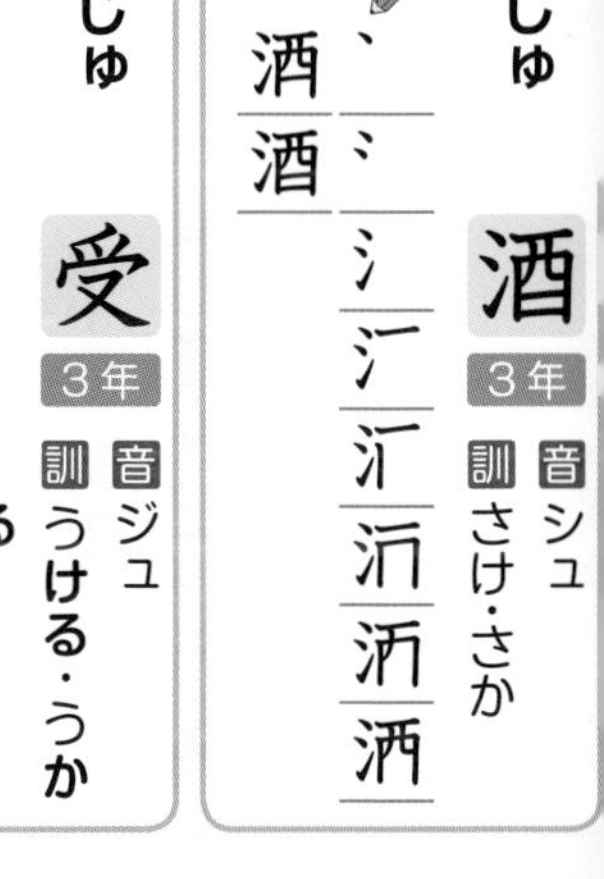
しゅ
酒
3年
音 シュ
訓 さけ・さか
じゅ
受
3年
音 ジュ
訓 うける・うかる

しゅう
州
3年
音 シュウ
訓 す
しゅう
拾
3年
音 シュウ・ジュウ
訓 ひろう

終
しゅう　3年

音 シュウ
訓 おわる・おえる

く 幺 幺 糸 糸 糸 糸 終 終 終

習
しゅう　3年

音 シュウ
訓 ならう

㇆ ㇆ 习 羽 羽 羽 羽 羽 習 習 習

集
しゅう　3年

音 シュウ
訓 あつまる・あつめる・つどう

ノ 亻 亻 亻 什 仹 隹 隹 隼 集 集 集

住
じゅう　3年

音 ジュウ
訓 すむ・すまう

ノ 亻 亻 仁 什 住 住

重
じゅう　3年

音 ジュウ・チョウ
訓 え・おもい・かさねる・かさなる

一 二 千 千 肓 盲 重 重 重

宿
しゅく　3年

音 シュク
訓 やど・やどる・やどす

丶 丷 宀 宀 宀 宀 宀 宀 宿 宿 宿

所
しょ　3年

音 ショ
訓 ところ

一 ラ ヨ 戸 戸 所 所 所

暑
しょ　3年

音 ショ
訓 あつい

丶 口 日 日 旦 早 星 昇 暑 暑 暑 暑

助
じょ　3年

音 ジョ
訓 たすける・たすかる・すけ

丨 冂 月 月 且 助 助

昭
しょう　3年

音 ショウ
訓 ー

丨 冂 日 日 日 日 日 昭 昭

消
しょう　3年

音 ショウ
訓 きえる・けす

丶 丶 氵 氵 氵 氵 氵 消 消 消

商
しょう　3年

音 ショウ
訓 あきなう

丶 亠 亠 亠 产 冂 冂 冂 商 商 商

しょう **章** 3年
音 ショウ
訓 ー

勝 しょう **勝** 3年
音 ショウ
訓 かつ・まさる

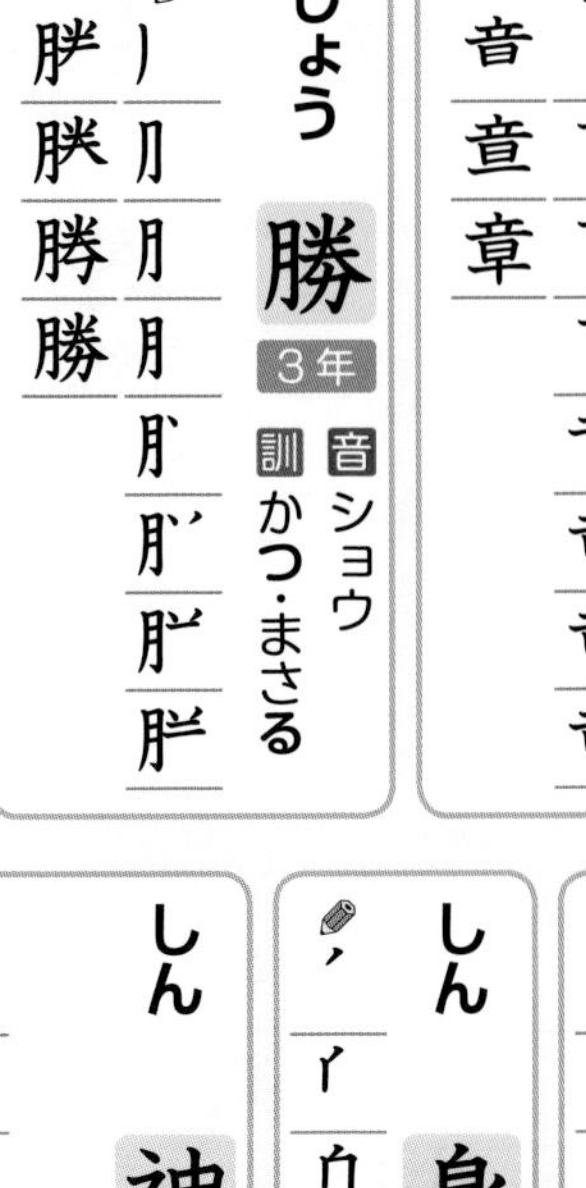

じょう **乗** 3年
音 ジョウ
訓 のる・のせる

しょく **植** 3年
音 ショク
訓 うえる・うわる

しん **申** 3年
音 シン
訓 もうす

しん **身** 3年
音 シン
訓 み

しん **神** 3年
音 シン・ジン
訓 かみ・かん・こう

しん **真** 3年
音 シン
訓 ま

しん **深** 3年
音 シン
訓 ふかい・ふかまる・ふかめる

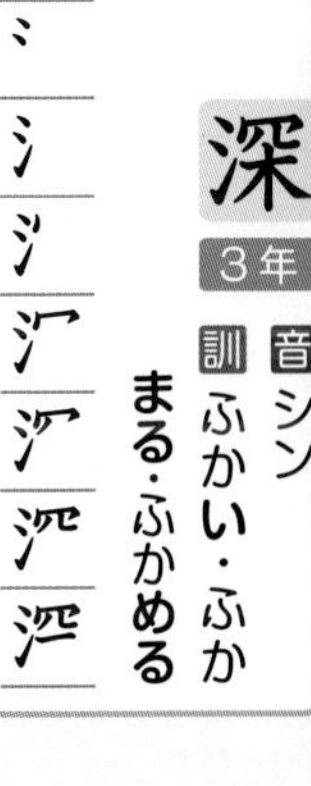

しん **進** 3年
音 シン
訓 すすむ・すすめる

せい **世** 3年
音 セイ・セ
訓 よ

せい **整** 3年
音 セイ
訓 ととのえる・ととのう

せき
昔
3年
音 セキ・シャク
訓 むかし

ぜん
全
3年
音 ゼン
訓 まった**く**・すべ**て**

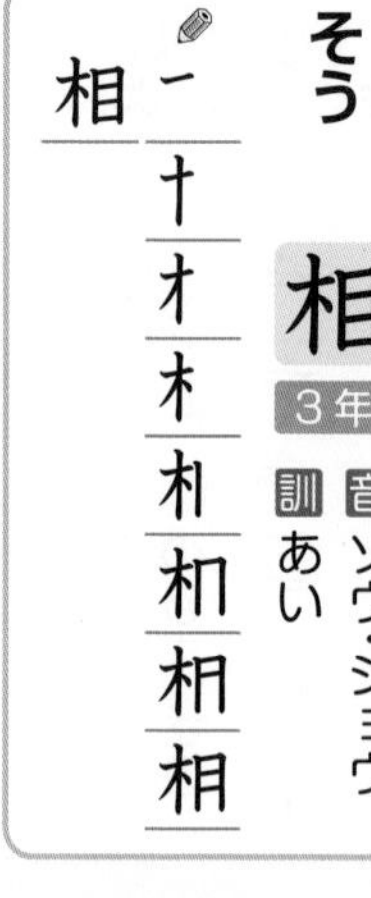

そう
相
3年
音 ソウ・ショウ
訓 あい

そう
送
3年
音 ソウ
訓 おく**る**

そう
想
3年
音 ソウ・ソ
訓 ー

そく
息
3年
音 ソク
訓 いき

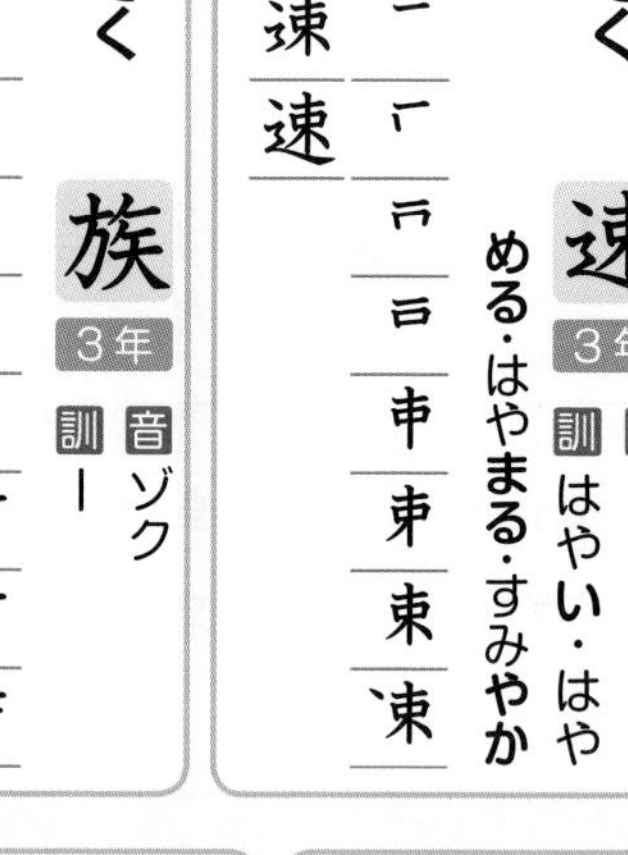

そく
速
3年
音 ソク
訓 はや**い**・はや**める**・はや**まる**・すみ**やか**

ぞく
族
3年
音 ゾク
訓 ー

た
他
3年
音 タ
訓 ほか

だ
打
3年
音 ダ
訓 う**つ**

たい
対
3年
音 タイ・ツイ
訓 ー

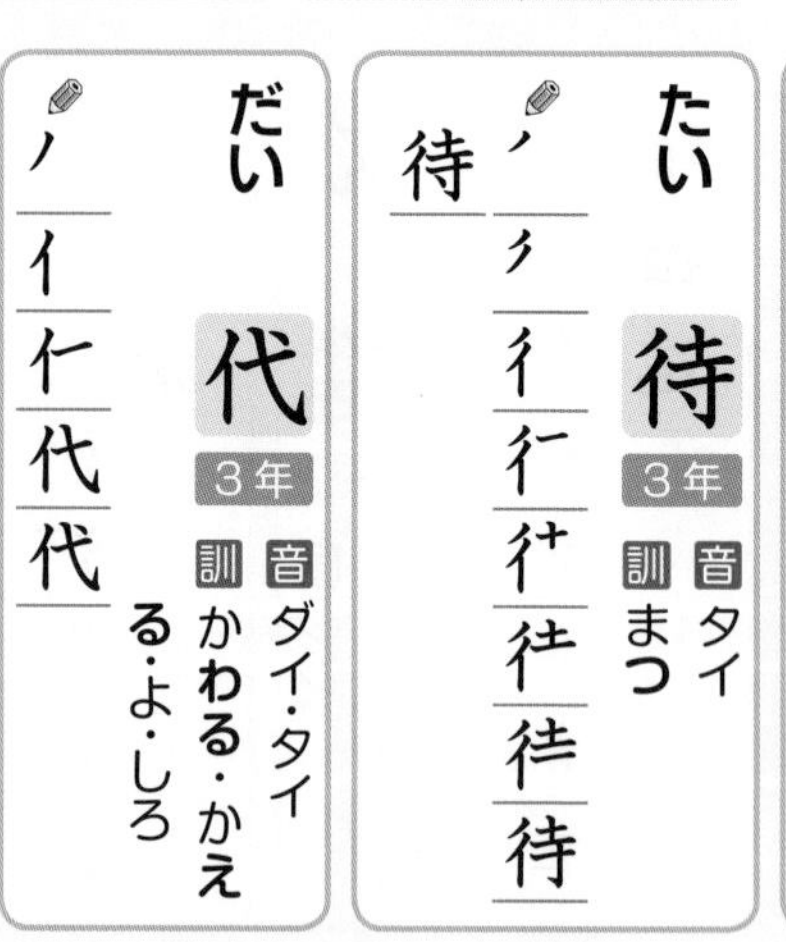

たい
待
3年
音 タイ
訓 ま**つ**

だい
代
3年
音 ダイ・タイ
訓 か**わる**・か**える**・よ・しろ

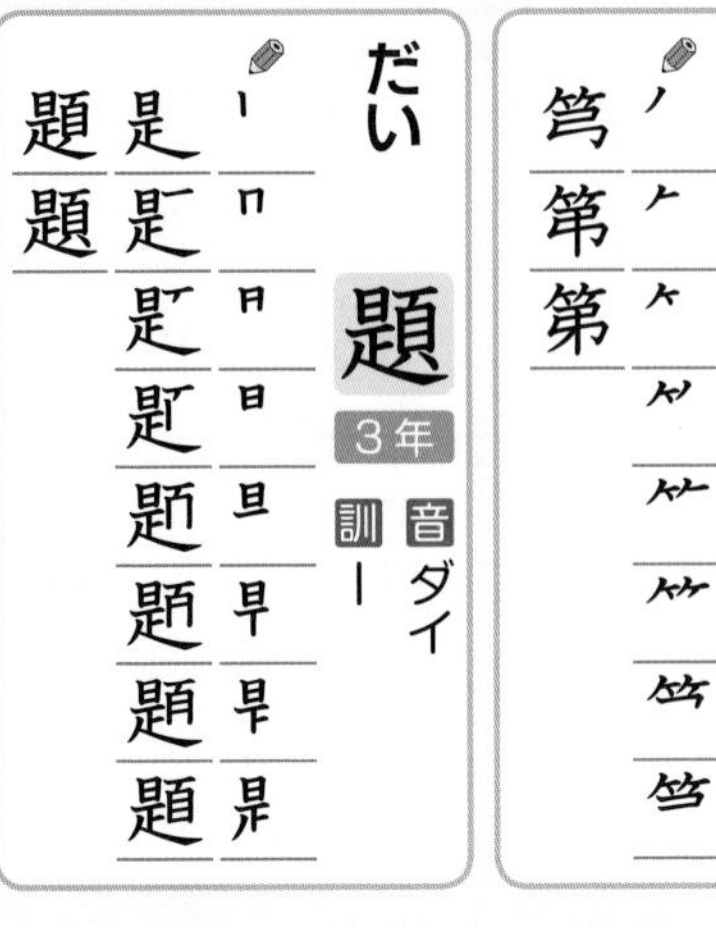

だい **第** 3年 音 ダイ 訓 ー

だい **題** 3年 音 ダイ 訓 ー

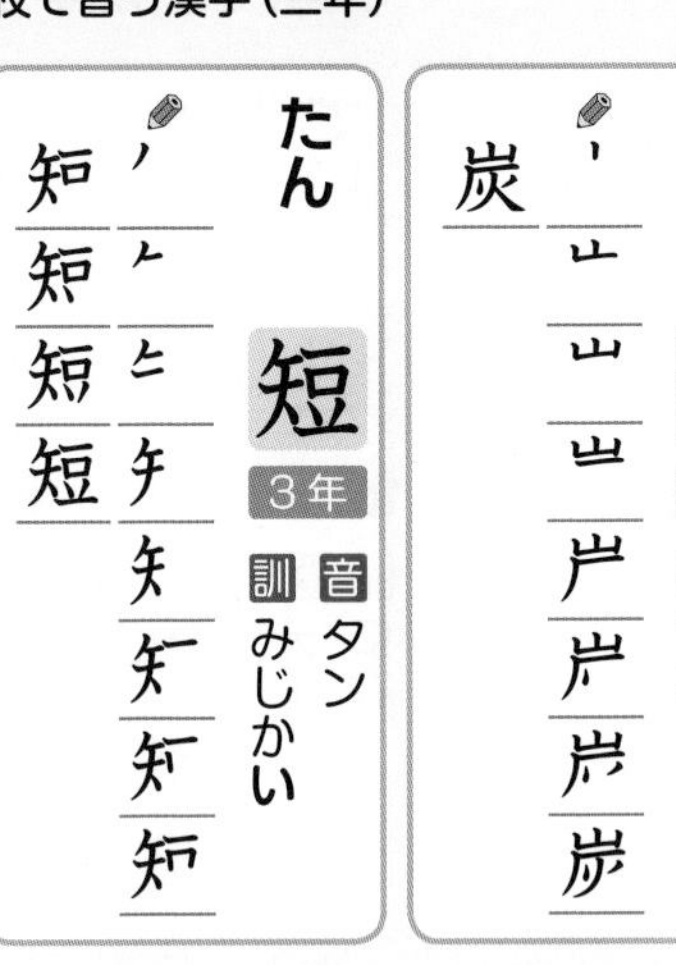

たん **炭** 3年 音 タン 訓 すみ

たん **短** 3年 音 タン 訓 みじかい

だん **談** 3年 音 ダン 訓 ー

ちゃく **着** 3年 音 チャク・ジャク 訓 きる・きせる・つく・つける

ちゅう **注** 3年 音 チュウ 訓 そそぐ

ちゅう **柱** 3年 音 チュウ 訓 はしら

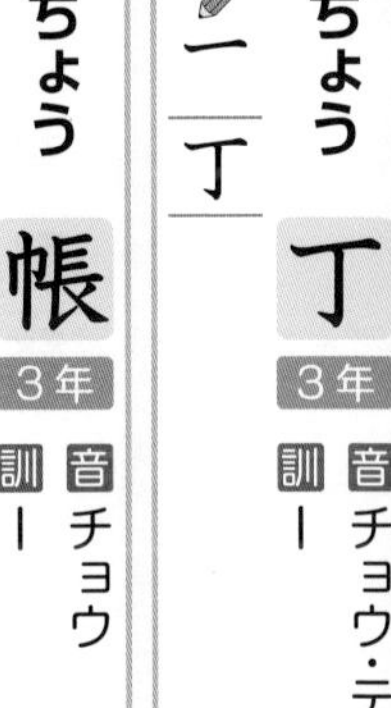

ちょう **丁** 3年 音 チョウ・テイ 訓 ー

ちょう **帳** 3年 音 チョウ 訓 ー

ちょう **調** 3年 音 チョウ 訓 しらべる・ととのう・ととのえる

つい **追** 3年 音 ツイ 訓 おう

てい 定 3年
音 テイ・ジョウ
訓 さだめる・さだまる・さだか
書き順：丶 丷 宀 宀 宁 宇 宇 定

てい 庭 3年
音 テイ
訓 にわ
書き順：丶 亠 广 户 庀 庄 庄 庄 庭 庭

てき 笛 3年
音 テキ
訓 ふえ
書き順：丿 𠂉 ⺈ 𥫗 𥫗 竹 竹 竺 笛 笛 笛

てつ 鉄 3年
音 テツ
訓 ―
書き順：丿 人 亼 今 全 牟 余 金 金 釒 釒 鉄 鉄

てん 転 3年
音 テン
訓 ころがる・ころげる・ころがす・ころぶ
書き順：一 厂 百 百 亘 亘 車 車 転 転 転

と 都 3年
音 ト・ツ
訓 みやこ
書き順：一 十 土 耂 耂 者 者 者 者 都 都

ど 度 3年
音 ド・ト・タク
訓 たび
書き順：丶 亠 广 户 庐 庐 庐 度 度

とう 投 3年
音 トウ
訓 なげる
書き順：一 十 扌 扌 扌 投 投

とう 豆 3年
音 トウ・ズ
訓 まめ
書き順：一 厂 丆 戸 戸 豆 豆

とう 島 3年
音 トウ
訓 しま
書き順：丿 亻 户 户 白 自 鳥 鳥 島 島

とう 湯 3年
音 トウ
訓 ゆ
書き順：丶 丷 氵 氵 汩 沪 沪 浔 浬 湯 湯 湯

とう 登 3年
音 トウ・ト
訓 のぼる
書き順：フ ヌ ヌ 癶 癶 癶 癶 癶 登 登 登 登

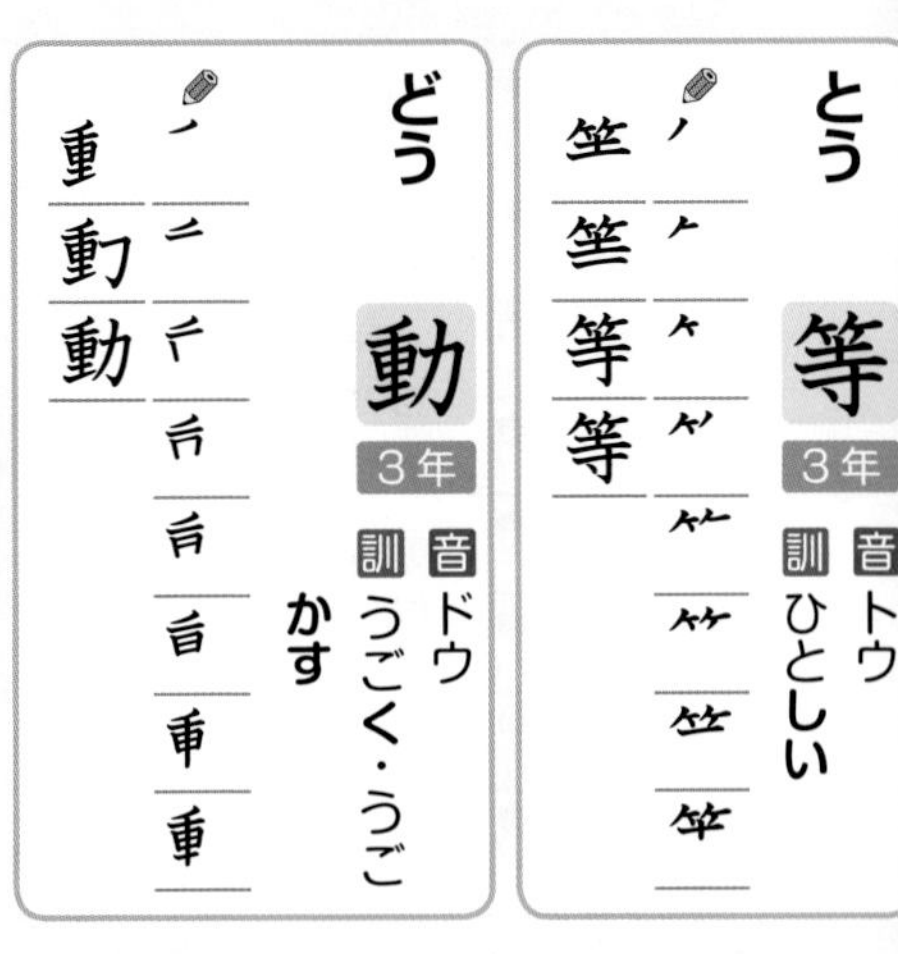

とう 等 3年
音 トウ
訓 ひとしい

どう 動 3年
音 ドウ
訓 うごく・うごかす

どう 童 3年
音 ドウ
訓 わらべ

のう 農 3年
音 ノウ
訓 ー

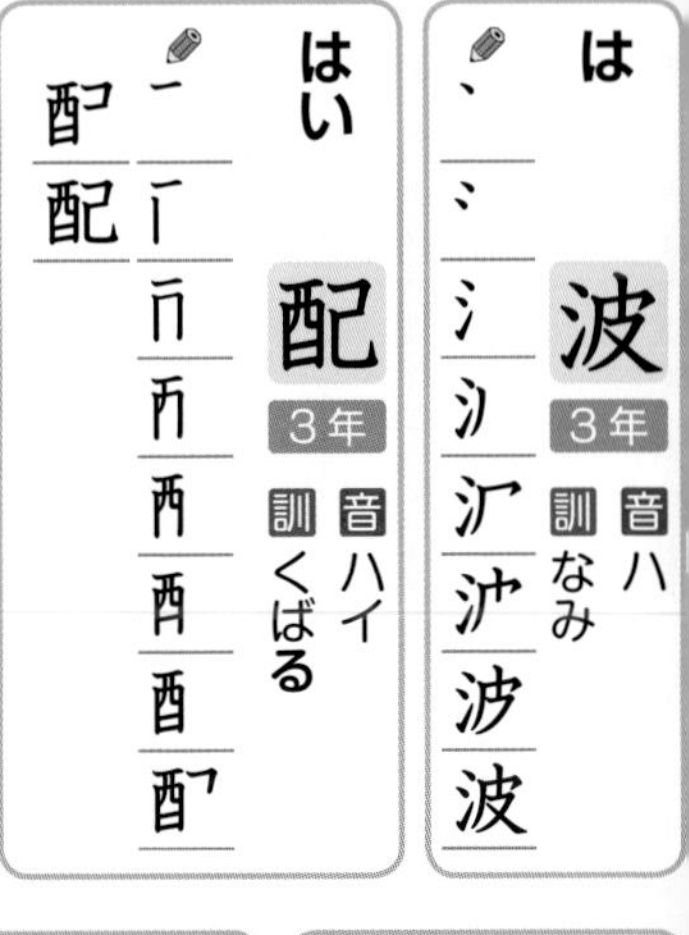

は 波 3年
音 ハ
訓 なみ

はい 配 3年
音 ハイ
訓 くばる

ばい 倍 3年
音 バイ
訓 ー

はこ 箱 3年
音 ー
訓 はこ

はた 畑 3年
音 ー
訓 はた・はたけ

はつ 発 3年
音 ハツ・ホツ
訓 ー

はん 反 3年
音 ハン・ホン・タン
訓 そる・そらす

はん 坂 3年
音 ハン
訓 さか

はん 板 3年
音 ハン・バン
訓 いた

ひ 皮 3年 音 ヒ 訓 かわ

ひ 悲 3年 音 ヒ 訓 かなしい・かなしむ

び 美 3年 音 ビ 訓 うつくしい

び 鼻 3年 音 ビ 訓 はな

ひつ 筆 3年 音 ヒツ 訓 ふで

ひょう 氷 3年 音 ヒョウ 訓 こおり・ひ

ひょう 表 3年 音 ヒョウ 訓 おもて・あらわす・あらわれる

びょう 秒 3年 音 ビョウ 訓 ー

びょう 病 3年 音 ビョウ・ヘイ 訓 やむ・やまい

ひん 品 3年 音 ヒン 訓 しな

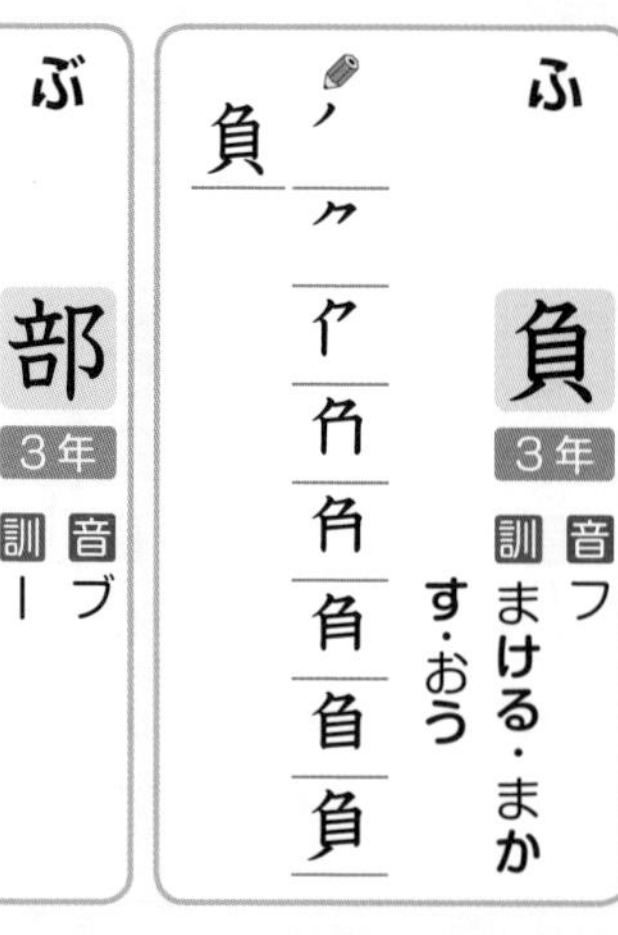

ふ 負 3年 音 フ 訓 まける・まかす・おう

ぶ 部 3年 音 ブ 訓 ー

ふく

服 3年

音 フク
訓 ー

丿 刀 月 月 月ˉ 肌 服 服

ふく

福 3年

音 フク
訓 ー

丶 ラ 礻 礻 礻ˉ 礻ˉ 礻冖 礻冖 礻冖 福 福 福 福

ぶつ

物 3年

音 ブツ・モツ
訓 もの

丿 𠂉 牛 牛 牜 牞 物 物

へい

平 3年

音 ヘイ・ビョウ
訓 たいら・ひら

一 亠 ㇇ 丷 平

へん

返 3年

音 ヘン
訓 かえす・かえる

一 厂 万 反 ˋ反 辶反 返

べん

勉 3年

音 ベン
訓 ー

丿 ㇇ 𠂊 㑒 免 免 免 免 勉 勉

ほう

放 3年

音 ホウ
訓 はなす・はなつ・はなれる・ほうる

丶 亠 方 方 方ˊ 方𠂉 方攵 放

み

味 3年

音 ミ
訓 あじ・あじわう

丨 口 口 口一 口二 咔 味 味

めい

命 3年

音 メイ・ミョウ
訓 いのち

丿 人 亼 亼 合 合 命 命

めん

面 3年

音 メン
訓 おも・おもて・つら

一 ㇀ 𠂆 丙 而 而 而 面 面

もん

問 3年

音 モン
訓 とう・とい・とん

丨 ㇕ 門 門 門 門 門 門 問 問 問

やく

役 3年

音 ヤク・エキ
訓 ー

丿 ク 彳 彳 彸 役 役

やく

薬 3年

音 ヤク
訓 くすり

一 十 艹 艹 艹 艹 艹 甘 甘 甘 甘 甘 甘 甘 薬 薬 薬

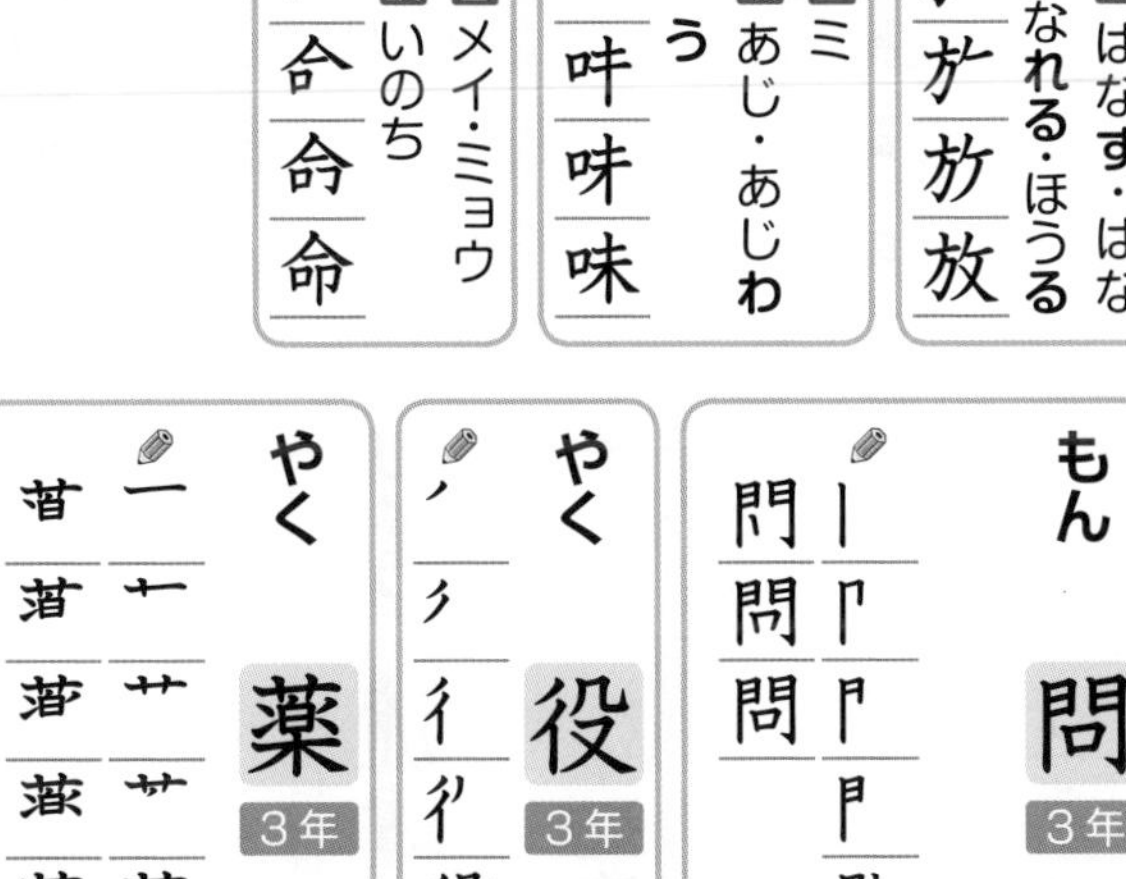

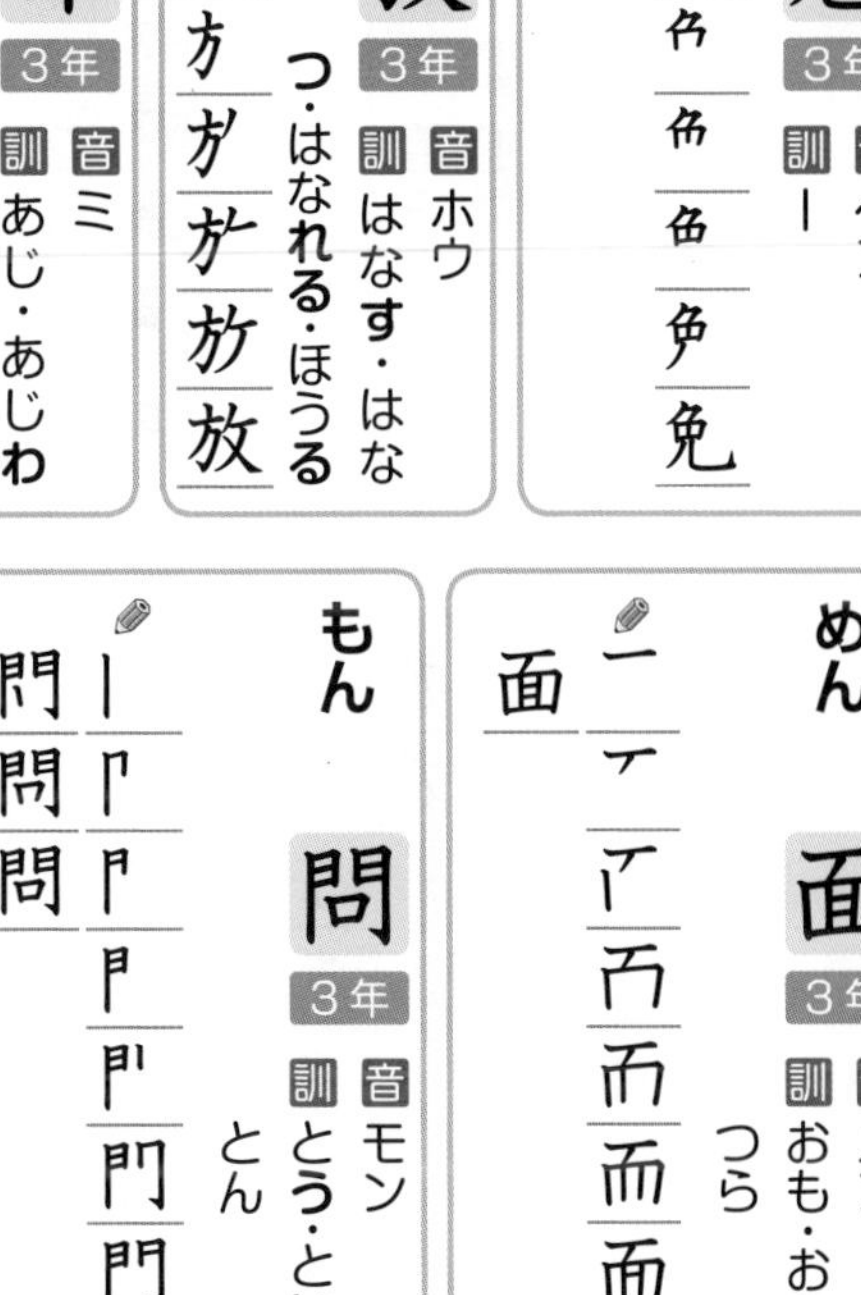

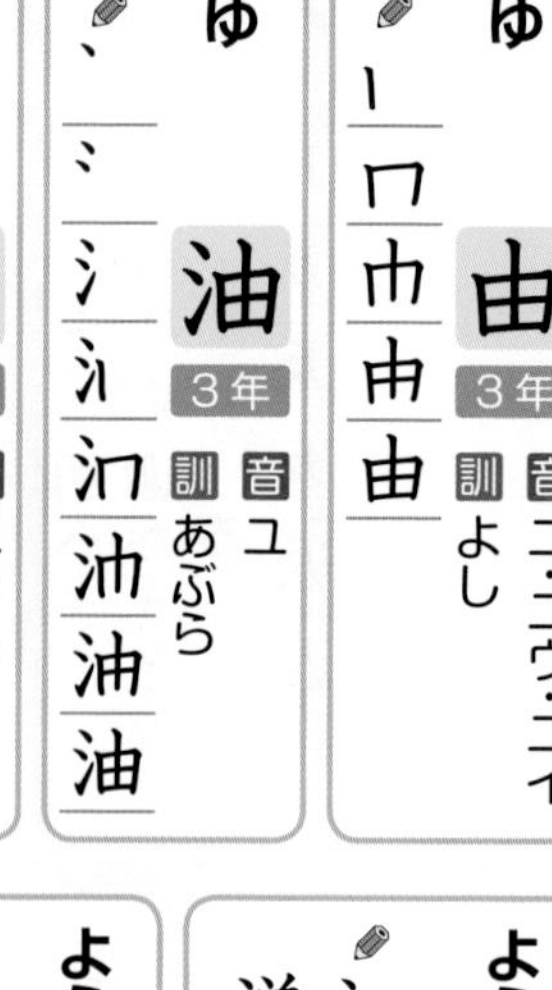

ゆ

由 3年

音 ユ・ユウ・ユイ

訓 よし

ゆ

油 3年

音 ユ

訓 あぶら

ゆう

有 3年

音 ユウ・ウ

訓 ある

ゆう

遊 3年

音 ユウ・ユ

訓 あそぶ

よ

予 3年

音 ヨ

訓 ー

よう

羊 3年

音 ヨウ

訓 ひつじ

よう

洋 3年

音 ヨウ

訓 ー

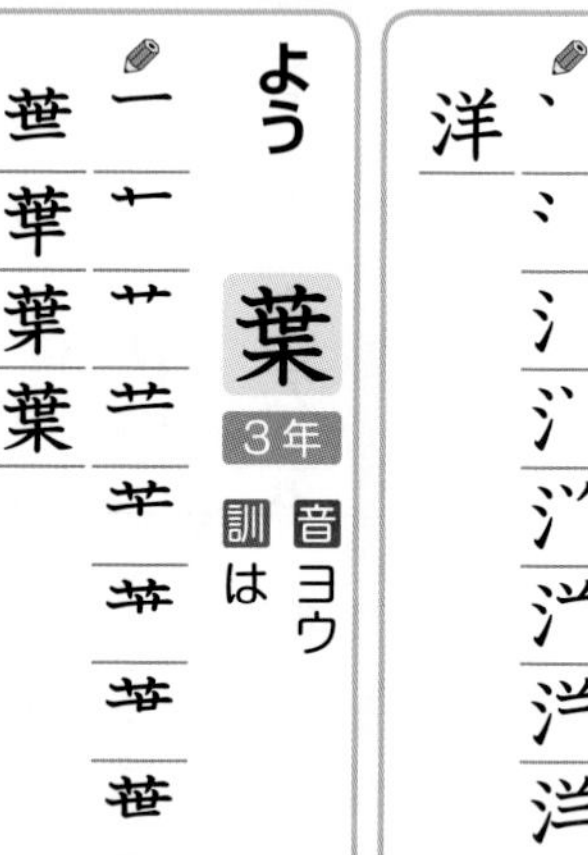

よう

葉 3年

音 ヨウ

訓 は

よう

陽 3年

音 ヨウ

訓 ー

よう

様 3年

音 ヨウ

訓 さま

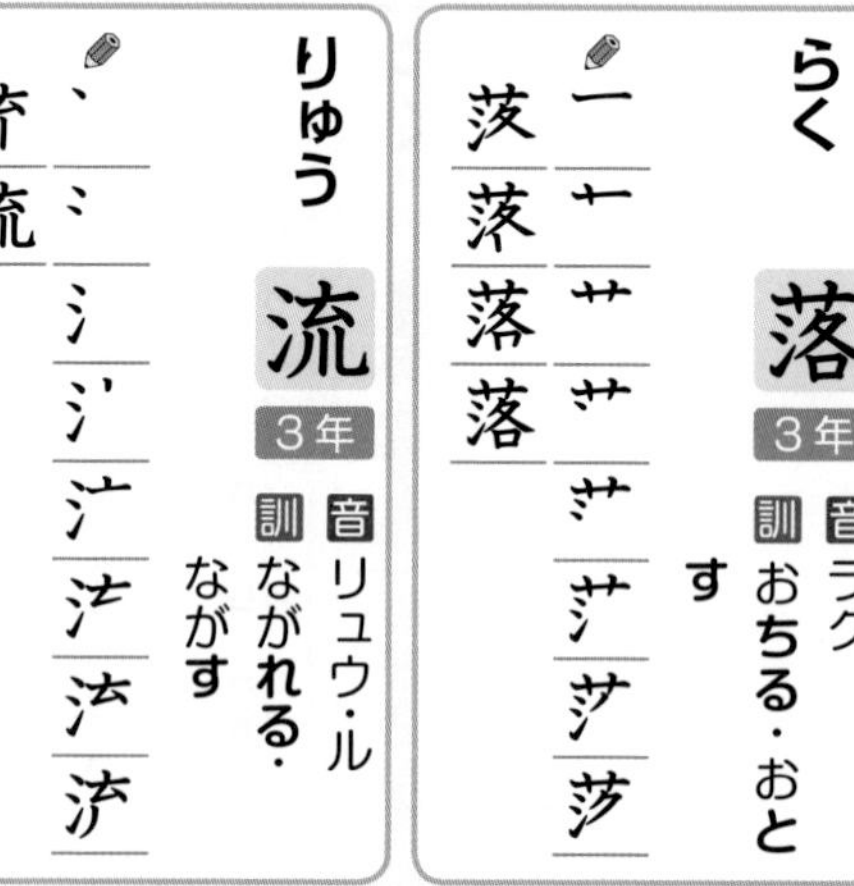

らく

落 3年

音 ラク

訓 おちる・おとす

りゅう

流 3年

音 リュウ・ル

訓 ながれる・ながす

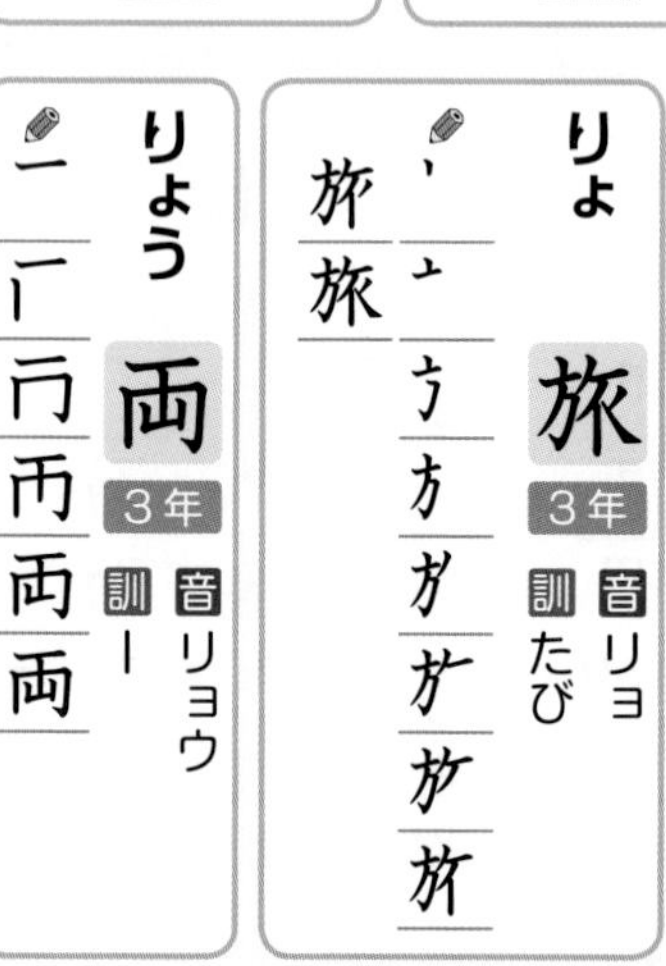

りょ

旅 3年

音 リョ

訓 たび

りょう

両 3年

音 リョウ

訓 ー

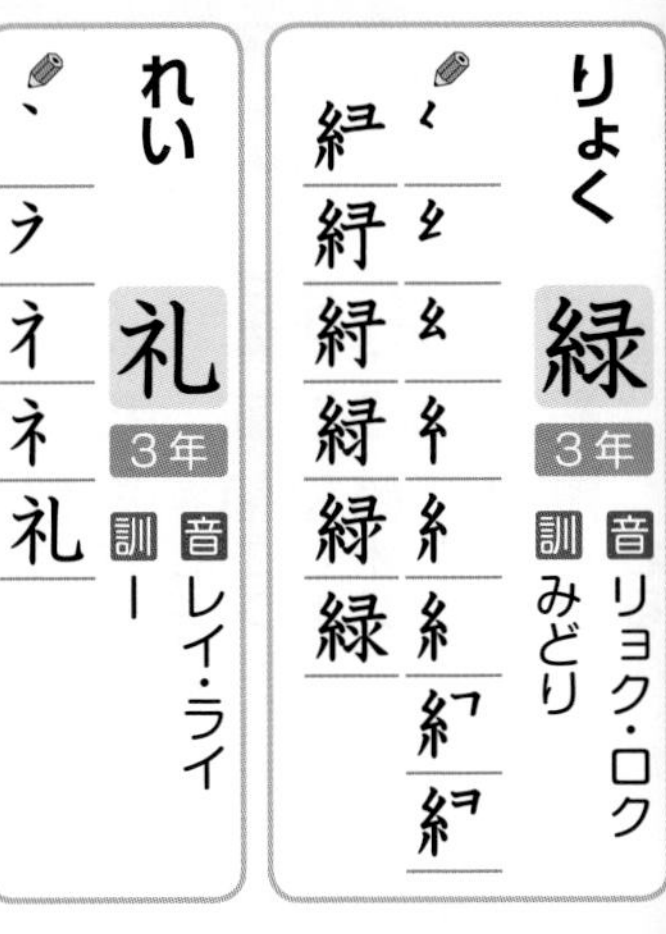
りょく
緑
3年
音 リョク・ロク
訓 みどり
れい
礼
3年
音 レイ・ライ
訓 ー

れつ
列
3年
音 レツ
訓 ー

れん
練
3年
音 レン
訓 ねる

ろ
路
3年
音 ロ
訓 じ

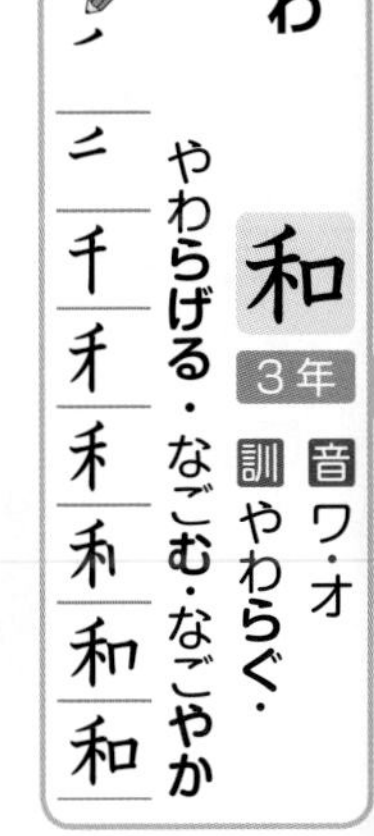
わ
和
3年
音 ワ・オ
訓 やわらぐ・やわらげる・なごむ・なごやか

読み	漢字	学年	音	訓
あい	愛	4年	アイ	ー
あん	案	4年	アン	ー
い	以	4年	イ	ー
い	衣	4年	イ	ころも
い	位	4年	イ	くらい
い	囲	4年	イ	かこむ・かこう
い	胃	4年	イ	ー
いん	印	4年	イン	しるし
えい	英	4年	エイ	ー
えい	栄	4年	エイ	さかえる・はえ・はえる
えん	塩	4年	エン	しお
おく	億	4年	オク	ー
か	加	4年	カ	くわえる・くわわる
か	果	4年	カ	はたす・はてる・はて
か	貨	4年	カ	ー
か	課	4年	カ	ー
が	芽	4年	ガ	め
かい	改	4年	カイ	あらためる・あらたまる
かい	械	4年	カイ	ー
がい	害	4年	ガイ	ー
がい	街	4年	ガイ・カイ	まち
かく	各	4年	カク	おのおの
かく	覚	4年	カク	おぼえる・さます・さめる
かん	完	4年	カン	ー
かん	官	4年	カン	ー
かん	管	4年	カン	くだ
かん	関	4年	カン	せき・かかわる
かん	観	4年	カン	ー
がん	願	4年	ガン	ねがう
き	希	4年	キ	ー
き	季	4年	キ	ー
き	紀	4年	キ	ー
き	喜	4年	キ	よろこぶ
き	旗	4年	キ	はた
き	器	4年	キ	うつわ
き	機	4年	キ	はた
ぎ	議	4年	ギ	ー
きゅう	求	4年	キュウ	もとめる
きゅう	泣	4年	キュウ	なく

読み	漢字	学年	音	訓
きゅう	救	4年	キュウ	すくう
きゅう	給	4年	キュウ	―
きょ	挙	4年	キョ	あげる・あがる
ぎょ	漁	4年	ギョ・リョウ	―
きょう	共	4年	キョウ	とも
きょう	協	4年	キョウ	―
きょう	鏡	4年	キョウ	かがみ
きょう	競	4年	キョウ・ケイ	きそう・せる
きょく	極	4年	キョク・ゴク	きわめる・きわまる・きわみ
くん	訓	4年	クン	―
ぐん	軍	4年	グン	―
ぐん	郡	4年	グン	―
けい	径	4年	ケイ	―
けい	型	4年	ケイ	かた
けい	景	4年	ケイ	―
げい	芸	4年	ゲイ	―
けつ	欠	4年	ケツ	かける・かく
けつ	結	4年	ケツ	むすぶ・ゆう・ゆわえる
けん	建	4年	ケン・コン	たてる・たつ
けん	健	4年	ケン	すこやか
けん	験	4年	ケン・ゲン	―
こ	固	4年	コ	かためる・かたまる・かたい
こう	功	4年	コウ・ク	―
こう	好	4年	コウ	このむ・すく
こう	候	4年	コウ	そうろう
こう	航	4年	コウ	―
こう	康	4年	コウ	―
こく	告	4年	コク	つげる
さ	差	4年	サ	さす
さい	菜	4年	サイ	な
さい	最	4年	サイ	もっとも
ざい	材	4年	ザイ	―
さく	昨	4年	サク	―
さつ	札	4年	サツ	ふだ
さつ	刷	4年	サツ	する
さつ	殺	4年	サツ・サイ・セツ	ころす
さつ	察	4年	サツ	―
さん	参	4年	サン	まいる
さん	産	4年	サン	うむ・うまれる・うぶ

さん 散 4年 音 サン 訓 ちる・ちらす・ちらかす・ちらかる

ざん 残 4年 音 ザン 訓 のこる・のこす

し 士 4年 音 シ 訓 ー

し 氏 4年 音 シ 訓 うじ

し 史 4年 音 シ 訓 ー

し 司 4年 音 シ 訓 ー

し 試 4年 音 シ 訓 こころみる・ためす

じ 児 4年 音 ジ・ニ 訓 ー

じ 治 4年 音 ジ・チ 訓 おさめる・おさまる・なおる・なおす

じ 辞 4年 音 ジ 訓 やめる

しつ 失 4年 音 シツ 訓 うしなう

しゃく 借 4年 音 シャク 訓 かりる

しゅ 種 4年 音 シュ 訓 たね

しゅう 周 4年 音 シュウ 訓 まわり

しゅく 祝 4年 音 シュク・シュウ 訓 いわう

じゅん 順 4年 音 ジュン 訓 ー

しょ 初 4年 音 ショ 訓 はじめ・はじめて・はつ・うい・そめる

しょう 松 4年 音 ショウ 訓 まつ

しょう 笑 4年 音 ショウ 訓 わらう・えむ

しょう 唱 4年 音 ショウ 訓 となえる

しょう 焼 4年 音 ショウ 訓 やく・やける

しょう 象 4年 音 ショウ・ゾウ 訓 ー

しょう 照 4年 音 ショウ 訓 てる・てらす・てれる

しょう 賞 4年 音 ショウ 訓 ー

しん 臣 4年 音 シン・ジン 訓 ー

しん 信 4年 音 シン 訓 ー

せい 成 4年 音 セイ・ジョウ 訓 なる・なす

せい 省 4年 音 セイ・ショウ 訓 かえりみる・はぶく

せい 清 4年 音 セイ・ショウ 訓 きよい・きよまる・きよめる

せい 静 4年 音 セイ・ジョウ 訓 しず・しずか・しずまる・しずめる

せき 席 4年 音 セキ 訓 ー

せき 積 4年 音 セキ 訓 つむ・つもる

せつ 折 4年 音 セツ 訓 おる・おり・おれる

せつ 節 4年 音 セツ・セチ 訓 ふし

読み	漢字	学年	音	訓
せつ	説	4年	セツ・ゼイ	とく
せん	浅	4年	セン	あさい
せん	戦	4年	セン	いくさ・たたかう
せん	選	4年	セン	えらぶ
ぜん	然	4年	ゼン・ネン	ー
そう	争	4年	ソウ	あらそう
そう	倉	4年	ソウ	くら
そう	巣	4年	ソウ	す
そく	束	4年	ソク	たば
そく	側	4年	ソク	がわ（かわ）
ぞく	続	4年	ゾク	つづく・つづける
そつ	卒	4年	ソツ	ー
そん	孫	4年	ソン	まご
たい	帯	4年	タイ	おびる・おび
たい	隊	4年	タイ	ー
たつ	達	4年	タツ	ー
たん	単	4年	タン	ー
ち	置	4年	チ	おく
ちゅう	仲	4年	チュウ	なか
ちょ	貯	4年	チョ	ー
ちょう	兆	4年	チョウ	きざす・きざし
ちょう	腸	4年	チョウ	ー
てい	低	4年	テイ	ひくい・ひくめる・ひくまる
てい	底	4年	テイ	そこ
てい	停	4年	テイ	ー
てき	的	4年	テキ	まと
てん	典	4年	テン	ー
でん	伝	4年	デン	つたわる・つたえる・つたう
と	徒	4年	ト	ー
ど	努	4年	ド	つとめる
とう	灯	4年	トウ	ひ
どう	堂	4年	ドウ	ー
どう	働	4年	ドウ	はたらく
とく	特	4年	トク	ー
とく	得	4年	トク	える・うる
どく	毒	4年	ドク	ー
ねつ	熱	4年	ネツ	あつい
ねん	念	4年	ネン	ー
はい	敗	4年	ハイ	やぶれる

よみ	漢字	学年	音	訓
ばい	梅	4年	バイ	うめ
はく	博	4年	ハク・バク	ー
はん	飯	4年	ハン	めし
ひ	飛	4年	ヒ	とぶ・とばす
ひ	費	4年	ヒ	ついやす・ついえる
ひつ	必	4年	ヒツ	かならず
ひょう	票	4年	ヒョウ	ー
ひょう	標	4年	ヒョウ	ー
ふ	不	4年	フ・ブ	ー
ふ	夫	4年	フ・フウ	おっと
ふ	付	4年	フ	つける・つく
ふ	府	4年	フ	ー
ふく	副	4年	フク	ー
ふん	粉	4年	フン	こ・こな
へい	兵	4年	ヘイ・ヒョウ	ー
べつ	別	4年	ベツ	わかれる
へん	辺	4年	ヘン	あたり・べ
へん	変	4年	ヘン	かわる・かえる
べん	便	4年	ベン・ビン	たより
ほう	包	4年	ホウ	つつむ
ほう	法	4年	ホウ・ハッ・ホッ	ー
ぼう	望	4年	ボウ・モウ	のぞむ
ぼく	牧	4年	ボク	まき
まつ	末	4年	マツ・バツ	すえ
まん	満	4年	マン	みちる・みたす
み	未	4年	ミ	ー
みゃく	脈	4年	ミャク	ー
みん	民	4年	ミン	たみ
む	無	4年	ム・ブ	ない
やく	約	4年	ヤク	ー
ゆう	勇	4年	ユウ	いさむ
よう	要	4年	ヨウ	かなめ・いる
よう	養	4年	ヨウ	やしなう
よく	浴	4年	ヨク	あびる・あびせる
り	利	4年	リ	きく
りく	陸	4年	リク	ー
りょう	良	4年	リョウ	よい
りょう	料	4年	リョウ	ー
りょう	量	4年	リョウ	はかる

読み	漢字	学年	音	訓
りん	輪	4年	リン	わ
るい	類	4年	ルイ	たぐい
れい	令	4年	レイ	ー
れい	冷	4年	レイ	つめたい・ひえる・ひや・ひやす・ひやかす・さめる・さます
れい	例	4年	レイ	たとえる
れき	歴	4年	レキ	ー
れん	連	4年	レン	つらなる・つらねる・つれる
ろう	老	4年	ロウ	おいる・ふける
ろう	労	4年	ロウ	ー
ろく	録	4年	ロク	ー
あつ	圧	5年	アツ	ー
い	移	5年	イ	うつる・うつす
いん	因	5年	イン	よる
えい	永	5年	エイ	ながい
えい	営	5年	エイ	いとなむ
えい	衛	5年	エイ	ー
えき	易	5年	エキ・イ	やさしい
えき	益	5年	エキ・ヤク	ー
えき	液	5年	エキ	ー
えん	演	5年	エン	ー
おう	応	5年	オウ	こたえる
おう	往	5年	オウ	ー
おう	桜	5年	オウ	さくら
おん	恩	5年	オン	ー
か	可	5年	カ	ー
か	仮	5年	カ・ケ	かり
か	価	5年	カ	あたい
か	河	5年	カ	かわ
か	過	5年	カ	すぎる・すごす・あやまつ・あやまち
が	賀	5年	ガ	ー
かい	快	5年	カイ	こころよい
かい	解	5年	カイ・ゲ	とく・とかす・とける
かく	格	5年	カク・コウ	ー
かく	確	5年	カク	たしか・たしかめる
がく	額	5年	ガク	ひたい
かん	刊	5年	カン	ー
かん	幹	5年	カン	みき
かん	慣	5年	カン	なれる・ならす

読み	漢字	学年	音	訓
がん	眼	5年	ガン・ゲン	まなこ
き	基	5年	キ	もと・もとい
き	寄	5年	キ	よる・よせる
き	規	5年	キ	ー
ぎ	技	5年	ギ	わざ
ぎ	義	5年	ギ	ー
ぎゃく	逆	5年	ギャク	さか・さからう
きゅう	久	5年	キュウ・ク	ひさしい
きゅう	旧	5年	キュウ	ー
きょ	居	5年	キョ	いる
きょ	許	5年	キョ	ゆるす
きょう	境	5年	キョウ・ケイ	さかい
きん	均	5年	キン	ー
きん	禁	5年	キン	ー
く	句	5年	ク	ー
ぐん	群	5年	グン	むれる・むれ・むら
けい	経	5年	ケイ・キョウ	へる
けつ	潔	5年	ケツ	いさぎよい
けん	件	5年	ケン	ー
けん	券	5年	ケン	ー
けん	険	5年	ケン	けわしい
けん	検	5年	ケン	ー
げん	限	5年	ゲン	かぎる
げん	現	5年	ゲン	あらわれる・あらわす
げん	減	5年	ゲン	へる・へらす
こ	故	5年	コ	ゆえ
こ	個	5年	コ	ー
ご	護	5年	ゴ	ー
こう	効	5年	コウ	きく
こう	厚	5年	コウ	あつい
こう	耕	5年	コウ	たがやす
こう	鉱	5年	コウ	ー
こう	構	5年	コウ	かまえる・かまう
こう	興	5年	コウ・キョウ	おこる・おこす
こう	講	5年	コウ	ー
こん	混	5年	コン	まじる・まざる・まぜる・こむ
さ	査	5年	サ	ー
さい	再	5年	サイ・サ	ふたたび
さい	災	5年	サイ	わざわい
さい	妻	5年	サイ	つま

読み	漢字	学年	音	訓
さい	採	5年	サイ	とる
さい	際	5年	サイ	きわ
ざい	在	5年	ザイ	ある
ざい	財	5年	ザイ・サイ	ー
ざい	罪	5年	ザイ	つみ
ざつ	雑	5年	ザツ・ゾウ	ー
さん	酸	5年	サン	すい
さん	賛	5年	サン	ー
し	支	5年	シ	ささえる
し	志	5年	シ	こころざす・こころざし
し	枝	5年	シ	えだ
し	師	5年	シ	ー
し	資	5年	シ	ー
し	飼	5年	シ	かう
じ	示	5年	ジ・シ	しめす
じ	似	5年	ジ	にる
しき	識	5年	シキ	ー
しつ	質	5年	シツ・シチ・チ	ー
しゃ	舎	5年	シャ	ー
しゃ	謝	5年	シャ	あやまる
じゅ	授	5年	ジュ	さずける・さずかる
しゅう	修	5年	シュウ・シュ	おさめる・おさまる
じゅつ	述	5年	ジュツ	のべる
じゅつ	術	5年	ジュツ	ー
じゅん	準	5年	ジュン	ー
じょ	序	5年	ジョ	ー
しょう	招	5年	ショウ	まねく
しょう	承	5年	ショウ	うけたまわる
しょう	証	5年	ショウ	ー
じょう	条	5年	ジョウ	ー
じょう	状	5年	ジョウ	ー
じょう	常	5年	ジョウ	つね・とこ
じょう	情	5年	ジョウ・セイ	なさけ
しょく	織	5年	ショク・シキ	おる
しょく	職	5年	ショク	ー
せい	制	5年	セイ	ー
せい	性	5年	セイ・ショウ	ー
せい	政	5年	セイ・ショウ	まつりごと
せい	勢	5年	セイ	いきおい
せい	精	5年	セイ・ショウ	ー

せい 製 5年 音 セイ 訓 ー

ぜい 税 5年 音 ゼイ 訓 ー

せき 責 5年 音 セキ 訓 せめる

せき 績 5年 音 セキ 訓 ー

せつ 接 5年 音 セツ 訓 つぐ

せつ 設 5年 音 セツ 訓 もうける

ぜつ 舌 5年 音 ゼツ 訓 した

ぜつ 絶 5年 音 ゼツ 訓 たえる・たやす・たつ

せん 銭 5年 音 セン 訓 ぜに

そ 祖 5年 音 ソ 訓 ー

そ 素 5年 音 ソ・ス 訓 ー

そう 総 5年 音 ソウ 訓 ー

ぞう 造 5年 音 ゾウ 訓 つくる

ぞう 像 5年 音 ゾウ 訓 ー

ぞう 増 5年 音 ゾウ 訓 ます・ふえる・ふやす

そく 則 5年 音 ソク 訓 ー

そく 測 5年 音 ソク 訓 はかる

ぞく 属 5年 音 ゾク 訓 ー

そつ 率 5年 音 ソツ・リツ 訓 ひきいる

そん 損 5年 音 ソン 訓 そこなう・そこねる

たい 退 5年 音 タイ 訓 しりぞく・しりぞける

たい 貸 5年 音 タイ 訓 かす

たい 態 5年 音 タイ 訓 ー

だん 団 5年 音 ダン・トン 訓 ー

だん 断 5年 音 ダン 訓 たつ・ことわる

ちく 築 5年 音 チク 訓 きずく

ちょう 張 5年 音 チョウ 訓 はる

てい 提 5年 音 テイ 訓 さげる

てい 程 5年 音 テイ 訓 ほど

てき 適 5年 音 テキ 訓 ー

てき 敵 5年 音 テキ 訓 かたき

とう 統 5年 音 トウ 訓 すべる

どう 銅 5年 音 ドウ 訓 ー

どう 導 5年 音 ドウ 訓 みちびく

とく 徳 5年 音 トク 訓 ー

どく 独 5年 音 ドク 訓 ひとり

にん 任 5年 音 ニン 訓 まかせる・まかす

ねん 燃 5年 音 ネン 訓 もえる・もやす・もす

読み	漢字	学年	音	訓
のう	能	5年	ノウ	ー
は	破	5年	ハ	やぶる・やぶれる
はん	犯	5年	ハン	おかす
はん	判	5年	ハン・バン	ー
はん	版	5年	ハン	ー
ひ	比	5年	ヒ	くらべる
ひ	肥	5年	ヒ	こえる・こえ・こやす・こやし
ひ	非	5年	ヒ	ー
び	備	5年	ビ	そなえる・そなわる
ひょう	俵	5年	ヒョウ	たわら
ひょう	評	5年	ヒョウ	ー
ひん	貧	5年	ヒン・ビン	まずしい
ふ	布	5年	フ	ぬの
ふ	婦	5年	フ	ー
ふ	富	5年	フ・フウ	とむ・とみ
ぶ	武	5年	ブ・ム	ー
ふく	復	5年	フク	ー
ふく	複	5年	フク	ー
ぶつ	仏	5年	ブツ	ほとけ
へん	編	5年	ヘン	あむ
べん	弁	5年	ベン	ー
ほ	保	5年	ホ	たもつ
ぼ	墓	5年	ボ	はか
ほう	報	5年	ホウ	むくいる
ほう	豊	5年	ホウ	ゆたか
ぼう	防	5年	ボウ	ふせぐ
ぼう	貿	5年	ボウ	ー
ぼう	暴	5年	ボウ・バク	あばく・あばれる
む	務	5年	ム	つとめる・つとまる
む	夢	5年	ム	ゆめ
めい	迷	5年	メイ	まよう
めん	綿	5年	メン	わた
ゆ	輸	5年	ユ	ー
よ	余	5年	ヨ	あまる・あます
よ	預	5年	ヨ	あずける・あずかる
よう	容	5年	ヨウ	ー
りゃく	略	5年	リャク	ー
りゅう	留	5年	リュウ・ル	とめる・とまる

読み	漢字	学年	音	訓
りょう	領	5年	リョウ	ー
い	異	6年	イ	こと
い	遺	6年	イ・ユイ	ー
いき	域	6年	イキ	ー
う	宇	6年	ウ	ー
えい	映	6年	エイ	うつる・うつす・はえる
えん	延	6年	エン	のびる・のべる・のばす
えん	沿	6年	エン	そう
が	我	6年	ガ	われ・わ
かい	灰	6年	カイ	はい
かく	拡	6年	カク	ー
かく	革	6年	カク	かわ
かく	閣	6年	カク	ー
かつ	割	6年	カツ	わる・わり・われる・さく
かぶ	株	6年	ー	かぶ
かん	干	6年	カン	ほす・ひる
かん	巻	6年	カン	まく・まき
かん	看	6年	カン	ー
かん	簡	6年	カン	ー
き	危	6年	キ	あぶない・あやうい・あやぶむ
き	机	6年	キ	つくえ
き	揮	6年	キ	ー
き	貴	6年	キ	たっとい・とうとい・たっとぶ・とうとぶ
ぎ	疑	6年	ギ	うたがう
きゅう	吸	6年	キュウ	すう
きょう	供	6年	キョウ・ク	そなえる・とも
きょう	胸	6年	キョウ	むね・むな
きょう	郷	6年	キョウ・ゴウ	ー
きん	勤	6年	キン・ゴン	つとめる・つとまる
きん	筋	6年	キン	すじ
けい	系	6年	ケイ	ー
けい	敬	6年	ケイ	うやまう
けい	警	6年	ケイ	ー
げき	劇	6年	ゲキ	ー
げき	激	6年	ゲキ	はげしい
けつ	穴	6年	ケツ	あな
けん	絹	6年	ケン	きぬ
けん	権	6年	ケン・ゴン	ー

読み	漢字	学年	音	訓
けん	憲	6年	ケン	ー
げん	源	6年	ゲン	みなもと
げん	厳	6年	ゲン・ゴン	おごそ**か**・きび**しい**
こ	己	6年	コ・キ	おのれ
こ	呼	6年	コ	よ**ぶ**
ご	誤	6年	ゴ	あやま**る**
こう	后	6年	コウ	ー
こう	孝	6年	コウ	ー
こう	皇	6年	コウ・オウ	ー
こう	紅	6年	コウ・ク	べに・くれない
こう	降	6年	コウ	お**りる**・お**ろす**・ふ**る**
こう	鋼	6年	コウ	はがね
こく	刻	6年	コク	きざ**む**
こく	穀	6年	コク	ー
こつ	骨	6年	コツ	ほね
こん	困	6年	コン	こま**る**
さ	砂	6年	サ・シャ	すな
ざ	座	6年	ザ	すわ**る**
さい	済	6年	サイ	す**む**・す**ます**
さい	裁	6年	サイ	た**つ**・さば**く**
さく	策	6年	サク	ー
さつ	冊	6年	サツ・サク	ー
さん	蚕	6年	サン	かいこ
し	至	6年	シ	いた**る**
し	私	6年	シ	わたくし・わたし
し	姿	6年	シ	すがた
し	視	6年	シ	ー
し	詞	6年	シ	ー
し	誌	6年	シ	ー
じ	磁	6年	ジ	ー
しゃ	射	6年	シャ	い**る**
しゃ	捨	6年	シャ	す**てる**
しゃく	尺	6年	シャク	ー
じゃく	若	6年	ジャク・ニャク	わか**い**・もし**くは**
じゅ	樹	6年	ジュ	ー
しゅう	収	6年	シュウ	おさ**める**・おさ**まる**
しゅう	宗	6年	シュウ・ソウ	ー
しゅう	就	6年	シュウ・ジュ	つ**く**・つ**ける**
しゅう	衆	6年	シュウ・シュ	ー

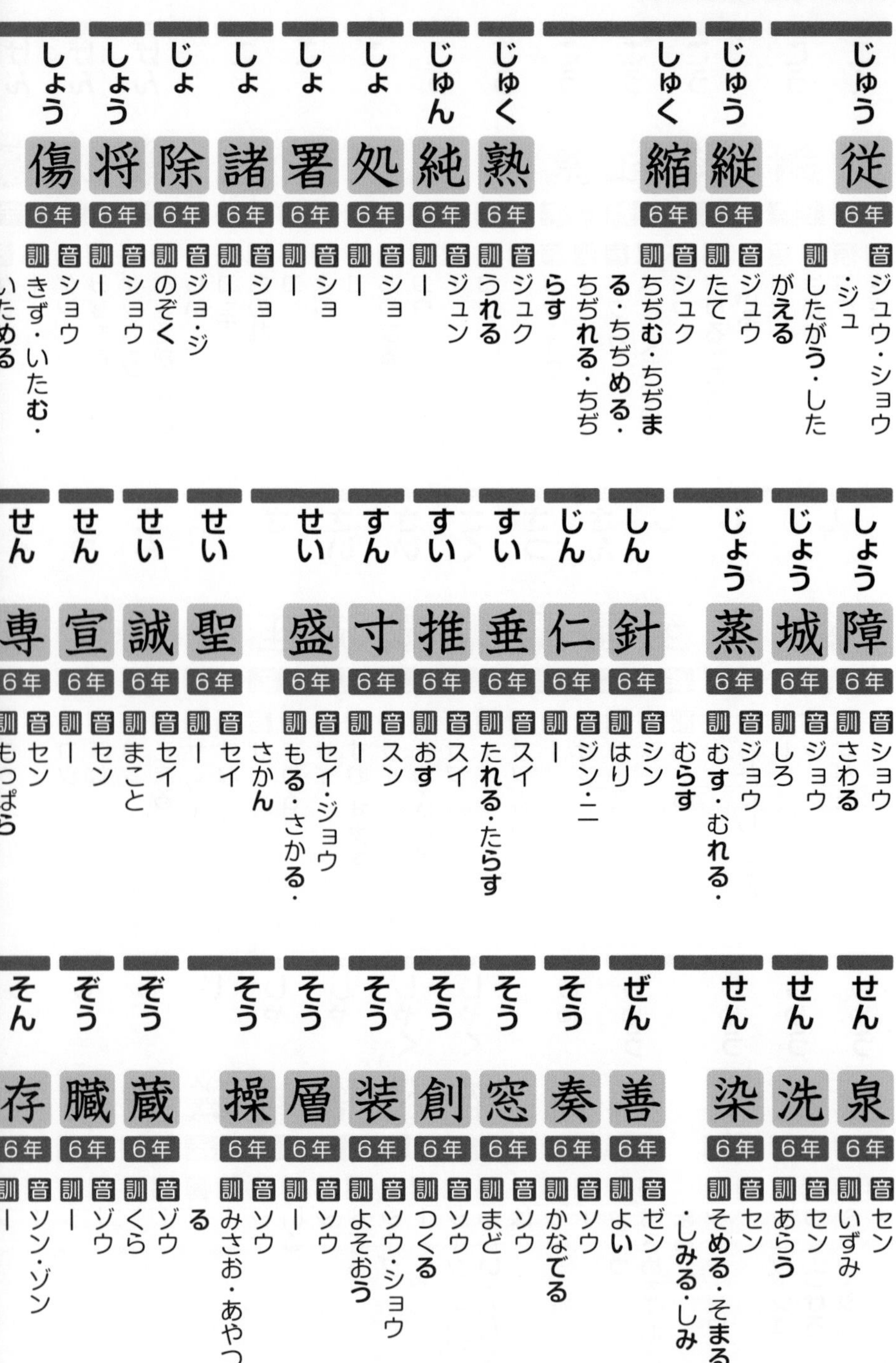

読み	漢字	学年	音	訓
じゅう	従	6年	ジュウ・ショウ・ジュ	したがう・したがえる
じゅう	縦	6年	ジュウ	たて
しゅく	縮	6年	シュク	ちぢむ・ちぢまる・ちぢめる・ちぢれる・ちぢらす
じゅく	熟	6年	ジュク	うれる
じゅん	純	6年	ジュン	ー
しょ	処	6年	ショ	ー
しょ	署	6年	ショ	ー
しょ	諸	6年	ショ	ー
じょ	除	6年	ジョ・ジ	のぞく
しょう	将	6年	ショウ	ー
しょう	傷	6年	ショウ	きず・いたむ・いためる
しょう	障	6年	ショウ	さわる
じょう	城	6年	ジョウ	しろ
じょう	蒸	6年	ジョウ	むす・むれる・むらす
しん	針	6年	シン	はり
じん	仁	6年	ジン・ニ	ー
すい	垂	6年	スイ	たれる・たらす
すい	推	6年	スイ	おす
すん	寸	6年	スン	ー
せい	盛	6年	セイ・ジョウ	もる・さかる・さかん
せい	聖	6年	セイ	ー
せい	誠	6年	セイ	まこと
せん	宣	6年	セン	ー
せん	専	6年	セン	もっぱら
せん	泉	6年	セン	いずみ
せん	洗	6年	セン	あらう
せん	染	6年	セン	そめる・そまる・しみる・しみ
ぜん	善	6年	ゼン	よい
そう	奏	6年	ソウ	かなでる
そう	窓	6年	ソウ	まど
そう	創	6年	ソウ	つくる
そう	装	6年	ソウ・ショウ	よそおう
そう	層	6年	ソウ	ー
そう	操	6年	ソウ	みさお・あやつる
ぞう	蔵	6年	ゾウ	くら
ぞう	臓	6年	ゾウ	ー
そん	存	6年	ソン・ゾン	ー

そん **尊** 6年 音 ソン 訓 たっとい・たっとぶ・とうとい・とうとぶ

たく **宅** 6年 音 タク 訓 ー

たん **担** 6年 音 タン 訓 かつぐ・になう

たん **探** 6年 音 タン 訓 さぐる・さがす

たん **誕** 6年 音 タン 訓 ー

だん **段** 6年 音 ダン 訓 ー

だん **暖** 6年 音 ダン 訓 あたたか・あたたかい・あたたまる・あたためる

ち **値** 6年 音 チ 訓 ね・あたい

ちゅう **宙** 6年 音 チュウ 訓 ー

ちゅう **忠** 6年 音 チュウ 訓 ー

ちょ **著** 6年 音 チョ 訓 あらわす・いちじるしい

ちょう **庁** 6年 音 チョウ 訓 ー

ちょう **頂** 6年 音 チョウ 訓 いただく・いただき

ちょう **潮** 6年 音 チョウ 訓 しお

ちん **賃** 6年 音 チン 訓 ー

つう **痛** 6年 音 ツウ 訓 いたい・いたむ・いためる

てん **展** 6年 音 テン 訓 ー

とう **討** 6年 音 トウ 訓 うつ

とう **党** 6年 音 トウ 訓 ー

とう **糖** 6年 音 トウ 訓 ー

とどける **届** 6年 音 ー 訓 とどける・とどく

なん **難** 6年 音 ナン 訓 かたい・むずかしい

にゅう **乳** 6年 音 ニュウ 訓 ちち・ち

にん **認** 6年 音 ニン 訓 みとめる

のう **納** 6年 音 ノウ・ナッ・ナ・ナン・トウ 訓 おさめる・おさまる

のう **脳** 6年 音 ノウ 訓 ー

は **派** 6年 音 ハ 訓 ー

はい **拝** 6年 音 ハイ 訓 おがむ

はい **背** 6年 音 ハイ 訓 せ・せい・そむく・そむける

はい **肺** 6年 音 ハイ 訓 ー

はい **俳** 6年 音 ハイ 訓 ー

はん **班** 6年 音 ハン 訓 ー

ばん **晩** 6年 音 バン 訓 ー

ひ **否** 6年 音 ヒ 訓 いな

ひ **批** 6年 音 ヒ 訓 ー

ひ 秘 6年 音 ヒ 訓 ひめる

ふく 腹 6年 音 フク 訓 はら

ふん 奮 6年 音 フン 訓 ふるう

へい 並 6年 音 ヘイ 訓 なみ・ならべる・ならぶ・ならびに

へい 陛 6年 音 ヘイ 訓 ー

へい 閉 6年 音 ヘイ 訓 とじる・とざす・しめる・しまる

へん 片 6年 音 ヘン 訓 かた

ほ 補 6年 音 ホ 訓 おぎなう

ぼ 暮 6年 音 ボ 訓 くれる・くらす

ほう 宝 6年 音 ホウ 訓 たから

ほう 訪 6年 音 ホウ 訓 おとずれる・たずねる

ぼう 亡 6年 音 ボウ・モウ 訓 ない

ぼう 忘 6年 音 ボウ 訓 わすれる

ぼう 棒 6年 音 ボウ 訓 ー

まい 枚 6年 音 マイ 訓 ー

まく 幕 6年 音 マク・バク 訓 ー

みつ 密 6年 音 ミツ 訓 ー

めい 盟 6年 音 メイ 訓 ー

も 模 6年 音 モ・ボ 訓 ー

やく 訳 6年 音 ヤク 訓 わけ

ゆう 郵 6年 音 ユウ 訓 ー

ゆう 優 6年 音 ユウ 訓 やさしい・すぐれる

よう 幼 6年 音 ヨウ 訓 おさない

よく 欲 6年 音 ヨク 訓 ほっする・ほしい

よく 翌 6年 音 ヨク 訓 ー

らん 乱 6年 音 ラン 訓 みだれる・みだす

らん 卵 6年 音 ラン 訓 たまご

らん 覧 6年 音 ラン 訓 ー

り 裏 6年 音 リ 訓 うら

りつ 律 6年 音 リツ・リチ 訓 ー

りん 臨 6年 音 リン 訓 のぞむ

ろう 朗 6年 音 ロウ 訓 ほがらか

ろん 論 6年 音 ロン 訓 ー

この辞典をつくった人たち

●監　修　金田一秀穂（杏林大学名誉教授）

●指　導　無藤 隆（白梅学園大学名誉教授）
●装丁・イラスト　Indy Design　髙橋 進
●紙面設計・デザイン　クラップス　佐藤かおり
●イラスト　入江朱珠琳　岡村治栄　高品吹夕子　高橋陽子　ふらんそわ～ず吉本　もちつきかつみ
●写　真　田口精男　井上麻子　猪飼 晃　田口孝充
●編集協力　奎文館
●企画・編集　鈴木かおり

新レインボーはじめて国語辞典 新装版

2016年11月22日　初版発行
2023年7月25日　新装版第1刷発行

発行人　土屋　徹
編集人　代田雪絵
発行所　株式会社Gakken
〒141-8416　東京都品川区西五反田2-11-8
印刷所　凸版印刷株式会社
製本所　難波製本株式会社

●この本に関する各種お問い合わせ先
本の内容については、下記サイトのお問い合わせフォームよりお願いします。
https://www.corp-gakken.co.jp/contact/
在庫については　Tel 03-6431-1199（販売部）
不良品（落丁、乱丁）については　Tel 0570-000577
学研業務センター　〒354-0045 埼玉県入間郡三芳町上富279-1
上記以外のお問い合わせは　Tel 0570-056-710（学研グループ総合案内）

かたかなの ひょう

アザラシ

アイウエオ

カンガルー

カキクケコ

サル

サシスセソ

タヌキ

タチツテト

ナマズ

ナニヌネノ

ガギグゲゴ

ザジズゼゾ

ダヂヅデド